이 책과 함께 미래를 디자인하는 나를 위해 응원의 한마디를 적어 보세요.

NEW올리드

화학 I

CONCEPT

개념 이해부터 내신 대비까지 완벽하게 끝내는
필수 개념서

BOOK GRADE

구성 비율

개념 수준
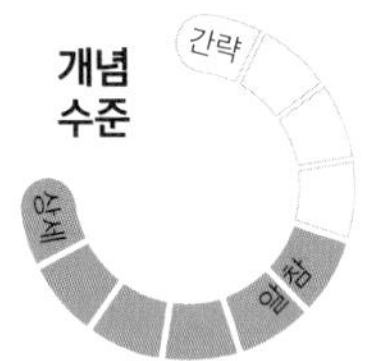

문제 수준

문제 경향
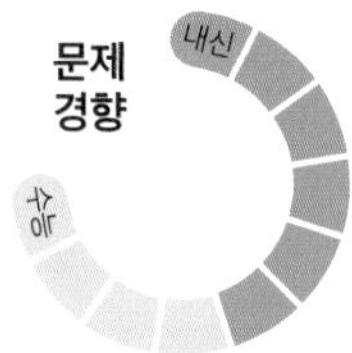

WRITERS

미래엔콘텐츠연구회
No.1 Content를 개발하는 교육 전문 콘텐츠 연구회

조향숙 무학여고 교사 | 서울대 화학교육과, 한국교원대 교육대학원 화학교육과
이희나 화정고 교사 | 이화여대 화학과, 한국교원대 교육대학원 화학교육과
서오일 이화여고 교사 | 한국교원대 화학교육과
전호균 혜원여고 교사 | 서울대 화학교육과, 연세대 교육대학원 공통과학교육과

COPYRIGHT

인쇄일 2022년 9월 30일(1판8쇄)
발행일 2018년 8월 1일

펴낸이 신광수
펴낸곳 ㈜미래엔
등록번호 제16-67호

교육개발1실장 하님규
개발책임 오진경
개발 권태정, 최진경

콘텐츠서비스실장 김효정
콘텐츠서비스책임 이승연

디자인실장 손현지
디자인책임 김기욱
디자인 진선영

CS본부장 강윤구
CS지원책임 강승훈

ISBN 979-11-6233-566-6

Introduction
머리말

모죽이라고 불리는 대나무가 있습니다. 바로 모소 대나무인데요.
이 대나무는 싹도 잘 나지 않고 처음 몇 년간은 거의 자라지 않는답니다.
그러다 그 순간을 넘기면 갑자기 씨를 뿌린 곳에서 불쑥 새순이 돋아나고
한 달 남짓 동안 15 m도 넘게 훌쩍 자라서 곧 빽빽한 숲을 이루게 됩니다.
이 마술같은 일은 어떻게 일어나는 걸까요?
사실 모소 대나무는 뿌리를 먼저 땅속에 깊게 내린답니다.
몇 년이라는 긴 시간 동안 차근차근 자랄 준비를 하는 거예요.
눈에 보이지 않아 답답하고 더디게 느껴지지만
단단한 뿌리를 내리는 그 시간이 결국은 폭발적인 성장의 원동력이 되는거죠.

NEW올리드는 이 대나무의 뿌리처럼
우리의 지식을 발전시켜 줄 좋은 원동력입니다.
잘 정리해 놓은 개념 정리와 탐구, 자료들을 공부하다 보면
어느새 문제 해결의 원리를 깨닫게 될 거예요.

"NEW올리드 화학 I"과 함께
부쩍 성장한 나의 모습을 그려 보세요.
함께하는 시간이 여러분의 단단한 뿌리가 될 것입니다.

구성과 특징

Structure

개념학습편

01 개념과 탐구/자료 쉽게 이해하기

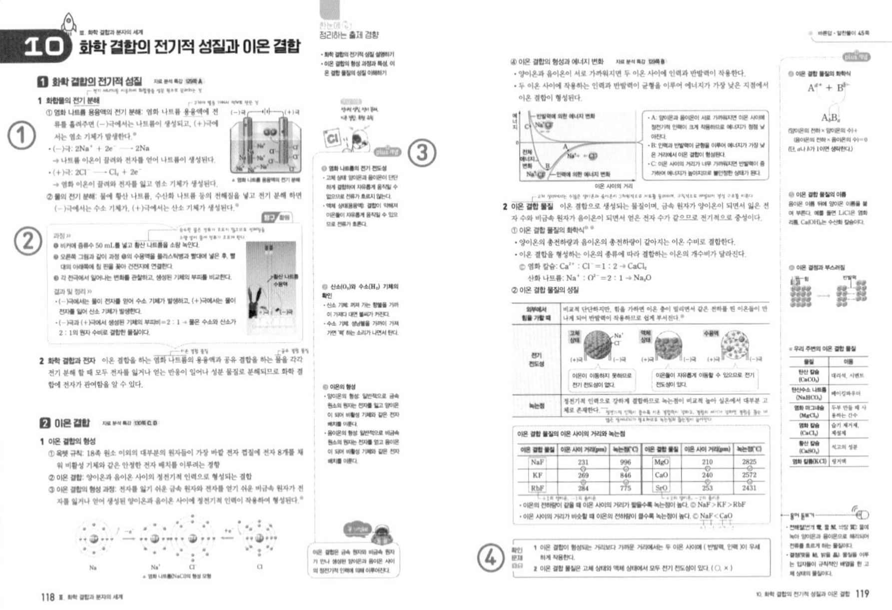

꼼꼼한 개념/탐구/자료 정리

❶ **쉽고 자세한 설명** 다양한 그림과 자료를 이용하여 교과서 핵심 내용을 쉽게 정리하였습니다.

❷ **탐구 활동/자료 분석** 교과서에 나오는 탐구와 자료를 자세히 정리하여 탐구와 자료 관련 문제에 대비할 수 있게 구성하였습니다.

❸ **Plus 개념** 개념과 관련된 보충 자료를 정리하였으며, 꼭 기억해야 할 내용, 착각하기 쉬운 내용을 꼼꼼하게 구성하였습니다.

❹ **확인 문제** 필수 핵심 개념을 바로 확인할 수 있는 문제로 구성하였습니다.

02 다양한 유형의 기본과 실력 문제 풀기

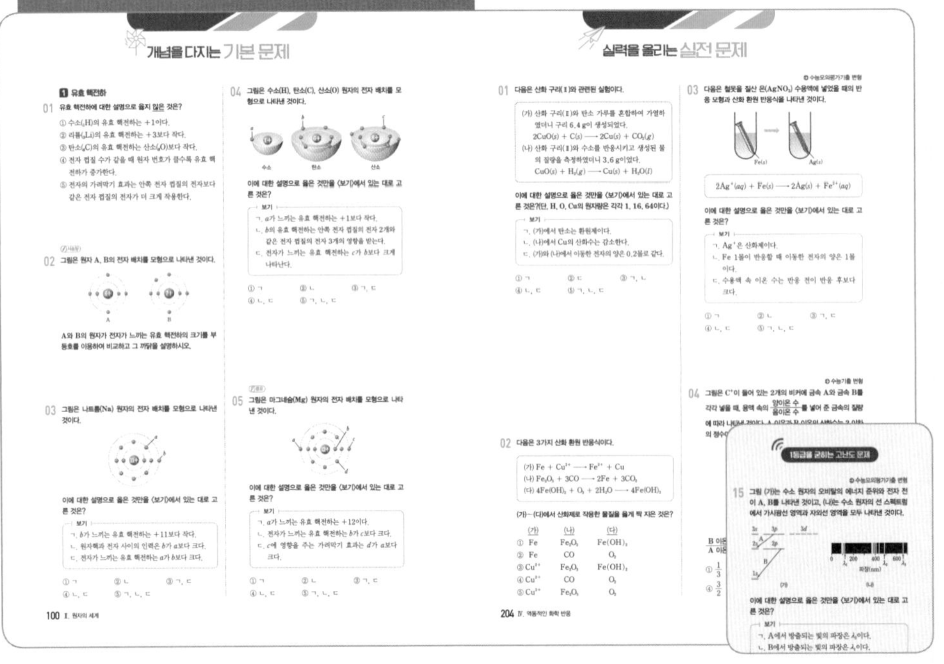

개념을 다지는 기본 문제

그림, 자료, 탐구로부터 출제되는 다양한 유형의 문제를 반복적으로 학습할 수 있도록 실제 학교 시험에서 꼭 출제될 확률이 높은 기본 문제로 구성하였습니다.

실력을 올리는 실전 문제

학교 시험과 수능 실전에 대비할 수 있는 기출 문제와 예상 문제로 구성하였습니다. 특히 고난도 문제에 대비할 수 있는 1등급 문제를 함께 구성하였습니다.

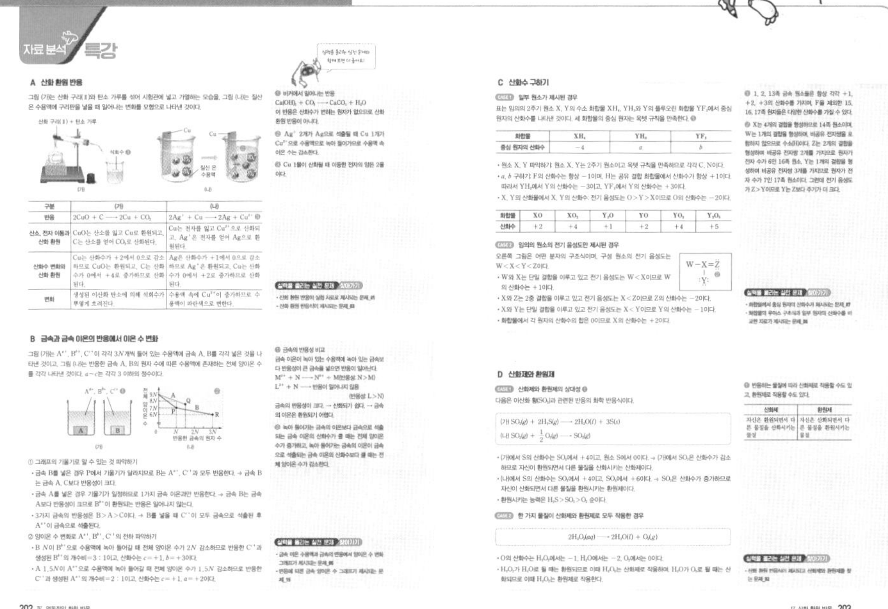

03 빈출 자료 자세히 분석하기

비법이야!

자료 분석 특강

개념이 문제에 어떻게 적용되는지를 해결하기 위하여 자료의 분석 과정, 풀이 비법, 변형 자료 등을 제시하였으며, 다양한 기출 자료의 유형을 집중 연습할 수 있습니다.

또, **실력을 올리는 실전 문제** 와 연결하여 유형별 집중 훈련이 가능하도록 구성하였습니다.

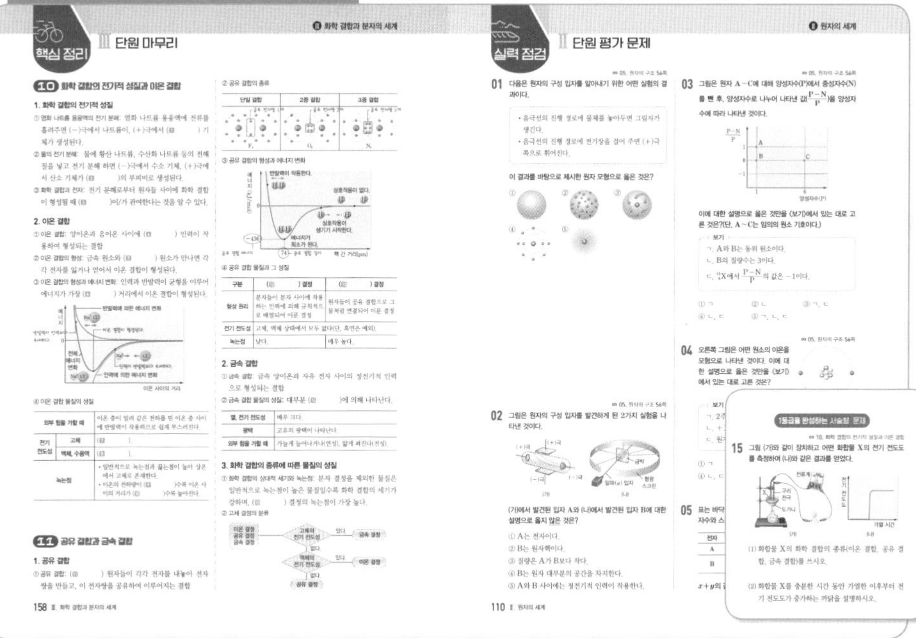

04 반복 학습으로 마무리하기

핵심 정리 단원 마무리

단원별 핵심 내용을 빠르게 확인할 수 있게 요약 정리하였습니다. 또, 중요 핵심 개념을 직접 써 볼 수 있게 구성하였습니다.

실력 점검 단원 평가 문제

단원별 학교 시험에 대비할 수 있도록 학교 예상 문제와 시험에 자주 출제되는 서술형 문제를 함께 구성하였습니다.

시험대비편

강별 10분 TEST 문제

강별 중요 개념이 무엇인지 빠르게 확인할 수 있으며, 쪽지 시험까지 대비할 수 있습니다.

대단원별 50분 평가 문제

대단원별로 학교 시험 문제와 매우 유사한 유형의 문제를 제시하여 완벽하게 학교 시험에 대비할 수 있습니다.

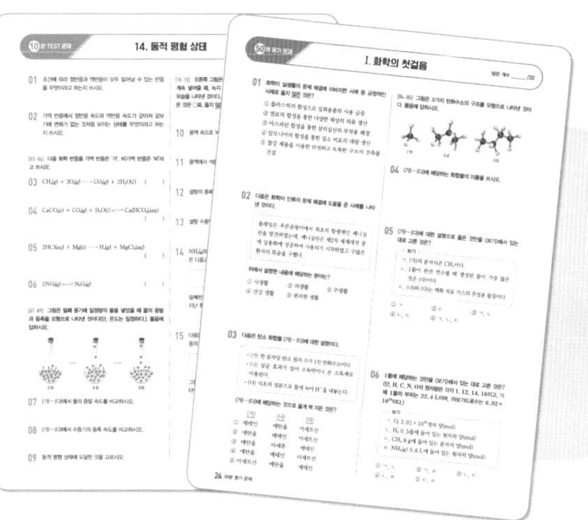

차례

Contents

I 화학의 첫걸음

01 우리 생활 속의 화학 10
02 몰과 화학식량 18
03 화학 반응식과 양적 관계 28
04 몰 농도 40

• 핵심 정리 Ⅰ 단원 마무리 48
• 실력 점검 Ⅰ 단원 평가 문제 50

II 원자의 세계

05 원자의 구조 56
06 현대 원자 모형 66
07 전자 배치 규칙 80
08 주기율표 90
09 원소의 주기적 성질 96

• 핵심 정리 Ⅱ 단원 마무리 108
• 실력 점검 Ⅱ 단원 평가 문제 110

NEW올리드 화학 Ⅰ 은 4대단원 18강으로 구성되어 있어요.

화학 결합과 분자의 세계

10 화학 결합의 전기적 성질과 이온 결합 118

11 공유 결합과 금속 결합 122

12 결합의 극성 136

13 분자의 구조와 분자의 극성 144

• 핵심 정리 Ⅲ단원 마무리 158

• 실력 점검 Ⅲ단원 평가 문제 160

역동적인 화학 반응

14 동적 평형 상태 166

15 물의 자동 이온화와 pH 174

16 산 염기 반응 182

17 산화 환원 반응 196

18 화학 반응과 열의 출입 208

• 핵심 정리 Ⅳ단원 마무리 218

• 실력 점검 Ⅳ단원 평가 문제 220

단원 찾기

Search

내 교과서와 NEW올리드를 비교해 보자!

단원		단원명	NEW올리드	미래엔
I. 화학의 첫걸음	01	우리 생활 속의 화학	10~17	12~27
	02	몰과 화학식량	18~27	28~35
	03	화학 반응식과 양적 관계	28~39	36~43
	04	몰 농도	40~53	44~53
II. 원자의 세계	05	원자의 구조	56~65	56~67
	06	현대 원자 모형	66~79	68~75
	07	전자 배치 규칙	80~89	76~81
	08	주기율표	90~95	82~87
	09	원소의 주기적 성질	96~115	88~101
III. 화학 결합과 분자의 세계	10	화학 결합의 전기적 성질과 이온 결합	118~121	104~117
	11	공유 결합과 금속 결합	122~135	118~125
	12	결합의 극성	136~143	126~129
	13	분자의 구조와 분자의 극성	144~163	130~151
IV. 역동적인 화학 반응	14	동적 평형 상태	166~173	154~159
	15	물의 자동 이온화와 pH	174~181	160~163
	16	산 염기 반응	182~195	164~175
	17	산화 환원 반응	196~207	176~187
	18	화학 반응과 열의 출입	208~223	188~199

비상교육	천재교육	동아출판	금성	와이비엠	지학사	교학사	상상 아카데미
10~25	11~21	10~27	12~27	12~33	12~25	12~25	12~29
26~32	22~29	28~35	28~33	34~40	26~33	26~37	30~39
33~39	30~39	39~53	34~39	46~63	34~39	38~42	40~47
40~51	40~51	36~38	40~51	41~45	40~53	43~53	48~57
54~59	54~64	56~65	54~61	66~75	56~61	56~63	60~69
60~65	65~72	66~69	62~69	76~82	62~66	64~70	70~74
66~73	73~79	70~79	70~75	83~89	67~75	71~79	75~81
74~79	80~86	80~88	76~82	90~99	76~83	80~85	82~89
80~95	87~103	89~105	83~95	100~115	84~103	86~99	90~103
98~105	106~115	108~119	98~108	118~126	106~115	102~107	106~117
106~111	116~125	120~135	109~114	127~136	116~119	108~113	118~123
112~114	126~131	136~141	115~119	137~144	123~131	114~119	124~129
115~139	132~155	142~165	120~141	145~165	120~122, 132~153	120~143	130~155
142~147	158~162	168~171	144~148	168~173	156~163	146~153	158~165
148~157	170~172	172~174	149~155	174~180	164~167	154~159	166~171
158~165	163~169, 173~183	175~187	156~167	181~192	168~174	160~173	172~181
166~171	184~196	188~199	168~173	193~201	175~185	174~183	182~191
172~185	197~207	200~215	174~185	202~215	186~199	184~197	192~205

토닥토닥

글 한 줄

실현 가능한 목표

목표를 알 수 없는 것과
지금 어디쯤 와 있는지 알 수 없는 불안만큼
힘든 일은 없다.

마라톤을 할 때
만약 피니시 라인이 제시되어 있지 않으면
달릴 수 없는 것과 마찬가지다.

목표가 너무 멀리 있거나
실현이 어려우면
의욕도 흐지부지되어 버린다.

달성할 수 있는 일로 목표를 설정하는 것이
가장 중요하다.

– 노미타 타카시, 이가출판사 〈지금 이 순간 꼭 필요한 한마디〉 중에서

I

화학의 첫걸음

이 단원에서는 인류의 식량 문제, 의류 문제, 주거 문제 등의 문제 해결에 화합물 및 화학 반응이 기여한 사례를 통해 화학의 유용성을 이해하고, 탄소 화합물의 활용 사례를 통해 탄소 화합물의 유용성을 알아본다. 또, 몰과 몰 농도 등의 개념을 이해하고, 화학 반응을 화학 반응식으로 나타내어 반응물과 생성물 사이의 양적 관계를 알아본다.

01 우리 생활 속의 화학

02 몰과 화학식량

03 화학 반응식과 양적 관계

04 몰 농도

- 핵심 정리 I 단원 마무리
- 실력 점검 I 단원 평가 문제

01 우리 생활 속의 화학

한눈에 정리하는 출제 경향

- 화학이 식량, 의류, 주거 문제의 해결에 기여한 사례 파악하기
- 탄소 화합물의 구조적 특징 분석과 활용 사례 파악하기

핵심 개념

화학의 유용성, 탄소 화합물의 유용성

1 화학의 유용성 자료 분석 특강 15쪽 A

1 식량 문제 해결

① 식량 문제 발생: 산업 혁명 이후 인구의 급격한 증가로 식량 부족 문제가 발생하였다.

② 식량 문제 해결: 화학 비료의 개발, 농약의 사용, 비닐의 개발 등 → 식량 증대에 기여

화학 비료의 개발	농약의 사용	비닐의 개발
암모니아 합성을 통해 화학 비료의 대량 생산이 가능해지면서 농업 생산량이 증가하였다.	잡초나 해충의 피해가 줄어들어 농산물의 질이 향상되고 농업 생산량이 증가하였다.	비닐하우스 등 계절에 상관없이 작물 재배가 가능해져 농업 생산량이 증가하였다.

암모니아 합성과 질소 비료의 대량 생산

- 인공 비료의 필요성 대두: 질소는 식물 생장에 꼭 필요한 원소로, 퇴비나 동물의 분뇨로는 충분한 양의 질소를 토양에 공급하기 어려웠다. → 인공 비료 개발 시작
- 암모니아의 대량 합성: 하버가 공기 중의 질소와 수소를 반응시켜 암모니아를 대량 생산하는 데 성공하였다.
- 질소 비료의 대량 생산: 질소 비료의 원료가 되는 암모니아를 대량 생산할 수 있게 되면서 질소 비료의 대량 생산이 가능해져 식량 부족 문제를 해결하는 데 크게 기여하였다.

H_2 → / N_2 → 촉매 (Fe_3O_4) 고온, 고압 → NH_3

▲ 암모니아의 합성

plus 개념

궁금하지?

Q. 농업 생산량 증가를 위해 질소 비료가 필요한 까닭은?

A. 질소는 단백질이나 핵산 등을 구성하는 원소로, 식물이나 동물이 살아가는 데 반드시 필요하다. 하지만 대부분의 생물은 공기 중의 질소를 직접 흡수하지 못한다. 따라서 식물이 흡수할 수 있는 형태의 질소와 질소 비료를 토양에 공급한다.

2 의류 문제 해결

① 의류 문제 발생: 산업 혁명 이후 인구의 급격한 증가로 천연 섬유 생산만으로는 의류 공급에 한계가 있었으며, 염료 수요도 폭발적으로 증가하였다. (면, 마, 비단과 같은 천연 섬유는 질기지 않아 쉽게 닳고 대량 생산이 어려웠다.)

② 의류 문제의 해결: 다양한 합성 섬유의 개발, 합성염료의 개발 등

합성 섬유의 개발	합성염료의 개발	고기능성 섬유 개발
합성 섬유는 천연 섬유의 단점을 보완한 다양한 특성이 있으며, 대량 생산이 가능하다. 예 나일론❶, 폴리에스터 등	값싸고 대량 생산이 가능한 합성염료를 개발하여 누구나 원하는 색깔의 옷을 입을 수 있게 되었다. 예 모브❷	최근에는 다양한 고기능성 섬유가 개발되어 여러 가지 기능을 갖춘 옷의 제작이 가능해졌다. 예 방탄복 – 케블라, 등산복 – 고어텍스

(천연 섬유는 대체로 흡습성과 촉감이 좋지만 합성 섬유는 대체로 흡습성이 좋지 않다. 그러나 합성 섬유는 질기고 쉽게 닳지 않는다.)

3 주거 문제 해결

① 주거 문제 발생: 산업 혁명 이후 인구의 급격한 증가로 주거 환경의 변화가 필요해졌다.

② 주거 문제 해결: 화석 연료의 이용, 철의 제련 기술 개발, 건축 자재의 발달 등❸

(철은 공기 중 산소와 반응하여 산화 철을 형성하므로 자연 상태에서 쉽게 얻을 수 없었다.)

화석 연료의 이용	철의 제련 기술 개발	건축 자재의 발달
가정에서 난방과 조리 등의 연료, 플라스틱이나 합성 고무 등의 원료로 이용되어 안락한 주거 환경을 조성하였다.	제련 기술의 개발로 철의 대량 생산이 가능해지면서 크거나 높은 건물과 대규모 건설이 가능해졌다. 또, 가전제품, 생활용품 등에도 철을 이용하였다.	시멘트, 콘크리트, 철근 콘크리트, 알루미늄, 유리, 단열재, 페인트 등의 여러 건축 재료의 개발 및 성능의 개량으로 주거 환경이 개선되었다.

❶ **합성 섬유 – 나일론(1937년)**

- 미국의 과학자 캐러더스에 의해 최초로 합성된 섬유이다.
- 질기고, 유연하여 스타킹과 같은 의류용 섬유 이외에도 가방, 밧줄, 칫솔 등의 재료로 이용된다.

❷ **합성염료 – 모브**

- 최초의 합성염료이며, 영국의 화학자 퍼킨이 말라리아 치료제를 연구하던 중 우연히 발견하였다.
- 다양한 색깔의 옷을 입을 수 있는 계기를 마련하였다.

❸ **몇 가지 건축 재료의 특징**

- 철: 철광석을 코크스와 함께 용광로에 넣고 높은 온도로 가열하여 얻는다. (철의 제련) 단단하고 내구성이 뛰어나 현재 가장 많이 이용되는 금속으로, 크로뮴을 섞어 녹슬지 않는 합금을 만들기도 한다. 건축물의 골조, 배관 및 가전제품이나 생활용품 등에도 이용된다.
- 콘크리트: 모래와 자갈 등을 시멘트에 섞어 반죽한 건축 재료로, 철근을 섞어 만든 철근 콘크리트는 강도가 높아 대규모의 건축물을 짓는 데 이용된다.
- 알루미늄: 보크사이트를 가열한 후 전기 분해하여 얻으며, 가볍고 단단하므로 창틀이나 건물 외벽 등에 이용된다.

확인 문제 1

1 하버에 의해 대량 합성이 가능해진 (　　　)은/는 화학 비료의 원료로 사용된다.

2 캐러더스는 최초의 합성 섬유인 (　　　)을/를 개발하였고, 이후 다양한 합성 섬유가 개발되어 천연 섬유를 대체하게 되었다.

3 철광석을 제련하여 (　　　)을/를 만드는 기술이 개발되어 주거 환경에 변화를 가져왔다.

2 탄소 화합물의 유용성

자료 분석 특강 15쪽 B

1 탄소 화합물 탄소(C)로 이루어진 기본 골격에 수소(H), 산소(O), 질소(N), 할로젠(플루오린(F), 염소(Cl)) 등의 여러 가지 원자들이 공유 결합 하여 이루어진 화합물[4]

① 탄소 화합물의 다양성

- 우리 몸, 음식, 의류 등 대부분의 물질은 다양한 탄소 화합물로 이루어져 있다.
- 현재까지 알려진 탄소 화합물은 수천만 종이며, 지금도 발견되거나 합성되고 있다.

② 탄소 화합물이 다양한 까닭: 탄소는 다른 탄소와 다양한 방식으로 결합할 수 있으며, 탄소 이외의 여러 가지 원자(H, O, N, P, F, Cl 등)와 결합할 수 있기 때문이다.

탄소 화합물의 다양한 구조

- 탄소는 원자가 전자 수가 4로, 최대 4개의 다른 원자와 결합을 형성할 수 있다.
- 탄소는 다른 탄소와 결합하여 다양한 모양과 구조의 탄소 화합물을 형성할 수 있다.

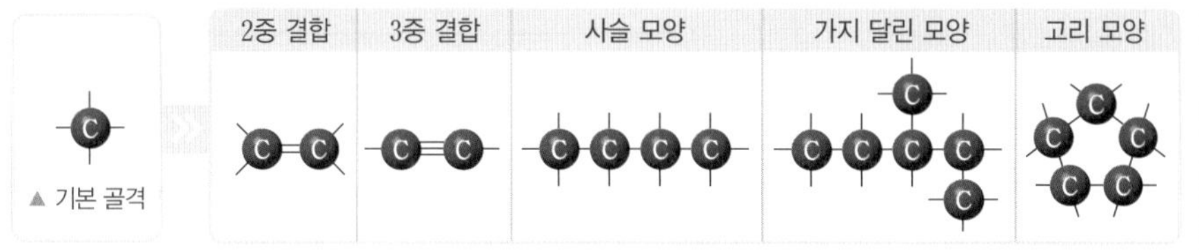

▲ 기본 골격

- 탄소는 단일 결합뿐만 아니라 탄소와 탄소 사이에 2중 결합이나 3중 결합을 형성할 수 있다.
- 사슬 모양, 가지 달린 사슬 모양, 고리 모양 등 다양한 구조를 형성할 수 있다.

2 탄소 화합물과 우리 생활

① 대표적 탄소 화합물의 구조와 특징[5]

구분	메테인(CH_4)	에탄올(C_2H_5OH)	아세트산(CH_3COOH) (아세트산은 일반적으로 에탄올을 발효시켜 만들 수 있다.)
구조	가장 간단한 탄화수소로, 정사면체 구조를 이룬다.	수소 대신 $-OH$가 결합되어 있다.	수소 대신 $-COOH$가 결합되어 있다.
특징	• 천연가스에서 얻는다. • 상온에서 기체 상태이다. • 물에 대한 용해도가 작다.	• 상온에서 액체 상태이다. • 특유의 냄새가 나고, 색이 없다. • 물에 잘 녹고 기름과도 잘 섞인다.	• 상온에서 액체 상태이다. • 자극성 냄새가 나고, 색이 없다. • 물에 녹아 약한 산성을 나타낸다.
이용	가정용 연료(LNG)[6], 시내버스의 연료(CNG)	술의 성분, 소독용 알코올, 연료 등	식초의 성분, 의약품, 합성 수지의 원료 등

효모를 이용하여 과일이나 곡물을 발효하면 술의 성분인 에탄올이 생성된다.

② 탄소 화합물로 이루어진 우리 주위의 물질 원유로부터 얻은 물질 대부분은 연료로 쓰이고, 나프타는 각종 플라스틱, 합성 섬유, 합성 고무, 의약품 등을 만드는 데 쓰인다.

주로 가전제품, 생활용품, 건축 자재 등에 이용된다.

플라스틱	• 원유에서 분리되는 나프타를 원료로 하여 합성된다. • 가볍고, 외부의 힘과 충격에 강하며, 부식되지 않고 대량 생산이 가능하여 값이 싸다.
의약품	• 아스피린, 페니실린 등의 의약품 대부분은 탄소 화합물로 이루어져 있다.[7]
기타	• 섬유, 합성 세제, 화장품 등은 모두 탄소 화합물로 이루어져 있다.

확인 문제 2

4 (   )은/는 탄소가 기본이 되어 다른 원소들과 결합하여 만들어진 화합물이다.

5 탄소 원자 1개는 다른 원자와 최대 (   )개까지 결합할 수 있다.

6 (   )은/는 식초의 성분으로, 물에 녹아 산성을 나타낸다.

④ 탄화수소
메테인(CH_4)과 같이 탄소 화합물 중 탄소와 수소로만 이루어진 물질이다.

⑤ 그 밖의 탄소 화합물
- 폼알데하이드(HCHO): 자극성이 강한 냄새가 나는 무색의 기체이며, 물에 잘 녹는다. 방부제, 플라스틱이나 가구용 접착제 등에 이용된다.

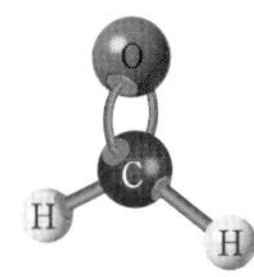

- 아세톤(CH_3COCH_3): 특유한 냄새가 나는 무색의 액체이며, 물에 잘 녹고, 여러 탄소 화합물을 잘 녹인다. 매니큐어 제거제, 용매 등에 이용된다.

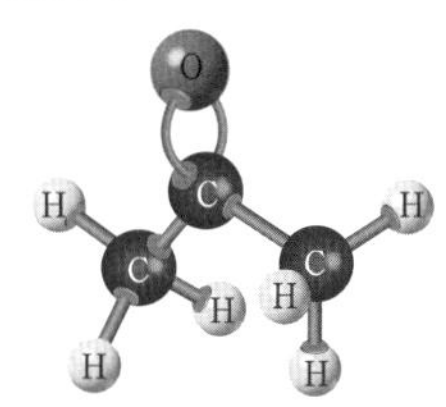

⑥ 액화 천연가스(LNG)
천연가스(주성분: 메테인)를 냉각하여 액화한 것이다. 발열량이 크고 공해 물질이 거의 발생하지 않아 가정용 연료로 이용된다.

⑦ 아스피린과 페니실린
- 아스피린: 버드나무 껍질에서 분리한 살리실산으로부터 합성한 최초의 합성 의약품으로, 해열제나 진통제로 이용된다.
- 페니실린: 푸른곰팡이에서 발견한 최초의 항생제로, 제2 차 세계 대전 중에 상용화에 성공하여 수많은 환자의 목숨을 구했다.

용어 돋보기

- **제련**(지을 製, 단련할 鍊): 광석을 용광로에 녹여서 함유된 금속을 뽑아내는 과정이다.
- **콘크리트**(concrete): 시멘트에 모래와 자갈 등을 섞고 물로 반죽한 뒤 건조한 것이다.

개념을 다지는 기본 문제

1 화학의 유용성

01 암모니아에 대한 설명으로 옳은 것만을 〈보기〉에서 있는 대로 고른 것은?

보기
ㄱ. 하버에 의해 대량 합성 방법이 개발되었다.
ㄴ. 암모니아를 구성하는 원소는 질소와 산소이다.
ㄷ. 암모니아의 합성은 화학 비료의 대량 생산을 가능하게 하여 식량 부족 문제를 해결하는 데 기여하였다.

① ㄱ ② ㄴ ③ ㄱ, ㄷ
④ ㄴ, ㄷ ⑤ ㄱ, ㄴ, ㄷ

02 합성 섬유에 대한 설명으로 옳은 것은?

① 대량 생산이 어렵다.
② 면, 마, 비단 등이 있다.
③ 천연 섬유를 완전히 대체하였다.
④ 자연에서 얻을 수 있는 재료로 만든 섬유이다.
⑤ 최근에는 다양한 기능성 섬유가 개발되고 있다.

03 다음에서 설명하는 물질의 이름을 쓰시오.

- 최초의 합성 섬유이다.
- 가볍고 질기며, 유연하다.
- 가방, 밧줄, 스타킹, 칫솔 등의 재료로 이용된다.

서술형

04 합성 섬유가 의류 문제 해결에 어떻게 기여하였는지 천연 섬유와 관련하여 설명하시오.

중요

05 다음은 인류의 문제 해결에 기여한 물질 (가)에 대한 설명이다.

- 철광석을 제련하는 기술의 개발로 (가)의 대량 생산이 가능해졌다.
- (가)는 강도가 높아 건축 재료로 이용된다.

(가)에 대한 설명으로 옳은 것만을 〈보기〉에서 있는 대로 고른 것은?

보기
ㄱ. (가)는 철이다.
ㄴ. 철광석을 코크스와 함께 용광로에서 고온으로 가열하여 얻는다.
ㄷ. 대량 생산으로 주거 문제를 해결하는 데 기여하였다.

① ㄱ ② ㄴ ③ ㄱ, ㄷ
④ ㄴ, ㄷ ⑤ ㄱ, ㄴ, ㄷ

06 다음은 화학이 주거 문제 해결에 기여한 사례에 대한 설명이다. (　　) 안에 들어갈 알맞은 말을 쓰시오.

(　　)은/는 가정에서 난방과 조리 등의 연료로 이용되고, 합성 섬유뿐만 아니라 플라스틱, 합성 고무 등 다양한 생활용품의 원료로도 이용되어 안락한 주거 환경을 조성하는 데 크게 기여하였다.

07 인류가 직면한 문제를 해결한 화학의 사례로 적절하지 않은 것은?

① 합성염료 개발 – 값비싼 천연염료 대체
② 비닐하우스 등장 – 농업 생산량 증가
③ 합성 의약품 개발 – 인간 수명의 연장
④ 화학 비료 생산 – 식량 부족 문제 해결
⑤ 유리 생산 – 주거 공간 부족 문제 해결

08 화학의 발달이 인류에 공헌한 긍정적 사례로 적절한 것만을 〈보기〉에서 있는 대로 고른 것은?

보기
ㄱ. 통조림의 개발로 음식을 장기간 보존할 수 있게 되었다.
ㄴ. 합성염료의 개발로 원하는 색깔의 옷을 입을 수 있게 되었다.
ㄷ. 플라스틱 제품이 널리 쓰이면서 일회용품 사용량이 증가하였다.

① ㄱ ② ㄷ ③ ㄱ, ㄴ
④ ㄴ, ㄷ ⑤ ㄱ, ㄴ, ㄷ

2 탄소 화합물의 유용성

09 탄소 화합물에 대한 설명으로 옳지 않은 것은?

① 탄소 원자가 기본 골격을 이룬다.
② 탄소 원자는 최대 4개의 다른 원자와 결합할 수 있다.
③ 탄소를 중심으로 수소, 산소, 질소 등과 결합한 화합물이다.
④ 탄소와 탄소 사이에는 2중 결합이나 3중 결합이 형성되지 않는다.
⑤ 탄소 원자들이 결합하는 방식에 따라 사슬 모양, 고리 모양 구조가 있다.

서술형

10 탄소 화합물의 종류가 매우 다양한 까닭을 탄소 원자와 관련지어 설명하시오.

중요

11 탄소 화합물에 해당하는 물질만을 〈보기〉에서 있는 대로 고르시오.

보기
ㄱ. 물 ㄴ. 에탄올
ㄷ. 메테인 ㄹ. 아세트산
ㅁ. 암모니아 ㅂ. 염화 나트륨

12 우리 주변의 물질 중 탄소 화합물이 포함되어 있지 않은 것은?

[13~14] 그림은 탄소 화합물 (가), (나)의 구조를 모형으로 나타낸 것이다. 물음에 답하시오.

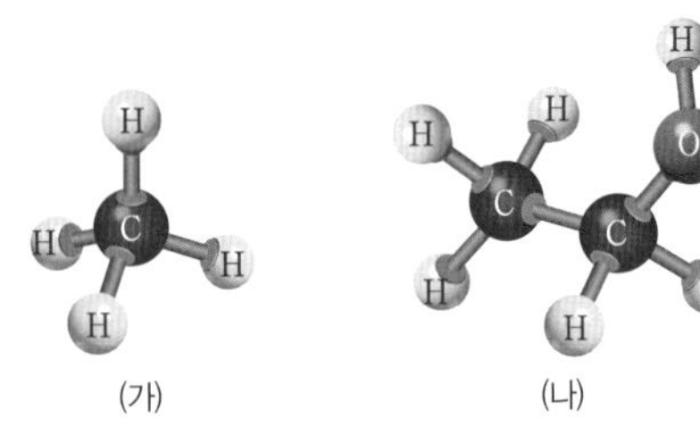

중요

13 (가)에 대한 설명으로 옳지 않은 것은?

① 탄화수소이다.
② 액화 천연가스의 주성분이다.
③ 정사면체의 안정한 구조를 이룬다.
④ 연소하는 과정에서 다량의 에너지를 방출한다.
⑤ 끓는점이 매우 낮아 상온에서 고체 상태로 존재한다.

14 (가)와 (나)의 공통점으로 옳은 것만을 〈보기〉에서 있는 대로 고른 것은?

보기
ㄱ. 물에 잘 녹는다.
ㄴ. 연료로 이용된다.
ㄷ. 구성 원소의 종류가 같다.

① ㄱ ② ㄴ ③ ㄱ, ㄴ
④ ㄴ, ㄷ ⑤ ㄱ, ㄴ, ㄷ

15 오른쪽 그림은 어떤 탄소 화합물의 구조를 모형으로 나타낸 것이다. 이에 대한 설명으로 옳은 것만을 〈보기〉에서 있는 대로 고른 것은?

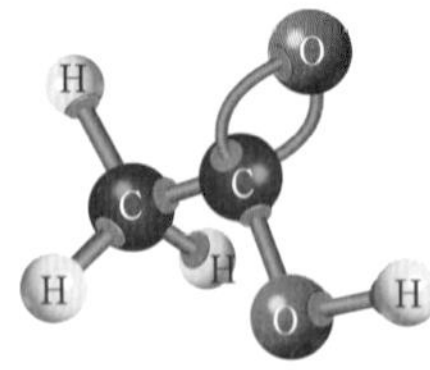

보기
ㄱ. 일반적으로 에탄올을 발효시켜 얻을 수 있다.
ㄴ. 물에 녹으면 수산화 이온(OH^-)을 내놓는다.
ㄷ. 17 ℃보다 낮은 온도에서 고체 상태로 존재한다.

① ㄴ ② ㄷ ③ ㄱ, ㄴ
④ ㄱ, ㄷ ⑤ ㄱ, ㄴ, ㄷ

16 다음은 탄소 화합물 X에 대한 자료이다.

- 구성 원소는 C, H, O이다.
- 물에 녹아 약한 산성을 나타낸다.
- 식초의 주성분이며, 의약품 등에 이용된다.

탄소 화합물 X의 이름을 쓰시오.

17 탄소 화합물의 성질과 이용에 대한 설명으로 옳은 것만을 〈보기〉에서 있는 대로 고르시오.

보기
ㄱ. 아세톤은 접착제나 방부제로 이용된다.
ㄴ. 에탄올은 소독용 알코올이나 약품의 원료로 이용된다.
ㄷ. 아세트산은 아스피린과 같은 의약품의 원료로 이용된다.
ㄹ. 폼알데하이드는 다른 탄소 화합물을 잘 녹여 용매로 많이 이용된다.

18 오른쪽 그림은 플라스틱이 이용된 제품을 나타낸 것으로, 플라스틱은 우리 주위에서 매우 다양하게 활용되고 있다. 플라스틱의 일반적인 특징에 대한 설명으로 옳지 않은 것은?

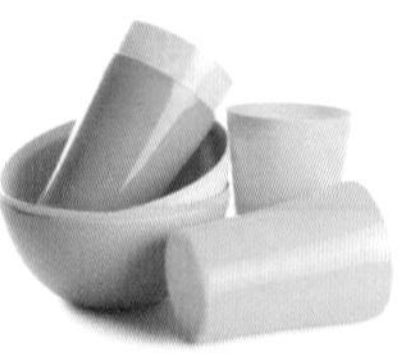

① 탄소 화합물이다.
② 부식되지 않는다.
③ 대량 생산이 어렵다.
④ 석유를 원료로 합성한다.
⑤ 대부분 외부의 힘과 충격에 강하다.

실력을 올리는 실전 문제와 함께 보면 더 좋아요!

A 실생활 문제 해결에 화학이 기여한 사례 구분

다음은 실생활 문제 해결에 기여한 물질 (가)~(라)와 관련된 자료이다.

- (가)는 질소 비료의 원료로 이용되며, (가)의 대량 생산은 농산물의 생산량 증가를 가져와 식량 문제 해결에 기여하였다. ❶
- (나)는 용광로를 이용한 제련 기술 개발로 대량 생산이 가능해져, 교통 발달뿐만 아니라 건축 구조의 변화에 기여하였다. ❷
- (다)는 천연 섬유의 단점을 보완한 매우 질기고 유연한 최초의 합성 섬유로, 다양한 의류용 섬유로 이용되며, 가방, 밧줄, 칫솔 등의 재료로도 이용된다. ❸
- (라)는 버드나무 껍질에서 분리한 살리실산과 아세트산을 합성시켜 만든 것으로 인류의 생명 유지와 건강한 삶에 기여하였다. ❹

① (가)는 암모니아로, 인류의 식량 문제 해결에 기여하였다.
- 하버에 의해 공기 중의 질소와 수소를 반응시켜 암모니아를 대량 합성하는 제조 공정이 개발되었다.
- 암모니아를 원료로 질소 비료를 대량 생산하게 되면서 농산물의 생산량이 증가하였다.

② (나)는 철로, 인류의 주거 문제 해결에 기여하였다.
- 철은 산화물인 철광석의 형태로 존재하므로 철광석을 코크스와 함께 용광로에 넣고, 높은 온도로 가열하여 철광석 속의 산화 철(Fe_2O_3)을 환원시켜 얻는다.
- 철은 건축물의 골조, 배관 등 건축 자재뿐만 아니라 가전제품, 생활용품 등에도 이용된다.

③ (다)는 나일론으로, 인류의 의류 문제 해결에 기여하였다.
- 나일론의 합성으로 본격적인 합성 섬유의 시대를 여는 계기가 되었다.
- 합성 섬유의 개발로 값싸고 다양한 기능을 가진 옷을 입을 수 있게 되었다.

④ (라)는 아스피린으로, 인류의 건강 문제 해결에 기여하였다.
- 아스피린은 버드나무 껍질에서 분리한 살리실산으로 합성한 아세틸 살리실산의 상품명이다.
- 아스피린과 같은 합성 의약품의 개발로 인간의 수명이 늘어나고 질병의 예방과 치료가 쉬워졌다.

❶ 식물에게 필수적인 영양소 중 하나는 질소로, 질소가 많을수록 식물이 잘 자라고 생산량이 증가한다. 이에 따라 식물에 질소를 원활히 공급하기 위해서 질소 비료의 필요성이 대두되었고, 독일의 화학자 하버가 인공적으로 질소 비료의 원료인 암모니아를 합성하여 식량 생산 증대에 큰 공헌을 하였다.

❷ 인구의 증가로 도시가 발달하면서 주거 공간이 부족해짐에 따라 대규모의 건축물을 지을 수 있는 건축 자재의 필요성이 높아졌다. 철은 인류가 가장 많이 사용하는 금속으로, 철의 제련 기술의 개발로 철이 대량으로 생산되었으며, 철근 콘크리트, 시멘트, 유리와 같은 건축용 재료가 개발됨에 따라 높은 건물을 튼튼하고 빠르게 지을 수 있게 되었다.

❸ 천연 섬유는 기후에 따라 생산량의 차이가 있고 쉽게 닳는 등의 단점이 있다. 이러한 문제를 최초로 해결한 것이 나일론이며, 나일론을 시작으로 폴리에스터, 폴리아크릴로 나이트릴과 같은 합성 섬유가 개발되었다.

❹ 아스피린은 살리실산과 아세트산을 반응시켜 만든 최초의 합성 의약품으로, 진통제 및 해열제로 이용된다.

실력을 올리는 실전 문제 찾아가기

- 화학이 실생활 문제 해결에 기여한 사례를 구분하는 문제_01, 02

B 탄소 화합물과 연소 생성물

그림은 탄소 화합물 (가)~(다)의 구조를 모형으로 나타낸 것이다.

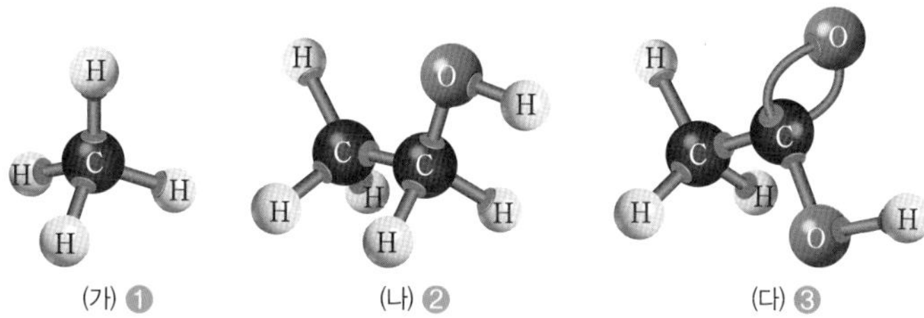

(가) ❶ (나) ❷ (다) ❸

① 탄소 화합물 (가)~(다)를 완전 연소시키면 이산화 탄소(CO_2)와 물(H_2O)이 생성된다.

② (가)~(다) 각각 1분자를 완전 연소시켰을 때 생성되는 CO_2와 H_2O의 분자 수비
- CO_2 분자 수=탄소 화합물 1분자를 구성하는 C 원자 수
  → 1분자를 구성하는 C 원자 수가 (가)는 1, (나)는 2, (다)는 2이므로 생성되는 CO_2의 분자 수비는 (가) : (나) : (다)=1 : 2 : 2이다.
- H_2O 분자 수$=\frac{1}{2}\times$(탄소 화합물 1분자를 구성하는 H 원자 수)
  → 1분자를 구성하는 H 원자 수가 (가)는 4, (나)는 6, (다)는 4이므로 생성되는 H_2O의 분자 수비는 (가) : (나) : (다)=2 : 3 : 2이다.

❶ (가)는 1개의 C 원자를 중심으로 4개의 H 원자가 정사면체의 입체 구조를 이룬다.

❷ (나)에는 $-OH$가 포함되어 있지만 물에 녹아 이온화하지 않으므로 (나) 수용액은 중성이다.

❸ (다)는 물에 녹아 수소 이온(H^+)을 내놓으므로 (다) 수용액은 산성을 나타낸다.

실력을 올리는 실전 문제 찾아가기

- 탄소 화합물의 구조적 특징을 이용하여 탄소 화합물의 특징을 유추하는 문제_04, 05
- 구성 원자와 관련된 자료로부터 탄소 화합물의 성질을 유추하는 문제_07

01 다음은 철의 제련과 암모니아의 합성에 관한 설명이다.

- 용광로 속에서 철광석을 일산화 탄소와 반응시키면 산화 철이 환원되어 (㉠)이/가 얻어진다.
- 하버는 공기 중의 (㉡)과/와 수소를 반응시켜 (㉢)을/를 대량으로 합성하는 제조 공정을 고안하였다.

이에 대한 설명으로 옳은 것만을 〈보기〉에서 있는 대로 고른 것은?

보기

ㄱ. ㉠은 강도가 높아 건축물에 활용된다.
ㄴ. ㉡은 공기 중에서 다른 물질과 쉽게 반응한다.
ㄷ. ㉢으로 만든 질소 비료는 식량 증대에 크게 기여하였다.

① ㄱ ② ㄷ ③ ㄱ, ㄴ
④ ㄱ, ㄷ ⑤ ㄴ, ㄷ

02 다음은 화학이 인류의 문제 해결에 기여한 2가지 반응에 대한 설명이다.

(가) 살리실산과 ㉠아세트산을 반응시켜 해열·진통제인 ㉡아스피린을 합성하였다.
(나) ㉢나일론이 합성된 이후 합성 섬유들이 개발되었고, 합성 섬유와 합성염료를 이용한 옷을 입을 수 있게 되었다.

이에 대한 설명으로 옳은 것만을 〈보기〉에서 있는 대로 고른 것은?

보기

ㄱ. ㉠은 분자당 탄소 원자 수가 2이다.
ㄴ. ㉡과 ㉢은 모두 탄소 화합물이다.
ㄷ. (가)와 (나)는 모두 화학이 의류 문제의 해결에 기여한 사례이다.

① ㄱ ② ㄷ ③ ㄱ, ㄴ
④ ㄴ, ㄷ ⑤ ㄱ, ㄴ, ㄷ

03 그림은 3가지 탄소 화합물을 분류하는 과정을 나타낸 것이다.

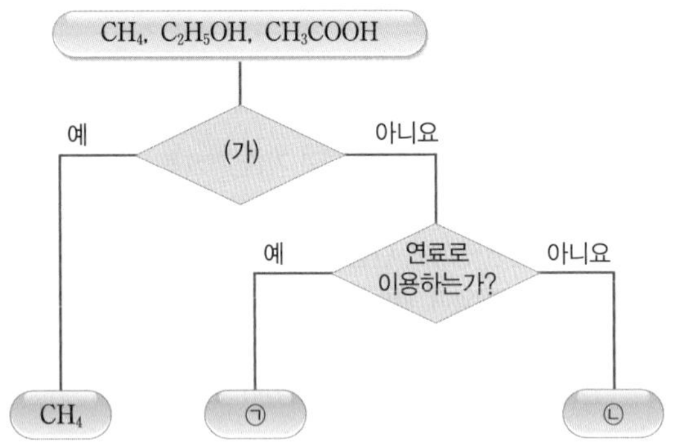

이에 대한 설명으로 옳은 것만을 〈보기〉에서 있는 대로 고른 것은?

보기

ㄱ. (가)의 분류 기준은 '탄화수소인가?'가 가능하다.
ㄴ. ㉠은 C_2H_5OH이다.
ㄷ. ㉡은 식초의 성분으로 이용된다.

① ㄱ ② ㄷ ③ ㄱ, ㄴ
④ ㄴ, ㄷ ⑤ ㄱ, ㄴ, ㄷ

04 그림은 탄소 화합물 (가)~(다)의 구조를 모형으로 나타낸 것이다.

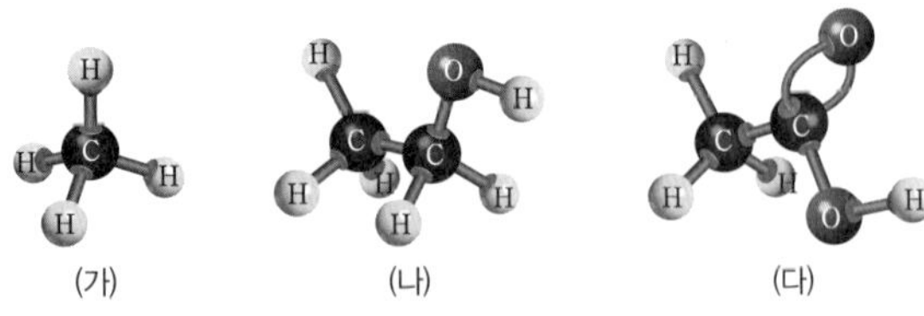

이에 대한 설명으로 옳은 것만을 〈보기〉에서 있는 대로 고른 것은?

보기

ㄱ. (가)와 (나)는 모두 물에 잘 녹는다.
ㄴ. (다)는 일반적으로 (나)를 발효시켜 얻을 수 있다.
ㄷ. (나)와 (다)는 상온에서 액체 상태로 존재한다.

① ㄱ ② ㄴ ③ ㄱ, ㄷ
④ ㄴ, ㄷ ⑤ ㄱ, ㄴ, ㄷ

05 그림은 탄소 화합물 (가), (나)의 구조를 모형으로 나타낸 것이다.

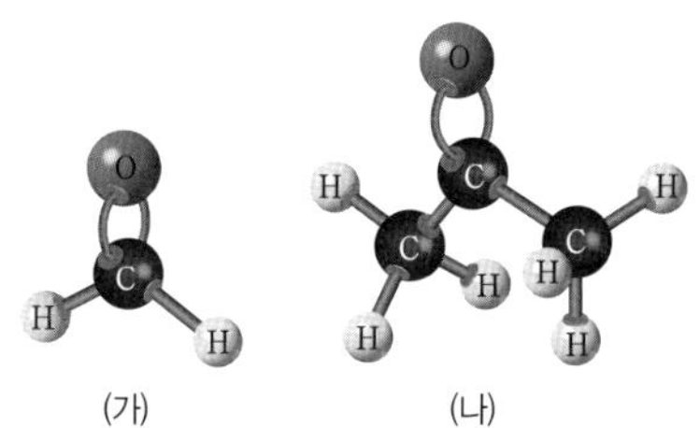

(가)와 (나)의 공통점으로 옳은 것만을 〈보기〉에서 있는 대로 고른 것은?

보기
ㄱ. 구성 원소의 종류는 3가지이다.
ㄴ. 물에 대한 용해도가 크다.
ㄷ. 한 분자당 $\frac{\text{H 원자 수}}{\text{C 원자 수}}$가 2이다.

① ㄱ ② ㄷ ③ ㄱ, ㄴ
④ ㄴ, ㄷ ⑤ ㄱ, ㄴ, ㄷ

06 그림은 화학이 일상생활의 문제 해결에 중요한 역할을 한 사례를 나타낸 것이다.

아스피린의 합성

플라스틱의 합성

이에 대한 설명으로 옳은 것만을 〈보기〉에서 있는 대로 고른 것은?

보기
ㄱ. 아스피린은 최초로 합성된 의약품이다.
ㄴ. 플라스틱은 금속보다 가볍고, 열에 강하다.
ㄷ. 대부분의 의약품과 플라스틱은 탄소 화합물이다.

① ㄱ ② ㄴ ③ ㄱ, ㄷ
④ ㄴ, ㄷ ⑤ ㄱ, ㄴ, ㄷ

07 다음은 탄소 화합물 (가)~(다)에 대한 자료이다. (가)~(다)는 메테인, 에탄올, 아세트산 중 하나이다.

- (가)와 (나)는 분자당 수소 원자 수가 같다.
- (나)와 (다)는 구성 원소의 가짓수가 같다.

이에 대한 설명으로 옳은 것만을 〈보기〉에서 있는 대로 고른 것은?

보기
ㄱ. (가)는 액화 천연가스의 주성분이다.
ㄴ. (나)와 (다)는 물에 녹아 산성을 나타낸다.
ㄷ. 완전 연소시킬 때, 한 분자당 생성되는 CO_2의 양은 (다)가 (가)의 2배이다.

① ㄱ ② ㄴ ③ ㄱ, ㄷ
④ ㄴ, ㄷ ⑤ ㄱ, ㄴ, ㄷ

➲수능기출 변형

08 다음은 스타이로폼 공과 이쑤시개를 이용하여 탄화수소 X와 Y의 분자 모형을 제작한 후 구조를 알아보는 실험이다.

(가) 탄소 원자는 검은 공으로 최대 4개의 원자와 결합하고, 수소 원자는 흰 공으로 1개의 원자와 결합하며, 공유 전자쌍 1개는 이쑤시개 1개를 사용하여 모형을 제작할 수 있다.
(나) 표에 제시된 개수만큼 사용하여 탄화수소 X와 Y의 모형을 제작한다.

탄화수소	모형 1개 제작에 필요한 준비물의 개수		
	이쑤시개	검은 공	흰 공
X	10	a	8
Y	6	b	c

이에 대한 설명으로 옳은 것만을 〈보기〉에서 있는 대로 고른 것은?

보기
ㄱ. $a+b+c=9$이다.
ㄴ. X의 분자식은 C_3H_8이다.
ㄷ. Y는 탄소 원자 사이에 2중 결합을 형성한다.

① ㄱ ② ㄷ ③ ㄱ, ㄴ
④ ㄴ, ㄷ ⑤ ㄱ, ㄴ, ㄷ

02 몰과 화학식량

한눈에 정리하는 출제 경향

- 몰과 아보가드로수의 관계 파악하기
- 몰과 질량, 몰과 부피의 관계 파악하기

핵심 개념
몰, 아보가드로수, 화학식량, 몰과 질량, 몰과 부피
몰?

1 몰과 아보가드로수

1 몰과 아보가드로수 – 몰(mole)의 단위는 '몰' 또는 'mol'로 나타낸다.

① 몰: 원자, 분자, 이온 등과 같이 매우 작은 입자를 세는 묶음 단위❶

② 1몰: 입자 6.02×10^{23}개가 모인 것이며, 이 수를 아보가드로수라고 한다.

> 아보가드로수$=6.02\times10^{23}$❷

◀ 흑연 1몰은 탄소 원자 6.02×10^{23}개이다. (수소 / 산소 / 탄소)

물 1몰은 물 분자 6.02×10^{23}개이다. ▶

③ 묶음 단위인 몰을 사용하는 까닭: 물질을 구성하는 원자, 분자 등의 입자는 매우 작고 가벼워서 물질의 양이 적어도 그 속에는 매우 많은 수의 입자가 포함되어 있으므로 묶음 단위를 사용하면 편리하다.

2 몰과 입자의 개수

① 몰과 입자 수의 관계❸

> 입자 수(개)$=$몰(mol)$\times(6.02\times10^{23}$(개)/mol)

② 모든 물질 1몰에는 그 물질을 구성하는 입자가 6.02×10^{23}개 들어 있다.

구분	1몰의 의미	몰과 입자 수의 관계
원자	6.02×10^{23}개의 원자	• 탄소(C) 원자 1몰 → 탄소 원자 $1\times(6.02\times10^{23})$개 • 수소(H) 원자 0.5몰 → 수소 원자 $0.5\times(6.02\times10^{23})$개
분자	6.02×10^{23}개의 분자	• 물(H_2O) 분자 1몰 → 물 분자 $1\times(6.02\times10^{23})$개 • 산소($O_2$) 분자 0.1몰 → 산소 분자 $0.1\times(6.02\times10^{23})$개
이온	6.02×10^{23}개의 이온	• 칼륨 이온(K^+) 1몰 → 칼륨 이온 $1\times(6.02\times10^{23})$개 • 염화 이온($Cl^-$) 2몰 → 염화 이온 $2\times(6.02\times10^{23})$개

분자를 구성하는 원자의 양(mol)❹ 분자는 원자들의 공유 결합으로 형성되므로 분자를 구성하는 원자 수비는 원자의 몰비와 같다.

분자의 양(mol)으로부터 그 분자를 구성하는 원자의 양(mol)을 알 수 있다.

예 이산화 탄소(CO_2) 분자 1몰에는 탄소(C) 원자 1몰과 산소(O) 원자 2몰이 들어 있다.

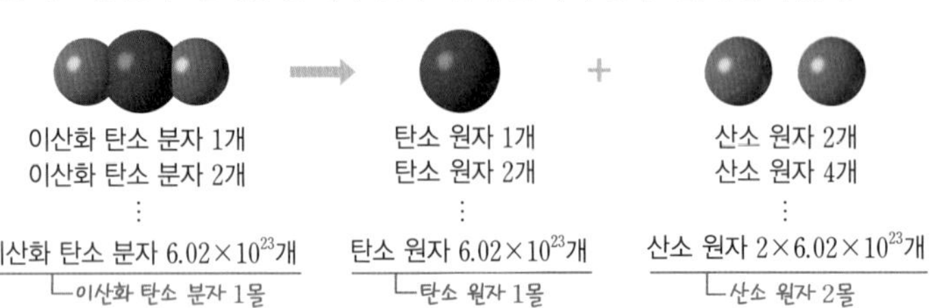

확인 문제 1

1 원자나 분자의 개수를 나타낼 때 사용하는 묶음 단위를 (　　　)(이)라고 한다.

2 1몰은 입자 (　　　)개가 모인 것이며, 이 수를 (　　　)(이)라고 한다.

3 물(H_2O) 1몰에는 H 원자 (　　　)몰과 O 원자 (　　　)몰이 들어 있다.

4 H_2 분자 0.5몰에 들어 있는 H 원자의 개수를 구하시오.

plus 개념

❶ 일상생활에서 사용하는 묶음 단위
- 연필 한 다스=연필 12자루
- 달걀 한 판=달걀 30개
- 배추 한 접=배추 100포기
- 오징어 한 축=오징어 20마리

❷ 아보가드로수의 크기 가늠하기
- 가로, 세로, 높이가 각각 1 mm인 모래 알갱이가 아보가드로수만큼 있다면 우리나라의 전체 면적을 약 3000 m 높이로 덮을 수 있다.
- 농구공 6.02×10^{23}개를 모아 놓으면 지구만 한 크기의 행성을 만들 수 있다.

❸ 아보가드로수를 이용한 물질의 양(mol) 구하기

$$\text{몰(mol)}=\frac{\text{입자 수}}{6.02\times10^{23}/\text{mol}}$$

1몰의 입자 수
1몰(mol)=입자 6.02×10^{23}개

❹ 분자를 구성하는 원자의 몰비

분자를 구성하는 원자의 몰비는 구성 원자 수비와 같다.

분자	구성 원자의 몰비
H_2O	H : O=2 : 1
CH_4	C : H=1 : 4
NH_3	N : H=1 : 3

바른답 • 알찬풀이 5쪽

2 몰과 질량

1 화학식량

┌넓은 의미로는 물질의 화학식을 구성하는 원자들의 원자량을 모두 합한 값으로, 원자량, 분자량 등이 모두 화학식량에 속한다.

① 원자량: 질량수가 12인 탄소(^{12}C) 원자의 질량을 12로 하고, 이를 기준으로 하여 나타낸 원자의 상대적인 질량⑤

└원자량은 상대적인 값이므로 단위가 없다.

원자	수소 원자(H)	산소 원자(O)
^{12}C에 대한 질량비	C 원자 1개 / H 원자 12개 ^{12}C 1개의 질량=H 12개의 질량 ➡ H의 질량$=\frac{1}{12}\times$(^{12}C 1개의 질량)	C 원자 4개 / O 원자 3개 ^{12}C 4개의 질량=O 3개의 질량 ➡ O의 질량$=\frac{4}{3}\times$(^{12}C 1개의 질량)
원자량	1	16

② 분자량: 분자를 이루고 있는 원자들의 원자량을 모두 합한 값 ─ 분자량은 화학식량의 한 종류이다.

예 물(H_2O) 분자의 분자량

물 분자는 산소 원자 1개와 수소 원자 2개로 이루어져 있으므로, 분자량은 산소 원자 1개의 원자량과 수소 원자 2개의 원자량을 합한 값이다.

=

+

물(H_2O)의 분자량	=	산소(O)의 원자량 ×산소 원자 수	+	수소(H)의 원자량 ×수소 원자 수
18.0	=	16.0×1	+	1.0×2

┌화학식량은 분자량을 포함하는 더 넓은 개념의 상대적인 질량을 의미한다.

③ 화학식량: 물질의 화학식을 이루고 있는 각 원소의 원자량을 모두 합한 값⑥

예 염화 나트륨(NaCl)의 화학식량

염화 나트륨처럼 분자로 존재하지 않는 물질은 그 물질에 들어 있는 구성 입자의 비로 화학식을 나타내므로, 상대적 질량을 화학식량으로 나타낸다. 염화 나트륨은 수많은 Na^+과 Cl^-이 1 : 1의 개수비로 결합하여 이루어진 물질이므로 Na 원자 1개와 Cl 원자 1개의 원자량을 합한 값으로 화학식량을 나타낸다.⑦

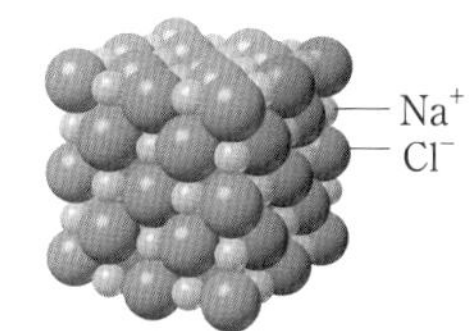

NaCl의 화학식량	=	Na의 원자량	+	Cl의 원자량
58.5	=	23.0	+	35.5

2 몰과 질량 자료 분석 특강 24쪽 A, B

① 1몰의 질량: 화학식량에 g을 붙인 양 ─ 물질 1몰의 질량을 몰 질량(g/mol)이라고도 한다.

- 원자 1몰의 질량: 원자량 g 예 탄소(C)의 원자량: 12.0 → C 원자 1몰의 질량: 12.0 g
- 분자 1몰의 질량: 분자량 g 예 이산화 탄소(CO_2)의 분자량: 44.0 → CO_2 분자 1몰의 질량: 44.0 g
- 이온 결합 물질 1몰의 질량: 화학식량 g 예 탄산 칼슘($CaCO_3$)의 화학식량: 100.0 → $CaCO_3$ 1몰의 질량: 100.0 g

② 물질의 양(mol): 물질의 질량(g)을 그 물질 1몰의 질량으로 나누어서 구한다.

└물 질량

$$\text{물질의 양(mol)}=\frac{\text{물질의 질량(g)}}{\text{물질 1몰의 질량(g/mol)}}$$

→ 물질의 질량(g)=물질의 양(mol) × 물질 1몰의 질량(g/mol)

---

plus 개념

⑤ 질량수

원자핵을 구성하는 양성자수와 중성자수의 합이다.

질량수=양성자수+중성자수

Q. 주기율표에서 탄소의 원자량은 왜 12.01일까?

A. 탄소는 중성자수가 달라 질량수가 12, 13, 14로 다른 동위 원소들이 존재하는데, 이 원자들의 존재비를 고려하여 계산한 평균 원자량으로 나타냈기 때문이다.

평균 원자량은 Ⅱ. 원자의 세계 05. 원자의 구조에서 확인할 수 있다.

✖ 몇 가지 원자의 실제 질량

원자	원자 1개의 질량(g)
H	1.67×10^{-24}
C	1.99×10^{-23}
O	2.66×10^{-23}

⑥ 화학식과 화학식량

화학식은 분자식을 포함하는 개념으로 분자를 나타내는 식을 분자식이라 하고, 분자로 존재하지 않는 물질은 화학식으로 나타낸다. 따라서 분자로 존재하지 않는 물질의 양은 화학식량으로 나타낸다.

⑦ 이온 결합 물질의 화학식

이온 결합 물질은 수많은 양이온과 음이온이 결합하여 이루어진 물질이므로 양이온과 음이온의 결합 개수비로 화학식을 나타낸다.

- 1몰의 질량=(화학식량) g
- 물질의 양(mol)$=\frac{\text{질량(g)}}{\text{1몰의 질량(g/mol)}}$

용어 돋보기

- 입자(낟알 粒, 아들 子): 아주 작고 거의 눈에 보이지 않을 정도의 작은 물체이다.

02 몰과 화학식량

3 몰과 기체의 부피

1 몰과 기체의 부피 자료 분석 특강 24쪽 B

① 아보가드로 법칙: 같은 온도와 압력에서 모든 기체는 같은 부피 속에 같은 수의 분자가 들어 있다.⑧ — 아보가드로 법칙은 기체의 종류에 관계없이 모든 기체에 대하여 성립한다.

② 기체 1몰의 부피: 모든 기체는 0 ℃, 1기압에서 1몰의 부피가 22.4 L로 일정하며, 6.02×10^{23}개의 기체 분자가 들어 있다.
└ 기체의 부피는 온도와 압력에 따라 달라지므로 1몰의 부피도 온도와 압력에 따라 달라진다.

$$\text{기체의 양(mol)} = \frac{\text{기체의 부피(L)}}{22.4\ \text{L/mol}}\ (0\ ℃,\ 1\text{기압})$$

③ 0 ℃, 1기압에서 기체 1몰의 질량, 부피, 분자 수

구분	수소(H_2) 1몰	질소(N_2) 1몰	암모니아(NH_3) 1몰
모형			
질량	2 g 분자량: 2	28 g 분자량: 28	17 g 분자량: 17
부피	22.4 L	22.4 L	22.4 L
분자 수	6.02×10^{23}개	6.02×10^{23}개	6.02×10^{23}개

기체의 종류에 관계없이 1몰의 부피는 22.4 L로 같다.

2 고체, 액체, 기체 1몰의 질량과 부피 체험하기

탐구 활동

과정 »
다음 각 물질 1 mol의 양을 측정하는 방법을 알아보고, 그 방법대로 질량 또는 부피를 측정해 본다.

염화 나트륨, 구리, 물, 헬륨, 에탄올, 산소

결과 »

물질	염화 나트륨	구리	물	헬륨	에탄올	산소
질량 또는 부피 (25 ℃, 1기압)	58.5 g	64 g	18 g	4 g, 24 L	46 g	32 g, 24 L

정리 »
- 물질마다 1몰의 질량이 나른 까닭은 각 물질의 화학식량이 다르기 때문이다. → 1몰의 질량은 다르지만, 1몰에 포함된 입자 수는 6.02×10^{23}개로 모두 같다.
- 온도와 압력이 같을 때 모든 기체는 같은 부피 속에 같은 수의 분자가 들어 있으므로 기체인 헬륨과 산소는 1몰의 부피가 같다.

확인 문제 2 3

5 다음 화합물의 화학식량을 구하시오(단, H, C, O, Mg의 원자량은 각각 1, 12, 16, 24이다.).
(1) 메탄올(CH_3OH) (2) 산화 마그네슘(MgO) (3) 아세트산(CH_3COOH)

6 0 ℃, 1기압에서 모든 기체 1몰의 부피는 (   ) L이다.

7 0 ℃, 1기압에서 다음 각 기체의 양(mol)을 구하시오(단, 0 ℃, 1기압에서 기체 1몰의 부피는 22.4 L이다.).
(1) $O_2(g)$ 5.6 L (2) $CH_4(g)$ 44.8 L (3) $HCl(g)$ 11.2 L

---

plus 개념

⑧ 아보가드로 법칙
이탈리아의 과학자 아보가드로가 분자 개념을 도입하고, '기체는 같은 부피 속에 같은 수의 분자를 포함한다.'라는 가설을 발표하였다. 이 가설은 오랜 시간 후 실험으로 증명되어 아보가드로 법칙으로 불리게 되었다.

온도와 압력이 같을 때 기체의 종류와 관계없이 기체 1몰의 부피는 같다. 그러나 각 기체의 화학식량이 다르므로 1몰의 질량은 기체의 종류에 따라 다르다.

물질 1 mol이 나타내는 의미
- 입자 수: 6.02×10^{23}개
- 질량: 화학식량에 g을 붙인 값
- 기체의 부피: 22.4 L(0 ℃, 1기압)

몰, 질량, 입자 수, 기체의 부피 사이의 관계(0 ℃, 1기압)

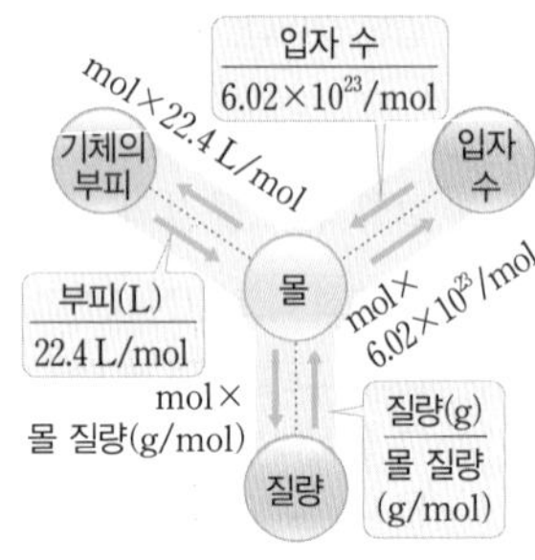

아보가드로 법칙을 이용하여 기체의 분자량 구하기
같은 온도와 압력에서 모든 기체는 같은 부피 속에 같은 수의 분자를 포함하고 있으므로 같은 부피의 두 기체의 질량비는 분자량비와 같다. 또한 밀도=$\frac{\text{질량}}{\text{부피}}$이므로 부피가 같을 때 두 기체의 질량비는 밀도비와 같다.

$$\frac{\text{기체 A의 질량}}{\text{기체 B의 질량}} = \frac{\text{기체 A의 분자량}}{\text{기체 B의 분자량}} = \frac{\text{기체 A의 밀도}}{\text{기체 B의 밀도}}$$

용어 돋보기

- **원자**(근원 原, 아들 子): 물질을 구성하는 기본 입자이다.
- **분자**(나눌 分, 아들 子): 물질의 성질을 가지는 가장 작은 입자이다.

개념을 다지는 기본 문제

바른답 • 알찬풀이 5쪽

1 몰과 아보가드로수

01 다음의 (가)와 (나)에서 설명하는 것은 무엇인지 각각 쓰시오.

> (가) 원자, 분자, 이온 등과 같이 매우 작은 입자를 세는 묶음 단위이다.
> (나) 1몰은 입자 6.02×10^{23}개가 모인 것인데, 6.02×10^{23}을 뜻하는 말이다.

02 몰에 대한 설명으로 옳은 것만을 ⟨보기⟩에서 있는 대로 고른 것은?

> 보기
> ㄱ. 물질 1 g에 들어 있는 입자의 수이다.
> ㄴ. 1몰은 6.02×10^{23}개의 입자를 뜻한다.
> ㄷ. 원자와 같이 매우 작은 입자의 수를 나타낼 때 사용한다.

① ㄱ ② ㄴ ③ ㄱ, ㄷ
④ ㄴ, ㄷ ⑤ ㄱ, ㄴ, ㄷ

03 다음은 아보가드로수에 대한 설명이다.

> 아보가드로수는 질량수가 12인 ^{12}C 12 g에 들어 있는 ^{12}C 원자 수이며, N_A로 나타낸다.

이에 대한 설명으로 옳은 것만을 ⟨보기⟩에서 있는 대로 고른 것은?

> 보기
> ㄱ. ^{12}C 원자 1몰에 들어 있는 원자 수는 N_A개이다.
> ㄴ. ^{12}C 원자 1개의 질량은 $\frac{12}{N_A}$ g이다.
> ㄷ. O 원자 12 g에는 O 원자 N_A개가 들어 있다.

① ㄱ ② ㄷ ③ ㄱ, ㄴ
④ ㄴ, ㄷ ⑤ ㄱ, ㄴ, ㄷ

서술형

04 NH_3 1몰에는 N 원자와 H 원자가 각각 몇 몰이 들어 있는지를 NH_3의 구성 원자 수비를 이용하여 설명하시오.

2 몰과 질량

05 다음 (　　) 안에 들어갈 알맞은 말을 쓰시오.

> (가) ^{12}C의 질량을 12로 하고, 이를 기준으로 하여 나타낸 원자들의 상대적인 질량을 (　　)(이)라고 한다.
> (나) (　　)은/는 분자를 구성하는 원자의 원자량을 모두 합한 값이다.
> (다) 물질의 화학식을 이루고 있는 각 원소의 원자량을 모두 합한 값을 (　　)(이)라고 한다.

06 원자량에 대한 설명으로 옳은 것은?

① 원자 1개의 실제 질량이다.
② 원자 1 g의 상대적인 질량이다.
③ 단위는 g이나 kg을 사용한다.
④ 질량수가 12인 ^{12}C를 기준으로 한 값이다.
⑤ C 원자의 평균 원자량과 비교한 상대적 질량이다.

중요

07 다음은 원자량에 대한 설명이다.

> 원자량은 질량수가 12인 탄소(^{12}C) 원자의 질량을 12로 정하고, 이것을 기준으로 하여 나타낸 원자의 상대적인 질량이다.

^{12}C의 원자량을 24로 가정하였을 때, 이에 대한 설명으로 옳은 것만을 ⟨보기⟩에서 있는 대로 고른 것은?

> 보기
> ㄱ. 원자량이 2배가 된다.
> ㄴ. 원자의 실제 질량이 2배가 된다.
> ㄷ. ^{12}C 12 g에 들어 있는 ^{12}C 원자 수가 2배가 된다.

① ㄱ ② ㄷ ③ ㄱ, ㄴ
④ ㄴ, ㄷ ⑤ ㄱ, ㄴ, ㄷ

08 다음 화합물의 화학식량을 구하시오(단, H, C, N, O, S의 원자량은 각각 1, 12, 14, 16, 32이다.).

(1) SO_2
(2) N_2H_4
(3) C_2H_5OH

중요

09 그림은 원자 X～Z의 상대적인 질량을 비교한 것이다.

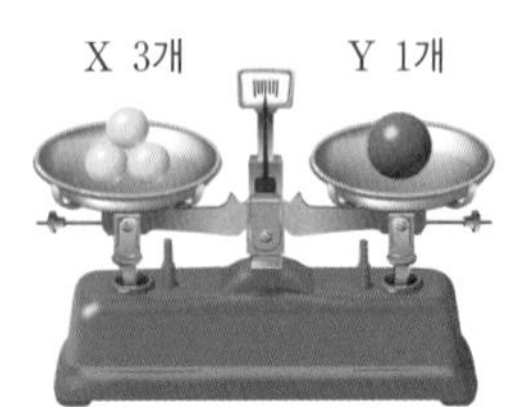

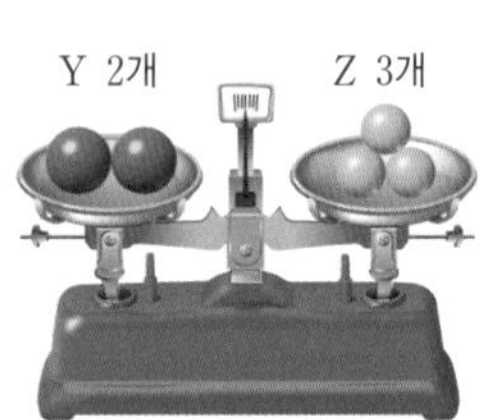

이에 대한 설명으로 옳은 것만을 〈보기〉에서 있는 대로 고른 것은?(단, X～Z는 임의의 원소 기호이다.)

보기
ㄱ. 원자량비는 X : Z=1 : 2이다.
ㄴ. 원자 1몰의 질량은 Z가 Y의 1.5배이다.
ㄷ. 원자 1개의 실제 질량은 X가 Y의 3배이다.

① ㄱ ② ㄴ ③ ㄱ, ㄷ
④ ㄴ, ㄷ ⑤ ㄱ, ㄴ, ㄷ

10 표는 2가지 분자의 분자량을 나타낸 것이다.

분자	AB	AB_2
분자량	28	44

A와 B의 원자량을 옳게 짝 지은 것은?(단, A, B는 임의의 원소 기호이다.)

	A	B		A	B
①	6	8	②	6	16
③	12	16	④	18	24
⑤	24	32			

중요

11 (가)～(다)를 입자 수가 많은 것부터 순서대로 쓰시오(단, H, C, N, O의 원자량은 각각 1, 12, 14, 16이고, 아보가드로수는 6.02×10^{23}이다.).

(가) 수소(H_2) 2 g에 들어 있는 수소 분자 수
(나) 물(H_2O) 분자 3.01×10^{23}개
(다) 1몰의 암모니아(NH_3)에 들어 있는 수소 원자 수

12 오른쪽 그림은 메탄올의 구조를 모형으로 나타낸 것이다. 이에 대한 설명으로 옳은 것만을 〈보기〉에서 있는 대로 고른 것은?(단, H, C, O의 원자량은 각각 1, 12, 16이다.)

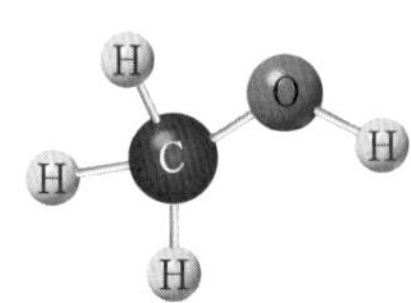

보기
ㄱ. 분자량은 32이다.
ㄴ. 분자 1개의 질량은 32 g이다.
ㄷ. 메탄올 1몰에 들어 있는 수소 원자는 4몰이다.

① ㄱ ② ㄴ ③ ㄱ, ㄷ
④ ㄴ, ㄷ ⑤ ㄱ, ㄴ, ㄷ

13 그림은 원자 A～C의 원자량과 원자 1개의 질량을 나타낸 것이다.

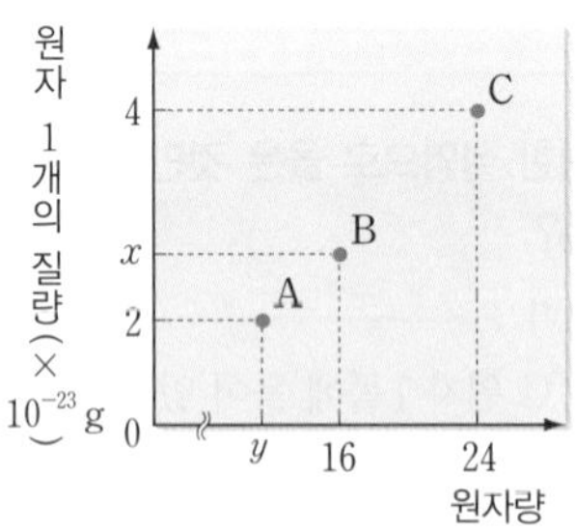

이에 대한 설명으로 옳은 것만을 〈보기〉에서 있는 대로 고른 것은?(단, A～C는 임의의 원소 기호이다.)

보기
ㄱ. $xy=16$이다.
ㄴ. 원자 1몰의 질량은 C가 B의 1.5배이다.
ㄷ. 1 g에 들어 있는 원자 수비는 A : B=4 : 3이다.

① ㄱ ② ㄴ ③ ㄱ, ㄷ
④ ㄴ, ㄷ ⑤ ㄱ, ㄴ, ㄷ

3 몰과 기체의 부피

14 0 °C, 1기압에서 산소(O_2) 기체 11.2 L가 있다. 다음을 구하시오(단, O의 원자량은 16이고, 아보가드로수는 6.02×10^{23}이다.).

(1) O_2의 양(mol) (2) O_2의 질량(g)
(3) O 원자의 양(mol) (4) O_2의 분자 수(개)

15 0 °C, 1기압에서 11.2 L의 메테인(CH_4) 기체가 풍선 속에 들어 있다. 이에 대한 설명으로 옳은 것은?(단, H, C의 원자량은 각각 1, 12이고, 아보가드로수는 N이다.)

① 총 원자 수는 $5N$이다.
② CH_4의 질량은 16 g이다.
③ CH_4의 분자 수는 N이다.
④ H 원자의 양(mol)은 4몰이다.
⑤ 원자의 총 질량은 C가 H의 3배이다.

[16~17] 오른쪽 그림은 t °C, 1기압에서 실린더에 들어 있는 암모니아(NH_3) 기체의 질량과 부피를 나타낸 것이다. 물음에 답하시오.

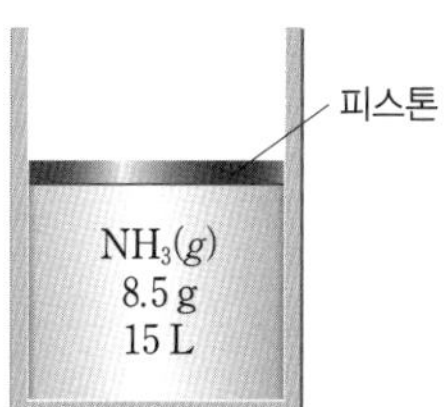

16 t °C, 1기압에서 실린더에 들어 있는 H의 원자 수와 입자 수가 같은 것만을 〈보기〉에서 있는 대로 고른 것은?(단, H, N의 원자량은 각각 1, 14이다.)

보기
ㄱ. $H_2(g)$ 45 L에 들어 있는 수소 분자 수
ㄴ. $N_2(g)$ 42 g에 들어 있는 질소 원자 수
ㄷ. $N_2H_4(g)$ 1.5몰에 들어 있는 총 원자 수

① ㄱ ② ㄴ ③ ㄱ, ㄷ
④ ㄴ, ㄷ ⑤ ㄱ, ㄴ, ㄷ

서술형

17 t °C, 1기압에서 $NH_3(g)$ 1몰의 부피를 구하고, 그 과정을 설명하시오.

중요

18 다음은 25 °C, 1기압에서 이산화 탄소(CO_2) V L의 질량과 분자 수를 구하는 과정이다.

(가) CO_2 V L의 양(mol)을 구한다.
CO_2의 양(mol)$=\frac{V}{㉠}$몰
(나) CO_2의 양(mol)으로부터 CO_2의 질량을 구한다.
CO_2의 질량$=$(CO_2의 양(mol)$\times$㉡) g
(다) CO_2의 양(mol)으로부터 CO_2의 분자 수를 구한다.
CO_2의 분자 수$=CO_2$의 양(mol)$\times$㉢

이에 대한 설명으로 옳은 것만을 〈보기〉에서 있는 대로 고른 것은?

보기
ㄱ. ㉠은 22.4이다.
ㄴ. ㉡은 CO_2의 분자량이다.
ㄷ. ㉢은 아보가드로수이다.

① ㄱ ② ㄷ ③ ㄱ, ㄴ
④ ㄴ, ㄷ ⑤ ㄱ, ㄴ, ㄷ

중요

19 표는 0 °C, 1기압에서 3가지 기체 (가)~(다)에 대한 자료이다.

기체	(가)	(나)	(다)
분자식	X_2	YX_4	Z
부피(L)	44.8	11.2	22.4
질량(g)	4	8	4

이에 대한 설명으로 옳은 것만을 〈보기〉에서 있는 대로 고른 것은?(단, X~Z는 임의의 원소 기호이고, 0 °C, 1기압에서 기체 1몰의 부피는 22.4 L이다.)

보기
ㄱ. 분자량은 (나)가 (가)의 2배이다.
ㄴ. 원자량은 Z가 X의 4배이다.
ㄷ. 1 g에 들어 있는 기체의 총 원자 수는 (나)가 가장 많다.

① ㄱ ② ㄴ ③ ㄱ, ㄷ
④ ㄴ, ㄷ ⑤ ㄱ, ㄴ, ㄷ

자료 분석 특강

실력을 올리는 실전 문제와
함께 보면 더 좋아요!

A 몰과 분자의 질량 관계 해석

표는 용기 (가)와 (나)에 들어 있는 화합물 X_2Y와 X_2Y_2에 대한 자료이다.

구분	화합물의 질량(g)		용기 내 전체 원자 수
	X_2Y	X_2Y_2	
(가)	a	$2b$	$19N$
(나)	$2a$	b	$14N$

① (가)와 (나)에서 각 화합물의 양(mol) 비교

- X_2Y의 질량은 용기 (나)가 (가)의 2배이므로 X_2Y의 양(mol)도 (나)가 (가)의 2배이다.
- X_2Y_2의 질량은 (가)가 (나)의 2배이므로 X_2Y_2의 양(mol)도 (가)가 (나)의 2배이다.

② (가)와 (나)에서의 Y 원자 수비 구하기

- (가)에서 X_2Y의 분자 수를 x라고 하면 (나)에서는 $2x$이고, (나)에서 X_2Y_2의 분자 수를 y라고 하면 (가)에서는 $2y$이다.
- (가)에서 용기 내 전체 원자 수는 $3x+8y=19N$이고, (나)에서 용기 내 전체 원자의 수는 $6x+4y=14N$이므로 $x=N$, $y=2N$이다. ❶
- (가)에서 Y 원자 수는 $N+8N=9N$이고, (나)에서 Y 원자 수는 $2N+4N=6N$이므로 $\frac{\text{(가)에서 Y 원자 수}}{\text{(나)에서 Y 원자 수}}=\frac{9N}{6N}=\frac{3}{2}$이다. ❷

❶ (가)에서 X_2Y의 분자 수를 x라 하고, (나)에서 X_2Y_2의 분자 수를 y라 할 때, X_2Y 한 분자를 이루는 원자 수는 3이고, X_2Y_2 한 분자를 이루는 원자 수는 4이므로 (가)에서 용기 내 전체 원자 수는 $3x+4\times2y=3x+8y=19N$이다. (나)에서 용기 내 전체 원자 수는 $3\times2x+4\times y=6x+4y=14N$이다.

❷ (가)와 (나)에서 X의 원자 수비: (가)에서 X 원자 수는 $2N+8N=10N$이고, (나)에서 X 원자 수는 $4N+4N=8N$이다. 따라서 X의 원자 수비는 (가) : (나)$=5:4$이다.

실력을 올리는 실전 문제 찾아가기

- 용기 내 기체의 질량과 원자의 총수가 제시된 문제_11

B 몰과 기체의 질량, 부피 관계 해석

표는 일정한 온도와 압력에서 기체 (가)~(다)에 대한 자료이다. (가)~(다)에 각각 포함된 수소 원자의 전체 질량은 같다(단, H의 원자량은 1이며, 아보가드로수는 N_A로 나타낸다.). ❶

기체	(가)	(나)	(다)
분자식	H_2	CH_4	NH_3
기체의 양	x g	$\frac{1}{2}N_A$개	V L

① (가)~(다)의 양(mol) 구하기

- (가)~(다)에 각각 포함된 수소 원자의 전체 질량이 같으므로 (분자의 양(mol)×한 분자에 포함된 H 원자 수)는 같다.
- (나)의 CH_4의 분자 수가 $\frac{1}{2}N_A$이므로 (나)의 양(mol)은 $\frac{1}{2}$몰이고, (나)의 $CH_4(g)$에 포함된 수소 원자의 총 양(mol)은 $4\times\frac{1}{2}$몰$=2$몰이다.
- (가)의 H_2에 포함된 수소 원자의 총 양(mol)도 2몰이어야 하므로 (가)의 H_2의 양(mol)은 1몰이다. 따라서 H_2의 질량(x)$=2$이다.
- (다)의 NH_3에 포함된 수소 원자의 총 양(mol)도 2몰이어야 하므로 (다)의 양(mol)은 $\frac{2}{3}$몰이다.

② (나)의 부피 구하기

- 일정한 온도와 압력에서 기체의 부피는 기체의 양(mol)에 비례하므로 (나)의 부피를 y L라고 할 때, (나) : (다)$=\frac{1}{2}:\frac{2}{3}=y:V$이다. 따라서 $y=\frac{3V}{4}$이다.

③ (다)의 총 원자 수 구하기

- (다)의 양(mol)은 $\frac{2}{3}$몰이고, NH_3 한 분자당 총 원자 수는 4이므로 (다)에 있는 총 원자의 양(mol)은 $\frac{2}{3}$몰$\times4=\frac{8}{3}$몰이다. 따라서 (다)에 있는 총 원자 수는 $\frac{8}{3}N_A$이다.

❶ (가)~(다)에 들어 있는 H 원자의 전체 질량이 같으므로 H 원자의 총수가 같다. 따라서 (가)~(다)에서 (분자의 양(mol)×한 분자에 포함된 H 원자 수)는 같다. (나)에서 CH_4에 들어 있는 H 원자 수는 $4\times\frac{1}{2}N_A=2N_A$이므로 (가)~(다)에 들어 있는 H 원자 수는 모두 $2N_A$이다. 따라서 H 원자의 양(mol)은 모두 2몰이다.

실력을 올리는 실전 문제 찾아가기

- 구성 원자 수와 1몰의 질량을 그래프로 제시한 문제_03
- 기체의 부피와 질량을 표로 제시한 문제_08
- 기체의 분자량과 부피가 제시된 문제_10

실력을 올리는 실전 문제

바른답 • 알찬풀이 7쪽

➲ 수능모의평가기출 변형

01 표는 현재 원자량을 정하는 기준과 이와 관련된 자료이다.

원자량을 정하는 기준	^{12}C
기준 원자의 원자량	12.000
1몰의 정의	^{12}C 12 g의 원자 수
기준에 따른 ^{16}O의 원자량	15.995

원자량을 정하는 기준 원자로 ^{12}C 대신 ^{16}O를 사용하고, 이 원자의 원자량을 16.000이라고 정하였다. 이에 대한 설명으로 옳은 것만을 〈보기〉에서 있는 대로 고른 것은?

보기

ㄱ. 1몰은 ^{16}O 16 g의 원자 수이다.
ㄴ. ^{12}C의 원자량은 12.000보다 크다.
ㄷ. ^{12}C 1개의 질량은 기준 원자가 ^{12}C일 때보다 크다.

① ㄱ ② ㄷ ③ ㄱ, ㄴ
④ ㄴ, ㄷ ⑤ ㄱ, ㄴ, ㄷ

02 표는 3가지 원자 A~C에 대한 자료이다.

원자	원자 1개의 질량(g)	원자량
A	w_1	$3a$
B	w_2	$4a$
C	w_3	$10a$

이에 대한 설명으로 옳은 것만을 〈보기〉에서 있는 대로 고른 것은?(단, A~C는 임의의 원소 기호이다.)

보기

ㄱ. 아보가드로수는 $\frac{3a}{w_1}$이다.
ㄴ. $w_2 : w_3 = 2 : 5$이다.
ㄷ. AB_2의 분자량은 C 원자량의 1.1배이다.

① ㄱ ② ㄷ ③ ㄱ, ㄴ
④ ㄴ, ㄷ ⑤ ㄱ, ㄴ, ㄷ

03 그림은 원소 A와 B로 이루어진 화합물 (가)와 (나)에 대한 자료를 나타낸 것이다. t ℃, 1기압에서 (가)와 (나)는 모두 기체이다.

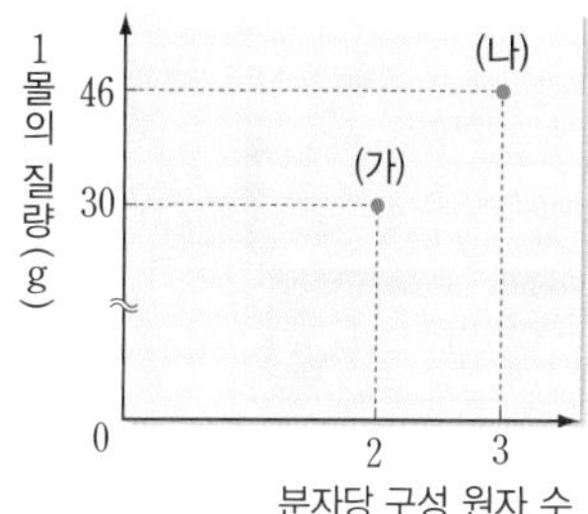

A와 B로 이루어진 물질에 대한 설명으로 옳은 것만을 〈보기〉에서 있는 대로 고른 것은?(단, A, B는 임의의 원소 기호이고, 원자량은 B가 A보다 크다.)

보기

ㄱ. 분자량비는 $A_2 : B_2 = 7 : 8$이다.
ㄴ. t ℃, 1기압에서 1 g의 부피비는 $A_2 : A_2B = 11 : 7$이다.
ㄷ. AB_2와 A_2B_4에서 각 물질 1 g 속에 포함된 B 원자 수는 서로 같다.

① ㄱ ② ㄷ ③ ㄱ, ㄴ
④ ㄴ, ㄷ ⑤ ㄱ, ㄴ, ㄷ

04 표는 0 ℃, 1기압에서 기체 AB_2와 AB_3의 부피와 질량에 대한 자료이다.

기체	AB_2	AB_3
부피(L)	3.36	2.24
질량(g)	9.6	8.0

이에 대한 설명으로 옳은 것만을 〈보기〉에서 있는 대로 고른 것은?(단, A, B는 임의의 원소 기호이며, 0 ℃, 1기압에서 기체 1몰의 부피는 22.4 L이다.)

보기

ㄱ. 원자 1개의 질량은 A가 B의 2배이다.
ㄴ. 1 g에 들어 있는 B 원자 수는 AB_2가 AB_3보다 크다.
ㄷ. 1 L에 들어 있는 A 원자 수는 AB_2가 AB_3보다 크다.

① ㄱ ② ㄷ ③ ㄱ, ㄴ
④ ㄴ, ㄷ ⑤ ㄱ, ㄴ, ㄷ

05 그림은 20 °C, 1기압에서 기체 A_2 1.6 g과 분자식이 B_xC_y인 화합물 2.4 g을 각각 실린더에 넣은 것을 나타낸 것이다.

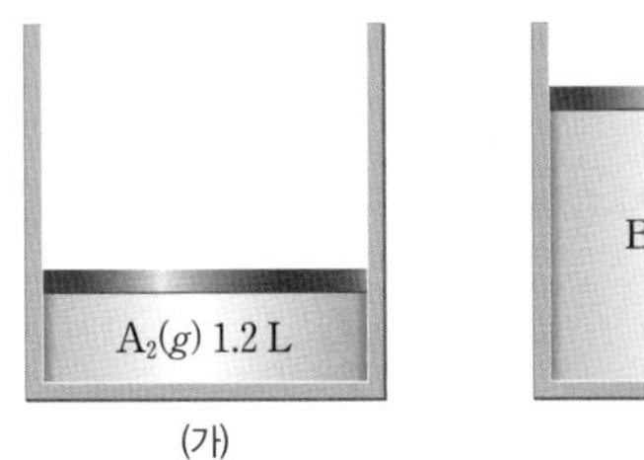

이에 대한 설명으로 옳은 것만을 〈보기〉에서 있는 대로 고른 것은?(단, A~C는 임의의 원소 기호이고, B, C의 원자량은 각각 12, 1이며, 20 °C, 1기압에서 기체 1몰의 부피는 24 L이다.)

보기

ㄱ. $x+y=6$이다.
ㄴ. 기체의 밀도는 (가)가 (나)의 2배이다.
ㄷ. 같은 질량에 들어 있는 분자 수비는 B_xC_y가 A_2의 2배이다.

① ㄱ ② ㄴ ③ ㄱ, ㄷ
④ ㄴ, ㄷ ⑤ ㄱ, ㄴ, ㄷ

06 오른쪽 그림은 0 °C, 1기압에서 실린더에 들어 있는 $H_2(g)$와 $CH_4(g)$의 전체 질량과 전체 부피를 나타낸 것이다. 실린더에 들어 있는 기체에 대한 설명으로 옳은 것만을 〈보기〉에서 있는 대로 고른 것은?(단, H, C의 원자량은 각각 1, 12이고, 0 °C, 1기압에서 기체 1몰의 부피는 22.4 L이며, 피스톤의 질량과 부피는 무시한다.)

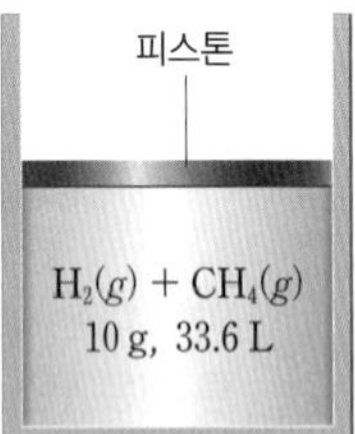

보기

ㄱ. 몰비는 H_2 : CH_4=1 : 2이다.
ㄴ. CH_4의 질량은 8 g이다.
ㄷ. 원자의 질량비는 H : C=1 : 4이다.

① ㄱ ② ㄴ ③ ㄱ, ㄷ
④ ㄴ, ㄷ ⑤ ㄱ, ㄴ, ㄷ

07 그림은 25 °C, 1기압에서 부피가 같은 용기 속에 들어 있는 $O_2(g)$와 $XO_2(g)$의 질량을 나타낸 것이다.

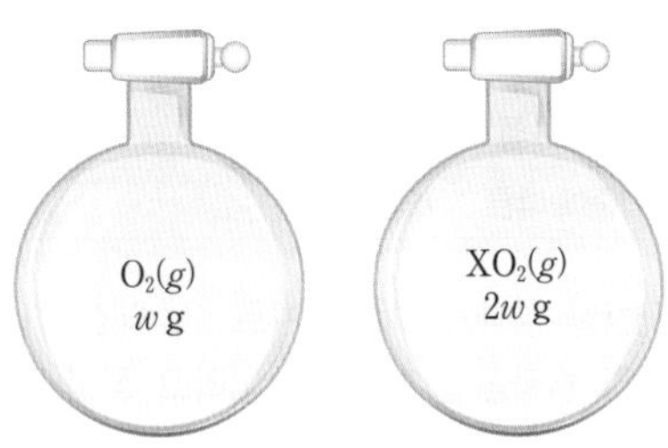

이에 대한 설명으로 옳은 것만을 〈보기〉에서 있는 대로 고른 것은?(단, X는 임의의 원소 기호이다.)

보기

ㄱ. 원자량은 X가 O의 2배이다.
ㄴ. 25 °C, 1기압에서 1 L의 질량은 XO_2가 O_2의 2배이다.
ㄷ. 1 g에 들어 있는 O 원자 수는 O_2가 XO_2의 2배이다.

① ㄱ ② ㄷ ③ ㄱ, ㄴ
④ ㄴ, ㄷ ⑤ ㄱ, ㄴ, ㄷ

➲ 수능기출 변형

08 표는 실린더에 들어 있는 3가지 기체 (가)~(다)의 부피와 질량을 나타낸 것이다. 세 기체의 온도와 압력은 같다.

구분	(가)	(나)	(다)
분자식	XY_4	XZ_2	Y_2Z
부피(L)	3	6	4
질량(g)	2	11	3

이에 대한 설명으로 옳은 것만을 〈보기〉에서 있는 대로 고른 것은?(단, X~Z는 임의의 원소 기호이다.)

보기

ㄱ. (가)에서 X의 질량은 1.5 g이다.
ㄴ. XZ 1몰의 질량과 X_2Y_4 1몰의 질량은 같다.
ㄷ. 같은 온도와 압력에서 1 L의 질량비는 (나) : (다)=11 : 9이다.

① ㄱ ② ㄷ ③ ㄱ, ㄴ
④ ㄴ, ㄷ ⑤ ㄱ, ㄴ, ㄷ

09 표는 일정한 온도와 압력에서 기체 (가)와 (나)에 대한 자료이다.

기체	(가)	(나)
분자식	A_2	B_2
1 L의 질량(g)	1.25	1.43

(가)와 (나)를 비교한 것으로 옳은 것만을 〈보기〉에서 있는 대로 고른 것은?(단, A, B는 임의의 원소 기호이다.)

보기
ㄱ. 1몰의 질량: (가) > (나)
ㄴ. 기체 1 L에 포함된 분자 수: (가) = (나)
ㄷ. 기체 1 g에 포함된 원자 수: (가) < (나)

① ㄱ ② ㄴ ③ ㄱ, ㄷ
④ ㄴ, ㄷ ⑤ ㄱ, ㄴ, ㄷ

10 그림은 동일한 실린더 (가)와 (나)에 각각 $N_2H_4(g)$와 $CH_4(g)$가 들어 있는 것을 나타낸 것이다. (가)와 (나)의 온도와 압력은 같고, 피스톤의 높이는 각각 $4h$, $3h$이다.

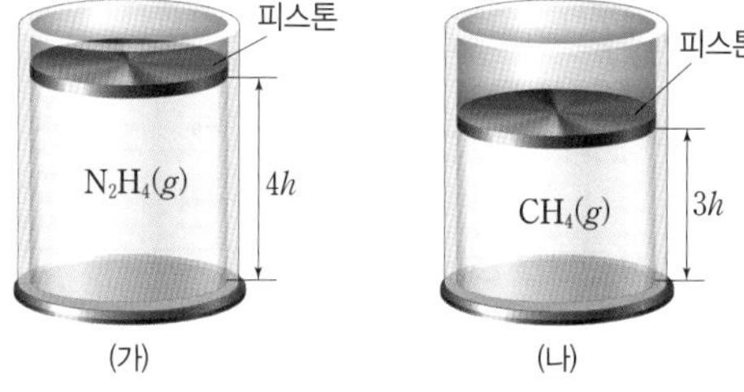

이에 대한 설명으로 옳은 것만을 〈보기〉에서 있는 대로 고른 것은?(단, H, C, N의 원자량은 각각 1, 12, 14이고, 피스톤의 질량과 마찰은 무시한다.)

보기
ㄱ. 기체의 몰비는 (가) : (나) = 4 : 3이다.
ㄴ. H 원자의 몰비는 (가) : (나) = 3 : 4이다.
ㄷ. 1 g에 들어 있는 원자 수비는 (가) : (나) = 6 : 5이다.

① ㄱ ② ㄴ ③ ㄱ, ㄷ
④ ㄴ, ㄷ ⑤ ㄱ, ㄴ, ㄷ

11 표는 일정한 온도와 압력에서 용기 (가)와 (나)에 들어 있는 $A_2(g)$와 $BA_4(g)$의 질량과 총 원자 수를 나타낸 것이다.

구분	(가)	(나)
기체	A_2	BA_4
질량(g)	w_1	w_2
총 원자 수	$9N$	N

이에 대한 설명으로 옳은 것만을 〈보기〉에서 있는 대로 고른 것은?(단, A, B는 임의의 원소 기호이고, B의 원자량이 A의 12배이다.)

보기
ㄱ. B 원자 1개의 질량은 $\frac{15w_2}{4N}$ g이다.
ㄴ. 용기 속 A의 질량은 (나)가 (가)보다 크다.
ㄷ. 용기 속 분자의 몰비는 (가) : (나) = 9 : 1이다.

① ㄱ ② ㄷ ③ ㄱ, ㄴ
④ ㄱ, ㄷ ⑤ ㄴ, ㄷ

12 그림은 같은 온도와 압력에서 같은 크기의 실린더 속에 들어 있는 기체 A, B, C를 나타낸 것이다.

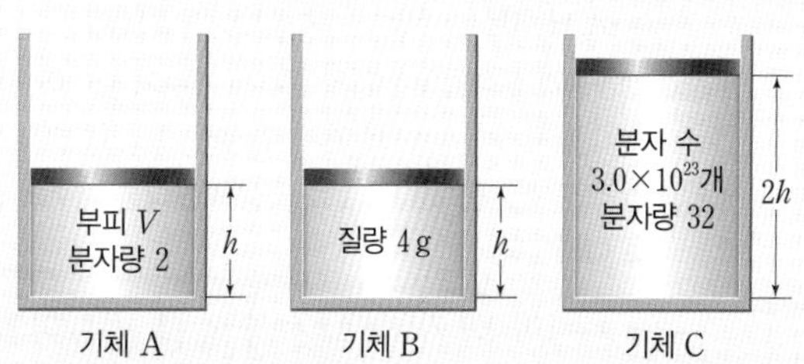

이에 대한 설명으로 옳은 것만을 〈보기〉에서 있는 대로 고른 것은?(단, 아보가드로수는 6.0×10^{23}이고, 피스톤의 질량과 마찰은 무시한다.)

보기
ㄱ. 질량은 기체 C가 A의 16배이다.
ㄴ. 분자량은 기체 B가 A의 2배이다.
ㄷ. 이 온도와 압력에서 기체 1몰의 부피는 $4V$이다.

① ㄱ ② ㄷ ③ ㄱ, ㄴ
④ ㄴ, ㄷ ⑤ ㄱ, ㄴ, ㄷ

03 화학 반응식과 양적 관계

1 화학 반응식

1 화학 반응식 화학 반응을 화학식과 숫자를 이용하여 나타낸 식

2 화학 반응식 나타내기

	화학 반응식을 나타내는 단계	예 물이 수소 기체와 산소 기체로 분해되는 반응
1단계	반응물과 생성물을 화학식으로 나타낸다.	• 반응물: 물(H_2O) • 생성물: 수소(H_2), 산소(O_2)
2단계	• 반응의 진행 방향을 나타내는 ⟶의 왼쪽에는 반응물, 오른쪽에는 생성물의 화학식을 쓴다.❶ • 반응물 또는 생성물이 2가지 이상이면 '+'로 연결한다.	$H_2O \longrightarrow H_2 + O_2$
3단계	• 반응물과 생성물을 구성하는 원자의 종류와 개수가 같아지도록 계수를 맞춘다.❷ • 계수는 가장 간단한 정수로 나타내고, 1이면 생략한다. — 일반적으로 가장 많은 종류의 원소가 들어 있는 복잡한 물질의 계수를 1로 정하여 계수를 맞춘다.	산소(O) 원자 수를 맞추기 위해 물(H_2O) 분자의 화학식 앞에 2를 붙인다. $2H_2O \longrightarrow H_2 + O_2$ 수소(H) 원자 수를 맞추기 위해 수소(H_2) 분자의 화학식 앞에 2를 붙인다. $2H_2O \longrightarrow 2H_2 + O_2$
4단계	질량 보존 법칙이 성립하기 때문에 반응 전후 원자의 종류와 개수는 변하지 않는다. 반응 전후 원자의 종류와 개수가 같은지 확인한다.	$2H_2O$ ⟶ $2H_2$ + O_2 반응물 H: 4개, O: 2개 생성물 H: 4개, O: 2개
5단계	물질의 상태는 화학식 뒤의 ( ) 안에 기호를 써서 표시한다.❸ ➜ 고체: s, 액체: l, 기체: g, 수용액: aq	$2H_2O(l) \longrightarrow 2H_2(g) + O_2(g)$

화학 반응식을 완성하는 다른 방법 – 미정 계수법 개념 심화

미정 계수법: 각 물질의 화학식 앞에 임의의 계수를 붙인 뒤 방정식을 사용하여 계수를 정하는 방법

여러 가지 원소가 포함된 복잡한 화학 반응식은 방정식을 이용하여 완성할 수 있다.

예 메탄올(CH_3OH)이 연소하여 이산화 탄소(CO_2)와 물(H_2O)이 생성되는 반응

1단계 반응물과 생성물을 화학식으로 나타내고, 각 화학식 앞에 임의의 계수(a~d)를 붙인다.

➜ $aCH_3OH + bO_2 \longrightarrow cCO_2 + dH_2O$

2단계 반응물과 생성물의 원자의 종류와 개수가 같아야 하므로 다음과 같은 관계식을 세운다.

➜ C 원자 수: $a=c$, H 원자 수: $4a=2d$, O 원자 수: $a+2b=2c+d$

3단계 임의의 계수 중 하나를 1로 가정하고 다른 계수의 값을 구한다. 이때 계수는 가장 간단한 정수로 나타낸다.

➜ $a=1$이라고 가정하면 $b=\frac{3}{2}$, $c=1$, $d=2$이므로 화살표 양쪽에 2를 곱한다.

$$CH_3OH + \frac{3}{2}O_2 \longrightarrow CO_2 + 2H_2O \Rightarrow 2CH_3OH + 3O_2 \longrightarrow 2CO_2 + 4H_2O$$

4단계 반응 전후 원자의 종류와 개수가 같은지 확인하고, 물질의 상태를 표시한다.

➜ $2CH_3OH(l) + 3O_2(g) \longrightarrow 2CO_2(g) + 4H_2O(l)$

확인 문제 1

1 화학 반응식은 (   )과/와 숫자를 이용하여 화학 반응을 나타낸 식이다.

2 다음 화학 반응식에서 (   ) 안에 들어갈 알맞은 계수를 순서대로 쓰시오.

(   )$HCl(aq)$ + (   )$Ca(OH)_2(aq)$ ⟶ (   )$CaCl_2(aq)$ + (   )$H_2O(l)$

3 수소 기체와 질소 기체가 반응하여 암모니아 기체가 생성되는 반응의 화학 반응식을 쓰시오.

한눈에 정리하는 출제 경향

• 화학 반응식 나타내기
• 화학 반응식에서의 양적 관계 파악하기

핵심 개념
화학 반응식, 양적 관계, 화학 반응식을 통해 알 수 있는 정보

plus 개념

❶ 반응의 진행 방향과 화살표
화학 반응식에서 화살표(⟶)는 반응물이 생성물로 변한 것을 뜻하며, 같음을 뜻하는 '='와는 다르다.

❷ 화학 반응식과 화학 법칙
화학 반응식을 나타낼 때 반응 전후 원자의 종류와 개수가 같도록 화학식 앞에 계수를 붙이는 것은 질량 보존 법칙과 일정 성분비 법칙이 성립하기 때문이다.
• 질량 보존 법칙: 화학 변화가 일어나도 반응 전후의 물질의 총 질량은 항상 같다.
• 일정 성분비 법칙: 화합물을 구성하는 성분 원소의 질량비는 일정하다.

❸ 물질의 상태를 나타내는 기호

상태	원어	기호
고체	solid	s
액체	liquid	l
기체	gas	g
수용액	aqueous solution	aq

✖ 화학 반응식에서 사용하는 여러 가지 기호
화학 반응식을 나타낼 때 다음과 같은 기호를 추가로 사용할 수도 있다.
• 앙금이 생성되는 경우: ↓
예 $NaCl(aq) + AgNO_3(aq) \longrightarrow NaNO_3(aq) + AgCl(s)\downarrow$
• 기체가 발생하는 경우: ↑
예 $Zn(s) + 2HCl(aq) \longrightarrow ZnCl_2(aq) + H_2(g)\uparrow$
• 가열하는 반응: 화학 반응식의 화살표(⟶) 아래에 △
예 $CaCO_3(s) \xrightarrow[\triangle]{} CaO(s) + CO_2(g)$

2 화학 반응에서의 양적 관계

1 화학 반응식을 통해 알 수 있는 것 자료 분석 특강 34쪽 A

① 반응물과 생성물의 종류와 상태를 알 수 있다.

② 화학 반응식의 계수비로부터 반응물과 생성물의 양적 관계를 파악할 수 있다.

> 계수비=몰비=분자 수비=부피비(기체인 경우에만 성립)≠질량비

아보가드로 법칙에 의해 기체는 종류에 관계없이 같은 온도와 압력에서 같은 부피 속에 같은 수의 분자가 들어 있기 때문이다.

③ 메테인(CH_4)의 연소 반응의 화학 반응식으로부터 알 수 있는 정보

계수비 ➔ $CH_4 : O_2 : CO_2 : H_2O = 1 : 2 : 1 : 2$

화학 반응식	$CH_4(g)$	+	$2O_2(g)$	⟶	$CO_2(g)$	+	$2H_2O(l)$
물질의 종류	메테인	+	산소	⟶	이산화 탄소	+	물
분자 모형		+		⟶		+	
분자 수	6.02×10^{23}		$2\times6.02\times10^{23}$		6.02×10^{23}		$2\times6.02\times10^{23}$
	➔ 분자 수비 $CH_4 : O_2 : CO_2 : H_2O = 1 : 2 : 1 : 2$						
물질의 양(mol)	1 mol		2 mol		1 mol		2 mol
	➔ 몰비 $CH_4 : O_2 : CO_2 : H_2O = 1 : 2 : 1 : 2$						
기체의 부피 (0 °C, 1기압)	22.4 L		2×22.4 L		22.4 L		H_2O은 액체이므로 부피 관계가 성립하지 않는다.
	➔ 부피비 $CH_4 : O_2 : CO_2 = 1 : 2 : 1$						
질량	16 g		2×32 g		44 g		2×18 g
	➔ 질량비 $CH_4 : O_2 : CO_2 : H_2O = 4 : 16 : 11 : 9$						

질량비는 계수비와 같지 않다.

2 화학 반응에서의 양적 관계 자료 분석 특강 34쪽 B, 35쪽 C, D

① 화학 반응에서의 질량 관계: 화학 반응에서 반응물과 생성물 중 하나의 질량을 알면, 화학 반응식의 계수비(=몰비)를 이용하여 나머지 물질의 질량을 알 수 있다.④

> 예 메테인 32 g이 완전 연소할 때 생성되는 이산화 탄소의 질량 구하기
>
> ❶ 화학 반응식을 완성한다. → $CH_4(g) + 2O_2(g) \longrightarrow CO_2(g) + 2H_2O(l)$ – 분자량: CH_4=16, CO_2=44
>
> ❷ CH_4의 양(mol)을 구한다. → CH_4의 양(mol)$=\dfrac{\text{질량(g)}}{\text{몰 질량(g/mol)}}=\dfrac{32\text{ g}}{16\text{ g/mol}}=2\text{ mol}$
>
> ❸ 화학 반응식의 계수비를 이용하여 CO_2의 양(mol)을 구한다. → CH_4과 CO_2의 계수비=몰비=1 : 1
> CH_4의 양(mol) : CO_2의 양(mol)=2 mol : CO_2의 양(mol)=1 : 1
> ➡ CO_2의 양(mol)=2 mol
>
> ❹ CO_2의 질량을 계산한다. → CO_2의 질량(g)=CO_2의 양(mol)×CO_2의 몰 질량(g/mol)
> =2 mol×44 g/mol=88 g

② 화학 반응에서의 부피 관계: 기체의 반응에서 반응물과 생성물 중 하나의 부피를 알면, 화학 반응식의 계수비(=기체의 부피비)를 이용하여 나머지 물질의 부피를 알 수 있다.⑤

> 예 0 °C, 1기압에서 수소 기체 4.48 L가 충분한 양의 산소 기체와 모두 반응하여 물을 생성할 때 반응한 산소 기체의 부피 구하기
>
> ❶ 화학 반응식을 완성한다. → $2H_2(g) + O_2(g) \longrightarrow 2H_2O(l)$
>
> ❷ 화학 반응식의 계수비를 이용하여 O_2의 부피를 구한다. → H_2와 O_2의 계수비=부피비=2 : 1
> H_2의 부피 : O_2의 부피=4.48 L : O_2의 부피=2 : 1
> ➡ O_2의 부피=2.24 L

Q. 화학 반응식에서 계수비와 질량비는 왜 같지 않을까?

A. 질량(g)=물질의 양(mol)×몰 질량(g/mol)인데, 화학식량이 다른 물질은 몰 질량이 서로 다르므로 질량비는 몰비와 다르다. 따라서 질량비와 계수비는 같지 않다.

✖ 기체 반응 법칙

온도와 압력이 일정할 때 반응하는 기체와 생성되는 기체의 부피 사이에는 간단한 정수비가 성립한다.

④ 화학 반응에서 질량을 이용한 양적 관계 계산하기

A의 질량 → ÷ A의 몰 질량 → A의 양(mol) → 화학 반응식의 몰비 이용 → B의 양(mol) → × B의 몰 질량 → B의 질량

⑤ 기체의 반응에서 양적 관계 계산하기

실험 조건에서 기체 1몰의 부피를 알면 나머지 물질의 부피를 알 수 있다.

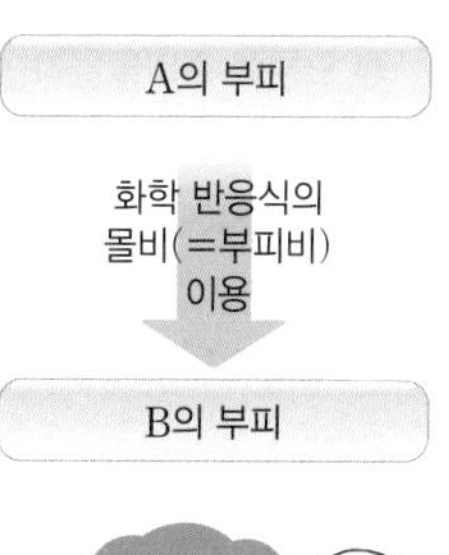

화학 반응식의 계수비
=몰비
=분자 수비
=부피비(기체인 경우)
≠질량비

• **계수**(맬 係, 셈 數): 하나의 수량을 여러 양의 다른 함수로 나타내는 관계식에서 물질의 종류에 따라 달라지는 비례 상수이다.

03 화학 반응식과 양적 관계

③ 화학 반응에서의 질량과 부피 관계: 반응물과 생성물의 양(mol)을 구하여 고체나 액체의 질량 또는 기체의 질량, 부피를 구할 수 있다.⑥

예 0 °C, 1기압에서 충분한 양의 묽은 염산에 마그네슘 2.4 g을 넣었을 때 생성되는 수소의 부피 구하기

❶ 화학 반응식을 완성한다.

→ $Mg(s) + 2HCl(aq) \longrightarrow MgCl_2(aq) + H_2(g)$ — Mg의 원자량: 24, H_2의 분자량: 2

❷ Mg의 양(mol)을 구한다.

→ Mg의 양(mol) $= \dfrac{\text{질량(g)}}{\text{몰 질량(g/mol)}} = \dfrac{2.4\ g}{24\ g/mol} = 0.1\ mol$

❸ 화학 반응식의 계수비를 이용하여 H_2의 양(mol)을 구한다.

→ Mg과 H_2의 계수비 = 몰비 = 1 : 1

Mg의 양(mol) : H_2의 양(mol) = 0.1 mol : H_2의 양(mol) = 1 : 1 ➡ H_2의 양(mol) = 0.1 mol

❹ H_2의 부피를 계산한다.

→ H_2의 부피(L) = H_2의 양(mol) × 22.4 L/mol = 0.1 mol × 22.4 L/mol = 2.24 L

④ 화학 반응에서의 양적 관계

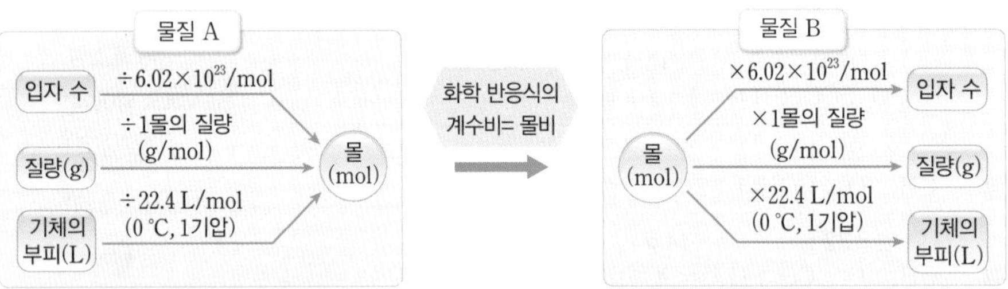

3 화학 반응에서의 양적 관계를 알아보는 실험 설계 및 수행하기

과정 »

❶ 탄산 칼슘과 묽은 염산의 반응을 화학 반응식으로 나타낸다.

❷ 오른쪽 준비물을 이용하여 반응하는 탄산 칼슘과 생성되는 이산화 탄소의 질량을 측정하는 방법을 설계한다.⑦

❸ 과정 ❷에서 설계한 방법을 이용하여 80 mL의 묽은 염산에 탄산 칼슘 1.0 g, 2.0 g, 3.0 g을 각각 반응시켜 생성되는 이산화 탄소의 질량을 측정한다.

(준비물) 탄산 칼슘, 묽은 염산, 전자저울, 시약포지, 삼각 플라스크, 유리 막대, 시험관, 약숟가락, 시험관대, 눈금실린더, 솜

전자저울은 물질의 질량을 측정할 때 사용하는 기구이고, 눈금실린더는 물질의 부피를 측정할 때 사용하는 기구이다.

솜이 필요한 까닭은 삼각 플라스크의 입구를 막아 생성되는 수증기가 공기 중으로 날아가는 것을 막기 위해서이다.

결과 »

1. 화학 반응식: $CaCO_3(s) + 2HCl(aq) \longrightarrow CaCl_2(aq) + H_2O(l) + CO_2(g)$
2. 반응한 탄산 칼슘($CaCO_3$)의 질량에 따른 생성된 이산화 탄소(CO_2)의 질량

반응한 $CaCO_3$의 질량(g)	1.0	2.0	3.0
생성된 CO_2의 질량(g)	0.42	0.85	1.32

$CaCO_3$의 양(mol) $= \dfrac{3\ g}{100\ g/\text{몰}} = 0.03$몰 — CO_2의 양(mol) $= \dfrac{1.32\ g}{44\ g/\text{몰}} = 0.03$몰

정리 »

• 반응한 $CaCO_3$과 생성된 CO_2의 몰비는 1 : 1이며, 화학 반응식의 계수비와 같음을 알 수 있다.

확인 문제 2

4 다음은 질소와 수소가 반응하여 암모니아를 생성하는 반응을 나타낸 것이다.

$$N_2(g) + 3H_2(g) \longrightarrow 2NH_3(g)$$

0 °C, 1기압에서 11.2 L의 $N_2(g)$가 반응할 때 생성되는 $NH_3(g)$의 부피를 구하시오.

plus 개념

⑥ 화학 반응에서의 질량과 부피 관계

'계수비 = 몰비 = 부피비'의 관계를 이용하므로 실험 조건에서의 기체 1몰의 부피와 물질의 화학식량을 모두 알아야 나머지 물질의 질량, 부피를 알 수 있다.

같은 질량의 물질이라도 화학식량에 따라 물질의 양(mol)이 다르므로 화학 반응식의 계수비는 질량비와 같지 않다.

이때, 반응 전 질량은 '과정 ①의 질량 + 과정 ②의 탄산 칼슘의 질량'이다.

⑦ 탄산 칼슘과 묽은 염산의 반응에서 생성되는 이산화 탄소의 질량을 측정하는 방법

① 묽은 염산을 삼각 플라스크에 넣고 솜으로 플라스크 입구를 막은 후 질량을 측정한다.

② 과정 ①의 삼각 플라스크에 탄산 칼슘 1.0 g을 넣고, 솜으로 막은 후 반응이 충분히 일어나도록 한다.

③ 반응이 모두 끝난 후 삼각 플라스크의 질량을 측정한다.

④ 반응 전후의 질량 차이를 측정하여 발생한 이산화 탄소의 질량을 구한다.

⑤ 탄산 칼슘 2.0 g, 3.0 g으로 이 과정을 반복한다.

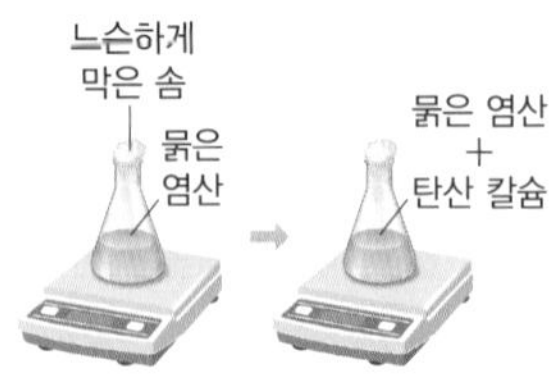

• **질량**(바탕 質, 헤아릴 量): 물질이 가지고 있는 고유한 양이다.

• **부피**: 물체나 물질이 차지하고 있는 공간의 크기이다.

개념을 다지는 기본 문제

바른답·알찬풀이 10쪽

1 화학 반응식

01 다음 ( ) 안에 들어갈 화학 반응식의 계수를 각각 쓰시오(단, 계수가 1인 경우에는 1로 나타낸다.).

(가) (㉠)$H_2(g)$ + (㉡)$Cl_2(g)$ ⟶ (㉢)$HCl(g)$

(나) (㉠)$Zn(s)$ + (㉡)$HCl(aq)$ ⟶ (㉢)$ZnCl_2(aq)$ + (㉣)$H_2(g)$

02 다음은 메테인(CH_4)의 연소 반응의 화학 반응식이다.

$$CH_4(g) + xO_2(g) \longrightarrow yCO_2(g) + zH_2O(l)$$

(x~z는 반응 계수)

$(x+y+z)$의 값을 쓰시오.

03 다음은 메탄올(CH_3OH)의 연소 반응을 화학 반응식으로 나타내는 과정이다.

[1단계] 메탄올의 연소 반응에서 각 화학식에 임의의 계수 a~d를 붙인다.
$a CH_3OH + bO_2 \longrightarrow cCO_2 + dH_2O$

[2단계] 반응물과 생성물의 원자 수가 같도록 방정식을 세운다.
C 원자 수: $a=c$, H 원자 수: $4a=2d$,
O 원자 수: $a+2b=2c+d$

[3단계] $a=1$이라고 가정하고 방정식을 푼다.

[4단계] 가장 간단한 정수비로 만들기 위해 화학 반응식의 모든 계수에 (㉠)을/를 곱한다.
$2CH_3OH + 3O_2 \longrightarrow 2CO_2 + 4H_2O$

이에 대한 설명으로 옳은 것만을 〈보기〉에서 있는 대로 고른 것은?

보기
ㄱ. [3단계]에서 $b \times d=3$이다.
ㄴ. ㉠=3이다.
ㄷ. [2단계]에서는 질량 보존 법칙이 성립함을 이용한다.

① ㄱ ② ㄴ ③ ㄱ, ㄷ ④ ㄴ, ㄷ ⑤ ㄱ, ㄴ, ㄷ

04 그림은 기체 X_2와 Y_2의 화학 반응을 모형으로 나타낸 것이다.

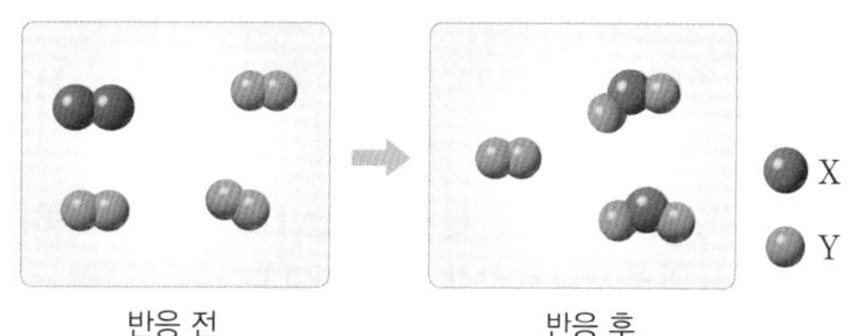

이 반응을 화학 반응식으로 나타내시오(단, X, Y는 임의의 원소 기호이다.).

2 화학 반응에서의 양적 관계

05 다음은 일정한 온도와 압력에서 수소 기체와 산소 기체가 반응하여 수증기를 생성하는 반응의 화학 반응식이다.

$$2H_2(g) + O_2(g) \longrightarrow 2H_2O(g)$$

반응물과 생성물의 양적 관계가 $H_2 : O_2 : H_2O=2:1:2$인 경우를 〈보기〉에서 있는 대로 고르시오.

보기
ㄱ. 몰비 ㄴ. 질량비
ㄷ. 분자 수비 ㄹ. 기체의 부피비

중요
06 표는 질소와 수소가 반응하여 암모니아가 생성되는 반응의 화학 반응식으로부터 얻을 수 있는 정보를 정리한 것이다.

화학 반응식	$N_2(g)$ +	$3H_2(g)$ ⟶	$2NH_3(g)$
몰(mol)	0.5	w	x
질량(g)	14	y	17
0 °C, 1기압에서 기체의 부피(L)	z	33.6	22.4

이에 대한 설명으로 옳은 것만을 〈보기〉에서 있는 대로 고른 것은?(단, H, N의 원자량은 각각 1, 14이고, 0 °C, 1기압에서 기체 1몰의 부피는 22.4 L이다.)

보기
ㄱ. $w=1.5x$이다.
ㄴ. $14+y=17$이다.
ㄷ. $z=11.2$이다.

① ㄱ ② ㄷ ③ ㄱ, ㄴ ④ ㄴ, ㄷ ⑤ ㄱ, ㄴ, ㄷ

07 다음은 칼륨(K)과 물(H_2O)의 반응의 화학 반응식이다.

$$2K(s) + 2H_2O(l) \longrightarrow 2KOH(aq) + H_2(g)$$

K 3.9 g이 반응할 때 생성되는 H_2의 질량을 구하시오(단, H, K의 원자량은 각각 1, 39이다.).

08 그림은 질소(N_2) 기체와 수소(H_2) 기체가 반응하여 암모니아(NH_3) 기체가 생성되는 반응에서 반응 부피비를 모형으로 나타낸 것이다.

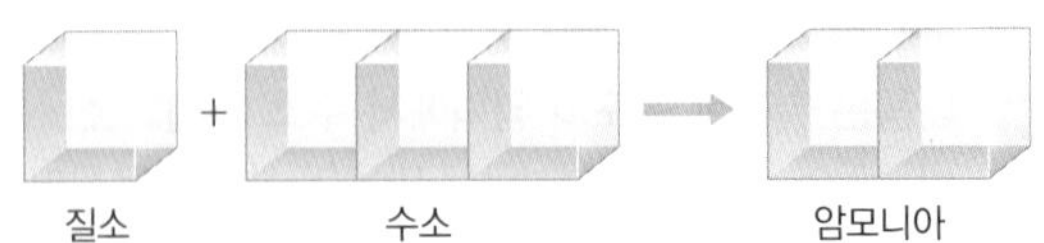

t °C, 1기압에서 실린더에 N_2 기체 15 mL와 H_2 기체 15 mL를 넣은 후 반응시켰을 때, 반응 후 전체 기체의 부피를 구하시오(단, 피스톤의 질량과 마찰은 무시한다.).

09 다음은 흑연(C)과 마그네슘(Mg)의 연소 반응의 화학 반응식이다.

(가) $C(s) + O_2(g) \longrightarrow CO_2(g)$
(나) $2Mg(s) + O_2(g) \longrightarrow 2MgO(s)$

일정한 온도와 압력에서 C과 Mg 각 12 g과 반응한 $O_2(g)$의 부피비(C : Mg)는?(단, C, Mg의 원자량은 각각 12, 24이다.)

① 1 : 1　② 1 : 2　③ 1 : 4
④ 2 : 1　⑤ 4 : 1

서술형

10 다음은 에테인(C_2H_6)의 연소 반응의 화학 반응식이다.

$$2C_2H_6(g) + 7O_2(g) \longrightarrow 4CO_2(g) + 6H_2O(l)$$

12 L의 C_2H_6을 완전 연소시키기 위해 필요한 O_2의 최소 질량을 구하고, 그 과정을 설명하시오(단, H, C, O의 원자량은 각각 1, 12, 16이고, 실험 조건에서 기체 1몰의 부피는 24 L이다.).

11 다음은 나트륨(Na)과 물(H_2O)의 반응의 화학 반응식이다.

$$2Na(s) + 2H_2O(l) \longrightarrow 2\boxed{(가)} + H_2(g)$$

Na 4.6 g을 충분한 물에 넣었을 때, 이에 대한 설명으로 옳은 것만을 〈보기〉에서 있는 대로 고른 것은?(단, H, Na의 원자량은 각각 1, 23이고, 실험 조건에서 기체 1몰의 부피는 24 L이다.)

보기
ㄱ. (가)는 $NaOH(aq)$이다.
ㄴ. 반응한 H_2O의 양은 0.1몰이다.
ㄷ. 생성된 H_2의 부피는 1.2 L이다.

① ㄱ　② ㄴ　③ ㄱ, ㄷ
④ ㄴ, ㄷ　⑤ ㄱ, ㄴ, ㄷ

중요

12 다음은 에탄올(C_2H_5OH)이 연소하여 이산화 탄소(CO_2) 기체가 발생하는 반응의 화학 반응식이다.

$$C_2H_5OH(l) + 3O_2(g) \longrightarrow 2CO_2(g) + 3H_2O(l)$$

일정한 온도와 압력에서 이에 대한 설명으로 옳은 것만을 〈보기〉에서 있는 대로 고른 것은?(단, H, C, O의 원자량은 각각 1, 12, 16이고, 실험 조건에서 기체 1몰의 부피는 24 L이다.)

보기
ㄱ. 생성물의 반응 부피비는 $CO_2 : H_2O = 2 : 3$이다.
ㄴ. C_2H_5OH 4.6 g이 완전 연소하였을 때 생성되는 H_2O의 질량은 5.4 g이다.
ㄷ. CO_2 6 L가 생성되기 위해 필요한 $O_2(g)$의 최소 몰수는 $\frac{3}{8}$몰이다.

① ㄱ　② ㄴ　③ ㄱ, ㄷ
④ ㄴ, ㄷ　⑤ ㄱ, ㄴ, ㄷ

13 그림은 $a\text{X}_2(g) + \text{Y}_2(g) \longrightarrow b$ (가) (g)의 반응을 모형으로 나타낸 것이다. a, b는 반응 계수이다.

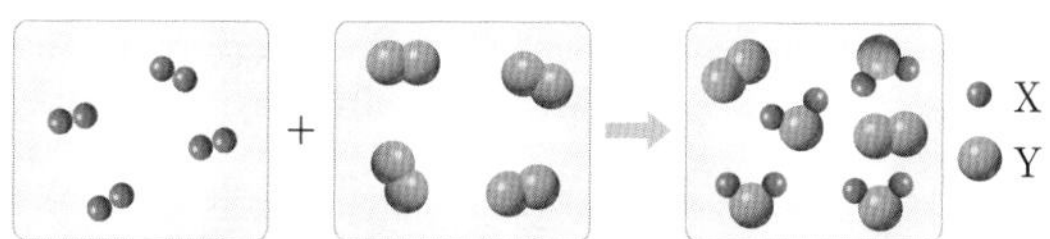

이에 대한 설명으로 옳지 않은 것은?(단, X, Y는 임의의 원소 기호이고, 0 ˚C, 1기압에서 기체 1몰의 부피는 22.4 L이다.)

① $a=b$이다.
② (가)의 분자식은 X_2Y이다.
③ 반응 질량비는 $\text{X}_2 : \text{Y}_2 = 2 : 1$이다.
④ 기체의 총 양(mol)은 반응 전이 반응 후보다 크다.
⑤ 0 ˚C, 1기압에서 (가) 0.2몰을 생성하기 위해 필요한 $\text{Y}_2(g)$의 최소 부피는 2.24 L이다.

[14~15] 다음은 메테인(CH_4)의 연소 반응의 화학 반응식이다. 0 ˚C, 1기압에서 실린더에 메테인 0.1몰과 산소 0.5몰을 넣고 완전히 반응시켰다. 물음에 답하시오.

$$\text{CH}_4(g) + 2\text{O}_2(g) \longrightarrow \text{CO}_2(g) + 2\text{H}_2\text{O}(l)$$

중요

14 이에 대한 설명으로 옳은 것만을 〈보기〉에서 있는 대로 고른 것은?(단, H, C, O의 원자량은 각각 1, 12, 16이다.)

보기
ㄱ. 반응 후 전체 기체의 부피는 감소한다.
ㄴ. 반응한 물질의 분자 수비는 $\text{CH}_4 : \text{O}_2 = 1 : 2$이다.
ㄷ. 반응 후 실린더에 남아 있는 물질 중 질량이 가장 큰 것은 CO_2이다.

① ㄱ ② ㄷ ③ ㄱ, ㄴ
④ ㄴ, ㄷ ⑤ ㄱ, ㄴ, ㄷ

서술형

15 0 ˚C, 1기압에서 실린더에 남아 있는 산소를 모두 반응시키기 위해 넣어야 할 메테인의 최소 부피를 구하고, 그 과정을 설명하시오(단, 0˚C, 1기압에서 기체 1몰의 부피는 22.4 L이다.).

16 다음은 25 ˚C, 1기압에서 A(g) 1 g이 완전 연소될 때 생성되는 B(g)의 부피를 구하기 위한 과정이다.

(가) A(g)의 연소 반응식을 완성한다.
(나) A(g) 1 g의 양(mol)을 구한다.
(다) 화학 반응식의 계수비로부터 생성되는 B(g)의 양(mol)을 구한다.
(라) B(g)의 양(mol)으로부터 B(g)의 부피를 구한다.

B(g)의 부피를 구하기 위해 꼭 필요한 자료만을 〈보기〉에서 있는 대로 고른 것은?

보기
ㄱ. A 1몰의 질량
ㄴ. A와 B의 반응 질량비
ㄷ. 실험 조건에서 기체 1몰의 부피

① ㄱ ② ㄴ ③ ㄱ, ㄷ
④ ㄴ, ㄷ ⑤ ㄱ, ㄴ, ㄷ

중요

17 다음은 0 ˚C, 1기압에서 실린더에 기체 A와 B를 각각 0.2몰씩 넣고 반응시킬 때 생성되는 기체 C의 질량을 구하는 과정이다.

(가) A와 B의 반응을 화학 반응식으로 나타낸다.
➡ $\text{A}(g) + 2\text{B}(g) \longrightarrow c\text{C}(g)$
(나) 화학 반응식으로부터 반응한 기체 A와 B의 양(mol)을 구한다.
(다) 화학 반응식의 계수비로부터 생성된 C의 양(mol)을 구한다. ➡ C의 양(mol)=반응한 B의 양(mol)×x
(라) (다)에서 구한 C의 양(mol)으로부터의 C의 질량을 구한다. ➡ C의 질량(g)=C의 양(mol)×y

이에 대한 설명으로 옳은 것만을 〈보기〉에서 있는 대로 고른 것은?

보기
ㄱ. $x=\frac{c}{2}$이다.
ㄴ. y는 C 1몰의 질량이다.
ㄷ. 기체 A와 B 중 반응하지 않고 남은 기체의 양(mol)은 생성물의 2배이다.

① ㄱ ② ㄷ ③ ㄱ, ㄴ
④ ㄴ, ㄷ ⑤ ㄱ, ㄴ, ㄷ

자료 분석 특강

실력을 올리는 실전 문제와
함께 보면 더 좋아요!

A 화학 반응에서의 양적 관계와 원자량 구하기

다음은 금속 M의 원자량을 구하는 실험이다(단, 실험 조건에서 기체 1몰의 부피는 24 L이다.).

[화학 반응식]

$2MX_2(s) \longrightarrow 2MX(s) + X_2(g)$

[실험 과정의 결과]

(가) MX_2 w g을 반응 용기에 넣고 모두 반응시킨다.

(나) MX의 질량을 측정한다. → MX의 질량: $0.65w$ g

(다) X_2의 부피를 측정한다. → X_2의 부피: 120 mL(25 °C, 1기압)

① X_2의 질량 구하기

- 반응 전후 질량은 보존되므로 MX_2의 질량=MX의 질량+X_2의 질량이다.
  → $w=0.65w+X_2$의 질량, X_2의 질량: $0.35w$ g

② M의 원자량 구하기 ❶

- X_2의 양(mol)$=\frac{0.12\text{ L}}{24\text{ L/몰}}=0.005$몰$=\frac{0.35\,w}{X_2\text{의 화학식량}}$, X_2의 화학식량: 70 w → X의 원자량: 35 w
- 화학 반응식에서 계수비=몰비이므로 MX의 양(mol)은 X_2의 2배이다. MX의 양(mol)은 X_2의 2배이므로 0.01몰이다. → MX의 양(mol)$=\frac{0.65w}{\text{MX의 화학식량}}=0.01$몰, MX의 화학식량: $65w$
- M의 원자량=MX의 화학식량−X의 원자량$=65w-35w=30w$

❶ 물질의 질량과 부피를 이용하여 물질의 양 구하기

- MX의 양(mol)$=\frac{\text{MX의 질량}}{\text{MX의 화학식량}}$
- X_2의 양(mol)$=\frac{X_2\text{의 부피}}{\text{기체 1몰의 부피}}$

실력을 올리는 실전 문제 찾아가기

- 화학 반응에서의 양적 관계를 이용하여 분자량을 구하는 문제_01
- 화학 반응에서의 양적 관계를 이용하여 원자량을 구할 때 필요한 자료를 묻는 문제_02

B 화학 반응식과 양적 관계 해석하기

[화학 반응식]

- $M(s) + 2HCl(aq) \longrightarrow MCl_2(aq) + H_2(g)$
- $C(s) + 2H_2(g) \longrightarrow CH_4(g)$ ❶

[실험 과정]

(가) 금속 M(s) w mg을 충분한 양의 HCl(aq)과 모두 반응시킨다.

(나) (가)의 $H_2(g)$와 a mg의 C(s)를 혼합하여 어느 한 반응물이 모두 소모될 때까지 반응시킨다.

[실험 결과 및 자료]

- C(s)는 12 mg 남았고, $CH_4(g)$이 48 mL 생성되었다. ❷
- 실험 조건에서 기체 1몰의 부피: 24 L

① 반응한 C의 질량 구하기

- 실험 조건에서 생성된 CH_4 48 mL는 0.002몰이므로 CH_4에 포함된 C는 0.002몰이다.
- 반응한 C의 질량은 0.002몰×12 g/몰=0.024 g=24 mg이고, 남은 C의 질량은 12 mg이므로 (나)에서 넣은 C의 질량은 24 mg+12 mg=36 mg이다. 따라서 $a=36$이다.

② 반응한 H_2의 양(mol) 구하기

- H_2와 CH_4의 반응 몰비는 $H_2 : CH_4=2 : 1$이므로 반응한 H_2는 0.004몰이다.

③ 반응한 금속 M의 양(mol) 구하기

- 금속 M과 염산의 반응에서 M과 H_2의 몰비는 1 : 1이므로 반응한 M은 0.004몰이다.

❶ 화학 반응식의 계수비로부터 반응 몰비를 구한다.

$C : H_2 : CH_4=1 : 2 : 1$

❷ 실험 과정의 (가)에서 반응한 M(s) w mg의 양(mol)과 C의 질량을 알아내기 위해 생성된 CH_4의 부피로부터 C와 H_2의 양(mol)을 구한다.

- CH_4의 양(mol)$=\frac{0.048\text{ L}}{24\text{ L/몰}}=0.002$몰
- C의 양(mol)=CH_4의 양(mol)
- H_2의 양(mol)$=2\times CH_4$의 양(mol)
- M의 양(mol)=H_2의 양(mol)

실력을 올리는 실전 문제 찾아가기

- 화학 반응식을 제시한 후 양적 관계를 묻는 문제_06
- 실험을 제시한 후 양적 관계를 묻는 문제_10
- 화학 반응식과 자료에 대한 표를 제시한 후 양적 관계를 묻는 문제_12

C 기체 반응과 양적 관계 해석하기

다음은 어느 기체 반응의 화학 반응식과 자료이다. (가)에서 B가, (나)에서 A가 모두 반응하였다.
❶ ❷

화학 반응식: $a\text{A}(g) + \text{B}(g) \longrightarrow 2\text{C}(g)$ (a는 반응 계수)

실험	(가)	(나)	(다)
A의 양(mol)	m	m	m
B의 양(mol)	2	3	$\frac{9}{2}$
반응 후 남아 있는 물질의 몰비$\left(\frac{n_{생성물}}{n_{반응물}}\right)$	4	6	x

❶ (가)에서는 B가 모두 반응하였으므로 반응한 B의 양(mol)이 2몰이다. 따라서 반응한 A의 양(mol)은 $2a$몰, 생성된 C의 양(mol)은 4몰이다.

❷ (나)에서는 A가 모두 반응하였으므로 반응한 A의 양(mol)이 m몰이다. 따라서 반응한 B의 양(mol)은 $\frac{m}{a}$몰, 생성된 C의 양(mol)은 $\frac{2m}{a}$몰이다.

① 반응 계수 a와 A의 양(mol) m 구하기

(가)의 경우	aA	+ B	⟶ 2C
반응 전 양(mol)	m	2	0
반응 양(mol)	$-2a$	-2	$+4$
반응 후 양(mol)	$m-2a$	0	4

(나)의 경우	aA	+ B	⟶ 2C
반응 전 양(mol)	m	3	0
반응 양(mol)	$-m$	$\frac{m}{a}$	$+\frac{2m}{a}$
반응 후 양(mol)	0	$3-\frac{m}{a}$	$\frac{2m}{a}$

• (가)의 경우 반응 후 남아 있는 물질의 $\frac{n_{생성물}}{n_{반응물}}=4$이므로 $m-2a=1$이다.

• (나)의 경우 반응 후 남아 있는 물질의 $\frac{n_{생성물}}{n_{반응물}}=6$이므로 $4m-9a=0$이고 $a=4$, $m=9$이다.

② (다)에서 반응 후 남아 있는 물질의 몰비 x 구하기

• 화학 반응식에서 반응 몰비는 A : B : C = 4 : 1 : 2이므로 (다)에서 A 9몰과 B $\frac{9}{2}$몰이 반응하면 C $\frac{9}{2}$몰이 생성되고, B $\frac{9}{4}$몰이 남는다. → $\frac{n_{생성물}}{n_{반응물}}=2$이므로 $x=2$이다.

실력을 올리는 실전 문제 찾아가기

• 반응 전과 후의 자료를 그림으로 제시하는 문제_04
• 반응물과 생성물의 부피를 표로 제시하는 문제_13
• 반응물의 부피를 표로 제시하고, 생성물의 질량비를 제시하는 문제_14

D 기체 반응과 양적 관계 해석하기

오른쪽 그림은 일정량의 A가 들어 있는 실린더에 B를 넣고 반응시켰을 때, B의 질량에 따른 전체 기체의 부피를 나타낸 것이다.

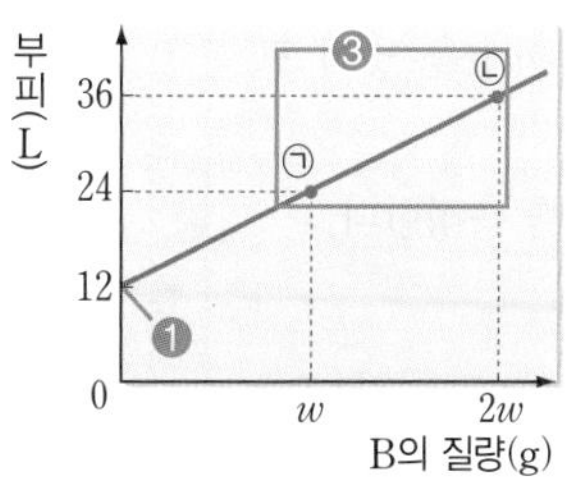

• 화학 반응식: $\text{A}(g) + b\text{B}(g) \longrightarrow c\text{C}(g)$ ❹
• ㉠과 ㉡에서 C의 질량은 같다. ❷
• 실험 조건에서 기체 1몰의 부피는 24 L이다.

❶ B를 넣지 않은 상태에서의 부피이므로 A의 부피이다.
→ A의 부피는 12 L이다.

❷ ㉠과 ㉡에서 C의 질량이 같다.
→ ㉠에서 반응이 완결되었다.

❸ ㉠과 ㉡ 사이에 증가한 부피 12 L는 B w g의 부피이다.
→ 실험 조건에서 기체 1몰의 부피는 24 L이므로 기체 12 L는 0.5몰이다.

❹ ㉠에서 반응 부피비는 A : B : C = 12 : 12 : 24 = 1 : 1 : 2이다.
→ 계수비 = 부피비이므로 $b=1$, $c=2$이다.

① ㉠과 ㉡에서 C의 질량이 같으므로 ㉠에서 A 12 L와 넣어 준 B w g이 모두 반응하였다.
→ ㉠에서 반응이 완결되었으므로 실린더에는 기체 C만 존재한다. 따라서 생성된 C의 부피는 24 L이다.

② 반응 완결 후 ㉠에 B w g을 더 넣었을 때 전체 기체의 부피가 12 L 증가하였다.
→ ㉠과 ㉡ 사이에서 증가한 부피 12 L는 B w g의 부피이므로 B w g의 양(mol)은 0.5몰이다.
→ B 1몰의 질량은 $2w$ g이므로 B의 분자량은 $2w$이다.

③ ㉠에서 반응한 기체 A, B, C의 부피비는 화학 반응식의 계수비와 같다.
→ A : B : C = 1 : b : c = 12 L : 12 L : 24 L = 1 : 1 : 2이므로 $b=1$, $c=2$이다.

실력을 올리는 실전 문제 찾아가기

• 반응 전과 후의 자료를 그래프로 제시하는 문제_16

실력을 올리는 실전 문제

➲ 수능기출 변형

01 그림은 용기에 AB, B_2를 넣고 반응시켰을 때, 반응 전과 후 용기에 존재하는 물질을 모형으로 나타낸 것이다.

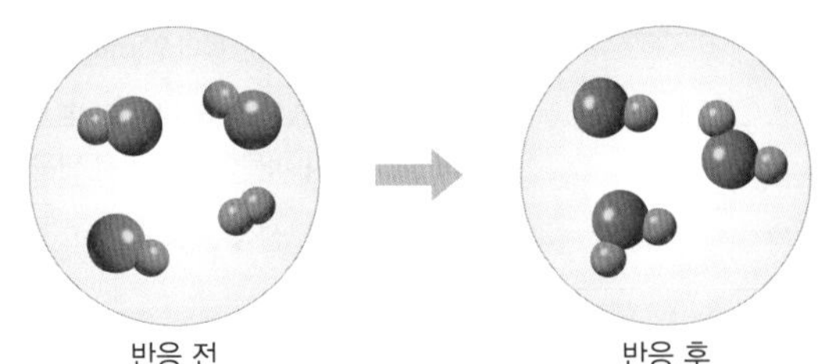

이에 대한 설명으로 옳은 것만을 〈보기〉에서 있는 대로 고른 것은?(단, A, B는 임의의 원소 기호이다.)

보기
ㄱ. 생성물의 분자식은 AB_2이다.
ㄴ. 반응하는 AB와 B_2의 몰비는 3 : 1이다.
ㄷ. 생성물의 분자량은 2×(AB의 분자량)+(B_2의 분자량)과 같다.

① ㄱ　② ㄴ　③ ㄱ, ㄷ
④ ㄴ, ㄷ　⑤ ㄱ, ㄴ, ㄷ

02 다음은 학생 A가 수행한 탐구 과정과 화학 반응식이다.

[탐구 과정]
(가) 충분한 양의 HCl(aq)에 Al(s) w g을 넣어 모두 반응시킨다.
(나) (가)에서 생성되는 기체의 부피를 측정한다.
[화학 반응식]
$2Al(s) + 6HCl(aq) \longrightarrow 2AlCl_3(aq) + 3H_2(g)$

학생 A가 수행한 탐구 활동에서 Al의 원자량을 구하기 위해 이용해야 할 자료만을 〈보기〉에서 있는 대로 고른 것은?

보기
ㄱ. $H_2(g)$ 1몰의 부피
ㄴ. H의 원자량
ㄷ. H_2 1몰의 질량

① ㄱ　② ㄴ　③ ㄱ, ㄷ
④ ㄴ, ㄷ　⑤ ㄱ, ㄴ, ㄷ

03 다음은 기체가 발생하는 2가지 화학 반응식이다.

(가) $2KClO_3 \longrightarrow aKCl + 3($ ㉠ $)$
(나) $CaCO_3 + 2HCl \longrightarrow CaCl_2 + H_2O + ($ ㉡ $)$

이에 대한 설명으로 옳은 것만을 〈보기〉에서 있는 대로 고른 것은?(단, $CaCO_3$의 화학식량은 100이다.)

보기
ㄱ. a=2이다.
ㄴ. 1몰의 질량은 ㉡이 ㉠보다 크다.
ㄷ. (나)에서 $CaCO_3$ w g이 모두 반응하면 ㉡ $\frac{w}{50}$ 몰이 생성된다.

① ㄱ　② ㄷ　③ ㄱ, ㄴ
④ ㄴ, ㄷ　⑤ ㄱ, ㄴ, ㄷ

04 다음은 기체 A와 B가 반응하여 기체 C를 생성하는 반응의 화학 반응식이다.

$$3A(g) + B(g) \longrightarrow 2C(g)$$

그림은 용기에 A 4몰과 B 4몰을 넣어 어느 한 기체가 모두 소모될 때까지 반응시키는 과정을 나타낸 것이다.

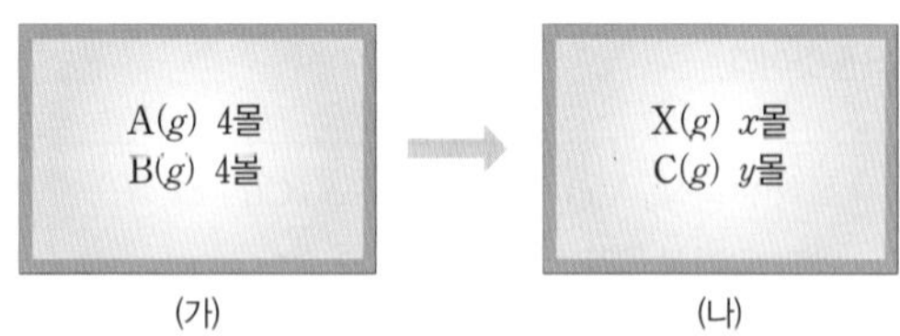

이에 대한 설명으로 옳은 것만을 〈보기〉에서 있는 대로 고른 것은?

보기
ㄱ. X는 B이다.
ㄴ. $x+y>5$이다.
ㄷ. 전체 질량은 (가)가 (나)보다 크다.

① ㄱ　② ㄷ　③ ㄱ, ㄴ
④ ㄴ, ㄷ　⑤ ㄱ, ㄴ, ㄷ

➲ 수능기출

05 그림은 탄화수소 C_mH_n을 강철 용기에서 연소시키기 전과 후에 용기에 존재하는 물질에 대한 자료를 나타낸 것이다. 연소 후 용기 내 H_2O과 O_2의 질량은 표시하지 않았다.

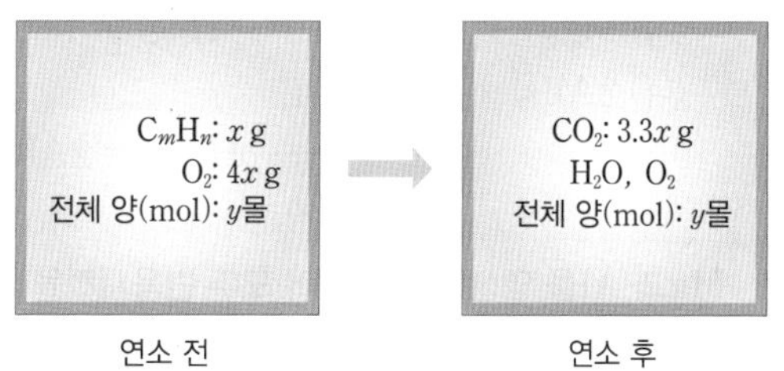

이에 대한 설명으로 옳은 것만을 〈보기〉에서 있는 대로 고른 것은?(단, H, C, O의 원자량은 각각 1, 12, 16이다.)

보기
ㄱ. C_mH_n 1 몰이 연소되면 H_2O 3몰이 생성된다.
ㄴ. 연소 후 H_2O의 양(mol)은 $0.4y$몰보다 작다.
ㄷ. 연소 후 O_2의 질량은 $0.8x$ g이다.

① ㄱ ② ㄴ ③ ㄷ
④ ㄱ, ㄴ ⑤ ㄴ, ㄷ

06 다음은 탄산 칼슘($CaCO_3$)과 염산($HCl(aq)$)의 반응의 화학 반응식이다.

$$CaCO_3(s) + xHCl(aq) \longrightarrow CaCl_2(aq) + H_2O(l) + y\boxed{(가)}(g)$$
(x, y는 반응 계수)

$CaCO_3$ w g을 충분한 양의 염산에 넣어 모두 반응시켰더니 (가) 1.25 L가 생성되었다. 이에 대한 설명으로 옳은 것만을 〈보기〉에서 있는 대로 고른 것은?(단, C, O의 원자량은 각각 12, 16이고, 실험 조건에서 기체 1몰의 부피는 25 L이다.)

보기
ㄱ. $y=2x$이다.
ㄴ. 생성된 (가)의 질량은 2.2 g이다.
ㄷ. Ca 1몰의 질량은 $20(w-3)$ g이다.

① ㄱ ② ㄷ ③ ㄱ, ㄴ
④ ㄴ, ㄷ ⑤ ㄱ, ㄴ, ㄷ

➲ 수능모의평가기출

07 다음은 마그네슘(Mg)과 염산($HCl(aq)$)의 반응의 화학 반응식이다.

$$Mg(s) + 2HCl(aq) \longrightarrow MgCl_2(aq) + H_2(g)$$

오른쪽 그림은 $HCl(aq)$ 0.1 L에 Mg의 질량을 달리하여 넣었을 때, Mg의 질량에 따른 생성된 $H_2(g)$의 부피를 나타낸 것이다. Mg을 넣기 전 $HCl(aq)$ 0.1 L에 들어 있는 Cl^-의 양(mol)은?(단, 실험 조건에서 기체 1몰의 부피는 24 L이다.)

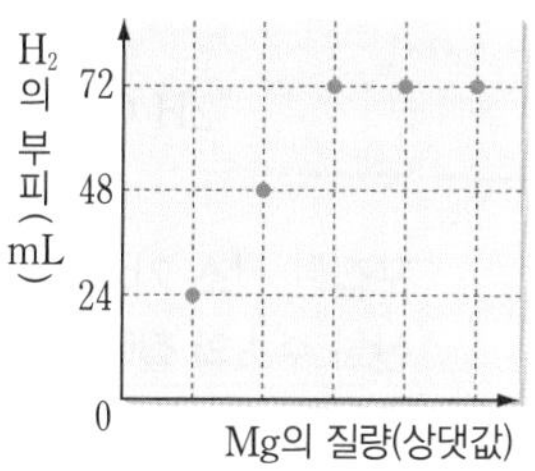

① 0.003 ② 0.006 ③ 0.012
④ 0.018 ⑤ 0.024

08 다음은 마그네슘 1.2 g을 충분한 양의 염산에 넣어 반응시킬 때 생성되는 수소 기체의 부피를 구하는 과정이다.

(가) 마그네슘과 염산의 반응을 화학 반응식으로 나타낸다.
$$Mg(s) + aHCl(aq) \longrightarrow MgCl_2(aq) + bH_2(g)$$
(a, b는 반응 계수)
(나) Mg 1.2 g의 양(mol)을 계산한다.
(다) 계수비로부터 생성된 $H_2(g)$의 양(mol)을 구한다.
(라) (다)에서 구한 $H_2(g)$의 양(mol)으로부터 H_2의 부피를 구한다.
H_2의 부피$=H_2$의 양(mol)×㉠

이에 대한 설명으로 옳은 것만을 〈보기〉에서 있는 대로 고른 것은?

보기
ㄱ. (나)에서 Mg 1몰의 질량을 이용한다.
ㄴ. (다)에서 구한 H_2의 양(mol)은 a×Mg의 양(mol)이다.
ㄷ. (라)에서 ㉠은 '실험 조건에서 기체 1몰의 부피'이다.

① ㄱ ② ㄴ ③ ㄱ, ㄷ
④ ㄴ, ㄷ ⑤ ㄱ, ㄴ, ㄷ

09 오른쪽 그림은 과산화 수소(H_2O_2)의 분해 반응에서 발생하는 산소(O_2) 기체를 수상 치환으로 포집하는 것을 나타낸 것이다.

$$2H_2O_2(aq) \longrightarrow 2H_2O(l) + O_2(g)$$

포집한 산소 기체의 부피가 0.24 L일 때, (가) 분해된 과산화 수소의 질량과 (나) 생성된 물의 양(mol)으로 옳은 것은?(단, H, O의 원자량은 각각 1, 16이고, 실험 조건에서 기체 1몰의 부피는 24 L이다.)

	(가)	(나)		(가)	(나)
①	0.17 g	0.01몰	②	0.34 g	0.01몰
③	0.34 g	0.02몰	④	0.68 g	0.01몰
⑤	0.68 g	0.02몰			

10 다음은 탄산 칼슘($CaCO_3$)이 분해되는 반응에서 양적 관계를 확인하기 위한 실험과 화학 반응식이다.

[실험 과정 및 결과]

(가) 도가니의 질량(w_1)을 측정한다.

(나) 도가니에 $CaCO_3$을 넣고 도가니의 전체 질량(w_2)을 측정한다.

(다) 일정 시간 동안 가열한 후 도가니의 전체 질량(w_3)을 측정한다.

구분	w_1	w_2	w_3
질량(g)	40.00	42.00	41.89

[화학 반응식]

$$CaCO_3(s) \longrightarrow CaO(s) + X(g)$$

이에 대한 설명으로 옳은 것만을 〈보기〉에서 있는 대로 고른 것은?(단, C, O, Ca의 원자량은 각각 12, 16, 40이다.)

보기

ㄱ. X는 CO_2이다.

ㄴ. (다)에서 발생한 X의 양(mol)은 0.1몰이다.

ㄷ. (다)에서 분해되지 않은 $CaCO_3$의 질량은 0.25 g이다.

① ㄱ ② ㄷ ③ ㄱ, ㄴ ④ ㄴ, ㄷ ⑤ ㄱ, ㄴ, ㄷ

11 다음은 2가지 금속과 염산(HCl(aq))의 반응의 화학 반응식이다.

(가) $Mg(s) + 2HCl(aq) \longrightarrow H_2(g) + MgCl_2(aq)$

(나) $2Al(s) + aHCl(aq) \longrightarrow bH_2(g) + 2AlCl_3(aq)$

Mg과 Al을 염산에 각각 넣어 모두 반응시켰을 때 각각 생성된 수소 기체의 부피가 2.4 L였다. 이에 대한 설명으로 옳은 것만을 〈보기〉에서 있는 대로 고른 것은?(단, H, Mg, Al의 원자량은 각각 1, 24, 27이고, 실험 조건에서 기체 1몰의 부피는 24 L이다.)

보기

ㄱ. (가)에서 생성된 수소 기체의 질량은 2 g이다.

ㄴ. (나)에서 반응한 수소 이온의 양(mol)은 3몰이다.

ㄷ. 반응한 금속의 질량비는 Mg : Al=4 : 3이다.

① ㄱ ② ㄷ ③ ㄱ, ㄴ ④ ㄴ, ㄷ ⑤ ㄱ, ㄴ, ㄷ

12 다음은 구리(Cu)와 산소(O_2)의 반응의 화학 반응식이다.

$$aCu + O_2 \longrightarrow bX \ (a, b\text{는 반응 계수})$$

표는 이 반응에서 Cu와 O_2의 질량 관계를 나타낸 것이다.

실험	반응물의 질량(g)	
	Cu	O_2
Ⅰ	4	1
Ⅱ	8	2

이에 대한 설명으로 옳은 것만을 〈보기〉에서 있는 대로 고른 것은?(단, O, Cu의 원자량은 각각 16, 64이다.)

보기

ㄱ. $a=b$이다.

ㄴ. X에서 구성 입자의 몰비는 Cu : O=1 : 2이다.

ㄷ. 구리 20 g을 반응시켰을 때 생성되는 X의 양(mol)은 $\frac{5}{16}$몰이다.

① ㄱ ② ㄴ ③ ㄱ, ㄷ ④ ㄴ, ㄷ ⑤ ㄱ, ㄴ, ㄷ

13 표는 기체 A와 B의 부피를 다르게 하여 어느 한 기체가 모두 소모될 때까지 반응시켰을 때, 반응물과 생성물에 대한 자료이다.

실험	반응물의 부피(L)		생성물의 부피(L)	남은 기체
	A	B	C	
Ⅰ	16	4	8	(가)
Ⅱ	32	24	32	B

이에 대한 설명으로 옳은 것만을 〈보기〉에서 있는 대로 고른 것은?(단, 온도와 압력은 일정하다.)

보기

ㄱ. (가)는 B이다.

ㄴ. 반응하는 기체의 양(mol)은 A가 B의 2배이다.

ㄷ. 실험 Ⅰ에서 기체의 밀도비는 반응 전 : 반응 후 =3 : 5이다.

① ㄱ ② ㄴ ③ ㄱ, ㄷ ④ ㄴ, ㄷ ⑤ ㄱ, ㄴ, ㄷ

14 표는 반응 A(*g*) + *b*B(*g*) ⟶ 2C(*g*)이 일어날 때, 반응 전 실린더에 들어 있는 기체에 대한 자료이다.

실험	반응물의 부피(L)	
	A	B
Ⅰ	1	5
Ⅱ	2	6
Ⅲ	3	3

반응 후 생성된 C의 질량비가 Ⅰ : Ⅱ : Ⅲ=1 : 2 : 1일 때, 이에 대한 설명으로 옳은 것만을 〈보기〉에서 있는 대로 고른 것은?(단, 온도와 압력은 일정하다.)

보기

ㄱ. b=3이다.

ㄴ. 반응 후 실험 Ⅰ과 Ⅱ에서 기체의 양(mol)은 같다.

ㄷ. 반응 후 실험 Ⅱ와 Ⅲ에서 기체의 밀도는 같다.

① ㄱ ② ㄷ ③ ㄱ, ㄴ ④ ㄴ, ㄷ ⑤ ㄱ, ㄴ, ㄷ

➲ 수능모의평가기출 변형

15 다음은 A(*g*)가 분해되는 반응의 화학 반응식이다.

$$2A(g) \longrightarrow bB(g) + cC(g)$$ (b, c는 반응 계수)

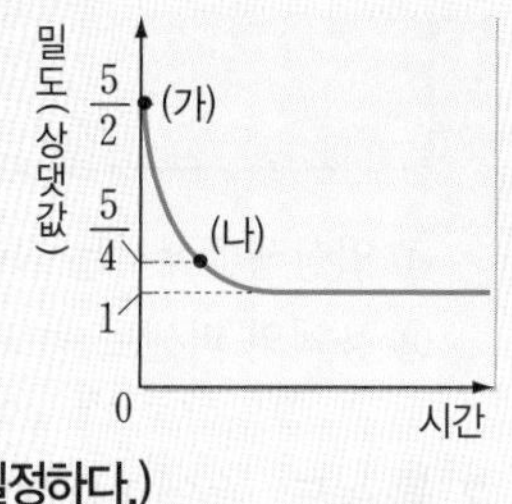

오른쪽 그림은 실린더에 A를 넣고 모두 분해시킬 때, 반응 시간에 따른 전체 기체의 밀도를 나타낸 것이다. $(b+c)$ 값과 (가)와 (나)에서 실린더 속 A의 질량비 (가) : (나)로 옳은 것은?(단, 온도와 압력은 일정하다.)

	$(b+c)$ 값	(가) : (나)
①	2	1 : 3
②	2	3 : 1
③	5	1 : 3
④	5	2 : 1
⑤	5	3 : 1

➲ 수능모의평가기출 변형

16 다음은 A와 B가 반응하여 C가 생성되는 반응의 화학 반응식이다.

$$A(g) + bB(g) \longrightarrow cC(g)$$ (b, c는 반응 계수)

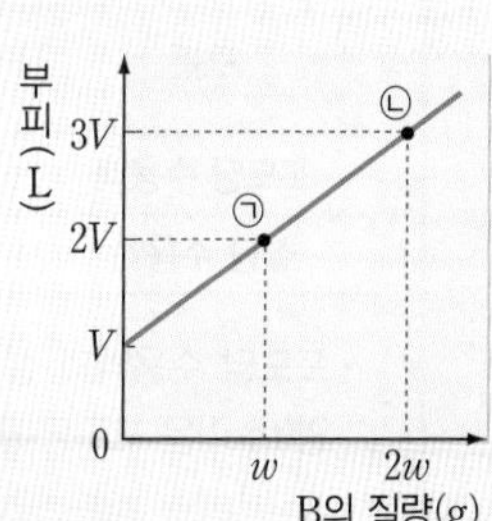

오른쪽 그림은 A가 들어 있는 실린더에 B를 넣고 반응시켰을 때, B의 질량에 따른 전체 기체의 부피를 나타낸 것이며, ㉠과 ㉡에서 C의 질량은 같다. 이에 대한 설명으로 옳은 것만을 〈보기〉에서 있는 대로 고른 것은?(단, 온도와 압력은 일정하며, 기체 1몰의 부피는 $2V$ L이다.)

보기

ㄱ. $b+c$=3이다.

ㄴ. B의 분자량은 w이다.

ㄷ. ㉡에 A(*g*) $2V$ L를 넣어 반응시키면 전체 기체의 부피는 $4V$ L가 된다.

① ㄱ ② ㄷ ③ ㄱ, ㄴ ④ ㄴ, ㄷ ⑤ ㄱ, ㄴ, ㄷ

I. 화학의 첫걸음

04 몰 농도

1 용액의 농도❶, ❷

└ 일정량의 용액 속에 포함된 용질의 양

1 퍼센트 농도 용액 100 g에 녹아 있는 용질의 질량(g)을 백분율로 나타낸 것

└ '질량 퍼센트 농도'라고도 한다. 온도가 달라져도 질량은 변하지 않으므로 온도에 관계없이 일정하다.

$$\text{퍼센트 농도(\%)} = \frac{\text{용질의 질량(g)}}{\text{용액의 질량(g)}} \times 100$$

① 일상생활에서는 질량을 기준으로 한 퍼센트 농도(%)를 많이 사용한다.

② 용액의 퍼센트 농도가 같더라도 같은 부피 속에 들어 있는 용질의 입자 수는 다르다.

└ 퍼센트 농도는 용질의 질량으로 나타낸 것이므로 수용액에 들어 있는 용질의 입자 수는 용질의 화학식량에 따라 달라진다.

2 몰 농도 용액 1 L 속에 녹아 있는 용질의 양(mol)으로, 단위는 M 또는 mol/L를 사용한다.❸

$$\text{몰 농도(M)} = \frac{\text{용질의 양(mol)}}{\text{용액의 부피(L)}}$$

① 온도에 따라 용액의 부피가 달라지므로 몰 농도는 온도에 따라 달라진다.

② 용액의 몰 농도가 같으면 용질의 종류에 관계없이 일정한 부피에 녹아 있는 용질의 입자 수가 같다. ─ 화학 반응에서의 양적 관계는 각 물질의 입자 수와 관계 있으므로 몰 농도를 많이 사용한다.

예 수산화 나트륨(NaOH) 10 g을 물에 녹여 만든 NaOH 수용액 500 mL의 몰 농도 구하기 (단, NaOH의 화학식량은 40이다.) (500 mL └ 0.5 L)

❶ 용질의 양(mol)을 구한다.

$$\text{NaOH의 양(mol)} = \frac{\text{질량(g)}}{\text{몰 질량(g/mol)}} = \frac{10\ \text{g}}{40\ \text{g/mol}} = 0.25\ \text{mol}$$

❷ 수용액의 몰 농도를 구한다.

$$\text{NaOH 수용액의 몰 농도(M)} = \frac{\text{NaOH의 양(mol)}}{\text{NaOH 수용액의 부피(L)}} = \frac{0.25\ \text{mol}}{0.5\ \text{L}} = 0.5\ \text{M}$$

퍼센트 농도가 같은 수용액에 포함된 용질의 입자 수

구분	용질		용매(물)의 질량(g)	퍼센트 농도(%)
	분자량	질량(g)		
포도당 수용액	180	10	90 g	10
설탕 수용액	342	10	90 g	10

- 포도당 수용액과 설탕 수용액 100 g에 각각 들어 있는 용질의 질량은 10 g으로 같지만, 용질의 양(mol)은 포도당이 설탕보다 그므로 용질의 입자 수는 포노낭이 설탕보다 많다.

→ 포도당의 양(mol)$=\frac{10\ \text{g}}{180\ \text{g/mol}}=\frac{1}{18}$ mol, 설탕의 양(mol)$=\frac{10\ \text{g}}{342\ \text{g/mol}}=\frac{1}{34.2}$ mol

- 화학 반응에서의 양적 관계는 각 물질의 입자 수와 관련이 있으므로, 질량을 기준으로 한 농도보다 입자 수를 기준으로 한 농도를 사용하는 것이 더 유용함을 알 수 있다.

확인 문제 1

1 퍼센트 농도는 (   ) 100 g에 녹아 있는 (   )의 질량(g)을 백분율로 나타낸 농도이다.

2 (   )은/는 용액 1 L에 포함된 용질의 양(mol)을 나타낸 농도이다.

3 0.1 M 포도당 수용액 1 L를 만드는 데 필요한 포도당의 질량을 구하시오(단, 포도당의 분자량은 180이다.).

정리하는 출제 경향

- 퍼센트 농도와 몰 농도를 이용한 수용액의 성질 파악하기
- 몰 농도 용액을 만드는 과정 파악하기

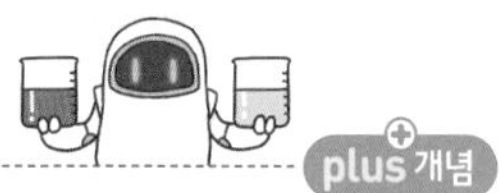

plus 개념

❶ 용액

두 종류 이상의 순물질이 균일하게 섞여 있는 혼합물

- 용매: 다른 물질을 녹이는 물질
- 용질: 용매에 녹는 물질

예 염화 나트륨 수용액에서 염화 나트륨을 녹이는 물은 용매, 물에 녹는 염화 나트륨은 용질, 염화 나트륨 수용액은 용액이다.

❷ 용액

물질의 상태와 관계없이 균일 혼합물은 모두 용액이라고 한다.

용액	용매	용질
설탕물	물	설탕
식초	물	아세트산
염산	물	염화 수소
공기	질소	산소, 아르곤 등

└ 상태가 같은 물질이 섞여 있을 때 양이 많은 것이 용매이다.

❸ 물질의 화학식량과 몰 농도

수용액 1 L에 들어 있는 용질의 질량이 같을 때 용질의 화학식량이 작을수록 용질의 양(mol)이 크므로 수용액의 몰 농도가 커진다.

예 수용액 1 L에 수산화 나트륨과 탄산수소 칼륨이 각각 10 g 녹아 있는 경우

- 화학식량: 수산화 나트륨(40) < 탄산수소 칼륨(100)
- 몰 농도: 수산화 나트륨 수용액(0.25 M) > 탄산수소 칼륨 수용액(0.1 M)

바른답 • 알찬풀이 15쪽

2 몰 농도 용액 만들기 자료 분석 특강 44쪽 A, B

1 0.1 M 염화 나트륨 수용액 만들기

탐구 활동

과정 »

❶ 염화 나트륨 0.1몰의 질량을 계산하여 전자저울로 정확히 측정한다.

❷ 비커에 증류수를 절반 정도 채우고, 과정 ❶에서 측정한 물질을 넣은 후 유리 막대로 잘 저어 녹인다.

❸ 깔때기를 이용하여 1000 mL 부피 플라스크에 과정 ❷의 수용액을 넣는다. 이때 증류수로 비커를 몇 번 헹구어 부피 플라스크에 넣는다.

❹ 부피 플라스크의 마개를 닫고 여러 번 흔들어 용액을 골고루 섞는다.

❺ 부피 플라스크의 마개를 열고 표시선까지 증류수를 채운 후, 마개를 닫고 여러 번 흔들어 잘 섞는다.[4]

결과 및 정리 »

- 염화 나트륨의 화학식량은 58.5이므로 염화 나트륨 0.1몰의 질량은 5.85 g이다.
- 0.1 M 염화 나트륨 수용액 1 L를 만들기 위해서는 염화 나트륨 5.85 g을 정확히 측정하여 증류수에 녹인 후 용액의 전체 부피를 1 L로 맞추어야 한다.
- 과정 ❸에서 증류수로 비커를 몇 번 헹구어 부피 플라스크에 넣는 까닭은 비커에 남아 있는 염화 나트륨을 모두 씻어 내기 위한 것이다.

증류수 1 L에 염화 나트륨 0.1몰을 녹이면 용액의 부피가 1 L보다 커지므로 용액의 몰 농도가 0.1 M보다 작아진다.

2 묽은 용액 만들기

어떤 용액에 증류수를 가하여 묽힐 때 용액의 부피와 농도는 달라지지만, 그 속에 녹아 있는 용질의 양(mol)은 변하지 않는다. — 묽힐 때 증류수만 넣으므로 용질의 양은 달라지지 않는다.

몰 농도가 M_1 mol/L이고, 부피가 V_1 L인 진한 용액에 증류수를 가하여 몰 농도가 M_2 mol/L이고, 부피가 V_2 L인 묽은 용액이 되었다면, 두 용액에 녹아 있는 용질의 양(mol)이 같으므로 다음과 같은 관계가 성립한다.

용질의 양(mol)=몰 농도(mol/L)×용액의 부피(L)

$$M_1V_1 = M_2V_2$$ ➜ 묽은 용액의 농도(M_2)=$\frac{M_1V_1}{V_2}$

같은 종류의 용질이 용해되어 있는 혼합 용액의 몰 농도 구하기 개념 심화

몰 농도가 M_1 mol/L이고, 부피가 V_1 L인 용액과 몰 농도가 M_2 mol/L이고, 부피가 V_2 L인 용액을 혼합할 때 혼합하기 전과 후에 용질의 전체 양(mol)은 변하지 않으므로 혼합 용액의 몰 농도($M_{혼합}$)는 다음과 같은 관계를 이용하여 구할 수 있다.

$$M_1V_1 + M_2V_2 = M_{혼합}V_{혼합} \longrightarrow M_{혼합} = \frac{M_1V_1+M_2V_2}{V_{혼합}} \text{ (mol/L)}$$

확인 문제 2

4 0.1 M 염화 나트륨 수용액 1 L를 만들 때 부피 플라스크에 물 1 L를 먼저 넣은 뒤 필요한 질량의 염화 나트륨을 녹여 만든다. (○, ×)

5 용액을 묽혔을 때 용액의 부피와 농도는 달라지지만 용질의 양은 변하지 않는다. (○, ×)

plus 개념

❹ 용액의 온도와 몰 농도

용질의 성질에 따라 물에 녹을 때 열을 방출하거나 흡수하므로 용액의 온도가 높아지거나 낮아질 수 있다. 따라서 제조한 수용액을 상온에서 충분히 식힌 후 여러 번 흔들어 섞고 표시선까지 증류수를 넣어 주어야 한다.

1 M NaOH 수용액 1 L를 만들 때 수용액의 부피는 용질의 부피와 용매의 부피를 더한 값이므로, 물 1 L가 필요한 것이 아니다. 따라서 물 1 L에 NaOH 1몰을 녹이지 않고, NaOH 1몰을 소량의 물에 녹인 후 수용액의 부피가 1 L가 될 때까지 물을 더 넣는다.

- 몰 농도(M)=$\frac{\text{용질의 양(mol)}}{\text{용액의 부피(L)}}$
- 용질의 양(mol) =몰 농도(mol/L)×용액의 부피(L)

용어 돋보기

- **농도**(짙을 濃, 법도 度): 용액 등의 진함과 묽음의 정도를 말한다.
- **백분율**(일백 百, 나눌 分, 비율 率): 비율을 나타내는 방식으로, 전체의 수량을 100으로 하여, 생각하는 수량이 그 중 몇이 되는가를 가리키는 수(퍼센트)로 나타내며, 기호는 %이다.

개념을 다지는 기본 문제

1 용액의 농도

01 용액에 대한 설명으로 옳은 것은?

① 용액은 순물질이다.
② 용매의 상태는 항상 액체이다.
③ 3 % 식초에서 용매는 아세트산이다.
④ 35 % 염산에서 용질은 염화 수소이다.
⑤ 용액에서 다른 물질을 녹이는 물질을 용질이라고 한다.

02 다음 (　　) 안에 들어갈 알맞은 숫자를 쓰시오.

(가) 수산화 나트륨 10 g을 물 40 g에 녹인 수용액의 퍼센트 농도는 (　　) %이다.
(나) 30 % 염산 150 g에 녹아 있는 염화 수소의 질량은 (　　) g이다.
(다) 포도당(분자량: 180) 54 g을 녹여 만든 포도당 수용액 500 mL의 몰 농도는 (　　) M이다.

중요

03 그림은 2가지 A 수용액 (가)와 (나)를 나타낸 것이다.

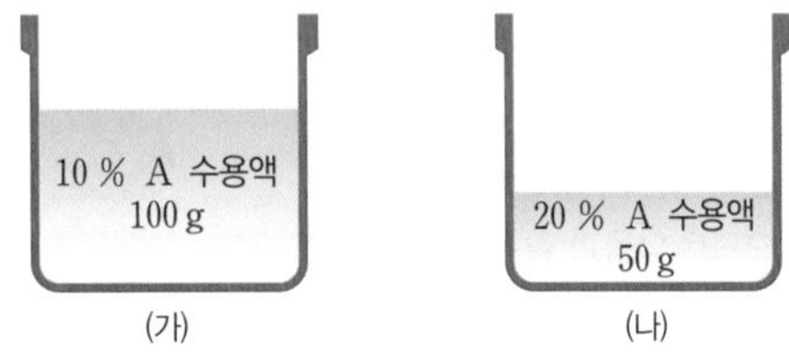

이에 대한 설명으로 옳은 것은?(단, 증발되는 물의 질량은 무시하며, A는 비휘발성 용질이다.)

① 물의 질량은 (가)가 (나)의 2배이다.
② 수용액 속 A의 질량은 (가)>(나)이다.
③ 수용액 속 A의 양(mol)은 (나)>(가)이다.
④ (가)와 (나)의 온도를 높이면 퍼센트 농도는 감소한다.
⑤ (나)에 물 50 g을 넣은 용액의 퍼센트 농도는 (가)와 같다.

서술형

04 10 % 수산화 나트륨(NaOH) 수용액 50 g에 들어 있는 용질의 양(mol)을 구하고, 그 과정을 설명하시오(단, NaOH의 화학식량은 40이다.).

05 표는 부피가 같은 2가지 수용액 A와 B에 들어 있는 용질에 대한 자료이다.

수용액	A	B
용질의 화학식량	40	100
용질의 질량(g)	4	4

수용액의 몰 농도비(A : B)를 쓰시오.

06 그림과 같이 염화 나트륨(NaCl) 5 g이 녹아 있는 수용액 (가) 100 mL를 공기 중에 놓아 두었더니 며칠 후에 (나)와 같이 부피가 줄어들었다. (다)는 수용액 (나)에 증류수를 가하여 부피를 200 mL로 만든 수용액을 나타낸 것이다.

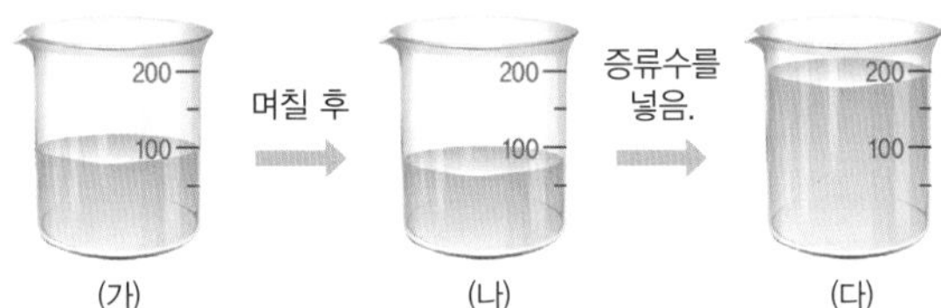

이에 대한 설명으로 옳은 것만을 〈보기〉에서 있는 대로 고른 것은?(단, (가)~(다)의 온도는 같다.)

보기
ㄱ. 수용액의 몰 농도는 (가)가 (다)의 2배이다.
ㄴ. 수용액의 퍼센트 농도는 (가)가 (나)보다 크다.
ㄷ. (가)~(다)에 들어 있는 NaCl의 질량은 모두 같다.

① ㄱ　② ㄴ　③ ㄱ, ㄷ
④ ㄴ, ㄷ　⑤ ㄱ, ㄴ, ㄷ

중요

07 다음은 2가지 수용액을 나타낸 것이다.

(가) 10 % 요소 수용액 100 g
(나) 1 M 포도당 수용액 100 mL

(가)와 (나)를 비교한 것으로 옳은 것만을 〈보기〉에서 있는 대로 고른 것은?(단, 요소와 포도당의 분자량은 각각 60, 180이고, (나)의 밀도는 1 g/mL이다.)

보기
ㄱ. 용매의 질량: (가)>(나)
ㄴ. 용질의 양(mol): (가)>(나)
ㄷ. 퍼센트 농도: (가)>(나)

① ㄱ　② ㄷ　③ ㄱ, ㄴ
④ ㄴ, ㄷ　⑤ ㄱ, ㄴ, ㄷ

2 몰 농도 용액 만들기

[08~09] 다음은 원하는 몰 농도의 수산화 나트륨(NaOH) 수용액 100 mL를 만드는 실험 과정을 순서 없이 나열한 것이다. 물음에 답하시오.

(가) 50 mL 비커에 NaOH 0.4 g을 정확히 측정하여 넣는다.
(나) 100 mL 부피 플라스크에 비커의 용액을 조심스럽게 붓는다.
(다) NaOH이 들어 있는 비커에 적당량의 물을 넣고 완전히 녹인다.
(라) 부피 플라스크의 표시선까지 증류수를 채운 후 마개를 막고 충분히 섞는다.
(마) 남는 용질이 없도록 증류수로 비커를 씻어 부피 플라스크에 넣는다.

08 NaOH 수용액을 만드는 과정을 옳게 나열한 것은?

① (가) – (나) – (다) – (마) – (라)
② (가) – (다) – (나) – (라) – (마)
③ (가) – (다) – (나) – (마) – (라)
④ (가) – (다) – (마) – (나) – (라)
⑤ (가) – (마) – (다) – (나) – (라)

서술형

09 이 실험에서 만들어진 NaOH 수용액의 몰 농도를 구하고, 그 과정을 설명하시오(단, NaOH의 화학식량은 40이다.).

중요

10 다음은 탄산수소 칼륨($KHCO_3$) 수용액을 만드는 방법이다.

(가) $KHCO_3$ 5 g을 증류수에 녹여서 x M $KHCO_3$ 수용액 100 mL를 만든다.
(나) $KHCO_3$ y g을 증류수에 녹여서 15 % $KHCO_3$ 수용액 50 g을 만든다.

$x+y$는?(단, $KHCO_3$의 화학식량은 100이다.)

① 8.0 ② 12.5 ③ 15.1
④ 15.5 ⑤ 20.0

11 25 °C에서 0.1 M A 수용액 100 mL의 몰 농도를 0.05 M로 묽히는 방법으로 옳은 것만을 〈보기〉에서 있는 대로 고른 것은?(단, A는 비휘발성 용질이다.)

보기

ㄱ. A 0.01 몰을 더 넣는다.
ㄴ. 물을 증발시켜 전체 부피를 50 mL로 만든다.
ㄷ. 물을 더 넣어 수용액의 부피를 200 mL가 되게 한다.

① ㄱ ② ㄷ ③ ㄱ, ㄴ
④ ㄴ, ㄷ ⑤ ㄱ, ㄴ, ㄷ

중요

12 다음은 묽은 황산을 만드는 과정이다.

(가) 500 mL 부피 플라스크에 증류수를 $\frac{1}{3}$ 정도 넣는다.
(나) (가)의 부피 플라스크에 진한 황산 5 g을 넣는다.
(다) (나)의 부피 플라스크에 증류수를 넣어 표시선까지 채운 후 마개를 막고 충분히 섞는다.

이 과정으로 만든 묽은 황산의 몰 농도를 구하기 위해 필요한 자료만을 〈보기〉에서 있는 대로 고른 것은?

보기

ㄱ. 황산의 분자량
ㄴ. 묽은 황산의 밀도
ㄷ. 진한 황산의 퍼센트 농도

① ㄱ ② ㄴ ③ ㄱ, ㄷ
④ ㄴ, ㄷ ⑤ ㄱ, ㄴ, ㄷ

자료 분석 특강

실력을 올리는 실전 문제와
함께 보면 더 좋아요!

A 몰 농도 용액을 만들어 묽힌 후 퍼센트 농도 구하기

다음은 탄산수소 칼륨($KHCO_3$) 수용액을 제조하여 밀도를 측정하는 실험에 대한 자료이다.
(화학식량: 100)

(가)	(나)	(다)
$KHCO_3$ 1 g을 100 mL 부피 플라스크에 넣고 증류수에 녹인 후 표시선까지 증류수를 채운다.	피펫을 이용하여 (가)의 수용액 x mL를 500 mL 부피 플라스크에 넣고 표시선까지 증류수를 채워 1×10^{-3} M 수용액을 만든다.	(나)에서 만든 수용액의 밀도를 측정했더니 d g/mL였다.

① (가) 수용액의 몰 농도 구하기 ❶ ❷

- $KHCO_3$의 화학식량이 100이므로 (가)에서 물에 녹인 $KHCO_3$ 1 g의 양(mol)은 0.01몰이다.
- (가)에서 $KHCO_3(aq)$의 부피가 100 mL이므로 몰 농도는 $\frac{0.01\text{몰}}{0.1\text{ L}}=0.1$ M이다.

② (가)의 수용액을 묽히기 위해 사용한 부피 x 구하기 ❸

- (나)에서 1×10^{-3} M $KHCO_3(aq)$ 500 mL에 들어 있는 $KHCO_3$의 양(mol)은 $1\times10^{-3}\text{ M}\times0.5\text{ L}=5\times10^{-4}$ 몰이다. ➡ 0.1 M $KHCO_3(aq)$ x mL에도 $KHCO_3$ 5×10^{-4} 몰이 있어야 하므로 $0.1\text{ M}\times(x\times10^{-3})\text{ L}=5\times10^{-4}$ mol에서 $x=50$이다.

③ (나) 수용액의 몰 농도를 퍼센트 농도로 바꾸기 ❹

- 1×10^{-3} M $KHCO_3(aq)$ 500 mL의 질량은 $d\text{ g/mL}\times500\text{ mL}=500d$ g이고, $KHCO_3$ 5×10^{-4}몰의 질량은 $100\text{ g/몰}\times5\times10^{-4}\text{몰}=0.05$ g이다.
- 퍼센트 농도 $=\frac{\text{용질의 질량(g)}}{\text{용액의 질량(g)}}\times100=\frac{0.05}{500d}\times100=\frac{1}{100d}$ %이다.

❶ 용질의 양(mol) $=\frac{\text{용질의 질량(g)}}{\text{용질 1몰의 질량(g/mol)}}$

❷ 몰 농도(M) $=\frac{\text{용질의 양(mol)}}{\text{용액의 부피(L)}}$

❸ 용액을 묽히면 용액의 부피는 묽히기 전보다 크지만 용질의 양(mol)은 묽히기 전과 같다. 따라서 이를 이용하여 사용한 x의 부피를 구할 수 있다.

❹ 밀도 $=\frac{\text{질량}}{\text{부피}}$에서 질량 = 밀도 × 부피이다.

실력을 올리는 실전 문제 찾아가기

- 용액을 묽히는 과정을 그림으로 제시하는 문제_05, 12
- 용액을 묽히는 과정을 실험 과정으로 제시하는 문제_10

B 혼합 용액의 농도와 묽힌 용액의 농도 구하기

표는 2가지 A 수용액 (가)와 (나)에 대한 자료이다(단, 온도는 일정하다.).

수용액	수용액의 양	퍼센트 농도(%)	몰 농도(M)	밀도(g/mL)	A의 화학식량
(가)	100 mL		0.2	1.0	100
(나)	100 g	5 %			

① (가)와 (나)의 용질과 용매의 질량 구하기

- (가)에서 A의 양(mol)은 몰 농도×용액의 부피 $=0.2\text{ 몰/L}\times0.1\text{ L}=0.02$몰이므로 A의 질량은 $0.02\text{몰}\times100\text{ g/몰}=2$ g이다. 용액의 질량은 밀도×부피 $=1.0\text{ g/mL}\times100\text{ mL}=100$ g이므로 물의 질량은 $100\text{ g}-2\text{ g}=98$ g이다.
- (나)에서 A의 질량은 $100\text{ g}\times0.05=5$ g이고, 물의 질량은 $100\text{ g}-5\text{ g}=95$ g이다.

② (가)와 (나) 혼합 용액의 퍼센트 농도 구하기 ❶

- (가)와 (나)를 혼합한 용액의 질량은 $100\text{ g}+100\text{ g}=200$ g이고, 용액 속 A의 질량은 $2\text{ g}+5\text{ g}=7$ g이므로 퍼센트 농도는 $\frac{\text{용질의 질량}}{\text{용액의 질량}}\times100=\frac{7}{200}\times100=3.5$ %이다.

③ (가)를 묽힌 용액의 몰 농도 구하기 ❷

- (가) 50 mL에 물을 넣어 1 L로 만든 경우 묽힌 용액의 몰 농도를 x라고 할 때 $M_1V_1=M_2V_2$이므로 $0.2\text{ M}\times0.05\text{ L}=x\times1\text{ L}$에서 $x=\frac{0.2\text{ M}\times0.05\text{ L}}{1\text{ L}}=0.01$ M이다.

❶ 용매와 용질의 종류가 같은 용액의 혼합 용액의 퍼센트 농도 구하기
두 용액에 들어 있는 용질의 질량과 용액의 질량을 각각 더한 후 퍼센트 농도를 구하는 식에 대입하여 구한다.

❷ 묽힌 용액의 몰 농도 구하기
어떤 용액에 증류수를 가하여 용액을 묽힐 때 용액의 부피와 몰 농도는 달라지지만 용질의 양(mol)은 변하지 않는다는 것을 이용한다. 따라서 묽힌 용액에서 용액의 몰 농도는 다음과 같이 구할 수 있다.
$M_1V_1=M_2V_2 \rightarrow M_2=\frac{M_1V_1}{V_2}$ (M_1V_1: 진한 용액의 용질의 양, M_2V_2: 묽은 용액의 용질의 양)

실력을 올리는 실전 문제 찾아가기

- 용액의 몰 농도와 퍼센트 농도를 제시하는 문제_06, 09

실력을 올리는 실전 문제

바른답 • 알찬풀이 17쪽

01 표는 용액 (가)~(다) 100 g에 들어 있는 성분 물질의 질량을 각각 나타낸 것이다.

용액	성분 물질과 질량(g)	
(가)	물 80	에탄올 20
(나)	물 82	포도당 18
(다)	벤젠 80	에탄올 20

이에 대한 설명으로 옳은 것만을 〈보기〉에서 있는 대로 고른 것은?(단, 물, 에탄올, 포도당, 벤젠의 분자량은 각각 18, 46, 180, 78이고, (가)와 (나)의 밀도는 1 g/mL이다.)

보기
ㄱ. 몰 농도는 (나)가 (가)보다 크다.
ㄴ. 퍼센트 농도는 (가)와 (다)가 같다.
ㄷ. 용매의 양(mol)은 (나)가 (다)보다 크다.

① ㄱ ② ㄷ ③ ㄱ, ㄴ
④ ㄴ, ㄷ ⑤ ㄱ, ㄴ, ㄷ

02 그림은 온도가 같은 수용액 (가)와 (나)를 나타낸 것이다.

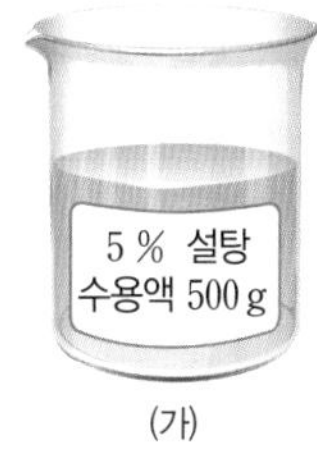

(가)

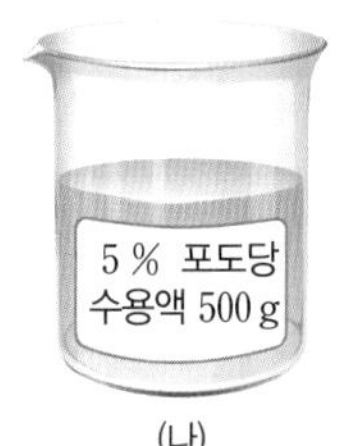

(나)

(가)와 (나)를 비교한 것으로 옳은 것만을 〈보기〉에서 있는 대로 고른 것은?(단, 분자량은 설탕이 포도당보다 크고, (가)와 (나)의 밀도는 1 g/mL이다.)

보기
ㄱ. 수용액 속 용질의 질량: (가)=(나)
ㄴ. 수용액 속 용질의 양(mol): (가)>(나)
ㄷ. 수용액의 몰 농도: (가)>(나)

① ㄱ ② ㄴ ③ ㄱ, ㄷ
④ ㄴ, ㄷ ⑤ ㄱ, ㄴ, ㄷ

03 그림 (가)는 20 °C에서 342 g의 설탕을 녹인 수용액 100 mL로, 설탕이 일부 녹지 않고 남아 있는 모습을 나타낸 것이고, (나)는 (가)의 온도를 높여 남아 있던 설탕을 모두 녹인 모습을 나타낸 것이다.

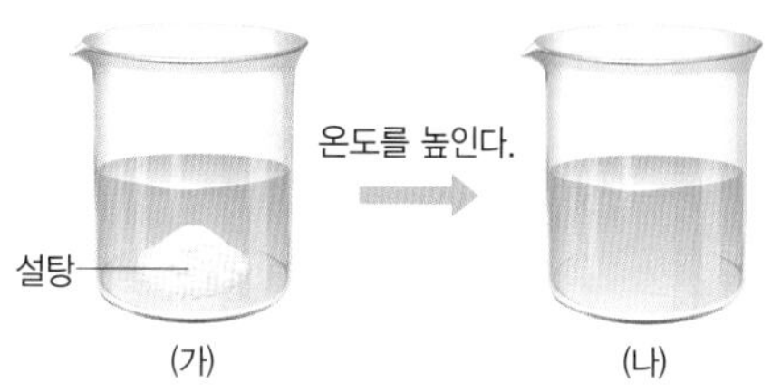

이에 대한 설명으로 옳은 것만을 〈보기〉에서 있는 대로 고른 것은?(단, 설탕의 분자량은 342이고, 증발한 물의 양은 무시한다.)

보기
ㄱ. (가)의 몰 농도는 10 M이다.
ㄴ. 수용액 속 설탕의 양(mol)은 (나)가 (가)보다 크다.
ㄷ. 수용액의 퍼센트 농도는 (나)가 (가)보다 크다.

① ㄱ ② ㄴ ③ ㄱ, ㄷ
④ ㄴ, ㄷ ⑤ ㄱ, ㄴ, ㄷ

04 그림은 1 M 수산화 나트륨(NaOH) 수용액 (가)에 NaOH 0.1몰을 추가로 녹여 수용액 (나)를 만드는 과정을 나타낸 것이다. NaOH 0.1몰에 의한 부피 변화는 무시한다.

이에 대한 설명으로 옳은 것만을 〈보기〉에서 있는 대로 고른 것은?(단, NaOH의 화학식량은 40이고, 온도는 일정하며, (가) 수용액의 밀도는 d g/mL이다.)

보기
ㄱ. (가)의 용질의 질량은 4 g이다.
ㄴ. 몰 농도는 (나)가 (가)의 2배이다.
ㄷ. (나)의 퍼센트 농도는 $\frac{8}{d}$ %이다.

① ㄱ ② ㄷ ③ ㄱ, ㄴ
④ ㄴ, ㄷ ⑤ ㄱ, ㄴ, ㄷ

05 그림은 0.1 M A 수용액을 묽혀 x M A 수용액을 만든 것을 나타낸 것이다.

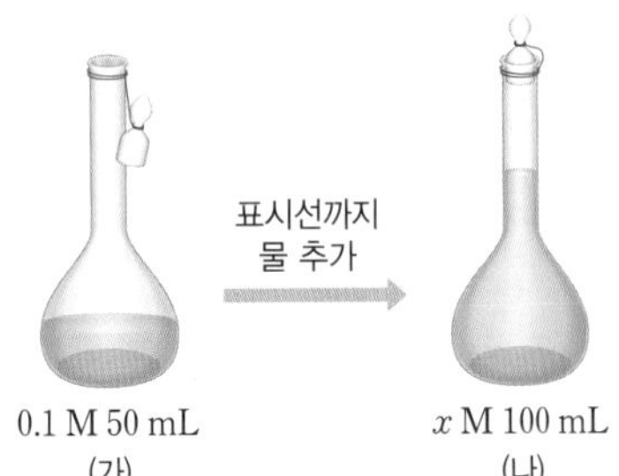

이에 대한 설명으로 옳은 것만을 〈보기〉에서 있는 대로 고른 것은?(단, 온도는 일정하다.)

보기
ㄱ. $x=0.05$이다.
ㄴ. A의 양(mol)은 (가)가 (나)보다 크다.
ㄷ. 물의 부피는 (나)가 (가)의 2배이다.

① ㄱ ② ㄷ ③ ㄱ, ㄴ
④ ㄴ, ㄷ ⑤ ㄱ, ㄴ, ㄷ

06 그림은 2가지 수산화 나트륨(NaOH) 수용액 (가)와 (나)를 나타낸 것이다.

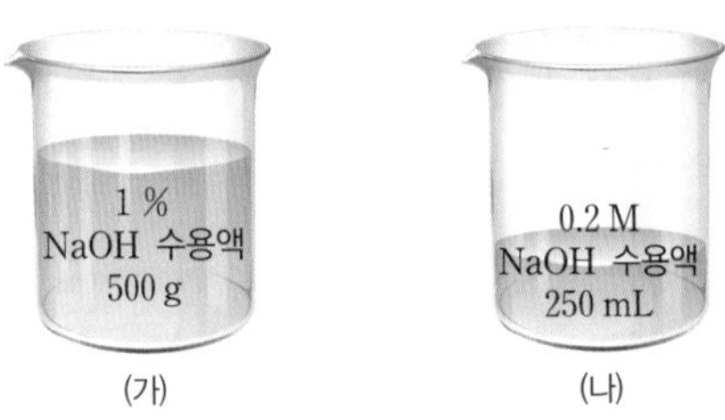

이에 대한 설명으로 옳은 것만을 〈보기〉에서 있는 대로 고른 것은?(단, NaOH의 화학식량은 40이고, 온도는 일정하며, (나)의 밀도는 1.0 g/mL이다.)

보기
ㄱ. NaOH의 질량은 (가)가 (나)의 2.5배이다.
ㄴ. (가) 200 g에 물을 넣어 1 L로 만든 용액의 몰 농도는 0.05 M이다.
ㄷ. (가)와 (나)를 혼합한 용액의 퍼센트 농도는 1 %보다 작다.

① ㄱ ② ㄷ ③ ㄱ, ㄴ
④ ㄴ, ㄷ ⑤ ㄱ, ㄴ, ㄷ

07 다음은 4 % KOH 수용액의 농도를 몰 농도(M)로 환산하는 과정을 나타낸 것이다.

(가) 4 % KOH 수용액 100 g의 부피: V mL
(나) 4 % KOH 수용액 100 g에 들어 있는 KOH의 양(mol): a몰
(다) V mL : a몰=1000 mL: b몰

이에 대한 설명으로 옳은 것만을 〈보기〉에서 있는 대로 고른 것은?(단, KOH의 화학식량은 56이다.)

보기
ㄱ. (가)에서 KOH 수용액의 밀도가 필요하다.
ㄴ. (나)에서 $a=\frac{1}{14}$이다.
ㄷ. 4 % KOH 수용액의 몰 농도는 b M이다.

① ㄱ ② ㄷ ③ ㄱ, ㄴ
④ ㄴ, ㄷ ⑤ ㄱ, ㄴ, ㄷ

08 표는 같은 질량의 용질 X와 Y가 각각 녹아 있는 수용액 (가)와 (나)에 대한 자료이다.

수용액	용질	수용액의 양	퍼센트 농도(%)	몰 농도 (M)	용질의 화학식량
(가)	X	1 L	a	0.1	60
(나)	Y	100 g	b		180

이에 대한 설명으로 옳은 것만을 〈보기〉에서 있는 대로 고른 것은?(단, 온도는 일정하고, (가)의 밀도는 1.0 g/mL이다.)

보기
ㄱ. $b=10a$이다.
ㄴ. (가)에 X 12 g을 더 넣어 만든 수용액의 몰 농도는 0.3 M이다.
ㄷ. (나)에 들어 있는 Y의 양(mol)은 $\frac{1}{30}$몰이다.

① ㄱ ② ㄴ ③ ㄱ, ㄷ
④ ㄴ, ㄷ ⑤ ㄱ, ㄴ, ㄷ

09 그림은 25 ˚C에서 A 수용액 (가)와 (나)를 나타낸 것이다.

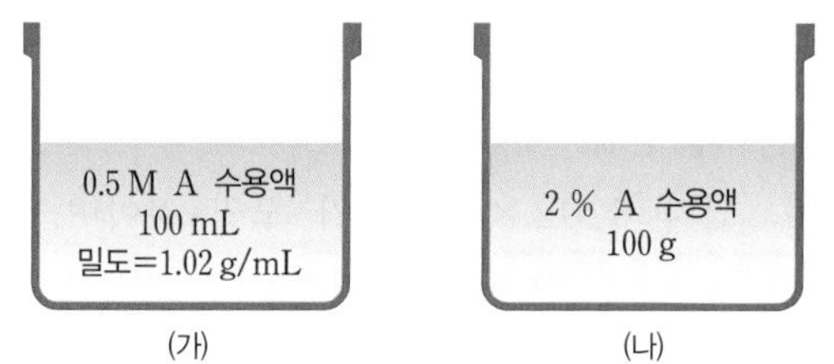

이에 대한 설명으로 옳은 것만을 〈보기〉에서 있는 대로 고른 것은?(단, A의 화학식량은 40이다.)

보기

ㄱ. 물의 양(mol)은 (나)가 (가)보다 크다.
ㄴ. (가)와 (나)를 혼합한 수용액의 퍼센트 농도는 2 %보다 작다.
ㄷ. (나)에 물을 넣어 500 mL로 만든 용액의 몰 농도는 0.1 M보다 작다.

① ㄱ ② ㄴ ③ ㄱ, ㄷ
④ ㄴ, ㄷ ⑤ ㄱ, ㄴ, ㄷ

➲ 수능모의평가기출 변형

10 다음은 A 수용액을 제조하여 밀도를 측정하는 실험이다.

[실험 과정]
(가) A 2 g을 100 mL 부피 플라스크에 넣고 물에 녹인 후 표시선까지 물을 채운다.
(나) 피펫을 이용하여 (가)의 수용액 x mL를 500 mL (㉠)에 넣고 표시선까지 물을 채워 2×10^{-3} M 수용액을 만든다.
(다) (나)에서 만든 수용액의 밀도를 측정한다.

[실험 결과]
• (다)에서 측정한 수용액의 밀도: d g/mL

이에 대한 설명으로 옳은 것만을 〈보기〉에서 있는 대로 고른 것은?(단, A의 화학식량은 100이고, 온도는 일정하다.)

보기

ㄱ. ㉠은 부피 플라스크이다.
ㄴ. $x=10$이다.
ㄷ. (나)에서 만든 수용액의 퍼센트 농도는 $\frac{1}{100d}$ %이다.

① ㄱ ② ㄴ ③ ㄱ, ㄷ
④ ㄴ, ㄷ ⑤ ㄱ, ㄴ, ㄷ

11 그림은 x % 염산($HCl(aq)$) 100 g에 물을 넣어 500 mL의 $HCl(aq)$을 만든 후, 이 용액에 마그네슘(Mg) 조각 3 g을 넣는 것을 나타낸 것이다.

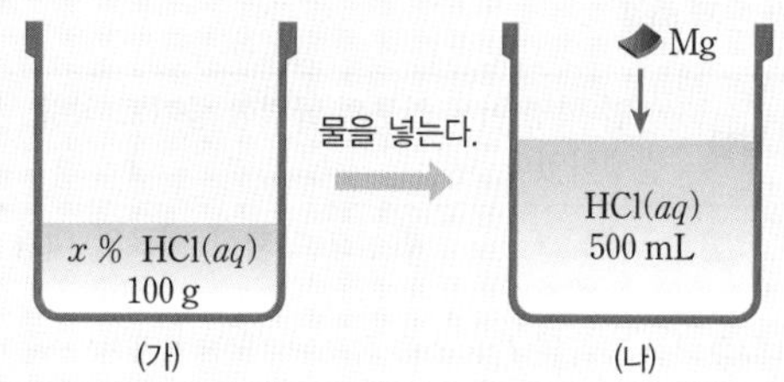

반응 후 0.6 g의 마그네슘이 남았을 때, 이에 대한 설명으로 옳은 것만을 〈보기〉에서 있는 대로 고른 것은?(단, H, Mg, Cl의 원자량은 각각 1, 24, 35.5이고, 실험 조건에서 기체 1몰의 부피는 25 L이다.)

보기

ㄱ. $x<7$이다.
ㄴ. 생성된 $H_2(g)$의 부피는 5 L이다.
ㄷ. (나)에서 Mg을 넣기 전 $HCl(aq)$의 몰 농도는 0.4 M이다.

① ㄱ ② ㄷ ③ ㄱ, ㄴ
④ ㄴ, ㄷ ⑤ ㄱ, ㄴ, ㄷ

12 그림 (가)는 물질 A 20 g이 녹아 있는 A 수용액을, (나)는 (가)의 용액 20 g을 취하여 부피 플라스크에 넣고 물을 가하여 전체 부피를 1 L로 만든 것을 나타낸 것이다.

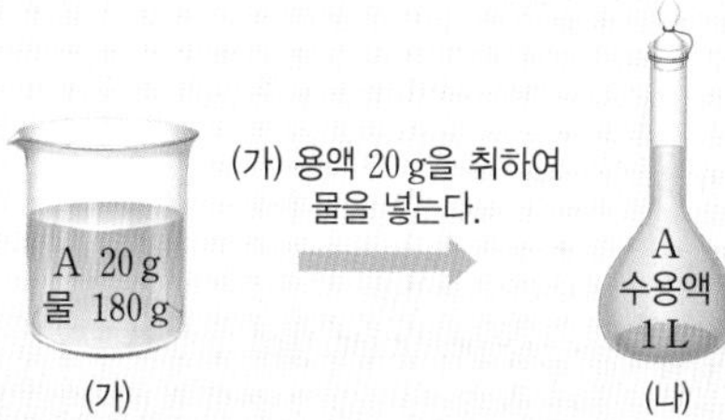

이에 대한 설명으로 옳은 것만을 〈보기〉에서 있는 대로 고른 것은?(단, A의 화학식량은 100이고, 온도는 일정하다.)

보기

ㄱ. (가) 용액의 퍼센트 농도는 10 %이다.
ㄴ. (나) 용액의 몰 농도는 0.02 M이다.
ㄷ. (가) 용액 100 g과 (나) 용액 500 mL를 혼합한 용액에는 A 0.11몰이 들어 있다.

① ㄱ ② ㄷ ③ ㄱ, ㄴ
④ ㄴ, ㄷ ⑤ ㄱ, ㄴ, ㄷ

핵심 정리

Ⅰ 단원 마무리

01 우리 생활 속의 화학

1. 화학의 유용성

① 식량 문제 해결

문제 발생	산업 혁명 이후 인구의 급격한 증가로 식량 부족 문제가 발생하였다.
문제 해결	• (1) 합성으로 화학 비료의 대량 생산이 가능해졌다. • 농약의 사용으로 잡초나 해충의 피해가 줄어들었다. • 비닐의 개발로 계절에 관계없이 작물 재배가 가능해졌다.

② 의류 문제 해결

문제 발생	인구의 급격한 증가로 천연 섬유만으로는 의류를 공급하기 부족하였다.
문제 해결	• (2)의 개발로 옷감의 대량 생산이 가능해졌다. • 합성염료의 개발로 누구나 원하는 색깔의 옷을 입을 수 있게 되었다.

③ 주거 문제 해결

문제 발생	인구의 급격한 증가로 주거 환경의 변화가 필요해졌다.
문제 해결	• 화석 연료를 이용하여 난방과 조리가 가능해졌다. • 제련 기술로 얻어진 (3)을/를 이용하여 대형 건물의 건설이 가능해졌다.

2. 탄소 화합물의 유용성

① (4): C 원자가 다른 C 원자나 H, O, N, F 등의 여러 가지 원자들과 결합하여 이루어진 화합물

② 여러 가지 탄소 화합물

(5) (CH_4)	• 액화 천연가스의 주성분 • 상온에서 기체 상태 • 가정용 연료로 이용
(6) (C_2H_5OH)	• 술의 주성분 • 상온에서 액체 상태 • 소독용 알코올, 약품의 원료, 연료 등으로 이용
아세트산 (CH_3COOH)	• (7)의 성분 • 상온에서 액체 상태 • 합성 수지, 의약품, 염료 등의 원료로 이용

③ 탄소 화합물로 이루어진 우리 주위의 물질

플라스틱	가볍고 외부의 힘과 충격에 강하며, 녹이 슬지 않고 대량 생산이 가능하여 값이 싸다.
의약품	아스피린, 페니실린 등의 의약품은 대부분 탄소 화합물로 이루어져 있다.
기타	섬유, 합성 세제, 화장품 등은 모두 탄소 화합물로 이루어져 있다.

02 몰과 화학식량

1. (8) 원자, 분자, 이온 등과 같이 매우 작은 입자를 세는 묶음 단위

① 1몰: 입자 6.02×10^{23}개가 모인 것이며, 이 수를 (9)(이)라고 한다.

② 몰과 입자 수: 모든 물질 1몰에는 그 물질을 구성하는 입자가 6.02×10^{23}개 들어 있다.

2. 몰과 질량

① 화학식량

(10)	질량수가 12인 탄소(^{12}C) 원자의 질량을 12로 하고, 이를 기준으로 하여 나타낸 원자의 상대적인 질량
분자량	분자를 이루고 있는 원자들의 원자량을 모두 합한 값 예 물(H_2O) 분자의 분자량: 18.0
화학식량	화학식을 이루고 있는 각 원소의 원자량을 모두 합한 값 예 염화 나트륨(NaCl)의 화학식량: 58.5

② 1몰의 질량: 화학식량에 g을 붙인 양

③ 물질의 양(mol): 물질의 질량(g)을 그 물질 1몰의 질량으로 나누어서 구한다.

$$\text{물질의 양(mol)}=\frac{\text{물질의 질량(g)}}{\text{물질 1몰의 질량(g/mol)}}$$

3. 몰과 기체의 부피

① (11)법칙: 같은 온도와 압력에서 모든 기체는 같은 부피 속에 같은 수의 분자가 들어 있다.

② 기체 1몰의 부피: 모든 기체는 0 ℃, 1기압에서 1몰의 부피가 (12) L로 일정하다.

$$\text{기체의 양(mol)}=\frac{\text{기체의 부피(L)}}{22.4\ \text{L/mol}}\ (0\ ℃,\ 1\text{기압})$$

4. 몰, 질량, 입자 수, 기체의 부피 사이의 관계

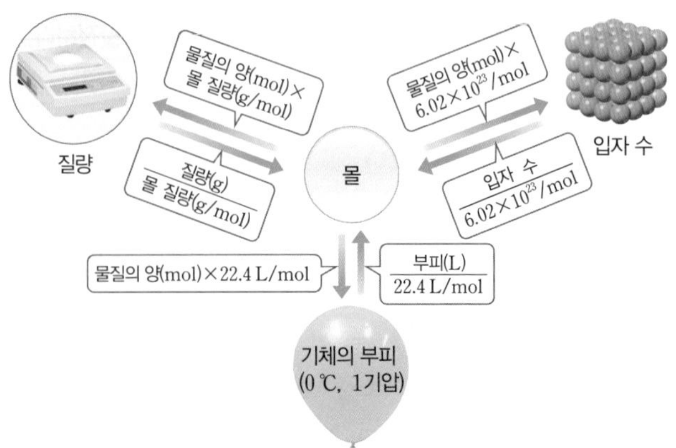

03 화학 반응식과 양적 관계

1. 화학 반응식

① 화학 반응식: 화학 반응을 (⑬)과/와 기호를 이용하여 나타낸 식

② 화학 반응식 나타내기

단계	예 물이 수소 기체와 산소 기체로 분해되는 반응
1	반응물과 생성물을 화학식으로 나타낸다. 예 • 반응물: 물(H_2O) • 생성물: 수소(H_2), 산소(O_2)
2	화살표(→)의 왼쪽에는 반응물, 오른쪽에는 생성물의 화학식을 쓰고, 반응물이나 생성물이 2가지 이상이면 '+'로 연결한다. 예 $H_2O \longrightarrow H_2 + O_2$
3	반응물과 생성물을 구성하는 원자의 종류와 개수가 같아지도록 계수를 맞춘다. 단, 계수는 가장 간단한 정수로 나타내고, 1이면 생략한다. 예 • O 원자 수를 맞추기 위해 H_2O 앞에 2를 붙인다. $2H_2O \longrightarrow H_2 + O_2$ • H 원자 수를 맞추기 위해 H_2 앞에 2를 붙인다. $2H_2O \longrightarrow 2H_2 + O_2$
4	물질의 상태는 ( ) 안에 기호를 써서 화학식 뒤에 표시한다. → 고체: *s*, 액체: *l*, 기체: *g*, (⑭): *aq* 예 $2H_2O(l) \longrightarrow 2H_2(g) + O_2(g)$

2. 화학 반응에서의 양적 관계

① 화학 반응식을 통해 알 수 있는 것

계수비 = 몰비 = 분자 수비 = 부피비(기체인 경우)(⑮)질량비

예 CH_4 연소 반응의 화학 반응식을 통해 알 수 있는 정보

화학 반응식	$CH_4(g)$ +	$2O_2(g)$ ⟶	$CO_2(g)$ +	$2H_2O(l)$
양(mol)	1	2	1	2
분자 수	6.02×10^{23}	$2\times 6.02\times10^{23}$	6.02×10^{23}	$2\times 6.02\times10^{23}$
분자 수비	1	2	1	2
부피(L) (0 °C, 1기압)	22.4	2×22.4	22.4	H_2O은 액체이므로 부피 관계가 성립하지 않음
부피비	1	2	1	
질량(g)	16	2×32	44	2×18
질량비	4	16	11	9

② 화학 반응에서의 양적 관계

주어진 물질의 질량, 부피를 물질의 양(mol)으로 환산하기 → 화학 반응식의 계수비를 이용하여 구하고자 하는 물질의 양(mol) 구하기 → 구하고자 하는 물질의 양(mol)을 질량, 부피로 환산하기

04 몰 농도

1. 용액의 농도

① 퍼센트 농도: 용액 100 g에 녹아 있는 용질의 질량(g)을 백분율로 나타낸 것

$$\text{퍼센트 농도(\%)} = \frac{\text{용질의 질량(g)}}{\text{용액의 질량(g)}} \times 100$$

② (⑯): 용액 1 L 속에 녹아 있는 용질의 양(mol)

$$\text{몰 농도(M)} = \frac{\text{용질의 양(mol)}}{\text{용액의 부피(L)}}$$

- 몰 농도는 온도에 따라 달라진다.
- 용액의 몰 농도가 같으면 용질의 종류에 관계없이 일정한 부피에 녹아 있는 용질의 입자 수가 같다.

2. 0.1 M 수용액 만들기

❶ 전자저울에 시약포지를 올려놓고 선택한 물질 0.1몰만큼의 질량을 정확히 측정한다.

❷ 비커에 증류수를 절반 정도 채우고 과정 ❶에서 측정한 물질을 넣은 후 유리 막대로 잘 저어 녹인다.

❸ 1000 mL 부피 플라스크에 과정 ❷의 수용액을 넣는다. 이때 증류수로 비커를 몇 번 헹구어 부피 플라스크에 넣는다.

❹ 부피 플라스크의 마개를 닫고 여러 번 흔들면서 용액을 골고루 섞는다.

❺ 부피 플라스크의 마개를 열고 증류수를 표시선까지 채운다.

❻ 부피 플라스크의 마개를 닫고 여러 번 흔들면서 잘 섞는다.

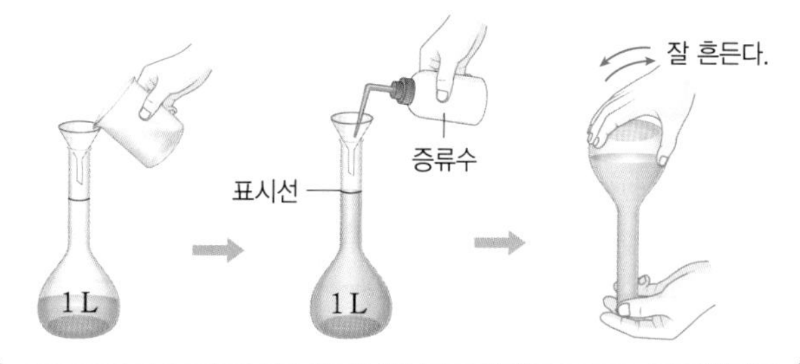

3. 묽은 용액 만들기

① 어떤 용액에 증류수를 가하여 묽힐 때 용액의 부피와 농도는 달라지지만 용질의 (⑰)은/는 변하지 않는다.

② 몰 농도가 M_1 mol/L이고, 부피가 V_1 L인 진한 용액에 증류수를 가하여 몰 농도가 M_2 mol/L이고, 부피가 V_2 L인 묽은 용액이 되었다면 다음과 같은 관계가 성립한다.

$$\text{용질의 양(mol)} = \text{몰 농도(mol/L)} \times \text{용액의 부피(L)}$$
$$M_1V_1 = M_2V_2$$

실력 점검

Ⅰ 단원 평가 문제

∞ 01. 우리 생활 속의 화학 10쪽

01 화학이 인류의 식량, 의류, 주거 문제 해결에 기여한 사례만을 〈보기〉에서 있는 대로 고른 것은?

보기
ㄱ. 농작물이나 가축에서 새로운 천연 섬유를 얻을 수 있게 되었다.
ㄴ. 콘크리트 속에 철근을 넣어 주택, 건물, 도로 등의 건설에 이용하였다.
ㄷ. 질소 비료의 원료인 암모니아를 대량으로 만들 수 있는 방법을 개발하였다.

① ㄱ ② ㄴ ③ ㄱ, ㄷ
④ ㄴ, ㄷ ⑤ ㄱ, ㄴ, ㄷ

∞ 01. 우리 생활 속의 화학 10쪽

02 다음은 우리 생활 속의 문제를 해결하는 데 기여한 2가지 물질과 관련된 설명이다.

- (가)는 비단처럼 부드럽고 광택이 나면서도 가격이 저렴하며, (가)가 최초 합성된 이후 대량 생산이 가능한 많은 합성 섬유들이 개발되었다.
- (나)는 코크스를 이용한 제련 기술 개발로 대량 생산이 가능해져, 교통 발달뿐 아니라 건축 구조물의 변화에 기여하였다.

(가)와 (나)에 대한 설명으로 옳은 것만을 〈보기〉에서 있는 대로 고른 것은?

보기
ㄱ. (가)는 천연 섬유이다.
ㄴ. (나)는 금속 원소이다.
ㄷ. (가)와 (나)는 모두 주거 문제 해결에 기여한 물질이다.

① ㄱ ② ㄴ ③ ㄷ
④ ㄱ, ㄷ ⑤ ㄴ, ㄷ

[03~04] 그림은 탄소 화합물 (가), (나)의 구조를 모형으로 나타낸 것이다. 물음에 답하시오.

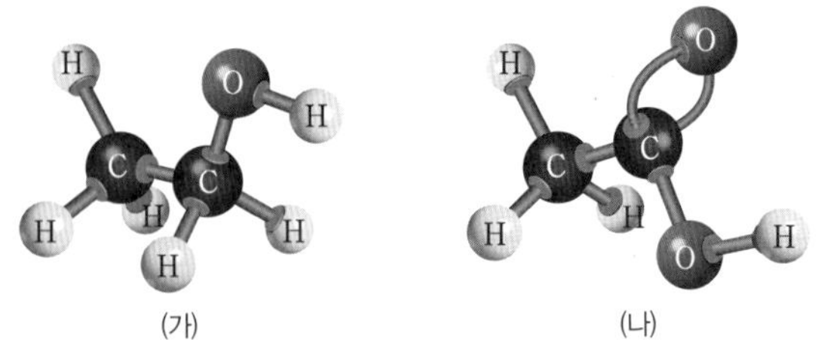

(가) (나)

∞ 01. 우리 생활 속의 화학 10쪽

03 탄소 화합물 (가)와 (나)의 이름을 각각 쓰시오.

∞ 01. 우리 생활 속의 화학 10쪽

04 (가)와 (나)의 공통점으로 옳은 것만을 〈보기〉에서 있는 대로 고른 것은?

보기
ㄱ. 구성 원소의 종류가 같다.
ㄴ. 물에 대한 용해도가 크다.
ㄷ. 완전 연소시킬 때 생성되는 물질의 종류가 같다.

① ㄱ ② ㄷ ③ ㄱ, ㄴ
④ ㄴ, ㄷ ⑤ ㄱ, ㄴ, ㄷ

∞ 02. 몰과 화학식량 18쪽

05 그림은 용기 (가)~(다)에 들어 있는 3가지 기체에 대한 자료를 나타낸 것이다.

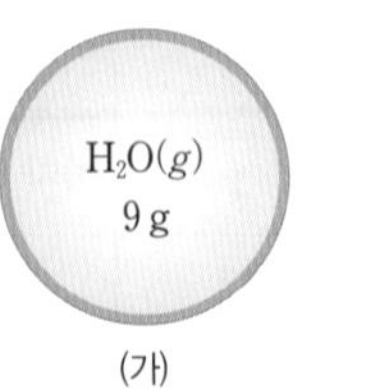

(가)

(나)

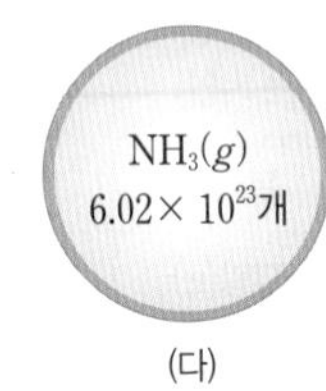

(다)

용기에 들어 있는 수소 원자 수를 옳게 비교한 것은?(단, H, C, N, O의 원자량은 각각 1, 12, 14, 16이다.)

① (가)>(나)>(다) ② (가)>(다)>(나)
③ (나)>(다)>(가) ④ (다)>(가)>(나)
⑤ (다)>(나)>(가)

∞ 02. 몰과 화학식량 18쪽

06 표는 원자 A~C의 원자량과 원자 1개의 질량을 나타낸 것이다.

원자	A	B	C
원자량	12	16	x
원자 1개의 질량($\times 10^{-23}$ g)	2	y	4

이에 대한 설명으로 옳은 것만을 <보기>에서 있는 대로 고른 것은?(단, A~C는 임의의 원소 기호이다.)

보기
ㄱ. $x=24$이다.
ㄴ. $y=\frac{4}{3}$이다.
ㄷ. 1 g의 몰비는 A : B=3 : 4이다.

① ㄱ ② ㄴ ③ ㄷ
④ ㄱ, ㄴ ⑤ ㄴ, ㄷ

∞ 02. 몰과 화학식량 18쪽

07 그림은 일정한 온도와 압력에서 3개의 실린더에 각각 기체가 들어 있는 것을 나타낸 것이다.

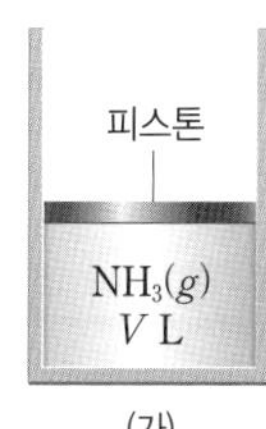

(가)

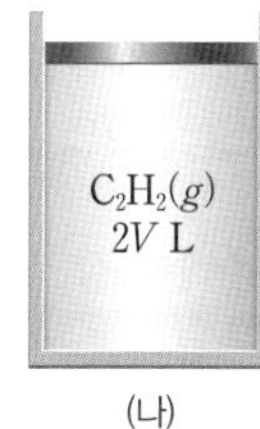

(나)

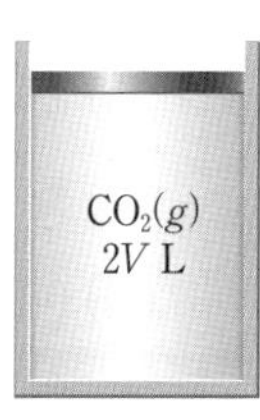

(다)

(가)~(다)를 비교한 것으로 옳은 것만을 <보기>에서 있는 대로 고른 것은?(단, H, C, O의 원자량은 각각 1, 12, 16이고, 피스톤의 질량과 마찰은 무시한다.)

보기
ㄱ. 기체의 양(mol): (다)>(가)
ㄴ. C 원자 수: (다)>(나)
ㄷ. 기체의 밀도: (가)>(나)

① ㄱ ② ㄷ ③ ㄱ, ㄴ
④ ㄱ, ㄷ ⑤ ㄴ, ㄷ

∞ 02. 몰과 화학식량 18쪽

08 표는 일정한 온도와 압력에서 기체 (가)~(다)에 대한 자료이다. (가)~(다)에 각각 포함된 A 원자의 전체 질량은 같다.

기체	(가)	(나)	(다)
분자식	A_2	A_2B	CA_3
기체의 양	w g	$\frac{1}{2}N_A$개	V L

이에 대한 설명으로 옳은 것만을 <보기>에서 있는 대로 고른 것은?(단, A의 원자량은 1이며, N_A는 아보가드로수이다.)

보기
ㄱ. $w=0.5$이다.
ㄴ. (나)의 부피는 $\frac{3}{2}V$ L이다.
ㄷ. 총 원자 수는 (다)가 (가)의 2배이다.

① ㄱ ② ㄴ ③ ㄱ, ㄷ
④ ㄴ, ㄷ ⑤ ㄱ, ㄴ, ㄷ

∞ 03. 화학 반응식과 양적 관계 28쪽

09 다음은 석탄의 주성분인 탄소(C)와 관련된 반응이다.

(가) 탄소로부터 메탄올 합성

$$C + H_2O \longrightarrow \boxed{㉠} + H_2$$
$$\boxed{㉠} + 2H_2 \longrightarrow CH_3OH$$

(나) 탄소로부터 메테인 합성

$$C + 2\boxed{㉡} \longrightarrow CH_4$$

이에 대한 설명으로 옳은 것만을 <보기>에서 있는 대로 고른 것은?(단, H, C, O의 원자량은 각각 1, 12, 16이다.)

보기
ㄱ. ㉠과 ㉡은 한 분자당 원자 수가 모두 2이다.
ㄴ. ㉠ 1몰이 반응할 때 생성되는 CH_3OH의 양(mol)은 1몰이다.
ㄷ. 같은 질량의 CH_3OH과 CH_4이 생성될 때 반응한 C의 양(mol)은 (나)가 (가)의 2배이다.

① ㄱ ② ㄷ ③ ㄱ, ㄴ
④ ㄴ, ㄷ ⑤ ㄱ, ㄴ, ㄷ

∞ 03. 화학 반응식과 양적 관계 28쪽

10 그림은 $A_2(g)$와 $B_2(g)$의 반응을 모형으로 나타낸 것이다.

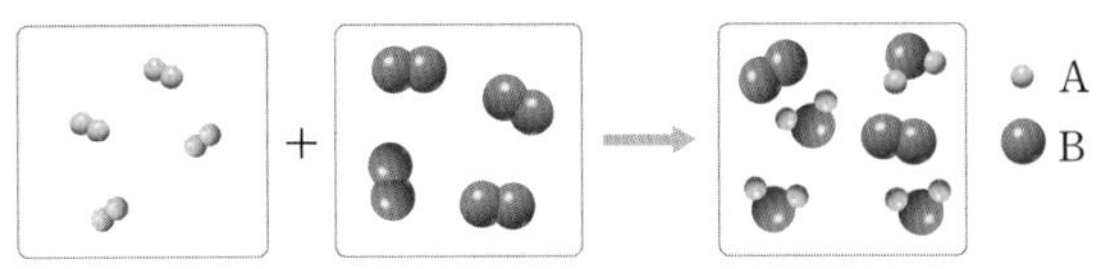

이에 대한 설명으로 옳은 것만을 〈보기〉에서 있는 대로 고른 것은?(단, A, B는 임의의 원소 기호이고, 원자량은 각각 1, 16이다.)

보기

ㄱ. 생성물의 화학식은 AB_2이다.
ㄴ. A_2 1몰이 반응하면 생성물 1몰이 생성된다.
ㄷ. B_2 16 g을 모두 반응시키기 위해 필요한 A_2의 최소 질량은 2 g이다.

① ㄱ ② ㄴ ③ ㄱ, ㄷ
④ ㄴ, ㄷ ⑤ ㄱ, ㄴ, ㄷ

∞ 03. 화학 반응식과 양적 관계 28쪽

11 다음은 탄산 칼슘($CaCO_3$)과 염산($HCl(aq)$)의 반응의 화학 반응식이다.

$$CaCO_3(s) + xHCl(aq) \longrightarrow CaCl_2(aq) + yH_2O(l) + (가)$$
(x, y는 반응 계수)

이에 대한 설명으로 옳은 것만을 〈보기〉에서 있는 대로 고른 것은?(단, $CaCO_3$의 화학식량은 100이고, 실험 조건에서 기체 1몰의 부피는 24 L이다.)

보기

ㄱ. $x+y=3$이다.
ㄴ. (가)는 $CO_2(g)$이다.
ㄷ. $CaCO_3$ 1 g을 반응시키면 (가) 0.24 L가 생성된다.

① ㄱ ② ㄷ ③ ㄱ, ㄴ
④ ㄴ, ㄷ ⑤ ㄱ, ㄴ, ㄷ

∞ 03. 화학 반응식과 양적 관계 28쪽

12 다음은 프로페인의 연소 반응의 화학 반응식이다.

$$C_3H_8(g) + 5O_2(g) \longrightarrow aCO_2(g) + bH_2O(l)$$

일정한 부피의 강철 용기에 프로페인(C_3H_8) 44 g과 산소(O_2) 192 g을 넣고 밀폐시킨 후, 프로페인을 완전 연소시켰다. 이에 대한 설명으로 옳은 것만을 〈보기〉에서 있는 대로 고른 것은?(단, H, C, O의 원자량은 각각 1, 12, 16이다.)

보기

ㄱ. $a+b=8$이다.
ㄴ. 반응 후 남은 O_2의 양(mol)은 1몰이다.
ㄷ. 생성된 $H_2O(l)$의 질량은 72 g이다.

① ㄱ ② ㄴ ③ ㄱ, ㄷ
④ ㄴ, ㄷ ⑤ ㄱ, ㄴ, ㄷ

∞ 04. 몰 농도 40쪽

13 다음은 일정한 온도에서 0.1 M 수산화 나트륨(NaOH) 수용액 1 L를 만드는 실험 과정이다.

(가) $NaOH(s)$ x g을 정확히 측정하여 비커에 넣고 증류수에 완전히 녹인다.
(나) 1 L의 용기 A에 (가)의 수용액을 넣고 증류수를 전체 부피의 $\frac{2}{3}$ 정도가 되도록 가한다.
(다) (나)의 수용액이 잘 섞이도록 흔들어 준 후 표시선까지 증류수를 가한다.

이에 대한 설명으로 옳은 것만을 〈보기〉에서 있는 대로 고른 것은?(단, NaOH의 화학식량은 40이다.)

보기

ㄱ. $x=4$이다.
ㄴ. A는 삼각 플라스크이다.
ㄷ. (다)에서 만든 수용액 0.1 L에 물을 넣어 0.5 L로 만든 수용액의 몰 농도는 0.02 M이다.

① ㄱ ② ㄴ ③ ㄱ, ㄷ
④ ㄴ, ㄷ ⑤ ㄱ, ㄴ, ㄷ

∞ 04. 몰 농도 40쪽

14 표는 수용액 (가)~(다)에 대한 자료이다.

수용액	용질의 종류	용질의 질량 (g)	용액의 부피 (L)	몰 농도 (M)
(가)	A	4.0	1.0	0.1
(나)	A	1.0	0.5	x
(다)	B	6.0	0.5	0.2

이에 대한 설명으로 옳은 것만을 〈보기〉에서 있는 대로 고른 것은?(단, 온도는 일정하고, (가)~(다)의 밀도는 모두 같다.)

보기
ㄱ. $x=0.05$이다.
ㄴ. 화학식량은 A가 B보다 크다.
ㄷ. 수용액의 퍼센트 농도(%)는 (다)가 (가)보다 크다.

① ㄱ ② ㄴ ③ ㄱ, ㄷ
④ ㄴ, ㄷ ⑤ ㄱ, ㄴ, ㄷ

∞ 04. 몰 농도 40쪽

15 그림은 농도가 다른 2가지 수산화 나트륨(NaOH) 수용액 (가)와 (나)를 혼합하여 0.3 M 수산화 나트륨 수용액 500 mL를 만드는 과정을 나타낸 것이다.

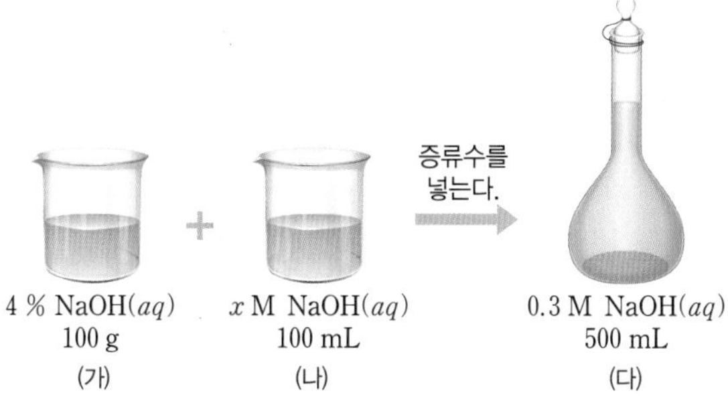

이에 대한 설명으로 옳은 것만을 〈보기〉에서 있는 대로 고른 것은?(단, 온도는 일정하며, NaOH의 화학식량은 40이고, (가)의 밀도는 1.0 g/mL이다.)

보기
ㄱ. (가)의 몰 농도는 1 M이다.
ㄴ. $x=0.05$이다.
ㄷ. NaOH의 양(mol)은 (다)가 (가)의 3배이다.

① ㄱ ② ㄴ ③ ㄱ, ㄷ
④ ㄴ, ㄷ ⑤ ㄱ, ㄴ, ㄷ

1등급을 완성하는 서술형 문제

∞ 02. 몰과 화학식량 18쪽

16 그림은 기체 (가)와 (나)의 1 g당 분자 수를 나타낸 것이다. (가)와 (나)는 각각 AB_2와 AB_3 중 하나이다.

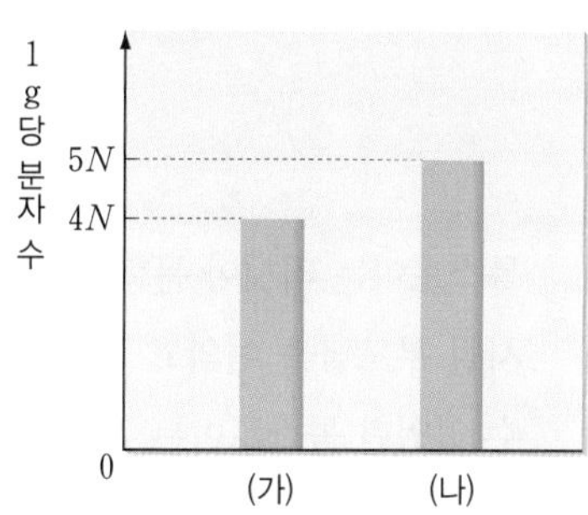

(가)와 (나)의 분자의 종류와 1 g당 B 원자 수비를 구하고, 그 과정을 설명하시오.

∞ 03. 화학 반응식과 양적 관계 28쪽

17 표는 $2A + B \longrightarrow 2C$의 반응에서 반응 전의 반응물 A, B의 질량과 반응 후 남아 있는 물질의 질량비를 나타낸 것이다.

반응 전 질량(g)		반응 후 남아 있는 물질의 질량비
A	B	
12	6	A : C=1 : 5

A~C의 화학식량의 비를 구하고, 그 과정을 설명하시오.

∞ 04. 몰 농도 40쪽

18 다음은 A 수용액 (가)~(다)를 만드는 과정이다.

- (가): 물 160 g에 A 40 g을 넣어 모두 녹인다.
- (나): (가) 40 g에 물을 넣어 용액 1 L를 만든다.
- (다): (가) 100 g과 (나) 500 mL를 혼합하여 용액 600 mL를 만든다.

A 수용액 (다)의 몰 농도를 구하고, 계산 과정을 설명하시오(단, A의 화학식량은 100이고, 온도는 일정하다.).

톨스토이의 약속

톨스토이는 러시아 문학을 대표하는 대문호입니다. 그는 러시아의 귀족 가문에서 태어났지만, 어린 시절 부모님을 여의고 친척 집을 전전하며 생활했습니다. 어른으로부터 개인적인 가르침을 기대할 수 없었던 톨스토이는 혼자서 책을 읽으며 사색하는 습관을 가졌습니다. 대학에 입학한 톨스토이는 스스로 공부하는 것이 습관이 되어 있는 자신에게 대학 교육은 맞지 않다고 생각했습니다. 그래서 대학 교육을 중도에 포기하고 자신에게 다음과 같은 약속을 하며 혼자서 공부했습니다.

1. 하겠다고 마음먹은 것은 반드시 실행할 것
2. 실천할 때는 성심성의를 다할 것
3. 책에서 얻은 지식은 다시 보지 않아도 될 만큼 완전히 자기 것으로 만들 것
4. 내가 가진 지혜는 더욱 키워 나갈 것
5. 언제든지 소리를 내어 책을 읽을 것

톨스토이처럼 우리가 지키고 있는 자신과의 약속은 몇 가지나 되는지 한번 꼽아 보세요.

Ⅱ 원자의 세계

이 단원에서는 원자의 구성 입자와 원자의 현대적 모형을 통해 원자의 구조를 이해하고, 양자수와 에너지 준위의 개념을 통해 전자 배치를 나타내는 방법을 알아본다. 원소들의 유효 핵전하, 원자 반지름, 이온 반지름, 이온화 에너지의 주기적 성질을 알아본다.

05 원자의 구조
06 현대 원자 모형
07 전자 배치 규칙
08 주기율표
09 원소의 주기적 성질

• 핵심 정리 Ⅱ 단원 마무리
• 실력 점검 Ⅱ 단원 평가 문제

05 원자의 구조

1 원자를 구성하는 입자의 발견

1 전자의 발견(1897년, 톰슨)

① 음극선: 진공관의 양 끝에 전극을 설치하고 높은 전압을 걸어 줄 때 (−)극에서 (+)극으로 빛을 내며 직진하는 선이다.

② 음극선의 성질

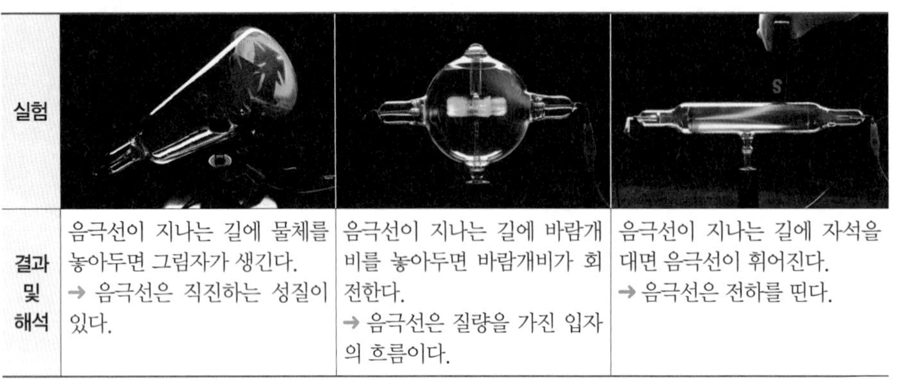

실험			
결과 및 해석	음극선이 지나는 길에 물체를 놓아두면 그림자가 생긴다. → 음극선은 직진하는 성질이 있다.	음극선이 지나는 길에 바람개비를 놓아두면 바람개비가 회전한다. → 음극선은 질량을 가진 입자의 흐름이다.	음극선이 지나는 길에 자석을 대면 음극선이 휘어진다. → 음극선은 전하를 띤다.

③ 전자의 발견: 톰슨은 음극선 실험을 통해 음극선이 (−)전하를 띤 입자의 흐름이라는 것을 알아내고, 이후 과학자들은 이 입자를 전자라고 하였다.❶ 톰슨의 전자 발견은 원자가 더 작은 물질로 나누어질 수 있다는 단서를 제공하였다.

톰슨의 음극선 실험

톰슨은 음극선이 지나는 길에 전기장을 걸어 주었을 때 음극선의 경로가 휘는 것을 발견하였다.

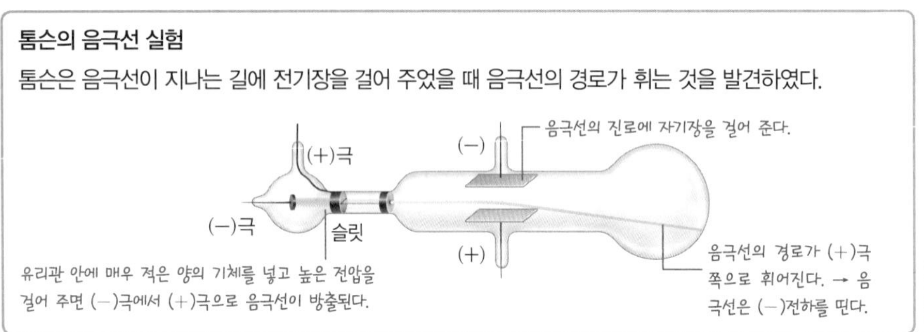
(+)극
(−)
음극선의 진로에 자기장을 걸어 준다.
(−)극
슬릿
(+)
유리관 안에 매우 적은 양의 기체를 넣고 높은 전압을 걸어 주면 (−)극에서 (+)극으로 음극선이 방출된다.
음극선의 경로가 (+)극 쪽으로 휘어진다. → 음극선은 (−)전하를 띤다.

2 원자핵의 발견(1911년, 러더퍼드)

러더퍼드는 알파(α) 입자 산란 실험을 통해 원자 중심에 부피가 매우 작으면서 원자 질량의 대부분을 차지하는 (+)전하를 띤 부분이 존재하는 것을 발견하고, 이를 원자핵이라고 하였다.❷,❸

러더퍼드의 알파(α) 입자 산란 실험

러더퍼드는 매우 얇은 금박에 빠른 속력으로 알파(α) 입자를 충돌시키고, 알파(α) 입자의 경로 변화를 관찰하였다.

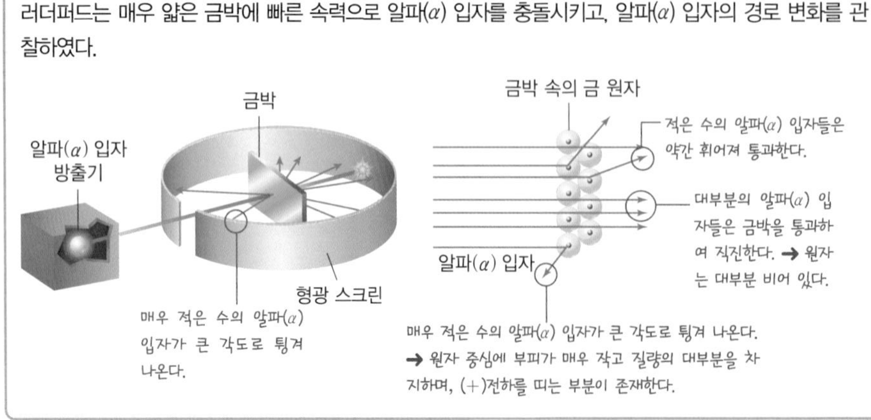
금박
알파(α) 입자 방출기
형광 스크린
매우 적은 수의 알파(α) 입자가 큰 각도로 튕겨 나온다.
금박 속의 금 원자
적은 수의 알파(α) 입자들은 약간 휘어져 통과한다.
대부분의 알파(α) 입자들은 금박을 통과하여 직진한다. → 원자는 대부분 비어 있다.
알파(α) 입자
매우 적은 수의 알파(α) 입자가 큰 각도로 튕겨 나온다.
→ 원자 중심에 부피가 매우 작고 질량의 대부분을 차지하며, (+)전하를 띠는 부분이 존재한다.

한눈에 정리하는 출제 경향

- 원자의 구성 입자의 발견 과정과 각 입자의 성질 알기
- 원자를 원소 기호와 원자 번호로 나타내기
- 평균 원자량 구하기

핵심 개념

양성자, 중성자, 전자, 원자핵, 원자의 구조, 질량수, 동위 원소, 평균 원자량

plus 개념

❶ 톰슨 원자 모형

톰슨은 음극선 실험 결과를 근거로, (+)전하를 띠는 공 모양의 물질에 (−)전하를 띠는 전자가 듬성듬성 박혀 있는 원자 모형을 제안하였다.

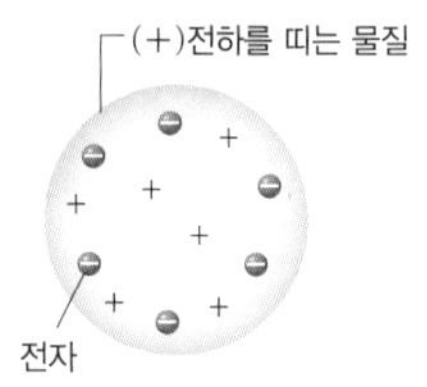
(+)전하를 띠는 물질
전자

❷ 알파(α) 입자

헬륨(He) 원자가 전자 2개를 잃어 형성된 헬륨 원자핵(He^{2+})이다.

궁금하지?

Q. 톰슨의 원자 모형에 따른 알파 입자 산란 실험의 예상 결과는?

A.

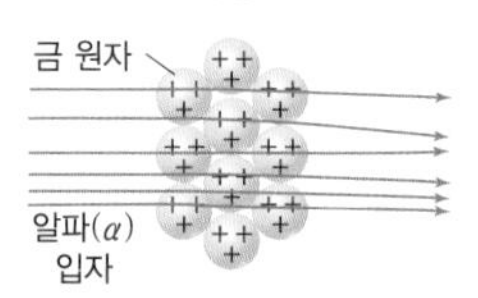
금 원자
알파(α) 입자

대부분의 입자는 금 원자를 그대로 통과하고 일부만 약간 휘어져 나타날 것이다.

❸ 러더퍼드 원자 모형

러더퍼드는 원자 중심에 (+)전하를 띤 원자핵이 존재하며, 그 주위를 전자가 운동하고 있는 원자 모형을 제안하였다.

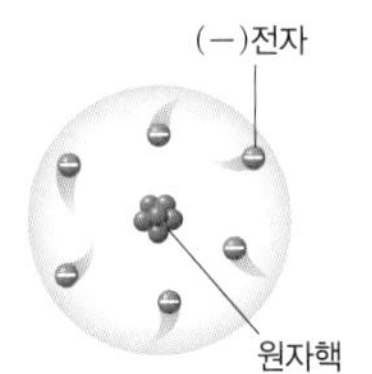
(−)전자
원자핵

바른답 • 알찬풀이 22쪽

3 양성자와 중성자의 발견

① 양성자의 발견(1886년, 골트슈타인): 골트슈타인은 수소 방전관에 전압을 걸어 줄 때 (+)극에서 (−)극으로 향하는 흐름을 관찰하고, 이를 양극선이라고 불렀다. 이후, 러더퍼드는 양극선이 수소의 원자핵, 즉 양성자의 흐름이라고 하였다.

② 중성자의 발견(1932년, 채드윅): 채드윅은 베릴륨(Be) 원자핵에 알파(α) 입자를 충돌시킬 때 전하를 띠지 않는 입자가 방출되는 것을 발견하고, 이를 중성자라고 하였다.

중성자는 전하를 띠지 않으므로 존재를 알아내기 어려워 원자를 구성하는 입자 중 가장 늦게 발견되었다.

확인 문제 1

1 톰슨은 음극선 실험을 통해 원자의 구성 입자 중 (−)전하를 띠는 (　　　)을/를 발견하였다.

2 러더퍼드는 알파(α) 입자 산란 실험을 통해 원자의 중심에는 (+)전하를 띠는 (　　　)이/가 있고, 그 주위를 (−)전하를 띠는 (　　　)이/가 운동하고 있는 모형을 제안하였다.

꼭 기억해!

입자	발견 실험
전자	음극선 실험
원자핵	알파(α) 입자 산란 실험
양성자	양극선 실험
중성자	베릴륨 원자핵에 알파(α) 입자 충돌 실험

2 원자를 구성하는 입자의 성질

자료 분석 특강 62쪽 A, B

1 원자의 구조와 크기

① 원자의 구조: 원자의 중심에는 (+)전하를 띠는 원자핵이 위치하며, 그 주위에서 (−)전하를 띠는 전자가 매우 빠른 속도로 운동하고 있다.

원자를 구성하는 입자와 원자의 구조

• 원자를 구성하는 입자는 전자, 양성자, 중성자이다.
• 양성자와 중성자는 원자의 중심에 밀집되어 원자핵을 이루고, 전자는 원자핵 주변에 존재한다.

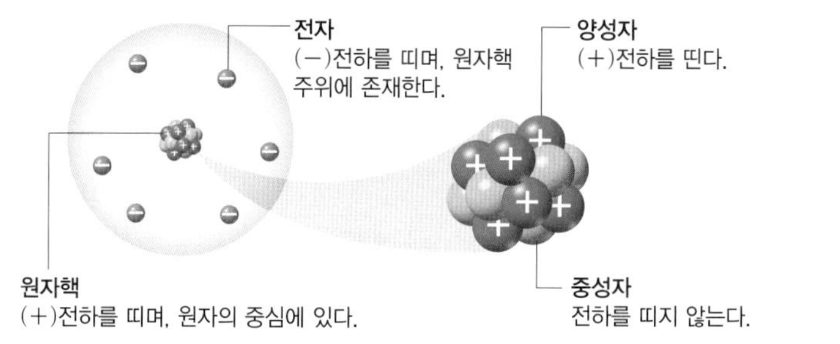
전자
(−)전하를 띠며, 원자핵 주위에 존재한다.
양성자
(+)전하를 띤다.
원자핵
(+)전하를 띠며, 원자의 중심에 있다.
중성자
전하를 띠지 않는다.

② 원자의 크기: 원자핵의 지름은 원자 지름의 $\frac{1}{100000}$ 정도인데, 이는 원자 지름을 100 m로 늘였다고 가정했을 때 원자핵의 지름이 1 mm의 크기라는 것을 의미한다.[4]

④ 원자의 크기
원자는 매우 작은 입자이므로 맨눈이나 일반 현미경으로는 볼 수 없다. 탄소 원자의 지름은 0.15 nm(10^{-9} m) 정도이고, 원자 중에서 가장 작은 수소 원자의 지름은 0.1 nm 정도이다.

2 원자를 구성하는 입자의 성질

① 구성 입자의 질량: 양성자와 중성자의 질량은 비슷하며, 전자의 질량은 이에 비해 무시할 수 있을 정도로 작다. ➜ 원자핵의 질량이 원자 질량의 대부분을 차지한다.

② 구성 입자의 전하량: 양성자와 전자의 전하량은 크기는 같고 부호는 반대이다. ➜ 원자는 양성자수와 전자 수가 같으므로 전기적으로 중성이다.

구성 입자		전하량(C)[5]	상대적인 전하	질량(g)	상대적인 질량
원자핵	중성자	0	0	1.675×10^{-24}	1
	양성자	$+1.602\times10^{-19}$	+1	1.673×10^{-24}	1
전자		-1.602×10^{-19}	−1	9.109×10^{-28}	$\frac{1}{1837}$

원자는 전기적으로 중성이다. 무시할 수 있을 정도로 작다.

⑤ 쿨롱(C)
전하량의 단위로, 1암페어(A)의 전류가 흐르는 도선의 한 단면을 1초 동안 지나는 전하량을 1 C이라고 한다.

용어 돋보기
• **산란**(흩을 散, 어지러울 亂): 파동이나 입자선이 물체와 충돌하여 여러 방향으로 흩어지는 현상이다.
• **전하량**(번개 電, 멜 荷, 헤아릴 量): 어떤 물질이 갖고 있는 전기의 양이다.

05 원자의 구조

3 원자 번호와 질량수

① **원자 번호**: 원자핵 속에 들어 있는 양성자수 → 원자핵 속에 들어 있는 양성자수에 따라 원소의 성질이 달라지므로 양성자수로 원자 번호를 정한다.

원자 번호 = 양성자수 = 원자의 전자 수 — 원자의 양성자수와 전자 수는 같으므로 원자의 전자 수도 원자 번호와 같다.

② **질량수**: 원자핵 속에 들어 있는 양성자수와 중성자수를 합한 값 — 전자의 질량은 무시할 수 있을 정도로 작기 때문이다.

질량수 = 양성자수 + 중성자수

③ **원자의 표시**: 원자 번호는 원소 기호의 왼쪽 아래에 쓰고, 질량수는 왼쪽 위에 쓴다.⑥

같은 종류의 원자는 양성자수가 같아 원자 번호가 항상 같지만, 중성자수는 항상 같지 않다. 따라서 원자를 표시할 때는 원소 기호에 원자 번호와 질량수를 함께 나타낸다.

$^{12}_{6}C$
- 12: 질량수=양성자수+중성자수
- C: 원소 기호
- 6: 원자 번호=양성자수=원자의 전자 수

4 동위 원소와 평균 원자량

① **동위 원소**: 원자 번호(양성자수)는 같지만 중성자수가 달라 질량수가 다른 원소
- 자연계에 존재하는 동위 원소의 비율은 거의 일정하다. – 원소는 대부분 동위 원소를 가지고 있다.
- 양성자수(원자 번호)가 같으므로 화학적 성질이 같다.
- 질량수(중성자수)가 다르므로 물리적 성질이 다르다. — 밀도, 끓는점, 녹는점 등

수소의 동위 원소⑦

구분	수소($^{1}_{1}H$)	중수소($^{2}_{1}H$)	삼중수소($^{3}_{1}H$)
모형	전자, 양성자	중성자	
양성자수	1	1	1 → 원자 번호는 모두 1
중성자수	0 → 질량수 1	1 → 질량수 2	2 → 질량수 3

② **평균 원자량**: 각 동위 원소의 원자량과 존재 비율을 곱한 값을 더하여 구한다.

예 탄소(C)의 평균 원자량 구하기

동위 원소	양성자수	중성자수	원자량	존재 비율(%)
^{12}C	6	6	12.00	98.93
^{13}C	6	7	13.00	1.07

$$\text{탄소의 평균 원자량} = \underset{^{12}C\text{의 원자량}}{12.00} \times \underset{^{12}C\text{의 자연 존재비}}{\frac{98.93}{100}} + \underset{^{13}C\text{의 원자량}}{13.00} \times \underset{^{13}C\text{의 자연 존재비}}{\frac{1.07}{100}} \fallingdotseq 12.01$$

확인 문제 2

3 (　　　)은/는 원자핵 속에 들어 있는 양성자수로, 원소에 따라 다르다.

4 양성자수는 같지만 중성자수가 달라 질량수가 다른 원소를 (　　　)(이)라고 하며, 이들은 양성자수가 같으므로 화학적 성질이 (　　　)다.

plus 개념

- 원자 번호=양성자수=원자의 전자 수
- 질량수=양성자수+중성자수

⑥ **원자의 표시와 구성 입자**

구분	$^{23}_{11}Na$	$^{19}_{9}F$
원자 번호	11	9
질량수	23	19
양성자수	11	9
중성자수	12	10
전자 수	11	9

⑦ **물($^{1}H_2O$)과 중수($^{2}H_2O$)**

물($^{1}H_2O$)의 수소를 중수소로 바꾼 물을 중수($^{2}H_2O$)라고 한다. 물과 분자량은 각각 18, 20으로 질량이 달라서 밀도, 녹는점과 같은 물리적 성질이 다르다. 물과 중수를 얼리면 모두 액체 상태일 때보다 밀도가 감소한다. 따라서 중수를 얼린 얼음을 물에 넣으면 가라앉고, 물을 얼린 얼음은 뜨게 된다.

용어 돋보기 

- **평균 원자량**(고를 平, 고를 均, 근본 原, 아들 子, 헤아릴 量): 한 원소에 대하여 자연계에 존재하는 동위 원소의 조성을 고려하여 구한 평균적인 원자의 질량이다.

개념을 다지는 기본 문제

바른답 • 알찬풀이 22쪽

1 원자를 구성하는 입자의 발견

01 원자를 구성하는 입자의 종류와 특징에 대한 설명으로 옳은 것만을 〈보기〉에서 있는 대로 고른 것은?

보기

ㄱ. 전자는 음극선을 이루며, (−)전하를 띤다.
ㄴ. 양성자는 (+)전하를 띠며, 알파(α) 입자를 산란시킨다.
ㄷ. 원자핵은 수소 원자가 전자를 잃어 형성되는 입자로, 양극선을 이룬다.

① ㄱ ② ㄷ ③ ㄱ, ㄴ
④ ㄴ, ㄷ ⑤ ㄱ, ㄴ, ㄷ

[02~03] 다음 (가)~(다)는 음극선의 성질을 알아보기 위한 실험이다. 물음에 답하시오.

(가) 음극선이 지나는 길에 자석을 대면 음극선이 휘어진다.
(나) 음극선이 지나는 길에 물체를 놓아 두면 그림자가 생긴다.
(다) 음극선이 지나는 길에 바람개비를 놓아 두면 바람개비가 회전한다.

02 위 (가)~(다)의 실험 결과로부터 추론할 수 있는 음극선의 성질로 옳게 짝 지은 것만을 〈보기〉에서 있는 대로 고른 것은?

보기

ㄱ. (가) - 음극선을 전하를 띤다.
ㄴ. (나) - 음극선은 직진하는 성질이 있다.
ㄷ. (다) - 음극선은 질량을 가진 입자의 흐름이다.

① ㄱ ② ㄷ ③ ㄱ, ㄴ
④ ㄴ, ㄷ ⑤ ㄱ, ㄴ, ㄷ

03 위 실험으로 발견한 원자의 구성 입자를 쓰시오.

중요

04 다음은 톰슨의 음극선 실험을 나타낸 것이다. ( ) 안에 들어갈 알맞은 말을 쓰시오.

톰슨은 음극선이 지나는 길에 전기장을 걸어 주었을 때 음극선의 경로가 (㉠)극 쪽으로 휘는 것을 발견하고, 이로부터 음극선이 (㉡)전하를 띤 입자의 흐름이라는 것을 알아내었다.

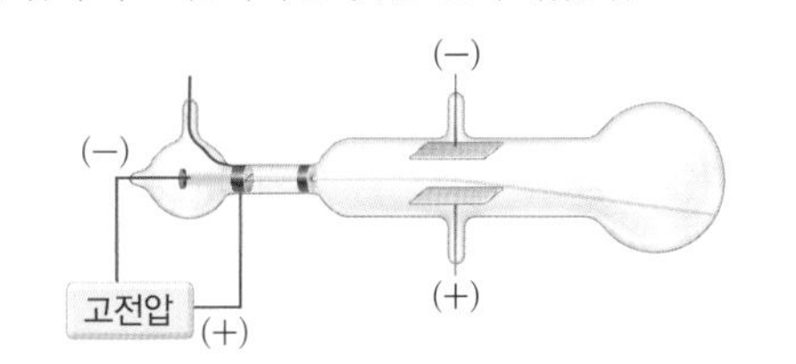

[05~06] 그림 (가)는 러더퍼드의 알파(α) 입자 산란 실험 장치를, 그림 (나)는 (가)의 실험 결과를 나타낸 것이다. 물음에 답하시오.

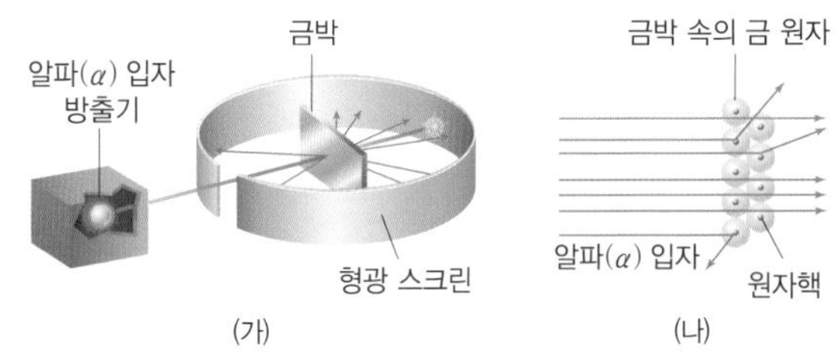

(가) (나)

중요

05 위 실험 결과로 알 수 있는 사실만을 〈보기〉에서 있는 대로 고른 것은?

보기

ㄱ. 원자는 대부분 빈 공간이다.
ㄴ. 원자 중심에 (+)전하를 띤 부분이 존재한다.
ㄷ. 원자의 중심에 질량이 작고 부피가 큰 부분이 존재한다.

① ㄱ ② ㄷ ③ ㄱ, ㄴ
④ ㄴ, ㄷ ⑤ ㄱ, ㄴ, ㄷ

서술형

06 위 그림 (나)와 같이 대부분의 알파(α) 입자는 직진하지만, 매우 적은 수의 알파(α) 입자만 입자의 경로가 휘거나 큰 각도로 튕겨 나온다. 그 까닭을 설명하시오.

2 원자를 구성하는 입자의 성질

[07~08] 그림은 원자를 이루는 3가지 기본 구성 입자 A~C가 존재하는 공간을 나타낸 원자 모형이다. 물음에 답하시오.

중요

07 원자를 구성하는 입자 A~C의 이름을 각각 쓰시오(단, A와 C는 서로 반대의 전하를 띤다.).

08 이에 대한 설명으로 옳은 것만을 〈보기〉에서 있는 대로 고른 것은?

보기
ㄱ. 모든 원자에서 A와 B의 수는 같다.
ㄴ. 모든 원자에서 A의 질량은 C의 질량보다 크다.
ㄷ. 모든 원자에서 A와 B의 개수의 합은 원자 번호와 같다.

① ㄱ ② ㄴ ③ ㄱ, ㄷ
④ ㄴ, ㄷ ⑤ ㄱ, ㄴ, ㄷ

09 표는 원자를 구성하는 입자에 대한 자료이다.

구성 입자		상대적인 질량	상대적인 전하량
원자핵	양성자	1	+1
	중성자	(가)	(나)
전자		$\frac{1}{1837}$	(다)

이에 대한 설명으로 옳은 것만을 〈보기〉에서 있는 대로 고른 것은?

보기
ㄱ. 양성자와 중성자의 질량은 비슷하므로 (가)는 1이다.
ㄴ. 중성자는 전하를 띠지 않으므로 (나)는 0이다.
ㄷ. 양성자와 전자는 반대의 전하를 띠므로 (다)는 $-\frac{1}{1837}$이다.

① ㄱ ② ㄷ ③ ㄱ, ㄴ
④ ㄴ, ㄷ ⑤ ㄱ, ㄴ, ㄷ

중요

10 다음은 탄소와 질소를 원자의 표시 방법으로 나타낸 것이다.

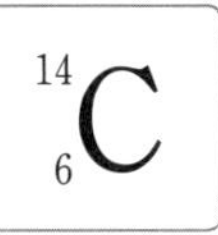

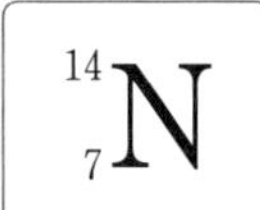

위 원자들이 서로 같은 값을 나타내는 것은?

① 질량
② 원자량
③ 중성자수
④ 양성자수+중성자수
⑤ 양성자수+중성자수+전자 수

[11~12] 그림은 어떤 원자 (가), (나), (다)의 구조를 모형으로 나타낸 것이다. ●, ●, ●은 원자를 구성하는 입자이다. 물음에 답하시오.

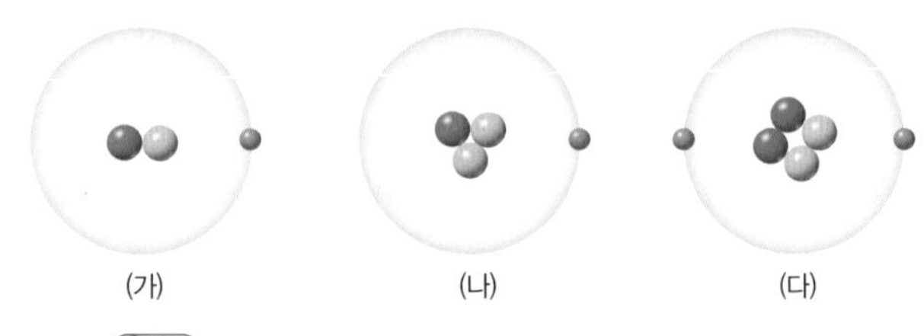

중요

11 (가)~(다)에 대한 설명으로 옳은 것은?

① ●는 전하를 띠지 않은 입자이다.
② 양성자수는 (나)가 (가)의 2배이다.
③ 중성자수는 (다)가 (나)의 2배이다.
④ (나)와 (다)는 화학적 성질이 같다.
⑤ 질량수는 (다)가 (가)의 2배이다.

서술형

12 (가)~(다)의 원소 기호를 각각 X, Y, Z라고 할 때, 질량수와 원자 번호를 이용하여 각 원자를 표시한 후 동위 원소 관계에 해당하는 것을 고르고, 그 까닭을 설명하시오.

13 오른쪽 그림은 어떤 원자의 구조를 모형으로 나타낸 것이다. 이에 대한 설명으로 옳은 것만을 〈보기〉에서 있는 대로 고른 것은?

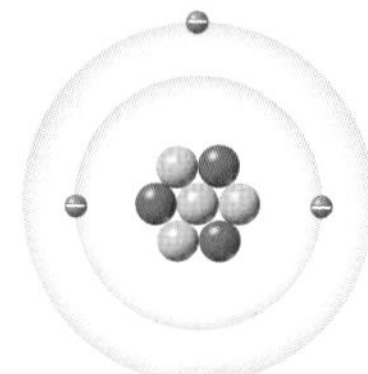

보기

ㄱ. ●은 양성자이다.
ㄴ. 질량수는 10이다.
ㄷ. $^{6}_{3}Li$과 동위 원소이다.

① ㄱ ② ㄴ ③ ㄱ, ㄷ
④ ㄴ, ㄷ ⑤ ㄱ, ㄴ, ㄷ

[14~15] 표는 몇 가지 원자와 이온에 대한 자료이다. 물음에 답하시오.

원자 또는 이온	질량수	양성자수	전자 수	중성자수
A	1	1	0	0
B	1	1	1	0
C	(가)	1	1	1
D	12	6	6	6
E	13	(나)	6	7

14 (가)와 (나)를 각각 구하시오.

15 이에 대한 설명으로 옳은 것만을 〈보기〉에서 있는 대로 고른 것은?

보기

ㄱ. A는 이온이다.
ㄴ. D와 E는 동위 원소이다.
ㄷ. 표에 있는 원소의 종류는 3가지이다.

① ㄱ ② ㄷ ③ ㄱ, ㄴ
④ ㄴ, ㄷ ⑤ ㄱ, ㄴ, ㄷ

중요

16 그림은 원자 A~E의 질량수와 양성자수를 나타낸 것이다.

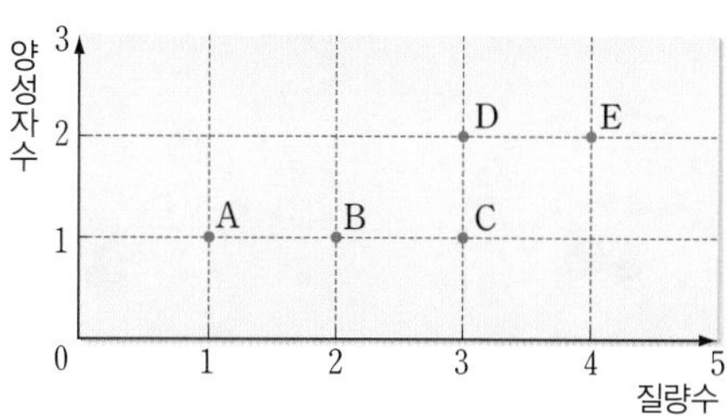

이에 대한 설명으로 옳은 것만을 〈보기〉에서 있는 대로 고른 것은?(단, A~E는 임의의 원소 기호이다.)

보기

ㄱ. A와 B는 전자 수가 같다.
ㄴ. C와 D는 동위 원소이다.
ㄷ. C와 E는 중성자수가 같다.

① ㄱ ② ㄴ ③ ㄱ, ㄷ
④ ㄴ, ㄷ ⑤ ㄱ, ㄴ, ㄷ

17 다음은 탄소(C)와 산소(O)의 동위 원소를 나타낸 것이다.

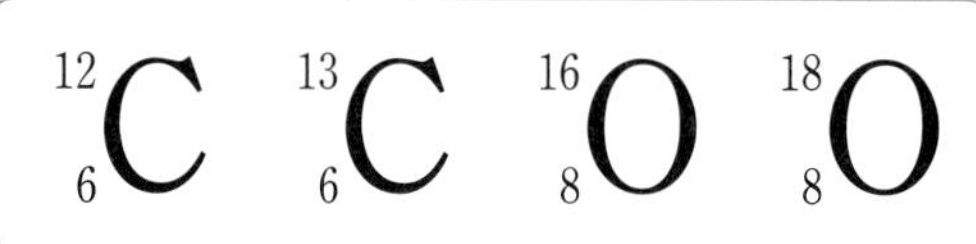

이에 대한 설명으로 옳은 것만을 〈보기〉에서 있는 대로 고른 것은?(단, C와 O의 동위 원소는 제시된 원소만 존재하고, 각 동위 원소의 원자량은 질량수와 같다고 가정하며, $^{16}_{8}O$의 존재 비율은 a %이다.)

보기

ㄱ. 중성자수는 O가 C보다 모두 많다.
ㄴ. CO_2 분자에서 분자량이 다른 것은 모두 6가지이다.
ㄷ. 산소(O)의 평균 원자량은 $\frac{16\times a+18\times(100-a)}{100}$이다.

① ㄱ ② ㄴ ③ ㄱ, ㄷ
④ ㄴ, ㄷ ⑤ ㄱ, ㄴ, ㄷ

A 원자 모형 분석하기

그림은 원자 (가)~(다)의 구조를 모형으로 나타낸 것이다. ◍, ●, ∙은 원자를 구성하는 입자이다.

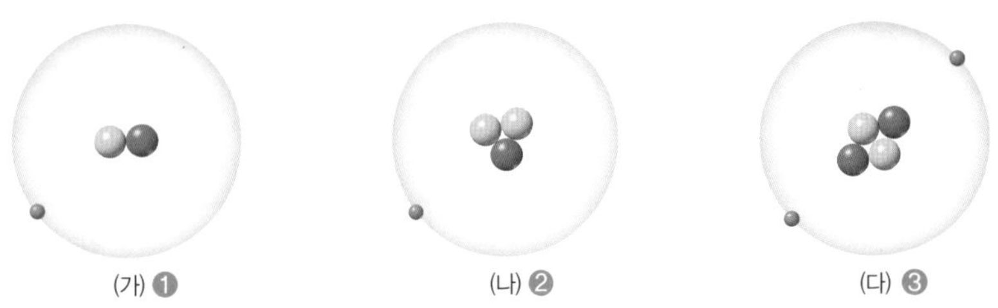

① (가), (나), (다) 원자 모형 속 입자의 종류 구분하기

- ◍, ●, ∙는 각각 원자를 구성하는 양성자, 중성자, 전자 중 하나이다.
- 중성 원자에서 양성자수와 전자 수는 같으므로 전자(∙)와 같은 수로 존재하는 ●는 양성자, ◍는 중성자이다.

② 원자 (가), (나), (다)를 구성하는 입자 수 정리하기

구분	(가)	(나)	(다)
양성자수	1	1	2
중성자수	1	2	2
전자 수	1	1	2

- 양성자수가 같은 (가)와 (나)는 동위 원소이다.
- 질량수는 양성자수+중성자수이므로 (다)>(나)>(가) 순이다.
- (가)를 X, (나)를 Y, (다)를 Z라고 할 때, 원자를 표시하면 (가)는 ${}^{2}_{1}X$, (나)는 ${}^{3}_{1}Y$, (다)는 ${}^{4}_{2}Z$이다.

❶ (가)는 양성자 1개, 중성자 1개, 전자 1개로 구성된 원자이다. → 원자 번호 1번, 질량수 2인 ${}^{2}_{1}H$

❷ (나)는 양성자 1개, 중성자 2개, 전자 1개로 구성된 원자이다. → 원자 번호 1번, 질량수 3인 ${}^{3}_{1}H$

❸ (다)는 양성자 2개, 중성자 2개, 전자 2개로 구성된 원자이다. → 원자 번호 2번, 질량수 4인 ${}^{4}_{2}He$

실력을 올리는 실전 문제 찾아가기

• 원자의 구성 입자 수 관계에 따른 원자 번호, 질량수, 동위 원소 관계를 해석하는 문제_04, 05, 09

B 원자를 구성하는 입자 수 분석하기

다음은 원소 A~C의 이온을 구성하는 입자 수를 나타낸 것으로 (가)~(다)는 각각 양성자수, 중성자수, 전자 수 중 하나이다.

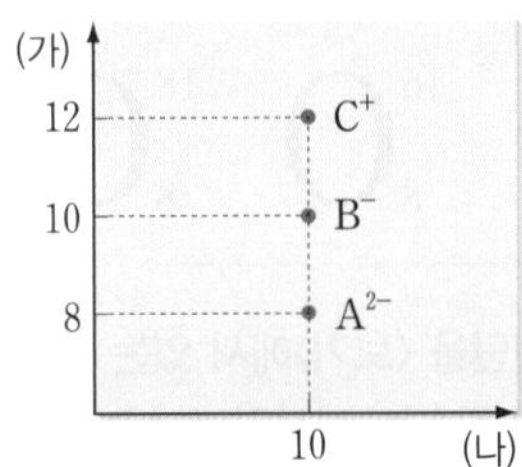

이온 ❶	구성 입자 수	
	(나)	(다)
A^{2-}	10	8
B^-	10	x
C^+	10	y

① 구성 입자 (가)~(다)의 종류 파악하기

- 원자가 전자 2개를 얻어 생성된 A^{2-}에서 그 수가 8이 되는 (가)를 전자 수라고 하면 (나)의 10이 중성자수 또는 양성자수가 되어야 하는데, 전자를 얻은 상태에서는 전자 수>양성자수이므로 (가)는 전자 수가 아니다. 마찬가지로 A^{2-}에서 (다)의 수는 8이므로 (다)는 전자 수가 될 수 없다. 따라서 (나)는 전자 수이다.
- B^-이 전자 1개를 얻은 상태에서 전자 수는 10이므로 B의 양성자수는 9이다. 그런데 (가)의 수는 10이므로 (가)는 중성자, (다)는 양성자이다.

② A~C 이온을 구성하는 입자 파악하기 ❷

- A^{2-}: 전자 2개를 얻어 전자 수가 10이 되므로, 양성자수는 8, 중성자수는 8이다.
- B^-: 전자 1개를 얻어 전자 수가 10이 되므로, 양성자수는 9, 중성자수는 10이다.
- C^+: 전자 1개를 잃어 전자 수가 10이 되므로, 양성자수는 11, 중성자수는 12이다.

❶ 이온은 원자가 전자를 잃거나 얻어 형성된다.

❷ 원소 A~C의 원자 표시는 각각 ${}^{16}_{8}A$, ${}^{19}_{9}B$, ${}^{23}_{11}C$이다.

실력을 올리는 실전 문제 찾아가기

• 원자 또는 이온을 구성하는 양성자수, 중성자수, 전자 수의 관계를 해석하는 문제_08, 11

바른답·알찬풀이 24쪽

01 다음은 어떤 과학자의 원자 모형과 관련된 자료이다.

[실험 과정 및 결과]

(가) 방전관에 들어 있는 두 금속에 고전압을 걸어 주었더니 직진하는 음극선이 관찰되었다.

(나) 그림과 같이 전기장을 걸어 주었더니 음극선이 (+)극 쪽으로 휘어졌다.

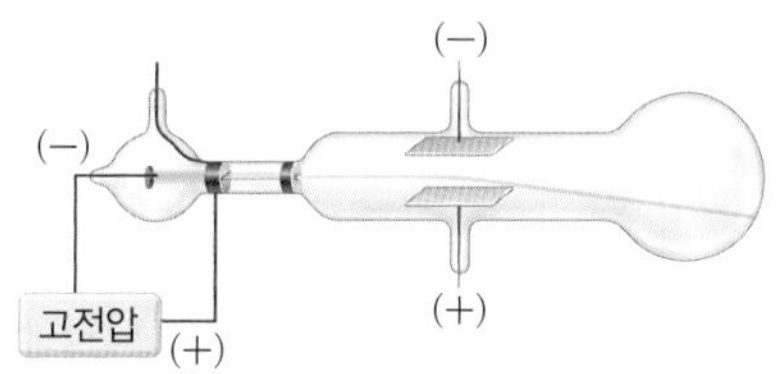

[정리]

- 입자 A는 원자의 구성 입자이다.
- 원자는 전기적으로 중성이므로 (+)전하를 포함하여야 한다.

이 원자 모형에 대한 설명으로 옳은 것만을 〈보기〉에서 있는 대로 고른 것은?

보기

ㄱ. A는 (−)전하를 띤 입자이다.

ㄴ. A는 원자에서 듬성듬성 무질서하게 분포한다.

ㄷ. A는 원자핵 주변의 허용된 원형 궤도를 따라 움직인다.

① ㄱ ② ㄷ ③ ㄱ, ㄴ
④ ㄴ, ㄷ ⑤ ㄱ, ㄴ, ㄷ

➲ 수능모의평가기출

02 그림은 러더퍼드의 알파(α) 입자 산란 실험을 나타낸 것이다.

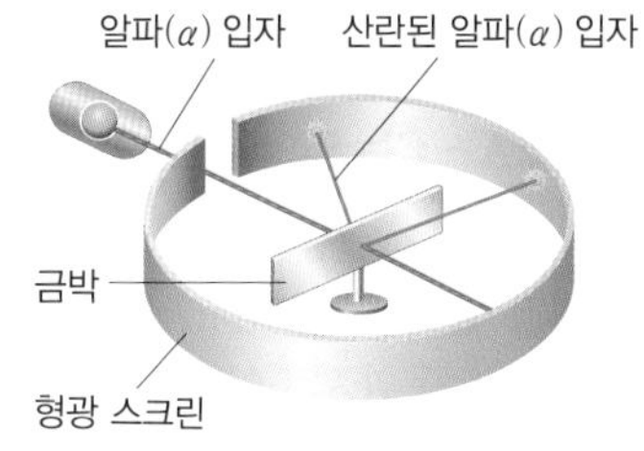

이 실험으로 발견한 것은?

① X선 ② 전자 ③ 원자핵
④ 중성자 ⑤ 동위 원소

03 그림 (가)는 음극선 실험을, (나)는 알파(α) 입자 산란 실험을 나타낸 것이다.

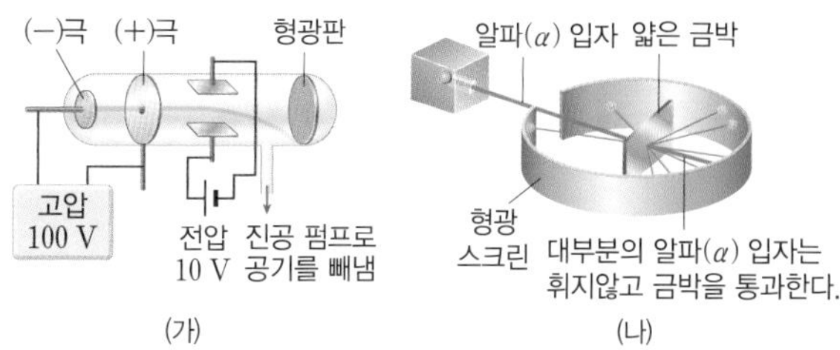

(가) (나)

이에 대한 설명으로 옳은 것만을 〈보기〉에서 있는 대로 고른 것은?

보기

ㄱ. 실험 (가)의 결과 원자핵의 존재를 확인하였다.

ㄴ. 실험 (가)에서 발견된 입자는 정전기의 원인이 된다.

ㄷ. 실험 (나)의 결과로 (+)전하를 띤 입자는 원자 전체에 고르게 퍼져 있음을 알게 되었다.

① ㄱ ② ㄴ ③ ㄱ, ㄷ
④ ㄴ, ㄷ ⑤ ㄱ, ㄴ, ㄷ

04 그림은 원자 (가), (나)의 구조를 모형으로 나타낸 것이다. ◐, ●, ●는 원자의 구성 입자이다.

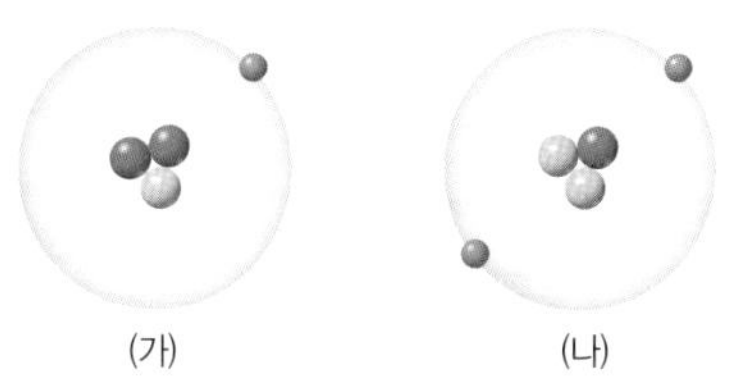

(가) (나)

이에 대한 설명으로 옳은 것만을 〈보기〉에서 있는 대로 고른 것은?

보기

ㄱ. ●은 중성자이다.

ㄴ. (가)와 (나)는 동위 원소이다.

ㄷ. (가)와 (나)의 질량수는 같다.

① ㄱ ② ㄴ ③ ㄱ, ㄷ
④ ㄴ, ㄷ ⑤ ㄱ, ㄴ, ㄷ

➲ 수능예비 평가

05 그림은 원자 X~Z의 구조를 모형으로 나타낸 것이다. ●, ●, ●는 원자의 구성 입자이다.

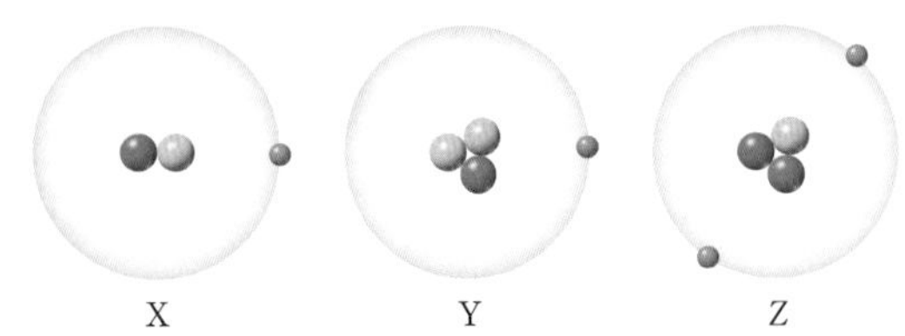

이에 대한 설명으로 옳은 것만을 〈보기〉에서 있는 대로 고른 것은?(단, X~Z는 임의의 원소 기호이다.)

보기
ㄱ. Y는 X의 동위 원소이다.
ㄴ. 질량수는 Z가 Y보다 크다.
ㄷ. Z에 원자 번호와 질량수를 표시하면 $^{2}_{3}Z$이다.

① ㄱ ② ㄷ ③ ㄱ, ㄴ
④ ㄴ, ㄷ ⑤ ㄱ, ㄴ, ㄷ

06 그림은 어떤 원소의 동위 원소 (가)와 (나)의 원자핵을 모형으로 나타낸 것이다.

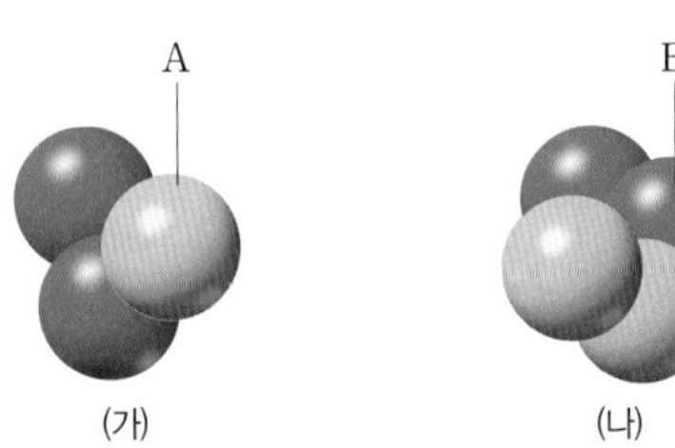

이에 대한 설명으로 옳은 것만을 〈보기〉에서 있는 대로 고른 것은?

보기
ㄱ. A는 양성자이다.
ㄴ. 원자일 경우 전자 수는 항상 B의 수와 같다.
ㄷ. 질량수는 (나)가 (가)보다 크다.

① ㄱ ② ㄷ ③ ㄱ, ㄴ
④ ㄴ, ㄷ ⑤ ㄱ, ㄴ, ㄷ

07 표는 탄소(C) 원자와 산소(O) 원자에 대한 자료이다.

원자	탄소(C)	산소(O)
표시법	$^{12}_{6}C$	(나)
질량(g)	2.0×10^{-23}	3.0×10^{-23}
양성자수	6	8
중성자수	(가)	(다)

이에 대한 설명으로 옳은 것만을 〈보기〉에서 있는 대로 고른 것은?(단, 원자의 질량은 질량수에 비례한다.)

보기
ㄱ. 탄소(C)의 중성자수인 (가)는 6이다.
ㄴ. 산소(O)의 표시법인 (나)는 $^{18}_{8}O$이다.
ㄷ. 산소(O)의 중성자수인 (다)는 10이다.

① ㄱ ② ㄷ ③ ㄱ, ㄴ
④ ㄴ, ㄷ ⑤ ㄱ, ㄴ, ㄷ

08 그림은 원자 A, B와 이온 C^{2-}의 중성자수와 질량수를 나타낸 것이다.

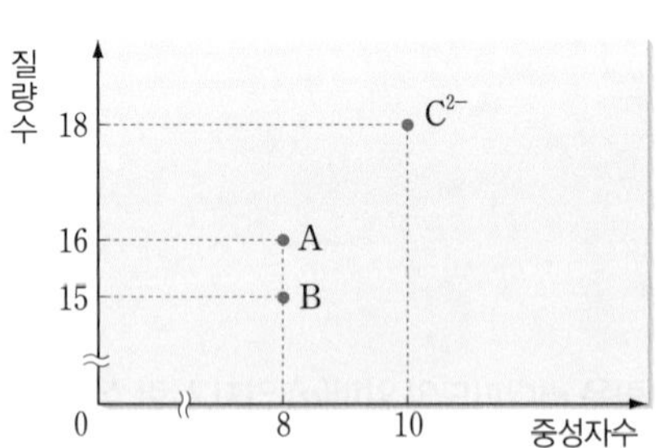

이에 대한 설명으로 옳은 것만을 〈보기〉에서 있는 대로 고른 것은?(단, A~C는 임의의 원소 기호이다.)

보기
ㄱ. A의 양성자수는 8이다.
ㄴ. A와 B는 동위 원소이다.
ㄷ. C^{2-}의 전자 수는 10이다.

① ㄱ ② ㄴ ③ ㄱ, ㄷ
④ ㄴ, ㄷ ⑤ ㄱ, ㄴ, ㄷ

1등급을 굳히는 고난도 문제

➲ 수능모의평가기출 변형

09 그림은 양성자수에 따른 임의의 원자 A~F의 $\frac{\text{중성자수}}{\text{양성자수}}$ 값을 나타낸 것이다.

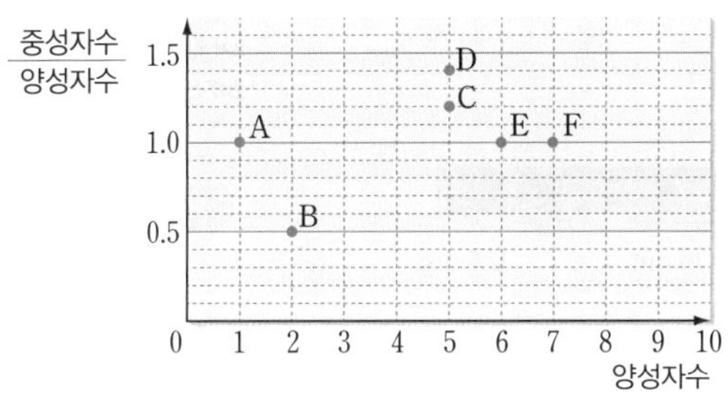

이에 대한 설명으로 옳은 것만을 〈보기〉에서 있는 대로 고른 것은?(단, A~F는 임의의 원소 기호이다.)

보기
ㄱ. A와 B는 동위 원소이다.
ㄴ. D와 E의 질량수는 같다.
ㄷ. 중성자수와 전자 수가 같은 원소는 3가지이다.

① ㄱ ② ㄴ ③ ㄱ, ㄷ
④ ㄴ, ㄷ ⑤ ㄱ, ㄴ, ㄷ

10 표는 (가)의 동위 원소 A~C에 대한 자료이다.

원자 번호	동위 원소	중성자수	존재 비율(%)
12	A	12	79
	B	13	10
	C	14	11

이에 대한 설명으로 옳은 것만을 〈보기〉에서 있는 대로 고른 것은?(단, 각 동위 원소의 원자량은 질량수와 같다고 가정한다.)

보기
ㄱ. (가)의 평균 원자량은 25.00이다.
ㄴ. A와 B의 전자 수는 같다.
ㄷ. A와 C가 각각 산소와 결합한 물질의 화학적 성질은 같다.

① ㄱ ② ㄷ ③ ㄱ, ㄴ
④ ㄴ, ㄷ ⑤ ㄱ, ㄴ, ㄷ

11 표는 X 이온과 Y 이온을 구성하는 입자 a~c의 수를 나타낸 것이다. 입자 a와 b는 원자핵을 구성한다.

구분	a	b	c
X 이온	10	8	10
Y 이온	12	11	10

이에 대한 설명으로 옳은 것만을 〈보기〉에서 있는 대로 고른 것은?

보기
ㄱ. X의 원자 번호는 8이다.
ㄴ. 중성자수는 Y가 X보다 2만큼 크다.
ㄷ. X 이온의 전하와 Y 이온의 전하를 합하면 0이다.

① ㄱ ② ㄷ ③ ㄱ, ㄴ
④ ㄴ, ㄷ ⑤ ㄱ, ㄴ, ㄷ

➲ 수능모의평가기출

12 그림은 분자 X_2가 자연계에 존재하는 비율을 나타낸 것이다.

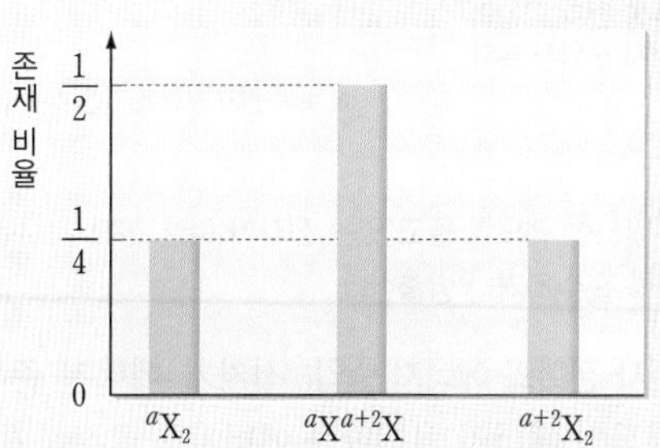

이에 대한 설명으로 옳은 것만을 〈보기〉에서 있는 대로 고른 것은?(단, X는 임의의 원소 기호이다.)

보기
ㄱ. ^{a}X와 ^{a+2}X의 존재 비율은 같다.
ㄴ. ^{a}X와 ^{a+2}X의 중성자수는 같다.
ㄷ. ^{a}X와 ^{a+2}X의 화학적 성질은 같다.

① ㄱ ② ㄴ ③ ㄱ, ㄷ
④ ㄴ, ㄷ ⑤ ㄱ, ㄴ, ㄷ

06 현대 원자 모형

1 보어 원자 모형 자료 분석 특강 74쪽 A

1 수소 원자의 선 스펙트럼 수소 방전관에서 나오는 빛을 프리즘에 통과시키면 불연속적인 선 스펙트럼이 나타난다.❶

수소 원자에서 전자가 가질 수 있는 에너지가 불연속적임을 의미한다.

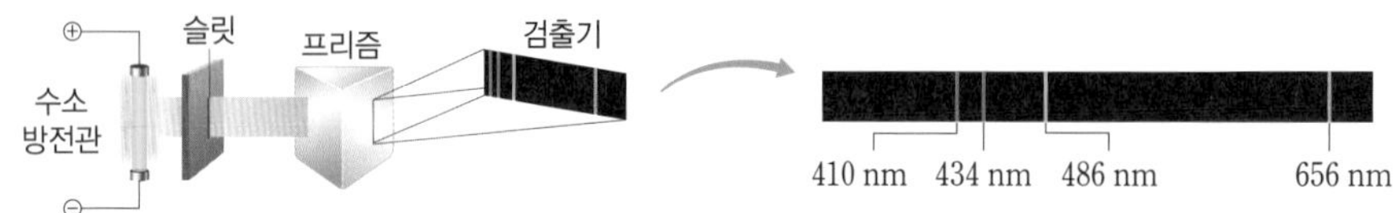

러더퍼드의 원자 모형으로는 수소 원자의 선 스펙트럼을 설명할 수 없었다.

2 보어 원자 모형(1913년) 보어는 수소 원자의 선 스펙트럼을 설명하기 위해 새로운 원자 모형을 제안하였다.❷

① 원자핵 주위의 전자는 특정한 에너지를 가진 몇 개의 원형 궤도를 따라 빠르게 원운동하는데, 이 궤도를 전자 껍질이라고 한다.

- **전자 껍질:** 전자가 특정한 에너지를 가진 원 궤도를 따라 운동하는데, 그 궤도를 전자 껍질이라고 하며, 원자핵에서 가까운 것부터 K, L, M, N …으로 표시한다.
- **전자 껍질의 에너지 준위:** 각 전자 껍질이 갖는 에너지 준위(E_n)는 다음과 같이 나타낼 수 있다. 이때 n은 자연수로 전자 껍질의 에너지 준위를 결정한다. ➔ n이 커질수록(원자핵에서 멀어질수록) 에너지가 높아진다.

$$E_n = -\frac{1312}{n^2}\ (\text{kJ/mol})\ (n=1, 2, 3 \cdots)$$

n이 커질수록 전자 껍질 사이의 에너지 간격이 좁아진다.

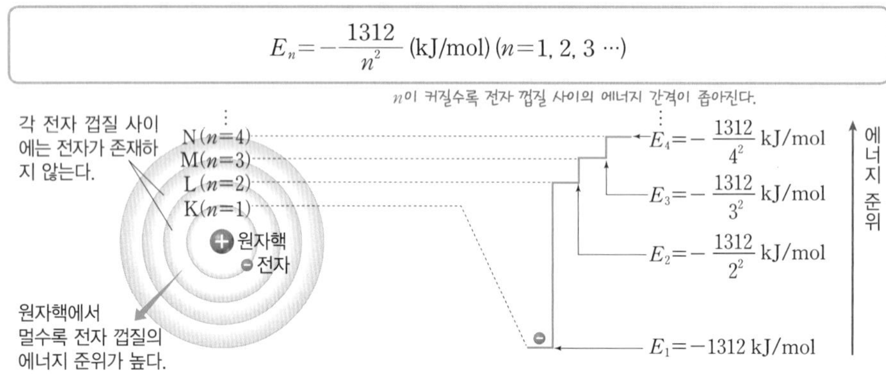

▲ 보어 원자 모형에 따른 수소 원자의 전자 껍질과 에너지 준위

② 일정한 궤도를 돌고 있는 전자가 다른 전자 껍질로 이동하면 두 전자 껍질의 에너지 차이만큼 에너지를 흡수하거나 방출한다.

- **전자 전이와 에너지 출입:** 전자가 에너지 준위가 다른 전자 껍질로 전이할 때는 두 전자 껍질의 에너지 차이만큼 에너지를 흡수하거나 방출한다.
- **바닥상태:** 원자가 가장 낮은 에너지를 가지는 안정한 상태
- **들뜬상태:** 전자가 바닥상태보다 더 높은 에너지를 가지는 전자 껍질에 존재하는 상태

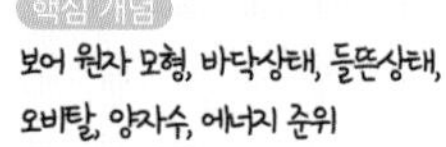

한눈에 정리하는 출제 경향

- 양자수 사이의 관계를 오비탈 모양과 관련하여 이해하기
- 오비탈의 종류와 에너지 준위 이해하기

핵심 개념

보어 원자 모형, 바닥상태, 들뜬상태, 오비탈, 양자수, 에너지 준위

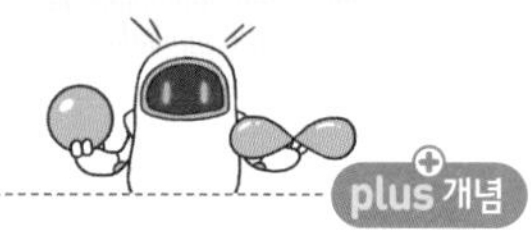

plus 개념

❶ 연속적 에너지, 불연속적 에너지의 비유

비탈길에서 위치 에너지는 연속적이지만, 계단에서 위치 에너지는 각 계단의 높이에 따라 불연속적이다.

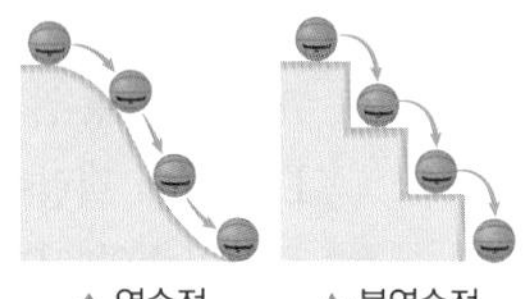

▲ 연속적 ▲ 불연속적

❷ 원자 모형의 변천

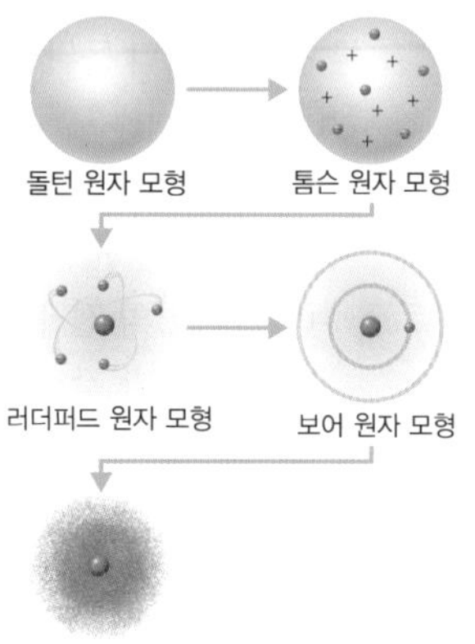

3 수소 원자의 선 스펙트럼이 나타나는 까닭 수소 원자의 전자가 들뜬상태에서 낮은 에너지 준위의 전자 껍질로 전이할 때 두 전자 껍질의 에너지 준위 차이에 해당하는 불연속적인 에너지의 빛만 방출하기 때문이다.

보어 원자 모형에 의한 수소 원자의 스펙트럼 계열 개념 심화

전자가 전이하는 전자 껍질의 에너지 차이에 의해 수소 원자의 스펙트럼 계열이 결정된다.

스펙트럼 계열	전자 전이	스펙트럼 영역
라이먼 계열	$n \geq 2$인 전자 껍질에서 $n=1$인 전자 껍질로 전이	자외선
발머 계열	$n \geq 3$인 전자 껍질에서 $n=2$인 전자 껍질로 전이	가시광선
파셴 계열	$n \geq 4$인 전자 껍질에서 $n=3$인 전자 껍질로 전이	적외선

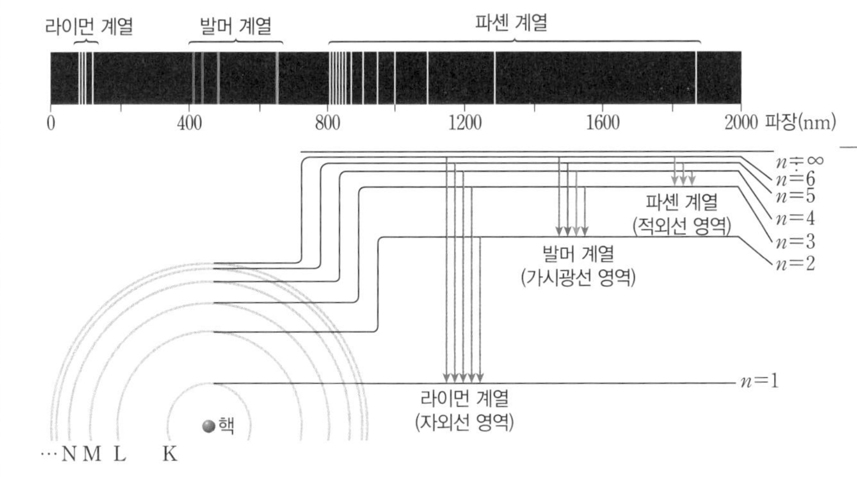

빛에너지와 파장은 반비례하므로 전자가 이동하는 전자 껍질 사이의 에너지 차이가 작을수록 전자 전이에 해당하는 파장이 길다.

확인 문제 1

1 보어의 원자 모형에서 전자가 운동하는 궤도를 (   )(이)라고 한다.
2 전자 껍질의 에너지 준위는 원자핵에서 (   )질수록 높아진다.
3 바닥상태에서 전자가 에너지를 (흡수, 방출)하면 들뜬상태가 된다.

2 현대 원자 모형

자료 분석 특강 74쪽 B, 75쪽 C, D

1 현대 원자 모형

① 보어 원자 모형의 한계: 다전자 원자의 선 스펙트럼은 설명할 수 없다.[3] (다전자 원자: 전자가 2개 이상인 원자)

② 현대 원자 모형: 전자는 입자의 성질뿐 아니라 파동의 성질도 가지며, 전자의 위치와 운동량을 정확히 알 수 없다. ➜ 전자를 원자핵 주위에 존재할 수 있는 확률로 나타낸다.[4]

2 현대 원자 모형과 오비탈

① 오비탈: 일정한 에너지의 전자가 원자핵 주위에서 발견될 확률 분포를 나타낸 것이다.

② 오비탈의 표시: 전자의 존재 확률을 점의 밀도로 나타내기도 하고, 전자의 발견 확률이 90 %인 공간을 나타내는 경계면으로도 표현한다.

점밀도 그림 / 전자의 발견 확률이 90 %인 경계면 그림

plus 개념

③ 다전자 원자의 선 스펙트럼

다전자 원자의 경우 고성능 분광기로 관찰하면 1개의 선으로 보였던 것이 2개 이상의 선으로 이루어져 있다는 것을 알 수 있다. 이를 통해 같은 전자 껍질이라도 전자가 가질 수 있는 에너지 상태는 여러 개라는 것을 알 수 있다.

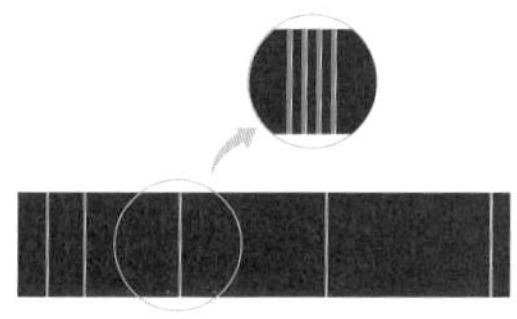

④ 전자 구름 모형

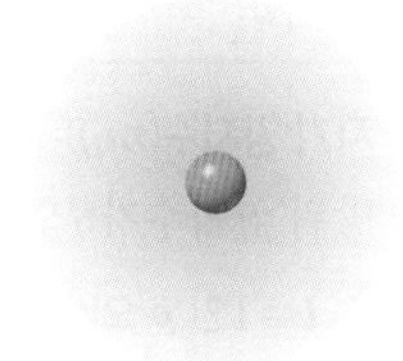

다전자 원자의 선 스펙트럼 현상과 전자의 파동성을 설명하기 위해 제안된 모형으로, 전자를 발견할 확률 분포가 구름과 같은 모양으로 퍼진 모형이다.

점밀도 그림에서 각 점은 전자 1개를 나타내는 것이 아니라 전자가 발견될 확률을 의미한다.

용어 돋보기

- **프리즘**(prism): 빛을 굴절, 분산시키는 광학 기구이다.
- **전이**(구를 轉, 옮길 移): 어떤 에너지 상태에서 다른 에너지 상태로 이동하는 현상이다.

③ 오비탈의 결정: 현대 원자 모형에서는 원자 내에 있는 전자의 상태를 주 양자수(n), 방위 양자수(l)(=부 양자수), 자기 양자수(m_l)의 양자수로 나타낸다.

3 양자수

① 주 양자수(n): 오비탈의 크기와 에너지를 결정하는 양자수

- 자연수 값(n=1, 2, 3 …)만을 가지며, 보어 원자 모형에서 전자 껍질에 해당한다.
- n이 클수록 전자는 원자핵으로부터 멀어지므로 오비탈의 크기가 크고, 에너지 준위가 높다.⑤

② 방위 양자수(l): 오비탈의 모양(오비탈의 종류)을 결정하는 양자수

- 주 양자수가 n일 때 방위 양자수는 0, 1, 2, …, ($n-1$)까지 n개 존재한다. (l은 0부터 $n-1$까지의 정수만 가능하다.)
- 오비탈의 모양은 s, p, d … 등의 기호를 사용하여 나타내는데, l=0일 때는 s, l=1일 때는 p, l=2일 때는 d로 나타낸다.

주 양자수(n)	1	2		3		
전자 껍질	K	L		M		
방위 양자수(l)	0	0	1	0	1	2
오비탈	1s	2s	2p	3s	3p	3d

일반적으로 오비탈을 표시할 때 주 양자수 n과 오비탈의 모양을 나타내는 기호인 s, p, d …를 함께 써서 1s, 2s, 2p …로 나타낸다.

③ 자기 양자수(m_l): 오비탈의 공간적인 방향을 결정하는 양자수

- 방위 양자수가 l인 오비탈은 $-l$에서 $+l$까지의 정수(0 포함)만 가능하다.

예 l=1인 p 오비탈의 경우 m_l는 −1, 0, +1의 3가지이다. → 방향이 다른 3개의 오비탈이 존재

방위 양자수(l)	0	1	2
자기 양자수(m_l)	0	−1, 0, +1	−2, −1, 0, +1, +2
오비탈 수	1	3	5

- s 오비탈과 p 오비탈의 모양과 특징

s 오비탈	모양	• 주 양자수에 따라 크기만 달라지고 모양은 같다. 1s 2s 3s
	특징	• l=0이므로 m_l=0이다. → 1개의 오비탈을 가지며, 방향성이 없다. • 원자핵으로부터 거리가 같으면 방향에 관계없이 전자 발견 확률이 같다.⑥ • 모든 전자 껍질에 존재하며, 주 양자수에 따라 1s, 2s …로 나타낸다.
p 오비탈	모양⑦	• 오비탈의 방향에 따라 p_x, p_y, p_z의 3가지가 존재하며, 이들의 에너지 준위는 같다. $2p_x$: yz 평면에서 전자 발견 확률=0, x축에서 전자 발견 확률이 높다. $2p_y$: y축에서 전자 발견 확률이 높다. xz 평면에서 전자 발견 확률=0 $2p_z$: z축에서 전자 발견 확률이 높다. xy 평면에서 전자 발견 확률=0, 원자핵에서 전자 발견 확률=0
	특징	• l=1이므로 m_l=−1, 0, +1이다. → 방향이 3가지이므로 3개의 오비탈을 가진다. • 원자핵으로부터의 방향과 거리에 따라 전자 발견 확률이 다르다. • L 전자 껍질부터 존재하며, 주 양자수에 따라 2p, 3p …로 나타낸다.

⑤ 주 양자수에 따른 s 오비탈의 크기

s 오비탈은 모든 전자 껍질에 1개씩 존재하며, 오비탈의 모양은 같고 크기는 1s<2s<3s…이다.

⑥ s 오비탈의 원자핵으로부터 거리에 따른 전자 발견 확률

2s 오비탈부터는 원자핵으로부터 전자가 발견될 확률이 0인 마디(node)가 존재한다.

- 1s 오비탈

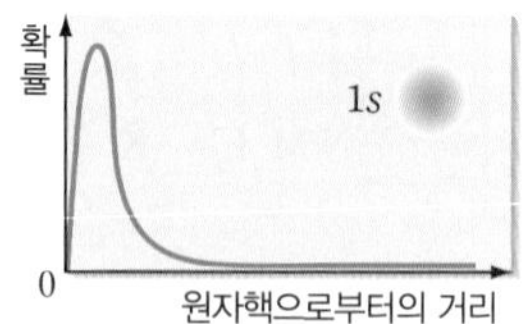

- 2s 오비탈

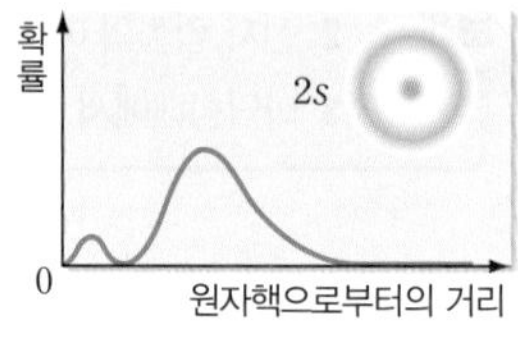

⑦ 오비탈의 표시

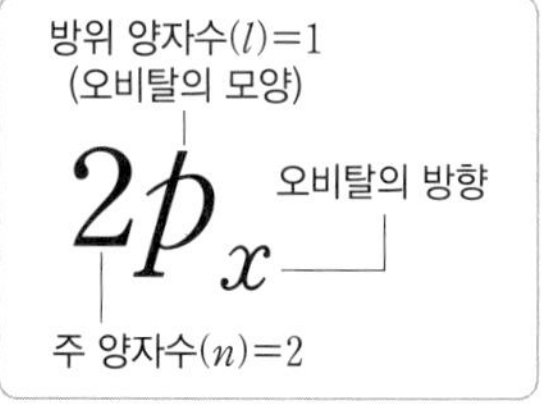

④ 스핀 자기 양자수(m_s): 오비탈 내 전자의 스핀을 구분하는 양자수[8]

• 전자의 스핀은 2가지 방향($+\frac{1}{2}$, $-\frac{1}{2}$)이 있다.

• 스핀 자기 양자수가 다른 전자를 표시할 때는 서로 반대 방향을 가리키는 화살표(↑, ↓)를 사용한다.

⑤ 양자수(n, l, m_l)에 따른 오비탈 수

전자 껍질	주 양자수	방위 양자수	자기 양자수	오비탈	오비탈 수(n^2)	
K	1	0	0	$1s$	1	
L	2	0	0	$2s$	1	4
		1	-1, 0, $+1$	$2p$	3	
M	3	0	0	$3s$	1	9
		1	-1, 0, $+1$	$3p$	3	
		2	-2, -1, 0, $+1$, $+2$	$3d$	5	

4 오비탈의 에너지 준위[9]

① 수소 원자의 에너지 준위

• 주 양자수가 같은 오비탈의 에너지 준위는 모두 같다.

• 전자가 1개뿐이므로 오비탈의 에너지 준위는 원자핵과 전자 사이의 인력에만 영향을 받는다. ➜ 주 양자수가 커지면 원자핵과 전자 사이의 평균 거리가 멀어지므로 오비탈의 에너지도 증가한다.

$$1s < 2s = 2p < 3s = 3p = 3d < 4s = 4p = 4d = 4f < \cdots$$

② 다전자 원자의 에너지 준위

• 주 양자수뿐만 아니라 방위 양자수도 에너지 준위에 영향을 준다.

• 원자핵과 전자 사이의 인력뿐만 아니라 전자 사이의 반발력의 영향을 받는다. ➜ 주 양자수가 같으면 $s < p < d$ 순으로 에너지 준위가 높아진다.

주 양자수가 더 큰 $4s$의 오비탈의 에너지 준위가 $3d$ 오비탈의 에너지 준위보다 낮다.

$$1s < 2s < 2p < 3s < 3p < \underline{4s < 3d} < 4p \cdots$$

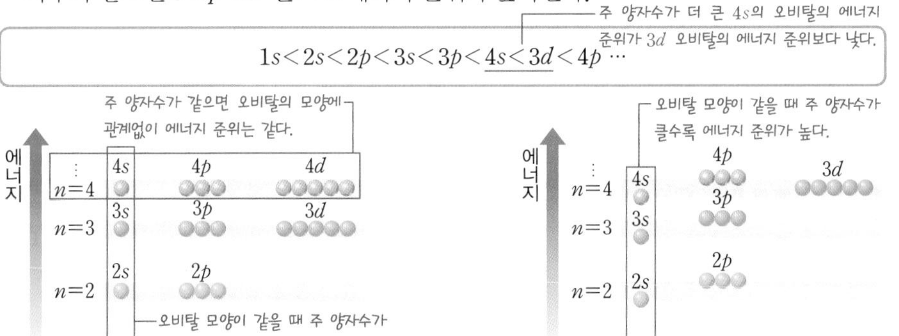

▲ 수소 원자의 오비탈 에너지 준위 ▲ 다전자 원자의 오비탈 에너지 준위

확인 문제 2

4 전자가 원자핵 주위의 공간에서 발견될 확률 분포를 나타낸 것을 ( )(이)라고 한다.

5 오비탈의 공간적인 방향을 결정하는 양자수를 ( ) 양자수라고 한다.

6 수소 원자의 경우, 오비탈의 에너지 준위는 $1s$ 오비탈 (>, =, <) $2s$ 오비탈이다.

7 다전자 원자의 경우, 오비탈의 에너지 준위는 $3d$ 오비탈 (>, =, <) $4s$ 오비탈이다.

plus 개념

⑧ 전자 스핀

지구가 자전하듯이 전자도 자신의 축을 중심으로 스스로 회전하는 성질이 있는데, 이러한 성질을 스핀이라고 한다. 전자의 2가지 스핀 상태는 시계 방향 또는 반시계 방향으로 회전하는 것으로 나타낼 수 있다.

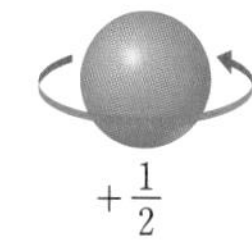

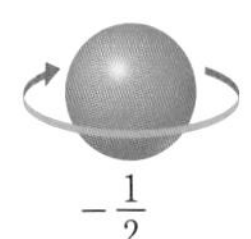

⑨ 원자핵과 전자들 사이에 작용하는 힘

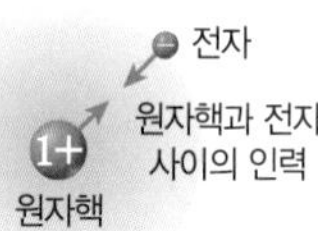

수소 원자

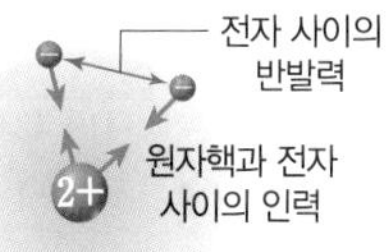

헬륨 원자

용어 돋보기

• 방위(방향 方, 자리 位): 공간의 어떤 점이나 방향이 한 기준의 방향에 대하여 나타내는 어떠한 쪽의 위치이다.

개념을 다지는 기본 문제

1 보어 원자 모형

01 다음 ( ) 안에 들어갈 알맞은 말을 쓰시오.

> 러더퍼드 원자 모형으로는 수소 원자의 (㉠)인 선 스펙트럼을 설명할 수 없었으므로 (㉡) 원자 모형이 제안되었다.

02 보어 원자 모형에 대한 설명으로 옳은 것만을 〈보기〉에서 있는 대로 고르시오.

보기
- ㄱ. 전자는 특정한 에너지를 갖는 궤도를 따라 원운동한다.
- ㄴ. 전자가 운동하는 궤도는 주 양자수(n)에 따라 결정된다.
- ㄷ. 두 전자 껍질 사이에도 전자가 위치하므로 연속 스펙트럼이 나타난다.
- ㄹ. 전자가 같은 전자 껍질을 돌고 있을 때는 에너지를 흡수하거나 방출하지 않는다.

중요

03 그림은 수소 방전관에서 관찰되는 수소 원자의 가시광선 영역의 스펙트럼을 나타낸 것이다.

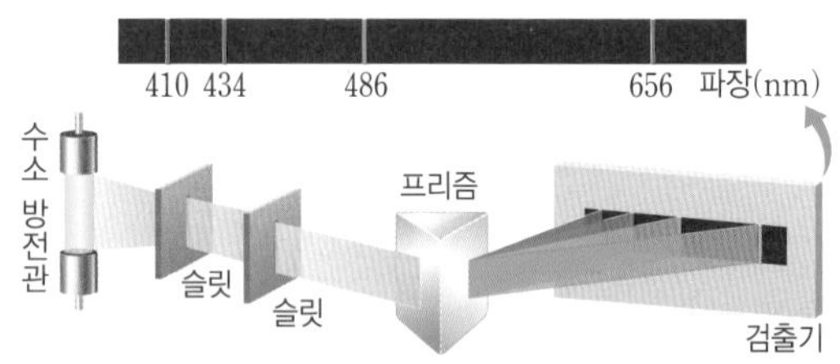

이에 대한 설명으로 옳은 것만을 〈보기〉에서 있는 대로 고른 것은?

보기
- ㄱ. 방출되는 빛에너지가 클수록 짧은 파장의 선으로 나타난다.
- ㄴ. 수소 기체의 양을 증가시키면 스펙트럼에서 선의 수가 증가한다.
- ㄷ. 방전관의 전압을 증가시켜도 스펙트럼에서 선의 위치는 변하지 않는다.

① ㄱ ② ㄴ ③ ㄱ, ㄷ ④ ㄴ, ㄷ ⑤ ㄱ, ㄴ, ㄷ

04 그림은 보어의 원자 모형에 따른 수소 원자의 전자 껍질과 에너지 준위를 나타낸 것이다.

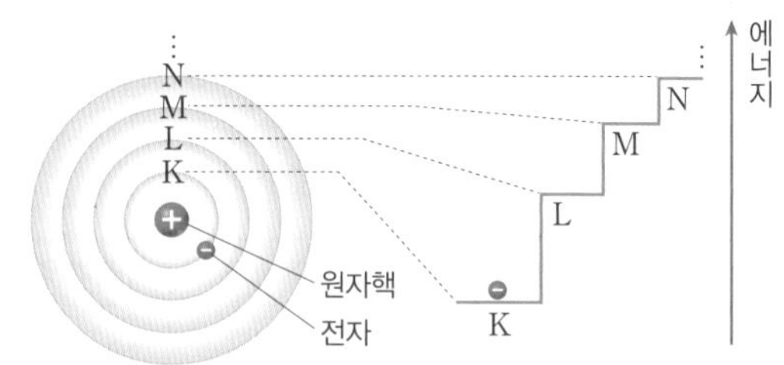

이에 대한 설명으로 옳은 것만을 〈보기〉에서 있는 대로 고른 것은?

보기
- ㄱ. 수소 원자는 K 전자 껍질에 전자가 존재할 때 바닥상태이다.
- ㄴ. 전자 껍질의 에너지 준위는 원자핵에서 멀어질수록 높다.
- ㄷ. K 전자 껍질에 있는 전자가 M 전자 껍질로 이동하면 두 전자 껍질 사이의 에너지 차이만큼 빛에너지를 방출한다.

① ㄱ ② ㄷ ③ ㄱ, ㄴ ④ ㄴ, ㄷ ⑤ ㄱ, ㄴ, ㄷ

05 그림 (가)~(다)는 톰슨, 러더퍼드, 보어의 원자 모형을 순서없이 나타낸 것이다.

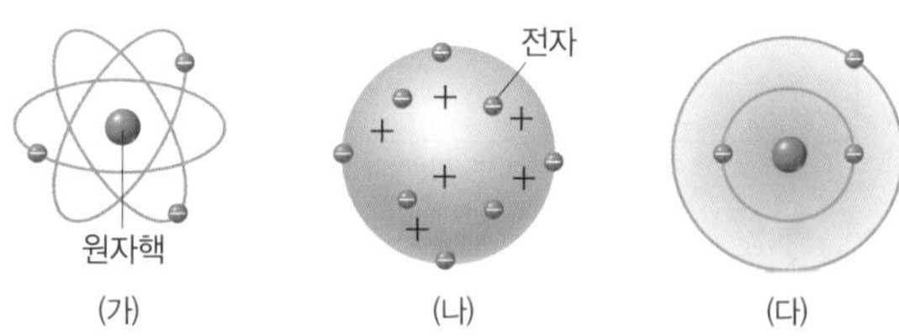

이에 대한 설명으로 옳은 것만을 〈보기〉에서 있는 대로 고른 것은?

보기
- ㄱ. 전자가 원운동하는 모형은 (나)이다.
- ㄴ. 전자가 특정한 에너지 준위의 궤도에 존재하는 모형은 (다)이다.
- ㄷ. 수소 원자의 선 스펙트럼을 설명할 수 있는 모형은 (가)와 (다)이다.

① ㄱ ② ㄴ ③ ㄱ, ㄷ ④ ㄴ, ㄷ ⑤ ㄱ, ㄴ, ㄷ

06 그림은 보어의 수소 원자 모형을 나타낸 것이다(단, 수소 원자의 에너지 준위는 $E_n = -\frac{1312}{n^2}$ kJ/mol이다.).

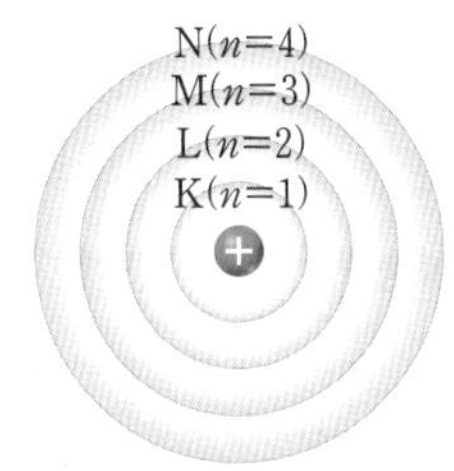

이에 대한 설명으로 옳지 않은 것은?

① 전자 껍질 사이의 거리는 모두 같다.
② 전자 껍질의 에너지 준위는 K<L<M<N이다.
③ 수소 원자를 양이온으로 만드는 데 1312 kJ/mol이 필요하다.
④ 전자가 N 전자 껍질에서 M 전자 껍질로 전이할 때 적외선이 방출된다.
⑤ 전자가 K 전자 껍질에서 L 전자 껍질로 전이할 때 984 kJ/mol의 에너지를 흡수한다.

07 그림 (가)~(다)는 에너지 상태가 다른 수소 원자 모형을 각각 나타낸 것이다.

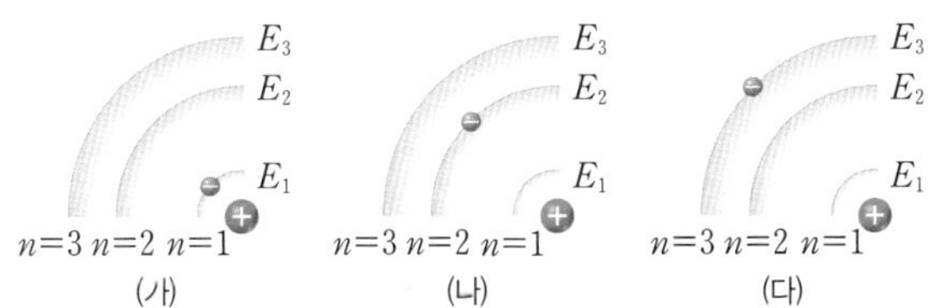

이에 대한 설명으로 옳은 것만을 〈보기〉에서 있는 대로 고른 것은?(단, 수소 원자의 에너지 준위 $E_n = -\frac{1312}{n^2}$ kJ/mol이다.)

보기
ㄱ. (가)는 바닥상태이다.
ㄴ. (가)에서 (다)로 전이할 때 자외선을 흡수한다.
ㄷ. (다)에서 (나)로 전이할 때 가시광선을 방출한다.

① ㄱ ② ㄷ ③ ㄱ, ㄴ
④ ㄴ, ㄷ ⑤ ㄱ, ㄴ, ㄷ

2 현대 원자 모형

08 원자 모형에 대한 설명으로 옳은 것은?

① 톰슨 원자 모형은 음극선 실험 결과로부터 제안되었다.
② 러더퍼드 원자 모형에서 전자는 특정한 에너지 준위를 갖는다.
③ 러더퍼드 원자 모형은 수소 원자의 선 스펙트럼을 설명할 수 있다.
④ 보어 원자 모형에서 전자의 위치는 확률로만 알 수 있다.
⑤ 현대 원자 모형은 알파(α) 입자 산란 실험 결과로부터 제안되었다.

중요

09 그림은 $1s$ 오비탈과 $2s$ 오비탈을 모형으로 나타낸 것이다.

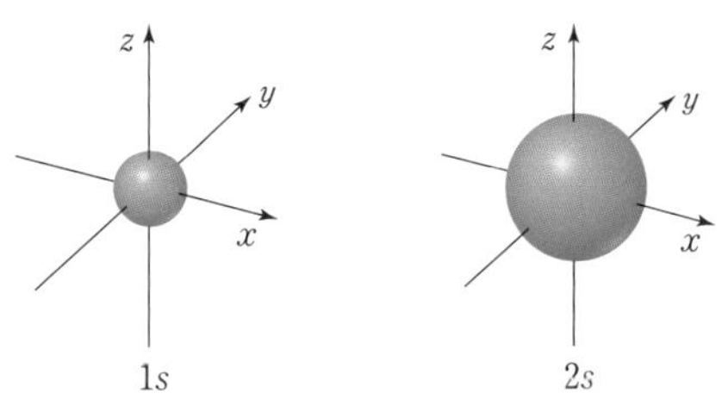

이에 대한 설명으로 옳은 것만을 〈보기〉에서 있는 대로 고른 것은?

보기
ㄱ. $1s$ 오비탈의 모양은 공 모양이다.
ㄴ. $2s$ 오비탈은 $1s$ 오비탈보다 에너지 준위가 낮다.
ㄷ. $2s$ 오비탈은 방향에 관계없이 원자핵으로부터 거리가 같으면 전자가 발견될 확률이 같다.

① ㄱ ② ㄴ ③ ㄱ, ㄷ
④ ㄴ, ㄷ ⑤ ㄱ, ㄴ, ㄷ

중요

10 오비탈과 양자수에 대한 설명으로 옳지 않은 것은?

① 주 양자수는 오비탈의 크기 및 에너지와 관련 있다.
② 오비탈의 모양을 나타내는 양자수는 방위 양자수이다.
③ 주 양자수가 3인 경우, 방위 양자수는 0, 1, 2, 3이다.
④ 방위 양자수가 1인 경우, 자기 양자수는 -1, 0, $+1$이다.
⑤ 오비탈 내 전자의 스핀을 구분하는 양자수는 $+\frac{1}{2}$과 $-\frac{1}{2}$이 있다.

11 그림은 수소 원자의 L 전자 껍질에 존재하는 어떤 오비탈을 모형으로 나타낸 것이다.

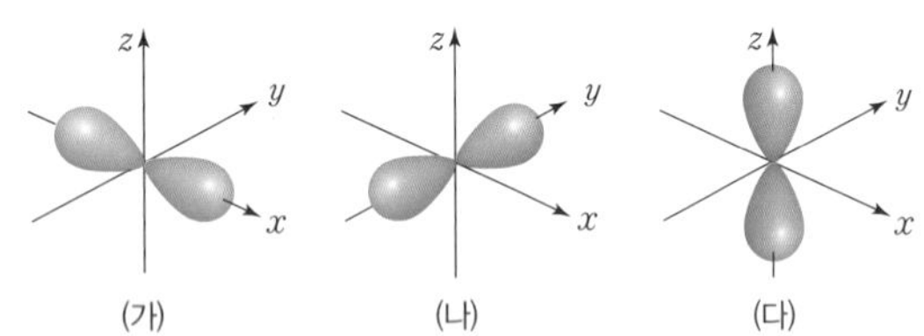

(가)~(다)에 대한 설명으로 옳은 것만을 〈보기〉에서 있는 대로 고른 것은?

보기
ㄱ. K 전자 껍질에도 존재한다.
ㄴ. (가)~(다)의 에너지 준위는 모두 같다.
ㄷ. 자기 양자수는 -2, -1, 0, $+1$, $+2$가 가능하다.

① ㄱ ② ㄴ ③ ㄱ, ㄷ
④ ㄴ, ㄷ ⑤ ㄱ, ㄴ, ㄷ

12 각 오비탈의 양자수에 대한 설명으로 옳은 것은?

① $1s$ 오비탈의 주 양자수는 -1이다.
② $2p$ 오비탈의 자기 양자수는 0이다.
③ $3s$ 오비탈의 방위 양자수는 3이다.
④ $3d$ 오비탈의 자기 양자수는 5가지이다.
⑤ $4s$ 오비탈의 스핀 자기 양자수는 4이다.

13 그림은 몇 가지 오비탈을 모형으로 나타낸 것이다.

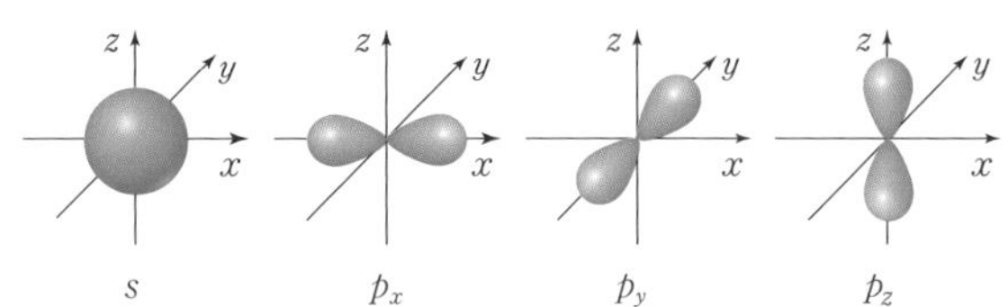

이에 대한 설명으로 옳은 것만을 〈보기〉에서 있는 대로 고른 것은?

보기
ㄱ. s 오비탈의 전자는 원 궤도를 돌고 있다.
ㄴ. p 오비탈의 에너지 준위는 $p_x < p_y < p_z$이다.
ㄷ. s 오비탈의 경우, 핵으로부터 거리가 같으면 전자가 발견될 확률이 같다.

① ㄱ ② ㄷ ③ ㄱ, ㄴ
④ ㄴ, ㄷ ⑤ ㄱ, ㄴ, ㄷ

14 그림은 $1s$ 오비탈과 $2s$ 오비탈을 순서 없이 나타낸 것이다.

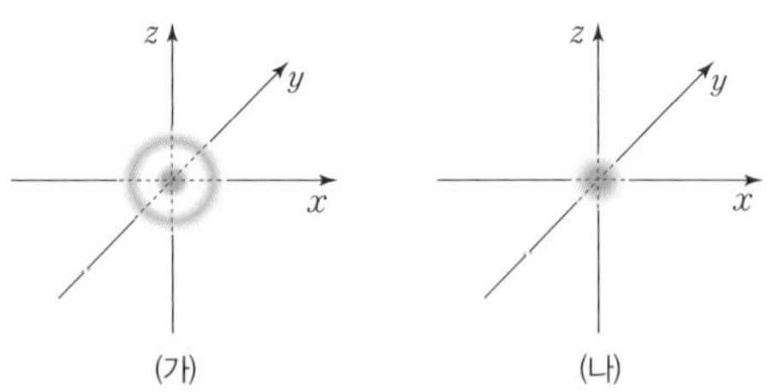

이에 대한 설명으로 옳은 것만을 〈보기〉에서 있는 대로 고른 것은?

보기
ㄱ. (가)는 $2s$ 오비탈이다.
ㄴ. (나)의 방위 양자수는 1이다.
ㄷ. (가)의 자기 양자수는 -1, 0, $+1$이고, (나)의 자기 양자수는 0이다.

① ㄱ ② ㄴ ③ ㄱ, ㄷ
④ ㄴ, ㄷ ⑤ ㄱ, ㄴ, ㄷ

중요

15 그림은 수소 원자의 몇 가지 오비탈을 모형으로 나타낸 것이다.

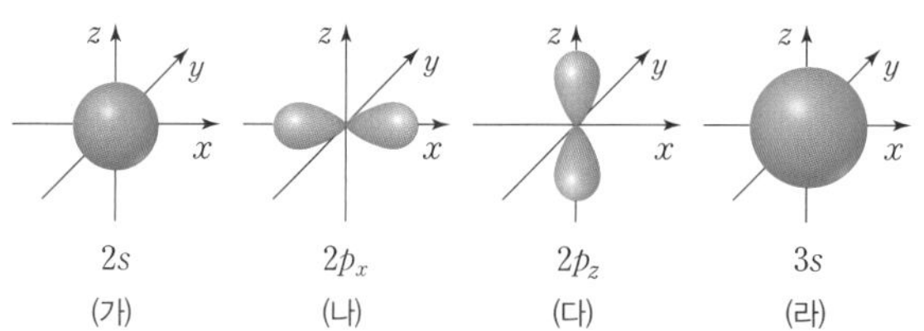

이에 대한 설명으로 옳은 것만을 〈보기〉에서 있는 대로 고른 것은?

보기

ㄱ. (가)와 (라)는 원자핵으로부터 거리가 같으면 방향에 관계없이 전자가 발견될 확률이 같다.
ㄴ. (나)와 (다)의 방위 양자수는 같다.
ㄷ. (라)에 있던 전자가 (나)로 이동할 때 빛에너지를 방출한다.

① ㄱ ② ㄴ ③ ㄱ, ㄷ
④ ㄴ, ㄷ ⑤ ㄱ, ㄴ, ㄷ

16 오비탈을 결정하는 4가지 양자수의 조합으로 옳지 않은 것은?

	주 양자수	방위 양자수	자기 양자수	스핀 자기 양자수
①	1	0	0	$+\frac{1}{2}$
②	2	0	0	$-\frac{1}{2}$
③	2	1	-1	$+\frac{1}{2}$
④	3	0	$+1$	$+\frac{1}{2}$
⑤	3	2	$+2$	$-\frac{1}{2}$

서술형

17 L 전자 껍질에 존재하는 4개의 오비탈을 쓰고, 이를 각각 방위 양자수와 자기 양자수를 언급하여 설명하시오.

18 수소 원자의 오비탈의 에너지 준위에 대한 설명으로 옳지 않은 것은?

① $2s$ 오비탈의 에너지 준위는 $1s$ 오비탈보다 높다.
② $2s$ 오비탈과 $2p$ 오비탈의 에너지 준위는 같다.
③ $3d$ 오비탈의 에너지 준위는 $4s$ 오비탈보다 낮다.
④ $3p$ 오비탈의 에너지 준위는 $3d$ 오비탈보다 낮다.
⑤ $3p_x$, $3p_y$, $3p_z$ 오비탈의 에너지 준위는 모두 같다.

[19~20] 그림은 다전자 원자의 오비탈의 에너지 준위를 나타낸 것이다. 물음에 답하시오.

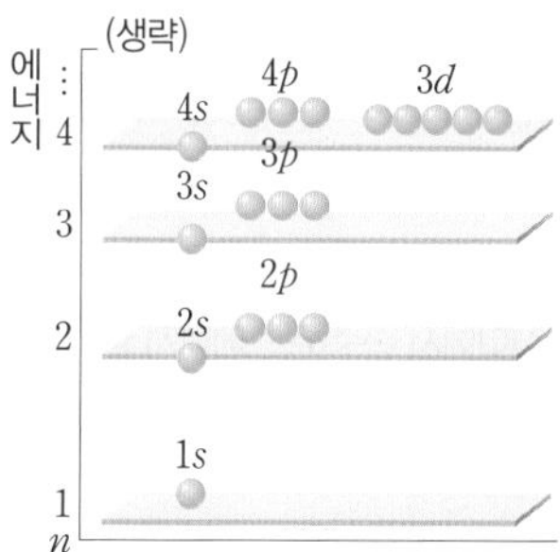

중요

19 다전자 원자의 오비탈의 에너지 준위에 대한 설명으로 옳은 것만을 〈보기〉에서 있는 대로 고른 것은?

보기

ㄱ. $4p$ 오비탈과 $3d$ 오비탈의 에너지 준위는 같다.
ㄴ. $3d$ 오비탈의 에너지 준위는 $4s$ 오비탈보다 높다.
ㄷ. $3p$ 오비탈의 에너지 준위는 모두 같다.

① ㄱ ② ㄷ ③ ㄱ, ㄴ
④ ㄴ, ㄷ ⑤ ㄱ, ㄴ, ㄷ

서술형

20 다전자 원자의 경우 오비탈의 에너지 준위가 주 양자수에 의해서만 결정되지 않는 까닭을 설명하시오.

A 전자 전이에 따른 에너지 출입

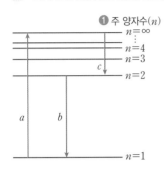

❶ 주 양자수(n)

$n=\infty$, $n=4$, $n=3$, $n=2$, $n=1$, a, b, c

전자 전이	에너지 흡수 또는 방출
a ($n=1 \to n=\infty$)	흡수
b ($n=2 \to n=1$)	방출
c ($n=\infty \to n=2$)	방출

① 주 양자수와 에너지 준위 관계 알아보기

- 주 양자수(n)가 클수록 에너지는 높아지고, 전자 껍질 사이의 에너지 간격도 좁아진다.

② $a \sim c$의 전자 전이에서 흡수 또는 방출되는 에너지 구하기

- 전자 껍질의 에너지 준위는 $E_n = -\frac{1312}{n^2}$ kJ/mol이다.

> - a: $\Delta E = E_1 - E_\infty = -\frac{1312}{1} - \left(-\frac{1312}{\infty}\right) = -1312$(kJ/mol) → 흡수
> - b: $\Delta E = E_2 - E_1 = -\frac{1312}{2^2} - \left(-\frac{1312}{1}\right) = +984$(kJ/mol) → 방출
> - c: $\Delta E = E_\infty - E_2 = -\frac{1312}{\infty} - \left(-\frac{1312}{2^2}\right) = +328$(kJ/mol) → 방출

③ 수소 원자의 이온화 에너지: 전자가 $n=1 \to n=\infty$로 전이할 때 흡수하는 에너지와 같다.
→ a의 전자 전이에서 흡수하는 에너지 ❷

❶ 전자가 원자핵으로부터 무한히 멀리 떨어져 있을 때, 핵과 전자 사이에 인력이 작용하지 않으므로 에너지는 0이 된다.

❷ 이온화 에너지: 기체 상태의 바닥상태 원자에서 전자 1개를 떼어 내는 데 필요한 에너지이다. 즉, 원자핵과 전자 사이의 거리가 무한히 멀어지는 데 필요한 에너지를 의미한다.

실력을 올리는 실전 문제 찾아가기

- 보어 모형에서의 전자 전이를 해석하는 문제_03, 04, 05, 10, 15

B s 오비탈과 p 오비탈의 특징

① 오비탈: 전자가 원자핵 주위의 공간에서 발견될 확률 분포를 나타낸 것이다.

② s 오비탈과 p 오비탈의 비교

s 오비탈 ❶	p 오비탈 ❺
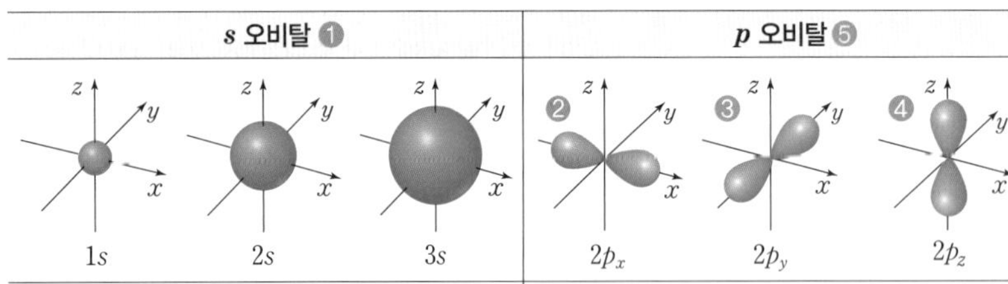	
1s, 2s, 3s	❷ $2p_x$, ❸ $2p_y$, ❹ $2p_z$
• 공 모양이다. • 원자핵으로부터 거리가 같으면 방향에 관계없이 전자를 발견할 확률이 같다. → 방향성이 없다. • 모든 전자 껍질에 1개씩 존재한다. • 주 양자수(n)에 따라 1s, 2s, 3s …로 나타낸다. • 주 양자수(n)가 커질수록 오비탈의 크기가 커지고, 에너지 준위가 높아진다.	• 아령 모양이며, 방향에 따라 p_x, p_y, p_z 3종류의 오비탈이 존재한다. • 원자핵으로부터 거리와 방향에 따라 전자를 발견할 확률이 달라진다. → 방향성이 있다. • 주 양자수(n)가 2 이상인 L 전자 껍질부터 존재한다. • 주 양자수(n)에 따라 2p, 3p, 4p …로 나타낸다. • 주 양자수(n)가 커질수록 오비탈의 크기가 커지고, 에너지 준위가 높아진다.

❶ s 오비탈의 방위 양자수는 0이므로 자기 양자수도 0이다.

❷ p_x 오비탈은 x축 방향으로 전자 발견 확률이 높다.

❸ p_y 오비탈은 y축 방향으로 전자 발견 확률이 높다.

❹ p_z 오비탈은 z축 방향으로 전자 발견 확률이 높다.

❺ p 오비탈의 방위 양자수는 1이므로 자기 양자수는 −1, 0, +1이다.

실력을 올리는 실전 문제 찾아가기

- 각 오비탈의 특징을 구분하는 문제_07, 08, 09, 11, 12

C 양자수의 특징 분석하기

그림은 보어 원자 모형을 나타낸 것이고, 표는 전자 껍질에 따른 주 양자수(n), 방위 양자수, 자기 양자수를 나타낸 것이다.

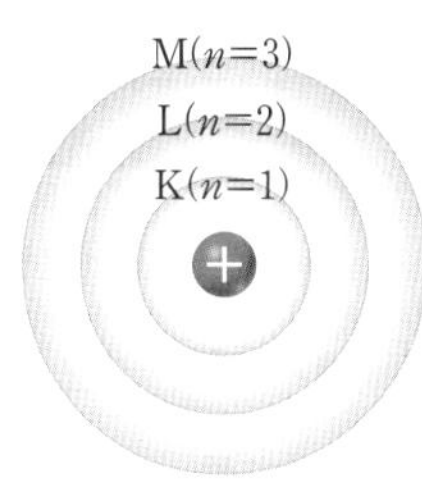

전자 껍질	❶ 주 양자수(n)	❷ 방위 양자수(l)	❸ 자기 양자수(m_l)
K	1	0	0
L	2	0	0
		1	$-1, 0, +1$
M	3	0	0
		1	$-1, 0, +1$
		2	$-2, -1, 0, +1, +2$

❶ 주 양자수(n)는 오비탈의 크기와 에너지를 결정한다.

❷ 방위 양자수(l)는 오비탈의 종류를 결정하며, 주 양자수에 따라 0에서 $n-1$까지의 값을 가질 수 있다.

❸ 자기 양자수(m_l)는 오비탈의 방향을 결정하며 $-l$부터 $+l$까지 정숫값으로 존재한다.

① 주 양자수(n)가 1일 때, 존재하는 오비탈의 종류와 오비탈 수 구하기
- 방위 양자수가 0일 때: 자기 양자수가 0이므로 s 오비탈 1개가 존재한다. → $1s$ 오비탈 1개

② 주 양자수(n)가 2일 때, 존재하는 오비탈의 종류와 오비탈 수 구하기
- 방위 양자수가 0일 때: 자기 양자수가 0이므로 s 오비탈 1개가 존재한다.
- 방위 양자수가 1일 때: 자기 양자수가 $-1, 0, +1$이므로 3가지 방향을 가진 3개의 p 오비탈이 존재한다.
  → $2s$ 오비탈 1개, $2p$ 오비탈 3개로 총 4개의 오비탈이 존재한다.

③ 주 양자수(n)가 3일 때, 존재하는 오비탈의 종류와 오비탈 수 구하기
- 방위 양자수가 0일 때: 자기 양자수가 0이므로 s 오비탈 1개가 존재한다.
- 방위 양자수가 1일 때: 자기 양자수가 $-1, 0, +1$이므로 3가지 방향을 가진 3개의 p 오비탈이 존재한다.
- 방위 양자수가 2일 때: 자기 양자수가 $-2, -1, 0, +1, +2$이므로 5가지 방향을 가진 5개의 d 오비탈이 존재한다.
  → $3s$ 오비탈 1개, $3p$ 오비탈 3개, $3d$ 오비탈 5개로 총 9개의 오비탈이 존재한다.

실력을 올리는 실전 문제 찾아가기

• 양자수와 오비탈의 표시를 해석하는 문제_07, 08, 14

D 수소 원자와 다전자 원자의 오비탈 에너지 준위 비교하기

그림은 수소 원자와 다전자 원자의 에너지 준위를 나타낸 것이다.

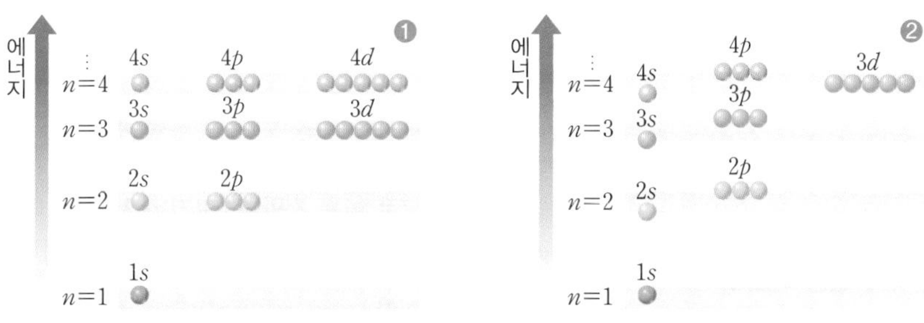

수소 원자의 오비탈 에너지 준위 　 다전자 원자의 오비탈 에너지 준위

❶ 수소 원자의 경우 전자가 1개만 존재하므로 전자 사이의 반발력이 존재하지 않아 주 양자수가 같은 오비탈은 종류에 관계없이 에너지 준위가 같다.

❷ 다전자 원자는 2개 이상의 전자가 존재하므로 원자핵과 전자 사이의 인력뿐만 아니라 전자 사이의 반발력이 존재한다. 따라서 에너지 준위는 주 양자수뿐만 아니라 오비탈의 종류에 따라 에너지 준위가 달라진다.

① 수소 원자의 오비탈 에너지 준위는 주 양자수에 따라서만 달라진다.
- 수소 원자는 같은 전자 껍질 안에 있는 오비탈의 에너지 준위가 모두 같다.
- 오비탈의 종류가 같으면 주 양자수가 클수록 에너지가 높다.

② 다전자 원자의 오비탈 에너지 준위는 주 양자수뿐만 아니라 방위 양자수에 따라 달라진다.
- 주 양자수가 같을 때, 에너지 준위는 s 오비탈보다 p 오비탈이 더 높다.
- $3d$ 오비탈의 에너지 준위가 $4s$ 오비탈의 에너지 준위보다 높다.
- 다전자 원자의 경우도 오비탈의 종류가 같으면 주 양자수가 클수록 에너지가 높다.

실력을 올리는 실전 문제 찾아가기

• 수소 원자의 에너지 준위 또는 다전자 원자의 에너지 준위를 이용하는 문제_15

실력을 올리는 실전 문제

01 그림은 원자 모형 (가)~(다)를 나타낸 것이다.

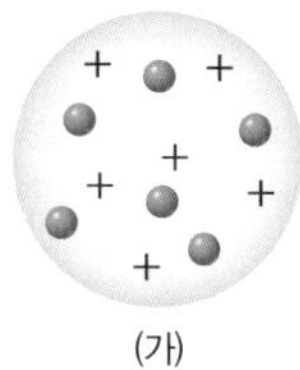
(가)

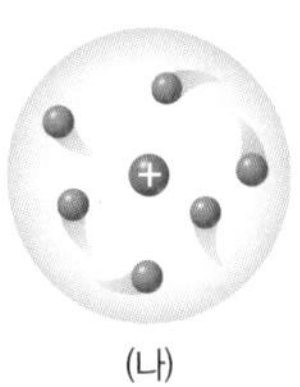
(나)

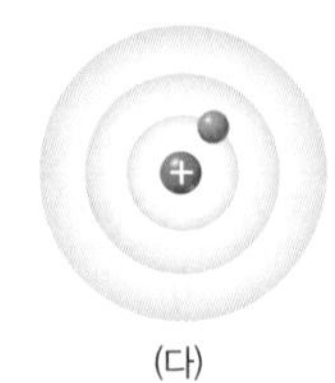
(다)

(가)~(다)에 대한 설명으로 옳은 것만을 〈보기〉에서 있는 대로 고른 것은?

보기
ㄱ. (가)는 알파(α) 입자 산란 실험 결과를 설명하기 위해 제안되었다.
ㄴ. (나)는 전자의 위치를 확률로 설명한다.
ㄷ. (다)의 모형으로 수소 원자의 선 스펙트럼을 설명할 수 있다.

① ㄱ ② ㄷ ③ ㄱ, ㄴ ④ ㄴ, ㄷ ⑤ ㄱ, ㄴ, ㄷ

02 그림은 원자 (가)와 (나)의 전자 배치를 모형으로 나타낸 것이다.

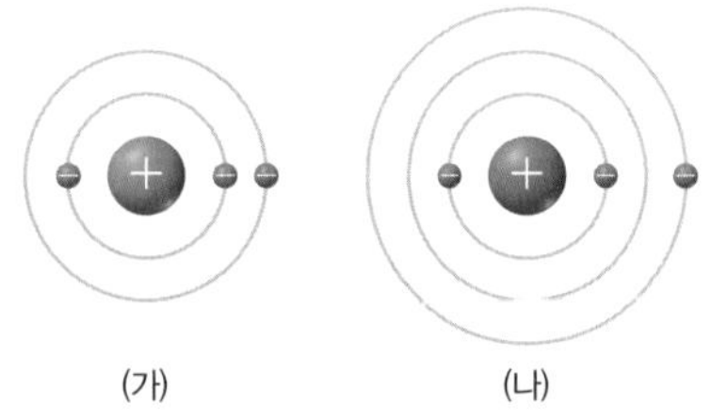
(가) (나)

이에 대한 설명으로 옳은 것만을 〈보기〉에서 있는 대로 고른 것은?

보기
ㄱ. (가)와 (나)는 같은 원소이다.
ㄴ. (가)에서 (나)로 될 때 에너지를 방출한다.
ㄷ. (나)에서 (가)로 될 때 연속적인 에너지의 빛이 방출된다.

① ㄱ ② ㄷ ③ ㄱ, ㄴ ④ ㄴ, ㄷ ⑤ ㄱ, ㄴ, ㄷ

03 그림은 수소 원자에서 일어나는 전자 전이 a~d와 수소 원자의 가시광선 영역의 스펙트럼을 나타낸 것이다.

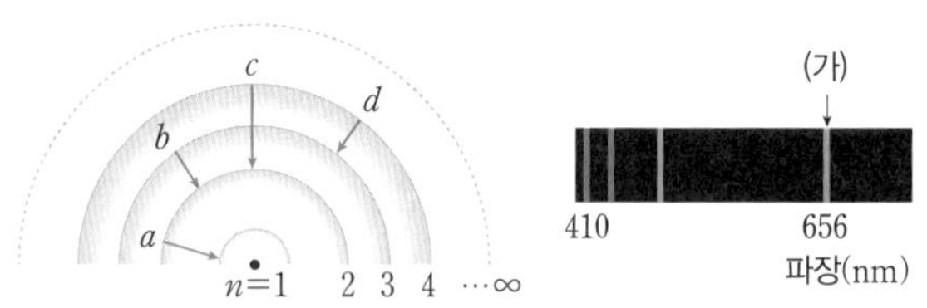

이에 대한 설명으로 옳은 것만을 〈보기〉에서 있는 대로 고른 것은?(단, 수소 원자의 에너지 준위는 $E_n=-\frac{1312}{n^2}$ kJ/mol이다.)

보기
ㄱ. (가)는 b에 해당한다.
ㄴ. c에서 방출하는 에너지는 a에서 방출하는 에너지보다 크다.
ㄷ. d에서 방출하는 에너지는 b와 c에서 방출하는 에너지의 차와 같다.

① ㄱ ② ㄴ ③ ㄱ, ㄷ ④ ㄴ, ㄷ ⑤ ㄱ, ㄴ, ㄷ

04 그림은 수소 원자에서 $n=a \rightarrow n=b$의 전자 전이 A~D를 좌표축 위의 점 (a, b)로 나타낸 것이다.

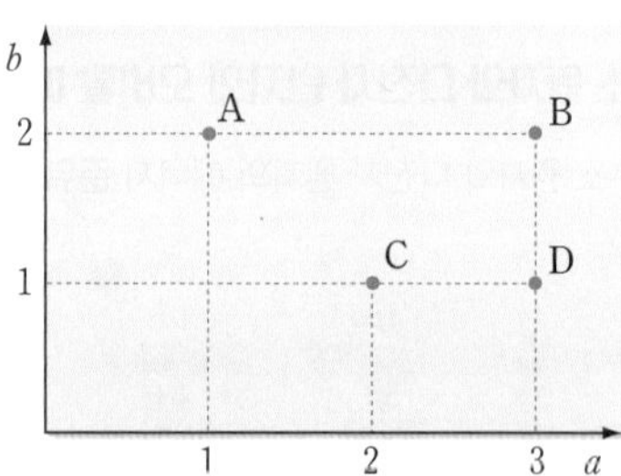

이에 대한 설명으로 옳은 것만을 〈보기〉에서 있는 대로 고른 것은?(단, 수소 원자의 주 양자수(n)에 따른 에너지 준위는 $E_n=-\frac{k}{n^2}$이다.)

보기
ㄱ. 에너지를 방출하는 전이는 A이다.
ㄴ. 가시광선 영역의 빛을 방출하는 전이는 C이다.
ㄷ. D에 해당하는 에너지는 B와 C에 해당하는 에너지의 합과 같다.

① ㄱ ② ㄷ ③ ㄱ, ㄴ ④ ㄴ, ㄷ ⑤ ㄱ, ㄴ, ㄷ

➲ 수능모의평가기출 변형

05 그림 (가)는 수소 원자에서 전자 전이 $a \sim e$를 전이 전 주 양자수($n_{전}$)와 전이 후 주 양자수($n_{후}$)로 나타낸 것이다. 그림 (나)는 수소 원자의 가시광선 영역의 선 스펙트럼이며, 486 nm의 선은 e에 해당한다.

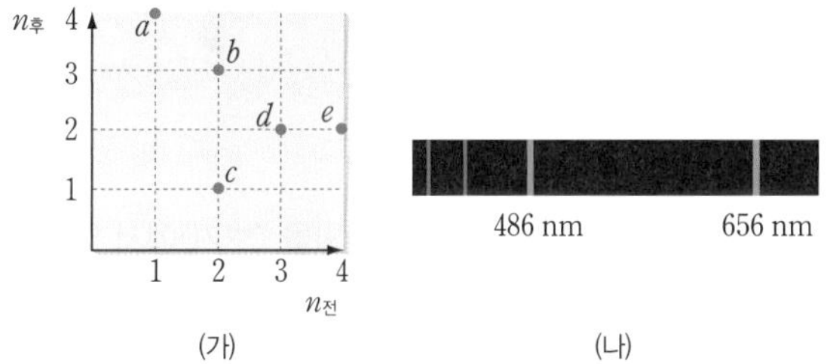

(가) (나)

이에 대한 설명으로 옳은 것만을 〈보기〉에서 있는 대로 고른 것은?(단, 수소 원자의 에너지 준위는 $E_n \propto -\frac{1}{n^2}$이다.)

보기

ㄱ. a에 해당하는 에너지는 수소의 이온화 에너지와 같다.
ㄴ. 방출하는 빛의 파장은 d에서가 c에서보다 길다.
ㄷ. 656 nm의 선은 b에 해당한다.

① ㄱ ② ㄴ ③ ㄱ, ㄷ
④ ㄴ, ㄷ ⑤ ㄱ, ㄴ, ㄷ

06 표는 수소 원자에서 전자 전이 $a \sim c$를 전이 전 주 양자수($n_{전}$)와 전이 후 주 양자수($n_{후}$)로 나타낸 것이다.

$n_{후}$ \ $n_{전}$	2	3
1	a	b
3	c	−

이에 대한 설명으로 옳은 것만을 〈보기〉에서 있는 대로 고른 것은?

보기

ㄱ. 에너지를 흡수하는 전이는 a와 c이다.
ㄴ. a의 전이 후 원자는 바닥상태가 된다.
ㄷ. a와 b의 에너지 차이는 c의 에너지와 크기가 같다.

① ㄱ ② ㄴ ③ ㄱ, ㄷ
④ ㄴ, ㄷ ⑤ ㄱ, ㄴ, ㄷ

07 그림은 s 오비탈과 p 오비탈을 모형으로 나타낸 것이다.

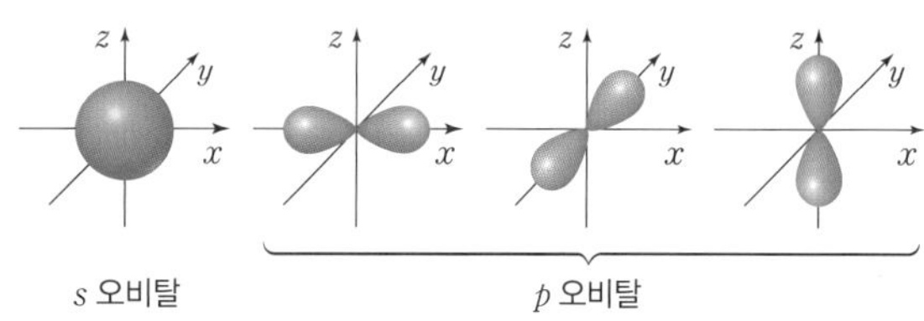

이에 대한 설명으로 옳은 것만을 〈보기〉에서 있는 대로 고른 것은?

보기

ㄱ. s 오비탈은 모든 전자 껍질에 존재한다.
ㄴ. $2s$ 오비탈과 $2p$ 오비탈의 방위 양자수는 같다.
ㄷ. 수소 원자에서 $3p$ 오비탈의 에너지 준위는 $3s$ 오비탈보다 높다.

① ㄱ ② ㄴ ③ ㄱ, ㄷ
④ ㄴ, ㄷ ⑤ ㄱ, ㄴ, ㄷ

08 그림은 수소 원자의 몇 가지 오비탈을 모형으로 나타낸 것이다.

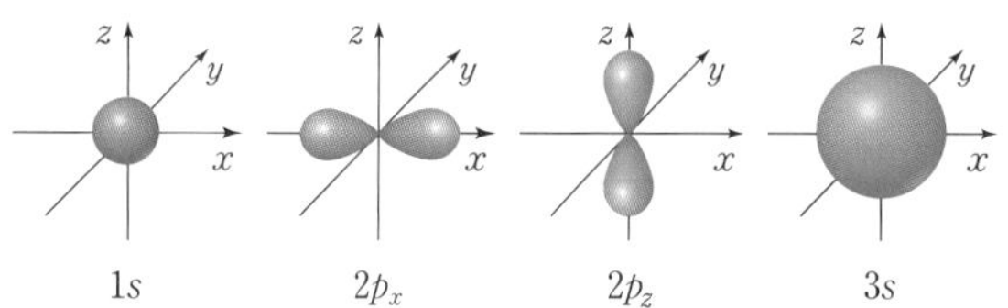

이에 대한 설명으로 옳은 것만을 〈보기〉에서 있는 대로 고른 것은?(단, 수소 원자의 주 양자수(n)에 따른 에너지 준위는 $E_n = -\frac{k}{n^2}$이다.)

보기

ㄱ. 전자가 $2p_x$ 오비탈에서 $3s$ 오비탈로 전이할 때 에너지를 흡수한다.
ㄴ. $3s$ 오비탈의 방위 양자수는 −3, 자기 양자수는 0이다.
ㄷ. 전자가 $1s$ 오비탈에서 $2p_x$ 오비탈로 전이할 때 흡수하는 에너지 크기는 $1s$ 오비탈에서 $2p_z$ 오비탈로 전이될 때보다 작다.

① ㄱ ② ㄴ ③ ㄱ, ㄷ
④ ㄴ, ㄷ ⑤ ㄱ, ㄴ, ㄷ

09 그림은 주 양자수(n)가 2일 때 수소 원자의 몇 가지 오비탈을 모형으로 나타낸 것이다.

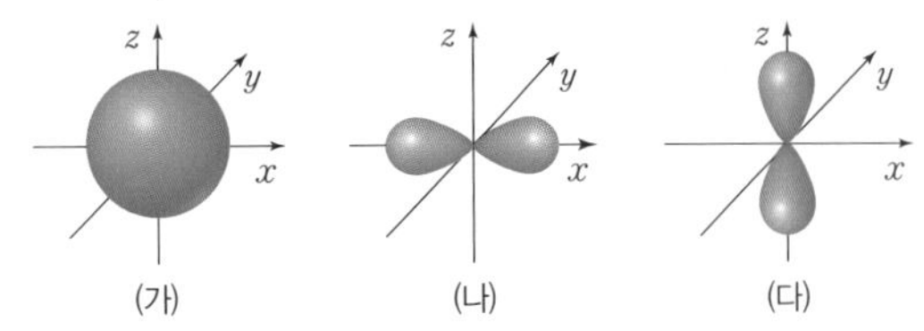

이에 대한 설명으로 옳은 것만을 〈보기〉에서 있는 대로 고른 것은?

보기
ㄱ. (가)는 원자핵으로부터 거리가 같으면 방향에 관계없이 전자가 발견될 확률이 같다.
ㄴ. (나)는 yz 평면 상에서 전자가 발견될 확률이 0이다.
ㄷ. (나)와 (다)의 방위 양자수는 같다.

① ㄱ ② ㄷ ③ ㄱ, ㄴ
④ ㄴ, ㄷ ⑤ ㄱ, ㄴ, ㄷ

➲ 수능모의평가기출 변형

10 그림 (가)는 수소 원자의 주 양자수(n)에 따른 에너지 준위와 전자 전이 A와 B를 나타낸 것이고, 그림 (나)는 2가지 오비탈을 모형으로 나타낸 것이다.

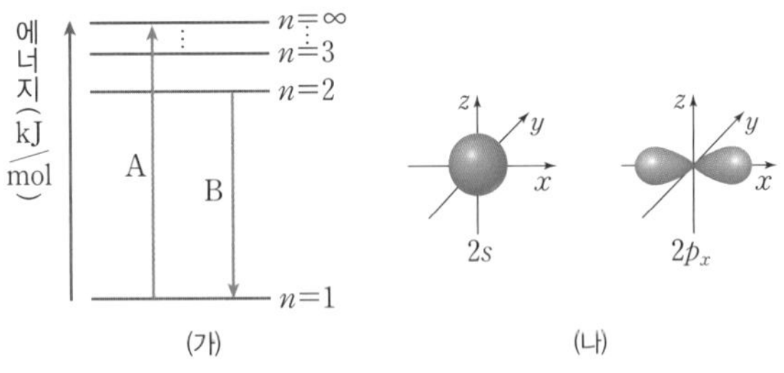

이에 대한 설명으로 옳은 것만을 〈보기〉에서 있는 대로 고른 것은?

보기
ㄱ. (가)의 A에서는 빛이 방출된다.
ㄴ. (가)의 B에서 전자는 들뜬상태에서 바닥상태로 이동한다.
ㄷ. (나)의 $2s$와 $2p_x$ 오비탈의 에너지 준위는 (가)에서 $n=2$의 에너지 준위와 같다.

① ㄱ ② ㄷ ③ ㄱ, ㄴ
④ ㄴ, ㄷ ⑤ ㄱ, ㄴ, ㄷ

11 그림은 수소 원자의 몇 가지 오비탈을 모형으로 나타낸 것이다.

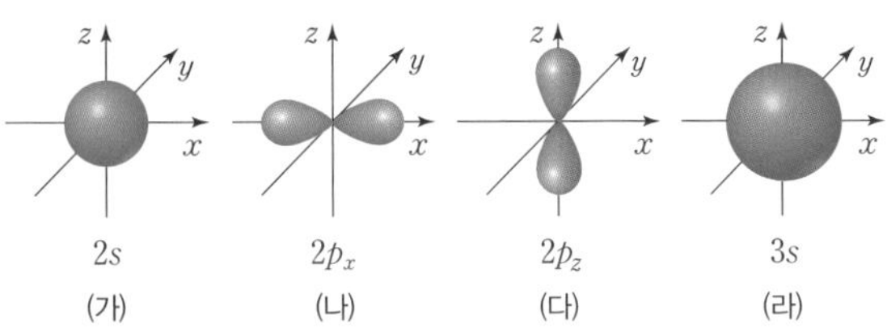

이에 대한 설명으로 옳은 것만을 〈보기〉에서 있는 대로 고른 것은?

보기
ㄱ. (가)와 (나)의 에너지 준위는 같다.
ㄴ. (가)와 (라)는 자기 양자수가 같다.
ㄷ. 에너지 준위가 가장 큰 것은 (라)이다.

① ㄱ ② ㄷ ③ ㄱ, ㄴ
④ ㄴ, ㄷ ⑤ ㄱ, ㄴ, ㄷ

12 그림 (가)는 수소 원자의 $1s$ 오비탈의 모형을, (나)는 원자핵으로부터의 거리에 따른 전자 발견 확률을 나타낸 것이다.

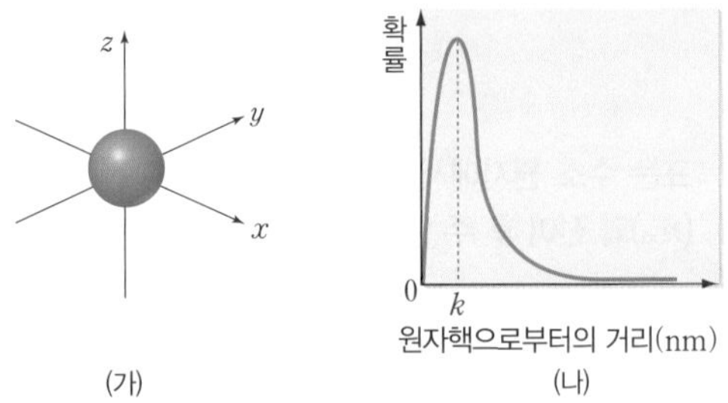

이에 대한 설명으로 옳은 것만을 〈보기〉에서 있는 대로 고른 것은?

보기
ㄱ. (가)에는 전자가 발견될 확률이 0인 마디가 존재한다.
ㄴ. (나)에서 전자는 원자핵으로부터 k nm 이내에만 존재한다.
ㄷ. 원자핵으로부터 거리가 같으면 방향에 관계없이 전자가 발견될 확률이 같다.

① ㄱ ② ㄷ ③ ㄱ, ㄴ
④ ㄴ, ㄷ ⑤ ㄱ, ㄴ, ㄷ

13 다음은 어떤 원자의 오비탈 (가)와 (나)에 대한 자료이다.

- (가)의 주 양자수는 3이다.
- 방위 양자수는 (나)>(가)이다.
- 에너지 준위는 (가)가 (나)보다 높다.

이에 대한 설명으로 옳은 것만을 〈보기〉에서 있는 대로 고른 것은?

보기
ㄱ. (가)는 $3s$ 오비탈이다.
ㄴ. (나)의 방위 양자수는 2이다.
ㄷ. 최대로 채워질 수 있는 전자 수는 (가)>(나)이다.

① ㄱ ② ㄴ ③ ㄱ, ㄴ
④ ㄱ, ㄷ ⑤ ㄴ, ㄷ

➲ 수능모의평가기출 변형

14 표는 주 양자수가 n인 각 전자 껍질에 존재하는 오비탈의 수와 최대 수용 전자 수를 나타낸 것이다.

주 양자수(n)	1	2	3
전자 껍질	K	L	M
오비탈 수(개)	1	4	9
최대 수용 전자 수(개)	2	8	18

이에 대한 설명으로 옳은 것만을 〈보기〉에서 있는 대로 고른 것은?

보기
ㄱ. 각 전자 껍질에 존재하는 오비탈의 종류는 같다.
ㄴ. L 전자 껍질의 $2p$ 오비탈의 방위 양자수는 -1이다.
ㄷ. M 전자 껍질에 포함된 $3d$ 오비탈의 자기 양자수는 -2, -1, 0, $+1$, $+2$가 가능하다.

① ㄱ ② ㄷ ③ ㄱ, ㄴ
④ ㄴ, ㄷ ⑤ ㄱ, ㄴ, ㄷ

➲ 수능모의평가기출 변형

15 그림 (가)는 수소 원자의 오비탈의 에너지 준위와 전자 전이 A, B를 나타낸 것이고, (나)는 수소 원자의 선 스펙트럼에서 가시광선 영역과 자외선 영역을 모두 나타낸 것이다.

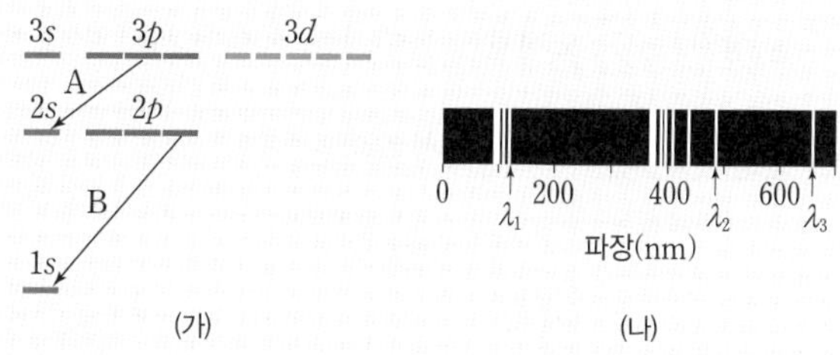

이에 대한 설명으로 옳은 것만을 〈보기〉에서 있는 대로 고른 것은?

보기
ㄱ. A에서 방출되는 빛의 파장은 λ_2이다.
ㄴ. B에서 방출되는 빛의 파장은 λ_1이다.
ㄷ. λ_1과 λ_3에 해당하는 에너지의 합은 수소 원자의 이온화 에너지와 같다.

① ㄴ ② ㄷ ③ ㄱ, ㄴ
④ ㄱ, ㄷ ⑤ ㄱ, ㄴ, ㄷ

16 표는 바닥상태의 알루미늄(Al) 원자에서 전자가 들어 있는 오비탈 중 3가지 오비탈 (가)~(다)에 대한 자료이다. n, l, m_l…은 각각 주 양자수, 방위 양자수, 자기 양자수이다.

오비탈	$n+l$	m_l
(가)	2	0
(나)	3	-1
(다)	4	0

바닥상태의 알루미늄(Al) 원자에서 (가)~(다)에 대한 설명으로 옳은 것만을 〈보기〉에서 있는 대로 고른 것은?

보기
ㄱ. (가)보다 에너지 준위가 낮은 오비탈은 1가지이다.
ㄴ. (나)의 주 양자수는 3이다.
ㄷ. (다)는 원자핵으로부터의 방향과 거리에 따라 전자 발견 확률이 다르다.

① ㄱ ② ㄴ ③ ㄱ, ㄷ
④ ㄴ, ㄷ ⑤ ㄱ, ㄴ, ㄷ

Ⅱ. 원자의 세계

07 전자 배치 규칙

한눈에 정리하는 출제 경향

- 전자 배치 규칙 이해하기
- 바닥상태 전자 배치와 들뜬상태 전자 배치 알기

1 전자 배치 규칙

자료 분석 특강 85쪽 A

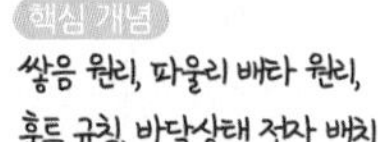

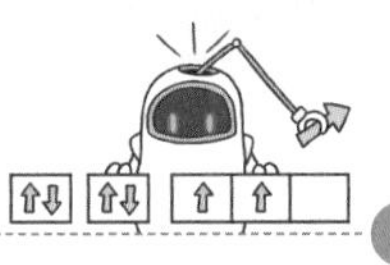

1 오비탈에서의 전자 배치 표시 오비탈 기호의 오른쪽 위에 전자 수를 표시하거나, 오비탈을 상자로, 그 오비탈에 들어가는 전자를 서로 반대 방향을 가리키는 화살표로 나타낸다.

기호를 이용한 표시 방법	오비탈을 이용한 표시 방법
$3p_x^2$ — 주 양자수(3), 오비탈 종류(p), 오비탈의 공간 방향(x), 오비탈에 채워진 전자 수(2)	오비탈은 네모 상자, 전자는 화살표로 나타낸다. $_4$Be: 1s [↑↓] 2s [↑↓] 2p [ ][ ][ ] $_6$C: 1s [↑↓] 2s [↑↓] 2p [↑][↑][ ]

2 전자 배치 규칙

① **쌓음 원리:** 바닥상태 원자에서 전자는 에너지 준위가 가장 낮은 오비탈부터 차례대로 채워진다.

- 다전자 원자에서 전자가 채워지는 순서

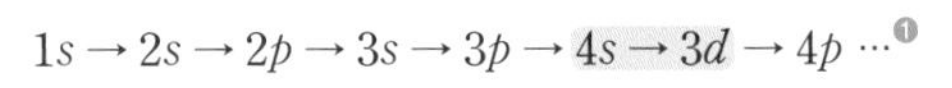

$1s \rightarrow 2s \rightarrow 2p \rightarrow 3s \rightarrow 3p \rightarrow 4s \rightarrow 3d \rightarrow 4p$ …❶

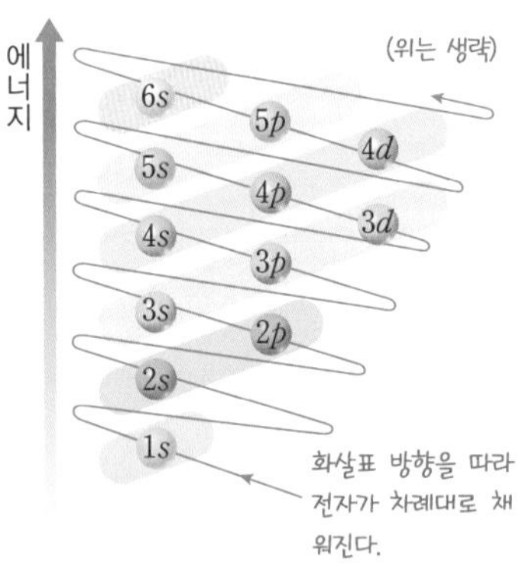

② **파울리 배타 원리:** 전자는 한 오비탈에 최대 2개까지 들어갈 수 있으며, 한 오비탈에 들어간 두 전자의 스핀 방향은 서로 반대이다.❷

예 $_4$Be의 전자 배치($1s^22s^2$)

1s [↑↓] 2s [↑↓] (○) 1s [↑↓] 2s [↑↑] (×) 1s [↑↓↑] 2s [↑] (×)

오비탈의 최대 수용 전자 수

- 각 오비탈에 스핀 방향이 반대인 전자가 최대 2개까지 들어갈 수 있다.
- s 오비탈에 2개, p 오비탈에 6개, d 오비탈에 10개, f 오비탈에 14개의 전자가 들어갈 수 있다.

전자 껍질	K	L		M			N			
오비탈의 종류	1s	2s	2p	3s	3p	3d	4s	4p	4d	4f
오비탈 수(n^2)	1	1	3	1	3	5	1	3	5	7
	1	4		9			16			
최대 수용 전자 수($2n^2$)	2	8		18			32			

③ **훈트 규칙:** 바닥상태 전자 배치에서 에너지 준위가 같은 오비탈에 전자가 채워질 때, 전자들은 쌍을 이루지 않고 가능한 한 홀전자가 많게 채워진다.

오비탈에서 쌍을 이루지 않은 전자

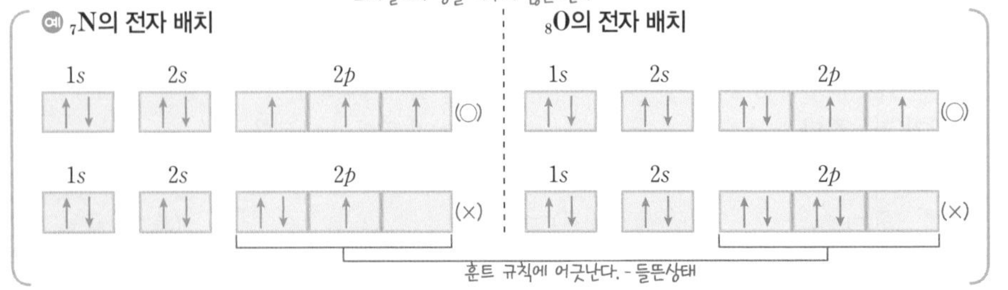

❶ **다전자 원자의 에너지 준위**

다전자 원자에서 $4s$ 오비탈은 $3d$ 오비탈보다 에너지 준위가 낮으므로 $3d$ 오비탈보다 전자가 먼저 채워진다.

주 양자수가 같은 p_x, p_y, p_z 오비탈의 에너지 준위는 같으므로 탄소 원자의 전자 배치 중 다음은 모두 바닥상태 전자 배치이다.

1s [↑↓] 2s [↑↓] 2p [↑][↑][ ]

1s [↑↓] 2s [↑↓] 2p [↑][ ][↑]

1s [↑↓] 2s [↑↓] 2p [ ][↑][↑]

❷ **스핀 방향과 에너지 준위**

오비탈에 채워진 전자를 표시할 때 사용하는 화살표 ↓, ↑는 전자의 스핀 방향이 다르다는 것을 나타내며, 에너지 준위를 나타내지는 않는다.

2 원자와 이온의 전자 배치 자료 분석 특강 85쪽 B

1 바닥상태 전자 배치와 들뜬상태 전자 배치

① 바닥상태 전자 배치: 에너지가 가장 낮은 안정한 상태의 전자 배치로서 쌓음 원리, 파울리 배타 원리, 훈트 규칙을 모두 만족하는 전자 배치이다.

② 들뜬상태 전자 배치: 바닥상태의 원자가 에너지를 흡수하여 에너지 준위가 높은 오비탈로 전자가 전이된 불안정한 상태의 전자 배치이다.

- 파울리 배타 원리에 위배되는 전자 배치는 존재할 수 없다.❸
- 쌓음 원리나 훈트 규칙에 위배되는 전자 배치는 들뜬상태 전자 배치이다.

예 $_8O$의 전자 배치

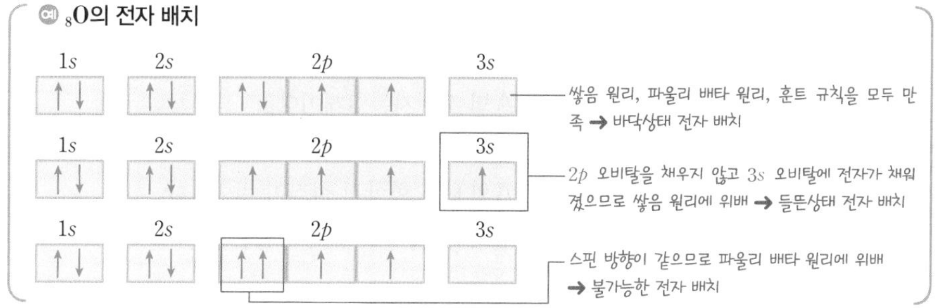

1s 2s 2p 3s
쌓음 원리, 파울리 배타 원리, 훈트 규칙을 모두 만족 → 바닥상태 전자 배치
2p 오비탈을 채우지 않고 3s 오비탈에 전자가 채워졌으므로 쌓음 원리에 위배 → 들뜬상태 전자 배치
스핀 방향이 같으므로 파울리 배타 원리에 위배 → 불가능한 전자 배치

2 이온의 전자 배치

구분	양이온의 전자 배치	음이온의 전자 배치
특징	원자가 가장 바깥 전자 껍질에 있는 전자를 잃고 양이온이 된다.	원자가 전자를 얻어 가장 바깥 전자 껍질에 전자 8개를 채운다.
전자 배치 예	$_{11}Na: 1s^2 2s^2 2p^6 3s^1 \rightarrow {}_{11}Na^+: 1s^2 2s^2 2p^6$	$_9F: 1s^2 2s^2 2p^5 \rightarrow {}_9F^-: 1s^2 2s^2 2p^6$

3 몇 가지 원소의 전자 배치

2주기 원소의 가장 바깥 전자 껍질에 들어 있는 전자

전자 1개가 $2p_x$, $2p_y$, $2p_z$ 중 어느 한 오비탈에 존재함.

원소	K	L		M		전자 배치	원자가 전자 수❹
	1s	2s	2p	3s	3p		
$_1H$	↑					$1s^1$	1
$_2He$	↑↓					$1s^2$	0
$_3Li$	↑↓	↑	□□□			$1s^2\ 2s^1$	1
$_4Be$	↑↓	↑↓	□□□			$1s^2\ 2s^2$	2
$_5B$	↑↓	↑↓	↑□□			$1s^2\ 2s^2\ 2p^1$	3
$_6C$	↑↓	↑↓	↑ ↑ □			$1s^2\ 2s^2\ 2p^2$	4
$_7N$	↑↓	↑↓	↑ ↑ ↑			$1s^2\ 2s^2\ 2p^3$	5
$_8O$	↑↓	↑↓	↑↓ ↑ ↑			$1s^2\ 2s^2\ 2p^4$	6
$_9F$	↑↓	↑↓	↑↓ ↑↓ ↑			$1s^2\ 2s^2\ 2p^5$	7
$_{10}Ne$	↑↓	↑↓	↑↓ ↑↓ ↑↓			$1s^2\ 2s^2\ 2p^6$	0
$_{11}Na$	↑↓	↑↓	↑↓ ↑↓ ↑↓	↑	□□□	$1s^2\ 2s^2\ 2p^6\ 3s^1$	1
$_{12}Mg$	↑↓	↑↓	↑↓ ↑↓ ↑↓	↑↓	□□□	$1s^2\ 2s^2\ 2p^6\ 3s^2$	2

확인 문제 1 2

1 바닥상태 원자에서 전자는 에너지 준위가 (   )은 오비탈부터 채워진다.

2 전자는 한 오비탈에 최대 (   )개까지 들어갈 수 있다.

3 파울리 배타 원리에 어긋나는 전자 배치는 들뜬상태 전자 배치이다. (○, ×)

4 $_7N$의 바닥상태에서 전자가 들어 있는 오비탈 수는 (   )개, 홀전자 수는 (   )개이다.

plus 개념

❸ 파울리 배타 원리

한 원자에서 4가지 양자수(n, l, m_l, m_s)가 모두 같은 전자는 없다는 것을 의미한다.

예 헬륨(He)의 경우: 전자가 2개이므로 각 전자에 대한 양자수 (n, l, m_l, m_s)는 $(1, 0, 0, +\frac{1}{2})$과 $(1, 0, 0, -\frac{1}{2})$이다.

❹ 가장 바깥 전자 껍질에 들어 있는 전자와 원자가 전자

- 원자가 전자는 원자의 바닥상태 전자 배치에서 가장 바깥 전자 껍질에 들어 있는 전자이면서 화학 결합에 관여하는 전자이다. 원자가 전자는 원소의 화학적 성질을 결정하므로 원자가 전자 수가 같으면 화학적 성질이 비슷하다.
- He, Ne 등의 비활성 기체는 화학 결합을 거의 형성하지 않으므로 가장 바깥 전자 껍질에 8개(He은 2개)의 전자가 채워져 있지만 원자가 전자는 0이다.

용어 돋보기 

- **비활성**(아닐 非, 살 活, 성질 性): 다른 화합물과 쉽게 반응하지 않는 성질이다.

개념을 다지는 기본 문제

1 전자 배치 규칙 ~ 2 원자와 이온의 전자 배치

01 다음 설명에 해당하는 전자 배치 규칙을 옳게 골라 쓰시오.

• 쌓음 원리 • 훈트 규칙 • 파울리 배타 원리

(1) 1개의 오비탈에는 전자가 최대 2개까지 들어갈 수 있다.

(2) 전자는 에너지 준위가 낮은 오비탈부터 차례대로 채워진다.

(3) 에너지 준위가 같은 오비탈에 전자가 채워질 때 홀전자 수가 가장 많은 배치를 한다.

02 원자의 전자 배치에 대한 설명으로 옳은 것은?

① 수소 원자에서는 주 양자수(n)에 상관없이 오비탈의 에너지 준위가 같다.
② 1개의 오비탈에는 전자가 최대 8개까지 들어갈 수 있다.
③ $2p$ 오비탈의 에너지 준위는 항상 $2s$ 오비탈의 에너지 준위보다 높다.
④ 1개의 오비탈에 들어가는 전자의 스핀 방향은 서로 반대 방향이다.
⑤ 훈트 규칙에 위배되는 전자 배치는 존재할 수 없다.

03 질소($_7N$) 원자가 가질 수 없는 전자 배치는?

① $1s^1\ 2s^2\ 2p_x^2\ 2p_y^2$
② $1s^2\ 2s^2\ 2p_x^2\ 2p_y^1$
③ $1s^2\ 2s^2\ 2p_x^1\ 2p_y^1\ 2p_z^1$
④ $1s^2\ 2s^2\ 2p_x^1\ 2p_y^1\ 3s^1$
⑤ $1s^2\ 2s^1\ 2p_x^1\ 2p_z^3$

(중요)
04 다음은 몇 가지 원자의 전자 배치를 나타낸 것이다.

• A: $1s^2\ 2s^1$
• B: $1s^2\ 2s^2\ 2p^4$
• C: $1s^2\ 2s^2\ 2p^6\ 3s^1$
• D: $1s^2\ 2s^2\ 2p^6\ 3s^2\ 3p^5$

이에 대한 설명으로 옳은 것은?(단, A~D는 임의의 원소 기호이다.)

① C는 들뜬상태이다.
② A의 홀전자는 3개이다.
③ B와 D는 전자 껍질 수가 같다.
④ A와 C는 화학적 성질이 비슷하다.
⑤ 원자가 전자 수가 가장 많은 것은 B이다.

05 탄소($_6C$)의 바닥상태 전자 배치와 에너지 준위를 옳게 나타낸 것은?

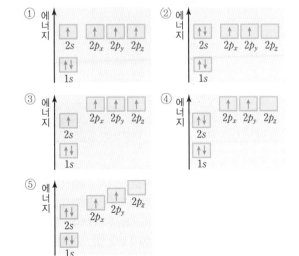

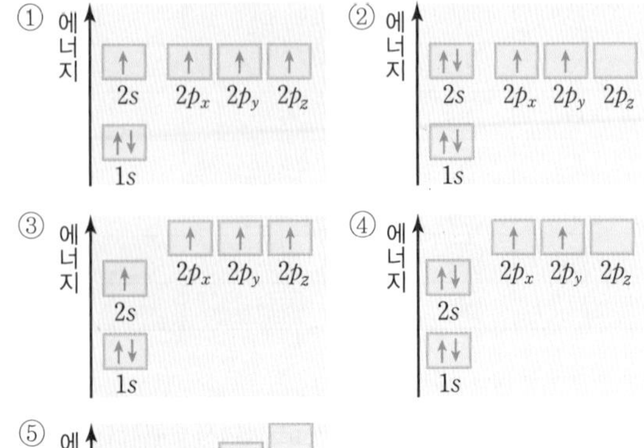

바른답·알찬풀이 31쪽

06 다전자 원자의 바닥상태 전자 배치는 다음의 3가지 규칙이 적용된다.

- 쌓음 원리
- 훈트 규칙
- 파울리 배타 원리

위의 3가지 규칙을 모두 만족하는 전자 배치는?

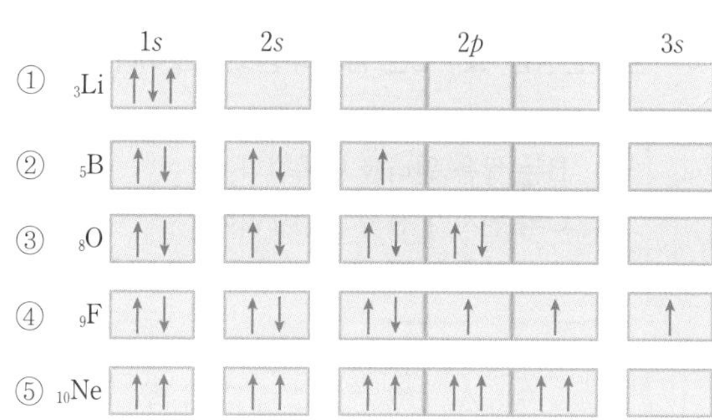

07 (중요) 그림은 질소($_7N$) 원자의 전자 배치 (가)~(다)를 임의로 나타낸 것이다.

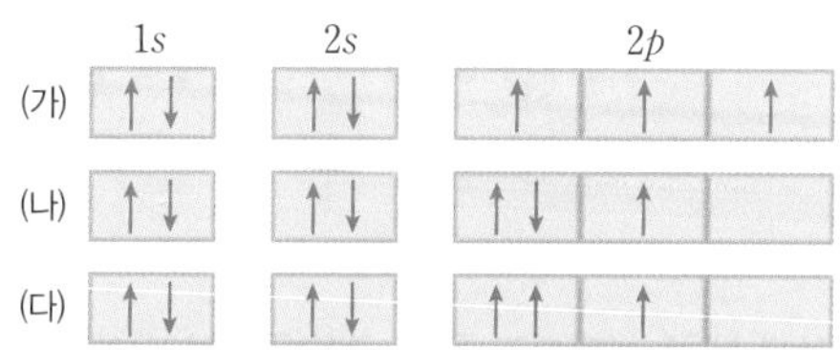

이에 대한 설명으로 옳은 것만을 〈보기〉에서 있는 대로 고른 것은?

보기

ㄱ. (가)는 바닥상태 전자 배치이다.
ㄴ. (나)는 훈트 규칙을 만족한다.
ㄷ. (다)는 들뜬상태 전자 배치이다.

① ㄱ ② ㄴ ③ ㄱ, ㄷ
④ ㄴ, ㄷ ⑤ ㄱ, ㄴ, ㄷ

08 그림은 원자 번호 4인 베릴륨(Be)의 몇 가지 전자 배치를 나타낸 것이다.

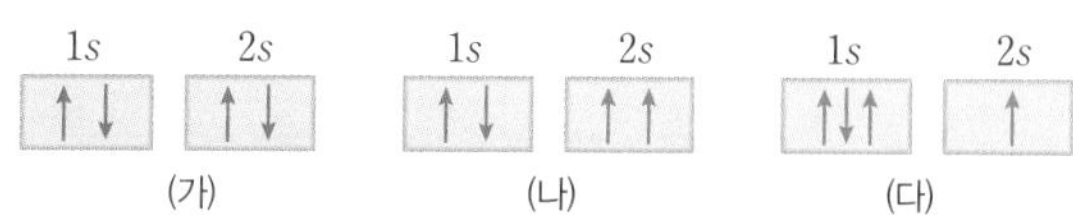

(가)~(다)에 대한 설명으로 옳은 것만을 〈보기〉에서 있는 대로 고른 것은?

보기

ㄱ. (가)는 파울리 배타 원리를 만족한다.
ㄴ. (나)는 들뜬상태이다.
ㄷ. (다)는 가능하지 않은 전자 배치이다.

① ㄱ ② ㄴ ③ ㄱ, ㄷ
④ ㄴ, ㄷ ⑤ ㄱ, ㄴ, ㄷ

09 그림은 원자 X~Z의 전자 배치를 에너지 준위에 따라 나타낸 것이다.

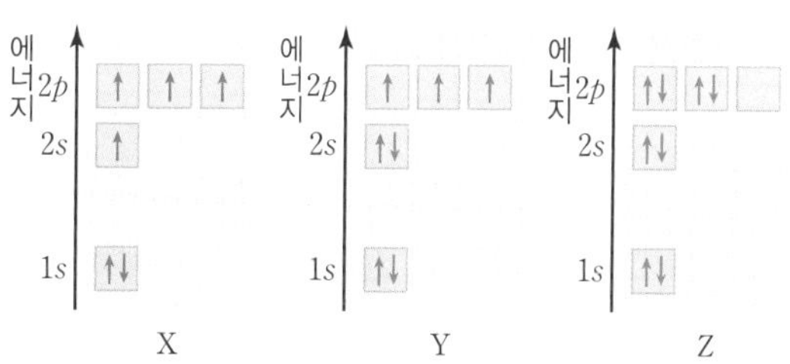

이에 대한 설명으로 옳은 것만을 〈보기〉에서 있는 대로 고른 것은?(단, X~Z는 임의의 원소 기호이다.)

보기

ㄱ. X는 쌓음 원리를 만족한다.
ㄴ. Y의 원자가 전자 수는 3이다.
ㄷ. X와 Z는 모두 들뜬상태이다.

① ㄱ ② ㄷ ③ ㄱ, ㄴ
④ ㄴ, ㄷ ⑤ ㄱ, ㄴ, ㄷ

10 그림은 원자 A～E의 전자 배치를 나타낸 것이다.

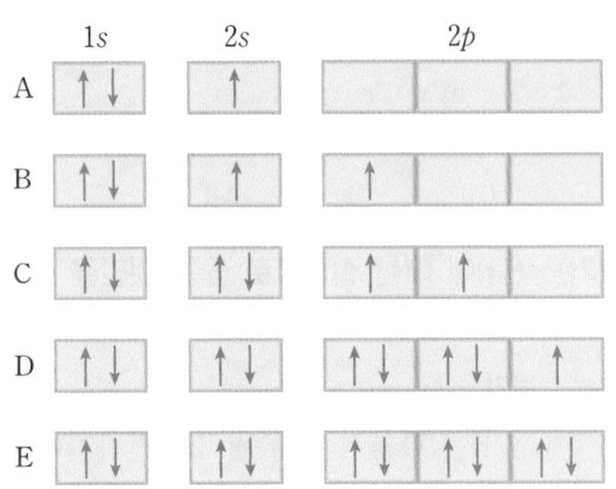

이에 대한 설명으로 옳은 것만을 〈보기〉에서 있는 대로 고른 것은?(단, A～E는 임의의 원소 기호이다.)

보기
ㄱ. B와 C는 들뜬상태이다.
ㄴ. A와 D는 홀전자 수가 같다.
ㄷ. E의 원자가 전자 수는 8이다.

① ㄱ ② ㄴ ③ ㄱ, ㄷ
④ ㄴ, ㄷ ⑤ ㄱ, ㄴ, ㄷ

서술형

11 그림은 플루오린($_9F$)의 전자 배치를 나타낸 것이다.

가능한 전자 배치인지의 여부를 그 까닭과 함께 설명하시오.

서술형

12 다음은 원자 X와 Y의 안정한 이온의 전자 배치를 나타낸 것이다.

• X^{2+}: $1s^2\ 2s^2\ 2p^6$ • Y^-: $1s^2\ 2s^2\ 2p^6$

원자 X와 Y의 바닥상태 전자 배치를 기호를 이용하여 각각 쓰고, 홀전자 수를 구하시오(단, X, Y는 임의의 원소 기호이다.).

13 그림은 원자 A, B와 이온 C^-의 전자 배치를 나타낸 것이다.

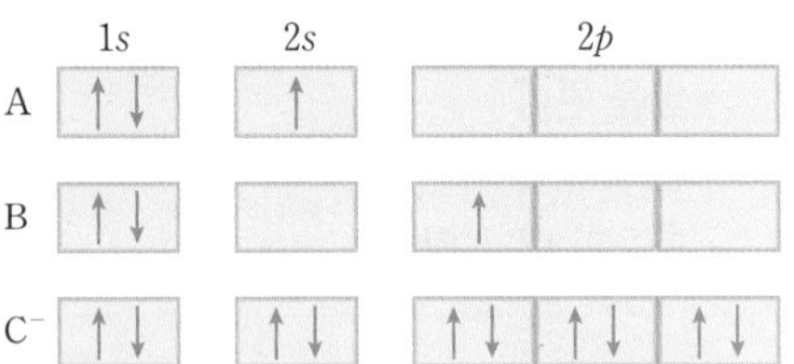

이에 대한 설명으로 옳은 것만을 〈보기〉에서 있는 대로 고른 것은?(단, A～C는 임의의 원소 기호이다.)

보기
ㄱ. B는 쌓음 원리를 만족한다.
ㄴ. C의 원자가 전자 수는 7이다.
ㄷ. A에서 B로 될 때 에너지를 방출한다.

① ㄱ ② ㄴ ③ ㄱ, ㄷ
④ ㄴ, ㄷ ⑤ ㄱ, ㄴ, ㄷ

14 그림 (가)는 나트륨(Na), 그림 (나)는 나트륨 이온(Na^+)의 바닥상태 전자 배치를 보어 원자 모형으로 나타낸 것이다.

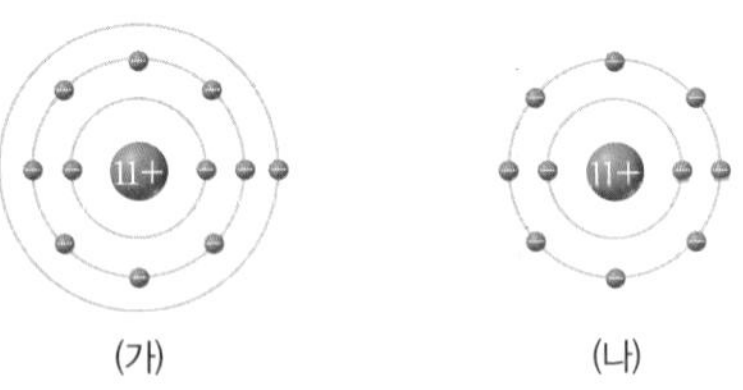

이에 대한 설명으로 옳은 것만을 〈보기〉에서 있는 대로 고른 것은?

보기
ㄱ. (가)의 총 오비탈 수는 3이다.
ㄴ. (나)의 전자 배치는 $1s^2\ 2s^2\ 2p^6$이다.
ㄷ. (가)에서 (나)가 될 때 $3s$ 오비탈의 전자 1개를 잃는다.

① ㄱ ② ㄴ ③ ㄱ, ㄷ
④ ㄴ, ㄷ ⑤ ㄱ, ㄴ, ㄷ

A 전자 배치에 따른 홀전자 수 파악하기

표는 원자 A~C의 바닥상태 전자 배치에서 전자가 들어 있는 오비탈 수와 홀전자 수를 나타낸 것이다(단, A~C는 임의의 원소 기호이다.).

원자	A	B	C
전자가 들어 있는 오비탈 수	5	5 ❶	6
홀전자 수	2	1	0 ❷

① A: 전자가 들어 있는 오비탈 수는 5이므로 $1s$, $2s$, $2p_x$, $2p_y$, $2p_z$ 오비탈에 전자가 채워져야 하고 홀전자 수는 2이므로 전자 배치는 그림과 같다. → $1s^2 2s^2 2p^4$

1s	2s	2p		
↑↓	↑↓	↑↓	↑	↑

② B: 전자가 들어 있는 오비탈 수는 5이므로 $1s$, $2s$, $2p_x$, $2p_y$, $2p_z$ 오비탈에 전자가 채워져야 하고 홀전자 수는 1이므로 전자 배치는 그림과 같다. → $1s^2 2s^2 2p^5$

1s	2s	2p		
↑↓	↑↓	↑↓	↑↓	↑

③ C: 전자가 들어 있는 오비탈 수는 6이므로 $1s$, $2s$, $2p_x$, $2p_y$, $2p_z$, $3s$ 오비탈에 전자가 채워져야 하고 홀전자 수는 0이므로 전자 배치는 그림과 같다. → $1s^2 2s^2 2p^6 3s^2$

1s	2s	2p			3s
↑↓	↑↓	↑↓	↑↓	↑↓	↑↓

❶ A와 B는 바닥상태에서 전자가 들어 있는 오비탈 수가 같으므로 전자 껍질 수가 같다.

❷ 전자가 오비탈을 모두 채우면 홀전자 수는 0이 된다.

실력을 올리는 실전 문제 찾아가기

• 전자 배치에 따른 홀전자 수 관계를 파악하는 문제_10, 11, 13, 16

B 오비탈의 전자 수 그래프 해석

표는 원자 X~Z의 가장 바깥 전자 껍질의 종류와 전자 수를 나타낸 것이고, 그림은 원자 X~Z의 s 오비탈과 p 오비탈에 들어 있는 전자 수를 나타낸 것이다(단, X~Z는 임의의 원소 기호이다.).

원자	가장 바깥 전자 껍질 ❷	
	종류	전자 수
X	L	5
Y	L	5
Z	M ❶	1

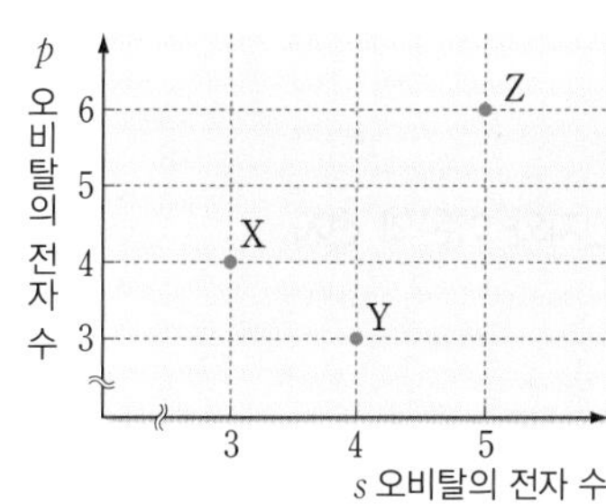

① X의 전자 배치

• s 오비탈에 3개, p 오비탈에 4개의 전자가 들어 있고, 가장 바깥 전자 껍질인 L 전자 껍질에 들어 있는 전자 수가 5이므로 $1s^2 2s^1 2p^4$의 전자 배치를 가진다.

• $2s$ 오비탈에 전자를 다 채우지 못하고 $2p$ 오비탈에 전자가 채워졌으므로 들뜬상태이다. ❸

② Y의 전자 배치

• s 오비탈에 4개, p 오비탈에 3개의 전자가 들어 있고, 가장 바깥 전자 껍질인 L 전자 껍질에 들어 있는 전자 수가 5이므로 $1s^2 2s^2 2p^3$의 전자 배치를 가진다.

• 쌓음 원리, 파울리 배타 원리, 훈트 규칙을 만족하므로 바닥상태이다.

③ Z의 전자 배치

• s 오비탈에 5개, p 오비탈에 6개의 전자가 들어 있고, 가장 바깥 전자 껍질인 M 전자 껍질에 들어 있는 전자 수가 1이므로 $1s^2 2s^2 2p^6 3s^1$의 전자 배치를 가진다.

• 쌓음 원리, 파울리 배타 원리, 훈트 규칙을 만족하므로 바닥상태이다.

❶ 원자 Z는 M 전자 껍질에 1개의 전자가 존재하고, s 오비탈에 5개의 전자가 존재하므로 $3s$ 오비탈에 1개의 전자가 존재한다는 것을 알 수 있다.

❷ 전자 껍질은 주 양자수(n)로 결정되며 원자핵에 가까운 것부터 K(n=1), L(n=2), M(n=3), … 으로 표시한다.

❸ 쌓음 원리에 따르면 바닥상태의 원자는 $2s$ 오비탈에 전자가 다 채워진 후 $2p$ 오비탈에 전자가 채워져야 한다.

실력을 올리는 실전 문제 찾아가기

• 바닥상태와 들뜬상태의 전자 배치를 구분하거나 찾는 문제_01, 02, 03, 04, 11, 14, 16

실력을 올리는 실전 문제

01 그림은 원자 A~C의 전자 배치를 나타낸 것이다.

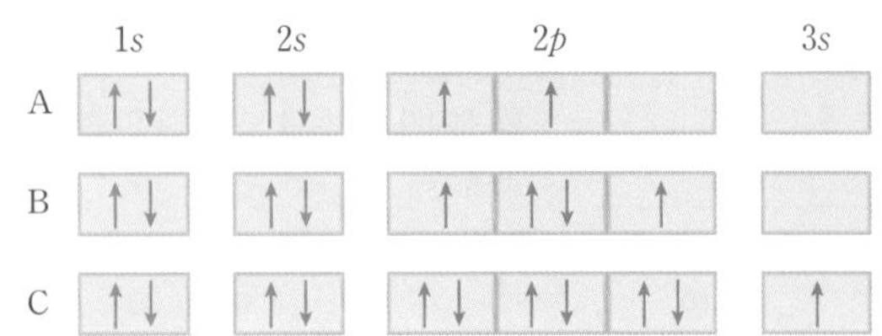

이에 대한 설명으로 옳은 것만을 〈보기〉에서 있는 대로 고른 것은?(단, A~C는 임의의 원소 기호이다.)

보기
ㄱ. A의 원자가 전자 수는 2이다.
ㄴ. B는 들뜬상태이다.
ㄷ. C는 전자가 들어 있는 오비탈 수가 6이다.

① ㄱ ② ㄷ ③ ㄱ, ㄴ
④ ㄴ, ㄷ ⑤ ㄱ, ㄴ, ㄷ

02 그림은 원자 번호가 9인 플루오린(F) 원자와 이온의 전자 배치를 나타낸 것이다.

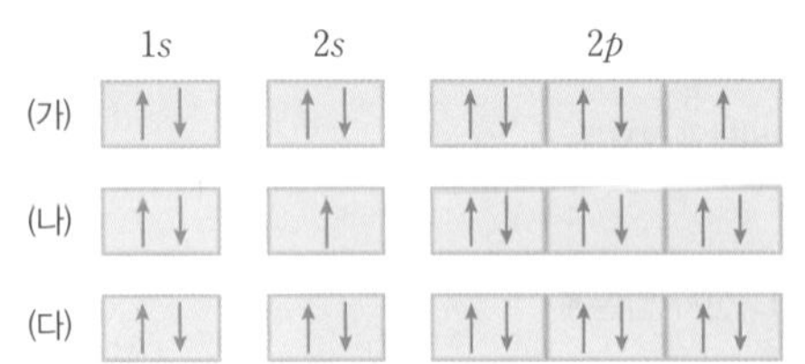

이에 대한 설명으로 옳은 것만을 〈보기〉에서 있는 대로 고른 것은?

보기
ㄱ. (가)에서 (나)로 될 때 에너지를 흡수한다.
ㄴ. (나)는 쌓음 원리에 위배된다.
ㄷ. (다)는 (－)전하를 띤 이온이다.

① ㄱ ② ㄷ ③ ㄱ, ㄴ
④ ㄴ, ㄷ ⑤ ㄱ, ㄴ, ㄷ

03 그림은 $_{14}Si$ 원자의 가장 바깥 전자 껍질의 몇 가지 전자 배치를 나타낸 것이다.

	$3s$	$3p_x$	$3p_y$	$3p_z$
(가)	↑↓	↑↓		
(나)	↑↓	↑	↑	
(다)	↑↓		↑↓	
(라)	↑	↑	↑	↑

이에 대한 설명으로 옳은 것만을 〈보기〉에서 있는 대로 고른 것은?(단, 첫 번째, 두 번째 전자 껍질에는 전자가 모두 차있다.)

보기
ㄱ. 바닥상태의 전자 배치는 (나)이다.
ㄴ. (가)에서 (나)로 될 때 에너지를 흡수한다.
ㄷ. (다)는 훈트 규칙, (라)는 쌓음 원리에 위배된다.

① ㄱ ② ㄴ ③ ㄱ, ㄷ
④ ㄴ, ㄷ ⑤ ㄱ, ㄴ, ㄷ

➲ 수능기출 변형

04 그림은 붕소(B), 탄소(C), 질소(N), 산소(O) 원자 각각의 전자 배치 (가)~(라)를 나타낸 것이다.

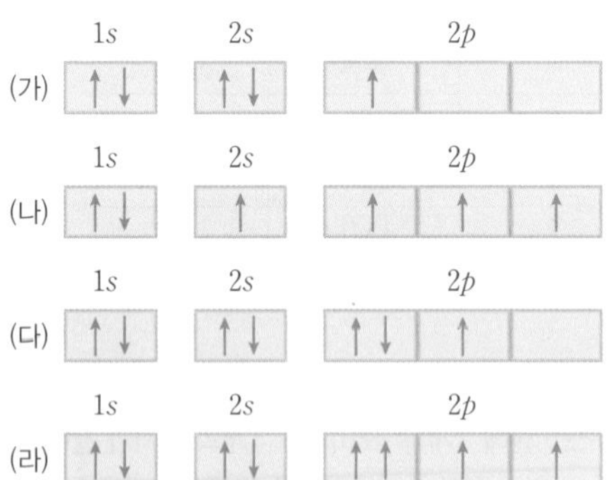

이에 대한 설명으로 옳은 것만을 〈보기〉에서 있는 대로 고른 것은?

보기
ㄱ. (가)는 쌓음 원리를 만족한다.
ㄴ. (나)와 (다)는 모두 들뜬상태의 전자 배치이다.
ㄷ. (라)는 훈트 규칙에 위배된다.

① ㄱ ② ㄷ ③ ㄱ, ㄴ
④ ㄴ, ㄷ ⑤ ㄱ, ㄴ, ㄷ

➲ 수능모의평가기출 변형

05 표는 바닥상태의 원자 A～C의 오비탈 (가)～(다)에 들어 있는 전자 수를 나타낸 것이다. (가)～(다)는 각각 $2p$, $3s$, $3p$ 중 하나이다.

구분	(가)	(나)	(다)
A	2	6	5
B	0	3	0
C	2	6	3

이에 대한 설명으로 옳은 것만을 〈보기〉에서 있는 대로 고른 것은?(단, A～C는 임의의 원소 기호이다.)

보기
ㄱ. A와 C는 같은 주기 원소이다.
ㄴ. B와 C의 원자가 전자 수는 같다.
ㄷ. 홀전자 수가 가장 작은 원소는 A이다.

① ㄱ ② ㄴ ③ ㄱ, ㄷ
④ ㄴ, ㄷ ⑤ ㄱ, ㄴ, ㄷ

06 표는 바닥상태에 있는 3가지 원소에 대한 자료이다.

원자 번호	$2p$ 오비탈에 있는 전자 수	홀전자 수
3	a	1
b	2	c
8	4	d

이에 대한 설명으로 옳은 것만을 〈보기〉에서 있는 대로 고른 것은?

보기
ㄱ. $a=0$이다.
ㄴ. b에 해당하는 원소는 탄소(C)이다.
ㄷ. c와 d는 같다.

① ㄱ ② ㄷ ③ ㄱ, ㄴ
④ ㄴ, ㄷ ⑤ ㄱ, ㄴ, ㄷ

07 표는 원자 A～D의 바닥상태 전자 배치에서 전자가 들어 있는 오비탈 수와 홀전자 수를 나타낸 것이다.

원자	s 오비탈 수	p 오비탈 수	홀전자 수
A	2	3	1
B	3	3	1
C	2	2	2
D	3	6	2

이에 대한 설명으로 옳은 것만을 〈보기〉에서 있는 대로 고른 것은?(단, A～D는 임의의 원소 기호이다.)

보기
ㄱ. 원자 번호는 C가 가장 크다.
ㄴ. $3s$ 오비탈을 가진 원소는 B와 D이다.
ㄷ. $2p$ 오비탈에 들어 있는 전자 수가 가장 작은 원소는 A이다.

① ㄱ ② ㄴ ③ ㄱ, ㄷ
④ ㄴ, ㄷ ⑤ ㄱ, ㄴ, ㄷ

➲ 수능모의평가기출 변형

08 그림은 원자 A, B의 들뜬상태 전자 배치를 모형으로 나타낸 것이다.

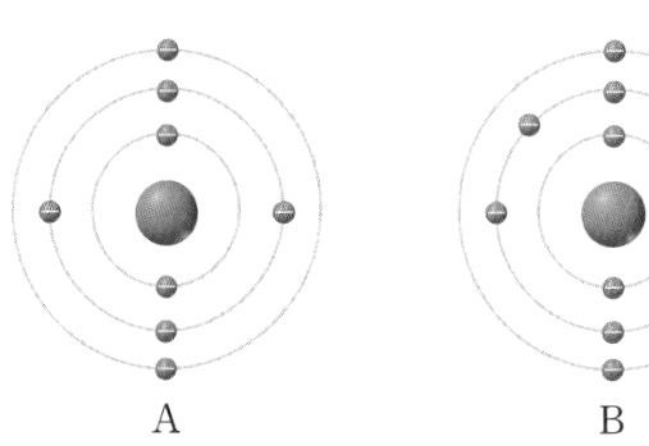

원자 A, B에 바닥상태 대한 설명으로 옳은 것만을 〈보기〉에서 있는 대로 고른 것은?(단, A, B는 임의의 원소 기호이다.)

보기
ㄱ. A와 B는 같은 주기 원소이다.
ㄴ. 홀전자 수는 A가 B의 2배이다.
ㄷ. 전자가 들어 있는 p 오비탈의 수는 A와 B가 같다.

① ㄱ ② ㄷ ③ ㄱ, ㄴ
④ ㄴ, ㄷ ⑤ ㄱ, ㄴ, ㄷ

09 그림은 바닥상태 원자 (가)~(라)에 대해 전자가 들어 있는 오비탈 수와 홀전자 수를 나타낸 것이다.

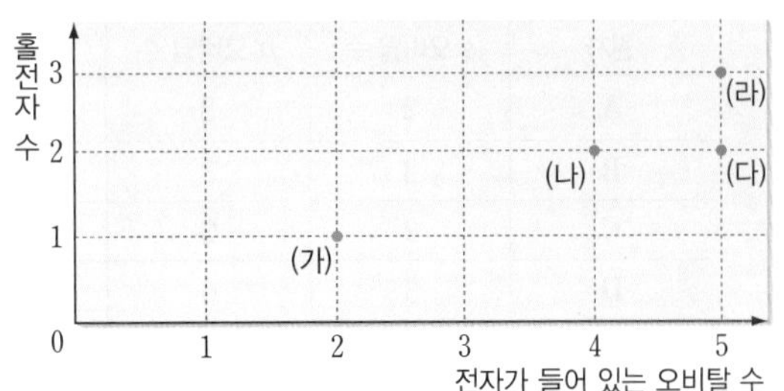

이에 대한 설명으로 옳은 것만을 〈보기〉에서 있는 대로 고른 것은?

보기
ㄱ. (가)의 원자 번호는 3이다.
ㄴ. 원자가 전자 수는 (다)가 가장 크다.
ㄷ. 전자가 들어 있는 s 오비탈 수는 (가)~(라)가 모두 같다.

① ㄱ ② ㄷ ③ ㄱ, ㄴ
④ ㄴ, ㄷ ⑤ ㄱ, ㄴ, ㄷ

10 다음은 바닥상태의 2주기 원자 X~Z에 대한 자료이다.

• X는 s 오비탈에 들어 있는 전자 수와 p 오비탈에 들어 있는 전자 수가 같다.
• Y는 홀전자 수와 원자가 전자 수가 같다.
• Y와 Z의 전자가 들어 있는 오비탈 수의 합은 5이다.

이에 대한 설명으로 옳은 것만을 〈보기〉에서 있는 대로 고른 것은?(단, X~Z는 임의의 원소 기호이다.)

보기
ㄱ. 원자 번호는 X가 가장 크다.
ㄴ. 홀전자 수는 Z가 가장 크다.
ㄷ. 원자가 전자 수는 Y와 Z가 같다.

① ㄱ ② ㄴ ③ ㄱ, ㄷ
④ ㄴ, ㄷ ⑤ ㄱ, ㄴ, ㄷ

11 그림은 어떤 원자 A~C와 이온 X의 전자 배치를 나타낸 것이다.

	$1s$	$2s$	$2p$		
A	↑↓	↑↓	↑	↑	↑
B	↑↓	↑↓	↑	↑↓	↑
C	↑↓	↑↓	↑↓	↑↓	↑
X	↑↓	↑↓	↑↓	↑↓	↑↓

이에 대한 설명으로 옳은 것만을 〈보기〉에서 있는 대로 고른 것은?(단, A~C는 임의의 원소 기호이고, X는 -1의 음이온이다.)

보기
ㄱ. 홀전자 수는 A가 B보다 많다.
ㄴ. B의 전자 배치는 들뜬상태이다.
ㄷ. X는 C의 안정한 음이온이다.

① ㄱ ② ㄴ ③ ㄱ, ㄷ
④ ㄴ, ㄷ ⑤ ㄱ, ㄴ, ㄷ

12 표는 임의의 원소 A~E가 이온 상태일 때의 전자 배치를 나타낸 것이다.

이온	전자 배치
A^-, B^{2-}, C^{2+}	$1s^2 2s^2 2p^6$
D^-, E^{2+}	$1s^2 2s^2 2p^6 3s^2 3p^6$

바닥상태 원자 A~E에 대한 설명으로 옳은 것만을 〈보기〉에서 있는 대로 고른 것은?(단, A~E는 임의의 원소 기호이다.)

보기
ㄱ. 홀전자 수가 가장 많은 원소는 B이다.
ㄴ. s 오비탈의 전자 수는 C와 E가 같다.
ㄷ. 원자 번호가 가장 큰 원소는 E이다.

① ㄱ ② ㄴ ③ ㄱ, ㄷ
④ ㄴ, ㄷ ⑤ ㄱ, ㄴ, ㄷ

➲ 수능모의평가기출 변형

13 다음은 4가지 이온의 전자 배치를 나타낸 것이다.

• A^{+}: $1s^2$ • B^{-}: $1s^2\ 2s^2\ 2p^6$
• C^{2-}: $1s^2\ 2s^2\ 2p^6$ • D^{+}: $1s^2\ 2s^2\ 2p^6\ 3s^2\ 3p^6$

바닥상태 원자 A~D에 대한 설명으로 옳은 것만을 〈보기〉에서 있는 대로 고른 것은?(단, A~D는 임의의 원소 기호이다.)

보기
ㄱ. A와 D의 원자가 전자 수는 같다.
ㄴ. 홀전자 수는 B가 C의 2배이다.
ㄷ. 전자가 들어 있는 s 오비탈 수는 D가 B의 2배이다.

① ㄱ ② ㄴ ③ ㄱ, ㄷ
④ ㄴ, ㄷ ⑤ ㄱ, ㄴ, ㄷ

14 그림은 산소(O)의 원자 또는 이온의 전자 배치를 나타낸 것이다.

	1s	2s	2p		
(가)	↑↓	↑↓	↑↓	↑↓	
(나)	↑↓	↑↓	↑↓	↑↑	
(다)	↑↓	↑↓	↑↓	↑	↑
(라)	↑↓	↑↓	↑↓	↑↓	↑↓

이에 대한 설명으로 옳은 것만을 〈보기〉에서 있는 대로 고른 것은?

보기
ㄱ. (다)는 바닥상태의 전자 배치이다.
ㄴ. (라)는 −2의 음이온의 전자 배치이다.
ㄷ. 파울리 배타 원리에 위배되는 전자 배치는 (가)와 (나)이다.

① ㄱ ② ㄷ ③ ㄱ, ㄴ
④ ㄴ, ㄷ ⑤ ㄱ, ㄴ, ㄷ

➲ 수능모의평가기출 변형

15 표는 서로 다른 원소 A와 B의 바닥상태에 있는 4가지 입자에 대한 자료이다.

입자	A	A^{-}	B	B^{+}
$\dfrac{p \text{ 오비탈의 홀전자 수}}{p \text{ 오비탈의 총 전자 수}}$	1	$\frac{1}{2}$	1	1

이에 대한 설명으로 옳은 것만을 〈보기〉에서 있는 대로 고른 것은?(단, A, B는 임의의 원소 기호이다.)

보기
ㄱ. A의 전자 배치는 $1s^2\ 2s^2\ 2p^3$이다.
ㄴ. B의 원자 번호는 6이다.
ㄷ. s 오비탈에 포함된 전자 수는 A와 B가 같다.

① ㄱ ② ㄷ ③ ㄱ, ㄴ
④ ㄴ, ㄷ ⑤ ㄱ, ㄴ, ㄷ

➲ 수능모의평가기출 변형

16 표는 원자 X~Z의 가장 바깥 전자 껍질의 종류와 전자 수를, 그림은 X~Z의 s와 p 오비탈에 들어 있는 전자 수를 나타낸 것이다.

원자	가장 바깥 전자 껍질	
	종류	전자 수
X	L	4
Y	L	㉠
Z	M	2

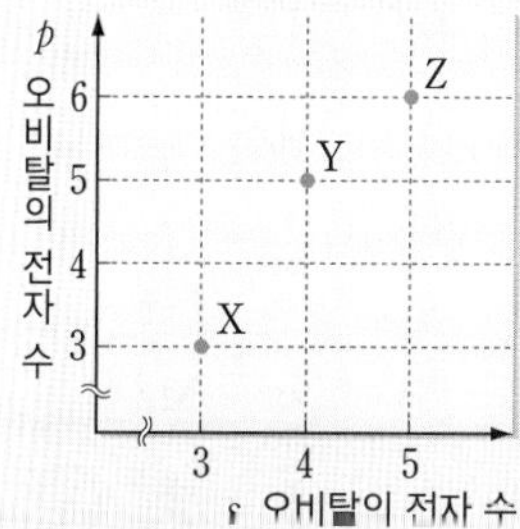

이에 대한 설명으로 옳은 것만을 〈보기〉에서 있는 대로 고른 것은?(단, X~Z는 임의의 원소 기호이고, 전자는 s와 p 오비탈에만 채워진다.)

보기
ㄱ. ㉠은 7이다.
ㄴ. X와 Z는 들뜬상태이다.
ㄷ. 바닥상태에서 홀전자 수는 Y와 Z가 같다.

① ㄱ ② ㄷ ③ ㄱ, ㄴ
④ ㄴ, ㄷ ⑤ ㄱ, ㄴ, ㄷ

08 주기율표

한눈에 정리하는 출제 경향

- 주기율표에서 족과 주기의 의미 이해하기
- 원소의 분류와 원소의 성질 이해하기

1 주기율표 자료 분석 특강 94쪽 A

1 주기율표가 만들어지기까지의 과정

되베라이너 (1828년)	화학적 성질이 비슷한 원소를 3개씩 묶어 세 쌍 원소로 분류하였다. 예 Li－Na－K, Ca－Sr－Ba, Cl－Br－I → 세 쌍 원소설❶
뉴랜즈 (1864년)	원소들을 원자량 순서대로 배열하면 8번째 원소마다 화학적 성질이 비슷한 원소가 나타난다. → 옥타브설
멘델레예프 (1869년)	• 당시에 발견된 원소들을 원자량이 증가하는 순서로 배열하여 일정한 간격을 주기로 성질이 비슷한 원소가 나타나는 것을 발견하였다. → 최초의 주기율표 • 당시 발견되지 않은 원소는 자리를 비워 두고, 그 성질을 예측하였다.❷ • 원소들을 원자량 순서대로 배열하면 몇몇 원소들의 성질이 주기성에서 벗어난다.
모즐리 (1913년)	• X선 연구 결과를 통해 원자핵의 (+)전하를 결정하는 방법을 알아내어 원자 번호를 정하였다. • 원소의 주기적 성질이 양성자수와 관련이 있다는 것을 알고, 원소들을 원자 번호 순으로 배열하였다. → 현대의 주기율표의 틀을 완성

주기율은 원소들을 원자 번호 순으로 배열할 때 일정한 간격을 두고 비슷한 성질을 갖는 원소가 주기적으로 나타나는 성질이다.

2 주기율표 원소들을 원자 번호 순으로 나열하되 화학적 성질이 비슷한 원소가 같은 세로줄에 오도록 배치한 것이다. → 원소의 화학적 성질이 주기적으로 나타난다.

구분	족	주기
구성	주기율표의 세로줄이며, 1～18족으로 구성된다.	주기율표의 가로줄이며, 1～7주기로 구성된다.
특징	• 같은 족 원소들은 원자가 전자 수가 같아 화학적 성질이 비슷하다. • 18족 원소를 제외한 원소의 원자가 전자 수는 족 번호의 끝자리 수와 같다.	• 같은 주기 원소들은 전자가 들어 있는 전자 껍질 수가 같다. • 전자 껍질 수는 주기와 같다.

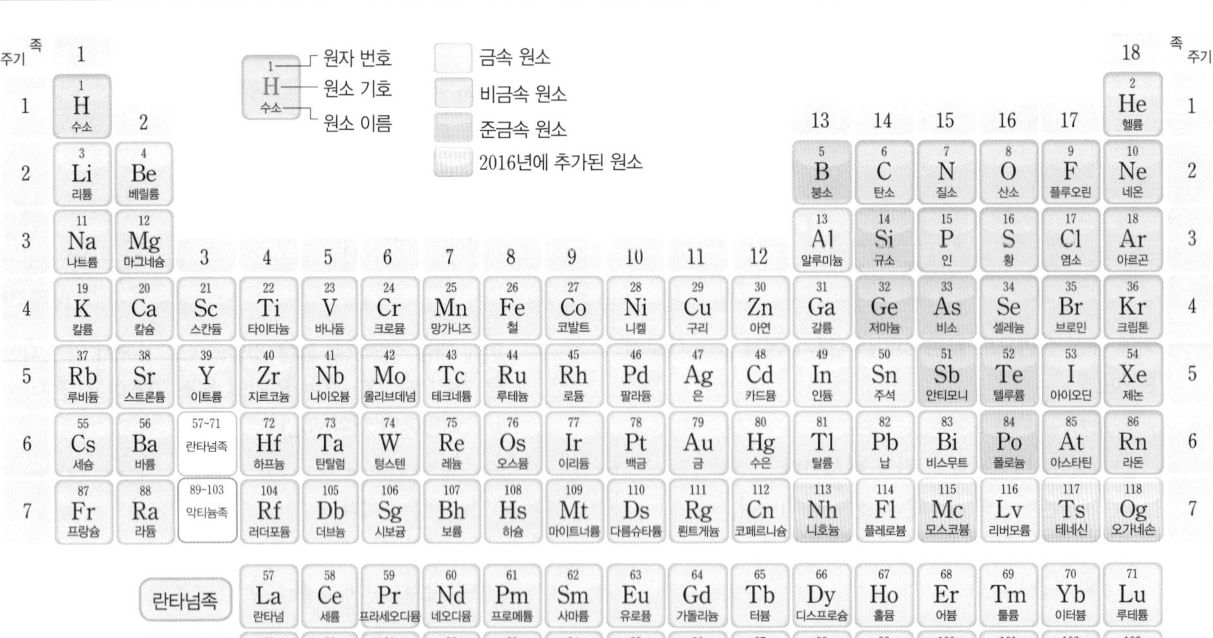

▲ 현대의 주기율표

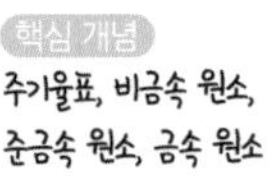

❶ 세 쌍 원소의 원자량

세 쌍 원소인 Ca－Sr－Ba에서 Sr의 원자량은 Ca과 Ba 원자량의 평균값과 비슷하다.

원소	Ca	Sr	Ba
원자량	40.1	87.6	137.3

Sr의 원자량

$$=\frac{40.1+137.3}{2}=88.7$$

❷ 멘델레예프가 예측한 원소

멘델레예프가 에카 알루미늄(Ea)이라고 이름을 붙인 원소는 지금의 갈륨(Ga)으로, 예측한 성질과 실제 성질이 매우 비슷하다.

구분	Ea	Ga
원자량	68	69.7
밀도(g/cm^3)	5.9	5.9
녹는점(°C)	낮다.	29.8
산화물의 화학식	Ea_2O_3	Ga_2O_3

바른답 • 알찬풀이 35쪽

주기율표와 전자 배치

주기율표에 원소의 가장 바깥 전자 껍질의 전자 배치를 나타내면 원자가 전자 수가 주기적으로 변한다.

13족에 속하는 원소들은 원자가 전자 수가 3으로 같다.

2주기에 속한 원소들은 원자가 전자가 L 전자 껍질에 배치된다.

주기 \ 족	1	2	13	14	15	16	17	18
1	$1s^1$							$1s^2$
2	$2s^1$	$2s^2$	$2s^22p^1$	$2s^22p^2$	$2s^22p^3$	$2s^22p^4$	$2s^22p^5$	$2s^22p^6$
3	$3s^1$	$3s^2$	$3s^23p^1$	$3s^23p^2$	$3s^23p^3$	$3s^23p^4$	$3s^23p^5$	$3s^23p^6$
4	$4s^1$	$4s^2$	$4s^24p^1$	$4s^24p^2$	$4s^24p^3$	$4s^24p^4$	$4s^24p^5$	$4s^24p^6$
5	$5s^1$	$5s^2$	$5s^25p^1$	$5s^25p^2$	$5s^25p^3$	$5s^25p^4$	$5s^25p^5$	$5s^25p^6$
6	$6s^1$	$6s^2$	$6s^26p^1$	$6s^26p^2$	$6s^26p^3$	$6s^26p^4$	$6s^26p^5$	$6s^26p^6$
7	$7s^1$	$7s^2$						
가장 바깥 전자 껍질의 전자 배치	ns^1	ns^2	ns^2np^1	ns^2np^2	ns^2np^3	ns^2np^4	ns^2np^5	ns^2np^6
원자가 전자 수	1	2	3	4	5	6	7	0[3]

원자가 전자 수는 17족에서 최대가 된다.

2 원소의 분류 자료 분석 특강 94쪽 B

1 동족 원소 주기율표의 같은 족에 속하는 원소이다.[4]

① 알칼리 금속(수소를 제외한 1족 원소): 반응성이 매우 크며, +1의 양이온이 되기 쉽다.

② 알칼리 토금속(2족 원소): 알칼리 금속보다는 반응성이 작으며, +2의 양이온이 되기 쉽다.

③ 할로젠 원소(17족 원소): 반응성이 크며, −1의 음이온이 되기 쉽다.

2 원소의 분류 원소는 크게 금속 원소, 비금속 원소, 준금속 원소로 분류할 수 있다.

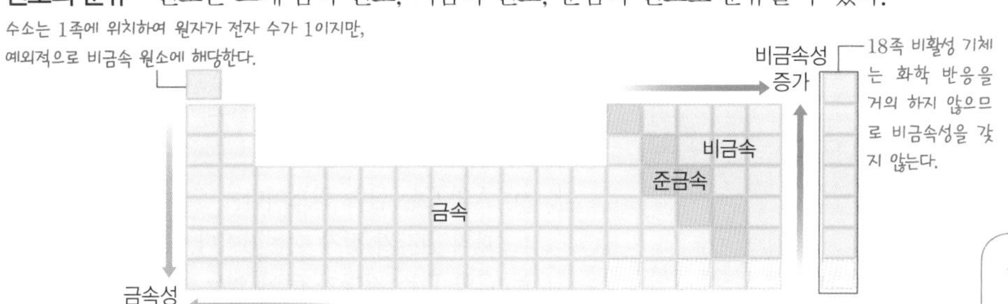
수소는 1족에 위치하여 원자가 전자 수가 1이지만, 예외적으로 비금속 원소에 해당한다.
비금속성 증가
18족 비활성 기체는 화학 반응을 거의 하지 않으므로 비금속성을 갖지 않는다.
비금속
준금속
금속
금속성 증가

금속 원소	• 주로 주기율표의 왼쪽과 가운데에 위치한다. • 상온에서 대부분 고체이다(단, 수은은 액체).	• 전자를 잃고 양이온이 되기 쉽다. • 열과 전기 전도성이 좋다.
비금속 원소	• 주로 주기율표의 오른쪽에 위치한다(단, 수소는 왼쪽) • 상온에서 대부분 기체 또는 고체이다(단, 브로민은 액체).	• 전자를 얻어 음이온이 되기 쉽다. • 열과 전기 전도성이 거의 없다(단, 흑연은 예외).
준금속 원소	• 금속 원소와 비금속 원소 사이에 위치한다. • 금속 원소와 비금속 원소의 중간 성질을 갖거나 양쪽 모두의 성질을 가진다.	

확인 문제 1 2

1 멘델레예프는 원소들을 (　　　) 순서대로 배열하여 최초의 주기율표를 만들었다.

2 모즐리는 원소의 주기적 성질이 (　　　)과/와 관련이 있다는 것을 발견하였다.

3 주기율표에서 같은 족에 속하는 원소들은 (　　　) 수가 같아 화학적 성질이 비슷하다.

4 주기율표에서 같은 (　　　)에 속하는 원소들은 전자가 들어 있는 전자 껍질 수가 같다.

plus 개념

③ 18족 원소의 원자가 전자 수

18족 원소는 비활성 기체라고도 하며, 매우 안정하여 다른 원소와 거의 반응하지 않는다. 18족 원소에서 가장 바깥 전자 껍질에 배치된 전자 수는 8개(단, He은 2개)이지만, 화학 결합에 관여하는 전자 수는 0이므로 원자가 전자 수는 0이다.

④ 동족 원소의 예

주기율표에서 수소를 제외한 1족 원소를 알칼리 금속, 2족 원소를 알칼리 토금속, 17족 원소를 할로젠, 18족 원소를 비활성 기체라고 한다.

꼭 기억해!

• 같은 족 원소: 원자가 전자 수가 같아 화학적 성질이 비슷하다.
• 같은 주기 원소: 전자가 들어 있는 전자 껍질 수가 같다.

용어 돋보기

• **동족**(같을 同, 무리 族): 같은 종류에 속하는 것을 말하는 단어이며, 원소의 동족은 동족 원소라고 부른다.

개념을 다지는 기본 문제

1 주기율표

01 주기율과 관련된 과학자의 주장에 대한 설명으로 옳은 것만을 〈보기〉에서 있는 대로 고른 것은?

보기
ㄱ. 뉴랜즈는 세 쌍 원소설을 제안하였다.
ㄴ. 되베라이너는 원소를 원자량 순으로 배열할 때 8번째마다 화학적 성질이 비슷한 원소가 나타난다는 것을 발견하였다.
ㄷ. 멘델레예프는 원소를 원자량 순으로 배열하여 최초의 주기율표를 만들었다.

① ㄱ ② ㄷ ③ ㄱ, ㄴ
④ ㄴ, ㄷ ⑤ ㄱ, ㄴ, ㄷ

02 원소를 원자량 순서로 나열하여 주기율을 제안한 과학자를 〈보기〉에서 있는 대로 고른 것은?

보기
ㄱ. 되베라이너 ㄴ. 뉴랜즈
ㄷ. 멘델레예프 ㄹ. 모즐리

① ㄱ, ㄴ ② ㄱ, ㄹ ③ ㄷ, ㄹ
④ ㄱ, ㄴ, ㄷ ⑤ ㄴ, ㄷ, ㄹ

03 주기율과 주기율표에 대한 설명으로 옳지 않은 것은?

① 원소를 원자 번호 순서로 배열할 때 나타난다.
② 주기율은 규칙적인 전자 배치 때문에 나타난다.
③ 주기율표에서 화학적 성질이 비슷한 원소는 같은 세로줄에 오도록 배치한다.
④ 현대 주기율표의 토대는 모즐리가 원소들을 원자 번호 순서로 나열하여 만들었다.
⑤ 전자가 들어 있는 전자 껍질 수가 같은 원소들의 화학적 성질이 비슷하기 때문에 나타난다.

04 주기율표의 족과 주기에 대한 설명으로 옳은 것만을 〈보기〉에서 있는 대로 고른 것은?

보기
ㄱ. 주기율표의 세로줄을 주기라고 한다.
ㄴ. 주기율표의 가로줄을 족이라고 한다.
ㄷ. 같은 주기에 속한 원소들은 전자가 들어 있는 전자 껍질 수가 같다.

① ㄱ ② ㄷ ③ ㄱ, ㄴ
④ ㄴ, ㄷ ⑤ ㄱ, ㄴ, ㄷ

중요

05 그림은 주기율표의 일부를 나타낸 것이다.

주기 \ 족	1	2	15	16	17	18
1	A					
2				B		
3	C				D	

이에 대한 설명으로 옳은 것만을 〈보기〉에서 있는 대로 고른 것은?(단, A~D는 임의의 원소 기호이다.)

보기
ㄱ. A와 C는 금속 원소이다.
ㄴ. B의 원자가 전자 수는 6이다.
ㄷ. C와 D는 전자가 들어 있는 전자 껍질 수는 모두 3이다.

① ㄱ ② ㄷ ③ ㄱ, ㄴ
④ ㄴ, ㄷ ⑤ ㄱ, ㄴ, ㄷ

서술형

06 주기율표의 17족 원소는 할로젠 원소로 화학적 성질이 비슷하다. 이처럼 같은 족 원소의 화학적 성질이 비슷한 까닭을 설명하시오.

07 그림은 바닥상태에 있는 2주기 원소들의 원자 번호 증가에 따른 어떤 값 (가)의 변화를 대략적으로 나타낸 것이다.

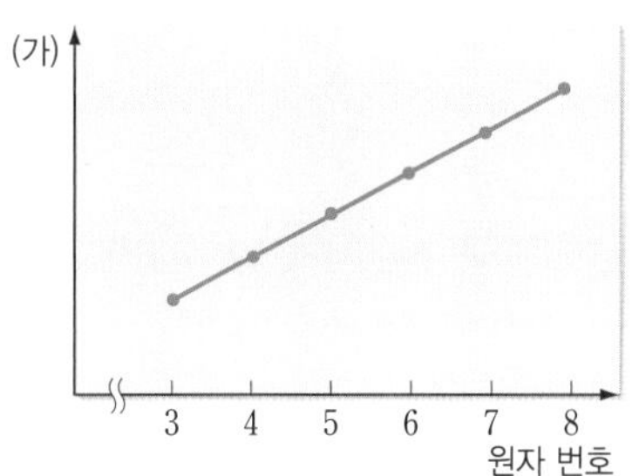

(가)에 해당하는 것으로 옳은 것만을 〈보기〉에서 있는 대로 고르시오.

보기
ㄱ. 전자 수
ㄴ. 중성자수
ㄷ. 양성자수
ㄹ. 원자가 전자 수
ㅁ. 전자가 들어 있는 전자 껍질 수

중요

08 그림은 주기율표의 일부를 나타낸 것이다.

주기＼족	1	2	13	14	15	16	17	18
2	A							
3	B						C	

이에 대한 설명으로 옳은 것만을 〈보기〉에서 있는 대로 고른 것은?(단, A～C는 임의의 원소 기호이다.)

보기
ㄱ. A와 B는 원자가 전자 수가 같다.
ㄴ. B와 C는 화학적 성질이 비슷하다.
ㄷ. C는 전자가 들어 있는 전자 껍질 수가 7이다.

① ㄱ ② ㄷ ③ ㄱ, ㄴ
④ ㄴ, ㄷ ⑤ ㄱ, ㄴ, ㄷ

서술형

09 그림은 A^+과 B^-의 전자 배치를 나타낸 것으로, 두 이온의 전자 배치는 같다.

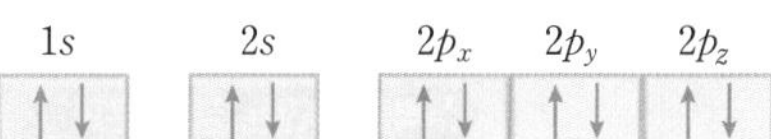

원자 A와 B의 주기와 족을 각각 구하고, 그 까닭을 설명하시오(단, A, B는 임의의 원소 기호이다.).

2 원소의 분류

10 그림은 주기율표의 일부를 나타낸 것이다.

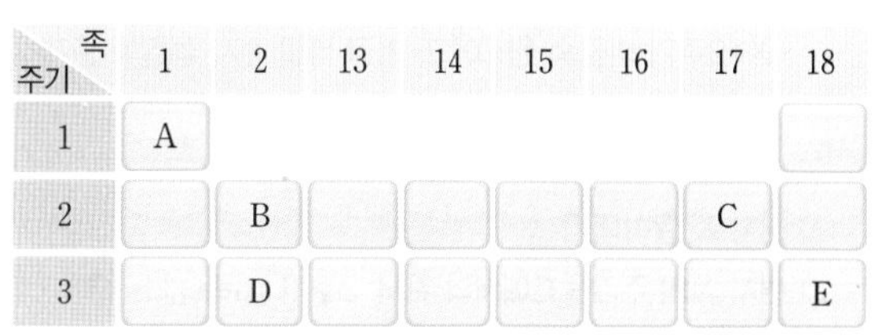

주기＼족	1	2	13	14	15	16	17	18
1	A							
2		B					C	
3		D						E

A～E에 대한 설명으로 옳은 것은?(단, A～E는 임의의 원소 기호이다.)

① A는 금속 원소이다.
② B와 D는 음이온이 되기 쉽다.
③ C와 D는 화학적 성질이 비슷하다.
④ 원자가 전자 수가 가장 큰 것은 C이다.
⑤ E의 가장 바깥 전자 껍질의 전자는 18개이다.

중요

11 그림은 주기율표에 있는 원소를 대략적인 성질에 따라 A와 B로 구분한 것이다.

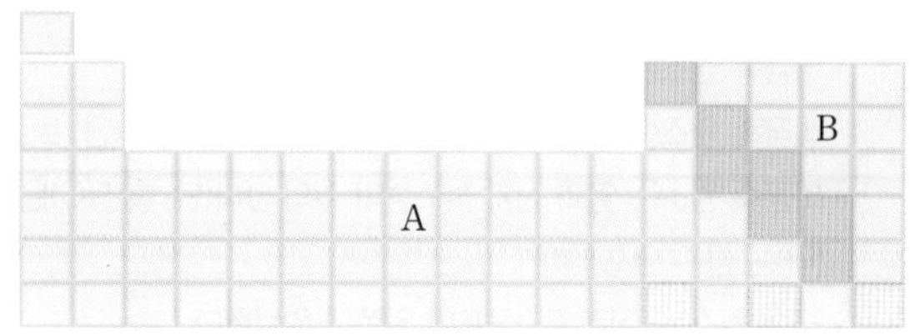

이에 대한 설명으로 옳은 것만을 〈보기〉에서 있는 대로 고른 것은?

보기
ㄱ. A는 금속 원소, B는 비금속 원소이다.
ㄴ. B는 대부분 전자를 잃어 양이온이 되기 쉽다.
ㄷ. 고체 상태의 전기 전도성은 A가 B보다 크다.

① ㄱ ② ㄴ ③ ㄱ, ㄷ
④ ㄴ, ㄷ ⑤ ㄱ, ㄴ, ㄷ

자료 분석
특강

실력을 올리는 실전 문제와
함께 보면 더 좋아요!

A 자료 해석하여 미지의 원자 파악하기

다음은 바닥상태의 원자 X와 Y에 대한 자료이다.

- X: 2주기 비금속 원소이고, 가장 바깥 전자 껍질에 존재하는 전자 수는 6이다.
- Y: 3주기 금속 원소이고, 홀전자는 없다.

① 원자 X 알아내기
- 원자 X의 주기율표에서의 위치: 2주기 16족 원소 ❶
- 원자 X의 전자 배치: $1s^2 2s^2 2p^4$ → 원자 X는 산소(O)

② 원자 Y 알아내기
- 3주기에 속하는 금속 원소의 종류: Na, Mg, Al
- Na, Mg, Al의 바닥상태 전자 배치와 홀전자 수 → 원자 Y는 마그네슘(Mg)

원자	나트륨(Na)	마그네슘(Mg)	알루미늄(Al)
전자 배치	$1s^2 2s^2 2p^6 3s^1$	$1s^2 2s^2 2p^6 3s^2$	$1s^2 2s^2 2p^6 3s^2 3p^1$
홀전자 수	1	0	1

❶ 18족 원소를 제외한 원소의 원자가 전자 수는 족 번호의 끝자리 수와 같다(단, 18족 원소 제외).

실력을 올리는 실전 문제 찾아가기
- 주기율표에서 족과 주기에 따른 경향성을 해석하는 문제_01

B 주기율표 해석하기

그림은 주기율표를 대략적으로 나타낸 것이다.

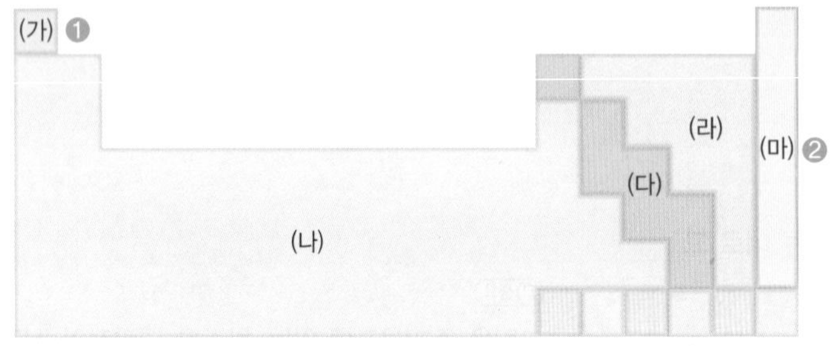
(가) ❶
(라)
(마) ❷
(다)
(나)

① (가), (라), (마)는 비금속 원소이다.
- 비금속 원소는 주로 주기율표의 오른쪽에 위치한다(단, 수소는 왼쪽에 위치).
- 비금속 원소는 전자를 얻어 음이온이 되기 쉽다.
- 비금속 원소는 대부분 상온에서 기체 또는 고체이다(단, 브로민(Br)은 액체). ❸
- 비금속 원소는 열과 전기 전도성이 거의 없다(단, 흑연(C)은 예외).

② (나)는 금속 원소이다.
- 금속 원소는 주로 주기율표의 왼쪽에 위치한다.
- 금속 원소는 전자를 잃고 양이온이 되기 쉽다.
- 금속 원소는 대부분 상온에서 고체이다(단, 수은은 액체).
- 금속 원소는 열과 전기 전도성이 좋다.

③ (다)는 준금속 원소이다.
- 준금속 원소는 금속 원소와 비금속 원소 사이에 위치한다.
- 준금속 원소는 금속 원소와 비금속 원소의 중간 성질을 가지거나 양쪽 모두의 성질을 가진다.

④ (마)는 18족 비활성 기체이다.
- 18족 원소는 가장 바깥 전자 껍질에 배치된 전자 수는 8(He은 2)이지만, 화학 결합에 참여하지 않으므로 원자가 전자 수는 0이다.

❶ (가)는 수소로 1족 원소이지만 비금속 원소로 분류된다.

❷ (마)는 18족 원소인 비활성 기체로 비금속에 속하지만 비금속성을 가지지 않는다.

❸ 브로민은 Br_2로 존재하며 Br_2는 상온에서 액체이다.

실력을 올리는 실전 문제 찾아가기
- 주기율표에서 원소의 특징에 따라 원소를 분류하는 문제_02, 04

01 그림은 원자 번호 $3\sim16$에 이르는 원소를 화학적 성질을 기준으로 하여 음표로 나열한 것을 나타낸 것이다.

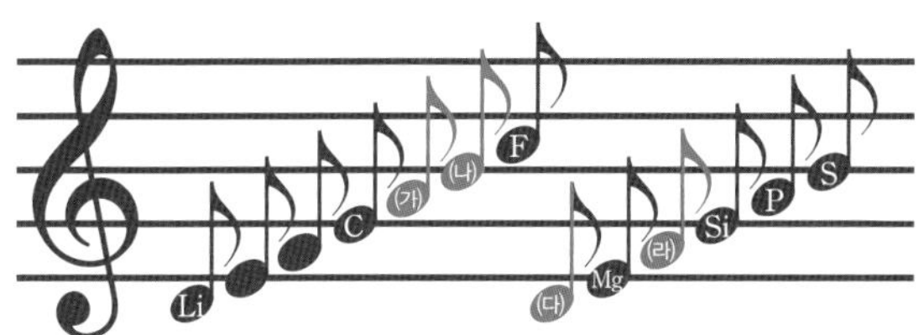

원소 (가)~(라)에 대한 설명으로 옳은 것만을 〈보기〉에서 있는 대로 고른 것은?(단, 비활성 기체는 나타내지 않았다.)

보기
ㄱ. 바닥상태에서 홀전자 수는 (가)가 (나)보다 많다.
ㄴ. (다)의 원자가 전자 수는 1이다.
ㄷ. (라)는 3주기 3족 원소이다.

① ㄱ ② ㄷ ③ ㄱ, ㄴ
④ ㄴ, ㄷ ⑤ ㄱ, ㄴ, ㄷ

02 다음은 주기율표의 일부와 원소 A~E의 분류 기준 (가)~(다)를 나타낸 것이다.

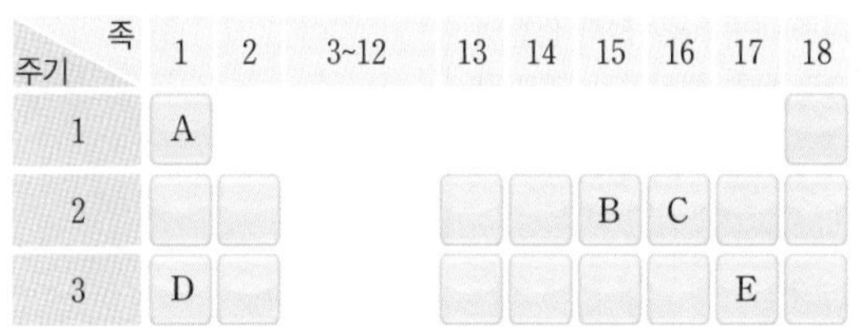

주기 \ 족	1	2	3~12	13	14	15	16	17	18
1	A								
2						B	C		
3	D							E	

(가) 비금속 원소이다.
(나) 바닥상태에서 홀전자 수가 1이다.
(다) 바닥상태에서 $2p$ 오비탈에 채워진 전자 수가 6이다.

(가)~(다)에 포함된 원소를 벤 다이어그램으로 나타낼 때, 색칠된 부분에 속하는 원소를 주기율표에서 고르면?(단, A~E는 임의의 원소 기호이다.)

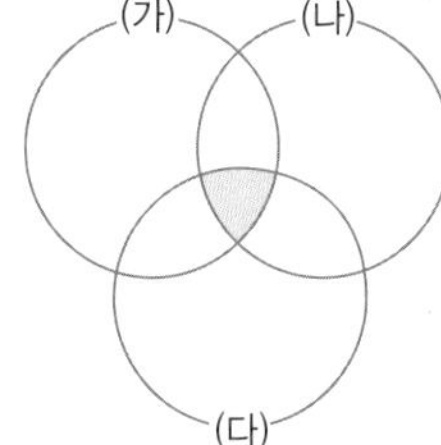

① A ② B
③ C ④ D
⑤ E

03 다음은 원자 A~E의 바닥상태 전자 배치를 나타낸 것이다.

• A: K(2)L(1) • B: K(2)L(7)
• C: K(2)L(8)M(1) • D: K(2)L(8)M(3)
• E: K(2)L(8)M(6)

이에 대한 설명으로 옳은 것만을 〈보기〉에서 있는 대로 고른 것은?(단, A~E는 임의의 원소 기호이다.)

보기
ㄱ. A와 C는 원자가 전자 수가 같다.
ㄴ. B와 E는 비금속 원소이다.
ㄷ. C와 D는 홀전자 수가 같다.

① ㄱ ② ㄴ ③ ㄱ, ㄴ
④ ㄴ, ㄷ ⑤ ㄱ, ㄴ, ㄷ

1등급을 굳히는 고난도 문제

04 그림은 주기율표에서 원소 A, B가 포함된 영역 (가)와 원소 X, Y가 포함된 영역 (나)를 나타낸 것이다. 바닥상태 A와 X의 홀전자 수와 전자가 들어 있는 전자 껍질 수는 같다.

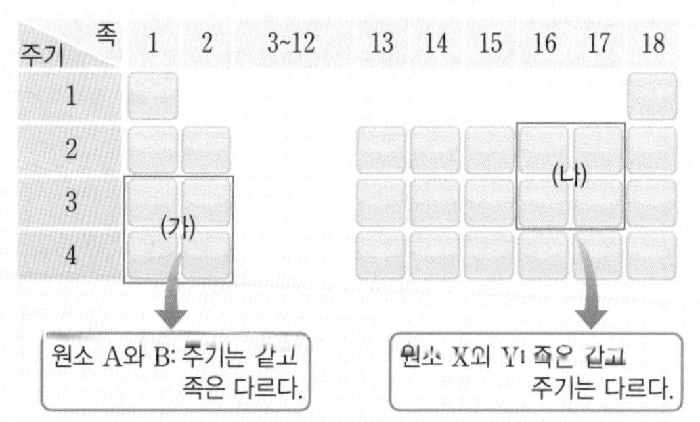

이에 대한 설명으로 옳은 것만을 〈보기〉에서 있는 대로 고른 것은?(단, A, B, X, Y는 임의의 원소 기호이다.)

보기
ㄱ. A는 3주기 1족 원소이다.
ㄴ. Y는 2주기 17족 원소이다.
ㄷ. 원자 번호가 가장 큰 원소는 B이다.

① ㄱ ② ㄷ ③ ㄱ, ㄴ
④ ㄴ, ㄷ ⑤ ㄱ, ㄴ, ㄷ

09 원소의 주기적 성질

한눈에 정리하는 출제 경향

- 유효 핵전하의 의미 이해하기
- 주기율표에서 원자 반지름과 이온 반지름의 주기성 알기
- 이온화 에너지의 정의와 주기성 이해하기

핵심 개념
유효 핵전하, 원자와 이온 반지름, 이온화 에너지

1 유효 핵전하

1 유효 핵전하 원자에서 어떤 전자 껍질에 채워진 전자가 실제로 느끼는 핵전하이다.

① 수소 원자의 유효 핵전하: 전자가 1개이므로 전자는 핵전하를 그대로 느낀다. → 유효 핵전하: +1

② 다전자 원자의 유효 핵전하: 전자가 2개 이상인 경우, 전자가 다른 전자를 가려 전자가 실제로 느끼는 핵전하는 원자핵의 핵전하보다 작다.[1] – 원자핵과 가까운 안쪽 전자 껍질에 있는 전자 껍질일수록 가려막기 효과가 작으므로 유효 핵전하가 크다.

구분	수소	탄소	산소
모형	핵전하를 가리는 전자가 없다. (1+)	안쪽 전자 껍질의 전자 2개와 같은 전자 껍질의 전자 3개가 핵전하를 가린다. (6+)	안쪽 전자 껍질의 전자 2개와 같은 전자 껍질의 전자 5개가 핵전하를 가린다. (8+)
유효 핵전하	+1	+6보다 작다.	+8보다 작다.

2 유효 핵전하의 주기성 같은 주기에서 유효 핵전하는 원자 번호가 커질수록 증가한다.

→ 원자 번호가 커질수록 양성자수가 증가하므로 핵전하도 증가하는데, 이때 전자 사이의 가려막기 효과보다 핵전하의 증가가 유효 핵전하에 더 큰 영향을 미치기 때문이다.

유효 핵전하의 주기성

- 같은 주기: 원자 번호가 커질수록 원자가 전자에 작용하는 유효 핵전하가 증가한다.
  예 F과 Ne → 원자 번호가 더 큰 Ne의 유효 핵전하가 F보다 크다.
- 같은 족: 원자 번호가 커질수록 원자가 전자에 작용하는 유효 핵전하가 증가한다.
  예 Be과 Mg → 원자 번호가 더 큰 Mg의 유효 핵전하가 Be보다 크다.
- 주기가 바뀔 때: 원자 번호가 1 증가하여 주기가 바뀌면 핵전하가 +1 증가하지만, 바깥 전자 껍질의 전자가 안쪽 전자 껍질에 있는 전자들에 의한 가려막기 효과를 크게 받으므로 유효 핵전하가 크게 감소한다.
  예 Ne과 Na → Ne에서 Na으로 될 때 유효 핵전하는 크게 감소한다.

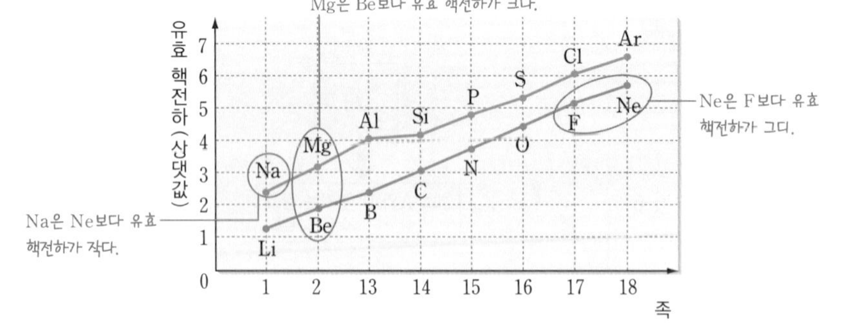

1 가려막기 효과

- 다전자 원자에서 다른 전자들이 원자핵의 (+)전하를 가림으로써 전자가 실제 느끼는 핵전하의 크기가 감소하는 효과이다.
- 안쪽 전자 껍질에 존재하는 전자의 가려막기 효과는 같은 전자 껍질에 존재하는 전자의 가려막기 효과보다 크다.

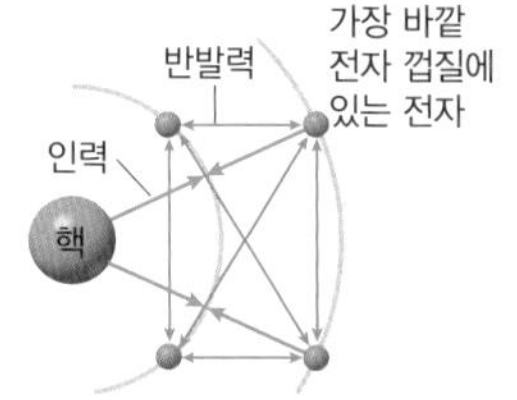

Q. Na과 Li의 핵전하 차이는 8인데, Na과 Li의 유효 핵전하의 차이는 약 1.2 정도로 매우 작은 까닭은?

A. Na은 3주기 원소, Li은 2주기 원소로 Na은 Li보다 전자 껍질 수가 많아 내부 전자 껍질에 있는 전자에 의한 가려막기 효과가 더 크게 나타나기 때문이다.

확인 문제 1

1 다전자 원자에서 전자가 실제로 느끼는 핵전하는 원자핵의 핵전하보다 (　　　)다.

2 가려막기 효과에 의해 전자가 실제 느끼는 핵전하를 (　　　　)(이)라고 한다.

3 같은 족에서 원자 번호가 커질수록 유효 핵전하는 (증가, 감소)하고, 같은 주기에서 원자 번호가 커질수록 유효 핵전하는 (증가, 감소)한다.

2 원자 반지름과 이온 반지름

자료 분석 특강 103쪽 A

1 원자 반지름

① 원자 반지름: 같은 종류의 두 원자가 결합할 때, 두 원자핵 간 거리의 $\frac{1}{2}$로 정의한다.❷

수소 분자와 금속 나트륨의 원자 반지름

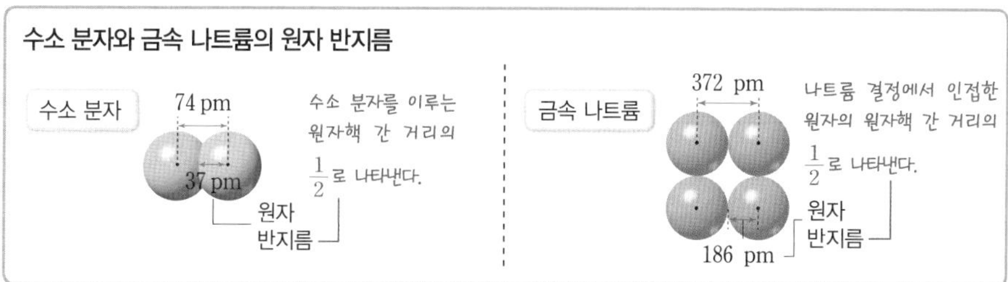

② 원자 반지름의 주기성

- 같은 족: 원자 번호가 커질수록 원자 반지름이 증가한다. ➜ 전자가 존재하는 전자 껍질 수가 증가하여 원자핵과 원자가 전자 사이의 거리가 멀어지기 때문이다.
- 같은 주기: 원자 번호가 커질수록 원자 반지름이 감소한다. ➜ 전자 껍질 수는 같지만 양성자 수가 증가하여 유효 핵전하가 증가하므로 원자핵과 전자 사이의 인력이 커지기 때문이다.

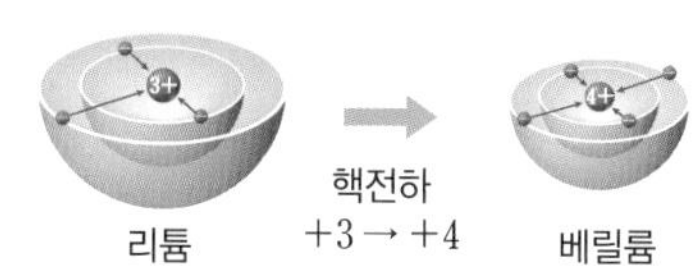

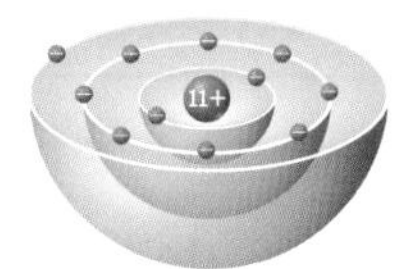

▲ 같은 족과 주기에서 원자 반지름의 변화

원자 반지름의 주기성

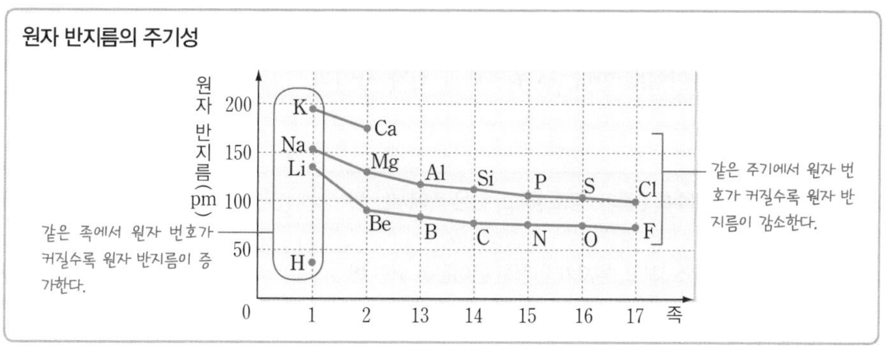

2 이온 반지름

① 양이온과 음이온의 반지름

구분	양이온의 반지름	음이온의 반지름
변화	금속 원자가 전자를 잃어 안정한 양이온이 되면 전자가 들어 있는 전자 껍질 수가 감소하므로 반지름이 감소한다. ➜ 원자 반지름 > 양이온 반지름	비금속 원자가 전자를 얻어 안정한 음이온이 되면 핵전하는 같지만 전자 수가 많아져 전자 사이의 반발력이 증가하므로 반지름이 증가한다. ➜ 원자 반지름 < 음이온 반지름
전자 배치 모형	11+ → (전자 껍질 수 감소) → 11+ Na Na^+	17+ → (전자 사이의 반발력 증가) → 17+ Cl Cl^-

plus 개념

❷ 비활성 기체의 원자 반지름

18족 원소인 비활성 기체는 화학 결합을 형성하지 않으므로 다른 방법으로 반지름을 정하여 사용한다. 따라서 반지름의 주기성은 18족 원소를 제외하고 비교한다.

원자 반지름의 주기성

같은 족에서 원자 번호가 커지면 유효 핵전하도 증가하는데, 원자 반지름은 증가한다. 이것은 핵전하의 증가로 전자를 끌어당기는 힘보다 전자 껍질 수 증가가 반지름에 미치는 효과가 더 크기 때문이다.

- **주기성**(돌 週, 기약할 期, 성질 性): 일정한 간격을 두고 되풀이하여 진행하거나 나타나는 성질이다.

09 원소의 주기적 성질

② 이온 반지름의 주기성

- 같은 족: 원자 번호가 커질수록 전자 껍질 수가 증가하므로 이온 반지름이 증가한다.
- 같은 주기: 원자 번호가 커질수록 유효 핵전하가 증가하여 원자핵과 전자 사이의 인력이 증가하므로 양이온과 음이온의 이온 반지름은 모두 감소한다.
  (같은 주기에서 양이온은 음이온보다 전자 껍질이 1개 적으므로 양이온 반지름 < 음이온 반지름이다.)
- 등전자 이온의 반지름: 같은 전자 배치를 가지는 이온에서 원자 번호가 커질수록 유효 핵전하가 증가하므로 반지름이 작아진다. 예 $_{8}O^{2-} > _{9}F^{-} > _{11}Na^{+} > _{12}Mg^{2+}$ (모두 전자가 10개이고, 같은 전자 배치를 가진다.)

2, 3주기 원소의 원자, 이온 반지름 비교

금속 원소: 원자 반지름 > 양이온 반지름 / 비금속 원소: 원자 반지름 < 음이온 반지름 (단위: pm)

주기 \ 족	1	2	15	16	17
2	Li 134, Li^{+} 76	Be 90, Be^{2+} 45	N 75, N^{3-} 146	O 73, O^{2-} 140	F 71, F^{-} 133
3	Na 154, Na^{+} 102	Mg 130, Mg^{2+} 72	P 106, P^{3-} 212	S 102, S^{2-} 184	Cl 99, Cl^{-} 181

2주기 Ne의 전자 배치

원자(Na) 이온(Na^{+}) / 원자 반지름 154 / 이온 반지름 102

금속 원소와 비금속 원소의 원자 반지름과 이온 반지름

- 금속 원소: 원자 반지름 > 양이온 반지름
- 비금속 원소: 원자 반지름 < 음이온 반지름

3 원자와 이온의 반지름에 영향을 주는 요인

① 전자 수: 전자 수가 클수록 반지름이 증가한다. → 전자 사이의 반발력이 증가하기 때문이다.

② 전자 껍질 수: 전자 껍질 수가 클수록 반지름이 증가한다. → 원자핵과 전자 사이의 거리가 멀어지기 때문이다.

③ 유효 핵전하: 유효 핵전하가 증가할수록 반지름이 감소한다. → 원자핵과 전자 사이의 인력이 증가하기 때문이다.

확인 문제 2

4 원자 반지름은 같은 주기에서는 원자 번호가 커질수록 (증가, 감소)하고, 같은 족에서는 원자 번호가 커질수록 (증가, 감소)한다.

5 원자가 안정한 양이온이 되면 반지름이 (증가, 감소)하고, 원자가 안정한 음이온이 되면 반지름이 (증가, 감소)한다.

- 이온화 에너지가 작다. → 전자를 떼어 내기 쉽다. → 양이온이 되기 쉽다.
- 이온화 에너지가 크다. → 전자를 떼어 내기 어렵다. → 양이온이 되기 어렵다.

3 이온화 에너지

자료 분석 특강 103쪽 B

1 이온화 에너지

① 이온화 에너지: 기체 상태의 원자에서 전자 1몰을 떼어 내는 데 필요한 최소 에너지

$$M(g) + E \longrightarrow M^{+}(g) + e^{-} \quad (E: \text{이온화 에너지})$$ ③

예 나트륨(Na) 원자의 이온화 에너지

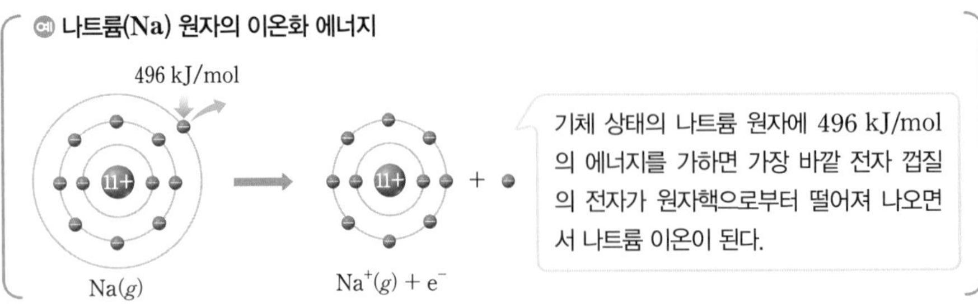

기체 상태의 나트륨 원자에 496 kJ/mol의 에너지를 가하면 가장 바깥 전자 껍질의 전자가 원자핵으로부터 떨어져 나오면서 나트륨 이온이 된다.

③ **이온화 에너지의 부호**
원자핵과 전자 사이의 인력을 끊고 전자를 떼어 내야 하므로 양이온이 될 때 에너지가 필요하다. 따라서 이온화 에너지는 항상 양의 값이다.

② 이온화 에너지의 주기성[④]

- 같은 족: 원자 번호가 커질수록 이온화 에너지가 감소한다. ➜ 전자 껍질 수가 증가하여 원자핵과 전자 사이의 인력이 감소하기 때문이다.
- 같은 주기: 원자 번호가 커질수록 이온화 에너지가 대체로 증가한다. ➜ 유효 핵전하가 증가하여 원자핵과 전자 사이의 인력이 증가하기 때문이다.

이온화 에너지의 주기성

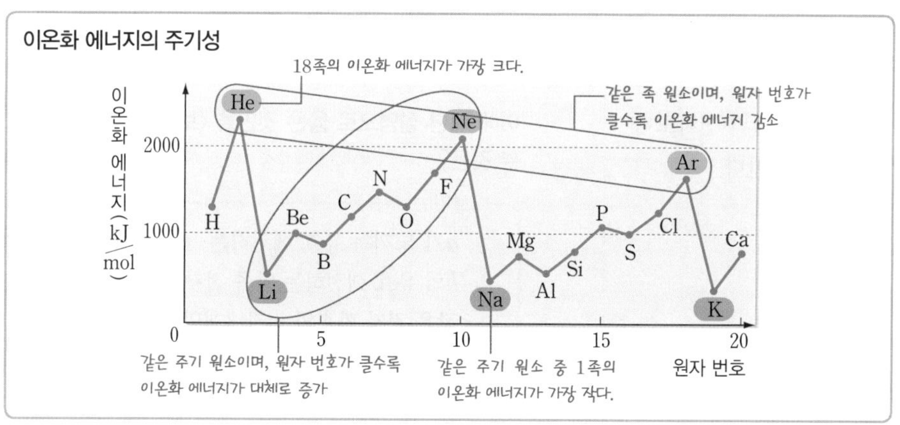

2 순차 이온화 에너지

2 순차 이온화 에너지 기체 상태의 다전자 원자에서 전자를 1몰씩 차례로 떼어 내어 이온으로 만드는 데 필요한 에너지

$M(g) + E_1 \longrightarrow M^+(g) + e^-$ (E_1: 제1 이온화 에너지)
$M^+(g) + E_2 \longrightarrow M^{2+}(g) + e^-$ (E_2: 제2 이온화 에너지)
$M^{2+}(g) + E_3 \longrightarrow M^{3+}(g) + e^-$ (E_3: 제3 이온화 에너지)

① 순차 이온화 에너지의 크기: 차수($E_1 < E_2 < E_3 \cdots\cdots$)가 커질수록 이온화 에너지가 증가한다. ➜ 이온화가 진행될수록 전자 사이의 반발력이 감소하여 원자핵과 전자 사이의 인력이 증가하기 때문이다.

② 순차 이온화 에너지와 원자가 전자 수: 원자가 전자를 모두 떼어 내고 안쪽 전자 껍질에 있는 전자를 떼어 낼 때 이온화 에너지가 급격하게 증가한다. ➜ 순차 이온화 에너지가 급격하게 증가하기 전까지의 전자 수가 원자가 전자 수이다.

순차 이온화 에너지와 원자가 전자 수

TIP n차에서 순차 이온화 에너지가 급격히 증가하면 원자가 전자 수는 $n-1$개이다.

원소	순차 이온화 에너지(kJ/mol)			
	E_1	E_2	E_3	E_4
Na	496 ≪	4562	6910	9546
Mg	738	1451 ≪	7733	10542
Al	578	1817	2745 ≪	11578

- Na의 순차 이온화 에너지가 E_2에서 급격히 증가하므로 Na의 원자가 전자 수는 1이다.
- Mg의 순차 이온화 에너지가 E_3에서 급격히 증가하므로 Mg의 원자가 전자 수는 2이다.
- Al의 순차 이온화 에너지가 E_4에서 급격히 증가하므로 Al의 원자가 전자 수는 3이다.

확인 문제 3

6 (   )은/는 기체 상태의 원자에서 전자 1몰을 떼어 내는 데 필요한 최소 에너지이다.

7 이온화 에너지는 같은 족에서 원자 번호가 커질수록 (증가, 감소)하고, 같은 주기에서 원자 번호가 커질수록 대체로 (증가, 감소)한다.

④ **이온화 에너지에 영향을 미치는 요인**

- 전자 껍질: 전자 껍질 수가 증가할수록 전자를 떼어 내기 쉽다.

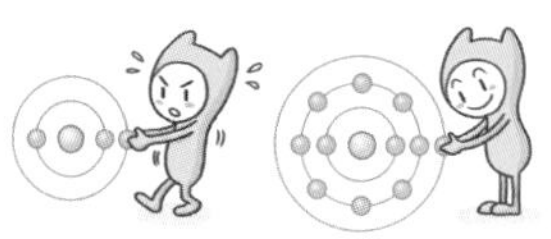

- 핵 전하: 유효 핵전하가 클수록 전자를 떼어 내기 힘들다.

Q1. Be(2족)이 B(13족)보다 이온화 에너지가 더 큰 까닭은?

A. $_4$Be의 전자 배치는 $1s^2 2s^2$이고, $_5$B의 전자 배치는 $1s^2 2s^2 2p^1$이다. 이때 에너지가 낮은 s 오비탈보다 에너지가 높은 p 오비탈에서 전자를 떼어 내는 것이 더 쉬우므로 2족 원소인 Be이 13족 원소인 B보다 이온화 에너지가 더 크다.

Q2. P(15족)이 S(16족)보다 이온화 에너지가 더 큰 까닭은?

A. P의 전자 배치는 $3s^2 3p_x^1 3p_y^1 3p_z^1$이고, S의 전자 배치는 $3s^2 3p_x^2 3p_y^1 3p_z^1$이다. S의 $3p_x^2$에 들어 있는 2개의 전자는 전자 사이의 반발력 때문에 쉽게 떼어 낼 수 있으므로 15족 원소인 P이 16족 원소인 S보다 이온화 에너지가 더 크다.

용어 돋보기

- **등전자 이온**(무리 等, 전기 電, 아들 子): 양성자수는 다르지만 전자 수가 같은 이온으로, 전자 배치가 같다.

개념을 다지는 기본 문제

1 유효 핵전하

01 유효 핵전하에 대한 설명으로 옳지 않은 것은?

① 수소($_1$H)의 유효 핵전하는 +1이다.
② 리튬($_3$Li)의 유효 핵전하는 +3보다 작다.
③ 탄소($_6$C)의 유효 핵전하는 산소($_8$O)보다 작다.
④ 전자 껍질 수가 같을 때 원자 번호가 클수록 유효 핵전하가 증가한다.
⑤ 전자의 가려막기 효과는 안쪽 전자 껍질의 전자보다 같은 전자 껍질의 전자가 더 크게 작용한다.

서술형

02 그림은 원자 A, B의 전자 배치를 모형으로 나타낸 것이다.

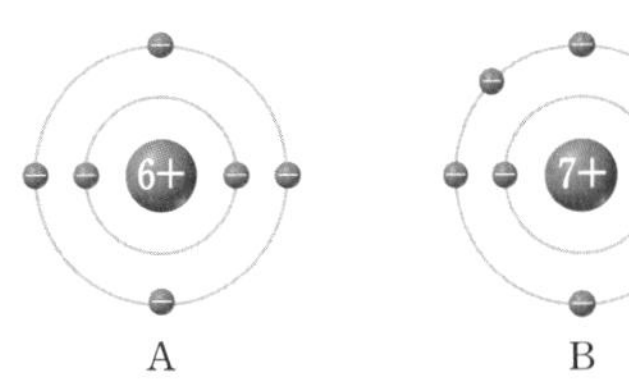

A와 B의 원자가 전자가 느끼는 유효 핵전하의 크기를 부등호를 이용하여 비교하고 그 까닭을 설명하시오.

03 그림은 나트륨(Na) 원자의 전자 배치를 모형으로 나타낸 것이다.

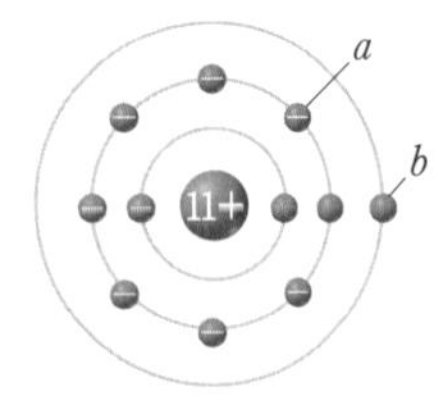

이에 대한 설명으로 옳은 것만을 〈보기〉에서 있는 대로 고른 것은?

보기
ㄱ. b가 느끼는 유효 핵전하는 +11보다 작다.
ㄴ. 원자핵과 전자 사이의 인력은 b가 a보다 크다.
ㄷ. 전자가 느끼는 유효 핵전하는 a가 b보다 크다.

① ㄱ ② ㄴ ③ ㄱ, ㄷ
④ ㄴ, ㄷ ⑤ ㄱ, ㄴ, ㄷ

04 그림은 수소(H), 탄소(C), 산소(O) 원자의 전자 배치를 모형으로 나타낸 것이다.

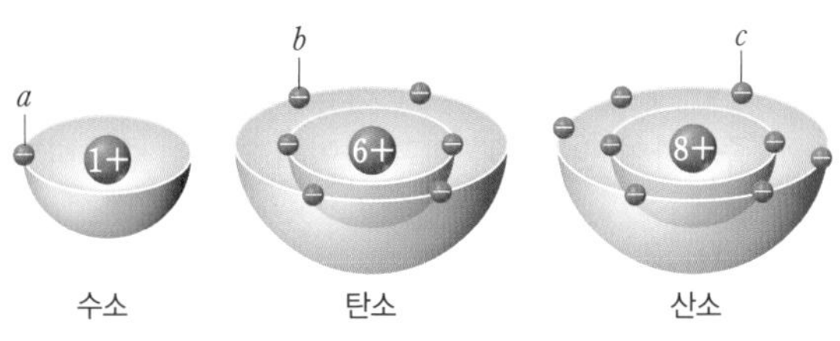

이에 대한 설명으로 옳은 것만을 〈보기〉에서 있는 대로 고른 것은?

보기
ㄱ. a가 느끼는 유효 핵전하는 +1보다 작다.
ㄴ. b의 유효 핵전하는 안쪽 전자 껍질의 전자 2개와 같은 전자 껍질의 전자 3개의 영향을 받는다.
ㄷ. 전자가 느끼는 유효 핵전하는 c가 b보다 크게 나타난다.

① ㄱ ② ㄴ ③ ㄱ, ㄷ
④ ㄴ, ㄷ ⑤ ㄱ, ㄴ, ㄷ

중요

05 그림은 마그네슘(Mg) 원자의 전자 배치를 모형으로 나타낸 것이다.

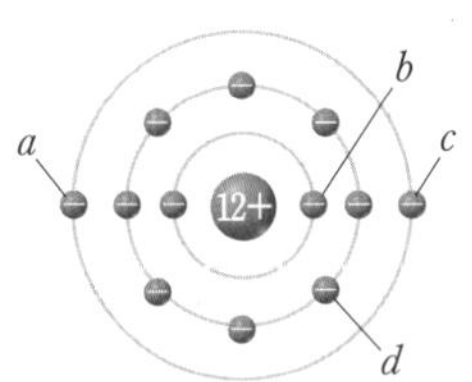

이에 대한 설명으로 옳은 것만을 〈보기〉에서 있는 대로 고른 것은?

보기
ㄱ. a가 느끼는 유효 핵전하는 +12이다.
ㄴ. 전자가 느끼는 유효 핵전하는 b가 c보다 크다.
ㄷ. c에 영향을 주는 가려막기 효과는 d가 a보다 크다.

① ㄱ ② ㄴ ③ ㄱ, ㄷ
④ ㄴ, ㄷ ⑤ ㄱ, ㄴ, ㄷ

바른답 • 알찬풀이 37쪽

2 원자 반지름과 이온 반지름

06 원자 반지름의 주기성에 대한 설명으로 옳은 것만을 〈보기〉에서 있는 대로 고른 것은?

보기

ㄱ. 같은 주기에서 원자 번호가 커지면 원자 반지름은 증가한다.
ㄴ. 전자 껍질 수가 많을수록 원자핵과 전자 사이의 거리가 멀어지므로 반지름은 증가한다.
ㄷ. 같은 족에서 원자 번호가 커질 때 원자 반지름이 증가하는 까닭은 유효 핵전하가 증가하기 때문이다.

① ㄱ ② ㄴ ③ ㄱ, ㄷ
④ ㄴ, ㄷ ⑤ ㄱ, ㄴ, ㄷ

07 반지름의 크기를 비교한 것으로 옳은 것은?

① ${}_{3}Li > {}_{11}Na$ ② ${}_{3}Li < {}_{9}F$ ③ ${}_{19}K < {}_{19}K^{+}$
④ ${}_{17}Cl > {}_{17}Cl^{-}$ ⑤ ${}_{8}O^{2-} > {}_{12}Mg^{2+}$

[08~09] 그림은 3주기 원소 A, B, C의 원자와 각 원자의 안정한 이온의 상대적인 크기를 나타낸 것이다(단, A~C는 임의의 원소 기호이다.). 물음에 답하시오.

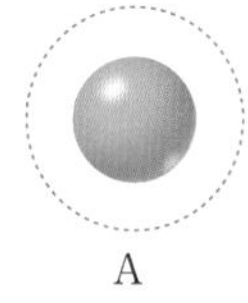
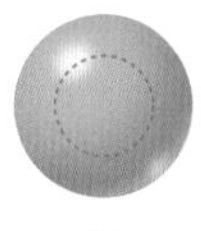
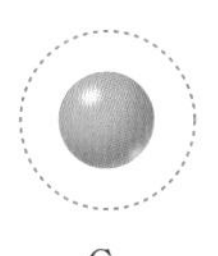

A B C

서술형

08 A~C를 금속 원소와 비금속 원소로 분류하고, 그 까닭을 원자와 이온의 반지름 크기를 언급하여 설명하시오.

09 A~C에 대한 설명으로 옳은 것만을 〈보기〉에서 있는 대로 고른 것은?

보기

ㄱ. A에서 이온 반지름이 원자 반지름보다 큰 까닭은 전자 껍질 수 때문이다.
ㄴ. B의 이온은 양이온이다.
ㄷ. 원자 번호는 B<A<C 순이다.

① ㄱ ② ㄴ ③ ㄱ, ㄷ
④ ㄴ, ㄷ ⑤ ㄱ, ㄴ, ㄷ

10 그림은 원자 A~C의 전자 배치를 모형으로 나타낸 것이다.

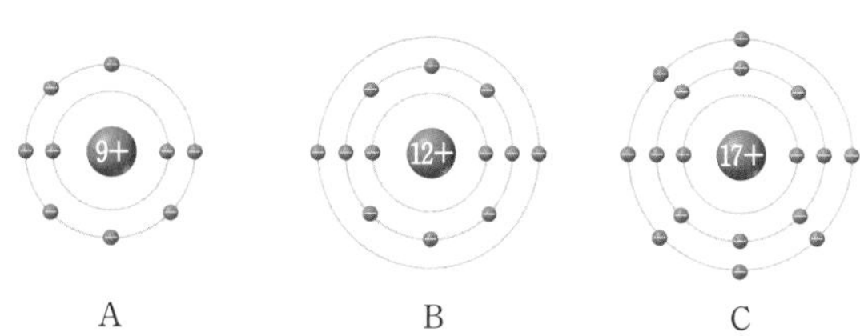

A B C

A~C에 대한 설명으로 옳은 것만을 〈보기〉에서 있는 대로 고른 것은?(단, A~C는 임의의 원소 기호이다.)

보기

ㄱ. 원자 반지름은 B가 C보다 크다.
ㄴ. A^{-}의 이온 반지름은 C^{-}보다 작다.
ㄷ. 이온 반지름은 A^{-}이 B^{2+}보다 크다.

① ㄱ ② ㄴ ③ ㄱ, ㄷ
④ ㄴ, ㄷ ⑤ ㄱ, ㄴ, ㄷ

중요

11 그림은 2, 3주기 원소의 원자 반지름과 안정한 이온의 반지름을 상대적으로 비교한 것이다.

주기 \ 족	1	2	15	16	17
2					
3					

● 원자 ○ 양이온 ○ 음이온

이에 대한 설명으로 옳은 것만을 〈보기〉에서 있는 대로 고른 것은?

보기

ㄱ. 금속 원소는 원자 반지름이 이온 반지름보다 작다.
ㄴ. 같은 족에서는 원자 번호가 클수록 원자 반지름이 크다.
ㄷ. 같은 주기에서 양이온의 반지름이 음이온의 반지름보다 크다.

① ㄱ ② ㄴ ③ ㄱ, ㄷ
④ ㄴ, ㄷ ⑤ ㄱ, ㄴ, ㄷ

3 이온화 에너지

12 이온화 에너지에 대한 설명으로 옳은 것만을 〈보기〉에서 있는 대로 고른 것은?

보기
ㄱ. 같은 족에서 원자 번호가 커질수록 이온화 에너지는 감소한다.
ㄴ. 같은 주기에서 원자 번호가 커질수록 이온화 에너지는 감소한다.
ㄷ. 이온화 차수가 커질수록 순차 이온화 에너지는 감소한다.

① ㄱ ② ㄴ ③ ㄱ, ㄷ
④ ㄴ, ㄷ ⑤ ㄱ, ㄴ, ㄷ

13 이온화 에너지의 크기를 비교한 것으로 옳지 않은 것은?

① $_{4}Be > _{3}Li$ ② $_{4}Be > _{5}B$
③ $_{3}Li > _{11}Na$ ④ $_{11}Na > _{10}Ne$
⑤ $_{9}F > _{19}K$

14 그림은 원자 번호 1~10까지 원소의 제1 이온화 에너지를 나타낸 것이다.

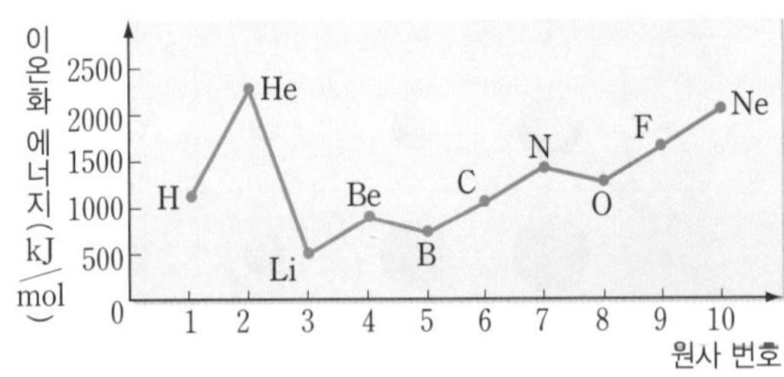

이에 대한 설명으로 옳은 것만을 〈보기〉에서 있는 대로 고른 것은?

보기
ㄱ. 양이온이 되기 가장 어려운 원소는 Li이다.
ㄴ. 같은 주기에서 이온화 에너지가 가장 큰 원소는 비활성 기체이다.
ㄷ. Li의 이온화 에너지가 He보다 작은 까닭은 전자 껍질 수가 많기 때문이다.

① ㄱ ② ㄷ ③ ㄱ, ㄴ
④ ㄴ, ㄷ ⑤ ㄱ, ㄴ, ㄷ

15 그림은 원자 A, B의 전자 배치를 모형으로 나타낸 것이다.

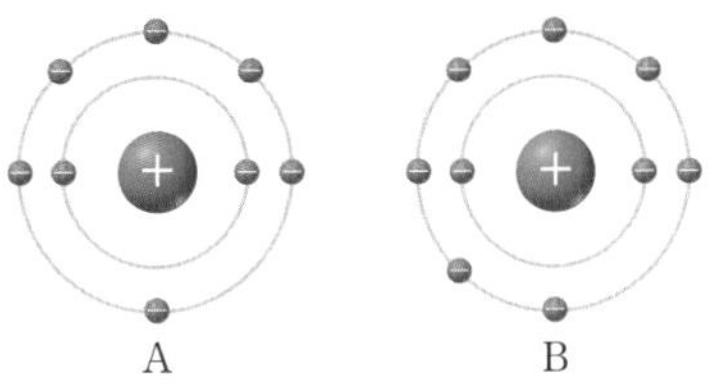

A가 B보다 큰 값을 갖는 것만을 〈보기〉에서 있는 대로 고른 것은?(단, A, B는 임의의 원소 기호이다.)

보기
ㄱ. 원자가 전자 수
ㄴ. 이온화 에너지
ㄷ. 원자 반지름

① ㄱ ② ㄷ ③ ㄱ, ㄴ
④ ㄴ, ㄷ ⑤ ㄱ, ㄴ, ㄷ

16 마그네슘(Mg)의 제2 이온화 에너지(E)를 옳게 나타낸 것은?

① $Mg(g) + E \longrightarrow Mg^{+}(g) + e^{-}$
② $Mg(g) + E \longrightarrow Mg^{2+}(g) + 2e^{-}$
③ $Mg(g) + e^{-} \longrightarrow Mg^{-}(g) + E$
④ $Mg^{+}(g) + E \longrightarrow Mg^{2+}(g) + e^{-}$
⑤ $Mg^{+}(g) + e^{-} \longrightarrow Mg^{+}(g) + E$

17 표는 3주기 원소 A, B의 순차 이온화 에너지를 나타낸 것이다.

원소	순차 이온화 에너지(kJ/mol)			
	E_1	E_2	E_3	E_4
A	578	1817	2745	11578
B	738	1451	7733	10542

이에 대한 설명으로 옳은 것만을 〈보기〉에서 있는 대로 고른 것은?(단, A와 B는 임의의 원소 기호이다.)

보기
ㄱ. A의 안정한 이온은 A^{3+}이다.
ㄴ. 원자가 전자 수는 A가 B보다 작다.
ㄷ. 기체 상태의 B 원자가 B^{2+}이 되는 데 필요한 에너지는 1451 kJ/mol이다.

① ㄱ ② ㄷ ③ ㄱ, ㄴ
④ ㄴ, ㄷ ⑤ ㄱ, ㄴ, ㄷ

실력을 올리는 실전 문제와 함께 보면 더 좋아요!

A 원자 반지름 비교

그림은 18족 원소를 제외한 원자 번호 1~20까지 원소의 원자 반지름 크기를 나타낸 것이다.

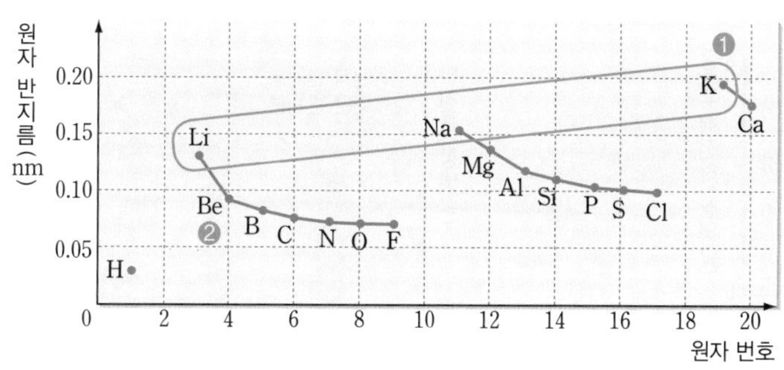

① 같은 족에서 원자 번호가 큰 원소일수록 원자 반지름은 크다.

- 원자 번호가 클수록 전자가 들어 있는 전자 껍질 수가 많아 원자핵과 가장 바깥 전자 껍질에 있는 전자와의 거리가 멀기 때문이다.
- 1족 원소의 원자 반지름 크기 비교: Li < Na < K

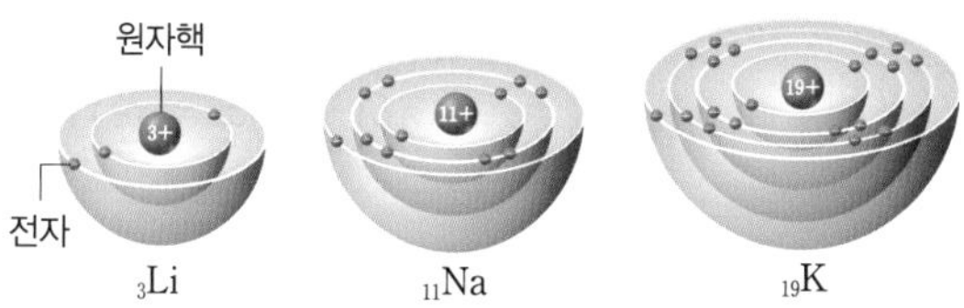

② 같은 주기에서 원자 번호가 큰 원소일수록 원자 반지름은 작아진다.

- 원자 번호가 클수록 양성자수가 많아서 유효 핵전하가 커지기 때문이다.
- 2주기 원소의 원자 반지름 크기 비교: Li > Be > B > C > N > O > F

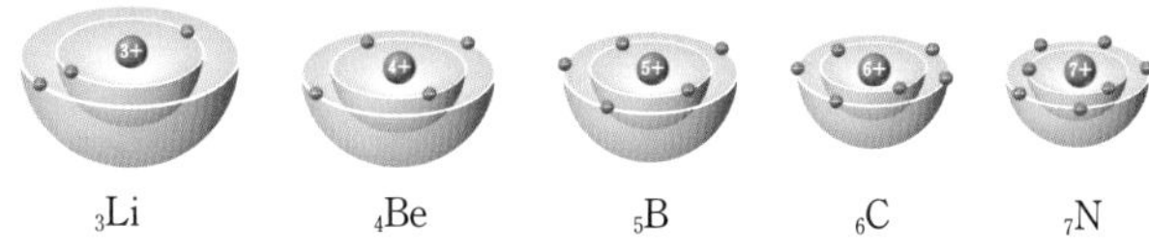

❶ 1족 원소 중 2, 3, 4주기 원소에서 원자 반지름이 가장 큰 원소는 전자 껍질 수가 가장 많은 칼륨(K)이다.

❷ 2주기 원소에서 원자 반지름은 1족에서 17족 원소로 갈수록 점점 작아지므로 원자 반지름이 가장 큰 원소는 유효 핵전하가 가장 작은 리튬(Li)이다.

실력을 올리는 실전 문제 찾아가기

- 등전자 이온의 원자 반지름과 이온 반지름의 크기를 비교하는 문제_08
- 같은 족과 주기에서 원자 반지름과 이온 반지름의 주기성을 분석하는 문제_08, 09

B 순차 이온화 에너지

그림은 원자 번호가 연속인 2, 3주기 원자의 제1~3 이온화 에너지를 나타낸 것이다. A~D는 임의의 원소 기호이며, 원자 번호 순서가 아니다.

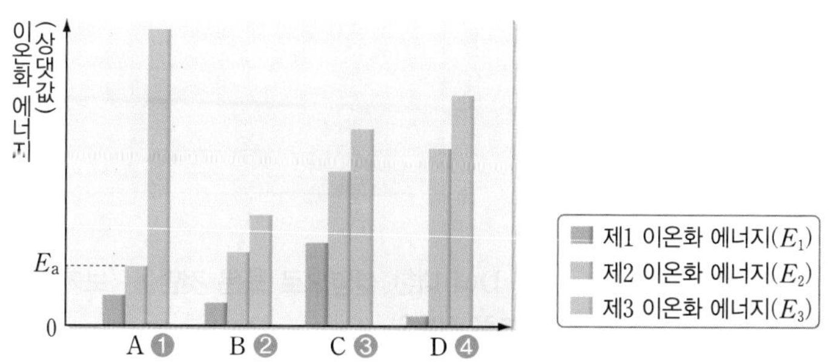

① 순차 이온화 에너지는 원자에서 전자를 1몰씩 떼어 낼 때 필요한 에너지이다.

② 순차 이온화 에너지가 급격하게 증가하기 전까지의 전자 수가 원자가 전자 수이다.

- A: $E_2 \ll E_3$이므로 원자가 전자 수가 2인 2족 원소이다.
- B: 제1 이온화 에너지가 A보다 작고 원자가 전자 수가 3 이상이므로 3주기 13족 원소이다.
- C: 제1 이온화 에너지가 다른 원자보다 크므로 2주기 18족 원소이다.
- D: $E_1 \ll E_2$이므로 원자가 전자 수가 1인 1족 원소이다.

❶ A는 3주기 2족 원소인 Mg이다.

❷ B는 3주기 13족 원소인 Al이다.

❸ C는 2주기 18족 원소인 Ne이다.

❹ D는 3주기 1족 원소인 Na이다.

실력을 올리는 실전 문제 찾아가기

- 이온화 에너지를 꺾은 선 그래프로 제시하여 분석하는 문제_11
- 이온화 에너지를 표로 제시하여 분석하는 문제_12

실력을 올리는 실전 문제

➲ 수능모의평가기출 변형

01 그림에서 (가)~(다)는 몇 가지 원소의 원자 반지름, 원자가 전자의 유효 핵전하, Ne의 전자 배치를 갖는 이온의 반지름 중 하나를 각각 나타낸 것이다.

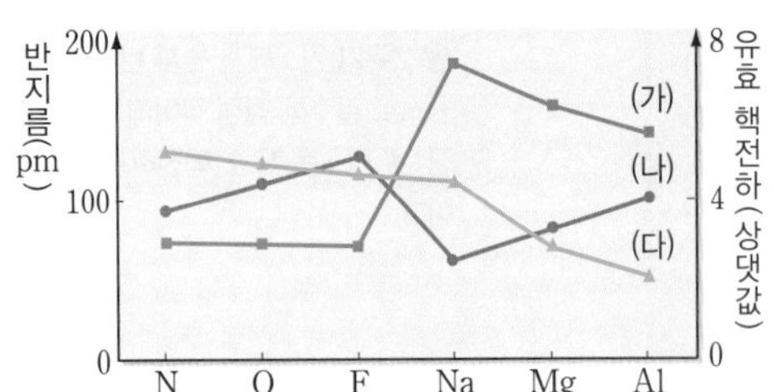

이에 대한 설명으로 옳은 것만을 〈보기〉에서 있는 대로 고른 것은?

보기

ㄱ. (가)는 이온 반지름이다.
ㄴ. (나)는 유효 핵전하이다.
ㄷ. (다)의 경향성이 나타나는 까닭은 원자 번호가 증가함에 따라 전자 껍질 수가 감소하기 때문이다.

① ㄱ ② ㄴ ③ ㄱ, ㄷ
④ ㄴ, ㄷ ⑤ ㄱ, ㄴ, ㄷ

02 그림은 원자 번호가 연속인 2, 3주기 원소 A~D의 원자가 전자의 유효 핵전하를 나타낸 것이다.

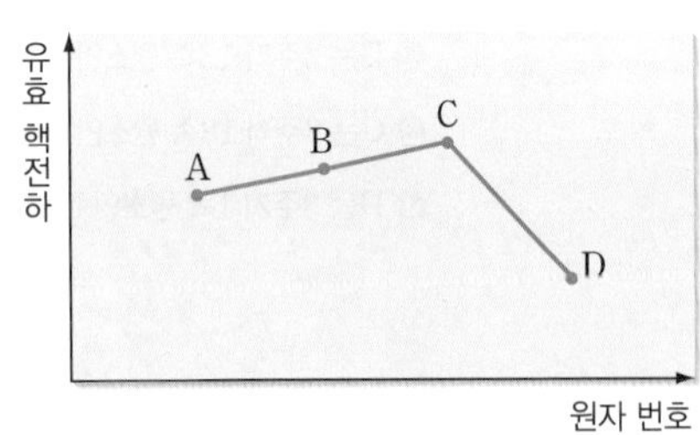

A~D에 대한 설명으로 옳은 것만을 〈보기〉에서 있는 대로 고른 것은?(단, A~D는 임의의 원소 기호이다.)

보기

ㄱ. 2주기 원소는 3가지이다.
ㄴ. 원자 반지름은 A가 B보다 작다.
ㄷ. 제1 이온화 에너지는 D가 가장 작다.

① ㄱ ② ㄴ ③ ㄱ, ㄷ
④ ㄴ, ㄷ ⑤ ㄱ, ㄴ, ㄷ

03 그림은 원소 A~D의 상대적인 원자 반지름과 이온 반지름을 나타낸 것이다. 이온의 전자 배치는 모두 네온(Ne) 원자와 같다.

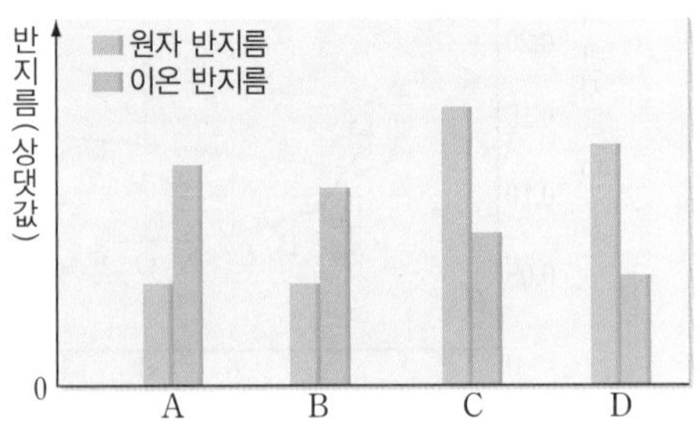

A~D에 대한 설명으로 옳은 것만을 〈보기〉에서 있는 대로 고른 것은?(단, A~D는 임의의 원소 기호이다.)

보기

ㄱ. A와 B는 비금속 원소이다.
ㄴ. 유효 핵전하가 가장 큰 것은 C이다.
ㄷ. 원자 번호가 가장 큰 것은 D이다.

① ㄱ ② ㄴ ③ ㄱ, ㄷ
④ ㄴ, ㄷ ⑤ ㄱ, ㄴ, ㄷ

➲ 수능모의평가기출 변형

04 그림은 원자 A~D가 네온(Ne)과 같은 전자 배치를 갖는 이온이 되었을 때의 이온 반지름을 나타낸 것이다. A~D는 각각 O, F, Na, Mg 중 하나이다.

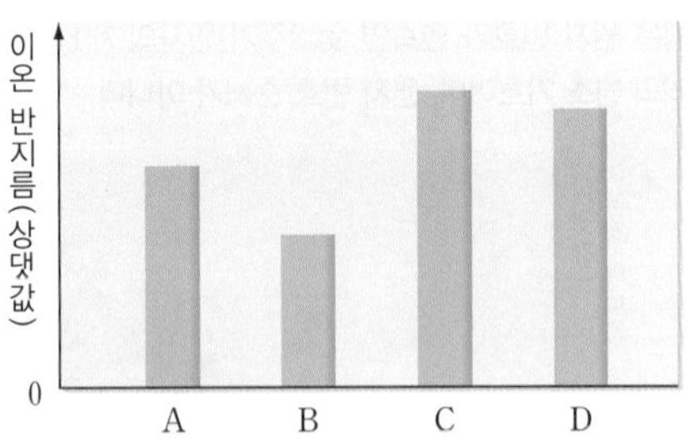

A~D에 대한 설명으로 옳은 것만을 〈보기〉에서 있는 대로 고른 것은?

보기

ㄱ. A와 B는 금속 원소이다.
ㄴ. C와 D는 2주기 원소이다.
ㄷ. 원자 번호가 가장 큰 원소는 B이다.

① ㄱ ② ㄴ ③ ㄱ, ㄷ
④ ㄴ, ㄷ ⑤ ㄱ, ㄴ, ㄷ

➲ 수능기출 변형

05 다음은 2, 3주기 바닥상태 원자 A～C에 대한 자료이다.

- A의 원자가 전자 수와 전자가 들어 있는 전자 껍질 수는 n으로 같다.
- A와 B는 같은 족 원소이고, 이온화 에너지는 A＞B이다.
- B와 C는 같은 주기 원소이고, 원자 반지름은 C＞B이다.

A～C에 대한 설명으로 옳은 것만을 〈보기〉에서 있는 대로 고른 것은?(단, A～C는 임의의 원소 기호이다.)

보기

ㄱ. A는 베릴륨(Be)이다.
ㄴ. 제1 이온화 에너지가 가장 작은 원소는 C이다.
ㄷ. 원자가 전자가 느끼는 유효 핵전하는 B＞C이다.

① ㄴ ② ㄷ ③ ㄱ, ㄴ
④ ㄱ, ㄷ ⑤ ㄱ, ㄴ, ㄷ

06 그림은 원자 a～d의 제1 이온화 에너지를 나타낸 것이고, a～d는 각각 Li, Be, B, C 중 하나이다.

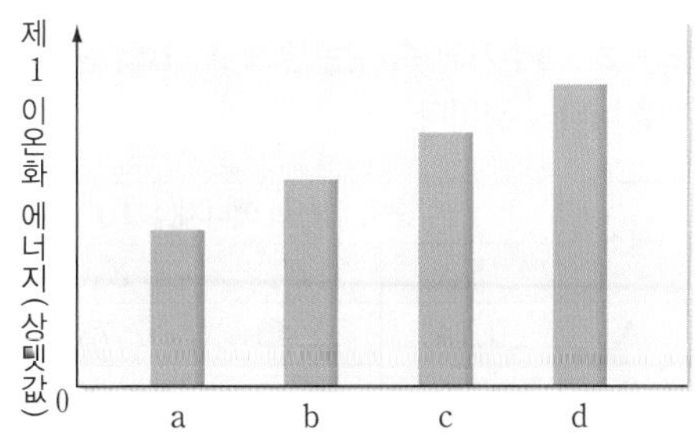

a～d에 대한 설명으로 옳은 것만을 〈보기〉에서 있는 대로 고른 것은?

보기

ㄱ. 홀전자 수는 a와 b가 같다.
ㄴ. 유효 핵전하는 a가 가장 크다.
ㄷ. 원자 반지름의 크기는 a＞b＞c＞d 순이다.

① ㄱ ② ㄷ ③ ㄱ, ㄴ
④ ㄴ, ㄷ ⑤ ㄱ, ㄴ, ㄷ

07 다음은 원소 (가)～(마)를 구별하기 위한 자료이다. (가)～(마)는 각각 Li, C, N, O, F 중 하나이다.

- 바닥상태 전자 배치의 홀전자 수: (가)＝(나)
- 원자가 전자 수: (다)＞(가)＞(나)
- 제1 이온화 에너지: (마)＞(가)

이에 대한 설명으로 옳은 것만을 〈보기〉에서 있는 대로 고른 것은?

보기

ㄱ. (나)는 Li이다.
ㄴ. $\frac{\text{제2 이온화 에너지}}{\text{제1 이온화 에너지}}$는 (라)＞(다)이다.
ㄷ. Ne의 전자 배치를 갖는 이온의 반지름은 (마)＞(가)이다.

① ㄱ ② ㄴ ③ ㄷ
④ ㄱ, ㄷ ⑤ ㄴ, ㄷ

➲ 수능모의평가기출 변형

08 그림은 원자 A～D의 이온 반지름을 나타낸 것이다. A～D의 이온은 모두 네온(Ne)의 전자 배치를 가지며, 원자 번호는 각각 8, 9, 11, 12 중 하나이다.

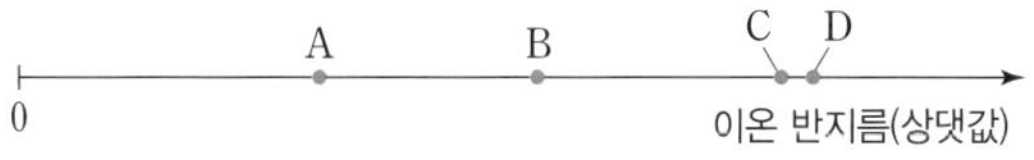

A～D에 대한 설명으로 옳은 것만을 〈보기〉에서 있는 대로 고른 것은?

보기

ㄱ. A와 B는 이온 반지름이 원자 반지름보다 크다.
ㄴ. 제1 이온화 에너지가 가장 작은 원소는 D이다.
ㄷ. 원자가 전자가 느끼는 유효 핵전하는 C가 D보다 크다.

① ㄱ ② ㄷ ③ ㄱ, ㄴ
④ ㄴ, ㄷ ⑤ ㄱ, ㄴ, ㄷ

09 그림은 Na, K, F, Cl 원자와 그의 이온의 반지름을 나타낸 것이다.

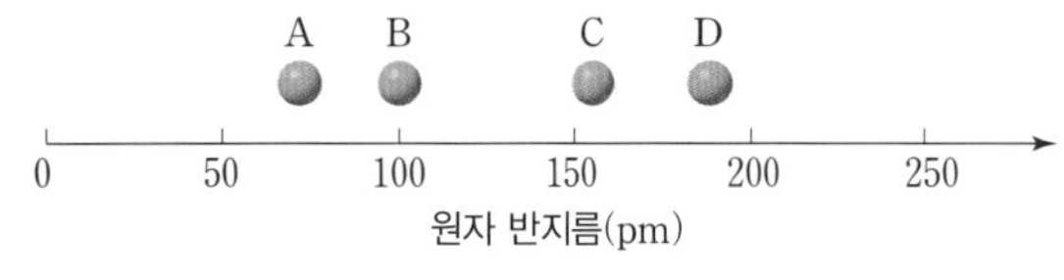

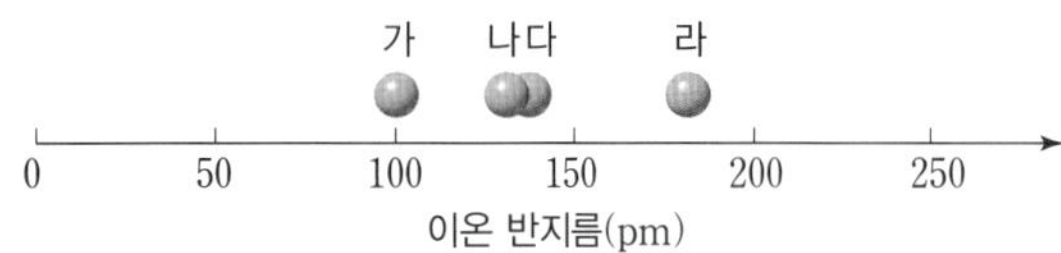

이에 대한 설명으로 옳은 것만을 〈보기〉에서 있는 대로 고른 것은?

보기

ㄱ. A와 B는 비금속 원소이다.
ㄴ. C의 이온 반지름은 '가'에 해당한다.
ㄷ. '라'는 원자 번호가 가장 큰 원소의 이온이다.

① ㄱ ② ㄷ ③ ㄱ, ㄴ
④ ㄴ, ㄷ ⑤ ㄱ, ㄴ, ㄷ

➲ 수능모의평가기출 변형

10 그림 (가)는 2주기 원소의 원자 번호에 따른 핵전하(Z)와 원자가 전자가 느끼는 유효 핵전하(Z^*)를 나타낸 것이고, (나)는 2주기 원소 A～E의 바닥상태 원자의 전자 배치에서 홀전자 수에 따른 Z와 Z^*의 차($Z-Z^*$)를 나타낸 것이다.

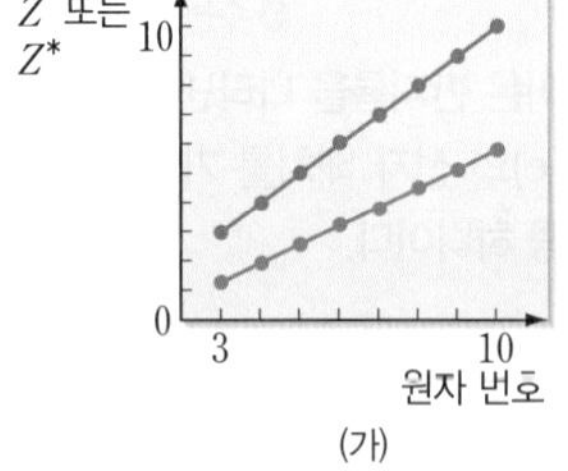

(가)

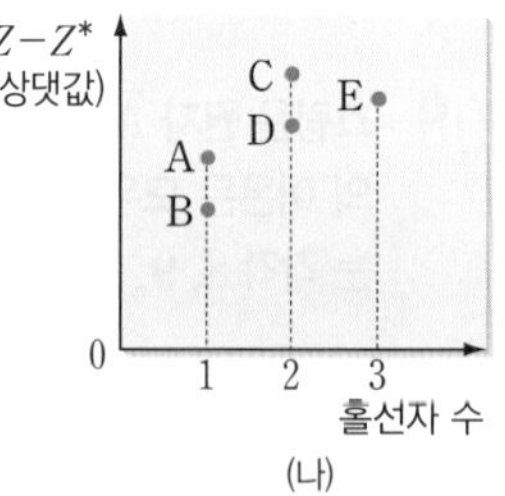

(나)

A～E에 대한 설명으로 옳은 것만을 〈보기〉에서 있는 대로 고른 것은?(단, A～E는 임의의 원소 기호이다.)

보기

ㄱ. A는 베릴륨(Be)이다.
ㄴ. 원자 번호가 가장 큰 원소는 C이다.
ㄷ. 바닥상태에서 전자가 들어 있는 p 오비탈의 수는 D와 E가 같다.

① ㄱ ② ㄴ ③ ㄱ, ㄷ
④ ㄴ, ㄷ ⑤ ㄱ, ㄴ, ㄷ

11 그림은 원자 번호가 연속인 원소의 제1 이온화 에너지를 나타낸 것이다.

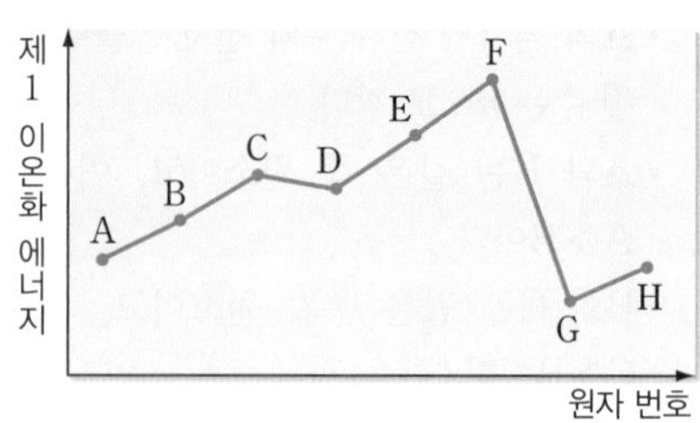

이에 대한 설명으로 옳은 것만을 〈보기〉에서 있는 대로 고른 것은?(단, A～H는 임의의 원소 기호이고, 2, 3주기 원소이다.)

보기

ㄱ. A～E 중 원자 반지름이 가장 큰 원소는 A이다.
ㄴ. D와 G의 안정한 이온의 전자 수는 같다.
ㄷ. D의 이온화 에너지가 C보다 작은 까닭은 오비탈에 채워진 전자 사이의 반발력이 증가하기 때문이다.

① ㄱ ② ㄴ ③ ㄱ, ㄷ
④ ㄴ, ㄷ ⑤ ㄱ, ㄴ, ㄷ

12 표는 2～3주기에 속하는 원소 A, B의 순차 이온화 에너지를 나타낸 것이다.

원소	순차 이온화 에너지($\times 10^3$ kJ/몰)			
	E_1	E_2	E_3	E_4
A	0.74	1.45	7.73	10.54
B	0.80	2.42	3.66	25.02

이에 대한 설명으로 옳은 것만을 〈보기〉에서 있는 대로 고른 것은?(단, A, B는 임의의 원소 기호이다.)

보기

ㄱ. A는 2족 원소이다.
ㄴ. B는 3주기 원소이다.
ㄷ. 원자 번호는 B가 A보다 크다.

① ㄱ ② ㄷ ③ ㄱ, ㄴ
④ ㄱ, ㄷ ⑤ ㄴ, ㄷ

13 그림은 주기율표의 일부를, 표는 주기율표의 (가)~(라)에 위치한 원소에 대한 원자 반지름과 이온 반지름을 나타낸 것이다.

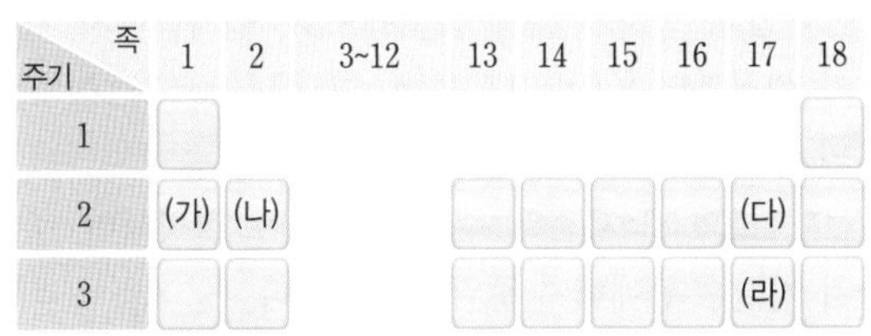

구분	A	B	C	D
원자 반지름(pm)	71	90	99	134
이온 반지름(pm)	133	45	181	76

이에 대한 설명으로 옳은 것만을 〈보기〉에서 있는 대로 고른 것은?(단, A~D는 임의의 원소 기호이다.)

보기
ㄱ. (가)는 D이다.
ㄴ. A와 C는 같은 족 원소이다.
ㄷ. 원자 번호가 가장 큰 원소는 B이다.

① ㄱ ② ㄷ ③ ㄱ, ㄴ
④ ㄱ, ㄷ ⑤ ㄴ, ㄷ

14 그림은 주기율표의 일부를 나타낸 것이다.

$_{1}H$							$_{2}He$
$_{3}Li$	$_{4}Be$	$_{5}B$	$_{6}C$	$_{7}N$	$_{8}O$	$_{9}F$	$_{10}Ne$
$_{11}Na$	$_{12}Mg$	$_{13}Al$	$_{14}Si$	$_{15}P$	$_{16}S$	$_{17}Cl$	$_{18}Ar$
$_{19}K$	$_{20}Ca$						

이에 대한 설명으로 옳은 것만을 〈보기〉에서 있는 대로 고른 것은?

보기
ㄱ. 원자 반지름이 가장 큰 원소는 K이다.
ㄴ. 비금속성이 가장 큰 원소는 He이다.
ㄷ. 음이온이 되기 쉬운 원소 중 유효 핵전하가 가장 큰 원소는 Cl이다.

① ㄱ ② ㄴ ③ ㄱ, ㄷ
④ ㄴ, ㄷ ⑤ ㄱ, ㄴ, ㄷ

➲ 수능모의평가기출 변형

15 그림은 원자 번호가 연속인 2주기 원소 X~Z의 제1, 제2 이온화 에너지를 나타낸 것이다.

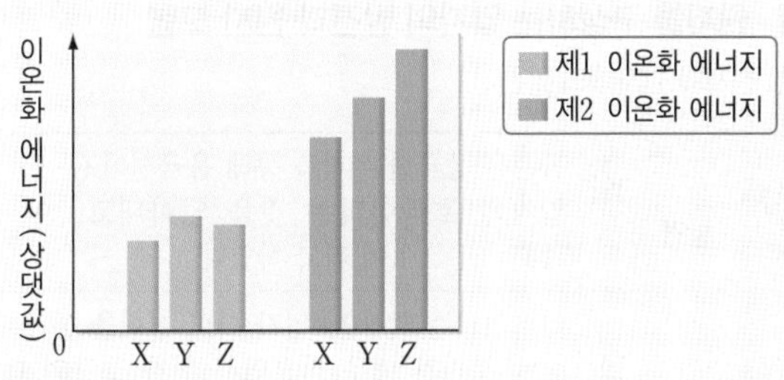

이에 대한 설명으로 옳은 것만을 〈보기〉에서 있는 대로 고른 것은?(단, X~Z는 임의의 원소 기호이고, 원자 번호는 X<Y<Z이다.)

보기
ㄱ. 바닥상태에서 X와 Z의 홀전자 수는 같다.
ㄴ. Y의 원자가 전자 수는 3이다.
ㄷ. Z는 붕소(B)이다.

① ㄱ ② ㄷ ③ ㄱ, ㄴ
④ ㄱ, ㄷ ⑤ ㄴ, ㄷ

➲ 수능기출 변형

16 그림은 2주기 또는 3주기에 속하는 몇 가지 원소의 이온화 에너지 상댓값을 족에 따라 나타낸 것이다. 같은 선으로 연결한 원소는 같은 주기에 속한다.

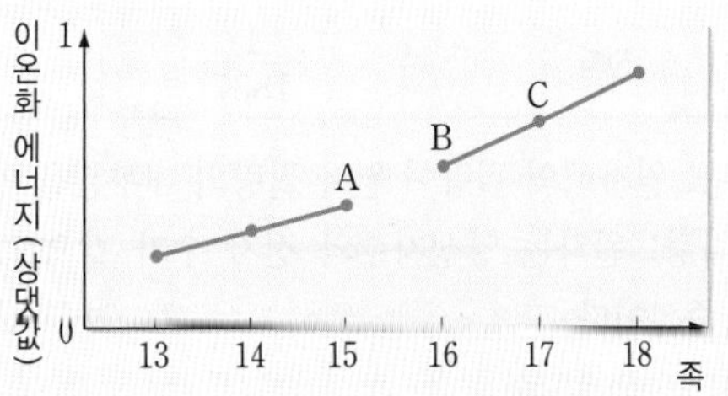

이에 대한 설명으로 옳은 것만을 〈보기〉에서 있는 대로 고른 것은?(단, A~C는 임의의 원소 기호이다.)

보기
ㄱ. A는 2주기 원소이다.
ㄴ. B의 유효 핵전하는 C보다 크다.
ㄷ. C는 이온 반지름이 원자 반지름보다 크다.

① ㄱ ② ㄷ ③ ㄱ, ㄴ
④ ㄴ, ㄷ ⑤ ㄱ, ㄴ, ㄷ

핵심 정리 Ⅱ 단원 마무리

05 원자의 구조

1. 원자를 구성하는 입자의 발견과 원자 모형

① 전자와 원자핵의 발견

(1)의 발견	톰슨은 음극선 실험을 통해 음극선이 (−)전하를 띤 입자의 흐름이라는 것을 알아내고, 이 입자를 (1)(이)라고 하였다.
(2)의 발견	러더퍼드는 알파(α) 입자 산란 실험을 통해 원자 중심에 부피가 매우 작으면서 원자 질량의 대부분을 차지하는 (+)전하를 띤 부분이 존재하는 것을 발견하고, 이를 (2)(이)라고 하였다.

② 톰슨과 러더퍼드가 제안한 원자 모형

톰슨의 원자 모형	(+)전하를 띠는 공 모양의 물질에 (−)전하를 띠는 전자가 듬성듬성 박혀 있는 원자 모형을 제안하였다.	(+)전하를 띠는 물질, 전자
러더퍼드 원자 모형	원자의 중심에 원자핵이 존재하고, 그 주위를 전자가 운동하고 있는 원자 모형을 제안하였다.	전자, 원자핵

2. 원자를 구성하는 입자의 성질

① 원자를 구성하는 입자의 성질

구성 입자		상대적 질량	상대적 전하
원자핵	양성자	1	(3)
	중성자	1	0
전자		$\frac{1}{1837}$	−1

- 질량: 원자핵의 질량이 원자 질량의 대부분을 차지한다.
- 전하량: 원자는 양성자수와 전자 수가 같으므로 전기적으로 중성이다.

② 원자 번호와 질량수

- 원자 번호=(4)=원자의 전자 수
- 질량수=양성자수+(5)

③ 원자의 표시: 원자 번호를 원소 기호의 왼쪽 아래에 쓰고, 질량수는 왼쪽 위에 쓴다.

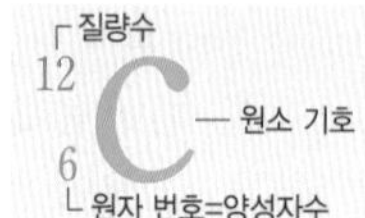

④ (6): 원자 번호(양성자수)는 같지만 중성자수가 달라 질량수가 다른 원소

⑤ 평균 원자량: 동위 원소의 존재비를 고려하여 평균값으로 나타낸 원자량

06 현대 원자 모형

1. 보어 원자 모형

① 전자 껍질: 전자가 운동하는 궤도로, 원자핵에서 가까운 전자 껍질부터 K(n=1), L(n=2), M(n=3), N(n=4) ⋯의 순서로 기호를 사용하여 나타낸다.

② 전자 껍질의 에너지 준위: 주 양자수(n)로 결정되며, 주 양자수가 커질수록 에너지 준위가 높아진다.

→ $E_n=-\frac{1312}{n^2}$ (kJ/mol) (n=1, 2, 3 ⋯)

③ 전자 전이와 에너지 출입: 전자가 에너지 준위가 다른 전자 껍질로 전이할 때 두 전자 껍질의 에너지 준위 차이만큼의 에너지를 흡수하거나 방출한다.

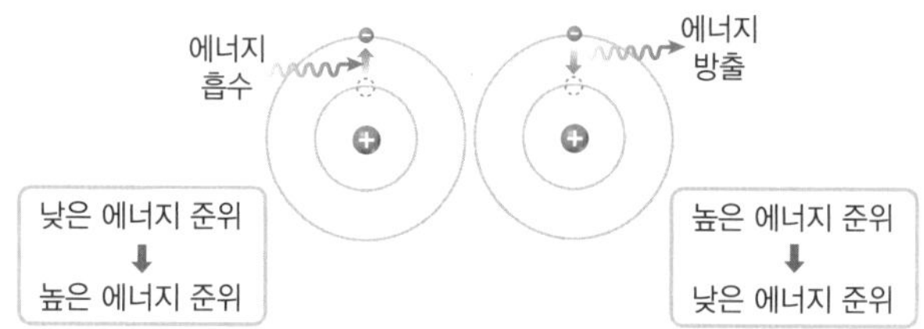

2. 현대 원자 모형

① (7): 원자핵 주위에서 전자가 발견될 확률을 나타낸 함수이다.

② 양자수의 종류: 원자 내에 있는 전자의 상태를 4가지 양자수로 나타낸다.

주 양자수(n)	오비탈의 크기와 에너지를 결정하는 양자수
방위 양자수(l)	오비탈의 모양(s, p, d⋯)을 결정하는 양자수
자기 양자수(m_l)	오비탈의 공간적인 방향을 결정하는 양자수
스핀 자기 양자수(m_s)	전자의 스핀을 구분하는 양자수

③ 오비탈 종류

(8)	(9)
	p_x, p_y, p_z
방향성 없다.	L 전자 껍질부터 존재하며, 방향성 있다.

④ 오비탈의 에너지 준위

수소 원자	다전자 원자
주 양자수(n)가 같으면 에너지 준위가 같다.	주 양자수(n), 오비탈의 모양에 따라 에너지 준위가 달라진다.
$1s<2s=2p<3s=3p=3d$ ⋯	$1s<2s<2p<3s<3p<4s<3d$ ⋯

바른답·알찬풀이 42쪽

07 전자 배치 규칙

쌓음 원리	• 바닥상태 원자에서 전자는 에너지 준위가 낮은 오비탈부터 차례로 채워진다. • 다전자 원자에서 전자가 채워지는 순서: $1s \rightarrow 2s \rightarrow 2p \rightarrow 3s \rightarrow 3p \rightarrow 4s \rightarrow 3d \rightarrow 4p \cdots$
파울리 배타 원리	1개의 오비탈에는 스핀 방향이 서로 반대인 전자가 최대 (⑩)개까지 채워진다.
(⑪) 규칙	바닥상태 원자에서 에너지 준위가 같은 오비탈에 전자가 채워질 때 가능한 한 홀전자가 많은 전자 배치를 한다.

08 주기율표

1. 주기율의 발견

되베라이너	세 쌍 원소설
뉴랜즈	옥타브설
멘델레예프	원자를 (⑫) 순서로 배열하여 최초의 주기율표 완성
모즐리	원자를 (⑬) 순으로 배열하여 현대 주기율표의 틀을 완성

2. 주기율표의 구성

족	• 주기율표의 세로줄로, 1~18족으로 구성된다. • (⑭)이/가 같아 화학적 성질이 비슷하다.
주기	• 주기율표의 가로줄로 1~7주기로 구성된다. • 전자가 들어 있는 (⑮)이/가 같다.

3. 원소의 분류

구분	(⑯) 원소	(⑰) 원소
위치	주로 왼쪽과 가운데	주로 오른쪽(수소는 왼쪽)
이온 형성	양이온이 되기 쉽다.	음이온이 되기 쉽다.
상온에서의 상태	고체(Hg은 액체).	기체, 고체(Br_2은 액체).
열, 전기 전도성	크다.	거의 없다(흑연 제외)

09 원소의 주기적 성질

1. 유효 핵전하 원자에서 어떤 전자 껍질에 채워진 전자가 실제로 느끼는 핵전하

① 수소의 유효 핵전하는 (⑱)이고, 다전자 원자의 유효 핵전하는 원자핵의 핵전하보다 작다.

② 유효 핵전하의 주기성

같은 족	원자 번호가 커질수록 유효 핵전하가 증가한다.
같은 주기	원자 번호가 커질수록 유효 핵전하가 증가한다.

2. 원자 반지름

① 원자 반지름: 같은 종류의 두 원자가 결합할 때, 두 원자핵 사이 거리의 $\frac{1}{2}$로 정의한다.

② 원자 반지름의 주기성

같은 족	원자 번호가 커질수록 원자 반지름이 (⑲)한다.
같은 주기	원자 번호가 커질수록 원자 반지름이 (⑳)한다.

3. 이온 반지름

① 원자와 이온 반지름 크기 비교

양이온(금속 원소)	음이온(비금속 원소)
원자 반지름(㉑)이온 반지름	원자 반지름(㉒)이온 반지름

② 이온 반지름의 주기성

같은 족	원자 번호가 커질수록 이온 반지름이 증가한다.
같은 주기	양이온과 음이온에서 각각 원자 번호가 커질수록 이온 반지름이 감소한다.

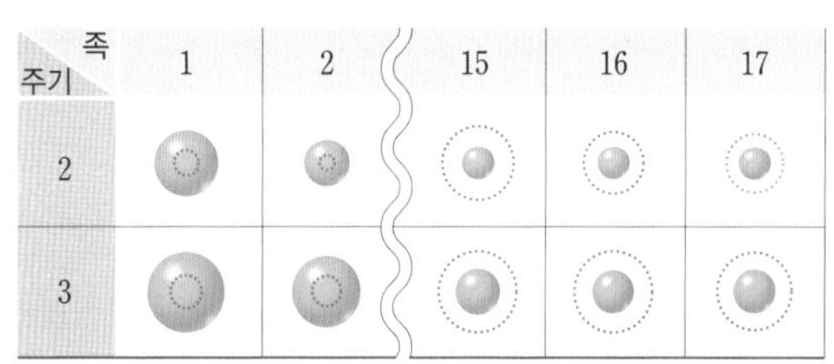

4. 이온화 에너지

① 이온화 에너지: 기체 상태의 원자로부터 전자 1몰을 떼어 내어 기체 상태의 양이온으로 만드는 데 필요한 최소 에너지

$$M(g) + E \longrightarrow M^+(g) + e^- \quad (E: \text{이온화 에너지})$$

② 이온화 에너지의 주기성

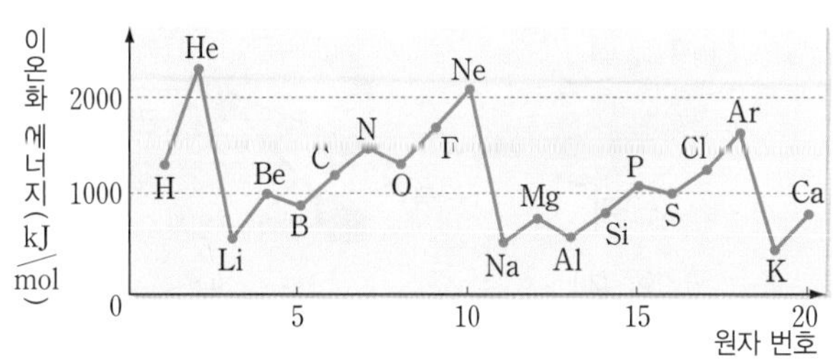

같은 족	같은 주기
원자 번호가 커질수록 이온화 에너지는 감소한다.	원자 번호가 커질수록 이온화 에너지는 대체로 증가한다.

③ 순차 이온화 에너지: 다전자 원자에서 전자를 1몰씩 차례로 떼어 내어 이온으로 만드는 데 필요한 에너지

• 차수가 커질수록 순차 이온화 에너지가 (㉓)한다.

Ⅱ 단원 평가 문제

∞ 05. 원자의 구조 56쪽

01 다음은 원자의 구성 입자를 알아내기 위한 어떤 실험의 결과이다.

- 음극선의 진행 경로에 물체를 놓아두면 그림자가 생긴다.
- 음극선의 진행 경로에 전기장을 걸어 주면 (+)극 쪽으로 휘어진다.

이 결과를 바탕으로 제시한 원자 모형으로 옳은 것은?

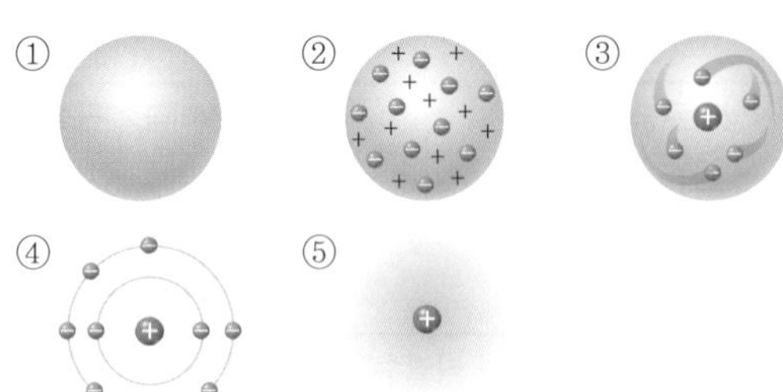

∞ 05. 원자의 구조 56쪽

02 그림은 원자의 구성 입자를 발견하게 된 2가지 실험을 나타낸 것이다.

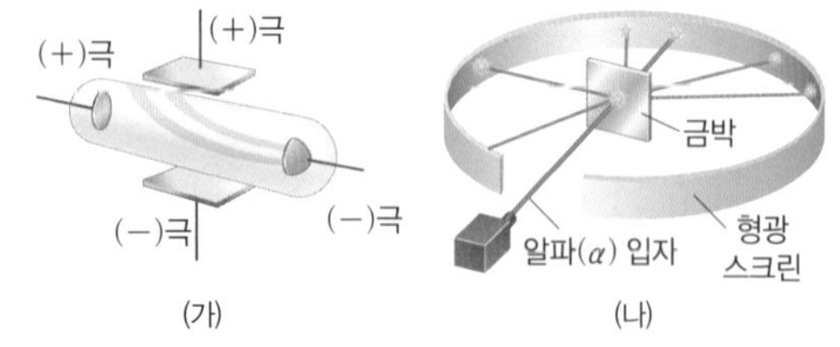

(가)에서 발견된 입자 A와 (나)에서 발견된 입자 B에 대한 설명으로 옳지 않은 것은?

① A는 전자이다.
② B는 원자핵이다.
③ 질량은 A가 B보다 작다.
④ B는 원자 대부분의 공간을 차지한다.
⑤ A와 B 사이에는 정전기적 인력이 작용한다.

∞ 05. 원자의 구조 56쪽

03 그림은 원자 A～C에 대해 양성자수(P)에서 중성자수(N)를 뺀 후, 양성자수로 나누어 나타낸 값($\frac{P-N}{P}$)을 양성자수에 따라 나타낸 것이다.

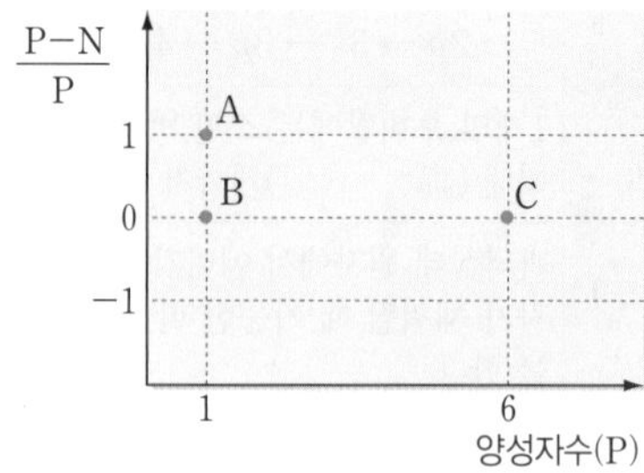

이에 대한 설명으로 옳은 것만을 〈보기〉에서 있는 대로 고른 것은?(단, A～C는 임의의 원소 기호이다.)

보기
ㄱ. A와 B는 동위 원소이다.
ㄴ. B의 질량수는 3이다.
ㄷ. ${}^{13}_{6}X$에서 $\frac{P-N}{P}$의 값은 -1이다.

① ㄱ ② ㄴ ③ ㄱ, ㄷ
④ ㄴ, ㄷ ⑤ ㄱ, ㄴ, ㄷ

∞ 05. 원자의 구조 56쪽

04 오른쪽 그림은 어떤 원소의 이온을 모형으로 나타낸 것이다. 이에 대한 설명으로 옳은 것만을 〈보기〉에서 있는 대로 고른 것은?

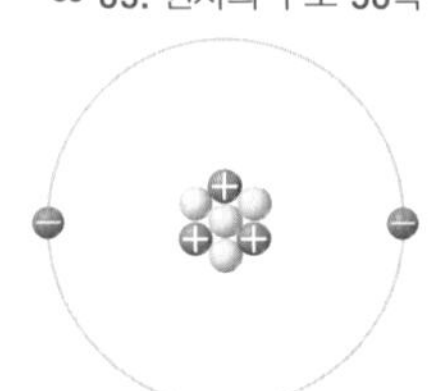

보기
ㄱ. 2주기 1족 원소이다.
ㄴ. +1의 양이온이다.
ㄷ. 원자의 원자가 전자 수는 3이다.

① ㄱ ② ㄷ ③ ㄱ, ㄴ
④ ㄴ, ㄷ ⑤ ㄱ, ㄴ, ㄷ

∞ 06. 현대 원자 모형 66쪽

05 표는 바닥상태인 헬륨(${}_{2}He$) 원자의 전자 A와 B의 방위 양자수와 스핀 자기 양자수를 나타낸 것이다.

전자	방위 양자수	스핀 자기 양자수
A	0	x
B	y	$+\frac{1}{2}$

$x+y$의 값을 구하시오.

∞ 06. 현대 원자 모형 66쪽

06 그림 (가)와 (나)는 에너지 상태가 다른 수소 원자의 모형을 나타낸 것이다.

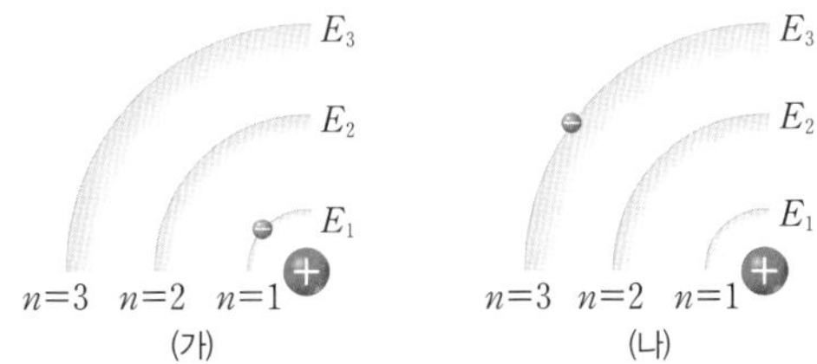

이에 대한 설명으로 옳은 것만을 〈보기〉에서 있는 대로 고른 것은?

보기
ㄱ. (가)는 바닥상태이다.
ㄴ. (나)에서 (가)로 될 때 에너지를 흡수한다.
ㄷ. 수소 기체의 양을 증가시키면 에너지 준위의 간격은 좁아진다.

① ㄱ　② ㄴ　③ ㄱ, ㄷ　④ ㄴ, ㄷ　⑤ ㄱ, ㄴ, ㄷ

∞ 06. 현대 원자 모형 66쪽

07 그림은 수소 원자의 몇 가지 오비탈을 모형으로 나타낸 것이다.

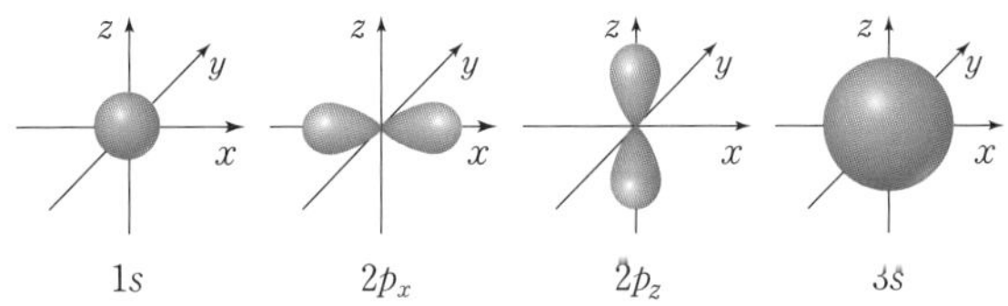

이에 대한 설명으로 옳은 것만을 〈보기〉에서 있는 대로 고른 것은?

보기
ㄱ. $2p_x$와 $2p_z$는 방위 양자수가 같다.
ㄴ. $1s$와 $3s$의 자기 양자수는 모두 0이다.
ㄷ. 전자가 $1s$에서 $2p_x$로 전이될 때 흡수하는 에너지 크기는 $1s$에서 $2p_z$로 전이될 때보다 작다.

① ㄱ　② ㄷ　③ ㄱ, ㄴ　④ ㄴ, ㄷ　⑤ ㄱ, ㄴ, ㄷ

∞ 06. 현대 원자 모형 66쪽

08 그림은 다전자 원자에서 주 양자수 $n=3$인 전자 껍질에 존재하는 오비탈 (가)와 (나)를 모형으로 나타낸 것이다.

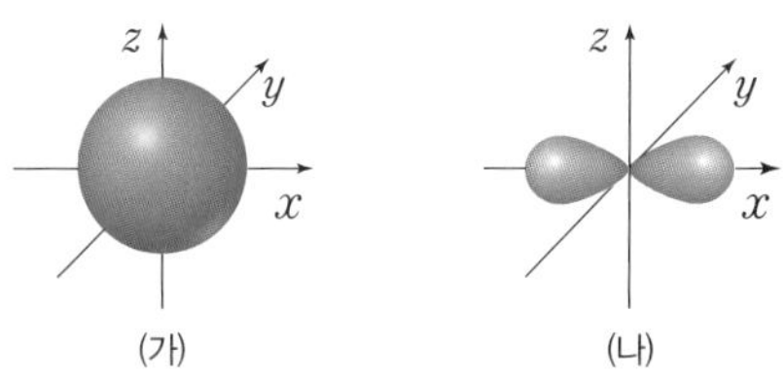

이에 대한 설명으로 옳은 것만을 〈보기〉에서 있는 대로 고른 것은?

보기
ㄱ. (가)는 방위 양자수와 자기 양자수가 같다.
ㄴ. $n=3$인 전자 껍질에는 (나)와 방위 양자수가 같은 오비탈이 2개 더 존재한다.
ㄷ. 오비탈에 들어갈 수 있는 전자 수는 (나)가 (가)보다 크다.

① ㄱ　② ㄷ　③ ㄱ, ㄴ　④ ㄴ, ㄷ　⑤ ㄱ, ㄴ, ㄷ

∞ 07. 전자 배치 규칙 80쪽

09 그림은 원자 A～D의 전자 배치를 나타낸 것이다.

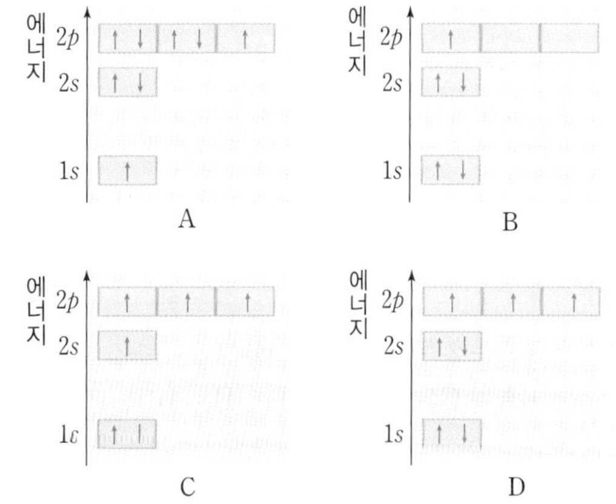

이에 대한 설명으로 옳은 것만을 〈보기〉에서 있는 대로 고른 것은?(단, A～D는 임의의 원소 기호이다.)

보기
ㄱ. 들뜬상태의 전자 배치는 A와 C이다.
ㄴ. 원자 번호가 가장 큰 원자는 A이다.
ㄷ. D는 훈트 규칙을 만족한다.

① ㄱ　② ㄴ　③ ㄷ　④ ㄱ, ㄴ　⑤ ㄱ, ㄴ, ㄷ

∞ 07. 전자 배치 규칙 80쪽

10 다음은 X와 Y 이온의 전자 배치를 나타낸 것이다.

- X^{2+}: $1s^2 2s^2 2p^6$
- Y^{2-}: $1s^2 2s^2 2p^6 3s^2 3p^6$

바닥상태의 원자 X와 Y에 대한 설명으로 옳은 것만을 〈보기〉에서 있는 대로 고른 것은?(단, X, Y는 임의의 원소 기호이다.)

보기
ㄱ. 홀전자 수는 X와 Y가 같다.
ㄴ. X와 Y는 같은 주기 원소이다.
ㄷ. 원자가 전자 수는 X가 Y보다 4개 더 많다.

① ㄱ ② ㄴ ③ ㄱ, ㄷ
④ ㄴ, ㄷ ⑤ ㄱ, ㄴ, ㄷ

∞ 08. 주기율표 90쪽

11 다음은 원소 A～C에 대한 자료이다.

- A는 2주기 원소이고, B와 C는 3주기 원소이다.
- A와 C는 2족 원소이고, B는 16족 원소이다.

이에 대한 설명으로 옳은 것만을 〈보기〉에서 있는 대로 고른 것은?(단, A～C는 임의의 원소 기호이다.)

보기
ㄱ. 원자 번호가 가장 큰 것은 C이다.
ㄴ. 원자가 전자 수가 같은 것은 A와 C이다.
ㄷ. 고체 상태에서 전기 전도성이 있는 것은 2가지이다.

① ㄱ ② ㄴ ③ ㄷ
④ ㄱ, ㄷ ⑤ ㄴ, ㄷ

∞ 09. 원소의 주기적 성질 96쪽

12 그림은 주기율표의 일부를 나타낸 것이다.

주기 \ 족	1	2	13	14	15	16	17	18
2					A	B		
3	C						D	

A～D에 대한 설명으로 옳은 것만을 〈보기〉에서 있는 대로 고른 것은?(단, A～D는 임의의 원소 기호이다.)

보기
ㄱ. 이온화 에너지는 B가 A보다 크다.
ㄴ. 안정한 이온의 반지름은 C가 B보다 크다.
ㄷ. 바닥상태 원자에서 C와 D의 홀전자 수는 같다.

① ㄱ ② ㄷ ③ ㄱ, ㄴ
④ ㄴ, ㄷ ⑤ ㄱ, ㄴ, ㄷ

∞ 09. 원소의 주기적 성질 96쪽

13 그림은 2, 3주기 원소 A～D의 이온 반지름을 나타낸 것이다. A～D 이온의 전자 배치는 Ne과 같고 1족, 2족, 16족, 17족 원소이다.

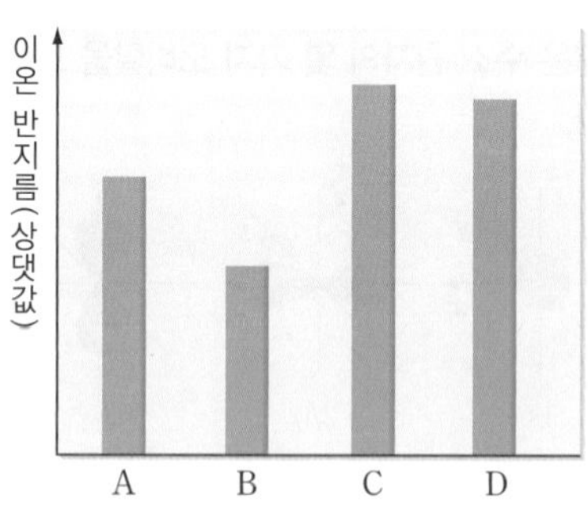

이에 대한 설명으로 옳은 것만을 〈보기〉에서 있는 대로 고른 것은?(단, A～D는 임의의 원소 기호이다.)

보기
ㄱ. 유효 핵전하가 가장 큰 원소는 B이다.
ㄴ. 이온화 에너지는 D가 C보다 크다.
ㄷ. 원자 반지름이 가장 큰 원소는 A이다.

① ㄱ ② ㄴ ③ ㄱ, ㄷ
④ ㄴ, ㄷ ⑤ ㄱ, ㄴ, ㄷ

∞ 09. 원소의 주기적 성질 96쪽

14 표는 3주기 원소 A~C의 순차 이온화 에너지를 나타낸 것이다.

원소	순차 이온화 에너지($\times 10^3$ kJ/mol)			
	E_1	E_2	E_3	E_4
A	0.50	4.56	6.91	9.54
B	0.58	1.82	2.75	11.57
C	0.74	1.45	7.73	10.54

이에 대한 설명으로 옳은 것만을 〈보기〉에서 있는 대로 고른 것은?(단, A~C는 임의의 원소 기호이다.)

보기

ㄱ. 바닥상태에서 홀전자 수는 A와 B가 같다.
ㄴ. 원자 반지름은 B가 C보다 작다.
ㄷ. C를 안정한 이온으로 만드는 데 필요한 에너지는 1.45×10^3 kJ/mol이다.

① ㄱ ② ㄷ ③ ㄱ, ㄴ
④ ㄴ, ㄷ ⑤ ㄱ, ㄴ, ㄷ

∞ 09. 원소의 주기적 성질 96쪽

15 표는 2, 3주기 원소 A~D의 원자가 전자 수와 제1 이온화 에너지를 나타낸 것이다.

원소	A	B	C	D
원자가 전자 수	1	1	7	7
제1 이온화 에너지(kJ/mol)	496	520	1251	1688

이에 대한 설명으로 옳은 것만을 〈보기〉에서 있는 대로 고른 것은?(단, A~D는 임의의 원소 기호이다.)

보기

ㄱ. A와 C는 2주기 원소이다.
ㄴ. 제2 이온화 에너지는 B가 D보다 크다.
ㄷ. 안정한 이온의 전자 배치는 A와 D가 같다.

① ㄱ ② ㄷ ③ ㄱ, ㄴ
④ ㄴ, ㄷ ⑤ ㄱ, ㄴ, ㄷ

1등급을 완성하는 서술형 문제

∞ 05. 원자의 구조 56쪽

16 그림은 원자 X의 구조를 모형으로 나타낸 것이다. ●, ●, ⊖은 원자를 구성하는 입자이다.

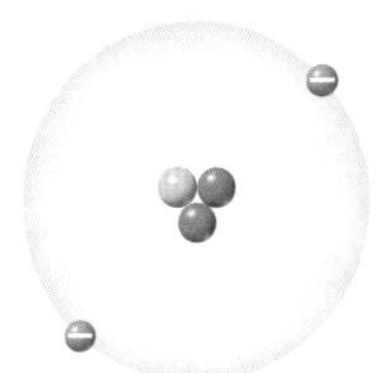

원자 X를 원소 기호 표시법으로 나타내고, 그 까닭을 설명하시오(단, X는 임의의 원소 기호이다.).

∞ 07. 전자 배치 규칙 80쪽

17 그림은 $_{13}$Al의 전자 배치의 일부를 나타낸 것이다.

1*s*	2*s*	2*p*			3*s*	3*p*		
↑↓	↑↓	↑↓	↑↓	↑↓				

(1) 바닥상태 전자 배치를 완성하시오.

(2) 바닥상태 전자 배치에서 (가) 원자가 전자 수와 (나) 홀전자 수를 각각 쓰시오.

∞ 09. 원소의 주기적 성질 96쪽

18 표는 3주기 원소 A~D의 원자 반지름과 안정한 이온의 이온 반지름을 나타낸 것이다(단, A~D는 임의의 원소 기호이고, A~D 이온의 전하는 −2~+2이다.).

구분	A	B	C	D
원자 반지름(pm)	145	88	79	190
이온 반지름(pm)	65	184	181	95

(1) A~D를 금속 원소와 비금속 원소를 구분하고, 그 까닭을 설명하시오.

(2) A~D에서 이온화 에너지가 가장 큰 원소를 고르고, 그 까닭을 설명하시오.

주기율표

원자 번호 — 20
원소 기호 — Ca
원소 이름 — 칼슘
원자량 — 40.08

금속 원소 / 비금속 원소 / 준금속 원소 / 2016년에 추가된 원소

	1족	2족	3족	4족	5족	6족	7족	8족	9족
1주기	1 H 수소 [1.007; 1.009]								
2주기	3 Li 리튬 [6.938; 6.997]	4 Be 베릴륨 9.012							
3주기	11 Na 나트륨 22.99	12 Mg 마그네슘 24.31							
4주기	19 K 칼륨 39.10	20 Ca 칼슘 40.08	21 Sc 스칸듐 44.96	22 Ti 타이타늄 47.87	23 V 바나듐 50.94	24 Cr 크로뮴 52.00	25 Mn 망가니즈 54.94	26 Fe 철 55.85	27 Co 코발트 58.93
5주기	37 Rb 루비듐 85.47	38 Sr 스트론튬 87.62	39 Y 이트륨 88.91	40 Zr 지르코늄 91.22	41 Nb 나이오븀 92.91	42 Mo 몰리브데넘 95.96(2)	43 Tc 테크네튬	44 Ru 루테늄 101.1	45 Rh 로듐 102.9
6주기	55 Cs 세슘 132.9	56 Ba 바륨 137.3	란타넘족	72 Hf 하프늄 178.5	73 Ta 탄탈럼 180.9	74 W 텅스텐 183.8	75 Re 레늄 186.2	76 Os 오스뮴 190.2	77 Ir 이리듐 192.2
7주기	87 Fr 프랑슘	88 Ra 라듐	악티늄족	104 Rf 러더포듐	105 Db 더브늄	106 Sg 시보귬	107 Bh 보륨	108 Hs 하슘	109 Mt 마이트너륨

57 La 란타넘 138.9	58 Ce 세륨 140.1	59 Pr 프라세오디뮴 140.9	60 Nd 네오디뮴 144.2	61 Pm 프로메튬	62 Sm 사마륨 150.4
89 Ac 악티늄	90 Th 토륨 232.0	91 Pa 프로트악티늄 231.0	92 U 우라늄 238.0	93 Np 넵투늄	94 Pu 플루토늄

10족	11족	12족	13족	14족	15족	16족	17족	18족
								2 He 헬륨 4.003
			5 B 붕소 [10.80; 10.83]	6 C 탄소 [12.00; 12.02]	7 N 질소 [14.00; 14.01]	8 O 산소 [15.99; 16.00]	9 F 플루오린 19.00	10 Ne 네온 20.18
			13 Al 알루미늄 26.98	14 Si 규소 [28.08; 28.09]	15 P 인 30.97	16 S 황 [32.05; 32.08]	17 Cl 염소 [35.44; 35.46]	18 Ar 아르곤 39.95
28 Ni 니켈 58.69	29 Cu 구리 63.55	30 Zn 아연 65.38(2)	31 Ga 갈륨 69.72	32 Ge 저마늄 72.63	33 As 비소 74.92	34 Se 셀레늄 78.96(3)	35 Br 브로민 79.90	36 Kr 크립톤 83.80
46 Pd 팔라듐 106.4	47 Ag 은 107.9	48 Cd 카드뮴 112.4	49 In 인듐 114.8	50 Sn 주석 118.7	51 Sb 안티모니 121.8	52 Te 텔루륨 127.6	53 I 아이오딘 126.9	54 Xe 제논 131.3
78 Pt 백금 195.1	79 Au 금 197.0	80 Hg 수은 200.6	81 Tl 탈륨 [204.3; 204.4]	82 Pb 납 207.2	83 Bi 비스무트 209.0	84 Po 폴로늄	85 At 아스타틴	86 Rn 라돈
110 Ds 다름슈타튬	111 Rg 뢴트게늄	112 Cn 코페르니슘	113 Nh 니호늄	114 Fl 플레로븀	115 Mc 모스코븀	116 Lv 리버모륨	117 Ts 테네신	118 Og 오가네손

63 Eu 유로퓸 152.0	64 Gd 가돌리늄 157.3	65 Tb 터븀 158.9	66 Dy 디스프로슘 162.5	67 Ho 홀뮴 164.9	68 Er 어븀 167.3	69 Tm 툴륨 168.9	70 Yb 이터븀 173.1	71 Lu 루테튬 175.0
95 Am 아메리슘	96 Cm 퀴륨	97 Bk 버클륨	98 Cf 캘리포늄	99 Es 아인슈타이늄	100 Fm 페르뮴	101 Md 멘델레븀	102 No 노벨륨	103 Lr 로렌슘

검은색 원소 기호: (상온) 고체 상태, 파란색 원소 기호: (상온) 액체 상태, 빨간색 원소 기호: (상온) 기체 상태

생글생글
생활통

작지만 확실한 행복

소확행이라는 말이 있습니다. '작지만 확실한 행복을 추구하는 생활 방식'의 줄임말입니다. 이 말은 일본의 소설가 무라카미 하루키가 만들어 낸 말인데, 그는 소확행으로 다음과 같은 일들을 꼽았습니다.

- 갓 구운 따끈한 빵을 손으로 뜯어 먹는 것
- 오후의 햇빛이 만든 나뭇잎 그림자를 바라보며 브람스의 실내악을 듣는 것
- 새로 산 청결한 냄새가 풍기는 하얀 셔츠를 머리서부터 뒤집어쓸 때의 기분
- 겨울밤 부스럭 소리를 내며 이불 속으로 들어오는 고양이의 감촉

우리들의 소확행으로는 무엇을 꼽을 수 있을까요? 그 목록을 작성할 수 있다면, 우리도 소소한 일상을 즐기는 행복한 사람일 것입니다.

III 화학 결합과 분자의 세계

이 단원에서는 화학 결합에 전자가 관여하고 있다는 것을 이해하고, 원소의 전기 음성도와 쌍극자 모멘트를 통해 결합의 극성을 알아본다. 또, 분자의 구조를 루이스 전자점식으로 표현하는 방법을 이해하고, 전자쌍 반발 이론과 관련지어 분자의 구조를 예측하여 분자의 구조에 따른 분자의 극성 변화를 알아본다.

10 화학 결합의 전기적 성질과 이온 결합
11 공유 결합과 금속 결합
12 결합의 극성
13 분자의 구조와 분자의 극성

• 핵심 정리 III단원 마무리
• 실력 점검 III단원 평가 문제

10 화학 결합의 전기적 성질과 이온 결합

1 화학 결합의 전기적 성질 자료 분석 특강 129쪽 A

1 화합물의 전기 분해

(전기 분해: 전기 에너지를 이용하여 화합물을 성분 원소로 분해하는 것)

① 염화 나트륨 용융액의 전기 분해: 염화 나트륨 용융액(고체에 열을 가해서 액체로 만든 것)에 전류를 흘려주면 (−)극에서는 나트륨이 생성되고, (+)극에서는 염소 기체가 발생한다.❶

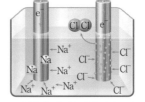

- (−)극: $2Na^+ + 2e^- \longrightarrow 2Na$
  → 나트륨 이온이 끌려와 전자를 얻어 나트륨이 생성된다.
- (+)극: $2Cl^- \longrightarrow Cl_2 + 2e^-$
  → 염화 이온이 끌려와 전자를 잃고 염소 기체가 생성된다.

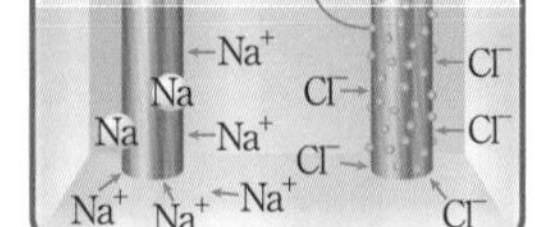

▲ 염화 나트륨 용융액의 전기 분해

② 물의 전기 분해: 물에 황산 나트륨, 수산화 나트륨 등의 전해질을 넣고 전기 분해 하면 (−)극에서는 수소 기체가, (+)극에서는 산소 기체가 생성된다.❷

탐구 활동

과정 »

❶ 비커에 증류수 50 mL를 넣고 황산 나트륨을 소량 녹인다. (순수한 물은 전류가 흐르지 않으므로 전해질을 소량 넣어 물에 전류가 흐르게 한다.)

❷ 오른쪽 그림과 같이 과정 ❶의 수용액을 플라스틱병과 빨대에 넣은 후, 빨대의 아래쪽에 침 핀을 꽂아 건전지에 연결한다.

❸ 각 전극에서 일어나는 변화를 관찰하고, 생성된 기체의 부피를 비교한다.

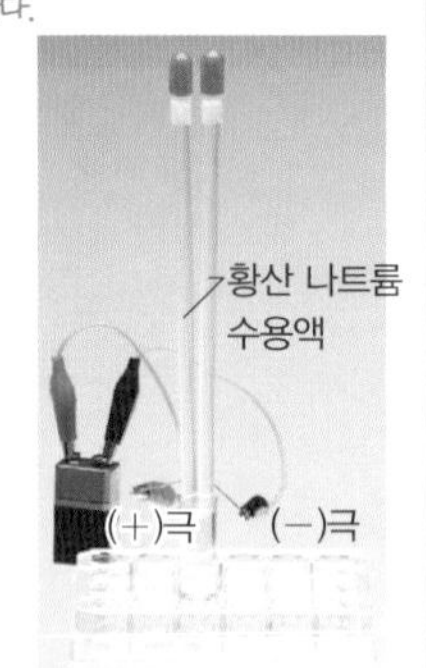

결과 및 정리 »

- (−)극에서는 물이 전자를 얻어 수소 기체가 발생하고, (+)극에서는 물이 전자를 잃어 산소 기체가 발생한다.
- (−)극과 (+)극에서 생성된 기체의 부피비=2 : 1 → 물은 수소와 산소가 2 : 1의 원자 수비로 결합한 물질이다.

2 화학 결합과 전자

이온 결합을 하는 염화 나트륨(이온 결합 물질)의 용융액과 공유 결합을 하는 물(공유 결합 물질)을 각각 전기 분해 할 때 모두 전자를 잃거나 얻는 반응이 일어나 성분 물질로 분해되므로 화학 결합에 전자가 관여함을 알 수 있다.

2 이온 결합 자료 분석 특강 130쪽 C, D

1 이온 결합의 형성

① 옥텟 규칙: 18족 원소 이외의 대부분의 원자들이 가장 바깥 전자 껍질에 전자 8개를 채워 비활성 기체와 같은 안정한 전자 배치를 이루려는 경향

② 이온 결합: 양이온과 음이온 사이의 정전기적 인력으로 형성되는 결합

③ 이온 결합의 형성 과정: 전자를 잃기 쉬운 금속 원자와 전자를 얻기 쉬운 비금속 원자가 전자를 잃거나 얻어 생성된 양이온과 음이온 사이에 정전기적 인력이 작용하여 형성된다.❸

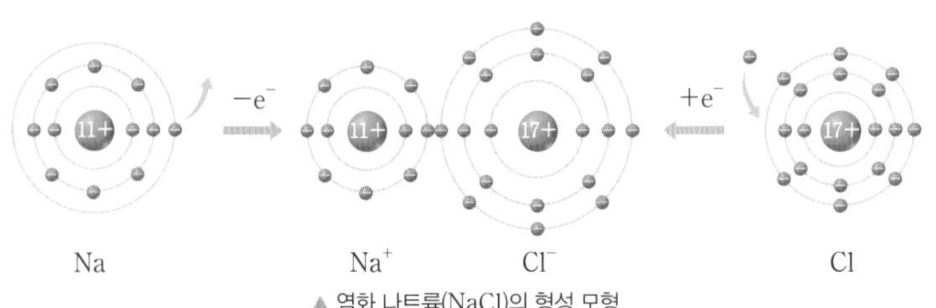

▲ 염화 나트륨(NaCl)의 형성 모형

한눈에 정리하는 출제 경향

- 화학 결합의 전기적 성질 설명하기
- 이온 결합의 형성 과정과 특성, 이온 결합 물질의 성질 이해하기

❶ **염화 나트륨의 전기 전도성**
- 고체 상태: 양이온과 음이온이 단단하게 결합하여 자유롭게 움직일 수 없으므로 전류가 흐르지 않는다.
- 액체 상태(용융액): 결합이 약해져 이온들이 자유롭게 움직일 수 있으므로 전류가 흐른다.

❷ **산소(O_2)와 수소(H_2) 기체의 확인**
- 산소 기체: 꺼져 가는 향불을 가까이 가져다 대면 불씨가 커진다.
- 수소 기체: 성냥불을 가까이 가져가면 '퍽' 하는 소리가 나면서 탄다.

❸ **이온의 형성**
- 양이온의 형성: 일반적으로 금속 원소의 원자는 전자를 잃고 양이온이 되어 비활성 기체와 같은 전자 배치를 이룬다.
- 음이온의 형성: 일반적으로 비금속 원소의 원자는 전자를 얻고 음이온이 되어 비활성 기체와 같은 전자 배치를 이룬다.

이온 결합은 금속 원자와 비금속 원자가 만나 생성된 양이온과 음이온 사이의 정전기적 인력에 의해 이루어진다.

④ 이온 결합의 형성과 에너지 변화 자료 분석 특강 129쪽 B

- 양이온과 음이온이 서로 가까워지면 두 이온 사이에 인력과 반발력이 작용한다.
- 두 이온 사이에 작용하는 인력과 반발력이 균형을 이루어 에너지가 가장 낮은 지점에서 이온 결합이 형성된다.

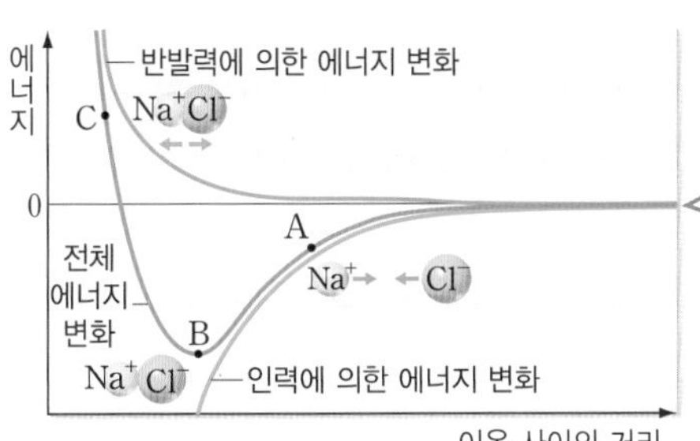

- A: 양이온과 음이온이 서로 가까워지면 이온 사이에 정전기적 인력이 크게 작용하므로 에너지가 점점 낮아진다.
- B: 인력과 반발력이 균형을 이루어 에너지가 가장 낮은 거리에서 이온 결합이 형성된다.
- C: 이온 사이의 거리가 너무 가까워지면 반발력이 증가하여 에너지가 높아지므로 불안정한 상태가 된다.

고체 상태에서는 수많은 양이온과 음이온이 3차원적으로 서로를 둘러싸며, 규칙적으로 배열되어 결정 구조를 이룬다.

2 이온 결합 물질 이온 결합으로 생성되는 물질이며, 금속 원자가 양이온이 되면서 잃은 전자 수와 비금속 원자가 음이온이 되면서 얻은 전자 수가 같으므로 전기적으로 중성이다.

① 이온 결합 물질의 화학식[④, ⑤]

- 양이온의 총전하량과 음이온의 총전하량이 같아지는 이온 수비로 결합한다.
- 이온 결합을 형성하는 이온의 종류에 따라 결합하는 이온의 개수비가 달라진다.

예 염화 칼슘: Ca^{2+} : Cl^- = 1 : 2 → $CaCl_2$

산화 나트륨: Na^+ : O^{2-} = 2 : 1 → Na_2O

② 이온 결합 물질의 성질

외부에서 힘을 가할 때	비교적 단단하지만, 힘을 가하면 이온 층이 밀리면서 같은 전하를 띤 이온들이 만나게 되어 반발력이 작용하므로 쉽게 부서진다.[⑥]
전기 전도성	고체 상태 (Na^+, Cl^-, (+)극, (−)극): 이온이 이동하지 못하므로 전기 전도성이 없다. 액체 상태, 수용액 ((+)극, (−)극): 이온들이 자유롭게 이동할 수 있으므로 전기 전도성이 있다.
녹는점	정전기적 인력으로 강하게 결합하므로 녹는점이 비교적 높아 실온에서 대부분 고체로 존재한다. 정전기적 인력이 클수록 이온 결합력이 강하고, 결합의 세기가 강하면 결합을 끊는 데 많은 열에너지가 필요하므로 녹는점과 끓는점이 높아진다.

이온 결합 물질의 이온 사이의 거리와 녹는점

이온 결합 물질	이온 사이 거리(pm)	녹는점(°C)	이온 결합 물질	이온 사이 거리(pm)	녹는점(°C)
NaF	231	996	MgO	210	2825
KF	269	846	CaO	240	2572
RbF	284	775	SrO	253	2431

(NaF, KF, RbF: +1의 양이온, −1의 음이온 / MgO, CaO, SrO: +2의 양이온, −2의 음이온)

- 이온의 전하량이 같을 때 이온 사이의 거리가 짧을수록 녹는점이 높다. 예 NaF > KF > RbF
- 이온 사이의 거리가 비슷할 때 이온의 전하량이 클수록 녹는점이 높다. 예 NaF < CaO (+1 −1, +2 −2)

확인 문제 1 2

1 이온 결합이 형성되는 거리보다 가까운 거리에서는 두 이온 사이에 (반발력, 인력)이 우세하게 작용한다.

2 이온 결합 물질은 고체 상태와 액체 상태에서 모두 전기 전도성이 있다. (○, ×)

④ 이온 결합 물질의 화학식

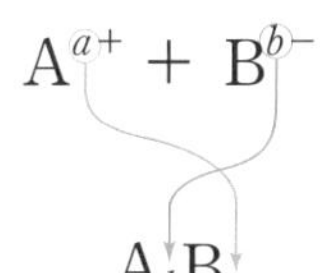

$$A^{a+} + B^{b-} \rightarrow A_bB_a$$

(양이온의 전하×양이온의 수)+(음이온의 전하×음이온의 수)=0
(단, a나 b가 1이면 생략한다.)

⑤ 이온 결합 물질의 이름

음이온 이름 뒤에 양이온 이름을 붙여 부른다. 예를 들면 LiCl은 염화 리튬, $Ca(OH)_2$는 수산화 칼슘이다.

⑥ 이온 결정과 부스러짐

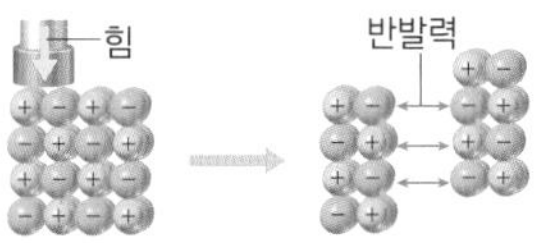

우리 주변의 이온 결합 물질

물질	이용
탄산 칼슘($CaCO_3$)	대리석, 시멘트
탄산수소 나트륨($NaHCO_3$)	베이킹파우더
염화 마그네슘($MgCl_2$)	두부 만들 때 사용하는 간수
염화 칼슘($CaCl_2$)	습기 제거제, 제설제
황산 칼슘($CaSO_4$)	석고의 성분
염화 칼륨(KCl)	링거액

용어 돋보기

- **전해질**(번개 電, 풀 解, 바탕 質): 물에 녹아 양이온과 음이온으로 해리되어 전류를 흐르게 하는 물질이다.
- **결정**(맺을 結, 밝을 晶): 물질을 이루는 입자들이 규칙적인 배열을 한 고체 상태의 물질이다.

개념을 다지는 기본 문제

1 화학 결합의 전기적 성질

중요

01 물의 전기 분해에 대한 설명으로 옳지 않은 것은?

① 물에 황산 나트륨(Na_2SO_4)을 소량 녹여야 한다.
② (−)극과 (+)극에서 생성된 기체의 양(mol)은 같다.
③ (−)극에서 생성된 기체에 불을 가까이 대면 '퍽' 소리가 나면서 탄다.
④ (+)극에서 생성된 기체에 꺼져 가는 성냥불을 가져다 대면 불씨가 커진다.
⑤ 물은 수소 원자와 산소 원자가 전기적인 성질로 결합하고 있다는 것을 알 수 있다.

02 염화 나트륨 용융액의 전기 분해에 대한 설명으로 옳은 것만을 〈보기〉에서 있는 대로 고른 것은?

보기
ㄱ. (+)극에서 나트륨이 생성된다.
ㄴ. (−)극에서 전자를 얻는 반응이 일어난다.
ㄷ. 염화 나트륨 용융액에 전류를 흘려주면 전류가 흐른다.

① ㄱ ② ㄷ ③ ㄱ, ㄴ
④ ㄴ, ㄷ ⑤ ㄱ, ㄴ, ㄷ

03 다음은 화학 결합과 관련된 2가지 실험이다.

(가) 염화 나트륨(NaCl) 용융액을 전기 분해 하면 금속 나트륨과 염소 기체가 생성된다.
(나) 물(H_2O)을 전기 분해 하면 수소 기체와 산소 기체가 생성된다.

이에 대한 설명으로 옳은 것만을 〈보기〉에서 있는 대로 고르시오.

보기
ㄱ. (가)의 염화 나트륨 용융액에서는 이온이 이동할 수 있다.
ㄴ. (나)에서 물은 순수한 증류수를 사용한다.
ㄷ. (가)와 (나)로부터 화학 결합이 형성될 때 전자가 관여한다는 것을 알 수 있다.

2 이온 결합

04 다음은 화학 결합 (가)에 대한 설명이다.

• (㉠) 원소와 (㉡) 원소가 만나 형성한다.
• (가)를 형성할 때 (㉠) 원자는 전자를 얻고, (㉡) 원자는 전자를 잃는다.

이에 대한 설명으로 옳은 것만을 〈보기〉에서 있는 대로 고른 것은?

보기
ㄱ. ㉠은 비금속이다.
ㄴ. (가)는 이온 결합이다.
ㄷ. (가)를 형성할 때 ㉡ 원자는 양이온이 된다.

① ㄱ ② ㄴ ③ ㄱ, ㄷ
④ ㄴ, ㄷ ⑤ ㄱ, ㄴ, ㄷ

05 그림은 주기율표의 일부를 나타낸 것이다.

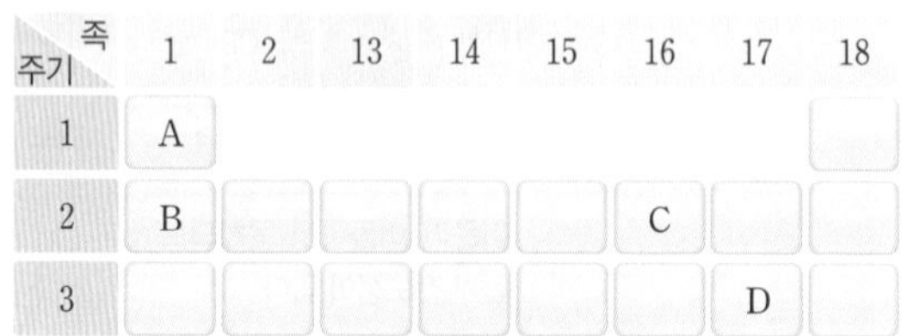

이온 결합으로 이루어진 화합물을 〈보기〉에서 있는 대로 고르시오(단, A~D는 임의의 원소 기호이다.).

보기
ㄱ. A와 B의 화합물 ㄴ. A와 C의 화합물
ㄷ. B와 C의 화합물 ㄹ. B와 D의 화합물
ㅁ. C와 D의 화합물

06 이온 결합 물질이 아닌 것은?

① HCl ② LiH ③ Li_2O
④ NaCl ⑤ $MgCl_2$

서술형

07 그림은 이온 결합 물질에서 이온 사이의 거리에 따른 에너지 변화를 나타낸 것이다.

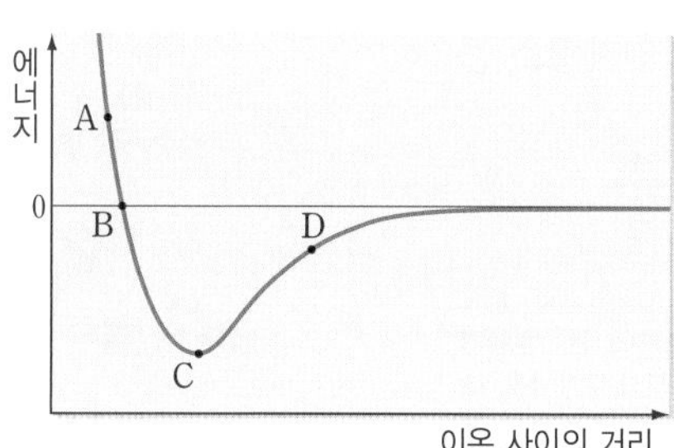

A~D 중 이온 결합이 형성되는 지점을 찾고, 그 지점에서 이온 결합이 형성되는 까닭을 설명하시오.

중요

08 그림은 원자 A와 B의 전자 배치를 모형으로 나타낸 것이다.

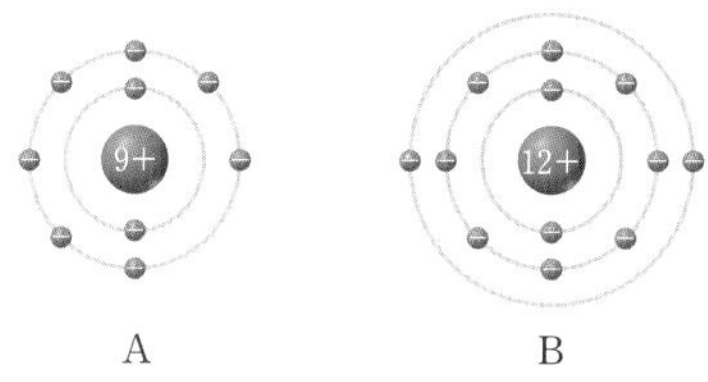

이에 대한 설명으로 옳은 것만을 〈보기〉에서 있는 대로 고른 것은?(단, A와 B는 임의의 원소 기호이다.)

보기
ㄱ. A는 금속 원소이다.
ㄴ. A와 B로 이루어진 안정한 화합물의 화학식은 BA이다.
ㄷ. A와 B로 이루어진 화합물은 액체 상태에서 전기 전도성이 있다.

① ㄱ ② ㄴ ③ ㄷ
④ ㄱ, ㄴ ⑤ ㄴ, ㄷ

09 다음은 원자 X와 Y로부터 각각 X 이온, Y 이온이 생성되는 반응의 이온 반응식을 나타낸 것이다.

- X ⟶ X 이온 + $3e^-$
- Y + $2e^-$ ⟶ Y 이온

X 이온과 Y 이온이 결합하여 이루어진 안정한 화합물의 화학식을 쓰시오(단, X와 Y는 임의의 원소 기호이다.).

중요

10 그림은 화합물 XY의 결합 모형을 나타낸 것이다.

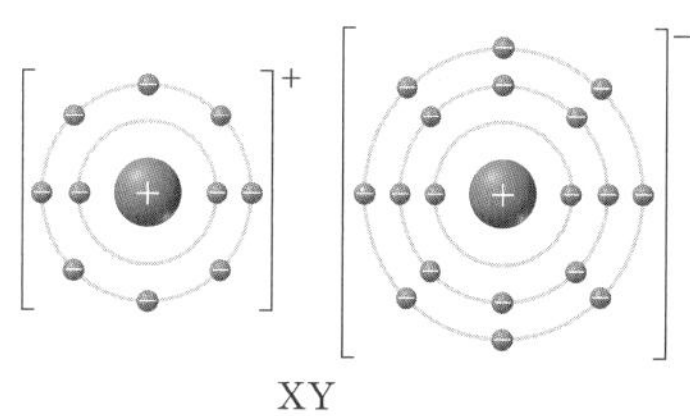

이에 대한 설명으로 옳은 것만을 〈보기〉에서 있는 대로 고른 것은?(단, X와 Y는 임의의 원소 기호이다.)

보기
ㄱ. 원자 X의 원자가 전자 수는 1이다.
ㄴ. 원자 X와 Y는 같은 주기 원소이다.
ㄷ. XY는 고체 상태에서 전기 전도성이 있다.

① ㄱ ② ㄷ ③ ㄱ, ㄴ
④ ㄴ, ㄷ ⑤ ㄱ, ㄴ, ㄷ

중요

11 표는 몇 가지 이온 결합 물질의 이온 사이의 거리와 녹는점을 나타낸 것이다.

물질	NaF	KF	MgO	SrO
이온 사이의 거리 (pm)	231	(가)	210	253
녹는점(°C)	996	846	(나)	2431

이에 대한 설명으로 옳은 것만을 〈보기〉에서 있는 대로 고른 것은?

보기
ㄱ. (가)는 231보다 크다.
ㄴ. (나)는 2431보다 크다.
ㄷ. SrO의 녹는점이 NaF보다 높은 것은 이온의 전하량이 더 크기 때문이다.

① ㄱ ② ㄷ ③ ㄱ, ㄴ
④ ㄴ, ㄷ ⑤ ㄱ, ㄴ, ㄷ

서술형

12 오른쪽 그림은 고체 상태의 이온 결합 물질을 모형으로 나타낸 것이다. 이온 결합 물질에 힘을 가할 때의 변화를 그 까닭을 포함하여 설명하시오.

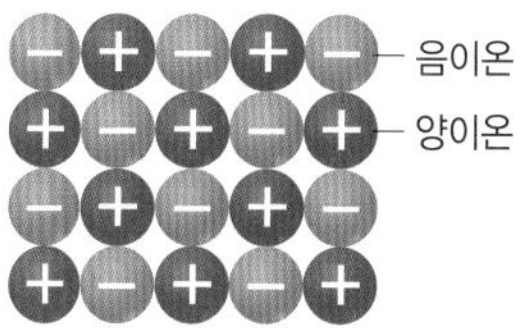

11 공유 결합과 금속 결합

1 공유 결합

1 공유 결합 비금속 원자들이 각각 전자를 내놓아 전자쌍을 만들고, 이 전자쌍을 공유하여 형성되는 결합❶

(전자쌍: 전자 2개가 쌍을 이루는 것)

공유 결합에 의한 수소(H_2) 분자의 형성

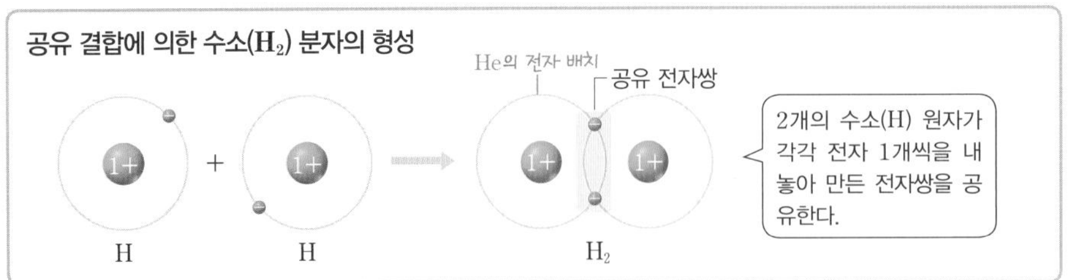

2개의 수소(H) 원자가 각각 전자 1개씩을 내놓아 만든 전자쌍을 공유한다.

2 공유 결합의 형성 두 비금속 원자 사이에 공유하는 전자쌍의 수에 따라 단일 결합과 다중 결합(2중 결합, 3중 결합)으로 분류한다.❷ 자료 분석 특강 130쪽 C, D

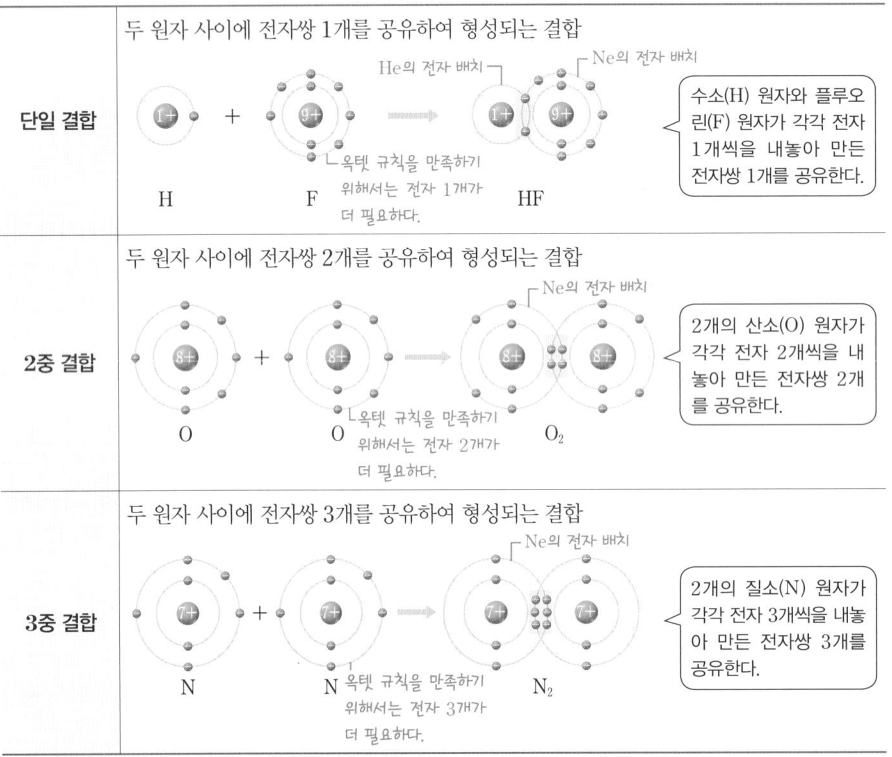

단일 결합	두 원자 사이에 전자쌍 1개를 공유하여 형성되는 결합 H + F → HF (He의 전자 배치, Ne의 전자 배치) 옥텟 규칙을 만족하기 위해서는 전자 1개가 더 필요하다. 수소(H) 원자와 플루오린(F) 원자가 각각 전자 1개씩을 내놓아 만든 전자쌍 1개를 공유한다.
2중 결합	두 원자 사이에 전자쌍 2개를 공유하여 형성되는 결합 O + O → O_2 (Ne의 전자 배치) 옥텟 규칙을 만족하기 위해서는 전자 2개가 더 필요하다. 2개의 산소(O) 원자가 각각 전자 2개씩을 내놓아 만든 전자쌍 2개를 공유한다.
3중 결합	두 원자 사이에 전자쌍 3개를 공유하여 형성되는 결합 N + N → N_2 (Ne의 전자 배치) 옥텟 규칙을 만족하기 위해서는 전자 3개가 더 필요하다. 2개의 질소(N) 원자가 각각 전자 3개씩을 내놓아 만든 전자쌍 3개를 공유한다.

탄소(C)의 결합

탄소 원자는 원자가 전자 수가 4이므로 다른 원자와 전자 4개를 공유하여 옥텟 규칙을 만족한다.

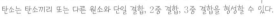

(탄소는 탄소끼리 또는 다른 원소와 단일 결합, 2중 결합, 3중 결합을 형성할 수 있다.)

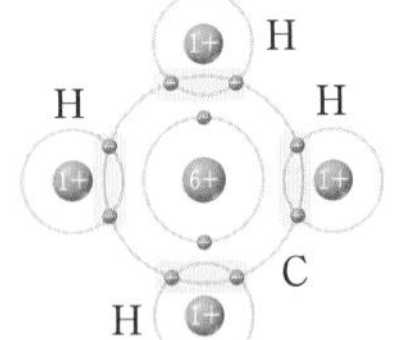

탄소 원자는 4개의 수소 원자와 각각 전자쌍 1개씩을 공유하여 결합한다.

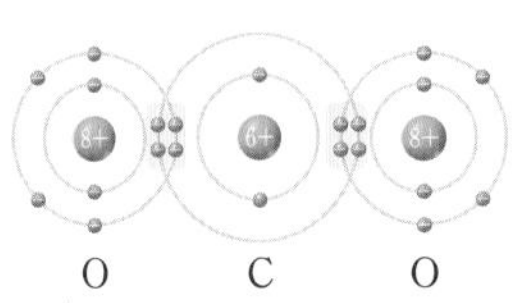

탄소 원자가 2개의 산소 원자와 각각 전자쌍 2개씩을 공유하여 결합한다.

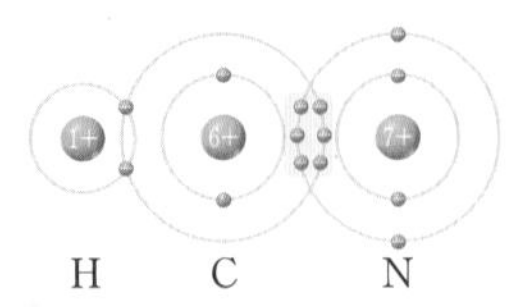

탄소 원자는 수소 원자와는 전자쌍 1개를, 질소 원자와는 전자쌍 3개를 공유하여 결합한다.

한눈에 정리하는 출제 경향

- 공유 결합의 형성 과정과 공유 결합 물질의 성질 이해하기
- 금속 결합과 금속 결합 물질의 성질 이해하기

핵심 개념

공유 결합, 2중, 3중 결합, 공유 결합 형성 에너지, 금속 결합, 자유 전자

plus 개념

❶ **공유 결합과 옥텟 규칙**
비금속 원자들 사이에 공유 결합이 형성될 때, 각 원자는 비활성 기체와 같은 전자 배치를 하여 옥텟 규칙을 만족한다.

❷ **공유 결합에서 원자의 전자 배치**
- 1주기 원소인 H는 공유 결합 하여 He과 같은 전자 배치를 이룬다.
- 2주기 원소인 C, N, O, F은 공유 결합 하여 Ne과 같은 전자 배치를 이루며 옥텟 규칙을 만족한다.
- 3주기 원소인 Si, P, S, Cl는 공유 결합 하여 Ar과 같은 전자 배치를 이루며 옥텟 규칙을 만족한다.

- 단일 결합에 있는 공유 전자쌍 수는 1
- 2중 결합에 있는 공유 전자쌍 수는 2
- 3중 결합에 있는 공유 전자쌍 수는 3

3 공유 결합의 형성과 에너지 변화 자료 분석 특강 129쪽 B

① 공유 결합의 형성과 에너지 변화: 두 원자가 공유 결합을 형성할 때 두 원자의 핵 간 거리에 따른 에너지가 가장 낮은 거리에서 결합이 형성된다.[3]

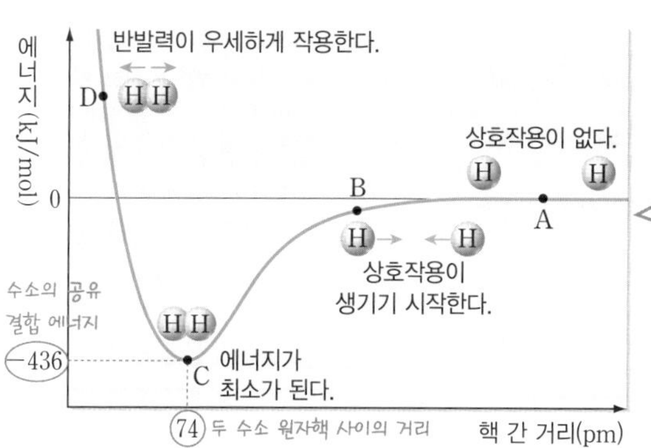

- A: 두 원자 사이가 멀리 떨어져 있으므로 서로 영향을 미치지 않는다.
- B: 원자 사이의 거리가 가까워지면서 핵과 전자 사이에 인력이 작용하여 점차 안정해진다.
- C: 에너지가 가장 낮아지는 거리에서 분자가 형성된다.
- D: 두 원자 사이의 거리가 너무 가까워지면 원자핵과 원자핵, 전자와 전자 사이에 반발력이 작용하여 불안정해진다.

▲ 두 수소 원자 사이의 핵 간 거리에 따른 에너지 변화

② 결합 길이: 공유 결합을 형성하고 있는 분자에서 두 원자핵 사이의 거리 (결합 길이의 반을 공유 결합 반지름이라고 한다.)

③ 공유 결합 에너지: 기체 상태의 분자 1몰에서 공유 결합을 끊어 기체 상태의 원자로 만드는 데 필요한 에너지

- 결합이 안정할수록 결합을 끊고 원자 상태로 만드는 데 많은 양의 에너지가 필요하다.
- 일반적으로 결합 길이가 짧을수록, 결합 수가 많을수록 결합 에너지는 커진다.

4 공유 결합 물질의 성질

① 고체 상태의 공유 결합 물질: 분자 결정과 공유 결정이 있다.

분자 결정	공유 결정(원자 결정)
분자들이 분자 사이에 작용하는 인력에 의해 규칙적으로 배열되어 결정을 이룬 것 예 얼음(H_2O), 드라이아이스(CO_2), 아이오딘(I_2), 나프탈렌($C_{10}H_8$) 등 (승화성 물질) 드라이아이스(CO_2) 아이오딘(I_2)	원자들이 분자를 이루지 않고 공유 결합으로 그물처럼 연결되어 결정을 이룬 것 예 석영(SiO_2), 흑연(C), 다이아몬드(C) 등[4] (흑연: 층과 층 사이의 결합력이 약하여 부스러지기 쉬우며, 예외적으로 고체 상태에서 전기 전도성이 있다.) 흑연(C) 다이아몬드(C)

② 공유 결합 물질의 일반적 성질

구분		성질
전기 전도성[5]		고체나 액체 상태에서 전기 전도성이 없다(단, 흑연은 예외).
물에 대한 용해성		대부분 물에 잘 녹지 않는다. – 예외적으로 HCl, NH_3는 물에 녹아 이온을 형성한다.
녹는점 끓는점	분자 결정	분자 사이에 작용하는 인력이 약한 편이므로 녹는점과 끓는점이 낮다. (승화성을 띠기도 한다.)
	공유 결정	원자 사이의 결합으로만 이루어져 있어서 녹는점이 매우 높고 단단하다.

확인 문제 1

1 비금속 원자들이 전자쌍을 공유하여 형성되는 결합은 ( ) 결합이다.

2 일반적으로 공유 결합 물질은 고체나 액체 상태에서 전기 전도성이 없다. (○, ×)

3 공유 결합 물질 중 원자들이 분자를 이루지 않고 공유 결합을 하여 그물처럼 연결된 고체 물질을 ( ) 결정이라고 한다.

③ 수소 분자 내에서 작용하는 인력과 반발력

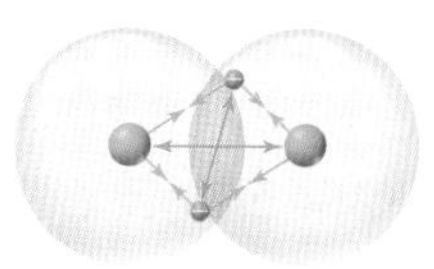

두 원자의 원자핵과 공유된 전자 사이에는 인력이 작용하며, 핵과 핵, 전자 구름과 전자 구름 사이에는 반발력이 작용한다.

④ 석영(SiO_2)의 구조

석영은 규소(Si) 원자 1개를 중심으로 산소(O) 원자 4개가 사면체 모양으로 결합하여 다이아몬드와 비슷한 그물 구조를 가진다.

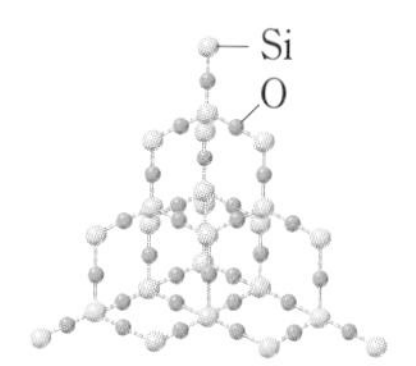

Q. 공유 결합 물질인 흑연이 전기 전도성을 나타내는 까닭은?

A. 흑연을 이루는 탄소의 원자가 전자 중 3개는 다른 탄소 원자와 결합을 하는 데 사용되고, 나머지 1개의 원자가 전자가 자유롭게 이동하므로 전기를 통한다.

⑤ 공유 결합 물질의 수용액에서의 전기 전도성

공유 결합 물질 중 물에 녹았을 때 전기적으로 중성인 분자 상태로 존재하는 설탕, 포도당과 같은 물질은 수용액에서도 전기 전도성이 없지만, 물에 녹아 이온을 형성하는 HCl, NH_3 등과 같은 분자는 수용액에서 전기 전도성이 있다.

용어 돋보기

- **공유**(함께 共, 소유물 有): 두 사람 이상이 한 물건을 공동으로 소유하는 것이다.
- **승화**(오를 昇, 꽃이 필 華): 고체가 직접 기체로 변하거나 기체가 직접 고체로 변하는 현상이다.

11 공유 결합과 금속 결합

2 금속 결합

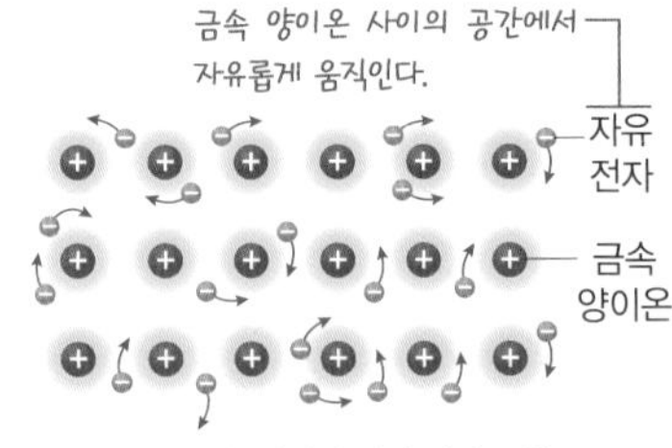
금속 양이온 사이의 공간에서 자유롭게 움직인다.
자유 전자
금속 양이온

▲ 금속 결정의 전자 바다 모형

1 금속 결합 금속 양이온과 자유 전자 사이에 작용하는 정전기적 인력으로 형성되는 결합

- 자유 전자: 금속에서 떨어져 나온 전자로, 한 원자에 구속되는 것이 아니라 금속 양이온 사이를 자유롭게 이동할 수 있다.⑥

2 금속 결합 물질의 성질 대부분 자유 전자에 의해 나타난다.⑦

광택	자유 전자가 빛을 흡수하였다가 다시 방출하므로 광택을 나타낸다.
전기 전도성	매우 크다. → 금속 양 끝에 전압을 걸어 주면 자유 전자들이 (+)극 쪽으로 이동하기 때문이다. (전압을 걸어 주면 자유 전자들이 (+)극 쪽으로 이동하여 전류가 흐른다. / 자유롭게 이동한다. / 전압을 가함. / (+)극 / (−)극 / 금속 양이온은 고정)
열 전도성	매우 크다. → 금속을 가열하면 자유 전자가 열에너지를 얻게 되고, 큰 열에너지를 가진 자유 전자가 인접한 자유 전자와 금속 양이온에 열에너지를 전달하기 때문이다.
외부에서 힘을 가할 때	부서지거나 쪼개지지 않고 얇게 펴지거나(전성), 가늘게 뽑히는 성질(연성)이 있다. → 외부에서 힘을 받아 금속 양이온의 배열이 달라져도 자유 전자들이 이동하여 금속 양이온과 자유 전자 사이의 결합을 유지하기 때문이다. (힘 / 변형됨.)
녹는점	대부분의 금속은 녹는점이 높다. → 상온에서 고체로 존재⑧

3 결합의 종류에 따른 물질의 성질 비교

자료 분석 특강 131쪽 E

구분		공유 결합		이온 결합	금속 결합
		분자 결정	공유 결정	이온 결정	금속 결정
구성 입자		분자	원자	양이온, 음이온	금속 양이온, 자유 전자
녹는점⑨		낮고, 승화성 있음.	매우 높고, 단단함.	높고, 단단함.	높음.
전기 전도성	고체	없음.	없음.	없음.	있음.
	액체	없음.	없음.	있음.	있음.
예		얼음, 아이오딘 등	다이아몬드, 석영 등	탄산 칼슘, 염화 나트륨 등	나트륨, 철 등

확인 문제 2 3

4 금속은 금속 양이온과 (　　　) 사이에 작용하는 정전기적 인력으로 결합을 형성한다.

5 금속에 힘을 가하여도 부서지지 않는 까닭은 금속 양이온의 배열이 달라져도 (　　　)이/가 이동하여 새로운 결합을 형성하기 때문이다.

6 일반적으로 (　　　) 결합이 다른 결합에 비해 더 강한 결합이므로 (　　　) 결정의 녹는점이 특히 높다.

plus 개념

⑥ 금속 결합과 전자 바다 모형
금속 원자는 전자를 내놓기 쉬우므로 전자를 내놓아 양이온이 된다. 금속 원자가 내놓은 전자는 금속 양이온 사이를 자유롭게 돌아다니면서 금속 결합을 형성한다. 이때 수많은 자유 전자가 자유롭게 돌아다니는 것을 전자 바다라고 하고, 이 모형을 전자 바다 모형이라고 한다.

⑦ 금속의 성질과 이용

성질	이용
열 전도성	냄비
전기 전도성	전선
전성(펴짐성)	알루미늄박
연성(뽑힘성)	금실

⑧ 금속 결정과 녹는점
- 알칼리 금속은 녹는점이 낮고 무르다.
- 수은은 상온에서 유일하게 액체 상태로 존재하는 금속이다.

⑨ 화학 결합의 세기와 녹는점
녹는점은 화학 결합의 세기가 강할수록 높아진다.
- 공유 결정은 모든 원자가 공유 결합으로 연결된 물질로 화학 결합의 세기가 매우 강하므로 녹는점이 매우 높다.
- 일반적으로 이온 결정의 녹는점이 금속 결정의 녹는점보다 높은데, 이것은 이온 결합력이 대부분의 금속 결합력보다 강하기 때문이다.

꼭 기억해!

4종류의 각기 다른 구성 입자로 이루어진 결정이 있을 때 고체 상태에서의 전기 전도성으로 금속 결정을 분류하고, 액체 상태에서의 전기 전도성으로 이온 결정을 분류한다. 공유 결정과 분자 결정 중 녹는점이 높은 물질이 공유 결정이다.

용어 돋보기

- **전도**(전할 傳, 통할 導): 열 또는 전기가 물체 속을 이동하는 현상이다.
- **광택**(빛 光, 윤이 날 澤): 빛의 반사로 물체의 표면이 반짝이는 현상이다.

개념을 다지는 기본 문제

바른답・알찬풀이 46쪽

1 공유 결합

01 공유 결합에 대한 설명으로 옳은 것은?

① 서로 전자를 주고받아 결합이 형성된다.
② 입자 사이의 정전기적 인력으로 결합한다.
③ 금속 원소와 비금속 원소가 결합하여 형성된다.
④ 결합하는 두 원자는 항상 1개의 전자쌍을 공유한다.
⑤ 원자가 옥텟 규칙을 만족할 때 공유하는 전자쌍의 수는 (8 − 원자가 전자 수)와 같다.

02 그림은 원자 A～D의 전자 배치를 모형으로 나타낸 것이다.

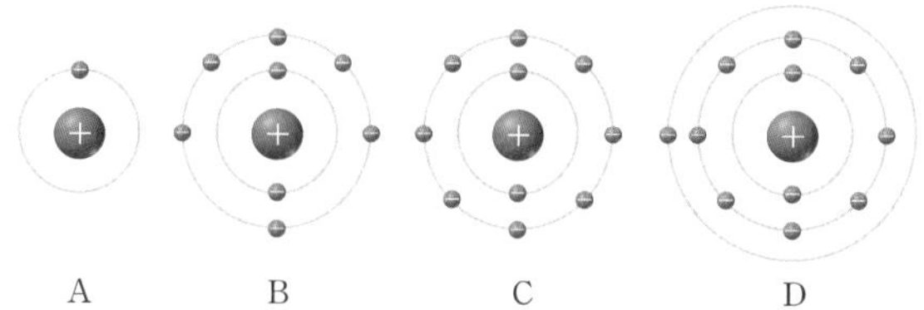

이에 대한 설명으로 옳은 것만을 〈보기〉에서 있는 대로 고른 것은?(단, A～D는 임의의 원소 기호이다.)

보기
ㄱ. A와 D는 같은 족 원소이다.
ㄴ. 비금속 원소는 2가지이다.
ㄷ. A와 B는 공유 결합을 형성한다.

① ㄱ ② ㄴ ③ ㄱ, ㄷ
④ ㄴ, ㄷ ⑤ ㄱ, ㄴ, ㄷ

중요

03 오른쪽 그림은 물 분자(H_2O)를 모형으로 나타낸 것이다. 이에 대한 설명으로 옳은 것만을 〈보기〉에서 있는 대로 고른 것은?

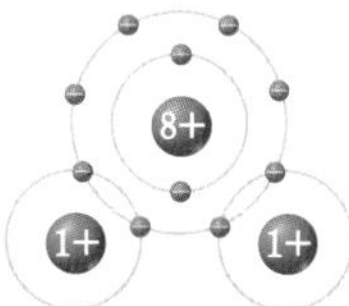

보기
ㄱ. 공유 전자쌍 수는 2이다.
ㄴ. 산소 원자는 옥텟 규칙을 만족한다.
ㄷ. 물 분자를 형성할 때 전자는 산소 원자에서 수소 원자로 이동한다.

① ㄱ ② ㄷ ③ ㄱ, ㄴ
④ ㄴ, ㄷ ⑤ ㄱ, ㄴ, ㄷ

04 그림은 X 원자와 Y 원자가 반응하여 XY가 생성되는 반응을 모형으로 나타낸 것이다.

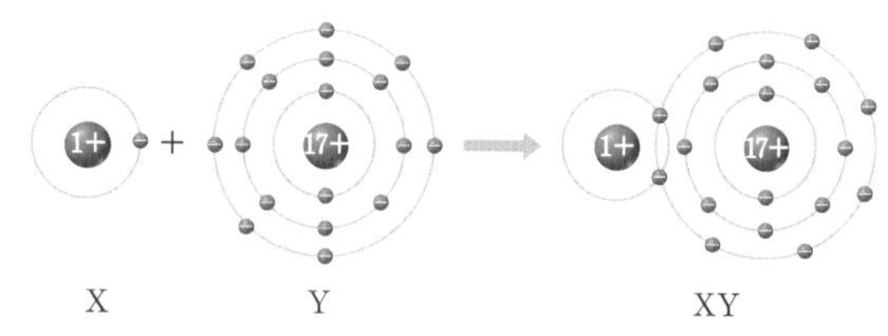

이에 대한 설명으로 옳은 것만을 〈보기〉에서 있는 대로 고른 것은?(단, X와 Y는 임의의 원소 기호이다.)

보기
ㄱ. X는 비금속 원소이다.
ㄴ. XY에 존재하는 화학 결합은 공유 결합이다.
ㄷ. XY에서 Y는 옥텟 규칙을 만족한다.

① ㄱ ② ㄷ ③ ㄱ, ㄴ
④ ㄴ, ㄷ ⑤ ㄱ, ㄴ, ㄷ

중요

05 그림은 분자 A_2, B_2를 모형으로 나타낸 것이다.

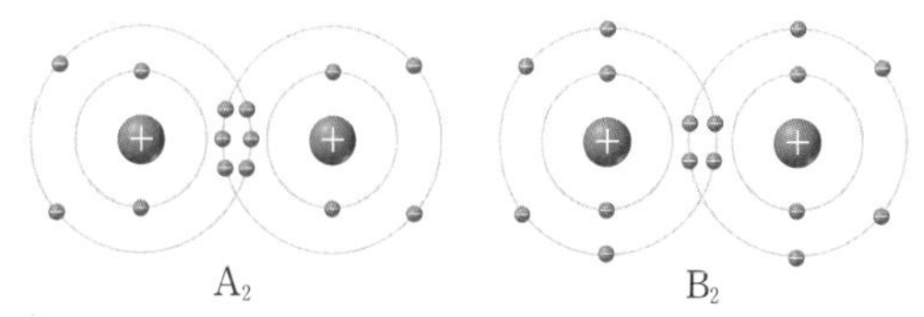

이에 대한 설명으로 옳은 것만을 〈보기〉에서 있는 대로 고른 것은?(단, A와 B는 임의의 원소 기호이다.)

보기
ㄱ. A_2에는 2중 결합이 있다.
ㄴ. 원자가 전자 수는 A가 B보다 크다.
ㄷ. A_2와 B_2에서 A와 B는 모두 옥텟 규칙을 만족한다.

① ㄱ ② ㄷ ③ ㄱ, ㄴ
④ ㄴ, ㄷ ⑤ ㄱ, ㄴ, ㄷ

06 그림은 수소(H) 원자와 질소(N) 원자가 반응하여 암모니아(NH_3)가 생성되는 반응을 모형으로 나타낸 것이다.

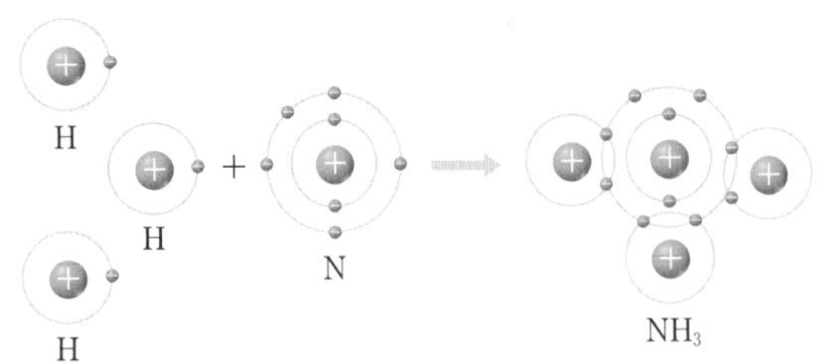

이에 대한 설명으로 옳은 것은?

① NH_3에서 공유 전자쌍 수는 3이다.
② N의 원자가 전자는 모두 공유 결합에 참여한다.
③ 결합이 형성될 때 전자는 H에서 N로 이동한다.
④ H의 전자 중 공유 결합에 참여하지 않는 전자가 있다.
⑤ NH_3에서 구성 원자는 모두 네온(Ne)의 전자 배치를 가진다.

중요

07 그림은 메테인(CH_4)과 이산화 탄소(CO_2)의 분자 모형을 나타낸 것이다.

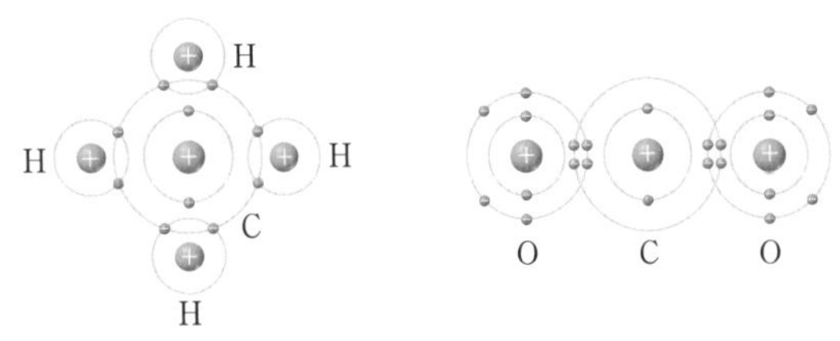

메테인이 이산화 탄소보다 큰 값을 가지는 것만을 〈보기〉에서 있는 대로 고른 것은?

보기
ㄱ. 다중 결합의 수
ㄴ. 공유한 전자쌍 수
ㄷ. 분자를 구성하는 원자 수

① ㄱ ② ㄴ ③ ㄷ
④ ㄱ, ㄴ ⑤ ㄱ, ㄷ

서술형

08 오른쪽 그림은 두 수소(H) 원자가 결합하여 수소(H_2) 분자가 형성될 때, 핵 간 거리에 따른 에너지 변화를 나타낸 것이다. A～C 중 결합이 형성되는 지점을 찾아 쓰고, 그 지점에서 결합이 형성되는 까닭을 에너지와 관련하여 설명하시오.

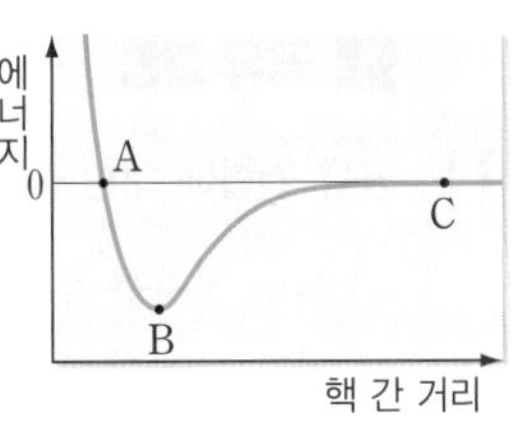

09 그림은 분자 A_2, B_2가 형성될 때, 핵 간 거리에 따른 에너지 변화를 나타낸 것이다. A_2, B_2의 공유 결합은 단일 결합이다.

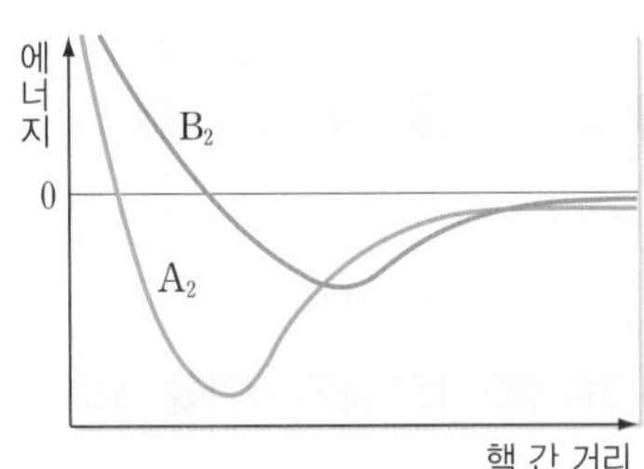

B_2가 A_2보다 큰 값을 가지는 것만을 〈보기〉에서 있는 대로 고른 것은?(단, A와 B는 임의의 원소 기호이다.)

보기
ㄱ. 결합 길이
ㄴ. 구성 원자의 반지름
ㄷ. 공유 결합 에너지

① ㄱ ② ㄷ ③ ㄱ, ㄴ
④ ㄴ, ㄷ ⑤ ㄱ, ㄴ, ㄷ

10 다음 물질들의 공통된 성질은?

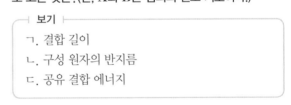

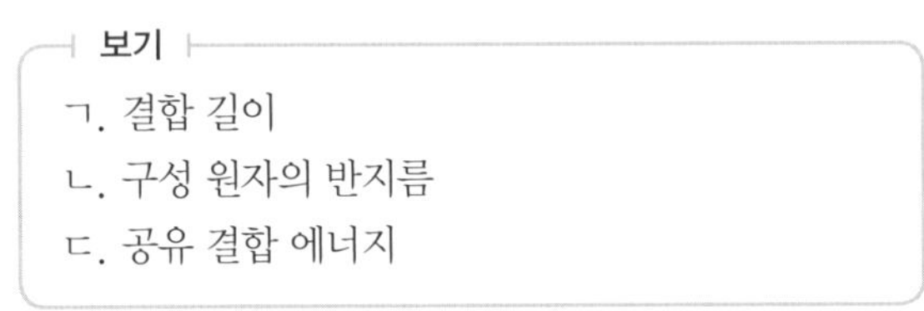
CO_2 NH_3 $C_{10}H_8$(나프탈렌)

① 물에 잘 녹지 않는다.
② 상온에서 고체 상태이다.
③ 수용액은 전기 전도성이 있다.
④ 액체 상태에서 전기 전도성이 없다.
⑤ 고체 결정은 단단하여 잘 부서지지 않는다.

11 공유 결정만을 〈보기〉에서 있는 대로 고른 것은?

보기
ㄱ. 물(H_2O)　　ㄴ. 아이오딘(I_2)
ㄷ. 다이아몬드(C)　　ㄹ. 석영(SiO_2)

① ㄱ, ㄴ　② ㄱ, ㄹ　③ ㄴ, ㄷ
④ ㄴ, ㄹ　⑤ ㄷ, ㄹ

12 그림은 이산화 탄소(CO_2)와 석영(SiO_2) 결정을 모형으로 나타낸 것이다.

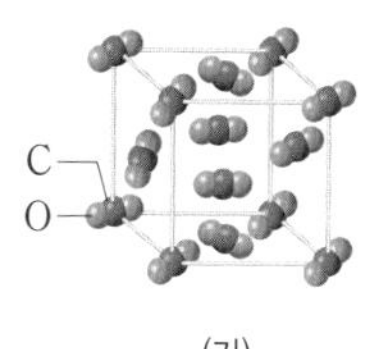

(가)

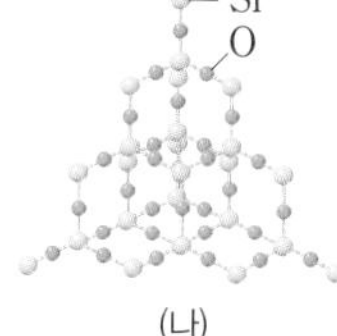

(나)

(가)와 (나)에 대한 설명으로 옳은 것만을 〈보기〉에서 있는 대로 고른 것은?

보기
ㄱ. (가)와 (나)는 모두 분자로 구성된다.
ㄴ. 화학 결합의 종류는 (가)와 (나)가 같다.
ㄷ. 녹는점은 (나)가 (가)보다 높다.

① ㄱ　② ㄷ　③ ㄱ, ㄴ
④ ㄴ, ㄷ　⑤ ㄱ, ㄴ, ㄷ

2 금속 결합

13 금속의 일반적인 성질 중 자유 전자와 가장 관계가 적은 것은?

① 밀도가 크다.
② 열을 잘 전달한다.
③ 전기가 잘 통한다.
④ 대부분 은백색 광택을 나타낸다.
⑤ 두드리면 얇게 펴지는 성질이 있다.

중요

14 오른쪽 그림은 금속에 전류를 흘려주었을 때의 모습을 모형으로 나타낸 것이다. 이에 대한 설명으로 옳은 것만을 〈보기〉에서 있는 대로 고르시오.

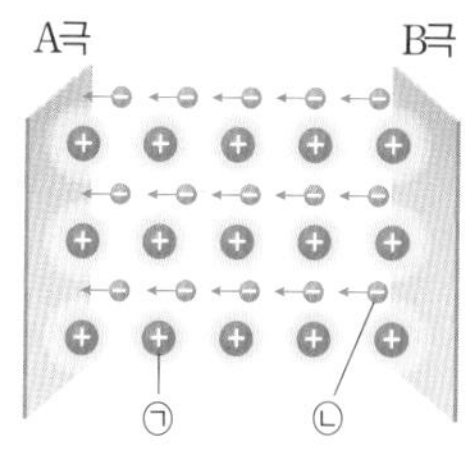

보기
ㄱ. A극은 (−)극이다.
ㄴ. 금속에 있는 화학 결합은 ㉠과 ㉡ 사이의 정전기적 인력에 의해 이루어진다.
ㄷ. 금속이 광택을 나타내는 까닭은 ㉠ 때문이다.

서술형

15 그림은 금속에 힘을 가했을 때의 변화를 모형으로 나타낸 것이다.

위 모형으로 설명할 수 있는 금속의 성질을 그 성질이 나타나는 까닭을 포함하여 설명하고, 일상생활에서 이 성질을 이용하는 예를 설명하시오.

3 결합의 종류에 따른 물질의 성질 비교

16 그림은 3가지 고체 (가)~(다)의 결정 구조이다.

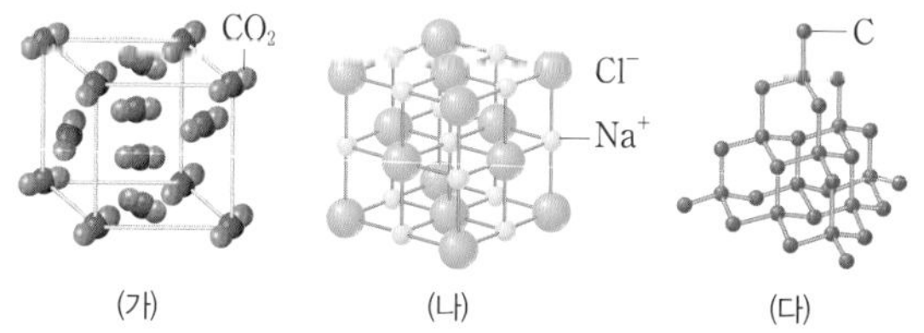

(가)　(나)　(다)

이에 대한 설명으로 옳지 않은 것은?

① (가)는 분자 결정이다.
② (나)는 액체 상태에서 전기 전도성이 있다.
③ (다)의 입자 사이의 결합은 공유 결합이다.
④ 상온에서 승화성이 있는 것은 (가)이다.
⑤ 녹는점이 가장 높은 것은 (나)이다.

17 그림은 주기율표의 일부를 나타낸 것이다.

주기＼족	1	2	13	14	15	16	17	18
1	A							
2						B		
3		C					D	

이에 대한 설명으로 옳은 것만을 〈보기〉에서 있는 대로 고른 것은?(단, A~D는 임의의 원소 기호이다.)

보기
ㄱ. A와 B로 이루어진 화합물은 액체 상태에서 전기 전도성이 있다.
ㄴ. C와 D로 이루어진 화합물의 화학식은 CD_2이다.
ㄷ. B와 C로 이루어진 화합물에서 구성 입자의 전자 배치는 서로 같다.

① ㄱ ② ㄴ ③ ㄱ, ㄷ
④ ㄴ, ㄷ ⑤ ㄱ, ㄴ, ㄷ

[18~19] 표는 물질 (가)~(다)에 대한 자료이다. 물음에 답하시오.

물질	전기 전도성	
	고체 상태	액체 상태
(가)	있음.	있음.
(나)	없음.	있음.
(다)	없음.	없음.

18 물질 (가)~(다)의 성분 원소 사이의 화학 결합의 종류를 쓰시오.

19 위 자료에 대한 설명으로 옳은 것만을 〈보기〉에서 있는 대로 고른 것은?

보기
ㄱ. (가)는 열을 잘 전달한다.
ㄴ. (나)는 수용액에서 전기 전도성이 있다.
ㄷ. (다)는 넓게 펴지는 성질이 있다.

① ㄱ ② ㄷ ③ ㄱ, ㄴ
④ ㄴ, ㄷ ⑤ ㄱ, ㄴ, ㄷ

20 표는 원자 A~D의 바닥상태 전자 배치를 나타낸 것이다.

원자	전자 배치	원자	전자 배치
A	$1s^2 2s^2 2p^4$	C	$1s^2 2s^2 2p^6 3s^2$
B	$1s^2 2s^2 2p^6 3s^1$	D	$1s^2 2s^2 2p^5$

이에 대한 설명으로 옳은 것만을 〈보기〉에서 있는 대로 고른 것은?(단, A~D는 임의의 원소 기호이다.)

보기
ㄱ. CA(s)는 B(s)보다 전기 전도성이 크다.
ㄴ. A와 B가 결합하여 생성된 안정한 화합물의 화학식은 B_2A이다.
ㄷ. A와 D가 결합하여 생성된 물질은 액체 상태에서 전기를 잘 통한다.

① ㄴ ② ㄱ, ㄴ ③ ㄱ, ㄷ
④ ㄴ, ㄷ ⑤ ㄱ, ㄴ, ㄷ

21 오른쪽 그림은 순수한 고체 결정 X의 온도에 따른 전기 전도도의 변화를 나타낸 것이다. 이에 대한 설명으로 옳은 것만을 〈보기〉에서 있는 대로 고른 것은?

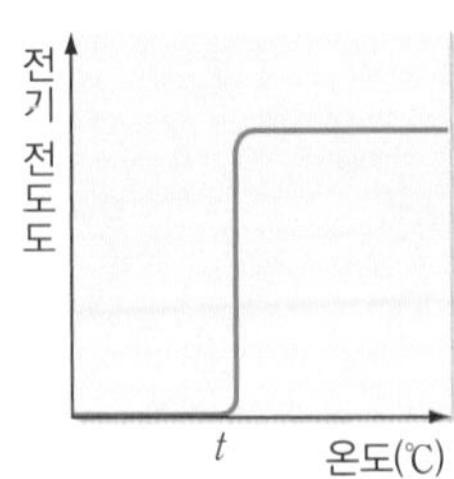

보기
ㄱ. t ℃에서 이온이 생성된다.
ㄴ. X에 힘을 가하면 쉽게 부서진다.
ㄷ. X는 한 종류의 원소가 결합한 이원자 분자의 형태이다.

① ㄱ ② ㄴ ③ ㄱ, ㄴ
④ ㄴ, ㄷ ⑤ ㄱ, ㄴ, ㄷ

A 염화 나트륨(NaCl) 용융액과 물(H_2O)의 전기 분해

그림은 염화 나트륨(NaCl) 용융액과 물의 전기 분해 장치를 나타낸 것이다.

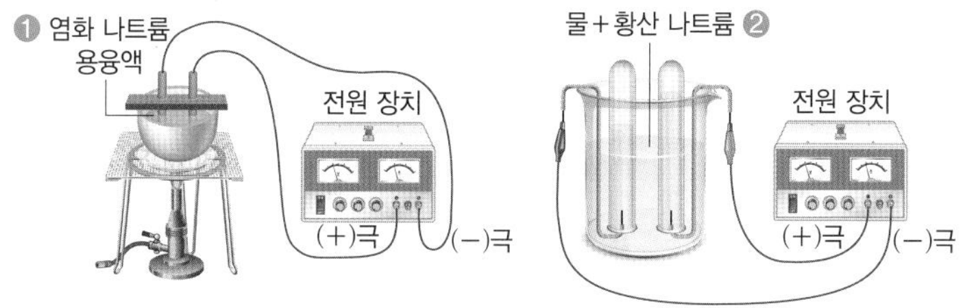

① 각 전극에서 일어나는 반응과 생성되는 물질의 몰비 ❸

구분		염화 나트륨 용융액	물
전극에서의 반응 ❸	(−)극	$2Na^+ + 2e^- \longrightarrow 2Na$	$4H_2O + 4e^- \longrightarrow 2H_2 + 4OH^-$
	(+)극	$2Cl^- \longrightarrow Cl_2 + 2e^-$	$2H_2O \longrightarrow 4H^+ + O_2 + 4e^-$
전체 반응식		$2NaCl \longrightarrow 2Na + Cl_2$	$2H_2O \longrightarrow 2H_2 + O_2$
생성된 물질의 몰비((−)극 : (+)극)		$Na : Cl_2 = 2 : 1$	$H_2 : O_2 = 2 : 1$

② 실험으로 알 수 있는 사실: 이온 결합을 하는 NaCl과 공유 결합을 하는 H_2O에 전류를 흘려주었을 때 성분 원소로 분해되므로 화학 결합에는 전자가 관여함을 알 수 있다.

❶ 고체 NaCl은 이온이 이동할 수 없으므로 전류가 흐르지 않지만 가열하여 액체로 만들면 이온이 자유롭게 이동할 수 있으므로 전류가 흐른다.

❷ 순수한 물은 전류가 흐르지 않으므로 전해질을 넣어 물에 전류가 흐르도록 한다. 이때 물보다 전기 분해되기 어려운 전해질을 사용한다.

❸ 전기 분해를 하면 (−)극에서는 전자를 얻는 반응(환원 반응)이 일어나고, (+)극에서는 전자를 잃는 반응(산화 반응)이 일어난다.

실력을 올리는 실전 문제 찾아가기

• 실험 결과를 예측하는 문제_01
• 두 실험의 공통점을 찾는 문제_02

B 이온 결합과 공유 결합의 형성과 에너지

그림 (가)는 염화 나트륨(NaCl)이 형성될 때 이온 사이의 거리에 따른 에너지 변화를, (나)는 수소(H_2) 분자가 형성될 때 두 수소 원자의 핵 간 거리에 따른 전체 에너지 변화를 나타낸 것이다.

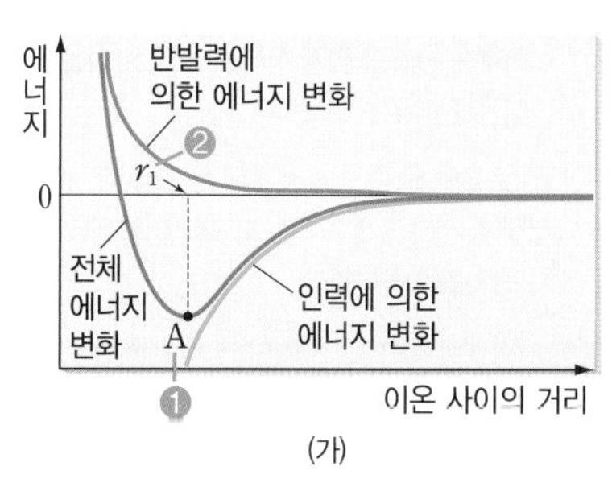

(가)

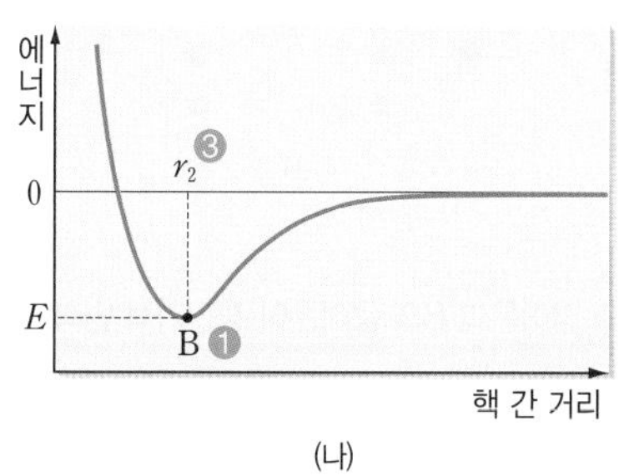

(나)

① 결합이 형성되는 지점

• (가)와 (나)에서 결합은 에너지가 최소가 되는 지점인 A와 B에서 각각 생성된다.

• (가)와 (나)에서 결합이 형성될 때보다 이온 사이의 거리 또는 핵 간 거리가 가까우면 반발력이 우세하게 작용하고, 이온 사이의 거리 또는 핵 간 거리가 멀면 인력이 우세하게 작용한다.

② 결합의 세기

• (가)에서 r_1은 양이온 반지름과 음이온 반지름의 합이다. 전하량이 같을 때 r_1이 작을수록 이온 결합의 세기가 커져서 녹는점이 높아진다.

• (나)에서 r_2는 결합 길이이고, E의 크기는 공유 결합 에너지이다. E의 크기가 클수록 공유 결합의 세기가 강하다.

❶ 에너지가 작을수록 화학적으로 안정하므로 에너지가 가장 작을 때 이온 결합과 공유 결합이 형성된다.

❷ r_1은 인력과 반발력이 균형을 이루어 이온 결합이 형성되는 거리이다. 이온 사이의 거리가 r_1보다 작을 때는 반발력이, r_1보다 클 때는 인력이 우세하게 작용한다.

❸ r_2에서 공유 결합이 형성되며, 두 원자핵 사이의 거리가 r_2보다 작을 때는 반발력이 증가하므로 불안정해진다.

실력을 올리는 실전 문제 찾아가기

• 2가지 이온 결합 물질의 그래프가 제시되는 문제_03
• 여러 가지 공유 결합 물질의 그래프가 제시되는 문제_05

C 주기율표의 원소와 화학 결합

그림은 주기율표의 일부를 나타낸 것이다(단, A～L은 임의의 원소 기호이다.).

주기 \ 족	1	2	13	14	15	16	17	18 ❶
1	A							
2	B			C	D	E	F	G❷
3	H	I	J			K	L	

① 원소 분류하기

분류	금속 원소	비금속 원소
원소	B, H, I, J	A, C, D, E, F, G, K, L

② 형성하는 결합의 종류 알아보기

이온 결합 (금속+비금속)	공유 결합 (비금속+비금속)	금속 결합 (금속)
금속 원소인 B, H, I, J 중 1가지 이상의 원소와 비금속 원소인 A, C, D, E, F, K, L 중 1가지 이상의 원소로 이루어진다.	비금속 원소인 A, C, D, E, F, K, L 중 1가지 이상의 원소로 이루어진다.	B, H, I, J 중 1가지 원소로 이루어진다.

❶ 주기율표의 왼쪽과 중앙에는 금속 원소가 위치하고, 오른쪽에는 비금속 원소가 위치한다. 단, H는 왼쪽에 위치하나 비금속 원소이다.

❷ 비활성 기체인 G는 안정한 전자 배치를 이루므로 결합을 형성하지 않고, 원소로 존재한다.

실력을 올리는 실전 문제 찾아가기

• 물질의 구성 원소로부터 결합의 종류와 물질의 성질을 예측하는 문제_04

D 이온 결합 물질과 공유 결합 물질의 결합 모형

그림은 화합물 AB와 B_2의 결합 모형을 나타낸 것이다.

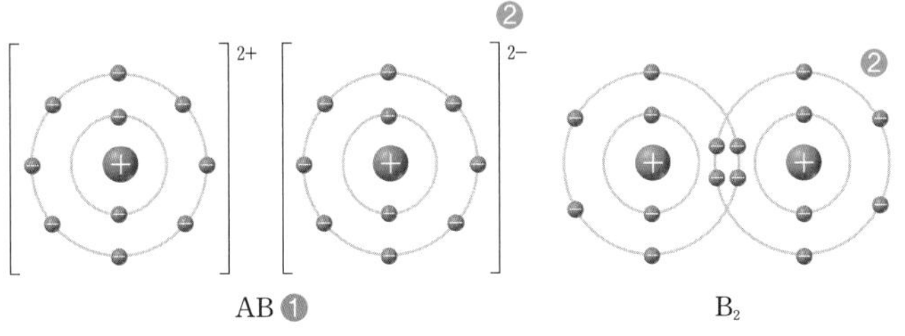

① 결합의 종류 알아보기

• AB: A에서 B로 전자가 이동하여 생성된 A의 양이온과 B의 음이온이 정전기적 인력으로 결합하여 생성된다. → 이온 결합 물질

• B_2: 2개의 B가 전자 2개씩을 내놓아 전자쌍 2개를 만들고 이 전자쌍을 공유하여 형성된다.
→ 공유 결합 물질이며, 공유 전자쌍 수가 2이므로 2중 결합이 있다.

② 물질을 이루는 원소의 종류 파악하기

• 원자 A는 전자 2개를 잃어 Ne과 같은 전자 배치를 이루므로 전자 수가 12인 Mg이다.
→ Mg은 3주기 2족 원소이다.

• 원자 B는 전자 2개를 얻어 Ne과 같은 전자 배치를 이루므로 전자 수가 8인 O이다.
→ O는 2주기 16족 원소이다.

③ 물질의 성질 비교하기

• AB(MgO)는 상온에서 고체로 존재하고, B_2(O_2)는 상온에서 기체로 존재한다.

• AB와 B_2는 모두 고체 상태에서 전기 전도성이 없다.

• AB는 액체 상태에서 전기 전도성이 있고, B_2는 액체 상태에서 전기 전도성이 없다.

❶ AB에서 구성 이온의 종류를 알아내는 방법

• AB와 B_2에서 공통된 원소는 B이므로 B는 원자가 전자 수가 6이다. B가 네온(Ne)과 같은 전자 배치를 가지기 위해서는 전자를 2개 얻어야 하므로 AB를 구성하는 이온은 A^{2+}과 B^{2-}이다.

• 이온 결합 화합물의 화학식을 쓸 때는 양이온을 이루는 원소를 먼저 쓰므로 A가 양이온, B가 음이온을 이루는 원소이다.

❷ AB와 B_2를 이루는 원소는 모두 두 번째 전자 껍질에 전자 8개가 채워지므로 비활성 기체의 전자 배치를 이룬다.

실력을 올리는 실전 문제 찾아가기

• 이온 결합 물질과 공유 결합 물질이 모두 제시되는 문제_10

• 원자 모형과 물질의 구성 원소가 제시되는 문제_14

• 결합 모형과 화합물의 구성 원자 수가 제시되는 문제_15

E 화학 결합의 종류에 따른 물질의 성질

CASE 1 표는 물질 A ~ D에 대한 자료이다.

물질	녹는점(°C) ❶	전기 전도성 ❷		물에 대한 용해성 ❸
		고체	액체	
A	842	있음.	있음.	없음.
B	2613	없음.	있음.	있음.
C	144	없음.	없음.	있음.
D	3550	없음.	없음.	없음.

① 전기 전도성에 따른 물질 분류하기
- A는 고체 상태와 액체 상태에서 모두 전기 전도성이 있으므로 금속 결합 물질이다.
- B는 고체 상태에서 전기 전도성이 없고, 액체 상태에서 전기 전도성이 있으므로 이온 결합 물질이다.
- C와 D는 고체 상태와 액체 상태에서 모두 전기 전도성이 없으므로 공유 결합 물질이다.

이온 결정, 공유 결정, 분자 결정, 금속 결정
고체의 전기 전도성 — 있다. → 금속 결정 / 없다. → 액체의 전기 전도성
액체의 전기 전도성 — 있다. → 이온 결정 / 없다. → 녹는점
녹는점 — 높다. → 공유 결정 / 낮다. → 분자 결정

② 녹는점에 따른 물질 분류하기
- 공유 결합 물질 중 녹는점이 낮은 C는 분자 결정이다.
- 공유 결합 물질 중 녹는점이 높은 D는 공유 결정이다.

③ 고체 결정의 녹는점으로 이온 결합, 공유 결합, 금속 결합의 상대적 세기 비교하기 ❹
- 녹는점은 공유 결합 물질(공유 결정) > 이온 결합 물질 > 금속 결합 물질이며, 녹는점은 화학 결합의 세기가 강할수록 높아지므로 화학 결합의 세기는 공유 결합 > 이온 결합 > 금속 결합 순이다.

❶ 녹는점으로 분자 결정과 공유 결정을 분류할 수 있다.

❷ 고체 상태의 전기 전도성으로 금속 결합 물질을 찾아낼 수 있고, 액체 상태의 전기 전도성으로 이온 결합 물질과 공유 결합 물질을 분류할 수 있다.

❸ 물에 대한 용해성으로는 이온 결합 물질과 공유 결합 물질을 분류할 수 없다. 공유 결합 물질은 물에 잘 녹는 것도 있고 물에 잘 녹지 않는 것도 있다. 또한 공유 결합 물질 중 산이나 염기는 수용액에서 이온을 생성하여 전기 전도성을 나타내므로 수용액의 전기 전도성으로 이온 결합 물질과 공유 결합 물질을 분류할 수 없다.

❹ 공유 결합 물질 중에서 독립된 분자로 이루어진 분자 결정의 녹는점은 분자 간 결합에 영향을 받으므로 결합의 상대적 세기를 비교할 때 포함시키지 않는다.

CASE 2 그림은 물질 (가)~(라)의 결정 구조이다.

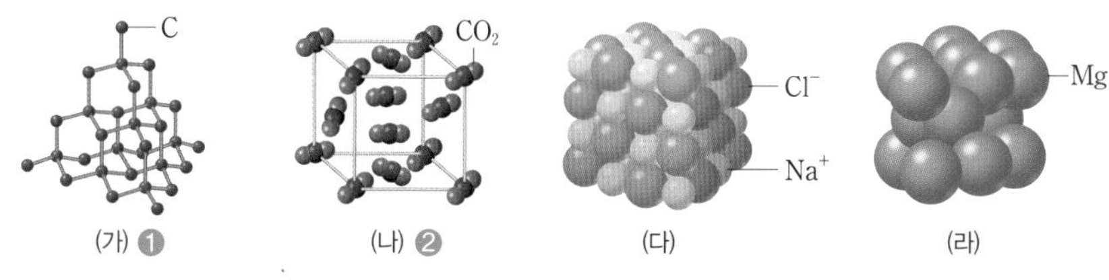

(가) ❶ (나) ❷ (다) (라)

① 결정의 종류 파악하기
- (가)는 원자들이 분자를 이루지 않고 그물처럼 연결되어 결정을 이루는 공유 결정이다.
- (나)는 분자 사이에 작용하는 인력에 의해 결정을 이룬 분자 결정이다.
- (다)는 수많은 양이온과 음이온이 규칙적으로 배열되어 결정을 이룬 이온 결정이다.
- (라)는 금속 양이온과 자유 전자 사이에 작용하는 인력에 의해 결정을 이룬 금속 결정이다.

② 녹는점과 끓는점 파악하기
- (가)는 원자들이 강한 공유 결합으로 그물 구조를 이루고 있어 결합을 끊으려면 큰 열에너지가 필요하므로 녹는점과 끓는점이 높다.
- (나)는 분자들이 약한 인력에 의해 결합하고 있으므로 녹는점과 끓는점이 비교적 낮다.
- (다)와 (라)는 입자들이 정전기적 인력으로 결합하고 있으므로 녹는점과 끓는점이 높은 편이다.

❶ C 원자 1개가 다른 C 원자 4개와 사면체 구조를 이루면서 그물 구조를 이룬다.

❷ 분자 내 원자는 공유 결합을 하고 있으므로 원자 간 결합력은 강하나 분자 사이에 작용하는 인력은 약하므로 승화성이 있다.

실력을 올리는 실전 문제 찾아가기
- 고체 물질의 분류 과정이 제시되는 문제_09
- 화학식과 녹는점, 끓는점이 제시되는 문제_11
- 고체 상태와 액체 상태의 전기 전도성, 녹는점이 제시되는 문제_12

실력을 올리는 실전 문제

➲ 수능기출 변형

01 다음은 학생 A가 작성한 실험 과정과 실험 결과이다.

[실험 과정]

(가) 소량의 황산 나트륨을 녹인 물을 전기 분해 하였더니 수소 기체와 산소 기체가 생성되었다.

(나) 염화 나트륨 용융액을 전기 분해 하였더니 나트륨 금속과 염소 기체가 생성되었다.

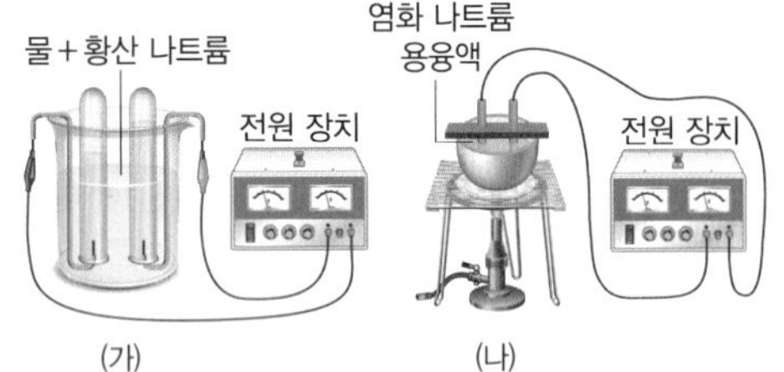

[실험 결과]

(가)와 (나)로부터 화합물을 전기 분해 하여 화합물이 구성 원소로 나누어질 때 (㉠)이/가 관여함을 알 수 있다.

㉠에 해당하는 것으로 가장 적절한 것은?

① 원자 ② 전자 ③ 열에너지
④ 원자핵 ⑤ 중성자

02 그림 (가)는 물을 전기 분해 하는 장치를, (나)는 염화 나트륨 용융액을 전기 분해 하는 장치를 나타낸 것이다.

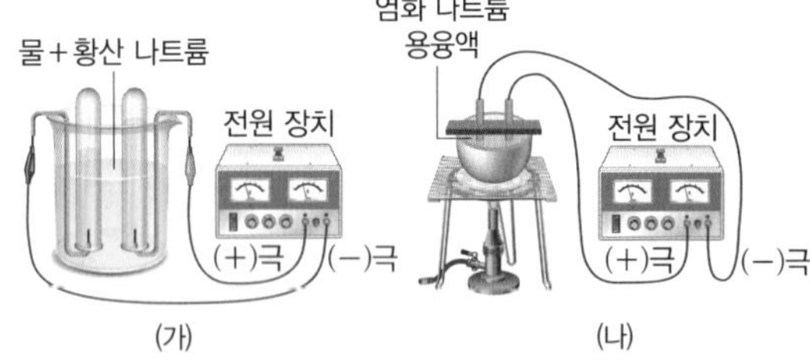

(가)와 (나)의 공통점으로 옳은 것만을 〈보기〉에서 있는 대로 고른 것은?

보기

ㄱ. (+)극에서 기체가 발생한다.
ㄴ. (−)극에서 전자를 얻는 반응이 일어난다.
ㄷ. (−)극과 (+)극에서 생성되는 물질의 몰비는 1 : 1이다.

① ㄱ ② ㄷ ③ ㄱ, ㄴ
④ ㄴ, ㄷ ⑤ ㄱ, ㄴ, ㄷ

03 그림은 나트륨 이온(Na^+)과 할로젠화 이온 X^-, Y^-이 각각 결합한 물질 NaX와 NaY에서 이온 사이의 거리에 따른 에너지 변화를 나타낸 것이다.

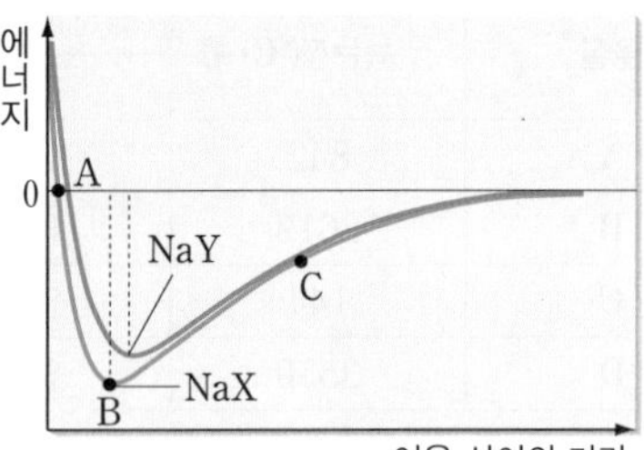

이에 대한 설명으로 옳은 것만을 〈보기〉에서 있는 대로 고른 것은?(단, X와 Y는 임의의 원소 기호이다.)

보기

ㄱ. NaX에서 A~C 중 이온 사이의 인력이 반발력보다 우세한 지점은 C이다.
ㄴ. 이온 반지름은 X^-이 Y^-보다 크다.
ㄷ. 이온 결합 물질의 녹는점은 NaY가 NaX보다 높다.

① ㄱ ② ㄴ ③ ㄷ
④ ㄱ, ㄴ ⑤ ㄱ, ㄷ

04 그림은 주기율표의 일부를, 표는 5가지 물질 (가)~(마)의 구성 원소를 나타낸 것이다.

주기＼족	1	2	13	14	15	16	17	18
1	A							
2						C		
3	B						D	

물질	(가)	(나)	(다)	(라)	(마)
구성 원소	A, B	B	C	B, D	C, D

(가)~(마)에 대한 설명으로 옳지 않은 것은?(단, A~D는 임의의 원소 기호이다.)

① 이온 결합 물질은 2가지이다.
② 공유 결합 물질은 2가지이다.
③ (나)와 (다)는 모두 상온에서 고체이다.
④ (라)의 화학식은 BD이다.
⑤ (마)를 구성하는 원자는 모두 옥텟 규칙을 만족한다.

➲ 수능모의평가기출 변형

05 그림은 분자 A_2~C_2의 핵 간 거리에 따른 에너지 변화를 나타낸 것이다. A~C는 각각 O, F, Cl 중 하나이다.

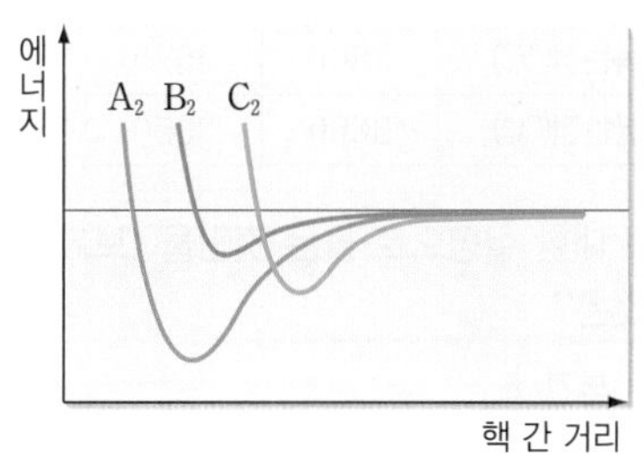

이에 대한 설명으로 옳은 것만을 〈보기〉에서 있는 대로 고른 것은?

보기
ㄱ. 결합의 세기가 가장 강한 분자는 A_2이다.
ㄴ. 원자 반지름은 B가 C보다 크다.
ㄷ. A_2에는 다중 결합이 있다.

① ㄱ ② ㄴ ③ ㄱ, ㄷ
④ ㄴ, ㄷ ⑤ ㄱ, ㄴ, ㄷ

06 표는 바닥상태 원자 A~C의 전자 배치를 나타낸 것이다.

원자	전자 배치
A	$1s^22s^22p^3$
B	$1s^22s^22p^4$
C	$1s^22s^22p^5$

이에 대한 설명으로 옳은 것만을 〈보기〉에서 있는 대로 고른 것은?(단, A~C는 임의의 원소 기호이다.)

보기
ㄱ. 공유 전자쌍은 B_2가 A_2보다 많다.
ㄴ. B와 C의 화합물은 2중 결합을 포함한다.
ㄷ. A와 C는 1 : 3의 원자 수비로 결합하여 화합물을 생성한다.

① ㄱ ② ㄷ ③ ㄱ, ㄴ
④ ㄴ, ㄷ ⑤ ㄱ, ㄴ, ㄷ

07 그림은 알루미늄(Al)이 공기 중의 산소(O_2)와 반응하여 산화 알루미늄(Al_2O_3)이 되는 것을 나타낸 것이다.

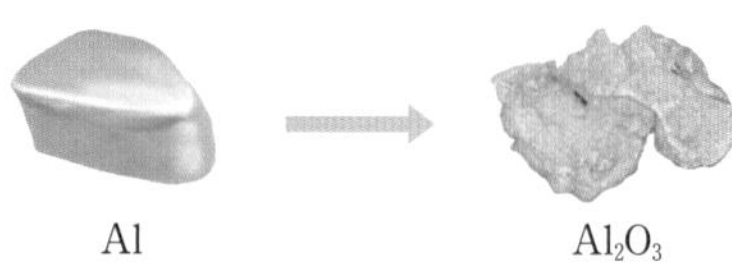

이에 대한 설명으로 옳은 것만을 〈보기〉에서 있는 대로 고른 것은?

보기
ㄱ. Al_2O_3은 고체 상태에서 전기 전도성이 있다.
ㄴ. 외부에서 힘을 가하면 Al_2O_3은 Al보다 쉽게 부서진다.
ㄷ. Al과 Al_2O_3은 모두 화학 결합을 이루는 입자들 사이에 정전기적 인력이 작용한다.

① ㄱ ② ㄷ ③ ㄱ, ㄴ
④ ㄴ, ㄷ ⑤ ㄱ, ㄴ, ㄷ

08 다음은 선생님이 학생들에게 제시한 수행 평가의 탐구 과제이다.

다음에 제시된 5가지 물질에서 금속 결합 물질을 구분할 수 있는 실험 (가)와 공유 결합 물질을 구분할 수 있는 실험 (나)를 설계하고 수행하시오.

이산화 탄소(CO_2), 염화 나트륨(NaCl), 철(Fe)
산화 철(Ⅲ)(Fe_2O_3), 설탕($C_{12}H_{22}O_{11}$)

탐구 과제를 해결하는 실험 (가)와 (나)에서 비교해야 할 물질의 성질로 가장 적절한 것은?

	(가)	(나)
①	물에 대한 용해성	고체 상태의 전기 전도성
②	물에 대한 용해성	액체 상태의 전기 전도성
③	고체 상태의 전기 전도성	물에 대한 용해성
④	고체 상태의 전기 전도성	액체 상태의 전기 전도성
⑤	액체 상태의 전기 전도성	고체 상태의 전기 전도성

09 그림은 4가지 물질을 주어진 기준에 따라 분류하는 과정을 나타낸 것이다.

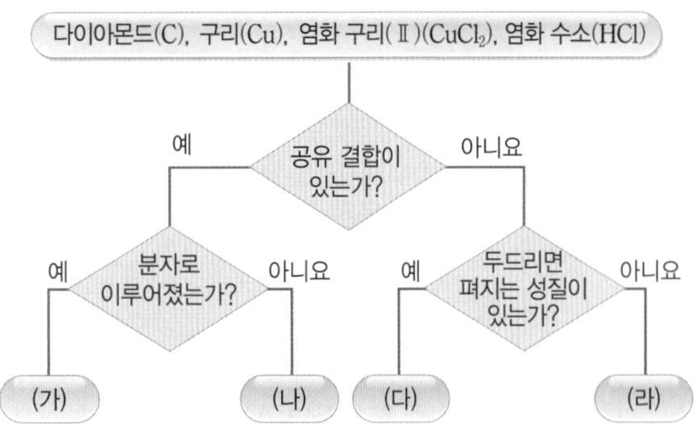

이에 대한 설명으로 옳은 것만을 〈보기〉에서 있는 대로 고른 것은?

보기

ㄱ. (가)와 (다)의 구성 원소 중 같은 원소가 있다.
ㄴ. (가)와 (라)는 물에 잘 녹는다.
ㄷ. (가)~(라) 중 녹는점은 (나)가 가장 높다.

① ㄱ ② ㄴ ③ ㄷ
④ ㄱ, ㄴ ⑤ ㄴ, ㄷ

10 그림은 화합물 AB와 BC_2의 결합 모형을 나타낸 것이다.

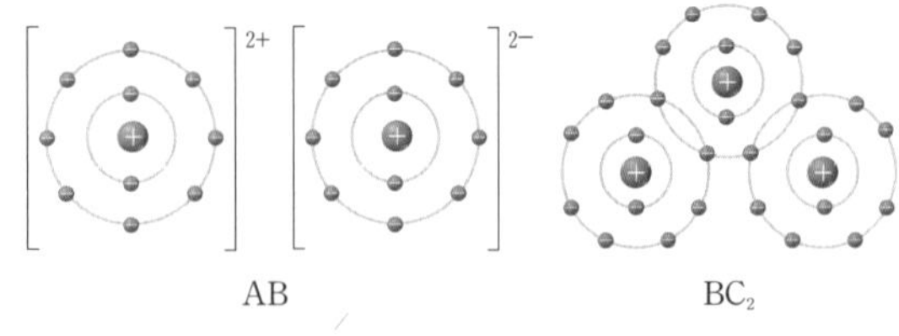

이에 대한 설명으로 옳은 것만을 〈보기〉에서 있는 대로 고른 것은?(단, A~C는 임의의 원소 기호이다.)

보기

ㄱ. A~C는 모두 2주기 원소이다.
ㄴ. BC_2는 액체 상태에서 전기 전도성이 있다.
ㄷ. A와 C로 이루어진 화합물의 화학식은 AC_2이다.

① ㄱ ② ㄷ ③ ㄱ, ㄴ
④ ㄴ, ㄷ ⑤ ㄱ, ㄴ, ㄷ

➲ 수능모의평가기출 변형

11 표는 4가지 물질에 대한 자료이다.

물질	MgO	CaO	N_2	O_2
녹는점(°C)	2800	2570	−210	−219
끓는점(°C)	3600	2850	−196	−183

이에 대한 설명으로 옳은 것만을 〈보기〉에서 있는 대로 고른 것은?

보기

ㄱ. 모두 고체 상태에서 전기 전도성이 없다.
ㄴ. 물질을 이루는 입자 사이의 거리는 MgO가 CaO보다 멀다.
ㄷ. 결합의 세기는 O_2가 N_2보다 강하다.

① ㄱ ② ㄴ ③ ㄷ
④ ㄱ, ㄴ ⑤ ㄱ, ㄷ

12 표는 물질 (가)~(라)의 녹는점과 고체 상태, 액체 상태에서의 전기 전도성을 나타낸 것이다.

물질	녹는점(°C)	전기 전도성	
		고체 상태	액체 상태
(가)	185	없음.	없음.
(나)	801	없음.	있음.
(다)	1083	있음.	있음.
(라)	3550	없음.	없음.

이에 대한 설명으로 옳은 것만을 〈보기〉에서 있는 대로 고른 것은?

보기

ㄱ. (가)와 (라)를 이루는 화학 결합의 종류는 같다.
ㄴ. 금속 원소를 포함하는 것은 (나)와 (라)이다.
ㄷ. 입자 사이의 정전기적 인력으로 결합된 물질은 (나)와 (다)이다.

① ㄴ ② ㄱ, ㄴ ③ ㄱ, ㄷ
④ ㄴ, ㄷ ⑤ ㄱ, ㄴ, ㄷ

➲ 수능모의평가기출 변형

13 그림은 고체 (가)의 결정 구조와 고체 (나)의 결합 모형을 나타낸 것이다.

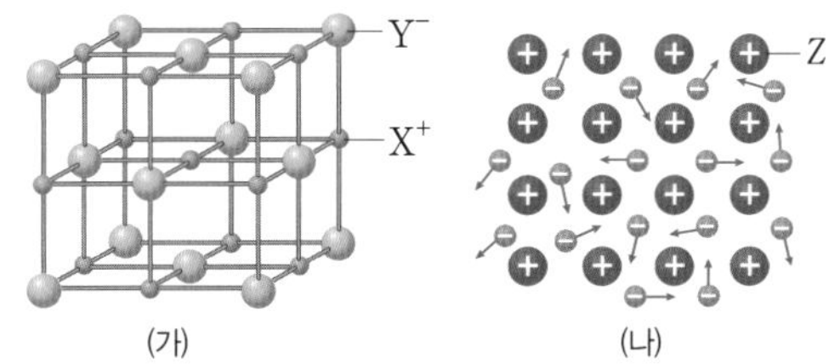

이에 대한 설명으로 옳은 것만을 <보기>에서 있는 대로 고른 것은?

보기

ㄱ. 액체 상태의 (가)와 (나)에 전류를 흘려주면 X^+과 Z는 (−)극 쪽으로 이동한다.
ㄴ. (가)는 고체 상태에서 X^+, Y^-이 자유롭게 이동할 수 없다.
ㄷ. 힘을 가하면 (가)와 (나)는 쉽게 부서진다.

① ㄱ ② ㄴ ③ ㄱ, ㄷ
④ ㄴ, ㄷ ⑤ ㄱ, ㄴ, ㄷ

14 그림은 원자 A~D의 전자 배치 모형을, 표는 물질 (가)~(마)의 구성 원소를 나타낸 것이다. (가)~(마) 중 고체 상태에서 전기 전도성이 있는 물질은 2가지이다.

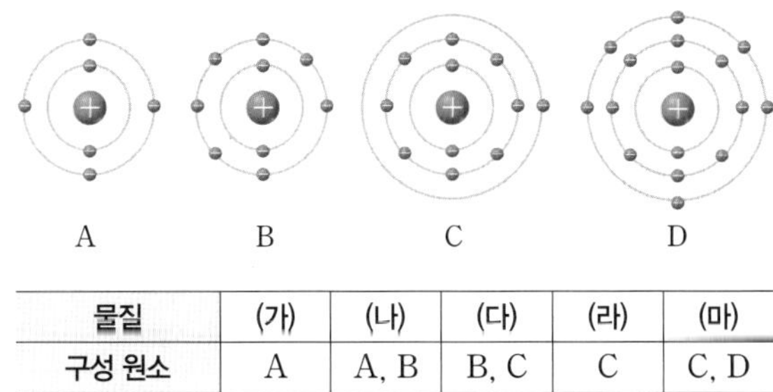

물질	(가)	(나)	(다)	(라)	(마)
구성 원소	A	A, B	B, C	C	C, D

(가)~(마)에 대한 설명으로 옳은 것만을 <보기>에서 있는 대로 고른 것은?(단, A~D는 임의의 원소 기호이다.)

보기

ㄱ. 금속 결합 물질은 2가지이다.
ㄴ. (다)와 (라)는 액체 상태에서 전기 전도성이 있다.
ㄷ. 화학식에서 구성 원자 수는 (마)가 (다)보다 크다.

① ㄱ ② ㄴ ③ ㄱ, ㄷ
④ ㄴ, ㄷ ⑤ ㄱ, ㄴ, ㄷ

➲ 수능모의평가기출 변형

15 그림은 화합물 ABC와 B_2의 결합 모형을, 표는 화합물 (가)~(다)의 화학식의 구성 원자 수를 나타낸 것이다. $y>x$이다.

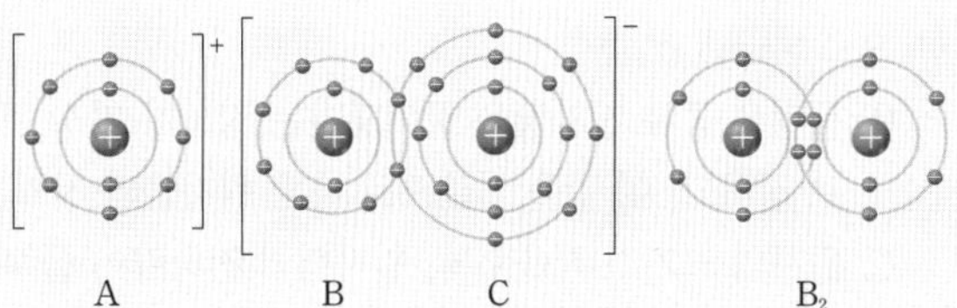

화합물	구성 원자 수		
	A	B	C
(가)	x	0	x
(나)	y	x	0
(다)	0	x	y

이에 대한 설명으로 옳은 것만을 <보기>에서 있는 대로 고른 것은?(단, A~C는 임의의 원소 기호이다.)

보기

ㄱ. ABC의 구성 입자는 모두 옥텟 규칙을 만족한다.
ㄴ. $y=2x$이다.
ㄷ. (가)와 (나)는 액체 상태에서 전기 전도성이 있다.

① ㄱ ② ㄷ ③ ㄱ, ㄴ
④ ㄴ, ㄷ ⑤ ㄱ, ㄴ, ㄷ

16 표는 1~3주기 원소 A~C로 이루어진 화합물 (가)~(다)를 구성하는 원자 수비를 나타낸 것이다. (가)와 (나)는 이온 결합 물질이고, A와 B는 1족 원소이다.

화합물	화학식의 구성 원자 수비
(가)	A : B=1 : 1
(나)	A : C=x : y
(다)	B : C=2 : 1

이에 대한 설명으로 옳은 것만을 <보기>에서 있는 대로 고른 것은?(단, A~C는 임의의 원소 기호이다.)

보기

ㄱ. B는 금속 원소이다.
ㄴ. (다)에서 공유 전자쌍 수는 2이다.
ㄷ. x : y=2 : 1이다.

① ㄱ ② ㄴ ③ ㄱ, ㄷ
④ ㄴ, ㄷ ⑤ ㄱ, ㄴ, ㄷ

12 결합의 극성

한눈에 정리하는 출제 경향

• 전기 음성도의 주기성 이해하기
• 전기 음성도 차이와 쌍극자 모멘트를 이용하여 결합의 극성 설명하기

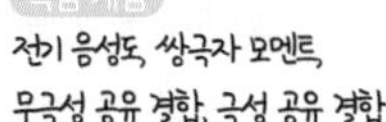

핵심 개념
전기 음성도, 쌍극자 모멘트,
무극성 공유 결합, 극성 공유 결합

1 전기 음성도

자료 분석 특강 140쪽 A

1 전기 음성도 공유 결합을 형성한 각 원자가 공유 전자쌍을 끌어당기는 정도를 상대적인 값으로 나타낸 것

상대적인 값이므로 단위가 없다.

① 폴링은 공유 전자쌍을 끌어당기는 정도가 가장 큰 플루오린(F)의 전기 음성도를 4.0으로 정하고, 이 값을 기준으로 다른 원자들의 전기 음성도를 상대적으로 나타냈다.

② 원자의 크기가 작을수록, 원자핵의 전하량이 클수록 전기 음성도가 커진다.[1]

2 전기 음성도의 주기적 변화

① 같은 족: 원자 번호가 커질수록 대체로 감소한다. → 전자 껍질 수가 증가하여 원자핵과 전자 사이에 인력이 감소하기 때문이다.

② 같은 주기: 원자 번호가 커질수록 대체로 증가한다. → 원자 반지름이 작아지고 유효 핵전하가 증가하기 때문이다.

③ 금속 원소와 비금속 원소의 전기 음성도: 비금속 원소의 전기 음성도는 금속 원소의 전기 음성도보다 크다.

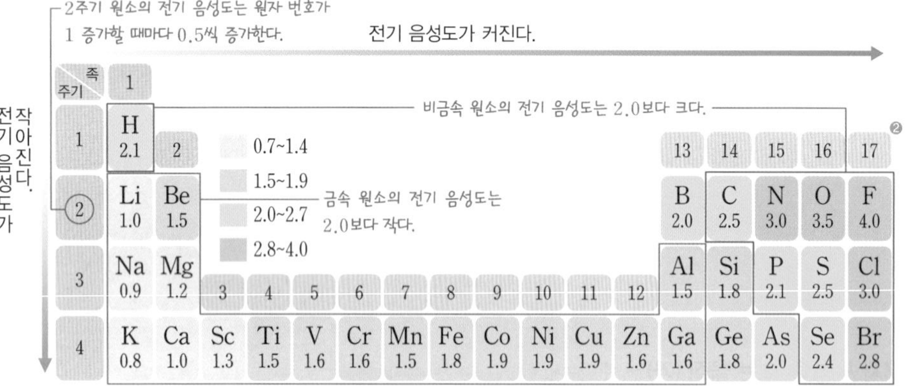

주기＼족	1	2	3	4	5	6	7	8	9	10	11	12	13	14	15	16	17
1	H 2.1																
2	Li 1.0	Be 1.5											B 2.0	C 2.5	N 3.0	O 3.5	F 4.0
3	Na 0.9	Mg 1.2											Al 1.5	Si 1.8	P 2.1	S 2.5	Cl 3.0
4	K 0.8	Ca 1.0	Sc 1.3	Ti 1.5	V 1.6	Cr 1.6	Mn 1.5	Fe 1.8	Co 1.9	Ni 1.9	Cu 1.9	Zn 1.6	Ga 1.6	Ge 1.8	As 2.0	Se 2.4	Br 2.8

▲ 폴링의 전기 음성도

확인문제 1

1 전기 음성도는 공유 결합을 형성한 원자가 (   )을/를 끌어당기는 정도를 상대적인 값으로 나타낸 것이다.

2 같은 족에서 원자 번호가 커질수록 전기 음성도는 대체로 (증가, 감소)한다.

3 같은 주기에서 원자 번호가 커질수록 전기 음성도는 대체로 (증가, 감소)한다.

plus 개념

① 이온화 에너지와 전기 음성도
이온화 에너지가 클수록 전자를 떼어 내기 어렵고, 그만큼 전자를 끌어당기는 정도가 큰 것이므로 일반적으로 이온화 에너지가 클수록 전기 음성도도 크다.

② 18족 원소의 전기 음성도
대부분의 18족 원소는 결합을 거의 하지 않으므로 전기 음성도를 정의하지 않는다.

부분적인 양전하(δ^+)와 음전하(δ^-)는 전하의 성질이 약하게 나타난다는 것이지, 이온처럼 (+)전하, (−)전하를 띠는 것을 의미하지는 않는다.

2 결합의 극성

자료 분석 특강 140쪽 B

1 무극성 공유 결합과 극성 공유 결합

구분	무극성 공유 결합	극성 공유 결합
정의	전기 음성도가 같은 원자 사이의 공유 결합으로, 공유 전자쌍이 어느 한쪽으로 치우치지 않는다.	전기 음성도가 다른 원자 사이의 공유 결합으로, 공유 전자쌍이 전기 음성도가 더 큰 원자 쪽으로 치우치므로 부분 전하를 띤다.[3]
모형	예 H_2 H + H ⟶ HH 두 원자의 전기 음성도가 같으므로 부분 전하를 띠지 않는다.	예 HCl H + Cl ⟶ $\overset{\delta^+}{H}\overset{\delta^-}{Cl}$ 전기 음성도가 큰 Cl 원자는 부분적인 음전하(δ^-)를 띠고, 전기 음성도가 작은 H 원자는 부분적인 양전하(δ^+)를 띤다.

전기 음성도가 큰 원자는 부분적인 음전하(δ^-)를 띠고, 전기 음성도가 작은 원자는 부분적인 양전하(δ^+)를 띤다.

③ 부분 전하
극성 공유 결합에서 이온이 형성되지 않고 한쪽으로 치우쳐 생성되는 전하로 그리스어 '델타(δ)'를 사용하여 나타낸다.

2 쌍극자와 쌍극자 모멘트

① **쌍극자**: 한 분자에서 크기가 같고 부호가 반대인 두 전하($+q$, $-q$)가 일정한 거리(r)를 두고 떨어져 부분 전하를 나타내는 것

② **쌍극자 모멘트**: 공유 결합의 극성 크기를 나타내는 척도

- 두 전하가 띠는 전하량(q)과 두 전하 사이의 거리(r)를 곱한 값으로 나타내며 양전하에서 음전하로 향하는 방향성을 갖는다.④
- 쌍극자 모멘트의 표시: 전기 음성도가 작은 원자에서 전기 음성도가 큰 원자 쪽으로 화살표가 향하도록 나타낸다.

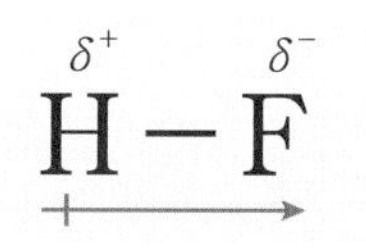

▲ 쌍극자 모멘트의 표시

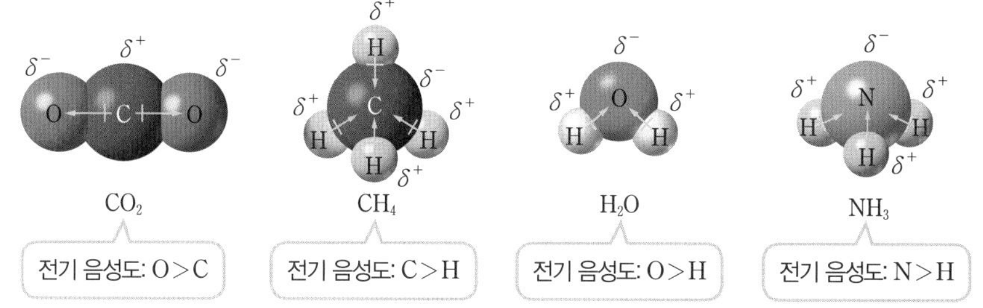

전기 음성도: O>C | 전기 음성도: C>H | 전기 음성도: O>H | 전기 음성도: N>H

③ **쌍극자 모멘트와 결합의 극성**: 전기 음성도 차가 클수록 부분 전하의 크기가 증가하여 쌍극자 모멘트가 크게 나타나고, 결합의 극성이 커진다.

전기 음성도 차에 따른 결합의 극성

결합	H−H	H−F	H−Cl	H−Br	H−I
전기 음성도 차	0	1.9	0.9	0.7	0.4
쌍극자 모멘트(상댓값)	0	6.37	3.60	2.67	1.40

- 전기 음성도 차가 클수록 쌍극자 모멘트가 크게 나타난다.
- 결합의 극성의 크기는 H−F>H−Cl>H−Br>H−I>H−H 순이다.

3 전기 음성도 차에 따른 화학 결합의 구분⑤

빨간색은 전자가 많은 곳이고, 파란색은 전자가 적은 곳이다.

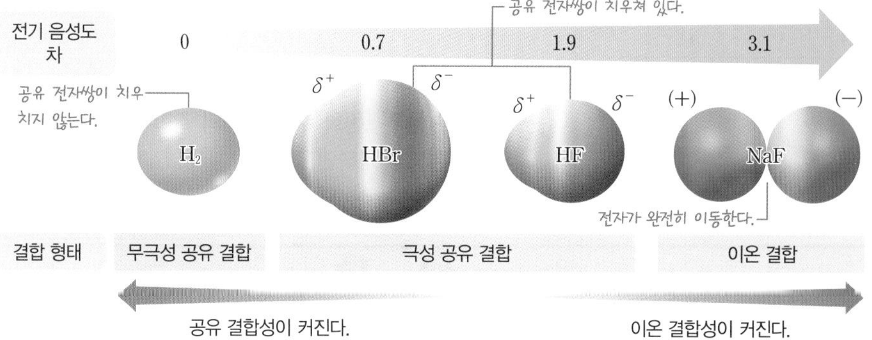

① **전기 음성도가 같은 두 원자의 결합**: 무극성 공유 결합 → 전자가 대칭적으로 분포

② **전기 음성도가 다른 두 원자의 결합**: 극성 공유 결합 → 전자가 치우쳐 비대칭적으로 분포

③ **전기 음성도가 차가 매우 큰 두 원자의 결합**: 이온 결합 → 전기 음성도가 작은 원자에서 전기 음성도가 큰 원자로 전자가 완전히 이동

확인 문제 2

4 쌍극자 모멘트의 방향은 (　　　)전하에서 (　　　)전하를 향한다.

5 공유 결합에서 전기 음성도가 같은 원자는 무극성 공유 결합을 한다.(○, ×)

6 HCl에서 전기 음성도가 큰 Cl는 부분적인 (양, 음)전하를 띤다.

plus 개념

④ 쌍극자 모멘트의 크기

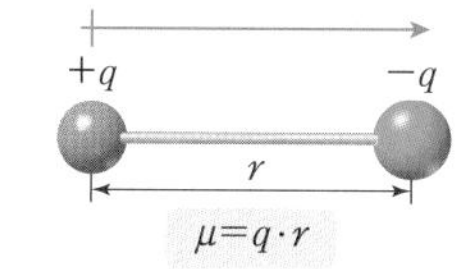

⑤ 공유 결합의 이온성

서로 다른 두 원자가 어떤 형태의 결합을 하는지는 두 원자의 전기 음성도 차에 의해 결정된다. 두 원자의 전기 음성도 차가 클수록 결합의 이온성이 커지지만 화학 결합을 구분하는 전기 음성도 차이값을 명확하게 규정할 수는 없다. 일반적으로 결합의 이온성이 50 % 이상이면 이온 결합으로, 50 % 미만이면 공유 결합으로 분류한다.

무극성 공유 결합은 같은 원자의 공유 결합이므로 결합을 이루는 두 원자의 전기 음성도 차가 0이고, 쌍극자 모멘트도 0이다.

용어 돋보기

- **극성**(끝 極, 성질 性): 분자 내에서 양전하를 띠는 부분과 음전하를 띠는 부분으로 나뉘어 나타나는 성질이다.
- **쌍극자**(짝이 될 雙, 끝 極, 아들 子): 양전하를 띠는 부분과 음전하를 띠는 부분으로 나뉘어진 분자의 물질이다.

개념을 다지는 기본 문제

1 전기 음성도

01 그림은 주기율표 1~3주기 원소의 전기 음성도를 나타낸 것이다.

주기 \ 족	1	2	13	14	15	16	17
1	H 2.1						
2	Li 1.0	Be 1.5	B 2.0	C 2.5	N 3.0	O 3.5	F 4.0
3	Na 0.9	Mg 1.2	Al 1.5	Si 1.8	P 2.1	S 2.5	Cl 3.0

이에 대한 설명으로 옳은 것만을 〈보기〉에서 있는 대로 고른 것은?

보기

ㄱ. 전기 음성도는 비금속 원소가 금속 원소보다 크다.
ㄴ. 같은 주기에서 원자 번호가 큰 원소일수록 전기 음성도가 크다.
ㄷ. 같은 족에서 원자 번호가 클수록 전기 음성도가 작아지는 것은 유효 핵전하가 감소하기 때문이다.

① ㄱ ② ㄷ ③ ㄱ, ㄴ
④ ㄴ, ㄷ ⑤ ㄱ, ㄴ, ㄷ

중요

02 표는 원자 A~C에 대한 자료이다.

원자	A	B	C
모형			
전기 음성도	x	y	z

이에 대한 설명으로 옳은 것만을 〈보기〉에서 있는 대로 고른 것은?(단, A~C는 임의의 원소 기호이다.)

보기

ㄱ. A와 C는 같은 족 원자이다.
ㄴ. 전기 음성도의 크기는 $x>y>z$이다.
ㄷ. A와 B의 공유 결합에서 공유 전자쌍은 B 원자 쪽으로 치우친다.

① ㄱ ② ㄴ ③ ㄷ
④ ㄱ, ㄷ ⑤ ㄴ, ㄷ

2 결합의 극성

03 무극성 공유 결합을 포함하는 물질을 〈보기〉에서 있는 대로 고르시오.

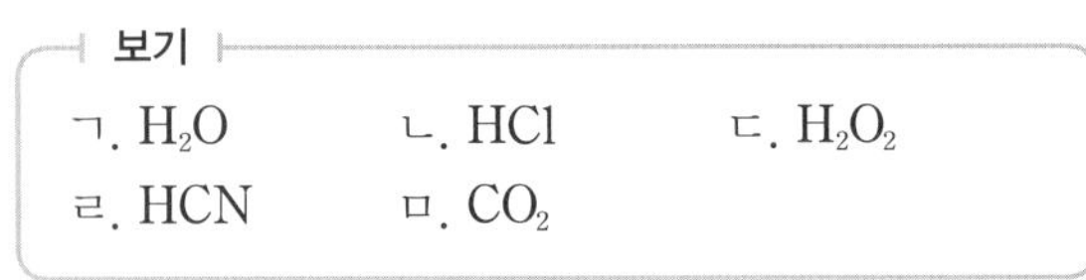

보기

ㄱ. H_2O ㄴ. HCl ㄷ. H_2O_2
ㄹ. HCN ㅁ. CO_2

04 그림은 전하량이 각각 $+q$, $-q$인 두 입자가 r의 거리만큼 떨어져 있는 것을 나타낸 것이다.

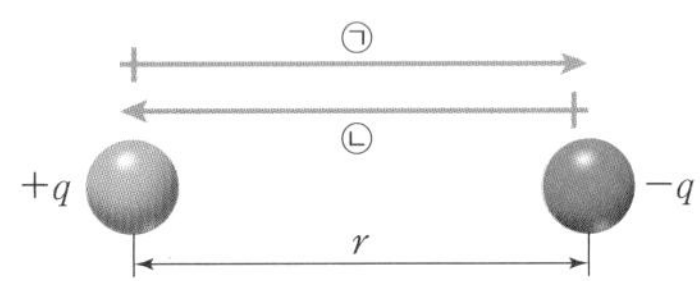

두 입자에 작용하는 쌍극자 모멘트에 대한 설명으로 옳은 것만을 〈보기〉에서 있는 대로 고른 것은?

보기

ㄱ. 쌍극자 모멘트의 방향은 ㉡이다.
ㄴ. r이 클수록 쌍극자 모멘트가 커진다.
ㄷ. q가 클수록 결합의 극성이 커진다.

① ㄱ ② ㄴ ③ ㄷ
④ ㄱ, ㄴ ⑤ ㄴ, ㄷ

중요

05 다음은 플루오린화 수소(HF)의 결합 모형과 두 원소의 전기 음성도를 나타낸 것이다.

원소	전기 음성도
H	2.1
F	4.0

이에 대한 설명으로 옳은 것만을 〈보기〉에서 있는 대로 고른 것은?

보기

ㄱ. HF의 공유 결합은 극성 공유 결합이다.
ㄴ. 공유 전자쌍은 H 원자 쪽으로 치우친다.
ㄷ. HF에서 H는 부분적인 양전하(δ^+)를 띤다.

① ㄱ ② ㄴ ③ ㄱ, ㄷ
④ ㄴ, ㄷ ⑤ ㄱ, ㄴ, ㄷ

06 그림은 AB_2와 BC_2 분자의 구조를 모형으로 나타낸 것이다.

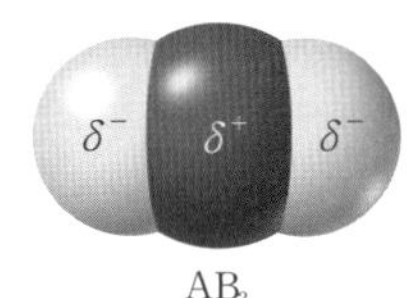

AB_2

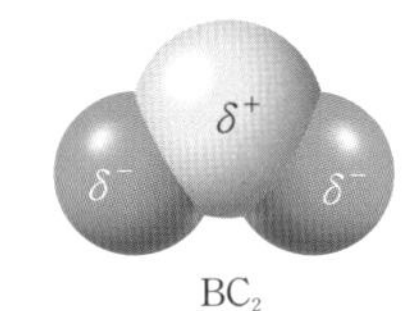

BC_2

이에 대한 설명으로 옳은 것만을 〈보기〉에서 있는 대로 고른 것은?(단, A~C는 임의의 원소 기호이다.)

보기
ㄱ. A와 B의 결합은 무극성 공유 결합이다.
ㄴ. B와 C의 결합은 극성 공유 결합이다.
ㄷ. 전기 음성도는 A가 C보다 크다.

① ㄱ ② ㄴ ③ ㄷ
④ ㄱ, ㄴ ⑤ ㄱ, ㄷ

07 표는 1, 2주기 원소 A~C의 전기 음성도를 나타낸 것이다.

원소	A	B	C
전기 음성도	2.1	3.0	4.0

이에 대한 설명으로 옳은 것만을 〈보기〉에서 있는 대로 고른 것은?(단, A~C는 임의의 원소 기호이다.)

보기
ㄱ. 분자 AB에서 B는 부분적인 양전하를 띤다.
ㄴ. 원자 번호가 가장 큰 것은 C이다.
ㄷ. 결합의 극성은 분자 AC가 분자 AB보다 크다.

① ㄱ ② ㄴ ③ ㄱ, ㄷ
④ ㄴ, ㄷ ⑤ ㄱ, ㄴ, ㄷ

서술형

08 다음은 몇 가지 분자를 나타낸 것이다.

CO　　NH_3　　H_2O　　F_2

결합의 극성이 가장 큰 것과 가장 작은 것을 순서대로 쓰고, 전기 음성도와 결합의 극성은 어떤 관계가 있는지 설명하시오(단, 전기 음성도는 H 2.1, C 2.5, N 3.0, O 3.5, F 4.0이다.).

중요

09 그림은 분자 A_2, AB의 입자 모형과 부분 전하를 나타낸 것이다.

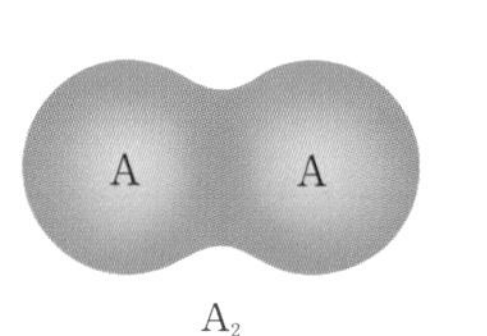

A_2

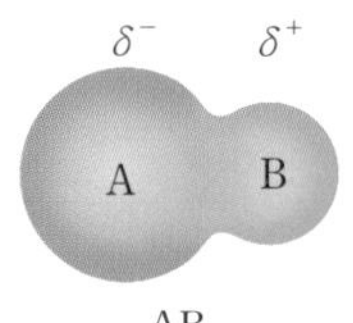

AB

이에 대한 설명으로 옳은 것만을 〈보기〉에서 있는 대로 고른 것은?(단, A와 B는 임의의 원소 기호이다.)

보기
ㄱ. A_2에는 무극성 공유 결합이 있다.
ㄴ. 전기 음성도는 A가 B보다 크다.
ㄷ. 쌍극자 모멘트는 A_2가 AB보다 크다.

① ㄱ ② ㄷ ③ ㄱ, ㄴ
④ ㄴ, ㄷ ⑤ ㄱ, ㄴ, ㄷ

10 그림은 1, 2주기 원소 X~Z로 이루어진 화합물 XZ, YZ의 입자 모형과 부분 전하를 나타낸 것이다.

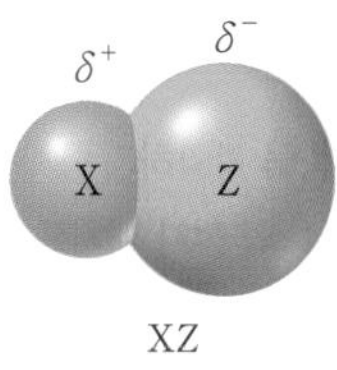

XZ

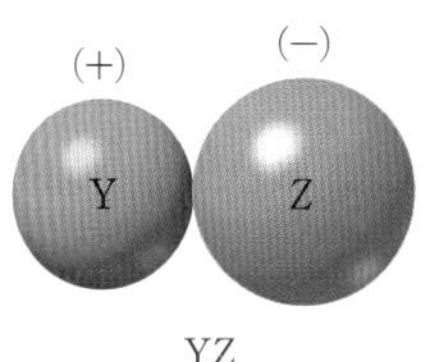

YZ

이에 대한 설명으로 옳은 것만을 〈보기〉에서 있는 대로 고른 것은?(단, X~Z는 임의의 원소 기호이다.)

보기
ㄱ. X는 금속 원소이다.
ㄴ. 전기 음성도는 Y가 X보다 크다.
ㄷ. 구성 원소의 전기 음성도 차는 YZ가 XZ보다 크다.

① ㄱ ② ㄷ ③ ㄱ, ㄴ
④ ㄴ, ㄷ ⑤ ㄱ, ㄴ, ㄷ

실력을 올리는 실전 문제와 함께 보면 더 좋아요!

A 전기 음성도 차이와 결합의 극성

표는 분자 AB, AC, BC에서 구성 원소의 전기 음성도 차와 부분적인 양전하, 음전하를 나타낸 것이다. A~C 중 전기 음성도의 최댓값은 4.0이다. ❶ ❷

분자	AB	AC	BC
전기 음성도 차	1.9	0.9	1.0
모형	δ^+ A, δ^- B	δ^+ A, δ^- C	δ^- B, δ^+ C

① 같은 종류의 원자 사이의 결합은 무극성 공유 결합, 서로 다른 원자 사이의 결합은 극성 공유 결합이다.

• AB, AC, BC의 공유 결합은 모두 다른 원자 사이의 결합이므로 극성 공유 결합이다.

② 공유 전자쌍은 전기 음성도가 큰 원자 쪽으로 치우치고, 전기 음성도가 큰 원자는 부분적인 음전하를, 전기 음성도가 작은 원자는 부분적인 양전하를 띤다.

• 분자 AB에서 부분적인 음전하를 띠는 원자는 B이므로 전기 음성도는 B>A이다.

• 분자 AC에서 부분적인 음전하를 띠는 원자는 C이므로 전기 음성도는 C>A이다.

• 분자 BC에서 부분적인 음전하를 띠는 원자는 B이므로 전기 음성도는 B>C이다.
→ A~C의 전기 음성도 크기는 B>C>A이다.

③ 두 원자의 전기 음성도 차가 클수록 결합의 극성이 증가하고 부분 전하가 커진다.

• 전기 음성도 차가 가장 큰 AB의 결합의 극성이 가장 크고 부분 전하도 크다.

❶ 폴링은 공유 전자쌍을 끌어당기는 정도가 가장 큰 F의 전기 음성도를 4.0으로 정하고 다른 원자들의 전기 음성도를 상대적으로 나타냈다.

❷ A~C의 전기 음성도를 각각 a~c라고 하면 AB에서 $b-a=1.9$, AC에서 $c-a=0.9$, BC에서 $b-c=1.0$이다. $b=4.0$이므로 $a=2.1$, $c=3.0$이다. 따라서 A의 전기 음성도는 2.1, B의 전기 음성도는 4.0, C의 전기 음성도는 3.0이다.

실력을 올리는 실전 문제 찾아가기

• 분자 모형에 결합의 극성이 제시되는 문제_03, 04
• 화학 반응식을 제시한 후 분자 모형에 결합의 극성이 제시되는 문제_05, 09

B 결합 모형과 결합의 극성

그림은 분자 (가)~(다)의 결합 모형을 나타낸 것이다.

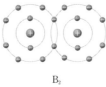

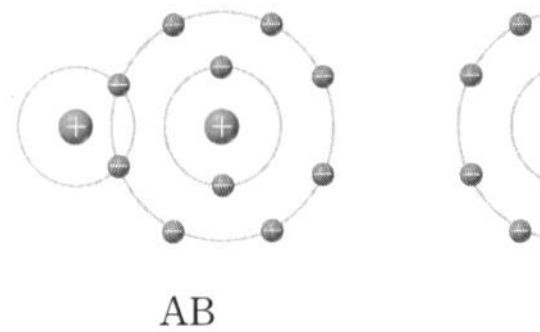

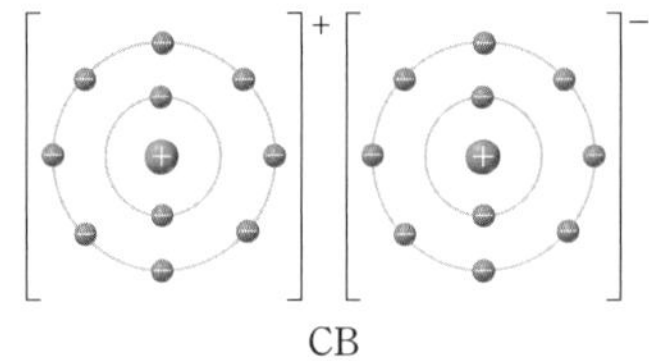

AB　　　B_2　　　CB

① AB, B_2, CB를 구성하는 원소의 종류 파악하기 ❶

• A는 B와 전자쌍 1개를 공유하여 He의 전자 배치를 가지므로 전자 수가 1인 수소(H)이다.

• 2개의 B는 전자쌍 1개를 공유하여 옥텟 규칙을 만족하므로 2주기 17족 원소인 플루오린(F)이다.

• C가 전자 1개를 잃어 생성된 C^+의 전자 배치가 Ne과 같으므로 C는 3주기 1족 원소인 나트륨(Na)이다.

② 구성 원소의 전기 음성도 크기 비교하기 ❷

• AB는 극성 공유 결합, B_2는 무극성 공유 결합, CB는 이온 결합을 한다.

• 극성 공유 결합보다 이온 결합을 하는 두 원소의 전기 음성도 차가 더 크므로 구성 원소의 전기 음성도 차는 CB>AB이다. B는 F(플루오린)으로 전기 음성도가 가장 크므로 전기 음성도는 B>A>C이다.

③ 쌍극자 모멘트의 크기 비교하기

• 무극성 공유 결합의 쌍극자 모멘트는 0이고, 극성 공유 결합의 쌍극자 모멘트는 0보다 크므로 쌍극자 모멘트는 AB>B_2이다.

❶ 화합물의 화학 결합에는 공유 결합과 이온 결합이 있다. 공유 결합에는 같은 원자 사이의 공유 결합인 무극성 공유 결합과 다른 원자 사이의 공유 결합인 극성 공유 결합이 있다.

❷ 일반적으로 두 원소의 전기 음성도 차이가 약 1.7 이상이면 이온 결합, 1.7보다 작으면 극성 공유 결합이라고 한다.

실력을 올리는 실전 문제 찾아가기

• 결합 모형과 화학식이 제시되는 문제_08

실력을 올리는 실전 문제

바른답 • 알찬풀이 53쪽

➲ 수능모의평가기출 변형

01 그림은 원소 A~D의 전기 음성도를 상댓값으로 나타낸 것이다. A~D는 각각 F, Na, Mg, S 중 하나이다.

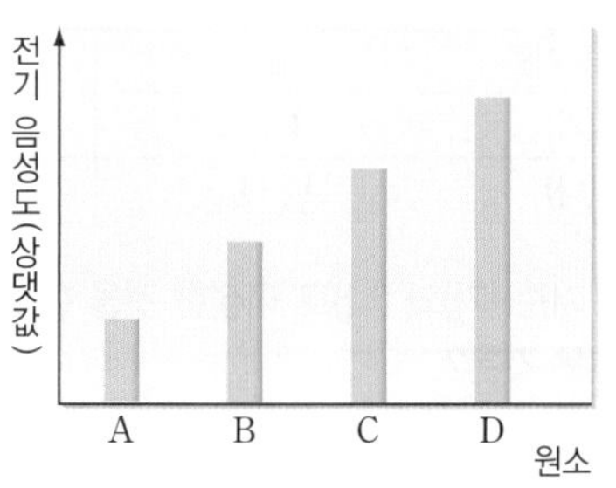

이에 대한 설명으로 옳은 것만을 〈보기〉에서 있는 대로 고른 것은?

보기
ㄱ. 원자 번호는 D가 C보다 크다.
ㄴ. A와 C의 화합물의 화학식은 AC이다.
ㄷ. B와 D의 화합물은 액체 상태에서 전기 전도성이 있다.

① ㄱ ② ㄴ ③ ㄷ ④ ㄱ, ㄷ ⑤ ㄴ, ㄷ

02 그림은 원자 A~D의 전기 음성도를 주기에 따라 나타낸 것이다. 같은 선으로 연결한 원소는 같은 족에 속한다.

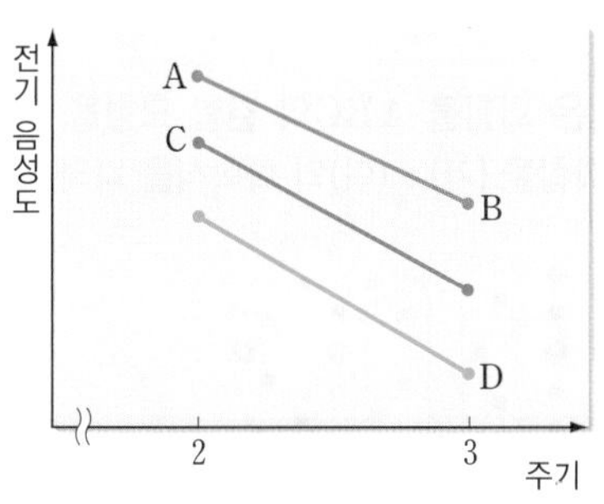

이에 대한 설명으로 옳은 것만을 〈보기〉에서 있는 대로 고른 것은?(단, A~D는 임의의 원소 기호이다.)

보기
ㄱ. 원자가 전자 수는 A가 C보다 크다.
ㄴ. BC의 공유 결합에서 B는 부분적인 음전하를 띤다.
ㄷ. 분자 DA_4는 극성 공유 결합을 한다.

① ㄱ ② ㄴ ③ ㄷ ④ ㄱ, ㄷ ⑤ ㄴ, ㄷ

03 그림은 원자 A~C로 이루어진 몇 가지 분자의 모형과 부분 전하를 나타낸 것이다.

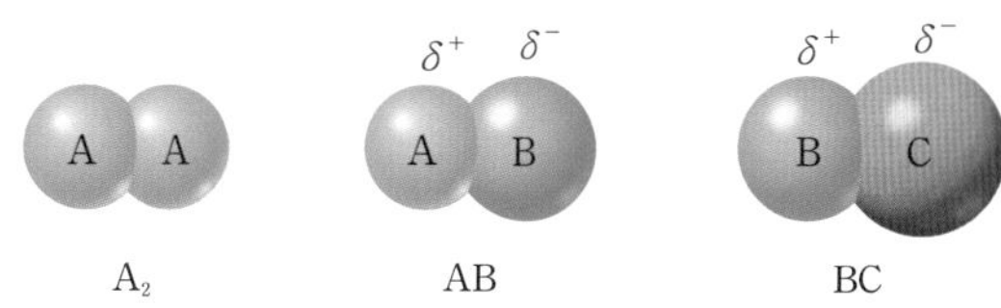

이에 대한 설명으로 옳지 않은 것은?(단, A~C는 임의의 원소 기호이다.)

① A_2 분자의 공유 결합은 무극성 공유 결합이다.
② AB 분자의 공유 결합은 극성 공유 결합이다.
③ 전기 음성도는 C가 B보다 크다.
④ 결합의 극성은 A−B가 A−C보다 크다.
⑤ 분자 AC에서 A는 부분적인 양전하를 띤다.

➲ 수능모의평가기출 변형

04 다음은 단일 결합으로 구성된 분자에서 극성 공유 결합의 특성에 대해 학생 A가 가설을 세우고 수행한 활동이다.

[실험 과정]
- 극성 공유 결합에서 ㉠

[활동]
- H, F, Cl의 전기 음성도를 찾아 크기를 비교한다.
- HF, HCl, ClF의 부분적인 양전하(δ^+)와 부분적인 음전하(δ^-)가 표시된 그림을 찾는다.

[결과]
- 전기 음성도 크기: F > Cl > H
- HF, HCl, ClF에서 δ^+와 δ^-가 표시된 그림

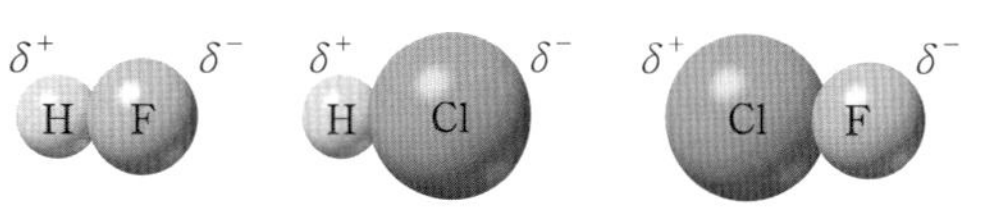

학생 A의 가설이 옳다는 결론을 얻었을 때, ㉠으로 가장 적절한 것은?

① 크기가 더 작은 원자가 부분적인 양전하를 띤다.
② 전기 음성도가 더 큰 원자가 부분적인 음전하를 띤다.
③ Cl는 어떤 원자와 결합하여도 부분적인 음전하를 띤다.
④ 원자 간 원자량 차이가 커지면 전기 음성도 차는 커진다.
⑤ 원자 간 전기 음성도 차가 커지면 부분적인 전하의 크기는 작아진다.

05 그림은 분자 A_2B와 C_2의 반응을 모형으로 나타낸 것이다. (가)와 (다)에는 부분적인 음전하를 나타내었다.

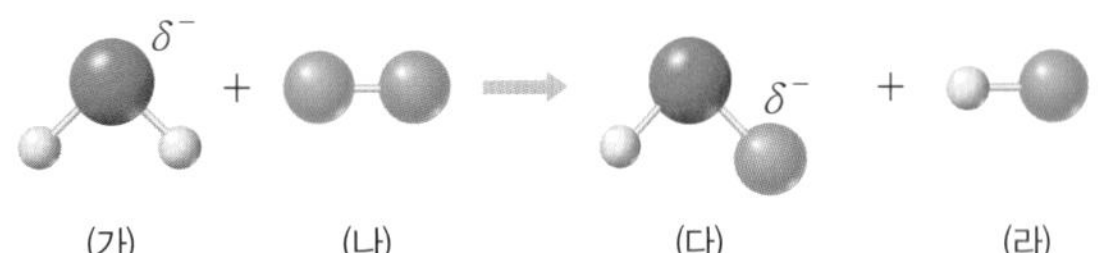

이에 대한 설명으로 옳은 것만을 〈보기〉에서 있는 대로 고른 것은?(단, A～C는 임의의 원소 기호이다.)

보기
ㄱ. 무극성 공유 결합이 있는 분자는 2가지이다.
ㄴ. 쌍극자 모멘트는 (라)가 (나)보다 크다.
ㄷ. 전기 음성도는 A가 C보다 크다.

① ㄱ ② ㄴ ③ ㄱ, ㄷ
④ ㄴ, ㄷ ⑤ ㄱ, ㄴ, ㄷ

06 표는 기체 상태의 이원자 분자의 구성 원소, 결합 길이, 구성 원소의 전기 음성도 차를 나타낸 것이다. A～C 중 전기 음성도는 A가 가장 작다.

분자	구성 원소	결합 길이(pm)	구성 원소의 전기 음성도 차
(가)	A	74	0
(나)	B	199	0
(다)	A, B	128	0.9
(라)	A, C	92	1.9

이에 대한 설명으로 옳은 것만을 〈보기〉에서 있는 대로 고른 것은?(단, A～C는 임의의 원소 기호이다.)

보기
ㄱ. 쌍극자 모멘트가 0인 분자는 2가지이다.
ㄴ. 원자 반지름은 B가 C보다 크다.
ㄷ. 전기 음성도는 C가 B보다 크다.

① ㄱ ② ㄷ ③ ㄱ, ㄴ
④ ㄴ, ㄷ ⑤ ㄱ, ㄴ, ㄷ

07 표는 4가지 분자 H_2, O_2, HF, HCl를 주어진 기준에 따라 분류한 결과를 나타낸 것이다.

분류 기준	예	아니요
(가)	O_2	H_2, HF, HCl
(나)	H_2, O_2	HF, HCl

분류 기준 (가)와 (나)로 적절한 것을 〈보기〉에서 골라 옳게 짝 지은 것은?

보기
ㄱ. 다중 결합이 있는가?
ㄴ. 무극성 공유 결합이 있는가?
ㄷ. 쌍극자 모멘트가 0보다 큰가?

	(가)	(나)		(가)	(나)
①	ㄱ	ㄴ	②	ㄱ	ㄷ
③	ㄴ	ㄱ	④	ㄴ	ㄷ
⑤	ㄷ	ㄴ			

08 그림은 화합물 ABC의 결합 모형을 나타낸 것이고, 표는 화합물 (가)～(다)의 화학식을 나타낸 것이다.

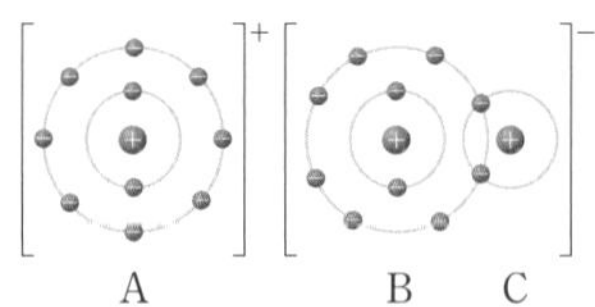

화합물	화학식
(가)	A_2B
(나)	B_2
(다)	C_2B

(가)～(다)에 대한 설명으로 옳은 것만을 〈보기〉에서 있는 대로 고른 것은?(단, A～C는 임의의 원소 기호이다.)

보기
ㄱ. 공유 결합 물질은 2가지이다.
ㄴ. 구성 원소의 전기 음성도 차는 (다)가 (가)보다 크다.
ㄷ. 결합의 쌍극자 모멘트는 (다)가 (나)보다 크다.

① ㄱ ② ㄴ ③ ㄱ, ㄷ
④ ㄴ, ㄷ ⑤ ㄱ, ㄴ, ㄷ

09 그림은 분자 A_2~C_2와 관련된 화학 반응 (가)와 (나)를 모형으로 나타낸 것이다. 각 반응에서 생성물의 부분적인 전하와 전기 음성도 차를 나타내었고, x는 y보다 크다.

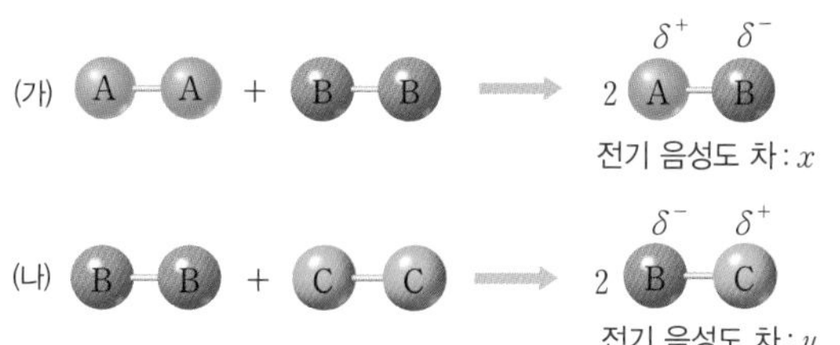

이에 대한 설명으로 옳은 것만을 〈보기〉에서 있는 대로 고른 것은?(단, A~C는 임의의 원소 기호이다.)

보기
ㄱ. (가)와 (나)의 반응물의 결합은 모두 무극성 공유 결합이다.
ㄴ. A~C 중 전기 음성도가 가장 큰 원자는 C이다.
ㄷ. 분자 AC의 전기 음성도 차는 $(x-y)$이다.

① ㄱ ② ㄴ ③ ㄷ
④ ㄱ, ㄷ ⑤ ㄴ, ㄷ

10 그림은 3가지 결합 유형 (가)~(다)를, 표는 물질 AC, BC, C_2의 전기 음성도 차와 액체 상태의 전기 전도성을 나타낸 것이다. AC, BC, C_2는 각각 (가)~(다) 중 하나에 해당한다.

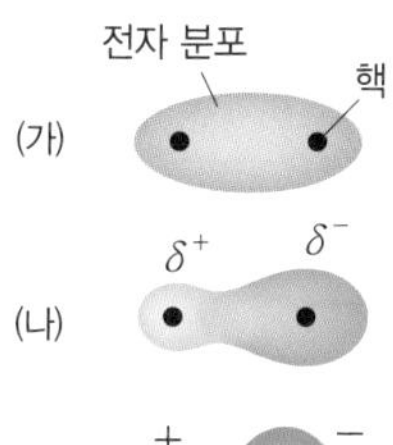

물질	전기 음성도 차	액체 상태의 전기 전도성
AC	2.2	있음.
BC	0.9	없음.
C_2	0	없음.

3가지 물질에 대한 설명으로 옳은 것만을 〈보기〉에서 있는 대로 고른 것은?(단, A~C는 임의의 원소 기호이다.)

보기
ㄱ. 공유 결합 물질은 1가지이다.
ㄴ. AC는 (다)에 해당한다.
ㄷ. 구성 원소의 전기 음성도 차가 작을수록 결합의 극성은 작아진다.

① ㄱ ② ㄴ ③ ㄱ, ㄷ
④ ㄴ, ㄷ ⑤ ㄱ, ㄴ, ㄷ

11 표는 원소 A~C로 이루어진 화합물 (가)~(다)에 대한 자료이다. A의 전기 음성도는 x이다.

화합물	(가)	(나)	(다)
화학식	AB	BC	AC
구성 원소의 전기 음성도 차	1.2	x	2.1
화학 결합의 종류	㉠	공유 결합	이온 결합

이에 대한 설명으로 옳은 것만을 〈보기〉에서 있는 대로 고른 것은?(단, A~C는 임의의 원소 기호이다.)

보기
ㄱ. ㉠은 이온 결합이다.
ㄴ. $x=0.9$이다.
ㄷ. C의 전기 음성도는 3.0이다.

① ㄱ ② ㄷ ③ ㄱ, ㄴ
④ ㄴ, ㄷ ⑤ ㄱ, ㄴ, ㄷ

12 그림은 분자 (가)~(라)에서 구성 원소의 전기 음성도 차와 부분 전하 크기(상댓값)를, 표는 (가)~(라)의 결합 길이(상댓값)를 나타낸 것이다. (가)~(라)는 각각 A_2, AB, BC, AC이다.

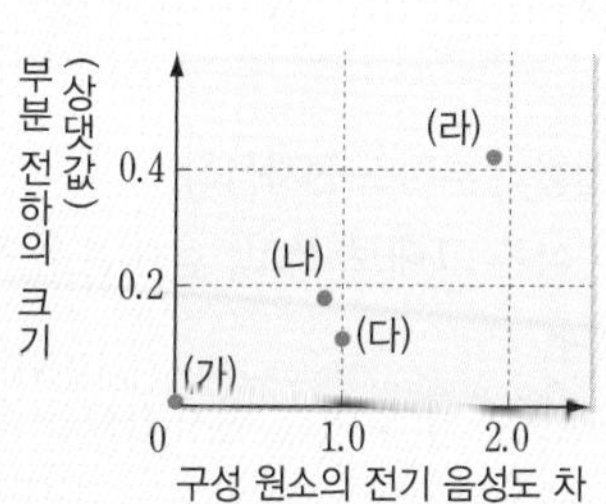

분자	결합 길이 (상댓값)
(가)	1
(나)	1.7
(다)	1.3
(라)	2.2

이에 대한 설명으로 옳은 것만을 〈보기〉에서 있는 대로 고른 것은?(단, A~C는 임의의 원소 기호이다.)

보기
ㄱ. 결합의 극성은 (나)가 (가)보다 크다.
ㄴ. 쌍극자 모멘트는 (라)가 (다)보다 크다.
ㄷ. A~C 중 전기 음성도는 B가 가장 크다.

① ㄱ ② ㄷ ③ ㄱ, ㄴ
④ ㄴ, ㄷ ⑤ ㄱ, ㄴ, ㄷ

13 분자의 구조와 분자의 극성

1 루이스 전자점식 자료 분석 특강 152쪽 A

1 루이스 전자점식 원소 기호에 원자가 전자를 점으로 표시하여 나타낸 식

2 원자, 분자, 이온의 루이스 전자점식

① 원자의 루이스 전자점식: 원소 기호의 상하좌우에 먼저 1개씩의 점을 찍은 다음, 다섯 번째 전자부터 쌍을 이루도록 그린다.

원자의 루이스 전자점식 나타내기

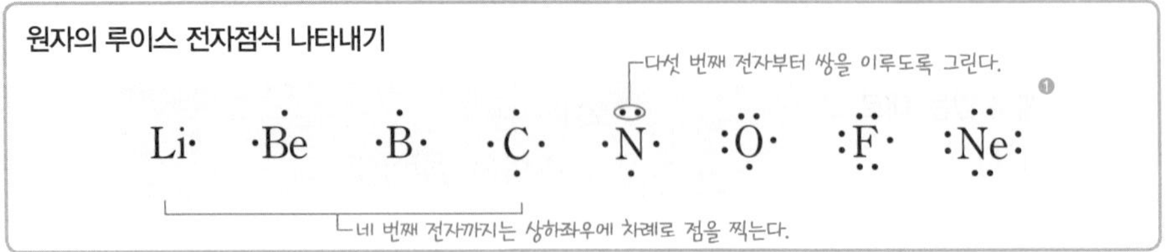

다섯 번째 전자부터 쌍을 이루도록 그린다.
Li· ·Be ·B· ·C· ·N· :O· :F· :Ne:
네 번째 전자까지는 상하좌우에 차례로 점을 찍는다.

② 분자의 루이스 전자점식

- 공유 결합이 형성될 때 원자가 가진 홀전자를 서로 내놓아 전자쌍을 이루어 두 원자가 서로 공유하는데, 이 전자쌍을 공유 전자쌍이라고 하며 두 원소 기호 사이에 표시한다.
  (홀전자: 각 원자에 포함된 원자가 전자 중 쌍을 이루지 않은 전자로 화학 결합에 관여한다. 홀전자 수는 14족 원소가 가장 크며, 형성할 수 있는 전자쌍의 수도 가장 크다.)
- 원자에서 쌍을 이루어 존재하는 전자는 결합에 참여하지 않고 한 원자에만 속하는데, 이 전자쌍을 비공유 전자쌍이라고 한다.

H· + ·Ö: + ·H → H:Ö: (위에 H)

(홀전자, 공유 전자쌍, 비공유 전자쌍)

- 루이스 구조식: 루이스 전자점식에서 공유 전자쌍 1개당 1개의 선(−)을 그어 표시한 것이며, 이때 비공유 전자쌍은 1쌍의 점으로 나타내거나 생략하여 나타낸다.❷

암모니아(NH_3)		물(H_2O)		사이안화 수소(HCN)	
전자점식	구조식	전자점식	구조식	전자점식	구조식
H:N̈:H (아래 H)	H−N−H (아래 H)	H:Ö: (아래 H)	H−O (아래 H)	H:C⋮⋮N:	H−C≡N

③ 이온과 이온 결합 화합물의 루이스 전자점식❸

- 이온: 양이온은 이온식을 그대로 쓰고, 음이온은 원소 기호 주위에 점 8개를 그리고 이온의 전하를 나타낸다.
- 이온 결합 화합물: 양이온의 루이스 전자점식을 먼저 쓰고, 음이온의 루이스 전자점식을 붙여 쓴다.

양이온	음이온	이온 결합 화합물
K^+ Ca^{2+}	$:\ddot{F}:^-$ $:\ddot{O}:^{2-}$	$Na^+ :\ddot{Cl}:^-$

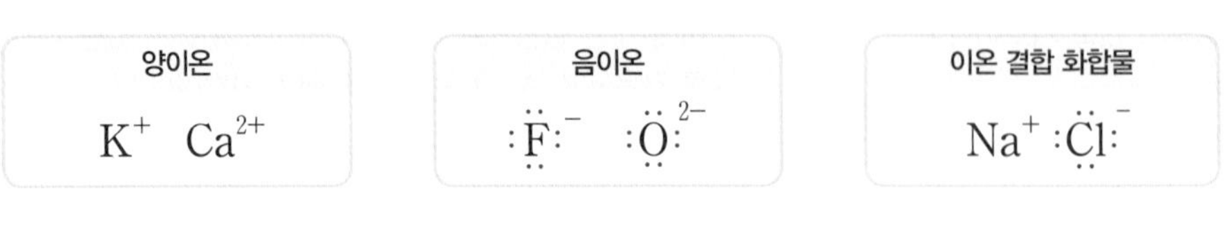

확인 문제 1

1 각 원자에 포함된 원자가 전자 중 쌍을 이루지 않는 전자를 (   )(이)라고 하며, 탄소의 경우 (   )개이다.

2 O_2는 공유 전자쌍 수가 (   ), 비공유 전자쌍 수가 (   )이다.

한눈에 정리하는 출제 경향

- 루이스 전자점식 나타내기
- 분자의 구조를 예측하고, 분자의 구조로부터 분자의 성질 이해하기

핵심 개념

루이스 전자점식, 전자쌍 반발 원리, 결합각, 분자의 구조, 무극성 분자, 극성 분자, 극성 분자의 전기적 성질, 용해성

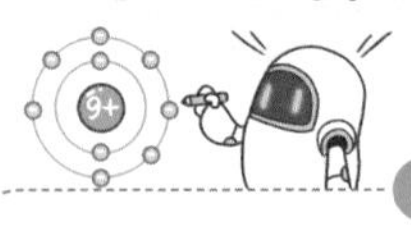

plus 개념

❶ **18족 원소의 루이스 전자점식**
18족 원소는 원자가 전자 수는 0이지만 루이스 전자점식을 나타낼 때는 가장 바깥 전자 껍질의 전자 8개를 모두 나타낸다.

❷ **루이스 구조식**
단일 결합은 결합선 1개, 2중 결합은 결합선 2개, 3중 결합은 결합선 3개로 나타낸다.

❸ **이온 결합 화합물의 다른 루이스 전자점식**
이온을 대괄호([ ])로 묶은 후, 전하를 오른쪽 상단에 표시하기도 한다.

$[Na]^+[:\ddot{Cl}:]^-$

바른답 • 알찬풀이 55쪽

2 분자의 구조

1 전자쌍 반발 이론 중심 원자를 둘러싼 전자쌍들은 전자쌍 사이의 전기적 반발력이 최소가 되도록 가능한 한 멀리 떨어져 배치된다는 이론

① 중심 원자 주위의 공유 전자쌍 수에 따른 전자쌍 배치 모형 중심 원자에 있는 공유 전자쌍 수에 따라 분자의 구조를 예측할 수 있다.

전자쌍 수	2	3	4
전자쌍 배치 모형	전자쌍이 서로 반대 방향에 놓일 때 가장 안정	전자쌍이 정삼각형의 꼭짓점에 놓일 때 가장 안정	전자쌍이 정사면체의 꼭짓점에 놓일 때 가장 안정
분자 모양	직선형	평면 삼각형	정사면체

② 전자쌍의 종류에 따른 반발력의 크기: 비공유 전자쌍은 공유 전자쌍에 비해 중심 원자 주위의 공간을 더 많이 차지하므로 더 크게 반발한다.

비공유 전자쌍 사이의 반발력 > 공유 전자쌍과 비공유 전자쌍 사이의 반발력  > 공유 전자쌍 사이의 반발력

2 분자의 구조 자료 분석 특강 152쪽 B 중심 원자가 아닌 원자에 있는 전자쌍은 분자 모양에 거의 영향을 주지 않는다.

① 중심 원자에 비공유 전자쌍이 없을 때(공유 전자쌍만 있을 때)

공유 전자쌍 수	2	3	4
예	BeF_2	BCl_3	CH_4
전자쌍의 공간 배치	180°	120°	109.5°
분자 구조	직선형	평면 삼각형	정사면체
결합각[4]	180°	120°	109.5°

② 중심 원자에 비공유 전자쌍이 있을 때[5]

전자쌍 수	공유 3+비공유 1	공유 2+비공유 2
예	NH_3	H_2O
전자쌍의 공간 배치	비공유 전자쌍 / 107° / 비공유 전자쌍의 반발력이 더 커서 더 많은 공간을 차지하므로, 정사면체의 결합각 109.5°보다 작다.	비공유 전자쌍 / 104.5° / 비공유 전자쌍 2개의 반발력이 더 크므로 더 많은 공간을 차지하며, 결합각은 비공유 전자쌍이 1개인 NH_3보다 더 작다.
분자 구조	삼각뿔형	굽은 형
결합각	107°	104.5°

④ 결합각
분자에서 중심 원자의 핵과 중심 원자와 결합한 두 원자의 핵을 연결한 선이 이루는 각이다. → 결합각의 크기는 전자쌍 반발 이론에 의해 결정된다.

Q. 비공유 전자쌍이 공유 전자쌍보다 반발력이 큰 까닭은?
A. 공유 전자쌍은 중심 원자와 다른 원자와 공유되므로 중심 원자의 핵으로부터 멀리 떨어져 있지만, 비공유 전자쌍은 중심 원자에만 속해 있으므로 중심 원자의 핵에 가까이 있다.

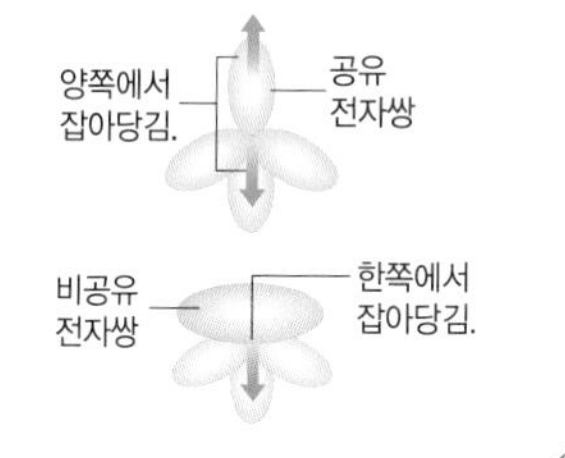

⑤ 비공유 전자쌍이 있을 때의 분자 구조
분자 구조는 전자쌍의 배치와는 관계없이 결합한 원자들만으로 나타내며, 비공유 전자쌍이 공유 전자쌍보다 반발력이 더 크므로 전자쌍의 총수가 같을 때 비공유 전자쌍 수가 클수록 결합각이 줄어든다.

용어 돋보기 
• **반발**(되돌릴 反, 튀길 撥): 어떤 것을 받아 튕기는 성질이다.

13 분자의 구조와 분자의 극성

③ 중심 원자가 다중 결합을 포함할 때: 다중 결합은 하나의 결합으로 취급하여 분자 구조를 결정한다.

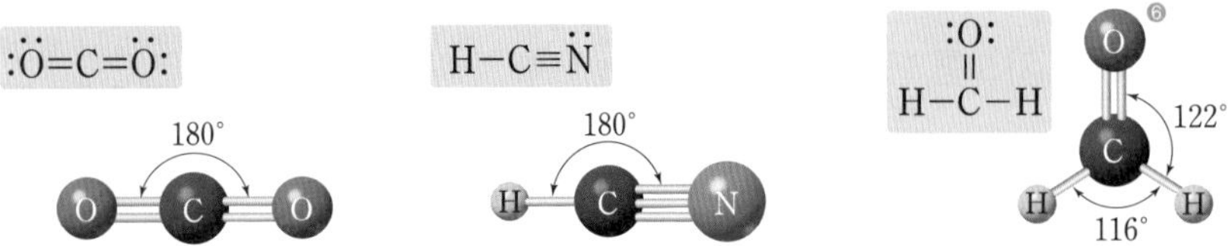

▲ 다중 결합을 포함하는 화합물의 루이스 구조와 분자 구조

확인 문제 2

3 전자쌍 반발 이론에 의하면 비공유-비공유 전자쌍 사이의 반발력이 공유-공유 전자쌍 사이의 반발력보다 (크다, 작다).

4 이원자 분자의 분자 모양은 (　　　)이다.

5 공유 전자쌍이 3개, 비공유 전자쌍이 1개인 암모니아의 분자 모양은 (　　　)이다.

6 결합각의 크기는 CH_4(　　　)NH_3(　　　)H_2O이다.

3 분자의 극성 자료 분석 특강 153쪽 C, D

1 무극성 분자와 극성 분자

① 무극성 분자: 분자 내 전하가 고르게 분포하여 분자의 쌍극자 모멘트가 0인 분자 (결합의 쌍극자 모멘트의 합이 0)

구분	이원자 분자	구성 원자가 3개 이상인 분자		
예	N_2	CO_2	BCl_3	CH_4
분자 모형				
특징	무극성 공유 결합을 하므로 결합의 쌍극자 모멘트는 0이다.	극성 공유 결합을 하여 결합의 쌍극자 모멘트는 0이 아니지만 결합의 쌍극자 모멘트의 합이 0이 되는 분자이다. → 분자의 쌍극자 모멘트는 0		

② 극성 분자: 분자 내 전하가 한쪽으로 치우쳐 있어 쌍극자 모멘트를 가지는 분자 → 분자의 쌍극자 모멘트가 0보다 크다.

구분	이원자 분자	구성 원자가 3개 이상인 분자		
예	HF	H_2O	NH_3	CH_3Cl
분자 모형				
특징	극성 공유 결합을 하므로 결합의 쌍극자 모멘트는 0이 아니다.	극성 공유 결합을 하고, 비대칭 구조를 이루어 결합의 쌍극자 모멘트의 합이 0보다 큰 분자이다. → 분자의 쌍극자 모멘트는 0이 아니다.⑦		

plus 개념

⑥ **폼알데하이드(HCHO)의 분자 구조**
HCHO는 단일 결합 2개와 2중 결합 1개가 서로 반발하므로 삼염화 붕소(BCl_3)와 같은 평면 삼각형 구조이다. 그러나 단일 결합과 2중 결합의 전자 밀도가 다르므로 평면 정삼각형 구조는 아니다.

⑦ **비대칭 구조**
중심 원자에 결합된 원자가 모두 같은 종류가 아니거나 중심 원자에 비공유 전자쌍이 있는 구조이다.

극성 공유 결합으로 이루어진 분자라도 분자의 구조가 대칭을 이루어 결합의 쌍극자 모멘트의 합이 0이 되면 무극성 분자이다.

2 무극성 분자와 극성 분자의 성질

① 물질의 극성 확인하기

실험 ① 극성 분자의 전기적 성질

과정 및 결과 »

뷰렛에 물을 넣고 가느다란 물줄기가 흐르도록 한 다음, 털가죽으로 문지른 고무풍선을 물줄기에 가까이 대어 보았더니 물줄기가 고무풍선 쪽으로 크게 휘어졌다. 털가죽으로 문지른 고무풍선은 (−)전하로 대전된다.

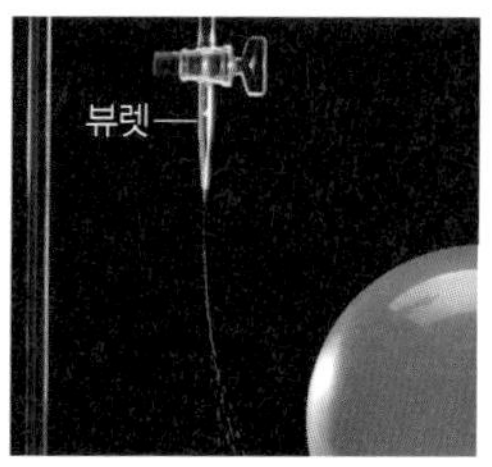

정리 »

극성인 물은 부분적인 양전하와 음전하를 띠고 있으므로, 대전체 쪽으로 끌려간다.⑧

실험 ② 분자의 극성과 용해성

과정 및 결과 »

❶ 작은 유리병에 헥세인 5 mL와 물 5 mL를 넣고 흔든 후 가만히 놓아두었더니 층을 이루었다.

❷ 과정 ❶의 유리병에 염화 구리(Ⅱ)($CuCl_2$)와 아이오딘(I_2)을 약간씩 넣은 다음 흔든 후 가만히 놓아 두었더니 물은 파란색, 헥세인은 보라색을 나타냈다.

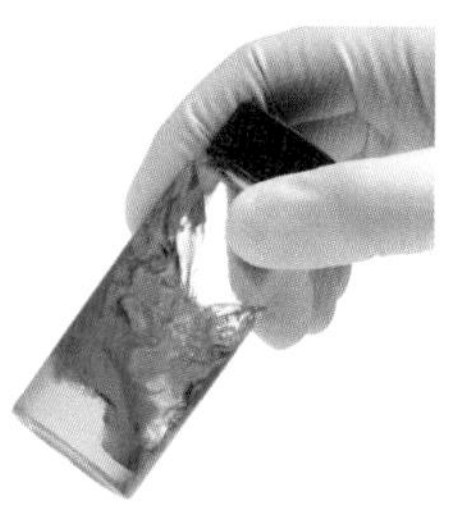

정리 »

- 극성 물질인 물과 무극성 물질인 헥세인은 서로 섞이지 않고 층을 이루며, 밀도가 큰 물이 아래층에 위치한다. → 극성 물질과 무극성 물질은 서로 섞이지 않는다.
- 염화 구리(Ⅱ)는 물에 녹아 파란색을 나타내고, 아이오딘은 헥세인에 녹아 보라색을 나타낸다.
  → 이온 결합 물질이나 극성 물질은 극성 용매에 잘 녹고, 공유 결합 물질이나 무극성 물질은 무극성 용매에 잘 녹는다.

② 극성 분자와 무극성 분자의 성질

부분적인 음전하(δ^-)를 띤 부분은 (+)극 쪽을 향하고, 부분적인 양전하(δ^+)를 띤 부분은 (−)극 쪽을 향한다.

구분		극성 분자	무극성 분자
전기적 성질	전기장에서의 배열	일정한 방향으로 배열한다. (−)극 δ^+ δ^- (+)극	방향성을 나타내지 않는다. (−)극 (+)극
	대전체의 영향	흘러내리는 액체 줄기에 대전체를 가까이 하면 대전체가 띠는 전하의 종류에 관계없이 대전체에 끌려간다.	흘러내리는 액체 줄기에 대전체를 가까이 해도 곧게 흘러내린다.
용해성⑨		이온 결합 물질이나 극성 분자는 극성 용매에 잘 용해된다.	무극성 분자는 무극성 용매에 잘 용해된다.
끓는점과 녹는점		분자량이 비슷한 경우 분자의 극성이 클수록 끓는점과 녹는점이 높아진다.⑩	

확인 문제 3

7 무극성 분자는 분자의 쌍극자 모멘트의 합이 (   )이다.

8 CO_2는 (무극성 공유 결합, 극성 공유 결합)을/를 하며, (극성, 무극성) 분자이다.

9 H_2, CH_4, NH_3 중 H_2O에 가장 잘 섞이는 분자는 (   )이다.

⑧ 대전체를 가까이 가져갔을 때 물 분자의 배열

물줄기에 대전체를 가까이 가져가면 대전체와 반대 전하를 띤 물 분자의 부분이 대전체 쪽으로 끌리면서 물줄기가 휘어진다. 즉, 대전체가 띠는 전하에 관계없이 물줄기가 휘어진다.

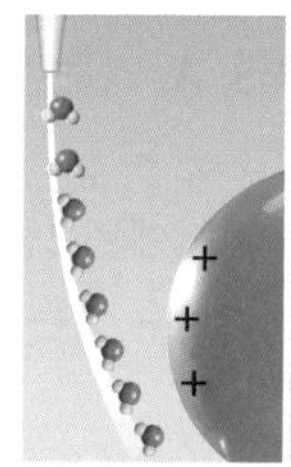

부분적인 음전하를 띤 산소 부분이 끌린다.

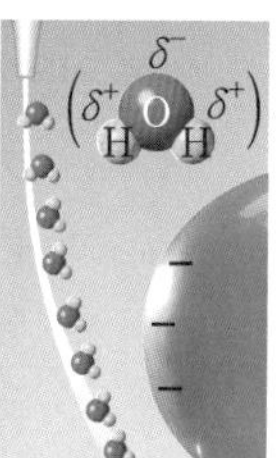

부분적인 양전하를 띤 수소 부분이 끌린다.

⑨ 극성 물질과 무극성 물질이 잘 섞이지 않는 까닭

극성 물질끼리는 서로 반대 전하를 띤 부분 사이에 강한 인력이 작용하므로 서로 잘 섞이나, 극성 물질과 무극성 물질을 섞으면 극성 물질끼리만 강한 정전기적 인력이 작용하므로 무극성 물질은 극성 물질 사이로 섞여 들어가지 못한다.

⑩ 분자의 극성과 끓는점

암모니아(NH_3)와 메테인(CH_4)의 분자량은 각각 17, 16으로 비슷하나 극성 분자인 암모니아(NH_3)의 끓는점은 −33 °C, 무극성 분자인 메테인(CH_4)의 끓는점은 −166 °C로 차이가 매우 크다.

분자의 극성이 같은 물질들끼리 서로 섞이므로 극성 물질은 극성 용매에 녹고, 무극성 물질은 무극성 용매에 녹는다.

용어 돋보기

- **극성**(끝 極, 성질 性): 분자 내에서 양전하를 띠는 부분과 음전하를 띠는 부분으로 나뉘어 나타나는 성질이다.

1 루이스 전자점식

중요

01 그림은 2주기 원자 A ~ C의 루이스 전자점식을 나타낸 것이다.

$$:\dot{\ddot{A}}\cdot \qquad \cdot\ddot{\underset{\cdot}{B}}\cdot \qquad :\ddot{\underset{..}{C}}\cdot$$

이에 대한 설명으로 옳은 것만을 〈보기〉에서 있는 대로 고른 것은?(단, A ~ C는 임의의 원소 기호이다.)

보기
ㄱ. 분자 A_2에는 2중 결합이 있다.
ㄴ. 형성할 수 있는 공유 전자쌍의 수는 B가 가장 크다.
ㄷ. 원자가 전자 수는 C가 가장 크다.

① ㄱ ② ㄴ ③ ㄱ, ㄷ
④ ㄴ, ㄷ ⑤ ㄱ, ㄴ, ㄷ

02 그림은 사이안화 수소(HCN)의 결합 모형을 나타낸 것이다.

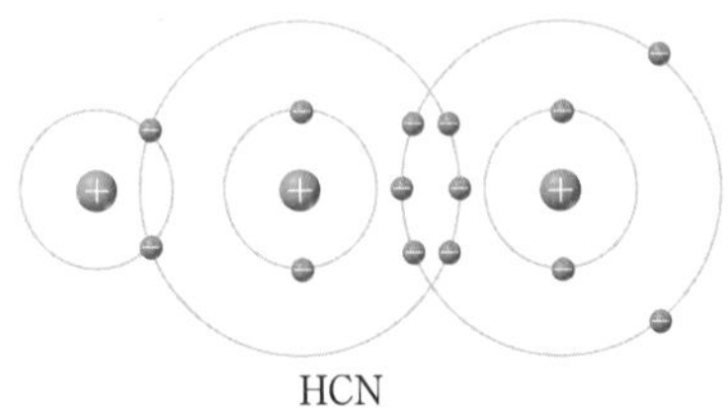
HCN

HCN의 루이스 전자점식을 그리시오.

03 루이스 전자점식이 옳은 것만을 〈보기〉에서 있는 대로 고른 것은?

보기
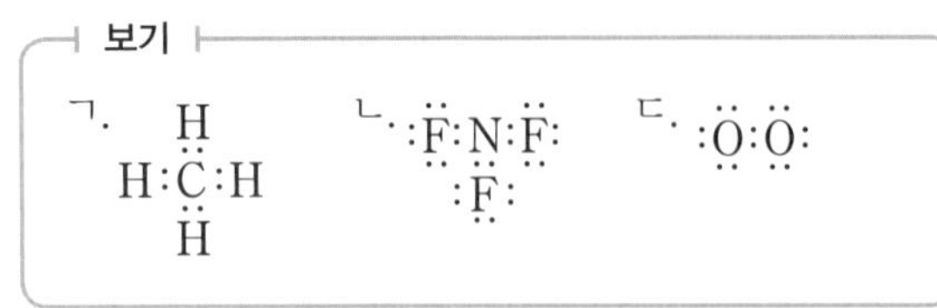

① ㄱ ② ㄷ ③ ㄱ, ㄴ
④ ㄴ, ㄷ ⑤ ㄱ, ㄴ, ㄷ

04 그림은 2가지 분자의 루이스 전자점식을 나타낸 것이다.

$$A:\underset{\underset{A}{..}}{\ddot{B}}: \qquad :\ddot{B}::C::\ddot{B}:$$

(가) (나)

이에 대한 설명으로 옳은 것만을 〈보기〉에서 있는 대로 고른 것은?(단, A ~ C는 임의의 원소 기호이다.)

보기
ㄱ. (가)는 공유 전자쌍 수와 비공유 전자쌍 수가 같다.
ㄴ. (나)의 구성 원자는 모두 옥텟 규칙을 만족한다.
ㄷ. 분자 CA_4는 (나)와 공유 전자쌍 수가 같다.

① ㄱ ② ㄷ ③ ㄱ, ㄴ
④ ㄴ, ㄷ ⑤ ㄱ, ㄴ, ㄷ

[05~06] 그림은 화합물 (가)와 (나)의 루이스 전자점식을 나타낸 것이다. 물음에 답하시오.

$$X^{2+}\,:\ddot{\underset{..}{Y}}:^{2-} \qquad :\ddot{\underset{..}{Z}}:^{-}\,X^{2+}\,:\ddot{\underset{..}{Z}}:^{-}$$

(가) (나)

05 이에 대한 설명으로 옳은 것만을 〈보기〉에서 있는 대로 고른 것은?(단, X ~ Z는 임의의 원소 기호이다.)

보기
ㄱ. (가)와 (나)는 액체 상태에서 전기 전도성이 있다.
ㄴ. X는 2족 원소이다.
ㄷ. 원자가 전자 수는 Y가 Z보다 크다.

① ㄱ ② ㄴ ③ ㄱ, ㄴ
④ ㄴ, ㄷ ⑤ ㄱ, ㄴ, ㄷ

서술형

06 화합물 YZ_2에서 구성 원자는 모두 옥텟 규칙을 만족한다. YZ_2의 루이스 전자점식을 그리고, 공유 전자쌍 수와 비공유 전자쌍 수를 구하시오.

2 분자의 구조

07 **전자쌍 반발 이론과 이로부터 분자의 구조를 예측할 때에 대한 설명으로 옳은 것은?**

① 전자쌍은 양전하를 띤다.
② 전자쌍들은 반발력이 최대가 되는 방향으로 배치된다.
③ 중심 원자 주위에 있는 전체 전자쌍의 수가 같으면 분자의 모양이 같다.
④ 공유 전자쌍 사이의 반발력은 비공유 전자쌍 사이의 반발력보다 크다.
⑤ 메테인(CH_4)은 전자쌍이 정사면체의 꼭짓점에 배열될 때 가장 안정하다.

08 **표는 전자쌍 반발 이론에 따른 전자쌍 배치 (가)~(다)에 대한 자료이다.**

구분	(가)	(나)	(다)
전자쌍 수	2	3	4
전자쌍 배치			

이에 대한 설명으로 옳은 것만을 〈보기〉에서 있는 대로 고른 것은?

보기
ㄱ. (가)의 분자 모양은 직선형이다.
ㄴ. 결합각은 (가) > (다) > (나)이다.
ㄷ. 모든 전자쌍이 동일 평면에 위치하는 것은 (가)와 (나)이다.

① ㄱ ② ㄴ ③ ㄱ, ㄷ
④ ㄴ, ㄷ ⑤ ㄱ, ㄴ, ㄷ

중요

09 **그림은 메테인(CH_4), 암모니아(NH_3), 물(H_2O)의 루이스 전자점식을 나타낸 것이다.**

```
   H
H:C:H      H:N:H      H:O:
   H          H          H
```

이에 대한 설명으로 옳은 것만을 〈보기〉에서 있는 대로 고른 것은?

보기
ㄱ. CH_4의 분자 모양은 평면 사각형이다.
ㄴ. 중심 원자는 모두 옥텟 규칙을 만족한다.
ㄷ. 입체 구조인 분자는 1가지이다.

① ㄱ ② ㄴ ③ ㄷ
④ ㄱ, ㄴ ⑤ ㄴ, ㄷ

중요

10 **그림은 2주기 원소 X~Z와 수소(H)로 이루어진 3가지 분자를 모형으로 나타낸 것이다. 분자에서 X~Z는 옥텟 규칙을 만족한다.**

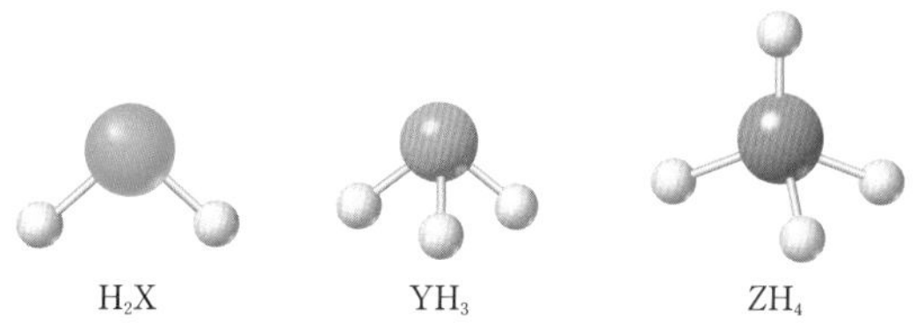

H_2X YH_3 ZH_4

이에 대한 설명으로 옳은 것만을 〈보기〉에서 있는 대로 고른 것은?(단, X~Z는 임의의 원소 기호이다.)

보기
ㄱ. 원자가 전자 수는 X가 Y보다 크다.
ㄴ. 3가지 분자는 모두 입체 구조이다.
ㄷ. 결합각은 $H_2X > YH_3 > ZH_4$이다.

① ㄱ ② ㄴ ③ ㄷ
④ ㄱ, ㄴ ⑤ ㄱ, ㄷ

서술형

11 **그림은 물(H_2O)과 수소 이온(H^+)이 반응하여 하이드로늄 이온(H_3O^+)이 생성되는 반응을 나타낸 것이다.**

$$H-O(-H)\ (\alpha) + H^+ \longrightarrow [H-O(-H)-H]^+\ (\beta)$$

결합각 α와 β의 크기를 비교하고, 그 까닭을 설명하시오.

12 다음은 2~3주기 원소 X~Z로 이루어진 분자 (가)와 (나)의 루이스 구조식이다. 비공유 전자쌍은 나타내지 않았으며 결합각은 $\beta > \alpha$이고, 전자가 들어 있는 전자 껍질 수는 X=Y<Z이다.

```
Z—X—Z        Z—Y—Z
  |  α          |  β
  Z             Z
 (가)          (나)
```

이에 대한 설명으로 옳은 것만을 〈보기〉에서 있는 대로 고른 것은?(단, X~Z는 임의의 원소 기호이다.)

보기
ㄱ. 중심 원자가 가진 비공유 전자쌍 수는 (나)가 (가)보다 크다.
ㄴ. 원자가 전자 수는 Y가 가장 작다.
ㄷ. 평면 구조인 분자는 (가)이다.

① ㄱ ② ㄴ ③ ㄷ
④ ㄱ, ㄴ ⑤ ㄴ, ㄷ

중요

13 표는 4가지 분자에 대한 자료이다.

분자식	BCl_3	CH_4	NH_3	H_2O
공유 전자쌍 수	3	4	3	2
(가)	0	0	1	2
분자 모양	평면 삼각형	정사면체	㉠	굽은 형
결합각	120°	x	약 107°	y

이에 대한 설명으로 옳은 것만을 〈보기〉에서 있는 대로 고른 것은?

보기
ㄱ. (가)는 중심 원자가 가진 비공유 전자쌍 수이다.
ㄴ. ㉠은 삼각뿔형이다.
ㄷ. x는 y보다 크다.

① ㄱ ② ㄷ ③ ㄱ, ㄴ
④ ㄴ, ㄷ ⑤ ㄱ, ㄴ, ㄷ

3 분자의 극성

14 다음은 어떤 분자의 특성을 나타낸 것이다.

- 무극성 분자이다.
- 입체 구조이다.

위와 같은 특성을 나타내는 분자는?

① NH_3 ② H_2O ③ BCl_3
④ CO_2 ⑤ CCl_4

15 표는 몇 가지 원자의 전기 음성도를 나타낸 것이다.

원자	H	C	N	F
전기 음성도	2.1	2.5	3.0	4.0

이들 원자로 이루어진 화합물에 대한 설명으로 옳은 것만을 〈보기〉에서 있는 대로 고른 것은?

보기
ㄱ. HF는 직선형이므로 무극성 분자이다.
ㄴ. N-H 결합에서 수소 원자는 부분적인 양전하를 띤다.
ㄷ. C-H 결합은 극성 공유 결합이므로 CH_4은 극성 분자이다.

① ㄱ ② ㄴ ③ ㄷ
④ ㄱ, ㄴ ⑤ ㄴ, ㄷ

16 그림은 3가지 분자의 구조식을 나타낸 것이다.

```
    H
    |
H—N—H       H—S—H       S=C=S
```

위 분자의 공통점으로 옳은 것만을 〈보기〉에서 있는 대로 고른 것은?

보기
ㄱ. 평면 구조이다.
ㄴ. 극성 분자이다.
ㄷ. 극성 공유 결합을 포함한다.

① ㄱ ② ㄴ ③ ㄷ
④ ㄱ, ㄴ ⑤ ㄱ, ㄷ

17 표는 4가지 분자 H_2, HCl, H_2O, CO_2를 2가지 기준에 따라 각각 분류한 결과를 나타낸 것이다.

분류 기준	예	아니요
(가)	H_2	HCl, H_2O, CO_2
(나)	HCl, H_2O	H_2, CO_2

분류 기준 (가), (나)로 적절한 것을 〈보기〉에서 골라 옳게 짝 지은 것은?

보기
ㄱ. 무극성 공유 결합이 있는가?
ㄴ. 극성 분자인가?
ㄷ. 비공유 전자쌍이 있는가?

	(가)	(나)		(가)	(나)
①	ㄱ	ㄴ	②	ㄴ	ㄱ
③	ㄴ	ㄷ	④	ㄷ	ㄱ
⑤	ㄷ	ㄴ			

중요
18 그림은 분자 (가)~(마)를 모형으로 나타낸 것이다.

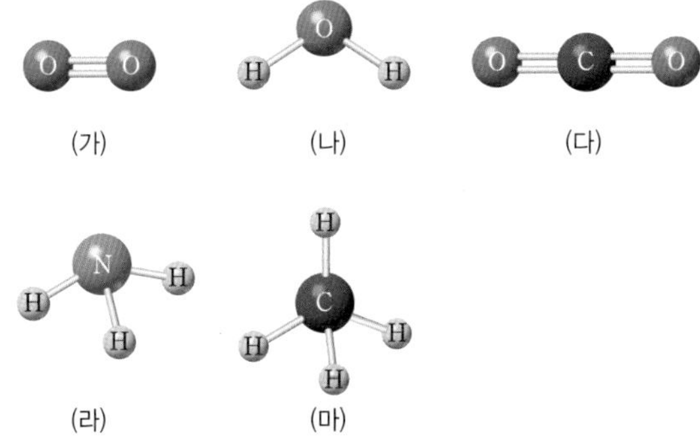

(가)~(마)에 대한 설명으로 옳은 것만을 〈보기〉에서 있는 대로 고른 것은?

보기
ㄱ. 무극성 공유 결합을 포함하는 분자는 1가지이다.
ㄴ. 기체 분자가 전기장 안에서 일정한 방향으로 배열하는 것은 2가지이다.
ㄷ. 평면 구조는 2가지이다.

① ㄱ ② ㄴ ③ ㄱ, ㄴ
④ ㄱ, ㄷ ⑤ ㄴ, ㄷ

19 그림은 액체 A와 B의 가는 줄기에 (+)전하를 띤 대전체를 가까이 하였을 때의 결과를 나타낸 것이다.

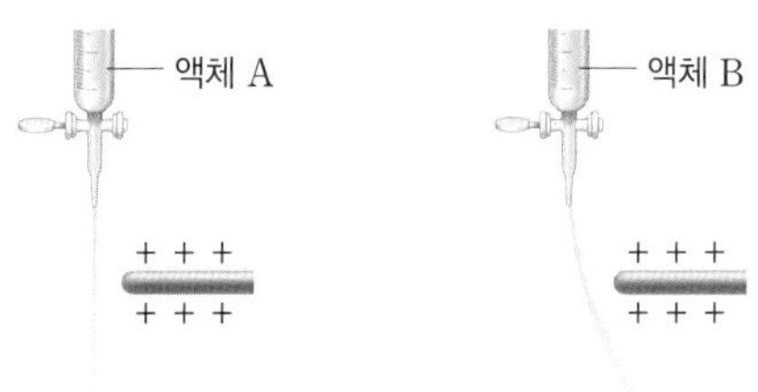

이에 대한 설명으로 옳은 것만을 〈보기〉에서 있는 대로 고른 것은?

보기
ㄱ. A는 분자의 쌍극자 모멘트가 0이다.
ㄴ. A와 B는 서로 잘 섞인다.
ㄷ. 액체 B 줄기에 (+)전하 대신 (−)전하를 띤 대전체를 가까이 하면 액체 줄기는 밀려난다.

① ㄱ ② ㄷ ③ ㄱ, ㄴ
④ ㄱ, ㄷ ⑤ ㄱ, ㄴ, ㄷ

20 물과 사염화 탄소에 용해되는 물질을 〈보기〉에서 있는 대로 골라 옳게 짝 지은 것은?

보기
ㄱ. NH_3 ㄴ. HCl ㄷ. I_2 ㄹ. CH_4

	물	사염화 탄소
①	ㄱ, ㄴ	ㄷ, ㄹ
②	ㄱ, ㄷ	ㄴ, ㄹ
③	ㄱ, ㄹ	ㄴ, ㄷ
④	ㄴ, ㄷ	ㄱ, ㄹ
⑤	ㄷ, ㄹ	ㄱ, ㄴ

서술형
21 오른쪽 그림과 같이 눈금실린더에 3가지 액체 A, B, C가 층을 이루고 있다. 눈금실린더에 아이오딘(I_2)을 넣었더니 A, C층이 보라색으로 변하였다. 액체 A, B, C의 극성을 설명하시오.

A
B
C

실력을 올리는 실전 문제와 함께 보면 더 좋아요!

A 루이스 전자점식

그림은 2주기 원자 W～Z의 루이스 전자점식을 나타낸 것이다(단, W～Z는 임의의 원소 기호이다.).

① 루이스 전자점식에서 원소 기호 주위의 점의 수는 원자가 전자 수를 나타낸다.

- W～Z의 원자가 전자 수는 각각 4, 5, 6, 7이다.

② 루이스 전자점식에서 쌍을 이루지 않은 전자를 홀전자라고 하며, 홀전자가 공유 결합에 관여한다.

- W～Z의 홀전자 수는 각각 4, 3, 2, 1이므로 형성할 수 있는 전자쌍의 수는 각각 4, 3, 2, 1이다.

③ W～Z는 각각 공유 결합을 하여 여러 가지 분자를 형성하는데, 이때 결합에 참여하는 전자쌍을 공유 전자쌍, 결합에 참여하지 않은 전자쌍을 비공유 전자쌍이라고 한다. ❶

분자		WZ_4	XZ_3	YZ_2	WY_2
루이스 전자점식		:Z:W:Z: (위아래 :Z:)	:Z:X:Z: (아래 :Z:)	:Z:Y: (아래 :Z:)	:Y::W::Y:
전자쌍 수	공유	4	3	2	4
	비공유	12	10	8	4
분자		W ❷	X_2	Y_2	Z_2
루이스 전자점식		W는 이원자 분자를 생성하지 않음.	:X⋮⋮X:	:Y::Y:	:Z:Z:
전자쌍 수	공유	–	3	2	1
	비공유	–	2	4	6

❶ 분자를 구성하는 각 원자 주위에 있는 전자 수는 8이다. 즉 분자를 구성하는 원자는 옥텟 규칙을 만족한다.

❷ W는 형성할 수 있는 전자쌍 수가 4개이므로 단일 결합 4개를 형성하거나, 2중 결합 2개, 또는 2중 결합 1개와 단일 결합 2개, 3중 결합 1개와 단일 결합 1개를 형성할 수 있다.

실력을 올리는 실전 문제 찾아가기

- 수소화물의 루이스 전자점식이 제시되는 문제_01
- 화합물의 루이스 전자점식과 화합물에서 전체 전자 수가 함께 제시되는 문제_02
- 분자의 구조식이 제시되는 문제_03

B 전자쌍의 종류와 수에 따른 분자 구조

표는 2주기 원소의 염소 화합물 (가)～(마)에 대한 자료이다.

구분	(가)	(나)	(다)	(라)	(마)
중심 원자가 가지는 공유 전자쌍 수	2	3	4	3	2
중심 원자가 가지는 비공유 전자쌍 수	0	0	0	1	2

① 공유 전자쌍만을 가지는 경우 분자의 구조 파악하기 ❶ ❷

- (가): 중심 원자가 가지는 전자쌍의 수가 2($BeCl_2$)이면 전자쌍이 정반대편에 놓일 때 가장 안정하므로 직선형 구조를 이루며, 결합각은 180°이다.
- (나): 중심 원자가 가지는 전자쌍의 수가 3(BCl_3)이면 전자쌍이 정삼각형의 꼭짓점에 놓일 때 가장 안정하므로 평면 삼각형 구조를 이루며, 결합각은 120°이다.
- (다): 중심 원자가 가지는 전자쌍의 수가 4(CCl_4)이면 전자쌍이 정사면체의 꼭짓점에 놓일 때 가장 안정하므로 정사면체 구조를 이루며, 결합각은 109.5°이다.

② 비공유 전자쌍을 가지는 경우 분자의 구조 파악하기

- (라): 전자쌍은 정사면체의 꼭짓점에 배열하지만 공유-비공유 전자쌍 사이의 반발력이 공유 전자쌍 사이의 반발력보다 크므로 분자 구조는 삼각뿔형이 되고, 결합각은 109.5°보다 작다. ❸
- (마): 전자쌍은 정사면체의 꼭짓점에 배열하지만 비공유-비공유 전자쌍 사이의 반발력이 공유-비공유 전자쌍 사이의 반발력보다 크므로 분자 구조는 굽은 형이 되고, 결합각은 삼각뿔형 구조보다 작다. ❹

❶ 2주기 2족, 13족 원소가 공유 결합을 형성하는 경우 중심 원자는 옥텟 규칙을 만족하지 않는다.

❷ 같은 족 원소는 원자가 전자 수가 같으므로 결합을 형성할 때 중심 원자가 가지는 전자쌍의 종류와 수가 같다. 따라서 같은 족 원소이고, 결합한 원자의 종류와 수가 같은 경우 분자 구조가 비슷하다.

❸ 공유 전자쌍 3개와 비공유 전자쌍 1개를 가지는 경우 분자 구조는 삼각뿔형이 되지만 결합각의 크기가 암모니아의 결합각과 같이 107°가 되는 것은 아니다. 결합각은 결합하는 원자의 종류에 따라 달라진다.

❹ 전자쌍의 수가 작을수록 결합각이 커지며, 전자쌍의 수가 같을 때 비공유 전자쌍이 많을수록 결합각이 작아진다.

실력을 올리는 실전 문제 찾아가기

- 구성 원소, 비공유 전자쌍 수, 분자의 구조가 제시되는 문제_06
- 비공유 전자쌍 수와 공유 전자쌍 수의 비가 제시되는 문제_08

C 분자의 극성

그림은 물질 AB_2C, AC_2, B_2C_2의 루이스 전자점식을 나타낸 것이다(단, A~C는 임의의 원소 기호이다.).

① 공유 전자쌍은 두 원자에 공유되므로 원자가 전자 수는 (공유 전자쌍 수+비공유 전자쌍 수×2)이다.

- A는 원자가 전자 수가 4인 C, B는 원자가 전자 수가 1인 H, C는 원자가 전자 수가 6인 O이다.

② 같은 원자 사이의 결합은 무극성 공유 결합, 서로 다른 원자 사이의 결합은 극성 공유 결합이다.

- AB_2C에서 A와 B 사이의 단일 결합과 A와 C 사이의 2중 결합은 모두 서로 다른 원자 사이의 결합이므로 극성 공유 결합이다.
- AC_2에서 A와 C 사이의 2중 결합은 다른 원자 사이의 결합이므로 극성 공유 결합이다.
- B_2C_2에서 B와 C 사이의 결합은 극성 공유 결합, C와 C 사이의 결합은 무극성 공유 결합이다.

③ 분자 내 전하가 고르게 분포하여 결합의 쌍극자 모멘트의 합이 0이면 무극성 분자, 분자 내 전하가 한쪽으로 치우쳐 있어 결합의 쌍극자 모멘트의 합이 0이 아니면 극성 분자이다. ❶

- AB_2C는 C 원자 쪽으로 공유 전자쌍이 치우치므로 극성 분자이다.
- AC_2는 2개의 극성 공유 결합이 있지만, 분자의 구조가 좌우 대칭인 직선형이므로 무극성 분자이다.
- B_2C_2는 비공유 전자쌍을 포함하는 비대칭 구조이므로 극성 분자이다.

④ 다중 결합은 단일 결합으로 간주하여 분자의 구조를 결정한다.

- AC_2는 직선형 구조이다.
- AB_2C는 중심 원자 주위의 전자쌍이 3개이므로 평면 삼각형 구조이다. ❷

❶ • $AB_2C(CH_2O)$는 분자의 쌍극자 모멘트가 0이 아니다.

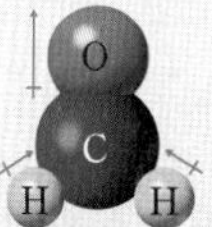

• $AC_2(CO_2)$는 분자의 쌍극자 모멘트가 0이다.

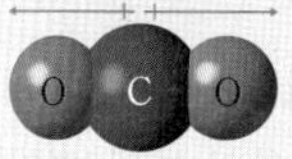

❷ AB_2C는 평면 삼각형 구조이지만 단일 결합과 2중 결합의 전자 밀도가 다르므로 평면 정삼각형 구조는 아니다.

실력을 올리는 실전 문제 찾아가기

• 분자식과 공유 전자쌍 수가 제시되는 문제_11

D 분자의 구조와 성질에 따른 분류

오른쪽 그림은 4가지 분자를 분류 기준 (가)와 (나)에 따라 분류한 것이다.

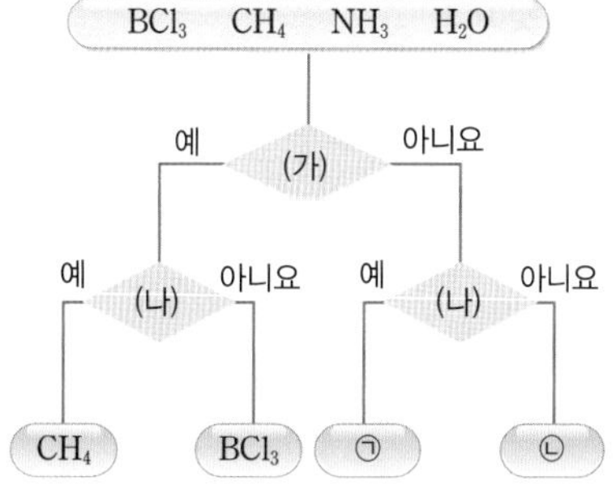

① 분류 기준 (가)와 (나) 파악하기 ❶

- CH_4, BCl_3는 무극성 분자이고, NH_3와 H_2O은 극성 분자이다. 따라서 (가)는 '무극성 분자인가?'가 될 수 있다. 또는 무극성 분자는 분자의 쌍극자 모멘트가 0이므로 (가)에 '쌍극자 모멘트가 0인가?'를 넣어도 분류가 가능하다. 또는 중심 원자가 공유 전자쌍만을 가지는가?를 넣어도 분류가 가능하다.
- CH_4는 정사면체 구조이므로 입체 구조이고, BCl_3는 평면 삼각형 구조이므로 평면 구조이다. 따라서 (나)는 '입체 구조인가?'가 될 수 있다. ❷

② ㉠, ㉡에 해당하는 물질 알아내기

- NH_3는 분자 모양이 삼각뿔형이므로 입체 구조이고, H_2O은 분자 모양이 굽은 형이므로 평면 구조이다. → ㉠은 NH_3이고, ㉡은 H_2O이다.

❶ 분류 방법이 표로 변형되어 제시되기도 한다.

구분	예	아니요
무극성 분자인가?	CH_4, BCl_3	NH_3, H_2O
입체 구조인가?	CH_4, NH_3	BCl_3, H_2O
중심 원자가 옥텟 규칙을 만족하는가?	CH_4, NH_3, H_2O	BCl_3

❷ 정사면체, 삼각뿔형은 입체 구조이고, 직선형, 평면 삼각형, 굽은 형은 평면 구조이다.

실력을 올리는 실전 문제 찾아가기

• 물질을 분류하는 과정이 순서도로 제시되는 문제_05
• 물질을 분류하는 과정이 표로 제시되는 문제_07

실력을 올리는 실전 문제

01 그림은 2주기에 속하는 원자 A~D의 루이스 전자점식을 나타낸 것이다.

$\cdot\overset{\cdot}{\underset{\cdot}{A}}\cdot$ $\quad$ $\cdot\overset{\cdot\cdot}{\underset{\cdot}{B}}\cdot$ $\quad$ $:\overset{\cdot\cdot}{\underset{\cdot}{C}}\cdot$ $\quad$ $:\overset{\cdot\cdot}{\underset{\cdot}{D}}:$

A~D의 수소 화합물에 대한 설명으로 옳지 않은 것은? (단, A~D는 임의의 원소 기호이다.)

① AH_4에는 극성 공유 결합이 있다.
② H_2C의 분자 모양은 굽은 형이다.
③ HD의 쌍극자 모멘트는 0이다.
④ 결합각은 $AH_4 > BH_3 > H_2C$ 순이다.
⑤ 물에 대한 용해도는 BH_3가 AH_4보다 크다.

02 그림은 화합물 AC와 BC의 루이스 전자점식을, 표는 AC와 BC에 들어 있는 전체 전자 수를 나타낸 것이다.

$A:\overset{\cdot\cdot}{\underset{\cdot\cdot}{C}}:$ $\quad$ $B^+:\overset{\cdot\cdot}{\underset{\cdot\cdot}{C}}:^-$

화합물	전체 전자 수
AC	18
BC	28

이에 대한 설명으로 옳은 것만을 〈보기〉에서 있는 대로 고른 것은?(단, A~C는 임의의 원소 기호이다.)

보기
ㄱ. 전기 음성도의 크기는 A<B이다.
ㄴ. A와 B는 같은 족 원소이다.
ㄷ. B와 C는 같은 주기 원소이다.

① ㄱ ② ㄷ ③ ㄱ, ㄴ
④ ㄴ, ㄷ ⑤ ㄱ, ㄴ, ㄷ

수능기출

03 다음은 풍선으로 만든 전자쌍 모형을 이용하여 분자 구조를 알아보는 탐구 활동이다.

[탐구 목적]
풍선으로 만든 전자쌍 모형에서 풍선의 배열 모습을 통해 중심 원자의 전자쌍이 각각 2개인 분자와 3개인 분자의 구조를 예측한다.

[탐구 과정 및 결과]
같은 크기의 풍선 2개와 3개를 각각 매듭끼리 묶었더니 풍선이 그림과 같이 각각 직선형과 평면 삼각형 모양으로 배열되었다.

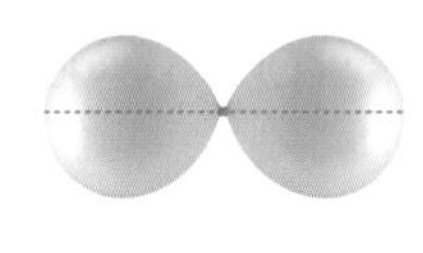
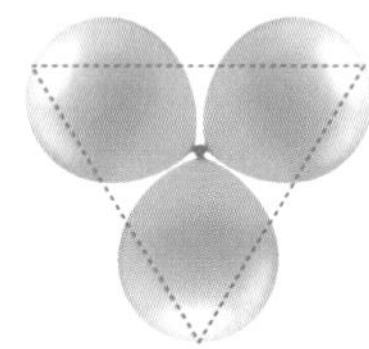

[결론]
• 분자에서 중심 원자의 전자쌍은 풍선의 배열과 마찬가지로 [㉠]
• $BeCl_2$의 분자 구조는 직선형, [㉡]의 분자 구조는 평면 삼각형임을 예측할 수 있다.

이에 대한 설명으로 옳은 것만을 〈보기〉에서 있는 대로 고른 것은?

보기
ㄱ. '가능한 한 서로 멀리 떨어져 있으려 한다.'는 ㉠으로 적절하다.
ㄴ. 'BCl_3'는 ㉡으로 적절하다.
ㄷ. CH_4의 분자 구조를 예측하기 위해 매듭끼리 묶어야 하는 풍선은 5개이다.

① ㄱ ② ㄷ ③ ㄱ, ㄴ
④ ㄴ, ㄷ ⑤ ㄱ, ㄴ, ㄷ

04 그림은 2주기 원소 X와 Y가 포함된 분자 (가)와 (나)의 구조식을 나타낸 것이다. 분자에서 X와 Y는 옥텟 규칙을 만족한다.

H−X=X−H (가), 결합각 α　　H−Y−Y−H (나), 결합각 β

이에 대한 설명으로 옳은 것만을 〈보기〉에서 있는 대로 고른 것은?(단, X와 Y는 임의의 원소 기호이다.)

보기
ㄱ. 비공유 전자쌍의 수는 (나)가 (가)보다 크다.
ㄴ. 전자쌍 반발 이론에 따르면 결합각은 α가 β보다 크다.
ㄷ. 분자 X_2H_4에는 다중 결합이 있다.

① ㄱ　② ㄷ　③ ㄱ, ㄴ　④ ㄴ, ㄷ　⑤ ㄱ, ㄴ, ㄷ

05 그림은 4가지 분자를 주어진 기준에 따라 분류하는 과정을 나타낸 것이다.

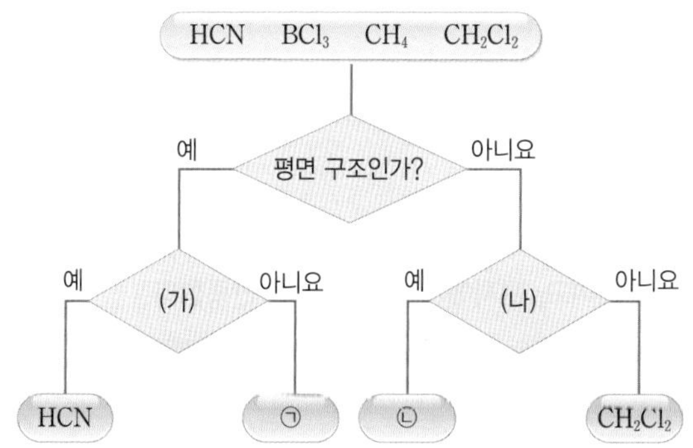

이에 대한 설명으로 옳은 것만을 〈보기〉에서 있는 대로 고른 것은?

보기
ㄱ. (가)에 '분자에 다중 결합이 있는가?'를 적용할 수 있다.
ㄴ. (나)에 '무극성 분자인가?'를 적용할 수 있다.
ㄷ. 결합각은 ㉠이 ㉡보다 크다.

① ㄱ　② ㄷ　③ ㄱ, ㄴ　④ ㄴ, ㄷ　⑤ ㄱ, ㄴ, ㄷ

06 표는 원소 X～Z로 이루어진 분자 (가)～(다)에 대한 자료의 일부이다. X～Z는 C, O, F 중 하나이고 분자에서 구성 원자는 옥텟 규칙을 만족한다.

분자	구성 원소	비공유 전자쌍 수	분자의 구조
(가)	X, Y	4	
(나)	Y, Z		굽은 형
(다)	X, Z	12	

(가)～(다)에 대한 설명으로 옳은 것만을 〈보기〉에서 있는 대로 고른 것은?

보기
ㄱ. 구성 원자 수는 (가)와 (나)가 같다.
ㄴ. 공유 전자쌍 수는 (가)가 (다)보다 크다.
ㄷ. 무극성 분자는 2가지이다.

① ㄱ　② ㄴ　③ ㄱ, ㄷ　④ ㄴ, ㄷ　⑤ ㄱ, ㄴ, ㄷ

수능기출 변형

07 표는 4가지 분자 HCN, CO_2, CF_4, OF_2를 3가지 기준에 따라 각각 분류한 결과를 나타낸 것이다.

분류 기준	예	아니요
(가)	OF_2	HCN, CO_2, CF_4
분자의 쌍극자 모멘트가 0인가?	㉠	㉡
단일 결합으로만 이루어졌는가?	㉢	㉣

이에 대한 설명으로 옳은 것만을 〈보기〉에서 있는 대로 고른 것은?

보기
ㄱ. (가)에 '중심 원자에 비공유 전자쌍이 있는가?'를 적용할 수 있다.
ㄴ. ㉠에 해당하는 분자는 1가지이다.
ㄷ. ㉡과 ㉢에 공통으로 해당하는 분자는 입체 구조이다.

① ㄱ　② ㄴ　③ ㄷ　④ ㄱ, ㄴ　⑤ ㄱ, ㄷ

08 표는 2주기 원소 X~Z와 수소가 결합한 분자 (가)~(다)에 대한 자료이다.

분자	(가)	(나)	(다)
분자식	XH_a	H_bY	H_cZ
$\frac{\text{비공유 전자쌍 수}}{\text{공유 전자쌍 수}}$	$\frac{1}{3}$	1	3

이에 대한 설명으로 옳은 것만을 〈보기〉에서 있는 대로 고른 것은?(단, X~Z는 임의의 원소 기호이다.)

보기
ㄱ. 원자가 전자 수는 X가 Z보다 크다.
ㄴ. (다)의 분자 모양은 직선형이다.
ㄷ. 결합각은 (가)가 (나)보다 크다.

① ㄱ ② ㄴ ③ ㄱ, ㄷ
④ ㄴ, ㄷ ⑤ ㄱ, ㄴ, ㄷ

➲ 수능모의평가기출 변형

09 다음은 극성 공유 결합만으로 이루어진 2가지 분자의 분자식이다. X와 Y는 2주기 원소이고, 분자에서 옥텟 규칙을 만족한다.

XH_3 $YOCl_2$

두 분자의 공통점으로 옳은 것만을 〈보기〉에서 있는 대로 고른 것은?

보기
ㄱ. 공유 전자쌍은 3개이다.
ㄴ. 분자의 구조는 입체 구조이다.
ㄷ. 기체 분자는 전기장 안에서 일정한 방향으로 배열한다.

① ㄱ ② ㄷ ③ ㄱ, ㄴ
④ ㄴ, ㄷ ⑤ ㄱ, ㄴ, ㄷ

10 표는 분자 (가)와 (나)의 구성 원자 수를 나타낸 것이다. 분자에서 모든 원자는 옥텟 규칙을 만족한다.

분자	구성 원자 수			
	C	N	O	F
(가)	0	1	1	1
(나)	1	1	0	1

(가), (나)에 대한 설명으로 옳은 것만을 〈보기〉에서 있는 대로 고른 것은?

보기
ㄱ. (가)의 중심 원자는 O이다.
ㄴ. (가)와 (나)에는 모두 2중 결합이 있다.
ㄷ. 공유 전자쌍 수는 (나)가 (가)보다 크다.

① ㄱ ② ㄴ ③ ㄷ
④ ㄱ, ㄷ ⑤ ㄴ, ㄷ

11 표는 분자 (가)~(다)에 대한 자료이다. X~Z는 2주기 원소이고, 분자에서 옥텟 규칙을 만족한다.

분자	(가)	(나)	(다)
분자식	XH_3	H_2Y_2	Z_2H_2
공유 전자쌍 수	3	3	5

이에 대한 설명으로 옳은 것만을 〈보기〉에서 있는 대로 고른 것은?(단, X~Z는 임의의 원소 기호이다.)

보기
ㄱ. 전기 음성도는 X가 Y보다 크다.
ㄴ. 물에 대한 용해성은 (가)가 (다)보다 크다.
ㄷ. 결합각은 (나)가 (다)보다 크다.

① ㄱ ② ㄴ ③ ㄱ, ㄷ
④ ㄴ, ㄷ ⑤ ㄱ, ㄴ, ㄷ

12 다음은 2가지 화학 반응식이다.

- $NH_3 + H^+ \longrightarrow NH_4^+$
- $BF_3 + F^- \longrightarrow BF_4^-$

반응물 분자가 생성물 분자로 될 때의 공통점으로 옳은 것만을 <보기>에서 있는 대로 고른 것은?

보기
ㄱ. 결합각이 증가한다.
ㄴ. 전자쌍의 총수가 증가한다.
ㄷ. 한쪽 분자나 이온이 일방적으로 전자쌍을 제공한다.

① ㄱ ② ㄷ ③ ㄱ, ㄴ
④ ㄴ, ㄷ ⑤ ㄱ, ㄴ, ㄷ

13 다음은 물(H_2O), 사염화 탄소(CCl_4)의 용해성과 관련된 실험이다.

(가) 물이 들어 있는 시험관 Ⅰ과 Ⅱ에 A, B를 각각 넣었더니 시험관 Ⅰ에서만 물이 파란색으로 변하였다.
(나) 사염화 탄소가 들어 있는 시험관 Ⅲ과 Ⅳ에 A, B를 각각 넣었더니 시험관 Ⅳ만 사염화 탄소가 보라색으로 변하였다.

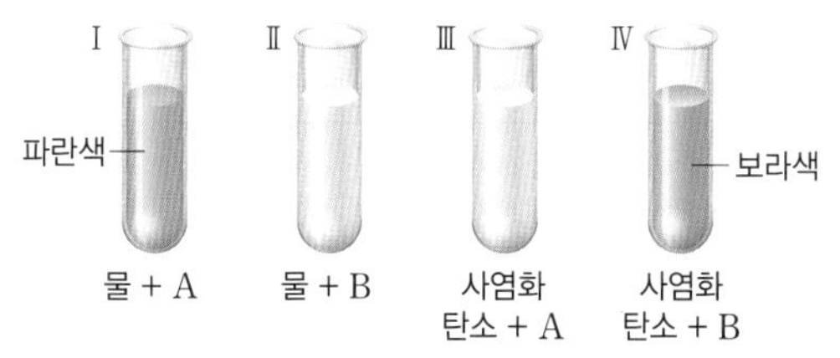

이에 대한 설명으로 옳은 것만을 <보기>에서 있는 대로 고른 것은?

보기
ㄱ. 분자의 쌍극자 모멘트는 물이 사염화 탄소보다 크다.
ㄴ. 액체 상태의 A와 B는 서로 잘 섞인다.
ㄷ. B의 액체 줄기에 대전체를 가까이 가져가면 액체 줄기가 휜다.

① ㄱ ② ㄴ ③ ㄷ
④ ㄱ, ㄴ ⑤ ㄱ, ㄷ

14 그림은 2주기 원소 X~Z로 이루어진 분자 (가)~(다)의 구조식을 나타낸 것이다. 분자에서 X~Z는 옥텟 규칙을 만족하고, 구조식에서 다중 결합은 나타내지 않았다.

Y−X−Y (가)

Z−X−Z with Y bonded above X (나)

Z−Y−Z (다)

이에 대한 설명으로 옳은 것만을 <보기>에서 있는 대로 고른 것은?(단, X~Z는 임의의 원소 기호이다.)

보기
ㄱ. (나)에는 2중 결합이 있다.
ㄴ. 공유 전자쌍 수는 (나)가 (가)보다 크다.
ㄷ. (가)~(다)는 모두 평면 구조이다.

① ㄱ ② ㄴ ③ ㄱ, ㄷ
④ ㄴ, ㄷ ⑤ ㄱ, ㄴ, ㄷ

15 다음은 물과 X를 이용한 실험이다.

(가) 작은 종이배를 만들어 바닥을 크레파스로 꼼꼼하게 칠한다.
(나) 유리병에 물질 X와 물을 넣고 흔든 다음 가만히 두었더니 두 층으로 분리되었다.
(다) 핀셋으로 (가)의 종이배를 두 액체의 경계면에 놓았더니 종이배가 경계면에 떴다.

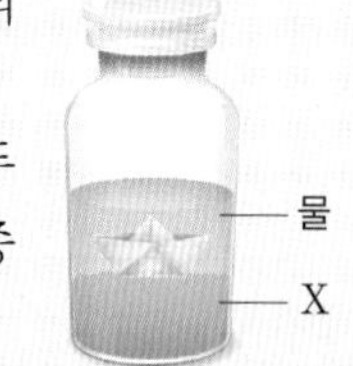

이에 대한 설명으로 옳은 것만을 <보기>에서 있는 대로 고른 것은?(단, 밀도는 물 < 사염화 탄소이다.)

보기
ㄱ. 크레파스는 무극성을 띤다.
ㄴ. 제시된 자료로부터 X는 무극성 공유 결합을 포함하는 것을 알 수 있다.
ㄷ. 유리병에 사염화 탄소를 넣으면 3개의 층으로 분리된다.

① ㄱ ② ㄴ ③ ㄱ, ㄷ
④ ㄴ, ㄷ ⑤ ㄱ, ㄴ, ㄷ

Ⅲ 단원 마무리

10 화학 결합의 전기적 성질과 이온 결합

1. 화학 결합의 전기적 성질

① 염화 나트륨 용융액의 전기 분해: 염화 나트륨 용융액에 전류를 흘려주면 (−)극에서 나트륨이, (+)극에서 (1 　　　) 기체가 생성된다.

② 물의 전기 분해: 물에 황산 나트륨, 수산화 나트륨 등의 전해질을 넣고 전기 분해 하면 (−)극에서 수소 기체, (+)극에서 산소 기체가 (2 　　　)의 부피비로 생성된다.

③ 화학 결합과 전자: 전기 분해로부터 원자들 사이에 화학 결합이 형성될 때 (3 　　　)이/가 관여한다는 것을 알 수 있다.

2. 이온 결합

① 이온 결합: 양이온과 음이온 사이에 (4 　　　) 인력이 작용하여 형성되는 결합

② 이온 결합의 형성: 금속 원소와 (5 　　　) 원소가 만나면 각각 전자를 잃거나 얻어서 이온 결합이 형성된다.

③ 이온 결합의 형성과 에너지 변화: 인력과 반발력이 균형을 이루어 에너지가 가장 (6 　　　) 거리에서 이온 결합이 형성된다.

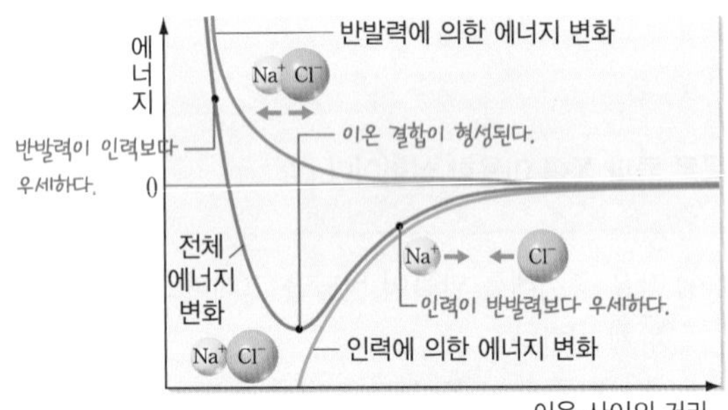

④ 이온 결합 물질의 성질

외부 힘을 가할 때		이온 층이 밀려 같은 전하를 띤 이온 층 사이에 반발력이 작용하므로 쉽게 부스러진다.
전기 전도성	고체	(7 　　　).
	액체, 수용액	(8 　　　).
녹는점		• 일반적으로 녹는점과 끓는점이 높아 상온에서 고체로 존재한다. • 이온의 전하량이 (9 　　　)수록 이온 사이의 거리가 (10 　　　)수록 높아진다.

11 공유 결합과 금속 결합

1. 공유 결합

① 공유 결합: (11 　　　) 원자들이 각각 전자를 내놓아 전자쌍을 만들고, 이 전자쌍을 공유하여 이루어지는 결합

② 공유 결합의 종류

단일 결합	2중 결합	3중 결합
공유 전자쌍 1개 F_2	공유 전자쌍 2개 O_2	공유 전자쌍 3개 N_2

③ 공유 결합의 형성과 에너지 변화

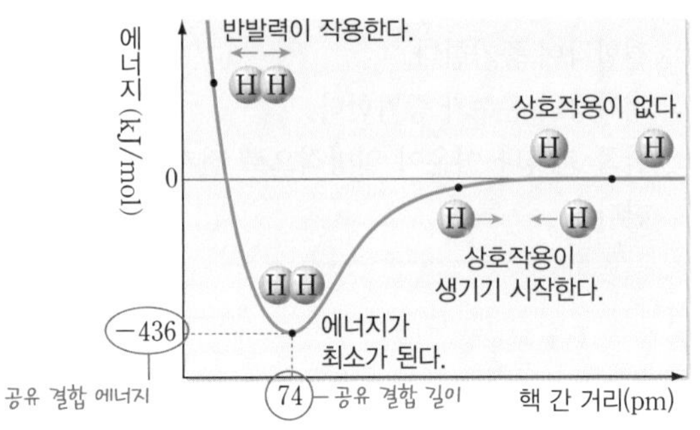

④ 공유 결합 물질과 그 성질

구분	(12 　　　) 결정	(13 　　　) 결정
형성 원리	분자들이 분자 사이에 작용하는 인력에 의해 규칙적으로 배열되어 이룬 결정	원자들이 공유 결합으로 그물처럼 연결되어 이룬 결정
전기 전도성	고체, 액체 상태에서 모두 없다(단, 흑연은 예외).	
녹는점	낮다.	매우 높다.

2. 금속 결합

① 금속 결합: 금속 양이온과 자유 전자 사이의 정전기적 인력으로 형성되는 결합

② 금속 결합 물질의 성질: 대부분 (14 　　　)에 의해 나타난다.

열, 전기 전도성	매우 크다.
광택	고유의 광택이 나타난다.
외부 힘을 가할 때	가늘게 늘어나거나(연성), 얇게 펴지다(전성).

3. 화학 결합의 종류에 따른 물질의 성질

① 화학 결합의 상대적 세기와 녹는점: 분자 결정을 제외한 물실은 일반적으로 녹는점이 높은 물질일수록 화학 결합의 세기가 강하며, (15 　　　) 결정의 녹는점이 가장 높다.

② 고체 결정의 분류

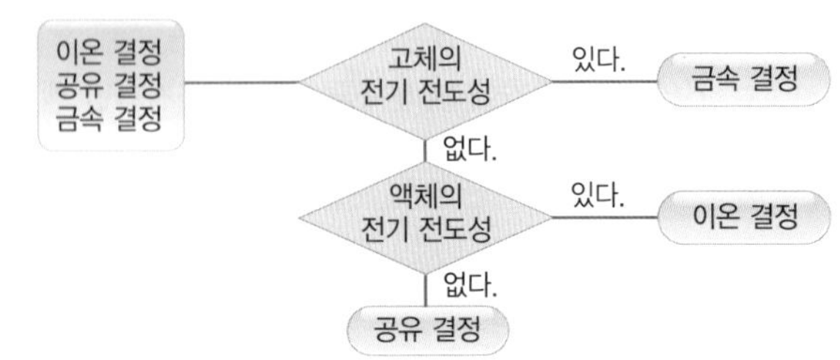

12 결합의 극성

1. 전기 음성도

① (16): 공유 결합을 형성한 각 원자가 공유 전자쌍을 끌어당기는 정도를 상대적인 값으로 나타낸 것

② 전기 음성도의 주기적 성질

같은 족	원자 번호가 클수록 대체로 (17)한다.
같은 주기	원자 번호가 클수록 대체로 (18)한다.

2. 결합의 극성

① 쌍극자 모멘트: 공유 결합의 극성 크기를 나타내는 척도로, 전기 음성도 차가 클수록 쌍극자 모멘트가 크게 나타나고, 결합의 극성이 커진다.

② 무극성 공유 결합과 극성 공유 결합

(19) 공유 결합	같은 종류의 원자 사이의 공유 결합 → 결합을 이루는 원자의 전기 음성도 차가 0이고, 쌍극자 모멘트가 0이다. 예  H + H → H H (부분 전하가 나타나지 않는다.)
(20) 공유 결합	다른 종류의 원자 사이의 공유 결합 → 결합을 이루는 원자의 전기 음성도 차가 0보다 크고, 쌍극자 모멘트가 0보다 크다. 예 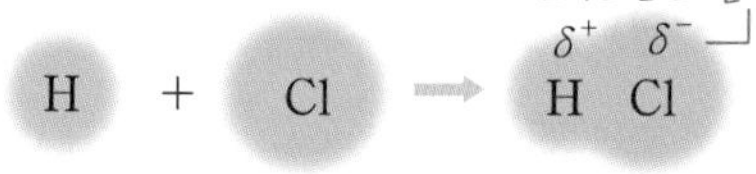 H + Cl → δ^+ H δ^- Cl (전기 음성도가 큰 원자가 부분적인 음전하를 띤다.)

13 분자의 구조와 분자의 극성

1. 루이스 전자점식

① 루이스 전자점식: 원소 기호에 원자가 전자를 점으로 표시하여 나타낸 식

예 ·C· (탄소) H:O: H (물) :O::O: (산소) Na^+ :Cl:$^-$ (염화 나트륨)

② 공유 전자쌍과 비공유 전자쌍

(21) 전자쌍	(22) 전자쌍
공유 결합에 참여하는 전자쌍	결합에 참여하지 않고 한 원자에만 속해 있는 전자쌍

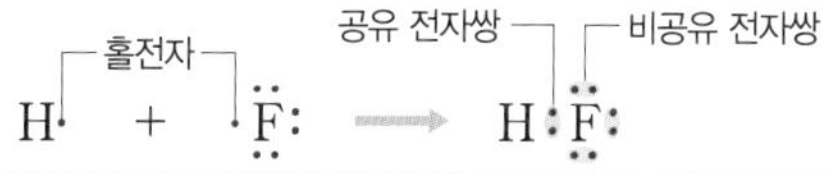

H· + ·F: → H:F: (홀전자, 공유 전자쌍, 비공유 전자쌍)

2. 분자의 구조

① 전자쌍 반발 이론: 중심 원자를 둘러싼 전자쌍들은 (23)이 최소가 되도록 가능한 한 멀리 떨어져서 배치된다.

② 전자쌍의 종류에 따른 반발력의 크기: 비공유 전자쌍 사이의 반발력이 공유 전자쌍 사이의 반발력보다 크다.

③ 중심 원자에 비공유 전자쌍이 없을 때 공유 전자쌍 수에 따른 분자 구조

공유 전자쌍 수	2	3	4
분자 모형	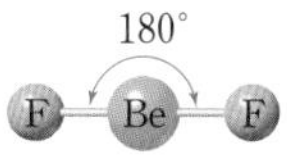 F–Be–F, 180°	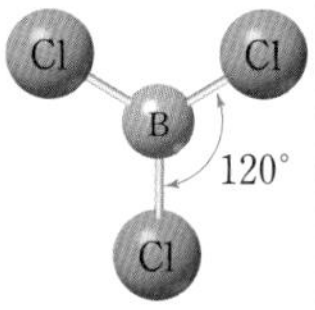 B, Cl, Cl, Cl, 120°	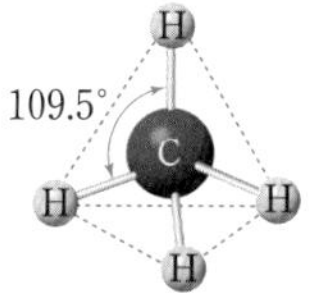 C, H, H, H, H, 109.5°
분자 모양	직선형	(24)	(25)

④ 중심 원자에 비공유 전자쌍이 있을 때의 분자 구조: 비공유 전자쌍의 수가 많을수록 결합각이 작아진다.

전자쌍 수			
	공유	3	2
	비공유	1	2
분자 모형		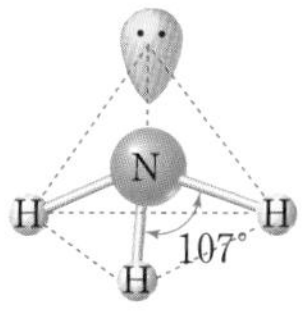 N, H, H, H, 107°	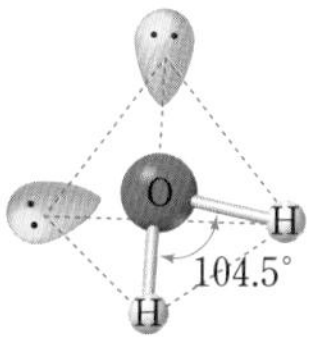 O, H, H, 104.5°
분자 모양		(26)	(27)

3. 분자의 극성

① 무극성 분자와 극성 분자

구분	(28) 분자	(29) 분자
정의	분자 내 전하가 고르게 분포되어 부분 전하를 띠지 않는 분자 → 분자의 쌍극자 모멘트=0	분자 내 전하의 분포가 고르지 않아 부분 전하를 띠는 분자 → 분자의 쌍극자 모멘트>0
예	H_2, BCl_3, CH_4	H_2O, NH_3, HCN, CH_3Cl

② 무극성 분자와 극성 분자의 성질

구분	무극성 분자	극성 분자
전기장에서 배열	방향성을 나타내지 않는다.	일정한 방향으로 배열한다.
대전체의 영향	흘러내리는 액체 줄기에 대전체를 가까이 해도 곧게 흘러내린다.	흘러내리는 액체 줄기에 대전체를 가까이 하면 액체 줄기가 휘어진다.
용해성	무극성 물질에 잘 녹고, 극성 물질에는 잘 녹지 않는다.	극성 물질에 잘 녹고, 무극성 물질에는 잘 녹지 않는다.

실력 점검 Ⅲ 단원 평가 문제

∞ 10. 화학 결합의 전기적 성질과 이온 결합 118쪽

01 그림과 같이 황산 나트륨 수용액에 전류를 흐르게 하였더니, 시험관 내부에서 기체가 발생하였다.

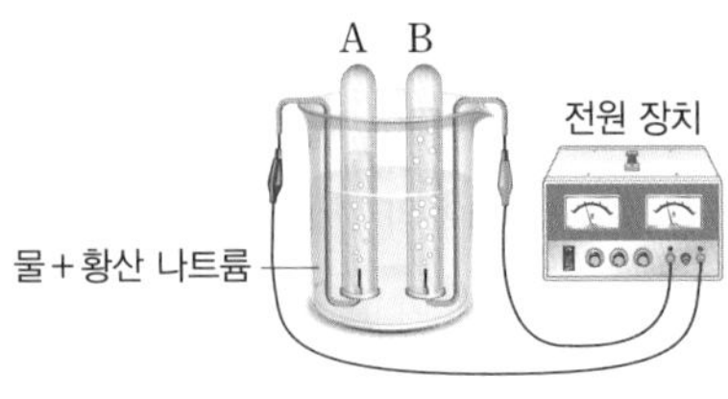

이에 대한 설명으로 옳은 것만을 〈보기〉에서 있는 대로 고른 것은?

보기
ㄱ. A극은 (+)극이다.
ㄴ. 황산 나트륨은 물에 녹아 이온을 생성한다.
ㄷ. 이 실험으로부터 물의 화학 결합에는 전자가 관여하는 것을 알 수 있다.

① ㄱ ② ㄴ ③ ㄱ, ㄷ
④ ㄴ, ㄷ ⑤ ㄱ, ㄴ, ㄷ

∞ 10. 화학 결합의 전기적 성질과 이온 결합 118쪽

02 그림은 A 이온과 B 이온을 구성하는 양성자수와 전자 수를 나타낸 것이다. ㉠과 ㉡은 각각 양성자, 전자 중 하나이고, A 이온과 B 이온의 전자 배치는 비활성 기체와 같다.

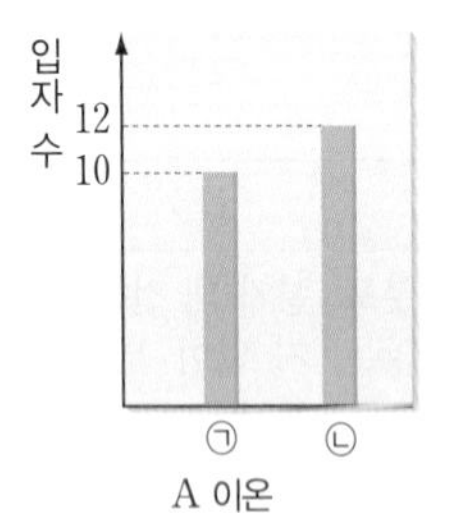

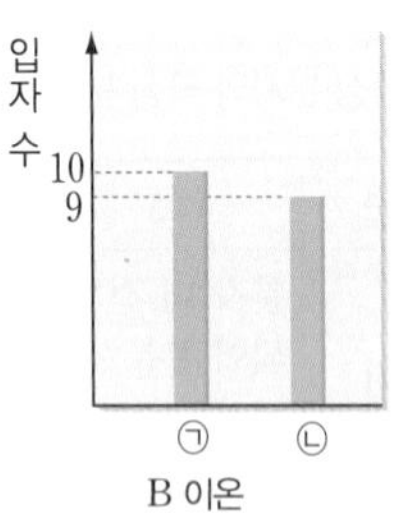

이에 대한 설명으로 옳은 것만을 〈보기〉에서 있는 대로 고른 것은?(단, A와 B는 임의의 원소 기호이다.)

보기
ㄱ. ㉠은 양성자이다.
ㄴ. B 이온의 전하는 +1이다.
ㄷ. A 이온과 B 이온으로 이루어진 화합물의 화학식은 AB_2이다.

① ㄱ ② ㄷ ③ ㄱ, ㄴ
④ ㄴ, ㄷ ⑤ ㄱ, ㄴ, ㄷ

∞ 10. 화학 결합의 전기적 성질과 이온 결합 118쪽

03 그림은 이온 사이의 거리에 따른 이온에 작용하는 힘을 나타낸 것이다. r_1~r_3는 이온 사이의 거리이고, (가)에서 이온 결합이 형성된다.

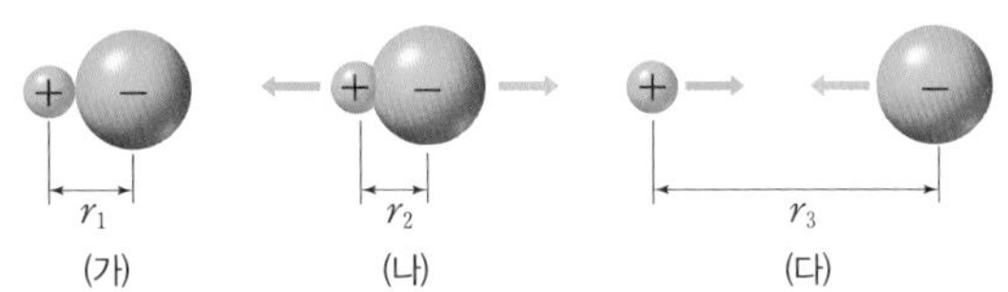

이에 대한 설명으로 옳은 것만을 〈보기〉에서 있는 대로 고른 것은?

보기
ㄱ. $r_3 > r_1 > r_2$이다.
ㄴ. (나)는 인력이 반발력보다 우세하다.
ㄷ. (가)~(다) 중 이온 사이의 거리에 따른 에너지는 (가)가 가장 작다.

① ㄱ ② ㄷ ③ ㄱ, ㄴ
④ ㄱ, ㄷ ⑤ ㄴ, ㄷ

∞ 11. 공유 결합과 금속 결합 122쪽

04 그림은 4가지 물질을 주어진 기준에 따라 분류하는 과정을 나타낸 것이다.

다이아몬드(C), 구리(Cu), 포도당($C_6H_{12}O_6$), 염화 칼륨(KCl)

(가) — 예: Cu / 아니요: 액체 상태에서 전기 전도성이 있는가? — 예: ㉠ / 아니요: ㉡

이에 대한 설명으로 옳은 것만을 〈보기〉에서 있는 대로 고른 것은?

보기
ㄱ. (가)에 '고체 상태에서 전기 전도성이 있는가?'를 적용할 수 있다.
ㄴ. ㉠에 해당하는 물질은 수용액에서 전기 전도성이 있다.
ㄷ. ㉡에 해당하는 물질은 2가지이다.

① ㄱ ② ㄴ ③ ㄱ, ㄷ
④ ㄴ, ㄷ ⑤ ㄱ, ㄴ, ㄷ

바른답 • 알찬풀이 60쪽

∞ 11. 공유 결합과 금속 결합 122쪽

05 그림은 금속 결합을 모형으로 나타낸 것이다.

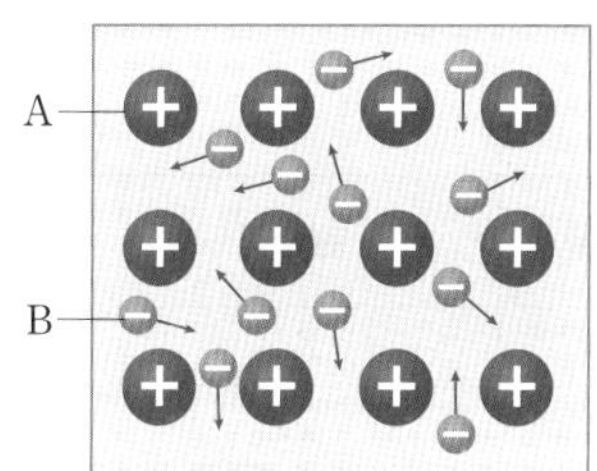

이에 대한 설명으로 옳지 않은 것은?

① A는 금속 양이온이다.
② A와 B 사이에는 정전기적 인력이 작용한다.
③ 금속의 광택은 A에 의해 나타난다.
④ 금속에 힘을 가해도 쉽게 부서지지 않는 것은 B 때문이다.
⑤ 금속에 전원 장치를 연결하면 B는 (+)극 쪽으로 이동한다.

∞ 11. 공유 결합과 금속 결합 122쪽

06 그림은 3가지 물질의 구조를 모형으로 나타낸 것이다.

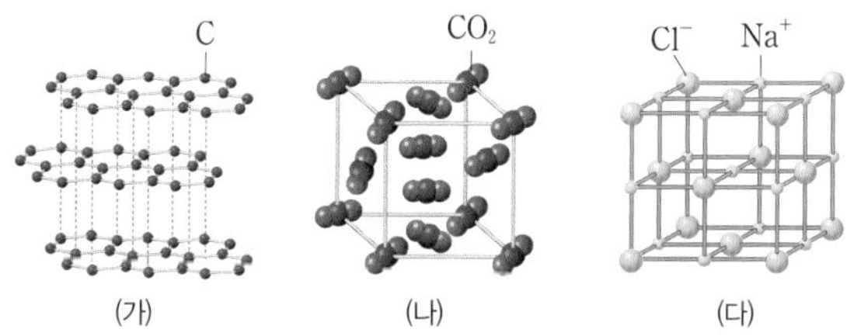

(가)~(다)에 대한 설명으로 옳은 것만을 〈보기〉에서 있는 대로 고른 것은?

보기
ㄱ. (가)와 (나)는 결합의 종류가 같다.
ㄴ. 고체 상태에서 전기 전도성이 있는 물질은 1가지이다.
ㄷ. 녹는점은 (가)가 (다)보다 높다.

① ㄱ ② ㄴ ③ ㄱ, ㄷ
④ ㄴ, ㄷ ⑤ ㄱ, ㄴ, ㄷ

∞ 11. 공유 결합과 금속 결합 122쪽

07 그림의 빗금친 부분은 주기율표에서 원소 A~D가 위치하는 부분을 나타낸 것이고, 표는 A~D로 이루어진 화합물의 화학식과 액체 상태에서의 전기 전도성을 나타낸 것이다.

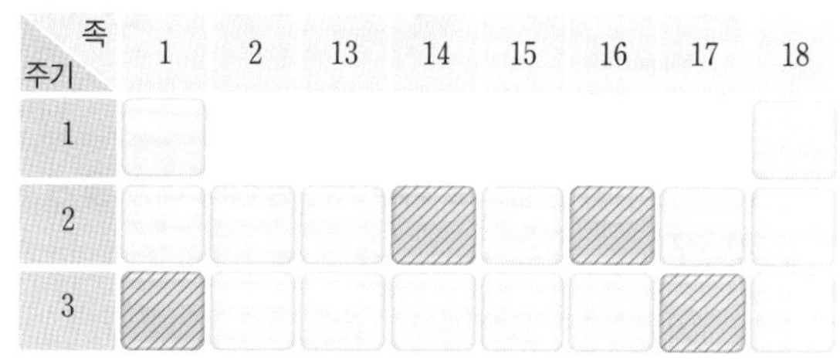

화학식	AC_2	AD_4	B_2C	CD_2
액체 상태에서 전기 전도성	없음.	없음.	있음.	없음.

이에 대한 설명으로 옳은 것만을 〈보기〉에서 있는 대로 고른 것은?(단, A~D는 임의의 원소 기호이다.)

보기
ㄱ. B는 금속 원소이다.
ㄴ. 주기는 C가 D보다 크다.
ㄷ. B와 D로 이루어진 화합물의 화학식은 BD_2이다.

① ㄱ ② ㄴ ③ ㄷ
④ ㄱ, ㄴ ⑤ ㄱ, ㄷ

∞ 11. 공유 결합과 금속 결합 122쪽

08 그림은 화합물 X_2Y와 Y_2의 결합 모형을 나타낸 것이다.

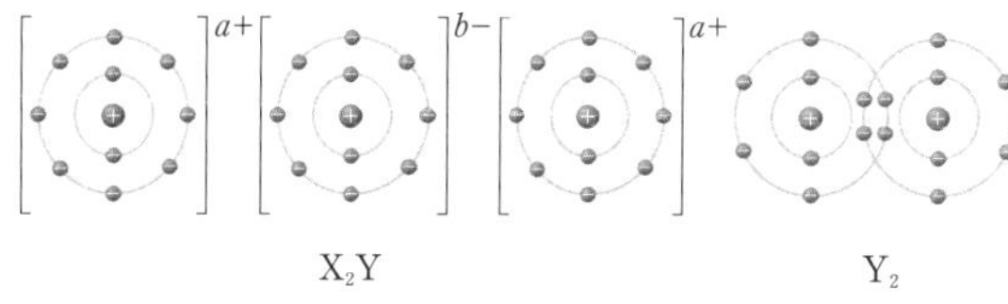

X와 Y의 원자가 전자 수를 옳게 짝 지은 것은?(단, X와 Y는 임의의 원소 기호이다.)

	X	Y		X	Y
①	1	2	②	1	6
③	1	7	④	2	6
⑤	2	7			

∞ 12. 결합의 극성 136쪽

09 그림은 3가지 결합 유형을 나타낸 것이다.

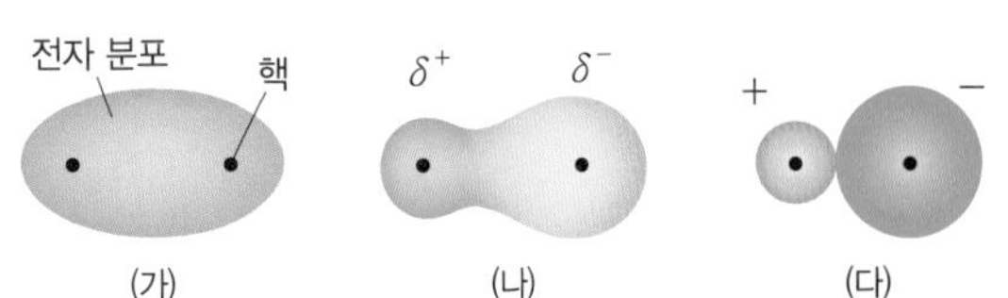

(가)~(다)의 결합으로 이루어진 물질의 예를 옳게 짝 지은 것은?

	(가)	(나)	(다)
①	N_2	HCl	NaF
②	HBr	H_2	H_2O
③	O_2	HCl	CO
④	I_2	Cl_2	KCl
⑤	NaBr	Br_2	NH_3

∞ 12. 결합의 극성 136쪽

10 그림은 화합물 (가)~(다)를 구성하는 1가지 원소의 전기 음성도와 구성 원소의 전기 음성도 차를 나타낸 것이다. (가)~(다)는 각각 AB, B_2, BC이고, 전기 음성도는 C>A이다.

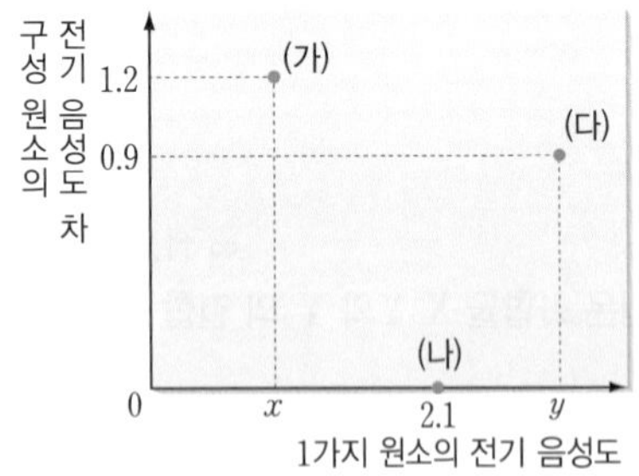

이에 대한 설명으로 옳은 것만을 〈보기〉에서 있는 대로 고른 것은?(단, A~C는 임의의 원소 기호이다.)

보기
ㄱ. (나)에는 무극성 공유 결합이 있다.
ㄴ. $y-x=2.1$이다.
ㄷ. 쌍극자 모멘트는 (나)가 (다)보다 크다.

① ㄱ ② ㄷ ③ ㄱ, ㄴ
④ ㄴ, ㄷ ⑤ ㄱ, ㄴ, ㄷ

∞ 13. 분자의 구조와 분자의 극성 144쪽

11 표는 2주기 원소 X~Z로 이루어진 화합물 (가)와 (나)에 대한 자료이다. 분자에서 X~Z는 모두 옥텟 규칙을 만족한다.

화합물	분자식	분자의 중심 원자에 있는 비공유 전자쌍 수
(가)	XY_2	0
(나)	YZ_2	2

이에 대한 설명으로 옳은 것만을 〈보기〉에서 있는 대로 고른 것은?(단, X~Z는 임의의 원소 기호이다.)

보기
ㄱ. 결합각은 (가)가 (나)보다 크다.
ㄴ. 공유 전자쌍 수는 (가)와 (나)가 같다.
ㄷ. (가)와 (나)는 모두 평면 구조이다.

① ㄱ ② ㄴ ③ ㄱ, ㄷ
④ ㄴ, ㄷ ⑤ ㄱ, ㄴ, ㄷ

∞ 13. 분자의 구조와 분자의 극성 144쪽

12 그림은 2주기 원소 A, B, C의 수소 화합물의 분자 구조를 모형으로 나타낸 것이다.

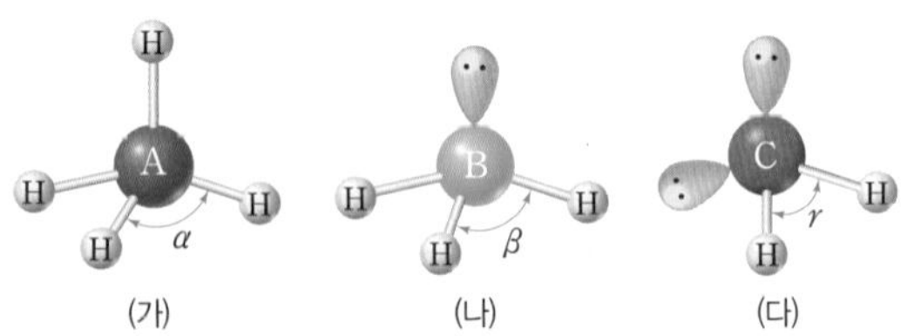

이에 대한 설명으로 옳은 것만을 〈보기〉에서 있는 대로 고른 것은?(단, A~C는 임의의 원소 기호이다.)

보기
ㄱ. 원자가 전자 수가 가장 많은 것은 A이다.
ㄴ. 결합각의 크기는 $\alpha>\beta>\gamma$이다.
ㄷ. 액체 (다)에 대한 용해도는 (나)가 (가)보다 크다.

① ㄱ ② ㄴ ③ ㄷ
④ ㄱ, ㄴ ⑤ ㄴ, ㄷ

∞ 13. 분자의 구조와 분자의 극성 144쪽

13 그림은 3가지 분자 (가)~(다)의 루이스 구조식을 나타낸 것이다.

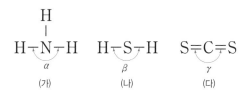

H
|
H−N−H　　H−S−H　　S=C=S
　α　　　　β　　　　γ
(가)　　　(나)　　　(다)

이에 대한 설명으로 옳은 것만을 〈보기〉에서 있는 대로 고른 것은?

보기
ㄱ. (나)와 (다)의 분자 모양은 같다.
ㄴ. 비공유 전자쌍 수는 (다) > (나) > (가)이다.
ㄷ. 결합각은 $\beta > \gamma > \alpha$이다.

① ㄱ　② ㄴ　③ ㄱ, ㄷ　④ ㄴ, ㄷ　⑤ ㄱ, ㄴ, ㄷ

∞ 13. 분자의 구조와 분자의 극성 144쪽

14 표는 원자 수가 각각 5 이하인 분자 (가)~(다)에 대한 자료이다. X~Z는 각각 H, C, O 중 하나이다.

분자	(가)	(나)	(다)
원자 수비	X, Y	X, Z	Y, Z
$\frac{\text{비공유 전자쌍 수}}{\text{공유 전자쌍 수}}$	0	1	$\frac{4}{3}$

이에 대한 설명으로 옳은 것만을 〈보기〉에서 있는 대로 고른 것은?

보기
ㄱ. (가)~(다)를 구성하는 원자 사이의 결합은 모두 극성 공유 결합이다.
ㄴ. 공유 전자쌍 수는 (가)와 (나)가 같다.
ㄷ. 분자의 쌍극자 모멘트는 (다)가 (나)보다 크다.

① ㄱ　② ㄷ　③ ㄱ, ㄴ　④ ㄴ, ㄷ　⑤ ㄱ, ㄴ, ㄷ

1등급을 완성하는 서술형 문제

∞ 10. 화학 결합의 전기적 성질과 이온 결합 118쪽

15 그림 (가)와 같이 장치하고 어떤 화합물 X의 전기 전도도를 측정하여 (나)와 같은 결과를 얻었다.

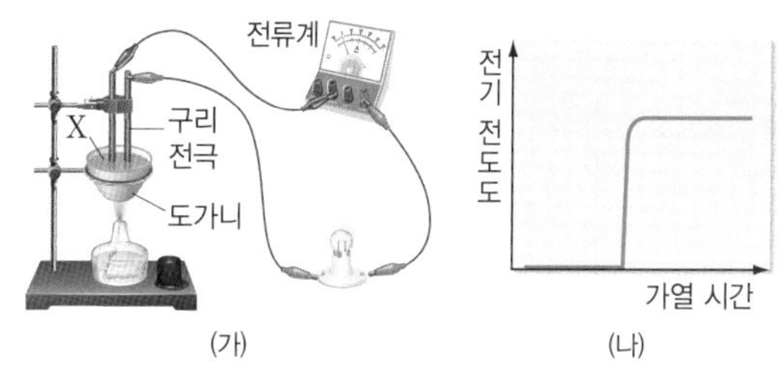

(1) 화합물 X의 화학 결합의 종류(이온 결합, 공유 결합, 금속 결합)를 쓰시오.

(2) 화합물 X를 충분한 시간 동안 가열한 이후부터 전기 전도도가 증가하는 까닭을 설명하시오.

∞ 13. 분자의 구조와 분자의 극성 144쪽

16 그림은 주기율표의 일부를 나타낸 것이다(단, A~D는 임의의 원소 기호이다.).

주기＼족	1	2	13	14	15	16	17	18
1								
2				A		B	C	
3	D							

(1) AB_2 분자의 루이스 전자점식을 그리시오.

(2) C와 D로 이루어진 안정한 화합물의 결합의 종류를 쓰고, 그 까닭을 설명하시오.

∞ 13. 분자의 구조와 분자의 극성 144쪽

17 다음은 H^+과 NH_3의 반응을 루이스 전자점식으로 나타낸 것이다.

H^+ + H:N̈:H (H 위, H 아래) ⟶ [H:N̈:H (H 위, H 아래)]$^+$

반응 전후 결합각 ∠HNH의 크기 변화를 전자쌍 반발 이론으로 설명하시오.

여운이 있는

카툰

상큼한 친구가 되고 싶다

IV 역동적인 화학 반응

이 단원에서는 가역 반응에서의 동적 평형 상태를 이해하고, pH 개념을 알아본다. 산 염기의 정의와 산 염기 중화 반응의 양적 관계를 이해하고, 산화수 변화에 따른 산화 환원 반응을 알아본다. 또, 화학 반응이 일어나는 과정에서 열의 출입을 이해하고, 열량계를 이용하여 열의 출입을 측정하는 방법을 알아본다.

14 동적 평형 상태

15 물의 자동 이온화와 pH

16 산 염기 반응

17 산화 환원 반응

18 화학 반응과 열의 출입

• 핵심 정리 IV 단원 마무리

• 실력 점검 IV 단원 평가 문제

14 동적 평형 상태

한눈에 정리하는 출제 경향

- 가역 반응에서 동적 평형 상태 파악하기
- 상평형과 용해 평형에서 동적 평형 상태 파악하기

핵심 개념

상평형, 용해 평형, 동적 평형 상태, 가역 반응, 비가역 반응

1 가역 반응

1 정반응과 역반응

① 정반응: 화학 반응식에서 오른쪽으로 진행되는 반응이며, ⟶ 로 나타낸다. (반응물이 생성물로 되는 반응)

$$aA + bB \longrightarrow cC + dD$$

② 역반응: 화학 반응식에서 왼쪽으로 진행되는 반응이며, ⟵ 로 나타낸다. (생성물이 반응물로 되는 반응)

$$aA + bB \longleftarrow cC + dD$$

2 가역 반응

① 가역 반응: 정반응과 역반응이 모두 일어날 수 있는 반응

② 가역 반응의 예

- 물의 증발과 응축: $H_2O(l) \rightleftharpoons H_2O(g)$ ❶
- 석회 동굴과 종유석, 석순 등의 생성: $CaCO_3(s) + CO_2(g) + H_2O(l) \rightleftharpoons Ca(HCO_3)_2(aq)$

  (탄산 칼슘이 주성분인 석회암이 이산화 탄소가 녹은 물에 녹아 석회 동굴이 생성되고, 탄산 칼슘이 녹은 탄산수소 칼슘 수용액에서 이산화 탄소와 물이 빠져나가면 종유석과 석순이 생성된다.)
- 염화 수소와 암모니아의 반응: $HCl(g) + NH_3(g) \rightleftharpoons NH_4Cl(s)$

③ 염화 코발트 종이의 색 변화 관찰하기

과정 및 결과 »

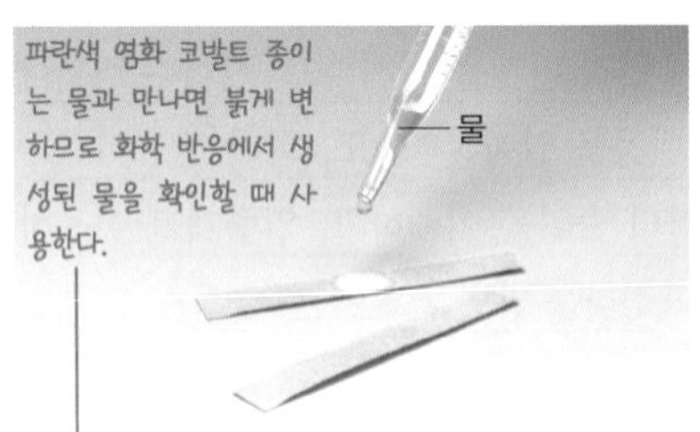

파란색 염화 코발트 종이는 물과 만나면 붉게 변하므로 화학 반응에서 생성된 물을 확인할 때 사용한다.
물

❶ 파란색 염화 코발트 종이에 물을 떨어뜨렸더니 파란색 염화 코발트 종이가 분홍색으로 변하였다.

$$\underset{\text{파란색}}{CoCl_2} + 6H_2O \longrightarrow \underset{\text{분홍색}}{CoCl_2 \cdot 6H_2O}$$

❷ 과정 ❶의 분홍색 염화 코발트 종이를 헤어드라이어로 가열하였더니 염화 코발트 종이가 다시 파란색으로 변하였다.

$$\underset{\text{분홍색}}{CoCl_2 \cdot 6H_2O} \longrightarrow \underset{\text{파란색}}{CoCl_2} + 6H_2O$$

정리 »

- 염화 코발트 종이의 색 변화는 반응 조건에 따라 정반응과 역반응이 모두 일어날 수 있는 가역 반응이다.

$$\underset{\text{파란색}}{CoCl_2} + 6H_2O \rightleftharpoons \underset{\text{분홍색}}{CoCl_2 \cdot 6H_2O}$$

파란색 염화 코발트($CoCl_2$)가 물과 결합하면 분홍색 염화 코발트 수화물($CoCl_2 \cdot 6H_2O$)이 되고, 염화 코발트 수화물에서 물이 떨어져 나가면 다시 파란색 염화 코발트가 된다.

3 비가역 반응

① 비가역 반응: 한 방향으로만 일어나는 반응

② 비가역 반응의 예

- 연소 반응: $CH_4(g) + 2O_2(g) \longrightarrow CO_2(g) + 2H_2O(l)$
- 산과 염기의 중화 반응: $HCl(aq) + NaOH(aq) \longrightarrow NaCl(aq) + H_2O(l)$
- 기체 발생 반응: $Mg(s) + 2HCl(aq) \longrightarrow MgCl_2(aq) + H_2(g)$

plus 개념

❶ 가역 반응

화학 반응식에서 정반응은 ⟶, 역반응은 ⟵로 나타내는데, 가역 반응은 정반응과 역반응이 모두 일어나는 것을 표현하기 위해 양방향 화살표(⇌)를 사용하여 나타낸다.

또 다른 탐구

과정 »

증발 접시에 파란색 $CuSO_4$ 오수화물 결정을 넣고 천천히 가열하다가 결정이 흰색으로 변하면 가열을 멈춘 다음, 흰색 결정에 물을 몇 방울 떨어뜨리고 색 변화를 관찰한다.

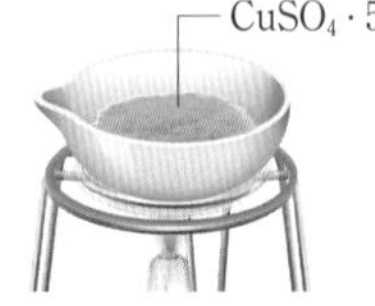

결과 및 정리 »

- 파란색 $CuSO_4$ 오수화물 결정을 가열하면 물이 떨어져 나가 흰색 $CuSO_4$ 결정으로 변하는 정반응이 일어난다.
- 흰색 $CuSO_4$ 결정에 물을 떨어뜨리면 파란색 $CuSO_4$ 오수화물이 생성되는 역반응이 일어난다.
- 이 반응은 조건에 따라 정반응과 역반응이 모두 일어날 수 있는 가역 반응이다.

$$\underset{\text{파란색}}{CuSO_4 \cdot 5H_2O(s)} \rightleftharpoons \underset{\text{흰색}}{CuSO_4(s)} + 5H_2O(l)$$

확인 문제 1

1 정반응은 화학식에서 (오른, 왼)쪽으로 진행되는 반응이다.

2 정반응과 역반응이 모두 일어날 수 있는 반응은 (   ) 반응이다.

3 한 방향으로만 일어나는 반응은 (   ) 반응이다.

2 동적 평형 상태 자료 분석 특강 170쪽 A, B

1 동적 평형 가역 반응에서 정반응과 역반응의 속도가 같아서 겉으로는 변화가 일어나지 않는 것처럼 보이는 상태[2]

2 상평형 액체의 증발 속도와 증기의 응축 속도가 같아서 겉으로는 변화가 일어나지 않고 서로 다른 상이 공존하는 상태 상평형은 고체와 기체, 고체와 액체 사이에서도 나타난다.

밀폐 용기에서 물의 증발 속도와 증기의 응축 속도 물이 증발하여 생성된 수증기 분자가 많아지면서 응축 속도가 점점 빨라지다가 증발 속도와 같아지면 동적 평형에 도달한다.

• 일정한 온도에서 밀폐된 용기 속에 물을 넣어 두면 물이 조금씩 줄어들다가 어느 순간 일정해진다.

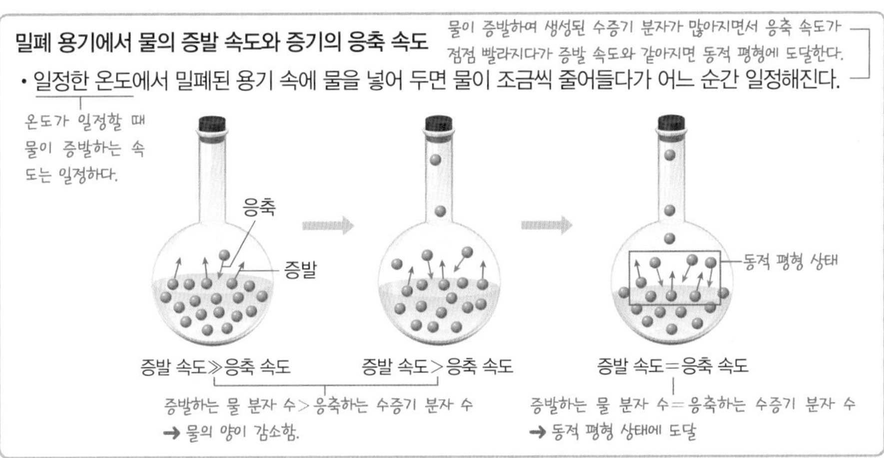
온도가 일정할 때 물이 증발하는 속도는 일정하다.
응축
증발
동적 평형 상태
증발 속도≫응축 속도
증발 속도>응축 속도
증발 속도=응축 속도
증발하는 물 분자 수>응축하는 수증기 분자 수
➜ 물의 양이 감소함.
증발하는 물 분자 수=응축하는 수증기 분자 수
➜ 동적 평형 상태에 도달

3 용해 평형 용질이 용해되는 속도와 석출되는 속도가 같아서 겉으로는 용해가 일어나지 않는 것처럼 보이는 상태

설탕을 물에 계속 넣을 때의 용해 속도와 석출 속도 용액 속 용질의 양이 많아지면 석출 속도가 점점 빨라지고, 용해 속도와 같아지면 동적 평형에 도달한다.

• 일정한 온도에서 일정량의 물에 설탕을 계속 넣으면 어느 순간부터 설탕이 녹지 않고 가라앉는다.

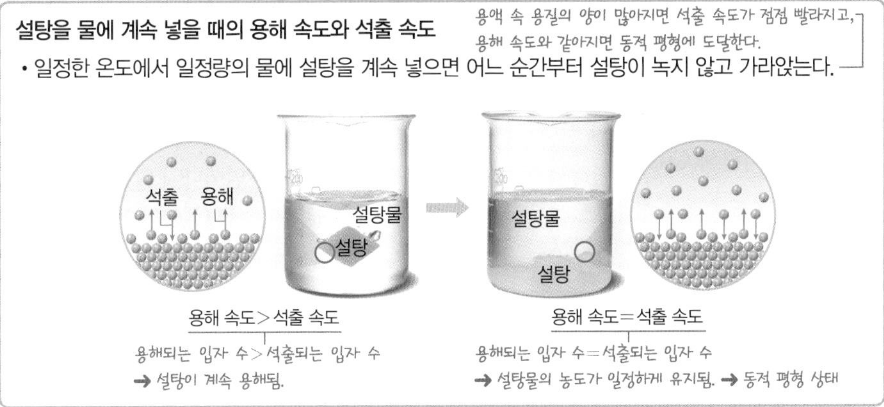
석출
용해
설탕물
설탕
설탕물
설탕
용해 속도>석출 속도
용해되는 입자 수>석출되는 입자 수
➜ 설탕이 계속 용해됨.
용해 속도=석출 속도
용해되는 입자 수=석출되는 입자 수
➜ 설탕물의 농도가 일정하게 유지됨. ➜ 동적 평형 상태

4 화학 평형 가역적인 화학 반응에서 반응물과 생성물의 농도가 일정하게 유지되는 상태

① 밀폐 용기에서 진행되는 가역 반응은 충분한 시간이 지나면 동적 평형에 도달한다.

② 가역적인 화학 반응에서 동적 평형에 도달하면 반응물, 생성물의 양이 일정하게 유지된다. 정반응이 일어나는 속도와 역반응이 일어나는 속도가 같으므로 양이 일정하게 유지된다.

예 사산화 이질소의 생성과 분해: 밀폐 용기에 적갈색을 띠는 이산화 질소(NO_2)를 넣으면 NO_2가 무색의 사산화 이질소(N_2O_4)로 되는 반응과 N_2O_4가 분해되어 NO_2로 되는 반응이 가역적으로 일어나 동적 평형에 도달한다 → $2NO_2(g) \rightleftharpoons N_2O_4(g)$[3]

확인 문제 2

4 밀폐 용기에 물을 넣고 동적 평형에 도달했을 때 증발 속도 (>, =, <) 응축 속도이다.

5 용해 평형에서 물에 녹아 들어가는 용질 입자는 없다. (○, ×)

6 가역적인 화학 반응에서 동적 평형에 도달했을 때 용기에는 반응물과 생성물이 함께 존재한다. (○, ×)

plus 개념

② 가역 반응과 동적 평형

• 가역 반응에서는 항상 정반응과 역반응이 동시에 진행되므로 반응물과 생성물이 함께 존재한다.

• 반응 조건이 일정하게 유지되면 정반응과 역반응이 일어나는 속도가 같아져서 반응물과 생성물의 농도가 변하지 않는 동적 평형 상태를 이루게 된다.

오해하지마!

Q. 동적 평형에서는 반응물과 생성물이 같은 양으로 존재할까?

A. 동적 평형은 정반응 속도와 역반응 속도가 같아 반응물과 생성물의 양이 일정하게 유지되는 것이지 반응물과 생성물의 양이 같은 것은 아니다.

③ 사산화 이질소의 생성 반응과 분해 반응의 동적 평형

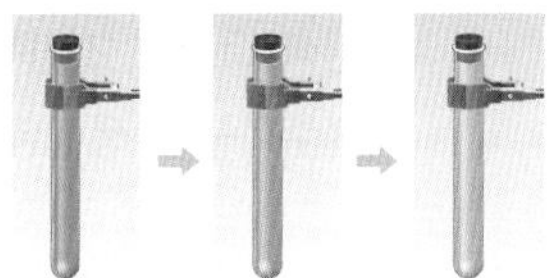

시험관에 NO_2 기체를 넣으면 처음에는 적갈색의 NO_2가 무색의 N_2O_4로 되는 정반응 속도가 N_2O_4가 NO_2로 되는 역반응 속도보다 빠르므로 적갈색이 옅어지지만 동적 평형에 도달하면 적갈색이 진해지거나 옅어지지 않고 일정하게 유지된다.

용어 돋보기

• **수화물**(물 水, 될 和, 만물 物): 물 분자를 포함하고 있는 화합물이다.

• **증발**(찔 蒸, 필 發): 액체 표면의 입자들이 기체 상태로 되는 현상이다.

• **응축**(엉길 凝, 줄일 縮): 기체가 액체로 바뀌는 현상이다.

개념을 다지는 기본 문제

1 가역 반응

01 가역 반응에 대한 설명으로 옳은 것만을 〈보기〉에서 있는 대로 고른 것은?

보기
ㄱ. 동적 평형에 도달할 수 있다.
ㄴ. 충분한 시간이 지나면 반응이 멈춘다.
ㄷ. 정반응과 역반응이 모두 일어날 수 있다.

① ㄱ ② ㄴ ③ ㄱ, ㄷ
④ ㄴ, ㄷ ⑤ ㄱ, ㄴ, ㄷ

02 가역 반응에 해당하는 것을 모두 고르면?(정답 2개)

① 메테인을 연소시킨다.
② 석회암 지대에서 석회 동굴이 생성된다.
③ 염산에 수산화 나트륨 수용액을 넣어 중화시킨다.
④ 묽은 염산에 마그네슘 조각을 넣으면 수소 기체가 발생한다.
⑤ 흰색 $CuSO_4$ 결정에 물을 떨어뜨리면 파란색 $CuSO_4$ 오수화물이 생성된다.

서술형

03 그림과 같이 파란색 염화 코발트($CoCl_2$) 종이에 물을 떨어뜨렸더니 파란색 염화 코발트 종이가 분홍색으로 변하였다.

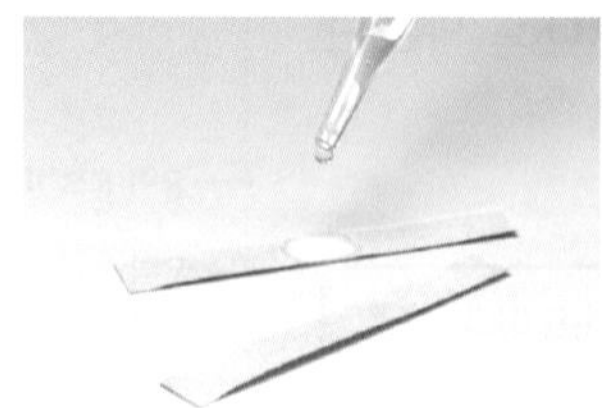

분홍색으로 변한 부분을 드라이어로 가열할 때 나타나는 결과를 쓰고, 그 까닭을 설명하시오.

2 동적 평형 상태

04 동적 평형에 대한 설명으로 옳은 것은?

① 반응이 멈춘 상태이다.
② 정반응의 속도는 0이다.
③ 반응 용기에는 생성물만 들어 있다.
④ 정반응과 역반응이 같은 속도로 일어난다.
⑤ 반응물의 양과 생성물의 양이 같다.

중요

05 오른쪽 그림은 용기에 물 100 g을 넣고 밀폐한 다음, 충분한 시간이 지난 후 수면의 높이가 일정하게 유지되는 상태를 나타낸 것이다. 이에 대한 설명으로 옳은 것만을 〈보기〉에서 있는 대로 고른 것은?

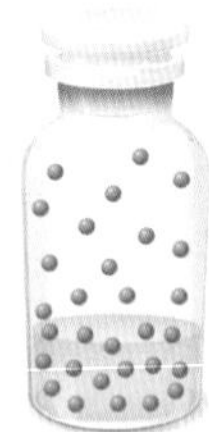

보기
ㄱ. $H_2O(l)$의 질량은 100 g보다 작다.
ㄴ. 물의 증발은 더 이상 일어나지 않는다.
ㄷ. 시간이 지나면 용기 속 $H_2O(g)$의 양은 증가한다.

① ㄱ ② ㄷ ③ ㄱ, ㄴ
④ ㄴ, ㄷ ⑤ ㄱ, ㄴ, ㄷ

서술형

06 밀폐된 용기에 암모니아(NH_3) 기체를 넣어 두었더니 $2NH_3(g) \rightleftharpoons 3H_2(g) + N_2(g)$ 반응이 일어나 시간이 충분히 흐른 후 동적 평형에 도달하였다. 이 상태에서 용기 안에 들어 있는 기체의 화학식을 모두 쓰고, 그 까닭을 설명하시오.

07 그림은 일정한 온도에서 밀폐 용기에 일정량의 물을 넣은 다음, 용기 내에서 일어나는 증발과 응축을 시간 순서 없이 모형으로 나타낸 것이다.

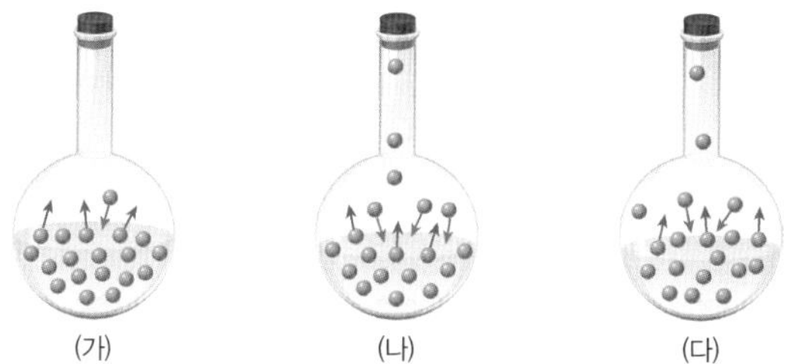

이에 대한 설명으로 옳은 것만을 〈보기〉에서 있는 대로 고른 것은?

보기
ㄱ. 증발 속도는 (가)>(나)이다.
ㄴ. 용기 속 $H_2O(l)$의 양은 (나)<(다)이다.
ㄷ. (다)는 동적 평형 상태이다.

① ㄱ ② ㄴ ③ ㄱ, ㄷ
④ ㄴ, ㄷ ⑤ ㄱ, ㄴ, ㄷ

중요

08 다음은 3가지 반응의 화학 반응식이다.

(가) $HCl(aq) + NaOH(aq) \longrightarrow H_2O(l) + NaCl(aq)$
(나) $CH_4(g) + 2O_2(g) \longrightarrow CO_2(g) + 2H_2O(l)$
(다) $N_2(g) + 3H_2(g) \rightleftarrows 2NH_3(g)$

반응 (가)~(다)에 대한 설명으로 옳은 것만을 〈보기〉에서 있는 대로 고른 것은?

보기
ㄱ. (가)는 조건에 따라 역반응이 일어날 수 있다.
ㄴ. (나)는 비가역 반응이다.
ㄷ. (다)는 동적 평형에 도달할 수 있다.

① ㄱ ② ㄷ ③ ㄱ, ㄴ
④ ㄴ, ㄷ ⑤ ㄱ, ㄴ, ㄷ

09 오른쪽 그림은 일정량의 물에 설탕을 넣어 용해시켰을 때 넣은 설탕 중 일부가 녹지 않고 바닥에 가라앉은 모습을 나타낸 것이다. 이 상태에 대한 설명으로 옳은 것만을 〈보기〉에서 있는 대로 고른 것은?

보기
ㄱ. 설탕물의 농도는 일정하다.
ㄴ. 설탕의 용해 속도는 0이다.
ㄷ. 물에 녹은 설탕 입자 중 석출되는 설탕 입자 수는 0이다.

① ㄱ ② ㄷ ③ ㄱ, ㄴ
④ ㄴ, ㄷ ⑤ ㄱ, ㄴ, ㄷ

중요

10 일정한 온도의 밀폐 용기 속에서 적갈색의 이산화 질소(NO_2)와 무색의 사산화 이질소(N_2O_4)는 다음과 같은 반응으로 평형에 도달한다.

$$2NO_2(g) \rightleftarrows N_2O_4(g)$$

그림과 같이 시험관에 NO_2 기체를 넣고 밀폐시킨 다음 놓아 두었더니 (다) 이후 적갈색이 더 이상 옅어지지 않았다.

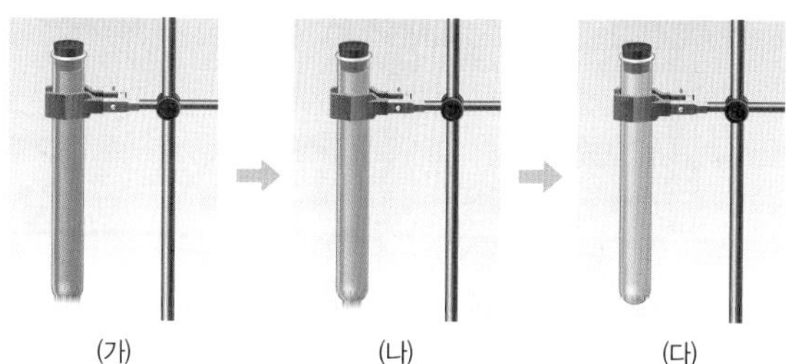

이에 대한 설명으로 옳은 것만을 〈보기〉에서 있는 대로 고른 것은?

보기
ㄱ. 정반응 속도는 (가)>(나)이다.
ㄴ. 역반응 속도는 (나)<(다)이다.
ㄷ. (다)에서 NO_2의 몰 농도는 일정하다.

① ㄱ ② ㄷ ③ ㄱ, ㄴ
④ ㄴ, ㄷ ⑤ ㄱ, ㄴ, ㄷ

A 상평형

그림은 일정한 온도에서 물 100 g을 밀폐 용기에 넣고 수은 기둥의 높이 차를 시간에 따라 나타낸 것이다.

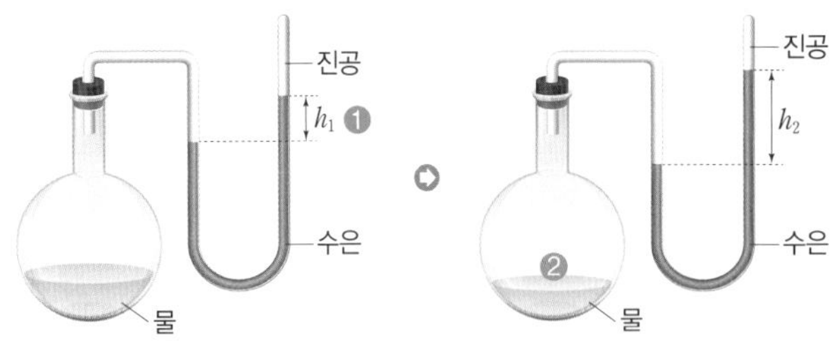

① 시간에 따른 증발 속도와 응축 속도 비교

- 온도가 일정하면 물의 증발 속도는 일정하며, 시간이 지날수록 증발한 수증기 분자 수가 많아져 응축 속도가 빨라진다.
- 시간이 지나면 증발 속도와 응축 속도가 같아지는 동적 평형에 도달한다.

속도 | 증발 속도 | 동적 평형 | 응축 속도 | 0 | 시간

② 동적 평형에 도달하기 전후의 물의 양과 수은 기둥의 높이 비교

- 처음에는 물의 증발 속도가 수증기의 응축 속도보다 커서 물의 질량이 점점 감소하며, 동적 평형에 도달하면 용기 속 물과 수증기 분자 수는 일정하게 유지된다.
- 동적 평형에서 물의 질량은 처음 넣은 100 g보다 작다.
- 수증기 분자에 의해 압력이 나타나므로 수은 기둥의 높이 h는 점점 증가하다가 동적 평형에 도달하면 일정해진다.

❶ 물을 넣은 시점부터 수은 기둥의 높이 h는 점점 증가하다가 상평형에 도달하면 일정하게 유지된다.

❷ 수면의 높이가 일정한 동적 평형 상태에서 증발 속도=응축 속도이다. → 물 분자 수와 수증기 분자 수가 일정하게 유지된다.

실력을 올리는 실전 문제 찾아가기

- 꼭지로 분리된 용기에서 상태 변화가 일어나는 상황이 제시되는 문제_02
- 물의 증발에서 용기 속 수증기의 압력이 제시되는 문제_03
- 동적 평형에 도달할 때까지 분자 모형이 제시되는 문제_04

B 화학 평형

그림은 적갈색을 띠는 NO_2 기체를 밀폐 용기에 넣은 다음 상온에 충분한 시간 동안 두었을 때 시간에 따른 색 변화를 나타낸 것이다.

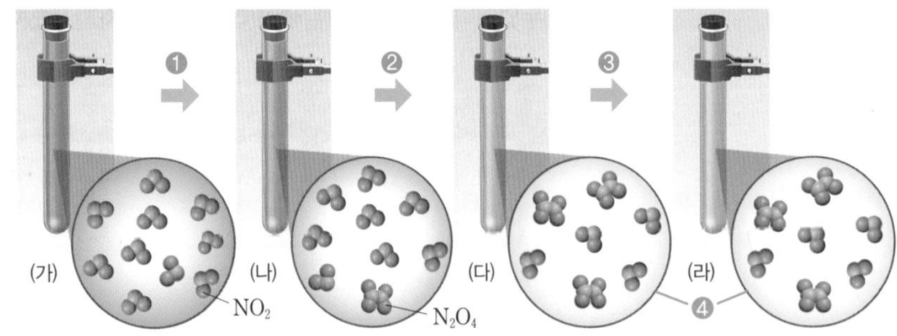

① 시험관 안에서 일어나는 변화: 적갈색의 NO_2 2분자가 반응하여 무색의 N_2O_4를 생성하는 반응과 무색의 N_2O_4가 적갈색의 NO_2로 분해되는 반응이 가역적으로 일어난다.

→ $2NO_2(g) \rightleftharpoons N_2O_4(g)$

② 정반응과 역반응의 속도 비교하기 ❺

- (가) → (나) → (다): NO_2가 N_2O_4로 되는 정반응의 속도가 N_2O_4가 NO_2로 되는 역반응의 속도보다 빠르다. → $NO_2(g)$의 농도 감소 → 적갈색이 옅어진다.
- (다) → (라): NO_2가 N_2O_4를 생성하는 정반응 속도와 N_2O_4가 NO_2를 생성하는 역반응 속도가 같다. → 동적 평형에 도달하였다. → NO_2와 N_2O_4 분자 수가 일정하게 유지된다. → 색이 변하지 않는다.

❶, ❷ 정반응 속도>역반응 속도 → 적갈색이 점점 옅어진다.

❸ 정반응 속도=역반응 속도 → 적갈색이 더 이상 옅어지지 않는다. → 동적 평형

❹ 동적 평형에서는 NO_2와 N_2O_4의 분자 수가 같은 것이 아니라 그 수가 변하지 않고 일정하게 유지되는 상태이다.

❺ 시간에 따른 $[NO_2]$, $[N_2O_4]$ 변화

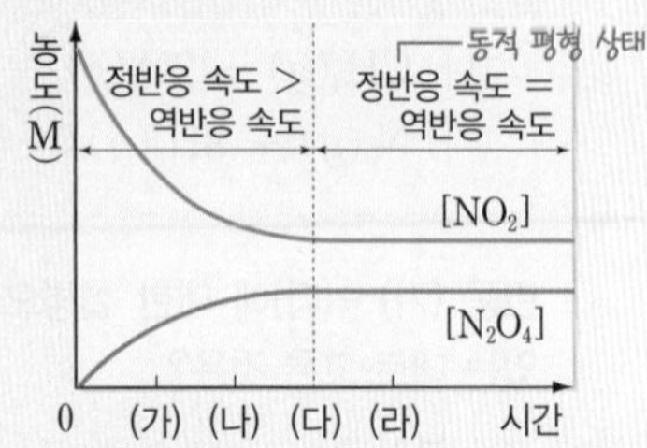

실력을 올리는 실전 문제 찾아가기

- 반응물을 넣고 반응시켰을 때 시간에 따라 농도 그래프가 제시되는 문제_11

실력을 올리는 실전 문제

바른답 · 알찬풀이 63쪽

01 다음은 가역 반응에 대한 학생들의 대화이다.

정반응만 일어날 수 있는 반응이야.
조건에 따라 역반응이 일어날 수 있어.
동적 평형에 도달할 수 있지.
학생 A
학생 B
학생 C

제시한 의견이 옳은 학생만을 있는 대로 고른 것은?

① A　② B　③ A, C　④ B, C　⑤ A, B, C

02 다음은 아이오딘(I_2)의 상태 변화를 반응식으로 나타낸 것이다.

$$I_2(s) \rightleftarrows I_2(g)$$

그림은 동위 원소 ^{127}I과 ^{131}I으로 이루어진 I_2이 각각 용기 (가)와 용기 (나)에 들어 있는 것을 나타낸 것이다.

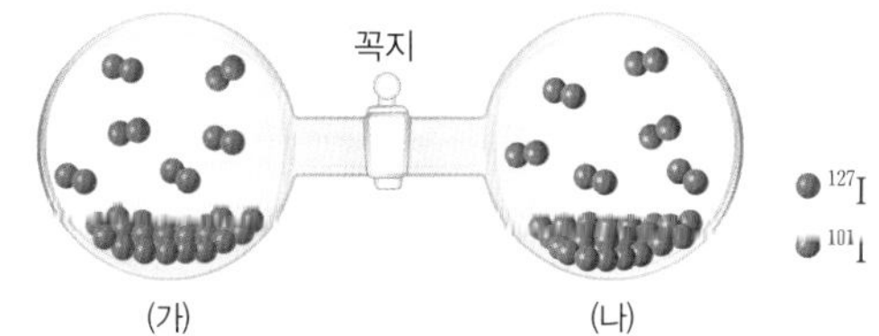

꼭지를 열고 충분한 시간이 지난 후, 이에 대한 설명으로 옳은 것만을 〈보기〉에서 있는 대로 고른 것은?

보기

ㄱ. $^{127}I_2(s)$는 용기 (가)에만 존재한다.
ㄴ. $^{131}I_2(g)$는 용기 (나)에만 존재한다.
ㄷ. $^{131}I_2(s)$는 용기 (가)와 (나)에 모두 존재한다.

① ㄱ　② ㄷ　③ ㄱ, ㄴ　④ ㄴ, ㄷ　⑤ ㄱ, ㄴ, ㄷ

➲ 수능기출 변형

03 그림 (가)는 진공인 용기에 물을 넣을 때 수은 기둥의 높이 변화를, (나)는 일정한 온도에서 (가)의 장치에 물 50 g을 넣고 수은 기둥의 높이 차(h)를 시간에 따라 나타낸 것이다.

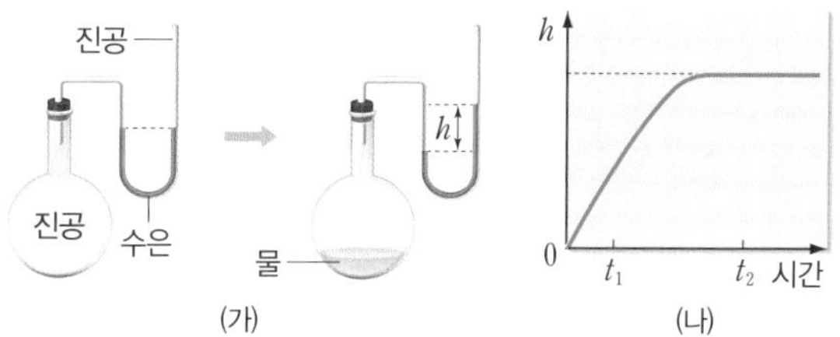

이에 대한 설명으로 옳은 것만을 〈보기〉에서 있는 대로 고른 것은?

보기

ㄱ. t_1에서 증발 속도는 응축 속도보다 빠르다.
ㄴ. 응축 속도는 t_2에서가 t_1에서보다 빠르다.
ㄷ. t_2에서 증발하는 물 분자 수는 0이다.

① ㄱ　② ㄷ　③ ㄱ, ㄴ　④ ㄴ, ㄷ　⑤ ㄱ, ㄴ, ㄷ

04 그림은 밀폐된 용기에 일정량의 물을 넣었을 때 용기에서 일어나는 변화를 모형으로 나타낸 것이다.

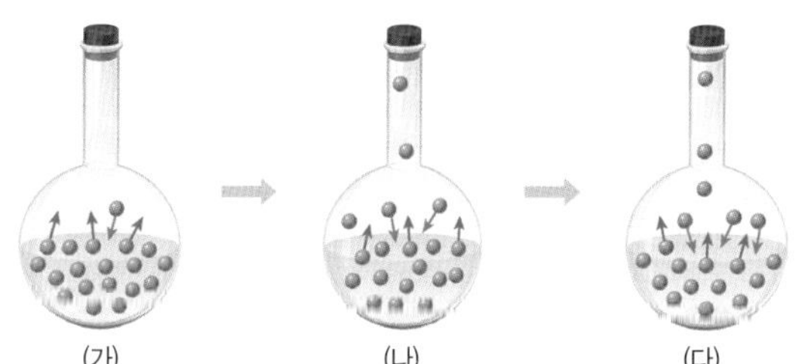

이에 대한 설명으로 옳은 것만을 〈보기〉에서 있는 대로 고른 것은?(단, 온도는 일정하다.)

보기

ㄱ. $H_2O(l)$의 질량은 (가) > (나)이다.
ㄴ. 수증기의 응축 속도는 (나) < (다)이다.
ㄷ. (다) 이후 용기 속 $H_2O(g)$의 수는 증가한다.

① ㄱ　② ㄷ　③ ㄱ, ㄴ　④ ㄴ, ㄷ　⑤ ㄱ, ㄴ, ㄷ

05 25 °C의 물 100 g에 염화 나트륨(NaCl)을 각각 10 g, 40 g을 넣어 녹였더니 (나)에서 염화 나트륨 3 g이 녹지 않고 가라앉았다.

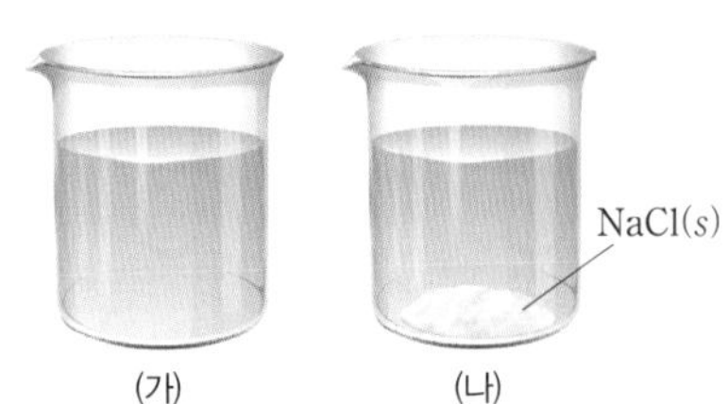

이에 대한 설명으로 옳은 것만을 〈보기〉에서 있는 대로 고른 것은?

보기

ㄱ. (나)에서 용해 속도는 석출 속도보다 빠르다.
ㄴ. 25 °C에서 염화 나트륨의 용해도는 40(g/물 100 g)보다 작다.
ㄷ. 용액의 몰 농도는 (나)에서가 (가)에서보다 크다.

① ㄱ ② ㄷ ③ ㄱ, ㄴ
④ ㄴ, ㄷ ⑤ ㄱ, ㄴ, ㄷ

➲ 수능기출 변형

06 다음은 학생 A가 어떤 가설을 세운 후 수행한 실험이다.

[실험 과정]
(가) ^{35}Cl가 포함된 염화 나트륨(NaCl)을 물에 녹여 용해 평형에 도달시킨다.
(나) 과정 (가)의 용액에 ^{37}Cl가 포함된 염화 나트륨을 넣고 잘 흔들어 준 다음 충분한 시간 동안 놓아둔다.
(다) 과정 (나)의 용액에서 Cl^-의 질량수를 측정한다.

[실험 결과]
• 용액에서 질량수가 35, 37인 Cl^-이 검출되었다.

학생 A가 세운 가설로 가장 적절한 것은?(단, Na의 질량수는 23이다.)

① 화학식량이 60인 NaCl이 존재한다.
② NaCl의 용해 속도는 시간에 따라 다르다.
③ 용해 평형에서 용해와 석출은 계속 일어난다.
④ 화학식량이 58과 60인 NaCl의 화학적 성질은 다르다.
⑤ 화학식량이 58인 NaCl의 용해 속도는 화학식량이 60인 NaCl보다 작다.

➲ 수능모의평가기출 변형

07 다음은 브로민(Br_2)의 상평형에 대한 실험이다.

[화학 반응식]

$$Br_2(l) \rightleftharpoons Br_2(g)$$

[실험 과정]
(가) 칸막이로 분리된 진공 강철 용기의 왼쪽에 $Br_2(l)$을 넣고, 충분한 시간 방치한 후 용기 내부를 관찰한다.

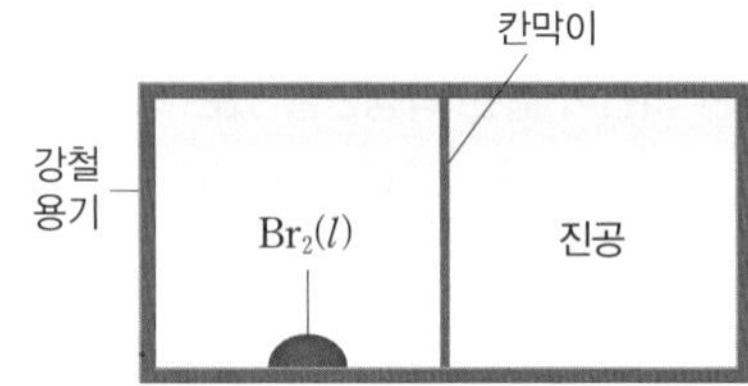

(나) 칸막이를 제거하고 충분한 시간 방치한 후 용기 내부를 관찰한다.

[실험 결과]
• 과정 (가) 이후 Br_2은 액체와 (㉠) 상태로 존재한다.
• 과정 (나) 이후 Br_2은 2가지 상태로 존재한다.

이에 대한 설명으로 옳은 것만을 〈보기〉에서 있는 대로 고른 것은?(단, 온도는 일정하다.)

보기

ㄱ. ㉠은 기체이다.
ㄴ. 증발 속도는 (나)에서가 (가)에서보다 빠르다.
ㄷ. (나)에서 증발 속도는 응축 속도보다 빠르다.

① ㄱ ② ㄷ ③ ㄱ, ㄴ
④ ㄴ, ㄷ ⑤ ㄱ, ㄴ, ㄷ

08 다음은 이산화 질소(NO_2)가 반응하여 사산화 이질소(N_2O_4)를 생성하는 반응의 화학 반응식이다. 일정한 온도에서 강철 용기에 일정량의 $NO_2(g)$를 넣고 반응시켰을 때 시간 t에서 반응이 동적 평형에 도달하였다.

$$2NO_2(g) \rightleftharpoons N_2O_4(g)$$

이에 대한 설명으로 옳은 것만을 〈보기〉에서 있는 대로 고른 것은?

보기

ㄱ. 시간 t에서 반응이 정지된다.
ㄴ. 시간 t에 도달하기 전까지는 정반응 속도가 역반응 속도보다 빠르다.
ㄷ. 시간 t에서 NO_2와 N_2O_4의 농도는 같다.

① ㄴ ② ㄷ ③ ㄱ, ㄴ
④ ㄱ, ㄷ ⑤ ㄱ, ㄴ, ㄷ

09 그림은 일정한 온도에서 강철 용기에 $X_2(g)$와 $Y_2(g)$를 넣고 반응시켰을 때 동적 평형에 도달한 상태를 모형으로 나타낸 것이다.

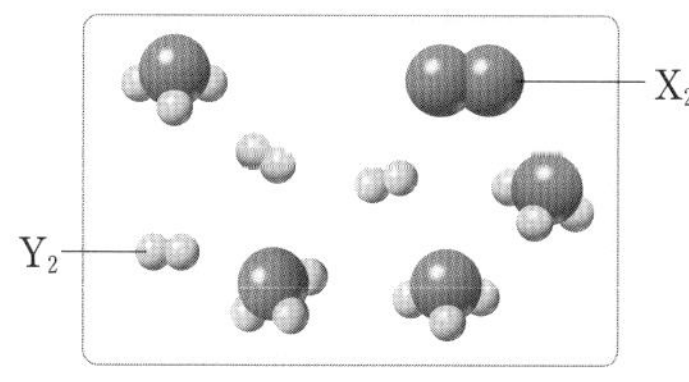

용기 내부에서 일어나는 반응의 화학 반응식으로 옳은 것은?(단, X와 Y는 임의의 원소 기호이다.)

① $X_2(g) + Y_2(g) \longrightarrow XY(g)$
② $X_2(g) + Y_2(g) \rightleftharpoons 2XY(g)$
③ $X_2(g) + 3Y_2(g) \longrightarrow 2XY_3(g)$
④ $2X_2(g) + Y_2(g) \rightleftharpoons 2X_2Y(g)$
⑤ $X_2(g) + 3Y_2(g) \rightleftharpoons 2XY_3(g)$

1등급을 굳히는 고난도 문제

수능기출 변형

10 다음은 이산화 질소(NO_2) 기체로부터 사산화 이질소(N_2O_4) 기체가 생성되는 반응의 화학 반응식이다.

$$2NO_2(g) \rightleftharpoons N_2O_4(g)$$

그림은 1 L의 강철 용기에 들어 있는 반응 전 기체의 상태 (가)와 (나)를 모형으로 각각 나타낸 것이다. ●과 ●은 각각 1몰의 NO_2와 N_2O_4이다. (가)와 (나)는 각각 평형 Ⅰ과 평형 Ⅱ에 도달하였다.

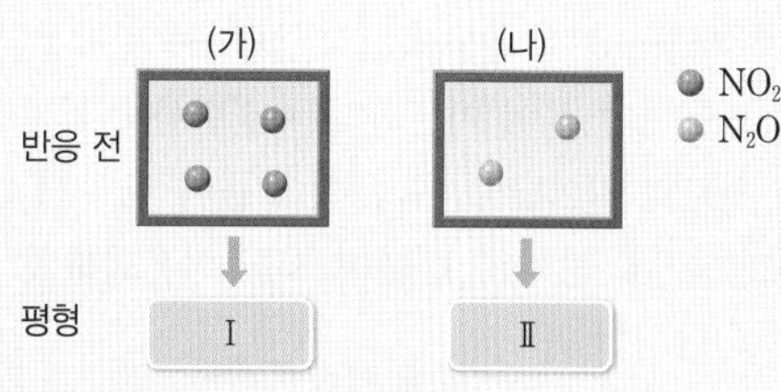

이에 대한 설명으로 옳은 것만을 〈보기〉에서 있는 대로 고른 것은?(단, 온도는 일정하다.)

보기

ㄱ. Ⅰ에서 용기 속 기체 분자 수는 (가)보다 작다.
ㄴ. Ⅱ에서 용기 속 기체 분자 수는 (나)보다 크다.
ㄷ. NO_2의 농도는 평형 Ⅰ과 Ⅱ에서 같다.

① ㄴ ② ㄷ ③ ㄱ, ㄴ
④ ㄱ, ㄷ ⑤ ㄱ, ㄴ, ㄷ

11 다음은 기체 X와 기체 Y가 반응하여 기체 Z를 생성하는 반응의 화학 반응식이다.

$$X(g) + 3Y(g) \rightleftharpoons 2Z(g)$$

오른쪽 그림은 일정한 온도에서 1 L의 강철 용기에 기체 X와 Y를 각각 1몰씩 넣고 반응시켰을 때 시간에 따른 Z의 몰 농도를 나타낸 것이다. 시간 t에서 $\frac{[X]}{[Y]}$는?(단, 온도는 일정하다.)

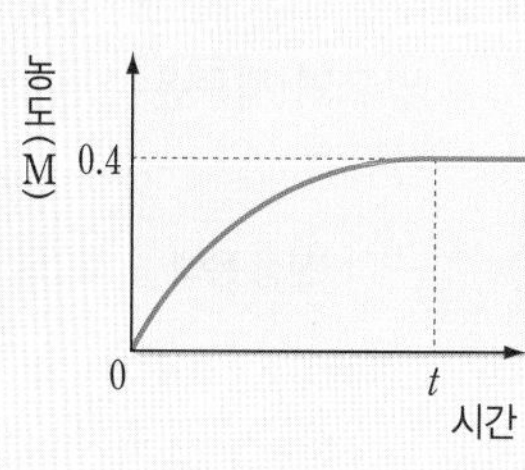

① $\frac{1}{3}$ ② $\frac{2}{3}$ ③ 1
④ $\frac{3}{2}$ ⑤ 2

15 물의 자동 이온화와 pH

1 물의 자동 이온화 자료 분석 특강 178쪽 A

1 물의 자동 이온화 순수한 물에서 매우 적은 양의 물 분자들끼리 수소 이온(H^+)을 주고받아 이온화하는 반응❶

어느 한 분자가 H^+을 내놓아 OH^-이 되고, H^+을 받은 물 분자는 H_3O^+이 된다.

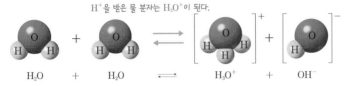

$$H_2O + H_2O \rightleftharpoons H_3O^+ + OH^-$$

① **물의 자동 이온화 반응과 동적 평형:** 물의 자동 이온화 반응은 가역 반응이므로 동적 평형에 도달하면 물이 이온화하는 정반응과 H_3O^+과 OH^-이 다시 물로 되는 역반응이 같은 속도로 일어난다. ➜ 물속에 들어 있는 H_3O^+과 OH^-의 몰 농도는 일정하다.❷

② **물의 이온화 상수(K_w):** 물이 자동 이온화하여 동적 평형을 이루었을 때 물속의 $[H_3O^+]$와 $[OH^-]$의 곱 ([ ]는 몰 농도를 의미한다.)

- 순수한 물이 25 ℃에서 자동 이온화하여 동적 평형에 도달했을 때 $[H_3O^+]$와 $[OH^-]$는 1.0×10^{-7} M로 같다.
- K_w는 온도가 일정할 때 항상 같은 값을 나타내며, 25 ℃에서 물의 이온화 상수는 1.0×10^{-14}로 일정하다.

$$[H_3O^+][OH^-] = K_w = 1.0 \times 10^{-14} (25\ ℃)$$

2 수용액의 액성

① $[H_3O^+]$와 $[OH^-]$에 따른 수용액의 액성(25 ℃)❸

농도(M)	1.0×10^{-14} ~ 1.0×10^{-7} ~ 1.0×10^{0}	
산성 용액	$[H_3O^+]$ / $[OH^-]$	$[H_3O^+]>[OH^-]$
중성 용액	$[H_3O^+]$ / $[OH^-]$	$[H_3O^+]=[OH^-]$
염기성 용액	$[H_3O^+]$ / $[OH^-]$	$[H_3O^+]<[OH^-]$

② **수소 이온 농도와 수용액의 액성:** 이온화 평형을 이루고 있는 중성 용액에 산이나 염기를 넣으면 새로운 이온화 평형에 도달하여 수용액의 액성이 변한다.

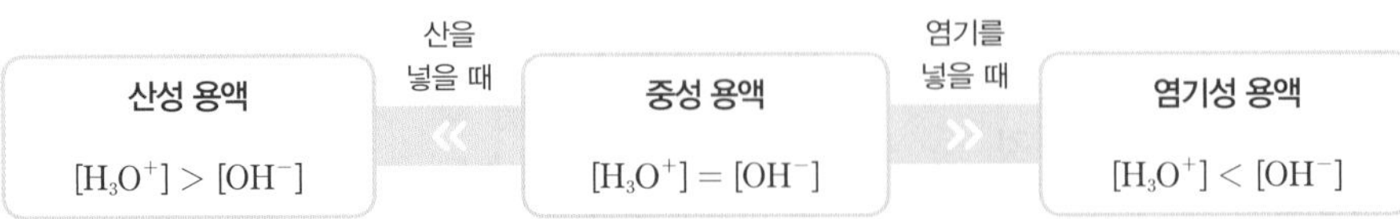

확인 문제 1

1 물 분자들끼리 H^+을 서로 주고받아 이온화하는 반응을 (   )(이)라고 한다.

2 물의 자동 이온화 반응이 동적 평형에 도달했을 때 물속 $[H_3O^+]$와 $[OH^-]$의 곱을 (   )(이)라고 한다.

3 25 ℃에서 물의 이온화 상수(K_w)는 (   )이다.

한눈에 정리하는 출제 경향

- 물의 자동 이온화 개념 적용하기
- 수용액의 입자 모형과 pH의 관계 해석하기

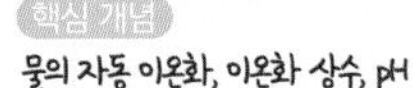

물의 자동 이온화, 이온화 상수, pH

plus 개념

❶ **물의 자동 이온화**
순수한 물에서 매우 적은 양의 물 분자가 이온화하므로 물속에 들어 있는 이온의 양은 매우 적어 정밀한 장치로 측정해도 전류의 세기는 매우 작다.

❷ **물의 자동 이온화 반응에서 이온의 몰 농도**
물의 자동 이온화 반응에서 물 분자가 H^+을 내주고 OH^-이 1개 생성될 때 H^+을 받아 생성된 H_3O^+의 수도 1개이다. 따라서 순수한 물에서 H_3O^+과 OH^-의 몰 농도는 같다.

❸ **$[H_3O^+]$와 $[OH^-]$의 관계**
온도가 일정할 때 물의 이온화 상수는 일정하므로 $[H_3O^+]$와 $[OH^-]$는 반비례 관계이다. 따라서 산을 넣어 $[H_3O^+]$가 증가하면 $[OH^-]$가 감소하므로 $[H_3O^+]>[OH^-]$가 되어 산성 용액이 되고, 염기를 넣어 $[OH^-]$가 증가하면 $[H_3O^+]$가 감소하므로 $[H_3O^+]<[OH^-]$이 되어 염기성 용액이 된다.

Q. 수소 이온(H^+)과 하이드로늄 이온(H_3O^+)은 뭐가 다를까?

A. 전자가 없는 수소의 원자핵(양성자)인 H^+은 반응성이 너무 커서 홀로 존재할 수 없기 때문에 H^+은 물 분자의 산소로부터 전자쌍을 제공받아 공유 결합(배위 결합)을 형성하여 더 안정한 하이드로늄 이온(H_3O^+)의 형태로 존재한다. 편의상 H_3O^+을 H^+로 쓰기도 한다.

바른답 • 알찬풀이 65쪽

2 수소 이온 농도와 pH 자료 분석 특강 178쪽 B

1 수소 이온 농도 지수(pH) 수용액에서 수소 이온 농도를 나타낼 때, 수소 이온 농도의 역수의 상용로그 값으로 나타내며, pH라는 기호를 사용한다.

$$pH = \log \frac{1}{[H_3O^+]} = -\log [H_3O^+]$$

① pH와 수소 이온 농도

• $[H_3O^+]$가 클수록 pH가 작아진다. ─ pH가 작을수록 산성이 강해진다.

• pH가 1만큼 작아지면 $[H_3O^+]$는 10배 커진다.

② pH와 pOH의 관계: 25 °C에서 $K_w = [H_3O^+][OH^-] = 1.0 \times 10^{-14}$이므로 다음과 같은 관계가 성립한다.

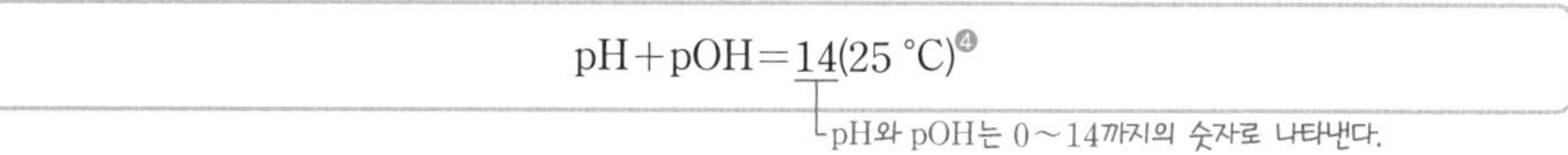

$$pH + pOH = 14 (25\ °C)$$ ❹

└ pH와 pOH는 0~14까지의 숫자로 나타낸다.

2 수용액의 액성과 pH, pOH(25 °C)

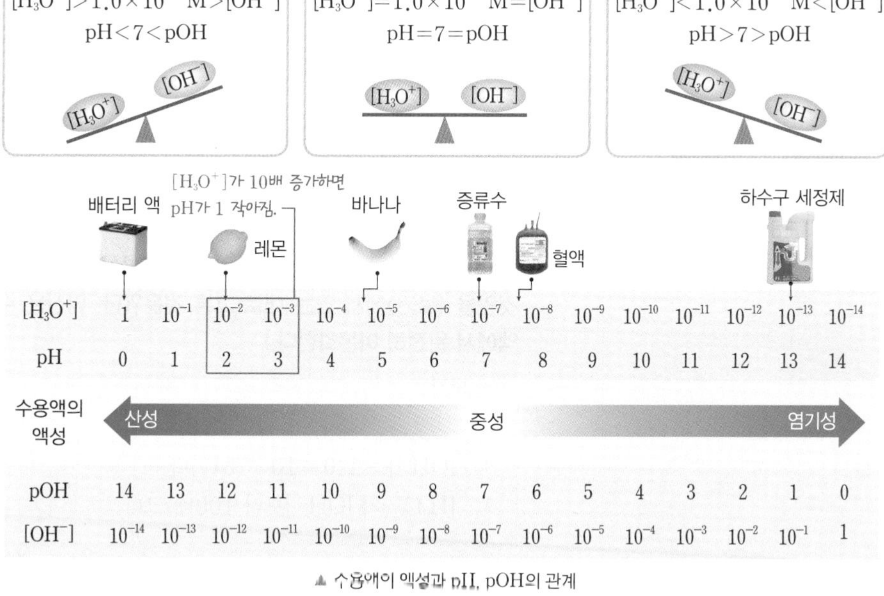

▲ 수용액의 액성과 pH, pOH의 관계

3 pH의 측정 pH 미터나 pH 시험지를 이용한다.

① pH 미터: $[H_3O^+]$에 따른 전기 전도도 차이를 이용한 것으로, 정확한 pH를 측정할 수 있다.

② pH 시험지: 만능 지시약을 종이에 적셔 만든 것으로, 대략적인 pH를 알 수 있다.

확인 문제 2

4 수용액의 수소 이온 농도의 역수의 상용로그 값을 (   )(이)라고 한다.

5 25 °C에서 중성 용액의 pH는 7이다. (○, ×)

6 산성 용액의 pH는 7보다 크고, 염기성 용액의 pH는 7보다 작다. (○, ×)

7 0.1 M HCl(aq)의 pH는 (   )이다.

plus 개념

❹ pOH

pH와 마찬가지로 pOH는 수산화 이온 농도의 역수의 상용로그 값이다.

$$pOH = -\log[OH^-]$$

산성비

대기가 오염되지 않은 지역에서 내리는 빗물의 pH는 5.6이다. 따라서 pH가 5.6 미만인 비를 산성비라고 한다. 산성비는 대기 중의 질소 산화물이나 황산화물이 빗물에 녹아 질산이나 황산을 생성하여 빗물의 pH가 낮아져 생성된다.

소화 기관의 pH

소화가 잘 일어나려면 효소의 도움을 받아야 하는데, 소화 기관의 pH는 각 소화 효소가 잘 작용할 수 있는 조건에 따라 다른 값을 갖는다.

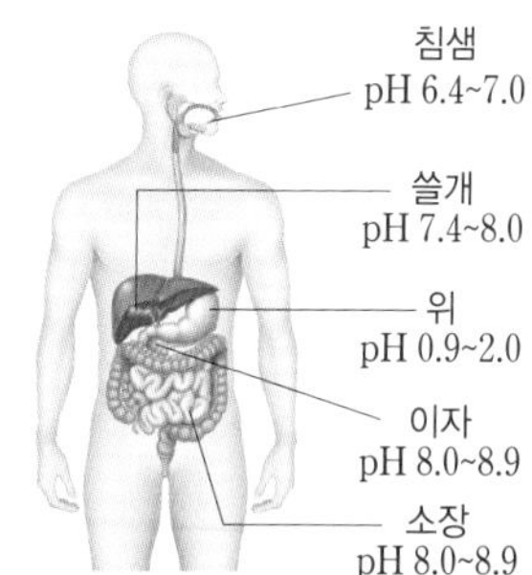

용어 돋보기 

• **액성**(진 液, 성질 性): 용액의 성질로 산성, 중성, 염기성으로 나뉜다.

• **지시약**(가리킬 指, 보일 示, 약 藥): 용액의 액성을 보여주는 시약으로, 액성에 따라 색이 다르다.

개념을 다지는 기본 문제

1 물의 자동 이온화 ~ 2 수소 이온 농도와 pH

01 물의 자동 이온화에 대한 설명으로 옳지 않은 것은?

① 물 분자가 H^+을 주고받아 이온화하는 반응이다.
② 순수한 물에도 H_3O^+과 OH^-이 존재한다.
③ 수용액에서 $[H_3O^+]$와 $[OH^-]$의 곱은 일정하다.
④ 일정한 온도에서 산성 수용액의 K_w는 순수한 물의 K_w보다 크다.
⑤ 순수한 물에서 H_2O, H_3O^+, OH^-의 농도는 일정하다.

서술형

02 그림은 물의 자동 이온화를 모형으로 나타낸 것이다.

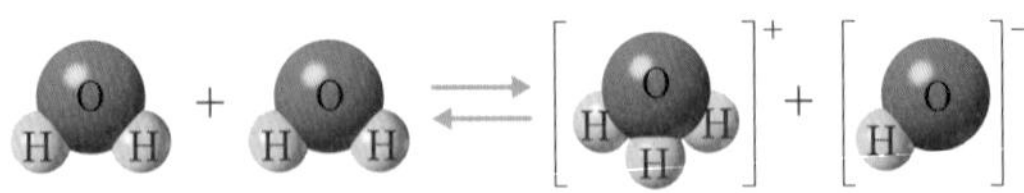

순수한 물에서 $[H_3O^+]$와 $[OH^-]$를 비교하고, 그 까닭을 설명하시오.

03 pH에 대한 설명으로 옳은 것만을 〈보기〉에서 있는 대로 고른 것은?

보기
ㄱ. 산성도가 클수록 pH가 작다.
ㄴ. 수용액 속 OH^-의 농도가 클수록 pH가 작다.
ㄷ. 수용액 속 H_3O^+의 농도가 클수록 pH가 작다.

① ㄱ ② ㄴ ③ ㄱ, ㄷ
④ ㄴ, ㄷ ⑤ ㄱ, ㄴ, ㄷ

04 다음은 수용액 (가)~(다) 속 $[H_3O^+]$와 $[OH^-]$의 크기를 비교한 자료이다.

(가) $[H_3O^+] > [OH^-]$
(나) $[H_3O^+] < [OH^-]$
(다) $[H_3O^+] = [OH^-]$

수용액 (가)~(다)에 대한 설명으로 옳은 것만을 〈보기〉에서 있는 대로 고른 것은?

보기
ㄱ. (가)는 산성 용액이다.
ㄴ. (나)에 마그네슘 조각을 떨어뜨리면 기체가 발생한다.
ㄷ. (다)는 BTB 용액을 파란색으로 변화시킨다.

① ㄱ ② ㄷ ③ ㄱ, ㄴ
④ ㄴ, ㄷ ⑤ ㄱ, ㄴ, ㄷ

중요

05 25 °C, 0.01 M 염산($HCl(aq)$)에 대한 설명으로 옳은 것만을 〈보기〉에서 있는 대로 고른 것은?(단, 염산은 수용액에서 완전히 이온화한다.)

보기
ㄱ. 산성 용액이다.
ㄴ. $[OH^-]$는 1.0×10^{-12} M이다.
ㄷ. $[H_3O^+]$가 $[OH^-]$보다 100배 크다.

① ㄱ ② ㄷ ③ ㄱ, ㄴ
④ ㄴ, ㄷ ⑤ ㄱ, ㄴ, ㄷ

중요

06 25 °C, 0.01 M 수산화 나트륨(NaOH) 수용액에서 H_3O^+의 농도를 구하시오(단, 수산화 나트륨은 수용액에서 완전히 이온화한다.).

07 그림은 25 °C 수용액에서 $[H_3O^+]$, $[OH^-]$, pH, pOH의 관계를 나타낸 것이다.

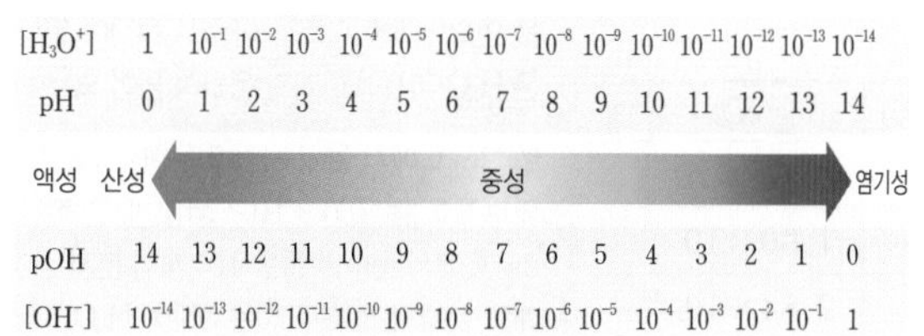

이에 대한 설명으로 옳은 것만을 〈보기〉에서 있는 대로 고른 것은?

보기

ㄱ. pH가 작아지면 pOH가 커진다.
ㄴ. 중성 용액의 pH와 pOH는 같다.
ㄷ. $[H_3O^+]$가 10배 증가하면 pH는 1만큼 감소한다.

① ㄱ ② ㄴ ③ ㄱ, ㄷ
④ ㄴ, ㄷ ⑤ ㄱ, ㄴ, ㄷ

중요

08 그림은 25 °C에서 수용액 (가)~(다)에 녹아 있는 이온을 모형으로 나타낸 것이다. (가)~(다)에서 물의 자동 이온화로 생성된 이온은 나타내지 않았다.

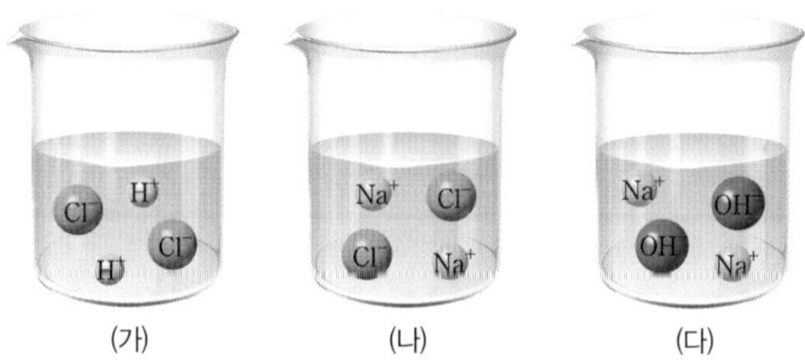

(가) (나) (다)

이에 대한 설명으로 옳은 것만을 〈보기〉에서 있는 대로 고른 것은?

보기

ㄱ. (가)의 pH는 7보다 작다.
ㄴ. (나)에서 $[OH^-]=1.0\times10^{-7}$ M이다.
ㄷ. (다)에서 $[H_3O^+]<[OH^-]$이다.

① ㄱ ② ㄷ ③ ㄱ, ㄴ
④ ㄴ, ㄷ ⑤ ㄱ, ㄴ, ㄷ

서술형

09 다음은 3가지 수용액에 대한 자료이다.

(가) 0.001 M HCl(aq)
(나) pH가 4인 식초
(다) $[OH^-]=1.0\times10^{-5}$ M인 암모니아수

(가)~(다)를 산성이 강한 순서대로 쓰고, 그 까닭을 설명하시오.

10 그림은 25 °C에서 수용액 (가)~(라)의 $[H_3O^+]$ 또는 $[OH^-]$를 나타낸 것이다.

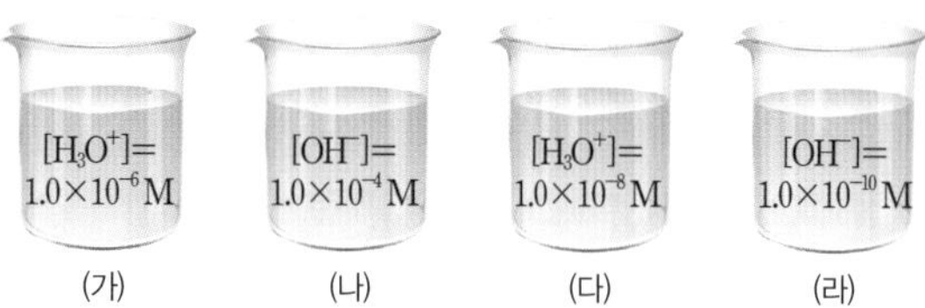

(가) (나) (다) (라)

이에 대한 설명으로 옳은 것만을 〈보기〉에서 있는 대로 고른 것은?

보기

ㄱ. $[H_3O^+]$는 (가)가 (나)의 100배이다.
ㄴ. BTB 용액을 각각 떨어뜨리면 (나)와 (다)는 모두 파란색을 띤다.
ㄷ. $[OH^-]$는 (라)가 (가)의 100배이다.

① ㄱ ② ㄴ ③ ㄱ, ㄷ
④ ㄴ, ㄷ ⑤ ㄱ, ㄴ, ㄷ

중요

11 마그네슘 조각을 떨어뜨릴 때 수소 기체를 발생하는 수용액만을 〈보기〉에서 있는 대로 고른 것은?

보기

ㄱ. pH가 9인 수용액
ㄴ. $[H_3O^+]=1.0\times10^{-5}$ M인 수용액
ㄷ. $[OH^-]=1.0\times10^{-10}$ M인 수용액

① ㄱ ② ㄴ ③ ㄱ, ㄷ
④ ㄴ, ㄷ ⑤ ㄱ, ㄴ, ㄷ

A 물의 자동 이온화 반응

그림은 25 ℃에서 물의 자동 이온화 반응을 모형으로 나타낸 것이고, 표는 온도에 따른 물의 이온화 상수를 나타낸 것이다.

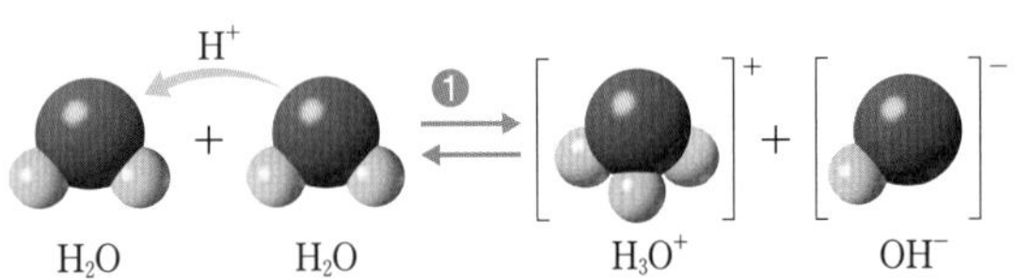

온도(℃)	K_w
10	0.295×10^{-14}
25	1.00×10^{-14}
40	2.84×10^{-14}

- 물의 자동 이온화 반응: 물 분자들끼리 수소 이온(H^+)을 주고받아 이온화하는 반응이다.

$$H_2O + H_2O \rightleftharpoons H_3O^+ + OH^-$$

- 물의 자동 이온화 반응은 가역 반응이므로 충분한 시간이 지나면 동적 평형에 도달하여 생성물인 $[H_3O^+]$와 $[OH^-]$가 일정하게 유지된다.
- 25 ℃에서 $[H_3O^+]$와 $[OH^-]$는 1.0×10^{-7} M로 일정하므로 $[H_3O^+]$와 $[OH^-]$의 곱은 1.0×10^{-14}로 일정하며, 이 값을 물의 이온화 상수(K_w)라고 한다. ❷
- 물의 이온화 상수는 온도가 높아지면 증가하므로 온도가 높을수록 물의 자동 이온화 반응이 잘 일어난다. ❸

❶ 정반응에서 물 분자가 다른 물 분자에게 수소 이온을 주면 수산화 이온(OH^-)이 되고, 수소 이온을 얻으면 하이드로늄 이온(H_3O^+)이 된다. 역반응은 H_3O^+이 OH^-과 반응하여 물이 되는 반응이다.

❷ 25 ℃에서 물의 자동 이온화로 생성된 $[H_3O^+]$와 $[OH^-]$는 1.0×10^{-7} M로 매우 작다. 이것은 25 ℃에서 순수한 물은 10^9 개의 분자 중 약 1~2개의 분자가 스스로 이온화하여 H_3O^+과 OH^-으로 존재함을 뜻한다.

❸ 온도가 높아지면 물의 이온화 상수가 커지므로 $[H_3O^+]$와 $[OH^-]$도 커지나 $[H_3O^+]=[OH^-]$이므로 순수한 물은 온도에 관계없이 항상 중성이다.

실력을 올리는 실전 문제 찾아가기

- 온도에 따른 물의 이온화 상수를 해석하는 문제_02

B $[H_3O^+]$와 $[OH^-]$ 관계에 따른 수용액의 액성과 pH

그림은 25 ℃에서 레몬즙, 토마토, 증류수, 표백제 수용액의 $[H_3O^+]$와 $[OH^-]$를 나타낸 것이다.

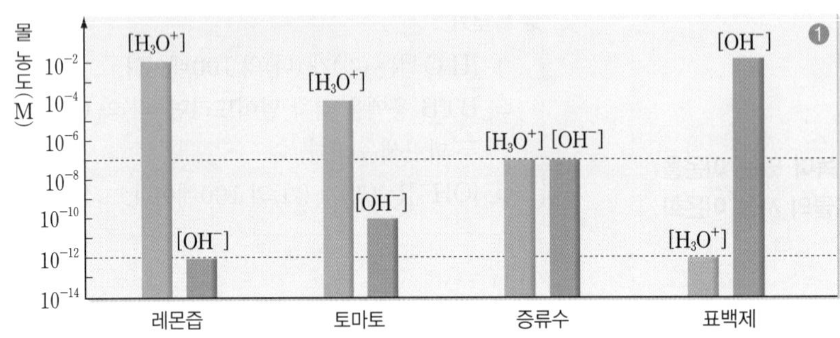

① 용액의 액성 알아보기

- $[H_3O^+] > 1.0\times10^{-7}$ M $> [OH^-]$는 산성이므로 레몬즙, 토마토는 산성 용액이다.
- $[H_3O^+] = 1.0\times10^{-7}$ M $= [OH^-]$는 중성이므로 증류수는 중성 용액이다.
- $[H_3O^+] < 1.0\times10^{-7}$ M $< [OH^-]$는 염기성이므로 표백제는 염기성 용액이다.

② 용액의 pH 구하기

- $pH = -\log[H_3O^+]$이고, $pH + pOH = 14$이므로 각 물질의 pH, pOH는 다음과 같다. ❷

물질	레몬즙	토마토	증류수	표백제
pH	2	4	7	12
pOH	12	10	7	2

③ pH로 $[H_3O^+]$ 차이 알아보기

- 레몬즙의 pH는 토마토보다 2만큼 작으므로 $[H_3O^+]$는 10^2배 크다.
- 레몬즙의 pH는 표백제보다 10만큼 작으므로 $[H_3O^+]$는 10^{10}배 크다.

❶ 온도가 25 ℃로 같으므로 레몬즙, 토마토, 증류수, 표백제에서 $[H_3O^+][OH^-]=1.0\times10^{-14}$로 일정하다.

❷ $[H_3O^+]$가 클수록 산성도가 크므로 레몬즙이 토마토보다 산성도가 크다.

실력을 올리는 실전 문제 찾아가기

- 산 수용액과 금속의 반응에서 pH 변화를 해석하는 문제_06
- 산과 염기 수용액에서 pH가 제시되는 문제_11

실력을 올리는 실전 문제

바른답 · 알찬풀이 66쪽

01 그림은 물의 자동 이온화 반응을 모형으로 나타낸 것이다.

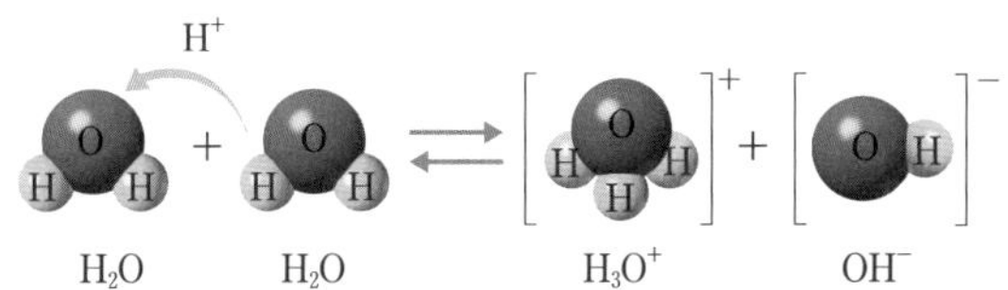

이에 대한 설명으로 옳은 것만을 〈보기〉에서 있는 대로 고른 것은?(단, 온도는 25 ℃로 일정하다.)

보기
ㄱ. 물의 자동 이온화 반응은 가역 반응이다.
ㄴ. 순수한 물속에 존재하는 H_3O^+과 OH^-의 수는 같다.
ㄷ. $[H_3O^+]$와 $[OH^-]$는 반비례 관계이다.

① ㄱ ② ㄴ ③ ㄱ, ㄷ ④ ㄴ, ㄷ ⑤ ㄱ, ㄴ, ㄷ

➲ 수능기출 변형

02 순수한 물은 다음과 같이 동적 평형 상태에 있다.

$$2H_2O(l) \rightleftharpoons H_3O^+(aq) + OH^-(aq)$$

표는 온도에 따른 물의 이온화 상수(K_w)에 대한 자료이다.

온도(℃)	10	25	40
K_w	0.295×10^{-14}	1.00×10^{-14}	2.84×10^{-14}

이에 대한 설명으로 옳은 것만을 〈보기〉에서 있는 대로 고른 것은?

보기
ㄱ. 10 ℃ 순수한 물은 산성이다.
ㄴ. 25 ℃에서 순수한 물의 pH는 7이다.
ㄷ. 온도가 높을수록 물은 이온화가 잘 된다.

① ㄱ ② ㄴ ③ ㄱ, ㄷ ④ ㄴ, ㄷ ⑤ ㄱ, ㄴ, ㄷ

03 그림은 25 ℃에서 3가지 수용액에 들어 있는 H_3O^+과 OH^-의 몰 농도의 관계를 나타낸 것이다.

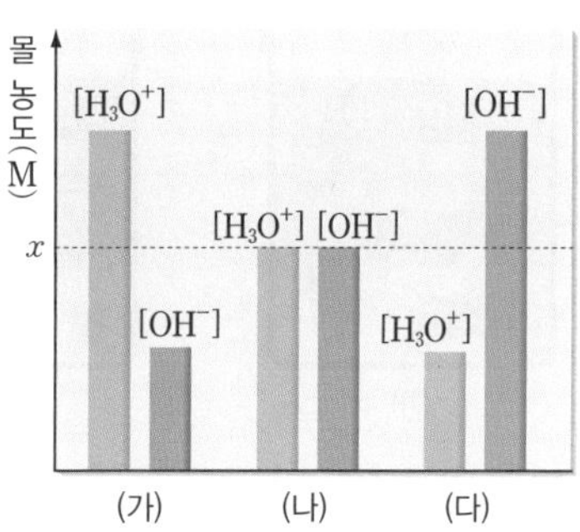

이에 대한 설명으로 옳은 것만을 〈보기〉에서 있는 대로 고른 것은?

보기
ㄱ. $x=1.0\times10^{-7}$이다.
ㄴ. (가)~(다) 모두 $[H_3O^+][OH^-]=1.0\times10^{-14}$이다.
ㄷ. BTB 용액을 떨어뜨릴 때 파란색을 나타내는 것은 (다)이다.

① ㄱ ② ㄷ ③ ㄱ, ㄴ ④ ㄴ, ㄷ ⑤ ㄱ, ㄴ, ㄷ

04 그림은 25 ℃에서 증류수가 담긴 비커에 염화 수소(HCl) 1몰을 넣었을 때 완전히 용해되는 과정을 나타낸 것이다.

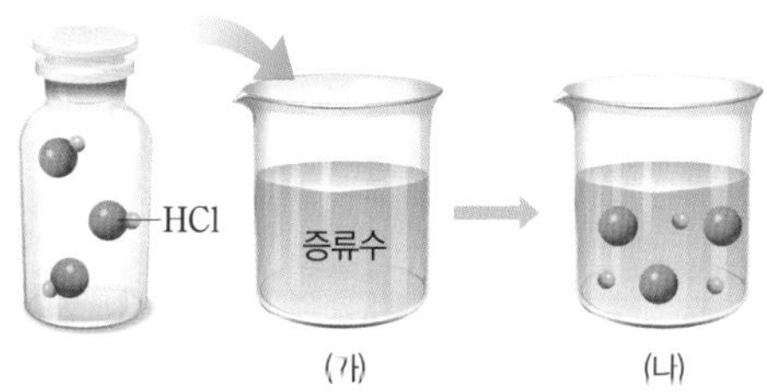

(나)가 (가)보다 큰 값을 갖는 것만을 〈보기〉에서 있는 대로 고른 것은?(단, HCl의 용해에 따른 온도 변화와 부피 변화는 무시한다.)

보기
ㄱ. pH
ㄴ. H_3O^+의 몰 농도
ㄷ. 물의 이온화 상수(K_w)

① ㄴ ② ㄷ ③ ㄱ, ㄴ ④ ㄱ, ㄷ ⑤ ㄱ, ㄴ, ㄷ

05 그림 (가)와 (나)는 25 °C에서 서로 다른 산의 수용액에 들어 있는 입자를 모형으로 나타낸 것이다.

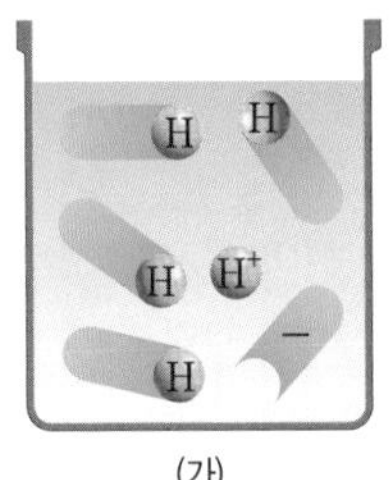
(가)

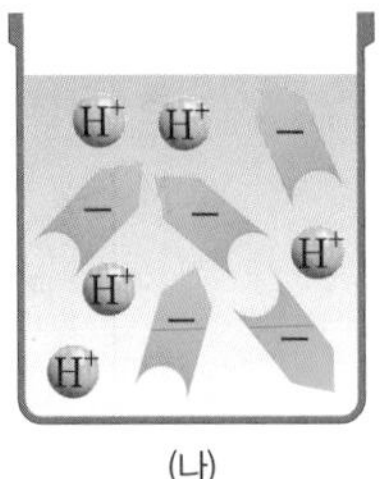
(나)

(가)와 (나) 수용액을 비교한 것으로 옳은 것만을 〈보기〉에서 있는 대로 고른 것은?(단, 두 수용액의 부피는 같다.)

보기
ㄱ. $[OH^-]$: (가)>(나)
ㄴ. pH: (가)>(나)
ㄷ. 몰 농도: (가)<(나)

① ㄴ ② ㄷ ③ ㄱ, ㄴ
④ ㄱ, ㄷ ⑤ ㄱ, ㄴ, ㄷ

06 그림은 묽은 염산에 아연판을 넣었을 때 일어나는 변화를 모형으로 나타낸 것이다.

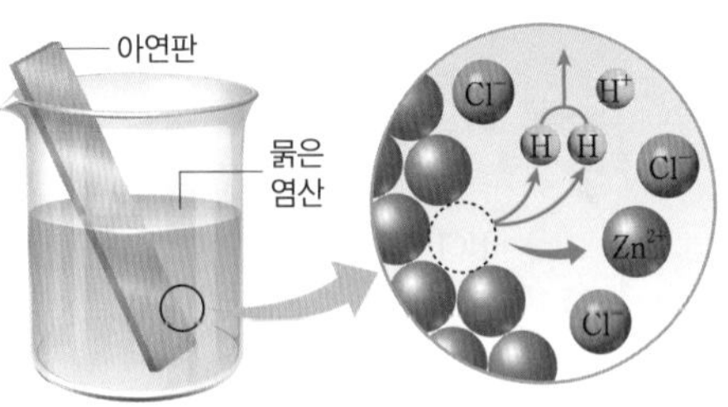

이에 대한 설명으로 옳은 것만을 〈보기〉에서 있는 대로 고른 것은?(단, 온도는 일정하다.)

보기
ㄱ. 반응이 진행되는 동안 용액의 pH가 커진다.
ㄴ. 반응이 진행되는 동안 용액의 $[OH^-]$가 증가한다.
ㄷ. 반응이 진행되는 동안 용액 속의 전체 이온 수는 증가한다.

① ㄱ ② ㄷ ③ ㄱ, ㄴ
④ ㄴ, ㄷ ⑤ ㄱ, ㄴ, ㄷ

07 그림은 25 °C에서 우리 주변에서 볼 수 있는 4가지 물질의 pH를 나타낸 것이다.

pH=4.0 pH=6.0 pH=9.5 pH=12.0

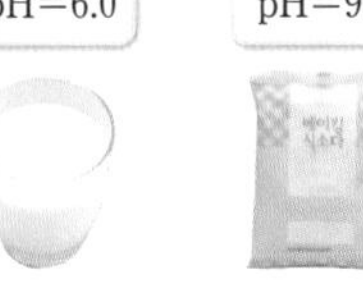

토마토 우유 베이킹 소다 표백제

위 물질에 대한 설명으로 옳은 것만을 〈보기〉에서 있는 대로 고른 것은?(단, 25 °C에서 물의 이온화 상수 $K_w = 1.0 \times 10^{-14}$이다.)

보기
ㄱ. 산성을 나타내는 것은 2가지이다.
ㄴ. $[H_3O^+]$의 농도는 우유가 표백제의 6배이다.
ㄷ. 토마토 속 $[OH^-]$는 1.0×10^{-10} M이다.

① ㄱ ② ㄴ ③ ㄱ, ㄷ
④ ㄴ, ㄷ ⑤ ㄱ, ㄴ, ㄷ

➲ 수능모의평가기출 변형

08 그림은 25 °C에서 수용액 (가)~(다)의 pH를 나타낸 것이다.

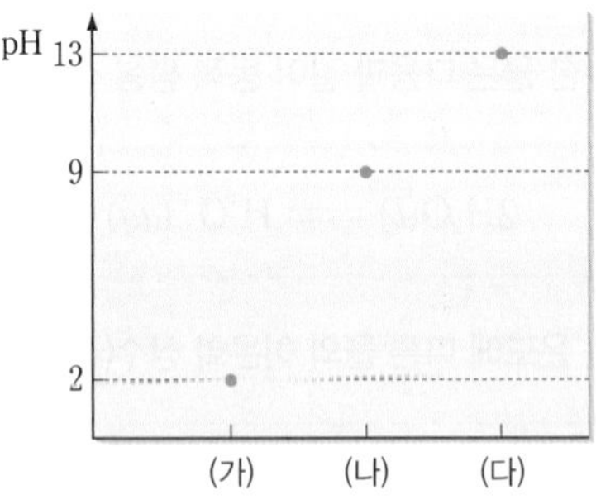

이에 대한 설명으로 옳은 것만을 〈보기〉에서 있는 대로 고른 것은?(단, 25 °C에서 물의 이온화 상수 $K_w = 1.0 \times 10^{-14}$이다.)

보기
ㄱ. (가)에서 $[H_3O^+]$=2 M이다.
ㄴ. (나)는 염기성 용액이다.
ㄷ. (다)에서 $[OH^-]$=0.1 M이다.

① ㄱ ② ㄷ ③ ㄱ, ㄴ
④ ㄴ, ㄷ ⑤ ㄱ, ㄴ, ㄷ

09 표는 3가지 수용액의 pH를 나타낸 것이다.

수용액	(가)	(나)	(다)
pH	3	5	9

(가)~(다)에 대한 설명으로 옳은 것만을 〈보기〉에서 있는 대로 고른 것은?(단, 25 ℃에서 물의 이온화 상수 $K_w = 1.0 \times 10^{-14}$이다.)

보기

ㄱ. $[H_3O^+]$는 (가)가 (나)의 100배이다.

ㄴ. (나)에 들어 있는 H_3O^+의 양(mol)은 OH^-의 양보다 크다.

ㄷ. (다)에서 $\frac{[H_3O^+]}{[OH^-]} > \frac{1}{1000}$이다.

① ㄱ ② ㄷ ③ ㄱ, ㄴ
④ ㄴ, ㄷ ⑤ ㄱ, ㄴ, ㄷ

10 그림은 3가지 물질을 분류하는 과정을 나타낸 것이다.

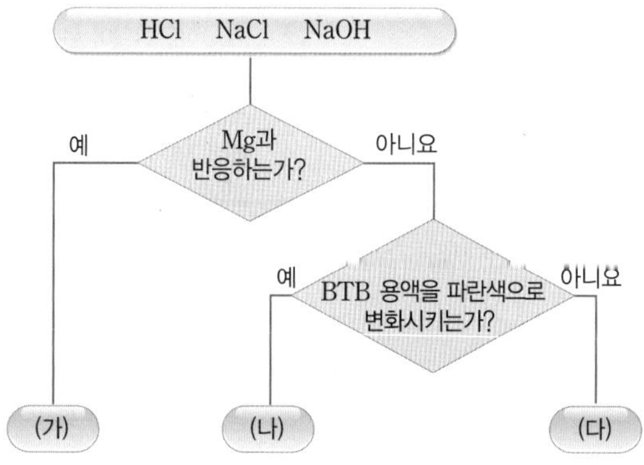

(가)~(다)의 pH를 옳게 비교한 것은?

① (가) > (나) > (다)
② (가) > (다) > (나)
③ (나) > (가) > (다)
④ (나) > (다) > (가)
⑤ (다) > (나) > (가)

11 표는 25 ℃에서 2가지 수용액에 대한 자료이다.

수용액	용질의 종류와 양(mol)	부피(mL)	pH
(가)	HCl, x	100	1
(나)	NaOH, 0.1	1000	y

$\frac{y}{x}$는?(단, HCl와 NaOH은 수용액에서 완전히 이온화하며, 25 ℃에서 물의 이온화 상수 $K_w = 1.0 \times 10^{-14}$이다.)

① 900 ② 1000 ③ 1100
④ 1200 ⑤ 1300

12 그림은 25 ℃에서 0.1 M 염산($HCl(aq)$) 100 mL가 담긴 비커에 $X(aq)$ 100 mL를 넣어 만든 혼합 용액 (나)의 pH를 나타낸 것이다.

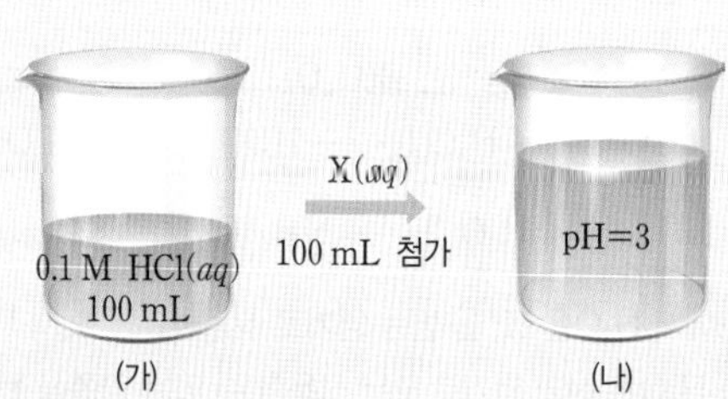

$\frac{\text{(나)의 } H_3O^+\text{의 양(mol)}}{\text{(가)의 } OH^-\text{의 양(mol)}}$은?(단, 혼합 용액의 부피는 혼합 전 각 수용액의 부피의 합과 같고, HCl은 수용액에서 완전히 이온화하며, 25 ℃에서 물의 이온화 상수 $K_w = 1.0 \times 10^{-14}$이다.)

① 1.0×10^{9} ② 2.0×10^{9} ③ 1.0×10^{10}
④ 2.0×10^{10} ⑤ 5.0×10^{11}

16 산 염기 반응

한눈에 정리하는 출제 경향

- 산 또는 염기로 작용한 물질 찾아보기
- 중화 적정 원리 적용하기

핵심 개념
브뢴스테드·로리 산 염기, 양쪽성 물질, 중화 반응, 알짜 이온 반응식, 중화 반응 양적 관계, 표준 용액, 중화 적정

1 산 염기의 정의

자료 분석 특강 189쪽 A

1 아레니우스 산 염기[1]

① 산: 수용액에서 수소 이온(H^+)을 내놓는 물질 (아레니우스 산은 물에 녹아 H^+과 음이온으로 이온화한다.)

예 • $HCl \longrightarrow H^+ + Cl^-$ • $H_2SO_4 \longrightarrow 2H^+ + SO_4^{2-}$

② 염기: 수용액에서 수산화 이온(OH^-)을 내놓는 물질 (아레니우스 염기는 물에 녹아 양이온과 OH^-으로 이온화한다.)

예 • $NaOH \longrightarrow Na^+ + OH^-$ • $Ca(OH)_2 \longrightarrow Ca^{2+} + 2OH^-$

2 브뢴스테드 · 로리 산 염기

① 산: 수소 이온(H^+)을 내놓는 물질[2]

② 염기: 수소 이온(H^+)을 받는 물질

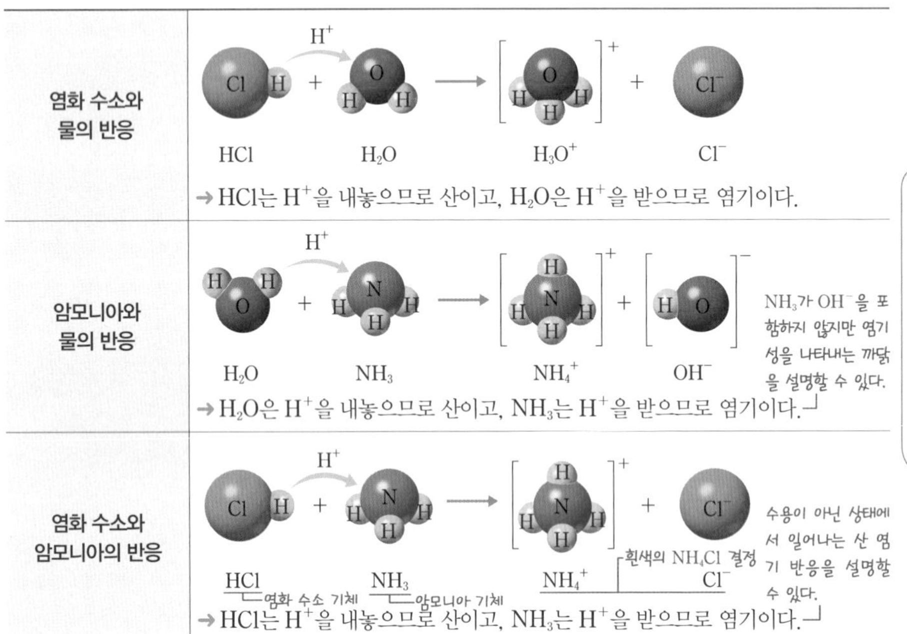

염화 수소와 물의 반응
H+
Cl H + O H H ⟶ [H O H H]+ + Cl−
HCl H2O H3O+ Cl−
→ HCl는 H+을 내놓으므로 산이고, H2O은 H+을 받으므로 염기이다.
암모니아와 물의 반응
H+
H O H + H N H H ⟶ [H N H H H]+ + [H O]−
H2O NH3 NH4+ OH−
NH3가 OH−을 포함하지 않지만 염기성을 나타내는 까닭을 설명할 수 있다.
→ H2O은 H+을 내놓으므로 산이고, NH3는 H+을 받으므로 염기이다.
염화 수소와 암모니아의 반응
H+
Cl H + H N H H ⟶ [H N H H H]+ + Cl−
HCl 염화 수소 기체
NH3 암모니아 기체
NH4+ Cl− 흰색의 NH4Cl 결정
수용액이 아닌 상태에서 일어나는 산 염기 반응을 설명할 수 있다.
→ HCl는 H+을 내놓으므로 산이고, NH3는 H+을 받으므로 염기이다.

3 양쪽성 물질

반응에 따라 산으로도 작용할 수 있고, 염기로도 작용할 수 있는 물질이다.

→ H^+을 내놓기도 하고, 받을 수도 있는 물질이다. 예 H_2O, HCO_3^-, HSO_4^- 등

양쪽성 물질로 작용하는 물(H_2O)

• $H_2CO_3(aq)$ (산) + $H_2O(l)$ (염기) $\longrightarrow HCO_3^-(aq) + H_3O^+(aq)$ ……㉠

• $NH_3(aq)$ (염기) + $H_2O(l)$ (산) $\longrightarrow NH_4^+(aq) + OH^-(aq)$ ……㉡

㉠에서 H_2O은 H^+을 받는 염기로 작용하고, ㉡에서 H_2O은 H^+을 내놓는 산으로 작용한다.

→ H_2O은 산과 염기로 모두 작용할 수 있는 양쪽성 물질이다.

확인 문제 1

1 아레니우스 산은 수용액에서 (　　　　)을/를 내놓는 물질이고, 염기는 수용액에서 (　　　　)을/를 내놓는 물질이다.

2 브뢴스테드 · 로리 산은 수소 이온(H^+)을 (내놓는, 받는) 물질이고, 염기는 수소 이온(H^+)을 (내놓는, 받는) 물질이다.

3 반응 조건에 따라 산이나 염기로 모두 작용할 수 있는 물질을 (　　　) 물질이라고 한다.

plus 개념

❶ **아레니우스 산 염기 정의의 한계**
- 수용액에서만 정의된다.
- 수용액에서 H^+은 실제로 하이드로늄 이온(H_3O^+)으로 존재한다.

Q. 분자 내에 수소(H)를 포함하는 물질은 모두 산이고, 분자 내에 수산화기(−OH)를 포함하는 물질은 모두 염기일까?

A. CH_4, C_6H_6과 같이 수소를 포함하더라도 수용액에서 이온화하지 않으면 산이 아니고, CH_3OH과 같이 수산화기를 포함하더라도 이온화하지 않으면 염기가 아니다.

❷ **수소 이온(H^+)과 양성자**
양성자와 전자를 1개씩 가지고 있는 수소(H) 원자가 전자 1개를 잃으면 수소 이온(H^+)이 된다. 따라서 수소 이온(H^+)은 양성자와 같으므로 브뢴스테드 · 로리 산은 양성자를 내놓는 물질, 염기는 양성자를 받아들이는 물질이라고 정의할 수 있다.

※ 짝산 – 짝염기
H^+의 이동으로 산과 염기가 되는 한 쌍의 산과 염기를 짝산 – 짝염기라고 한다.

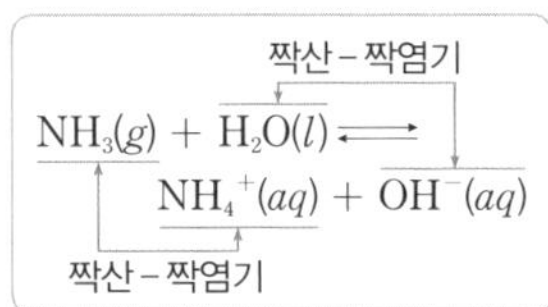

위 반응에서 NH_4^+은 염기인 NH_3의 짝산이고, OH^-은 산인 H_2O의 짝염기이다.

바른답 • 알찬풀이 68쪽

2 산 염기 반응

자료 분석 특강 189~190쪽 B, C, D, E, F

1 중화 반응 산과 염기가 반응하여 물과 염이 생성되는 반응[3]

① 중화 반응 모형과 반응식

예 염산($HCl(aq)$)과 수산화 나트륨($NaOH(aq)$)의 중화 반응

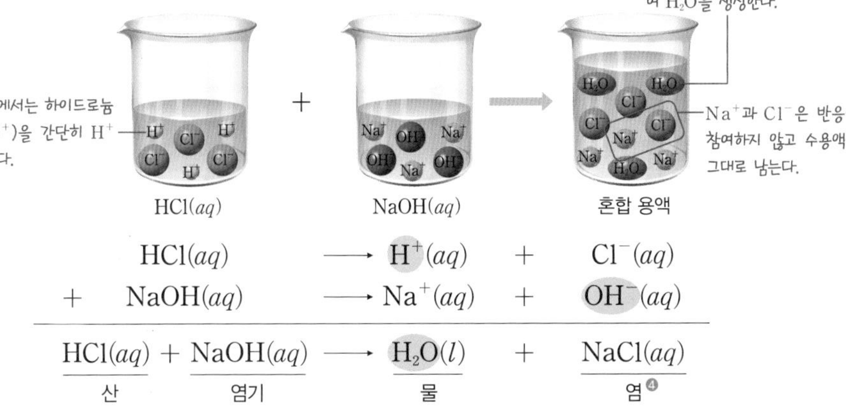

$$HCl(aq) \longrightarrow H^+(aq) + Cl^-(aq)$$
$$+ \quad NaOH(aq) \longrightarrow Na^+(aq) + OH^-(aq)$$

$$\underset{\text{산}}{HCl(aq)} + \underset{\text{염기}}{NaOH(aq)} \longrightarrow \underset{\text{물}}{H_2O(l)} + \underset{\text{염}[4]}{NaCl(aq)}$$

② 알짜 이온 반응식: 반응에 실제로 참여한 이온만으로 나타낸 화학 반응식

> 중화 반응의 알짜 이온 반응식: $H^+(aq) + OH^-(aq) \longrightarrow H_2O(l)$

③ 구경꾼 이온: 반응에 참여하지 않고, 반응 후에도 용액에 그대로 남아 있는 이온[5]

2 중화 반응의 양적 관계

① 양적 관계: 중화 반응이 일어날 때 산의 수소 이온(H^+)과 염기의 수산화 이온(OH^-)은 1 : 1의 몰비로 반응한다.

② 산과 염기가 완전히 중화되는 조건: 반응하는 H^+의 양(mol)과 OH^-의 양(mol)이 같아야 한다.

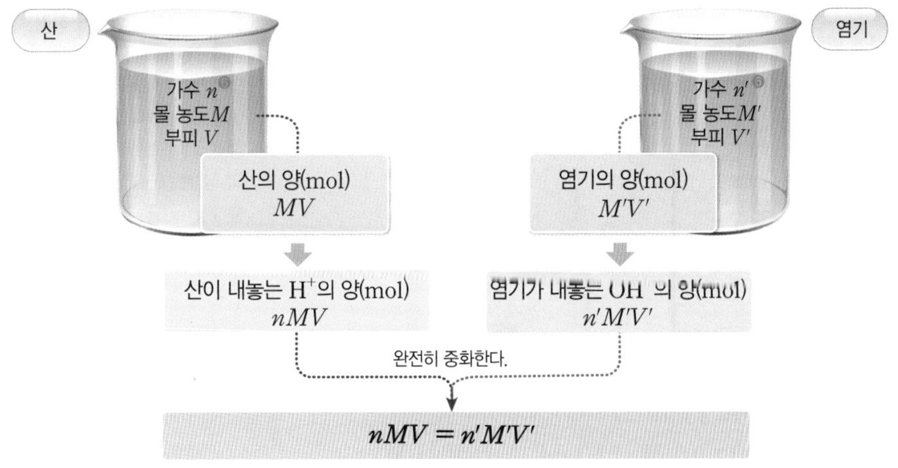

확인 문제 2

4 염산과 수산화 나트륨 수용액의 중화 반응에서 Na^+, Cl^-은 반응 후에도 용액 속에 이온으로 존재한다. (○ ×)

5 중화 반응에서 산의 H^+과 염기의 OH^-은 (   )의 몰비로 반응한다.

6 0.1 M 염산(HCl) 100 mL를 완전히 중화하는 데 필요한 0.1 M 수산화 나트륨 수용액의 부피는 (   ) mL이다.

---

[3] 중화 반응의 이용

- 속이 쓰릴 때 제산제를 복용한다.
- 벌에 쏘였을 때 암모니아수를 바른다.
- 생선회를 먹을 때 레몬즙을 뿌려 생선 비린내를 없앤다.

[4] 염

산의 음이온과 염기의 양이온이 결합한 이온 결합 물질이다. 염은 중화 반응뿐만 아니라 다음과 같은 반응에 의해서도 생성된다.

- 산과 금속의 반응
  $Mg + 2HCl \longrightarrow MgCl_2 + H_2$
- 염과 염의 반응
  $NaCl + AgNO_3 \longrightarrow NaNO_3 + AgCl\downarrow$

[5] 구경꾼 이온

중화 반응이 완결된 후에도 용액 속에 이온 상태로 녹아 있으므로, 용액을 가열하여 물을 증발시키면 결정 상태로 얻을 수 있다.

용질의 양(mol) 구하기

용액 속 용질의 양(mol)=
용액의 몰 농도(mol/L)×용액의 부피(L)

[6] 산과 염기의 가수

- 산의 가수: 산 1몰이 내놓을 수 있는 H^+의 양(mol)

1가 산	HCl, CH_3COOH
2가 산	H_2SO_4, H_2CO_3
3가 산	H_3PO_4

- 염기의 가수: 염기 1몰이 내놓을 수 있는 OH^-의 양(mol)

1가 염기	$NaOH$, KOH
2가 염기	$Ca(OH)_2$, $Ba(OH)_2$
3가 염기	$Al(OH)_3$

용어 돋보기

- **양쪽성**(둘 兩, 성질 性): 물질이 산 또는 염기 어느 쪽과도 반응하는 성질이다.

3 산 염기 중화 적정

1 중화 적정 중화 반응의 양적 관계를 이용하여 농도를 모르는 산이나 염기의 농도를 알아내는 실험적 방법

① **표준 용액**: 농도를 정확하게 알고 있는 용액

② **중화점**: 산과 염기가 완전히 중화되는 지점[7] → 적절한 지시약을 사용하면 중화점을 찾을 수 있다.[8]

중화 적정 방법 예 농도를 모르는 염산을 수산화 나트륨 수용액으로 중화 적정하는 과정[9]

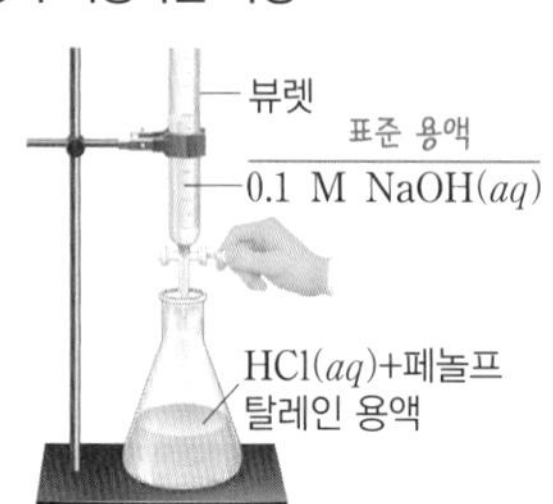

❶ 피펫으로 농도를 모르는 염산을 일정량 취하여 삼각 플라스크에 넣고, 페놀프탈레인 용액을 떨어뜨린다.

❷ 뷰렛에 농도를 알고 있는 NaOH 수용액을 넣고, 조금 흘려보낸 다음 뷰렛의 눈금을 읽어 NaOH 수용액의 처음 부피(V_1)를 측정한다. (뷰렛의 꼭지 아랫부분에도 용액이 채워지게 하기 위해서이다.)

❸ 뷰렛의 꼭지를 열어 삼각 플라스크에 NaOH 수용액을 떨어뜨리면서 용액 전체의 색이 붉은색으로 변하는 순간 뷰렛의 꼭지를 잠그고 뷰렛의 눈금을 읽어 NaOH 수용액의 나중 부피(V_2)를 측정한다.

❹ 중화 적정식 $nMV = n'M'V'$에 대입하여 농도를 계산한다.

2 중화 적정으로 식초 속의 아세트산 농도 구하기

탐구 활동

과정 »

❶ 식초 10 mL를 100 mL 부피 플라스크에 넣은 다음 표선까지 증류수를 넣고 잘 흔들어 준다. (식초의 농도를 $\frac{1}{10}$로 묽히는 과정)

❷ 과정 ❶의 용액 20 mL를 피펫으로 취하여 삼각 플라스크에 넣고, 페놀프탈레인 용액을 2~3방울 떨어뜨려 용액의 색 변화를 관찰한다. (산성과 중성에서는 무색, 염기성에서는 붉은색을 띤다.)

❸ 뷰렛에 0.1 M 수산화 나트륨(NaOH) 수용액(표준 용액)을 넣고 조금 흘려 보낸 다음 눈금을 읽는다.

❹ 과정 ❷의 삼각 플라스크를 뷰렛 아래에 놓고, 뷰렛의 꼭지를 열어 수산화 나트륨 수용액을 조금씩 떨어뜨리면서 삼각 플라스크를 천천히 흔들어 준다.

❺ 플라스크 속 용액이 전체적으로 붉게 변하면 뷰렛의 꼭지를 잠근 다음, 뷰렛의 눈금을 읽는다.

❻ 과정 ❶~❺를 반복하여 중화 적정에 사용된 수산화 나트륨 수용액의 평균 부피를 구한다.

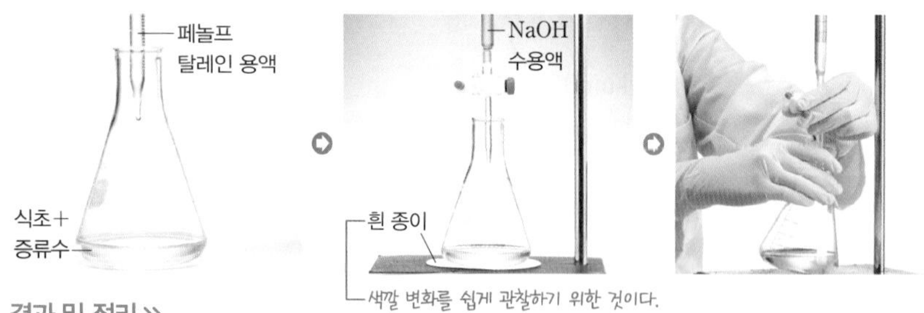

결과 및 정리 »

- 적정에 사용된 수산화 나트륨 수용액의 평균 부피: 22.1 mL
- 식초 속 아세트산의 몰 농도(x): $1 \times x \times 20\text{ mL} = 1 \times 0.1\text{ M} \times 22.1\text{ mL}$, $\therefore x ≒ 0.11\text{ M}$
  → 이 농도는 식초를 10배 묽힌 것이므로, 식초 속 실제 아세트산의 몰 농도는 1.1 M이다.[10]

확인 문제 3

7 중화 적정에 사용되는 농도를 알고 있는 산 또는 염기 용액을 (　　　) 용액이라고 한다.

8 표준 용액을 이용하여 농도를 모르는 산 또는 염기의 농도를 알아내는 방법을 (　　　)(이)라고 한다.

plus 개념

⑦ 중화점과 종말점
산과 염기가 서로 완전히 중화되는 지점을 중화점이라고 하고, 중화 적정 실험에서 중화점에 도달하였다고 판단하여 표준 용액의 첨가를 중지하는 지점을 종말점이라고 한다.

⑧ 중화 적정과 지시약
중화 적정에서는 산과 염기의 종류에 따라 알맞은 지시약을 선정해야 한다. 지시약은 용액의 pH에 따라 색이 변하는 물질로, 종류에 따라 색이 변하는 pH 범위(변색 범위)가 다르다.

지시약	변색 범위
메틸 오렌지	3.1~4.4
페놀프탈레인	8~10
BTB	6~7.6

⑨ 중화 적정에 사용되는 기구
- 뷰렛: 중화 적정에 사용된 표준 용액의 부피를 측정하는 데 사용한다.
- 피펫: 정확한 부피의 용액을 옮길 때 사용한다.
- 부피 플라스크: 정확한 농도의 표준 용액을 만드는 데 사용한다.

⑩ 아세트산의 함량 구하기
식초 10 mL에 들어 있는 아세트산의 양은 $1.1\text{ mol/L} \times 0.01\text{ L} = 0.011\text{ mol}$이다. 아세트산의 분자량은 60이므로 아세트산 0.011 mol의 질량은 0.66 g이다. 식초의 밀도를 1 g/mL라고 하면 식초 10 mL의 질량은 10 g이고, 이중 아세트산의 질량은 0.66 g이므로 아세트산의 함량은 $\frac{0.66}{10} \times 100 ≒ 6.6\text{ \%}$이다.

용어 돋보기

- **중화**(가운데 中, 필 化): 산성이나 염기성을 띠지 않는 성질로 되는 것을 뜻한다.
- **적정**(물방울 滴, 할 定): 농도를 정확히 알고 있는 용액을 이용하여 농도를 모르는 용액의 농도를 알아내는 실험적 방법이다.

개념을 다지는 기본 문제

바른답 • 알찬풀이 68쪽

1 산 염기의 정의

01 산과 염기에 대한 설명으로 옳은 것만을 〈보기〉에서 있는 대로 고른 것은?

보기

ㄱ. HCl는 수용액에서 H^+을 내놓으므로 아레니우스 산이다.

ㄴ. CH_3OH에는 $-OH$가 있으므로 CH_3OH은 아레니우스 염기이다.

ㄷ. 브뢴스테드 · 로리의 산 염기 정의는 수용액 상태에서만 적용된다.

① ㄱ ② ㄷ ③ ㄱ, ㄴ ④ ㄴ, ㄷ ⑤ ㄱ, ㄴ, ㄷ

중요

02 다음은 몇 가지 반응을 나타낸 것이다.

(가) $HCN(aq) + H_2O(l) \rightleftharpoons H_3O^+(aq) + CN^-(aq)$

(나) $(CH_3)_3N(aq) + HF(aq) \rightleftharpoons (CH_3)_3NH^+(aq) + F^-(aq)$

(다) $NH_3(aq) + H_2O(l) \rightleftharpoons NH_4^+(aq) + OH^-(aq)$

(가)~(다)에서 브뢴스테드 · 로리 산으로 작용한 물질을 옳게 짝 지은 것은?

	(가)	(나)	(다)
①	HCN	HF	H_2O
②	HCN	HF	NH_3
③	HCN	$(CH_3)_3N$	H_2O
④	H_2O	HF	NH_3
⑤	H_2O	$(CH_3)_3N$	NH_3

03 다음 (가)~(다)의 반응에서 양쪽성 물질로 작용한 물질을 모두 고르시오.

(가) $H_2S + H_2O \rightleftharpoons HS^- + H_3O^+$

(나) $HS^- + H_2O \rightleftharpoons S^{2-} + H_3O^+$

(다) $HS^- + H_2O \rightleftharpoons H_2S + OH^-$

서술형

04 그림은 염화 수소 기체와 암모니아 기체가 반응하여 염화 암모늄을 형성하는 반응을 모형으로 나타낸 것이다.

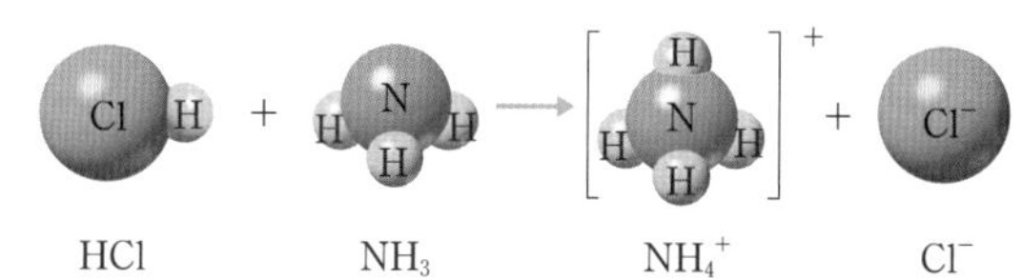

위 반응에서 산과 염기로 작용한 물질을 화학식으로 각각 쓰고, 그 근거를 설명하시오.

2 산 염기 반응

05 다음은 염산($HCl(aq)$)과 수산화 나트륨($NaOH$) 수용액의 화학 반응식을 나타낸 것이다.

$$HCl(aq) + NaOH(aq) \longrightarrow H_2O(l) + NaCl(aq)$$

이에 대한 설명으로 옳은 것만을 〈보기〉에서 있는 대로 고른 것은?

보기

ㄱ. H^+과 OH^-이 1 : 1의 몰비로 반응한다.

ㄴ. Na^+과 Cl^-은 구경꾼 이온이다.

ㄷ. 혼합 용액은 전기 전도성이 없다.

① ㄱ ② ㄷ ③ ㄱ, ㄴ ④ ㄴ, ㄷ ⑤ ㄱ, ㄴ, ㄷ

06 그림은 염산과 수산화 나트륨 수용액의 반응을 입자 모형으로 나타낸 것이다.

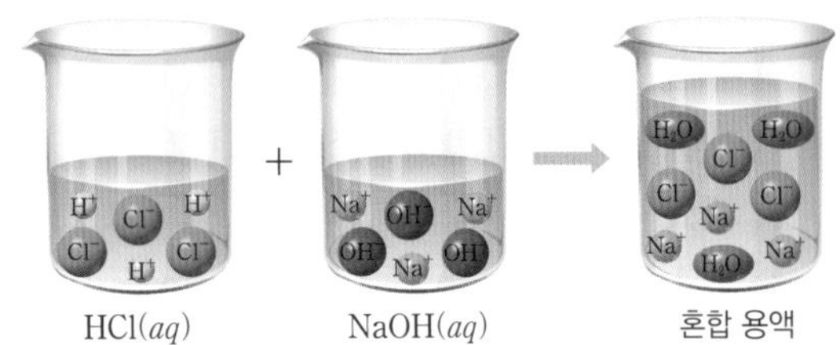

이 반응의 알짜 이온 반응식을 쓰시오.

중요

07 그림은 염산(HCl(*aq*)) 15 mL와 수산화 나트륨(NaOH) 수용액 10 mL를 혼합한 용액에 들어 있는 이온을 모형으로 나타낸 것이다.

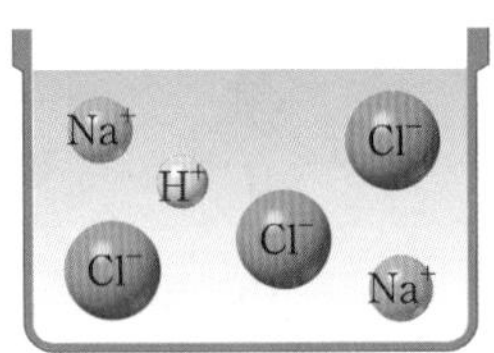

이에 대한 설명으로 옳은 것만을 〈보기〉에서 있는 대로 고른 것은?

보기
ㄱ. 혼합 용액의 pH는 7보다 작다.
ㄴ. 중화 반응으로 생성된 물 분자는 2개이다.
ㄷ. 반응 전 수용액의 몰 농도는 HCl(*aq*)이 NaOH(*aq*)보다 크다.

① ㄱ ② ㄷ ③ ㄱ, ㄴ
④ ㄴ, ㄷ ⑤ ㄱ, ㄴ, ㄷ

08 일상생활에서 중화 반응을 이용하는 예로 옳은 것만을 〈보기〉에서 있는 대로 고른 것은?

보기
ㄱ. 위산 과다일 때 제산제를 먹는다.
ㄴ. 산성 토양에 재를 뿌려 준다.
ㄷ. 생선 비린내를 없애기 위해 생선에 레몬즙을 뿌린다.

① ㄱ ② ㄷ ③ ㄱ, ㄴ
④ ㄴ, ㄷ ⑤ ㄱ, ㄴ, ㄷ

09 다음은 2가지 산 염기 반응의 화학 반응식이다.

(가) $HCl(aq) + KOH(aq) \longrightarrow \boxed{X} + \boxed{Y}$
(나) $2HCl(aq) + Ca(OH)_2(aq) \longrightarrow 2\boxed{X} + \boxed{Z}$

이에 대한 설명으로 옳은 것만을 〈보기〉에서 있는 대로 고른 것은?

보기
ㄱ. (나)에서 H^+과 OH^-이 2 : 1의 몰비로 반응한다.
ㄴ. X는 H_2O이다.
ㄷ. Y와 Z를 구성하는 양이온과 음이온의 개수비는 같다.

① ㄱ ② ㄴ ③ ㄱ, ㄷ
④ ㄴ, ㄷ ⑤ ㄱ, ㄴ, ㄷ

10 그림은 같은 부피의 수용액 (가)와 (나)를 혼합하여 (다)를 만드는 과정을 이온 모형으로 나타낸 것이다.

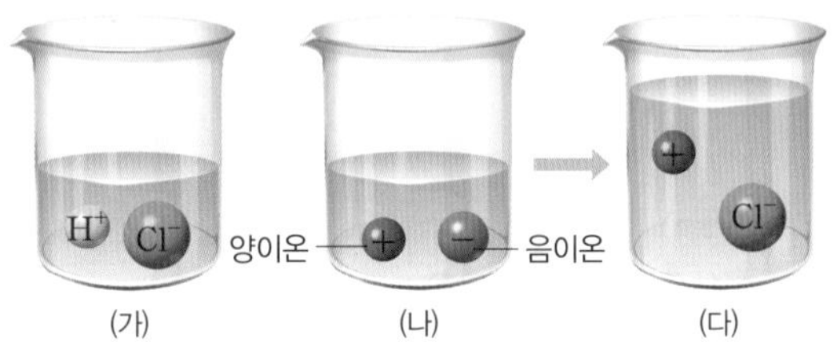

이에 대한 설명으로 옳은 것만을 〈보기〉에서 있는 대로 고른 것은?

보기
ㄱ. (나)의 음이온은 OH^-이다.
ㄴ. Cl^-의 몰 농도는 (가)에서가 (다)에서보다 크다.
ㄷ. 혼합 전 (가)와 (나)의 몰 농도는 같다.

① ㄱ ② ㄷ ③ ㄱ, ㄴ
④ ㄴ, ㄷ ⑤ ㄱ, ㄴ, ㄷ

11 0.1 M 염산(HCl(*aq*)) 20 mL를 완전히 중화하는 데 필요한 0.2 M 수산화 나트륨(NaOH) 수용액의 부피(mL)를 구하시오.

중요

12 표는 x mol의 수산화 나트륨(NaOH)이 녹아 있는 수용액에 BTB 용액을 2~3방울 떨어뜨린 다음, 염산(HCl)의 양을 달리하여 혼합한 용액에 대한 자료이다.

혼합 용액	(가)	(나)	(다)	(라)
HCl의 양(mol)	a	$2a$	$3a$	$4a$
용액의 색	㉠	㉡	초록색	㉢

이에 대한 설명으로 옳은 것만을 〈보기〉에서 있는 대로 고른 것은?

보기
ㄱ. 중화 반응으로 생성된 물의 양은 (나)가 (가)의 2배이다.
ㄴ. ㉠과 ㉡은 모두 '파란색'이다.
ㄷ. ㉢은 '초록색'이다.

① ㄱ ② ㄷ ③ ㄱ, ㄴ
④ ㄴ, ㄷ ⑤ ㄱ, ㄴ, ㄷ

13 그림 (가)는 0.1 M 수산화 나트륨(NaOH) 수용액 15 mL에 들어 있는 이온을 모형으로 나타낸 것이고, (나)는 (가)에 0.2 M 염산(HCl(aq)) 5 mL를 넣어 만든 혼합 용액이다.

(나)에 대한 설명으로 옳은 것만을 〈보기〉에서 있는 대로 고른 것은?

보기
ㄱ. 염기성 용액이다.
ㄴ. $\frac{Cl^- \text{의 수}}{Na^+ \text{의 수}} < 1$이다.
ㄷ. 0.2 M 염산(HCl(aq)) 5 mL를 더 넣으면 완전 중화된다.

① ㄱ ② ㄷ ③ ㄱ, ㄴ
④ ㄴ, ㄷ ⑤ ㄱ, ㄴ, ㄷ

14 0.5 M 황산 수용액($H_2SO_4(aq)$) 10 mL를 완전히 중화하는 데 필요한 수산화 나트륨(NaOH)의 질량을 구하시오(단, NaOH의 화학식량은 40이다.).

[15~16] 그림은 0.1 M 수산화 나트륨(NaOH) 수용액 20 mL에 x M 염산(HCl(aq))을 10 mL씩 차례대로 넣을 때 일어나는 반응을 모형으로 나타낸 것이다. 물음에 답하시오.

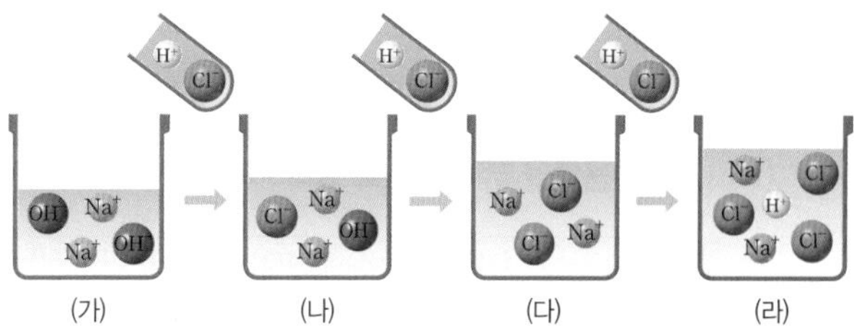

15 이에 대한 설명으로 옳은 것만을 〈보기〉에서 있는 대로 고른 것은?(단, HCl는 수용액에서 완전히 이온화한다.)

보기
ㄱ. x=0.2이다.
ㄴ. 생성된 물의 양은 (라)에서가 (다)에서의 2배이다.
ㄷ. 단위 부피당 이온 수는 (나)>(다)이다.

① ㄱ ② ㄷ ③ ㄱ, ㄴ
④ ㄴ, ㄷ ⑤ ㄱ, ㄴ, ㄷ

중요

16 위 반응에서 이온 수 변화를 나타낸 것으로 옳지 않은 것은?

①
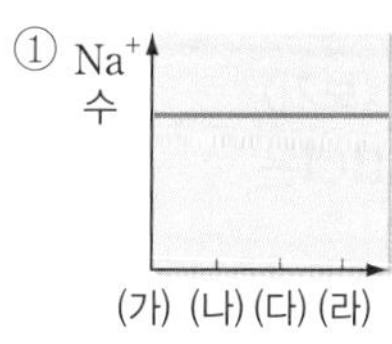

②
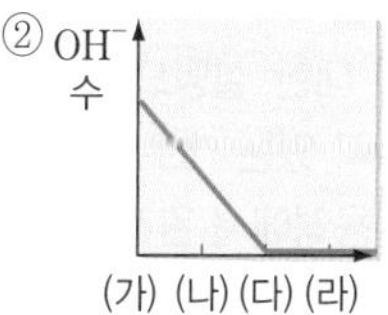

③
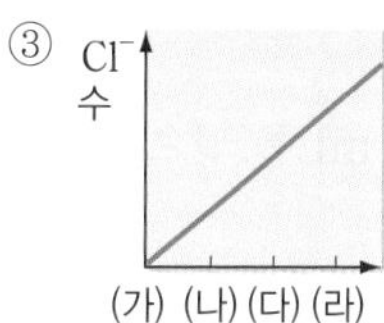

④
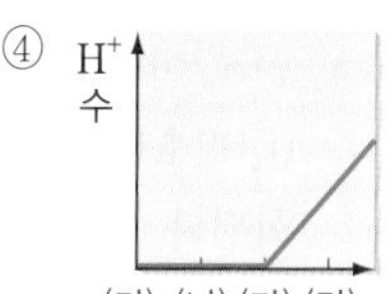

⑤
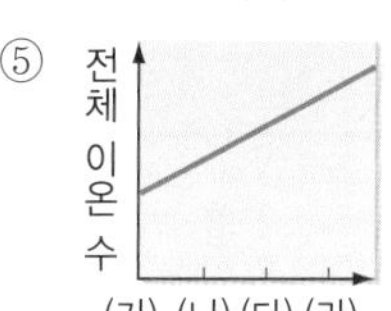

17 x M NaOH 수용액으로 다음과 같은 2가지 산 수용액을 각각 중화시켰다.

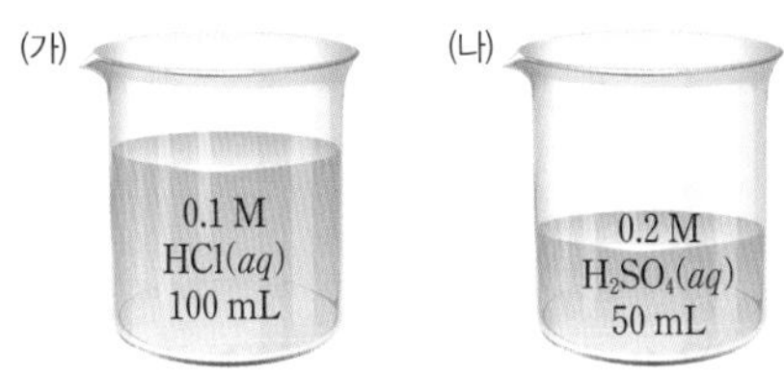

(가)와 (나)를 각각 완전히 중화시키는 데 필요한 NaOH 수용액의 부피비((가) : (나))를 구하시오.

18 표와 같이 몰 농도가 같은 염산(HCl)과 수산화 나트륨(NaOH) 수용액을 부피를 서로 달리하여 혼합하였다.

혼합 용액	(가)	(나)	(다)	(라)	(마)
HCl(aq)(mL)	10	15	20	25	30
NaOH(aq)(mL)	30	25	20	15	10

이에 대한 설명으로 옳은 것만을 〈보기〉에서 있는 대로 고른 것은?

보기
ㄱ. 혼합 용액에 들어 있는 이온의 종류의 가짓수는 (다)가 가장 작다.
ㄴ. 생성된 물 분자 수는 (나)와 (라)가 같다.
ㄷ. (가)와 (마)의 용액을 혼합한 용액의 pH는 7이다.

① ㄱ ② ㄴ ③ ㄱ, ㄷ
④ ㄴ, ㄷ ⑤ ㄱ, ㄴ, ㄷ

3 산 염기 중화 적정

19 오른쪽 그림과 같이 비커에 0.01 M 염산 10 mL가 들어 있다. 이 수용액에 대한 설명으로 옳은 것만을 〈보기〉에서 있는 대로 고른 것은?(단, HCl은 수용액에서 완전히 이온화한다.)

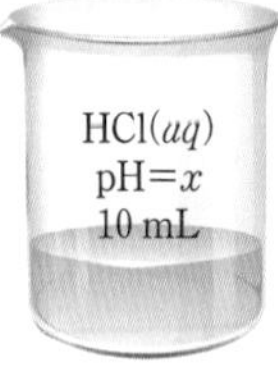

보기
ㄱ. $x=2$이다.
ㄴ. 0.02 M NaOH(aq) 5 mL를 넣으면 완전 중화된다.
ㄷ. 0.01 M $Ca(OH)_2$(aq) 10 mL를 넣으면 중성 용액이 된다.

① ㄱ ② ㄷ ③ ㄱ, ㄴ
④ ㄴ, ㄷ ⑤ ㄱ, ㄴ, ㄷ

[20~22] 다음은 황산(H_2SO_4(aq))의 몰 농도를 알아내는 실험 과정을 순서 없이 나타낸 것이다. 물음에 답하시오.

(가) 황산 10 mL를 [㉠]을/를 이용하여 취한 후 삼각 플라스크에 넣고 페놀프탈레인 용액을 2~3방울 떨어뜨린다.
(나) 용액 전체가 [㉡]으로 변한 순간 뷰렛의 꼭지를 잠근다.
(다) 중화 반응의 양적 관계 $nMV=n'M'V'$를 이용하여 황산의 몰 농도를 구한다.
(라) 넣어 준 NaOH(aq)의 부피를 계산한다.
(마) 0.1 M NaOH(aq)을 뷰렛을 이용하여 넣으면서 삼각 플라스크를 흔들어 준다.

중요

20 실험 과정을 순서대로 나열하시오.

21 실험 기구 ㉠과 용액의 색 ㉡을 옳게 짝 지은 것은?

	㉠	㉡
①	비커	노란색
②	부피 플라스크	붉은색
③	스포이트	파란색
④	피펫	노란색
⑤	피펫	붉은색

22 (라)에서 넣어 준 0.1 M NaOH 수용액의 부피가 10 mL였다. 황산의 몰 농도를 구하시오.

실력을 올리는 실전 문제와 함께 보면 더 좋아요!

A 산 염기의 정의

그림은 반응 (가)~(다)를 모형으로 나타낸 것이다.

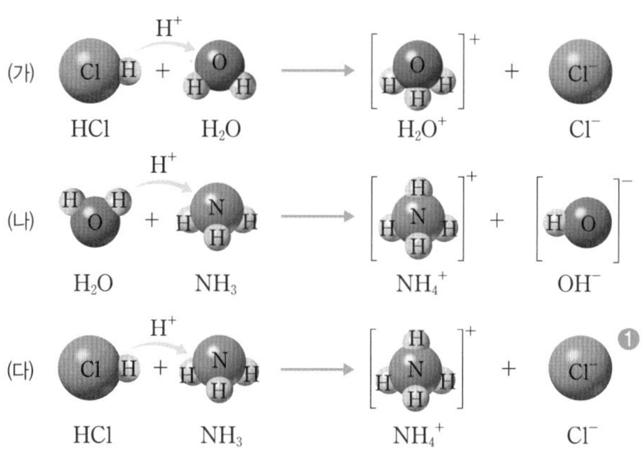

① 물에 녹아 H^+을 내놓으면 아레니우스 산, OH^-을 내놓으면 아레니우스 염기이다.

- (가)에서 HCl는 물에 녹아 H^+을 내놓으므로 아레니우스 산이다.
- (나)에서 NH_3가 물에 녹아 OH^-을 생성하나 NH_3 분자가 OH^-을 내놓는 것이 아니므로 아레니우스 염기가 아니다.

② H^+을 내놓으면 브뢴스테드 · 로리 산, H^+을 받으면 브뢴스테드 · 로리 염기이다.

구분	(가)	(나)	(다)
브뢴스테드 · 로리 산	HCl	H_2O ❷	HCl
브뢴스테드 · 로리 염기	H_2O	NH_3	NH_3

❶ 브뢴스테드 · 로리 산 염기는 (다)와 같이 수용액이 아닌 반응도 설명할 수 있다. (다)는 HCl 기체와 NH_3 기체가 반응하여 흰색 결정인 NH_4Cl을 생성하는 반응이다.

❷ 양쪽성 물질은 반응 조건에 따라 산이 되기도 하고 염기가 되기도 하는 물질이다. H_2O은 (가)에서는 염기로, (나)에서는 산으로 작용하는 양쪽성 물질이다.

실력을 올리는 실전 문제 찾아가기

- 산 염기 반응이 이온 모형으로 제시되는 문제_01
- 산 염기 반응이 화학 반응식으로 제시되는 문제_02

B 산 염기 반응 모형과 이온 수 변화

그림 (가)는 NaOH(*aq*) 40 mL에 HCl(*aq*) 10 mL씩을 넣을 때 일어나는 반응을 모형으로 나타낸 것이고, 그림 (나)는 혼합 용액 속에 들어 있는 이온 A~D의 수를 나타낸 것이다.

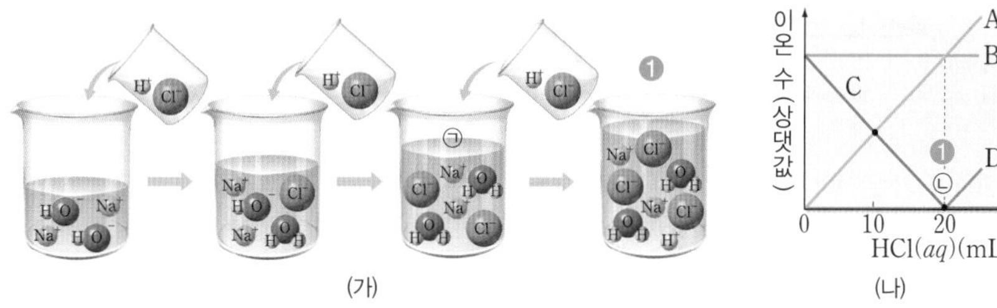

(가) (나)

① 산이 내놓은 H^+과 염기가 내놓은 OH^-이 1 : 1의 몰비로 반응하여 H_2O을 생성한다. → 알짜 이온 반응식: $H^+(aq) + OH^-(aq) \longrightarrow H_2O(l)$

② 이온 A~D의 종류 파악하기

A	넣어 준 HCl(*aq*)의 부피에 비례하여 증가하므로 반응에 참여하지 않는 Cl^-이다.
B	처음부터 수가 일정하므로 반응에 참여하지 않는 Na^+이다.
C	HCl(*aq*)을 넣음에 따라 그 수가 감소하므로 반응에 참여하는 OH^-이다.
D	처음에는 존재하지 않다가 중화점 이후 계속 증가하므로 반응에 참여하는 H^+이다.

③ 그림 (나)에서 OH^-의 수가 0이 되는 ㉡이 중화점이다.

- NaOH(*aq*) 40 mL에 HCl(*aq*) 20 mL를 넣으면 중화 반응이 완전히 일어나므로 단위 부피당 이온 수비는 NaOH(*aq*) : HCl(*aq*)=1 : 2이다.

❶ 중화점을 찾는 방법: (가)의 혼합 용액 중에서 구경꾼 이온만 존재하는 ㉠ 용액에서 중화 반응이 완전히 일어났다. (나)에서 H^+, OH^-이 존재하지 않거나, 산과 염기의 구경꾼 이온의 수가 같은 ㉡이 중화점이다.

❷ 중화 반응이 일어나는 동안에는 OH^-이 반응하여 없어지는 만큼 구경꾼 이온인 Cl^-이 들어오므로 전체 이온 수는 일정하다. 중화점 이후에는 중화 반응이 일어나지 않으므로 넣는 만큼 이온 수가 증가한다. 따라서 전체 이온 수 변화는 다음과 같다.

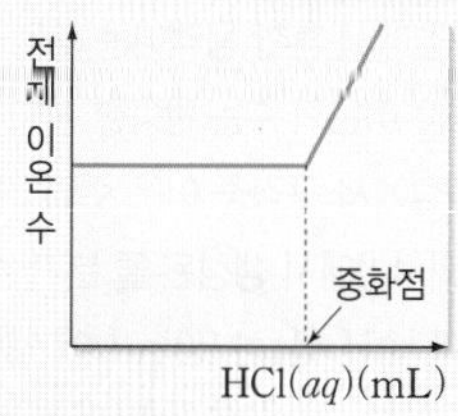

실력을 올리는 실전 문제 찾아가기

- 산과 염기의 중화 반응이 이온 모형으로 제시되는 문제_04
- 중화 반응이 일어날 때의 이온 수 변화가 그래프로 제시되는 문제_06
- 일정량의 염기 수용액에 산 수용액을 가하는 반응의 이온 모형이 제시되는 문제_07

C 단위 부피당 이온 모형을 이용한 양적 관계 계산

오른쪽 표는 $HCl(aq)$과 $NaOH(aq)$을 혼합한 용액 (가)와 (나)에 대한 자료이다.

혼합 용액		(가)	(나)
혼합 전 용액의 부피(mL)	$HCl(aq)$	30	10
	$NaOH(aq)$	x	y
단위 부피당 이온 모형 (▲: Na^+, ●: Cl^-)			

① (가)와 (나)에서 사용한 $HCl(aq)$과 $NaOH(aq)$의 농도가 같으므로 산과 염기 수용액에 존재하는 구경꾼 이온의 수는 반응한 산과 염기의 부피에 비례한다.

- $HCl(aq)$의 부피는 (가)가 (나)의 3배이므로 Cl^-의 수를 (나)에서 $4N$이라고 하면 (가)는 (나)의 3배인 $12N$이 되어야 한다. 그런데 단위 부피당 이온 모형에서 Cl^-의 수는 $2N$이므로 용액의 부피는 (가)가 (나)의 6배이다. → $(30+x)=6(10+y)$
- (가)의 전체 부피에 들어 있는 Na^+의 수는 단위 부피당 이온 모형의 6배이므로 $18N$이다. 따라서 Na^+의 수는 (가)가 (나)의 9배이다. → $x=9y$

② 비례식을 세워 x, y를 구한다.

- $(30+x)=6(10+y)$, $x=9y$이므로 $x=90$, $y=10$이다. ❶

③ 용액 속에 존재하는 구경꾼 이온의 수는 반응한 산의 H^+과 염기의 OH^-의 수와 같다. ❷

- (가)는 Na^+ 수 > Cl^- 수이므로 염기성 용액, (나)는 Na^+ 수 < Cl^- 수이므로 산성 용액이다.
- 단위 부피당 생성된 물 분자 수는 소량으로 들어 있는 구경꾼 이온의 수에 비례하므로 (가)에서는 Cl^-의 수($2N$)에 비례하고, (나)에서는 Na^+의 수($2N$)에 비례한다.
- (가)와 (나)에서 생성된 물 분자 수비는 1 : 1이나 전체 부피비가 (가) : (나)=6 : 1이므로 생성된 물 분자 수비는 (가) : (나)=6 : 1이다.

❶ (가)와 (나)에서 용액의 부피는 다음과 같다.

(가)	(나)
$HCl(aq)$ 30 mL+ $NaOH(aq)$ 90 mL	$HCl(aq)$ 10 mL+ $NaOH(aq)$ 10 mL

❷ (가)와 (나)에 들어 있는 구경꾼 이온의 총수와 생성된 물 분자 수는 다음과 같다.

구분	(가)	(나)
이온의 총수	Na^+ $18N$, Cl^- $12N$	Na^+ $2N$, Cl^- $4N$
생성된 물 분자 수	$12N$	$2N$

실력을 올리는 실전 문제 찾아가기

- 산과 염기의 부피를 달리하여 혼합한 용액에서 단위 부피당 이온 모형이 제시되는 문제_15

D 생성된 물 분자 수를 이용한 양적 관계 계산

오른쪽 그림은 $HA(aq)$, $BOH(aq)$의 부피를 달리하여 중화 반응시켰을 때 생성된 물 분자 수를 상댓값으로 나타낸 것이다. 실험 (가)와 (나)에서 사용한 $BOH(aq)$은 같다.

① 중화점에서 생성된 물 분자 수가 최대가 된다.

- (가)에서는 $HA(aq)$ 20 mL와 $BOH(aq)$ 40 mL가 완전히 반응하고, (나)에서는 $HA(aq)$ 40 mL와 $BOH(aq)$ 20 mL가 완전히 반응하며, $BOH(aq)$ 40 mL와 반응하는 $HA(aq)$의 부피비는 (가) : (나)에서 20 : 80=1 : 4이다. → $HA(aq)$의 농도비는 (가) : (나) =4 : 1이다. ❶

② 중화점에서 혼합 용액에는 구경꾼 이온만 존재한다.

- 구경꾼 이온의 수는 반응한 산의 H^+과 염기의 OH^-의 수와 같으므로 생성된 물 분자 수와 같다.
- 중화점에서 구경꾼 이온 수의 비는 (가) : (나)=2 : 1이다.

③ (가)와 (나)에서 생성된 물 분자 수를 각각 $2N$과 N이라고 한다.

- (가)에서 $HA(aq)$ 20 mL에 들어 있는 H^+, A^-은 각각 $2N$, $BOH(aq)$ 40 mL에 들어 있는 B^+, OH^-은 각각 $2N$이다. (나)에서 $HA(aq)$ 40 mL에 들어 있는 H^+, Cl^-은 각각 N, $BOH(aq)$ 20 mL에 들어 있는 B^+, OH^-은 각각 N이다.
- (가)의 P점과 (나)의 Q점에 들어 있는 이온 수는 다음과 같다. ❷

구분	H^+	A^-	B^+	OH^-
P	N	N	$2.5N$	$2.5N$
Q	$0.75N$	$0.75N$	$1.5N$	$1.5N$

❶ (가)에서 $HA(aq)$와 $BOH(aq)$의 농도비는 $HA(aq)$: $BOH(aq)$=2 : 1이고, (나)에서 $HA(aq)$과 $BOH(aq)$의 농도비는 $HA(aq)$: $BOH(aq)$=1 : 2이다.

❷ P와 Q는 염기성을 띠므로 pH는 7보다 크다.

실력을 올리는 실전 문제 찾아가기

- 산과 염기의 부피를 달리하여 혼합한 용액에서 생성된 물 분자 수가 그래프로 제시되는 문제_13, 14

E 산과 염기의 가수에 따른 중화 반응의 양적 관계

CASE 1 **0.1 M HCl(aq) 200 mL와 0.2 M NaOH(aq) 100 mL의 중화 반응**

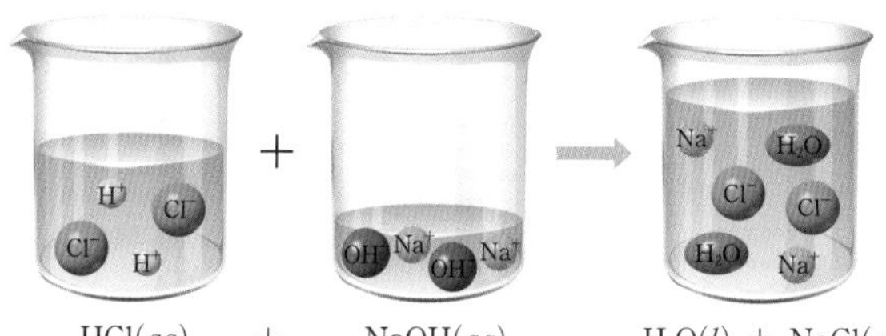

HCl(aq) + NaOH(aq) ⟶ $H_2O(l)$ + NaCl(aq)

- H^+의 양(mol): 1×0.1 mol/L $\times 0.2$ L $= 0.02$ mol ❶
- OH^-의 양(mol): 1×0.2 mol/L $\times 0.1$ L $= 0.02$ mol ❷

H^+과 OH^-의 양이 같으므로 중화 반응이 완전히 일어난다.

CASE 2 **0.1 M H_2SO_4(aq) 100 mL와 0.1 M NaOH(aq) 200 mL의 중화 반응**

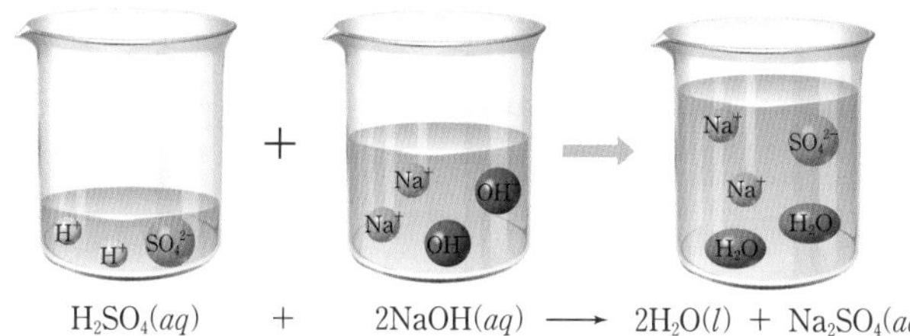

H_2SO_4(aq) + 2NaOH(aq) ⟶ $2H_2O(l)$ + Na_2SO_4(aq)

- H^+의 양(mol): 2×0.1 mol/L $\times 0.1$ L $= 0.02$ mol ❶
- OH^-의 양(mol): 1×0.1 mol/L $\times 0.2$ L $= 0.02$ mol ❷

H^+과 OH^-의 양이 같으므로 중화 반응이 완전히 일어난다.

❶ 산의 가수를 n_1, 몰 농도를 M_1이라고 하면 산 V_1 L에 포함된 H^+의 양(mol)은 $n_1M_1V_1$이다.

❷ 염기의 가수를 n_2, 몰 농도를 M_2라고 하면 염기 V_2 L에 포함된 OH^-의 양(mol)은 $n_2M_2V_2$이다.

실력을 올리는 실전 문제 찾아가기

- 같은 부피의 산과 염기 수용액을 혼합할 때의 이온 모형이 제시되는 문제_08

F 혼합 용액 중의 이온 양을 이용한 양적 관계 계산

오른쪽 표는 염산(HCl(aq))과 수산화 나트륨 수용액(NaOH(aq))을 부피를 달리하여 혼합한 용액 (가)와 (나)에 존재하는 전체 이온의 양을 나타낸 것이다.

혼합 용액	NaOH(aq)의 부피(mL)	HCl(aq)의 부피(mL))	전체 이온의 양(mol) ❶
(가)	30	20	n
(나)	10	40	n

① 산과 염기의 중화 반응이 일어난 후 용액에 남아 있는 전체 이온의 양은 산과 염기의 중화 반응 후 남은 물질의 반응 전 초기 이온의 양과 같다.

- (가)에서 HCl(aq)이 과량이라면 부피가 2배인 (나)에서 전체 이온의 양이 더 커져야 하므로 (가)에서는 NaOH(aq)이 과량이며, (나)에서는 HCl(aq)이 과량이다.
- NaOH(aq) 30 mL에 들어 있는 이온의 양은 n몰, HCl(aq) 40 mL에 들어 있는 이온의 양은 n몰이므로 10 mL당 이온의 양은 NaOH(aq)은 $\frac{n}{3}$몰(Na^+ $\frac{n}{6}$몰, OH^- $\frac{n}{6}$몰), HCl(aq)는 $\frac{n}{4}$몰(H^+ $\frac{n}{8}$몰, Cl^- $\frac{n}{8}$몰)이다. ❷

② 생성되는 물의 양은 소량으로 들어 있는 산이나 염기 수용액 속의 H^+, OH^-의 양과 같다.

- (가)에서는 HCl(aq) 20 mL에 들어 있는 H^+의 양만큼 물이 생성되므로 생성되는 물의 양은 $\frac{n}{4}$몰이다.
- (나)에서는 NaOH(aq) 10 mL에 들어 있는 OH^-의 양만큼 물이 생성되므로 생성되는 물의 양은 $\frac{n}{6}$몰이다.

❶ 이온의 양(mol) 대신 전체 이온 수가 주어진 경우에도 같은 방법으로 풀 수 있다.

❷ 전체 이온의 양은 양이온과 음이온을 합한 것임에 주의한다.

실력을 올리는 실전 문제 찾아가기

- 산과 염기의 부피를 달리하여 혼합한 용액에서 전체 양이온 수나 이온의 양(mol)이 표로 제시되는 문제_10

실력을 올리는 실전 문제

01 그림은 2가지 산 염기 반응을 모형으로 나타낸 것이다.

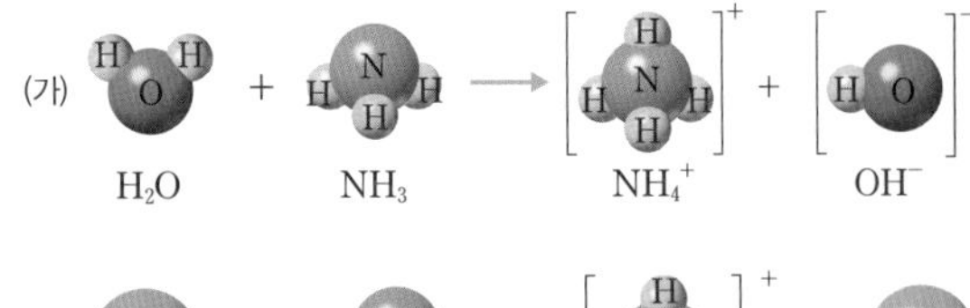

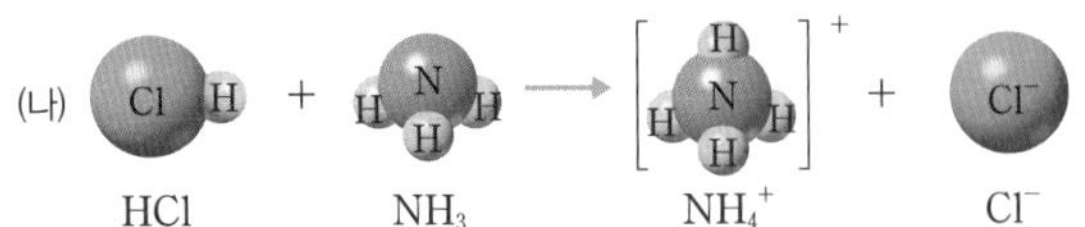

이에 대한 설명으로 옳은 것만을 〈보기〉에서 있는 대로 고른 것은?

보기

ㄱ. (가)에서 NH_3는 아레니우스 염기로 작용한다.
ㄴ. (나)에서 HCl는 브뢴스테드 · 로리 산으로 작용한다.
ㄷ. NH_3는 양쪽성 물질이다.

① ㄱ ② ㄴ ③ ㄱ, ㄷ
④ ㄴ, ㄷ ⑤ ㄱ, ㄴ, ㄷ

02 다음은 몇 가지 산 염기 반응의 화학 반응식이다.

(가) $CO_3^{2-}(aq) + H_2O(l) \longrightarrow HCO_3^-(aq) + OH^-(aq)$
(나) $HF(g) + H_2O(l) \longrightarrow H_3O^+(aq) + F^-(aq)$
(다) $H_3O^+(aq) + OH^-(aq) \longrightarrow 2H_2O(l)$

이에 대한 설명으로 옳은 것만을 〈보기〉에서 있는 대로 고른 것은?

보기

ㄱ. (가)에서 H_2O은 아레니우스 염기이다.
ㄴ. (나)에서 HF는 아레니우스 산이다.
ㄷ. (다)에서 OH^-은 브뢴스테드 · 로리 염기이다.

① ㄱ ② ㄷ ③ ㄱ, ㄴ
④ ㄴ, ㄷ ⑤ ㄱ, ㄴ, ㄷ

➲ 수능기출

03 다음은 산 염기와 관련된 반응 (가)~(다)에 대한 설명이다.

(가) 수산화 칼륨(KOH)을 물에 녹이면 칼륨 이온(K^+)과 수산화 이온(OH^-)이 생성된다.
(나) 아세트산(CH_3COOH)을 물에 녹이면 아세트산 이온(CH_3COO^-)과 하이드로늄 이온(H_3O^+)이 생성된다.
(다) 암모니아(NH_3)를 염화 수소(HCl)와 반응시키면 염화 암모늄(NH_4Cl)이 생성된다.

(가)~(다) 중 아레니우스 염기를 포함하는 반응(A)과 브뢴스테드 · 로리 염기를 포함하는 반응(B)으로 옳은 것은?

	A	B
①	(가)	(나), (다)
②	(나)	(가), (다)
③	(다)	(가), (나)
④	(가), (나)	(다)
⑤	(가), (나), (다)	–

04 그림은 같은 부피의 수용액 (가)와 (나)를 혼합하는 모형을 나타낸 것이다.

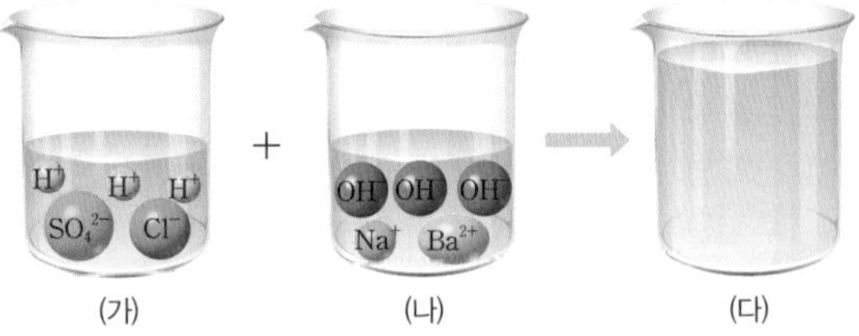

이에 대한 설명으로 옳은 것만을 〈보기〉에서 있는 대로 고른 것은?

보기

ㄱ. (가)에는 2가지 산이 녹아 있다.
ㄴ. (다) 용액에 BTB 용액을 떨어뜨리면 노란색이 된다.
ㄷ. (다) 용액으로 불꽃 반응 실험을 하면 불꽃색은 황록색을 나타낸다.

① ㄱ ② ㄷ ③ ㄱ, ㄴ
④ ㄴ, ㄷ ⑤ ㄱ, ㄴ, ㄷ

➲ 수능기출 변형

05 그림은 수용액 (가)와 (나)가 반응하여 수용액 (다)로 되는 과정을 이온 모형으로 나타낸 것이다.

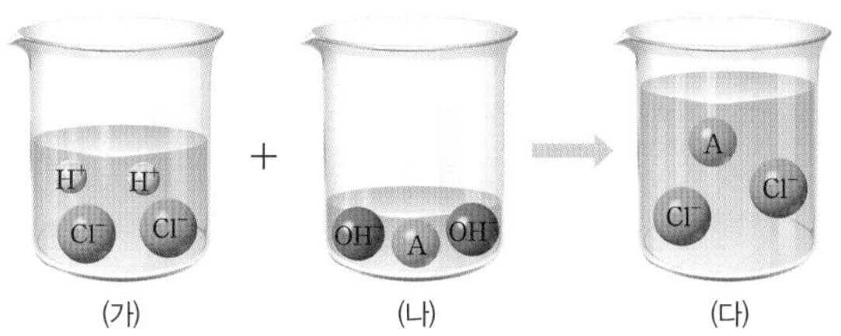

이에 대한 설명으로 옳은 것만을 〈보기〉에서 있는 대로 고른 것은?

보기

ㄱ. 알짜 이온 반응식은 $H^+ + OH^- \longrightarrow H_2O$ 이다.
ㄴ. A와 Cl^-은 구경꾼 이온이다.
ㄷ. 용액의 pH는 (나) > (다) > (가)이다.

① ㄱ ② ㄷ ③ ㄱ, ㄴ
④ ㄴ, ㄷ ⑤ ㄱ, ㄴ, ㄷ

06 그림은 수산화 나트륨(NaOH) 수용액 80 mL에 염산(HCl(*aq*))을 조금씩 넣을 때 혼합 용액에 들어 있는 이온 A～D의 이온 수 변화를 나타낸 것이다.

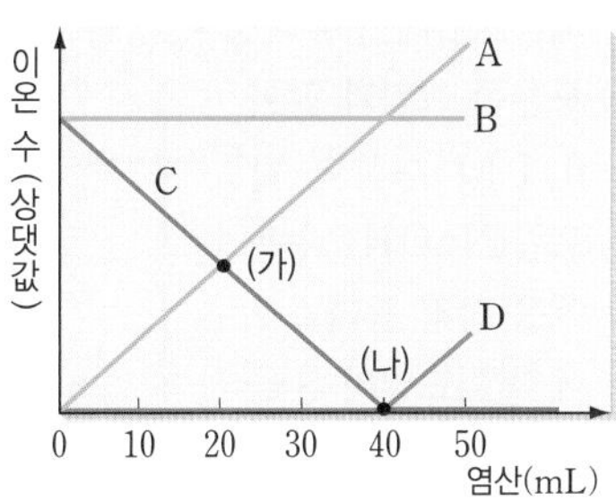

이에 대한 설명으로 옳은 것만을 〈보기〉에서 있는 대로 고른 것은?

보기

ㄱ. A와 B는 구경꾼 이온이다.
ㄴ. $\dfrac{Cl^- \text{의 수}}{Na^+ \text{의 수}}$는 (나)에서가 (가)에서의 2배이다.
ㄷ. 혼합 전 단위 부피당 전체 이온 수는 HCl(*aq*)이 NaOH(*aq*)의 2배이다.

① ㄴ ② ㄷ ③ ㄱ, ㄴ
④ ㄱ, ㄷ ⑤ ㄱ, ㄴ, ㄷ

07 그림은 수산화 나트륨(NaOH) 수용액에 염산(HCl(*aq*))을 조금씩 넣을 때 일어나는 반응을 이온 모형으로 나타낸 것이다.

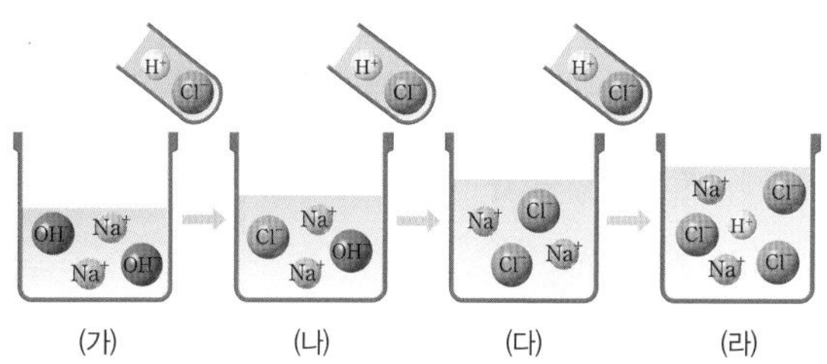

이에 대한 설명으로 옳은 것만을 〈보기〉에서 있는 대로 고른 것은?

보기

ㄱ. 용액의 pH는 (나)가 (가)보다 크다.
ㄴ. 단위 부피당 Na^+의 수는 (나)가 (다)보다 크다.
ㄷ. 생성된 물의 양(mol)은 (라)가 (다)보다 크다.

① ㄱ ② ㄴ ③ ㄱ, ㄷ
④ ㄴ, ㄷ ⑤ ㄱ, ㄴ, ㄷ

08 그림은 HA(*aq*) 20 mL에 BOH(*aq*) 20 mL를 넣을 때, 혼합 전과 후의 수용액 속에 존재하는 이온을 입자 모형으로 나타낸 것이다.

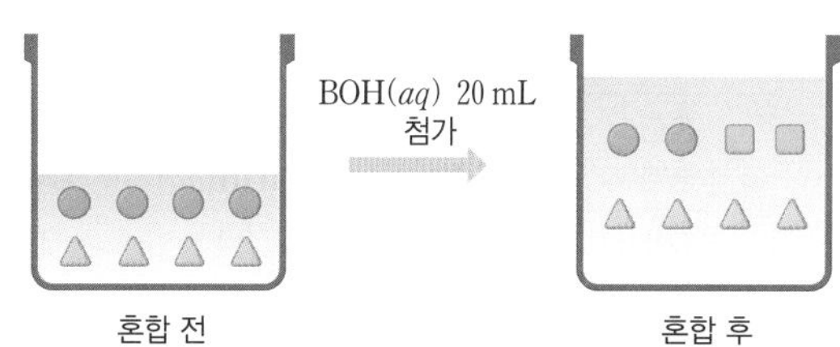

이에 대한 설명으로 옳은 것만을 〈보기〉에서 있는 대로 고른 것은?(단, HA와 BOH는 수용액에서 완전히 이온화한다.)

보기

ㄱ. 혼합 용액은 산성이다.
ㄴ. 혼합 전 수용액의 단위 부피당 전체 이온의 양(mol)은 HA(*aq*)가 BOH(*aq*)의 2배이다.
ㄷ. ●과 ■은 1 : 1의 개수비로 반응한다.

① ㄱ ② ㄷ ③ ㄱ, ㄴ
④ ㄴ, ㄷ ⑤ ㄱ, ㄴ, ㄷ

09 다음은 수용액 (가)~(다)에 대한 자료이다.

- (가)~(다)에는 각각 NaOH a몰, NaCl b몰, HCl b몰 중 하나가 녹아 있다.
- (가)~(다)에 들어 있는 이온 모형

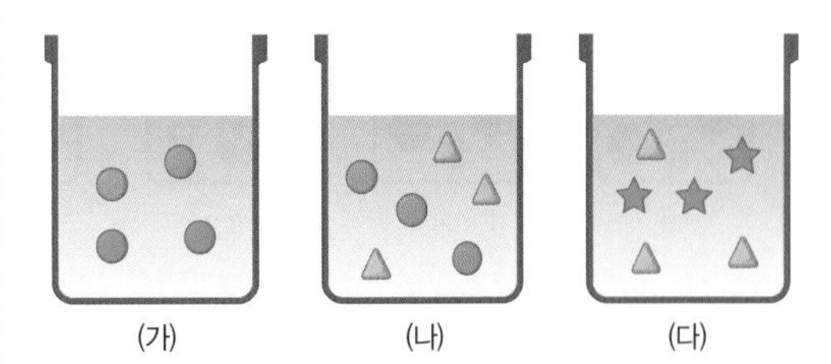

이에 대한 설명으로 옳은 것만을 〈보기〉에서 있는 대로 고른 것은?

보기
ㄱ. pH는 (가)>(나)이다.
ㄴ. (가)와 (다)를 혼합해도 ▲의 수는 일정하다.
ㄷ. (나)와 (다)를 혼합하면 ●의 수는 감소한다.

① ㄱ ② ㄷ ③ ㄱ, ㄴ
④ ㄴ, ㄷ ⑤ ㄱ, ㄴ, ㄷ

10 표는 HCl(aq)과 NaOH(aq)의 부피를 달리하여 혼합한 용액 (가)와 (나)에 대한 자료이다. (가)는 산성이다.

혼합 용액	혼합 전 용액의 부피(mL)		전체 양이온 수
	HCl(aq)	NaOH(aq)	
(가)	30	20	$15N$
(나)	10	40	$20N$

이에 대한 설명으로 옳은 것만을 〈보기〉에서 있는 대로 고른 것은?

보기
ㄱ. (나)는 염기성이다.
ㄴ. 단위 부피당 이온 수는 NaOH(aq)이 HCl(aq)의 1.5배이다.
ㄷ. 생성된 물 분자의 양은 (가)에서가 (나)에서의 2배이다.

① ㄱ ② ㄴ ③ ㄱ, ㄷ
④ ㄴ, ㄷ ⑤ ㄱ, ㄴ, ㄷ

11 그림 (가)~(다)는 HA(aq) 20 mL에 BOH(aq)을 10 mL씩 2번 넣을 때, 수용액 속의 이온을 모형으로 나타낸 것이다.

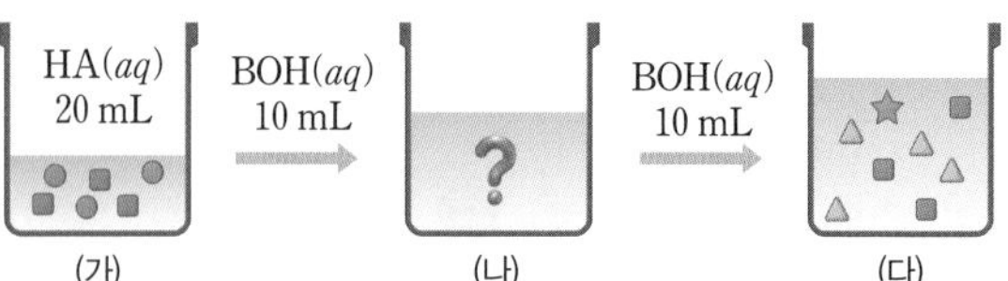

(나)의 모형으로 옳은 것은?

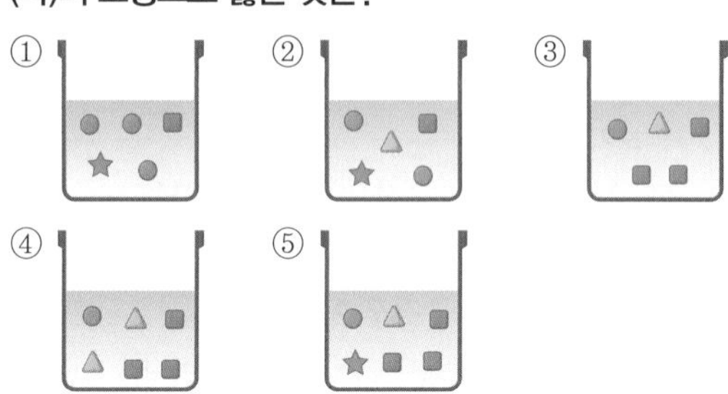

12 다음은 식초 속 아세트산(CH_3COOH)의 함량을 구하기 위한 실험이다.

[실험 과정]
(가) 식초 10 mL를 100 mL 부피 플라스크에 넣고 표선까지 증류수를 채운다.
(나) (가)의 용액 20 mL를 삼각 플라스크에 넣고 페놀프탈레인 용액 2~3방울을 떨어뜨린다.
(다) 오른쪽 그림과 같이 0.1 M 수산화 나트륨(NaOH) 수용액을 삼각 플라스크에 떨어뜨리며 흔들어준다.

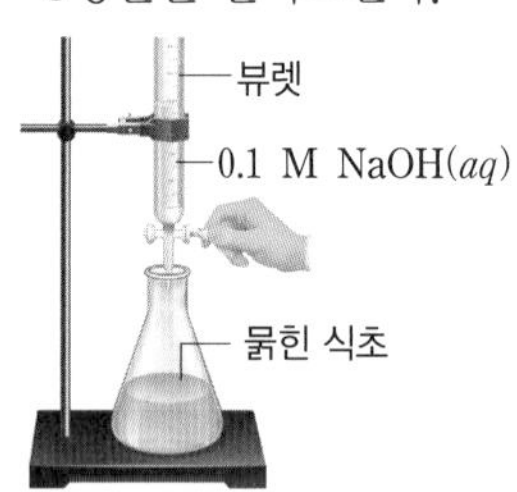

(라) 삼각 플라스크 안의 용액이 전체적으로 붉은색으로 변하면 뷰렛의 꼭지를 잠그고, 넣어 준 NaOH 수용액의 부피를 구한다.

[실험 결과]
- 넣어 준 NaOH 수용액의 부피는 20 mL이다.

식초 속 CH_3COOH의 함량(질량 %)은?(단, 실험에서 산으로 작용하는 물질은 CH_3COOH만 있고, 식초의 밀도는 1 g/mL, CH_3COOH의 분자량은 60이다.)

① 0.1 ② 1.0 ③ 1.2
④ 6 ⑤ 20

13 표는 $HCl(aq)$과 $NaOH(aq)$의 부피를 달리하여 혼합한 용액 (가)~(라)에 대한 자료이고, 그림은 (가)~(라)에서 생성된 물 분자 수를 상댓값으로 나타낸 것이다.

혼합 용액	$NaOH(aq)$ (mL)	$HCl(aq)$ (mL)
(가)	50	10
(나)	50	30
(다)	10	50
(라)	30	50

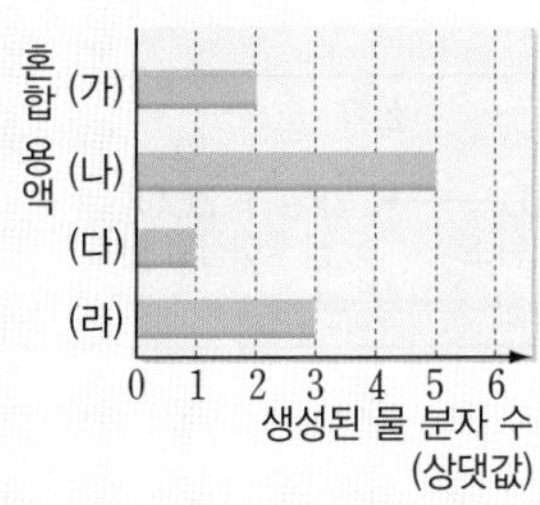

이에 대한 설명으로 옳은 것만을 <보기>에서 있는 대로 고른 것은?

보기
ㄱ. (나)는 중성이다.
ㄴ. 단위 부피당 이온 수는 $HCl(aq)$이 $NaOH(aq)$의 2배이다.
ㄷ. (가)와 (다)를 혼합할 때 추가로 생성되는 물 분자 수는 3이다.

① ㄱ ② ㄴ ③ ㄱ, ㄷ
④ ㄴ, ㄷ ⑤ ㄱ, ㄴ, ㄷ

14 그림은 $HA(aq)$과 $BOH(aq)$의 부피를 달리하여 혼합하였을 때, 혼합 용액에서 생성된 물 분자 수를 상댓값으로 나타낸 것이다. 실험 Ⅰ과 실험 Ⅱ에서 사용한 $HA(aq)$과 $BOH(aq)$의 몰 농도는 다르다.

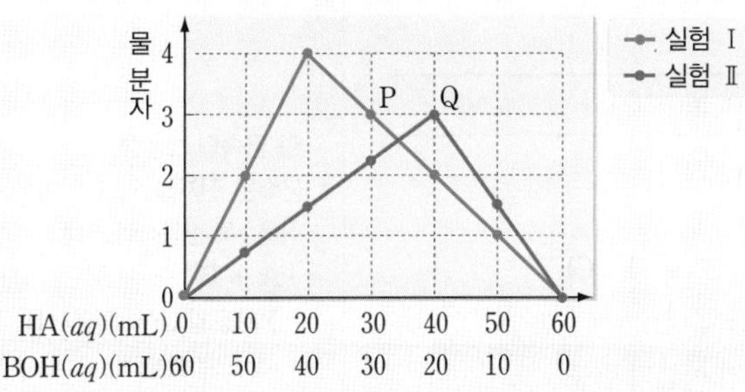

이에 대한 설명으로 옳은 것만을 <보기>에서 있는 대로 고른 것은?

보기
ㄱ. 용액의 pH는 P에서가 Q에서보다 크다.
ㄴ. 실험 Ⅰ에서 사용한 $HA(aq)$ 몰 농도는 실험 Ⅱ에서 사용한 $HA(aq)$ 몰 농도의 2배이다.
ㄷ. $\frac{A^-\text{의 수}}{B^+\text{의 수}}$는 P에서가 Q에서의 2배이다.

① ㄱ ② ㄷ ③ ㄱ, ㄴ
④ ㄴ, ㄷ ⑤ ㄱ, ㄴ, ㄷ

➲ 수능모의평가기출 변형

15 표는 $HCl(aq)$과 $NaOH(aq)$의 부피를 달리하여 혼합한 용액 (가)와 (나)에 대한 자료이다. y는 x보다 크다.

혼합 용액		(가)	(나)
혼합 전 각 용액의 부피(mL)	$HCl(aq)$	100	100
	$NaOH(aq)$	x	y
단위 부피당 이온 수 모형		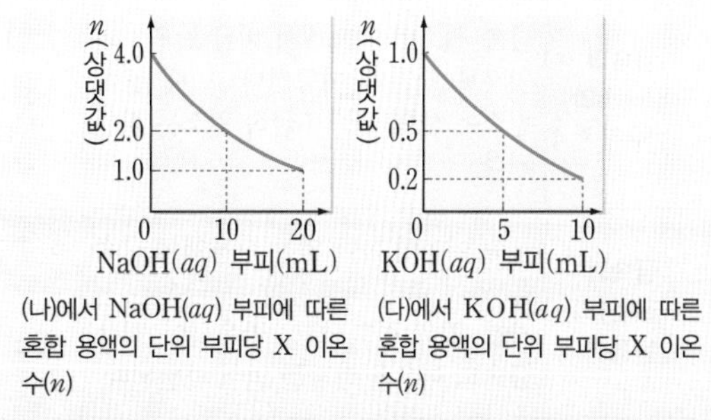	

$\frac{y}{x}$는?(단, 혼합 용액의 부피는 혼합 전 각 용액의 부피의 합과 같다.)

① 2 ② 3 ③ 4
④ 5 ⑤ 6

➲ 수능기출 변형

16 다음은 중화 반응 실험이다.

[실험 과정]
(가) $HCl(aq)$, $NaOH(aq)$, $KOH(aq)$을 각각 준비한다.
(나) $HCl(aq)$ x mL에 $NaOH(aq)$ 20 mL를 조금씩 첨가한다.
(다) (나)의 최종 혼합 용액에서 15 mL를 취하여 비커에 넣고 $KOH(aq)$ 10 mL를 조금씩 첨가한다.

[실험 결과]

n(상댓값) 4.0, 2.0, 1.0 / NaOH(aq) 부피(mL) 0 10 20
(나)에서 $NaOH(aq)$ 부피에 따른 혼합 용액의 단위 부피당 X 이온 수(n)

n(상댓값) 1.0, 0.5, 0.2 / KOH(aq) 부피(mL) 0 5 10
(다)에서 $KOH(aq)$ 부피에 따른 혼합 용액의 단위 부피당 X 이온 수(n)

$HCl(aq)$ x mL와 $KOH(aq)$ 30 mL를 혼합한 용액에서 $\frac{K^+\text{ 수}}{Cl^-\text{ 수}}$는?(단, 혼합 용액의 부피는 혼합 전 각 용액의 부피의 합과 같다.)

① $\frac{1}{4}$ ② $\frac{3}{8}$ ③ $\frac{1}{2}$
④ $\frac{2}{3}$ ⑤ $\frac{3}{4}$

Ⅳ. 역동적인 화학 반응

17 산화 환원 반응

1 산화 환원 자료 분석 특강 202쪽 A, B

1 산소의 이동과 산화 환원

산화	어떤 물질이 산소와 결합하는 반응	$Fe_2O_3 + 3CO \longrightarrow 2Fe + 3CO_2$ (산화 철(Ⅲ) 일산화 탄소 → 철 이산화 탄소; 산화: $CO \to CO_2$, 환원: $Fe_2O_3 \to Fe$)
환원	어떤 물질이 산소를 잃는 반응	

2 전자의 이동과 산화 환원

① 전자의 이동과 산화 환원 반응

산화	어떤 물질이 전자를 잃는 반응	$2Ag^+(aq) + Cu(s) \longrightarrow 2Ag(s) + Cu^{2+}(aq)$ (산화: $Cu \to Cu^{2+}$, 환원: $Ag^+ \to Ag$)
환원	어떤 물질이 전자를 얻는 반응	

② 산소가 관여하는 산화 환원 반응에서 전자의 이동: 산소는 전기 음성도가 큰 원소이므로 어떤 물질이 산소와 결합하면 물질은 산소에 전자를 잃고 산화되고, 산소는 전자를 얻어 환원되는 것으로 볼 수 있다.

예 마그네슘(Mg) 연소 반응에서의 산화 환원

- Mg을 공기 중에서 연소시키면 산화 마그네슘(MgO)이 형성된다.
- Mg이 전자를 잃어 Mg^{2+}이 되고, O가 전자를 얻어 O^{2-}이 된다.

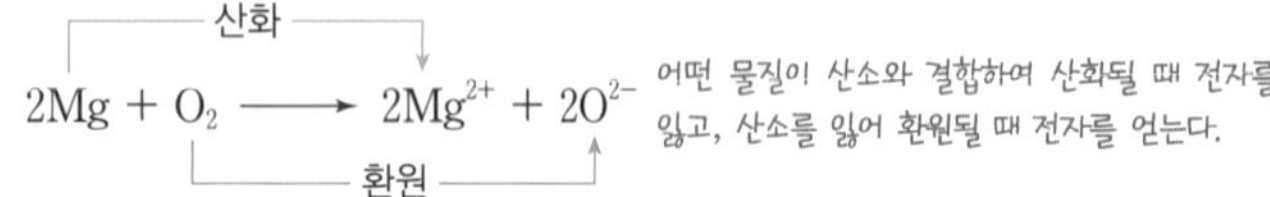
산화
$2Mg + O_2 \longrightarrow 2Mg^{2+} + 2O^{2-}$
환원
어떤 물질이 산소와 결합하여 산화될 때 전자를 잃고, 산소를 잃어 환원될 때 전자를 얻는다.

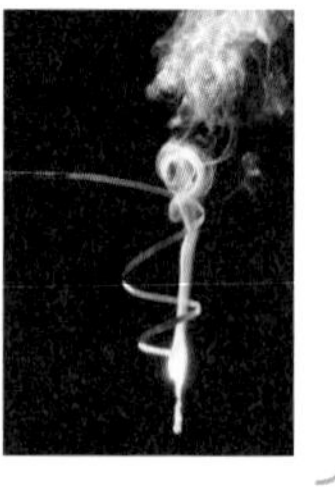

③ 산소가 관여하지 않는 여러 가지 산화 환원 반응

구분	전자의 이동	예
금속과 비금속의 반응❶, ❷	금속 원소의 원자에서 비금속 원소의 원자로 전자가 이동한다. 이때 금속 원소는 산화되고, 비금속 원소는 환원된다.	나트륨과 염소 기체의 반응 $2Na + Cl_2 \longrightarrow 2Na^+ + 2Cl^-$ (산화: $Na \to Na^+$, 환원: $Cl_2 \to Cl^-$)
금속과 금속염의 반응❸	금속 이온이 녹아 있는 수용액에 금속을 넣어 주면 반응성이 큰 금속은 전자를 잃고 산화되고, 반응성이 작은 금속의 이온은 전자를 얻어 환원된다.	황산 구리(Ⅱ) 수용액과 아연의 반응 $Cu^{2+}(aq) + Zn(s) \longrightarrow Cu(s) + Zn^{2+}(aq)$ (산화: $Zn \to Zn^{2+}$, 환원: $Cu^{2+} \to Cu$)

산화되는 물질이 내놓은 전자의 양과 환원되는 물질이 얻은 전자의 양이 같으므로 수용액 속 금속 양이온의 전하량의 총합은 반응 전과 반응 후에 같다.

3 산화 환원 반응의 동시성

산화와 환원은 항상 동시에 일어나므로 한 반응에서 산소를 얻어(전자를 잃어) 산화된 물질이 있으면 반드시 산소를 잃어(전자를 얻어) 환원된 물질이 있다.❹

확인 문제 1

1 산소와 결합하는 반응은 (   )이고, 산소를 잃는 반응은 (   )이다.
2 전자를 잃는 반응은 (   )이고, 전자를 얻는 반응은 (   )이다.
3 산화와 환원은 항상 (   )에 일어난다.

한눈에 정리하는 출제 경향

- 금속과 금속 이온의 반응에서 금속의 반응성 적용하기
- 산화 환원 반응식에서 양적 관계 알아보기

핵심 개념
산화 반응, 환원 반응, 산화수, 산화제, 환원제, 산화 환원 반응식

plus 개념

❶ 이온 결합 물질의 형성과 산화 환원
금속 원소의 원자는 비금속 원소의 원자보다 전자를 잃기 쉽다. 따라서 이온 결합 물질이 형성되는 과정에서는 물질 사이에 전자의 이동이 일어난다. 이때 금속 원자는 전자를 잃고 산화되고, 비금속 원자는 전자를 얻어 환원된다.

❷ 마그네슘과 염산의 반응
묽은 염산에 마그네슘을 넣으면 마그네슘은 전자를 잃고 마그네슘 이온으로 산화되고, 용액 속의 수소 이온이 전자를 얻고 수소 기체로 환원된다.

❸ 금속의 반응성
금속은 전자를 잃고 양이온이 되기 쉬울수록 반응성이 크다.
- $A + B^{2+} \longrightarrow A^{2+} + B$ → A가 전자를 잃고 산화되면서 B^{2+}을 환원시키므로 반응성은 $A > B$이다.
- $A + C^+ \longrightarrow$ 반응이 일어나지 않음 → A가 C^+을 환원시키지 못하므로 반응성은 $A < C$이다.

❹ 산화 환원 반응이 일어날 때 이동한 전자 수
산화 환원 반응은 항상 동시에 일어나므로 산화되는 물질이 잃은 전자 수와 환원되는 물질이 얻은 전자 수는 같다.

2 산화수 자료 분석 특강 203쪽 C

1 산화수 어떤 물질에서 각 원자가 어느 정도 산화되었는지를 나타내는 가상적인 전하로, 전자를 잃은 상태를 (+), 전자를 얻은 상태를 (−)로 나타낸다.

① **이온 결합 물질에서 산화수**: 물질을 구성하고 있는 각 이온의 전하와 같다.

예 산화 마그네슘(Mg^{2+} + O^{2-})에서 Mg의 산화수는 +2, O의 산화수는 −2이다.

② **공유 결합 물질에서 산화수**: 공유 전자쌍이 전기 음성도가 큰 원자 쪽으로 완전히 이동한다고 가정할 때 각 원자가 가지는 전하와 같다. 물질을 구성하는 원소들의 전기 음성도가 달라 전자쌍의 치우침에 따라 산화수가 다르다.

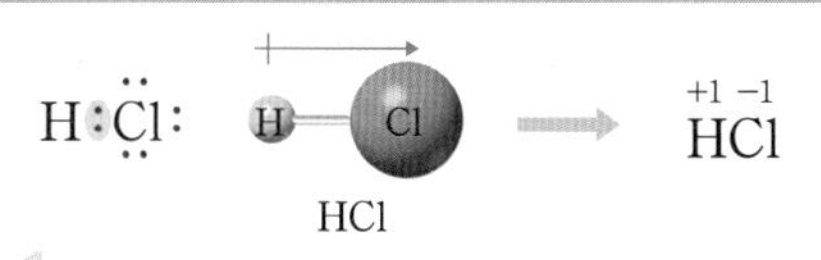

공유 전자쌍을 전기 음성도가 큰 Cl가 모두 가진다고 가정한다. → Cl는 전자 1개를 얻은 것이므로 산화수는 −1, H는 전자 1개를 잃은 것이므로 산화수는 +1이다.

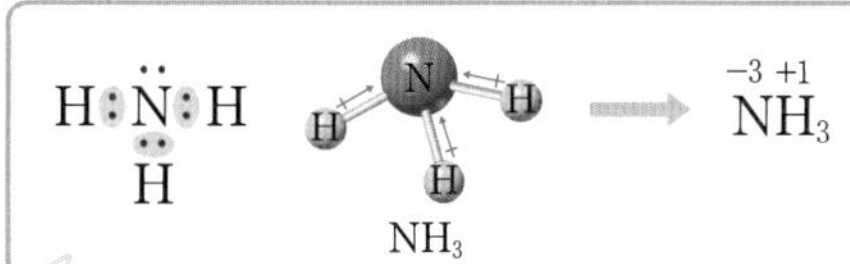

공유 전자쌍을 전기 음성도가 큰 N가 모두 가진다고 가정한다. → N는 전자 3개를 얻은 것이므로 산화수는 −3, H는 전자 1개를 잃은 것이므로 산화수는 +1이다.

2 산화수를 정하는 규칙⑤

	규칙	예
❶	홑원소 물질을 구성하는 원자의 산화수는 0이다.	H_2, O_2, Fe에서 각 원자의 산화수는 0이다.
❷	일원자 이온의 산화수는 그 이온의 전하와 같다.	Na^+의 산화수는 +1이고, Cl^-의 산화수는 −1이다.
❸	화합물에서 각 원자의 산화수의 합은 0이다.	H_2O: $\underset{H}{\underline{(+1)}}\times 2+\underset{O}{\underline{(-2)}}=0$
❹	다원자 이온은 각 원자의 산화수의 합이 그 이온의 전하와 같다.	SO_4^{2-}: $\underset{S}{\underline{(+6)}}+\underset{O}{\underline{(-2)}}\times 4=-2$
❺	화합물에서 H의 산화수는 +1이다(단, 금속 수소화물에서는 −1이다.).	• H_2O에서 H의 산화수는 +1이다. • LiH에서 H의 산화수는 −1이다.
❻	화합물에서 O의 산화수는 −2이다(단, 플루오린 화합물에서는 +2이며, 과산화물에서는 −1이다.).	• H_2O, CO_2에서 O의 산화수는 −2이다. • OF_2에서 O의 산화수는 +2이다. • H_2O_2에서 O의 산화수는 −1이다.

3 산화수의 변화와 산화 환원 산과 염기의 중화 반응과 같이 구성 원자의 산화수의 변화가 없는 반응은 산화 환원 반응이 아니다.

산화	산화수가 증가하는 반응 └ 원자나 이온이 전자를 잃으면 산화수가 증가하기 때문	산화수 증가(산화) $\overset{+3}{Fe}_2O_3(s) + 3\overset{+2}{C}O(g) \longrightarrow 2\overset{0}{Fe}(s) + 3\overset{+4}{C}O_2(g)$ 산화수 감소(환원)
환원	산화수가 감소하는 반응 └ 원자나 이온이 전자를 얻으면 산화수가 감소하기 때문	

4 산화 환원 반응의 동시성 산화와 환원은 항상 동시에 일어나므로 한 반응에서 산화수가 증가하여 산화된 물질이 있으면 반드시 산화수가 감소하여 환원된 물질이 있다.

→ 증가한 산화수의 합 = 감소한 산화수의 합

확인 문제 2

4 화합물을 구성하는 원자 중 전기 음성도가 큰 원자가 전자쌍을 모두 가진다고 가정할 때 각 원자의 가상적인 전하를 (　　　　)(이)라고 한다.

5 화합물에서 H의 산화수는 항상 +1이고, O의 산화수는 항상 −2이다. (○, ×)

6 산화 환원 반응에서 어떤 원자의 산화수가 증가하면, (산화, 환원)된 것이다.

---

plus 개념

궁금하지?

Q. 이온의 전하와 산화수는 어떻게 다를까?

A. 산화수는 가상적인 전하로, 이온의 전하와 같은 실제 전하와 다르므로 구별하여 표시한다.

이온 결합 물질에서는 전자가 금속 원자에서 비금속 원자로 완전히 이동한다. 따라서 금속 원자의 산화수는 항상 (+)이고, 비금속 원자의 산화수는 항상 (−)이다.

산화수의 주기성

원자의 산화수는 그 원자의 전자 배치와 관련이 있으므로 주기성을 나타낸다. 1족, 2족 및 13족 원자들은 각각 +1, +2, +3의 산화수를 가지며, 플루오린(F)을 제외한 15족, 16족, 17족 원자들은 다양한 산화수를 가질 수 있다.

⑤ 산화수 우선 순위

① 플루오린의 산화수는 항상 −1이다.
→ OF_2에서 F의 산화수가 −1이므로 O의 산화수는 +2이다.

② 1, 2, 13족 금속 원소의 산화수는 항상 +1, +2, +3이다.
→ LiH에서 Li의 산화수는 +1이므로 H의 산화수는 −1이다.

③ 수소의 산화수는 +1이다.
→ H_2O_2에서 H의 산화수는 +1이므로 O의 산화수는 −1이다.

④ 산소의 산화수는 −2이다.
→ SO_2에서 O의 산화수가 −2이므로 S의 산화수는 +4이다.

산화 환원의 정의

산화	환원
산소를 얻음.	산소를 잃음.
전자를 잃음.	전자를 얻음.
산화수 증가	산화수 감소

용어 돋보기

• **홑원소 물질**: 단 1종의 원소로 되어 있는 물질이다.

17 산화 환원 반응

3 산화 환원 반응식

자료 분석 특강 203쪽 D

1 산화제와 환원제

① 산화제와 환원제[6]

산화제	다른 물질을 산화시키는 물질 ➜ 자신은 환원된다.	산화: Mg (0) → MgS (+2) $\overset{0}{Mg}(s) + \overset{0}{S}(s) \longrightarrow \overset{+2\ -2}{MgS}(s)$ (환원제) (산화제) 환원: S (0) → MgS (−2)
환원제	다른 물질을 환원시키는 물질 ➜ 자신은 산화된다.	

② **산화제와 환원제의 상대성:** 같은 물질이라도 반응에 따라 산화제로 작용할 수도 있고, 환원제로 작용할 수도 있다. ➜ 산화 환원 반응에서 전자를 잃거나 얻으려는 경향은 상대적이므로 산화제와 환원제의 세기도 상대적이기 때문이다.[7]

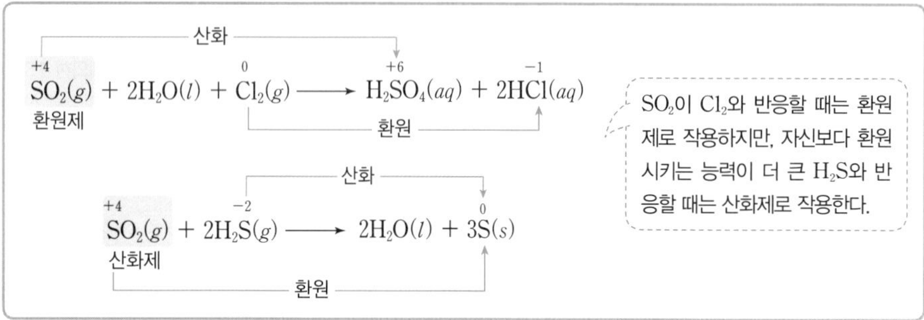

2 산화 환원 반응식의 완성

① **산화수법:** 산화 환원 반응에서 증가한 산화수와 감소한 산화수가 같아지도록 계수를 맞추어 산화 환원 반응식을 완성하는 방법 — 완성된 산화 환원 반응식에서 반응 전후 원소의 종류와 원자의 개수, 산화수의 합이 항상 같아야 한다.

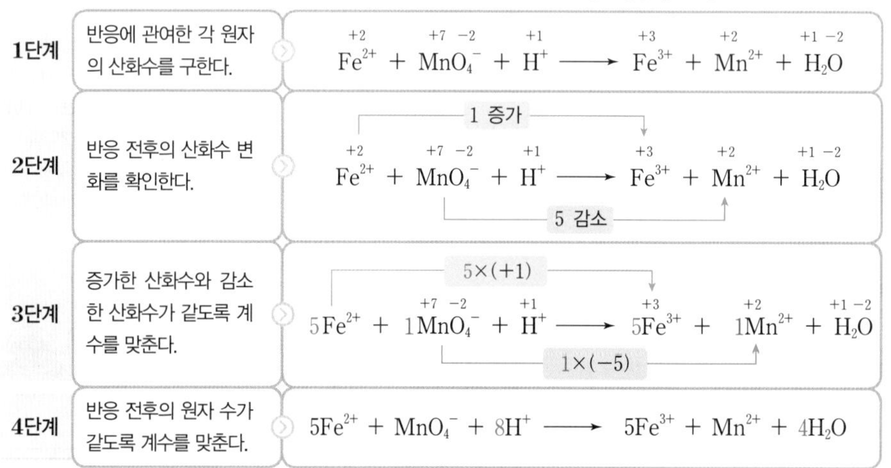

1단계	반응에 관여한 각 원자의 산화수를 구한다.	$\overset{+2}{Fe^{2+}} + \overset{+7\ -2}{MnO_4^-} + \overset{+1}{H^+} \longrightarrow \overset{+3}{Fe^{3+}} + \overset{+2}{Mn^{2+}} + \overset{+1\ -2}{H_2O}$
2단계	반응 전후의 산화수 변화를 확인한다.	$\overset{+2}{Fe^{2+}} + \overset{+7\ -2}{MnO_4^-} + \overset{+1}{H^+} \longrightarrow \overset{+3}{Fe^{3+}} + \overset{+2}{Mn^{2+}} + \overset{+1\ -2}{H_2O}$ 1 증가 (Fe), 5 감소 (Mn)
3단계	증가한 산화수와 감소한 산화수가 같도록 계수를 맞춘다.	$5Fe^{2+} + 1\overset{+7\ -2}{MnO_4^-} + \overset{+1}{H^+} \longrightarrow 5\overset{+3}{Fe^{3+}} + 1\overset{+2}{Mn^{2+}} + \overset{+1\ -2}{H_2O}$ 5×(+1), 1×(−5)
4단계	반응 전후의 원자 수가 같도록 계수를 맞춘다.	$5Fe^{2+} + MnO_4^- + 8H^+ \longrightarrow 5Fe^{3+} + Mn^{2+} + 4H_2O$

② **산화 환원 반응의 양적 관계:** 완성된 산화 환원 반응식으로부터 산화나 환원에 필요한 환원제, 산화제의 양을 알 수 있다.

예 $5Fe^{2+} + MnO_4^- + 8H^+ \longrightarrow 5Fe^{3+} + Mn^{2+} + 4H_2O$: Fe^{2+}과 MnO_4^-은 5 : 1의 몰비로 반응하므로, Fe^{2+} 1몰을 산화시키려면 MnO_4^- 0.2몰이 필요하다.

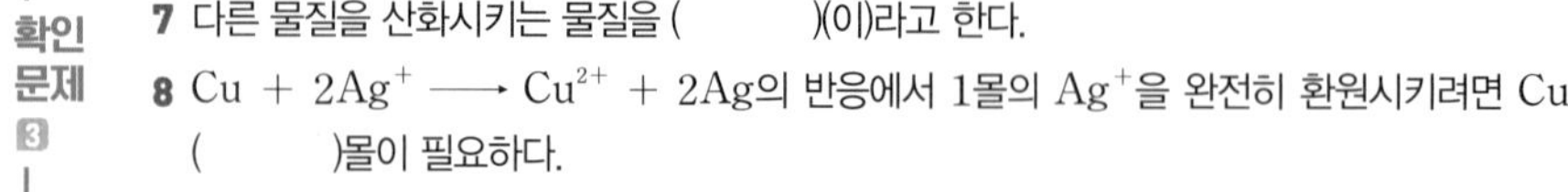

확인 문제 3

7 다른 물질을 산화시키는 물질을 (　　　)(이)라고 한다.

8 $Cu + 2Ag^+ \longrightarrow Cu^{2+} + 2Ag$의 반응에서 1몰의 Ag^+을 완전히 환원시키려면 Cu (　　　)몰이 필요하다.

plus 개념

- 산화제: 자신은 환원되면서 다른 물질을 산화시키는 물질
- 환원제: 자신은 산화되면서 다른 물질을 환원시키는 물질

6 산화제, 환원제로 작용하는 물질

산화제	• 전자를 얻기 쉬운 원소 예 F_2, O_2 등 • 산화수가 큰 원소를 포함하는 화합물 예 $KMnO_4$, HNO_3 등
환원제	• 전자를 잃기 쉬운 원소 예 Na, K 등 • 산화수가 작은 원소를 포함하는 화합물 예 $FeCl_2$, H_2S 등

7 산화제와 환원제의 상대성의 비유

어느 한 반응에서 산화제로 작용하더라도 산화력이 더 큰 물질과 반응하면 환원제가 된다.

고양이는 상대에 따라 쫓거나 쫓기기도 한다.

우리 주변의 산화제와 환원제

- 산화제: 과망가니즈산 칼륨, 질산, 할로젠 원소 등
- 환원제: 수소, 알칼리 금속, 염화 주석(Ⅱ) 등

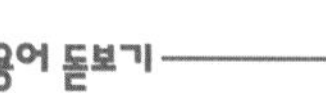

- **상대적**(서로 相, 대할 對, 기준 的): 서로 맞서거나 비교되는 관계에 있는 것이다.

개념을 다지는 기본 문제

바른답·알찬풀이 74쪽

1 산화 환원

중요

01 다음은 철광석의 제련 과정에서 일어나는 반응의 일부를 화학 반응식으로 나타낸 것이다.

$$Fe_2O_3 + 3CO \longrightarrow 2Fe + 3CO_2$$

이 반응에서 (가) 산화되는 물질과 (나) 환원되는 물질을 각각 쓰시오.

02 오른쪽 그림은 황산 구리(Ⅱ) 수용액에 아연줄을 넣었을 때 아연줄 표면에 구리가 석출되는 모습을 나타낸 것이다. 이에 대한 설명으로 옳은 것만을 〈보기〉에서 있는 대로 고른 것은?

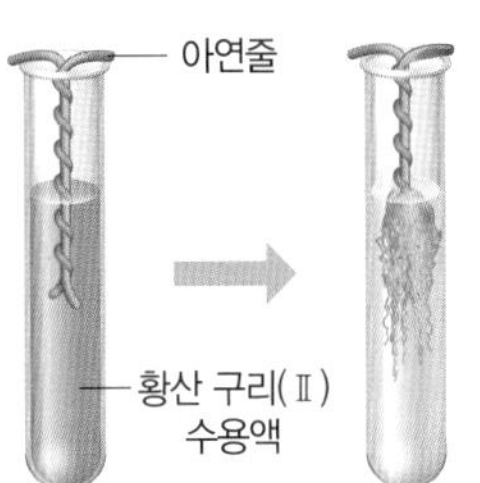

보기
ㄱ. 아연은 산화된다.
ㄴ. 황산 구리(Ⅱ)는 환원된다.
ㄷ. 용액 속 전체 이온 수는 증가한다.

① ㄱ ② ㄷ ③ ㄱ, ㄴ
④ ㄴ, ㄷ ⑤ ㄱ, ㄴ, ㄷ

중요

03 다음은 염산과 마그네슘의 화학 반응식이다.

$$aHCl(aq) + Mg(s) \longrightarrow bH_2(g) + cMgCl_2(aq)$$

이에 대한 설명으로 옳은 것만을 〈보기〉에서 있는 대로 고른 것은?

보기
ㄱ. $\frac{a}{b+c}=1$이다.
ㄴ. Mg은 산화된다.
ㄷ. H_2 1몰이 생성될 때 이동한 전자의 양은 1몰이다.

① ㄱ ② ㄷ ③ ㄱ, ㄴ
④ ㄴ, ㄷ ⑤ ㄱ, ㄴ, ㄷ

04 다음은 이산화 탄소(CO_2)가 생성되는 반응이다.

(가) 대리석에 묽은 염산을 가한다.
$$CaCO_3 + 2HCl \longrightarrow CaCl_2 + H_2O + CO_2$$
(나) 산화 구리(Ⅱ)와 탄소 가루를 혼합하여 가열한다.
$$2CuO + C \longrightarrow 2Cu + CO_2$$

이에 대한 설명으로 옳은 것만을 〈보기〉에서 있는 대로 고른 것은?

보기
ㄱ. (가)에서 대리석의 탄산 칼슘은 환원된다.
ㄴ. (나)에서 산화 구리(Ⅱ)는 환원된다.
ㄷ. (나)에서 탄소는 산화 구리(Ⅱ)를 산화시킨다.

① ㄱ ② ㄴ ③ ㄱ, ㄷ
④ ㄴ, ㄷ ⑤ ㄱ, ㄴ, ㄷ

05 산화수에 대한 설명으로 옳지 않은 것은?

① 원자가 전자를 잃으면 산화수가 증가한다.
② 한 원자가 여러 가지 산화수를 가질 수 있다.
③ 화합물에서 플루오린의 산화수는 항상 −1이다.
④ 질소가 가질 수 있는 최대 산화수는 +5이다.
⑤ 산소는 전기 음성도가 커서 항상 (−)산화수만을 갖는다.

06 다음은 3가지 물질의 화학식이다.

(가) $K\underline{N}O_3$ (나) $Na_2\underline{Cr}O_4$ (다) $\underline{P}_4O_{10}$

(가)~(다)에서 밑줄 친 원자의 산화수를 옳게 짝 지은 것은?

	(가)	(나)	(다)
①	+1	+5	+3
②	+3	+3	+5
③	+5	+6	+5
④	+6	+5	+4
⑤	+6	+6	+5

2 산화수

07 다음은 질소 화합물의 화학식이다.

<u>N</u>O　<u>N</u>$_2$O　<u>N</u>$_2$O$_3$　<u>N</u>$_2$H$_4$

위 화합물에서 밑줄 친 질소 원자의 산화수의 합을 구하시오.

중요

08 다음은 2가지 산화 환원 반응의 화학 반응식이다.

(가) $2Na + Cl_2 \longrightarrow 2NaCl$
(나) $aAl + bAg_2S \longrightarrow Al_2S_3 + cAg$
(단, a~c는 반응 계수)

이에 대한 설명으로 옳은 것만을 〈보기〉에서 있는 대로 고른 것은?

보기
ㄱ. (가)에서 Na은 산화된다.
ㄴ. (나)에서 $a+b+c=5$이다.
ㄷ. (나)에서 S의 산화수는 감소한다.

① ㄱ　② ㄷ　③ ㄱ, ㄴ
④ ㄴ, ㄷ　⑤ ㄱ, ㄴ, ㄷ

09 다음은 **H, O, F, Na, Cl**로 이루어진 화합물의 화학식이다.

Na_2O　NaH　HF　OF_2　OCl_2

위 화합물의 구성 원자의 산화수에 대한 설명으로 옳은 것만을 〈보기〉에서 있는 대로 고른 것은?(단, 전기 음성도의 크기는 **F > O > Cl > H > Na**이다.)

보기
ㄱ. Na의 산화수는 Na_2O에서가 NaH에서보다 크다.
ㄴ. F의 산화수는 HF와 OF_2에서 같다.
ㄷ. O의 산화수는 OF_2에서가 OCl_2에서보다 4만큼 크다.

① ㄱ　② ㄷ　③ ㄱ, ㄴ
④ ㄴ, ㄷ　⑤ ㄱ, ㄴ, ㄷ

10 다음은 수소와 질소가 반응하여 암모니아를 생성하는 화학 반응식이다.

$N_2 + 3H_2 \longrightarrow 2NH_3$

이 반응에 대한 설명으로 옳은 것은?

① N 원자의 산화수는 3 증가한다.
② H 원자의 산화수는 1 감소한다.
③ N_2는 환원된다.
④ H_2는 산화제로 작용한다.
⑤ 반응물을 이루는 각 원자의 산화수의 합은 생성물을 이루는 각 원자의 산화수의 합보다 작다.

11 다음은 과산화 수소 분해 반응의 화학 반응식이다.

$2H_2O_2 \longrightarrow 2H_2O + X_2$

이에 대한 설명으로 옳은 것만을 〈보기〉에서 있는 대로 고른 것은?(단, **X**는 임의의 원소 기호이다.)

보기
ㄱ. X_2에서 X의 산화수는 0이다.
ㄴ. O의 산화수는 H_2O_2에서가 H_2O에서보다 크다.
ㄷ. H의 산화수는 H_2O_2에서가 H_2O에서보다 작다.

① ㄱ　② ㄷ　③ ㄱ, ㄴ
④ ㄴ, ㄷ　⑤ ㄱ, ㄴ, ㄷ

12 다음은 메테인(**CH_4**)의 연소 반응의 화학 반응식이다.

$CH_4 + 2O_2 \longrightarrow CO_2 + 2H_2O$

이에 대한 설명으로 옳은 것만을 〈보기〉에서 있는 대로 고른 것은?

보기
ㄱ. 탄소의 산화수는 $-4 \rightarrow +4$로 증가한다.
ㄴ. 수소의 산화수는 $+1 \rightarrow -1$로 감소한다.
ㄷ. 반응물을 이루는 각 원자의 산화수의 합은 생성물을 이루는 각 원자의 산화수의 합보다 크다.

① ㄱ　② ㄷ　③ ㄱ, ㄴ
④ ㄴ, ㄷ　⑤ ㄱ, ㄴ, ㄷ

3 산화 환원 반응식

13 다음은 염산과 철의 화학 반응식이다.

$$Fe + 2HCl \longrightarrow FeCl_2 + H_2$$

이 반응에서 (가) 산화제로 작용한 물질과 (나) 환원제로 작용한 물질을 각각 쓰시오.

중요

14 다음은 이산화 망가니즈와 염산의 완성되지 않은 화학 반응식이다.

$$MnO_2 + aHCl \longrightarrow MnCl_2 + 2H_2O + bCl_2$$

(단, a, b는 반응 계수)

이에 대한 설명으로 옳은 것은?

① $\frac{a}{b}=2$이다.
② Mn의 산화수는 2 증가한다.
③ HCl은 환원제이다.
④ H의 산화수는 1 감소한다.
⑤ 생성물에서 Cl의 산화수는 모두 같다.

15 다음은 이산화 황(SO_2)이 반응물인 2가지 산화 환원 반응식이다.

(가) $SO_2(g) + 2H_2O(l) + Cl_2(g) \longrightarrow H_2SO_4(aq) + 2HCl(aq)$
(나) $SO_2(g) + 2H_2S(g) \longrightarrow 2H_2O(l) + 3S(s)$

이에 대한 설명으로 옳은 것만을 〈보기〉에서 있는 대로 고른 것은?

보기
ㄱ. (가)에서 S의 산화수는 증가한다.
ㄴ. (나)에서 SO_2은 환원제로 작용한다.
ㄷ. 다른 물질을 환원시키는 능력을 비교하면 $H_2S > SO_2 > Cl_2$이다.

① ㄱ ② ㄴ ③ ㄱ, ㄴ
④ ㄱ, ㄷ ⑤ ㄴ, ㄷ

16 다음은 2가지 산화 환원 반응식이다.

(가) $2NO(g) + F_2(g) \longrightarrow 2NOF(g)$
(나) $2NO(g) + 2H_2(g) \longrightarrow N_2(g) + 2H_2O(l)$

이에 대한 설명으로 옳은 것만을 〈보기〉에서 있는 대로 고른 것은?

보기
ㄱ. (나)에서 N의 산화수는 2 증가한다.
ㄴ. NO는 (가)와 (나)에서 모두 산화제로 작용한다.
ㄷ. F_2은 H_2보다 환원되기 쉽다.

① ㄱ ② ㄷ ③ ㄱ, ㄴ
④ ㄴ, ㄷ ⑤ ㄱ, ㄴ, ㄷ

[17~18] 다음은 산화수법을 이용하여 산화 환원 반응식을 완성하는 과정을 나타낸 것이다. 물음에 답하시오.

(가) 각 원자의 산화수를 구하여 반응 전후의 차이를 계산한다.

$$MnO_4^- + H_2S + H^+ \longrightarrow Mn^{2+} + S + H_2O$$

(S: $\boxed{a}$ 증가, Mn: $\boxed{b}$ 감소)

(나) 증가한 산화수와 감소한 산화수가 같도록 계수를 맞춘다. → Mn 앞에 $\boxed{a}$를 쓰고, S 앞에 $\boxed{b}$를 쓴다.

$$\boxed{a}MnO_4^- + \boxed{b}H_2S + H^+ \longrightarrow \boxed{a}Mn^{2+} + \boxed{b}S + H_2O$$

(다) 산화수 변화가 없는 H, O의 원자 수가 같아지도록 계수를 맞춘다.

$$\boxed{a}MnO_4^- + \boxed{b}H_2S + \boxed{c}H^+ \longrightarrow \boxed{a}Mn^{2+} + \boxed{b}S + \boxed{d}H_2O$$

17 (가)~(다)의 a~d에 들어갈 숫자를 쓰시오.

서술형

18 산화제와 환원제를 각각 쓰고, 산화제 1몰을 완전히 환원시키기 위해 필요한 환원제의 양(몰)을 구하시오.

A 산화 환원 반응

그림 (가)는 산화 구리(Ⅱ)와 탄소 가루를 섞어 시험관에 넣고 가열하는 모습을, 그림 (나)는 질산 은 수용액에 구리판을 넣을 때 일어나는 변화를 모형으로 나타낸 것이다.

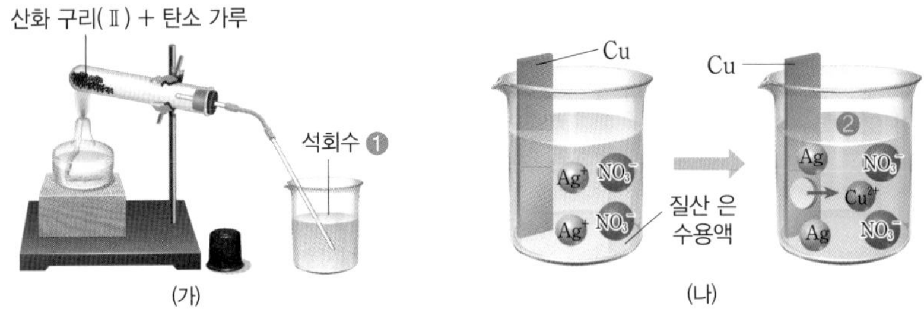

(가) (나)

구분	(가)	(나)
반응	$2CuO + C \longrightarrow 2Cu + CO_2$	$2Ag^+ + Cu \longrightarrow 2Ag + Cu^{2+}$ ❸
산소, 전자 이동과 산화 환원	CuO는 산소를 잃고 Cu로 환원되고, C는 산소를 얻어 CO_2로 산화된다.	Cu는 전자를 잃고 Cu^{2+}으로 산화되고, Ag^+은 전자를 얻어 Ag으로 환원된다.
산화수 변화와 산화 환원	Cu는 산화수가 +2에서 0으로 감소하므로 CuO는 환원되고, C는 산화수가 0에서 +4로 증가하므로 산화된다.	Ag은 산화수가 +1에서 0으로 감소하므로 Ag^+은 환원되고, Cu는 산화수가 0에서 +2로 증가하므로 산화된다.
변화	생성된 이산화 탄소에 의해 석회수가 뿌옇게 흐려진다.	수용액 속에 Cu^{2+}이 증가하므로 수용액이 파란색으로 변한다.

❶ 비커에서 일어나는 반응
$Ca(OH)_2 + CO_2 \longrightarrow CaCO_3 + H_2O$
이 반응은 산화수가 변하는 원자가 없으므로 산화 환원 반응이 아니다.

❷ Ag^+ 2개가 Ag으로 석출될 때 Cu 1개가 Cu^{2+}으로 수용액으로 녹아 들어가므로 수용액 속 이온 수는 감소한다.

❸ Cu 1몰이 산화될 때 이동한 전자의 양은 2몰이다.

실력을 올리는 실전 문제 찾아가기

• 산화 환원 반응이 실험 자료로 제시되는 문제_01
• 산화 환원 반응식이 제시되는 문제_03

B 금속과 금속 이온의 반응에서 이온 수 변화

그림 (가)는 A^{a+}, B^{b+}, C^{c+}이 각각 $3N$개씩 들어 있는 수용액에 금속 A, B를 각각 넣은 것을 나타낸 것이고, 그림 (나)는 반응한 금속 A, B의 원자 수에 따른 수용액에 존재하는 전체 양이온 수를 각각 나타낸 것이다. $a \sim c$는 각각 3 이하의 정수이다.

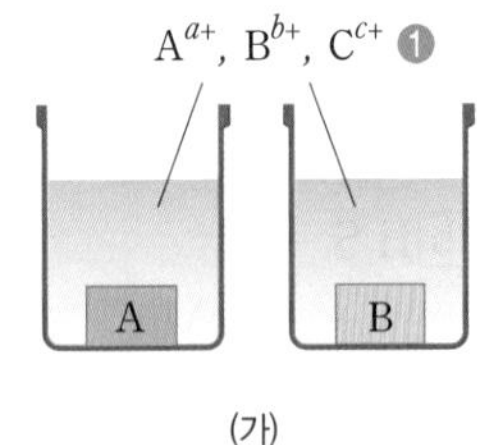

(가)

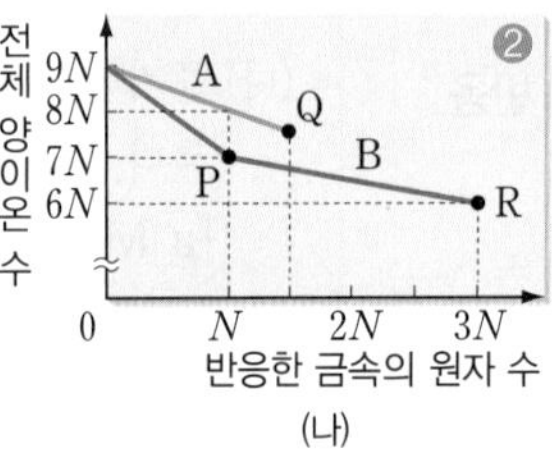

(나)

① 그래프의 기울기로 알 수 있는 것 파악하기
- 금속 B를 넣은 경우 P에서 기울기가 달라지므로 B는 A^{a+}, C^{c+}과 모두 반응한다. → 금속 B는 금속 A, C보다 반응성이 크다.
- 금속 A를 넣은 경우 기울기가 일정하므로 1가지 금속 이온과만 반응한다. → 금속 B는 금속 A보다 반응성이 크므로 B^{b+}이 환원되는 반응은 일어나지 않는다.
- 3가지 금속의 반응성은 B>A>C이다. → B를 넣을 때 C^{c+}이 모두 금속으로 석출된 후 A^{a+}이 금속으로 석출된다.

② 양이온 수 변화로 A^{a+}, B^{b+}, C^{c+}의 전하 파악하기
- B N이 B^{b+}으로 수용액에 녹아 들어갈 때 전체 양이온 수가 $2N$ 감소하므로 반응한 C^{c+}과 생성된 B^{b+}의 개수비=3 : 1이고, 산화수는 $c=+1$, $b=+3$이다.
- A $1.5N$이 A^{a+}으로 수용액에 녹아 들어갈 때 전체 양이온 수가 $1.5N$ 감소하므로 반응한 C^{c+}과 생성된 A^{a+}의 개수비=2 : 1이고, 산화수는 $c=+1$, $a=+2$이다.

❶ 금속의 반응성 비교
금속 이온이 녹아 있는 수용액에 녹아 있는 금속보다 반응성이 큰 금속을 넣으면 반응이 일어난다.
$M^{2+} + N \longrightarrow N^{2+} + M$(반응성: N>M)
$L^{2+} + N \longrightarrow$ 반응이 일어나지 않음 (반응성: L>N)
금속의 반응성이 크다. → 산화되기 쉽다. → 금속의 이온은 환원되기 어렵다.

❷ 녹아 들어가는 금속의 이온보다 금속으로 석출되는 금속 이온의 산화수가 클 때는 전체 양이온 수가 증가하고, 녹아 들어가는 금속의 이온이 금속으로 석출되는 금속 이온의 산화수보다 클 때는 전체 양이온 수가 감소한다.

실력을 올리는 실전 문제 찾아가기

• 금속 이온 수용액과 금속의 반응에서 양이온 수 변화 그래프가 제시되는 문제_05
• 반응에 따른 금속 양이온 수 그래프가 제시되는 문제_15

C 산화수 구하기

CASE 1 일부 원소가 제시된 경우

표는 임의의 2주기 원소 X, Y의 수소 화합물 XH_4, YH_3와 Y의 플루오린 화합물 YF_3에서 중심 원자의 산화수를 나타낸 것이다. 세 화합물의 중심 원자는 옥텟 규칙을 만족한다. ❶

화합물	XH_4	YH_3	YF_3
중심 원자의 산화수	-4	a	b

- 원소 X, Y 파악하기: 원소 X, Y는 2주기 원소이고 옥텟 규칙을 만족하므로 각각 C, N이다.
- a, b 구하기: F의 산화수는 항상 -1이며, H는 공유 결합 화합물에서 산화수가 항상 $+1$이다. 따라서 YH_3에서 Y의 산화수는 -3이고, YF_3에서 Y의 산화수는 $+3$이다.
- X, Y의 산화물에서 X, Y의 산화수: 전기 음성도는 O > Y > X이므로 O의 산화수는 -2이다.

화합물	XO	XO_2	Y_2O	YO	YO_2	Y_2O_5
산화수	$+2$	$+4$	$+1$	$+2$	$+4$	$+5$

CASE 2 임의의 원소의 전기 음성도만 제시된 경우

오른쪽 그림은 어떤 분자의 구조식이며, 구성 원소의 전기 음성도는 W < X < Y < Z이다.

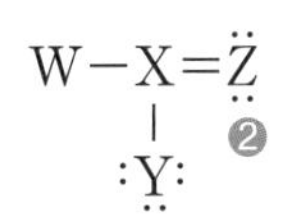

- W와 X는 단일 결합을 이루고 있고 전기 음성도는 W < X이므로 W의 산화수는 $+1$이다.
- X와 Z는 2중 결합을 이루고 있고 전기 음성도는 X < Z이므로 Z의 산화수는 -2이다.
- X와 Y는 단일 결합을 이루고 있고 전기 음성도는 X < Y이므로 Y의 산화수는 -1이다.
- 화합물에서 각 원자의 산화수의 합은 0이므로 X의 산화수는 $+2$이다.

❶ 1, 2, 13족 금속 원소들은 항상 각각 $+1$, $+2$, $+3$의 산화수를 가지며, F을 제외한 15, 16, 17족 원자들은 다양한 산화수를 가질 수 있다.

❷ X는 4개의 결합을 형성하므로 14족 원소이며, W는 1개의 결합을 형성하며, 비공유 전자쌍을 포함하지 않으므로 수소(H)이다. Z는 2개의 결합을 형성하며 비공유 전자쌍 2개를 가지므로 원자가 전자 수가 6인 16족 원소, Y는 1개의 결합을 형성하며 비공유 전자쌍 3개를 가지므로 원자가 전자 수가 7인 17족 원소이다. 그런데 전기 음성도가 Z > Y이므로 Y는 Z보다 주기가 더 크다.

실력을 올리는 실전 문제 찾아가기
- 화합물에서 중심 원자의 산화수가 제시되는 문제_07
- 화합물의 루이스 구조식과 일부 원자의 산화수를 비교한 자료가 제시되는 문제_08

D 산화제와 환원제

CASE 1 산화제와 환원제의 상대성 ❶

다음은 이산화 황(SO_2)과 관련된 반응의 화학 반응식이다.

(가) $SO_2(g) + 2H_2S(g) \longrightarrow 2H_2O(l) + 3S(s)$

(나) $SO_2(g) + \frac{1}{2}O_2(g) \longrightarrow SO_3(g)$

- (가)에서 S의 산화수는 SO_2에서 $+4$이고, 원소 S에서 0이다. → (가)에서 SO_2은 산화수가 감소하므로 자신이 환원되면서 다른 물질을 산화시키는 산화제이다.
- (나)에서 S의 산화수는 SO_2에서 $+4$이고, SO_3에서 $+6$이다. → SO_2은 산화수가 증가하므로 자신이 산화되면서 다른 물질을 환원시키는 환원제이다.
- 환원시키는 능력은 $H_2S > SO_2 > O_2$ 순이다.

CASE 2 한 가지 물질이 산화제와 환원제로 모두 작용한 경우

$$2H_2O_2(aq) \longrightarrow 2H_2O(l) + O_2(g)$$

- O의 산화수는 H_2O_2에서는 -1, H_2O에서는 -2, O_2에서는 0이다.
- H_2O_2가 H_2O로 될 때는 환원되므로 이때 H_2O_2는 산화제로 작용하며, H_2O가 O_2로 될 때는 산화되므로 이때 H_2O_2는 환원제로 작용한다.

❶ 반응하는 물질에 따라 산화제로 작용할 수도 있고, 환원제로 작용할 수도 있다.

산화제	환원제
자신은 환원되면서 다른 물질을 산화시키는 물질	자신은 산화되면서 다른 물질을 환원시키는 물질

실력을 올리는 실전 문제 찾아가기
- 산화 환원 반응식이 제시되고 산화제와 환원제를 찾는 문제_02

실력을 올리는 실전 문제

01 다음은 산화 구리(Ⅱ)와 관련된 실험이다.

> (가) 산화 구리(Ⅱ)와 탄소 가루를 혼합하여 가열하였더니 구리 6.4 g이 생성되었다.
> $2CuO(s) + C(s) \longrightarrow 2Cu(s) + CO_2(g)$
> (나) 산화 구리(Ⅱ)와 수소를 반응시키고 생성된 물의 질량을 측정하였더니 3.6 g이었다.
> $CuO(s) + H_2(g) \longrightarrow Cu(s) + H_2O(l)$

이에 대한 설명으로 옳은 것만을 〈보기〉에서 있는 대로 고른 것은?(단, H, O, Cu의 원자량은 각각 1, 16, 64이다.)

보기

ㄱ. (가)에서 탄소는 환원제이다.
ㄴ. (나)에서 Cu의 산화수는 감소한다.
ㄷ. (가)와 (나)에서 이동한 전자의 양은 0.2몰로 같다.

① ㄱ ② ㄷ ③ ㄱ, ㄴ
④ ㄴ, ㄷ ⑤ ㄱ, ㄴ, ㄷ

02 다음은 3가지 산화 환원 반응식이다.

> (가) $Fe + Cu^{2+} \longrightarrow Fe^{2+} + Cu$
> (나) $Fe_2O_3 + 3CO \longrightarrow 2Fe + 3CO_2$
> (다) $4Fe(OH)_2 + O_2 + 2H_2O \longrightarrow 4Fe(OH)_3$

(가)~(다)에서 산화제로 작용한 물질을 옳게 짝 지은 것은?

	(가)	(나)	(다)
①	Fe	Fe_2O_3	$Fe(OH)_2$
②	Fe	CO	O_2
③	Cu^{2+}	Fe_2O_3	$Fe(OH)_2$
④	Cu^{2+}	CO	O_2
⑤	Cu^{2+}	Fe_2O_3	O_2

➲ 수능모의평가기출 변형

03 다음은 철못을 질산 은($AgNO_3$) 수용액에 넣었을 때의 반응 모형과 산화 환원 반응식을 나타낸 것이다.

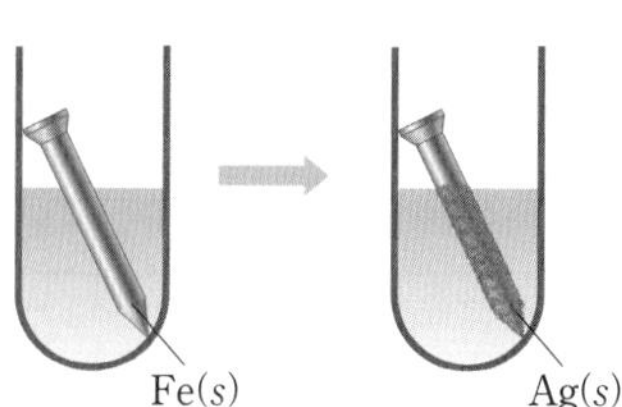

> $2Ag^+(aq) + Fe(s) \longrightarrow 2Ag(s) + Fe^{2+}(aq)$

이에 대한 설명으로 옳은 것만을 〈보기〉에서 있는 대로 고른 것은?

보기

ㄱ. Ag^+은 산화제이다.
ㄴ. Fe 1몰이 반응할 때 이동한 전자의 양은 1몰이다.
ㄷ. 수용액 속 이온 수는 반응 전이 반응 후보다 크다.

① ㄱ ② ㄴ ③ ㄱ, ㄷ
④ ㄴ, ㄷ ⑤ ㄱ, ㄴ, ㄷ

➲ 수능기출 변형

04 그림은 C^+이 들어 있는 2개의 비커에 금속 A와 금속 B를 각각 넣을 때, 용액 속의 $\frac{\text{양이온 수}}{\text{음이온 수}}$를 넣어 준 금속의 질량에 따라 나타낸 것이다. A 이온과 B 이온의 산화수는 3 이하의 정수이다.

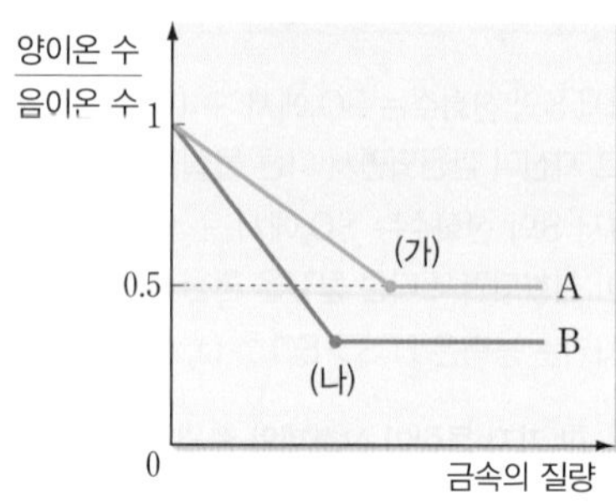

$\frac{\text{B 이온의 산화수}}{\text{A 이온의 산화수}}$는?(단, 음이온은 반응하지 않는다.)

① $\frac{1}{3}$ ② $\frac{1}{2}$ ③ 1
④ $\frac{3}{2}$ ⑤ 2

05 그림은 A^{a+}이 들어 있는 수용액에 금속 B를 넣을 때, 반응한 B 원자 수에 따른 수용액 속 전체 양이온 수를 나타낸 것이다. 금속 B 이온의 산화수는 $+b$이다.

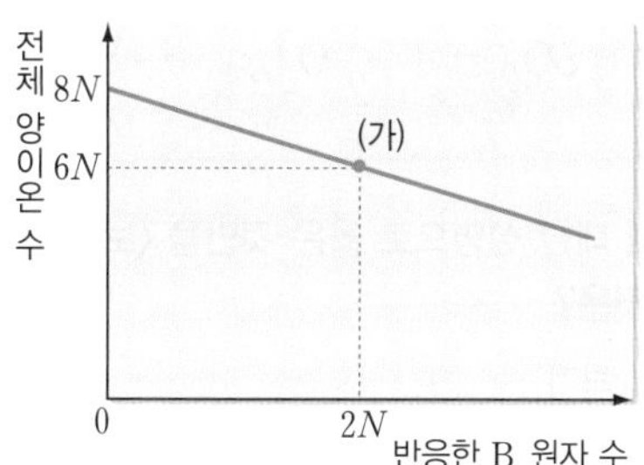

이에 대한 설명으로 옳은 것만을 〈보기〉에서 있는 대로 고른 것은?(단, 금속 A와 B는 물과 반응하지 않는다.)

보기
ㄱ. B는 A보다 산화되기 쉽다.
ㄴ. $\frac{a}{b}>1$이다.
ㄷ. (가)에서 $\frac{A^{a+}\text{의 수}}{B^{b+}\text{의 수}}=2$이다.

① ㄱ ② ㄴ ③ ㄱ, ㄷ
④ ㄴ, ㄷ ⑤ ㄱ, ㄴ, ㄷ

수능모의평가기출

06 학생 A는 화합물 내 원자들의 양의 산화수(x)와 음의 산화수(y)를 구한 후, 다음과 같이 X와 Y를 결정하였다.

X=x의 최댓값　　Y=$|y|$의 최댓값

Y>X인 것은?

① HCl ② N_2H_4 ③ H_2SO_4
④ OF_2 ⑤ Cr_2O_3

수능모의평가기출 변형

07 표는 임의의 2주기 원소 X, Y의 수소 화합물 XH_4, YH_3와 Y의 플루오린 화합물 YF_3에서 중심 원자의 산화수를 나타낸 것이다. 세 화합물에서 X와 Y는 옥텟 규칙을 만족한다.

화합물	XH_4	YH_3	YF_3
중심 원자의 산화수	-4	a	b

이에 대한 설명으로 옳은 것만을 〈보기〉에서 있는 대로 고른 것은?

보기
ㄱ. $b-a=0$이다.
ㄴ. X의 플루오린 화합물 XF_4에서 X의 산화수는 -4이다.
ㄷ. Y의 산화물 YO_2에서 Y의 산화수는 $+4$이다.

① ㄱ ② ㄷ ③ ㄱ, ㄴ
④ ㄴ, ㄷ ⑤ ㄱ, ㄴ, ㄷ

수능모의평가기출

08 다음은 분자 (가)~(다)의 루이스 구조식과 자료이다.

(가) H–X(–H)(–H)–H　(나) H–X(–H)=Ÿ　(다) H–X(–H)(–H)–Ÿ–Z̈:

- X~Z는 2, 3주기 원소이다.
- X의 산화수는 (나)에서가 (가)에서보다 크다.
- Y의 산화수는 (나)에서와 (다)에서 같다.

이에 대한 설명으로 옳은 것만을 〈보기〉에서 있는 대로 고른 것은?(단, X~Z는 임의의 원소 기호이다.)

보기
ㄱ. (나)에서 X의 산화수는 0이다.
ㄴ. 전기 음성도는 Z가 Y보다 크다.
ㄷ. Y의 산화수는 H_2Y_2에서와 (나)에서 같다.

① ㄱ ② ㄴ ③ ㄱ, ㄷ
④ ㄴ, ㄷ ⑤ ㄱ, ㄴ, ㄷ

➲ 수능모의평가기출 변형

09 그림은 어떤 산화 환원 반응의 화학 반응식이다.

$$\mathrm{H-\overset{\displaystyle H}{\underset{\displaystyle H}{\overset{|}{\underset{|}{C}}}}-O-H} + O_2 \longrightarrow \mathrm{H-\overset{\displaystyle O}{\overset{\|}{C}}-O-H} + H_2O$$

이에 대한 설명으로 옳은 것만을 〈보기〉에서 있는 대로 고른 것은?

보기

ㄱ. O_2는 산화된다.
ㄴ. 이 반응에서 C의 산화수는 -2에서 $+2$로 4 증가한다.
ㄷ. CH_3OH는 환원제이다.

① ㄱ ② ㄴ ③ ㄱ, ㄷ
④ ㄴ, ㄷ ⑤ ㄱ, ㄴ, ㄷ

➲ 수능모의평가기출 변형

10 그림은 이산화 질소(NO_2)와 관련된 반응 (가)~(다)를 나타낸 것이다.

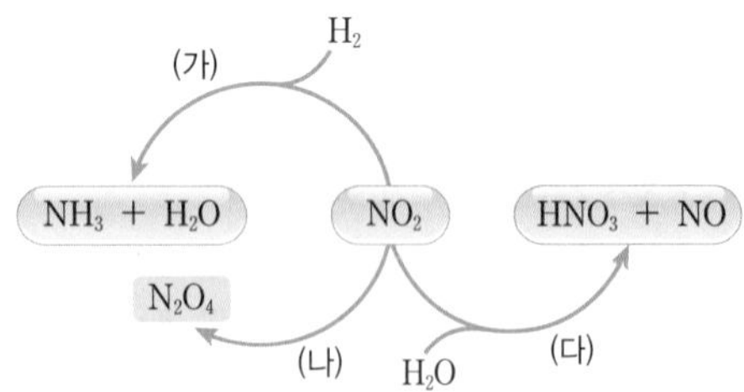

이에 대한 설명으로 옳은 것만을 〈보기〉에서 있는 대로 고른 것은?

보기

ㄱ. (가)에서 H_2는 산화된다.
ㄴ. 반응 (나)는 산화 환원 반응이다.
ㄷ. N의 산화수가 가장 작은 물질은 NH_3이다.

① ㄱ ② ㄴ ③ ㄱ, ㄷ
④ ㄴ, ㄷ ⑤ ㄱ, ㄴ, ㄷ

11 다음은 이산화 황(SO_2)과 관련된 반응의 화학 반응식이다.

(가) $SO_2(g) + 2H_2S(g) \longrightarrow 2H_2O(l) + 3S(s)$
(나) $SO_2(g) + \frac{1}{2}O_2(g) \longrightarrow SO_3(g)$

이에 대한 설명으로 옳은 것만을 〈보기〉에서 있는 대로 고른 것은?

보기

ㄱ. SO_2은 (가)에서 환원되고, (나)에서 산화된다.
ㄴ. (가)와 (나)에서 S의 산화수가 가장 큰 것과 가장 작은 것의 합은 8이다.
ㄷ. 다른 물질을 환원시키는 능력이 가장 큰 물질은 O_2이다.

① ㄱ ② ㄷ ③ ㄱ, ㄴ
④ ㄴ, ㄷ ⑤ ㄱ, ㄴ, ㄷ

➲ 수능모의평가기출

12 다음은 산성비가 만들어지는 과정의 일부이다.

- ㉠황이 섞인 석탄이 연소할 때 ㉡이산화 황이 발생한다.
- 이산화 황은 공기 중의 산소와 반응하여 삼산화 황이 된다.
- ㉢삼산화 황은 공기 중의 물과 반응하여 ㉣황산이 된다.

이 과정에 대한 설명으로 옳은 것만을 〈보기〉에서 있는 대로 고른 것은?(단, 황산의 화학식은 H_2SO_4이다.)

보기

ㄱ. ㉠이 ㉡으로 될 때 ㉠은 환원제이다.
ㄴ. ㉠~㉣에서 황의 산화수 중 가장 큰 값은 $+6$이다.
ㄷ. ㉢이 ㉣로 될 때 ㉢은 산화된다.

① ㄱ ② ㄷ ③ ㄱ, ㄴ
④ ㄴ, ㄷ ⑤ ㄱ, ㄴ, ㄷ

13 다음은 과망가니즈산 칼륨($KMnO_4$)과 진한 염산($HCl(aq)$)이 반응하는 산화 환원 반응의 화학 반응식이다.

$$aKMnO_4(aq) + bHCl(aq) \longrightarrow cKCl(aq) + dMnCl_2(aq) + 8H_2O(l) + 5Cl_2(g)$$

(a~d는 반응 계수)

이에 대한 설명으로 옳은 것만을 〈보기〉에서 있는 대로 고른 것은?

보기

ㄱ. Mn의 산화수는 5 증가한다.
ㄴ. HCl은 환원제이다.
ㄷ. $\frac{a+c}{b} \times d = \frac{1}{2}$이다.

① ㄱ ② ㄴ ③ ㄱ, ㄷ
④ ㄴ, ㄷ ⑤ ㄱ, ㄴ, ㄷ

14 그림은 총 6몰의 금속 양이온 A^+과 B^{2+}이 들어 있는 수용액에 금속 C를 넣을 때, 반응 전후 용액에 들어 있는 양이온 수의 비율을 나타낸 것이다. C 이온의 산화수는 $+1$이고, A는 B보다 산화되기 쉽다.

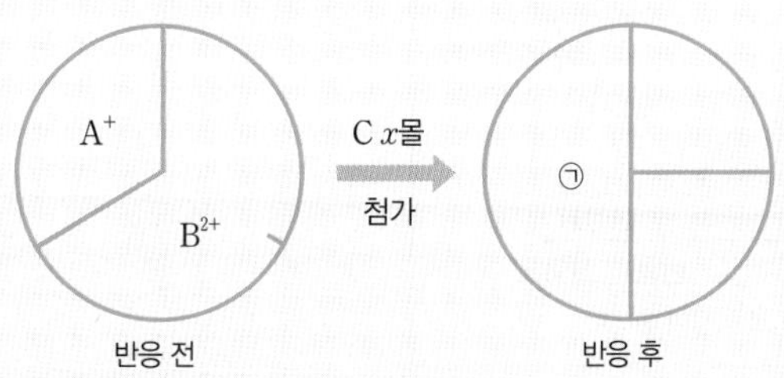

이에 대한 설명으로 옳은 것만을 〈보기〉에서 있는 대로 고른 것은?(단, 음이온은 반응하지 않는다.)

보기

ㄱ. A^+의 양(mol)은 반응 전후 변하지 않는다.
ㄴ. ㉠은 B^{2+}이다.
ㄷ. $x=4$이다.

① ㄱ ② ㄴ ③ ㄱ, ㄷ
④ ㄴ, ㄷ ⑤ ㄱ, ㄴ, ㄷ

➲ 수능모의평가기출 변형

15 그림 (가)는 A^{a+}, B^{b+}, C^{c+}이 각각 $3N$개씩 들어 있는 수용액에 금속 A, B를 각각 넣은 것을 나타낸 것이고, (나)는 반응한 금속 A, B의 원자 수에 따른 수용액에 존재하는 전체 양이온 수를 각각 나타낸 것이다. a~c는 각각 3 이하의 정수이다.

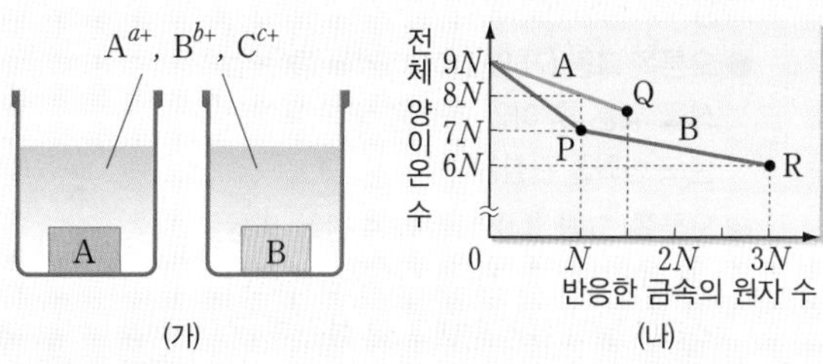

이에 대한 설명으로 옳은 것만을 〈보기〉에서 있는 대로 고른 것은?

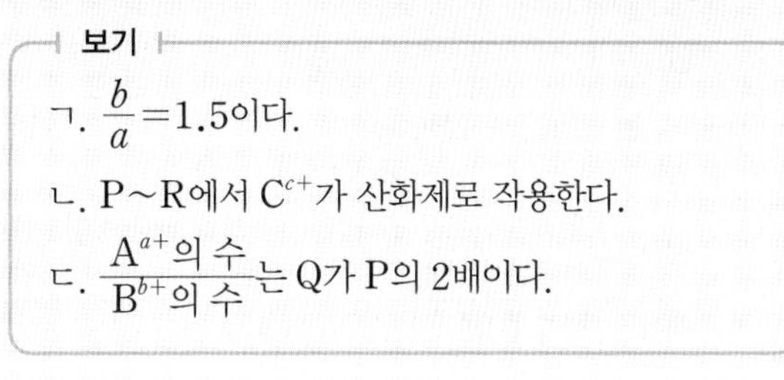

보기

ㄱ. $\frac{b}{a}=1.5$이다.
ㄴ. P~R에서 C^{c+}가 산화제로 작용한다.
ㄷ. $\frac{A^{a+}의\ 수}{B^{b+}의\ 수}$는 Q가 P의 2배이다.

① ㄱ ② ㄴ ③ ㄱ, ㄷ
④ ㄴ, ㄷ ⑤ ㄱ, ㄴ, ㄷ

➲ 수능모의평가기출 변형

16 다음은 구리(Cu)와 묽은 질산(HNO_3)의 산화 반응이다.

$$aCu + bNO_3^- + cH^+ \longrightarrow aCu^{2+} + bX + dH_2O$$

(a~d는 반응 계수)

반응식에서 X는 질소 산화물이며, 오른쪽 그림은 이 반응에서 반응한 NO_3^-과 생성된 Cu^{2+}의 양(mol)을 나타낸 것이다. 이에 대한 설명으로 옳은 것만을 〈보기〉에서 있는 대로 고른 것은?

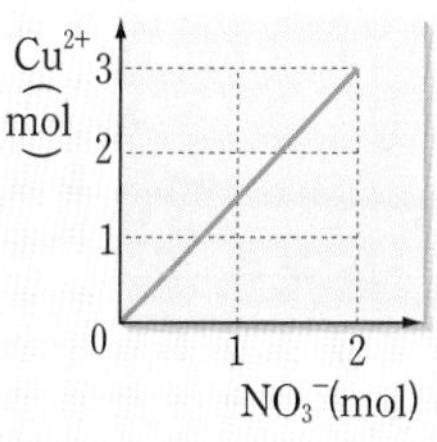

보기

ㄱ. X에서 N의 산화수는 $+2$이다.
ㄴ. Cu는 산화제이다.
ㄷ. $\frac{d}{a} = \frac{8}{3}$이다.

① ㄱ ② ㄷ ③ ㄱ, ㄴ
④ ㄴ, ㄷ ⑤ ㄱ, ㄴ, ㄷ

Ⅳ. 역동적인 화학 반응

18 화학 반응과 열의 출입

1 발열 반응과 흡열 반응

자료 분석 특강 214쪽 A

물질마다 가지고 있는 에너지가 달라 화학 반응에서는 항상 열의 출입이 따른다.

1 화학 반응과 열의 출입 화학 반응이 일어날 때는 열을 방출하거나 흡수한다.

탐구 활동

과정 »

❶ 오른쪽 그림 (가)와 같이 비커에 묽은 염산을 넣은 후 아연 조각을 넣어 용액의 온도 변화를 관찰한다.

❷ 오른쪽 그림 (나)와 같이 수산화 바륨 20 g과 염화 암모늄 20 g을 삼각 플라스크에 넣고 유리 막대로 잘 섞은 후 온도 변화를 관찰한다.

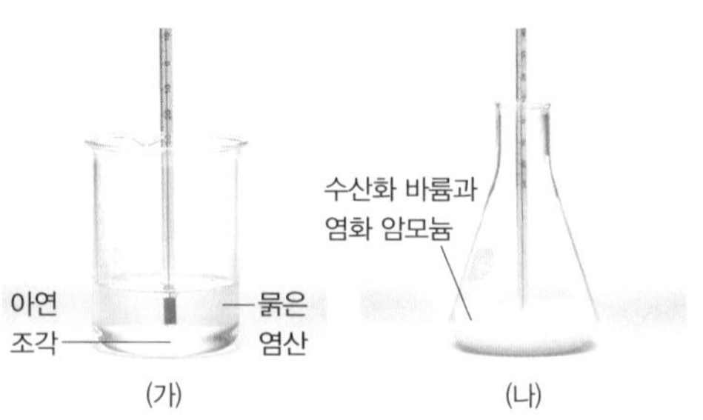

결과 및 정리 »

구분	(가)	(나)
일어나는 반응	$Zn(s) + 2HCl(aq) \longrightarrow ZnCl_2(aq) + H_2(g) +$ 열	$Ba(OH)_2(s) + 2NH_4Cl(s) +$ 열 $\longrightarrow BaCl_2(aq) + 2NH_3(g) + 2H_2O(l)$
결과	용액의 온도가 올라간다. ➔ 화학 반응이 일어나면서 열을 방출하기 때문	물질의 온도가 내려간다. ➔ 화학 반응이 일어나면서 열을 흡수하기 때문
정리	화학 반응이 일어날 때 열을 방출하거나 흡수한다.	

2 발열 반응

① 발열 반응: 화학 반응이 일어날 때 열을 방출하는 반응

② 발열 반응의 특징

- 발열 반응이 일어나면 열을 방출하여 주위의 온도가 높아진다.❶
- 발열 반응에서는 반응물의 에너지 총량이 생성물의 에너지 총량보다 크다.

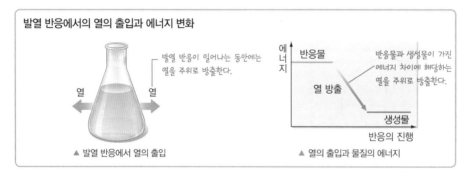

발열 반응에서의 열의 출입과 에너지 변화

열 / 열

발열 반응이 일어나는 동안에는 열을 주위로 방출한다.

▲ 발열 반응에서 열의 출입

에너지 / 반응물 / 열 방출 / 생성물 / 반응의 진행

반응물과 생성물이 가진 에너지 차이에 해당하는 열을 주위로 방출한다.

▲ 열의 출입과 물질의 에너지

③ 발열 반응의 예: 연소 반응, 금속과 산의 반응, 금속의 산화 반응, 중화 반응, 진한 황산의 용해 반응 등

물질이 연소할 때 열을 방출한다.

산 용액에 금속을 넣으면 반응이 일어나면서 열을 방출한다.

금속이 산소와 결합하여 산화될 때 열을 방출한다.

한눈에 정리하는 출제 경향

- 발열 반응과 흡열 반응 구별하기
- 화학 반응에서 출입하는 열 측정하기

plus 개념

또 다른 탐구

과정 »

나무판에 물을 묻힌 후 수산화 바륨($Ba(OH)_2$) 10 g과 질산 암모늄(NH_4NO_3) 10 g을 넣은 삼각 플라스크를 올려놓고 유리 막대로 잘 저어 준다.

결과 »

시간이 조금 흐른 후, 삼각 플라스크를 들어 올렸더니 나무판이 함께 들어 올려졌다.

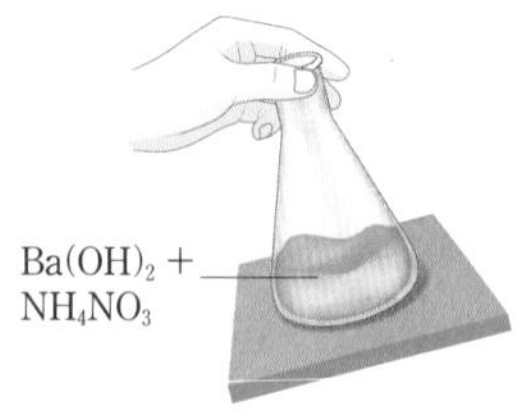

정리 »

수산화 바륨과 질산 암모늄이 반응할 때 주위로부터 열을 빼앗는 흡열 반응이 일어나므로 나무판 위의 물이 열을 빼앗기고 얼음으로 응고하여 삼각 플라스크가 나무판에 붙어 같이 들어 올려진다.

❶ **발열 반응과 온도**

발열 반응이 일어날 때 반응물과 생성물이 가진 에너지 차이에 해당하는 열을 주위로 방출하므로 주위의 온도가 높아진다.

3 흡열 반응

① 흡열 반응: 화학 반응이 일어날 때 열을 흡수하는 반응

② 흡열 반응의 특징

- 흡열 반응이 일어나면 열을 흡수하여 주위의 온도가 낮아진다.❷
- 흡열 반응에서는 생성물의 에너지 총량이 반응물의 에너지 총량보다 크다.

흡열 반응에서의 열의 출입과 에너지 변화

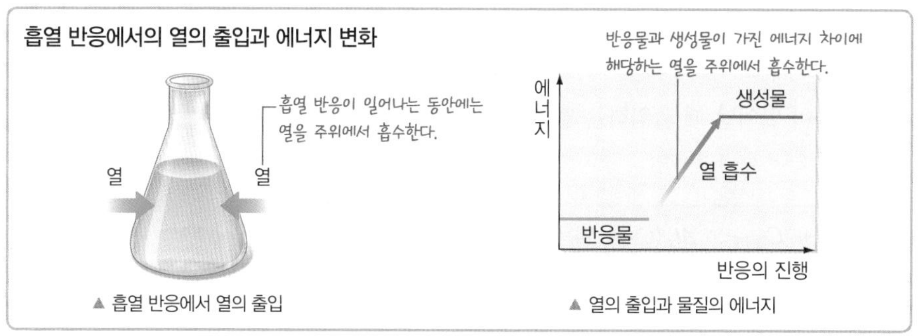
흡열 반응이 일어나는 동안에는 열을 주위에서 흡수한다.
열
열
반응물과 생성물이 가진 에너지 차이에 해당하는 열을 주위에서 흡수한다.
에너지
생성물
열 흡수
반응물
반응의 진행
▲ 흡열 반응에서 열의 출입
▲ 열의 출입과 물질의 에너지

③ 흡열 반응의 예: 광합성, 질산 암모늄의 용해 반응, 열분해 반응, 전기 분해 반응, 수산화 바륨과 염화 암모늄의 반응 등

식물이 광합성을 할 때 빛에너지를 흡수한다.

질산 암모늄이 용해될 때 열을 흡수한다. ─ 냉각 팩에 이용

탄산수소 나트륨이 열에 의해 분해되면서 이산화 탄소가 발생하여 빵이 부풀어 오른다.

확인 문제 1

1 발열 반응이 일어나면 열을 (   )하므로 주위의 온도가 (   )아진다.

2 발열 반응은 반응물의 에너지 총량이 생성물의 에너지 총량보다 크다. (○, ×)

3 금속의 산화 반응, 중화 반응은 (발열, 흡열) 반응이고, 광합성, 질산 암모늄의 용해 반응은 (발열, 흡열) 반응이다.

2 화학 반응에서 출입하는 열의 측정 자료 분석 특강 214쪽 B

1 열량계 화학 반응에서 출입하는 열량을 측정하는 장치로, 기본적으로 단열 용기, 온도계, 젓개로 구성된다.

간이 열량계	• 간단하여 쉽게 사용할 수 있으나 열 손실이 있으므로 정밀한 실험에서는 사용할 수 없다. • 뚜껑이 느슨하게 되어 있어 기체가 발생하는 실험에는 적합하지 않다. • 주로 중화 반응이나 용해 반응에서 출입하는 열량을 측정할 때 사용한다.	온도계, 젓개, 물, 스타이로폼 컵
통열량계	• 열 손실이 거의 없으므로 화학 반응에서 출입하는 열을 정확하게 측정할 수 있다. • 매우 단단한 강철 용기로 되어 있어 생성물이 외부로 빠져나가지 못한다. • 주로 연소 반응에서 출입하는 열량을 측정할 때 사용한다.	점화선, 젓개, 온도계, 단열 용기, 강철 용기, 시료 접시, 물, 강철통

plus 개념

❷ 흡열 반응과 온도
흡열 반응이 일어날 때 반응물과 생성물이 가진 에너지 차이에 해당하는 열을 주위에서 흡수하므로 주위의 온도가 낮아진다.

꼭 기억해!

- 발열 반응: 열을 방출하는 반응 → 주위 온도가 높아짐.
- 흡열 반응: 열을 흡수하는 반응 → 주위 온도가 낮아짐.

궁금하지?

Q. 열량계에는 왜 젓개가 필요할까?
A. 반응이 일어날 때 출입하는 열에 의해 용액의 온도가 변화하는데, 이때 대류가 활발히 일어나 온도 측정에서 오차가 생기지 않게 하기 위해서이다.

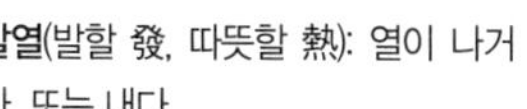
용어 돋보기

- **발열**(발할 發, 따뜻할 熱): 열이 나거나, 또는 내다.
- **흡열**(빨아들일 吸, 따뜻할 熱): 열을 빨아들이다.

18 화학 반응과 열의 출입

2 화학 반응에서 출입하는 열량 측정 화학 반응에서 출입하는 열이 물이나 용액의 온도를 변화시키므로 온도 변화를 이용한다.

① 간이 열량계를 이용한 열량 측정: 화학 반응이 일어날 때 출입하는 열은 모두 물이나 용액의 온도를 변화시킨다. 비열이 큰 물질일수록 온도를 1 ℃ 높이기 위해 가해 주어야 하는 열량이 크다.

$$Q = c \times m \times \Delta t$$ (c: 비열, m: 질량, Δt: 온도 변화)❸

② 통열량계를 이용한 열량 측정: 화학 반응이 일어날 때 출입하는 열은 모두 통열량계와 물의 온도를 변화시킨다. 통열량계의 온도는 물의 온도와 같다고 가정한다.

$$Q = (c_{물} \times m_{물} \times \Delta t) + (C_{열량계} \times \Delta t)$$ ($C_{열량계}$: 열용량)❸

과정 »

❶ 과자의 질량(w_1)을 측정한 후, 증발 접시에 담는다.
❷ 둥근바닥 플라스크에 물 100 mL를 넣고 물의 온도(t_1)를 측정한다.
❸ 과자를 연소시킨 후 둥근바닥 플라스크 속 물의 온도(t_2)를 측정한다.
❹ 타고 남은 과자의 질량(w_2)을 측정한다.

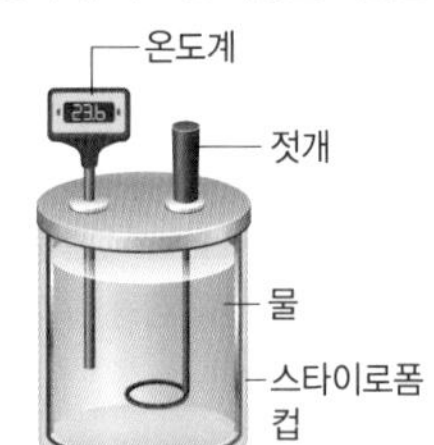

결과 및 정리 »

과자의 질량(g)		물의 온도(℃)	
연소 전(w_1)	연소 후(w_2)	가열 전(t_1)	가열 후(t_2)
2	0.2	15	33

연소한 과자의 질량: 1.8 g / 물의 온도 변화: 18 ℃

1. 과자가 연소할 때 방출한 열량을 모두 물이 얻는다고 가정할 때 방출한 열량(단, 물의 비열은 4.2 J/(g·℃)이고, 물의 밀도는 1 g/mL로 가정한다.): 4.2 J/(g·℃)×100 g×18 ℃=7560 J

2. 과자 1 g이 연소할 때 발생한 열량: $\frac{7560\ J}{1.8\ g}$=4200 J/g❹

3 열의 출입을 이용한 장치 고안하기

발열 도시락

구조 부직포로 주머니를 만들어 산화 칼슘(CaO)을 넣은 후 큰 용기 바닥에 놓는다.

사용법 음식을 먹기 전 부직포에 물을 부은 후 음식 용기를 올려두면 CaO이 물과 반응할 때 많은 열이 발생하므로 음식을 데울 수 있다.

냉각 팩

구조 비닐 봉지에 물을 넣고, 질산 암모늄과 함께 비닐 팩에 넣는다.

사용법 제품을 꽉 쥐어 내부의 비닐봉지를 터뜨린 후 흔들어주면 질산 암모늄이 물에 녹을 때 열을 흡수하므로 열을 내릴 수 있다.

확인 문제 2

4 어떤 물질 1 g의 온도를 1 ℃ 높이는 데 필요한 열량을 ( ), 어떤 물질의 온도를 1 ℃ 높이는 데 필요한 열량을 ( )(이)라고 한다.

5 열량은 물질의 ( )×물질의 질량×( ) 변화로 구한다.

6 통열량계는 간이 열량계보다 열 손실이 많다. (○, ×)

plus 개념

❸ 비열과 열용량

- 비열: 어떤 물질 1 g의 온도를 1 ℃ 높이는 데 필요한 열량이며, 단위는 J/(g·℃)이다.
- 열용량: 어떤 물질의 온도를 1 ℃ 높이는 데 필요한 열량으로, 단위는 J/℃이다. 열용량은 비열과 물질의 질량의 곱으로 구한다.
  열용량(C)=비열(c)×질량(m)

또 다른 탐구

과정 »

1. 간이 열량계에 증류수 200 g을 넣고 온도(t_1)를 측정한다.
2. 염화 칼슘($CaCl_2$) 10 g을 과정 1의 증류수에 넣어 완전히 녹인 후 용액의 최고 온도(t_2)를 측정한다.

온도계 / 젓개 / 물 / 스타이로폼 컵

결과 및 정리 »

처음 온도	나중 온도
22 ℃	29.5 ℃

- 방출한 열량: 4.2 J/(g·℃)(용액의 비열)×210 g×7.5 ℃=6615 J
- $CaCl_2$ 1 g이 용해될 때 방출한 열량: 661.5 J/g

❹ 실험 결과와 과자 봉지의 열량 성분표에 표시된 열량이 다른 까닭

- 온도와 질량을 측정할 때 측정 오차가 발생하였다.
- 연소시 발생한 열량이 공기 중으로 손실되었다.
- 연소시 발생한 열량이 물의 온도를 높이는 데 쓰이지 않고 실험 기구의 온도를 변화시키는 데 사용되었다.

용어 돋보기

- **용해**(녹일 溶, 풀어질 解): 물질이 용매에 녹아 고르게 섞이는 현상이다.

개념을 다지는 기본 문제

바른답 • 알찬풀이 79쪽

1 발열 반응과 흡열 반응

01 화학 반응과 열의 출입에 대한 설명으로 옳은 것만을 〈보기〉에서 있는 대로 고른 것은?

보기
ㄱ. 화학 반응이 일어날 때는 항상 열을 방출한다.
ㄴ. 흡열 반응이 일어나면 주위의 온도가 낮아진다.
ㄷ. 연소 반응은 발열 반응이다.

① ㄱ ② ㄷ ③ ㄱ, ㄴ
④ ㄴ, ㄷ ⑤ ㄱ, ㄴ, ㄷ

02 다음은 주변에서 관찰할 수 있는 몇 가지 반응이다.

(가) 철에 붉은 녹이 슨다.
(나) 묽은 염산에 마그네슘을 넣으면 기포가 발생한다.
(다) 베이킹 소다의 주성분인 탄산수소 나트륨이 분해할 때 기체가 발생하므로 밀가루 반죽을 부풀리는 데 사용한다.
(라) 주방에서 라면을 끓이거나 찌개를 끓일 때 주방이 따뜻해진다.

(가)~(라)의 반응을 발열 반응과 흡열 반응으로 분류하시오.

03 다음은 물의 증발에 대한 설명이다.

더운 여름날 마당에 물을 뿌리면 시원해진다. 이는 물이 증발하면서 주위에서 열을 (㉠)하는 (㉡) 반응이 일어나기 때문이다.

㉠과 ㉡에 들어갈 알맞은 말을 옳게 짝 지은 것은?

	㉠	㉡		㉠	㉡
①	방출	흡열	②	방출	발열
③	흡수	산화	④	흡수	흡열
⑤	흡수	발열			

04 그림은 석탄의 주성분인 탄소가 연소되어 이산화 탄소를 생성하는 반응에서 반응물과 생성물의 에너지를 나타낸 것이다.

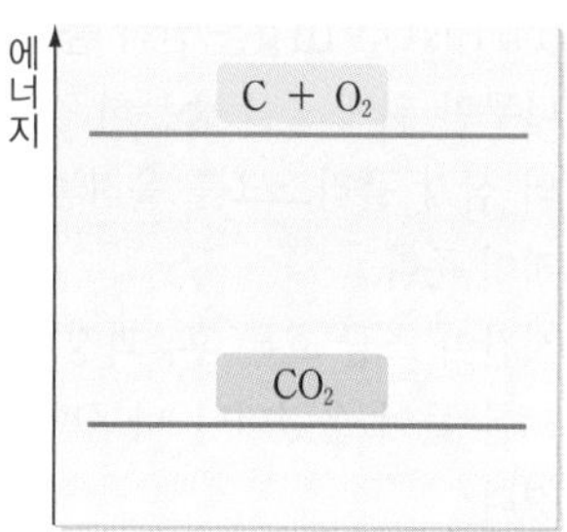

이 반응에 대한 설명으로 옳은 것만을 〈보기〉에서 있는 대로 고른 것은?

보기
ㄱ. 발열 반응이다.
ㄴ. 반응이 일어날 때 주위의 온도가 낮아진다.
ㄷ. 반응물의 에너지 합은 생성물의 에너지보다 크다.

① ㄱ ② ㄴ ③ ㄱ, ㄷ
④ ㄴ, ㄷ ⑤ ㄱ, ㄴ, ㄷ

중요

05 다음은 어떤 반응에 대한 자료이다.

• 반응이 일어날 때 주위의 온도가 높아진다.
• 반응물의 에너지 합이 생성물의 에너지 합보다 크다.

위 반응의 예로 적절한 것만을 〈보기〉에서 있는 대로 고른 것은?

보기
ㄱ. $CH_4(g) + 2O_2(g) \longrightarrow CO_2(g) + 2H_2O(l)$
ㄴ. $Zn(s) + 2HCl(aq) \longrightarrow ZnCl_2(aq) + H_2(g)$
ㄷ. $NH_4Cl(s) \xrightarrow{H_2O} NH_4Cl(aq)$

① ㄱ ② ㄷ ③ ㄱ, ㄴ
④ ㄴ, ㄷ ⑤ ㄱ, ㄴ, ㄷ

06 다음은 화학 반응에서 열의 출입을 알아보는 실험이다.

(가) 수산화 바륨($Ba(OH)_2$) 10 g과 질산 암모늄(NH_4NO_3) 10 g을 삼각 플라스크에 넣는다.
(나) 나무판 위에 물을 충분히 적신 다음, 과정 (가)의 삼각 플라스크를 올려놓고 유리 막대로 잘 저어 준다.
(다) 시간이 조금 흐른 후, 과정 (나)의 삼각 플라스크를 들어 올렸더니 나무판이 함께 들어 올려졌다.

삼각 플라스크 내부에서 일어난 반응에 대한 설명으로 옳은 것만을 〈보기〉에서 있는 대로 고른 것은?

보기
ㄱ. 흡열 반응이다.
ㄴ. 물의 증발과 열의 출입 방향이 같다.
ㄷ. 주위의 온도가 낮아진다.

① ㄱ ② ㄷ ③ ㄱ, ㄴ
④ ㄴ, ㄷ ⑤ ㄱ, ㄴ, ㄷ

07 다음은 2가지 화학 반응식이다.

(가) $6CO_2 + 6H_2O \longrightarrow C_6H_{12}O_6 + 6O_2$
(나) $2NaHCO_3 \longrightarrow Na_2CO_3 + H_2O + CO_2$

반응 (가)와 (나)의 공통점으로 옳은 것만을 〈보기〉에서 있는 대로 고른 것은?

보기
ㄱ. 반응이 일어날 때 열을 흡수한다.
ㄴ. 반응이 일어날 때 주위의 온도가 높아진다.
ㄷ. 반응물의 에너지 합이 생성물의 에너지 합보다 크다.

① ㄱ ② ㄷ ③ ㄱ, ㄴ
④ ㄴ, ㄷ ⑤ ㄱ, ㄴ, ㄷ

08 오른쪽 그림과 같이 물에 수산화 나트륨(NaOH)을 넣었더니 용액의 온도가 올라갔다. 이 반응에 대한 설명으로 옳은 것만을 〈보기〉에서 있는 대로 고른 것은?

보기
ㄱ. 발열 반응이다.
ㄴ. 이 반응은 냉각 팩에 이용할 수 있다.
ㄷ. 생성물의 에너지 합이 반응물의 에너지 합보다 크다.

① ㄱ ② ㄴ ③ ㄱ, ㄷ
④ ㄴ, ㄷ ⑤ ㄱ, ㄴ, ㄷ

2 화학 반응에서 출입하는 열의 측정

09 다음은 과자를 연소시킬 때 발생하는 열량을 측정하기 위한 실험이다.

(가) 삼각 플라스크에 물 100 g을 넣고 그림과 같이 장치한 다음 물의 온도를 측정한다.
(나) 과자 50 g을 깡통에 넣고 불을 붙인다.
(다) 과자를 연소시킨 후 물의 온도를 측정한다.

과자 1 g이 연소할 때 발생하는 열량을 구하기 위해 필요한 자료만을 〈보기〉에서 있는 대로 고른 것은?(단, 과자가 연소할 때 발생한 열량은 삼각 플라스크 속 물이 모두 흡수한다고 가정한다.)

보기
ㄱ. 물의 비열
ㄴ. 물의 밀도
ㄷ. 연소 후 과자의 질량

① ㄱ ② ㄴ ③ ㄱ, ㄷ
④ ㄴ, ㄷ ⑤ ㄱ, ㄴ, ㄷ

10 간이 열량계에 20 °C의 물 100 g을 넣고 물질 X 4 g을 넣어 녹였더니 용액의 온도가 30 °C가 되었다. 물질 X 1 g이 물에 용해될 때 방출하는 열량을 구하시오(단, 반응에서 출입하는 열은 용액의 온도 변화에 모두 이용된다고 가정하며, 용액의 비열은 4 J/(g·°C)이다.).

서술형

11 간이 열량계에 물 100 g과 수산화 나트륨(NaOH) 2 g을 넣고 젓개로 완전히 녹인 후 온도를 측정하였더니 용해 전보다 5 °C만큼 높아졌다. NaOH 1몰이 용해될 때 출입하는 열량(kJ)을 구하고 계산 과정을 설명하시오(단, 반응에서 출입하는 열은 용액의 온도 변화에 모두 쓰이며, NaOH의 화학식량은 40이고, 용액의 비열은 4 J/(g·°C)이다).

12 그림은 2가지 열량계의 구조를 나타낸 것이다.

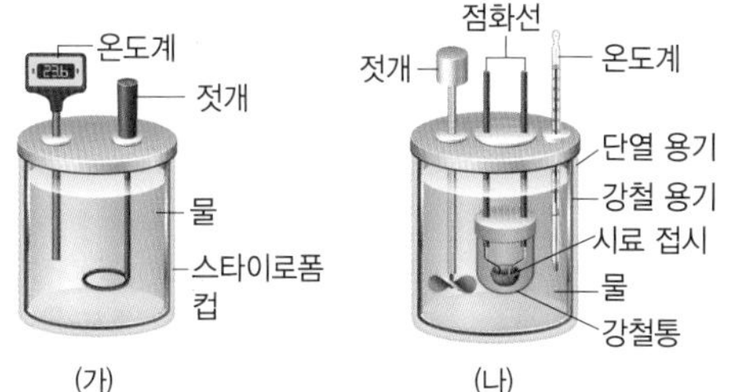

이에 대한 설명으로 옳은 것만을 〈보기〉에서 있는 대로 고른 것은?

보기

ㄱ. (가)는 용해 반응에서 출입하는 열량을 측정하기 적합하다.
ㄴ. (나)는 연소 반응에서 방출하는 열량을 측정하기 적합하다.
ㄷ. (가)는 (나)에 비해 열 손실이 적어 정밀한 측정이 가능하다.

① ㄱ　② ㄷ　③ ㄱ, ㄴ　④ ㄴ, ㄷ　⑤ ㄱ, ㄴ, ㄷ

중요

13 오른쪽 그림과 같이 간이 열량계에 30 °C의 물 90 g을 넣고 질산 암모늄(NH_4NO_3) 10 g을 녹였더니 용액의 온도가 22 °C가 되었다. 이에 대한 설명으로 옳은 것만을 〈보기〉에서 있는 대로 고른 것은?(단, 반응에서 출입하는 열은 용액의 온도 변화에 모두 이용된다고 가정하며, 용액의 비열은 4 J/(g·°C)이다.)

보기

ㄱ. 질산 암모늄(NH_4NO_3)의 용해 과정은 흡열 반응이다.
ㄴ. 1 g이 용해될 때 출입하는 열량은 320 J이다.
ㄷ. NH_4NO_3 1몰이 용해될 때 출입하는 열량을 구하려면 NH_4NO_3의 화학식량을 알아야 한다.

① ㄱ　② ㄴ　③ ㄱ, ㄷ　④ ㄴ, ㄷ　⑤ ㄱ, ㄴ, ㄷ

14 오른쪽 그림은 통열량계의 구조를 나타낸 것이다. 이에 대한 설명으로 옳은 것만을 〈보기〉에서 있는 대로 고른 것은?

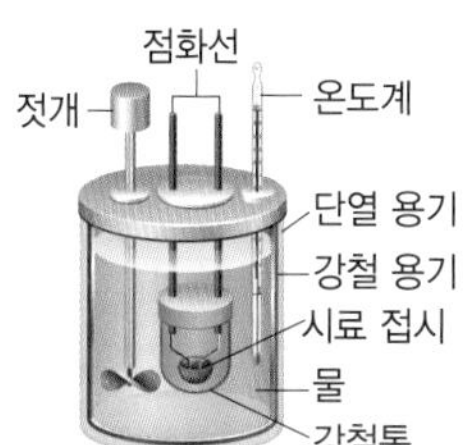

보기

ㄱ. 연소 반응에서 발생하는 열량을 측정하는 데 사용할 수 있다.
ㄴ. 반응에서 발생한 열량은 물과 통열량계가 흡수한 열량의 총합과 같다.
ㄷ. 반응에서 출입하는 열량을 구하기 위해서 통열량계의 열용량을 알아야 한다.

① ㄱ　② ㄴ　③ ㄱ, ㄷ　④ ㄴ, ㄷ　⑤ ㄱ, ㄴ, ㄷ

실력을 올리는 실전 문제와 함께 보면 더 좋아요!

A 발열 반응과 흡열 반응

그림은 실생활에서 일어나는 몇 가지 현상을 나타낸 것이다.

㉠ 철가루와 산소가 반응하여 손난로가 뜨거워진다.

㉡가스가 연소하여 국이 끓는다.

㉢물이 증발하여 시원해진다. ❶

㉣얼음이 녹으면서 음료수가 시원해진다. ❶

냉각 팩 속 ㉤질산 암모늄이 물에 녹으면서 차가워진다.

운동을 할 때 ㉥체내의 지방이 연소하여 열이 나므로 땀이 난다.

① 발열 반응이 일어나면 주위의 온도가 높아지고, 흡열 반응이 일어나면 주위의 온도가 낮아진다.

- 반응이 일어날 때 열을 방출하면 주위의 온도가 높아진다. → ㉠, ㉡, ㉥은 발열 반응이다.
- 반응이 일어날 때 열을 흡수하면 주위의 온도가 낮아진다. → ㉢, ㉣, ㉤은 흡열 반응이다.

② 화학 반응이 일어날 때 반응물과 생성물이 가진 에너지의 합이 다르므로 열이 출입한다.

- 반응물의 에너지 합이 생성물의 에너지 합보다 큰 경우 반응이 일어날 때 물질의 에너지 차이만큼 주위로 열을 방출한다. → 발열 반응
- 반응물의 에너지 합이 생성물의 에너지 합보다 작은 경우 반응이 일어날 때 물질의 에너지 차이만큼 주위로부터 열을 흡수한다. → 흡열 반응

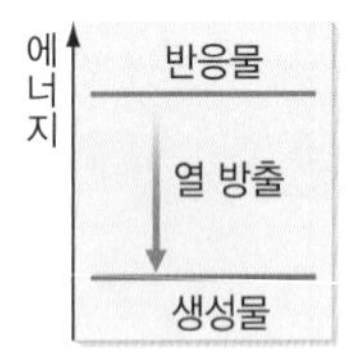

▲ 발열 반응

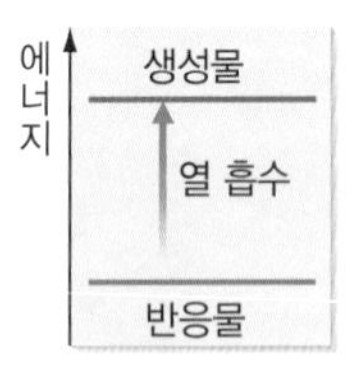

▲ 흡열 반응

❶ 물질의 상태 변화와 열의 출입
상태에 따른 물질의 총에너지의 크기는 고체< 액체< 기체이므로, 융해, 기화, 승화(고체 → 기체)가 일어날 때는 열을 흡수하는 흡열 반응이 일어나 주위의 온도가 낮아진다.

❷ 광합성과 호흡 과정에서 에너지 출입
광합성은 이산화 탄소와 물이 빛에너지를 흡수하여 포도당과 산소를 생성하는 흡열 과정이고, 호흡은 포도당이 산소와 반응하여 이산화 탄소와 물이 되면서 열에너지를 방출하는 발열 과정이다.

실력을 올리는 실전 문제 찾아가기

- 반응물과 생성물의 에너지의 상댓값이 제시되는 문제_01
- 일상생활의 사례가 반응으로 제시되는 문제_02, 03

B 간이 열량계와 통열량계를 이용한 열량 측정

간이 열량계를 이용한 열량의 측정

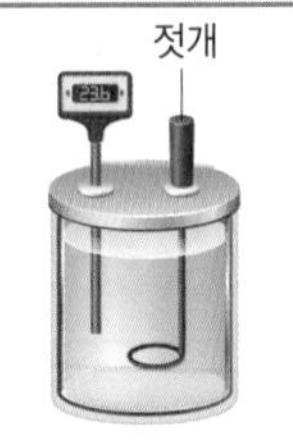

- 가정: 발생한 열량을 열량계 속 물이 모두 흡수한다.
- 발생한 열량(물이 흡수한 열량)
  =물의 비열×물의 질량×온도 변화
- 오차가 발생하는 까닭: 열의 일부가 실험 기구의 온도를 올리는 데 사용되거나, 열량계 밖으로 빠져나가는 등의 열 손실이 있기 때문

통열량계를 이용한 열량의 측정

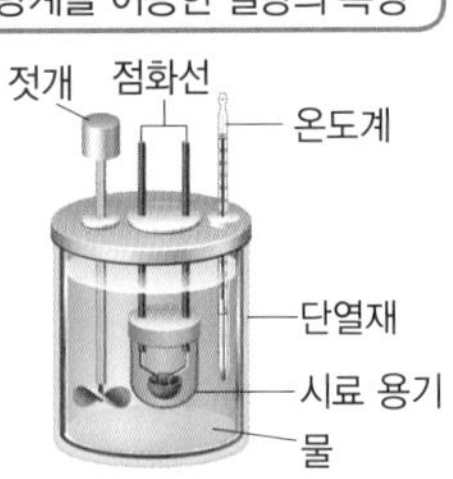

- 가정: 발생한 열량을 물과 통열량계가 모두 흡수한다.
- 발생한 열량
  =물이 흡수한 열량+통열량계가 흡수한 열량
  =(물의 비열×물의 질량×온도 변화)+(통열량계의 열용량×온도 변화) ❶ ❷
- 단열이 잘되도록 만들어져 비교적 정확하게 열량을 측정할 수 있다.

❶ 물의 질량과 온도 변화를 측정하고, 물의 비열과 통열량계의 열용량을 조사하여 물질이 연소할 때 방출하는 열량을 구한다.

❷ 물질 1몰이 연소할 때 방출하는 열량을 구하려면 물질의 화학식량을 알아야 한다.

실력을 올리는 실전 문제 찾아가기

- 물질이 연소할 때 발생하는 열량을 구하는 실험 과정이 제시되는 문제_08, 11

바른답 • 알찬풀이 80쪽

01 그림은 2가지 반응 (가)와 (나)에서 반응물과 생성물의 에너지를 상대적으로 나타낸 것이다.

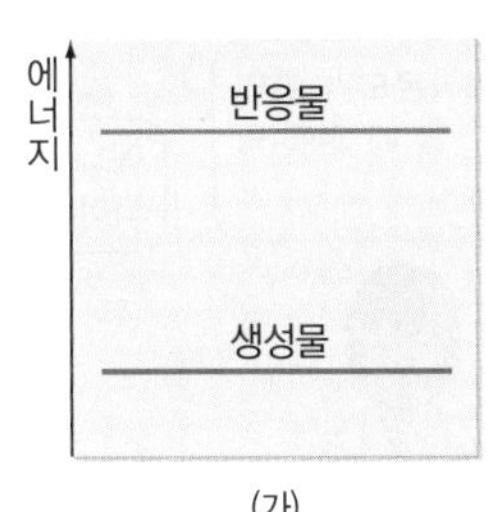

(가)

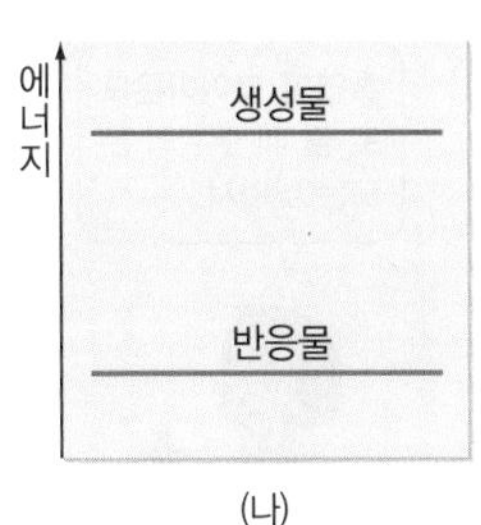

(나)

이에 대한 설명으로 옳은 것만을 〈보기〉에서 있는 대로 고른 것은?

> **보기**
> ㄱ. (가)에서 열이 주위로 방출된다.
> ㄴ. (나)는 흡열 반응이다.
> ㄷ. 반응이 일어나면 (가)에서는 주위의 온도가 낮아지고, (나)에서는 주위의 온도가 높아진다.

① ㄱ ② ㄷ ③ ㄱ, ㄴ
④ ㄴ, ㄷ ⑤ ㄱ, ㄴ, ㄷ

➲ 수능기출 변형

02 다음은 실생활에서 일어나는 3가지 현상이다.

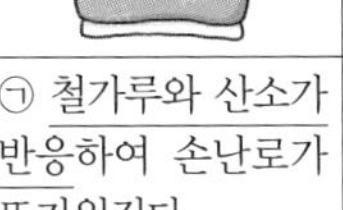		
㉠ 철가루와 산소가 반응하여 손난로가 뜨거워진다.	㉡ 가스가 연소하여 국이 끓는다.	㉢ 물이 증발하여 시원해진다.

반응 ㉠~㉢ 중 흡열 반응만을 있는 대로 고른 것은?

① ㉠ ② ㉢ ③ ㉠, ㉡
④ ㉡, ㉢ ⑤ ㉠, ㉡, ㉢

➲ 수능모의평가기출 변형

03 다음은 실생활과 관련 있는 2가지 현상이다.

㉠ 뷰테인이 연소하면서 찌개가 끓는다.	㉡ 얼음이 녹으면서 음료수가 시원해진다.

㉠과 ㉡에 대한 설명으로 옳은 것만을 〈보기〉에서 있는 대로 고른 것은?

> **보기**
> ㄱ. ㉠에서 열이 주위로 방출된다.
> ㄴ. ㉡에서 에너지는 $H_2O(l)$이 $H_2O(s)$보다 크다.
> ㄷ. ㉡은 흡열 반응이다.

① ㄱ ② ㄷ ③ ㄱ, ㄴ
④ ㄴ, ㄷ ⑤ ㄱ, ㄴ, ㄷ

04 다음은 탄산수소 나트륨($NaHCO_3$)에 열을 가할 때 일어나는 반응의 화학 반응식이다.

$$2NaHCO_3 \longrightarrow Na_2CO_3 + H_2O + (\boxed{\ X\ })$$

이 반응에 대한 설명으로 옳은 것만을 〈보기〉에서 있는 대로 고른 것은?

> **보기**
> ㄱ. X는 CO_2이다.
> ㄴ. $NaHCO_3$은 환원된다.
> ㄷ. 이 반응은 발열 반응이다.

① ㄱ ② ㄷ ③ ㄱ, ㄴ
④ ㄴ, ㄷ ⑤ ㄱ, ㄴ, ㄷ

05 다음은 용광로 속에서 철광석을 제련할 때 일어나는 반응의 화학 반응식이다.

$$Fe_2O_3(s) + 3CO(g) \longrightarrow 2Fe(s) + 3CO_2(g)$$

이 반응에 대한 설명으로 옳은 것만을 〈보기〉에서 있는 대로 고른 것은?

보기
ㄱ. 발열 반응이다.
ㄴ. 산화 환원 반응이다.
ㄷ. 생성물의 에너지 합이 반응물의 에너지 합보다 크다.

① ㄱ ② ㄷ ③ ㄱ, ㄴ
④ ㄴ, ㄷ ⑤ ㄱ, ㄴ, ㄷ

➲ 수능모의평가기출 변형

06 다음은 질산 암모늄(NH_4NO_3)의 용해에 관한 실험이다.

(가) 물이 든 밀봉된 비닐봉지와 질산 암모늄(NH_4NO_3)을 지퍼 백에 넣는다.
(나) 지퍼 백을 닫고 손으로 눌러 물이 든 비닐봉지를 터뜨리면 NH_4NO_3이 녹으면서 차가워진다.

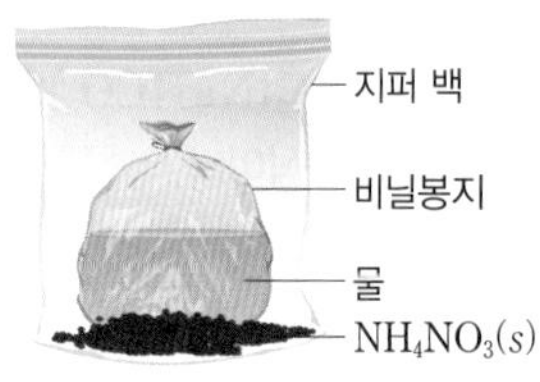

(나)에서 일어나는 반응에 대한 설명으로 옳은 것만을 〈보기〉에서 있는 대로 고른 것은?

보기
ㄱ. 열을 흡수한다.
ㄴ. 물질의 에너지는 생성물이 반응물보다 크다.
ㄷ. 냉각 팩에 이용할 수 있다.

① ㄴ ② ㄷ ③ ㄱ, ㄴ
④ ㄱ, ㄷ ⑤ ㄱ, ㄴ, ㄷ

07 다음은 흑연과 다이아몬드에 대한 세 학생의 대화이다. 흑연이 다이아몬드로 변하는 반응은 흡열 반응이다.

흑연이 다이아몬드로 될 때 주위의 온도는 낮아져.
다이아몬드가 흑연으로 될 때 열을 방출해.
에너지는 흑연이 다이아몬드보다 커.
학생 A
학생 B
학생 C

제시한 의견이 옳은 학생만을 있는 대로 고른 것은?

① A ② C ③ A, B
④ B, C ⑤ A, B, C

08 그림은 20 °C의 물 100 g이 들어 있는 열량계를 나타낸 것이며, 표는 열량계에 20 °C의 용질 A(*s*)와 B(*s*)를 각각 녹인 수용액 (가)와 (나)에 대한 자료이다.

수용액	용질의 질량(g)		최종 온도 (°C)
	A(*s*)	B(*s*)	
(가)	1	0	22
(나)	0	1	19

이에 대한 설명으로 옳은 것만을 〈보기〉에서 있는 대로 고른 것은?

보기
ㄱ. A(*s*)의 용해 반응은 발열 반응이다.
ㄴ. 각 물질 1 g이 용해될 때 출입하는 열량은 A(*s*)가 B(*s*)보다 크다.
ㄷ. A는 냉각 팩에 사용할 수 있다.

① ㄱ ② ㄷ ③ ㄱ, ㄴ
④ ㄴ, ㄷ ⑤ ㄱ, ㄴ, ㄷ

➲ 수능모의평가기출 변형

09 그림은 물을 분해하여 수소를 발생시키는 2가지 방법을 모식적으로 나타낸 것이다.

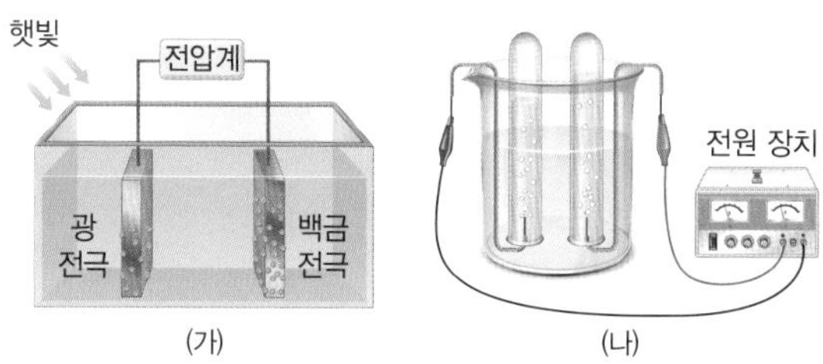

(가)와 (나)에서 일어나는 반응의 공통점만을 〈보기〉에서 있는 대로 고른 것은?

보기

ㄱ. 흡열 반응이다.
ㄴ. 산화 환원 반응이다.
ㄷ. 생성물은 산소(O_2)와 수소(H_2)이다.

① ㄴ ② ㄷ ③ ㄱ, ㄴ
④ ㄱ, ㄷ ⑤ ㄱ, ㄴ, ㄷ

10 다음은 통열량계를 사용하여 나프탈렌이 연소할 때 발생하는 열량을 측정하는 실험이다.

(가) 통열량계 속 시료 용기에 나프탈렌 2.0 g을 넣고 물 2000 g을 채운다.
(나) 물의 온도를 측정하고 점화 장치로 나프탈렌을 완전 연소시킨다.
(다) 젓개로 저으면서 물의 최고 온도를 측정한다.

나프탈렌 1몰이 연소할 때 발생하는 열량을 구하기 위하여 실험 과정에서 측정한 값 이외에 추가로 필요한 자료만을 〈보기〉에서 있는 대로 고른 것은?

보기

ㄱ. 물의 비열
ㄴ. 나프탈렌의 비열
ㄷ. 통열량계의 열용량
ㄹ. 나프탈렌의 분자량

① ㄱ, ㄴ ② ㄱ, ㄷ ③ ㄴ, ㄷ
④ ㄱ, ㄷ, ㄹ ⑤ ㄴ, ㄷ, ㄹ

➲ 수능모의평가기출 변형

11 다음은 열량계를 이용하여 탄소(C) 가루를 연소시킬 때 발생하는 열량을 구하는 실험이다.

[실험 과정]

(가) 0.6 g의 탄소 가루와 0.1몰의 산소 기체를 강철 용기에 넣는다.
(나) 열량계의 온도(t_1)를 측정한다.
(다) 점화 장치로 0.6 g의 탄소 가루를 완전히 연소시킨 후 열량계의 온도(t_2)를 측정한다.

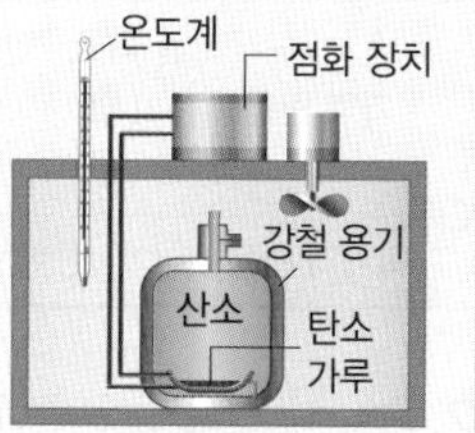

[실험 결과 및 자료]

t_1	t_2	열량계의 열용량
23.2 °C	23.7 °C	40 kJ/°C

탄소(C) 1몰이 완전 연소할 때 발생하는 열량(kJ)은?(단, C가 연소할 때 발생하는 열량은 열량계가 모두 흡수하며, C의 원자량은 12이다.)

① 100 kJ ② 200 kJ ③ 300 kJ
④ 400 kJ ⑤ 500 kJ

12 표는 3가지 물질의 화학식량과 물질 1몰을 각각 충분한 양의 물에 용해시킬 때 발생하는 열량을 나타낸 것이다.

물질	$HCl(g)$	$NaOH(s)$	$H_2SO_4(l)$
화학식량	36.5	40	98
열량(kJ/mol)	75	45	95

이에 대한 설명으로 옳은 것만을 〈보기〉에서 있는 대로 고른 것은?(단, 수용액의 밀도는 1 g/mL이고, 비열은 4 J/(g·°C)이다.)

보기

ㄱ. 물 100 g에 각 물질 1 g씩을 녹일 때 용액의 온도가 가장 높아지는 것은 $H_2SO_4(l)$이다.
ㄴ. $HCl(g)$와 $H_2SO_4(l)$을 각각 물에 녹여 0.1 M 수용액을 만들 때 방출되는 열량은 H_2SO_4이 더 크다.
ㄷ. 0.1 M $NaOH(aq)$ 1 L를 만들 때 용액의 온도는 1.5 °C 증가한다.

① ㄱ ② ㄴ ③ ㄱ, ㄷ
④ ㄴ, ㄷ ⑤ ㄱ, ㄴ, ㄷ

핵심 정리 Ⅳ 단원 마무리

14 동적 평형 상태

1. 가역 반응

가역 반응	화학 반응식에서 오른쪽으로 진행되는 반응인 (1)과/와 왼쪽으로 진행되는 반응인 (2)이/가 모두 일어날 수 있는 반응
비가역 반응	한 방향으로만 일어나는 반응

2. (3) 가역 반응에서 정반응과 역반응의 속도가 같아서 겉으로는 변화가 일어나지 않는 것처럼 보이는 상태

상평형: 밀폐 용기에 물을 넣고 충분한 시간이 지나면 물의 증발 속도와 수증기의 응축 속도가 같아져 동적 평형에 도달한다.

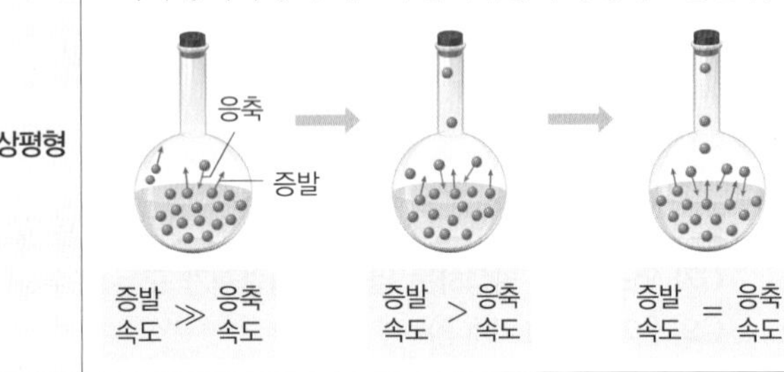

용해 평형: 일정량의 물에 용질을 계속 넣으면 용해 속도와 석출 속도가 같아지는 동적 평형에 도달한다.

용해 속도 > 석출 속도

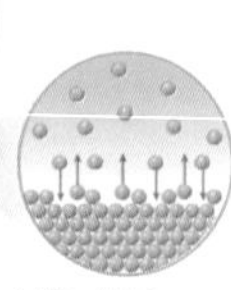

용해 속도 = 석출 속도

화학 평형:
- 밀폐 용기에서 진행되는 가역 반응은 충분한 시간이 지나면 동적 평형에 도달한다.
- 동적 평형에서는 반응물과 생성물의 양이 일정하게 유지된다.

15 물의 자동 이온화와 pH

1. (4) 물 분자들끼리 수소 이온(H^+)을 주고받아 이온화하는 반응

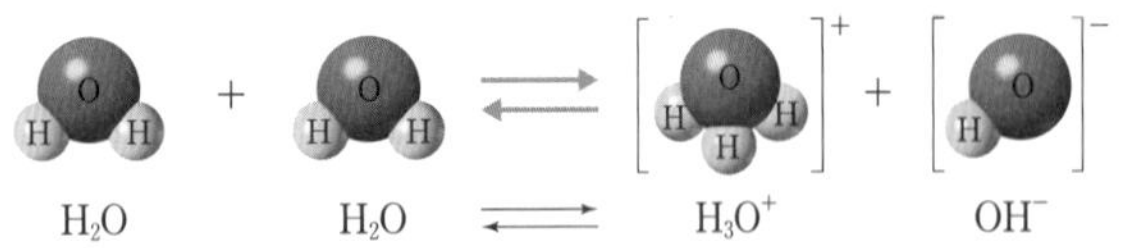

① 물의 이온화 상수(K_w): 물이 자동 이온화하여 생성된 $[H_3O^+]$와 $[OH^-]$의 곱으로, 25 °C에서는 (5)이다.

② 수용액의 액성

(6) 용액	(7) 용액	(8) 용액
$[H_3O^+]>[OH^-]$	$[H_3O^+]=[OH^-]$	$[H_3O^+]<[OH^-]$

2. 수소 이온 농도와 pH

① 수소 이온 농도 지수(pH): 수소 이온 농도의 역수의 상용로그 값

$$pH=\log\frac{1}{[H_3O^+]}=-\log[H_3O^+]$$

- $[H_3O^+]$가 클수록 pH가 작아진다.
- $pH+pOH=14$(25 °C)

② 수용액의 액성과 pH

산성 용액	중성 용액	염기성 용액
pH (9) 7	pH (10) 7	pH (11) 7

16 산과 염기의 반응

1. 산 염기의 정의

아레니우스 산 염기	산	수용액에서 (12) 이온을 내놓는 물질
	염기	수용액에서 (13) 이온을 내놓는 물질
브뢴스테드·로리 산 염기	산	수소 이온(H^+)을 (14) 물질
	염기	수소 이온(H^+)을 (15) 물질

2. 산 염기 반응

① 중화 반응: 산과 염기가 반응하여 (16)과/와 염이 생성되는 반응

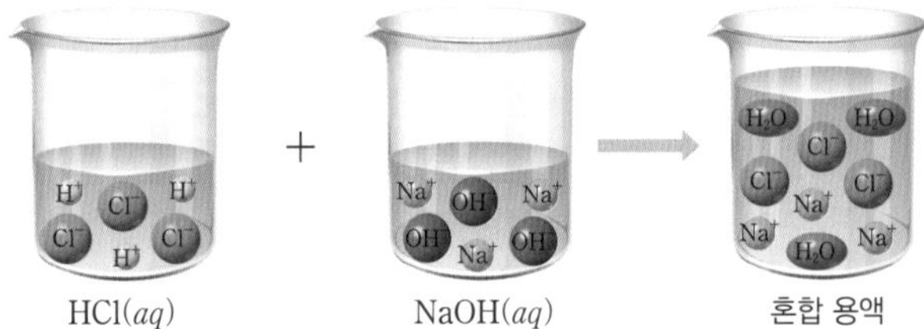

② 중화 반응의 알짜 이온 반응식: (17)

③ 중화 반응의 양적 관계

산이 내놓는 H^+의 양(mol) nMV = 염기가 내놓는 OH^-의 양(mol) $n'M'V'$

3. 중화 적정 중화 반응의 양적 관계를 이용하여 농도를 모르는 산이나 염기의 농도를 알아내는 실험적 방법

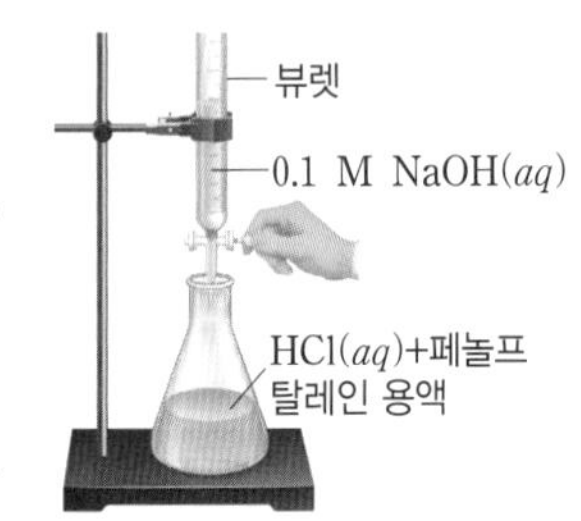

① 표준 용액: 농도를 알고 있는 용액

② (18): 산과 염기가 완전히 중화되는 지점

바른답 • 알찬풀이 82쪽

17 산화 환원 반응

1. 산화 환원

① 산화 환원의 정의

구분	산화	환원
산소의 이동	산소 (⑲)	산소 (⑳)
	$Fe_2O_3(s) + 3CO(s) \longrightarrow 2Fe(s) + 3CO_2(g)$ 산화 철(Ⅲ) 일산화 탄소 → 철 이산화 탄소 산화: $CO \rightarrow CO_2$, 환원: $Fe_2O_3 \rightarrow Fe$	
전자의 이동	전자 (㉑)	전자 (㉒)
	$2Ag^+(aq) + Cu(s) \longrightarrow 2Ag(s) + Cu^{2+}(aq)$ 산화: $Cu \rightarrow Cu^{2+}$, 환원: $Ag^+ \rightarrow Ag$	
산화수 변화	산화수 (㉓)	산화수 (㉔)
	$\overset{+3}{Fe_2}O_3(s) + \overset{+2}{C}O(g) \longrightarrow 2\overset{0}{Fe}(s) + 3\overset{+4}{C}O_2(g)$ 산화: $CO \rightarrow CO_2$, 환원: $Fe_2O_3 \rightarrow Fe$	

② 산화 환원의 동시성

- 산화 환원 반응은 항상 동시에 일어난다.
- 산화되는 물질이 있으면 반드시 환원되는 물질이 있다.
- 산화되는 물질이 잃은 전자 수(증가한 산화수)는 환원되는 물질이 얻은 전자 수(감소한 산화수)와 같다.

2. 산화수 어떤 물질에서 각 원자가 어느 정도 산화되었는지를 나타내는 가상적인 전하

① 이온 결합 물질과 공유 결합 물질에서 산화수

이온 결합 물질	물질을 구성하고 있는 각 이온의 전하 예 NaCl: Na^+의 산화수 +1, Cl^-의 산화수 −1
공유 결합 물질	전기 음성도가 큰 원자 쪽으로 공유 전자쌍이 모두 이동한다고 가정할 때 이동한 전자 수 예 NH_3: 전기 음성도가 N>H이므로 N의 산화수 −3, H의 산화수 +1

② 산화수를 정하는 규칙

❶ 홑원소 물질을 구성하는 원자의 산화수는 0이다.
❷ 일원자 이온의 산화수는 그 이온의 전하와 같다.
❸ 화합물을 구성하는 각 원자의 산화수의 합은 0이다.
❹ 다원자 이온은 각 원자의 산화수의 합이 그 이온의 전하와 같다.
❺ 대부분의 화합물에서 H의 산화수는 +1이다(단, 금속 수소화물에서는 −1이다.).
❻ 대부분의 화합물에서 O의 산화수는 −2이다(단, 플루오린 화합물에서는 +2이고, 과산화물에서는 −1이다.).

3. 산화 환원 반응식

① 산화제와 환원제

구분	(㉕)	(㉖)
정의	자신이 환원되면서 다른 물질을 산화시키는 물질	자신이 산화되면서 다른 물질을 환원시키는 물질
예	$\overset{0}{Mg}(s) + \overset{0}{S}(s) \longrightarrow \overset{+2\ -2}{MgS}(s)$ 산화: $Mg \rightarrow MgS$, 환원: $S \rightarrow MgS$	• 산화제: S • 환원제: Mg

② 산화 환원 반응식의 완성: 증가한 산화수와 감소한 산화수가 같아지도록 계수를 맞추어 산화 환원 반응식을 완성한다.

1단계 반응에 관여한 각 원자의 산화수를 구한다.
2단계 반응 전후의 산화수 변화를 확인한다.
3단계 증가한 산화수와 감소한 산화수가 같도록 계수를 맞춘다.
4단계 반응 전후의 원자 수가 같도록 계수를 맞추어 산화 환원 반응식을 완성한다.

18 화학 반응과 열의 출입

1. 발열 반응과 흡열 반응

구분	발열 반응	흡열 반응
정의	화학 반응이 일어날 때 열을 (㉗)하는 반응	화학 반응이 일어날 때 열을 (㉘)하는 반응
열의 출입과 에너지	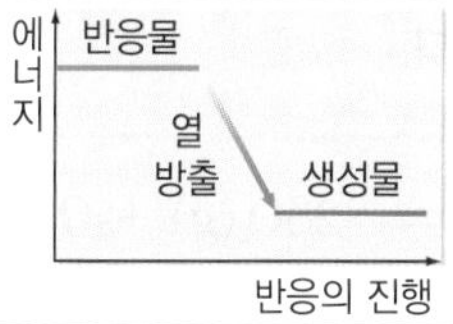	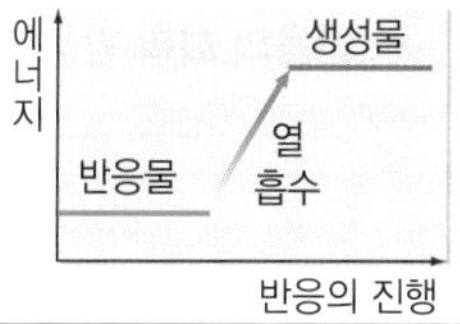
주위의 온도	(㉙)	(㉚)
예	연소 반응, 금속과 산의 반응, 중화 반응 등	광합성, 질산 암모늄의 용해 반응, 열분해 반응 등

2. 화학 반응에서 출입하는 열 측정

구분	간이 열량계	통열량계
원리	발생한 열은 열량계 속 용액이 모두 흡수한다.	발생한 열은 열량계와 열량계 속 물이 모두 흡수한다.
열량(Q)	$Q=cm\Delta t$	$Q=c_{물}m_{물}\Delta t+C_{열량계}\Delta t$
	(c: 비열, m: 질량, C: 열량계의 열용량, Δt: 온도 변화)	
사용 예	용해 반응, 중화 반응	연소 반응

실력 점검 Ⅳ 단원 평가 문제

∞ 14. 동적 평형 상태 166쪽

01 다음은 3가지 화학 반응식이다.

(가) $Zn(s) + 2HCl(aq) \longrightarrow ZnCl_2(aq) + H_2(g)$
(나) $NaOH(aq) + HCl(aq) \longrightarrow H_2O(l) + NaCl(aq)$
(다) $2NO_2(g) \rightleftharpoons N_2O_4(g)$

(가)~(다)에 대한 설명으로 옳은 것만을 〈보기〉에서 있는 대로 고른 것은?

보기
ㄱ. (가)는 가역 반응이다.
ㄴ. (나)의 반응은 동적 평형에 도달할 수 있다.
ㄷ. 밀폐 용기에 $N_2O_4(g)$를 넣고 충분한 시간이 지나면 용기 속에는 $NO_2(g)$와 $N_2O_4(g)$가 함께 존재한다.

① ㄱ ② ㄷ ③ ㄱ, ㄴ ④ ㄴ, ㄷ ⑤ ㄱ, ㄴ, ㄷ

∞ 14. 동적 평형 상태 166쪽

02 다음은 $SO_3(g)$이 분해되어 $SO_2(g)$과 $O_2(g)$를 생성하는 반응의 화학 반응식이다.

$$2SO_3(g) \rightleftharpoons 2SO_2(g) + O_2(g)$$

1.0 L 강철 용기에 1몰의 $SO_3(g)$을 넣고 반응시켜 평형에 도달했을 때 용기 속 전체 기체의 양이 1.2몰이었다. 평형 상태에 대한 설명으로 옳은 것만을 〈보기〉에서 있는 대로 고른 것은?

보기
ㄱ. SO_2의 몰 농도는 0.4 M이다.
ㄴ. $\frac{SO_3\text{의 양(mol)}}{O_2\text{의 양(mol)}} = 3$이다.
ㄷ. 시간이 지나면 $\frac{[SO_2]}{[SO_3]}$는 증가한다.

① ㄱ ② ㄷ ③ ㄱ, ㄴ ④ ㄴ, ㄷ ⑤ ㄱ, ㄴ, ㄷ

∞ 15. 물의 자동 이온화와 pH 174쪽

03 다음은 물의 자동 이온화 반응식과 온도에 따른 물의 이온화 상수(K_w)를 나타낸 것이다.

$$2H_2O(l) \rightleftharpoons H_3O^+(aq) + OH^-(aq)$$

온도(°C)	K_w
25	1.0×10^{-14}
40	2.9×10^{-14}
60	9.6×10^{-14}

이에 대한 설명으로 옳은 것만을 〈보기〉에서 있는 대로 고른 것은?

보기
ㄱ. 25 °C에서 물의 pH는 7이다.
ㄴ. 40 °C의 물은 산성이다.
ㄷ. 60 °C에서 물속 $[OH^-] > 1.0\times10^{-7}$ M이다.

① ㄱ ② ㄴ ③ ㄱ, ㄷ ④ ㄴ, ㄷ ⑤ ㄱ, ㄴ, ㄷ

∞ 15. 물의 자동 이온화와 pH 174쪽

04 그림과 같이 비커에 25 °C의 수용액 (가)와 (나)가 들어 있다.

(가)

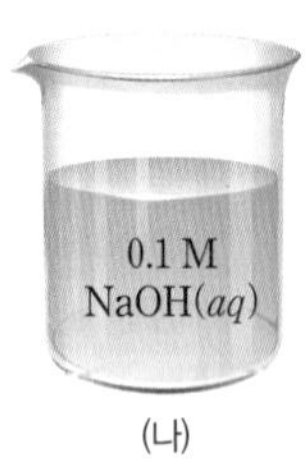

(나)

(가)와 (나)에 대한 설명으로 옳은 것만을 〈보기〉에서 있는 대로 고른 것은?(단, 25 °C에서 물의 이온화 상수 $K_w = 1.0\times10^{-14}$이다.)

보기
ㄱ. (가)에서 $\frac{[H_3O^+]}{[OH^-]}$는 1.0×10^{12}이다.
ㄴ. (나)의 pH는 1이다.
ㄷ. pH는 (나)가 (가)보다 13만큼 크다.

① ㄱ ② ㄴ ③ ㄱ, ㄷ ④ ㄴ, ㄷ ⑤ ㄱ, ㄴ, ㄷ

∞ 16. 산 염기 반응 182쪽

05 다음은 산 H_2A의 이온화 반응의 화학 반응식이다.

(가) $H_2A(aq) + H_2O(l) \rightleftharpoons HA^-(aq) + H_3O^+(aq)$

(나) $HA^-(aq) + H_2O(l) \rightleftharpoons A^{2-}(aq) + H_3O^+(aq)$

이에 대한 설명으로 옳은 것만을 〈보기〉에서 있는 대로 고른 것은?

보기

ㄱ. (가)에서 H_2A는 브뢴스테드 · 로리 산으로 작용한다.

ㄴ. (나)에서 HA^-은 브뢴스테드 · 로리 염기로 작용한다.

ㄷ. H_2O은 (가)에서는 브뢴스테드 · 로리 염기로, (나)에서는 브뢴스테드 · 로리 산으로 작용한다.

① ㄱ ② ㄴ ③ ㄱ, ㄷ
④ ㄴ, ㄷ ⑤ ㄱ, ㄴ, ㄷ

∞ 16. 산 염기 반응 182쪽

06 다음은 3가지 화학 반응식이다.

(가) $H_2(g) + Cl_2(g) \longrightarrow 2HCl(g)$

(나) $HCl(aq) \longrightarrow H^+(aq) + Cl^-(aq)$

(다) $NH_3(aq) + H_2O(l) \longrightarrow NH_4^+(aq) + OH^-(aq)$

이에 대한 설명으로 옳은 것만을 〈보기〉에서 있는 대로 고른 것은?

보기

ㄱ. (나)에서 HCl는 아레니우스 산으로 작용한다.

ㄴ. (다)에서 NH_3는 브뢴스테드 · 로리 염기로 작용한다.

ㄷ. 산화 환원 반응은 2가지이다.

① ㄱ ② ㄷ ③ ㄱ, ㄴ
④ ㄴ, ㄷ ⑤ ㄱ, ㄴ, ㄷ

∞ 16. 산 염기 반응 182쪽

07 그림은 $HCl(aq)$ 10 mL에 $NaOH(aq)$을 조금씩 넣을 때, 용액 속 이온 X, Y의 수를 상댓값으로 나타낸 것이다.

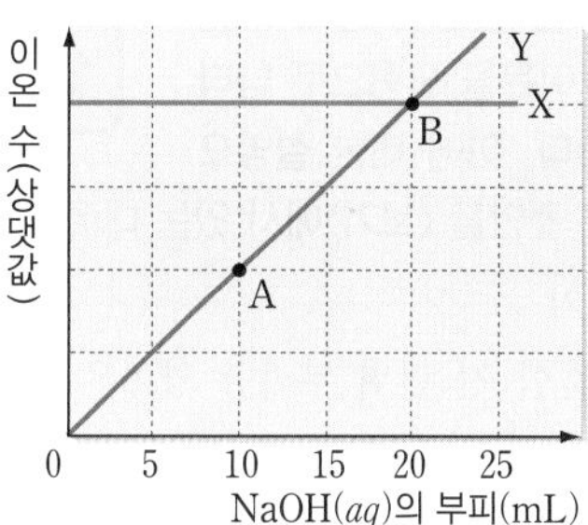

이에 대한 설명으로 옳은 것만을 〈보기〉에서 있는 대로 고른 것은?(단, 혼합 용액의 부피는 혼합 전 각 용액의 부피의 합과 같다.)

보기

ㄱ. 단위 부피당 Y의 수는 B에서가 A에서의 2배이다.

ㄴ. 생성된 물 분자의 양은 B에서가 A에서의 2배이다.

ㄷ. 단위 부피당 전체 이온 수는 A와 B에서 같다.

① ㄱ ② ㄴ ③ ㄷ
④ ㄴ, ㄷ ⑤ ㄱ, ㄴ, ㄷ

∞ 16. 산 염기 반응 182쪽

08 그림은 $HCl(aq)$ 10 mL에 $A(aq)$, $B(aq)$을 각각 5 mL씩 차례대로 넣을 때 용액 속의 양이온만을 모형으로 나타낸 것이다. A, B는 각각 NaOH, $Ca(OH)_2$ 중 하나이다.

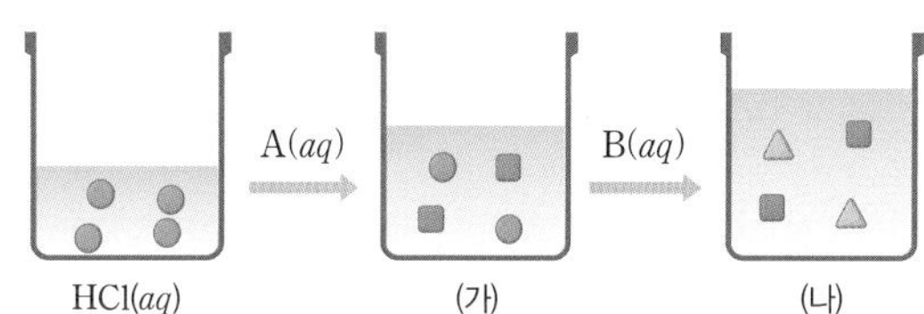

이에 대한 설명으로 옳은 것만을 〈보기〉에서 있는 대로 고른 것은?

보기

ㄱ. A는 NaOH이다.

ㄴ. (나)에서 $\frac{OH^-\text{의 수}}{Na^+\text{의 수}} = 1$이다.

ㄷ. (나)에 $HCl(aq)$ 5 mL를 넣으면 완전 중화한다.

① ㄱ ② ㄴ ③ ㄷ
④ ㄴ, ㄷ ⑤ ㄱ, ㄴ, ㄷ

Ⅳ 단원 평가 문제

∞ 16. 산 염기 반응 182쪽

09 오른쪽 그림은 $HCl(aq)$ 5 mL와 $NaOH(aq)$ 10 mL를 혼합한 용액에 존재하는 이온을 모형으로 나타낸 것이다. 이에 대한 설명으로 옳은 것만을 〈보기〉에서 있는 대로 고른 것은?

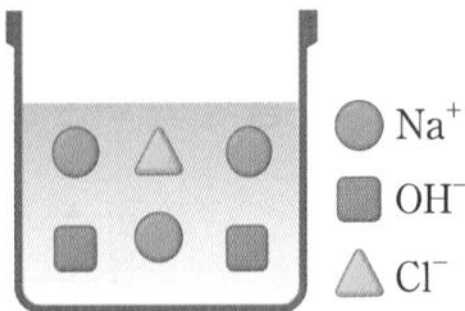

보기

ㄱ. 혼합 전 단위 부피당 양이온 수는 $NaOH(aq)$이 $HCl(aq)$보다 크다.
ㄴ. 혼합 용액의 pH는 7보다 크다.
ㄷ. 혼합 용액을 완전 중화시키기 위해 필요한 $HCl(aq)$의 부피는 10 mL이다.

① ㄱ ② ㄴ ③ ㄱ, ㄷ
④ ㄴ, ㄷ ⑤ ㄱ, ㄴ, ㄷ

∞ 17. 산화 환원 반응 196쪽

10 다음은 마그네슘(Mg)과 관련된 산화 환원 실험이다.

[실험 과정]
(가) 마그네슘 리본에 불을 붙인다.
(나) (가)의 불이 붙은 마그네슘 리본을 드라이아이스로 만든 통에 넣고 드라이아이스로 만든 뚜껑을 덮는다.
(다) 충분한 시간이 지난 후 뚜껑을 열어 통속을 관찰한다.

[실험 결과]
(다)에서 흰색 고체와 검은색 고체 가루가 관찰되었다.

드라이아이스 통속에서 일어난 반응에 대한 설명으로 옳은 것만을 〈보기〉에서 있는 대로 고른 것은?

보기

ㄱ. Mg은 전자를 잃는다.
ㄴ. 이산화 탄소는 산화제로 작용한다.
ㄷ. C의 산화수는 감소한다.

① ㄱ ② ㄷ ③ ㄱ, ㄴ
④ ㄴ, ㄷ ⑤ ㄱ, ㄴ, ㄷ

∞ 17. 산화 환원 반응 196쪽

11 다음은 2가지 화학 반응식이다.

(가) $N_2(g) + 3H_2(g) \longrightarrow 2NH_3(g)$
(나) $Cu^{2+}(aq) + Zn(s) \longrightarrow Cu(s) + Zn^{2+}(aq)$

이에 대한 설명으로 옳은 것만을 〈보기〉에서 있는 대로 고른 것은?

보기

ㄱ. (가)에서 N 원자의 산화수는 3 증가한다.
ㄴ. (가)에서 H_2는 환원제이다.
ㄷ. (나)에서 Cu 1몰이 생성될 때 이동한 전자의 양은 2몰이다.

① ㄱ ② ㄷ ③ ㄱ, ㄴ
④ ㄴ, ㄷ ⑤ ㄱ, ㄴ, ㄷ

∞ 17. 산화 환원 반응 196쪽

12 다음은 어떤 산화 환원 반응식을 완성하는 과정이다.

$aCo^{2+}(aq) + bMnO_4^-(aq) + cH^+(aq)$
$\longrightarrow dCo^{3+}(aq) + eMn^{2+}(aq) + fH_2O(l)$

(가) 각 원자의 산화수 변화를 조사한다.
Co : 1 증가 Mn : x 감소
(나) 증가한 산화수와 감소한 산화수가 같도록 계수를 맞춘다.
$xCo^{2+}(aq) + MnO_4^-(aq) + H^+(aq)$
$\longrightarrow xCo^{3+}(aq) + Mn^{2+}(aq) + H_2O(l)$
(다) 산화수 변화가 없는 원소의 원자 수가 같도록 계수를 맞춘다.
$xCo^{2+}(aq) + MnO_4^-(aq) + cH^+(aq)$
$\longrightarrow xCo^{3+}(aq) + Mn^{2+}(aq) + fH_2O(l)$

이에 대한 설명으로 옳은 것만을 〈보기〉에서 있는 대로 고른 것은?(단, $a \sim f$는 반응 계수이다.)

보기

ㄱ. $x=5$이다.
ㄴ. (다)에서 $\frac{c}{f}=2$이다.
ㄷ. Co^{2+} 1몰을 완전히 산화시키기 위해 필요한 MnO_4^-의 양은 0.2몰이다.

① ㄱ ② ㄷ ③ ㄱ, ㄴ
④ ㄴ, ㄷ ⑤ ㄱ, ㄴ, ㄷ

∞ 18. 화학 반응과 열의 출입 208쪽

13 다음은 화학 반응과 열의 출입에 대한 학생들의 대화이다.

화학 반응이 일어날 때는 항상 열이 방출돼.
흡열 반응은 반응물의 에너지 합이 생성물의 에너지 합보다 커.
발열 반응이 일어날 때는 주위의 온도가 높아져.
학생 A
학생 B
학생 C

제시한 의견이 옳은 학생만을 있는 대로 고르시오.

∞ 18. 화학 반응과 열의 출입 208쪽

14 다음은 X(*s*)와 Y(*s*)가 용해될 때 출입하는 열량을 측정하는 실험이다.

[실험 과정]
(가) 간이 열량계에 물 100 g을 넣고 온도(t_1)를 측정한다.
(나) (가)의 열량계에 X(*s*) 1몰을 넣어 물에 완전히 녹인 다음 용액의 온도(t_2)를 측정한다.
(다) Y(*s*) 1몰로 과정 (가)와 (나)를 반복한다.

[실험 결과]

물질	t_1(℃)	t_2(℃)
X	20	14
Y	20	30

이에 대한 설명으로 옳은 것만을 〈보기〉에서 있는 대로 고른 것은?(단, 두 수용액의 비열은 같다.)

보기
ㄱ. X의 용해 과정은 흡열 반응이다.
ㄴ. Y의 용해 과정에서 열을 방출한다.
ㄷ. 각 물질 1 g이 물에 용해될 때 출입하는 열량은 Y가 X보다 크다.

① ㄱ ② ㄷ ③ ㄱ, ㄴ
④ ㄴ, ㄷ ⑤ ㄱ, ㄴ, ㄷ

1등급을 완성하는 서술형 문제

∞ 14. 동적 평형 상태 166쪽

15 다음은 물의 증발과 응축을 알아보기 위한 실험이다.

[실험 과정]
(가) 밀폐된 용기에 일정량의 물을 넣고 수면의 높이를 관찰한다.
(나) 수면의 높이가 일정하게 유지되면 용기에 동위원소 ^{18}O이 포함된 수증기를 조금 넣는다.
(다) 어느 정도 시간이 지난 다음 용기 속 물과 수증기에 ^{18}O이 포함되어 있는지 조사한다.

[실험 결과]
(다)에서 수증기와 물 모두에서 ^{18}O이 발견되었다.

실험 결과와 같은 현상이 나타나는 까닭을 설명하시오.

∞ 16. 산 염기 반응 182쪽

16 **0.2 M H_2SO_4(*aq*) 200 mL**와 **0.3 M HCl(*aq*) 200 mL**를 혼합한 수용액을 **0.4 M NaOH(*aq*)**을 이용하여 완전히 중화하려고 한다. 이때 필요한 **NaOH(*aq*)**의 부피(mL)를 구하고, 그 과정을 설명하시오.

∞ 18. 화학 반응과 열의 출입 208쪽

17 오른쪽 그림과 같은 장치를 이용하여 에탄올 1 g이 연소할 때 방출하는 열량을 측정하려고 한다. 실험 과정에서 측정하거나 조사해야 하는 자료를 설명하시오.

사각사각
네컷만화

내가 너 그럴 줄 알았다

글 / 그림 우쿠쥐

새 교육과정

화학 I

- 핵심 개념과 자료 분석으로 원리를 이해하는 **개념 탐구 학습**
- 단계별, 수준별 다양한 문제 구성으로 든든한 **내신 완성 학습**
- 개념 + 기본 문제 + 실전 문제의 1 : 1 : 1 구성으로 빠른 **문제 적용 학습**

시험대비편

NEW

내신 잡는 필수 개념서

올리드

Allead

Mirae N 에듀

시험대비편

강별 10분 TEST 문제 2

대단원별 50분 평가 문제 24

10분 TEST 문제

01. 우리 생활 속의 화학

맞은 개수 ______ /19

[01~04] 화학이 일상생활의 문제 해결에 기여한 사례와 그 분야를 옳게 연결하시오.

01 제초제, 화학 비료의 사용 • • ㉠ 건강

02 아스피린, 페니실린의 합성 • • ㉡ 주거

03 철, 알루미늄 등의 제련 기술 발달 • • ㉢ 식량

04 합성염료 개발 • • ㉣ 의류

05 질소 비료의 원료로 사용되어 농산물의 대량 생산을 가능하게 한 화합물을 쓰시오.

[06~09] 인류의 의류 문제와 관련한 다음 설명 중 천연 섬유에 대한 설명에는 '천연', 합성 섬유에 대한 설명에는 '합성'을 쓰시오.

06 식물이나 동물에서 원료를 얻는다. ( )

07 화석 연료를 원료로 하여, 질기고 값이 싸서 대량 생산이 가능하다. ( )

08 흡습성과 촉감이 좋지만 질기지 않아 쉽게 닳고, 대량 생산이 어렵다. ( )

09 값싸고 다양한 기능이 있는 의복을 제작하고 이용할 수 있게 한다. ( )

[10~11] 다음은 무엇에 대한 설명인지 쓰시오.

10 탄소와 수소로만 이루어진 화합물 ( )

11 탄소에 수소, 산소, 질소 등이 결합한 화합물 ( )

[12~14] 탄소와 관련된 설명으로 옳은 것은 ○표, 옳지 않은 것은 ×표 하시오.

12 C 원자는 항상 4개의 다른 원자와 결합하며, C 원자들은 동일한 형식으로 결합한다. ( )

13 C 원자는 C 원자뿐만 아니라 H, O, N 등의 원자와도 결합을 하므로 화합물의 종류가 매우 많다. ( )

14 탄소 화합물의 종류에는 DNA, 탄수화물, 지방, 단백질, 합성 의약품, 합성 섬유 등이 있다. ( )

[15~17] 메테인에 대한 설명은 '메', 에탄올에 대한 설명은 '에', 아세트산에 대한 설명은 '아'라고 쓰시오.

15 액화 천연가스의 주성분이다. ( )

16 상온에서 기체 상태로 존재한다. ( )

17 물에 녹아 약한 산성을 나타낸다. ( )

[18~19] 각 설명과 관련이 있는 물질을 〈보기〉에서 있는 대로 고르시오.

보기

ㄱ. 메테인 ㄴ. 에탄올
ㄷ. 뷰테인 ㄹ. 아세트산

18 분자당 탄소 원자 수가 가장 많다. ( )

19 분자당 수소 원자 수가 4이다. ( )

10분 TEST 문제 02. 몰과 화학식량

맞은 개수 ______/19

[01~03] 몰과 아보가드로수에 대한 설명으로 옳은 것은 ○표, 옳지 않은 것은 ×표 하시오.

01 몰은 원자나 분자의 개수를 나타내는 묶음 단위이다. (   )

02 아보가드로수는 6.02×10^{23}이다. (   )

03 이산화 탄소(CO_2) 1몰에는 C 원자와 O 원자가 모두 1몰씩 들어 있다. (   )

[04~05] 다음 설명은 무엇에 대한 것인지 쓰시오.

04 질량수가 12인 탄소 원자의 질량을 12로 하고, 이를 기준으로 하여 나타낸 원자의 상대적인 질량 값 (   )

05 화학식을 이루고 있는 각 원소의 원자량의 합 (   )

[06~08] 다음 각 물질의 분자량을 구하시오(단, H, C, O의 원자량은 각각 1, 12, 16이다.).

06 H_2O (   )

07 CO_2 (   )

08 C_2H_6O (   )

[09~11] 0 °C, 1기압에서 암모니아(NH_3) 기체 44.8 L가 있을 때, 각각에 해당하는 값을 구하시오(단, H, N의 원자량은 각각 1, 14이고, 아보가드로수는 6.02×10^{23}이며, 0 °C, 1기압에서 기체 1몰의 부피는 22.4 L이다.).

09 암모니아의 양(mol) (   )

10 암모니아 기체의 질량 (   )

11 H 원자 수 (   )

[12~14] 기체의 질량, 부피, 분자 수의 관계에 대한 설명으로 옳은 것은 ○표, 옳지 않은 것은 ×표 하시오(단, H, C, N, O의 원자량은 각각 1, 12, 14, 16이다.).

12 같은 온도와 압력에서 1 L에 들어 있는 분자 수는 수소(H_2) 기체와 산소(O_2) 기체가 서로 같다. (   )

13 1 g의 부피는 메테인(CH_4) 기체와 질소(N_2) 기체가 서로 같다. (   )

14 1 g에 들어 있는 분자 수는 질소(N_2) 기체가 산소(O_2) 기체보다 많다. (   )

[15~17] 다음 각각에 해당하는 값을 구하시오(단, H, C, O의 원자량은 각각 1, 12, 16이고, 0 °C, 1기압에서 기체 1몰의 부피는 22.4 L이다.).

15 아세트산(CH_3COOH) 30 g 속에 들어 있는 H의 양(mol) (   )

16 0 °C, 1기압에서 산소(O_2) 기체 8 g의 부피 (   )

17 이산화 탄소(CO_2) 11 g에 들어 있는 원자의 총수 (   )

18 같은 온도와 압력에서 1몰의 이산화 탄소(CO_2) 기체와 1 몰의 산소(O_2) 기체가 같은 값을 가지는 것만을 〈보기〉에서 있는 대로 고르시오.

보기
ㄱ. 질량 ㄴ. 밀도 ㄷ. 부피
ㄹ. 분자량 ㅁ. 분자 수 ㅂ. 산소 원자 수

19 표의 ㉠~㉣에 해당하는 값을 각각 쓰시오(단, H, C, N, O의 원자량은 각각 1, 12, 14, 16이고, 0 °C, 1기압에서 기체 1몰의 부피는 22.4 L이다.).

기체	질량(g)	부피(L)	양(mol)
CH_4	8	(㉠)	0.5
NH_3	(㉡)	2.24	(㉢)
CH_2O	(㉣)	33.6	1.5

10분 TEST 문제

03. 화학 반응식과 양적 관계

맞은 개수 ______/12

[01~03] 화학 반응식에 대한 설명으로 옳은 것은 ○표, 옳지 않은 것은 ×표 하시오.

01 반응물은 화살표의 오른쪽에, 생성물은 화살표의 왼쪽에 쓴다. ( )

02 반응물과 생성물에 있는 원자의 종류와 개수는 같다. ( )

03 반응물의 계수의 합과 생성물의 계수의 합이 같아지도록 계수를 맞춘다. ( )

[04~06] 다음은 메테인의 연소 반응의 화학 반응식이다. 각각에 해당하는 값을 구하시오(단, H, C, O의 원자량은 각각 1, 12, 16이다.).

$$CH_4(g) + xO_2(g) \longrightarrow yCO_2(g) + zH_2O(l)$$

04 x~z의 값

x: ( ), y: ( ), z: ( )

05 메테인 8 g이 반응할 때 생성되는 이산화 탄소의 양(mol) ( )

06 물 9 g이 생성될 때 반응한 산소(O_2)의 질량(g) ( )

07 다음은 0 °C, 1기압에서 기체 A와 B를 반응시킬 때, 반응한 B의 양(mol)으로부터 생성되는 기체 C의 질량을 구하는 과정이다. ( ) 안에 들어갈 알맞은 말이나 숫자를 쓰시오.

> (가) A와 B의 반응을 화학 반응식으로 나타낸다.
> $A(g) + 2B(g) \longrightarrow C(g)$
> (나) 화학 반응식으로부터 반응한 기체의 양(mol)을 구한다.
> (다) 화학 반응식의 계수비로부터 생성된 C의 양(mol)을 구한다.
> C의 양(mol)=반응한 B의 양(mol)×(㉠)
> (라) 과정 (다)에서 구한 C의 양(mol)으로부터 질량을 구한다.
> C의 질량(g)=C의 양(mol)×(㉡)

08 그림은 기체 X_2와 Y_2가 반응하여 새로운 기체가 생성되는 반응을 모형으로 나타낸 것이다.

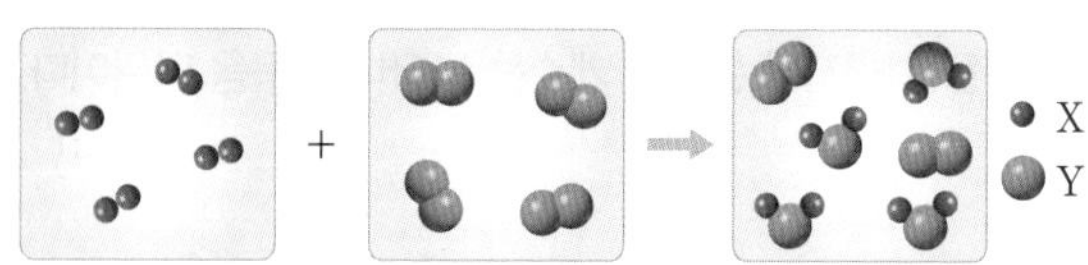

이 반응의 화학 반응식을 쓰시오.

[09~10] 다음은 금속 나트륨과 물의 반응의 화학 반응식이다.

$$2Na(s) + 2H_2O(l) \longrightarrow 2NaOH(aq) + H_2(g)$$

Na(s) 4.6 g을 충분한 물에 넣었을 때, 각각에 해당하는 값을 구하시오(단, H, O, Na의 원자량은 각각 1, 16, 23이고, 실험 조건에서 기체 1몰의 부피는 24 L이다.).

09 생성되는 $H_2(g)$의 부피 ( )

10 반응한 H_2O의 질량 ( )

11 표의 ㉠~㉣에 해당하는 값을 각각 쓰시오(단, H, N의 원자량은 각각 1, 14이고, 0 °C, 1기압에서 기체 1몰의 부피는 22.4 L이다.).

화학 반응식	$N_2(g)$ +	$3H_2(g)$ ⟶	$2NH_3(g)$
양(mol)	0.5	(㉠)	(㉡)
질량(g)	14	(㉢)	17
0 °C, 1기압에서 기체의 부피(L)	(㉣)	33.6	22.4

12 그림은 A_2 기체와 B_2 기체가 반응하여 AB_2 기체가 생성되는 반응을 모형으로 나타낸 것이다.

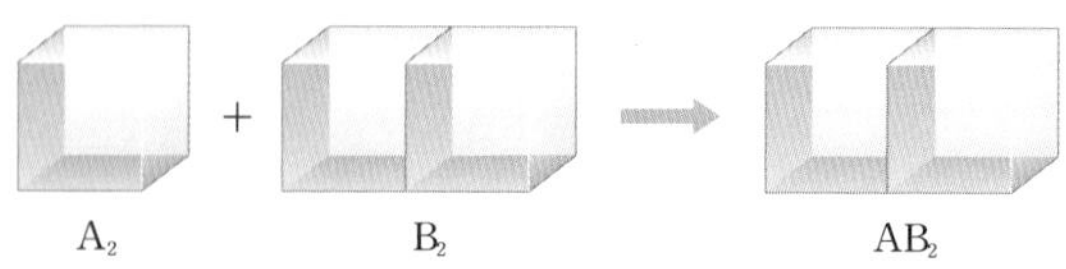

t °C, 1기압에서 실린더에 A_2 기체 15 L와 B_2 기체 15 L를 넣은 후 반응시켰을 때, 반응 후 용기 속에 남아 있는 기체의 종류와 생성된 기체의 부피를 순서대로 쓰시오.

10분 TEST 문제

04. 몰 농도

맞은 개수 ______/14

[01~02] **퍼센트 농도에 대한 설명으로 옳은 것은 ○표, 옳지 않은 것은 ×표 하시오.**

01 용액 100 g 속에 녹아 있는 용질의 질량(g)을 백분율로 나타낸 것이다. (　　)

02 용액의 퍼센트 농도가 같으면 같은 부피 속에 들어 있는 용질의 입자 수가 같다. (　　)

[03~05] **몰 농도에 대한 설명으로 옳은 것은 ○표, 옳지 않은 것은 ×표 하시오.**

03 용매 1 L 속에 녹아 있는 용질의 양(mol)이다. (　　)

04 단위는 mol/L 또는 M을 사용한다. (　　)

05 용액의 온도가 변해도 달라지지 않는다. (　　)

[06~08] **표는 포도당 수용액과 설탕 수용액에 대한 자료이다. 다음의 크기를 등호 또는 부등호(=, <, >)로 비교하시오.**

수용액	용질		물의 질량(g)
	분자량	질량(g)	
포도당 수용액	180	10	90
설탕 수용액	342	10	90

06 수용액에 들어 있는 용질의 양(mol):
포도당 수용액 (　　) 설탕 수용액

07 퍼센트 농도: 포도당 수용액 (　　) 설탕 수용액

08 용액의 밀도가 같을 때 몰 농도:
포도당 수용액 (　　) 설탕 수용액

09 수용액 (가)~(다)를 용질의 양(mol)이 큰 것부터 순서대로 나열하시오(단, 포도당의 분자량은 180이다.).

> (가) 12 % 포도당 수용액 100 g
> (나) 0.1 M 포도당 수용액 0.5 L
> (다) 0.05 M 포도당 수용액 2 L

10 다음은 0.1 M NaOH 수용액 1 L를 만드는 과정이다. (　　) 안에 들어갈 알맞은 용어나 숫자를 쓰시오(단, NaOH의 화학식량은 40이다.).

> (가) 비커에 증류수를 절반 정도 채우고 NaOH (㉠) g을 넣은 후 유리 막대로 잘 저어 녹인다.
> (나) 1000 mL (㉡)에 (가)의 수용액을 넣는다. 이때 증류수로 비커를 몇 번 헹구어 넣는다.
> (다) (㉡)의 마개를 닫고 여러 번 흔들면서 용액을 골고루 섞는다.
> (라) (㉡)의 마개를 열고 증류수를 표시선까지 채운다.

11 0.2 M 염화 나트륨(NaCl) 수용액 100 mL를 만들기 위해 필요한 NaCl의 질량을 구하시오(단, NaCl의 화학식량은 58.5이다.).

[12~14] **그림 (가)는 요소 수용액을, (나)는 포도당 수용액을 나타낸 것이다. 이에 대한 설명으로 옳은 것은 ○표, 옳지 않은 것은 ×표 하시오(단, 요소와 포도당의 분자량은 각각 60, 180이고, (가)와 (나)의 밀도는 1 g/mL이다.).**

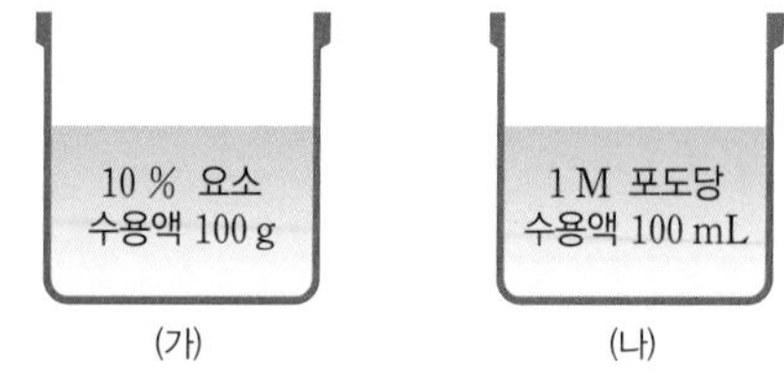

12 수용액 속 용질의 질량은 (가)가 (나)보다 크다. (　　)

13 수용액의 퍼센트 농도는 (가)가 (나)보다 크다. (　　)

14 수용액의 몰 농도는 (가)가 (나)보다 크다. (　　)

10분 TEST 문제

05. 원자의 구조

맞은 개수 ______ /09

[01~03] 다음은 음극선의 성질을 알아보기 위한 실험이다. 실험 결과에 대한 설명으로 옳은 것은 ○표, 옳지 않은 것은 ×표 하시오.

- 음극선이 지나는 길에 장애물을 설치하면 그림자가 생긴다.
- 음극선이 지나는 길에 수직 방향으로 전기장을 걸어 주면 음극선이 (+)극 쪽으로 휘어진다.
- 음극선이 지나는 길에 바람개비를 설치하면 바람개비가 돌아간다.

01 음극선은 직진하는 성질을 가진다. ( )

02 음극선은 (+)전하를 띠고 있다. ( )

03 음극선은 질량을 가진 입자의 흐름이다. ( )

04 다음은 러더퍼드의 알파(α) 입자 산란 실험에 대한 설명이다. ( ) 안에 들어갈 알맞은 말을 쓰시오.

(㉠)전하를 띤 α 입자들을 얇은 금박에 충돌시켰더니 대부분의 α 입자들은 금박을 그대로 통과하였고, 극히 일부의 α 입자들은 진로가 크게 휘거나 튕겨 나왔다. 이를 통해 원자의 대부분은 빈 공간이며, 원자의 중심에는 (㉡)전하를 띤 질량이 매우 큰 (㉢)이/가 존재한다는 것을 알 수 있다.

05 표는 몇 가지 입자의 중성자수와 질량수를 나타낸 것이다.

원자 또는 이온	중성자수	질량수
A	8	15
B^{2-}	10	18
C^{+}	12	23

( ) 안에 들어갈 알맞은 숫자를 쓰시오(단, A~D는 임의의 원소 기호이다.).

A의 양성자수는 (㉠)이고, B의 원자 번호는 (㉡)이다. 또한 C^{+}의 전자 수는 (㉢)이다.

[06~07] 표는 원자 (가)~(라)의 양성자수와 질량수를 나타낸 것이다. 물음에 답하시오.

원자	(가)	(나)	(다)	(라)
양성자수	11	12	12	13
질량수	23	24	26	27

06 (가)~(라)의 중성자수를 쓰시오.

07 (가)~(라) 중 동위 원소 관계에 있는 것을 짝 지어 쓰시오.

08 다음은 2가지 이온 (가)와 (나)를 나타낸 것이다.

$^{23}_{11}A^{+}$ (가)　　$^{19}_{9}B^{-}$ (나)

(가)와 (나)의 중성자수와 전자 수를 각각 구하여 순서대로 쓰시오(단, A, B는 임의의 원소 기호이다.).

09 그림은 원자 A~D의 질량수와 중성자수를 나타낸 것이다.

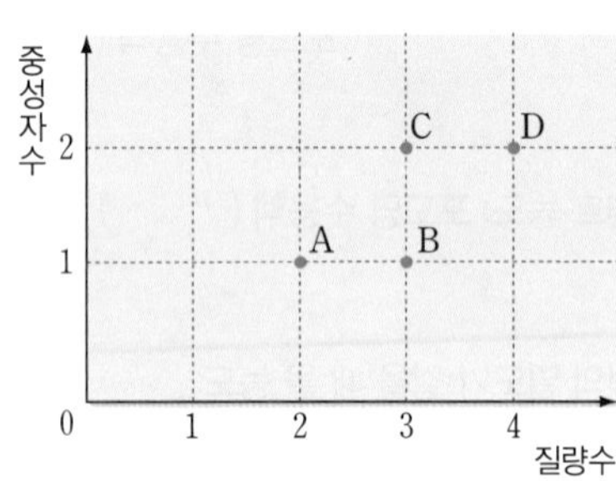

( ) 안에 들어갈 알맞은 숫자나 기호를 쓰시오(단, A~D는 임의의 원소 기호이다.).

- A의 양성자수는 (㉠)이고, A와 동위 원소 관계에 있는 원자는 (㉡)이다.
- B와 전자 수가 같은 원자는 (㉢)이고, B와 동위 원소 관계에 있는 원자는 (㉣)이다.

10분 TEST 문제

06. 현대 원자 모형

맞은 개수 ______/16

01 다음 (   ) 안에 들어갈 알맞은 말을 쓰시오.

> 수소 방전관에서 방출되는 빛을 프리즘에 통과시키면 불연속적인 (㉠) 스펙트럼이 나타난다. 이를 설명하기 위해 (㉡)은/는 원자핵 주위의 전자는 무질서하게 운동하는 것이 아니라 특정 에너지를 가진 몇 개의 원형 궤도인 (㉢)을/를 따라 원운동 한다는 새로운 원자 모형을 제안하였다.

02 다음 (   ) 안에 들어갈 알맞은 말을 고르시오.

> 수소 원자의 전자가 가장 낮은 에너지 상태에 있는 것을 ㉠(바닥, 들뜬)상태라 하고, ㉠ 상태에 있던 전자가 에너지를 ㉡(흡수, 방출)하면 높은 에너지 상태로 올라가 불안정한 상태가 된다.

[03~08] 오비탈과 양자수에 대한 설명으로 옳은 것은 ○표, 옳지 않은 것은 ×표 하시오.

03 오비탈은 전자가 발견될 수 있는 공간을 확률 분포로 나타낸 것이다. (   )

04 s 오비탈은 L 전자 껍질부터 존재한다. (   )

05 p 오비탈에는 전자가 발견될 확률이 0인 지점이 존재한다. (   )

06 주 양자수(n)는 오비탈의 에너지 준위를 결정하는 양자수이다. (   )

07 방위 양자수(l)는 주 양자수가 n인 경우, $n+1$개 존재한다. (   )

08 자기 양자수(m_l)는 오비탈의 전자의 운동 방향에 따라 결정되는 양자수이다. (   )

[09~10] 그림은 다전자 원자에서 주 양자수 $n=2$인 전자 껍질에 존재하는 오비탈 (가)와 (나)를 모형으로 나타낸 것이다. 물음에 답하시오.

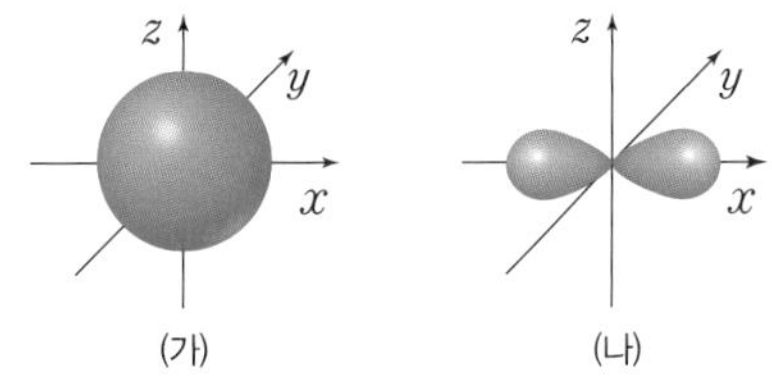

09 (가)와 (나)의 오비탈의 에너지 준위를 등호나 부등호로 비교하시오.

10 방향에 관계없이 핵으로부터의 거리가 같으면 전자가 발견될 확률이 같은 오비탈을 고르시오.

11 (가)와 (나)의 방위 양자수를 각각 쓰시오.

[12~15] 그림은 주 양자수 $n=1$과 2인 오비탈을 모형으로 나타낸 것이다. 이에 대한 설명으로 옳은 것은 ○표, 옳지 않은 것은 ×표 하시오.

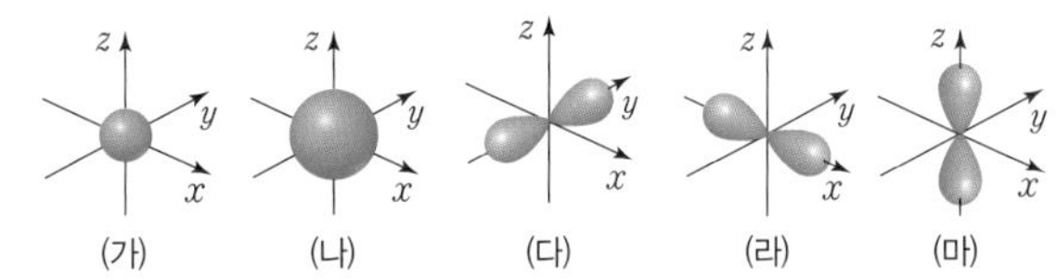

12 (가)와 (나)의 자기 양자수는 모두 0이다. (   )

13 오비탈의 에너지 준위는 (가)<(나)이다. (   )

14 다전자 원자에서 오비탈의 에너지 준위는 (나)=(다)=(라)=(마)이다. (   )

15 (다)의 주 양자수와 방위 양자수는 모두 2이다. (   )

16 주 양자수 $n=3$에 존재하는 오비탈의 종류를 모두 쓰시오.

10분 TEST 문제

07. 전자 배치 규칙

맞은 개수 _____ /15

[01~03] 다전자 원자의 전자 배치에 대한 설명으로 옳은 것은 ○표, 옳지 않은 것은 ×표 하시오.

01 전자는 $1s \rightarrow 2s \rightarrow 2p \rightarrow 3s \rightarrow 3p \rightarrow 3d \rightarrow 4s \cdots$ 순으로 채워진다. (　　)

02 1개의 오비탈에는 전자가 2개까지 들어가며, 두 전자의 스핀 방향이 서로 반대가 되어야 한다. (　　)

03 에너지 준위가 같은 오비탈에 전자가 채워질 때는 가능한 한 쌍을 이룬 배치가 더 안정하다. (　　)

[04~06] 다음 원자 또는 이온들의 바닥상태 전자 배치를 오비탈 기호를 사용하여 나타내시오(단, 오비탈의 공간 배향은 구별하지 않는다.).

04 $_{12}Mg^{2+}$: (　　　　　)

05 $_{8}O^{2-}$: (　　　　　)

06 $_{19}K$: (　　　　　)

[07~09] 그림은 $_{4}$Be의 3가지 전자 배치를 나타낸 것이다. 이에 대한 설명으로 옳은 것은 ○표, 옳지 않은 것은 ×표 하시오.

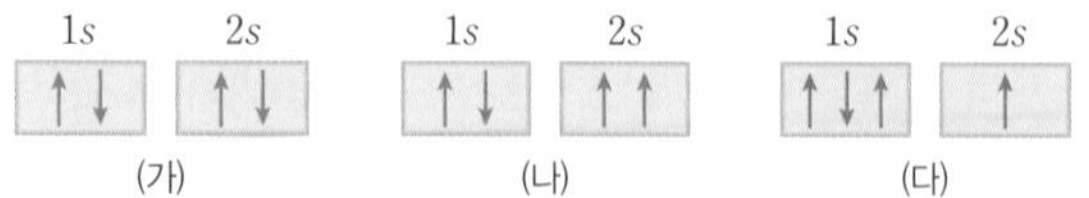

07 (가)는 바닥상태 전자 배치이다. (　　)

08 (나)는 훈트 규칙에 어긋난다. (　　)

09 (다)는 파울리 배타 원리에 어긋난다. (　　)

[10~12] 그림 (가)~(다)는 각각 $_{9}F$, $_{9}F^{+}$, $_{9}F^{2+}$의 전자 배치를 나타낸 것이다. (　　) 안에 들어갈 알맞은 말을 모두 고르시오.

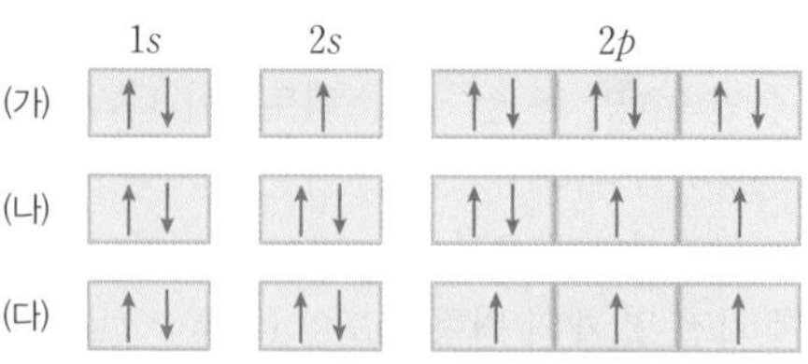

10 (가)는 (바닥, 들뜬)상태의 전자 배치이다.

11 (나)는 (바닥, 들뜬)상태의 전자 배치이다.

12 (다)는 (쌓음 원리, 파울리 배타 원리, 훈트 규칙)을/를 만족하는 전자 배치이다.

[13~15] 그림은 원자 번호가 연속적으로 증가하는 원자 A~D가 바닥상태에서 갖는 홀전자 수를 나타낸 것이다. 물음에 답하시오(단, A~D는 임의의 원소 기호이며, 각각 원자 번호가 1~10인 원소 중 하나이다).

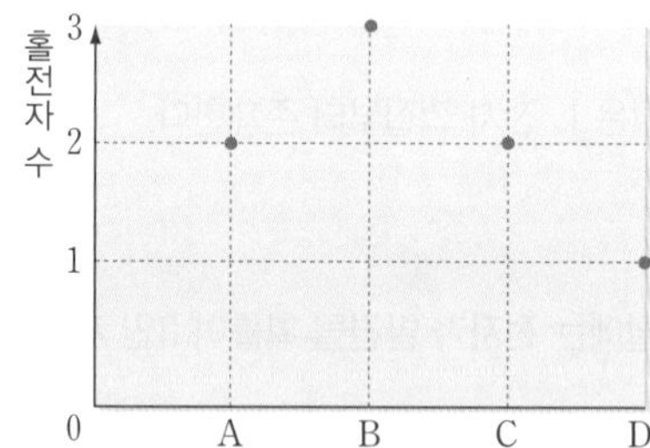

13 A와 C의 원자가 전자 수를 각각 쓰시오.

14 B의 바닥상태 전자 배치를 오비탈 기호를 사용하여 나타내시오.

15 D의 바닥상태 전자 배치를 오비탈 기호를 사용하여 나타내시오.

10분 TEST 문제

08. 주기율표

맞은 개수 ______ /15

[01~04] 주기율표와 관련된 과학자와 과학자의 주장을 옳게 연결하시오.

01 뉴랜즈 • • ㉠ 세 쌍 원소설

02 되베라이너 • • ㉡ 최초의 주기율표

03 모즐리 • • ㉢ 옥타브설

04 멘델레예프 • • ㉣ 현대 주기율표의 틀

05 다음 ( ) 안에 들어갈 알맞은 말을 쓰시오.

> 원소들을 원자 번호 순으로 배열할 때 일정한 간격을 두고 비슷한 성질을 가진 원소가 주기적으로 나타나는 성질을 (㉠)(이)라고 한다. ㉠이 나타나는 까닭은 원소의 화학적 성질을 결정하는 (㉡) 수가 주기적으로 변하기 때문이며, 이때 원소들을 비슷한 성질을 가진 원소가 같은 (㉢)줄에 오도록 배열한 표를 (㉣)(이)라고 한다.

[06~08] 주기율표에 대한 설명으로 옳은 것은 ○표, 옳지 않은 것은 ×표 하시오.

06 주기율표에서 세로줄을 족이라 하며, 같은 족 원소들은 전자가 들어 있는 전자 껍질 수가 같다. ( )

07 주기율표에서 가로줄을 주기라 하며, 같은 주기 원소들은 화학적 성질이 비슷하다. ( )

08 13~17족 원소들은 족의 끝자리 수와 원자가 전자 수가 같다. ( )

[09~11] 그림은 주기율표의 일부를 나타낸 것이다. 이에 대한 설명으로 옳은 것은 ○표, 옳지 않은 것은 ×표 하시오(단, A~F는 임의의 원소 기호이다.).

주기＼족	1	2	13	14	15	16	17	18
1	A							
2	B			C		D		
3	E	F						

09 알칼리 금속은 A, B, E이다. ( )

10 2주기 원소는 B, C, D이다. ( )

11 E와 F는 화학적 성질이 비슷하다. ( )

[12~15] 표는 원자 A~C의 전자 배치를 나타낸 것이다. ( ) 안에 들어갈 알맞은 숫자나 기호를 쓰시오(단, A~C는 임의의 원소 기호이다.).

원자	전자 배치			
	K	L	M	N
A	2	6		
B	2	7		
C	2	8	8	2

12 A는 (㉠)족, B는 (㉡)족, C는 (㉢)족 원소이다.

13 A는 (㉠)주기, B는 (㉡)주기, C는 (㉢)주기 원소이다.

14 원자가 전자 수가 가장 큰 원자는 ( )이다.

15 바닥상태에서 홀전자 수가 가장 많은 원자는 ( )이다.

10분 TEST 문제

09. 원소의 주기적 성질

맞은 개수 ______/16

[01~03] 유효 핵전하에 대한 설명으로 옳은 것은 ○표, 옳지 않은 것은 ×표 하시오.

01 다전자 원자에서는 다른 전자들이 원자핵의 (+)전하를 가리므로 원자가 전자가 실제로 느끼는 핵전하의 크기는 원자핵의 핵전하보다 크다. ( )

02 수소의 유효 핵전하는 +1이다. ( )

03 다전자 원자에서 원자의 전자 껍질 수가 같을 때 원자 번호가 클수록 유효 핵전하는 증가한다. ( )

[04~06] 다음 ( ) 안에 들어갈 알맞은 말을 고르시오.

04 (원자가 전자 수, 전자 껍질 수)가 많을수록 원자핵과 전자 사이의 거리가 멀어지므로 원자 반지름이 증가한다.

05 유효 핵전하가 클수록 원자핵과 전자 사이의 인력이 증가하므로 원자 반지름이 (감소, 증가)한다.

06 같은 주기에서 원자 번호가 커질수록 원자 반지름은 ㉠(증가, 감소)하고, 같은 족에서 원자 번호가 커질수록 원자 반지름은 ㉡(증가, 감소)한다.

[07~09] 원자 반지름과 이온 반지름에 대한 설명으로 옳은 것은 ○표, 옳지 않은 것은 ×표 하시오.

07 금속 원소가 안정한 양이온이 되면 전자 껍질 수가 감소하므로 이온 반지름이 원자 반지름보다 크다. ( )

08 비금속 원소가 안정한 음이온이 되면 전자가 많아져 전자 사이의 반발력이 증가하고 유효 핵전하가 감소하므로 이온 반지름이 원자 반지름보다 작다. ( )

09 등전자 이온은 원자 번호가 클수록 유효 핵전하가 증가하므로 이온 반지름이 작다. ( )

[10~13] 그림은 2주기 원소 A~G의 원자 반지름에 따른 이온화 에너지를 나타낸 것이다. A~G는 각각 1~17족 원소 중 하나이다. 각 설명에 해당하는 원소를 고르시오.

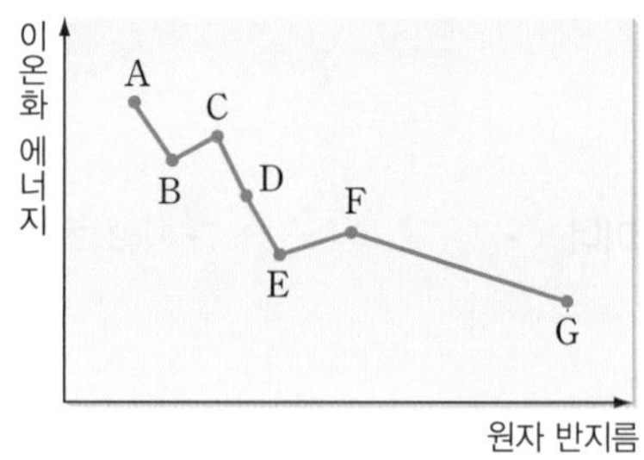

10 홀전자 수가 가장 많은 원소

11 원자가 전자 수가 가장 큰 원소

12 전자를 잃고 양이온이 되기 가장 쉬운 원소

13 유효 핵전하가 가장 작은 원소

[14~16] 그림은 원자 번호가 연속적으로 증가하는 원자 A~D의 제1, 제2 이온화 에너지를 나타낸 것이다. 이에 대한 설명으로 옳은 것은 ○표, 옳지 않은 것은 ×표 하시오(단, A~D는 임의의 원소 기호이며, 2주기와 3주기에 걸쳐 있다.).

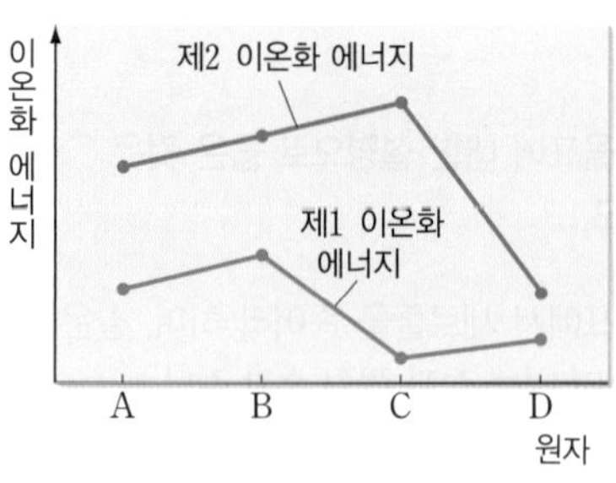

14 안정한 이온의 반지름은 A가 C보다 크다. ( )

15 C와 D는 금속 원소이다. ( )

16 B는 전자를 얻어 음이온이 되기 쉽다. ( )

10분 TEST 문제

10. 화학 결합의 전기적 성질과 이온 결합

맞은 개수 _____ /15

01 화합물에 전류를 흘려주어 화합물을 성분 원소로 분해하는 방법을 무엇이라고 하는지 쓰시오.

[02~04] 염화 나트륨 용융액의 전기 분해에 대한 설명은 '염', 물의 전기 분해에 대한 설명은 '물', 공통적인 설명은 '공'이라고 쓰시오.

02 (−)극에서 금속이 생성된다. ( )

03 (+)극에서 전자를 잃는 반응이 일어난다. ( )

04 일정한 시간 동안 전기 분해 했을 때 생성되는 물질의 양(mol)은 (−)극 : (+)극=2 : 1이다. ( )

05 원자의 구성 입자 중 화학 결합에 관여하는 것은 무엇인지 쓰시오.

06 18족 이외의 원자들이 전자를 잃거나 얻어 비활성 기체와 같은 안정한 전자 배치를 이루려는 경향을 무엇이라고 하는지 쓰시오.

07 다음은 이온 결합에 대한 설명이다. ( ) 안에 들어갈 알맞은 말을 쓰시오.

> (㉠) 원소는 전자를 잃어 양이온이 되고, (㉡) 원소는 전자를 얻어 음이온이 된 후 이들 이온 사이에 정전기적 (㉢)이/가 작용하여 결합이 형성되는데, 이 결합을 이온 결합이라고 한다. 이온 결합을 형성하는 이온들은 전자 배치가 (㉣)과/와 같다.

[08~10] 그림은 염화 나트륨(NaCl)이 생성될 때 이온 사이의 거리에 따른 에너지 변화를 나타낸 것이다. 물음에 답하시오.

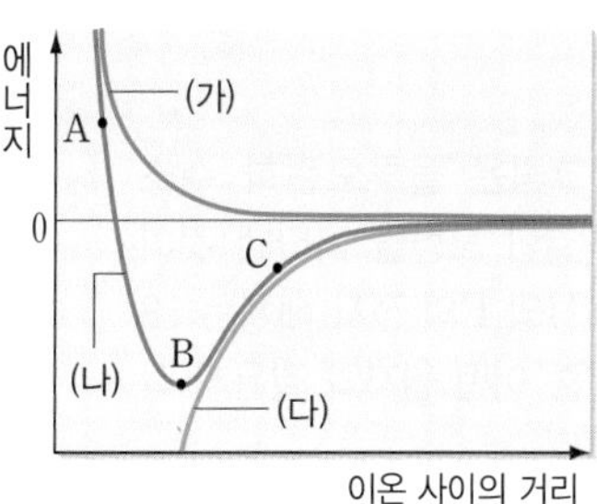

08 A~C 중 이온 결합이 형성되는 지점을 쓰시오. ( )

09 A~C 중 반발력이 인력보다 우세하게 작용하는 지점을 쓰시오. ( )

10 (가)~(다) 중 인력에 의한 에너지 변화를 나타내는 것을 쓰시오. ( )

11 Al^{3+}과 O^{2-}이 결합하여 생성된 이온 결합 물질의 화학식을 쓰시오. ( )

[12~14] 이온 결합 물질의 성질에 대한 설명으로 옳은 것은 ○표, 옳지 않은 것은 ×표 하시오.

12 고체와 액체 상태에서 전기 전도성이 있다. ( )

13 힘을 가하면 쉽게 쪼개진다. ( )

14 상온에서 승화성이 있는 물질이 있다. ( )

15 다음 ( ) 안에 들어갈 알맞은 말을 고르시오.

> 이온 결합 물질의 녹는점은 이온 결합을 이루는 이온 사이의 거리가 ㉠(짧을, 길)수록, 이온의 전하가 ㉡(작을, 클)수록 높다.

10분 TEST 문제

11. 공유 결합과 금속 결합

맞은 개수 ______/29

01 비금속 원소의 원자들이 각각 전자를 내놓아 만든 전자쌍을 공유하여 이루어지는 결합을 무엇이라고 하는지 쓰시오.

02 오른쪽 그림은 플루오린화 수소(HF)의 결합 모형을 나타낸 것이다. 이때 H와 F의 전자 배치는 18족 원소 중 어떤 원자와 같은지 각각 쓰시오.

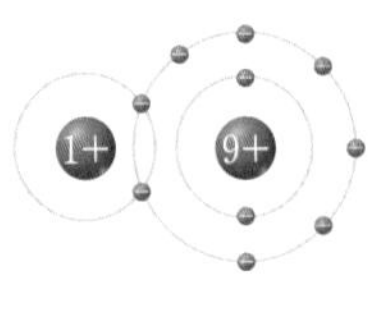

[03~07] 분자 모형으로부터 분자에 들어 있는 공유 결합의 종류를 쓰시오.

03

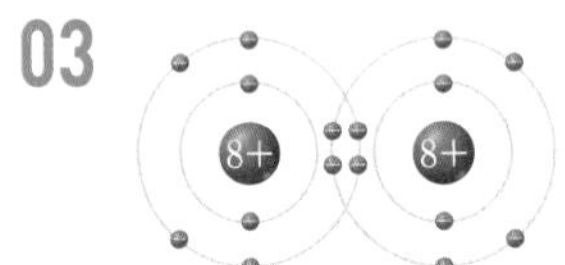

(　　　)

04

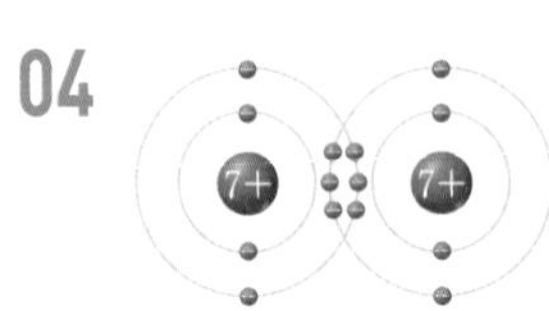

(　　　)

05

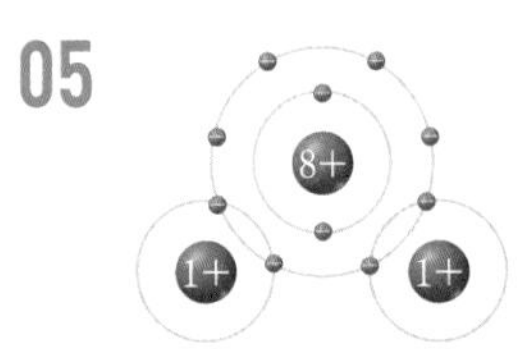

(　　　)

06

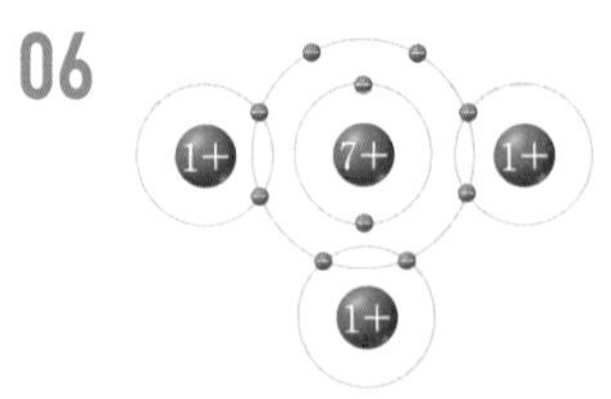

(　　　)

07

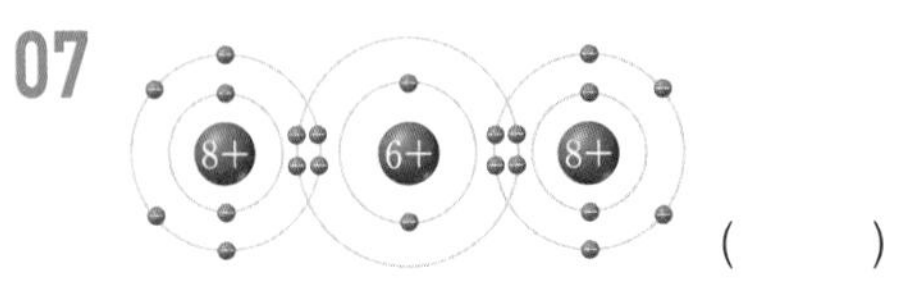

(　　　)

[08~11] 그림은 수소(H_2) 분자의 공유 결합이 형성될 때 핵 간 거리에 따른 에너지를 나타낸 것이다. 물음에 답하시오.

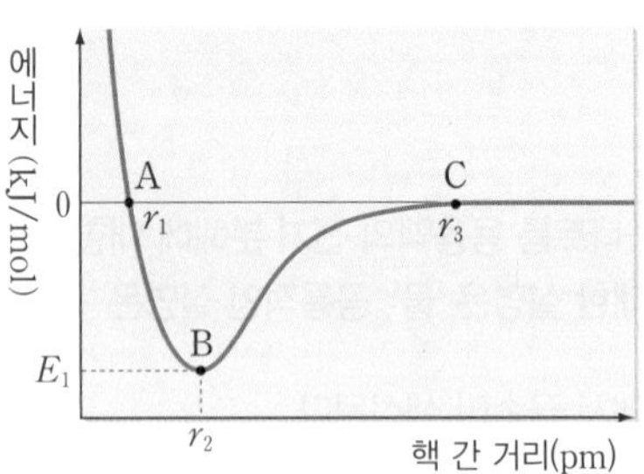

08 A~C 중 공유 결합이 형성되는 지점을 쓰시오.

09 A~C 중 분자가 형성될 때 원자 사이의 인력에 비해 반발력이 우세한 지점을 고르시오.

10 H_2의 결합 길이(pm)를 쓰시오.

11 H_2의 결합 에너지(kJ/mol)를 쓰시오.

[12~13] 분자 결정에 대한 설명은 '분', 공유 결정(원자 결정)에 대한 설명은 '원', 공통적인 설명은 '공'이라고 쓰시오.

12 끓는점과 녹는점이 낮아 상온에서 대부분 기체나 액체 상태로 존재하며, 약한 힘으로도 쉽게 부스러진다. (　　　)

13 원자들이 공유 결합을 하여 그물처럼 연결된 고체 물질로, 일반적으로 녹는점이 매우 높고 단단하다. (　　　)

14 그림은 2가지 물질의 결정을 모형으로 나타낸 것이다.

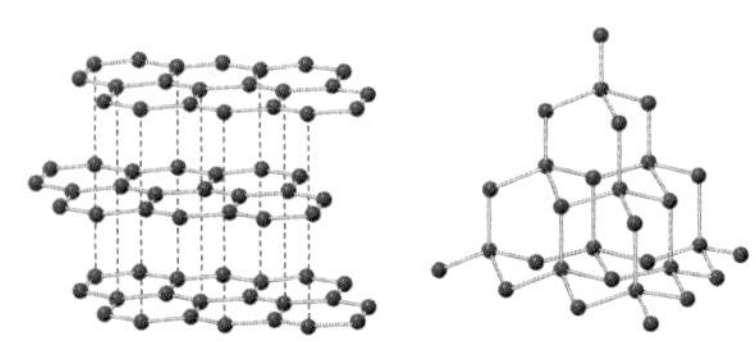

이 결정들은 무슨 결정인지 쓰시오.

15 다음은 금속 결합에 대한 설명이다. (　　) 안에 들어갈 알맞은 말을 쓰시오.

> 금속 결합은 금속 양이온과 (㉠) 사이에 작용하는 정전기적 (㉡)에 의한 결합이다.

16 그림은 금속 결합 물질에 전압을 가했을 때 입자들의 배열을 모형으로 나타낸 것이다. (　　) 안에 들어갈 알맞은 내용을 쓰시오.

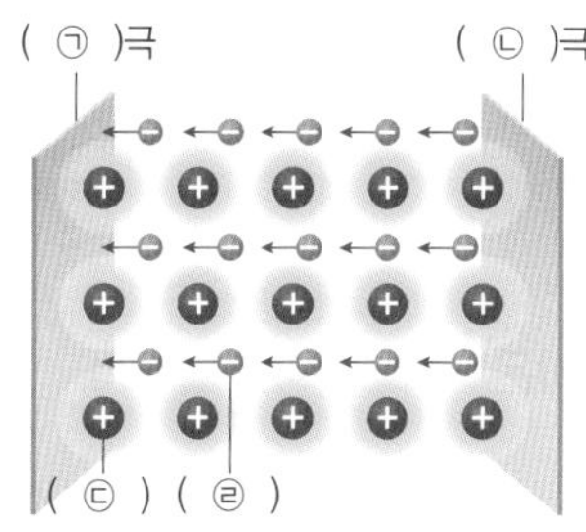

17 금속 결합 물질의 공통적인 성질은 대부분 무엇에 의해 나타나는지 쓰시오.

18 그림은 금속 결합 물질에 힘을 가했을 때의 변화를 모형으로 나타낸 것이다.

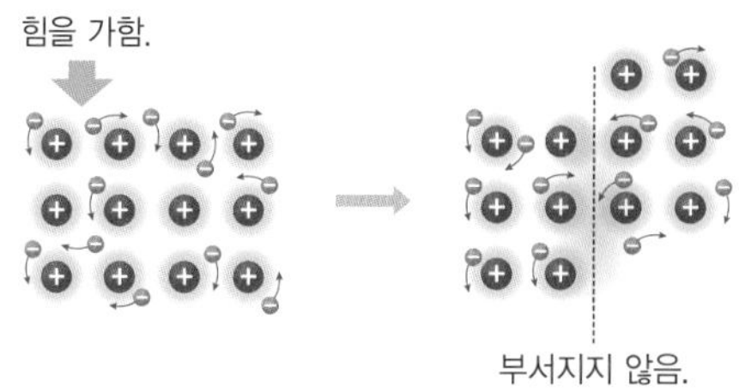

이로부터 알 수 있는 금속 결합 물질의 성질 2가지를 쓰시오.

[19~22] 금속 결합 물질의 성질과 그 이용을 옳게 연결하시오.

19 전기 전도성이 크다. • 　　　　• ㉠ 금관

20 열 전도성이 크다. • 　　　　• ㉡ 전선

21 광택이 있다. • 　　　　• ㉢ 알루미늄박

22 전성이 있다. • 　　　　• ㉣ 냄비

[23~28] 결합의 종류에 따른 물질의 성질에 대한 설명으로 옳은 것은 ○표, 옳지 않은 것은 ×표 하시오.

23 염화 나트륨은 이온 결합 물질로 고체와 액체 상태에서 전기 전도성이 있다. (　　)

24 설탕은 공유 결정으로 액체와 고체 상태에서 전기 전도성이 없다. (　　)

25 금속 결정에 전류를 흘려주면 자유 전자가 (+)극 쪽으로 이동한다. (　　)

26 이온 결정은 외부에서 힘을 가했을 때 쉽게 부서진다. (　　)

27 공유 결정은 녹는점과 끓는점이 매우 높고 단단하다. (　　)

28 이온 결정과 금속 결정은 액체 상태에서의 전기 전도성으로 구별할 수 있다. (　　)

29 표는 여러 가지 결정을 비교한 것이다. (　　) 안에 들어갈 알맞은 말을 쓰시오.

결정		분자 결정	공유 결정	이온 결정	금속 결정
구성 입자		분자	(㉠)	양이온, 음이온	금속 양이온, (㉡)
전기 전도성	고체	없음.	없음.	없음.	(㉢)
	액체	없음.	없음.	(㉣)	있음.
녹는점		(㉤)	매우 높음.	높음.	높음.

10분 TEST 문제

12. 결합의 극성

맞은 개수 _____ /17

01 공유 결합을 형성하는 두 원자에서 공유 전자쌍을 끌어당기는 정도를 상대적인 값으로 나타낸 것을 무엇이라고 하는지 쓰시오.

[02~08] 전기 음성도에 대한 설명으로 옳은 것은 ○표, 옳지 않은 것은 ×표 하시오.

02 플루오린(F)의 전기 음성도가 가장 크다. ( )

03 전기 음성도는 힘의 단위인 N을 사용한다. ( )

04 같은 주기에서 원자 번호가 커질수록 전기 음성도가 대체로 증가한다. ( )

05 같은 족에서 원자 번호가 커질수록 전기 음성도가 대체로 증가한다. ( )

06 전기 음성도는 금속 원소가 비금속 원소보다 크다. ( )

07 주기율표에서 오른쪽으로 갈수록, 위쪽으로 갈수록 전기 음성도가 대체로 증가한다(18족 제외). ( )

08 원자가 공유 결합을 할 때, 공유 전자쌍은 전기 음성도가 큰 원자 쪽으로 치우친다. ( )

09 다음 ( ) 안에 들어갈 알맞은 말을 쓰시오.

> 같은 종류의 원소가 공유 결합을 하여 공유 전자쌍이 어느 한쪽으로 치우치지 않는 공유 결합을 (㉠) 공유 결합이라고 하며, 서로 다른 원자가 결합하여 공유 전자쌍이 (㉡)이/가 큰 원자 쪽으로 치우치는 공유 결합을 (㉢) 공유 결합이라고 한다. 이때 (㉡)이/가 큰 원자는 부분적인 (㉣)전하를 띤다.

10 그림은 염화 수소(HCl)가 생성되는 반응을 모형으로 나타낸 것이다. 전기 음성도는 H가 2.1, Cl가 3.0이다.

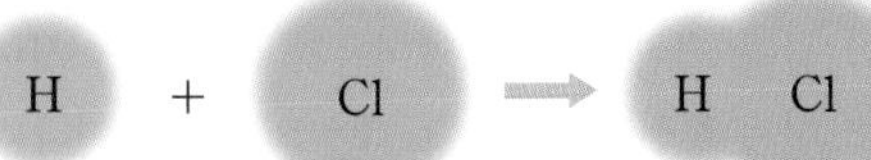

HCl 분자에서 부분적인 양전하(δ^+)를 띠는 원자를 쓰시오.

[11~16] 그림은 3가지 물질 X_2, XZ, YZ를 전기 음성도 차이에 따라 나타낸 것이다. 이에 대한 설명으로 옳은 것은 ○표, 옳지 않은 것은 ×표 하시오.

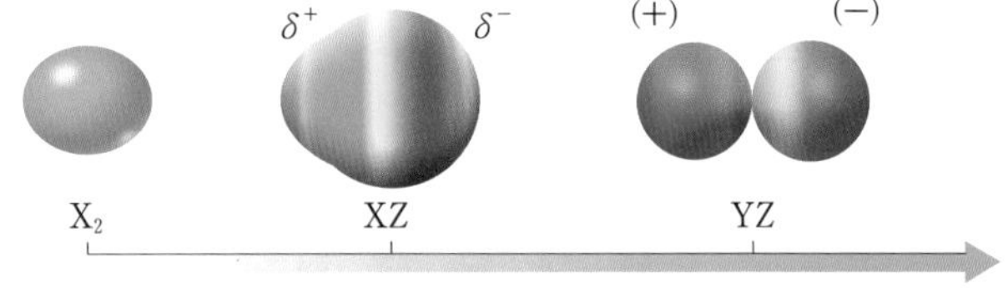

11 X_2의 결합은 무극성 공유 결합이다. ( )

12 YZ의 결합은 이온 결합이다. ( )

13 XZ의 쌍극자 모멘트는 0보다 크다. ( )

14 X~Z 중 금속 원소는 Y이다. ( )

15 전기 음성도는 Y가 Z보다 크다. ( )

16 결합의 극성은 X−X < X−Z이다. ( )

17 다음 ( ) 안에 들어갈 알맞은 말을 고르시오.

> 쌍극자 모멘트는 전하 사이의 거리가 ㉠(짧을, 멀)수록 크고, 전하량이 ㉡(작을, 클)수록 크다. 쌍극자 모멘트의 방향성은 ㉢(양, 음)전하에서 ㉣(양, 음)전하로 향한다.

10분 TEST 문제

13. 분자의 구조와 분자의 극성

맞은 개수 ______ /34

01 다음은 루이스 전자점식에 대한 설명이다. (   ) 안에 들어갈 알맞은 말을 쓰시오.

> • 원소 기호 주위에 (㉠)을/를 점으로 표시하여 나타낸다.
> • 원소 기호 상하좌우에 먼저 점을 1개씩 찍은 다음, (㉡) 번째 전자부터 쌍을 이루도록 그린다.
> • 쌍을 이루지 않은 전자를 (㉢)(이)라고 한다.

02 오른쪽 그림은 원자 A의 루이스 전자점식을 나타낸 것이다. A는 몇 족 원소의 원자인지 쓰시오.

$\cdot\ddot{\text{A}}\cdot$ (아래에 점 1개)

03 표는 몇 가지 분자의 루이스 전자점식을 나타낸 것이다. 공유 전자쌍 수와 비공유 전자쌍 수를 쓰시오.

루이스 전자점식	공유 전자쌍 수	비공유 전자쌍 수
:Ö::Ö:	㉠	㉡
H:Ö: H	㉢	㉣
:O: :: H:C:H	㉤	㉥
:Ö::C::Ö:	㉦	㉧

04 오른쪽 그림은 이온 결합 물질의 루이스 전자점식이다. 이온 결합 물질을 구성하는 이온의 전자 배치는 각각 어떤 원자와 같은지 쓰시오.

Li^{+} $[:\ddot{\text{Cl}}:]^{-}$

05 루이스 전자점식에서 공유 전자쌍을 결합선으로 나타낸 식을 무엇이라고 하는지 쓰시오.

[06~10] **그림은 어떤 분자의 구조식을 나타낸 것이다. 이에 대한 설명으로 옳은 것은 ○표, 옳지 않은 것은 ×표 하시오(단, X~Z는 임의의 원소 기호이다.).**

$:\ddot{\text{X}}-\text{Y}\equiv\text{Z}:$ (X 아래에 점 2개)

06 공유 전자쌍 수는 4이다. (   )

07 비공유 전자쌍 수는 4이다. (   )

08 원자가 전자 수가 가장 큰 원자는 Y이다. (   )

09 X~Z의 전자 배치는 모두 비활성 기체와 같다. (   )

10 분자 모양은 직선형이다. (   )

[11~15] **전자쌍 반발 이론에 대한 설명으로 옳은 것은 ○표, 옳지 않은 것은 ×표 하시오.**

11 중심 원자를 둘러싼 전자쌍들은 반발력이 최대가 되도록 배치된다. (   )

12 중심 원자를 둘러싼 전자쌍들은 가능한 한 멀리 떨어져서 배치된다. (   )

13 중심 원자에서 비공유 전자쌍은 공유 전자쌍보다 공간을 더 많이 차지한다. (   )

14 공유 전자쌍 사이의 반발력이 비공유 전자쌍 사이의 반발력보다 크다. (   )

15 다중 결합은 하나의 결합으로 취급하여 분자의 구조를 예측한다. (   )

16 그림은 중심 원자 주위에 공유 전자쌍만 있는 경우 전자쌍 반발 이론에 따른 전자쌍의 배치를 나타낸 것이다. ( ) 안에 들어갈 알맞은 말을 쓰시오.

전자쌍 수	2	3	4
전자쌍 배치			
분자 모양	직선형	(㉠)	(㉡)
결합각	180°	(㉢)	(㉣)

[17~20] 분자 모형과 분자 모양을 옳게 연결하시오.

17 H—F •   • ㉠ 직선형

18 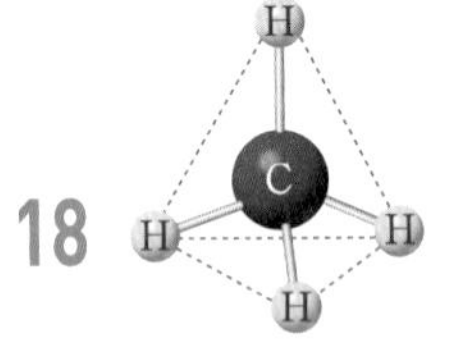

•   • ㉡ 삼각뿔형

19 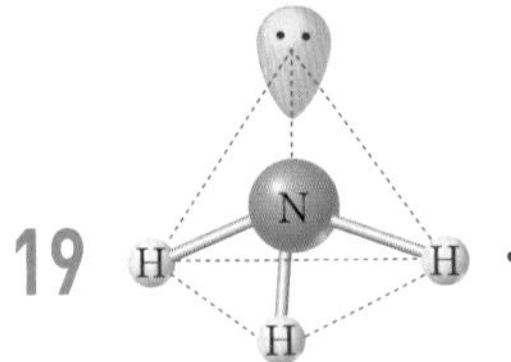

•   • ㉢ 굽은 형

20 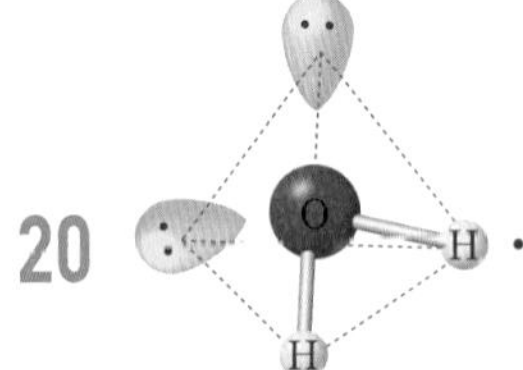

•   • ㉣ 정사면체

[21~24] CH_4, NH_3, H_2O에 대한 설명으로 옳은 것은 ○표, 옳지 않은 것은 ×표 하시오.

21 공유 전자쌍 수는 $CH_4 > NH_3 > H_2O$이다. ( )

22 비공유 전자쌍 수는 $H_2O > NH_3 > CH_4$이다. ( )

23 결합각은 $H_2O > NH_3 > CH_4$이다. ( )

24 CH_4, NH_3, H_2O은 모두 입체 구조이다. ( )

[25~30] 무극성 분자에 대한 설명은 '무', 극성 분자에 대한 설명은 '극'이라고 쓰시오.

25 분자 내 전하가 고르게 분포되어 있다. ( )

26 분자의 쌍극자 모멘트가 0이다. ( )

27 분자의 쌍극자 모멘트가 0보다 크다. ( )

28 물에 잘 녹는다. ( )

29 전기장에서 일정한 방향으로 배열한다. ( )

30 흘러내리는 액체 줄기에 대전체를 가까이 가져가도 휘지 않고 아래로 흘러내린다. ( )

[31~34] 그림은 분자 (가)~(마)의 구조를 모형으로 나타낸 것이다. 각각에 해당하는 분자를 있는 대로 고르시오.

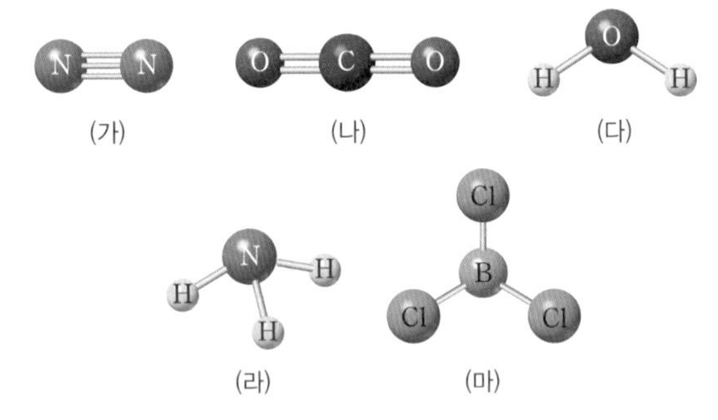

31 무극성 공유 결합이 있는 분자 ( )

32 무극성 분자 ( )

33 분자를 구성하는 원자가 모두 같은 평면에 존재하는 분자 ( )

34 쌍극자 모멘트가 0보다 큰 분자 ( )

10분 TEST 문제

14. 동적 평형 상태

맞은 개수 ______ /15

01 조건에 따라 정반응과 역반응이 모두 일어날 수 있는 반응을 무엇이라고 하는지 쓰시오.

02 가역 반응에서 정반응 속도와 역반응 속도가 같아져 겉보기에 변화가 없는 것처럼 보이는 상태를 무엇이라고 하는지 쓰시오.

[03~06] 다음 화학 반응을 가역 반응은 '가', 비가역 반응은 '비'라고 쓰시오.

03 $CH_4(g) + 2O_2(g) \longrightarrow CO_2(g) + 2H_2O(l)$ ( )

04 $CaCO_3(s) + CO_2(g) + H_2O(l) \rightleftharpoons Ca(HCO_3)_2(aq)$ ( )

05 $2HCl(aq) + Mg(s) \longrightarrow H_2(g) + MgCl_2(aq)$ ( )

06 $2NO_2(g) \rightleftharpoons N_2O_4(g)$ ( )

[07~09] 그림은 밀폐 용기에 일정량의 물을 넣었을 때 물의 증발과 응축을 모형으로 나타낸 것이다(단, 온도는 일정하다.). 물음에 답하시오.

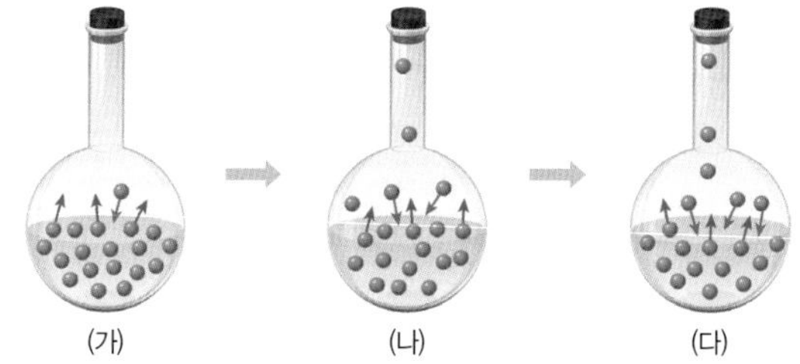

07 (가)~(다)에서 물의 증발 속도를 비교하시오.

08 (가)~(다)에서 수증기의 응축 속도를 비교하시오.

09 동적 평형 상태에 도달한 것을 고르시오.

[10~13] 오른쪽 그림은 일정량의 물에 설탕을 계속 넣어줄 때, 녹지 않은 설탕이 가라앉은 모습을 나타낸 것이다. 이에 대한 설명으로 옳은 것은 ○표, 옳지 않은 것은 ×표 하시오.

10 용액 속으로 녹아 들어가는 설탕 분자는 없다. ( )

11 용액에서 석출되는 설탕 분자는 없다. ( )

12 설탕의 용해 속도와 석출 속도가 같다. ( )

13 설탕 수용액의 몰 농도는 일정하다. ( )

14 $NH_3(g)$와 $HCl(g)$가 반응하여 $NH_4Cl(s)$을 생성하는 반응은 다음과 같이 가역적으로 일어난다.

$$NH_3(g) + HCl(g) \rightleftharpoons NH_4Cl(s)$$

밀폐된 용기에 $NH_4Cl(s)$을 넣고 반응시킬 때, 일정 시간이 지난 후 용기에 들어 있는 물질을 모두 쓰시오.

15 다음은 적갈색의 $NO_2(g)$가 무색의 $N_2O_4(g)$를 생성하는 반응의 화학 반응식이다.

$$2NO_2(g) \rightleftharpoons N_2O_4(g)$$

그림은 밀폐 용기에 $NO_2(g)$를 넣어두었을 때의 변화를 나타낸 것이다. (다) 이후 적갈색이 더 이상 옅어지지 않았다.

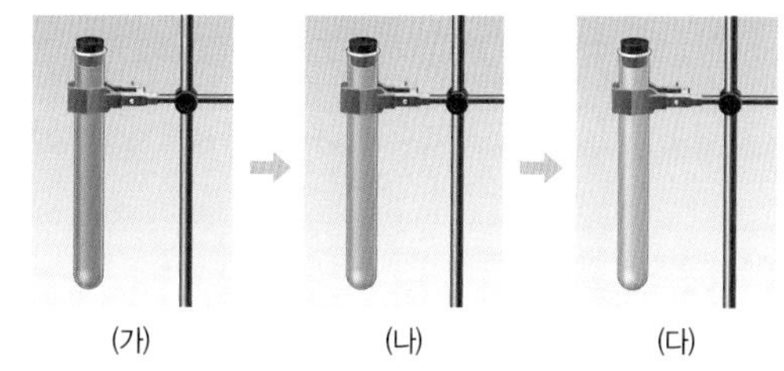

정반응 속도와 역반응 속도가 같은 것을 고르시오.

10분 TEST 문제

15. 물의 자동 이온화와 pH

맞은 개수 ______/14

01 물 분자가 스스로 이온화하여 수소 이온과 수산화 이온을 생성하는 반응을 무엇이라고 하는지 쓰시오.

[02~04] 그림은 물의 자동 이온화 반응을 모형으로 나타낸 것이다. 이 반응이 동적 평형에 있을 때에 대한 설명으로 옳은 것은 ○표, 옳지 않은 것은 ×표 하시오.

H_2O + H_2O ⇌ $[H_3O^+]$ + $[OH^-]$

02 물 분자 수는 계속 감소한다. ( )

03 H_3O^+의 몰 농도는 증가한다. ( )

04 H_3O^+의 몰 농도와 OH^-의 몰 농도는 같다. ( )

05 다음은 물의 자동 이온화 반응에 대한 설명이다. ( ) 안에 들어갈 알맞은 말을 고르시오.

> 물의 자동 이온화 반응은 순수한 물에서 매우 ㉠(많은, 적은) 양이 일어나며, 동적 평형이 이루어지면 $[H_3O^+]$와 $[OH^-]$의 곱은 계속 ㉡(증가, 감소, 일정)(하)한다.

06 물의 자동 이온화 반응이 동적 평형에 있을 때 $[H_3O^+]$와 $[OH^-]$의 곱을 무엇이라고 하는지 쓰고, 25 ℃에서 그 값을 쓰시오.

07 표는 3가지 수용액 (가)~(다)에 들어 있는 $[H_3O^+]$와 $[OH^-]$를 비교한 것이다. (가)~(다)의 액성을 각각 쓰시오.

수용액	(가)	(나)	(다)
농도	$[H^+]>[OH^-]$	$[H^+]<[OH^-]$	$[H^+]=[OH^-]$

08 다음 ( ) 안에 들어갈 알맞은 말을 쓰시오.

> 수용액에서 수소 이온 농도를 나타낼 때는 수소 이온 농도의 역수의 상용로그 값을 사용하는데, 이를 (㉠)(이)라고 부르며 (㉡)(이)라는 기호를 사용하여 나타낸다.

[09~12] pH에 대한 설명으로 옳은 것은 ○표, 옳지 않은 것은 ×표 하시오.

09 산성도가 클수록 pH가 증가한다. ( )

10 25 ℃에서 염기성 용액의 pH는 7보다 크다. ( )

11 수소 이온 농도가 10배 증가하면 pH는 1 증가한다. ( )

12 25 ℃ 수용액에서 pH+pOH=14이다. ( )

[13~14] 25 ℃에서 다음 수용액의 pH를 구하시오.

13 0.01 M HCl 수용액의 pH ( )

14 0.001 M NaOH 수용액의 pH ( )

10분 TEST 문제

16. 산 염기 반응

맞은 개수 ______ /24

01 다음 ( ) 안에 들어갈 알맞은 말을 고르시오.

> 브뢴스테드 · 로리 산은 수소 이온(H^+)을 ㉠(내놓는, 받는) 물질이고, 브뢴스테드 · 로리 염기는 수소 이온을 ㉡(내놓는, 받는) 물질이다.

[02~04] 그림은 2가지 산 염기 반응을 모형으로 나타낸 것이다. 이에 대한 설명으로 옳은 것은 ○표, 옳지 않은 것은 ×표 하시오.

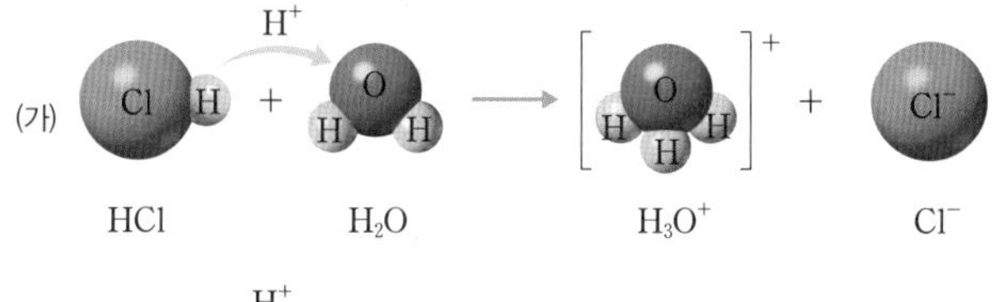

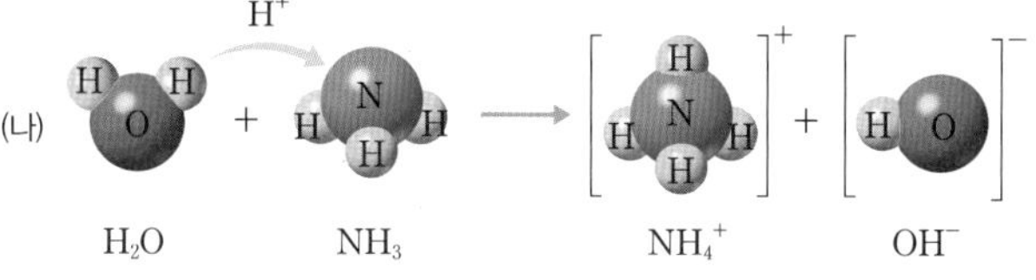

02 (가)에서 HCl는 브뢴스테드 · 로리 산으로 작용한다. ( )

03 (나)에서 NH_3는 브뢴스테드 · 로리 염기로 작용한다. ( )

04 H_2O은 (가)에서는 브뢴스테드 · 로리 염기, (나)에서는 브뢴스테드로 · 로리 산으로 작용하므로 양쪽성 물질이다. ( )

[05~08] 그림은 일정량의 NaOH(aq)에 HCl(aq)을 조금씩 넣을 때 용액 속 이온 수의 변화를 모형으로 나타낸 것이다. 물음에 답하시오.

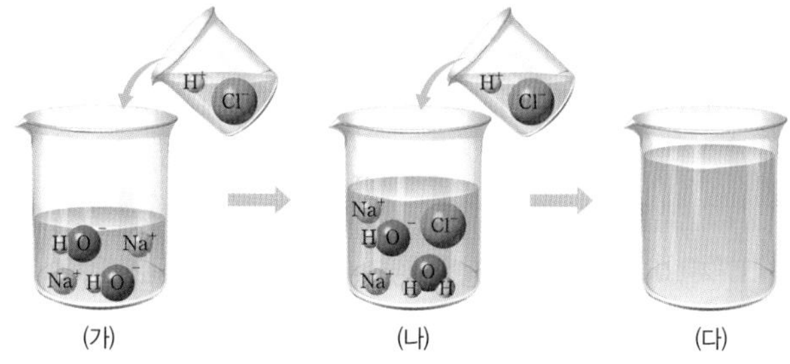

05 이 반응의 알짜 이온 반응식을 쓰시오.

06 표의 ㉠~㉥에 들어갈 이온의 수를 쓰시오.

이온의 종류	Na^+	OH^-	H^+	Cl^-
(가)	2	2	0	0
(나)	2	㉡	0	㉤
(다)	㉠	㉢	㉣	㉥

07 이 반응에서 구경꾼 이온을 화학식으로 모두 쓰시오.

08 (가)~(다)의 액성을 각각 쓰시오.

09 다음 ( ) 안에 들어갈 알맞은 말을 쓰시오.

> 산과 염기가 반응하면 (㉠)과/와 (㉡)이/가 생성되는데, (㉡)은/는 산의 음이온과 염기의 양이온이 결합한 이온 결합 물질이다.

[10~12] 중화 반응에 대한 설명으로 옳은 것은 ○표, 옳지 않은 것은 ×표 하시오.

10 산의 양이온과 염기의 음이온이 반응하여 물을 생성한다. ( )

11 산과 염기가 완전히 중화될 때 산이 내놓은 H^+의 양(mol)과 염기가 내놓은 OH^-의 양(mol)은 같다. ( )

12 산과 염기 수용액을 혼합한 용액은 항상 중성이다. ( )

13 0.1 M HCl(*aq*) 40 mL를 완전히 중화하는 데 필요한 0.2 M NaOH(*aq*)의 부피를 구하시오.

14 0.1 M H_2SO_4(*aq*) 20 mL를 완전히 중화하는 데 필요한 0.1 M NaOH(*aq*)의 부피를 구하시오.

15 농도를 모르는 NaOH(*aq*) 10 mL를 완전히 중화하는 데 0.001 M HCl(*aq*) 20 mL가 사용되었다. NaOH(*aq*)의 몰 농도를 구하시오.

[16~18] 0.1 M HCl(*aq*) 100 mL에 0.1 M NaOH(*aq*) 50 mL를 혼합하였다. 물음에 답하시오.

16 혼합 용액의 액성을 쓰시오.

17 중화 반응으로 생성된 물의 양(mol)을 구하시오.

18 혼합 용액을 완전히 중화시키기 위해 추가로 필요한 0.1 M NaOH(*aq*)의 부피를 구하시오.

19 다음 (　　) 안에 들어갈 알맞은 말을 쓰시오.

> 중화 반응의 양적 관계를 이용하여 농도를 모르는 산이나 염기의 농도를 알아내는 실험적 방법을 (㉠)(이)라 하고, 이 방법에서 농도를 알고 있는 산 또는 염기 용액을 (㉡)(이)라고 한다.

[20~22] 중화 적정에서 사용되는 실험 기구와 그 용도를 옳게 연결하시오.

20 피펫 •　　　　• ㉠ 정확한 농도의 표준 용액을 만들 때 사용한다.

21 부피 플라스크 •　　　　• ㉡ 중화 적정에 사용한 표준 용액의 부피를 측정하는 데 사용한다.

22 뷰렛 •　　　　• ㉢ 정확한 부피의 용액을 옮길 때 사용한다.

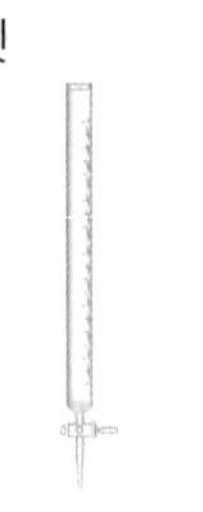

[23~24] 다음은 염산(HCl(*aq*))의 농도를 구하는 중화 적정 과정을 순서 없이 나타낸 것이다. 물음에 답하시오.

> (가) HCl(*aq*) 20 mL를 취한 후 삼각 플라스크에 넣고 페놀프탈레인 용액을 1~2방울 떨어뜨린다.
> (나) 0.1 M NaOH(*aq*)을 (㉠)에 넣고 부피를 읽는다.
> (다) 중화 반응의 양적 관계를 이용하여 HCl(*aq*)의 몰 농도를 구한다.
> (라) 용액 전체가 (㉡)으로 변하는 순간 (㉠)의 꼭지를 잠그고 사용된 NaOH(*aq*)의 부피를 구한다.
> (마) HCl(*aq*)이 들어 있는 삼각 플라스크에 NaOH(*aq*)을 떨어뜨리면서 삼각 플라스크를 흔들어 준다.

23 (가) 이후의 실험 과정을 순서에 맞게 나열하시오.

24 (　　) 안에 들어갈 알맞은 말을 쓰시오.

10분 TEST 문제

17. 산화 환원 반응

맞은 개수 ______ /24

01 표는 산화 환원의 정의를 정리한 것이다. (　　) 안에 들어갈 알맞은 말을 쓰시오.

구분	산화	환원
산소의 이동	(㉠)	(㉡)
전자의 이동	(㉢)	(㉣)

[02~04] 다음은 2가지 산화 환원 반응식이다. 물음에 답하시오.

(가) $2Mg + O_2 \longrightarrow 2MgO$
(나) $2Na + Cl_2 \longrightarrow 2NaCl$

02 (가)에서 산화되는 물질을 쓰시오.

03 (나)에서 환원되는 물질을 쓰시오.

04 (가)와 (나)에서 생성물 1몰이 생성될 때 이동한 전자의 양(mol)을 각각 쓰시오.

05 철(Fe)을 염산(HCl(*aq*))에 넣으면 수소 기체가 발생한다. 이때 산화되는 물질과 환원되는 물질을 각각 쓰시오.

06 다음 반응에서 산화되는 물질과 환원되는 물질을 각각 쓰시오.

$$Fe + Cu^{2+} \longrightarrow Fe^{2+} + Cu$$

[07~11] 그림은 황산 구리(Ⅱ) 수용액에 아연(Zn) 막대를 넣을 때 일어나는 반응을 모형으로 나타낸 것이다. 이에 대한 설명으로 옳은 것은 ○표, 옳지 않은 것은 ×표 하시오(단, 원자량은 Zn > Cu이다.).

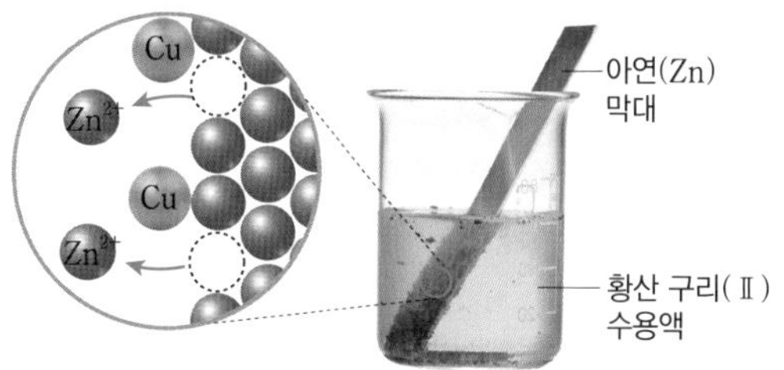

07 산화되는 물질은 Zn이다. (　　)

08 환원되는 물질은 Cu^{2+}이다. (　　)

09 반응이 진행되는 동안 수용액 속 양이온 수는 감소한다. (　　)

10 반응이 진행되는 동안 아연 막대의 질량은 증가한다. (　　)

11 Cu 1몰이 생성될 때 이동한 전자의 양은 2몰이다. (　　)

12 다음 (　　) 안에 들어갈 알맞은 말을 쓰시오.

어떤 물질에서 각 원자가 어느 정도 산화되었는지를 나타내는 가상적인 전하를 (㉠)(이)라 하는데, (㉡) 결합 물질에서 각 원소의 (㉠)은/는 구성 이온의 전하와 같고, (㉢) 결합 물질에서 각 원소의 (㉠)은/는 구성 원자 중 전기 음성도가 큰 원자 쪽으로 공유 전자쌍이 모두 이동한다고 가정할 때 각 원자가 가지는 전하수이다. 이때 전자를 잃은 상태는 (㉣), 전자를 얻은 상태는 (㉤)의 부호로 나타낸다.

13 다음 화합물에서 밑줄 친 원자의 산화수를 구하시오.

(1) NaH (2) H_2O (3) H_2O_2
(4) HNO_3 (5) H_2SO_3 (6) $KMnO_4$

14 다음 질소 화합물에서 N의 산화수를 쓰시오.

NH_3	N_2H_4	NO	N_2O	NO_2	N_2O_3
㉠	㉡	㉢	㉣	㉤	㉥

15 다음 ( ) 안에 들어갈 알맞은 말을 쓰시오.

산화 환원 반응에서 자신이 산화되면서 다른 물질을 환원시키는 물질을 (㉠)(이)라고 하고, 자신이 환원되면서 다른 물질을 산화시키는 물질을 (㉡)(이)라고 한다.

[16~17] 다음은 2가지 산화 환원 반응식을 나타낸 것이다. 물음에 답하시오.

(가) $SO_2(g) + 2H_2S(g) \longrightarrow 2H_2O(l) + 3S(s)$
(나) $SO_2(g) + 2H_2O(l) + Cl_2(g) \longrightarrow H_2SO_4(aq) + 2HCl(aq)$

16 (가)에서 산화제로 작용하는 물질과 (나)에서 환원제로 작용하는 물질을 각각 쓰시오.

17 SO_2, H_2S, Cl_2의 환원되는 경향을 비교하시오.

18 다음은 어떤 산화 환원 반응식이다.

$$Fe + 2HCl \longrightarrow FeCl_2 + H_2$$

위 반응에서 산화제와 환원제를 쓰시오.

[19~22] 다음은 산화수법을 이용하여 Fe^{2+}과 MnO_4^-의 산화 환원 반응식을 완성하는 과정이다. 각 과정의 ㉠, ㉡에 들어갈 알맞은 숫자를 쓰시오.

19 1단계 반응에 관여한 각 원자의 산화수를 구한다.

$$\overset{+2}{Fe^{2+}} + \overset{㉠\ -2}{MnO_4^-} + \overset{+1}{H^+} \longrightarrow \overset{㉡}{Fe^{3+}} + \overset{+2}{Mn^{2+}} + \overset{+1\ -2}{H_2O}$$

20 2단계 반응 전후 산화수 변화를 구한다.

$$\overset{+2}{Fe^{2+}} + \overset{-2}{MnO_4^-} + \overset{+1}{H^+} \longrightarrow Fe^{3+} + \overset{+2}{Mn^{2+}} + \overset{+1\ -2}{H_2O}$$

(Fe: ㉠ 증가, Mn: ㉡ 감소)

21 3단계 증가한 산화수와 감소한 산화수가 같도록 계수를 맞춘다.

$$Fe^{2+} + \overset{-2}{MnO_4^-} + \overset{+1}{H^+} \longrightarrow Fe^{3+} + \overset{+2}{Mn^{2+}} + \overset{+1\ -2}{H_2O}$$

(Fe: 1×㉠, Mn: 5×㉡)

22 4단계 반응 전후의 원자 수가 같도록 계수를 맞추어 산화 환원 반응식을 완성한다.

$$5Fe^{2+} + MnO_4^- + ㉡\ H^+ \longrightarrow 5Fe^{3+} + Mn^{2+} + ㉣\ H_2O$$

[23~24] 산화수법을 이용하여 다음 산화 환원 반응식을 완성하여 반응 계수 a~d를 구하시오.

23 $aAg_2S(s) + bAl(s) \longrightarrow cAg(s) + dAl_2S_3(s)$

24 $aCu(s) + bAg^+(aq) \longrightarrow cCu^{2+}(aq) + dAg(s)$

10분 TEST 문제

18. 화학 반응과 열의 출입

맞은 개수 ______ /16

01 다음 ( ) 안에 들어갈 알맞은 말을 쓰시오.

> 화학 반응이 일어날 때 열을 주위로 방출하는 반응을 (㉠) 반응이라고 하고, 열을 주위로부터 흡수하는 반응을 (㉡) 반응이라고 한다. (㉠) 반응이 일어나면 주위의 온도가 (㉢)지고, (㉡) 반응이 일어나면 주위의 온도가 (㉣)진다.

[02~05] 다음 반응이 일어날 때 열을 방출하는 반응은 '발', 열을 흡수하는 반응은 '흡'이라고 쓰시오.

02 염산에 아연 조각을 넣는다. ( )

03 질산 암모늄을 물에 녹인다. ( )

04 식물이 빛을 받으면 광합성을 하여 양분을 만든다. ( )

05 달리기와 같은 운동을 할 때 체내의 지방이 연소된다. ( )

[06~09] 그림은 반응 (가)와 (나)가 진행될 때 반응물과 생성물의 에너지를 나타낸 것이다. 이에 대한 설명으로 옳은 것은 ○표, 옳지 않은 것은 ×표 하시오.

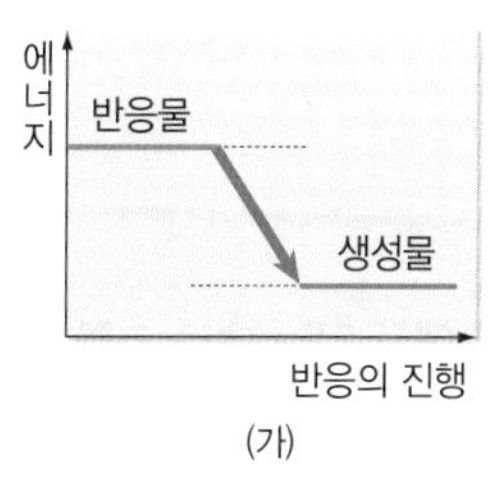

(가)

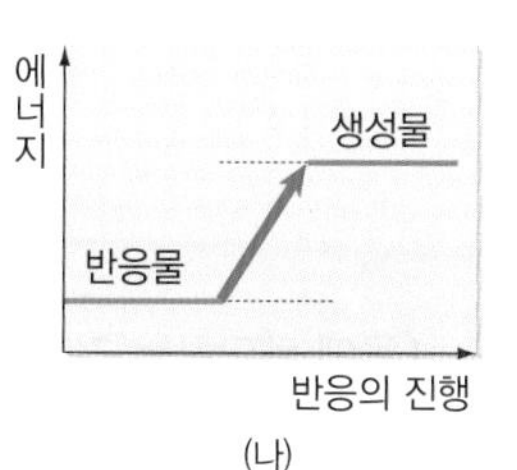

(나)

06 (가)는 발열 반응이다. ( )

07 (나)는 흡열 반응이다. ( )

08 (가)의 반응이 일어날 때 주위의 온도는 낮아진다. ( )

09 산과 염기의 중화 반응에서 열의 출입은 (가)에서와 같다. ( )

10 다음 ( ) 안에 들어갈 알맞은 말을 쓰시오.

> 화학 반응에서 출입하는 열량을 측정하는 기구를 (㉠)(이)라고 하는데, (㉠)은/는 대체로 단열 용기, (㉡), 젓개로 구성된다.

11 물질 1 g의 온도를 1 ℃ 높이는 데 필요한 열량을 무엇이라고 하는지 쓰시오.

[12~15] 다음은 간이 열량계를 이용하여 염화 칼슘($CaCl_2$)이 용해될 때 방출하는 열량을 구하기 위한 실험이다. 이에 대한 설명으로 옳은 것은 ○표, 옳지 않은 것은 ×표 하시오.

> (가) 열량계에 물 100 g을 넣고 온도를 측정하였더니 20 ℃이었다.
> (나) 열량계에 $CaCl_2$ 10 g을 넣어 완전히 녹인 다음 온도를 측정하였더니 25 ℃이었다.

12 $CaCl_2$의 용해 반응은 발열 반응이다. ( )

13 $CaCl_2$이 용해될 때 방출한 열은 물이 모두 흡수한다고 가정하여 열량을 구한다. ( )

14 $CaCl_2$이 용해될 때 방출한 열량을 구하려면 용액의 비열을 알아야 한다. ( )

15 실험에서 사용한 열량계를 사용하면 정밀하게 열량을 측정할 수 있다. ( )

16 간이 열량계 안에서 증류수 97 g에 진한 황산 3 g을 용해시켰더니 용액의 온도가 5 ℃ 올라갔다. 이때 발생한 열량을 구하시오(단, 방출한 열은 열량계 속의 물이 모두 흡수하며, 용액의 비열은 4 J/(g·℃)이다.).

01 화학이 실생활의 문제 해결에 이바지한 사례 중 긍정적인 사례로 옳지 않은 것은?

① 플라스틱의 합성으로 일회용품의 사용 급증
② 염료의 합성을 통한 다양한 색상의 의류 생산
③ 아스피린 합성을 통한 살리실산의 부작용 해결
④ 암모니아의 합성을 통한 질소 비료의 대량 생산
⑤ 철강 제품을 이용한 안전하고 독특한 구조의 건축물 건설

02 다음은 화학이 인류의 문제 해결에 도움을 준 사례를 나타낸 것이다.

> 플레밍은 푸른곰팡이에서 최초의 항생제인 페니실린을 발견하였는데, 페니실린은 제2차 세계대전 중에 상용화에 성공하여 사용되기 시작하였고 수많은 환자의 목숨을 구했다.

위에서 설명한 내용에 해당하는 분야는?

① 식생활 ② 의생활 ③ 주생활
④ 건강 생활 ⑤ 편리한 생활

03 다음은 탄소 화합물 (가)~(다)에 대한 설명이다.

> • (가) 한 분자당 탄소 원자 수가 1인 탄화수소이다.
> • (나) 살균 효과가 있어 소독약이나 손 소독제로 이용된다.
> • (다) 식초의 성분으로 물에 녹아 H^+을 내놓는다.

(가)~(다)에 해당하는 것으로 옳게 짝 지은 것은?

	(가)	(나)	(다)
①	메테인	에탄올	아세트산
②	에탄올	메테인	아세트산
③	메탄올	아세톤	메테인
④	에탄올	메테인	아세트산
⑤	아세트산	에탄올	메테인

[04~05] 그림은 3가지 탄화수소의 구조를 모형으로 나타낸 것이다. 물음에 답하시오.

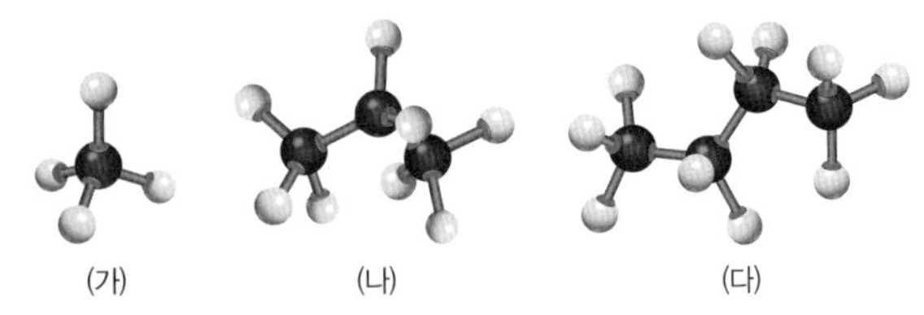

04 (가)~(다)에 해당하는 화합물의 이름을 쓰시오.

05 (가)~(다)에 대한 설명으로 옳은 것만을 <보기>에서 있는 대로 고른 것은?

> 보기
> ㄱ. (가)의 분자식은 CH_4이다.
> ㄴ. 1몰이 완전 연소될 때 생성된 물이 가장 많은 것은 (다)이다.
> ㄷ. (나)와 (다)는 액화 석유 가스의 주성분 물질이다.

① ㄱ ② ㄷ ③ ㄱ, ㄴ
④ ㄴ, ㄷ ⑤ ㄱ, ㄴ, ㄷ

06 1몰에 해당하는 것만을 <보기>에서 있는 대로 고른 것은? (단, H, C, N, O의 원자량은 각각 1, 12, 14, 16이고, 기체 1몰의 부피는 22.4 L이며, 아보가드로수는 6.02×10^{23}이다.)

> 보기
> ㄱ. O_2 3.01×10^{23}개의 양(mol)
> ㄴ. H_2 0.5몰에 들어 있는 원자의 양(mol)
> ㄷ. CH_4 8 g에 들어 있는 분자의 양(mol)
> ㄹ. $NH_3(g)$ 5.6 L에 들어 있는 원자의 양(mol)

① ㄱ, ㄴ ② ㄱ, ㄹ ③ ㄴ, ㄷ
④ ㄴ, ㄹ ⑤ ㄷ, ㄹ

07 표는 원자 X~Z 1개의 질량을 나타낸 것이다.

원자	X	Y	Z
1개의 질량(g)	$\frac{1}{6}\times10^{-23}$	2×10^{-23}	$\frac{8}{3}\times10^{-23}$

이에 대한 설명으로 옳은 것만을 〈보기〉에서 있는 대로 고른 것은?(단, X~Z는 임의의 원소 기호이고, 아보가드로수는 6×10^{23}이다.)

보기
ㄱ. Y 1몰의 질량은 12 g이다.
ㄴ. 원자량은 Z가 X의 16배이다.
ㄷ. YZ의 분자량은 28이다.

① ㄱ ② ㄷ ③ ㄱ, ㄴ
④ ㄴ, ㄷ ⑤ ㄱ, ㄴ, ㄷ

[08~09] 표는 t °C, 1기압에서 기체 (가)~(다)에 대한 자료의 일부이다. 물음에 답하시오(단, H, C, N, O의 원자량은 각각 1, 12, 14, 16이다.).

기체	분자식	질량(g)	부피(L)
(가)	N_2	5.6	6
(나)	CO_2	4.4	
(다)	C_3H_8		3

08 이에 대한 설명으로 옳은 것만을 〈보기〉에서 있는 대로 고른 것은?

보기
ㄱ. (다)의 질량은 (나)보다 크다.
ㄴ. (나)의 부피는 3 L이다.
ㄷ. 1 g 속에 들어 있는 원자의 총 몰비는 (가) : (나) =22 : 21이다.

① ㄱ ② ㄴ ③ ㄱ, ㄷ
④ ㄴ, ㄷ ⑤ ㄱ, ㄴ, ㄷ

서술형

09 기체 (가)를 이용하여 이 실험 조건에서 기체 1몰의 부피(L)를 구하고, 그 과정을 설명하시오.

10 표는 25 °C, 1기압에서 기체 (가)와 (나)에 대한 자료이다.

기체	(가)	(나)
분자식	AB_2	A_2B_4
부피(L)	3	2
총 원자 수(상댓값)	x	4
단위 부피당 질량(상댓값)	1	y

이에 대한 설명으로 옳은 것만을 〈보기〉에서 있는 대로 고른 것은?(단, A, B는 임의의 원소 기호이다.)

보기
ㄱ. $x+y=5$이다.
ㄴ. 기체의 양(mol)은 (나)가 (가)보다 크다.
ㄷ. 기체의 분자량은 (나)가 (가)의 2배이다.

① ㄱ ② ㄴ ③ ㄱ, ㄷ
④ ㄴ, ㄷ ⑤ ㄱ, ㄴ, ㄷ

11 다음은 기체 X와 C_2가 반응하여 AC_2와 B_2C를 생성하는 반응의 화학 반응식이다.

$$X(g) + aC_2(g) \longrightarrow bAC_2(g) + cB_2C(g)$$

그림은 기체 X 1몰과 C_2 4몰을 용기에 넣어 반응시켰을 때, 기체 AC_2와 B_2C가 생성되는 반응을 모형으로 나타낸 것이다. X의 구성 원소는 A, B이다.

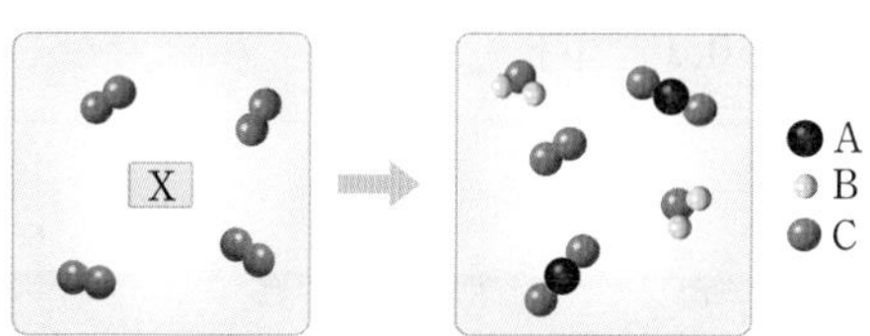

이에 대한 설명으로 옳은 것만을 〈보기〉에서 있는 대로 고른 것은?(단, A~C는 임의의 원소 기호이고, X의 모형은 나타내지 않았으며, 온도와 압력은 일정하다.)

보기
ㄱ. X의 구성 원자 수비는 A : B=1 : 2이다.
ㄴ. $a+1=b+c$이다.
ㄷ. 용기에 X를 더 넣으면 생성되는 B_2C의 질량이 증가한다.

① ㄱ ② ㄷ ③ ㄱ, ㄴ
④ ㄴ, ㄷ ⑤ ㄱ, ㄴ, ㄷ

12 다음은 나트륨(Na)과 물(H_2O)의 반응의 화학 반응식이다.

$$2Na(s) + 2H_2O(l) \longrightarrow 2NaOH(aq) + X(g)$$

이에 대한 설명으로 옳지 않은 것은?(단, Na의 원자량은 23이고, 30 °C, 1기압에서 기체 1몰의 부피는 25 L이다.)

① X는 H_2이다.
② H_2O는 액체 상태이다.
③ 반응 몰비는 NaOH : X=2 : 1이다.
④ Na 23 g이 반응하면 NaOH 2몰이 생성된다.
⑤ 30 °C, 1기압에서 Na 46 g이 반응하면 X 25 L가 생성된다.

13 다음은 산화 칼슘(CaO)과 이산화 탄소(CO_2)가 반응하여 탄산 칼슘($CaCO_3$)이 생성되는 반응의 화학 반응식이다.

$$CaO(s) + CO_2(g) \longrightarrow CaCO_3(s)$$

CaO(s) 5.6 g과 $CO_2(g)$ 8.8 g을 용기에 넣고 반응시켰다. 이에 대한 설명으로 옳은 것만을 〈보기〉에서 있는 대로 고른 것은?(단, CaO, CO_2, $CaCO_3$의 화학식량은 각각 56, 44, 100이고, N_A는 아보가드로수이다.)

보기
ㄱ. 반응 전 CO_2의 분자 수는 $0.4N_A$이다.
ㄴ. 반응 후 생성된 $CaCO_3$의 질량은 10 g이다.
ㄷ. 반응 후 용기에 있는 물질의 양(mol)의 합은 0.1몰이다.

① ㄱ ② ㄴ ③ ㄱ, ㄷ
④ ㄴ, ㄷ ⑤ ㄱ, ㄴ, ㄷ

서술형

14 다음은 아자이드화 나트륨(NaN_3)이 나트륨(Na)과 질소(N_2)로 분해되는 반응의 화학 반응식이다.

$$2NaN_3(s) \longrightarrow 2Na(s) + 3N_2(g)$$

$NaN_3(s)$ 6.5 g이 분해될 때, 30 °C, 1기압에서 생성되는 $N_2(g)$의 부피를 구하고, 그 과정을 설명하시오(단, N, Na의 원자량은 각각 14, 23이고, 실험 조건에서 기체 1몰의 부피는 25 L이다.).

15 다음은 일산화 탄소(CO)와 산소(O_2)가 반응하여 이산화 탄소(CO_2)가 생성되는 반응의 화학 반응식이다.

$$2CO(g) + O_2(g) \longrightarrow 2CO_2(g)$$

오른쪽 그림과 같이 일정한 온도와 압력에서 실린더에 CO와 O_2를 넣고 반응을 완결시켰다. 반응 전이 반응 후보다 큰 값만을 〈보기〉에서 있는 대로 고른 것은?(단, C, O의 원자량은 각각 12, 16이고, 피스톤의 마찰과 질량은 무시한다.)

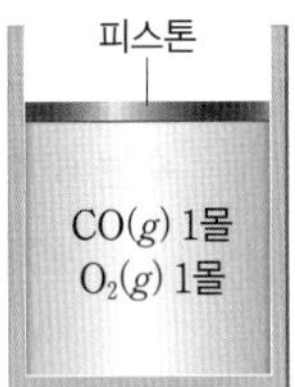

보기
ㄱ. O_2의 양(mol)
ㄴ. 전체 기체의 부피
ㄷ. 기체의 총 질량

① ㄱ ② ㄷ ③ ㄱ, ㄴ
④ ㄴ, ㄷ ⑤ ㄱ, ㄴ, ㄷ

16 다음은 기체 A_2와 기체 B_2가 반응하여 기체 X가 생성되는 반응의 화학 반응식이다.

$$A_2(g) + 3B_2(g) \longrightarrow xX(g) \ (x\text{는 반응 계수})$$

표는 실린더에 $A_2(g)$와 $B_2(g)$의 양(mol)을 달리하여 반응시켰을 때의 자료이다.

실험	반응 전 반응물의 양(mol)		반응 전후의 부피(L)	
	A_2	B_2	반응 전	반응 후
(가)	3	5	$12V$	$7V$
(나)	5	3	a	b

$\frac{b}{a} \times x$는?(단, A, B는 임의의 원소 기호이며, 기체의 온도와 압력은 일정하다.)

① $\frac{3}{4}$ ② $\frac{5}{4}$ ③ $\frac{4}{3}$
④ $\frac{3}{2}$ ⑤ $\frac{8}{3}$

17 그림은 100 g의 물에 같은 질량의 용질 A～C가 녹았을 때의 입자 모형을 나타낸 것이다.

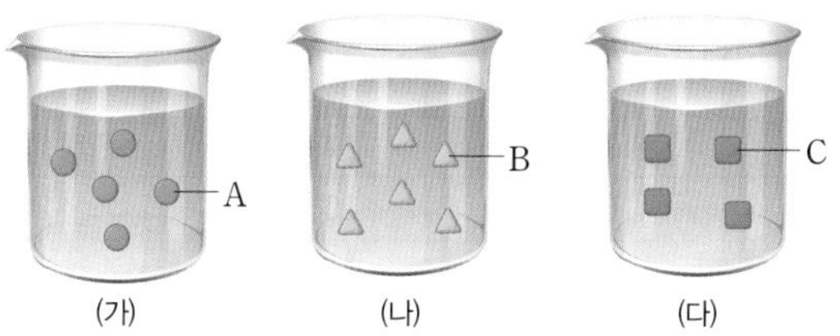

이에 대한 설명으로 옳은 것만을 〈보기〉에서 있는 대로 고른 것은?(단, (가)～(다)의 온도와 밀도는 같다.)

보기
ㄱ. 용질의 화학식량은 A > C이다.
ㄴ. 용액의 몰 농도는 (나) > (다)이다.
ㄷ. 용액의 퍼센트 농도는 (가) > (나)이다.

① ㄱ ② ㄴ ③ ㄱ, ㄷ
④ ㄴ, ㄷ ⑤ ㄱ, ㄴ, ㄷ

18 다음은 0.5 M 탄산수소 칼륨($KHCO_3$) 수용액 100 mL를 만드는 과정이다.

(가) $KHCO_3$ x g을 비커에 들어 있는 증류수에 완전히 녹인다.
(나) 100 mL (A)에 (가)의 수용액을 넣고 비커에 남은 용액을 증류수로 씻어서 (A)에 넣는다.
(다) (A)의 수용액이 잘 섞이도록 흔들어 준 후 표시선까지 증류수를 채운다.

이에 대한 설명으로 옳은 것만을 〈보기〉에서 있는 대로 고른 것은?(단, $KHCO_3$의 화학식량은 100이고, 0.5 M $KHCO_3$ 수용액의 밀도는 d g/mL이다.)

보기
ㄱ. x는 5이다.
ㄴ. A는 부피 플라스크이다.
ㄷ. 0.5 M $KHCO_3$ 수용액의 퍼센트 농도(%)는 $\frac{5}{d}$ %이다.

① ㄱ ② ㄷ ③ ㄱ, ㄴ
④ ㄴ, ㄷ ⑤ ㄱ, ㄴ, ㄷ

19 그림은 0.1 M A 수용액 (가)에 물을 더 넣어 0.08 M A 수용액 (나)를 만드는 과정을 나타낸 것이다.

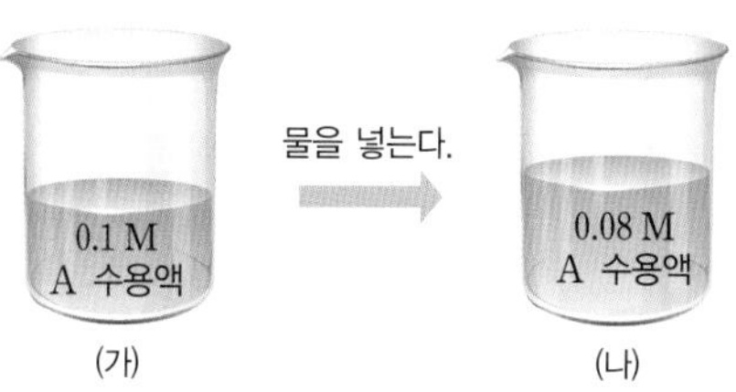

이에 대한 설명으로 옳은 것만을 〈보기〉에서 있는 대로 고른 것은?(단, 온도는 일정하다.)

보기
ㄱ. 용질의 양(mol)은 (가)가 (나)보다 크다.
ㄴ. 퍼센트 농도는 (가)가 (나)보다 크다.
ㄷ. 용액의 부피비는 (가) : (나) = 4 : 5이다.

① ㄱ ② ㄴ ③ ㄱ, ㄷ
④ ㄴ, ㄷ ⑤ ㄱ, ㄴ, ㄷ

20 다음은 마그네슘(Mg)과 염산($HCl(aq)$)의 반응의 화학 반응식이다.

$$Mg(s) + 2HCl(aq) \longrightarrow MgCl_2(aq) + H_2(g)$$

그림은 $HCl(aq)$ 0.3 L에 Mg을 질량을 달리하여 넣었을 때, Mg의 질량에 따른 $H_2(g)$의 부피를 나타낸 것이다.

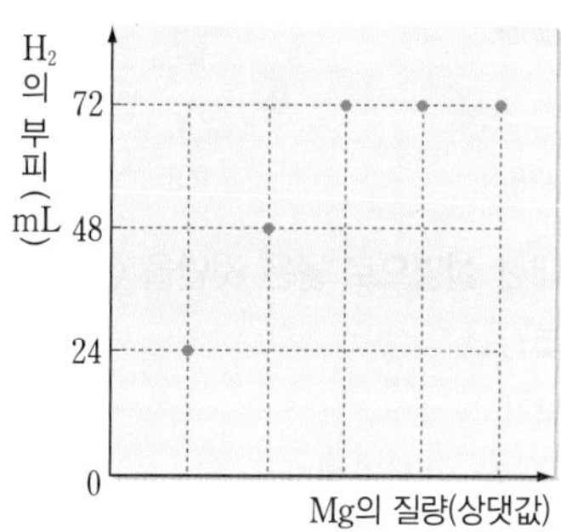

Mg을 넣기 전 $HCl(aq)$ 0.3 L의 몰 농도는?(단, 실험 조건에서 기체 1몰의 부피는 24 L이다.)

① 0.01 M ② 0.02 M ③ 0.03 M
④ 0.2 M ⑤ 0.5 M

01 그림은 음극선 실험 결과의 일부를 나타낸 것이다.

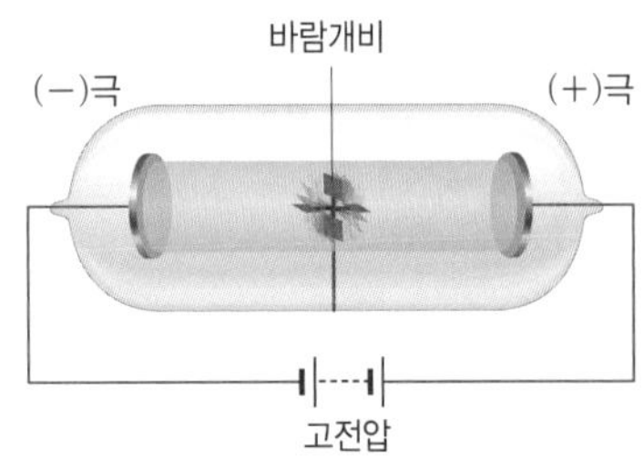

음극선이 지나는 길에 놓인 바람개비가 돌아가는 것으로부터 알 수 있는 음극선의 성질로 가장 적절한 것은?

① 직진한다.
② (−)전하를 띠고 있다.
③ (+)전하를 띠고 있다.
④ 빛과 같은 전자기파이다.
⑤ 질량을 가진 입자의 흐름이다.

02 그림은 원자 (가)~(다)를 모형으로 나타낸 것이다. ●, ●, ●은 원자를 구성하는 입자이다.

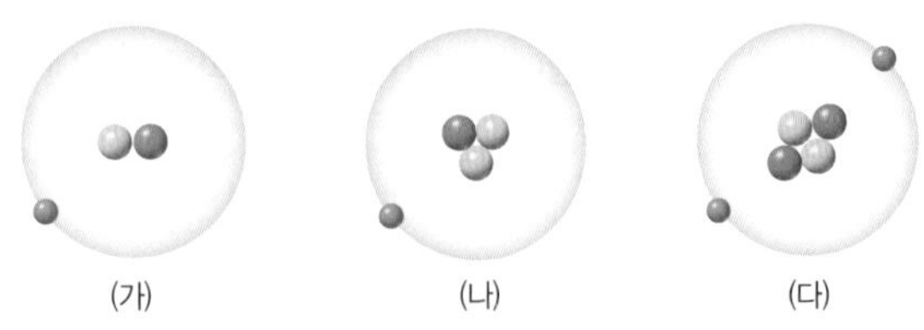

(가) (나) (다)

이에 대한 설명으로 옳은 것만을 〈보기〉에서 있는 대로 고른 것은?

보기

ㄱ. ●는 양성자이다.
ㄴ. (가)와 (나)는 동위 원소이다.
ㄷ. 질량비는 (가) : (나) : (다)=2 : 3 : 4이다.

① ㄱ ② ㄷ ③ ㄱ, ㄴ
④ ㄴ, ㄷ ⑤ ㄱ, ㄴ, ㄷ

03 표는 자연계에 존재하는 붕소($_5$B)의 원자량과 존재 비율을 나타낸 것이다.

동위 원소	원자량	존재 비율(%)
^{10}B	10.0	20
^{11}B	11.0	80

B의 평균 원자량을 구하시오.

04 다음은 바닥상태의 어떤 원자에 들어 있는 전자 X에 대한 자료이다.

- 주 양자수는 n이다.
- 방위 양자수는 2이다.

(가) 전자 X의 자기 양자수 최댓값과 (나) n의 최솟값을 구하시오.

05 표는 주 양자수(n)에 따른 오비탈의 종류와 수를 나타낸 것이다.

주 양자수(n)	1	2	
전자 껍질	K	L	
오비탈의 종류	(가)	(나)	(다)
오비탈 수	1	1	3

이에 대한 설명으로 옳은 것만을 〈보기〉에서 있는 대로 고른 것은?

보기

ㄱ. (가)와 (나)의 방위 양자수는 0이다.
ㄴ. (다)의 자기 양자수는 −1, 0, +1이다.
ㄷ. (다)는 방향에 관계없이 원자핵으로부터 거리만 같으면 전자가 발견될 확률이 같다.

① ㄱ ② ㄷ ③ ㄱ, ㄴ
④ ㄴ, ㄷ ⑤ ㄱ, ㄴ, ㄷ

06 표는 전자 껍질의 주 양자수(n)에 따른 오비탈 수와 최대 수용 전자 수를 나타낸 것이다.

전자 껍질	K	L		M		
주 양자수	1	2		3		
오비탈의 종류	s	s	p	s	p	d
오비탈 수	1	1	3	1	3	(가)
최대 수용 전자 수	2	(나)		18		

이에 대한 설명으로 옳은 것만을 〈보기〉에서 있는 대로 고른 것은?

보기
ㄱ. $2p$ 오비탈과 $3p$ 오비탈의 에너지 준위는 같다.
ㄴ. 주 양자수가 n이면 전자 껍질에 존재하는 오비탈의 총수는 n^2이다.
ㄷ. (가)와 (나)에 들어갈 수를 합한 값은 13이다.

① ㄱ ② ㄷ ③ ㄱ, ㄴ
④ ㄴ, ㄷ ⑤ ㄱ, ㄴ, ㄷ

07 그림은 원자 A ~ C의 전자 배치를 나타낸 것이다.

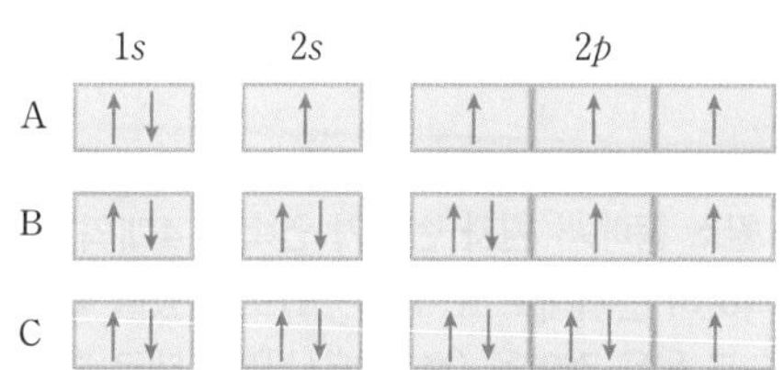

이에 대한 설명으로 옳은 것만을 〈보기〉에서 있는 대로 고른 것은?(단, A ~ C는 임의의 원소 기호이다.)

보기
ㄱ. A는 훈트 규칙을 만족하므로 바닥상태이다.
ㄴ. B의 홀전자 수는 2이다.
ㄷ. C는 파울리 배타 원리를 만족하지 못한다.

① ㄱ ② ㄴ ③ ㄱ, ㄷ
④ ㄴ, ㄷ ⑤ ㄱ, ㄴ, ㄷ

[08~09] 표는 바닥상태인 원자 (가)~(다)에 대한 자료이다. 물음에 답하시오.

원자	s 오비탈에 있는 전자 수	p 오비탈에 있는 전자 수	홀전자 수
(가)	a	5	1
(나)	4	3	b
(다)	3	c	d

08 $a+b+c+d$의 값은?

① 8 ② 9 ③ 10
④ 11 ⑤ 12

서술형

09 (나)에서 오비탈의 전자 배치를 전자 배치 원리를 언급하여 설명하시오.

10 그림은 원자 A와 이온 B^-의 전자 배치를 나타낸 것이다.

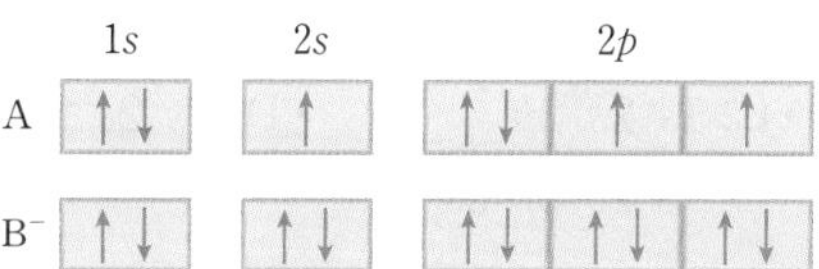

이에 대한 설명으로 옳은 것만을 〈보기〉에서 있는 대로 고른 것은?(단, A, B는 임의의 원소 기호이다.)

보기
ㄱ. A는 쌓음 원리를 만족한다.
ㄴ. 바닥상태 원자 A에서 홀전자 수는 2이다.
ㄷ. 바닥상태 원자 B에서 전자가 배치된 p 오비탈 수는 3이다.

① ㄱ ② ㄷ ③ ㄱ, ㄴ
④ ㄴ, ㄷ ⑤ ㄱ, ㄴ, ㄷ

11 다음은 원자 X~Z의 안정한 이온의 전자 배치를 각각 나타낸 것이다.

- X^{+}: $1s^2 2s^2 2p^6$
- Y^{2-}: $1s^2 2s^2 2p^6$
- Z^{-}: $1s^2 2s^2 2p^6$

이에 대한 설명으로 옳은 것만을 〈보기〉에서 있는 대로 고른 것은?(단, X~Z는 임의의 원소 기호이다.)

보기

ㄱ. 원자 X의 핵전하량이 가장 크다.
ㄴ. 바닥상태 원자 X와 Y에서 전자가 들어 있는 전자 껍질 수는 같다.
ㄷ. Z의 원자가 전자 수가 가장 많다.

① ㄱ ② ㄴ ③ ㄱ, ㄴ
④ ㄱ, ㄷ ⑤ ㄴ, ㄷ

12 다음은 몇 가지 원소의 바닥상태 전자 배치를 나타낸 것이다.

- A: $1s^1$
- B: $1s^2 2s^1$
- C: $1s^2 2s^2 2p^4$
- D: $1s^2 2s^2 2p^5$
- E: $1s^2 2s^2 2p^6 3s^1$

위 원소를 〈보기〉와 같이 분류했을 때 옳은 것만을 있는 대로 고른 것은?(단, A~E는 임의의 원소 기호이다.)

보기

ㄱ. 비금속 원소: A, C, D
ㄴ. 전자가 들어 있는 전자 껍질 수가 같은 원소: B, C, D
ㄷ. 화학적 성질이 비슷한 원소: A, B, E

① ㄱ ② ㄴ ③ ㄱ, ㄴ
④ ㄱ, ㄷ ⑤ ㄴ, ㄷ

13 그림은 주기율표의 일부를 나타낸 것이다.

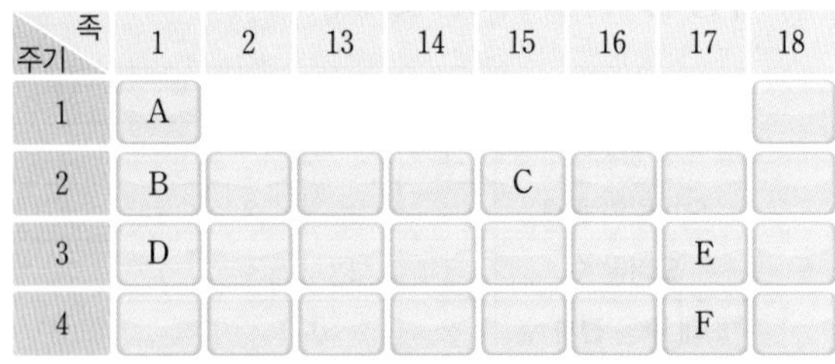

주기 \ 족	1	2	13	14	15	16	17	18
1	A							
2	B				C			
3	D						E	
4							F	

원소 A~F를 다음에 주어진 (가)~(다)에 따라 분류할 때, 각 기준에 해당하는 원소의 가짓수로 옳은 것은?(단, A~F는 임의의 원소 기호이다).

분류 기준

- (가) 상온에서 이원자 분자로 존재한다.
- (나) 고체 상태에서 전기 전도성이 있다.
- (다) 상온에서 기체 상태로 존재한다.

	(가)	(나)	(다)
①	2	2	3
②	3	3	3
③	4	2	2
④	4	2	3
⑤	4	3	2

14 그림은 원자 번호 3~13인 원소들의 족과 주기를 나타낸 것이다.

주기 \ 족	1	2	13	14	15	16	17	18
2	3	4	5	6	7	8	9	10
3	11	12	13					

위 원소 중에서 원자 번호가 연속인 4개의 원소를 임의로 선택하여 순서대로 A, B, C, D로 두었을 때, 이에 대한 설명으로 옳은 것만을 〈보기〉에서 있는 대로 고른 것은?

보기

ㄱ. B와 C가 금속 원소이면 D는 비금속 원소이다.
ㄴ. A의 원자가 전자 수가 7이면 C와 D는 금속 원소이다.
ㄷ. 바닥상태에서 A의 홀전자 수가 3이면 D는 비활성 기체이다.

① ㄱ ② ㄷ ③ ㄱ, ㄴ
④ ㄴ, ㄷ ⑤ ㄱ, ㄴ, ㄷ

15 그림은 2, 3주기에 속하는 원소 A~C의 원자 반지름과 $\frac{\text{이온 반지름}}{\text{원자 반지름}}$을 나타낸 것이다. A~C의 이온의 전자 배치는 Ne과 같다.

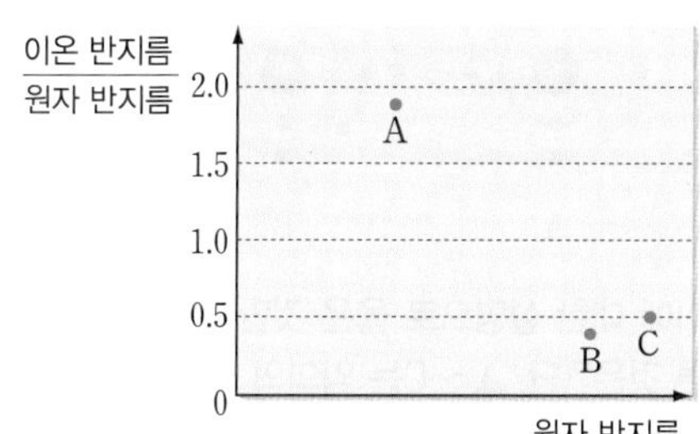

이에 대한 설명으로 옳은 것만을 〈보기〉에서 있는 대로 고른 것은?(단, A~C는 임의의 원소 기호이다.)

보기
ㄱ. A는 2주기 비금속 원소이다.
ㄴ. 원자가 전자 수는 C가 B보다 크다.
ㄷ. A의 이온 반지름이 B보다 큰 까닭은 전자 껍질 수 차이 때문이다.

① ㄱ ② ㄷ ③ ㄱ, ㄴ
④ ㄱ, ㄷ ⑤ ㄴ, ㄷ

16 그림은 2, 3주기 원소의 원자 번호에 따른 원자 또는 이온의 상대적인 크기를 나타낸 것이다.

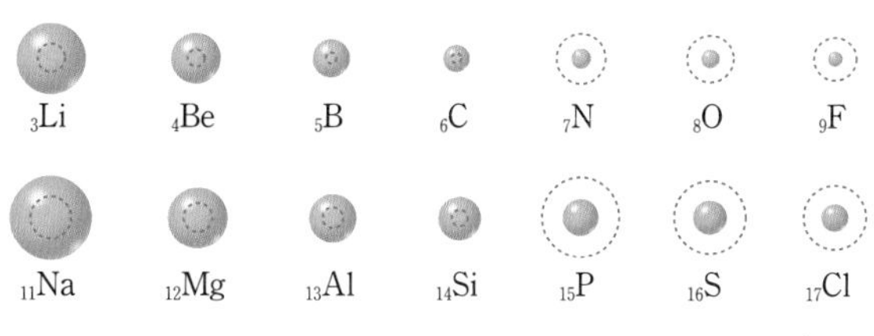

전자 껍질 수가 원자 및 이온의 크기에 미치는 영향을 알아보려고 할 때 비교해야 하는 것으로 옳은 것은?

① Li, Be ② Mg, Al
③ Na, Na^+ ④ F, F^-
⑤ S^{2-}, Cl^-

17 표는 원소 A~D의 원자 반지름과 안정한 이온의 반지름을 나타낸 것이다. A~D는 각각 O, F, Na, Mg 중 하나이고, 안정한 이온의 전자 배치는 Ne과 같다.

원소	원자 반지름(pm)	이온 반지름(pm)
A	160	66
B	64	x
C	y	98
D	66	140

이에 대한 설명으로 옳은 것만을 〈보기〉에서 있는 대로 고른 것은?(단, A~D는 임의의 원소 기호이다.)

보기
ㄱ. x는 98보다 크다.
ㄴ. y는 160보다 작다.
ㄷ. 제1 이온화 에너지가 가장 큰 원소는 B이다.

① ㄱ ② ㄴ ③ ㄱ, ㄷ
④ ㄴ, ㄷ ⑤ ㄱ, ㄴ, ㄷ

18 그림은 2, 3주기 원소 A~C의 제1 이온화 에너지를 나타낸 것이다.

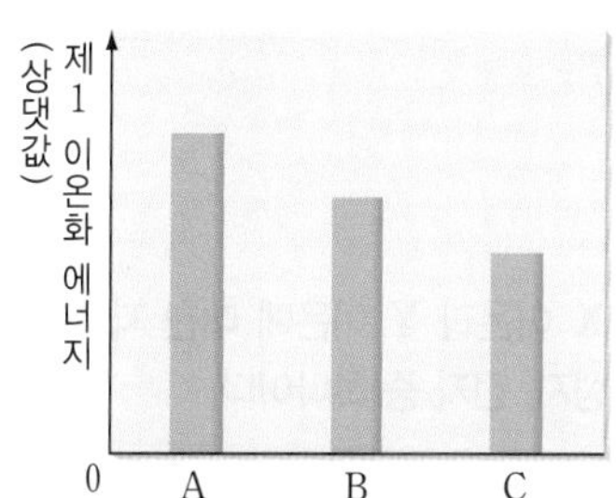

A~C는 순서대로 15, 16, 17족 원소라고 할 때, 이에 대한 설명으로 옳은 것만을 〈보기〉에서 있는 대로 고른 것은?(단, A~C는 임의의 원소 기호이다.)

보기
ㄱ. A는 2주기 원소이다.
ㄴ. C의 전자가 들어 있는 전자 껍질 수는 3이다.
ㄷ. A와 B가 안정한 이온이 될 때 이온 반지름은 A가 B보다 크다.

① ㄴ ② ㄷ ③ ㄱ, ㄴ
④ ㄱ, ㄷ ⑤ ㄱ, ㄴ, ㄷ

01 염화 나트륨 용융액과 물의 전기 분해에 대한 설명으로 옳지 않은 것은?

① 염화 나트륨 용융액에는 이온이 있다.
② 순수한 물은 전기 분해되지 않는다.
③ 두 물질 모두 (−)극에서 기체가 생성된다.
④ (+)극에서 전자를 잃는 반응이 일어난다.
⑤ 화학 결합을 형성할 때 전자가 관여함을 알 수 있다.

02 그림은 주기율표의 일부를 나타낸 것이다.

주기 \ 족	1	2	13	14	15	16	17	18
1	A							
2						B		
3	C						D	

액체 상태에서 전기 전도성이 있는 화합물만을 〈보기〉에서 있는 대로 고르시오(단, A～D는 임의의 원소 기호이다.).

보기
ㄱ. A와 B로 이루어진 화합물
ㄴ. B와 C로 이루어진 화합물
ㄷ. B와 D로 이루어진 화합물
ㄹ. C와 D로 이루어진 화합물

03 표는 X 이온과 Y 이온에 대한 자료이다. (가)와 (나)는 각각 양성자, 전자 중 하나이다.

이온	구성 입자 수		전하
	(가)	(나)	
X 이온	10	11	+1
Y 이온	18	16	㉠

이에 대한 설명으로 옳은 것은?(단, X와 Y는 임의의 원소 기호이다.)

① (가)는 양성자이다.
② X 원자의 원자 번호는 10이다.
③ ㉠은 −2이다.
④ 주기는 Y가 X보다 크다.
⑤ X 이온과 Y 이온으로 이루어진 화합물은 XY이다.

04 그림은 원자 A～C의 전자 배치를 모형으로 나타낸 것이다.

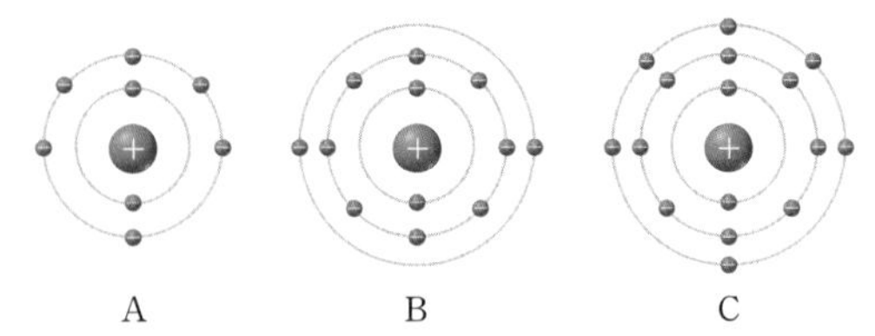

이에 대한 설명으로 옳은 것만을 〈보기〉에서 있는 대로 고른 것은?(단, A～C는 임의의 원소 기호이다.)

보기
ㄱ. A와 C는 같은 족 원소이다.
ㄴ. A와 B로 이루어진 화합물은 고체 상태에서 전기 전도성이 있다.
ㄷ. 화합물 CA_2는 액체 상태에서 전기 전도성이 있다.

① ㄱ ② ㄴ ③ ㄷ
④ ㄱ, ㄴ ⑤ ㄴ, ㄷ

05 그림은 이온 결합이 형성될 때 이온 사이의 거리에 따른 에너지 변화를 나타낸 것이다.

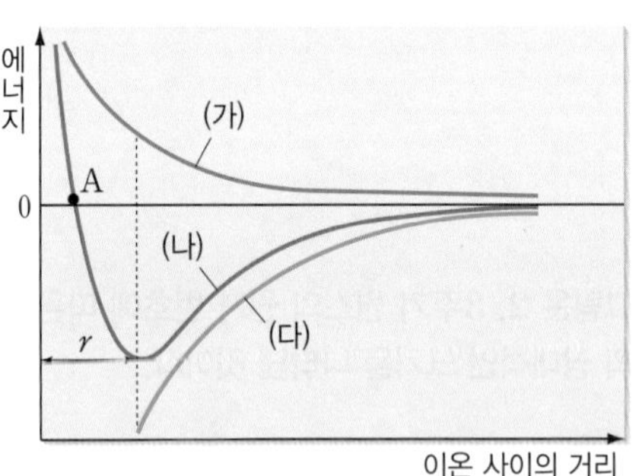

이에 대한 설명으로 옳은 것만을 〈보기〉에서 있는 대로 고른 것은?

보기
ㄱ. 인력에 의한 에너지 변화는 (가)이다.
ㄴ. A에서 이온 결합이 형성된다.
ㄷ. 이온 사이의 거리 r이 짧을수록 이온 결합의 세기가 강하다.

① ㄱ ② ㄷ ③ ㄱ, ㄴ
④ ㄱ, ㄷ ⑤ ㄴ, ㄷ

바른답 • 알찬풀이 97쪽

06

표는 4가지 이온의 전자 배치를 나타낸 것이다.

이온	전자 배치
A^+	$1s^2$
B^{3+}	$1s^22s^22p^6$
C^{2-}	$1s^22s^22p^6$
D^-	$1s^22s^22p^63s^23p^6$

이에 대한 설명으로 옳은 것은?(단, A~D는 임의의 원소 기호이다.)

① B와 C는 같은 주기 원소이다.
② A와 C로 이루어진 화합물은 수용액에서 전기 전도성이 있다.
③ B와 C로 이루어진 화합물은 고체 상태에서 전기 전도성이 있다.
④ C와 D는 이온 결합으로 화합물을 형성한다.
⑤ B와 D로 이루어진 화합물의 화학식은 B_3D이다.

07

그림은 분자 (가)와 (나)의 결합 모형을 나타낸 것이다.

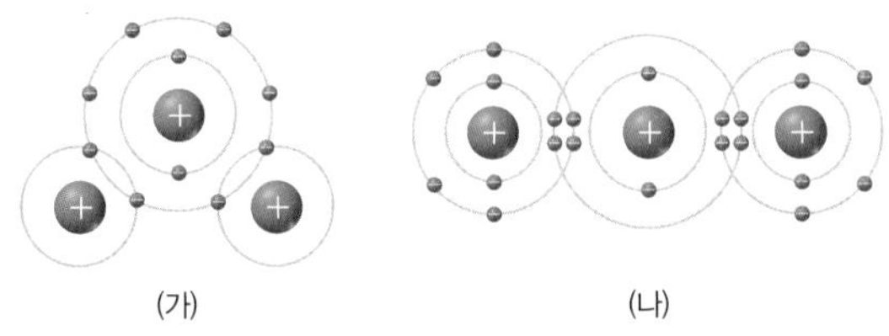

이에 대한 설명으로 옳은 것만을 〈보기〉에서 있는 대로 고른 것은?

보기
ㄱ. 공유 전자쌍 수는 (가)와 (나)가 같다.
ㄴ. 비공유 전자쌍 수는 (나)가 (가)의 2배이다.
ㄷ. (나)를 이루는 모든 원소는 Ne의 전자 배치와 같다.

① ㄱ ② ㄴ ③ ㄱ, ㄷ
④ ㄴ, ㄷ ⑤ ㄱ, ㄴ, ㄷ

08

다음은 1~2주기에 속하는 원자 A~D의 루이스 전자점식을 나타낸 것이다(단, A~D는 임의의 원소 기호이다.).

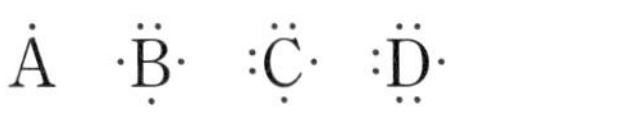

A~D가 각각 이원자 분자를 형성할 때 공유 전자쌍 수가 가장 많은 분자와 그 수를 쓰시오.

서술형

09

그림은 정전기적 인력에 의해 결합이 형성되는 물질 (가)와 (나)에 힘을 가했을 때의 모습을 나타낸 것이다.

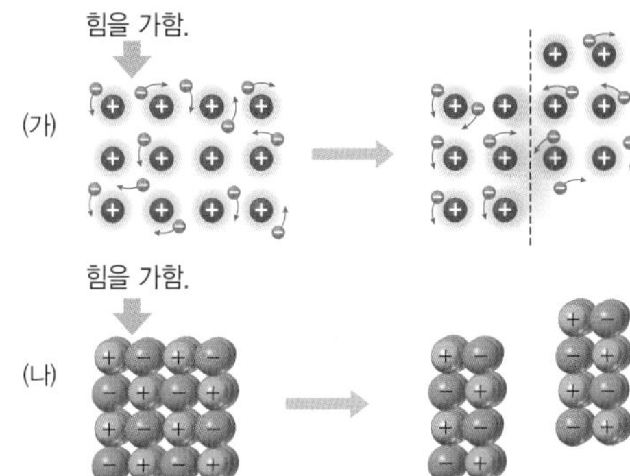

힘을 가했을 때 (가)는 쉽게 부서지지 않았으나, (나)는 쉽게 부서졌다. 그 까닭을 설명하시오.

10

그림은 다이아몬드(C)와 아이오딘(I_2)의 결정을 모형으로 나타낸 것이다.

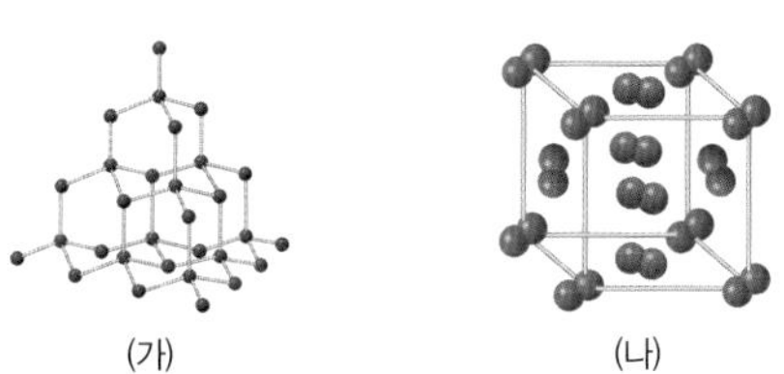

(가)와 (나)에 대한 설명으로 옳은 것만을 〈보기〉에서 있는 대로 고른 것은?

보기
ㄱ. (가)와 (나)는 화학 결합의 종류가 같다.
ㄴ. (가)와 (나)는 승화성이 있다.
ㄷ. 녹는점은 (나)가 (가)보다 높다.

① ㄱ ② ㄴ ③ ㄷ
④ ㄱ, ㄴ ⑤ ㄱ, ㄷ

11 다음은 몇 가지 물질과 이를 분류하기 위한 기준 (가), (나)와 (가), (나)에 따라 표에서 제시된 화합물을 분류한 벤다이어그램을 나타낸 것이다.

물질	분류 기준
Fe, Fe_2O_3, O_2, Na_2O, CO_2	(가) 구성 원소에 비금속 원소가 있다. (나) 액체 상태에서 전기 전도성이 있다.

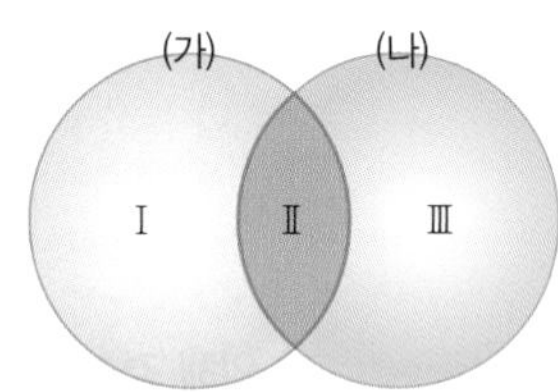

영역 Ⅰ ~ Ⅲ에 해당하는 물질의 수로 옳은 것은?

	Ⅰ	Ⅱ	Ⅲ
①	2	1	2
②	2	2	1
③	3	1	1
④	3	0	2
⑤	4	1	0

12 다음은 어떤 물질 A의 특성을 나타낸 것이다.

- 상온에서 고체 상태이다.
- 힘을 가해 두드리면 부서지지 않고 넓게 펴진다.

A에 대한 설명으로 옳은 것만을 〈보기〉에서 있는 대로 고른 것은?

보기
ㄱ. 구성하는 원소는 금속 원소와 비금속 원소이다.
ㄴ. 액체 상태에서 전기 전도성이 있다.
ㄷ. 열전도성이 크다.

① ㄱ ② ㄴ ③ ㄷ
④ ㄱ, ㄴ ⑤ ㄴ, ㄷ

13 그림은 3가지 물질 B_2, AB, BC를 모형으로 나타낸 것이다.

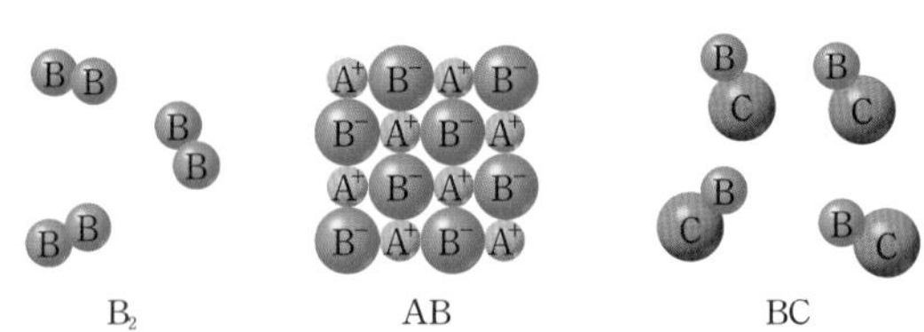

이에 대한 설명으로 옳은 것만을 〈보기〉에서 있는 대로 고른 것은?(단, A~C는 임의의 원소 기호이다.)

보기
ㄱ. 전기 음성도는 C>A이다.
ㄴ. B_2는 무극성 공유 결합을 한다.
ㄷ. 액체 상태에서 전기 전도성이 있는 물질은 2가지이다.

① ㄱ ② ㄷ ③ ㄱ, ㄴ
④ ㄴ, ㄷ ⑤ ㄱ, ㄴ, ㄷ

14 표는 분자 AB와 BC에서 부분적인 음전하를 띤 원자를 나타낸 것이다.

분자	부분적인 음전하를 띤 원자
AB	B
BC	C

A~C의 전기 음성도의 크기를 비교하시오.(단, A~C는 임의의 원소 기호이다.)

서술형

15 그림은 CO_2의 분자 모형을 나타낸 것이다.

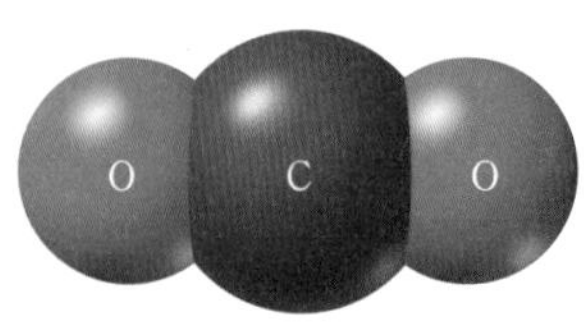

CO_2를 이루는 원자 사이의 결합은 극성 공유 결합이지만, CO_2 분자는 무극성이다. 그 까닭을 설명하시오.

16 그림은 2주기 원소 X, Y의 염소 화합물을 루이스 구조식으로 나타낸 것이다.

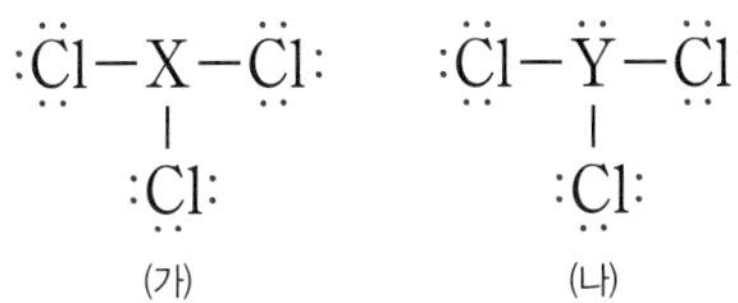

(가) (나)

이에 대한 설명으로 옳은 것만을 <보기>에서 있는 대로 고른 것은?(단, X와 Y는 임의의 원소 기호이다.)

보기
ㄱ. 결합각은 (가)가 (나)보다 크다.
ㄴ. 결합의 쌍극자 모멘트의 합은 (나)가 (가)보다 크다.
ㄷ. (가)와 (나)는 분자를 이루는 원자가 모두 동일 평면에 있다.

① ㄱ ② ㄷ ③ ㄱ, ㄴ
④ ㄴ, ㄷ ⑤ ㄱ, ㄴ, ㄷ

17 그림은 분자 (가)~(다)를 모형으로 나타낸 것이다.

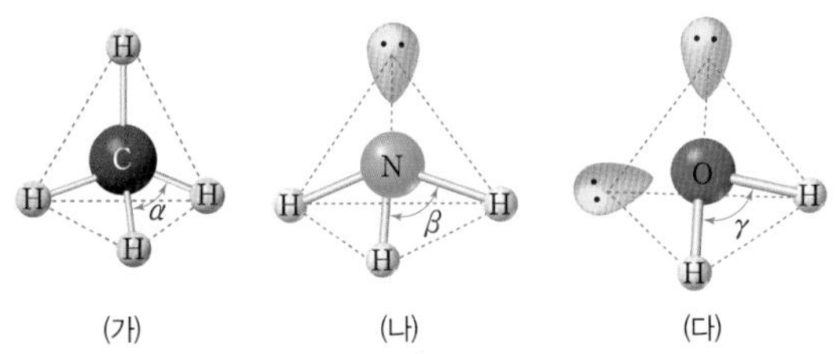

(가) (나) (다)

이에 대한 설명으로 옳은 것만을 <보기>에서 있는 대로 고른 것은?

보기
ㄱ. 결합각은 $\alpha>\beta>\gamma$이다.
ㄴ. (가)~(다)는 모두 입체 구조이다.
ㄷ. (다)에는 (나)보다 (가)가 더 잘 녹는다.

① ㄱ ② ㄷ ③ ㄱ, ㄴ
④ ㄴ, ㄷ ⑤ ㄱ, ㄴ, ㄷ

18 그림은 아미노산의 일종인 글라이신의 구조식을 나타낸 것이다.

H H O
H−N−C−C−O−H
H
α β γ

이에 대한 설명으로 옳은 것만을 <보기>에서 있는 대로 고른 것은?

보기
ㄱ. 비공유 전자쌍 수는 5이다.
ㄴ. 분자의 쌍극자 모멘트는 0보다 크다.
ㄷ. 전자쌍 반발 이론에 따르면 결합각은 $\gamma>\beta>\alpha$이다.

① ㄱ ② ㄷ ③ ㄱ, ㄴ
④ ㄱ, ㄷ ⑤ ㄴ, ㄷ

19 그림 (가)는 액체 A와 액체 B의 흘러내리는 줄기에 대전체를 가까이 하였을 때의 결과를, (나)는 분자 ㉠~㉣의 모형을 나타낸 것이다. ㉠~㉣은 각각 A, B 중 하나에 해당한다.

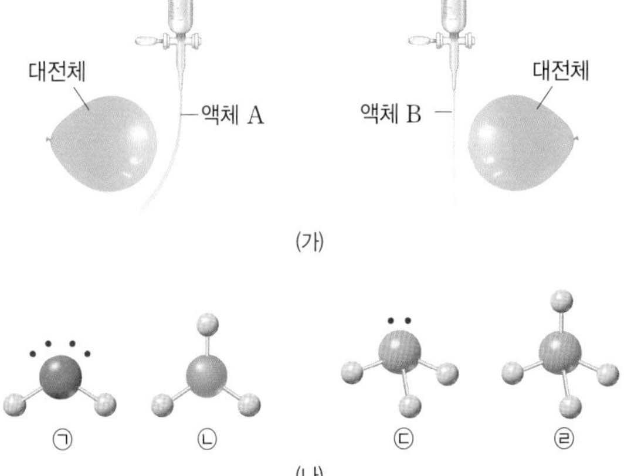

A와 B에 해당하는 분자를 옳게 짝 지은 것은?

	A	B
①	㉠, ㉡	㉢, ㉣
②	㉠, ㉢	㉡, ㉣
③	㉡, ㉢	㉠, ㉣
④	㉡, ㉣	㉠, ㉢
⑤	㉢, ㉣	㉠, ㉡

IV. 역동적인 화학 반응

맞은 개수 ______ /20

01 가역 반응과 동적 평형에 대한 설명으로 옳은 것은?

① 가역 반응에서는 정반응만 일어난다.
② 메테인의 연소 반응은 가역 반응이다.
③ 동적 평형에서는 정반응과 역반응이 같은 속도로 일어난다.
④ 밀폐 용기에 생성물을 넣고 반응시키면 동적 평형에 도달하지 않는다.
⑤ 가역 반응이 동적 평형에 도달하면 반응물과 생성물이 같은 양으로 존재한다.

02 오른쪽 그림은 용기에 물을 넣고 밀폐한 후, 충분한 시간이 지나서 수면의 높이가 일정하게 유지되는 상태를 나타낸 것이다. 이에 대한 설명으로 옳은 것만을 〈보기〉에서 있는 대로 고른 것은?

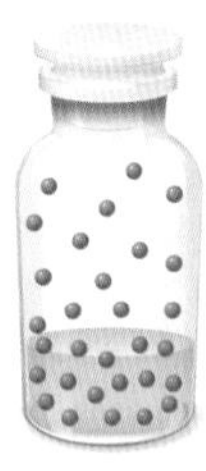

보기
ㄱ. 동적 평형에 도달한 상태이다.
ㄴ. 용기 속 수증기 분자 수는 일정하다.
ㄷ. 같은 시간 동안 증발하는 물 분자 수와 응축하는 물 분자 수가 같다.

① ㄱ ② ㄷ ③ ㄱ, ㄴ
④ ㄴ, ㄷ ⑤ ㄱ, ㄴ, ㄷ

03 다음은 기체 A가 반응하여 기체 B를 생성하는 반응의 화학 반응식이다.

$$A(g) \rightleftharpoons 2B(g)$$

오른쪽 그림은 강철 용기에 $A(g)$를 넣고 반응시킬 때, 시간에 따른 용기 속 전체 기체의 양을 나타낸 것이다. 시간 t에서 $\frac{[A]}{[B]}$를 구하시오.

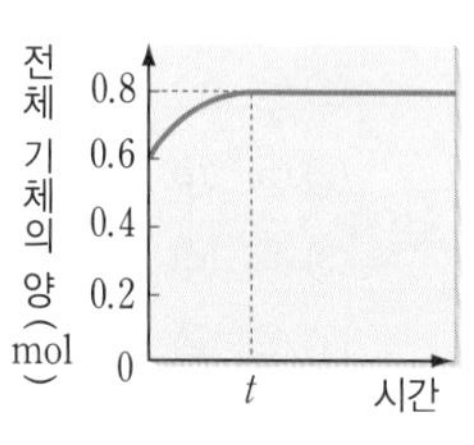

04 그림은 순수한 물의 자동 이온화를 모형으로 나타낸 것이다.

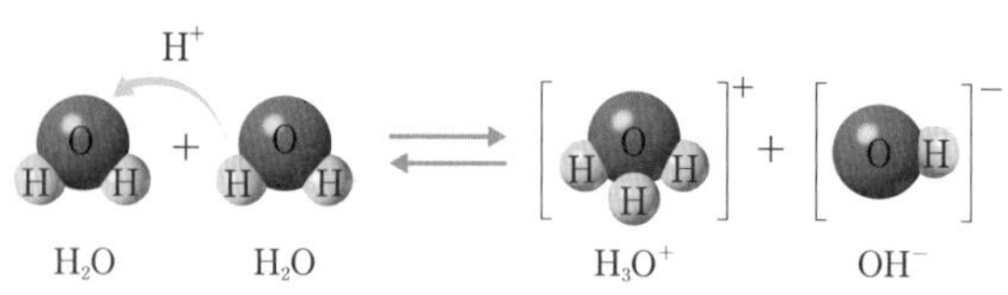

25 ℃, 순수한 물에 대한 설명으로 옳은 것만을 〈보기〉에서 있는 대로 고른 것은?

보기
ㄱ. $[OH^-]$는 1.0×10^{-7} M이다.
ㄴ. $[H_3O^+]$와 $[OH^-]$의 곱은 일정하다.
ㄷ. H_3O^+의 양(mol)은 H_2O의 양보다 많다.

① ㄱ ② ㄷ ③ ㄱ, ㄴ
④ ㄴ, ㄷ ⑤ ㄱ, ㄴ, ㄷ

05 그림은 일정량의 염산($HCl(aq)$)이 담긴 비커에 충분한 양의 마그네슘(Mg) 조각을 넣고 반응시킬 때 시간에 따른 용액 속의 Mg^{2+}의 수를 나타낸 것이다.

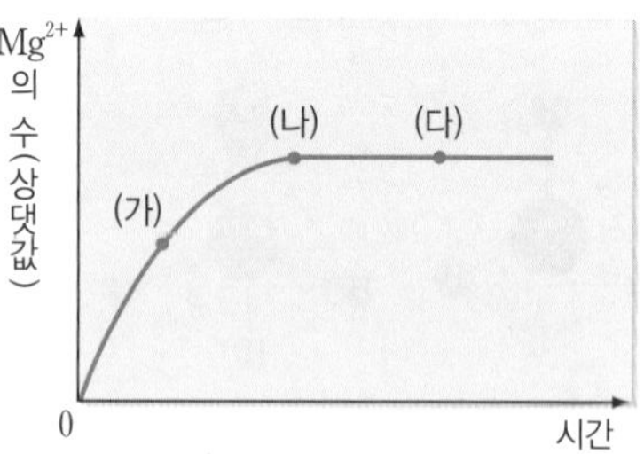

이에 대한 설명으로 옳은 것만을 〈보기〉에서 있는 대로 고른 것은?

보기
ㄱ. 비커 속에 일어나는 반응은 산화 환원 반응이다.
ㄴ. 용액의 pH는 (나) > (가)이다.
ㄷ. 용액 속 전체 이온 수는 (다) > (나)이다.

① ㄱ ② ㄷ ③ ㄱ, ㄴ
④ ㄴ, ㄷ ⑤ ㄱ, ㄴ, ㄷ

06 25 °C에서 어떤 표백제의 $[OH^-]$가 0.01 M이었다. 이 표백제의 $[H_3O^+]$와 pOH를 구하시오.

07 다음은 25 °C에서 3가지 수용액에 대한 자료이다.

(가) 0.0001 M $HCl(aq)$
(나) 0.01 M $HNO_3(aq)$
(다) 0.001 M $NaOH(aq)$

(가)~(다)에 대한 설명으로 옳은 것만을 <보기>에서 있는 대로 고른 것은?

보기
ㄱ. pOH는 (가)가 (나)보다 2만큼 크다.
ㄴ. 수용액 속 $[H_3O^+]$의 농도는 (나)가 (다)의 10배이다.
ㄷ. (다)의 pH는 11이다.

① ㄱ ② ㄷ ③ ㄱ, ㄴ
④ ㄴ, ㄷ ⑤ ㄱ, ㄴ, ㄷ

08 (가)~(다)는 산 염기 반응의 화학 반응식이다.

(가) $CH_3NH_2 + HCl \longrightarrow CH_3NH_3^+ + Cl^-$
(나) $CO_3^{2-} + H_2O \longrightarrow HCO_3^- + OH^-$
(다) $HNO_2 + H_2O \longrightarrow NO_2^- + H_3O^+$

이에 대한 설명으로 옳은 것만을 <보기>에서 있는 대로 고른 것은?

보기
ㄱ. (가)에서 CH_3NH_2은 브뢴스테드 · 로리 산이다.
ㄴ. (다)에서 HNO_2은 브뢴스테드 · 로리 염기이다.
ㄷ. H_2O은 양쪽성 물질이다.

① ㄱ ② ㄷ ③ ㄱ, ㄴ
④ ㄴ, ㄷ ⑤ ㄱ, ㄴ, ㄷ

09 그림은 0.1 M $NaOH(aq)$ 10 mL에 x M $HCl(aq)$을 10 mL씩 넣을 때 용액 A~D에 들어 있는 이온의 종류와 비율을 원 그래프로 나타낸 것이다.

A: Na^+ OH^- —$HCl(aq)$ 10 mL→ B: Na^+ Cl^- OH^- —$HCl(aq)$ 10 mL→ C: Na^+ Cl^- —$HCl(aq)$ 10 mL→ D: ?

이에 대한 설명으로 옳은 것만을 <보기>에서 있는 대로 고른 것은?

보기
ㄱ. $x=0.2$이다.
ㄴ. 생성된 물 분자의 양은 C에서가 B에서의 2배이다.
ㄷ. D에서 $\frac{Cl^-\text{의 수}}{Na^+\text{의 수}}=\frac{3}{2}$이다.

① ㄱ ② ㄷ ③ ㄱ, ㄴ
④ ㄴ, ㄷ ⑤ ㄱ, ㄴ, ㄷ

10 표는 $HCl(aq)$과 $NaOH(aq)$의 부피를 달리하여 혼합한 용액 (가)~(다)에 대한 자료이다.

혼합 용액	혼합 전 각 용액의 부피(mL)		생성된 물 분자 수
	$HCl(aq)$	$NaOH(aq)$	
(가)	10	40	$2N$
(나)	20	30	$3N$
(다)	30	20	$2N$

이에 대한 설명으로 옳은 것만을 <보기>에서 있는 대로 고른 것은?

보기
ㄱ. 단위 부피당 이온 수는 $HCl(aq) > NaOH(aq)$이다.
ㄴ. (가)의 액성은 염기성이다.
ㄷ. (나)와 (다)를 혼합한 용액은 중성이다.

① ㄱ ② ㄷ ③ ㄱ, ㄴ
④ ㄴ, ㄷ ⑤ ㄱ, ㄴ, ㄷ

11 그림은 0.1 M HCl(aq) 20 mL에 x M NaOH(aq)을 조금씩 넣을 때 중화 반응으로 생성된 물 분자 수를 나타낸 것이다.

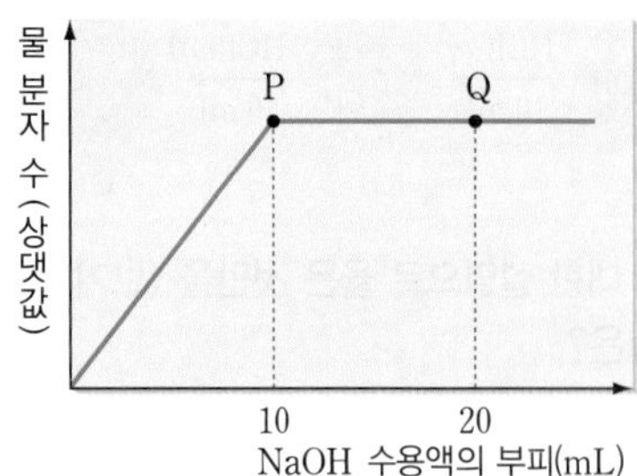

이에 대한 설명으로 옳은 것만을 <보기>에서 있는 대로 고른 것은?

보기

ㄱ. $x=0.2$이다.
ㄴ. 용액 속의 총 이온 수는 Q에서가 P에서의 1.5배이다.
ㄷ. $\frac{Cl^- \text{의 수}}{Na^+ \text{의 수}}$는 P에서가 Q에서의 2배이다.

① ㄱ ② ㄴ ③ ㄱ, ㄷ
④ ㄴ, ㄷ ⑤ ㄱ, ㄴ, ㄷ

12 표는 25 ℃의 HCl(aq)과 NaOH(aq)을 서로 다른 부피로 혼합한 용액 (가)~(다)에 대한 자료이다.

혼합 용액	혼합 전 각 용액의 부피(mL)		pH
	HCl(aq)	NaOH(aq)	
(가)	50	10	㉠
(나)	40	20	7
(다)	30	30	㉡

이에 대한 설명으로 옳은 것만을 <보기>에서 있는 대로 고른 것은?

보기

ㄱ. ㉠>㉡이다.
ㄴ. 몰 농도는 NaOH(aq)이 HCl(aq)의 2배이다.
ㄷ. (다)에서 $\frac{Cl^-}{Na^+}=1$이다.

① ㄱ ② ㄴ ③ ㄱ, ㄷ
④ ㄴ, ㄷ ⑤ ㄱ, ㄴ, ㄷ

서술형

13 식초 5 mL를 삼각 플라스크에 넣고 0.1 M NaOH(aq)으로 중화 적정할 때 사용된 NaOH(aq)의 부피가 40 mL이었다. 식초 속 아세트산의 몰 농도를 구하고, 그 과정을 설명하시오.

14 표 25 ℃에서 수용액 (가)와 (나)에 대한 자료이다.

수용액	용질	용액의 부피 (mL)	pH
(가)	HCl	100	2
(나)	NaOH	( )	13

이에 대한 설명으로 옳은 것만을 <보기>에서 있는 대로 고른 것은?

보기

ㄱ. (가)에서 $[H_3O^+]$는 1.0×10^{-3} M이다.
ㄴ. (나)의 NaOH(aq)의 몰 농도는 0.1 M이다.
ㄷ. (가)를 완전 중화시키기 위해 필요한 (나)의 부피는 10 mL이다.

① ㄱ ② ㄴ ③ ㄱ, ㄷ
④ ㄴ, ㄷ ⑤ ㄱ, ㄴ, ㄷ

15 다음은 염소 기체를 물에 녹였을 때 일어나는 반응의 화학 반응식이다.

$$Cl_2 + H_2O \longrightarrow HCl + HClO$$

이에 대한 설명으로 옳은 것만을 <보기>에서 있는 대로 고른 것은?

보기

ㄱ. 이 반응은 산화 환원 반응이다.
ㄴ. 염소를 물에 녹인 수용액의 pH는 7보다 작다.
ㄷ. HClO에서 Cl의 산화수는 −1이다.

① ㄱ ② ㄷ ③ ㄱ, ㄴ
④ ㄴ, ㄷ ⑤ ㄱ, ㄴ, ㄷ

서술형

16 그림은 금속 A 이온과 B 이온이 들어 있는 수용액에 금속 C를 넣어 반응시킬 때 반응 전과 반응 후 용액에 들어 있는 금속 이온을 모형으로 나타낸 것이다. C 이온의 산화수는 +2이고, A 이온과 B 이온의 산화수는 3 이하의 정수이다.

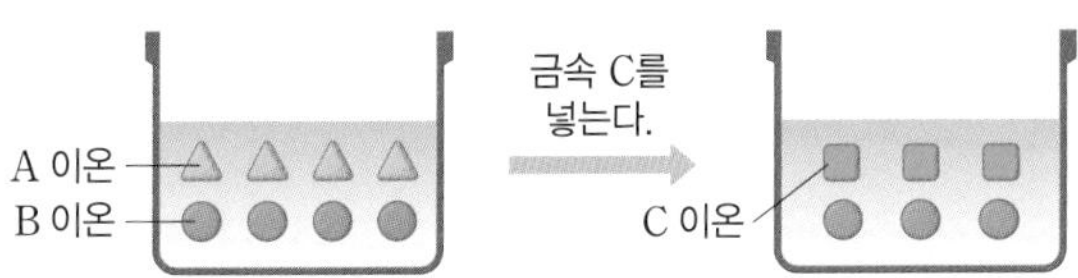

금속 A 이온과 B 이온의 산화수를 각각 구하고, 그 과정을 설명하시오.

17 화학 반응을 이용한 사례 중 산화 환원 반응만을 〈보기〉에서 있는 대로 고른 것은?

보기

ㄱ. 상처에 과산화 수소수를 바르면 거품이 난다.

$$2H_2O_2 \longrightarrow 2H_2O + O_2$$

ㄴ. 메테인을 연소시키면 이산화 탄소와 물이 생성되면서 많은 열이 방출된다.

$$CH_4 + 2O_2 \longrightarrow CO_2 + 2H_2O$$

ㄷ. 우주선에서 이산화 탄소를 제거하는 데 수산화 리튬을 사용한다.

$$2LiOH + CO_2 \longrightarrow Li_2CO_3 + H_2O$$

① ㄴ ② ㄷ ③ ㄱ, ㄴ
④ ㄱ, ㄷ ⑤ ㄱ, ㄴ, ㄷ

18 다음은 철광석의 제련과 관련된 화학 반응식이다.

(가) $2C + O_2 \longrightarrow 2CO$
(나) $Fe_2O_3 + xCO \longrightarrow yFe + zCO_2$

이에 대한 설명으로 옳은 것만을 〈보기〉에서 있는 대로 고른 것은?

보기

ㄱ. (가)에서 C의 산화수는 증가한다.
ㄴ. (나)에서 CO는 환원제이다.
ㄷ. (나)에서 $x+y+z=8$이다.

① ㄱ ② ㄱ, ㄴ ③ ㄱ, ㄷ
④ ㄴ, ㄷ ⑤ ㄱ, ㄴ, ㄷ

19 다음은 나프탈렌이 연소할 때 방출하는 열량을 측정하기 위한 실험이다.

[실험 과정]
(가) 열용량이 2 kJ/℃인 열량계에 물 2000 g을 넣은 다음, 물의 온도(t_1)를 측정한다.
(나) 시료 용기에 나프탈렌 12.8 g을 넣고 완전 연소시킨 후 물의 온도(t_2)를 측정한다.

[실험 결과 및 자료]
• t_1 : 20 ℃, t_2 : 30 ℃
• 나프탈렌의 분자량: 128
• 물의 비열: 4 J/(g·℃)

위 실험 결과를 바탕으로 나프탈렌 1몰이 완전 연소할 때 방출하는 열량(kJ/mol)을 구하시오.

20 다음은 간이 열량계를 이용하여 에탄올이 연소할 때 방출하는 열량을 구하는 실험이다.

(가) 간이 열량계에 물 200 g을 넣은 다음 물의 온도(t_1)를 측정한다.
(나) 에탄올이 들어 있는 알코올램프의 질량(w_1 g)을 측정하고 5분간 연소시킨다.
(다) 알코올램프의 불을 끄고 물의 온도(t_2)를 측정한 다음, 알코올램프의 질량(w_2 g)을 측정한다.

위 실험에서 측정한 값으로 에탄올 1 g이 연소할 때 방출하는 열량을 구하였더니 실제값보다 작게 나왔다. 그 까닭으로 적절하지 <u>않은</u> 것은?

① 방출한 열의 일부가 공기를 가열하는 데 사용되었다.
② 방출한 열의 일부가 삼각 플라스크 등의 실험 기구를 가열하는 데 사용되었다.
③ t_1이 실제보다 높게 측정되었다.
④ w_2가 실제보다 크게 측정되었다.
⑤ 산소 공급이 원활하지 않아 에탄올이 불완전 연소되었다.

오답노트 로 틀린 문제를 다시 점검하여
실력을 쌓아 보세요.

날짜:

단원명:

페이지:

복습 횟수: ❶ ❷ ❸ ❹ ❺

KEY PONT

문제 붙이기

풀이 >>

자르는 선

날짜:

단원명:

페이지:

복습 횟수: ❶ ❷ ❸ ❹ ❺

KEY PONT

문제 붙이기

풀이 >>

고등 도서안내

기본서

국어

손쉬운

작품 이해에서 문제 해결까지
손쉬운 비법을 담은 문학 입문서

현대 문학, 고전 문학

문학기본서 물음표 ?

핵심 질문과 해답을 탐구하며
작품 감상의 즐거움을 배우는 프리미엄 문학 종합 해설서

현대시에 던지는 물음표
고전 시가에 던지는 물음표
현대 산문에 던지는 물음표
고전 산문에 던지는 물음표

영어

BITE

GRAMMAR 문법의 기본 개념과 문장 구성 원리를
학습하는 고등 문법 기본서

핵심문법편, 필수구문편

READING 정확하고 빠른 문장 해석 능력과
읽는 즐거움을 키워 주는 고등 독해 기본서

도약편, 발전편

word 동사로 어휘 실력을 다지고 적중 빈출 어휘로
수능을 저격하는 고등 영단어 필독서

핵심동사 830, 수능적중 2000

수학

수학중심

개념과 유형을 한 번에 잡는 강력한 개념 기본서

고등 수학(상), 고등 수학(하)
수학 Ⅰ, 수학 Ⅱ, 확률과 통계, 미적분, 기하

유형중심

체계적인 유형별 학습으로 실전에서 강력한 문제 기본서

고등 수학(상), 고등 수학(하)
수학 Ⅰ, 수학 Ⅱ, 확률과 통계, 미적분

미래엔 교과서 연계

자습서

미래엔 교과서 자습서

교과서 예습 복습과 학교 시험 대비까지
한 권으로 완성하는 자율 학습서

국어 고등 국어(상), 고등 국어(하), 문학, 독서, 언어와 매체, 화법과 작문, 실용 국어
수학 고등 수학, 수학 Ⅰ, 수학 Ⅱ, 확률과 통계, 미적분, 기하
사회 통합사회, 한국사
과학 통합과학(과학탐구실험)
제2외국어 일본어 Ⅰ, 중국어 Ⅰ, 한문 Ⅰ

화학 I

바른답·알찬풀이

MiraeN 에듀

NEW올리드

바른답 • 알찬풀이

STUDY POINT

1 해설 풀이
정확하고 자세한 해설로 문제의 핵심을 찾습니다.

2 오답 피하기
오답의 함정을 피할 수 있습니다.

3 올리드 노하우
'자료 분석하기, 개념 더하기, 고난도 해결 전략'으로 문제 해결법을 알 수 있습니다.

바른답·알찬풀이

개념학습편

Ⅰ. 화학의 첫걸음 2

Ⅱ. 원자의 세계 22

Ⅲ. 화학 결합과 분자의 세계 45

Ⅳ. 역동적인 화학 반응 62

시험대비편

강별 10분 TEST 문제 84

대단원별 50분 평가 문제 92

개념학습편

I 화학의 첫걸음

01 우리 생활 속의 화학

확인 문제			10~11쪽
	1 암모니아	2 나일론	3 철
	4 탄소 화합물	5 4	6 아세트산

01 하버는 암모니아를 대량으로 합성하는 제조 공정을 고안하여 화학 비료를 대량 생산할 수 있게 하였다.

02 캐러더스는 천연 섬유의 단점을 보완하여 최초의 합성 섬유인 나일론을 개발하였고, 이후 다양한 합성 섬유가 개발되었다.

04 탄소 화합물은 탄소(C) 원자가 수소(H), 산소(O), 질소(N), 할로젠(F, Cl, Br 등) 등의 원자와 결합하여 만들어진 화합물이다.

05 탄소는 원자가 전자 수가 4이므로 탄소 원자 1개는 다른 원자와 최대 4개까지 결합할 수 있다.

06 아세트산은 물에 녹아 수소 이온(H^+)을 내놓으므로 산성을 나타내며, 아세트산을 물에 녹여 희석한 것이 식초이다.

개념을 다지는 기본 문제 12~14쪽

01 ③ 02 ⑤ 03 나일론 04 해설 참조 05 ⑤ 06 화석 연료 07 ⑤ 08 ③ 09 ④ 10 해설 참조 11 ㄴ, ㄷ, ㄹ 12 ② 13 ⑤ 14 ② 15 ④ 16 아세트산 17 ㄴ, ㄷ 18 ③

01 ㄱ. 하버에 의해 공기 중의 질소와 수소를 반응시켜 암모니아를 대량 합성하는 제조 공정이 개발되었다.
ㄷ. 암모니아를 원료로 한 화학 비료의 대량 생산이 가능해지면서 식량 생산량이 획기적으로 증가하였다.
[오답 피하기] ㄴ. 암모니아는 공기 중의 질소를 수소와 반응시켜 합성한다.

⊕ 개념 더하기

하버-보슈법
하버는 수많은 시행착오를 거쳐 500 °C, 200기압에서 질소와 수소를 촉매와 함께 반응시켜 암모니아를 생산하는 방법을 알아냈고, 보슈와 협력하여 암모니아를 대량 생산하는 공정을 고안했는데, 이러한 방법을 하버-보슈법이라고 한다.

02 식물에서 얻은 면이나 마, 동물에서 얻은 비단과 같은 천연 섬유는 흡습성과 촉감 등이 좋지만, 질기지 않아서 쉽게 닳고 대량 생산이 어려웠다. 이와 같은 천연 섬유의 단점을 보완하여 질기고 값이 싸며 대량 생산이 가능한 합성 섬유가 개발되었다. 최근에는 다양한 기능성 섬유가 개발되어 기능성 의류를 입을 수 있게 되었다.

⊕ 개념 더하기

고어텍스
고어텍스는 직물에 방수 투습 기능을 부여하는 막으로, 미국의 고어가 발명해서 그의 이름이 붙었다. 방수 투습이란, 물은 차단하면서도 수증기는 통과시키는 기능을 말한다. 고어텍스는 물방울의 크기와 수증기의 크기가 다른 점에 착안하여, 고분자 막에 중간 크기의 구멍을 무수히 뚫어서 만든다. 고어텍스로 만든 옷을 입으면 몸에서 생긴 땀은 수증기 형태로 옷감을 통과하여 밖으로 빠져나가지만, 외부에서 들어오는 비나 눈은 옷감을 통과할 수 없어 옷의 습도를 낮추므로 옷 내부를 쾌적한 상태로 유지하는 데 도움이 된다. 따라서 등산복이나 운동복 등 기능성 의류 소재로 사용된다.

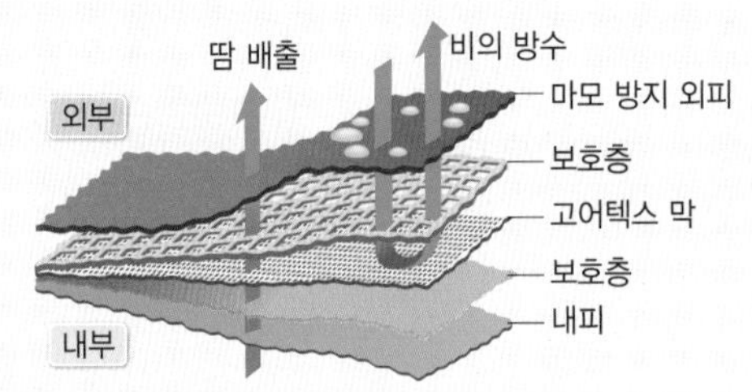

03 나일론은 1937년 미국의 과학자 캐러더스에 의해 개발된 최초의 합성 섬유이다. 합성 섬유는 천연 섬유의 단점을 보완하여 매우 질기고 유연하며 신축성이 좋아 스타킹, 운동복, 밧줄, 그물, 칫솔 등의 재료로 이용된다.

04 식물에서 얻은 면이나 마, 동물에서 얻은 비단과 같은 천연 섬유는 흡습성과 촉감 등이 좋지만 질기지 않아서 쉽게 닳고 대량 생산이 어려웠다. 이와 같은 천연 섬유의 단점을 보완하여 화석 연료를 이용한 최초의 합성 섬유인 나일론이 개발되었으며, 대량 생산이 쉬운 다양한 기능을 가지는 합성 섬유가 개발되었다. 합성 섬유로는 질기고 유연한 나일론, 내구성과 신축성이 좋고 구김이 잘 생기지 않는 폴리에스터, 보온성이 있고 열에 강한 폴리아크릴로 나이트릴 등이 있다.

예시 답안 질기지 않아 쉽게 닳고, 대량 생산이 어려운 천연 섬유의 단점을 보완하여 질기고 가벼우며, 대량 생산이 쉬운 합성 섬유가 개발되어 다양한 종류의 의류를 입을 수 있게 되었다.

채점 기준	배점(%)
천연 섬유의 단점과 합성 섬유의 장점을 제시하여 설명한 경우	100
합성 섬유의 장점만 제시하여 설명한 경우	50

05 화학의 발달과 함께 철을 제련하는 기술이 점차 향상되었는데, 18세기에 이르러 철광석을 코크스와 함께 용광로에 넣고 가열하여 순수한 철을 얻는 기술이 보편화되고, 철의 대량 생산이 가능해지면서 철은 건축 재료로 널리 쓰이게 되었다. 큰

크리트 속에 철근을 넣어 콘크리트의 강도를 높인 철근 콘크리트는 주택, 건물, 도로 등의 건설에 이용되었다.

06 화석 연료는 각종 연료 및 플라스틱, 합성 고무, 합성 섬유와 같은 생활용품의 원료로 이용된다.

07 ⑤ 유리의 생산은 건축물의 형태를 다양화하는 데 기여하였지만, 주거 공간의 부족 문제를 직접적으로 해결하지는 않았다.
[오답 피하기] ① 천연염료는 구하기 어렵고 귀했다. 그러나 값이 싼 합성염료가 개발되면서 원하는 색깔의 옷감을 다양하게 만들 수 있게 되었다.
② 밭을 덮는 비닐의 개발로 비닐하우스가 등장하게 되면서 계절에 상관없이 작물 재배가 가능해져 농업 생산량이 증가하였다.
③ 아스피린이나 페니실린과 같은 합성 의약품의 개발로 인간의 수명이 늘어나고 질병의 예방과 치료가 쉬워졌다.
④ 하버는 공기 중의 질소를 수소와 반응시켜 암모니아를 대량으로 합성하는 제조 공정을 개발하였다. 이렇게 합성한 암모니아로 만든 화학 비료는 농산물의 생산량을 늘려 식량 부족 문제를 해결하는 데 매우 큰 역할을 하였다.

08 ㄱ. 통조림은 수송과 사용이 편리하고 경제적이며, 가공 중 영양가의 손실이 비교적 적다. 이러한 장점 때문에 군용 식량으로 공급되었으며, 지금도 오래 보관할 수 있는 가공식품으로 많이 이용되고 있다.
ㄴ. 과거 천연염료는 구하기 어렵고 귀했지만 합성염료가 개발되면서 원하는 색의 옷을 입을 수 있게 되었다.
[오답 피하기] ㄷ. 플라스틱 일회용품의 사용 증가로 환경이 오염되고 자원이 낭비되는 것은 부정적 사례에 해당한다.

09 ④ 탄소는 단일 결합뿐만 아니라 탄소와 탄소 사이에 2중 결합이나 3중 결합을 형성하기도 한다.
[오답 피하기] ①, ③ 탄소 화합물은 탄소(C)를 기본으로 하여 수소, 질소, 할로젠 등이 공유 결합 하여 만들어진 물질이다.
② 탄소는 4개의 원자가 전자를 이용하여 최대 4개의 다른 원자와 공유 결합을 형성할 수 있다.
⑤ 탄소는 같은 탄소 원자끼리 결합하여 다양한 길이와 구조의 화합물을 만들며, 결합하는 탄소 원자의 수가 증가함에 따라 사슬 모양, 고리 모양 등 다양한 구조를 만들 수 있다.

10 탄소 원자는 원자가 전자 수가 4이므로 다른 원자와 최대 4개의 결합을 할 수 있으며, 탄소 원자 사이에도 단일 결합, 2중 결합, 3중 결합을 형성하므로 탄소 화합물의 종류는 매우 다양하다.

예시 답안 탄소 원자는 다른 원자들과 최대 4개의 결합을 하면서 다양한 구조를 만들 수 있고, 탄소 원자뿐만 아니라 수소(H), 산소(O), 질소(N) 등의 원자와도 결합을 하므로 화합물의 종류가 매우 다양하다.

채점 기준	배점(%)
탄소 화합물의 종류가 매우 다양한 까닭을 모두 옳게 설명한 경우	100
탄소 원자는 결합을 하면서 다양한 구조를 만들 수 있기 때문이라고만 설명한 경우	50

11 에탄올(C_2H_5OH), 메테인(CH_4), 아세트산(CH_3COOH)은 탄소를 포함하고 있으므로 탄소 화합물이고, 물(H_2O), 암모니아(NH_3), 염화 나트륨(NaCl)은 탄소를 포함하고 있지 않으므로 탄소 화합물이 아니다.

12 ② 금속 냄비는 주로 스테인리스강으로 만드는데, 스테인리스강은 철이 부식되는 성질을 보완하기 위해 철에 크로뮴, 니켈 등을 혼합하여 만든 합금이다.
[오답 피하기] ①, ③, ④, ⑤ 우리가 입는 옷은 탄소 화합물로 이루어져 있으며, 우리가 먹는 음식(빵, 밥 등), 플라스틱으로 만든 페트병, 비닐도 모두 탄소 화합물로 이루어져 있다.

13 자료 분석 하기

탄소 화합물의 구조와 특징

구분	(가)	(나)
구조	H, H, C, H, H	H, H, H, C, C, O, H, H, H
이름	메테인(CH_4)	에탄올(C_2H_5OH)
특징	• 상온에서 기체 상태 • 천연가스 주성분 • 연료로 쓰임. • 물에 거의 녹지 않음.	• 상온에서 액체 상태 • 술의 주성분 • 소독용 알코올, 연료로 쓰임. • 물에 잘 녹음.

⑤ (가)는 화학식이 CH_4인 메테인이다. 메테인은 상온에서 기체 상태로 존재한다. 상온에서 고체 상태로 존재하기 위해서는 녹는점이 상온보다 높아야 한다.
[오답 피하기] ① 탄소 화합물 중 메테인(CH_4)과 같이 탄소(C)와 수소(H)로만 구성된 물질을 탄화수소라고 한다.
② 메테인은 천연가스의 주성분 물질로, 액화 천연가스(LNG)는 메테인을 끓는점 이하로 냉각하여 액화한 것이다.
③ 메테인은 정사면체의 중심에 탄소(C) 원자가 1개 있고, C 원자에 수소(H) 원자 4개가 결합한 안정한 구조를 이룬다.
④ 메테인은 연소하면서 많은 열을 방출하므로 가정용 연료로 쓰인다.

14 ㄴ. (가) 메테인과 (나) 에탄올은 모두 연료로 이용된다.
[오답 피하기] ㄱ. 메테인은 물에 잘 녹지 않고, 에탄올은 물에 잘 녹는다.
ㄷ. 메테인은 탄소와 수소로 이루어져 있고, 에탄올은 탄소, 수소, 산소로 이루어져 있다.

15 주어진 탄소 화합물은 화학식이 CH_3COOH인 아세트산이다.
ㄱ. 일반적으로 아세트산은 에탄올을 발효시켜 얻을 수 있다.
ㄷ. 아세트산은 상온에서 액체 상태이나 어는점인 17 ℃보다 낮은 온도에서 고체 상태로 존재하므로 빙초산이라고도 한다.
[오답 피하기] ㄴ. 아세트산은 물에 녹으면 수소 이온(H^+)을 내놓으므로 약한 산성을 나타낸다.

16 식초의 성분인 아세트산은 화학식이 CH_3COOH이며, 구성 원소는 C, H, O이다. 아세트산은 물에 녹아 수소 이온을 내놓으므로 산성을 나타낸다.

17 ㄴ. 에탄올은 과일과 곡물을 발효시켜 얻을 수 있고, 술의 성분, 소독용 알코올과 약품의 원료, 실험실 시약, 용매, 연료 등으로 이용된다.
ㄷ. 아세트산은 아스피린과 같은 의약품의 원료, 신맛을 내는 식초, 식품의 장기 보관용 재료, 염료, 합성수지의 원료 등으로 이용된다.
[오답 피하기] ㄱ, ㄹ. 다른 탄소 화합물을 잘 녹여 용매로 이용되는 탄소 화합물은 아세톤이며, 접착제나 방부제로 이용되는 탄소 화합물은 폼알데하이드이다.

18 플라스틱은 주로 원유에서 분리되는 나프타를 원료로 하여 합성하는 탄소 화합물이다. 가볍고 외부의 힘과 충격에 강하며, 부식되지 않고, 대량 생산이 가능하여 값이 싸다.

실력을 올리는 실전 문제 16~17쪽

01 ④ 02 ③ 03 ⑤ 04 ④ 05 ⑤
06 ③

1등급을 굳히는 고난도 문제

07 ③ 08 ⑤

01 ㉠은 철, ㉡은 질소, ㉢은 암모니아이다.
ㄱ. 철은 제련 기술이 개발되면서 대량으로 생산되기 시작하였고, 강도가 높아 건축물에 활용된다.
ㄷ. 암모니아의 대량 생산으로 질소 비료의 생산량이 크게 증가하였고, 질소 비료를 사용하면서 농산물의 생산량이 증가하게 되었다.
[오답 피하기] ㄴ. 질소는 공기 중에 약 78 %가 포함되어 있지만 반응성이 매우 작아 다른 물질과 쉽게 반응하지 않는다.

02 ㄱ. 아세트산의 화학식은 CH_3COOH이므로 분자당 탄소 원자 수는 2이다.
ㄴ. ㉡ 아스피린과 ㉢ 나일론은 모두 탄소를 중심으로 하여 탄소와 다른 원소들 사이의 공유 결합으로 이루어진 탄소 화합물이다.
[오답 피하기] ㄷ. (가)는 화학이 인류의 건강 문제 해결에 기여한 사례이고, (나)는 화학이 인류의 의류 문제 해결에 기여한 사례이다.

03 ㄱ. 메테인(CH_4)은 탄소와 수소로만 이루어진 탄화수소이고, 에탄올(C_2H_5OH)과 아세트산(CH_3COOH)은 탄소, 수소, 산소로 이루어진 탄소 화합물이다. 따라서 (가)의 분류 기준으로 '탄화수소인가?'가 가능하다.
ㄴ, ㄷ. 에탄올은 가정용 연료 등으로 이용되며, 아세트산은 아스피린과 같은 의약품의 원료나 식초의 성분 등으로 이용된다. 따라서 ㉠은 에탄올(C_2H_5OH)이고, ㉡은 아세트산(CH_3COOH)이다.

04 (가)는 메테인(CH_4), (나)는 에탄올(C_2H_5OH), (다)는 아세트산(CH_3COOH)이다.
ㄴ. (다)의 아세트산은 일반적으로 (나)의 에탄올을 발효시켜 얻을 수 있다.
ㄷ. 상온에서 액체 상태로 존재하는 물질은 (나)의 에탄올과 (다)의 아세트산이다.
[오답 피하기] ㄱ. (가)의 메테인은 물에 잘 녹지 않지만, (나)의 에탄올과 (다)의 아세트산은 물에 잘 녹는다.

05 자료 분석 하기

탄소 화합물과 구성 원자 수비

탄소 화합물	(가)	(나)
분자식	CH_2O	C_3H_6O

- (가)와 (나)의 구성 원소의 종류는 모두 C, H, O의 3가지이다.
- (가) 한 분자에는 C 1개와 H 2개가 있고, (나) 한 분자에는 C 3개와 H 6개가 있다.
  ➡ C와 H의 구성 원자 수비가 1 : 2로 같다.

ㄱ, ㄴ. (가) 폼알데하이드와 (나) 아세톤은 모두 C, H, O로 구성된 탄소 화합물이며, 물에 대한 용해도가 큰 물질이다.
ㄷ. (가)와 (나) 모두 $\frac{\text{H 원자 수}}{\text{C 원자 수}}=2$이다.

06 ㄱ. 아스피린은 버드나무 껍질에서 분리한 살리실산으로 합성한 최초의 의약품이며, 해열제나 진통제로 이용된다.
ㄷ. 질병을 치료하거나 예방하는 데 사용하는 의약품, 원유에서 분리되는 나프타를 원료로 하여 합성하는 플라스틱 등은 모두 탄소 화합물이다.
[오답 피하기] ㄴ. 플라스틱은 금속보다 가볍지만, 열을 가하면 쉽게 변형된다.

07 고난도 문제 해결 전략

STEP 1 출제 의도 파악하기
메테인, 에탄올, 아세트산의 분자식을 알고, 분자당 탄소 원자 수와 구성 원소의 수로 3가지 분자를 구분할 수 있는지를 묻는 문제이다.

STEP 2 자료 분석하기

탄소 화합물	CH_4	C_2H_6O	$C_2H_4O_2$
분자당 탄소 원자 수	1	2	2
구성 원소의 가짓수	2	3	3

STEP 3 관련 개념 모으기

❶ 탄소 화합물이란?

➡ C 원자가 다른 C 원자나 H, O, N, F 등의 여러 가지 원자들과 결합하여 이루어진 화합물이다.

❷ 완전 연소 시 생성되는 CO_2의 양은?

➡ 탄소 화합물을 완전 연소시키면 탄소 화합물에 포함된 C 원자는 산소와 결합하여 CO_2를 형성한다.

➡ 탄소 화합물을 완전 연소할 때 생성되는 CO_2의 양은 분자당 탄소 원자 수에 비례한다.

메테인, 에탄올, 아세트산의 화학식은 각각 CH_4, C_2H_5OH, CH_3COOH이다. (가)와 (나)는 분자당 수소 원자 수가 같으므로 메테인과 아세트산 중 하나이고, (나)와 (다)는 구성 원소의 가짓수가 같으므로 에탄올과 아세트산 중 하나이다. 따라서 (가)는 메테인, (나)는 아세트산, (다)는 에탄올이다.

ㄱ. 메테인은 천연가스의 주성분 물질이다.

ㄷ. 분자당 탄소 원자 수가 (다)가 (가)의 2배이므로 완전 연소시킬 때 1분자당 생성되는 CO_2의 양은 (다)가 (가)의 2배이다.

[오답 피하기] ㄴ. 아세트산은 물에 녹아 산성을 나타내지만 에탄올을 물에 녹인 수용액은 중성이다.

08 고난도 문제 해결 전략

STEP 1 출제 의도 파악하기

탄소 화합물의 분자 모형을 제작하는 원리를 이용하여 탄소 화합물의 다양한 구조를 알아보기 위한 문제이다.

STEP 2 관련 개념 모으기

❶ 탄화수소의 전체 공유 결합 수는?

➡ 탄소 원자는 최대 4개의 다른 원자와 공유 결합을 형성하고, 수소 원자는 다른 원자 1개와 공유 결합을 형성한다. 탄소와 수소로 이루어진 탄화수소의 분자식이 C_mH_n이라면, 전체 공유 결합 수는 $\frac{4m+n}{2}$으로 나타낼 수 있고, 전체 공유 결합 수는 이쑤시개 수, m은 검은 공 수, n은 흰 공 수이다.

❷ 탄화수소에서 탄소 사이의 공유 결합 수는?

➡ 이쑤시개는 공유 결합 1개를 의미하고, 수소 원자는 1개의 공유 결합을 이루므로 이쑤시개 수에서 H 원자 수를 뺀 값은 C 원자 사이에 이루고 있는 공유 결합 수와 같다.

예 탄화수소 X에서 공유 결합 수는 10이고, 수소(H) 원자 수는 8이므로, C 원자 사이의 공유 결합 수는 2이다. 따라서 탄화수소 X에서 탄소의 수는 3, 수소의 수는 8이므로 분자식은 C_3H_8이다.

ㄱ, ㄴ. • X는 탄소 원자 수가 a, 수소 원자 수가 8이므로 $\frac{4a+8}{2}=10$에서 $a=3$이므로, 탄화수소 X의 분자식은 C_3H_8이다.

• Y는 탄소 원자 수가 b, 수소 원자 수가 c이므로 $\frac{4b+c}{2}=6$이며, $4b+c=12$를 만족하는 (b, c)는 (1, 8) 또는 (2, 4)인데 탄화수소로 가능한 것은 $b=2$, $c=4$이다. 따라서 탄화수소 Y의 분자식은 C_2H_4이다.

그러므로 $a+b+c=3+2+4=9$이다.

ㄷ. Y의 분자식은 C_2H_4로 탄소 원자 사이에 2중 결합을 형성한다.

02 몰과 화학식량

확인 문제 (18~20쪽)

1 몰 **2** 6.02×10^{23}, 아보가드로수 **3** 2, 1 **4** 6.02×10^{23}개 **5** (1) 32 (2) 40 (3) 60 **6** 22.4 **7** (1) 0.25 mol (2) 2 mol (3) 0.5 mol

04 H_2 분자 1몰에는 H 원자 2몰이 있으므로 H_2 분자 0.5몰에 들어 있는 H 원자의 양(mol)은 1몰이다. 따라서 H 원자의 개수는 6.02×10^{23}개이다.

05 (1) 메탄올(CH_3OH)의 화학식량: (C 원자량)+4×(H 원자량)+(O 원자량)=12+4×1+16=32

(2) 산화 마그네슘(MgO)의 화학식량: (Mg 원자량)+(O 원자량)=24+16=40

(3) 아세트산(CH_3COOH)의 화학식량: 2×(C 원자량)+4×(H 원자량)+2×(O 원자량)=2×12+4×1+2×16=60

06 0 °C, 1기압에서 기체 1몰은 22.4 L의 부피를 차지하며, 6.02×10^{23}개의 기체 분자가 들어 있다.

07 0 °C, 1기압에서 기체의 양(mol)$=\frac{\text{부피(L)}}{22.4\ \text{L/mol}}$이다.

(1) $O_2(g)$ 5.6 L는 $\frac{5.6\ \text{L}}{22.4\ \text{L/mol}}=0.25$ mol이다.

(2) $CH_4(g)$ 44.8 L는 $\frac{44.8\ \text{L}}{22.4\ \text{L/mol}}=2$ mol이다.

(3) $HCl(g)$ 11.2 L는 $\frac{11.2\ \text{L}}{22.4\ \text{L/mol}}=0.5$ mol이다.

개념을 다지는 기본 문제 (21~23쪽)

01 (가) 몰, (나) 아보가드로수 02 ④ 03 ③ 04 해설 참조 05 (가) 원자량, (나) 분자량, (다) 화학식량 06 ④ 07 ① 08 (1) 64 (2) 32 (3) 46 09 ① 10 ③ 11 (다)-(가)-(나) 12 ③ 13 ④ 14 (1) 0.5 mol (2) 16 g (3) 1 mol (4) 3.01×10^{23}개 15 ⑤ 16 ① 17 해설 참조 18 ④ 19 ②

01 원자, 분자, 이온 등의 개수를 나타낼 때는 몰이라는 묶음 단위를 사용하며, 1몰은 입자 6.02×10^{23}개가 모인 것인데, 이 수를 아보가드로수라고 한다.

02 ㄴ, ㄷ. 물질을 구성하는 원자, 분자, 이온 등의 입자는 크기가 매우 작으므로 몰이라는 묶음 단위를 사용하여 나타내며, 1몰은 6.02×10^{23}개를 뜻한다.

[오답 피하기] ㄱ. 몰은 물질이 화학식량에 해당하는 질량만큼 있을 때 그 속에 들어 있는 입자를 세는 묶음 단위이다.

03 ㄱ. 원자 1몰은 원자가 아보가드로수만큼 모인 것이다.

ㄴ. ^{12}C N_A개의 질량이 12 g이므로 ^{12}C 1개의 질량(x)은 $N_A : 12\,g = 1 : x$, $x = \frac{12}{N_A}$ g이다.

[오답 피하기] ㄷ. O 원자 1몰의 질량은 16 g이므로 O 원자 12 g에는 O 원자가 N_A개보다 적게 들어 있다.

04 분자를 구성하는 원자 수비는 구성 원자의 몰비와 같다.

예시 답안 NH_3를 구성하는 N와 H의 원자 수비가 1 : 3이므로 NH_3 1몰에는 N 원자 1몰과 H 원자 3몰이 들어 있다.

채점 기준	배점(%)
구성 원자 수비를 이용하여 구성 원자의 양(mol)을 구하는 과정을 옳게 설명한 경우	100
구성 원자의 양(mol)만 옳게 쓴 경우	30

05 ^{12}C의 질량을 12로 하고, 이를 기준으로 하여 나타낸 원자들의 상대적인 질량을 원자량, 분자를 이루는 원자들의 원자량 합을 분자량, 물질의 화학식을 이루는 원자들의 원자량 합을 화학식량이라고 한다.

06 ④ 원자량은 질량수가 12인 ^{12}C의 질량을 12로 하고, 이를 기준으로 하여 원자들의 상대적인 질량 값을 나타낸 것이다.

[오답 피하기] ①, ③ 원자량은 상대적 질량이므로 원자 1개의 실제 질량이 아니며, 단위가 없다.

② 원자 1개의 실제 질량을 상대적으로 나타낸 것이다.

⑤ C의 동위 원소 중 질량수가 12인 C 원자를 기준으로 하여 비교한 값이다.

07 ㄱ. 원자량의 기준인 ^{12}C의 원자량을 24로 정한다면 다른 원자의 원자량도 현재 사용하는 값의 2배가 된다.

[오답 피하기] ㄴ. 원자의 실제 질량은 변하지 않는 값이므로 ^{12}C의 원자량을 24로 정해도 변하지 않는다.

ㄷ. 원자량은 원자의 상대적인 질량을 나타낸 값이므로 ^{12}C 12 g에 들어 있는 원자 수는 변하지 않는다.

08 (1) SO_2의 화학식량: (S의 원자량)+2×(O의 원자량)=32+2×16=64

(2) N_2H_4의 화학식량: 2×(N의 원자량)+4×(H의 원자량)=2×14+4×1=32

(3) C_2H_5OH의 화학식량: 2×(C의 원자량)+6×(H의 원자량)+(O의 원자량)=2×12+6×1+16=46

09 ㄱ. X 3개의 질량은 Y 1개의 질량과 같으므로 Y의 원자량은 X의 3배이다. 그리고 Y 2개의 질량은 Z 3개의 질량과 같으므로 Y의 원자량은 Z의 1.5배이다. 따라서 원자량비는 X : Y : Z=1 : 3 : 2이다.

[오답 피하기] ㄴ. 원자 1몰의 질량은 원자량에 g을 붙인 값과 같다. 따라서 원자 1몰의 질량은 Y가 Z의 1.5배이다.

ㄷ. 원자 1개의 실제 질량비는 원자량비와 같다. 따라서 원자 1개의 실제 질량은 Y가 X의 3배이다.

10 분자량은 분자를 구성하는 원자의 원자량을 합한 값과 같다. A의 원자량을 a, B의 원자량을 b라고 할 때, AB의 분자량은 $a+b=28$이고, AB_2의 분자량은 $a+2b=44$이므로 $a=12$, $b=16$이다.

11 (가) H_2의 분자량은 2이므로 수소 2 g에 들어 있는 수소 분자의 양(mol)은 1몰이다. 따라서 분자 수는 6.02×10^{23}개이다.

(나) H_2O 분자 3.01×10^{23}개는 0.5몰이다.

(다) 1몰의 NH_3에 들어 있는 수소 원자의 양(mol)은 3몰이므로 수소 원자 수는 $3\times6.02\times10^{23}$개이다.

개념 더하기

몰과 입자 수, 질량, 기체의 부피의 관계

$$몰(mol)=\frac{입자\ 수}{6.02\times10^{23}}=\frac{질량}{몰\ 질량}=\frac{기체의\ 부피}{22.4}(0\ ℃,\ 1기압,\ 기체)$$

- 물질의 입자 수=몰(mol)×6.02×10^{23}/mol
- 물질의 질량=몰(mol)×몰 질량(g/mol)
- 물질의 부피=몰(mol)×22.4 L/mol

12 ㄱ. 분자량은 분자를 구성하는 원자의 원자량을 모두 합한 값과 같다. 따라서 메탄올의 분자량=탄소 원자량(12)+4×수소 원자량(1)+산소 원자량(16)=32이다.

ㄷ. 메탄올 분자 1개에는 수소 원자 4개가 들어 있으므로 메탄올 1몰에는 수소 원자 4몰이 들어 있다.

[오답 피하기] ㄴ. 메탄올 분자가 6.02×10^{23}개만큼 모였을 때의 질량(=분자량 g)이 32 g이므로 메탄올 분자 1개의 질량은 $\frac{32}{6.02\times10^{23}}$ g이다.

13 자료 분석 하기

원자 1개의 질량과 원자량

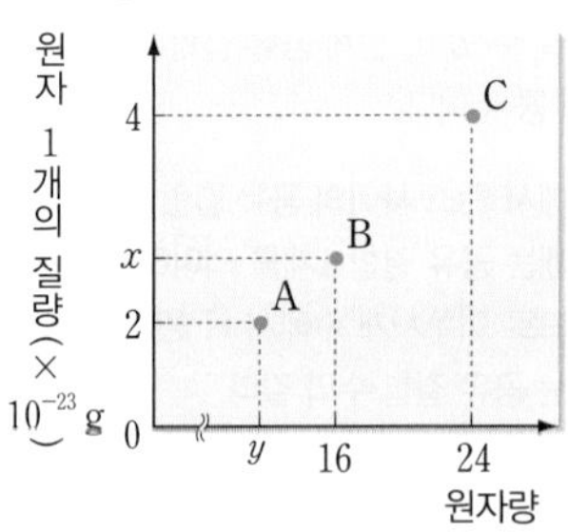

- 원자량은 원자 1개의 상대적 질량을 나타낸 것이므로 원자 1개의 질량비는 원자량의 비와 같다.
  ➡ B와 C에서 $x : 4=16 : 24$, $x=\frac{8}{3}$이다.
  ➡ A와 C에서 $2 : 4=y : 24$, $y=12$이다.

ㄴ. 원자 1몰의 질량은 원자 1개의 질량에 비례하므로 C가 B의 1.5배이다.

ㄷ. 1 g에 들어 있는 원자 수는 원자량에 반비례한다. 따라서 A : B=$\frac{1}{12} : \frac{1}{16}$=4 : 3이다.

[오답 피하기] ㄱ. $x=\frac{8}{3}$이고, $y=12$이므로 $xy=\frac{8}{3}\times12=32$이다.

14 0 °C, 1기압에서 O_2 기체 1몰의 부피는 22.4 L이므로 O_2 11.2 L는 0.5몰이다. 따라서 O_2의 분자 수는 $0.5\times(6.02\times10^{23})$개$=3.01\times10^{23}$개이고, O_2의 질량은 32 g/몰×0.5몰=16 g이며, O 원자의 양(mol)은 2×0.5몰=1몰이다.

15 0 °C, 1기압에서 기체 1몰의 부피는 22.4 L이므로 11.2 L의 메테인은 0.5몰이다.
⑤ 메테인 0.5몰에 포함된 C의 총 질량은 6 g, H의 총 질량은 2 g이므로 원자의 총 질량은 C가 H의 3배이다.
[오답 피하기] ①, ③ 메테인 한 분자를 구성하는 원자 수는 5이므로 풍선 속에 들어 있는 메테인 0.5몰의 분자 수는 $0.5N$ (물질의 양(mol)×아보가드로수=입자 수)이고, 총 원자 수는 $0.5N\times5=2.5N$이다.
② 메테인 0.5몰의 질량은 16 g/mol×0.5 mol=8 g이다.
④ 1몰의 메테인에 포함된 H 원자의 양(mol)은 4몰이므로 0.5몰의 메테인에 포함된 H 원자의 양(mol)은 2몰이다.

16 NH_3 8.5 g은 $\frac{8.5\text{ g}}{17\text{ g/몰}}=0.5$몰이므로 실린더에 들어 있는 H 원자의 양(mol)은 0.5몰×3=1.5몰이다.
ㄱ. t °C, 1기압에서 NH_3 0.5몰의 부피가 15 L이므로 t °C, 1기압에서 기체 1몰의 부피는 30 L이다. 따라서 $H_2(g)$ 45 L에 들어 있는 수소 분자 수는 1.5몰이다.
[오답 피하기] ㄴ. $N_2(g)$ 42 g은 $\frac{42\text{ g}}{28\text{ g/몰}}=1.5$몰이므로 질소 원자 수는 1.5몰×2=3몰이다.
ㄷ. N_2H_4 1몰에 들어 있는 총 원자 수는 N 2몰+H 4몰=6몰이므로 $N_2H_4(g)$ 1.5몰에 들어 있는 총 원자 수는 1.5몰×6=9몰이다.

17 기체 1몰의 부피는 온도와 압력에 따라 달라지며, 0 °C, 1기압일 때만 22.4 L이다.

예시 답안 30 L, NH_3 8.5 g의 양(mol)은 $\frac{8.5\text{ g}}{17\text{ g/몰}}=0.5$몰이고, NH_3 0.5몰의 부피가 15 L이므로 t °C, 1기압에서 NH_3 기체 1몰의 부피는 30 L이다.

채점 기준	배점(%)
암모니아(NH_3) 기체 1몰의 부피를 구하고, 그 과정을 옳게 설명한 경우	100
암모니아(NH_3) 기체 1몰의 부피만 옳게 구한 경우	30

18 ㄴ. 이산화 탄소의 질량은 이산화 탄소의 양(mol)에 분자량을 곱하여 구할 수 있다.
ㄷ. 이산화 탄소의 분자 수는 이산화 탄소의 양(mol)에 아보가드로수를 곱하여 구할 수 있다.
[오답 피하기] ㄱ. 기체의 부피를 이용하여 양(mol)을 구할 때에는 실험 조건에서의 기체 1몰의 부피를 알아야 한다. 따라서 ㉠은 25 °C, 1기압에서 기체 1몰의 부피이므로 22.4가 아니다. 기체 1몰의 부피는 온도와 압력에 따라 변하며, 0 °C, 1기압일 때만 기체 1몰의 부피는 22.4 L이다.

19 자료 분석 하기

몰, 부피, 질량의 관계

기체	(가)	(나)	(다)
분자식	X_2	YX_4	Z
부피(L)	44.8	11.2	22.4
질량(g)	4	8	4
양(mol)	$\frac{44.8}{22.4}=2$	$\frac{11.2}{22.4}=0.5$	$\frac{22.4}{22.4}=1$
분자량 또는 원자량	분자량 $\frac{4}{2}=2$	분자량 $\frac{8}{0.5}=16$	원자량 $\frac{4}{1}=4$

X_2의 분자량이 2이므로 X의 원자량은 1이다.
YX_4의 분자량이 16이므로 Y의 원자량은 12이다.

0 °C, 1기압에서 기체 1몰의 부피는 22.4 L이므로 (가)~(다)는 각각 2몰, 0.5몰, 1몰이다.
ㄴ. X의 원자량은 1이고, Z의 원자량은 4이므로 원자량은 Z가 X의 4배이다.
[오답 피하기] ㄱ. (가)의 분자량은 2이고, (나)의 분자량은 16이므로 분자량은 (나)가 (가)의 8배이다.
ㄷ. (가)~(다) 1 g의 양(mol)은 각각 $\frac{1}{2}$몰, $\frac{1}{16}$몰, $\frac{1}{4}$몰이고, 분자당 원자 수는 각각 2, 5, 1이므로 1 g에 들어 있는 기체의 총 원자 수비는 (가) : (나) : (다)$=1\left(=\frac{1}{2}\times2\right):\frac{5}{16}\left(=\frac{1}{16}\times5\right):\frac{1}{4}\left(=\frac{1}{4}\times1\right)$로 (가)가 가장 많다.

실력을 올리는 실전 문제 25~27쪽

01 ③	02 ⑤	03 ⑤	04 ①	05 ④
06 ②	07 ⑤	08 ③	09 ②	10 ①

1등급을 굳히는 고난도 문제

11 ① 12 ②

01 ㄱ. 1몰은 기준 원자의 (원자량) g에 들어 있는 원자 수로 정의되므로 1몰은 ^{16}O 16 g의 원자 수이다.
ㄴ. 기준 원자가 ^{12}C일 때 ^{16}O의 원자량이 15.995이었으므로, ^{16}O의 원자량을 16.000으로 정하면 ^{12}C의 원자량(x)은 $12.000:15.995=x:16.000$에서 $x=\frac{16.000}{15.995}\times12.000$으로 12.000보다 커진다.
[오답 피하기] ㄷ. 원자량의 기준 원자가 달라져도 원자의 실제 질량은 달라지는 것이 아니므로 ^{12}C 1개의 질량은 기준 원자가 ^{12}C일 때와 같다.

02 ㄱ. A 1몰의 질량은 $3a$ g이고, A 1몰에는 A 원자가 아보가드로수만큼 들어 있으므로 (아보가드로수)×(A 원자 1개의 실제 질량) g$=3a$ g이다. 따라서 아보가드로수는 $\frac{3a}{w_1}$이다.

ㄴ. 원자량은 원자의 상대적 질량이므로 원자 1개의 실제 질량비는 원자량비와 같다. 따라서 $w_2 : w_3 = 4a : 10a = 2 : 5$이다.

ㄷ. 분자량은 분자를 구성하는 원자의 원자량의 합과 같으므로 AB_2의 분자량은 $3a + 2 \times 4a = 11a$이다. 따라서 AB_2의 분자량은 C 원자량($10a$)의 1.1배이다.

03 자료 분석 하기

몰, 부피, 질량의 관계

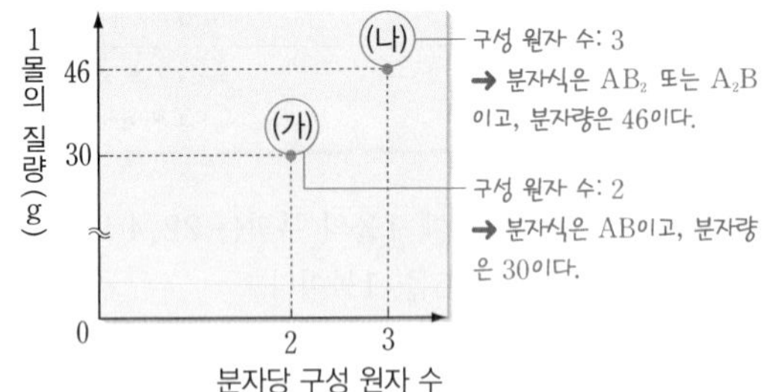

1몰의 질량(g)
46
30
0
(나)
(가)
2
3
분자당 구성 원자 수
구성 원자 수: 3
➜ 분자식은 AB₂ 또는 A₂B 이고, 분자량은 46이다.
구성 원자 수: 2
➜ 분자식은 AB이고, 분자량은 30이다.

• (나)의 분자식이 AB_2인 경우: A의 원자량은 14, B의 원자량은 16이므로 원자량이 B > A라는 조건에 맞다.

• (나)의 분자식이 A_2B인 경우: A의 원자량은 16, B의 원자량은 14이므로 원자량이 B > A라는 조건에 맞지 않다.

➡ (가)의 분자식은 AB이고, (나)의 분자식은 AB_2이며, A의 원자량은 14이고, B의 원자량은 16이다.

ㄱ. A_2의 분자량은 28이고, B_2의 분자량은 32이므로 분자량의 비는 $A_2 : B_2 = 28 : 32 = 7 : 8$이다.

ㄴ. A_2의 분자량은 28이고, A_2B의 분자량은 44이므로 A_2 1 g의 부피는 $\frac{1}{28}$몰에 비례하고, A_2B 1 g의 부피는 $\frac{1}{44}$몰에 비례한다. 따라서 부피비는 $A_2 : A_2B = \frac{1}{28} : \frac{1}{44} = 11 : 7$이다.

ㄷ. A_2B_4는 AB_2보다 A 원자와 B 원자의 개수가 모두 2배이므로 분자량비는 $AB_2 : A_2B_4 = 1 : 2$이다. 그리고 한 분자에 포함된 B 원자 수비도 $AB_2 : A_2B_4 = 1 : 2$이므로 1 g에 포함된 B 원자 수는 서로 같다.

04 자료 분석 하기

기체의 부피와 질량

$\frac{3.36\ L}{22.4\ L/몰} = 0.15몰$　　$\frac{2.24\ L}{22.4\ L/몰} = 0.1몰$

기체	AB_2	AB_3
부피(L)	3.36	2.24
질량(g)	4.8	4.0

1몰의 질량(x)
➜ $0.15 : 9.6 = 1 : x$, $x = 64$
➜ AB_2 1몰의 질량: 64 g

1몰의 질량(y)
➜ $0.1 : 8.0 = 1 : y$, $y = 80$
➜ AB_3 1몰의 질량: 80 g

ㄱ. AB_2 1몰의 질량은 64 g, AB_3 1몰의 질량은 80 g이므로 B의 원자량은 16, A의 원자량은 32이다. 따라서 원자량이 A가 B의 2배이므로 원자 1개의 질량도 A가 B의 2배이다.

[오답 피하기] ㄴ. 1 g에 들어 있는 B 원자 수비는 $AB_2 : AB_3 = \frac{1}{64} \times 2 : \frac{1}{80} \times 3$이므로 AB_3가 AB_2보다 크다.

ㄷ. 온도와 압력이 같을 때 같은 부피 속에 같은 수의 분자가 들어 있으므로 1 L에 들어 있는 AB_2와 AB_3의 분자 수는 서로 같다. 따라서 1 L에 들어 있는 A 원자 수도 서로 같다.

05 (가)와 (나)에서 기체의 부피가 3.6 L일 때 기체의 질량은 각각 4.8 g과 2.4 g이므로 분자량은 A_2가 B_xC_y의 2배이다. A_2 1.2 L의 질량이 1.6 g이므로 A_2 1몰의 질량(x)은 $1.2\ L : 1.6\ g = 24\ L : x$, $x = 32$ g이다. 따라서 A_2의 분자량이 32이고, B_xC_y의 분자량은 16이다.

ㄴ. 온도와 압력이 같을 때 기체의 밀도는 분자량에 비례한다. 따라서 기체의 밀도는 (가)가 (나)의 2배이다.

ㄷ. 같은 질량에 들어 있는 분자 수비는 분자량비에 반비례하므로 $A_2 : B_xC_y = 1 : 2$이다.

[오답 피하기] ㄱ. B_xC_y의 분자량이 16인데, B와 C의 원자량이 각각 12와 1이므로 (나)의 분자식은 BC_4이다. 따라서 $x + y = 1 + 4 = 5$이다.

06 실린더에 들어 있는 $H_2(g)$의 양(mol)을 x, $CH_4(g)$의 양(mol)을 y라고 하면, 전체 기체의 양(mol)이 1.5몰이므로 $x + y = 1.5$이다. 또한 H 원자의 총 양(mol)은 $2x + 4y$이고, C의 양(mol)은 y이며, 질량(g) = 몰(mol) × 몰 질량(g/mol)이므로 $(2x + 4y) + 12y = 10$이다. 따라서 $x = 1$이고, $y = 0.5$이다.

ㄴ. CH_4은 0.5몰이 들어 있으므로 CH_4의 질량은 8 g이다.

[오답 피하기] ㄱ. 몰비는 $H_2 : CH_4 = 1 : 0.5 = 2 : 1$이다.

ㄷ. H의 질량은 $2x + 4y = 4$ g이고, C의 질량은 $12y = 6$ g이므로 질량비는 H : C = 4 : 6 = 2 : 3이다.

07 ㄱ. 온도, 압력, 부피가 같을 때 기체의 분자량비는 질량비와 같으므로 분자량은 XO_2가 O_2의 2배이다. 따라서 원자량은 X가 O의 2배이다.

ㄴ. 1 L의 질량은 기체의 밀도와 같은 값이고, 온도와 압력이 같을 때 기체의 밀도는 분자량에 비례하므로 1 L의 질량은 XO_2가 O_2의 2배이다.

ㄷ. 같은 질량에 들어 있는 기체의 양(mol)은 분자량에 반비례하므로 1 g에 들어 있는 분자 수는 O_2가 XO_2의 2배이다. 또한 분자당 O 원자 수는 O_2와 XO_2가 같으므로 1 g에 들어 있는 O 원자 수도 O_2가 XO_2의 2배이다.

08 아보가드로 법칙에 의해 기체의 온도와 압력이 같을 때 기체의 분자 수는 기체의 부피에 비례하므로, 기체의 온도와 압력이 주어진 자료의 조건과 동일할 때 (가)~(다)의 부피가 모두 12 L라면 질량은 각각 8 g, 22 g, 9 g이 되므로 분자량의 비는 (가) : (나) : (다) = 8 : 22 : 9이다. 따라서 X의 원자량을 x, Y의 원자량을 y, Z의 원자량을 z라고 하면 $(x + 4y) : (x + 2z) : (2y + z) = 8 : 22 : 9$가 성립한다. 이를 이용하여 X~Z의 원자량의 비를 구하면 X : Y : Z = 12 : 1 : 16이다.

ㄱ. XY_4에서 질량비는 X : Y = 12 : 1 × 4 = 3 : 1이므로 (가)에서 X의 질량은 $2\ g \times \frac{3}{4} = 1.5$ g이다.

ㄴ. XZ 분자량의 상댓값은 28이고, X_2Y_4 분자량의 상댓값도 28이다. 따라서 XZ와 X_2Y_4는 1몰의 질량이 서로 같다.
[오답 피하기] ㄷ. 같은 온도와 압력에서 1 L의 질량비는 분자량비와 같다. 따라서 1 L의 질량비는 (나) : (다)=22 : 9이다.

09 일정한 온도와 압력에서 1 L의 질량은 기체의 분자량에 비례한다. 따라서 기체의 분자량은 (가)<(나)이다.
ㄴ. 온도, 압력, 부피가 같다면 기체의 분자 수도 같다. 따라서 기체 1 L에 포함된 분자 수는 (가)와 (나)가 서로 같다.
[오답 피하기] ㄱ. 1몰의 질량은 분자량에 g을 붙인 값이다. 따라서 분자량이 (가)<(나)이므로 1몰의 질량도 (가)<(나)이다.
ㄷ. (가)와 (나)는 모두 이원자 분자이므로 기체 1 g에 포함된 원자 수는 분자량이 작을수록 많다. 따라서 분자량이 (가)<(나)이므로 기체 1 g에 포함된 원자 수는 (가)>(나)이다.

10 ㄱ. 기체의 부피비는 (가) : (나)$=4h:3h=4:3$이므로 기체의 몰비는 (가) : (나)=4 : 3이다.
[오답 피하기] ㄴ. 두 기체의 한 분자당 H 원자 수는 모두 4이고, 기체의 몰비가 (가) : (나)=4 : 3이므로 H 원자의 몰비는 (가) : (나)=16 : 12=4 : 3이다.
ㄷ. N_2H_4을 이루는 원자 수는 6이고, CH_4을 이루는 원자 수는 5이므로, 1 g에 들어 있는 원자 수비는 (가) : (나)$=\frac{1}{32}\times6:\frac{1}{16}\times5=3:5$이다.

11 고난도 문제 해결 전략

STEP 1 출제 의도 파악하기
원자 수로부터 분자의 양(mol)을 구하고, A와 B의 원자량 관계를 이용하여 기체를 이루는 원자의 질량을 구할 수 있는지를 묻는 문제이다.

STEP 2 자료 분석하기

구분	(가)	(나)
기체	A_2	BA_4
질량(g)	w_1	w_2
총 원자 수	$9N$	N

- (가)와 (나)의 총 원자 수가 각각 $9N$, N이고, A_2를 이루는 원자 수는 2, BA_4를 이루는 원자 수는 5이므로 (가)와 (나)의 분자 수는 각각 $\frac{9}{2}N$, $\frac{1}{5}N$이다.
- B의 원자량이 A의 12배이므로 BA_4에서 B의 질량은 BA_4 분자 질량의 $\frac{3}{4}$배이고, A의 질량은 BA_4 분자 질량의 $\frac{1}{4}$배이다.

STEP 3 관련 개념 모으기
❶ 구성 원자의 양(mol)
➡ 구성 원자의 양(mol)=분자의 양(mol)×분자당 원자 수

❷ 구성 원소의 질량
➡ 구성 원소의 질량=기체의 질량×$\frac{\text{원자량}}{\text{분자량}}$

ㄱ. (나)에서 BA_4 분자 수는 $\frac{N}{5}$이므로 BA_4 분자 $\frac{N}{5}$개의 질량이 w_2 g이다. 따라서 BA_4 분자 1개의 질량(x)은 $\frac{N}{5}:w_2=1:x$에서 $x=\frac{5w_2}{N}$이므로 $\frac{5w_2}{N}$ g이다. B의 원자량은 A의 12배이고, BA_4 분자 1개당 B 원자 수는 1, A 원자 수는 4이므로 BA_4에서 B의 질량은 BA_4 분자 질량의 $\frac{3}{4}$배이다. 따라서 B 원자 1개의 질량은 $\frac{5w_2}{N}\times\frac{3}{4}=\frac{15w_2}{4N}$ g이다.
[오답 피하기] ㄴ. (가)에서 A의 원자 수는 $9N$이고, (나)에서 A의 원자 수는 $\frac{4N}{5}$이므로 A의 원자 수는 (가)가 (나)보다 크다. 따라서 A의 질량은 (가)가 (나)보다 크다.
ㄷ. (가)의 원자의 총 수가 $9N$이므로 A_2 분자 수는 $\frac{9N}{2}$이고, (나)의 원자의 총 수가 N이므로 BA_4 분자 수는 $\frac{N}{5}$이다. 몰비는 분자 수비와 같으므로 용기 속 분자의 몰비는 (가) : (나)$=\frac{9N}{2}:\frac{N}{5}=45:2$이다.

12 고난도 문제 해결 전략

STEP 1 출제 의도 파악하기
온도와 압력이 일정할 때 기체의 부피는 기체의 양(mol)에 비례함을 이해하고, 아보가드로 법칙을 이용하여 각 분자의 분자량을 구할 수 있는지를 묻는 문제이다.

STEP 2 자료 분석하기

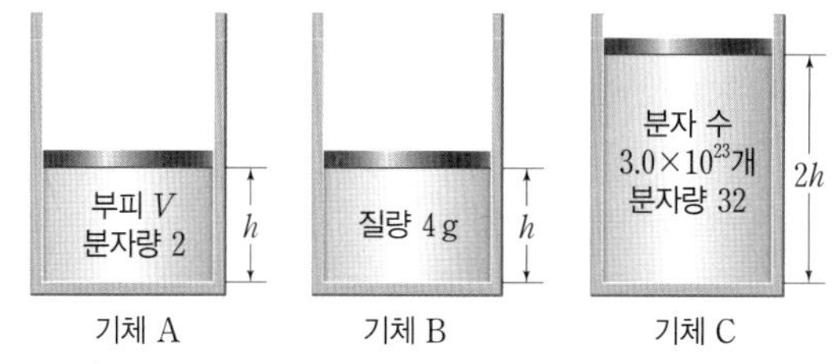

- 기체 A~C의 부피비는 A : B : C$=h:h:2h=1:1:2$이다.
- 기체 C의 분자가 3.0×10^{23}개이므로 $\frac{3.0\times10^{23}}{6.0\times10^{23}}=0.5$몰이다.
- 기체 A와 B의 양(mol)은 기체 C의 $\frac{1}{2}$배이다. ➡ 0.25몰이다.
- 기체 C의 부피는 기체 A 부피의 2배이다. ➡ 기체 C의 부피는 $2V$이다.

STEP 3 관련 개념 모으기
❶ 아보가드로 법칙
➡ 온도와 압력이 일정할 때 모든 기체는 같은 부피 속에 같은 수의 분자가 들어 있다.

❷ 기체의 부피와 몰 관계
➡ 아보가드로 법칙에 의해 온도와 압력이 일정할 때 기체의 부피는 기체의 양(mol)에 비례하여 증가한다.

ㄷ. 기체 C의 부피가 기체 A의 2배이므로 기체 C의 부피는 $2V$이다. 기체 C의 양(mol)은 0.5몰이므로 기체 C 1몰의 부피는 $4V$이다. 같은 온도와 압력에서 기체의 종류에 관계없이 1몰의 부피는 같으므로 이 온도와 압력에서 기체 1몰의 부피는 $4V$이다.

[오답 피하기] ㄱ. 기체 C의 분자량은 32이고, 기체 C는 0.5몰이므로 질량은 16 g이다. 같은 온도와 압력에서 기체 A와 C의 부피비가 1 : 2이므로 몰비도 1 : 2이다. 따라서 A는 0.25몰이다. 기체 A의 분자량은 2이므로 A 0.25몰의 질량은 0.5 g이다. 따라서 질량은 기체 C가 A의 32배이다.

ㄴ. 기체 B의 양(mol)은 기체 C의 $\frac{1}{2}$배이므로 기체 B 4 g은 0.25몰이다. 따라서 1몰의 질량은 16 g이므로 기체 B의 분자량은 16이다. A의 분자량은 2이므로 분자량은 기체 B가 A의 8배이다.

03 화학 반응식과 양적 관계

확인 문제 28~30쪽

1 화학식 **2** 2, 1, 1, 2
3 $3H_2(g) + N_2(g) \longrightarrow 2NH_3(g)$ **4** 22.4 L

02 반응 전후 원자의 종류와 개수가 같아야 한다. 반응물과 생성물에서 Ca의 수를 먼저 맞춘 후 Cl의 수를 맞추고, 나머지 H와 O의 수를 맞춘 후 가장 간단한 정수비로 나타낸다.

03 반응물은 수소(H_2) 기체와 질소(N_2) 기체이고, 생성물은 암모니아(NH_3) 기체이다. 반응물과 생성물을 화학식으로 나타내고, 화살표(→)의 왼쪽에는 반응물, 오른쪽에는 생성물을 배치한 후 원자 수를 맞춘다.

04 기체의 경우 부피비는 계수비와 같고, 0 ℃, 1기압에서 기체 1몰의 부피는 22.4 L이다. 계수비는 $N_2(g) : NH_3(g) = 1 : 2$이므로 11.2 L의 $N_2(g)$가 반응할 때 생성되는 $NH_3(g)$의 부피는 22.4 L이다.

개념을 다지는 기본 문제 31~33쪽

01 (가) ㉠ 1, ㉡ 1, ㉢ 2, (나) ㉠ 1, ㉡ 2, ㉢ 1, ㉣ 1 **02** 5 **03** ③
04 $X_2 + 2Y_2 \longrightarrow 2XY_2$ **05** ㄱ, ㄷ, ㄹ **06** ⑤ **07** 0.1 g
08 20 mL **09** ⑤ **10** 해설 참조 **11** ① **12** ④ **13** ③
14 ③ **15** 해설 참조 **16** ③ **17** ③

01 반응 전후 원자의 종류와 개수가 같아지도록 계수를 맞춘다.
(가) $H_2(g) + Cl_2(g) \longrightarrow 2HCl(g)$
(나) $Zn(s) + 2HCl(aq) \longrightarrow ZnCl_2(aq) + H_2(g)$

02 반응 전후 원자의 종류와 개수는 같다. O 원자 수가 같으므로 $2x=2y+z$, C 원자 수가 같으므로 $y=1$, H 원자 수가 같으므로 $2z=4$이다. 따라서 $x=2$, $y=1$, $z=2$이므로 $x+y+z=5$이다.

03 ㄱ. [3단계]에서 $a=1$이라고 가정했으므로 이를 방정식에 대입하여 풀면 $b=\frac{3}{2}$, $c=1$, $d=2$이다. 따라서 $b \times d=3$이다.

ㄷ. [2단계]에서 반응물과 생성물의 원자 수를 맞추는 것은 반응 전후 질량은 변하지 않기 때문이다. 따라서 [2단계]에서 질량 보존 법칙이 성립함을 이용한다.

[오답 피하기] ㄴ. 가장 간단한 정수비를 만들기 위해 모든 계수에 2를 곱해야 한다. 따라서 ㉠=2이다.

04 반응물의 분자식은 X_2와 Y_2이고, 생성물의 분자식은 XY_2이다. 그리고 반응 후 Y_2 분자가 1개 남아 있으므로 반응 몰비는 $X_2 : Y_2 : XY_2 = 1 : 2 : 2$이다. 화학 반응식에서 반응물은 화살표의 왼쪽에 나타내고, 생성물은 화살표의 오른쪽에 나타내며 반응 몰비는 계수비와 같고, 가장 간단한 정수비로 나타낸다.

05 화학 반응식의 계수비=분자 수비=몰비=부피비(기체인 경우)≠질량비이다.

ㄱ, ㄷ, ㄹ. 화학 반응식에서 계수비는 $H_2 : O_2 : H_2O = 2 : 1 : 2$이므로 몰비, 분자 수비, 기체의 부피비는 모두 2 : 1 : 2이다.

[오답 피하기] ㄴ. 반응물과 생성물의 분자량이 다르므로 질량비는 계수비와 같지 않다.

개념 더하기

화학 반응식과 화학 법칙

$2H_2(g) + O_2(g) \longrightarrow 2H_2O(g)$

- 2몰 : 1몰 : 2몰 ➡ 몰비
- 2부피 : 1부피 : 2부피 ➡ 기체 반응 법칙
- 2분자 : 1분자 : 2분자 ➡ 아보가드로 법칙
- 2×2 g+32 g=2×18 g ➡ 질량 보존 법칙
- 1 : 8 : 9 ➡ 일정 성분비 법칙

06 **자료 분석 하기**

화학 반응식의 의미

화학 반응식	$N_2(g)$ +	$3H_2(g)$ ⟶	$2NH_3(g)$
몰(mol)	0.5	w=1.5	x=1.0
질량(g)	14 =28×0.5	y =2×1.5=3	17 =17×1
0 ℃, 1기압에서 기체의 부피(L)	z =22.4×0.5 =11.2	33.6 =22.4×1.5	22.4 =22.4×1.0

- 화학 반응식에서 계수비는 반응 몰비와 같다.
  ➡ $N_2 : H_2 : NH_3 = 1 : 3 : 2 = 0.5 : w : x$이므로 $w=1.5$이고, $x=1.0$이다.
- 화학 반응식에서 계수비는 반응 부피비와 같다.
  ➡ $N_2 : H_2 : NH_3 = 1 : 3 : 2 = z : 33.6 : 22.4$이므로 $z=11.2$이다.
- 반응 질량은 (분자량×물질의 양(mol))으로 구할 수 있다.

ㄱ. $w=1.5$이고, $x=1.0$이므로 $w=1.5x$이다.

ㄴ. 질량 보존 법칙에 따라 반응 전후 질량은 변하지 않으므로 반응물의 질량의 합은 생성물의 질량과 같다. 따라서 $14+y=17$이다.
ㄷ. $N_2(g)$의 양(mol)이 0.5 몰이므로 부피 $z=11.2$ L이다.

07 K 3.9 g은 $\frac{3.9\ g}{39\ g/몰}=0.1$몰이고, K과 H_2의 계수비는 2 : 1이므로 H_2 0.05몰이 생성된다. 따라서 생성되는 H_2의 질량은 0.05몰×2 g/몰=0.1 g이다.

08 반응 부피비는 $N_2 : H_2 : NH_3=1:3:2$이므로 실린더에 질소 기체 15 mL와 수소 기체 15 mL를 넣으면 질소 기체 5 mL와 수소 기체 15 mL가 반응하여 암모니아 기체 10 mL가 생성되고, 질소 기체 10 mL가 남는다. 따라서 반응 후 전체 기체의 부피는 20 mL이다.

09 C 12 g은 1몰이고, Mg 12 g은 0.5몰이다. (가)에서 C과 O_2의 반응 몰비는 1 : 1이므로 O_2 1몰이 필요하고, (나)에서 Mg과 O_2의 반응 몰비는 2 : 1이므로 O_2 0.25몰이 필요하다. 따라서 일정한 온도와 압력에서 C과 Mg 각 12 g과 반응하는 O_2의 부피비는 4 : 1이다.

10 화학 반응식에서 반응 몰비는 계수비와 같다. 따라서 C_2H_6과 O_2의 반응 몰비는 2 : 7이다.

예시 답안 56 g, 필요한 O_2의 최소 질량을 x g이라고 할 때, 반응물의 반응 몰비는 $C_2H_6 : O_2=2:7$이므로 $\frac{12}{24} : \frac{x}{32}=2:7$이다. 따라서 $x=56$이므로 필요한 O_2의 최소 질량은 56 g이다.

채점 기준	배점(%)
O_2의 최소 질량을 구하고, 그 과정을 옳게 설명한 경우	100
O_2의 최소 질량만 옳게 구한 경우	30

11 ㄱ. 반응 전후 원자의 종류와 개수는 변하지 않으므로 (가)는 $NaOH(aq)$이다.
[오답 피하기] ㄴ. 넣은 Na 4.6 g은 $\frac{4.6\ g}{23\ g/몰}=0.2$몰이고, Na과 H_2O의 반응 몰비는 1 : 1이므로 반응한 H_2O의 양(mol)은 0.2몰이다.
ㄷ. Na과 H_2의 반응 몰비는 2 : 1이므로 생성된 $H_2(g)$의 양(mol)은 0.1몰이다. 따라서 실험 조건에서 생성된 $H_2(g)$의 부피는 0.1몰×24 L/몰=2.4 L이다.

12 ㄴ. C_2H_5OH의 분자량은 46이므로 C_2H_5OH 4.6 g은 0.1몰이다. 0.1몰의 C_2H_5OH이 완전 연소될 때 0.3몰의 H_2O이 생성되므로, 생성되는 H_2O의 질량은 5.4 g이다.
ㄷ. CO_2 6 L는 $\frac{6\ L}{24\ L/몰}=\frac{1}{4}$몰이므로 이를 생성하기 위해 필요한 O_2의 최소 몰수(x)는 $O_2 : CO_2=3:2=x:\frac{1}{4}$에서 $x=\frac{3}{8}$이다.
[오답 피하기] ㄱ. 생성물 중 H_2O은 액체이므로 계수비는 부피비와 같지 않다. 따라서 생성물의 반응 부피비($CO_2 : H_2O$)는 2 : 3이 아니다.

13 자료 분석 하기

화학 반응식과 양적 관계

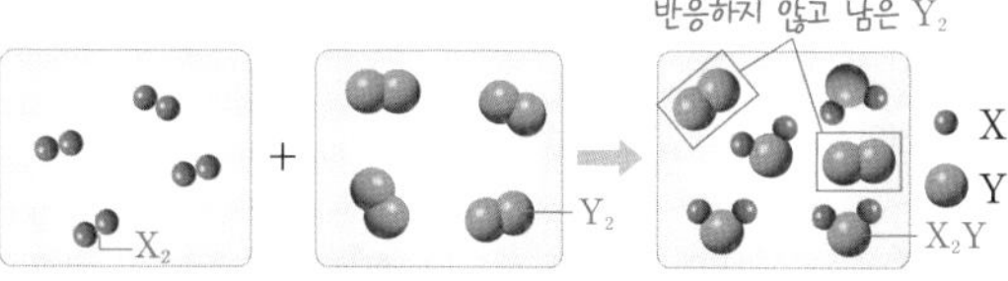

• 반응물과 생성물의 화학식은 다음과 같다.
➡ 반응물: X_2, Y_2, 생성물: X_2Y
• 반응 전후 반응하지 않고 남은 분자 수를 제외한 후 나머지 분자들을 이용하여 반응 몰비를 구한다.
➡ 반응 몰비=$X_2 : Y_2 : X_2Y=4:2:4=2:1:2$
• 화학 반응식의 계수비는 반응 몰비와 같다.
➡ 화학 반응식: $2X_2(g) + Y_2(g) \longrightarrow 2X_2Y(g)$
• 화학 반응식의 계수비를 이용하여 반응물과 생성물의 양적 관계를 알 수 있다.
➡ 계수비=반응 몰비=반응 부피비(기체의 경우)≠질량비

③ 반응 질량비는 반응 계수비와 같지 않다. X_2와 Y_2의 분자량을 알지 못하므로 제시된 자료로는 반응 질량비를 구할 수 없다.
[오답 피하기] ①, ② (가)를 구성하는 X 원자 수가 2, Y 원자 수가 1이므로 (가)의 분자식은 X_2Y이다. 반응 전후 원자의 종류와 개수는 같으므로 $a=2$, $b=2$이다.

$$2X_2(g) + Y_2(g) \longrightarrow 2X_2Y(g)$$

④ 기체의 총 몰비는 반응 전 : 반응 후=8 : 6이므로 기체의 총 양(mol)은 반응 전이 반응 후보다 크다.
⑤ (가)와 Y_2의 반응 몰비는 (가) : Y_2=2 : 1이므로 (가) 0.2몰을 생성하기 위해 필요한 Y_2의 양(mol)은 0.1몰이다. 따라서 Y_2 0.1몰×22.4 L/몰=2.24 L가 필요하다.

14 ㄱ. 반응물의 계수 합과 생성물의 계수 합이 3으로 같으므로 반응 전후 물질의 양(mol)은 변하지 않는다. 그러나 생성물 중 H_2O은 액체이므로 전체 기체의 부피는 감소한다.
ㄴ. 반응 물질의 분자 수비는 계수비와 같으므로 $CH_4 : O_2=1:2$이다.
[오답 피하기] ㄷ. 반응하는 몰비는 $CH_4 : O_2 : CO_2 : H_2O(l)=1:2:1:2$이므로 CH_4 0.1몰과 O_2 0.2몰이 반응하여 CO_2 0.1몰과 H_2O 0.2몰이 생성된다. 따라서 반응 후에는 반응하지 않고 남은 O_2 0.3몰과 생성된 CO_2 0.1몰, H_2O 0.2몰이 있다. 이 3가지 물질의 질량은 O_2 9.6 g, CO_2 4.4 g, H_2O 3.6 g이므로 반응 후 실린더에 남아 있는 물질 중 질량이 가장 큰 것은 O_2이다.

15 화학 반응식에서 반응 몰비는 계수비와 같다. 반응 몰비가 $CH_4 : O_2=1:2$이므로 O_2 0.3몰을 모두 반응시키기 위해 필요한 CH_4의 최소 양(mol)은 0.15몰이다.

예시 답안 3.36 L, 남아 있는 산소의 양(mol)은 0.3몰이므로 메테인 0.15몰이 필요하다. 따라서 필요한 메테인의 부피는 0.15몰×22.4 L/몰=3.36 L이다.

채점 기준	배점(%)
메테인의 부피를 구하고, 그 과정을 옳게 설명한 경우	100
메테인의 부피를 옳게 구했지만, 그 과정에서 반응 몰비와 계수비를 연관시키지 않은 경우	60
메테인의 부피만 옳게 구한 경우	30

16 ㄱ. A 1 g의 양을 구해야 하므로 A 1몰의 질량이 필요하다.
ㄷ. B의 양(mol)으로부터 B의 부피를 구해야 한다. 즉, B의 부피는 B의 양(mol)×1몰의 부피(L/mol)로 구할 수 있으므로 실험 조건에서 기체 1몰의 부피가 필요하다.
[오답 피하기] ㄴ. 화학 반응식의 계수비로부터 B의 양(mol)을 구하는 것이므로 A와 B의 반응 질량비는 필요하지 않다.

17 ㄱ. B의 양(mol) : C의 양(mol)=2 : c이므로 C의 양(mol)=B의 양(mol)×$\frac{c}{2}$이다. 따라서 $x=\frac{c}{2}$이다.
ㄴ. C의 양(mol)으로부터 C의 질량을 구하기 위해 C 1몰의 질량이 필요하다.
[오답 피하기] ㄷ. A~C의 반응 몰비는 A : B : C=1 : 2 : c이고, c는 0보다 큰 정수이다. 그리고 A와 B를 각각 0.2몰씩 반응시켰으므로 생성된 C의 양(mol)은 최소 0.1몰이다. 따라서 기체 A와 B 중 반응하지 않고 남은 기체의 양(mol)은 생성물의 2배가 될 수 없다.

실력을 올리는 실전 문제

36~39쪽

01 ①	02 ①	03 ③	04 ③	05 ⑤
06 ④	07 ②	08 ③	09 ⑤	10 ①
11 ②	12 ③	13 ②	14 ③	

1등급을 굳히는 고난도 문제

15 ⑤ 16 ①

01 ㄱ. B_2의 분자 모형이 ●●이므로 생성물은 A 원자 1개와 B 원자 2개로 이루어져 있다. 따라서 분자식은 AB_2이다.
[오답 피하기] ㄴ. AB 2분자와 B_2 1분자가 반응하였으므로 반응하는 AB와 B_2의 몰비는 2 : 1이다.
ㄷ. 반응 전후 질량은 일정하므로 2×(AB의 분자량)+(B_2의 분자량)=2×(AB_2의 분자량)이다. 따라서 생성물인 AB_2의 분자량은 (AB의 분자량)+$\frac{1}{2}$×(B_2의 분자량)과 같다.

02 화학 반응식에서 계수비는 반응 몰비와 같으므로 몰비는 Al : H_2=2 : 3이다. Al의 양(mol)은 $\frac{w}{\text{Al의 원자량}}$이고, H_2의 양(mol)은 $\frac{H_2(g)\text{의 부피}}{H_2(g)\ 1\text{몰의 부피}}$이므로 Al의 원자량을 구하기 위해 꼭 필요한 자료는 $H_2(g)$ 1몰의 부피이다.

03 (가) $2KClO_3 \longrightarrow 2KCl + 3O_2$
(나) $CaCO_3 + 2HCl \longrightarrow CaCl_2 + H_2O + CO_2$
ㄱ. 반응 전후 원자의 종류와 개수는 같으므로 $a=2$이다.
ㄴ. ㉠은 O_2이고, ㉡은 CO_2이므로 1몰의 질량은 ㉡>㉠이다.
[오답 피하기] ㄷ. $CaCO_3$ w g의 양(mol)은 $\frac{w}{100}$몰이고, $CaCO_3$과 ㉡의 반응 몰비는 1 : 1이므로 $CaCO_3$ w g이 모두 반응하면 ㉡ $\frac{w}{100}$몰이 생성된다.

04 자료 분석 하기

기체 반응의 양적 관계

$3A(g) + B(g) \longrightarrow 2C(g)$

• 화학 반응식에서 계수비는 반응 몰비와 같다.
➡ A : B : C=3 : 1 : 2

	$3A(g)$	+ $B(g)$	⟶ $2C(g)$
반응 전 양(mol)	4몰	4몰	0
반응 양(mol)	−4몰	$-\frac{4}{3}$몰	$+\frac{8}{3}$몰
반응 후 양(mol)	0	$\frac{8}{3}$몰	$\frac{8}{3}$몰

ㄱ. A와 B의 반응 몰비는 3 : 1이므로 A 4몰이 반응할 때 B $\frac{4}{3}$몰이 반응한다. 따라서 남은 X는 B이다.
ㄴ. (나)에서 반응하지 않고 남은 B의 양(mol)은 $\frac{8}{3}$몰이고, 생성된 C의 양(mol)도 $\frac{8}{3}$몰이므로 $x+y=\frac{16}{3}>5$이다.
[오답 피하기] ㄷ. 질량 보존 법칙에 따라 반응 전후 질량은 변하지 않는다.

05 탄화수소 C_mH_n을 완전히 연소시킬 때의 화학 반응식은 다음과 같다.

$$C_mH_n + \left(m+\frac{n}{4}\right)O_2 \longrightarrow mCO_2 + \frac{n}{2}H_2O$$

이때 반응 전과 반응 후의 전체 양(mol)이 y몰로 같으므로 반응물과 생성물의 계수의 합은 같다. 따라서 $1+\left(m+\frac{n}{4}\right)=m+\frac{n}{2}$에서 $n=4$이다.
C_mH_n에 포함된 C의 질량과 생성된 CO_2에 포함된 C의 질량이 같다.
• C_mH_n에 포함된 C의 질량=$\frac{\text{탄화수소의 질량}}{\text{탄화수소의 분자량}}$×C의 원자량×1개의 탄화수소에 포함된 C의 수=$\frac{x}{12m+n}\times12\times m$

• CO_2에 포함된 C의 질량$=\frac{CO_2\text{의 질량}}{CO_2\text{의 분자량}}\times$C의 원자량×1개의 CO_2에 포함된 C의 수$=\frac{3.3x}{44}\times 12\times 1$

따라서 $\frac{12x}{12m+n}\times m=\frac{3.3x}{44}\times 12$이며, $n=4$이므로 $m=3$이다. 따라서 완성된 화학 반응식은 다음과 같다.

$$C_3H_4 + 4O_2 \longrightarrow 3CO_2 + 2H_2O$$

ㄴ. 화학 반응식에서 1몰의 C_3H_4과 4몰의 O_2를 완전 연소시키면 3몰의 CO_2와 2몰의 H_2O이 생성되므로 생성된 H_2O의 양(mol)은 반응 후 전체 양(mol)의 0.4배이다. 그런데 문제에서 전체 양(mol) y에는 반응하지 않고 남아 있는 O_2가 포함되어 있으므로 C_3H_4의 완전 연소 후 H_2O의 양(mol)은 $0.4y$몰보다 작다.

ㄷ. 화학 반응식에서 물질의 계수비는 반응한 물질의 몰비와 같다. 연소 후 생성된 H_2O의 질량을 A라고 할 때, 몰비는 $C_3H_4 : H_2O=1:2=\frac{x}{40}:\frac{A}{18}$이므로, A는 $0.9x$이다. 질량 보존 법칙에 의해 반응 전과 후 질량의 합은 같으므로 '$(C_3H_4+O_2)$의 질량$=(CO_2+H_2O)$의 질량+반응하지 않은 O_2의 질량'이다. 따라서 $(x+4x)=(3.3x+0.9x+$반응하지 않은 O_2의 질량$)$이므로 연소 후 O_2의 질량은 $0.8x$ g이다.

[오답 피하기] ㄱ. 화학 반응식에서 C_mH_n 1몰이 반응하면 H_2O 2몰이 생성됨을 알 수 있다.

⊕ 개념 더하기

C_mH_n의 화학식을 구하는 다른 방법

화학 반응이 일어날 때 탄소(C) 원자의 수는 변하지 않는다. 연소 후 CO_2의 질량이 $3.3x$ g이므로 이 중 C의 질량은 $3.3x\times\frac{12}{44}=0.9x$ g이다. 따라서 연소 전 C_mH_n x g 중에서 C의 질량은 $0.9x$ g이고, H의 질량은 x g$-0.9x$ g$=0.1x$ g이므로 C와 H의 몰비는 $\frac{0.9x}{12}:\frac{0.1x}{1}=3:4$이다. 따라서 $m=3$, $n=4$이다.

06 화학 반응식을 완성하면 다음과 같다.

$CaCO_3(s) + 2HCl(aq)$
$\longrightarrow CaCl_2(aq) + H_2O(l) + CO_2(g)$

ㄴ. 생성된 CO_2의 부피가 1.25 L이므로 CO_2의 질량$=44$ g/몰$\times\frac{1.25\text{ L}}{25\text{ L/몰}}=2.2$ g이다.

ㄷ. 반응한 $CaCO_3$의 양(mol)과 생성된 CO_2의 양(mol)이 같으며, CO_2의 양(mol)은 $\frac{1.25\text{ L}}{25\text{ L/몰}}=0.05$몰이므로 $CaCO_3$의 양(mol)은 $\frac{w}{CaCO_3\text{의 화학식량}}=0.05$몰이다. 따라서 $CaCO_3$의 화학식량은 $20w$이다. Ca의 원자량을 x라고 할 때, $CaCO_3$의 화학식량은 $20w=x+12+3\times 16$이므로 $x=20w-60=20(w-3)$이다.

따라서 Ca 1몰의 질량은 $20(w-3)$ g이다.

[오답 피하기] ㄱ. $x=2$, $y=1$이므로 $y=\frac{1}{2}x$이다.

07 $HCl(aq)$과 Mg의 반응에서 Mg의 질량이 증가해도 생성된 $H_2(g)$가 72 mL로 일정하므로 72 mL의 $H_2(g)$가 생성되었을 때 반응이 완결되었다. 따라서 이때 반응한 HCl과 생성된 H_2의 양(mol)을 이용하여 Cl^-의 양(mol)을 구할 수 있다.

생성된 H_2의 양(mol)$=\frac{\text{기체의 부피(L)}}{24\text{ L/몰}}$
$=\frac{0.072\text{ L}}{24\text{ L/몰}}=0.003$몰

계수비=몰비이므로 몰비는 $HCl : H_2=2:1$이다. 따라서 반응한 $HCl(aq)$의 양(mol)은 0.006몰이므로 $HCl(aq)$에 포함된 Cl^-의 양(mol)도 0.006몰이다.

08 ㄱ. Mg의 양(mol)$=\frac{\text{Mg의 질량}}{\text{Mg 1몰의 질량}}$이므로 Mg 1.2 g의 양(mol)을 구하기 위해서는 Mg 1몰의 질량을 이용해야 한다.

ㄷ. 기체의 양(mol)을 이용하여 기체의 부피를 구하려면 실험 조건에서 기체 1몰의 부피를 알아야 한다.

[오답 피하기] ㄴ. 반응 전후 원자의 종류와 개수는 같으므로 $a=2$, $b=1$이다. 따라서 Mg과 H_2의 반응 몰비는 1 : 1이므로 H_2의 양(mol)=Mg의 양(mol)이다. 그러므로 (다)에서 구한 H_2의 양(mol)은 $b\times$Mg의 양(mol)이다.

09 발생한 O_2의 부피가 0.24 L이므로 $\frac{0.24\text{ L}}{24\text{ L/몰}}=0.01$몰이다. 몰비는 계수비와 같으므로 몰비는 $H_2O_2 : H_2O : O_2=2:2:1$이다. 따라서 분해된 H_2O_2와 생성된 H_2O의 양(mol)은 모두 0.02몰이다. H_2O_2의 분자량은 34이므로 0.02몰의 질량은 0.68 g이다. 따라서 (가)는 0.68 g, (나)는 0.02몰이다.

10 자료 분석 하기

화학 반응에서의 양적 관계

[실험 결과] (도가니의 질량: w_1 / (도가니+$CaCO_3$)의 질량: w_2 / 가열 후 도가니 전체 질량: w_3)

구분	w_1	w_2	w_3
질량(g)	40.00	42.00	41.89

$w_2-w_1=CaCO_3$의 질량 / $w_2-w_3=$발생한 CO_2의 질량

ㄱ. 탄산 칼슘을 열분해시키면 CO_2가 발생하므로 X는 CO_2이다. $CaCO_3(s) \longrightarrow CaO(s) + CO_2(g)$

[오답 피하기] ㄴ. 발생한 $X(CO_2)$의 질량은 $w_2-w_3=42.00$ g-41.89 g$=0.11$ g이다. CO_2의 분자량이 44이므로 발생한 $X(CO_2)$의 양(mol)은 $\frac{0.11\text{ g}}{44\text{ g/몰}}=0.0025$몰이다.

ㄷ. 생성된 CO_2의 양(mol)이 0.0025몰이므로 분해된 $CaCO_3$의 양(mol)도 0.0025몰이다. 분해되기 전 $CaCO_3$의 질량은 $w_2-w_1=42.00$ g-40.00 g$=2.00$ g이므로 양(mol)은 $\frac{2\text{ g}}{100\text{ g/몰}}=0.02$몰이다. 따라서 분해되지 않은 $CaCO_3$의 양(mol)은 0.02몰$-$0.0025몰$=$0.0175몰이므로 분해되지 않은 $CaCO_3$의 질량은 0.0175몰$\times$100 g/몰$=$1.75 g이다.

11 화학 반응식을 완성하면 다음과 같다.

(가) $Mg(s) + 2HCl(aq) \longrightarrow H_2(g) + MgCl_2(aq)$

(나) $2Al(s) + 6HCl(aq) \longrightarrow 3H_2(g) + 2AlCl_3(aq)$

생성된 수소 기체의 부피가 2.4 L이므로 수소 기체의 양(mol)은 $\frac{2.4\ L}{24\ L/몰}=0.1$몰이다.

ㄷ. (가)에서 몰비는 $Mg : H_2 = 1 : 1$이며, 생성된 수소 기체의 양(mol)이 0.1몰이므로 반응한 Mg의 양(mol)은 0.1몰이고, (나)에서 몰비는 $Al : H_2 = 2 : 3$이며, 생성된 수소 기체의 양(mol)이 0.1몰이므로 반응한 Al의 양(mol)은 $\frac{1}{15}$몰이다. 따라서 반응한 금속의 질량비는 $Mg : Al = \frac{1}{10} \times 24 : \frac{1}{15} \times 27 = 4 : 3$이다.

[오답 피하기] ㄱ. 생성된 수소 기체 0.1몰의 질량은 0.2 g이다.

ㄴ. 수소 기체 0.1몰이 생성되었으므로 반응한 수소 이온의 양(mol)은 0.2몰이다.

12 반응하는 Cu와 O_2의 질량비가 4 : 1이므로 Cu와 O_2의 반응 몰비는 $\frac{4}{64} : \frac{1}{32} = 2 : 1$이다. 따라서 X의 화학식은 CuO이다.

ㄱ. 반응 전후 원자의 종류와 개수는 같으므로 $a=2$, $b=2$이다.

ㄷ. Cu와 O_2의 반응 질량비가 4 : 1이므로 Cu 20 g을 반응시키면 O_2 5 g이 반응하고, X(CuO) 25 g이 생성된다. X의 화학식량은 80이므로 X 25 g의 양(mol)은 $\frac{25\ g}{80\ g/몰} = \frac{5}{16}$몰이다.

[오답 피하기] ㄴ. X의 화학식은 CuO이므로 구성 입자의 몰비는 Cu : O = 1 : 1이다.

13 자료 분석 하기

기체 반응의 양적 관계

실험	반응물의 부피(L)		생성물의 부피(L)	남은 기체
	A	B	C	
Ⅰ	16 8 L 반응	4	8	A, 8 L (가)
Ⅱ	32	24 16 L 반응	32	B, 8 L

• 실험 Ⅱ에서 남은 기체가 B이므로 A는 모두 반응하였고, 생성된 C의 부피와 같으므로 A와 C의 반응 부피비는 1 : 1이다. ➡ 실험 Ⅰ에서 생성된 C의 부피가 8 L이므로 반응한 A의 부피는 8 L이다. 따라서 실험 Ⅰ에서 반응하지 않고 남은 기체 (가)는 A이다.

• 실험 Ⅰ에서 B와 C의 반응 부피비는 1 : 2이고, 실험 Ⅱ에서 A와 C의 반응 부피비는 1 : 1이다.
➡ 반응 부피비=계수비이므로 A : B : C = 2 : 1 : 2이다.
➡ 화학 반응식: $2A(g) + B(g) \longrightarrow 2C(g)$

• 화학 반응식에서 계수비는 반응 몰비와 같다.
➡ A : B : C = 2 : 1 : 2

ㄴ. 실험 Ⅰ에서 반응한 A의 부피가 8 L이고, B의 부피가 4 L이므로 반응하는 기체의 양(mol)은 A가 B의 2배이다.

[오답 피하기] ㄱ. 실험 Ⅰ에서 반응하지 않고 남은 기체인 (가)는 A이다.

ㄷ. 실험 Ⅰ에서 A 16 L와 B 4 L를 반응시키면 A 8 L와 B 4 L가 반응하여 C 8 L가 생성되고, A 8 L가 남는다. 따라서 실험 Ⅰ에서 반응 전 전체 부피는 A 16 L+B 4 L=20 L이고, 반응 후 전체 부피는 A 8 L+C 8 L=16 L이다. 반응 전후 물질의 질량은 변하지 않으므로 기체의 밀도비는 반응 전 : 반응 후 $= \frac{1}{20} : \frac{1}{16} = 4 : 5$이다.

14 자료 분석 하기

기체 반응의 양적 관계

A의 부피 2배 증가할 때 C의 질량 2배 증가 ➡ 실험 Ⅰ과 Ⅱ에서 A가 모두 반응함.

실험	반응물의 부피(L)		C의 질량 (상댓값)
	A	B	
Ⅰ	1	5	w
Ⅱ	2	6	$2w$
Ⅲ	3	3	w

A의 부피 3배 증가했지만 C의 질량은 같다. ➡ 실험 Ⅲ에서는 B가 모두 반응함.

• 실험 Ⅰ과 Ⅲ에서 A 1 L가 반응할 때 B 3 L가 반응함을 알 수 있다.
➡ 반응 부피비=A : B=1 : 3
➡ $A(g) + bB(g) \longrightarrow 2C(g)$에서 $b=3$이다.

• 반응 후 기체의 부피에 대한 자료

실험	Ⅰ	Ⅱ	Ⅲ
생성된 C의 부피(L)	2	4	2
남은 기체의 종류와 부피(L)	B, 2	없음.	A, 2
기체의 총 부피(L)	4	4	4

ㄱ. 반응 부피비가 A : B=1 : 3이므로 $b=3$이다.

ㄴ. 실험 Ⅰ~Ⅲ에서 반응 후 기체의 총 부피가 모두 같으므로 반응 후 기체의 양(mol)도 같다.

[오답 피하기] ㄷ. 실험 Ⅱ와 Ⅲ에서 기체의 부피는 같지만 질량은 다르므로 기체의 밀도는 다르다.

15 고난도 문제 해결 전략

STEP 1 출제 의도 파악하기

시간에 따른 밀도 변화를 통해 생성물의 계수의 합을 구하고, 각 단계에서 반응물과 생성물의 양(mol)과 질량을 비교할 수 있는지를 묻는 문제이다.

STEP 2 자료 분석하기

$2A(g) \longrightarrow bB(g) + cC(g)$ (b, c는 반응 계수)

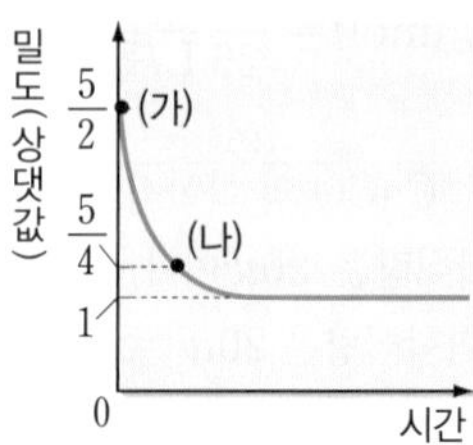

• 시간이 지날수록 밀도가 감소하므로 전체 기체의 부피는 반응 후가 반응 전보다 크다는 것을 알 수 있다.
➡ 화학 반응식의 계수비=기체의 부피비이므로 $2 < b+c$이다.

• 밀도$=\frac{질량}{부피}$이고, 실린더 내 전체 기체의 질량은 같으므로 전체 기체의 부피비는 밀도에 반비례(부피$\propto\frac{1}{밀도}$)한다.

➡ 부피비는 반응 전 (가)의 기체 A : (나) : 반응 후 기체 (B+C)$=\frac{2}{5}:\frac{4}{5}:1=2:4:5$이다.

STEP 3 관련 개념 모으기

❶ 질량 보존 법칙

➡ 반응 전과 후 반응물의 질량 합과 생성물의 질량 합은 같다.

❷ 기체의 부피와 양(mol) 관계

➡ 아보가드로 법칙에 의해 온도와 압력이 일정할 때 기체의 부피는 기체의 양(mol)에 비례하여 증가한다.

• $(b+c)$ 값: 반응 전후 질량은 보존되므로 (가), (나)와 반응이 완결된 지점에서 실린더 속 전체 기체의 질량은 모두 같다. (가)에서 A의 질량을 $w_{(가)}$라고 하고 부피를 V_1이라고 할 때, (가)에서 밀도$=\frac{질량}{부피}=\frac{w_{(가)}}{V_1}=\frac{5}{2}$이므로 $V_1=\frac{2}{5}w_{(가)}$이다. 반응이 완결되었을 때 질량은 변하지 않으므로 $w_{(가)}$이고, 전체 기체의 부피(B(g)와 C(g)의 부피의 합)를 V_2라고 할 때 밀도가 1이 되었으므로 밀도$=\frac{w_{(가)}}{V_2}=1$에서 $V_2=w_{(가)}$이고 $V_2=\frac{5}{2}V_1$이다. 반응하거나 생성되는 기체의 부피비는 화학 반응식의 계수비와 같으므로 $2:(b+c)=V_1:\frac{5}{2}V_1$이다. 따라서 $b+c=5$이다.

• (가)와 (나)에서 A의 질량비: 부피비는 반응 전 (가)의 기체 A : (나) : 반응 후 기체 (B+C)$=2:4:5$이며, 일정한 온도와 압력에서 기체의 부피비는 기체의 몰비와 같다. 따라서 반응 전 기체 A의 양(mol)을 $2n$몰이라 하면, 기체 A $2n$몰이 모두 분해되어 기체 (B+C) $5n$몰이 생성되고, (나)에서는 혼합 기체의 양(mol)이 $4n$몰이다. (나)에 도달할 때까지 분해된 A의 양(mol)을 $2x$라고 하면 기체 반응의 양적 관계는 다음과 같다.

	$2A(g)$ ⟶	$bB(g)$ +	$cC(g)$
반응 전 양(mol)	$2n$	0	0
반응 양(mol)	$-2x$	$+bx$	$+cx$
반응 후 양(mol)	$2n-2x$	bx	cx

따라서 (나)에서 혼합 기체의 양(mol)은 $2n-2x+bx+cx=2n+(b+c-2)x=4n$이며, $b+c=5$이므로 $2n+3x=4n$이다. 따라서 $x=\frac{2}{3}n$이므로 분해된 A의 양(mol)은 $2\times\frac{2}{3}n=\frac{4}{3}n$몰이다. 이를 통해 (나)에서 A의 양(mol)은 $2n$몰$-\frac{4}{3}n$몰$=\frac{2}{3}n$몰임을 알 수 있다.

양(mol)$=\frac{질량}{분자량}$에서 분자량은 일정한 값이므로 몰비=질량비이다. 따라서 실린더 속 A의 질량비 (가) : (나)$=2n:\frac{2}{3}n=3:1$이다.

16 고난도 문제 해결 전략

STEP 1 출제 의도 파악하기

반응이 완결된 지점에서의 반응 부피비로 화학 반응식의 계수를 구하고, 분자량을 구할 수 있는지를 묻는 문제이다.

STEP 2 자료 분석하기

$A(g)+bB(g)\longrightarrow cC(g)$ (b, c는 반응 계수)

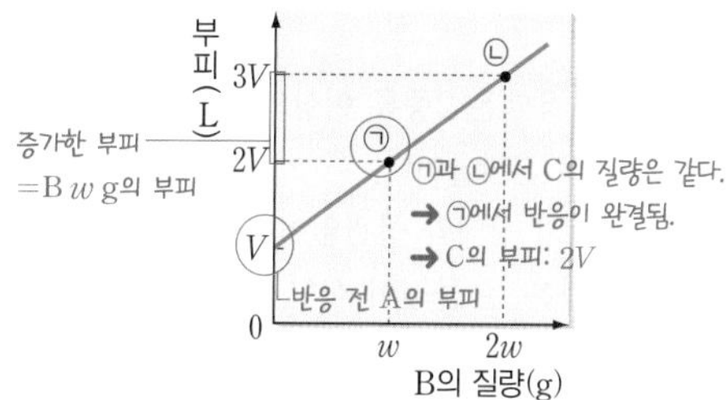

• ㉠과 ㉡에서 C의 질량은 같다. ➡ ㉠에서 반응이 완결되었다.
• ㉠과 ㉡ 사이의 부피 증가량($3V-2V=V$)은 B w g의 부피이다.
➡ B w g의 부피는 V이다.
• 반응 전 A의 부피가 V이고, B w g을 넣어 반응이 완결되었을 때 전체 부피가 $2V$로 증가하였다. ➡ C의 부피는 $2V$이다.
• 반응 부피비=계수비=A : B : C$=V:V:2V=1:1:2$

STEP 3 관련 개념 모으기

❶ 화학 반응식의 의미

➡ 화학 반응식의 계수비=반응 몰비=반응 부피비(기체인 경우)

❷ 기체 1몰의 부피

➡ 기체의 종류와 관계없이 온도와 압력이 같으면 기체 1몰의 부피가 같다.

ㄱ. 반응 부피비=계수비이므로 A : B : C$=1:1:2$이다. 따라서 $b=1$, $c=2$이므로 $a+b=3$이다.

따라서 전체 기체의 부피는 $5V$이다.

[오답 피하기] ㄴ. B w g의 부피가 V L이고, 기체 1몰의 부피가 $2V$ L이므로 B의 분자량은 $2w$이다.

ㄷ. ㉡에는 B V L와 C $2V$ L가 들어 있으므로 여기에 A $2V$ L를 넣으면 A V L가 남고 C는 $4V$ L가 된다.

	$A(g)$ +	$B(g)$ ⟶	$2C(g)$
반응 전 부피	$2V$	V	$2V$
반응 부피	$-V$	$-V$	$+2V$
반응 후 부피	V	0	$4V$

04 몰 농도

40~41쪽

확인 문제 **1** 용액, 용질 **2** 몰 농도 **3** 18 g **4** × **5** ○

03 몰 농도$=\frac{용질의\ 양(mol)}{용액의\ 부피(L)}$이므로 $0.1\ M=\frac{용질의\ 양(mol)}{1\ L}$에서 포도당의 양(mol)은 0.1 mol이다. 따라서 포도당의 질량은 $0.1\ mol\times180\ g/mol=18\ g$이다.

개념을 다지는 기본 문제 42~43쪽

01 ④ 02 (가) 20, (나) 45, (다) 0.6 03 ⑤ 04 해설 참조
05 5 : 2 06 ③ 07 ③ 08 ③ 09 해설 참조 10 ①
11 ② 12 ③

01 ④ 염산은 물에 염화 수소가 녹아 있는 용액이므로 염화 수소가 용질이다.

[오답 피하기] ① 용액은 2종류 이상의 순물질이 균일하게 섞여 있는 물질이므로 혼합물이다.

② 용액은 물질의 상태와 상관없이 균일하게 섞여 있는 물질이다. 상태가 같은 두 물질이 섞인 경우 양이 많은 물질이 용매이다. 따라서 공기의 경우 용매는 기체인 질소이다.

③ 3 % 식초에서 용매는 물이다.

⑤ 용액에서 녹아 있는 물질을 용질, 녹이는 물질을 용매라고 한다.

02 (가) $\frac{10\text{ g}}{10\text{ g}+40\text{ g}}\times100=20\ \%$

(나) $\frac{x\text{ g}}{150\text{ g}}\times100=30\ \%,\ x=45\text{ g}$

(다) $\frac{54\text{ g}}{180\text{ g/mol}}=0.3\text{ mol},\ \frac{0.3\text{ mol}}{0.5\text{ L}}=0.6\text{ M}$

03 용질의 질량=용액의 질량$\times\frac{\text{퍼센트 농도}}{100}$이다. 따라서 A의 질량은 (가)에서는 $100\text{ g}\times\frac{10}{100}=10\text{ g}$, (나)에서는 $50\text{ g}\times\frac{20}{100}=10\text{ g}$이고, 물의 질량은 (가)에서는 $100\text{ g}-10\text{ g}=90\text{ g}$, (나)에서는 $50\text{ g}-10\text{ g}=40\text{ g}$이다.

⑤ (나)에는 A 10 g과 물 40 g이 들어 있으므로 (나)에 물 50 g을 넣은 용액의 퍼센트 농도는 $\frac{10\text{ g}}{10\text{ g}+40\text{ g}+50\text{ g}}\times100=10\ \%$로 (가)와 같다.

[오답 피하기] ① 물의 질량은 (가)에서 90 g, (나)에서 40 g이므로 (가)는 (나)의 2배보다 크다.

② 수용액 속 A의 질량은 (가)와 (나)에서 모두 10 g으로 같다.

③ 수용액 속 A의 질량이 같으므로 A의 양(mol)도 같다.

④ 용액의 온도를 높여도 용질과 용매의 질량은 변하지 않으므로 (가)와 (나)의 퍼센트 농도는 변하지 않는다.

04 퍼센트 농도$=\frac{\text{용질의 질량}}{\text{용액의 질량}}\times100$이므로 용질의 질량=용액의 질량$\times\frac{\text{퍼센트 농도}}{100}$이다.

[예시 답안] 0.125 mol, 10 % NaOH 수용액 50 g에 들어 있는 NaOH의 질량은 $50\text{ g}\times0.1=5\text{ g}$이다. 따라서 NaOH의 양(mol)은 $\frac{5\text{ g}}{40\text{ g/mol}}=0.125\text{ mol}$이다.

채점 기준	배점(%)
NaOH의 양(mol)을 구하고, 그 과정을 옳게 설명한 경우	100
NaOH의 양(mol)만 옳게 구한 경우	30

05 2가지 수용액의 부피가 같으므로 수용액의 몰 농도는 용질의 양(mol)에 비례한다. A에 들어 있는 용질의 양(mol)은 $\frac{4\text{ g}}{40\text{ g/몰}}=0.1\text{ mol}$이고, B에 들어 있는 용질의 양(mol)은 $\frac{4\text{ g}}{100\text{ g/몰}}=0.04\text{ mol}$이므로 수용액의 몰 농도비는 A : B=5 : 2이다.

06 자료 분석 하기

용액 묽히기

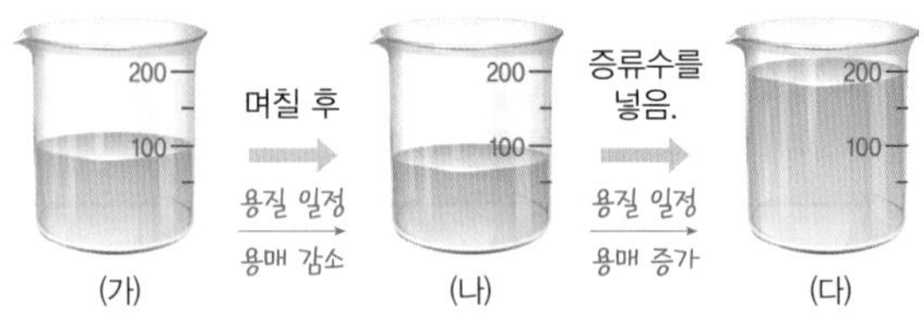

• (가) → (나)에서 물이 증발하고, (나) → (다)에서 다시 물을 넣은 것이므로 (가)~(다)에서 용질의 질량은 모두 같다.
• 용액의 부피와 몰 농도
➡ 용액의 부피: (다), (가)>(나)
➡ 용액의 몰 농도: (나)>(가)>(다)

ㄱ. (가)와 (다)에 들어 있는 NaCl의 양(mol)은 같지만, 수용액의 부피는 (다)가 (가)의 2배이므로 수용액의 몰 농도는 (가)가 (다)의 2배이다.

ㄷ. (가)~(다)에서 수용액의 용매의 양만 달라졌으므로 용질 NaCl의 질량은 모두 같다.

[오답 피하기] ㄴ. (가)와 (나)에 들어 있는 NaCl의 질량은 같지만 용액의 질량은 (가)가 (나)보다 크므로 수용액의 퍼센트 농도는 (나)가 (가)보다 크다.

07 자료 분석 하기

퍼센트 농도와 몰 농도

수용액		(가) 10 % 요소 수용액 100 g	(나) 1 M 포도당 수용액 100 mL
용질	종류	요소	포도당
	분자량	60	180
	질량(g)	$100\times0.1=10$	$0.1\times180=18$
	양(mol)	$\frac{10}{60}=\frac{1}{6}$	$1\times0.1=0.1$
용매의 질량(g)		90	82
퍼센트 농도(%)		10	$\frac{18}{100}\times100=18$

10 % 요소 수용액에는 요소 10 g과 물 90 g이 들어 있다. 1 M 포도당 수용액 100 mL에는 0.1몰의 포도당이 들어 있으므로, 포도당 18 g과 물 82 g이 들어 있다.

ㄱ. 용매의 질량은 (가)가 (나)보다 크다.

ㄴ. 요소 10 g의 양(mol)은 $\frac{1}{6}$몰이므로 용질의 양(mol)은 (가)가 (나)보다 크다.

[오답 피하기] ㄷ. (나)는 밀도가 1 g/mL이므로 질량이 100 g으로 (가)와 같다. 이때 용질의 질량은 (나)가 (가)보다 크므로 퍼센트 농도는 (나)가 (가)보다 크다.

08 NaOH은 공기 중의 수분을 흡수하여 녹는 성질이 있으므로 시약포지에서 질량을 측정하지 않고, 비커에 넣어 질량을 측정한 후 소량의 물을 넣어 완전히 녹인 다음, 이 수용액을 부피 플라스크에 넣는다. 비커의 NaOH 수용액을 부피 플라스크에 넣은 후 증류수로 비커를 씻어 부피 플라스크에 넣고 표시선까지 증류수를 채워 충분히 섞는다.

09 (가)에서 NaOH의 질량이 0.4 g이므로 NaOH 0.01몰을 100 mL의 부피 플라스크에 넣어 용액을 만든 것이다.

예시 답안 0.1 M, NaOH의 양(mol)은 $\frac{0.4\text{ g}}{40\text{ g/mol}}=0.01\text{ mol}$이고, NaOH(*aq*)의 부피는 0.1 L이므로 NaOH(*aq*)의 몰 농도는 $\frac{0.01\text{ mol}}{0.1\text{ L}}=0.1\text{ M}$이다.

채점 기준	배점(%)
NaOH(*aq*)의 몰 농도를 구하고, 그 과정을 옳게 설명한 경우	100
NaOH(*aq*)의 몰 농도만 옳게 구한 경우	30

10 (가)에서 $KHCO_3$ 5 g은 0.05몰이고, $KHCO_3$ 수용액의 부피는 0.1 L이므로 $KHCO_3$ 수용액의 몰 농도는 0.5 M이다. 따라서 $x=0.5$이다. (나)에서 15 % $KHCO_3$ 수용액 50 g에는 $KHCO_3$ 7.5 g이 들어 있으므로 $y=7.5$이다. 따라서 $x+y=0.5+7.5=8.0$이다.

11 ㄷ. 0.1 M A 수용액 100 mL에 물을 더 넣어 부피를 200 mL가 되게 하면 A 수용액의 몰 농도는 0.05 M이 된다.
[오답 피하기] ㄱ. A 0.01몰을 더 넣으면 용질의 양(mol)이 2배가 되고, 용질의 부피만큼 용액의 부피가 약간 증가하므로 A 수용액의 몰 농도는 약 0.2 M이 된다.
ㄴ. 물을 증발시켜 전체 부피를 50 mL로 만들면 용질의 양(mol)은 그대로인데 용액의 양이 줄어들므로 몰 농도가 더 진해진다.

12 몰 농도$=\frac{\text{용질의 양(mol)}}{\text{용액의 부피(L)}}$이며 묽은 황산의 부피는 500 mL임을 알고 있으므로 용질의 양(mol)을 구하기 위해 용질의 질량과 용질의 분자량을 알아야 한다. 이때 진한 황산의 질량은 5 g이므로 황산의 질량을 알기 위해 진한 황산의 퍼센트 농도가 필요하고, 황산의 분자량도 필요하다.

실력을 올리는 실전 문제 45~47쪽

01 ④	02 ①	03 ④	04 ③	05 ①
06 ⑤	07 ⑤	08 ③	09 ②	10 ①

1등급을 굳히는 고난도 문제

11 ② 12 ⑤

01 자료 분석 하기

용액의 농도

용액	(가)	(나)	(다)
성분 물질과 질량(g)	물 80	물 82	벤젠 80
	에탄올 20	포도당 18	에탄올 20
용매의 양(mol)	$\frac{80}{18}$	$\frac{82}{18}$	$\frac{80}{78}$
몰 농도(M)	$\frac{\frac{20}{46}}{0.1}=\frac{10}{2.3}$	$\frac{\frac{18}{180}}{0.1}=1$	밀도가 주어지지 않아 알 수 없다.
퍼센트 농도(%)	$\frac{20}{100}\times100=20$	$\frac{18}{100}\times100=18$	$\frac{20}{100}\times100=20$

• 몰 농도$=\frac{\text{용질의 양(mol)}}{\text{용액의 부피}}$ • 퍼센트 농도$=\frac{\text{용질의 질량}}{\text{용액의 질량}}\times100$

ㄴ. (가)와 (다)의 용질의 질량과 용매의 질량이 모두 같으므로 퍼센트 농도가 20 %로 서로 같다.
ㄷ. (나)의 용매의 양(mol)은 $\frac{82}{18}$몰이고, (다)의 용매의 양(mol)은 $\frac{80}{78}$몰이므로 (나)>(다)이다.
[오답 피하기] ㄱ. (가)의 몰 농도는 $\frac{10}{2.3}$ M이고, (나)의 몰 농도는 1 M이므로 (가)>(나)이다.

02 ㄱ. (가)와 (나)는 퍼센트 농도와 수용액의 질량이 같으므로 수용액 속 용질의 질량은 서로 같다.
[오답 피하기] ㄴ. (가)와 (나)는 용질의 질량은 같지만 용질의 분자량은 다르므로 수용액 속 용질의 양(mol)은 서로 다르다. 설탕이 포도당보다 분자량이 크므로 용질의 양(mol)은 포도당이 설탕보다 크다. 따라서 (나)가 (가)보다 크다.
ㄷ. (가)와 (나)의 질량과 밀도가 서로 같으므로 수용액의 부피도 같다. 그러나 용질의 양(mol)은 (나)가 (가)보다 크므로 수용액의 몰 농도도 (나)가 (가)보다 크다.

03 ㄴ. 설탕 342 g의 양(mol)은 1몰이다. (가)에서는 1몰의 설탕이 모두 녹지 않았고, (나)에서는 1몰의 설탕이 모두 녹았으므로 수용액 속 설탕의 양(mol)은 (나)가 (가)보다 크다. 이때 (나)의 설탕 수용액의 몰 농도는 10 M이다.
ㄷ. 수용액의 퍼센트 농도는 녹아 있는 용질의 질량이 더 큰 (나)가 (가)보다 크다.
[오답 피하기] ㄱ. (가)에서 1몰의 설탕이 모두 녹지 않았으므로 (가)의 몰 농도는 10 M이 아니다.

04 ㄱ. (가)에 들어 있는 NaOH의 양(mol)은 1 M×0.1 L=0.1몰이므로 (가)의 용질의 질량은 4 g이다.
ㄴ. 용질의 양(mol)은 (나)가 (가)의 2배이고, NaOH 0.1몰에 의한 부피 변화는 무시하므로 몰 농도는 (나)가 (가)의 2배이다.
[오답 피하기] ㄷ. (가) 수용액의 질량은 d g/mL×100 mL=$100d$ g이고, 용질의 질량은 4 g이므로 NaOH 4 g을 더 녹

인 (나) 수용액의 질량은 $(100d+4)$ g이고, 용질의 질량은 8 g이다. 따라서 (나)의 퍼센트 농도는 $(\frac{8}{100d+4}\times100)$ %이다.

05 ㄱ. 0.1 M A 수용액의 부피를 2배로 하여 묽혔으므로 수용액의 몰 농도는 (가)가 (나)의 2배이다. 따라서 $x=0.05$이다.
[오답 피하기] ㄴ. 용액을 묽히면 수용액의 부피는 증가하지만 용질의 양(mol)은 변하지 않는다. 따라서 A의 양(mol)은 (가)와 (나)가 서로 같다.
ㄷ. (가)와 (나)에서 용질인 A의 부피는 같지만 용액의 부피는 (나)가 (가)의 2배이므로 용매인 물의 부피는 (나)가 (가)의 2배보다 크다.

06 ㄱ. NaOH의 질량은 (가)는 $\frac{1}{100}\times500\text{ g}=5\text{ g}$, (나)는 0.2 M × 0.25 L × 40 g/몰 = 2 g이므로 (가)가 (나)의 2.5배이다.
ㄴ. (가) 500 g에 NaOH 5 g이 들어 있으므로 (가) 200 g에는 NaOH 2 g이 들어 있으며, NaOH 2 g은 $\frac{2\text{ g}}{40\text{ g/몰}}=$ 0.05몰이다. 따라서 (가) 200 g에 물을 넣어 1 L로 만든 용액의 몰 농도는 0.05 M이다.
ㄷ. (나)의 밀도가 1 g/mL이므로 수용액의 질량은 250 g이다. 따라서 (가)와 (나)를 혼합한 용액의 질량은 750 g이고, NaOH의 질량은 7 g이므로 퍼센트 농도는 $\frac{7}{750}\times100≒$ 0.93 %이다.

개념 더하기

혼합 용액의 몰 농도 구하기

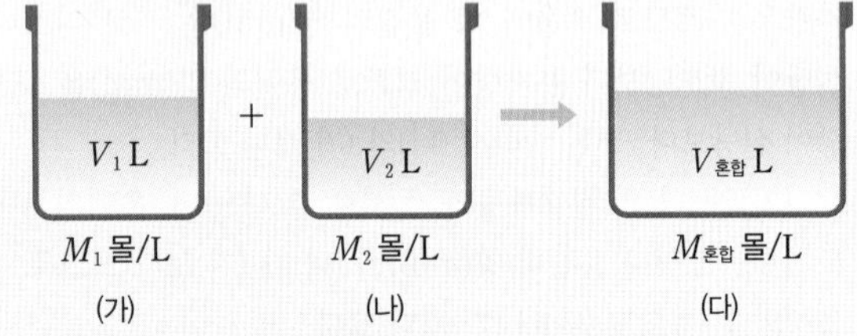

- (가)~(다)에 각각 들어 있는 용질의 양(mol)
  ➡ 용질의 양(mol)=용액의 몰 농도×용액의 부피
  ➡ (가): M_1V_1, (나): M_2V_2, (다): $M_{혼합}V_{혼합}$
- 같은 종류의 용질이 용해되어 있고 농도가 서로 다른 두 용액을 혼합하면 용질의 전체 양(mol)은 변하지 않는다.
  ➡ 혼합 전과 혼합 후 용질의 질량은 같다.
  ➡ $M_1V_1+M_2V_2=M_{혼합}V_{혼합}$
- 혼합 용액의 몰 농도($M_{혼합}$)는 다음과 같이 구할 수 있다.
  ➡ $M_{혼합}=\frac{M_1V_1+M_2V_2}{V_{혼합}}$ (몰/L)

07 ㄱ. (가)에서 KOH 수용액 100 g을 부피로 환산해야 하므로 수용액의 밀도가 필요하다.
ㄴ. 4 % KOH 수용액 100 g에는 KOH 4 g이 들어 있으므로 KOH의 양(mol)은 $\frac{4}{56}=\frac{1}{14}$몰이다.
ㄷ. 몰 농도는 용액 1 L에 들어 있는 용질의 양(mol)이므로 KOH 수용액 1 L(=1000 mL)에 들어 있는 KOH의 양(mol)이 b라면 KOH 수용액의 몰 농도는 b M이다.

08 **자료 분석 하기**

용액의 농도

수용액	용질	수용액의 양	퍼센트 농도(%)	몰 농도 (M)	용질의 화학식량
(가)	X	1 L	$a=0.6$	0.1	60
(나)	Y	100 g	$b=6$		180

- (가)에 들어 있는 용질의 질량
  ➡ 용질의 질량=용질의 양(mol)×용질의 화학식량
  =(0.1 mol/L×1 L)×60 g/mol=6 g
- (가)의 퍼센트 농도
  ➡ 용액의 밀도가 1 g/mL이므로 용액 1 L의 질량은 1000 g이다.
  ➡ 퍼센트 농도(%)$=\frac{\text{용질의 질량}}{\text{용액의 질량}}\times100$
  $=\frac{6}{1000}\times100=0.6$ % ➡ $a=0.6$
- (가)와 (나)에 들어 있는 용질의 질량이 같으므로 (나)에 들어 있는 Y의 질량도 6 g이다.
  ➡ (나)의 퍼센트 농도(%)$=\frac{\text{용질의 질량}}{\text{용액의 질량}}\times100$
  $=\frac{6}{100}\times100=6$ % ➡ $b=6$

ㄱ. $a=0.6$, $b=6$이므로 $b=10a$이다.
ㄷ. (나)에 들어 있는 Y의 질량은 6 g이고, 화학식량은 180이므로 Y의 양(mol)은 $\frac{6}{180}=\frac{1}{30}$몰이다.
[오답 피하기] ㄴ. (가)에 X 12 g을 더 넣으면 수용액에 들어 있는 X의 질량은 6 g+12 g=18 g이므로 X의 양(mol)은 0.3몰이 된다. 그러나 용액의 부피는 넣은 X 12 g에 의해 1 L보다 커지므로 (가)의 몰 농도는 0.3 M보다 작다.

09 (가)에서 A의 양(mol)은 0.5 M×0.1 L=0.05몰이므로 A의 질량은 0.05몰×40 g/몰=2 g이다. 또한 용액의 밀도가 1.02 g/mL이므로 용액의 질량은 100 mL×1.02 g/mL=102 g이다. 따라서 물의 질량은 102 g−2 g=100 g이다. (나)에서 A의 질량은 $\frac{2}{100}\times100\text{ g}=2\text{ g}$이고, 물의 질량은 100 g−2 g=98 g이다.
ㄴ. (가)와 (나)를 혼합하면 A의 질량은 2 g+2 g=4 g, 용액의 질량은 102 g+100 g=202 g이 된다. 따라서 퍼센트 농도는 $\left(\frac{4}{202}\times100\right)$ %이므로 2 %보다 작다.
[오답 피하기] ㄱ. 물의 질량은 (가)는 100 g이고, (나)는 98 g으로 (가)가 (나)보다 크므로 물의 양(mol)도 (가)가 (나)보다 크다.
ㄷ. (나)에 들어 있는 A의 양(mol)은 $\frac{2\text{ g}}{40\text{ g/몰}}=0.05$몰이므로 여기에 물을 넣어 만든 500 mL A 수용액의 몰 농도는 $\frac{0.05\text{몰}}{0.5\text{ L}}=0.1$ M이다.

10 ㄱ. 일정 농도의 용액을 만들 때에는 부피 플라스크를 사용한다.

[오답 피하기] ㄴ. 수용액을 묽히기 전과 후 용질의 양(mol)은 같으므로 $0.2\ M \times x\ mL = 2 \times 10^{-3}\ M \times 500\ mL$가 성립한다. 따라서 $x=5$이다.

ㄷ. (나)에서 만든 수용액의 밀도가 d g/mL이므로 질량은 $500\ mL \times d\ g/mL = 500d$ g이며, A의 화학식량이 100이고, 용질의 양(mol)은 $2 \times 10^{-3}\ M \times 0.5\ L = 0.001$몰이므로 용질의 질량은 0.001몰×100 g/몰=0.1 g이다. 따라서 퍼센트 농도는 $\frac{0.1}{500d} \times 100 = \frac{1}{50d}$ %이다.

11 고난도 문제 해결 전략

STEP 1 출제 의도 파악하기

화학 반응식에서의 양적 관계를 이용하여 반응 전 염산에 들어 있는 수소 이온의 양(mol)을 구하고, 이를 이용하여 염산의 몰 농도와 퍼센트 농도를 구할 수 있는지를 묻는 문제이다.

STEP 2 자료 분석하기

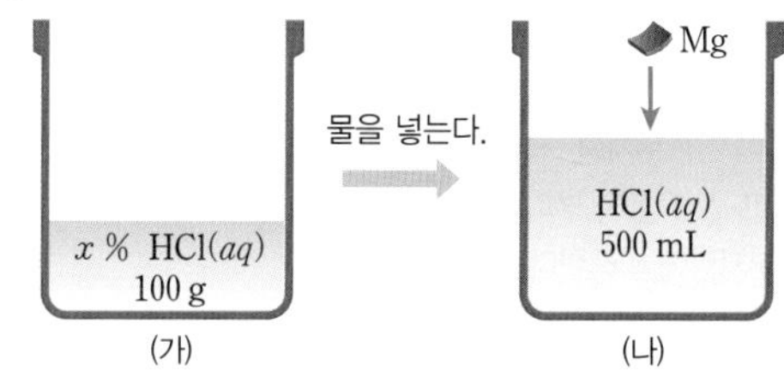

• 마그네슘과 염산의 반응에 대한 화학 반응식

$$Mg(s) + 2HCl(aq) \longrightarrow MgCl_2(aq) + H_2(g)$$

➡ 화학 반응식의 계수비=반응 몰비이므로 $Mg : HCl : H_2 = 1 : 2 : 1$이다.

• 반응 후 남은 Mg의 질량이 0.6 g이므로 반응한 Mg의 질량은 2.4 g이며, Mg 2.4 g의 양(mol)은 $\frac{2.4\ g}{24\ g/몰} = 0.1$몰이다.

➡ 반응한 HCl의 양(mol)은 0.2몰이고, 생성된 H_2의 양(mol)은 0.1몰이다.

STEP 3 관련 개념 모으기

❶ 화학 반응식과 양적 관계

➡ 화학 반응식의 계수비는 반응 몰비와 같다.

❷ 몰 농도

➡ 용액 1 L에 들어 있는 용질의 양(mol)이다.

ㄷ. Mg을 넣기 전 (나)의 HCl(aq)에 들어 있는 HCl의 양(mol)은 0.2몰이고, 부피는 0.5 L이므로 몰 농도는 $\frac{0.2몰}{0.5\ L} = 0.4$ M이다.

[오답 피하기] ㄱ. (나)에서 반응한 Mg의 질량이 2.4 g(=0.1몰)이고 0.6 g이 반응하지 않았으므로 HCl(aq)에 있는 수소 이온은 모두 반응하였다. 또한 Mg 0.1몰과 반응하는 염화수소(HCl)는 0.2몰이다. 따라서 (가)에도 HCl 0.2몰, 즉 0.2몰×36.5 g/몰=7.3 g이 들어 있으므로 (가)의 퍼센트 농도는 $\frac{7.3}{100} \times 100 = 7.3$ %이다.

ㄴ. Mg과 H_2의 반응 몰비는 1 : 1이므로 Mg 0.1몰이 반응하면 H_2 0.1몰이 생성된다. 따라서 생성된 $H_2(g)$의 부피는 0.1몰×25 L/몰=2.5 L이다.

12 고난도 문제 해결 전략

STEP 1 출제 의도 파악하기

용액을 묽히거나 같은 용질이 들어 있는 용액을 혼합하였을 때, 용질의 양(mol)과 몰 농도, 퍼센트 농도를 구할 수 있는지를 묻는 문제이다.

STEP 2 자료 분석하기

• (가) 용액의 질량은 20 g+180 g=200 g이고, A 20 g의 양(mol)은 $\frac{20\ g}{100\ g/몰} = 0.2$몰이다.

➡ (가) 용액 20 g에는 A 2 g이 들어 있고, A 2 g의 양(mol)은 $\frac{2\ g}{100\ g/몰} = 0.02$몰이다.

• 용액을 묽혀도 용질의 양(mol)은 변하지 않는다.

➡ (가) 용액 20 g에 물을 넣어 (나) 용액을 만들었으므로 (나) 용액에 들어 있는 A의 양(mol)은 0.02몰이다.

• (가) 용액 200 g에 A 20 g이 들어 있으므로 (가) 용액 100 g에 들어 있는 A의 질량은 10 g이고, (나) 용액 1 L에 A 2 g이 들어 있으므로 (나) 용액 0.5 L에 들어 있는 A의 질량은 1 g이다.

STEP 3 관련 개념 모으기

❶ 같은 용질이 녹아 있는 혼합 용액의 용질의 양(mol) 구하기(혼합 전 두 용액의 몰 농도와 부피는 각각 M_1, M_2, V_1, V_2이다.)

➡ 혼합 용액 속 용질의 양(mol)$=M_1V_1+M_2V_2$

ㄱ. (가) 용액의 질량은 200 g, A의 질량은 20 g이므로 퍼센트 농도$=\frac{20}{200} \times 100 = 10$ %이다.

ㄴ. (나) 용액 1 L에 A 0.02몰이 들어 있으므로 (나) 용액의 몰 농도는 0.02 M이다.

ㄷ. (가) 용액 100 g에는 A 10 g이 들어 있고, (나) 용액 500 mL에는 A 1 g이 들어 있으므로 두 용액을 혼합한 용액에는 A 11 g, 즉 $\frac{11\ g}{100\ g/몰} = 0.11$몰이 들어 있다.

핵심 정리 I 단원 마무리 48~49쪽

① 암모니아 ② 합성 섬유 ③ 철 ④ 탄소 화합물 ⑤ 메테인 ⑥ 에탄올 ⑦ 식초 ⑧ 몰 ⑨ 아보가드로수 ⑩ 원자량 ⑪ 아보가드로 ⑫ 22.4 ⑬ 화학식 ⑭ 수용액 ⑮ ≠ ⑯ 몰 농도 ⑰ 양(mol)

실력 점검 I 단원 평가 문제 50~53쪽

01 ④	02 ②	03 (가) 에탄올, (나) 아세트산		04 ⑤
05 ⑤	06 ①	07 ①	08 ②	09 ⑤
10 ④	11 ⑤	12 ④	13 ③	14 ③
15 ①				

1등급을 완성하는 서술형 문제

16 해설 참조 17 해설 참조 18 해설 참조

01 ㄴ. 철근 콘크리트는 콘크리트 속에 철근을 넣어 강도를 높인 것으로 주택, 건물, 도로 등의 건설에 이용하였다.

ㄷ. 공기 중의 질소를 수소와 반응시켜 암모니아를 대량으로 합성하였고, 합성된 암모니아로 생산한 질소 비료는 농산물의 생산량을 늘려 식량 증대에 크게 기여하였다.

[오답 피하기] ㄱ. 화학의 발달과 함께 개발된 여러 가지 합성 섬유로 값싸고 다양한 기능이 있는 의복을 제작하고 입을 수 있게 되었다.

02 (가)는 나일론, (나)는 철이다.

ㄴ. 철은 전자를 잃고 양이온이 되기 쉬운 원소이므로 금속 원소이다.

[오답 피하기] ㄱ. 나일론은 합성 섬유이다.

ㄷ. (가)는 의류 문제 해결에 기여한 화학 물질이며, 화학 반응을 통해 얻어진 (나)는 주거 문제 해결에 기여한 물질이다.

03 (가)는 에탄올(C_2H_5OH), (나)는 아세트산(CH_3COOH)이다.

04 ㄱ. (가)와 (나)는 모두 C, H, O의 원소로 구성되어 있다.

ㄴ. (가)와 (나)는 물에 잘 용해된다.

ㄷ. (가)와 (나)를 완전 연소시키면 이산화 탄소와 물이 생성된다.

05 (가) H_2O의 분자량은 18이므로 H_2O 9 g의 양(mol)은 0.5몰이다. H_2O 한 분자에는 2개의 수소 원자가 있으므로 (가)에 들어 있는 수소 원자 수는 1몰이다.

(나) CH_4 한 분자에는 4개의 수소 원자가 있으므로 (나)에 들어 있는 수소 원자 수는 2몰이다.

(다) NH_3 6.02×10^{23}개는 1몰이고, NH_3 한 분자에는 3개의 수소 원자가 있으므로 (다)에 들어 있는 수소 원자 수는 3몰이다.

따라서 용기에 들어 있는 수소 원자 수는 (다)>(나)>(가)이다.

06 ㄱ. 원자량비는 원자 1개의 질량비와 같다. C 원자 1개의 질량은 A의 2배이므로 원자량도 C가 A의 2배이다. 따라서 $x=12\times2=24$이다.

[오답 피하기] ㄴ. B의 원자량이 A의 $\frac{4}{3}$배이므로 원자 1개의 질량도 B가 A의 $\frac{4}{3}$배이다. 따라서 $y=2\times\frac{4}{3}=\frac{8}{3}$이다.

ㄷ. 1 g의 양(mol)은 원자량에 반비례한다. 따라서 1 g의 몰비는 A : B$=\frac{1}{12}:\frac{1}{16}=4:3$이다.

07 ㄱ. 온도와 압력이 같을 때 기체의 양(mol)은 기체의 부피에 비례한다. 따라서 기체의 양(mol)은 (다)>(가)이다.

[오답 피하기] ㄴ. (나)와 (다)의 기체의 양(mol)은 같으며, C_2H_2 한 분자에 들어 있는 C 원자 수는 2개이고, CO_2 한 분자에 들어 있는 C 원자 수는 1개이므로 C 원자 수는 (나)>(다)이다.

ㄷ. 온도와 압력이 같을 때 기체의 밀도는 분자량에 비례한다. 따라서 분자량이 큰 C_2H_2의 밀도가 NH_3보다 크므로 밀도는 (나)>(가)이다.

개념 더하기

기체의 밀도와 분자량

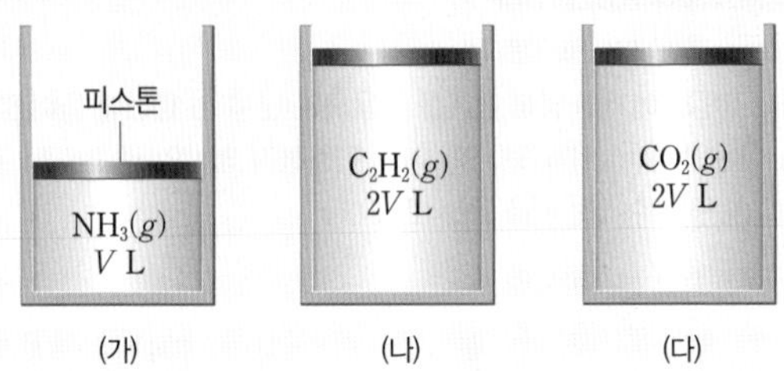

• 양(mol)$=\frac{질량}{분자량}=\frac{부피}{1몰의\ 부피}$ ➡ 분자량$=\frac{질량}{부피}\times$1몰의 부피 $=$밀도$\times$1 몰의 부피 ➡ 온도와 압력이 같을 때 기체의 밀도는 기체의 분자량에 비례한다.

➡ NH_3, C_2H_2, CO_2의 분자량은 각각 17, 26, 44이므로, 기체의 밀도비는 (가) : (나) : (다)=17 : 26 : 44이다.

08 **자료 분석 하기**

기체의 부피와 몰의 관계

기체	(가)	(나)	(다)
분자식	A_2	A_2B	CA_3
기체의 양	w g	$\frac{1}{2}N_A$개	V L

• (나)에서 A_2B의 분자 수가 $\frac{1}{2}N_A$이므로 A_2B는 0.5몰이고, A_2B 한 분자에 포함된 A 원자 수가 2이므로 A 원자 1몰이 들어 있다.
➡ (가)~(다)에 각각 포함된 A의 전체 질량이 같으므로 A 원자의 양(mol)이 같다. ➡ (가)~(다)에는 A 원자 1몰이 들어 있다.

• (가)에도 A 원자 1몰이 들어 있으므로 A_2는 0.5몰이다. 따라서 w는 A_2 0.5몰의 질량이므로 $w=1$이다.

• (다)에도 A 원자 1몰이 들어 있는데, CA_3 한 분자에 A 원자 3개가 포함되어 있으므로 CA_3의 양(mol)은 $\frac{1}{3}$몰이다.

ㄴ. (나)의 양(mol)은 $\frac{1}{2}$몰이고, (다)의 양(mol)은 $\frac{1}{3}$몰이며, (다)의 부피는 V L이다. 온도와 압력이 일정할 때 기체의 부피는 양(mol)에 비례하므로 (나)의 부피는 $\frac{3}{2}V$ L이다.

[오답 피하기] ㄱ. w는 A_2 0.5몰의 질량이므로 $w=1$이다.

ㄷ. (가)의 총 원자 수는 1몰이고, (다)에서 CA_3가 $\frac{1}{3}$몰 있으므로 (다)의 총 원자 수는 C $\frac{1}{3}$몰+A 1몰$=\frac{4}{3}$몰이다. 따라서 총 원자 수는 (다)가 (가)의 $\frac{4}{3}$배이다.

09 ㄱ. ㉠은 CO이고, ㉡은 H_2이므로 한 분자당 원자 수는 모두 2이다.

ㄴ. 반응 몰비는 계수비와 같다. ㉠과 CH_3OH의 계수비는 1 : 1이므로 ㉠ 1몰이 반응할 때 생성되는 CH_3OH의 양(mol)은 1몰이다.

ㄷ. CH_3OH의 분자량은 32이고, CH_4의 분자량은 16이므로 같은 질량의 양(mol)은 CH_4이 CH_3OH의 2배이다. 또한 (가)와 (나)에서 C와 각 생성물의 계수비가 1 : 1이므로 같은 질량의 CH_3OH과 CH_4이 생성될 때 반응한 C의 양(mol)은 (나)가 (가)의 2배이다.

10 A_2와 B_2 반응의 화학 반응식은 $2A_2(g) + B_2(g) \longrightarrow 2A_2B(g)$이다.

ㄴ. 반응 몰비는 계수비이므로 반응 몰비는 $A_2 : A_2B = 1 : 1$이다. 따라서 A_2 1몰이 반응하면 생성물(A_2B) 1몰이 생성된다.

ㄷ. A_2의 분자량은 2이고, B_2의 분자량은 32이다. B_2 16 g은 0.5몰이고, 반응 몰비는 $A_2 : B_2 = 2 : 1$이므로 A_2 1몰이 필요하다. 따라서 B_2 16 g을 모두 반응시키기 위해 필요한 A_2의 질량은 2 g이다.

[오답 피하기] ㄱ. 생성물은 2개의 A와 1개의 B로 이루어져 있으므로 화학식은 A_2B이다.

11 화학 반응식을 완성하면 다음과 같다.

$$CaCO_3(s) + 2HCl(aq) \longrightarrow CaCl_2(aq) + H_2O(l) + CO_2(g)$$

ㄱ. $x=2$, $y=1$이므로 $x+y=3$이다.

ㄴ. (가)는 $CO_2(g)$이다.

ㄷ. $CaCO_3$ 1 g의 양(mol)은 $\frac{1\text{ g}}{100\text{ g/몰}}=0.01$몰이고, 계수비는 $CaCO_3$: (가)$=1 : 1$이므로 (가) 0.01몰이 생성된다. 따라서 $CaCO_3$ 1 g을 반응시키면 (가) 0.01몰×24 L/몰= 0.24 L가 생성된다.

12 화학 반응식을 완성하면 다음과 같다.

$$C_3H_8(g) + 5O_2(g) \longrightarrow 3CO_2(g) + 4H_2O(l)$$

ㄴ, ㄷ. 기체 반응에서 계수비는 몰비와 같으며, C_3H_8 44 g은 $\frac{44\text{ g}}{44\text{ g/몰}}=1$몰이고, O_2 192 g은 $\frac{192\text{ g}}{32\text{ g/몰}}=6$몰이다.

	$C_3H_8(g)$	$+ 5O_2(g)$	$\longrightarrow 3CO_2(g)$	$+ 4H_2O(l)$
반응 전	1몰	6몰	0	0
반응	−1몰	−5몰	+3몰	+4몰
반응 후	0	1 몰	3몰	4몰

따라서 반응 후 남은 산소 분자의 양(mol)은 1몰이며, 생성된 물의 질량은 4몰×18 g/몰=72 g이다.

[오답 피하기] ㄱ. $a=3$, $b=4$이므로 $a+b=7$이다.

13 ㄱ. 0.1 M NaOH 1 L를 만들기 위해 필요한 NaOH의 양(mol)은 0.1몰이므로 NaOH 4 g이 필요하다. 따라서 $x=4$이다.

ㄷ. (다)의 수용액 0.1 L의 몰 농도는 0.1 M이고, 묽혀도 용질의 양(mol)은 변하지 않으므로 $M_1V_1=M_2V_2$가 성립한다. 따라서 $0.1\text{ M}\times0.1\text{ L}=M_2\times0.5\text{ L}$에서 $M_2=0.02$ M이다.

[오답 피하기] ㄴ. 일정한 몰 농도 용액을 제조할 때 사용하는 실험 기구 A는 부피 플라스크이다.

14 ㄱ. (가)에서 용액의 부피가 1.0 L이고 몰 농도가 0.1 M이므로 용질인 A의 양(mol)은 0.1몰이다. 이때 A의 질량이 4.0 g이므로 A의 화학식량은 40이다. (나)에서 A 1 g의 양(mol)은 $\frac{1\text{ g}}{40\text{ g/몰}}=0.025$몰이고, 부피는 0.5 L이므로 몰 농도($x$)는 $\frac{0.025\text{ 몰}}{0.5\text{ L}}=0.05$ M이다. 따라서 $x=0.05$이다.

ㄷ. (가)와 (다)의 밀도가 같으므로 밀도를 d라고 할 때 수용액의 질량은 각각 $1000d$ g, $500d$ g이다. 따라서 수용액의 퍼센트 농도는 (가)는 $\frac{4}{1000d}\times100=\frac{2}{5d}$ %이고, (다)는 $\frac{6}{500d}\times100=\frac{6}{5d}$ %이므로 (다)가 (가)의 3배이다.

[오답 피하기] ㄴ. (다)에서 B의 양(mol)은 0.5 L×0.2 몰/L =0.1몰이고, 질량은 6.0 g이므로 B의 화학식량은 60이다. 따라서 화학식량은 B(60)가 A(40)의 1.5배이다.

15 ㄱ. (가)에 들어 있는 NaOH의 질량은 $\frac{4}{100}\times100\text{ g}=4\text{ g}$이고, 이는 $\frac{4\text{ g}}{40\text{ g/몰}}=0.1$몰이다. 또한 수용액의 밀도가 1.0 g/mL이므로 수용액의 부피는 100 mL이다. 따라서 (가)의 몰 농도는 $\frac{0.1\text{몰}}{0.1\text{ L}}=1$ M이다.

[오답 피하기] ㄴ. 농도가 다른 두 용액을 혼합해도 용질의 양(mol)은 혼합 전과 후에 같다. (가)에 들어 있는 NaOH의 양(mol)은 0.1몰이고, (다)에 들어 있는 NaOH의 양(mol)은 0.3 M×0.5 L=0.15몰이므로 (나)에 들어 있는 NaOH의 양(mol)은 0.15몰−0.1몰=0.05몰이다. 따라서 (나)의 몰 농도는 $\frac{0.05\text{ 몰}}{0.1\text{ L}}=0.5$ M이므로 x는 0.5이다.

ㄷ. NaOH의 양(mol)은 (가)는 0.1몰이고, (다)는 0.15몰이므로 (다)가 (가)의 1.5배이다.

16 분자를 구성하는 원자의 양(mol)=분자의 양(mol)×한 분자당 원자 수이므로 AB_3를 구성하는 B 원자의 양은 분자의 양(mol)×3이고, AB_2를 구성하는 B 원자의 양은 분자의 양(mol)×2이다.

예시 답안 (가) AB_3, (나) AB_2, (가) : (나)=6 : 5, 분자량은 $\frac{1}{1\text{ g당 분자 수}}$에 비례하므로 분자량의 비는 (가) : (나)$=\frac{1}{4N} : \frac{1}{5N}$ =5 : 4이다. 따라서 (가)는 AB_3, (나)는 AB_2이다. 1 g당 B 원자 수는 ($\frac{1}{\text{분자량}}$×한 분자당 B 원자 수)에 비례하므로 1 g당 B 원자 수비는 (가) : (나)$=\frac{3}{5} : \frac{2}{4}=6 : 5$이다.

채점 기준	배점(%)
(가)와 (나)의 분자의 종류와 1 g당 B 원자 수비를 구하고, 그 과정을 옳게 설명한 경우	100
(가)와 (나)의 분자의 종류와 구하는 과정만 옳게 설명한 경우	40
(가)와 (나)의 분자의 종류와 1 g 당 B 원자 수비만 옳게 구한 경우	30

17 자료 분석 하기

화학 반응에서의 양적 관계

반응 전 질량(g)		반응 후 남아 있는 물질의 질량비
A	B	
12	6	A : C=1 : 5

반응 전후 질량은 보존되므로 반응 후 기체의 전체 질량은 12 g+6 g=18 g이다.

반응 후 A와 C의 질량비가 1 : 5이므로 A의 질량은 3 g, B의 질량은 15 g이다.

➡ 반응 후 남아 있는 기체의 질량으로부터 반응 질량비를 구한다. A는 3 g 남으므로 반응한 기체의 질량은 A는 9 g, B는 6 g, C는 15 g이다.

화학 반응식에서 계수비는 몰비와 같으므로 몰비는 A : B : C =2 : 1 : 2이다. 몰비는 질량비를 화학식량의 비로 나누어 구할 수 있으므로 화학식량은 $\frac{\text{질량비}}{\text{몰비}}$에 비례한다. 따라서 화학식량의 비는 A : B : C$=\frac{9}{2}:\frac{6}{1}:\frac{15}{2}=3:4:5$이다.

예시 답안 A : B : C=3 : 4 : 5, 반응 후 남아 있는 물질의 질량 합이 18 g이고, 남아 있는 물질의 질량비가 A : C=1 : 5이므로 남아 있는 A의 질량은 3 g이고, 생성된 C의 질량은 15 g이다. 반응 몰비는 A : B : C=2 : 1 : 2이고, 반응 질량비는 A : B : C=9 : 6 : 15이므로 화학식량의 비는 A : B : C=3 : 4 : 5이다.

채점 기준	배점(%)
A~C의 화학식량의 비를 구하고, 그 과정을 옳게 설명한 경우	100
A~C의 화학식량의 비를 구했으나, 구하는 과정에서 A와 C의 질량을 구하는 과정을 설명하지 않은 경우	60
A~C의 화학식량의 비만 옳게 구한 경우	30

18 • (가)는 물 160 g에 A 40 g을 녹인 것이므로 용액 200 g에 A $\frac{40\text{ g}}{100\text{ g/몰}}=0.4$몰이 들어 있다. 따라서 (가) 40 g에는 A 0.08몰이, (가) 100 g에는 A 0.2몰(=20 g)이 들어 있다.
• (나)는 (가) 40 g에 물을 넣어 용액 1 L를 만든 것이므로 A 0.08몰이 들어 있다. 따라서 (나)의 몰 농도는 0.08 M이며, (나) 500 mL에는 A 0.04몰(=4 g)이 들어 있다.
• (다) 600 mL는 (가) 100 g과 (나) 500 mL를 혼합한 용액이므로 A 0.2몰+0.04몰=0.24몰(=24 g)이 들어 있다.

예시 답안 0.4 M, (가) 100 g에 들어 있는 A의 질량은 20 g이고, (나) 500 mL에 들어 있는 A의 질량은 4 g이다. 따라서 (다)에 들어 있는 A의 양(mol)은 $\frac{24\text{ g}}{100\text{ g/몰}}=0.24$몰이고, 부피는 0.6 L이므로 몰 농도는 $\frac{0.24\text{몰}}{0.6\text{ L}}=0.4$ M이다.

채점 기준	배점(%)
A 수용액 (다)의 몰 농도를 구하고, 그 과정을 옳게 설명한 경우	100
A 수용액 (다)의 몰 농도만 옳게 구한 경우	30

원자의 세계

05 원자의 구조

확인 문제 56~58 쪽

1 전자 2 원자핵, 전자 3 원자 번호 4 동위 원소, 같

01 톰슨은 음극선 실험을 통해 음극선이 (−)전하를 띤 입자의 흐름이라는 것을 알아내고, 이 입자를 전자라고 하였다.

02 러더퍼드는 알파(α) 입자 산란 실험을 통해 원자 중심에 부피가 매우 작으면서 원자 질량의 대부분을 차지하는 (+)전하를 띤 부분이 존재하는 것을 발견하고, 이를 원자핵이라고 하였다.

03 원자핵 속에 들어 있는 양성자수에 따라 원소의 성질이 달라지므로 양성자수로 원자 번호를 정한다.

04 동위 원소는 원자 번호(양성자수)는 같지만 중성자수가 달라 질량수가 다른 원소이다. 동위 원소는 양성자수가 같아 화학적 성질이 같고, 질량수가 달라 물리적 성질이 다르다.

개념을 다지는 기본 문제 59~61 쪽

01 ① 02 ⑤ 03 전자 04 ㉠ (+), ㉡ (−) 05 ③ 06 해설 참조 07 A: 양성자, B: 중성자, C: 전자 08 ② 09 ③ 10 ④ 11 ⑤ 12 해설 참조 13 ③ 14 (가) 2, (나) 6 15 ③ 16 ③ 17 ⑤

01 ㄱ. 전자는 음극선을 이루는 입자이며, (−)전하를 띤다.
[오답 피하기] ㄴ. 양성자는 수소 원자가 전자를 잃어 형성되는 입자로 양극선을 이룬다.
ㄷ. 원자핵은 원자의 중심에 존재하며, (+)전하를 띠는 입자로 알파(α) 입자를 산란시킨다.

02 (가)의 실험 결과로부터 음극선이 전하를 띤 입자라는 것을 알 수 있고, (나)의 실험 결과로부터 음극선은 직진하는 성질이 있다는 것을 알 수 있다. (다)의 실험 결과로부터 음극선은 질량을 가진 입자의 흐름임을 알 수 있다.

03 톰슨은 음극선 실험을 통해 음극선이 (−)전하를 띤 입자의 흐름이라는 것을 알아내고, 이후 과학자들은 이 입자를 전자라고 하였다.

04 톰슨은 음극선이 지나는 길에 전기장을 걸어 줄 때 음극선이 (+)극 쪽으로 휘는 것을 발견하였고, 이로부터 음극선은 (−)전하를 띠는 작은 입자의 흐름이라는 것을 알아내었다.

⊕ 개념 더하기

원자를 구성하는 입자의 발견

- 원자핵: 알파(α) 입자 산란 실험 결과 발견하였다.
- 양성자: 양극선이 먼저 발견된 후, 양극선이 양성자의 흐름이라는 것이 밝혀졌다.
- 중성자: 베릴륨 원자핵에 알파(α) 입자를 충돌하는 실험으로 발견하였다.

05 ㄱ. (나)에서 알파(α) 입자가 대부분 그대로 통과하는 것으로 보아 원자의 대부분은 빈 공간으로 이루어져 있음을 알 수 있다.

ㄴ. (+)전하를 띠는 알파(α) 입자가 튕겨 나오는 것으로 보아 원자 중심에는 알파(α) 입자와 같은 (+)전하를 띠는 입자(원자핵)가 존재함을 알 수 있다.

[오답 피하기] ㄷ. 매우 적은 수의 알파(α) 입자가 큰 각도로 튕겨 나오는 것으로 보아 원자 중심에 부피가 매우 작고, 질량이 큰 부분이 존재함을 알 수 있다.

06 얇은 금박 주위에 스크린을 설치하고, 알파(α) 입자를 금박에 쪼여주면 적은 수의 알파(α) 입자는 얇은 금박을 통과한 후 작은 각도로 휘어지고, 매우 적은 수의 알파(α) 입자는 얇은 금박에 부딪혀서 큰 각도로 튕겨져 나오게 된다. 이것은 원자의 중심에 (+)전하를 띤 무거운 원자핵이 좁은 공간에 모여 있기 때문이다.

예시 답안 원자의 중심에 (+)전하를 띤 질량이 매우 크고 부피가 작은 원자핵이 존재하기 때문이다.

채점 기준	배점(%)
원자핵의 성질을 언급하여 옳게 설명한 경우	100
원자핵의 성질을 언급하지 않고 원자핵 용어만 쓴 경우	50

07 A와 B는 원자핵을 이루는 입자이므로 양성자 또는 중성자이다. C는 원자핵 주위를 운동하고 있으므로 전자이다. A와 C가 서로 반대의 전하를 띤다고 하였으므로, 전하를 띠지 않는 B는 중성자, 전하를 띠는 A는 양성자이다.

08 A는 양성자, B는 중성자, C는 전자이다.

ㄴ. 양성자 또는 중성자의 질량은 전자의 질량보다 크다.

[오답 피하기] ㄱ. 모든 원자에서 양성자수와 중성자수가 같은 것은 아니다.

ㄷ. 원자 번호는 원자핵 속에 들어 있는 양성자수이다. 양성자수와 중성자수의 합은 질량수이다.

09 ㄱ. 양성자와 중성자의 질량은 비슷하고, 전자의 질량은 이에 비해 무시할 수 있을 정도로 작다. 따라서 (가)는 1이다.

ㄴ. 원자핵은 (+)전하를 띠는 양성자와 전하를 띠지 않는 중성자로 이루어져 있다. 따라서 (나)는 0이다.

[오답 피하기] ㄷ. 양성자와 전자는 전하량의 크기는 같고 부호는 반대이다. 따라서 (다)는 −1이다.

10 ④ 원소 기호의 왼쪽 위에 표시된 14는 양성자수와 중성자수의 합인 질량수를 의미한다.

[오답 피하기] ①, ② 질량이나 원자량은 양성자와 중성자의 질량이 똑같지 않기 때문에 다르다.

③ ${}^{14}_{6}C$의 중성자수는 8, ${}^{14}_{7}N$의 중성자수는 7이다.

⑤ 전자 수는 양성자수와 같다.

11 자료 분석 하기

원자의 구성 입자

원자에서 양성자수와 전자 수는 같아야 하므로 ●는 양성자, ●는 중성자, ●는 전자에 해당한다. 따라서 (가)~(다)에서 양성자수, 중성자수, 질량수는 다음과 같다.

구분	(가)	(나)	(다)
양성자수	1	1	2
중성자수	1	2	2
질량수	2	3	4

⑤ 질량수는 양성자수와 중성자수의 합이므로 (가)는 2, (다)는 4이다.

[오답 피하기] ① ●는 (+)전하를 띠는 양성자이다.

② 양성자수는 (가)와 (나)가 같다.

③ 중성자수는 (나)와 (다)가 같다.

④ (나)와 (다)는 양성자수가 달라 원자 번호가 다르므로 다른 원소이다. 따라서 화학적 성질이 같지 않다.

12 예시 답안 ${}^{2}_{1}X$, ${}^{3}_{1}Y$, ${}^{4}_{2}Z$, (가)와 (나)는 동위 원소이다. 이는 양성자수가 같고 중성자수가 달라 질량수가 다르기 때문이다.

채점 기준	배점(%)
각 원자를 옳게 표현하고, 동위 원소 관계에 있는 것을 옳게 고른 후 그 까닭을 양성자수와 중성자수로 설명한 경우	100
각 원자를 옳게 표현하고, 동위 원소 관계에 있는 것만을 옳게 고른 경우	60
각 원자만을 옳게 표현한 경우	30

13 ㄱ. 원자를 구성하는 양성자수와 전자 수는 같으므로 전자와 같은 개수로 존재하는 ●은 양성자이다.

ㄷ. 동위 원소는 양성자수는 같고 중성자수가 다른 원소이다. 제시된 그림의 원소는 원자 번호가 3이고 질량수가 7인 ${}^{7}_{3}Li$이므로 ${}^{6}_{3}Li$과 동위 원소이다.

[오답 피하기] ㄴ. 질량수는 양성자수와 중성자수의 합이므로 7이다.

14 원자 번호=양성자수=원자의 전자 수이고, 질량수=양성자수+중성자수이다. C는 양성자수와 중성자수가 각각 1이므로 질량수 (가)는 2이다. E는 질량수가 13이고 중성자수가 7이므로 양성자수 (나)는 6이다.

15 ㄱ. A는 양성자수는 1이지만, 전자 수가 0이므로 +1의 양이온이다.

ㄴ. E는 중성자수가 7이고, 질량수가 13이므로 양성자수는 6이다. 따라서 D와 E는 양성자수가 같고, 질량수가 다른 동위 원소이다.

[오답 피하기] ㄷ. A, B, C는 양성자수가 1인 원소이고, D, E는 양성자수가 6인 원소이므로 표에 있는 원소의 종류는 2가지이다.

16 자료 분석 하기

원자의 구성 입자

(A, B, C: 동위 원소 / D, E: 동위 원소)

구분	A	B	C	D	E
양성자수	1	1	1	2	2
질량수	1	2	3	3	4
중성자수	0	1	2	1	2
전자 수	1	1	1	2	2

ㄱ. A와 B는 전자 수가 1로 같다.

ㄷ. C와 E는 중성자수가 2로 같다.

[오답 피하기] ㄴ. 동위 원소는 양성자수가 같고 중성자수가 달라 질량수가 다르다. 따라서 A, B, C가 동위 원소이고, D, E가 또 다른 동위 원소이다.

17 ㄱ. 중성자수는 질량수와 양성자수의 차이에 해당하므로 탄소(C)의 중성자수는 각각 6, 7임을 알 수 있고, 산소(O)의 중성자수는 각각 8, 10임을 알 수 있다.

ㄴ. CO_2 분자는 C 원자 1개와 O 원자 2개로 이루어져 있으므로 질량수가 다른 조합은 (12, 16, 16), (12, 16, 18), (12, 18, 18), (13, 16, 16), (13, 16, 18), (13, 18, 18)이 가능하다. 따라서 분자량이 다른 것은 6가지이다.

ㄷ. 평균 원자량은 각 동위 원소의 원자량과 존재 비율을 곱한 값을 더하여 구한다. 산소(O)는 질량수가 16인 산소가 a %이므로 질량수가 18인 산소는 $(100-a)$ %가 존재한다. 따라서 평균 원자량은 $\frac{16\times a+18\times(100-a)}{100}$이다.

실력을 올리는 실전 문제 63~65쪽

01 ③	02 ③	03 ②	04 ③	05 ①
06 ④	07 ⑤	08 ③	09 ④	10 ④

1등급을 굳히는 고난도 문제

11 ③ 12 ③

01 ㄱ. 톰슨은 음극선 실험을 통해 음극선이 (−)전하를 띤 입자의 흐름이라는 것을 알아내고, 이 입자를 전자라고 하였다. 따라서 A는 전자이다.

ㄴ. 톰슨은 음극선 실험 결과를 근거로 하여 (+)전하를 띠는 공 모양의 물질에 (−)전하를 띠는 전자가 듬성듬성 무질서하게 박혀 있는 원자 모형을 제시하였다.

[오답 피하기] ㄷ. 전자가 원자핵 주변의 허용된 원형 궤도를 따라 움직이는 원자 모형은 보어 모형이다.

02 러더퍼드는 알파(α) 입자 산란 실험에서 극소수의 알파(α) 입자가 큰 각도로 튕겨 나오는 것을 통해 원자 중심에 (+)전하를 띠는 원자핵을 발견하였다.

개념 더하기

양성자의 발견

• 양극선의 발견: 골트슈타인은 소량의 수소 기체를 채운 방전관에 높은 전압을 걸어 줄 때 (+)극에서 (−)극으로 이동하는 입자의 흐름을 발견하였고, 이를 양극선이라고 하였다.

• 양성자의 발견: 음극선과 달리 양극선은 방전관 안에 들어 있는 기체의 종류에 따라 생성되는 양극선의 질량에 대한 전하량의 비가 달라진다. 양극선의 질량에 대한 전하량의 비는 방전관 안에 수소 기체를 넣었을 때 생성되는 양극선이 가장 큰 값을 갖는데, 이는 방전관 안에서 생성된 수소 이온의 질량이 가장 작다는 것을 의미한다. 이를 근거로 러더퍼드는 수소 이온의 전하가 원자핵의 (+)전하의 단위라고 제안하고, 이 입자를 양성자라고 하였다.

03 실험 (가)의 결과로 전자를 발견하였고, 실험 (나)의 결과로 원자핵을 발견하였다.

ㄴ. 실험 (가)를 통해 전자를 발견하였고, 전자는 정전기의 원인이 된다.

[오답 피하기] ㄱ. 톰슨은 실험 (가)의 결과로 전자를 발견하였다.

ㄷ. 러더퍼드는 실험 (나)의 결과로 (+)전하를 띤 원자핵을 발견하였고, 원자핵이 원자의 중심에 위치하며, 원자핵 주위를 (−)전하를 띤 전자가 돌고 있는 원자 모형을 제시하였다.

04 ㄱ. 원자는 양성자수와 전자 수가 같아야 하므로 ◉는 양성자이고, ⊖는 전자이다. 따라서 ●는 중성자이다.

ㄷ. 질량수는 양성자수+중성자수이다. (가)는 양성자수가 1, 중성자수가 2이고, (나)는 양성자수가 2, 중성자수가 1이다. 따라서 (가)와 (나)는 질량수가 3으로 같다.

[오답 피하기] ㄴ. 양성자수에 따라 원소의 성질이 달라진다. (가)는 양성자수가 1, (나)는 양성자수가 2이므로 서로 다른 원소이다.

05 ㄱ. X와 Y는 원자이고, 전자 수가 서로 같으므로 양성자수도 같다. 그런데 X의 질량수는 2이고, Y의 질량수는 3이므로 Y는 X의 동위 원소이다.

[오답 피하기] ㄴ. Y와 Z는 질량수가 3으로 같다.

ㄷ. 원자 번호는 원소 기호의 왼쪽 아래에 표시하고, 질량수는 왼쪽 위에 표시한다. Z의 원자 번호는 2이고, 질량수는 3이므로 $^{3}_{2}Z$이다.

06 동위 원소는 양성자수가 같고, 질량수가 달라야 하므로 A는 중성자이고, B는 양성자이다.

ㄴ. 원자에서 전자 수와 양성자수는 같으므로 B와 같다.

ㄷ. 질량수는 양성자수와 중성자수를 합한 값이므로 (가)는 3이고, (나)는 4이다.

[오답 피하기] ㄱ. A는 중성자이다.

07 탄소(C)의 질량과 산소(O)의 질량비는 2 : 3이며, 탄소의 질량수가 12이므로 산소의 질량수는 18이라는 것을 알 수 있다.

ㄱ. 탄소(C)는 질량수가 12이므로 중성자수는 6이다.
ㄴ. 산소(O)는 질량수가 18이므로 원자를 표시하면 $^{18}_{8}O$이다.
ㄷ. 산소(O)는 질량수가 18이고, 양성자수는 8이므로 중성자수는 10이다.

08 ㄱ. A는 질량수가 16이고, 중성자수가 8이므로 양성자수는 16−8=8이다.
ㄷ. C의 양성자수는 18−10=8이므로 원자 C의 전자 수도 8이다. 따라서 이온 C^{2-}의 전자 수는 8+2=10이다.
[오답 피하기] ㄴ. A와 B는 중성자수가 같고 질량수가 다르므로 양성자수가 서로 다른 원소이다.

09 자료 분석 하기

원자의 구성 입자
- 원자 번호=양성자수=원자의 전자 수
- 질량수=양성자수+중성자수

동위 원소 (C, D)

구분	A	B	C	D	E	F
양성자수	1	2	5	5	6	7
중성자수	1	1	6	7	6	7
전자 수	1	2	5	5	6	7
질량수	2	3	11	12	12	14

ㄴ. D와 E는 양성자수와 중성자수의 합이 같으므로 질량수가 같다.
ㄷ. 원자는 양성자수와 전자 수가 같으므로 중성자수와 전자 수가 같은 원소는 A, E, F이다.
[오답 피하기] ㄱ. A와 B는 양성자수가 각각 1과 2이므로 서로 다른 원소이다.

10 ㄴ. 동위 원소는 양성자수가 같으므로 전자 수도 같다.
ㄷ. 동위 원소는 화학적 성질이 같으므로 산소와 결합한 물질의 화학적 성질도 같다.
[오답 피하기] ㄱ. (가)의 평균 원자량은 $24\times\frac{79}{100}+25\times\frac{10}{100}+26\times\frac{11}{100}=24.32$이다.

⊕ 개념 더하기

평균 원자량
- 각 동위 원소의 원자량과 존재 비율을 곱한 값을 더하여 구한 값이다.
- 평균 원자량=$\frac{(\text{각 동위 원소의 원자량}\times\text{존재 비율})\text{의 합}}{100}$

11 고난도 문제 해결 전략

STEP 1 출제 의도 파악하기
X 이온과 Y 이온을 구성하는 입자 수를 판단하여 원자를 구성하는 입자인 양성자수, 중성자수, 전자 수를 파악하는 문제이다.

STEP 2 자료 분석하기
- 원자핵을 구성하는 입자는 a와 b이므로 양성자 또는 중성자임을 알 수 있고, c는 전자임을 알 수 있다.
- 이온은 양성자수와 전자 수가 달라야 하므로 a는 중성자이다.

구분	a (중성자)	b (양성자)	c (전자)
X 이온	10	8	10
Y 이온	12	11	10

STEP 3 관련 개념 모으기
❶ 원자의 구조
➡ 원자의 중심에 (+)전하를 띠는 원자핵이 있고, 그 주위에 (−)전하를 띠는 전자가 매우 빠른 속도로 운동하고 있다. 원자핵은 (+)전하를 띠는 양성자와 전하를 띠지 않는 중성자로 이루어져 있다.

ㄱ. 원자 번호=양성자수=원자의 전자 수이다. X는 양성자수가 8이므로 원자 번호는 8이다.
ㄴ. 중성자수는 X가 10, Y가 12이므로 Y가 X보다 2만큼 크다.
[오답 피하기] ㄷ. X 이온은 전자가 양성자보다 2개 많으므로 −2의 음이온이고, Y 이온은 전자가 양성자보다 1개 적으므로 +1의 양이온이다. 따라서 두 이온의 전하를 합하면 −1이다.

12 고난도 문제 해결 전략

STEP 1 출제 의도 파악하기
원자의 표시로부터 양성자수, 중성자수, 질량수를 파악하고, 분자의 존재 비율로부터 동위 원소의 존재 비율을 유추하는 문제이다.

STEP 2 자료 분석하기
- 원자를 나타낼 때 원소 기호의 왼쪽 아래에는 원자 번호를 쓰고, 왼쪽 위에는 질량수를 쓴다.
- ^{a}X의 질량수는 a, ^{a+2}X의 질량수는 $a+2$이다. 양성자수는 같으므로 중성자수는 ^{a+2}X가 ^{a}X보다 2 크다.

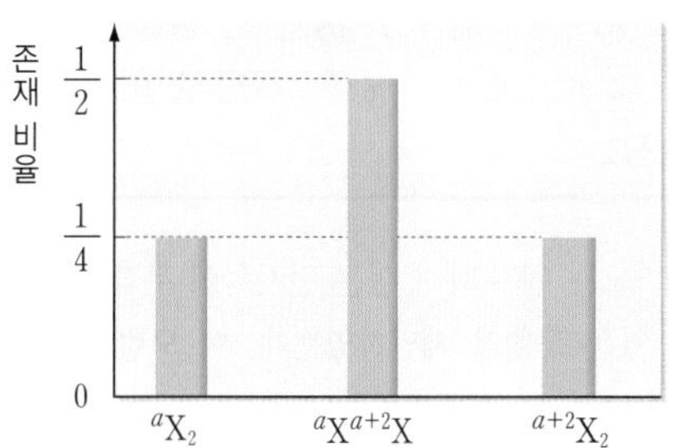

STEP 3 관련 개념 모으기
❶ 동위 원소
➡ 원자 번호(양성자수)는 같지만 중성자수가 달라 질량수가 다른 원소이며, 화학적 성질은 같지만 물리적 성질이 다르다.

❷ 질량수
➡ 원자핵 속의 양성자수와 중성자수의 합으로 나타낸다.

ㄱ. $^{a}X_2$와 $^{a+2}X_2$의 존재 비율이 $\frac{1}{4}$로 같으므로 ^{a}X와 ^{a+2}X의 존재 비율은 같다.
ㄷ. ^{a}X와 ^{a+2}X는 양성자수는 같고, 질량수는 다르므로 중성자수가 다른 동위 원소로 화학적 성질이 같다.
[오답 피하기] ㄴ. 질량수는 양성자수+중성자수이다. 동위 원소인 ^{a}X와 ^{a+2}X는 양성자수는 같고 중성자수는 ^{a+2}X가 ^{a}X보다 2 더 크다.

06 현대 원자 모형

확인 문제 66~69쪽

1 전자 껍질 2 멀어 3 흡수
4 오비탈 5 자기 6 <
7 >

01 보어의 원자 모형에서 전자가 원운동하는 궤도를 전자 껍질이라고 한다.

03 전자가 에너지 준위가 다른 전자 껍질로 이동하면 두 전자 껍질의 에너지 준위 차이만큼 에너지를 흡수하거나 방출하게 되는데, 바닥상태인 전자가 에너지를 흡수하면 높은 에너지 준위의 전자 껍질로 전이하면서 불안정한 들뜬상태가 된다.

04 일정한 에너지의 전자가 원자핵 주위의 공간에서 발견될 확률 분포를 나타낸 것을 오비탈이라고 한다.

06 수소 원자의 경우, 전자가 1개뿐이므로 오비탈의 에너지 준위는 원자핵과 전자 사이의 인력에만 영향을 받는다. 따라서 주 양자수가 커지면 오비탈의 에너지도 높아진다.

개념을 다지는 기본 문제 70~73쪽

01 ㉠ 불연속적, ㉡ 보어 02 ㄱ, ㄴ, ㄹ 03 ③ 04 ③ 05 ②
06 ① 07 ⑤ 08 ① 09 ③ 10 ③ 11 ② 12 ④
13 ② 14 ① 15 ⑤ 16 ④ 17 해설 참조 18 ④ 19 ④
20 해설 참조

01 러더퍼드는 원자 내에 있는 전자들이 무작위로 원자핵 주위를 돌고 있는 모형을 제안하였는데, 이 모형으로는 수소 원자의 불연속적인 선 스펙트럼을 설명할 수 없었다. 따라서 보어는 수소 원자의 선 스펙트럼을 설명하기 위해 새로운 원자 모형을 제안하였다.

02 ㄱ. 보어 원자 모형에 따르면 전자는 특정한 에너지를 갖는 궤도를 따라 원운동한다.
ㄴ. 전자가 운동하는 궤도를 전자 껍질이라고 하며, 전자 껍질은 주 양자수에 따라 결정된다.
ㄹ. 전자가 에너지 준위가 다른 전자 껍질로 이동하면 두 전자 껍질 사이의 에너지 차이만큼 에너지를 흡수하거나 방출한다. 따라서 전자가 같은 전자 껍질을 돌고 있을 때는 에너지를 흡수하거나 방출하지 않는다.
[오답 피하기] ㄷ. 두 전자 껍질 사이에는 전자가 존재할 수 없으므로 불연속적인 선 스펙트럼이 나타난다.

03 수소 방전관에서 방출되는 빛을 프리즘에 통과시키면 불연속적인 선 스펙트럼이 나타난다.
ㄱ. 방출되는 빛에너지가 클수록 짧은 파장의 선으로 나타난다.
ㄷ. 스펙트럼의 선 위치는 특정 파장의 고유한 값이므로 방전관의 전압을 증가시켜도 변하지 않는다.
[오답 피하기] ㄴ. 스펙트럼의 선 위치는 특정 파장의 고유한 값이기 때문에 수소 기체의 양을 증가시켜도 스펙트럼 선의 수는 변하지 않는다.

04 ㄱ. 수소는 전자가 1개이므로 에너지 준위가 가장 낮은 K 전자 껍질에 전자가 존재할 때가 바닥상태이다.
ㄴ. 전자 껍질의 에너지 준위는 원자핵에서 멀어질수록 높다.
[오답 피하기] ㄷ. 수소 원자에서 전자가 K 전자 껍질($n=1$)에 있을 때가 바닥상태이고, M 전자 껍질($n=3$)에 있을 때가 들뜬상태이므로, K 전자 껍질에 있는 전자가 M 전자 껍질로 이동하면 두 전자 껍질 사이의 에너지 차이만큼 빛에너지를 흡수한다.

05 (가)는 러더퍼드, (나)는 톰슨, (다)는 보어의 원자 모형이다.
ㄴ. 전자가 특정한 에너지 준위의 궤도에 존재하는 모형은 (다)이다.
[오답 피하기] ㄱ. 전자가 원운동하는 모형은 (가)와 (다)이다. 톰슨은 음극선 실험을 통해 (+)전하를 띠는 공 모양의 물질에 (−)전하를 띠는 전자가 박혀 있는 (나)의 모형을 제안하였다.
ㄷ. 수소 원자의 선 스펙트럼을 설명할 수 있는 모형은 (다)뿐이다.

개념 더하기

톰슨, 러더퍼드, 보어의 원자 모형
- 톰슨 원자 모형: 전체적으로 (+)전하를 띠는 물질 속에 (−)전하를 띠는 전자가 띄엄띄엄 박혀 있는 원자 모형을 제안하였다.
- 러더퍼드 원자 모형: 원자의 중심에 (+)전하를 띠는 원자핵이 위치하고, (−)전하를 띠는 전자가 원자핵 주위를 운동하고 있는 원자 모형을 제안하였다.
- 보어 원자 모형: 수소 원자의 불연속적인 선 스펙트럼을 설명하기 위해 원자핵 주위의 전자가 특정한 에너지를 가진 몇 개의 원형 궤도를 따라 빠르게 원운동하는 원자 모형을 제안하였다.

06 ① 보어 원자 모형은 전자가 특정한 에너지 준위를 가진 궤도에서 원운동을 한다는 것과 전자 껍질의 에너지가 불연속적이며, 주 양자수에 의하여 결정된다는 것 외에 전자 껍질 사이의 거리에 대한 내용은 없다.
[오답 피하기] ② 원자핵으로부터 먼 전자 껍질일수록 에너지 준위가 높다.
③ 수소 원자의 전자는 바닥상태에서 K 전자 껍질에 있다. $n=1 \rightarrow n=\infty$로 전자가 전이하는 데 필요한 에너지는 1312 kJ/mol이다.
④ $n \geq 4 \rightarrow n=3$으로 전이할 때 적외선이 방출된다. 따라서 N 전자 껍질($n=4$)에서 M 전자 껍질($n=3$)로 전이할 때 방출하는 빛은 적외선 영역에 속한다.
⑤ 전자가 K 전자 껍질($n=1$)에서 L 전자 껍질($n=2$)로 전이할 때 두 전자 껍질의 에너지 차이만큼의 에너지를 흡수한다. K 전자 껍질의 에너지 준위는 −1312 kJ/mol이고, L

전자 껍질의 에너지 준위는 $-\frac{1}{4}\times(-1312\ \mathrm{kJ/mol})$이므로 두 전자 껍질 사이의 에너지 차이는 984 kJ/mol이다.

07 자료 분석 하기

전자 전이와 에너지

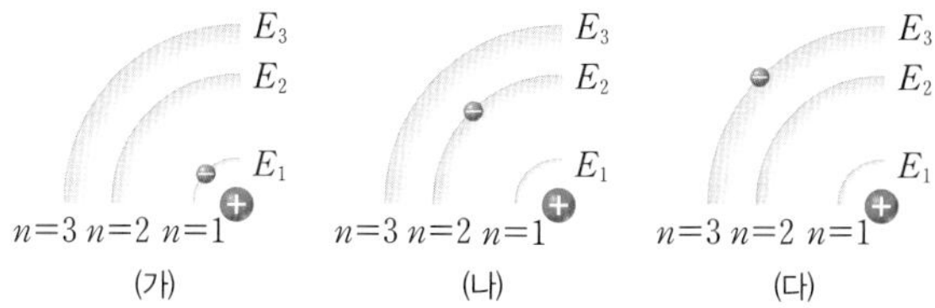

• (가)는 바닥상태이고, (나)와 (다)는 들뜬상태이다.

흡수	(가) → (나)	$n=1\rightarrow n=2$로의 전자 전이
	(가) → (다)	$n=1\rightarrow n=3$으로의 전자 전이
	(나) → (다)	$n=2\rightarrow n=3$으로의 전자 전이
방출	(다) → (나)	$n=3\rightarrow n=2$로의 전자 전이
	(다) → (가)	$n=3\rightarrow n=1$로의 전자 전이
	(나) → (가)	$n=2\rightarrow n=1$로의 전자 전이

ㄱ. (가)는 전자가 에너지 준위가 가장 낮은 전자 껍질에 위치하므로 바닥상태이고, (나)와 (다)는 들뜬상태이다.
ㄴ. 바닥상태에서 들뜬상태로 전자가 전이할 때 에너지를 흡수한다. 전자가 $n=1\rightarrow n=3$으로 전이하므로 자외선을 흡수한다.
ㄷ. 전자가 $n=3\rightarrow n=2$로 전이하므로 가시광선을 방출한다.

08 ① 톰슨 원자 모형은 음극선 실험 결과로부터 발견된 전자를 바탕으로 제안되었다.
[오답 피하기] ② 보어 원자 모형에서 전자는 특정한 에너지 준위를 갖는다.
③ 보어 원자 모형으로 수소 원자의 선 스펙트럼을 설명할 수 있다.
④ 현대 원자 모형에서 전자의 위치는 확률로만 알 수 있다.
⑤ 러더퍼드 원자 모형은 알파(α) 입자 산란 실험 결과로부터 제안되었다.

09 ㄱ. s 오비탈의 모양은 공 모양이다.
ㄷ. s 오비탈은 방향에 관계없이 원자핵으로부터 거리만 같으면 전자가 발견될 확률이 같다. 즉, 전자의 발견 확률은 원자핵으로부터의 거리에만 의존한다.
[오답 피하기] ㄴ. 주 양자수가 클수록 오비탈의 크기가 크고, 에너지 준위가 높다. $1s$ 오비탈과 $2s$ 오비탈의 주 양자수(n)는 각각 1과 2이다. 따라서 $2s$ 오비탈의 에너지 준위가 $1s$ 오비탈보다 높다.

10 ③ 주 양자수가 3이면 방위 양자수는 0, 1, 2이다.
[오답 피하기] ① 주 양자수는 오비탈의 크기 및 에너지 준위를 결정한다.
② 방위 양자수(부 양자수)는 오비탈의 모양을 결정한다.
④ 방위 양자수가 1인 경우 자기 양자수는 -1, 0, $+1$이다.
⑤ 오비탈 내 전자의 스핀을 구분하는 스핀 자기 양자수는 $+\frac{1}{2}$과 $-\frac{1}{2}$이다.

11 (가)는 p_x 오비탈, (나)는 p_y 오비탈, (다)는 p_z 오비탈이다.
ㄴ. p 오비탈은 방향에 따라 p_x, p_y, p_z가 존재하며, 이들의 에너지 준위는 같다. 따라서 (가)~(다)의 에너지 준위는 모두 같다.
[오답 피하기] ㄱ. p 오비탈은 주 양자수(n)가 2인 L 전자 껍질부터 존재한다.
ㄷ. $2p$ 오비탈의 방위 양자수(l)는 1이므로 자기 양자수(m_l)는 -1, 0, $+1$이다.

12 ④ $3d$ 오비탈의 주 양자수(n)는 3, 방위 양자수(l)는 2이므로 자기 양자수는 -2, -1, 0, $+1$, $+2$이다.
[오답 피하기] ① $1s$ 오비탈의 주 양자수(n)는 1이다.
② $2p$ 오비탈의 주 양자수(n)는 2이고, 자기 양자수(m_l)는 -1, 0, $+1$이다.
③ $3s$ 오비탈의 주 양자수(n)는 3이고, 방위 양자수(l)는 0이다.
⑤ 오비탈 내 전자의 스핀을 구분하는 스핀 자기 양자수는 $+\frac{1}{2}$과 $-\frac{1}{2}$이다.

13 ㄷ. s 오비탈은 공 모양으로 방향에 관계없이 원자핵으로부터 거리가 같으면 전자가 발견될 확률이 같다.
[오답 피하기] ㄱ. 보어 원자 모형에서는 전자가 원자핵 주위의 정해진 궤도를 따라 원운동하지만, 현대 원자 모형에서는 전자를 원자핵 주위에 존재할 수 있는 확률로만 나타낸다. 따라서 전자가 원 궤도를 돌고 있는 것은 보어 원자 모형에 해당한다.
ㄴ. p_x, p_y, p_z 오비탈의 에너지 준위는 모두 같다.

14 ㄱ. (가)는 $2s$ 오비탈이고, (나)는 $1s$ 오비탈이다.
[오답 피하기] ㄴ. (나)의 주 양자수는 1이므로 방위 양자수는 0이다.
ㄷ. 자기 양자수는 오비탈의 방향을 결정하는 양자수로, 방위 양자수가 l인 경우 $-l$에서 $+l$까지의 정수만 가능하다. s 오비탈의 경우 방위 양자수가 0이므로 (가)와 (나)의 자기 양자수는 모두 0이다.

15 (가)는 $2s$ 오비탈, (나)는 $2p_x$ 오비탈, (다)는 $2p_z$ 오비탈, (라)는 $3s$ 오비탈이다.
ㄱ. (가)와 (라)는 s 오비탈이므로 원자핵으로부터 거리가 같으면 방향에 관계없이 전자가 발견될 확률이 같다.
ㄴ. (나)와 (다)는 주 양자수가 2이고, p 오비탈이므로 방위 양자수는 1이다.
ㄷ. 수소 원자는 전자가 1개이므로 주 양자수가 2, 3인 전자 껍질에 전자가 있을 때는 들뜬상태이다. 이때 에너지 준위는 주 양자수가 클수록 높으므로 (라)에 있던 전자가 (나)로 이동할 때 빛에너지를 방출한다.

16 자료 분석 하기

오비탈의 4가지 양자수 조합

- 주 양자수: 자연수 값을 가지며 오비탈의 크기와 에너지를 결정한다.
- 방위 양자수: 오비탈의 모양을 결정하며, 주 양자수가 n인 경우 0부터 $n-1$까지 n개 존재한다.
- 자기 양자수: 오비탈의 공간적 방향을 결정하며, 방위 양자수가 l인 경우 $-l$에서 $+l$까지의 정숫값만을 가진다.
- 스핀 자기 양자수: 오비탈 내 전자의 스핀을 구분하며, $+\frac{1}{2}$ 또는 $-\frac{1}{2}$이 있다.

주 양자수	방위 양자수	자기 양자수	스핀 자기 양자수
1	0	0	$+\frac{1}{2}$ 또는 $-\frac{1}{2}$
2	0	0	$+\frac{1}{2}$ 또는 $-\frac{1}{2}$
	1	$-1, 0, +1$	
3	0	0	$+\frac{1}{2}$ 또는 $-\frac{1}{2}$
	1	$-1, 0, +1$	
	2	$-2, -1, 0, +1, +2$	

④ 주 양자수가 n이면 방위 양자수는 0부터 $n-1$까지 n개 존재하며, 방위 양자수가 l이면 자기 양자수는 $-l$부터 $+l$까지의 정수가 해당된다. 따라서 방위 양자수가 0인 경우, 자기 양자수는 0이어야 한다.

[오답 피하기] ① 주 양자수가 1인 경우 방위 양자수는 0이고, 자기 양자수도 0이다.

② 주 양자수가 2인 경우, 방위 양자수는 0 또는 1이다. 이때 방위 양자수가 0이면 자기 양자수도 0이다.

③ 주 양자수가 2, 방위 양자수가 1인 경우, 자기 양자수는 -1, 0, $+1$이 가능하다.

⑤ 주 양자수가 3인 경우 방위 양자수는 0, 1, 2이다. 이때 방위 양자수가 2인 경우 자기 양자수는 -2, -1, 0, $+1$, $+2$가 가능하다.

17 예시 답안 $2s$, $2p_x$, $2p_y$, $2p_z$, 주 양자수가 2이므로 방위 양자수는 0과 1이다. 방위 양자수가 0인 경우, 자기 양자수는 0이므로 $2s$ 오비탈이 존재한다. 방위 양자수가 1인 경우, 자기 양자수는 $-1, 0, +1$이므로 방향이 다른 $2p_x$, $2p_y$, $2p_z$ 오비탈이 각각 존재한다.

채점 기준	배점(%)
4개의 오비탈을 쓰고, 그 까닭을 양자수를 언급하여 옳게 설명한 경우	100
4개의 오비탈만 옳게 쓴 경우	50

18 ④ 수소 원자는 전자가 1개이므로 오비탈의 에너지 준위가 주 양자수에 의해서만 결정된다. 따라서 주 양자수가 3으로 같은 $3p$ 오비탈과 $3d$ 오비탈의 에너지 준위는 같다.

[오답 피하기] ① 수소 원자의 에너지 준위는 주 양자수에 의해서만 결정되므로 $2s$ 오비탈의 에너지 준위는 $1s$ 오비탈보다 높다.

② $2s$ 오비탈과 $2p$ 오비탈은 주 양자수가 2로 같으므로 에너지 준위는 같다.

③ $3d$ 오비탈의 주 양자수는 3이고, $4s$ 오비탈의 주 양자수는 4이므로 에너지 준위는 $3d$ 오비탈이 $4s$ 오비탈보다 낮다.

⑤ $3p$ 오비탈의 모든 에너지 준위는 같다.

19 다전자 원자의 경우 주 양자수 뿐만 아니라 오비탈의 종류에 따라 에너지 준위가 달라진다.

ㄴ. $3d$ 오비탈의 에너지 준위는 $4s$ 오비탈보다 높다.

ㄷ. $3p$ 오비탈에서 p_x, p_y, p_z 오비탈의 에너지 준위는 같다.

[오답 피하기] ㄱ. $4p$ 오비탈의 에너지 준위는 $3d$ 오비탈보다 높다.

20 예시 답안 다전자 원자에는 2개 이상의 전자가 존재하므로 원자핵과 전자 사이의 인력뿐만 아니라 전자 사이의 반발력의 영향도 받기 때문이다.

채점 기준	배점(%)
전자 사이의 반발력을 언급하여 옳게 설명한 경우	100
전자 사이의 반발력은 언급하지 않고 설명한 경우	30

실력을 올리는 실전 문제 76~79쪽

01 ②	02 ①	03 ③	04 ②	05 ②
06 ④	07 ①	08 ①	09 ⑤	10 ④
11 ⑤	12 ②	13 ①	14 ②	

1등급을 굳히는 고난도 문제

15 ①　16 ③

01 ㄷ. (다)는 보어 원자 모형으로, 보어 원자 모형에서는 전자가 불연속적인 에너지 준위를 갖는 전자 껍질에서만 운동하고 있으므로 수소 원자의 선 스펙트럼을 설명할 수 있다.

[오답 피하기] ㄱ. (가)는 톰슨 원자 모형으로, 톰슨 원자 모형은 음극선 실험 결과에서 발견한 전자의 존재를 설명하기 위해 제안되었다.

ㄴ. (나)는 러더퍼드 원자 모형으로, 러더퍼드 원자 모형에서는 (−)전하를 띠는 전자가 (+)전하를 띠는 원자핵 주위를 돌고 있다. 전자의 위치를 확률로 설명하는 것은 현대 원자 모형이다.

02 (가)는 바닥상태이고, (나)는 들뜬상태이다.

ㄱ. 원자에서 양성자수=원자의 전자 수이다. (가)와 (나)는 전자 수가 같으므로 같은 원소이다.

[오답 피하기] ㄴ. (가)에서 (나)로 될 때 에너지를 흡수한다.

ㄷ. (나)에서 (가)로 될 때 (가)와 (나)의 에너지 준위 차이에 해당하는 불연속적인 에너지의 빛이 방출되므로 선 스펙트럼이 나타난다.

03 자료 분석 하기

방출하는 에너지 구하기

- c에서 방출하는 에너지$=-1312\times\left(\frac{1}{4^2}-\frac{1}{2^2}\right)=246$ kJ/mol
- a에서 방출하는 에너지$=-1312\times\left(\frac{1}{2^2}-\frac{1}{1^2}\right)=984$ kJ/mol

ㄱ. (가)는 가시광선 영역의 수소 원자 스펙트럼 중에서 파장이 가장 길므로 에너지가 가장 작다. 따라서 (가)는 $n=3 \rightarrow n=2$로의 전자 전이인 b에 해당한다.
ㄷ. d의 에너지는 $(c-b)$의 에너지와 같으므로 d에서 방출하는 에너지는 b와 c에서 방출하는 에너지의 차와 같다.
[오답 피하기] ㄴ. $n=2 \rightarrow n=1$로 전자가 전이할 때 방출하는 에너지는 $n=4 \rightarrow n=2$로 전자가 전이할 때 방출하는 에너지보다 크므로 c에서 방출하는 에너지는 a에서 방출하는 에너지보다 작다.

04 자료 분석 하기

흡수 또는 방출하는 에너지 구하기

- A: $n=1 \rightarrow n=2$로의 전자 전이 ➡ $-\frac{k}{1^2}-\left(-\frac{k}{2^2}\right)=-\frac{3}{4}k$
- B: $n=3 \rightarrow n=2$로의 전자 전이 ➡ $-\frac{k}{3^2}-\left(-\frac{k}{2^2}\right)=\frac{5}{36}k$
- C: $n=2 \rightarrow n=1$로의 전자 전이 ➡ $-\frac{k}{2^2}-\left(-\frac{k}{1^2}\right)=\frac{3}{4}k$
- D: $n=3 \rightarrow n=1$로의 전자 전이 ➡ $-\frac{k}{3^2}-\left(-\frac{k}{1^2}\right)=\frac{8}{9}k$

ㄷ. D는 $n=3 \rightarrow n=1$로의 전자 전이이고, B는 $n=3 \rightarrow n=2$, C는 $n=2 \rightarrow n=1$로의 전자 전이이므로 D에 해당하는 에너지는 B와 C에 해당하는 에너지의 합과 같다.
[오답 피하기] ㄱ. 에너지를 방출하는 전자 전이는 B, C, D이고, 에너지를 흡수하는 전자 전이는 A이다.
ㄴ. 가시광선 영역의 빛은 $n\geq3$인 전자 껍질에서 $n=2$인 전자 껍질로 전자가 전이할 때 방출된다. 따라서 B에서 가시광선 영역의 빛이 방출된다.

05 ㄴ. c는 $n=2 \rightarrow n=1$로의 전자 전이이고, d는 $n=3 \rightarrow n=2$로의 전자 전이이다. $n=1$과 $n=2$의 에너지 차가 $n=2$와 $n=3$의 에너지 차보다 크므로 방출되는 빛의 파장은 d에서가 c에서보다 길다.
[오답 피하기] ㄱ. a는 $n=1 \rightarrow n=4$로의 전자 전이이다. 수소의 이온화 에너지에 해당하는 전자 전이는 $n=1 \rightarrow n=\infty$이다.
ㄷ. b는 $n=2 \rightarrow n=3$으로의 전자 전이로, 에너지를 흡수할 때 일어난다. 656 nm의 선은 $n=3 \rightarrow n=2$로의 전자 전이가 일어날 때 나타나므로 d에 해당한다.

06 ㄴ. 수소 원자는 전자가 1개이므로 들뜬상태인 $n=2$에서 바닥상태인 $n=1$로 내려오며(a) 에너지를 방출한다.
ㄷ. a는 $n=2 \rightarrow n=1$로의 전자 전이이고, b는 $n=3 \rightarrow n=1$로의 전자 전이이다. 한편 c는 $n=2 \rightarrow n=3$으로의 전자 전이이므로 a와 b의 에너지 차이는 c의 에너지와 크기는 같고, 부호는 반대이다.
[오답 피하기] ㄱ. 에너지를 흡수하는 전자 전이는 주 양자수가 증가하는 전자 전이로 c가 이에 해당한다.

07 ㄱ. s 오비탈은 모든 전자 껍질에 1개씩 존재하며 주 양자수에 따라 오비탈의 모양은 같고 크기만 다르다.
[오답 피하기] ㄴ. $2s$ 오비탈의 방위 양자수는 0이고, $2p$ 오비탈의 방위 양자수는 1이다.
ㄷ. 수소 원자는 전자 수가 1개이므로 원자핵과 전자 사이의 인력에만 영향을 받는다. 따라서 주 양자수가 같은 오비탈은 종류에 관계없이 에너지 준위가 같다. 즉, $3s$ 오비탈과 $3p$ 오비탈의 에너지 준위는 같다.

08 ㄱ. $2p_x$ 오비탈의 주 양자수(n)는 2이고, $3s$ 오비탈의 주 양자수(n)는 3이다. $n=2 \rightarrow n=3$으로의 전자 전이가 일어날 때에는 에너지를 흡수한다.
[오답 피하기] ㄴ. s 오비탈의 방위 양자수는 0이고, 자기 양자수도 0이다.
ㄷ. $2p_x$ 오비탈과 $2p_z$ 오비탈의 에너지 준위는 같다. 따라서 $1s$ 오비탈에서 $2p_x$ 오비탈로 전이할 때 흡수하는 에너지와 $1s$ 오비탈에서 $2p_z$ 오비탈로 전이할 때 흡수하는 에너지는 같다.

09 (가)는 $2s$, (나)는 $2p_x$, (다)는 $2p_z$ 오비탈이다.
ㄱ. (가)는 s 오비탈로 전자의 발견 확률은 원자핵으로부터의 거리에만 의존한다. 따라서 원자핵으로부터 거리가 같으면 방향에 관계없이 전자가 발견될 확률이 같다.
ㄴ. (나)는 p_x 오비탈로 x축 방향에서 전자가 발견될 확률이 높고, yz 평면 상에서 전자가 발견될 확률이 0이다.
ㄷ. (나)와 (다)의 방위 양자수는 1로 같다.

10 ㄴ. (가)의 B에서 전자는 에너지를 방출하며 들뜬상태에서 바닥상태로 전이한다.
ㄷ. (나)의 $2s$와 $2p_x$ 오비탈은 주 양자수가 2로 같고, 에너지 준위는 (가)의 $n=2$의 에너지 준위와 같다.
[오답 피하기] ㄱ. (가)의 A에서 수소 원자의 전자가 바닥상태에서 에너지를 흡수해 $n=\infty$로 전이하므로 전자 1개를 잃는다.

11 ㄱ. 수소 원자의 에너지 준위에서는 주 양자수가 같으면 오비탈의 에너지 준위가 모두 같다. 따라서 (가)의 $2s$ 오비탈과 (나)의 $2p_x$ 오비탈은 주 양자수가 2로 같으므로 에너지 준위가 같다.
ㄴ. 자기 양자수는 방위 양자수가 l일 때 $-l$에서 $+l$까지의 정수로 존재한다. s 오비탈은 방위 양자수가 0이므로 자기 양자수도 0이다.
ㄷ. 수소 원자의 에너지 준위에서 주 양자수가 커지면 원자핵과 전자 사이의 평균 거리가 멀어지므로 오비탈의 에너지도 증가한다. 따라서 주 양자수가 가장 큰 (라)의 에너지 준위가 가장 크다.

12 ㄷ. (가)와 (나) 모두 s 오비탈을 나타내며, s 오비탈은 방향에 관계없이 원자핵으로부터 거리가 같으면 전자 발견 확률이 같다.

[오답 피하기] ㄱ. 전자가 발견될 확률이 0이 되는 마디는 $2s$ 오비탈부터 나타난다.

ㄴ. k nm에서 전자 발견 확률이 가장 높은 것이지, k nm 이내에서만 전자가 발견된다는 것은 아니다.

13 ㄱ. (가)의 주 양자수는 3이므로 (가)는 $3s$, $3p$, $3d$ 오비탈 중 하나이고 방위 양자수는 각각 0, 1, 2이다. 방위 양자수는 (나)가 (가)보다 크고 에너지 준위는 (가)가 (나)보다 높으므로 (가)가 $3p$ 오비탈 또는 $3d$ 오비탈이라면 (나)에 해당하는 오비탈이 없다. 따라서 (가)는 $3s$ 오비탈이고 (나)는 $2p$ 오비탈이다.

[오답 피하기] ㄴ. (나)는 $2p$ 오비탈이므로 방위 양자수는 1이다.

ㄷ. (가)는 $3s$ 오비탈이므로 최대로 채워질 수 있는 전자 수는 2이고, (나)는 $2p$ 오비탈이므로 최대로 채워질 수 있는 전자 수는 6이다.

개념 더하기

수소 원자와 다전자 원자의 에너지 준위

[수소 원자의 경우]

- 주 양자수가 같은 오비탈의 에너지 준위는 모두 같다.
- 오비탈의 에너지 준위는 원자핵과 전자 사이의 인력에만 영향을 받으므로, 주 양자수가 커지면 원자핵과 전자 사이의 평균 거리가 멀어져 오비탈의 에너지도 증가한다.

[다전자 원자의 경우]

- 주 양자수뿐만 아니라 방위 양자수도 에너지 준위에 영향을 준다.
- 원자핵과 전자 사이의 인력뿐만 아니라 전자 사이의 반발력의 영향을 받으므로, 주 양자수뿐만 아니라 오비탈의 모양에 따라서도 에너지 준위가 달라진다.

14 ㄷ. M 전자 껍질의 주 양자수는 3이고, $3d$ 오비탈의 방위 양자수는 2이므로 자기 양자수는 -2, -1, 0, $+1$, $+2$가 가능하다.

[오답 피하기] ㄱ. K 전자 껍질에는 s 오비탈, L 전자 껍질에는 s, p 오비탈, M 전자 껍질에는 s, p, d 오비탈이 각각 존재한다.

ㄴ. L 전자 껍질의 $2p$ 오비탈의 주 양자수는 2이고, 방위 양자수는 1이다.

15 **고난도 문제 해결 전략**

STEP 1 출제 의도 파악하기

전자 전이가 일어날 때 에너지의 출입과 이때 나타나는 선 스펙트럼을 해석할 수 있는지를 묻는 문제이다.

STEP 2 자료 분석하기

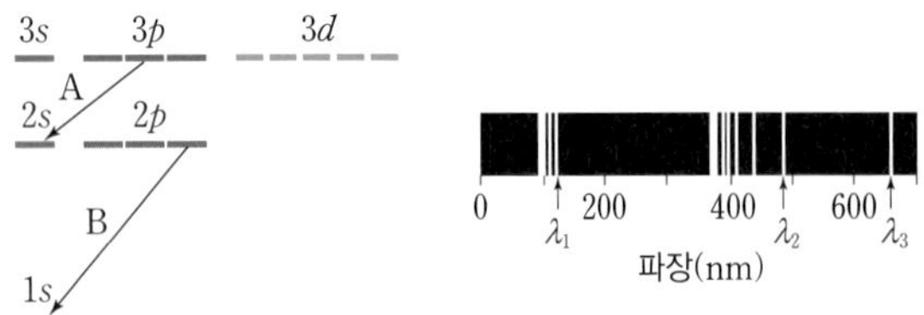

- A 전자 전이: $n=3 \rightarrow n=2$, 가시광선 영역의 빛이며, 가시광선 영역 중 에너지가 가장 작으므로 파장이 가장 길다. 따라서 A는 가시광선 영역의 파장 중 가장 긴 파장인 λ_3이다.
- B 전자 전이: $n=2 \rightarrow n=1$, 자외선 영역의 빛이며, 자외선 영역 중 에너지가 가장 작으므로 파장이 가장 길다. 따라서 자외선 영역의 파장 중 가장 긴 파장인 λ_1이다.

STEP 3 관련 개념 모으기

❶ 수소 원자의 스펙트럼 계열

스펙트럼 계열	전자 전이	스펙트럼 영역
라이먼 계열	$n \geq 2 \rightarrow n=1$	자외선
발머 계열	$n \geq 3 \rightarrow n=2$	가시광선
파셴 계열	$n \geq 4 \rightarrow n=3$	적외선

❷ 빛에너지와 파장의 관계

➡ 빛에너지는 파장에 반비례하므로 전자가 이동하는 두 전자 껍질 사이의 에너지 차이가 작을수록 방출되는 빛의 파장이 길다.

ㄴ. B에서 방출되는 빛은 자외선 영역의 빛 중 파장이 가장 긴 빛이다. 따라서 B에서 방출되는 빛의 파장은 λ_1이다.

[오답 피하기] ㄱ. A에서 방출되는 빛은 가시광선 영역의 빛 중 파장이 가장 긴 빛이다. A에서 방출되는 빛의 파장은 λ_3이다.

ㄷ. λ_1은 전자가 $n=2 \rightarrow n=1$로 전이될 때 방출되는 빛의 파장이고, λ_3은 전자가 $n=3 \rightarrow n=2$로 전이될 때 방출되는 빛의 파장이다. 따라서 λ_1과 λ_3에 해당하는 에너지의 합은 전자가 $n=3 \rightarrow n=1$로 전이될 때 방출되는 빛에너지와 같다. 수소 원자의 이온화 에너지는 전자가 $n=\infty \rightarrow n=1$로 전이될 때 방출되는 빛에너지와 같다.

16 **고난도 문제 해결 전략**

STEP 1 출제 의도 파악하기

4가지 주 양자수를 이용하여 오비탈의 종류를 찾아낼 수 있는지를 이해하는 문제이다.

STEP 2 관련 개념 모으기

❶ (가)의 오비탈은?

➡ (가)는 $n+l=2$인데, 방위 양자수가 1이라면 주 양자수가 1이 되므로 이에 해당하는 오비탈은 존재하지 않는다. 따라서 (가)는 주 양자수가 2, 방위 양자수가 0인 $2s$ 오비탈이다.

❷ (나)의 오비탈은?

➡ (나)의 자기 양자수가 -1이므로 (나)는 $2p$ 오비탈 또는 $3p$ 오비탈이다. (나)의 방위 양자수는 1이므로 주 양자수는 2이다. 따라서 (나)는 $2p$ 오비탈이다.

❸ (다)의 오비탈은?

➡ (다)는 $n+l=4$이므로 이에 해당하는 오비탈은 주 양자수 3, 방위 양자수 1인 $3p$ 오비탈이다.

ㄱ. (가)보다 에너지 준위가 낮은 오비탈은 $1s$ 오비탈 1가지이다.

ㄷ. (다)는 $3p$ 오비탈이며, p 오비탈은 아령 모양으로 원자핵으로부터의 방향과 거리에 따라 전자 발견 확률이 다르다.

[오답 피하기] ㄴ. (나)는 $2p$ 오비탈이므로 주 양자수는 2이다.

07 전자 배치 규칙

확인 문제			80~81쪽
	1 낮	**2** 2	**3** ×
	4 5, 3		

01 쌓음 원리에 따르면 바닥상태 원자에서 전자는 에너지 준위가 가장 낮은 오비탈부터 차례대로 채워진다.

02 파울리 배타 원리에 따르면 전자는 한 오비탈에 최대 2개까지 들어갈 수 있으며, 한 오비탈에 들어간 두 전자의 스핀 방향은 서로 반대이다.

03 쌓음 원리, 훈트 규칙에 위배되는 전자 배치는 들뜬상태 전자 배치이나 파울리 배타 원리에 위배되는 전자 배치는 존재할 수 없는 전자 배치이다.

04 $_7$N의 바닥상태 전자 배치는 $1s^2\,2s^2\,2p_x^{\,1}\,2p_y^{\,1}\,2p_z^{\,1}$이므로 전자가 들어 있는 오비탈 수는 5, 홀전자 수는 3이다.

개념을 다지는 기본 문제 (82~84쪽)

01 (1) 파울리 배타 원리 (2) 쌓음 원리 (3) 훈트 규칙 02 ④ 03 ⑤
04 ④ 05 ④ 06 ② 07 ① 08 ③ 09 ② 10 ②
11 해설 참조 12 해설 참조 13 ② 14 ④

01 (1) 파울리 배타 원리에 따르면 전자는 한 오비탈에 최대 2개까지 들어갈 수 있으며, 한 오비탈에 들어간 두 전자의 스핀 방향은 서로 반대이다.
(2) 쌓음 원리에 따르면 바닥상태 원자에서 전자는 에너지 준위가 가장 낮은 오비탈부터 차례대로 채워진다.
(3) 훈트 규칙에 따르면 바닥상태 전자 배치에서 에너지 준위가 같은 오비탈에 전자가 채워질 때, 전자들은 쌍을 이루지 않고 가능한 한 홀전자가 많게 채워진다.

02 ④ 1개의 오비탈에 들어가는 전자의 스핀 방향은 반대이다.
[오답 피하기] ① 수소 원자에서 오비탈의 종류가 같으면 주 양자수(n)가 클수록 에너지 준위가 높다.
② 1개의 오비탈에는 전자가 최대 2개까지 들어갈 수 있다.
③ 다전자 원자에서는 $2p$ 오비탈이 $2s$ 오비탈보다 에너지 준위가 높으나 수소 원자에서는 $2s$ 오비탈과 $2p$ 오비탈의 에너지 준위가 같다.
⑤ 훈트 규칙에 어긋나는 전자 배치는 들뜬상태 전자 배치이다.

03 ⑤ 1개의 오비탈에 최대로 들어갈 수 있는 전자 수는 2이다. 따라서 p_z 오비탈에 3개의 전자가 배치될 수 없다.
[오답 피하기] ①, ②, ④는 들뜬상태 전자 배치이고, ③은 쌓음 원리, 파울리 배타 원리, 훈트 규칙을 모두 만족하는 바닥상태 전자 배치이다.

04 ④ A(Li)와 C(Na)는 원자가 전자 수가 1로 같으므로 화학적 성질이 비슷하다.
[오답 피하기] ① C는 쌓음 원리, 파울리 배타 원리, 훈트 규칙을 모두 만족하므로 바닥상태이다.
② A는 $2s^1$에 있는 전자만 홀전자이므로 A의 홀전자는 1개이다.
③ 주 양자수가 전자 껍질 수를 의미하므로 B는 2, D는 3이다.
⑤ 원자가 전자 수는 D가 7로 가장 많다.

05 다전자 원자의 오비탈의 에너지 준위는 $1s < 2s < 2p$이고, 이때 $2p_x$, $2p_y$, $2p_z$ 오비탈의 에너지 준위는 같으므로 원자 번호 6인 탄소의 바닥상태 전자 배치는 $1s^2\,2s^2\,2p_x^{\,1}\,2p_y^{\,1}$이다.

개념 더하기

쌓음 원리
- 바닥상태 원자에서 전자는 에너지 준위가 낮은 오비탈부터 차례대로 채워진다.
- 다전자 원자에서 전자가 채워지는 순서

$$1s \rightarrow 2s \rightarrow 2p \rightarrow 3s \rightarrow 3p \rightarrow 4s \rightarrow 3d \rightarrow 4p \cdots$$

06 ② $_5$B는 쌓음 원리, 훈트 규칙, 파울리 배타 원리를 모두 만족하는 바닥상태 전자 배치이다.
[오답 피하기] 3가지 규칙을 모두 만족하도록 전자 배치를 하면 다음과 같다.

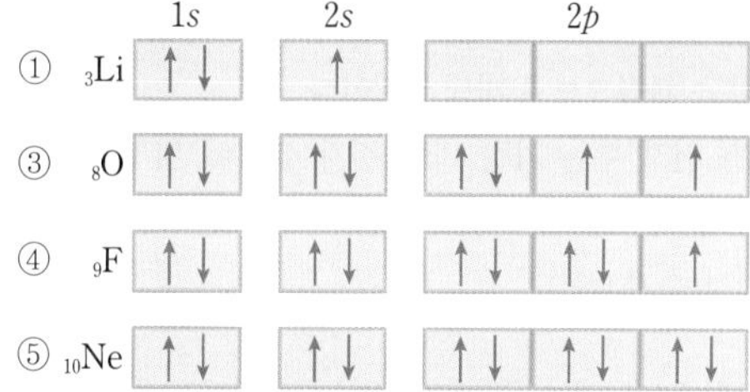

07 질소($_7$N)는 원자 번호 7번으로 바닥상태의 전자 배치는 $1s^2\,2s^2\,2p_x^{\,1}\,2p_y^{\,1}\,2p_z^{\,1}$이다.
ㄱ. (가)는 쌓음 원리, 파울리 배타 원리, 훈트 규칙을 모두 만족하므로 바닥상태의 전자 배치이다.
[오답 피하기] ㄴ. 훈트 규칙에 따르면 에너지 준위가 같은 오비탈에 전자가 배치될 때 가능한 한 홀전자 수가 많게 배치되어야 한다. 따라서 (나)의 전자 배치는 훈트 규칙을 만족하지 못하는 들뜬상태의 전자 배치이다.
ㄷ. 파울리 배타 원리에 따르면 한 오비탈에 들어간 두 전자의 스핀 방향은 반대여야 한다. 따라서 (다)는 파울리 배타 원리를 만족하지 않으며 불가능한 전자 배치이다.

08 ㄱ. (가)는 한 오비탈에 스핀 방향이 반대인 전자 2개가 들어 있으므로 파울리 배타 원리를 만족한다.
ㄷ. 한 오비탈에는 전자 3개가 배치될 수 없으므로 (다)는 불가능한 전자 배치이다.
[오답 피하기] ㄴ. 한 오비탈에는 스핀 방향이 같은 전자가 배치될 수 없으므로 (나)는 불가능한 전자 배치이다.

⊕ 개념 더하기

들뜬상태의 전자 배치와 불가능한 전자 배치

- 들뜬상태의 전자 배치는 바닥상태의 전자가 에너지를 흡수하여 에너지 준위가 높은 오비탈로 전이된 불안정한 상태의 전자 배치이다.
- 쌓음 원리, 훈트 규칙에 위배되는 전자 배치는 들뜬상태의 전자 배치이다.

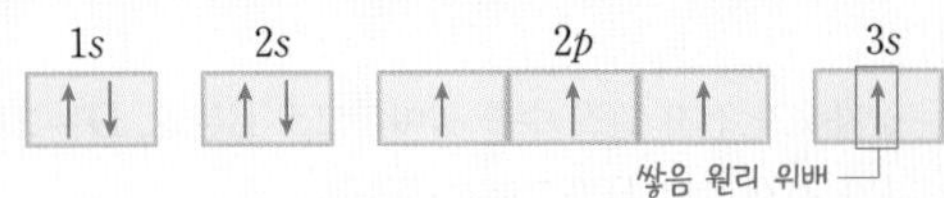

- 파울리 배타 원리에 위배되는 전자 배치는 불가능한 전자 배치이다.

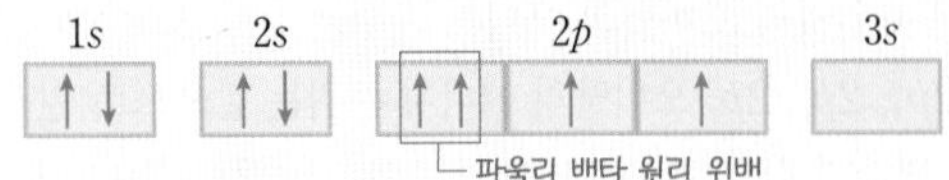

09 ㄷ. X는 $2s$ 오비탈에 전자가 채워지지 않고 $2p$ 오비탈에 전자가 배치되어 있으므로 쌓음 원리를 만족하지 않아 들뜬상태이다. Z는 홀전자가 많도록 배치되어 있지 않으므로 훈트 규칙을 만족하지 않아 들뜬상태이다.

[오답 피하기] ㄱ. X는 쌓음 원리를 만족하지 않는다.

ㄴ. 원자가 전자 수는 가장 바깥 전자 껍질에 배치되어 있는 전자 수이므로 Y의 원자가 전자 수는 5이다.

10 ㄴ. A와 D는 홀전자 수가 1로 같다.

[오답 피하기] ㄱ. B는 $2s$ 오비탈에 전자가 모두 채워지지 않고, $2p$ 오비탈에 전자가 배치되어 있으므로 들뜬상태이다. C는 $2s$ 오비탈에 전자가 모두 채워진 후, 훈트 규칙을 만족하며 $2p$ 오비탈을 채웠으므로 바닥상태이다.

ㄷ. 원자가 전자 수는 가장 바깥 전자 껍질에 위치하며, 화학 결합에 참여하는 전자 수이다. E는 비활성 기체인 Ne이므로 원자가 전자 수가 0이다.

11 예시 답안 한 오비탈에 스핀 방향이 같은 전자 2개가 들어갈 수 없으므로 가능하지 않은 전자 배치이다.

채점 기준	배점(%)
가능한 배치인지의 여부를 스핀 방향을 언급하여 옳게 설명한 경우	100
가능한 배치인지의 여부만 옳게 쓴 경우	30

12 예시 답안 X의 전자 배치는 $1s^2\,2s^2\,2p^6\,3s^2$이고, Y의 전자 배치는 $1s^2\,2s^2\,2p^5$이다. 따라서 홀전자 수는 X는 0이고, Y는 1이다.

채점 기준	배점(%)
X와 Y의 전자 배치와 홀전자 수를 모두 옳게 설명한 경우	100
X와 Y의 전자 배치만 옳게 설명한 경우	60

13 ㄴ. C^-은 전자 1개를 얻어 네온(Ne)의 전자 배치를 이루므로 원자 C는 플루오린(F)이다. 따라서 C의 원자가 전자 수는 7이다.

[오답 피하기] ㄱ, ㄷ. A와 B는 리튬(Li)의 전자 배치를 나타낸 것이다. A는 바닥상태 전자 배치이고, B는 들뜬상태의 전자 배치로 쌓음 원리를 만족하지 않는다.따라서 A에서 B로 될 때 에너지를 흡수한다.

14 자료 분석 하기

원자와 이온의 전자 배치 모형

구분	Na	Na^+
모형	(11+)	(11+)
가장 바깥 전자 껍질	M	L
전자 배치	$1s^2\,2s^2\,2p^6\,3s^1$	$1s^2\,2s^2\,2p^6$

ㄴ. 원자 번호가 11인 나트륨 원자 (가)의 바닥상태 전자 배치는 $1s^2\,2s^2\,2p^6\,3s^1$이다. (나)는 전자 1개를 잃은 양이온이므로 전자 배치는 $1s^2\,2s^2\,2p^6$이다.

ㄷ. (가)에서 (나)로 될 때 가장 바깥 전자 껍질인 $3s$ 오비탈의 전자 1개를 잃는다.

[오답 피하기] ㄱ. (가)의 총 오비탈 수는 $1s$ 오비탈 1개, $2s$ 오비탈 1개, $2p$ 오비탈 3개, $3s$ 오비탈 1개로 모두 6개이다.

실력을 올리는 실전 문제

86~89쪽

01 ②	02 ⑤	03 ③	04 ③	05 ⑤
06 ⑤	07 ②	08 ④	09 ⑤	10 ①
11 ③	12 ③	13 ③	14 ③	

1등급을 굳히는 고난도 문제

15 ⑤ 16 ⑤

01 A는 탄소(C), B는 산소(O), C는 나트륨(Na)이다.

ㄷ. C에서 전자 배치는 $1s^2\,2s^2\,2p^6\,3s^1$이므로 전자가 들어 있는 오비탈 수는 6이다.

[오답 피하기] ㄱ. 원자가 전자는 가장 바깥 전자 껍질에 있는 전자이므로 A의 원자가 전자는 L 전자 껍질인 $2s$, $2p$ 오비탈에 들어 있는 전자로 4개이다.

ㄴ. $2p_x$, $2p_y$, $2p_z$의 에너지 준위는 모두 같으므로 B는 쌓음 원리, 파울리 배타 원리, 훈트 규칙을 모두 만족하는 바닥상태 전자 배치이다.

02 (가)는 플루오린 원자의 바닥상태, (나)는 플루오린 원자의 들뜬상태의 전자 배치이고, (다)는 이온의 전자 배치이다.

ㄱ. 바닥상태에서 들뜬상태로 전이할 때 에너지를 흡수한다.

ㄴ. $2p$ 오비탈의 에너지 준위는 $2s$ 오비탈보다 높다. (나)는 $2s$ 오비탈을 채우지 않고 $2p$ 오비탈에 전자가 채워져 있으므로 쌓음 원리에 위배된다.

ㄷ. 플루오린(F)은 전자가 9개인데, (다)에서 전자가 10개이므로 (다)는 플루오린화 이온(F^-)의 전자 배치이다.

03 규소(Si)의 바닥상태 전자 배치는 $1s^2\ 2s^2\ 2p^6\ 3s^2\ 3p_x{}^1\ 3p_y{}^1$이다. 따라서 (가), (다), (라)는 들뜬상태, (나)는 바닥상태 전자 배치이다.

ㄱ. (나)는 쌓음 원리, 파울리 배타 원리, 훈트 규칙을 모두 만족하는 바닥상태 전자 배치이다.

ㄷ. (다)는 에너지 준위가 같은 비어 있는 $3p$ 오비탈이 있는데, 전자가 짝을 이루고 있으므로 훈트 규칙에 위배된다. (라)는 에너지 준위가 낮은 $3s$ 오비탈을 채우지 않고 $3p$ 오비탈에 전자가 먼저 채워지므로 쌓음 원리에 위배된다.

[오답 피하기] ㄴ. 들뜬상태인 (가)에서 바닥상태인 (나)로 될 때 에너지를 방출한다.

04 ㄱ. (가)는 쌓음 원리를 만족한다.

ㄴ. (나)는 $2s$ 오비탈을 모두 채우지 않고 $2p$ 오비탈에 전자가 채워져 있으므로 쌓음 원리를 만족하지 않는 들뜬상태의 전자 배치이다. (다)는 훈트 규칙을 만족하지 않는 들뜬상태의 전자 배치이다.

[오답 피하기] ㄷ. (라)는 한 오비탈에 스핀 방향이 같은 전자가 배치되어 파울리 배타 원리에 위배된 전자 배치로, 불가능한 전자 배치이다.

05 자료 분석 하기

오비탈과 전자 배치

구분	(가) 3s	(나) 2p	(다) 3p
A	2	6	5
B	0	3	0
C	2	6	3

- (나)와 (다)에 들어 있는 전자 수가 3 이상이므로 (나)와 (다)는 $2p$ 또는 $3p$ 오비탈이며, (가)는 $3s$ 오비탈이다.
- B에서 $3s$ 오비탈에 포함된 전자 수가 0일 때, $3p$ 오비탈에 포함된 전자 수도 0이어야 하므로 (다)는 $3p$ 오비탈이다.
- A의 전자 배치: $1s^2\ 2s^2\ 2p^6\ 3s^2\ 3p^5 \Rightarrow {}_{17}Cl$
- B의 전자 배치: $1s^2\ 2s^2\ 2p^3\ 3s^0\ 3p^0 \Rightarrow {}_{7}N$
- C의 전자 배치: $1s^2\ 2s^2\ 2p^6\ 3s^2\ 3p^3 \Rightarrow {}_{15}P$

ㄱ. A와 C는 가장 바깥 전자 껍질의 주 양자수가 같으므로 같은 주기 원소이다.

ㄴ. B와 C의 원자가 전자 수는 5로 같다.

ㄷ. 홀전자 수가 A는 1, B와 C는 3이다. 따라서 홀전자 수가 가장 작은 원소는 A이다.

06 ㄱ. 원자 번호 3인 리튬(Li)의 바닥상태 전자 배치는 $1s^2\ 2s^1$이다. 따라서 $2p$ 오비탈에는 전자가 존재하지 않으므로 a는 0이다.

ㄴ. 바닥상태에서 $2p$ 오비탈에 전자 2개가 존재할 때의 전자 배치는 $1s^2\ 2s^2\ 2p^2$이므로, 원자 번호 b는 6이고 이는 탄소(C)이다. 탄소의 홀전자 수는 2이므로 c는 2이다.

ㄷ. 원자 번호 8인 산소(O)의 전자 배치는 $1s^2 2s^2 2p^4$이므로 홀전자 수는 2이다. 따라서 d는 2이며, c와 d는 같다.

07 자료 분석 하기

전자가 들어 있는 오비탈 수와 홀전자 수로 전자 배치 유추하기

원자 A∼D의 전자 배치는 다음과 같다.

- A: $1s^2\ 2s^2\ 2p^5$
- B: $1s^2\ 2s^2\ 2p^6\ 3s^1$
- C: $1s^2\ 2s^2\ 2p^2$
- D: $1s^2\ 2s^2\ 2p^6\ 3s^2\ 3p^4$

따라서 A는 플루오린(F), B는 나트륨(Na), C는 탄소(C), D는 황(S)이다.

ㄴ. $3s$ 오비탈을 가진 원소는 B와 D이다.

[오답 피하기] ㄱ. 원자 번호는 A가 9, B가 11, C가 6, D가 16으로, D가 가장 크다.

ㄷ. $2p$ 오비탈에 들어 있는 전자 수가 가장 작은 원소는 C이다.

08 A와 B의 전자 수는 각각 8, 11로 산소(O)와 나트륨(Na)에 해당한다.

바닥상태 전자 배치는 A의 경우 $1s^2\ 2s^2\ 2p^4$이고, B의 경우 $1s^2\ 2s^2\ 2p^6\ 3s^1$이다.

ㄴ. A의 홀전자 수는 2이고, B의 홀전자 수는 1이므로 A가 B의 2배이다.

ㄷ. A와 B에서 전자가 들어 있는 p 오비탈은 $2p_x$, $2p_y$, $2p_z$로 같다.

[오답 피하기] ㄱ. A는 2주기 16족 원소이고, B는 3주기 1족 원소이다.

09 자료 분석 하기

전자가 들어 있는 오비탈 수와 홀전자 수 그래프 해석

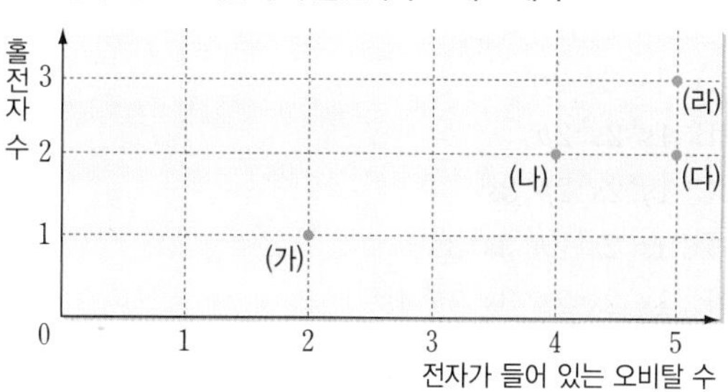

- (가): 전자가 들어 있는 오비탈 수가 2이면서 홀전자 수가 1이므로 $1s^2\ 2s^1$의 전자 배치를 가진 리튬(Li)이다.
- (나): 전자가 들어 있는 오비탈 수가 4이면서 홀전자 수가 2이므로 $1s^2\ 2s^2\ 2p^2$의 전자 배치를 가진 탄소(C)이다.
- (다): 전자가 들어 있는 오비탈 수가 5이면서 홀전자 수는 2이므로 $1s^2\ 2s^2\ 2p^4$의 전자 배치를 가진 산소(O)이다.
- (라): 전자가 들어 있는 오비탈 수가 5이면서 홀전자 수는 3이므로 $1s^2\ 2s^2\ 2p^3$의 전자 배치를 가진 질소(N)이다.

ㄱ. (가)는 $1s^2 2s^1$의 전자 배치를 가지는 리튬이며, 원자의 전자 수가 3이므로 (가)의 원자 번호는 3이다.

ㄴ. 원자가 전자 수는 (가)가 1, (나)가 4, (다)가 6, (라)가 5로, (다)가 가장 크다.

ㄷ. 전자가 들어 있는 s 오비탈은 (가)∼(라) 모두 $1s$와 $2s$ 오비탈이므로 모두 같다.

10 자료 분석 하기

전자 배치로 원자 유추하기

- X는 s 오비탈에 들어 있는 전자 수와 p 오비탈에 들어 있는 전자 수가 같으므로 $1s^2 2s^2 2p^4$의 전자 배치를 가지는 산소(O)이다.
- Y는 홀전자 수와 원자가 전자 수가 같으므로 $1s^2 2s^1$의 전자 배치를 가지는 리튬(Li)이다.
- Y와 Z의 전자가 들어 있는 오비탈 수의 합은 5이고, Y는 2개의 오비탈에 전자가 들어 있다. 따라서 Z의 전자가 들어 있는 오비탈 수는 3이므로 Z는 $1s^2 2s^2 2p^1$의 전자 배치를 가지는 붕소(B)이다.

ㄱ. 원자 번호는 X(O)가 8, Y(Li)가 3, Z(B)가 5로 X가 가장 크다.

[오답 피하기] ㄴ. 홀전자 수는 X가 2, Y와 Z가 각각 1로 X가 가장 크다.

ㄷ. 원자가 전자 수는 X가 6, Y가 1, Z가 3이다.

11 A는 질소(N), B는 산소(O), C는 플루오린(F)이다.

ㄱ. 홀전자 수는 A 3, B 2, C 1이므로 A가 B보다 많다.

ㄷ. X는 −1의 음이온이며, Ne과 전자 배치가 같다. 전자 1개를 얻어 Ne의 전자 배치를 이루는 원자는 전자 수가 9인 플루오린(F)이므로 X는 C의 안정한 음이온이다.

[오답 피하기] ㄴ. B는 쌓음 원리, 파울리 배타 원리, 훈트 규칙을 모두 만족하는 바닥상태 전자 배치이다.

12 A^-, B^{2-}, C^{2+}은 모두 네온(Ne)의 전자 배치를 이루므로 A는 플루오린(F), B는 산소(O), C는 마그네슘(Mg)이다. D^-과 E^{2+}은 아르곤(Ar)의 전자 배치를 이루므로 D는 염소(Cl), E는 칼슘(Ca)이다. 따라서 A~E의 바닥상태 전자 배치는 다음과 같다.

A: $1s^2 2s^2 2p^5$

B: $1s^2 2s^2 2p^4$

C: $1s^2 2s^2 2p^6 3s^2$

D: $1s^2 2s^2 2p^6 3s^2 3p^5$

E: $1s^2 2s^2 2p^6 3s^2 3p^6 4s^2$

ㄱ. 홀전자 수는 A와 D는 1, B는 2, C와 E는 0이다.

ㄷ. 원자 번호가 가장 큰 원소는 전자 수가 20인 E이다.

[오답 피하기] ㄴ. s 오비탈의 전자 수는 C가 $1s^2$, $2s^2$, $3s^2$에서 6이고, E가 $1s^2$, $2s^2$, $3s^2$, $4s^2$에서 8이다.

13 원자 A~D의 바닥상태 전자 배치는 다음과 같다.

A: $1s^2 2s^1$

B: $1s^2 2s^2 2p^5$

C: $1s^2 2s^2 2p^4$

D: $1s^2 2s^2 2p^6 3s^2 3p^6 4s^1$

A는 리튬(Li), B는 플루오린(F), C는 산소(O), D는 칼륨(K)이다.

ㄱ. A의 Li과 D의 K은 원자가 전자 수가 1인 1족 원소이다.

ㄷ. 전자가 들어 있는 s 오비탈 수는 B는 2, D는 4이다.

[오답 피하기] ㄴ. 홀전자 수는 B는 1, C는 2이므로 C가 B의 2배이다.

14 ㄱ. (가)는 훈트 규칙을 만족하지 못하므로 들뜬상태의 전자 배치이고, (나)는 파울리 배타 원리를 만족하지 못하므로 불가능한 전자 배치이다. (다)는 쌓음 원리, 파울리 배타 원리, 훈트 규칙을 모두 만족하므로 바닥상태의 전자 배치이다.

ㄴ. (라)의 전자 수는 10이므로 산소 원자가 전자 2개를 얻은 −2의 음이온의 전자 배치이다.

[오답 피하기] ㄷ. (가)는 오비탈에 가능한 한 홀전자 수가 많게 채워지지 않았으므로 훈트 규칙을 만족하지 못하고, (나)는 한 오비탈에 존재하는 전자의 스핀 방향이 같으므로 파울리 배타 원리에 위배된다.

⊕ 개념 더하기

전자 배치 규칙

- 쌓음 원리: 바닥상태 원자에서 전자는 에너지 준위가 낮은 오비탈부터 차례대로 채워진다.

[다전자 원자에서 전자가 채워지는 순서]
$1s \rightarrow 2s \rightarrow 2p \rightarrow 3s \rightarrow 3p \rightarrow 4s \rightarrow 3d \rightarrow 4p \cdots$

- 파울리 배타 원리: 전자는 한 오비탈에 최대 2개까지 들어갈 수 있으며, 한 오비탈에 들어간 두 전자의 스핀 방향은 서로 반대이다.
- 훈트 규칙: 바닥상태 전자 배치에서 같은 에너지 준위의 오비탈에 전자가 채워질 때 전자들은 쌍을 이루지 않고 가능한 한 많은 오비탈에 채워진다(홀전자 수가 많게 채워진다.).

15 고난도 문제 해결 전략

STEP 1 출제 의도 파악하기

A와 B의 원자와 이온에서 p 오비탈의 홀전자 수와 총 전자 수 비율을 이용하여 각 상태에서의 전자 배치를 추론하는 문제이다.

STEP 2 자료 분석하기

❶ A의 전자 수 알아내기

A는 p 오비탈의 홀전자 수와 총 전자 수가 같고 전자 1개를 얻은 A^-은 p 오비탈의 총 전자 수가 홀전자 수의 2배이므로 A의 p 오비탈에 포함된 전자 수는 3임을 알 수 있다.

❷ B의 전자 수 알아내기

B는 p 오비탈의 홀전자 수와 총 전자 수가 같고 전자 1개를 잃은 B^+도 p 오비탈의 홀전자 수와 총 전자 수가 같으므로 B의 p 오비탈에 포함된 전자 수는 2 또는 3이다. 그런데 A와 B는 서로 다른 원소여야 하므로, B의 p 오비탈에 포함된 전자 수는 2임을 알 수 있다.

입자	A	A^-	B	B^+
$\frac{p \text{ 오비탈의 홀전자 수}}{p \text{ 오비탈의 총 전자 수}}$	1	$\frac{1}{2}$	1	1
p 오비탈의 홀전자 수	3	2	2	1
p 오비탈의 총 전자 수	3	4	2	1

❸ A와 B의 전체 전자 배치 파악하기

A와 B는 p 오비탈의 총 전자 수를 고려할 때 3주기 원소는 아니므로 2주기 원소에 해당한다.

- A: $1s^2 2s^2 2p^3$
- B: $1s^2 2s^2 2p^2$

ㄱ. A의 전자 배치는 $1s^2\,2s^2\,2p^3$이다.
ㄴ. B는 전자 6개로 이루어진 탄소(C)이다.
ㄷ. s 오비탈에 포함된 전자 수는 A와 B 모두 4로 같다.

16 **고난도 문제 해결 전략**

STEP 1 **출제 의도 파악하기**

원자 X～Z의 가장 바깥 전자 껍질의 종류와 전자 수, s 오비탈과 p 오비탈에 포함된 전자 수를 파악하여 전자 배치를 유추하는 문제이다.

STEP 2 **자료 분석하기**

주 양자수 2, $2s$와 $2p$ 오비탈이 가능하다.

원자	가장 바깥 전자 껍질	
	종류	전자 수
X	L	4
Y	L	㉠
Z	M	2

주 양자수 3, $3s$와 $3p$ 오비탈이 가능하다.

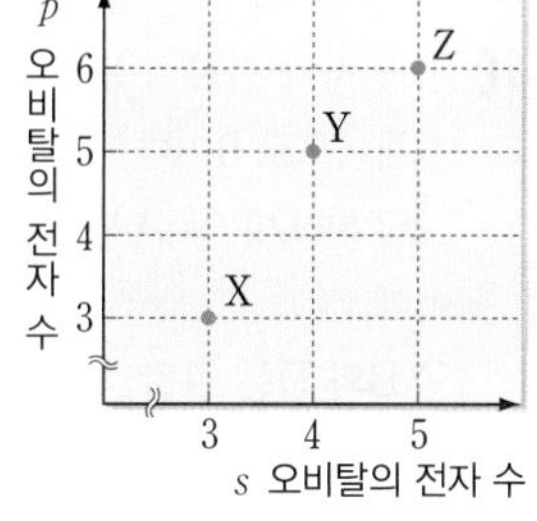

❶ **X의 전자 수 파악하기**

X는 가장 바깥 전자 껍질이 L이므로 주 양자수가 2인 $2s$, $2p$ 오비탈이 가능하다. 이때 L 전자 껍질의 전자 수는 4이고 전체 s 오비탈의 전자 수가 3이므로 전자는 $1s$ 오비탈에 2개, $2s$ 오비탈에 1개가 존재하고, p 오비탈의 전자 수가 3이므로 $2p$ 오비탈에 전자 3개가 존재한다.

❷ **Y의 전자 수 파악하기**

Y는 가장 바깥 전자 껍질이 L이므로 주 양자수가 2인 $2s$, $2p$ 오비탈이 가능하다. 이때 전체 s 오비탈의 전자 수가 4이므로 전자는 $1s$ 오비탈에 2개, $2s$ 오비탈에 2개가 존재하고, p 오비탈의 전자 수가 5이므로 $2p$ 오비탈에 전자 5개가 존재한다.

❸ **Z의 전자 수 파악하기**

Z는 가장 바깥 전자 껍질이 M이고, s 오비탈과 p 오비탈에만 전자가 채워지므로 주 양자수가 3인 $3s$, $3p$ 오비탈이 가능하다. 이때 가장 바깥 전자 껍질의 전자 수는 2이고, 전체 s 오비탈의 전자 수가 5이므로 각 오비탈에 들어가는 전자는 다음과 같은 조합이 가능하다.

- (가) $1s$ 오비탈에 2개, $2s$ 오비탈에 1개, $3s$ 오비탈에 2개
- (나) $1s$ 오비탈에 1개, $2s$ 오비탈에 2개, $3s$ 오비탈에 2개
- (다) $1s$ 오비탈에 2개, $2s$ 오비탈에 2개, $3s$ 오비탈에 1개

이때 (가)와 (나)의 조합인 경우 p 오비탈의 전자 수가 6이므로 $2p$ 오비탈에 전자 6개가 존재한다.

❹ **X～Z의 전자 배치**

- X: $1s^2\,2s^1\,2p^3$
- Y: $1s^2\,2s^2\,2p^5$
- Z: $1s^2\,2s^1\,2p^6\,3s^2$ 또는 $1s^1\,2s^2\,2p^6\,3s^2$ 또는 $1s^2\,2s^2\,2p^5\,3s^1\,3p^1$

ㄱ. Y의 전자 배치는 $1s^2\,2s^2\,2p^5$이므로 가장 바깥 전자 껍질에 들어 있는 전자 수(㉠)는 7이다.
ㄴ. X와 Z는 쌓음 원리를 만족하지 않으므로 들뜬상태이다.
ㄷ. 바닥상태에서 Y와 Z의 전자 배치는 다음과 같다.
- Y: $1s^2\,2s^2\,2p^5$
- Z: $1s^2\,2s^2\,2p^6\,3s^1$

따라서 홀전자 수는 Y와 Z 모두 1로 같다.

08 주기율표

90~91 쪽

확인 문제 1 원자량 2 양성자수 3 원자가 전자 4 주기

01 멘델레예프는 당시까지 발견되었던 63종의 원소들을 원자량 순으로 배열하여 일정한 간격을 주기로 성질이 비슷한 원소가 나타나는 것을 발견하였다.

02 모즐리는 X선 연구 결과로 원소들의 원자 번호를 처음으로 결정하였고, 원소의 주기적 성질이 원자량이 아닌 양성자수(원자 번호)와 관련이 있다는 사실을 알아내었다.

03 주기율표에서 세로줄은 족이라고 하며, 1～18족으로 구성된다. 같은 족 원소들은 원자가 전자 수가 같아 화학적 성질이 비슷하다.

04 주기율표에서 가로줄은 주기라고 하며, 1～7주기로 구성된다. 같은 주기 원소들은 전자가 들어 있는 전자 껍질 수가 같다.

개념을 다지는 기본 문제 92~93 쪽

01 ② 02 ④ 03 ⑤ 04 ② 05 ④ 06 해설 참조
07 ㄱ, ㄷ, ㄹ 08 ① 09 해설 참조 10 ④ 11 ③

01 ㄷ. 멘델레예프는 원소들을 원자량 순으로 배열하여 일정한 간격을 주기로 성질이 비슷한 원소가 나타난다는 것을 발견하고, 최초의 주기율표를 만들었다.
[오답 피하기] ㄱ. 화학적 성질이 비슷한 원소를 3개씩 묶었을 때 중간 원소의 성질이 나머지 원소의 성질의 평균값과 거의 같다는 세 쌍 원소설은 되베라이너에 의해 제안되었다.
ㄴ. 뉴랜즈는 원자량이 증가하는 순서대로 원소를 배열하면 8번째마다 화학적 성질이 비슷한 원소가 나타난다는 옥타브설을 제안하였다.

02 ㄱ. 되베라이너는 화학적 성질이 비슷한 세 쌍 원소에서 중간 원소의 원자량이 나머지 원소들의 원자량의 평균값과 같다는 사실을 밝혀내었다.
ㄴ. 뉴랜즈는 원자량이 증가하는 순서대로 원소들을 배열하여 8번째마다 화학적 성질이 비슷한 원소가 나타난다는 사실을 알아내었다.
ㄷ. 멘델레예프는 원소를 원자량 순으로 배열할 때 일정한 간격을 주기로 성질이 비슷한 원소가 나타난다는 사실을 알아내었다.
[오답 피하기] ㄹ. 모즐리는 원소의 주기적 성질이 원자량이 아닌 양성자수(원자 번호)와 관련이 있다는 사실을 알고 원소들을 원자 번호 순으로 배열하여 현대 주기율표의 틀을 만들었다.

03 ⑤ 원자가 전자 수가 같은 원소들의 화학적 성질이 비슷하다.
[오답 피하기] ① 원소들을 원자 번호 순으로 배열할 때 일정한 간격을 두고 비슷한 성질을 가진 원소가 주기적으로 나타난다.
② 원소들의 주기율이 나타나는 까닭은 원소의 화학적 성질을 결정하는 원자가 전자 수가 주기적으로 변하기 때문이다.
③ 주기율표는 화학적 성질이 비슷한 원소를 같은 세로줄에 오도록 배열한 것이다.
④ 현대의 주기율표는 모즐리가 원소들을 원자 번호 순으로 배열하여 틀을 만들었다.

04 ㄷ. 같은 주기 원소들은 전자가 들어 있는 전자 껍질 수가 같다.
[오답 피하기] ㄱ. 주기율표의 세로줄을 족이라고 하며, 같은 족 원소들은 원자가 전자 수가 같아 화학적 성질이 비슷하다.
ㄴ. 주기율표의 가로줄을 주기라고 하며, 같은 주기 원소들은 전자가 들어 있는 전자 껍질 수가 같다.

05 자료 분석 하기

원소의 분류

주기 \ 족	1	2	15	16	17	18
1	A					
2				B		
3	C				D	

• A는 1주기 1족 원소인 수소이다. ➡ 비금속 원소
• B는 2주기 16족 원소인 산소이다. ➡ 비금속 원소
• C는 3주기 1족 원소인 나트륨이다. ➡ 알칼리 금속
• D는 3주기 17족 원소인 염소이다. ➡ 할로젠 원소

ㄴ. 원자가 전자 수는 족 번호의 끝자리 수와 같다. B는 16족 원소인 산소로 원자가 전자 수는 6이다.
ㄷ. C와 D는 3주기 원소로 전자가 들어 있는 전자 껍질 수가 모두 3이다.
[오답 피하기] ㄱ. A는 원자가 전자 수가 1이므로 1족 원소이지만 비금속 원소이다.

06 예시 답안 같은 족 원소는 원자가 전자 수가 같아 화학적 성질이 비슷하게 나타난다.

채점 기준	배점(%)
화학적 성질이 비슷하게 나타나는 까닭을 원자가 전자 수를 언급하여 옳게 설명한 경우	100

07 ㄱ, ㄷ, ㄹ. 같은 주기에서 원자 번호가 증가할수록 증가하는 것은 전자 수, 양성자수, 원자가 전자 수이다.
[오답 피하기] ㅁ. 같은 주기의 원소는 전자가 들어 있는 전자 껍질 수가 모두 같다.

08 ㄱ. A와 B는 원자가 전자 수가 1인 1족 원소이다.
[오답 피하기] ㄴ. B는 3주기 1족 원소이고, C는 3주기 17족 원소로 두 원소는 원자가 전자 수가 같지 않으므로 화학적 성질이 비슷하지 않다.
ㄷ. C는 3주기 원소이므로 전자가 들어 있는 전자 껍질 수는 3이다.

09 예시 답안 A: 3주기 1족, B: 2주기 17족, A^+은 A가 전자 1개를 잃은 것이므로 A는 원자가 전자 수가 1인 3주기 1족 원소이고, B^-은 B가 전자 1개를 얻은 것이므로 B는 원자가 전자 수가 7인 2주기 17족 원소이다.

채점 기준	배점(%)
A와 B의 원자가 전자 수를 언급하여 주기와 족을 옳게 설명한 경우	100
A와 B 중 1가지만 원자가 전자 수를 언급하여 주기와 족을 옳게 설명한 경우	50

10 ④ 원자가 전자 수는 A는 1, B와 D는 2, C는 7, E는 비활성 기체이므로 0이다. 따라서 C의 원자가 전자 수가 가장 크다.
[오답 피하기] ① A는 수소이며, 1족 원소이지만 비금속 원소이다.
② B와 D는 알칼리 토금속으로 알칼리 금속보다 반응성이 작으며 +2의 양이온이 되기 쉽다.
③ C의 원자가 전자 수는 7이고, D의 원자가 전자 수는 2이므로 화학적 성질은 비슷하지 않다.
⑤ E는 18족 원소이며, 18족 원소는 가장 바깥 전자 껍질에 8개의 전자가 채워져 있다(단, He은 2개이다.).

11 ㄱ. A는 금속 원소이고, B는 비활성 기체를 제외한 비금속 원소이다.
ㄷ. 고체 상태의 전기 전도성은 금속 원소가 비금속 원소보다 크다.
[오답 피하기] ㄴ. 금속 원소는 전자를 잃어 양이온이 되기 쉽고, 비금속 원소는 전자를 얻어 음이온이 되기 쉽다. B는 비금속 원소이다.

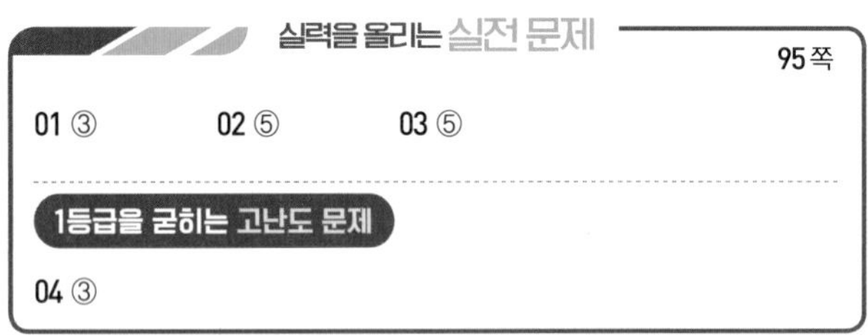

01 (가)는 질소(N), (나)는 산소(O), (다)는 나트륨(Na), (라)는 알루미늄(Al)이다.
ㄱ. (가)의 전자 배치는 $1s^2 2s^2 2p^3$로서 훈트 규칙에 의해 $2p_x$, $2p_y$, $2p_z$ 오비탈에 각각 전자 1개씩 배치되므로 홀전자 수는 3이다. 한편 (나)의 전자 배치는 $1s^2 2s^2 2p^4$로서 훈트 규칙에 의해 전자가 배치되면 홀전자 수는 2가 된다. 따라서 홀전자 수는 (가)가 (나)보다 많다.
ㄴ. (다)는 1족 원소이며, 원자가 전자 수는 1이다.
[오답 피하기] ㄷ. (라)의 원자가 전자 수는 3이지만 3주기 13족 원소에 해당한다.

02 자료 분석 하기

원소의 분류

• A는 수소(H), B는 질소(N), C는 산소(O), D는 나트륨(Na), E는 염소(Cl)이다.
• A～E의 특성을 파악한다.

원소	바닥상태 전자 배치	홀전자 수	분류
A	$1s^1$	1	비금속
B	$1s^2 2s^2 2p^3$	3	비금속
C	$1s^2 2s^2 2p^4$	2	비금속
D	$1s^2 2s^2 2p^6 3s^1$	1	금속
E	$1s^2 2s^2 2p^6 3s^2 3p^5$	1	비금속

벤 다이어그램의 색칠된 부분에 속하는 원소는 (가), (나), (다)를 모두 만족해야 하므로 E(Cl)에 해당한다.

03 ㄱ. A와 C는 같은 족 원소로 원자가 전자 수가 같아 화학적 성질이 비슷하다.
ㄴ. B는 원자가 전자 수가 7, E는 원자가 전자 수가 6으로 비금속 원소이다.
ㄷ. C와 D의 홀전자 수는 1로 같다.

04 고난도 문제 해결 전략

STEP 1 출제 의도 파악하기
원소 A와 B, X와 Y를 원소의 특성에 맞도록 주기율표에 배치할 수 있는지를 묻는 문제이다.

STEP 2 자료 분석하기

❶ **원소 A와 B: 주기는 같고, 족은 다른 금속 원소이다.**
같은 가로줄(3주기 또는 4주기)에 위치하며 1족 또는 2족 원소에 해당한다.

❷ **원소 X와 Y: 족은 같고, 주기는 다른 비금속 원소이다.**
같은 세로줄(16족 또는 17족)에 위치하며 2주기 또는 3주기 원소에 해당한다.

❸ **원소 A와 X 알아내기**
A와 X는 전자가 들어 있는 전자 껍질 수가 같아야 하므로 3주기 원소임을 알 수 있다. 따라서 A와 B는 3주기 1족 또는 2족 원소이고 Y는 2주기, X는 3주기 원소이다.
A와 X의 홀전자 수가 같아야 하므로 A는 3주기 1족 원소이고, X는 3주기 17족 원소이다.

❹ **원소 B와 Y 알아내기**
B는 3주기 2족 원소이고, Y는 2주기 17족 원소이다.

❺ **원소 A와 B, X와 Y의 바닥상태 전자 배치는 다음과 같다.**
• A: $1s^2 2s^2 2p^6 3s^1$ • B: $1s^2 2s^2 2p^6 3s^2$
• X: $1s^2 2s^2 2p^6 3s^2 3p^5$ • Y: $1s^2 2s^2 2p^5$

ㄱ. A는 3주기 1족 원소이다.
ㄴ. Y는 2주기 17족 원소이다.
[오답 피하기] ㄷ. 원자 번호는 A가 11, B가 12, X가 17, Y가 9로, 원자 번호가 가장 큰 원소는 X이다.

09 원소의 주기적 성질

확인 문제 96~99쪽

1 작 **2** 유효 핵전하 **3** 증가, 증가
4 감소, 증가 **5** 감소, 증가 **6** 이온화 에너지
7 감소, 증가

01 다전자 원자에서 전자가 느끼는 핵전하는 다른 전자들이 원자핵의 (+)전하를 가림으로써 실제 핵전하보다 작게 느껴진다.

03 같은 주기에서 원자 번호가 커질수록 양성자수가 증가하여 유효 핵전하가 증가하고, 같은 족에서 원자 번호가 커질수록 양성자수가 많아지므로 유효 핵전하가 증가한다.

04 같은 족에서 원자 번호가 커질수록 전자가 존재하는 전자 껍질 수가 증가하므로 원자 반지름이 커진다. 같은 주기에서 원자 번호가 커질수록 유효 핵전하가 증가하여 원자핵과 전자 사이의 인력이 커지므로 원자 반지름이 작아진다.

05 원자가 전자를 잃고 안정한 양이온이 되면 전자가 들어 있는 전자 껍질 수가 감소하므로 이온 반지름은 원자 반지름보다 작아진다. 원자가 안정한 음이온이 되면 전자 수가 증가하여 전자 사이의 반발력이 커지므로 이온 반지름은 원자 반지름보다 커진다.

07 같은 족의 경우, 원자 번호가 커질수록 전자가 들어 있는 전자 껍질 수가 증가하므로 원자핵과 전자 사이의 인력이 감소하여 이온화 에너지는 감소한다. 같은 주기의 경우, 원자 번호가 커질수록 유효 핵전하가 증가하여 원자핵과 전자 사이의 인력이 증가하므로 이온화 에너지는 대체로 증가한다.

개념을 다지는 기본 문제 100~102쪽

01 ⑤ 02 해설 참조 03 ③ 04 ④ 05 ④ 06 ② 07 ⑤
08 해설 참조 09 ④ 10 ⑤ 11 ② 12 ① 13 ④ 14 ④
15 ② 16 ④ 17 ①

01 ⑤ 안쪽 전자 껍질에 존재하는 전자의 가려막기 효과는 같은 전자 껍질에 존재하는 전자의 가려막기 효과보다 크다.
[오답 피하기] ① 수소는 전자가 1개이므로 핵전하를 그대로 느낀다. 따라서 유효 핵전하는 +1이다.
② 리튬(Li)의 양성자수는 3이지만 안쪽 전자 껍질의 가려막기 효과로 인해 유효 핵전하는 +3보다 작다.
③ 같은 주기에서 원자 번호가 커질수록 양성자수가 증가하므로 유효 핵전하는 커진다. 따라서 탄소의 유효 핵전하는 산소의 유효 핵전하보다 작다.
④ 전자 껍질 수가 같을 때 원자 번호가 커질수록 양성자수가 증가하므로 유효 핵전하는 증가한다.

02 예시 답안 A<B, 같은 주기의 원소는 전자 껍질 수가 같으므로 양성자수가 많을수록 유효 핵전하가 크기 때문이다.

채점 기준	배점(%)
유효 핵전하의 크기를 옳게 비교하고, 양성자수가 증가하여 유효 핵전하가 증가함을 언급하여 옳게 설명한 경우	100
유효 핵전하의 크기만 옳게 비교한 경우	40

03 ㄱ. b가 느끼는 유효 핵전하는 안쪽 전자 껍질에 있는 전자의 가려막기 효과에 의해 +11보다 작다.
ㄷ. 전자가 느끼는 유효 핵전하는 안쪽 전자 껍질의 a가 바깥 전자 껍질의 b보다 크다.
[오답 피하기] ㄴ. 핵과 전자 사이의 인력은 안쪽 전자 껍질에 있는 전자가 바깥 전자 껍질에 있는 전자보다 크게 작용하므로 a가 b보다 크다.

04 ㄴ. 탄소(C)는 전자가 6개이므로 b는 안쪽 전자 껍질의 전자 2개와 같은 전자 껍질의 전자 3개가 핵전하를 가린다.
ㄷ. 탄소(C)와 산소(O)는 전자 껍질 수가 같지만 양성자수는 산소가 탄소보다 크므로 전자가 느끼는 유효 핵전하는 c가 b보다 크게 나타난다.
[오답 피하기] ㄱ. 수소는 전자가 1개이므로 핵전하를 가리는 전자가 없다. 따라서 a가 느끼는 유효 핵전하는 +1이다.

05 ㄴ. 전자가 느끼는 유효 핵전하는 안쪽 전자 껍질의 전자가 더 크게 나타나므로 b가 c보다 크다.
ㄷ. 전자의 가려막기 효과는 안쪽 전자 껍질에 존재하는 전자가 같은 전자 껍질에 존재하는 전자보다 더 크게 작용하므로 c에 영향을 주는 가려막기 효과는 d가 a보다 크다.
[오답 피하기] ㄱ. a가 느끼는 유효 핵전하는 안쪽 전자 껍질 및 같은 전자 껍질의 전자들에 의한 가려막기 효과로 인해 +12보다 작다.

개념 더하기

가려막기 효과

- 다전자 원자에서 전자 사이의 반발력이 전자에 작용하는 원자핵의 인력을 약하게 만드는 현상이다.
- 안쪽 전자 껍질에 있는 전자의 가려막기 효과는 같은 전자 껍질에 있는 전자의 가려막기 효과보다 크다.

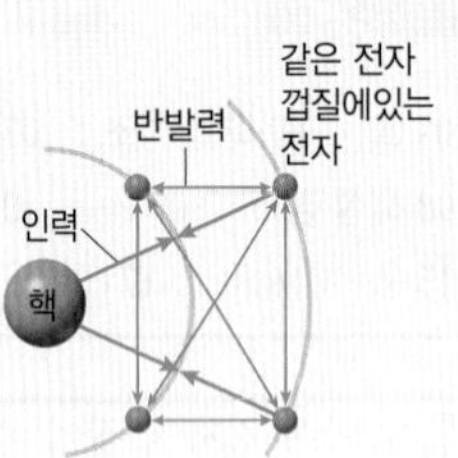

06 ㄴ. 전자 껍질 수가 많을수록 원자핵과 전자 사이의 거리가 멀어지므로 원자 반지름은 증가한다.
[오답 피하기] ㄱ. 같은 주기에서 원자 번호가 커지면 전자 껍질 수는 같지만 양성자수가 증가하고 유효 핵전하가 증가하여 원자핵과 전자 사이의 인력이 증가하므로 원자 반지름은 감소한다.
ㄷ. 같은 족에서 원자 번호가 커지면 전자 껍질 수가 증가하므로 원자 반지름이 증가한다.

07 ⑤ ${}_{8}O^{2-} > {}_{12}Mg^{2+}$: 등전자 이온의 경우 원자 번호가 커질수록 유효 핵전하가 증가하므로 반지름이 감소한다. 따라서 원자 번호가 큰 Mg^{2+}이 O^{2-}보다 반지름이 작다.
[오답 피하기] ① ${}_{3}Li < {}_{11}Na$: 같은 족 원소의 경우 원자 번호가 클수록 전자 껍질 수가 증가하여 원자 반지름은 증가한다.
② ${}_{3}Li > {}_{9}F$: 같은 주기 원소의 경우 원자 번호가 클수록 유효 핵전하가 증가하여 원자 반지름은 감소한다.
③ ${}_{19}K > {}_{19}K^{+}$: 금속 원자가 전자를 잃어 양이온이 되면 전자 껍질 수가 감소하여 반지름이 감소한다.
④ ${}_{17}Cl < {}_{17}Cl^{-}$: 비금속 원자가 전자를 얻어 음이온이 되면 전자 사이의 반발력이 증가하고 전자가 느끼는 유효 핵전하가 감소하여 반지름이 증가한다.

08 예시 답안 금속 원소: B, 비금속 원소: A, C, 금속 원소는 원자 반지름이 이온 반지름보다 크고, 비금속 원소는 이온 반지름이 원자 반지름보다 크다.

채점 기준	배점(%)
금속 원소와 비금속 원소를 분류하고 그 까닭을 옳게 설명한 경우	100
금속 원소와 비금속 원소만을 옳게 분류한 경우	20

09 ㄴ. B는 원자 반지름이 이온 반지름보다 크므로 금속 원소이다. 금속 원소는 전자를 잃고 안정한 양이온이 되면 전자가 들어 있는 전자 껍질 수가 감소하므로 반지름이 작아진다. 따라서 B의 이온은 양이온이다.
ㄷ. 같은 주기에서 원자 번호가 커질수록 유효 핵전하가 증가하므로 원자 반지름은 감소한다. 따라서 원자 번호는 B<A<C 순이다.
[오답 피하기] ㄱ. A는 비금속 원소로 이온 반지름이 원자 반지름보다 크다. 비금속 원자가 전자를 얻어 안정한 음이온이 되면 전자 수가 많아져 전자 사이의 반발력이 증가하고 전자가 느끼는 유효 핵전하가 감소하므로 반지름이 증가한다.

개념 더하기

양이온과 음이온의 반지름

- 양이온의 반지름: 금속 원자가 전자를 잃어 안정한 양이온이 되면 전자가 들어 있는 전자 껍질 수가 감소하므로 반지름이 감소한다.
- 음이온의 반지름: 비금속 원소가 전자를 얻어 안정한 음이온이 되면 핵전하는 같지만 전자 수가 많아져 전자 사이의 반발력이 증가하므로 반지름이 증가한다.

10 ㄱ. 원자 B와 C는 전자가 들어 있는 전자 껍질 수가 같으므로 같은 주기의 원소이다. 같은 주기에서 원자 번호가 커질수록 유효 핵전하가 증가하므로 원자 반지름은 감소한다. 따라서 원자 반지름은 B가 C보다 크다.
ㄴ. A^{-}의 전자 배치는 네온(Ne)의 전자 배치를 이루고, C^{-}의 전자 배치는 아르곤(Ar)의 전자 배치를 이룬다. 18족 원소의 경우, 원자 번호가 클수록 전자 껍질 수가 증가하므로 반지름이 증가한다. 따라서 이온 반지름은 C^{-}이 A^{-}보다 크다.
ㄷ. A^{-}과 B^{2+}은 등전자 이온이며, 원자 번호가 커질수록 유효 핵전하가 증가하여 이온 반지름이 감소한다. 따라서 이온 반지름은 A^{-}이 B^{2+}보다 크다.

11 ㄴ. 같은 족에서는 원자 번호가 클수록 전자 껍질 수가 증가하므로 원자 반지름이 증가한다.

[오답 피하기] ㄱ. 금속 원소는 전자를 잃고 양이온이 되므로 전자 껍질 수가 감소한다. 따라서 이온 반지름 < 원자 반지름이다.

ㄷ. 같은 주기에서 원자가 양이온이 되면 전자 껍질 수가 1 감소하므로 반지름이 작아지고, 원자가 음이온이 되면 전자 사이의 반발력이 증가하므로 반지름이 증가한다. 따라서 같은 주기에서 양이온의 반지름은 음이온의 반지름보다 작다.

⊕ 개념 더하기

이온 반지름의 주기성

- 같은 족: 원자 번호가 커질수록 전자가 존재하는 전자 껍질 수가 증가하므로 이온 반지름이 증가한다.
- 같은 주기: 원자 번호가 커질수록 유효 핵전하가 증가하여 원자핵과 전자 사이의 인력이 증가하므로 이온 반지름이 감소한다.

12 ㄱ. 같은 족 원소의 경우, 원자 번호가 커질수록 전자 껍질 수가 증가하므로 원자핵과 전자 사이의 인력이 작아져 이온화 에너지가 감소한다.

[오답 피하기] ㄴ. 같은 주기 원소의 경우, 원자 번호가 커질수록 유효 핵전하가 증가하므로 원자핵과 전자 사이의 인력이 증가하여 이온화 에너지가 대체로 증가한다.

ㄷ. 이온화 차수가 커질수록 전자 사이의 반발력은 감소하고 유효 핵전하가 증가하므로 순차 이온화 에너지가 증가한다.

13 ④ $_{11}Na < _{10}Ne$: 2주기 18족 원소인 Ne의 이온화 에너지가 3주기 1족 원소인 Na보다 크다.

[오답 피하기] ① $_4Be > _3Li$: 같은 주기에서 이온화 에너지는 원자 번호가 커질수록 증가한다.

② $_4Be > _5B$: 전자 배치가 $_4Be$은 $1s^2 2s^2$이고, $_5B$는 $1s^2 2s^2 2p^1$이다. 따라서 에너지가 낮은 s 오비탈보다 에너지가 높은 p 오비탈에서 전자를 떼어 내는 것이 더 쉬우므로 13족 원소의 이온화 에너지가 2족 원소의 이온화 에너지보다 더 작다.

③ $_3Li > _{11}Na$: 같은 족 원소의 경우, 원자 번호가 커질수록 전자 껍질 수가 증가하므로 원자핵과 전자 사이의 인력이 감소하여 이온화 에너지는 감소한다.

⑤ $_9F > _{19}K$: F은 2주기 17족 원소이고, K은 4주기 1족 원소이므로 이온화 에너지는 F이 K보다 크다.

⊕ 개념 더하기

이온화 에너지의 주기성

- 같은 족: 원자 번호가 커질수록 이온화 에너지는 감소한다.
- 같은 주기: 원자 번호가 커질수록 이온화 에너지는 대체로 증가한다.

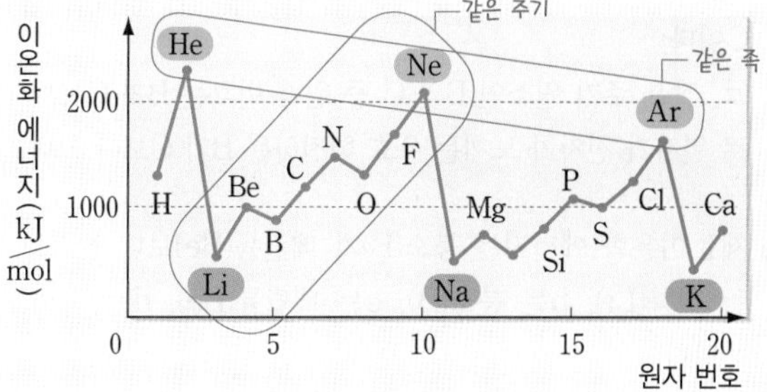

14 ㄴ. 같은 주기에서 이온화 에너지가 가장 큰 원소는 비활성 기체인 18족 원소이다.

ㄷ. 전자 껍질 수가 증가하면 원자가 전자가 핵에서 멀어지므로 원자핵과 전자 사이의 인력이 감소하여 전자를 떼어 내기 쉬워지므로 이온화 에너지가 작아진다.

[오답 피하기] ㄱ. 이온화 에너지가 클수록 전자를 떼어 내기 어려우므로 양이온이 되기 어렵다. 따라서 양이온이 되기 가장 어려운 원소는 18족 원소이면서 이온화 에너지가 큰 He이다.

15 A는 산소(O)이고, B는 플루오린(F)이다.

ㄷ. 같은 주기에서 원자 번호가 커질수록 유효 핵전하가 증가하므로 원자 반지름은 감소한다. 따라서 A의 원자 반지름은 B의 원자 반지름보다 크다.

[오답 피하기] ㄱ. 원자가 전자 수는 A는 6이고, B는 7이다.

ㄴ. 같은 주기에서 이온화 에너지는 원자 번호가 커질수록 증가하므로 17족인 B가 16족인 A보다 크다.

16 자료 분석 하기

마그네슘의 순차 이온화 에너지

- 마그네슘의 순차 이온화 에너지

$Mg(g) + E_1 \longrightarrow Mg^+(g) + e^-$ ➡ 제1 이온화 에너지

$Mg^+(g) + E_2 \longrightarrow Mg^{2+}(g) + e^-$ ➡ 제2 이온화 에너지

$Mg^{2+}(g) + E_3 \longrightarrow Mg^{3+}(g) + e^-$ ➡ 제3 이온화 에너지

- n번째 전자를 떼어 낼 때 이온화 에너지(E_n)가 급격하게 증가하면 원자가 전자 수는 $n-1$이다. ➡ Mg의 순차 이온화 에너지는 E_3에서 급격히 증가한다.

④ 마그네슘의 제2 이온화 에너지는 전자 1개를 잃은 양이온 상태에서 다시 전자를 떼어 낼 때 필요한 에너지이다.

17 ㄱ. A는 $E_3 \ll E_4$이므로 13족 원소인 알루미늄이고, B는 $E_2 \ll E_3$이므로 2족 원소인 마그네슘이다. A의 원자가 전자 수는 3이므로 전자 3개를 잃고 A^{3+}이 된다.

[오답 피하기] ㄴ. 원자가 전자 수는 A는 3, B는 2이다.

ㄷ. 기체 상태의 B 원자가 B^{2+}이 되는 데 필요한 에너지는 $E_1 + E_2$이므로 (738+1451) kJ/mol이다.

실력을 올리는 실전 문제 104~107쪽

01 ②	02 ③	03 ③	04 ⑤	05 ⑤
06 ①	07 ⑤	08 ②	09 ③	10 ②
11 ⑤	12 ①	13 ③	14 ③	

1등급을 굳히는 고난도 문제

15 ① 16 ②

01 자료 분석 하기

원자 반지름과 이온 반지름

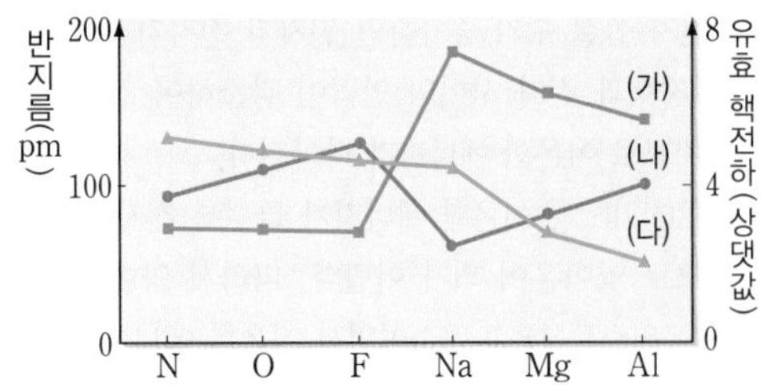

- N, O, F은 2주기 비금속 원소, Na, Mg, Al은 3주기 금속 원소이다.
- (가): 2주기 원소에서 3주기 원소로 갈 때 급격하게 커진다.
  ➡ 전자 껍질 수 증가에 따른 원자 반지름 변화이다.
- (나): F에서 Na으로 갈 때 급격하게 감소한다.
  ➡ 2주기에서 3주기로 주기가 바뀌면서 안쪽 전자 껍질에 의한 가려막기 효과가 작용한 것이므로 유효 핵전하 변화이다.
- (다): 원자 번호가 증가할수록 꾸준히 감소하고 있다.
  ➡ N, O, F, Na, Mg, Al은 같은 전자 배치를 가지는 등전자 이온으로, 원자 번호가 커질수록 유효 핵전하가 증가하여 이온 반지름이 감소하므로 이온 반지름 변화이다.

ㄴ. (나)는 유효 핵전하이다.

[오답 피하기] ㄱ. (가)는 원자 반지름이다.

ㄷ. (다)에서 원자 번호가 증가함에 따라 이온 반지름이 감소하는 까닭은 전자 껍질 수는 같고 전자 수도 같지만, 유효 핵전하가 커져 원자핵과 전자 사이의 인력이 증가하기 때문이다.

02 ㄱ. 같은 주기에서 원자 번호가 커질수록 유효 핵전하는 증가하고, 주기가 바뀔 때 유효 핵전하가 크게 감소한다. 따라서 A, B, C는 2주기 원소이고, D는 3주기 1족 원소이다.

ㄷ. 제1 이온화 에너지는 같은 주기에서는 원자 번호가 작을수록, 같은 족에서는 원자 번호가 클수록 작아지므로 이온화 에너지가 가장 작은 원소는 1족 원소인 D이다.

[오답 피하기] ㄴ. 같은 주기에서 원자 번호가 커질수록 원자 반지름이 감소하므로 A의 원자 반지름은 B보다 크다.

03 자료 분석 하기

원자 반지름과 이온 반지름

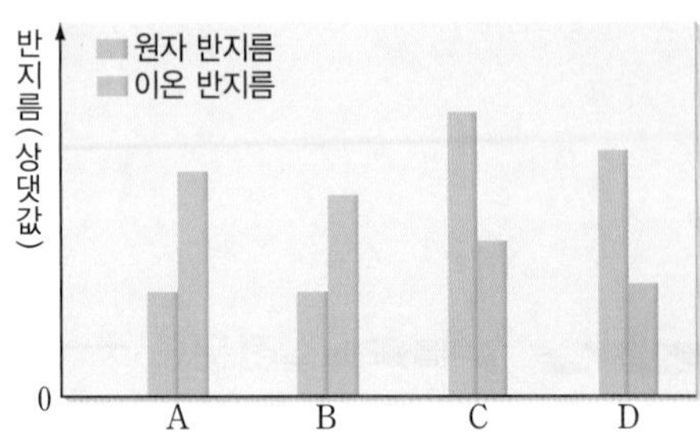

- 원자 반지름 < 이온 반지름: A와 B ➡ 비금속 원소
- 원자 반지름 > 이온 반지름: C와 D ➡ 금속 원소
- A와 B는 전자를 얻어 네온과 같은 안정한 이온의 전자 배치를 한다.
  ➡ 원자 A와 B는 2주기 원소
- C와 D는 전자를 잃고 네온과 같은 안정한 이온의 전자 배치를 한다.
  ➡ 원자 C와 D는 3주기 원소

ㄱ. A와 B는 이온 반지름이 원자 반지름보다 크므로 비금속 원소이고, C와 D는 이온 반지름이 원자 반지름보다 작으므로 금속 원소이다.

ㄷ. 같은 주기에서 원자 번호가 커질수록 유효 핵전하가 증가하여 이온 반지름이 감소한다. 따라서 3주기 원소 중 원자 반지름이 작은 D의 원자 번호가 가장 크다.

[오답 피하기] ㄴ. 2주기 비금속 원소의 유효 핵전하가 3주기 금속 원소보다 크며, 같은 주기에서는 원자 번호가 커질수록 유효 핵전하가 증가하므로 유효 핵전하가 가장 큰 것은 B이다.

04 자료 분석 하기

등전자 이온의 이온 반지름

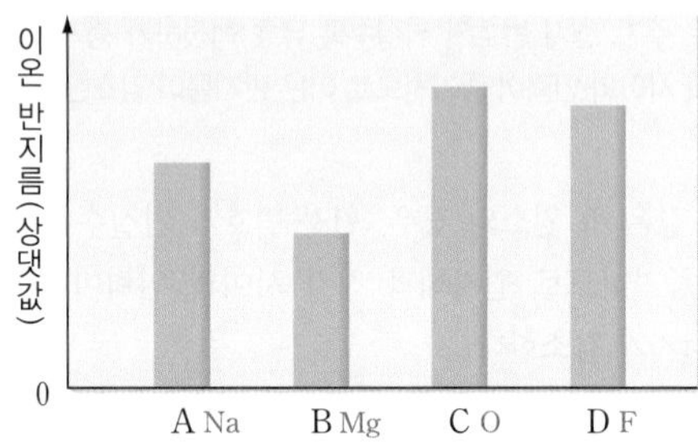

- 원자 A～D가 네온(Ne)과 같은 전자 배치를 가지는 이온이 되었을 때, 원자 번호가 클수록 유효 핵전하가 증가하므로 이온 반지름은 감소한다.
- 이온 반지름이 가장 큰 C는 산소(O), D는 플루오린(F), A는 나트륨(Na), B는 마그네슘(Mg)이다.

ㄱ. A(Na)와 B(Mg)는 금속 원소이고, C(O)와 D(F)는 비금속 원소이다.

ㄴ. C(O)와 D(F)는 2주기 원소이고, A(Na)와 B(Mg)는 3주기 원소이다.

ㄷ. 원자 번호가 가장 큰 원소는 이온 반지름이 가장 작은 B이다.

05 A와 B는 같은 족 원소로 이온화 에너지가 A > B이므로 A는 2주기, B는 3주기 원소이다. 따라서 A는 원자가 전자 수가 2, 전자 껍질 수도 2인 베릴륨(Be)이다. 3주기 2족 원소인 B는 마그네슘(Mg)이다. C는 B와 같은 주기 원소이므로 3주기 원소이고 원자 반지름은 C가 B보다 크므로 C는 1족 원소인 나트륨(Na)이라는 것을 알 수 있다.

ㄱ. A는 베릴륨(Be), B는 마그네슘(Mg), C는 나트륨(Na)이다.

ㄴ. 제1 이온화 에너지가 가장 작은 원소는 3주기 1족 원소인 C이다.

ㄷ. 같은 주기 원소인 B와 C 중 원자 번호는 B가 C보다 크므로 원자가 전자가 느끼는 유효 핵전하는 B가 C보다 크다.

06 제1 이온화 에너지는 붕소(B)가 베릴륨(Be)보다 작으므로 a는 리튬(Li), b는 붕소(B), c는 베릴륨(Be), d는 탄소(C)에 해당한다.

ㄱ. 홀전자 수는 a와 b가 1로 같다.

[오답 피하기] ㄴ. 같은 주기의 원소에서 유효 핵전하는 원자 번호가 커질수록 증가하므로 a<c<b<d 순이다.
ㄷ. 원자 반지름의 크기는 유효 핵전하가 증가할수록 작아지므로 a>c>b>d 순이다.

07 Li, C, N, O, F의 전자 배치는 다음과 같다.

- Li: $1s^2 2s^1$
- C: $1s^2 2s^2 2p^2$
- N: $1s^2 2s^2 2p^3$
- O: $1s^2 2s^2 2p^4$
- F: $1s^2 2s^2 2p^5$

바닥상태 전자 배치에서 홀전자 수가 1인 것은 Li과 F이고, 2인 것은 C와 O이다. 만약 (가)가 F이면 원자가 전자 수가 (가)보다 큰 원소가 있을 수 없으므로 F은 (가)가 될 수 없다. 반면에 (가)가 O이면, (나)는 C이고, (다)는 F이며, (마)는 N이다. 따라서 (라)는 Li이다.
ㄴ. (라) Li은 L 전자 껍질에 전자가 1개 있다. Li은 제2 이온화 에너지가 제1 이온화 에너지보다 훨씬 크므로
$\frac{\text{제2 이온화 에너지}}{\text{제1 이온화 에너지}}$는 (라)>(다)이다.
ㄷ. Ne의 전자 배치를 갖는 이온은 N^{3-}, O^{2-}, F^-이므로 이온의 반지름은 (마)>(가)이다.
[오답 피하기] ㄱ. (나)는 C이고, (라)는 Li이다.

08 등전자 이온은 같은 전자 배치를 가지는 이온이다. 네온의 전자 배치를 가진 등전자 이온은 원자 번호가 클수록 유효 핵전하가 증가하여 이온 반지름이 감소한다. 따라서 A는 Mg, B는 Na, C는 F, D는 O에 해당한다.
ㄷ. 같은 주기인 C와 D 중 원자가 전자가 느끼는 유효 핵전하는 원자 번호가 큰 C가 D보다 크다.
[오답 피하기] ㄱ. A(Mg)와 B(Na)는 금속 원소이므로 전자를 잃고 안정한 양이온이 되면 전자 껍질 수가 감소한다. 따라서 이온 반지름이 원자 반지름보다 작다.
ㄴ. 제1 이온화 에너지가 가장 작은 원소는 3주기 1족 원소인 B(Na)이다.

09 ㄱ. A~D는 원자 반지름이므로 같은 족에서 전자 껍질 수가 작을수록, 같은 주기에서 원자 번호가 커서 유효 핵전하가 클수록 반지름은 작다. 따라서 A는 2주기 17족 원소인 플루오린(F), B는 3주기 17족 원소인 염소(Cl), C는 3주기 1족 원소인 나트륨(Na), D는 4주기 1족 원소인 칼륨(K)에 해당한다. 따라서 A와 B는 비금속 원소이고, C와 D는 금속 원소이다.
ㄴ. 각 이온의 전자 껍질 수는 Na^+, F^-은 2개, Cl^-, K^+은 3개이며, 핵전하량은 $F^- < Na^+ < Cl^- < K^+$이다. 전자 껍질 수가 같은 Na^+, F^-에서 핵전하량은 $F^- < Na^+$이므로 이온 반지름은 $Na^+ < F^-$이고, Cl^-과 K^+의 경우 핵전하량은 $Cl^- < K^+$이므로 이온 반지름은 $K^+ < Cl^-$이다. 따라서 C(Na)의 이온 반지름이 가장 작으므로 '가'에 해당한다.
[오답 피하기] ㄷ. 이온 반지름이 가장 큰 '라'는 Cl^-의 이온 반지름이다. 원자 번호가 가장 큰 원소는 '나'의 K이다.

⊕ 개념 더하기

F^-과 K^+의 이온 반지름
F^-, K^+의 전자 껍질 수를 비교하면 K^+의 반지름이 커야 하지만 K^+의 핵전하량이 훨씬 크므로 K^+의 이온 반지름이 F^-보다 작다.

10 자료 분석 하기

이온 반지름

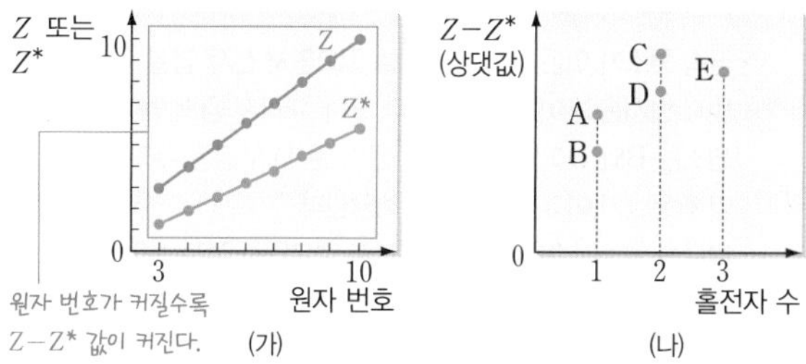

- 가려막기 효과 때문에 원자가 전자가 느끼는 유효 핵전하는 핵전하보다 작다.
- 원자 번호 3~10 중 홀전자 수가 1인 원소는 리튬(Li), 붕소(B), 플루오린(F)이다.
- 원자 번호 3~10 중 홀전자 수가 2인 원소는 탄소(C), 산소(O)이다.
- 원자 번호 3~10 중 홀전자 수가 3인 원소는 질소(N)이다.
- 핵전하와 유효 핵전하의 차이가 C가 D보다 크므로 C는 산소(O), D는 탄소(C)임을 알 수 있다.
- 핵전하와 유효 핵전하의 차이가 A가 D보다 작으므로 A는 탄소보다 원자 번호가 작다. A는 붕소(B), B는 리튬(Li), E는 질소(N)이다.

ㄴ. 원자 번호가 가장 큰 원소는 산소(O)인 C이다.
[오답 피하기] ㄱ. A는 붕소(B)이다.
ㄷ. 바닥상태에서 D의 전자 배치는 $1s^2 2s^2 2p^2$이고, E의 전자 배치는 $1s^2 2s^2 2p^3$이므로 전자가 들어 있는 p 오비탈의 수는 D는 2, E는 3이다.

11 2~3주기 원소 중 제1 이온화 에너지가 가장 큰 원소는 18족 원소인 네온(Ne)이므로 A는 붕소(B), B는 탄소(C), C는 질소(N), D는 산소(O), E는 플루오린(F), F는 네온(Ne), G는 나트륨(Na), H는 마그네슘(Mg)이다.
ㄱ. A~E는 2주기 원소에 해당하므로 원자 반지름이 가장 큰 원소는 원자 번호가 가장 작은 A이다.
ㄴ. D와 G가 안정한 이온이 되면 네온(Ne)의 전자 배치를 가지므로 전자 수는 같다.
ㄷ. D의 이온화 에너지가 C보다 낮은 까닭은 p 오비탈에 채워진 전자 사이의 반발력 때문이다.

12 ㄱ. 제2 이온화 에너지와 제3 이온화 에너지 차이가 큰 A는 2족 원소이고, 제3 이온화 에너지와 제4 이온화 에너지 차이가 큰 B는 13족 원소이다.
[오답 피하기] ㄴ. 같은 주기의 2족 원소는 13족 원소보다 제1 이온화 에너지가 크다. 13족 원소인 B의 제1 이온화 에너지가 2족 원소인 A보다 크므로 B는 2주기, A는 3주기 원소이다.
ㄷ. A는 3주기 2족 원소인 마그네슘(Mg)이고, B는 2주기 13족 원소인 붕소(B)이다.

13 자료 분석하기

원자 반지름과 이온 반지름 해석

주기 \ 족	1	2	3~12	13	14	15	16	17	18
1									
2	(가)	(나)						(다)	
3								(라)	

(가), (나): 금속 원소 / (다), (라): 비금속 원소

- 금속 원소가 이온이 되면 전자를 잃으면서 전자 껍질 수가 감소하므로 원자 반지름이 이온 반지름보다 크다. 따라서 금속 양이온에 해당하는 원소는 B와 D이며, 원자 반지름이 큰 D가 같은 주기에서 원자 번호가 작은 (가)이고, B는 (나)에 해당한다.
- 비금속 원소가 이온이 되면 전자를 얻으면서 전자 사이의 반발력이 커지므로 이온 반지름이 원자 반지름보다 크다. 따라서 비금속 음이온에 해당하는 원소는 A와 C이며, 원자 반지름이 큰 C가 3주기인 (라)이고, 반지름이 작은 A가 2주기인 (다)이다.

ㄱ. (가)는 D, (나)는 B, (다)는 A, (라)는 C이다.
ㄴ. A와 C는 17족 비금속 원소이다.
[오답 피하기] ㄷ. 원자 번호가 가장 큰 원소는 (라)이므로 C이다.

14 ㄱ. 원자 반지름이 가장 큰 원소는 같은 족에서 전자 껍질 수가 가장 크고 같은 주기에서 원자 번호가 작은 칼륨(K)이다.
ㄷ. 음이온이 되기 쉬운 원소는 비금속성이 큰 원소로서 이들 중 유효 핵전하가 가장 큰 원소는 염소(Cl)이다.
[오답 피하기] ㄴ. 비금속성은 전자를 얻어 음이온이 되려는 성질로 주기율표의 오른쪽 위로 갈수록 커진다(18족 제외). 따라서 비금속성이 가장 큰 원소는 플루오린(F)이다.

15 고난도 문제 해결 전략

STEP 1 출제 의도 파악하기

이온화 에너지의 주기성과 예외적 경향을 알고 그래프를 해석하여 각각의 원소를 알아낼 수 있는지 묻는 문제이다.

STEP 2 자료 분석하기

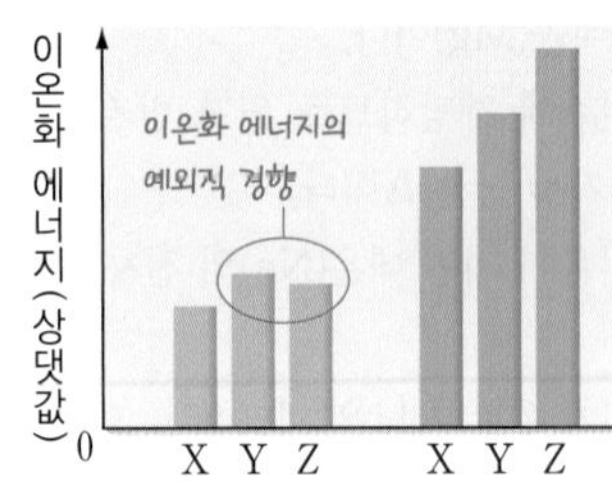

STEP 3 관련 개념 모으기

❶ 이온화 에너지의 예외적 경향 파악하기

➡ 제1 이온화 에너지는 같은 주기에서 원자 번호가 커질수록 대체로 증가하지만 (2족, 13족), (15족, 16족)에서 예외성을 가진다. 제1 이온화 에너지가 Y>Z로 예외적 경향을 가지므로 X, Y, Z는 1족, 2족, 13족이거나 14족, 15족, 16족이다.

❷ X, Y, Z의 원소 파악하기

➡ X, Y, Z가 1족, 2족, 13족이라고 가정하면, 제2 이온화 에너지는 안쪽 전자 껍질에서 전자를 떼어 내야 하는 1족 원소인 X가 가장 커야 한다. 그러나 그래프상에 나타난 제2 이온화 에너지가 X<Y<Z 순이므로 X, Y, Z는 14족, 15족, 16족 원소에 해당한다. 따라서 X는 탄소(C), Y는 질소(N), Z는 산소(O)이다.

ㄱ. X의 전자 배치는 $1s^2 2s^2 2p^2$이고, Z의 전자 배치는 $1s^2 2s^2 2p^4$이므로 X와 Z의 홀전자 수는 2로 같다.
[오답 피하기] ㄴ. Y의 원자가 전자 수는 5이다.
ㄷ. Z는 산소(O)이다.

16 고난도 문제 해결 전략

STEP 1 출제 의도 파악하기

2, 3주기 원소의 이온화 에너지 상댓값을 분석하여 해당 원소가 무엇인지 알아낼 수 있는지 묻는 문제이다.

STEP 2 자료 분석하기

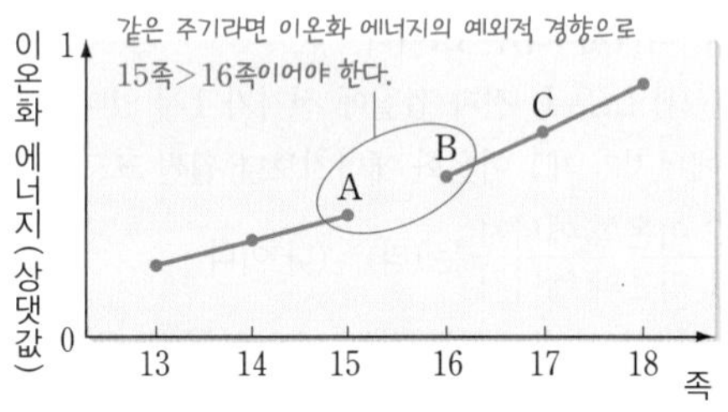

STEP 3 관련 개념 모으기

❶ 15족, 16족 원소에서 이온화 에너지의 예외적 경향 적용

➡ 같은 주기에서 이온화 에너지는 원자 번호가 커질수록 대체적으로 증가하지만, 2족과 13족, 15족과 16족에서 예외성을 가진다. 따라서 A와 B가 같은 주기의 원소라면 이온화 에너지가 A>B여야 하는데, 주어진 자료에서 이온화 에너지는 A<B이다. 즉, A와 B는 서로 다른 주기의 원소로 A는 3주기, B는 2주기 원소이다.

❷ 유효 핵전하의 주기성 적용하기

➡ 같은 주기에서 원자 번호가 커질수록 유효 핵전하는 증가한다. B와 C는 같은 3주기 원소이므로 유효 핵전하는 B<C이다.

❸ 금속 원소와 비금속 원소의 원자 반지름, 이온 반지름 비교하기

➡ 금속 원소는 이온 반지름이 원자 반지름보다 작고, 비금속 원소는 이온 반지름이 원자 반지름보다 크다.

ㄷ. C는 17족으로 비금속 원소이므로 이온 반지름이 원자 반지름보다 크다.
[오답 피하기] ㄱ. A는 3주기 원소이다.
ㄴ. 같은 주기에서 원자 번호가 클수록 유효 핵전하가 크므로 유효 핵전하는 B<C이다.

핵심 정리 Ⅱ 단원 마무리

108~109쪽

❶ 전자 ❷ 원자핵 ❸ +1 ❹ 양성자수 ❺ 중성자수 ❻ 동위 원소 ❼ 오비탈 ❽ s 오비탈 ❾ p 오비탈 ❿ 2 ⓫ 훈트 ⓬ 원자량 ⓭ 원자 번호 ⓮ 원자가 전자 수 ⓯ 전자 껍질 수 ⓰ 금속 ⓱ 비금속 ⓲ +1 ⓳ 증가 ⓴ 감소 ㉑ > ㉒ < ㉓ 증가

실력 점검 Ⅱ 단원 평가 문제 110~113쪽

01 ② 02 ④ 03 ① 04 ③
05 $-\frac{1}{2}$ 06 ① 07 ③ 08 ③ 09 ⑤
10 ② 11 ⑤ 12 ② 13 ④ 14 ③
15 ④

1등급을 완성하는 서술형 문제

16 해설 참조 17 (1) 해설 참조 (2) (가) 3, (나) 1 18 해설 참조

01 ② 톰슨은 음극선 실험을 통해 (+)전하를 띠는 공 모양의 물질에 (−)전하를 띠는 전자가 박혀 있는 모형을 제안하였다.
[오답 피하기] ① 돌턴 모형, ③ 러더퍼드 모형, ④ 보어 모형, ⑤ 현대 모형이다.

개념 더하기

원자 모형의 변천

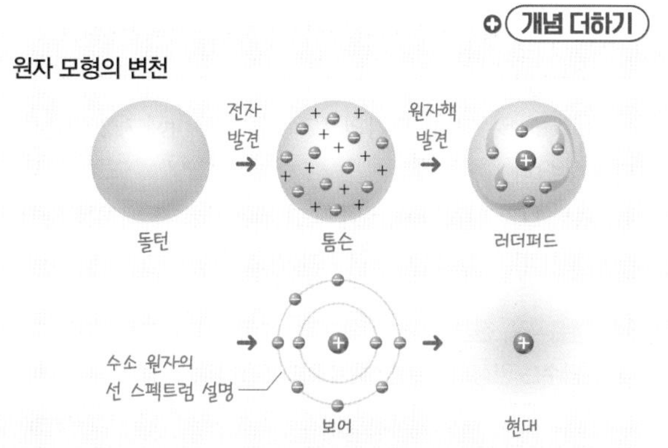

02 (가)는 톰슨의 음극선 실험으로, 이 실험에서 발견된 입자 A는 전자이고, (나)는 러더퍼드의 알파(α) 입자 산란 실험으로, 이 실험에서 발견된 입자 B는 원자핵이다. A(전자)의 질량은 B(원자핵)에 비해 무시할 정도로 작으며, B(원자핵)는 원자 크기에 비해 매우 작은 공간을 차지한다. A(전자)는 (−)전하를, B(원자핵)는 (+)전하를 띠므로 A와 B 사이에는 정전기적 인력이 작용한다.

03 자료 분석 하기

질량수, 양성자수, 중성자수 관계

구분	A	B	C
양성자수	1	1	6
$\frac{P-N}{P}$	1	0	0
중성자수	0	1	6
질량수	1	2	12

ㄱ. A와 B는 양성자수가 같고 중성자수가 달라 질량수가 다르므로 동위 원소이다.
[오답 피하기] ㄴ. B의 질량수는 2이다.
ㄷ. ${}^{13}_{6}X$는 양성자수가 6이고, 중성자수가 7이므로 $\frac{P-N}{P}$의 값은 $\frac{6-7}{6}=-\frac{1}{6}$이다.

04 ㄱ, ㄴ. 양성자수 3, 중성자수 4, 전자 수 2이므로 2주기 1족 원소이며, 양성자수가 전자 수보다 크므로 +1의 양이온이다.
[오답 피하기] ㄷ. 원자는 양성자수와 전자 수가 같아야 하므로 전자 수는 3이다. 따라서 원자의 전자 배치에 따르면 K 전자 껍질에 전자 2개, L 전자 껍질에 전자 1개로 원자가 전자 수는 1이다.

05 바닥상태에서 헬륨의 전자 A와 B는 모두 1s 오비탈에 존재하므로, A와 B의 방위 양자수는 모두 0이다. 따라서 $y=0$이다. 같은 오비탈에 채워지는 전자는 서로 다른 2가지 상태가 존재하는데, 이러한 상태를 나타내는 양자수를 스핀 자기 양자수라고 하며, $+\frac{1}{2}$과 $-\frac{1}{2}$ 중 하나이다. 한 오비탈에 들어 있는 전자들은 같은 스핀 방향을 가질 수 없으므로 x는 $-\frac{1}{2}$이다.

06 ㄱ. (가)는 바닥상태이고, (나)는 들뜬상태이다.
[오답 피하기] ㄴ. 들뜬상태인 (나)에서 바닥상태인 (가)로 될 때 에너지를 방출한다.
ㄷ. 수소 기체의 양을 증가시켜도 에너지 준위의 간격은 달라지지 않는다.

07 자료 분석 하기

오비탈과 양자수

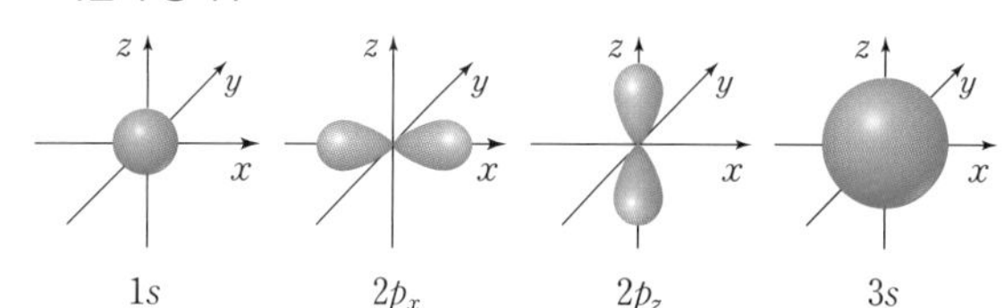

오비탈	1s	2p_x	2p_z	3s
주 양자수	1	2	2	3
방위 양자수	0	1	1	0
자기 양자수	0	+1 또는 0 또는 −1		0

ㄱ. 2p_x와 2p_z 오비탈의 방위 양자수는 모두 1이다.
ㄴ. 1s와 3s 오비탈의 자기 양자수는 모두 0이다.
[오답 피하기] ㄷ. 2p_x와 2p_z 오비탈의 에너지 준위가 같으므로 전자가 1s 오비탈에서 2p_x 오비탈로 전이될 때와 1s 오비탈에서 2p_z 오비탈로 전이될 때 흡수하는 에너지 크기는 서로 같다.

08 주 양자수 $n=3$인 전자 껍질에 존재하는 오비탈이므로 (가)는 3s 오비탈이고, (나)는 3p_x 오비탈이다.
ㄱ. (가)의 방위 양자수는 0이고, 자기 양자수도 0이다.
ㄴ. (나)의 방위 양자수는 1이며, 3p_y와 3p_z 오비탈의 방위 양자수도 모두 1이다.
[오답 피하기] ㄷ. 한 오비탈에 들어갈 수 있는 전자 수는 모두 2로 같다.

09 ㄱ. A는 1s 오비탈을 채우지 않고 2s 오비탈과 2p 오비탈에 전자가 배치되었고, C는 2s 오비탈을 채우지 않고 2p 오비탈에 전자가 배치되었으므로 들뜬상태이다.

ㄴ. 전자 수가 가장 많은 원자가 A이므로 원자 번호가 가장 큰 원자는 A이다.
ㄷ. D는 에너지 준위가 같은 오비탈(2p 오비탈)이 여러 개 있을 때 전자가 같은 오비탈에 쌍을 이루지 않고 각각의 오비탈에 홀전자로 배치된 구조로 훈트 규칙을 만족한다.

10 X^{2+}은 네온(Ne)의 전자 배치를 이루므로 X는 $_{12}$Mg이고, Y^{2-}은 아르곤(Ar)의 전자 배치를 이루므로 Y는 $_{16}$S이다. 따라서 바닥상태 X의 전자 배치는 $1s^2 2s^2 2p^6 3s^2$이고, Y의 전자 배치는 $1s^2 2s^2 2p^6 3s^2 3p^4$이다.
ㄴ. X와 Y는 전자가 들어 있는 전자 껍질 수가 3으로 같으므로 같은 주기 원소이다.
[오답 피하기] ㄱ. 홀전자 수는 X는 0이고, Y는 2이다.
ㄷ. 원자가 전자 수는 X는 2이고, Y는 6이다.

11 A는 2주기 2족 원소이므로 원자 번호 4인 Be이고, B는 3주기 16족 원소이므로 원자 번호 16인 S이고, C는 3주기 2족 원소이므로 원자 번호 12인 Mg이다.
ㄴ. 원자가 전자 수가 같은 것은 같은 족 원소인 A와 C이다.
ㄷ. 고체 상태에서 전기 전도성이 있는 것은 금속인 A, C이다.
[오답 피하기] ㄱ. 원자 번호가 가장 큰 것은 B이다.

12 A는 질소(N), B는 산소(O), C는 나트륨(Na), D는 염소(Cl)이다.
ㄷ. 바닥상태 원자에서 홀전자 수는 C와 D가 모두 1이다.
[오답 피하기] ㄱ. 이온화 에너지의 예외적 경향에 의해 이온화 에너지는 A가 B보다 크다.
ㄴ. 안정한 이온의 전자 배치가 같은 B와 C의 경우, 원자 번호가 큰 C가 B보다 유효 핵전하가 더 크므로 이온 반지름은 더 작다.

13 등전자 이온인 경우 원자 번호가 클수록 유효 핵전하가 커져 이온 반지름이 작아진다. 따라서 이온 반지름이 큰 순서대로 C는 $_8$O, D는 $_9$F, A는 $_{11}$Na, B는 $_{12}$Mg이다.
ㄴ. 이온화 에너지는 같은 주기에서 원자 번호가 큰 D가 C보다 크다.
ㄷ. 원자 반지름은 전자 껍질 수가 가장 많고 유효 핵전하가 작은 A가 가장 크다.
[오답 피하기] ㄱ. 같은 주기에서 원자 번호가 커질수록 전자 사이의 가려막기 효과보다 핵전하의 증가가 더 큰 영향을 미치므로 유효 핵전하가 증가한다. 따라서 C(O)보다 D(F)의 유효 핵전하가 크다. 주기가 바뀔 때는 전자 껍질 수가 많아져 내부 전자에 의한 가려막기 효과가 커지므로 유효 핵전하가 크게 감소한다. 따라서 유효 핵전하가 가장 큰 원소는 D이다.

14 A는 1족, B는 13족, C는 2족 원소로 바닥상태의 전자 배치는 다음과 같다.
- A: $1s^2 2s^2 2p^6 3s^1$ ➡ Na
- B: $1s^2 2s^2 2p^6 3s^2 3p^1$ ➡ Al
- C: $1s^2 2s^2 2p^6 3s^2$ ➡ Mg

ㄱ. 바닥상태에서 홀전자 수는 A와 B가 1로 같다.
ㄴ. 같은 주기에서 원자 번호가 클수록 원자 반지름은 작아지므로 B의 원자 반지름이 C보다 작다.
[오답 피하기] ㄷ. C가 안정한 이온이 되려면 전자 2개를 잃어야 한다. 따라서 이때 필요한 에너지는 $E_1+E_2=(0.74+1.45)\times10^3$ kJ/mol$=2.19\times10^3$ kJ/mol이다.

15 자료 분석 하기

제1 이온화 에너지

원소	A	B	C	D
원자가 전자 수	1	1	7	7
제1 이온화 에너지(kJ/mol)	496	520	1251	1688
족	1		17	
주기	3	2	3	2

- 원자가 전자 수가 1인 원소는 1족 원소이고, 원자가 전자 수가 7인 원소는 17족 원소이다.
- 같은 족에서 원자 번호가 커질수록 이온화 에너지는 감소한다.

ㄴ. 1족 원소는 같은 주기의 17족 원소에 비해 제2 이온화 에너지가 크다.
ㄷ. A와 D가 안정한 이온이 되면 네온의 전자 배치를 가진다.
[오답 피하기] ㄱ. A와 C는 3주기 원소이다.

16 예시 답안 $^{3}_{2}$X, 전자 수가 2이므로 양성자수도 2이고 원자 번호도 2이다. 질량수는 양성자수+중성자수이므로 3이다.

채점 기준	배점(%)
원자 X를 원소 기호 표시법으로 옳게 나타내고, 그 까닭을 옳게 설명한 경우	100
원자 X를 원소 기호 표시법으로 나타내는 것만 옳게한 경우	40

17 (1) 예시 답안

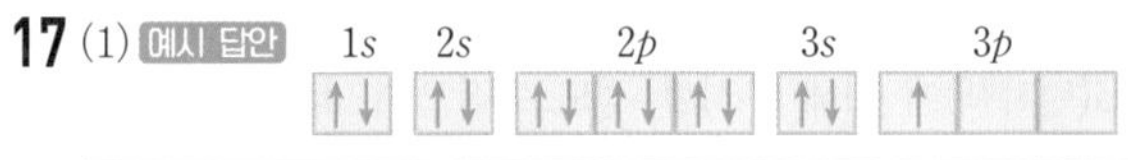

채점 기준	배점(%)
전자 배치를 옳게 나타낸 경우	100

(2) 원자가 전자 수는 3이고, 홀전자 수는 1이다.

18 예시 답안 (1) 금속 원소: A, D, 비금속 원소: B, C, 금속 원소가 이온으로 될 때는 원자가 전자를 잃어 전자 껍질 수가 감소하므로 원자 반지름보다 이온 반지름이 작아진다. 비금속 원소가 이온으로 될 때는 전자 수가 증가하여 전자 간 반발력이 커지므로 원자 반지름보다 이온 반지름이 커진다.
(2) C, 같은 주기에서 원자 번호가 커질수록 원자 반지름은 감소하고, 이온화 에너지는 대체로 증가하므로 원자 반지름이 가장 작은 17족 원소인 C의 이온화 에너지가 가장 크다.

	채점 기준	배점(%)
(1)	금속 원소와 비금속 원소를 옳게 구분하고, 그 까닭을 옳게 설명한 경우	100
	금속 원소와 비금속 원소만 옳게 구분한 경우	50
(2)	이온화 에너지가 가장 큰 원소를 쓰고, 그 까닭을 옳게 설명한 경우	100
	이온화 에너지가 가장 큰 원소만 옳게 쓴 경우	40

III 화학 결합과 분자의 세계

10 화학 결합의 전기적 성질과 이온 결합

118~119쪽

확인 문제 1 반발력 2 ×

01 이온 결합이 형성되는 거리보다 이온 사이의 거리가 멀면 인력이 우세하게 작용하고, 이온 사이의 거리가 가까우면 반발력이 우세하게 작용한다.

02 이온 결합 물질은 고체 상태에서는 이온이 이동할 수 없으므로 전기 전도성이 없고, 액체 상태에서는 이온이 이동할 수 있으므로 전기 전도성이 있다.

개념을 다지는 기본 문제

120~121쪽

01 ② 02 ④ 03 ㄱ, ㄷ 04 ⑤ 05 ㄱ, ㄷ, ㄹ 06 ① 07 해설 참조 08 ③ 09 X_2Y_3 10 ③ 11 ⑤ 12 해설 참조

01 ② 물을 전기 분해 하면 (−)극에서 수소(H_2) 기체가 생성되고, (+)극에서 산소(O_2) 기체가 생성된다. 생성된 H_2와 O_2의 몰비는 2 : 1이다.
[오답 피하기] ① 순수한 물은 전류가 흐르지 않으므로 물에 전류가 흐르도록 전해질을 넣는다. 물이 분해되어야 하므로, 이때 넣는 전해질은 황산 나트륨(Na_2SO_4)이나 수산화 나트륨(NaOH)과 같이 양이온과 음이온이 물보다 전자를 얻거나 잃기 어려워야 한다.
③ (−)극에서 생성된 H_2 기체에 불을 가까이 대면 '퍽' 소리가 나면서 탄다.
④ (+)극에서 생성된 O_2 기체에 꺼져 가는 성냥불을 가져다 대면 불씨가 커진다.
⑤ 물에 전류를 흐르게 하면 물은 H_2와 O_2를 생성하면서 분해되므로 물은 H 원자와 O 원자가 전기적인 성질로 결합하고 있다는 것을 알 수 있다.

02 ㄴ. 화합물을 전기 분해 하면 (−)극에서 전자를 얻는 반응이 일어나고, (+)극에서 전자를 잃는 반응이 일어난다.
ㄷ. 염화 나트륨(NaCl)을 가열하여 용융액이 되면 이온 사이의 결합이 끊어져 나트륨 이온(Na^+)과 염화 이온(Cl^-)이 자유롭게 이동할 수 있다. 따라서 전류를 흘려주면 전류가 흐른다.
[오답 피하기] ㄱ. 염화 나트륨 용융액을 전기 분해 하면 (−)극에서 금속 나트륨(Na)이 생성되고, (+)극에서 염소 기체(Cl_2)가 생성된다.
(−)극: $2Na^+ + 2e^- \longrightarrow 2Na$
(+)극: $2Cl^- \longrightarrow Cl_2 + 2e^-$

03 ㄱ. 염화 나트륨을 가열하여 용융액이 되면 이온 사이의 결합이 끊어져 나트륨 이온과 염화 이온이 자유롭게 이동할 수 있다. 따라서 전류를 흘려주면 성분 원소로 분해된다.
ㄷ. NaCl은 이온 결합으로, H_2O은 공유 결합으로 형성된 물질이다. 전류를 흐르게 하였을 때 NaCl과 H_2O은 전자를 잃거나 얻는 반응이 일어나 각 성분 원소로 분해되므로 화학 결합이 형성될 때 전자가 관여한다는 것을 알 수 있다.
[오답 피하기] ㄴ. 순수한 물은 전류가 흐르지 않으므로 소량의 전해질을 넣어 전기 분해 한다.

04 ㄱ. ㉠은 비금속, ㉡은 금속이다.
ㄴ. 비금속 원소와 금속 원소가 만나 이온 결합을 형성한다. 따라서 (가)는 이온 결합이다.
ㄷ. 이온 결합을 형성할 때 비금속 원자는 전자를 얻어 음이온이 되고, 금속 원자는 전자를 잃어 양이온이 된다.

05 이온 결합은 금속 원소와 비금속 원소 사이에서 이루어진다. B는 금속 원소, A, C, D는 비금속 원소이다.
ㄱ, ㄷ, ㄹ. B는 금속 원소, A, C, D는 비금속 원소이므로 A와 B, B와 C, B와 D의 화합물은 이온 결합으로 이루어진다.
[오답 피하기] ㄴ, ㅁ. A, C, D는 모두 비금속 원소이므로 이들 원소 사이에는 이온 결합을 형성하지 않는다.

06 ① H와 Cl는 모두 비금속 원소이므로 이온 결합을 형성하지 않는다.
[오답 피하기] ② Li은 금속 원소, H는 비금속 원소이므로 이온 결합을 형성한다.
③ Li은 금속 원소, O는 비금속 원소이므로 이온 결합을 형성한다.
④ Na은 금속 원소, Cl는 비금속 원소이므로 이온 결합을 형성한다.
⑤ Mg은 금속 원소, Cl는 비금속 원소이므로 이온 결합을 형성한다.

07 C는 이온 결합이 형성되는 지점이다. C보다 이온 사이의 거리가 짧은 A와 B에서는 반발력이 인력보다 우세하게 작용하고, C보다 이온 사이의 거리가 먼 D에서는 인력이 반발력보다 우세하게 작용한다.
[예시 답안] C, 반발력과 인력이 균형을 이루고, 에너지가 가장 낮아 안정하기 때문이다.

채점 기준	배점(%)
이온 결합이 형성되는 지점을 고르고, 그 까닭을 옳게 설명한 경우	100
이온 결합이 형성되는 지점만 옳게 고른 경우	50

08 ㄷ. A는 플루오린(F)이고, B는 마그네슘(Mg)이다. A(F)와 B(Mg)로 이루어진 화합물은 이온 결합 물질이므로 액체 상태에서 전기 전도성이 있다.
[오답 피하기] ㄱ. A(F)는 비금속 원소이다.
ㄴ. 이온 결합 물질은 전기적으로 중성이므로 양이온의 총전하량과 음이온의 총전하량이 같아지는 이온 수비로 결합한다.

따라서 전하가 +2인 B^{2+}(Mg^{2+})과 전하가 −1인 A^-(F^-)은 1 : 2의 이온 수비로 결합하므로 안정한 화합물의 화학식은 BA_2(MgF_2)이다.

09 X 이온과 Y 이온의 화학식은 각각 X^{3+}, Y^{2-}이므로 X 이온과 Y 이온은 2 : 3의 개수비로 결합한다. 따라서 화합물의 화학식은 X_2Y_3이다.

⊕ 개념 더하기

이온 결합 물질의 화학식
- 양이온의 총전하량과 음이온의 총전하량이 같아지는 이온 수비로 결합한다.
- (양이온의 전하×양이온의 수)+(음이온의 전하×음이온의 수)=0

10 자료 분석 하기

이온 결합 물질의 결합 모형

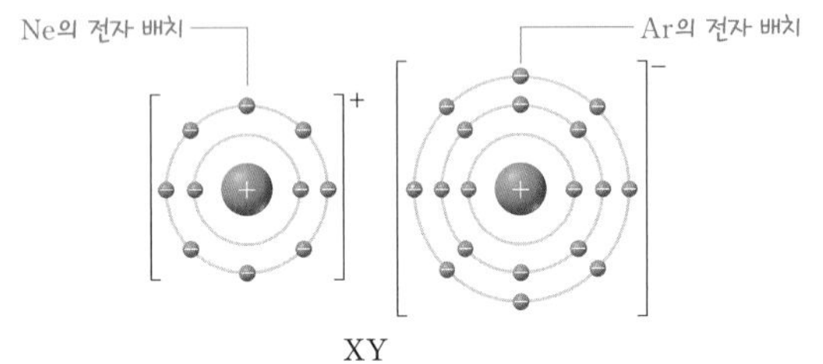

- XY는 X 이온과 Y 이온이 정전기적 인력으로 결합한 이온 결합 물질이다.
- X 이온은 전하가 +1이므로 양성자수가 전자 수보다 1만큼 크고, Y 이온은 전하가 −1이므로 전자 수가 양성자수보다 1만큼 크다.
  ➡ 양성자수는 X 이온이 11, Y 이온이 17이므로 X 원자는 원자 번호 11인 Na이고, Y 원자는 원자 번호 17인 Cl이다.

ㄱ. X는 Na, Y는 Cl이다. X 이온은 전자 1개를 잃고 Ne과 같은 전자 배치를 가지므로 원자 X(Na)는 원자가 전자 수가 1이다.
ㄴ. 원자 X(Na)와 Y(Cl)는 전자가 들어 있는 전자 껍질 수가 3으로 같다. 따라서 같은 주기 원소이다.
[오답 피하기] ㄷ. XY(NaCl)는 이온 결합 물질이므로 액체 상태와 수용액에서는 전기 전도성이 있지만, 고체 상태에서는 전기 전도성이 없다.

11 ㄱ. 전하량이 같을 때 이온 사이의 거리가 짧을수록 녹는점이 높다. 녹는점이 NaF > KF이므로 이온 사이의 거리는 NaF < KF이다. 따라서 (가)는 231보다 크다.
ㄴ. 전하량이 같을 때 이온 사이의 거리가 짧을수록 녹는점이 높으므로 이온 사이의 거리가 짧은 MgO의 녹는점 (나)는 SrO의 녹는점인 2431보다 높다.
ㄷ. 이온 사이의 거리가 더 먼 SrO의 녹는점이 NaF보다 더 높은 것은 SrO의 이온의 전하량이 더 크기 때문이다.

12 이온 결합 물질을 구성하는 양이온과 음이온 사이에는 정전기적 인력이 작용하지만, 양이온과 양이온, 음이온과 음이온 사이에는 반발력이 작용한다.

예시 답안 이온 결합 물질에 힘을 가하면 이온 층이 밀리면서 같은 전하를 띤 이온 사이에 반발력이 작용하므로 쉽게 부서진다.

채점 기준	배점(%)
같은 전하를 띤 이온 사이의 반발력으로 옳게 설명한 경우	100
반발력만 언급하여 옳게 설명한 경우	70
부서진다고만 쓴 경우	30

11 공유 결합과 금속 결합

확인 문제 122~124쪽

1 공유   2 ○   3 공유(원자)
4 자유 전자   5 자유 전자   6 공유, 공유

01 금속 원소로 이루어진 결합은 금속 결합이고, 비금속 원소로 이루어진 결합은 공유 결합이며, 금속 원소와 비금속 원소로 이루어진 결합은 이온 결합이다.

02 공유 결합을 이루는 전자쌍은 자유롭게 움직일 수 없으므로 일반적으로 고체나 액체 상태에서 전기 전도성이 없다.

03 공유 결합으로 이루어진 고체 결정에는 분자 결정과 공유(원자) 결정이 있다.

05 금속에 힘을 가하더라도 자유 전자가 금속 결합이 유지되도록 재배열되기 때문에 금속 양이온과 자유 전자 사이의 정전기적 인력이 유지되어 금속은 부서지지 않고 변형만 일어난다.

06 일반적으로 결합력은 공유 결합 > 이온 결합 > 금속 결합이므로 녹는점은 공유 결합 물질(공유 결정) > 이온 결합 물질 > 금속 결합 물질이다.

개념을 다지는 기본 문제 125~128쪽

01 ⑤   02 ③   03 ③   04 ⑤   05 ②   06 ①   07 ③
08 해설 참조   09 ③   10 ④   11 ⑤   12 ④   13 ①   14 ㄴ
15 해설 참조   16 ⑤   17 ④   18 (가) 금속 결합, (나) 이온 결합, (다) 공유 결합   19 ③   20 ①   21 ②

01 ⑤ 옥텟 규칙은 가장 바깥 전자 껍질에 전자 8개를 채워 안정한 전자 배치를 이루려는 경향이다. 전자를 얻으려는 성질이 큰 비금속 원소끼리 만나면 두 원자가 각각 전자를 내놓아 만든 전자쌍을 공유함으로써 옥텟 규칙을 만족하는 안정한 전자 배치를 이루려고 하므로 두 원자가 공유하는 전자쌍의 수는 (8−원자가 전자 수)와 같다.
[오답 피하기] ①, ②, ③ 금속 원소와 비금속 원소가 만나면 서로 전자를 주고받아 생성된 양이온과 음이온이 정전기적 인력으로 결합하여 이온 결합을 형성한다.

④ 결합하는 두 원자의 종류에 따라 1개, 2개, 3개의 전자쌍을 공유할 수 있다.

02 ㄱ. A~D는 각각 수소(H), 산소(O), 네온(Ne), 나트륨(Na)이다. A(H)와 D(Na)는 1족 원소이다.
ㄷ. A(H)와 B(O)는 비금속 원소이므로 공유 결합을 형성한다.
[오답 피하기] ㄴ. A~D 중 비금속 원소는 A(H), B(O), C(Ne)이다.

03 ㄱ. 2개의 H 원자와 O 원자 사이에 각각 공유 전자쌍 1개씩이 존재하므로 H_2O에서 공유 전자쌍 수는 2이다.
ㄴ. 산소 원자의 원자가 전자는 6개로, 부족한 전자 2개를 수소 원자 2개와 각각 전자쌍을 공유하여 네온과 같은 안정한 전자 배치를 이룬다. 즉, 옥텟 규칙을 만족한다.
[오답 피하기] ㄷ. 공유 결합은 서로 전자를 내놓아 만든 전자쌍을 공유하여 결합을 형성한다. 전자의 이동으로 결합을 형성하는 것은 이온 결합이다.

04 ㄱ. X는 수소(H), Y는 염소(Cl)이다. X(H)와 Y(Cl)는 모두 비금속 원소이다.
ㄴ. X와 Y는 모두 비금속 원소이며, 비금속 원소 사이의 화학 결합은 공유 결합이다.
ㄷ. XY(HCl)에서 Y(Cl)는 전자 배치가 아르곤(Ar)과 같으므로 옥텟 규칙을 만족한다.

05 자료 분석 하기

공유 결합의 종류

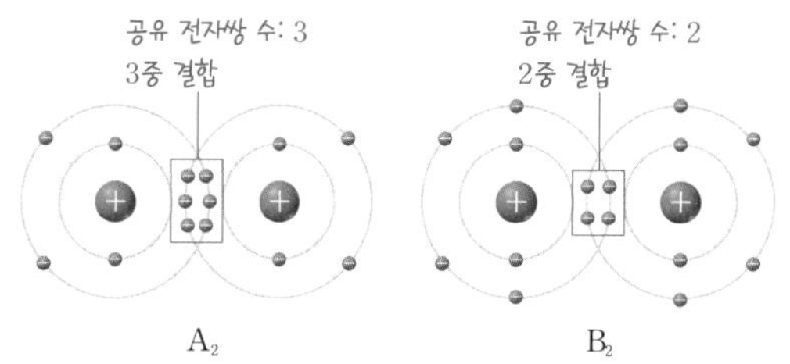

- A는 원자가 전자 수가 5, B는 원자가 전자 수가 6이다.
- A_2는 공유 전자쌍 수가 3, 비공유 전자쌍 수가 2이고, B_2는 공유 전자쌍 수가 2, 비공유 전자쌍 수가 4이다.
- A_2에는 3중 결합이 있고, B_2에는 2중 결합이 있다.

ㄷ. A_2에서 A와, B_2에서 B는 전자 배치가 네온(Ne)과 같으므로 모두 옥텟 규칙을 만족한다.
[오답 피하기] ㄱ. A_2에는 공유 전자쌍이 3개 있으므로 3중 결합이 있다.
ㄴ. A의 원자가 전자 수는 5이고, B의 원자가 전자 수는 6이다.

06 ① N 원자는 3개의 H 원자와 각각 단일 결합을 형성하므로 NH_3에서 공유 전자쌍 수는 3이다.
[오답 피하기] ② N의 원자가 전자는 5개이고, 2개는 공유 결합에 참여하지 않는다.
③ NH_3는 전자쌍을 공유하는 공유 결합 물질이다. 전자가 이동하여 결합을 형성하는 것은 이온 결합 물질이다.
④ H는 전자가 1개이고, 이 전자는 공유 결합에 참여한다.
⑤ NH_3에서 N는 Ne과 같은 전자 배치를 가지며, H는 He과 같은 전자 배치를 가진다.

07 ㄷ. 분자를 구성하는 원자 수는 CH_4이 5, CO_2가 3이다.
[오답 피하기] ㄱ. CH_4에 있는 공유 결합은 모두 단일 결합이고, CO_2에는 2중 결합이 2개 있다.
ㄴ. 공유한 전자쌍 수는 CH_4이 4, CO_2가 4이다.

08 A는 두 원자핵 사이의 거리가 너무 가까워지고 전자 구름이 겹치게 되어 반발력이 증가하여 불안정한 상태이다. B는 에너지가 가장 낮은 안정한 상태이다. C는 두 원자가 서로 멀리 떨어져 있으므로 서로 영향을 미치지 않는 상태이다. A~C 중 결합이 이루어지는 지점은 B이다.

예시 답안 B, 에너지가 가장 낮아지는 거리에서 결합이 형성되기 때문이다.

채점 기준	배점(%)
에너지가 가장 낮아지는 거리에서 결합이 형성된다고 설명한 경우	100
에너지가 가장 낮기 때문이라고만 설명한 경우	50

09 자료 분석 하기

공유 결합의 형성과 에너지 변화

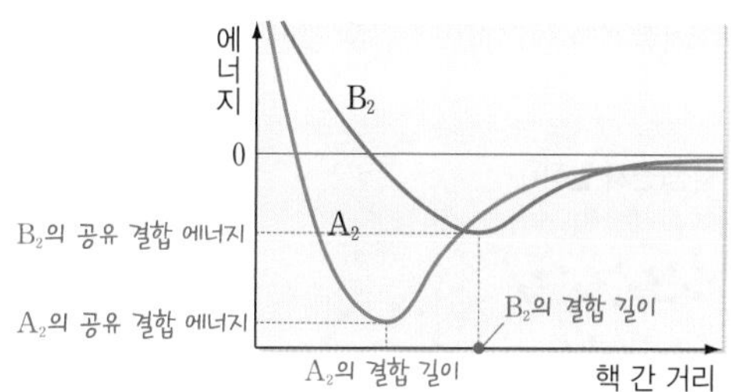

- 공유 결합을 형성하는 분자에서 두 원자핵 사이의 거리를 결합 길이라고 한다.
- 기체 상태의 분자에서 두 원자 사이의 결합을 끊어 기체 상태의 원자로 만드는 데 필요한 에너지를 공유 결합 에너지라고 하며, 공유 결합이 형성될 때 방출하는 에너지와 크기가 같다.

ㄱ. 에너지가 가장 낮아지는 거리에서 공유 결합이 형성된다. 공유 결합이 형성되는 지점에서의 핵 간 거리가 결합 길이이므로 결합 길이는 B_2가 A_2보다 크다.
ㄴ. 단일 결합으로 이루어진 분자에서 결합 길이의 절반은 공유 결합 반지름이다. 공유 결합 반지름은 원자 반지름에 해당하므로 원자 반지름은 B가 A보다 크다.
[오답 피하기] ㄷ. 공유 결합이 이루어질 때 방출하는 에너지의 크기가 공유 결합 에너지이므로 공유 결합 에너지는 A_2가 B_2보다 크다.

10 ④ 공유 결합 물질은 고체와 액체 상태에서 전기 전도성이 없다.
[오답 피하기] ①, ③ 공유 결합 물질은 수용액에서 전기 전도성이 없으나 물에 녹아 이온을 생성하는 HCl, NH_3 등의 산과 염기는 수용액에서 전류가 흐른다.

② 공유 결합 물질은 녹는점과 끓는점이 낮아 상온에서 대부분 액체나 기체로 존재한다.
⑤ 공유 결합으로 이루어진 물질 중에서 분자 사이의 인력에 의해 결정을 이룬 분자 결정은 쉽게 부서진다.

11 ㄷ. 다이아몬드를 구성하는 모든 C 원자는 분자를 이루지 않고 원자들끼리 연속적으로 공유 결합을 형성하므로 다이아몬드는 공유 결정이다.
ㄹ. 석영을 구성하는 모든 Si 원자와 O 원자는 분자를 이루지 않고 원자들끼리 연속적으로 공유 결합을 형성하므로 석영은 공유 결정이다.
[오답 피하기] ㄱ. H_2O은 H 원자 2개와 O 원자 1개가 분자를 구성하므로 분자 결정이다.
ㄴ. I_2은 I 원자 2개가 분자를 구성하므로 분자 결정이다.

12 ㄴ. 이산화 탄소(CO_2)는 분자 결정이고, 석영(SiO_2)은 공유 결정이다. 분자 결정과 공유 결정은 모두 공유 결합으로 이루어진다.
ㄷ. 공유 결정은 분자 결정보다 녹는점이 높고 단단하므로 녹는점은 (나)가 (가)보다 높다.
[오답 피하기] ㄱ. 분자 결정은 분자들이 분자 사이에 작용하는 인력으로 결정을 이룬 것이고, 공유 결정은 분자를 이루지 않고 원자들끼리 연속적으로 공유 결합 하여 결정을 이룬 것이다.

⊕ 개념 더하기

공유 결정(원자 결정)

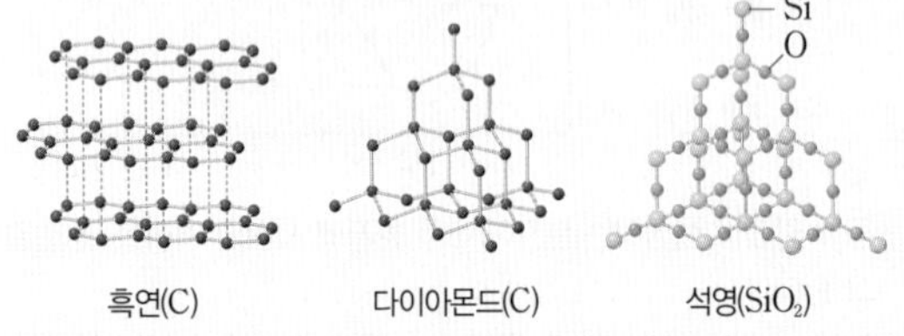

- 분자를 이루지 않고 원자들끼리 연속적으로 공유 결합을 한다.
- 일반적으로 이온 결합 물질, 금속 결합 물질, 분자 결정을 이루는 물질보다 녹는점이 높고 단단하다.

13 ① 금속의 밀도가 큰 것은 원자량이 크고, 작은 부피에 많은 수의 입자가 들어 있기 때문이다.
[오답 피하기] ②, ③, ④, ⑤ 금속이 열을 잘 전달하거나 전기를 잘 통하는 것, 광택을 나타내는 것, 연성과 전성을 나타내는 것 등은 모두 자유 전자에 의해 나타나는 성질이다.

14 ㄴ. 금속 결합은 금속 양이온인 ㉠과 자유 전자인 ㉡의 정전기적 인력에 의해 이루어진다.
[오답 피하기] ㄱ. 금속에 전류를 흘려주면 자유 전자는 (+)극 쪽으로 이동하므로 A극은 (+)극이다.
ㄷ. 금속 광택은 자유 전자가 빛을 흡수하여 방출하기 때문에 나타난다.

15 금속에 힘이 가해져 금속 양이온의 배열이 달라져도 자유 전자들이 이동하여 금속 양이온과 자유 전자 사이의 결합을 유지시키므로 연성과 전성을 나타낸다. 연성은 길게 뽑아낼 수 있는 성질이며, 전성은 넓게 펼 수 있는 성질이다.

예시 답안 금속에 힘을 가해도 자유 전자들이 이동하여 결합을 유지시키므로 연성(뽑힘성)과 전성(펴짐성)을 나타낸다. 알루미늄박은 전성을, 금실이나 구리줄은 연성을 이용한 것이다.

채점 기준	배점(%)
금속의 성질과 이용되는 예를 모두 옳게 설명한 경우	100
금속의 성질이나 이용되는 예 중 1가지만 옳게 설명한 경우	50

16 ⑤ 녹는점이 가장 높은 것은 공유 결정인 (다)이다.
[오답 피하기] ① (가)는 분자들이 분자 사이에 작용하는 인력에 의해 결정을 이룬 분자 결정이다.
② (나)는 이온 결정으로 액체 상태에서는 이온이 자유롭게 이동할 수 있으므로 전기 전도성이 있다.
③ (다)는 다이아몬드로 공유 결정이다. 공유 결정은 입자들이 분자를 이루지 않고 공유 결합으로 그물처럼 연결되어 결정을 이룬 것이다.
④ 분자 결정은 입자 사이에 작용하는 힘이 약해 상온에서 승화성을 띠는 물질이 많다. 고체 이산화 탄소인 드라이아이스는 상온에서 승화하여 기체 이산화 탄소로 된다.

17 ㄴ. A, B, D는 각각 H, O, Cl이므로 비금속 원소이고, C는 Mg이므로 금속 원소이다. C(Mg)와 D(Cl)로 이루어진 화합물의 화학식은 CD_2($MgCl_2$)이다.
ㄷ. B(O)와 C(Mg)로 이루어진 화합물에서 B(O)는 전자를 얻고, C(Mg)는 전자를 잃어 모두 네온(Ne)의 전자 배치를 가진다.
[오답 피하기] ㄱ. A(H)와 B(O)로 이루어진 화합물(H_2O)은 공유 결합 물질이므로 액체 상태에서 전기 전도성이 없다.

18 고체 상태와 액체 상태에서 모두 전기 전도성이 있는 물질은 금속 결합 물질이고, 액체 상태에서만 전기 전도성이 있는 물질은 이온 결합 물질이다. 고체 상태와 액체 상태에서 모두 전기 전도성이 없는 물질은 공유 결합 물질이다. 따라서 (가)는 금속 결합 물질, (나)는 이온 결합 물질, (다)는 공유 결합 물질이다.

19 ㄱ. 금속 결합 물질인 (가)는 열을 잘 전달한다.
ㄴ. 이온 결합 물질인 (나)는 수용액에서 이온화하여 이온이 자유롭게 이동할 수 있으므로 전기 전도성이 있다.
[오답 피하기] ㄷ. 넓게 펼 수 있는 펴짐성이 있는 것은 금속 결합 물질인 (가)이다. (다)는 공유 결합 물질이다.

20 ㄴ. A는 원자가 전자가 6개이므로 −2의 음이온을 형성하고, B는 원자가 전자가 1개이므로 +1의 양이온을 형성한다. 이온 결합 물질은 양이온의 총전하량과 음이온의 총전하량이 같아지는 이온 수비로 결합하므로 A와 B가 결합하여 생성된 안정한 화합물의 화학식은 B_2A이다.
[오답 피하기] ㄱ. CA(s)는 금속 원자와 비금속 원자가 결합한 이온 결합 물질이므로 고체 상태에서 전기 전도성이 없고, B(s)는 금속으로 고체 상태에서 전기 전도성이 크다.

ㄷ. A와 D는 비금속 원자이므로 A와 D가 결합하여 생성된 물질은 공유 결합 물질로 액체 상태에서 전기를 통하지 않는다.

21 고체 상태에서 전류가 흐르지 않으나 일정 온도 이상에서 전류가 흐르므로 고체 X는 이온 결합 물질이며, t ℃는 고체 X의 녹는점이다.
ㄴ. 이온 결합 물질에 힘을 가하면 이온 층이 밀려 같은 전하를 띤 이온 사이에 반발력이 작용하므로 쉽게 부서진다.
[오답 피하기] ㄱ. 이온 결합 물질은 고체 상태에서는 이온이 자유롭게 움직일 수 없으므로 전류가 흐르지 않으나, 녹는점에서 액체 상태로 되면 이온이 자유롭게 움직일 수 있으므로 전류가 흐른다. t ℃에서 이온이 생성되는 것은 아니다.
ㄷ. 물질 X는 이온 결정으로 수없이 많은 양이온과 음이온이 결합하여 생성되므로 분자로 존재하지 않는다.

실력을 올리는 실전 문제 132~135쪽

01 ②	02 ③	03 ①	04 ③	05 ③
06 ②	07 ④	08 ④	09 ⑤	10 ②
11 ①	12 ③	13 ②	14 ④	

1등급을 굳히는 고난도 문제

15 ⑤　16 ④

01 공유 결합 물질인 물, 이온 결합 물질인 염화 나트륨 용융액을 전기 분해 할 때 전자를 잃거나 얻는 반응이 일어나 성분 물질로 분해되므로 화학 결합에는 전자가 관여한다는 것을 알 수 있다.

02 ㄱ. (가)와 (나)의 각 극에서 일어나는 반응은 다음과 같다.

(가)	(−)극	$4H_2O + 4e^- \longrightarrow 2H_2 + 4OH^-$
	(+)극	$2H_2O \longrightarrow 4H^+ + O_2 + 4e^-$
(나)	(−)극	$2Na^+ + 2e^- \longrightarrow 2Na$
	(+)극	$2Cl^- \longrightarrow Cl_2 + 2e^-$

(가)의 (+)극에서는 산소(O_2) 기체, (나)의 (+)극에서는 염소(Cl_2) 기체가 발생한다.
ㄴ. 화합물을 전기 분해 하면 (−)극에서 전자를 얻는 반응이 일어나고, (+)극에서 전자를 잃는 반응이 일어난다.
[오답 피하기] ㄷ. (가)의 각 전극에서 생성되는 물질의 몰비는 (−)극 : (+)극=H_2 : O_2=2 : 1이고, (나)의 각 전극에서 생성되는 물질의 몰비는 (−)극 : (+)극=Na : Cl_2=2 : 1이다.

03 ㄱ. NaX에서 이온 사이의 거리에 따른 에너지가 가장 낮은 지점인 B에서 이온 결합이 이루어진다. B보다 이온 사이의 거리가 가까운 A에서는 반발력이 인력보다 우세하고, B보다 이온 사이의 거리가 먼 C에서는 인력이 반발력보다 우세하다.
[오답 피하기] ㄴ. 이온 결합이 형성될 때 이온 사이의 거리는 NaY가 NaX보다 멀다. 따라서 이온 반지름은 Y^-이 X^-보다 크다.
ㄷ. 이온의 전하량이 클수록, 이온 사이의 거리가 가까울수록 이온 결합 물질의 녹는점이 높다. 양이온과 음이온의 전하량은 NaX와 NaY가 같고, 이온 사이의 거리는 NaX가 NaY보다 가까우므로 녹는점은 NaX가 NaY보다 높다.

04 ③ A(H), C(O), D(Cl)는 비금속 원소이고, B(Na)는 금속 원소이다. (가)(NaH)는 이온 결합 물질, (나)(Na)는 금속 결합 물질, (다)(O_2)는 공유 결합 물질, (라)(NaCl)는 이온 결합 물질, (마)(OCl_2)는 공유 결합 물질이다. 금속 결합 물질인 (나)는 상온에서 고체 상태이지만, 공유 결합 물질인 (다)는 상온에서 기체 상태이다.
[오답 피하기] ① 이온 결합 물질은 (가)와 (라)이다.
② 공유 결합 물질은 (다)와 (마)이다.
④ B는 1족 원소, D는 17족 원소이므로 이온이 되었을 때 각각 B^+, D^-이 된다. 따라서 (라)의 화학식은 BD이다.
⑤ 공유 결합 물질에서 구성 원자는 전자를 공유하여 18족 원소와 같은 전자 배치를 가진다. (마)에서 C는 전자 배치가 Ne과 같고, D는 Ar과 같으므로 C와 D는 모두 옥텟 규칙을 만족한다.

05 **자료 분석 하기**

결합 길이, 공유 결합 에너지

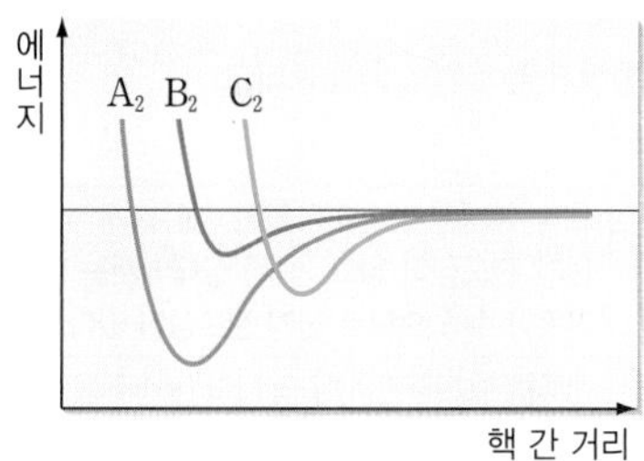

• 공유 결합은 에너지가 가장 낮은 거리에서 형성된다.
• 공유 결합이 형성될 때 핵 간 거리는 결합 길이이며, 에너지의 크기는 공유 결합 에너지이다.
• 단일 결합에서 결합 길이의 $\frac{1}{2}$은 원자 반지름(공유 결합 반지름)이다.
• A~C는 O, F, Cl 중 하나이며, 단일 결합을 하는 Cl_2, F_2와 2중 결합을 하는 O_2의 결합 길이는 $Cl_2>F_2>O_2$이다.
• 결합 길이는 $C_2>B_2>A_2$이므로 A는 O, B는 F, C는 Cl이다.
• 공유 결합 에너지는 $A_2(O_2)>C_2(Cl_2)>B_2(F_2)$이다.

ㄱ. 에너지가 가장 낮은 지점에서의 핵 간 거리가 결합 길이이고, 에너지의 크기가 공유 결합 에너지이다. 공유 결합 에너지가 클수록 공유 결합이 강하므로 공유 결합의 세기는 $A_2>C_2>B_2$이다.
ㄷ. $A_2(O_2)$에는 2중 결합이 있다.
[오답 피하기] ㄴ. 원자 반지름은 Cl>F이므로 단일 결합을 하는 Cl_2, F_2의 핵 간 거리는 $Cl_2>F_2$이다. 원자 반지름은

O>F이나 O_2는 2중 결합이 있으므로 핵 간 거리는 O_2<F_2이다. 즉, A_2, B_2, C_2는 각각 O_2, F_2, Cl_2이다.

06 A는 N, B는 O, C는 F이다.
ㄷ. A 원자는 원자가 전자가 5개이므로 전자 3개를 공유하여 안정한 전자 배치를 이루려고 하고, C는 원자가 전자가 7개이므로 전자 1개를 공유하여 안정한 전자 배치를 이루려고 한다. 따라서 A는 3개의 C와 각각 전자 1개씩을 공유하여 AC_3 (NF_3) 분자를 형성한다.
[오답 피하기] ㄱ. A 원자는 원자가 전자가 5개이다. 2개의 A 원자는 전자 3개씩을 내놓아 전자쌍 3개를 공유하여 옥텟 규칙을 만족한다. B 원자는 원자가 전자가 6개이다. 2개의 B 원자는 전자 2개씩을 내놓아 전자쌍 2개를 공유하여 옥텟 규칙을 만족한다.
ㄴ. B는 2개의 C 원자와 각각 전자쌍 1개씩을 공유하여 BC_2 (OF_2) 분자를 형성하므로 단일 결합을 포함한다.

07 ㄴ. Al은 금속 결합 물질이고, Al_2O_3은 이온 결합 물질이다. 외부에서 힘을 가하면 이온 결합 물질은 쉽게 부서지지만, 금속 결합 물질은 부서지지 않고 변형만 일어난다.
ㄷ. 금속 결합은 금속 양이온과 자유 전자 사이에 정전기적 인력이 작용하여 형성되고, 이온 결합은 양이온과 음이온 사이에 정전기적 인력이 작용하여 형성된다.
[오답 피하기] ㄱ. 이온 결합 물질인 Al_2O_3은 고체 상태에서 이온들이 이동할 수 없으므로 전기 전도성이 없다. 액체 상태에서는 이온이 자유롭게 이동할 수 있으므로 전기 전도성이 있다.

개념 더하기

이온 결합 물질과 금속 결합 물질의 비교

• 전기 전도성

이온 결합 물질	고체 상태에서는 이온들이 자유롭게 이동할 수 없으므로 전기 전도성이 없고, 액체 상태에서는 이온들이 자유롭게 이동할 수 있으므로 전기 전도성이 있다.
금속 결합 물질	전류를 흘려주면 자유 전자가 (+)극 쪽으로 이동하므로 고체와 액체 상태에서 전기 전도성이 있다.

• 외부에서 힘을 가할 때

이온 결합 물질	이온 층이 밀려 같은 전하를 띠는 이온 사이에 반발력이 작용하므로 쉽게 부서진다.
금속 결합 물질	금속 양이온의 배열이 달라져도 자유 전자들이 이동하여 금속 양이온과 자유 전자 사이의 결합을 유지시키므로 변형만 일어난다.

08 ④ 고체 상태에서 전기 전도성이 있는 물질은 금속 결합 물질이고, 전기 전도성이 없는 물질은 이온 결합 물질과 공유 결합 물질이다. 액체 상태에서 전기 전도성이 있는 물질은 금속 결합 물질과 이온 결합 물질이고, 전기 전도성이 없는 물질은 공유 결합 물질이다. 5가지 물질 중 고체 상태에서 전기 전도성이 있는 물질은 철이고, 액체 상태에서 전기 전도성이 없는 물질은 이산화 탄소와 설탕이다.
[오답 피하기] 철은 물에 녹지 않으며 이산화 탄소는 물에 약간 녹는다. 물에 대한 용해성은 화학 결합의 종류와 관련이 없다.

개념 더하기

결합에 따른 물질의 구분
몇 가지 결정이 있을 때, 고체 상태에서 전기 전도성이 있으면 금속 결합 물질이다. 액체 상태에서 전기 전도성 유무로 공유 결합 물질과 이온 결합 물질을 구분하고, 공유 결합 물질 중에서 녹는점이 높은 물질이 공유 결정, 낮은 물질이 분자 결정이다.

09 ㄴ. (가)는 공유 결합 물질인 염화 수소, (나)는 공유 결합 물질인 다이아몬드, (다)는 금속 결합 물질인 구리, (라)는 이온 결합 물질인 염화 구리(Ⅱ)이다. (가)는 물에 녹아 H^+과 Cl^-을 생성하고, (라)는 물에 녹아 Cu^{2+}과 Cl^-으로 해리한다.
ㄷ. 녹는점은 공유 결정인 다이아몬드가 가장 높다.
[오답 피하기] ㄱ. (가)의 구성 원소는 H, Cl이고, (다)의 구성 원소는 Cu이다.

10 **자료 분석 하기**

이온 결합과 공유 결합 모형

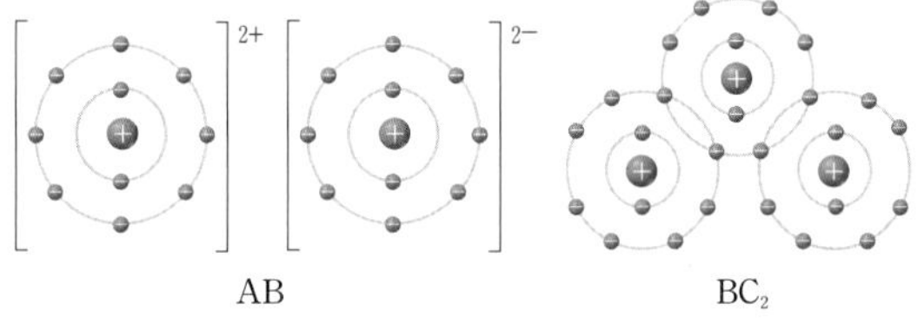

AB　　　　BC_2

• A는 전자 2개를 잃어 Ne과 같은 안정한 전자 배치를 이루므로 전자 수가 12인 Mg이다. B는 전자 2개를 얻어 Ne과 같은 안정한 전자 배치를 이루므로 전자 수가 8인 O이다.
• C는 전자쌍 1개를 공유하여 Ne과 같은 안정한 전자 배치를 이루므로 전자 수가 9인 F이다.
• 화합물 AB, BC_2를 구성하는 성분 원자는 모두 비활성 기체의 전자 배치를 가진다.

ㄷ. A는 전하가 +2인 양이온 A^{2+}을, C는 전하가 −1인 음이온을 형성하며, 이온 결합 물질은 양이온과 음이온의 총 전하량이 같아지는 이온 수비로 결합한다. 따라서 A(Mg)와 C(F)로 이루어진 화합물의 화학식은 AC_2(MgF_2)이다.
[오답 피하기] ㄱ. A(Mg)는 3주기 원소이고, B(O)와 C(F)는 2주기 원소이다.
ㄴ. BC_2(OF_2)는 비금속 원소로 이루어진 공유 결합 물질이므로 액체 상태에서 전기 전도성이 없다.

11 ㄱ. MgO과 CaO은 이온 결합 물질이고, N_2와 O_2는 공유 결합 물질이다. 이온 결합 물질과 공유 결합 물질은 고체 상태에서 전기 전도성이 없다.
[오답 피하기] ㄴ. 이온의 전하량이 같을 때 이온 사이의 거리가 가까울수록 녹는점이 높아진다. MgO과 CaO 중 녹는점은 MgO이 높으므로 물질을 이루는 이온 사이의 거리는 CaO이 MgO보다 멀다.
ㄷ. 공유 결합의 세기는 일반적으로 결합 길이가 짧을수록, 결합수가 많을수록 강해진다. 따라서 3중 결합을 하는 N_2가 2중 결합을 하는 O_2보다 강하다. 분자에서 녹는점과 끓는점은 분자 사이의 인력과 관련 있지만, 공유 결합의 세기와는 관련이 없다.

12 ㄱ. (가)와 (라)는 공유 결합 물질이고, 녹는점이 낮은 (가)는 분자 결정, 녹는점이 높은 (라)는 공유 결정이다.

ㄷ. 이온 결합은 양이온과 음이온 사이의 정전기적 인력에 의해 형성되고, 금속 결합은 금속 양이온과 자유 전자 사이의 정전기적 인력에 의해 형성된다.

[오답 피하기] ㄴ. 금속 원소를 포함하는 것은 이온 결정인 (나)와 금속 결정인 (다)이다.

13 자료 분석 하기

이온 결합 물질과 금속 결합 물질

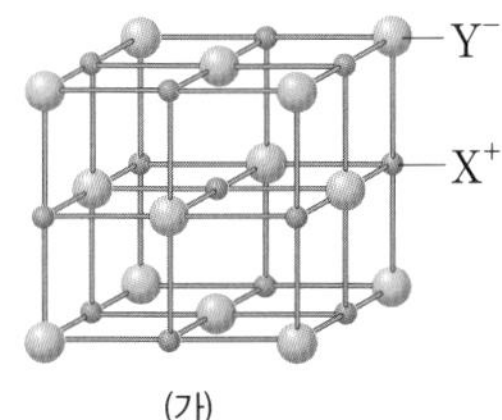

(가)

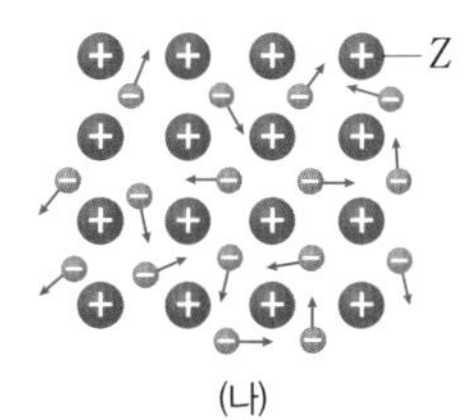

(나)

- (가)는 X^+과 Y^-으로 이루어지므로 이온 결합 물질이고, (나)는 금속 양이온인 Z와 자유 전자로 이루어지므로 금속 결합 물질이다.
- 이온 결합 물질은 양이온과 음이온 사이의 정전기적 인력에 의해 결합이 형성되고, 금속 결합 물질은 금속 양이온과 자유 전자의 정전기적 인력에 의해 결합이 형성된다.
- 이온 결합 물질과 금속 결합 물질은 모두 액체 상태에서 전기 전도성이 있다.

ㄴ. 고체 상태에서 X^+, Y^-은 단단히 결합하여 이동할 수 없으므로 고체 상태에서 (가)는 전기 전도성이 없다.

[오답 피하기] ㄱ. 액체 상태인 (가)에 전류를 흘려주면 양이온인 X^+은 (−)극 쪽으로, 음이온인 Y^-인 (+)극 쪽으로 이동한다. 금속 결합 물질에 전류를 흘려주면 자유 전자가 (+)극 쪽으로 이동하여 전류가 흐른다. 금속 양이온인 Z는 이동하지 않는다.

ㄷ. 이온 결정인 (가)에 힘을 가하면 이온 층이 밀리면서 같은 전하를 띠는 이온 층 사이에 반발력이 작용하므로 쉽게 부서진다. 그러나 고체 (나)에 힘을 가하면 금속 양이온이 밀려도 자유 전자가 이동하여 결합을 유지시키므로 가늘게 늘어나거나 펴지는 등 모양의 변형이 일어난다.

14 A~D는 각각 C, F, Na, S이다.

- (가)는 C로만 이루어진 물질이며, (가)~(마) 중 고체 상태에서 전기 전도성이 있는 물질은 2가지이므로 흑연이다.
- (나)는 C와 F로 이루어진 공유 결합 물질이며, 원자가 전자가 4개인 C는 4개의 F과 각각 전자쌍 1개씩을 공유하여 결합하므로 화학식은 CF_4이다.
- (다)는 금속 원소인 Na과 비금속 원소인 F이 결합하여 생성되는 이온 결합 물질로 화학식은 NaF이다.
- (라)는 Na으로 금속 결합 물질이다.
- (마)는 금속 원소인 Na과 비금속 원소인 S이 결합하여 생성되는 이온 결합 물질로 화학식은 Na_2S이다.

ㄴ. 액체 상태에서 전기 전도성이 있는 것은 이온 결합 물질인 (다), (마)와 금속 결합 물질인 (라)이다.

ㄷ. (다)의 화학식은 NaF이고, (마)의 화학식은 Na_2S이다. 화학식에서 구성 원자 수는 (다)가 2이고, (마)가 3이다.

[오답 피하기] ㄱ. 금속 결합 물질은 (라) 1가지이다.

15 고난도 문제 해결 전략

STEP 1 출제 의도 파악하기

이온 결합 물질의 결합 모형과 공유 결합 물질의 결합 모형을 이용하여 구성 원소를 파악한 후 다른 화합물의 화학식을 예측하는 문제이다.

STEP 2 자료 분석하기

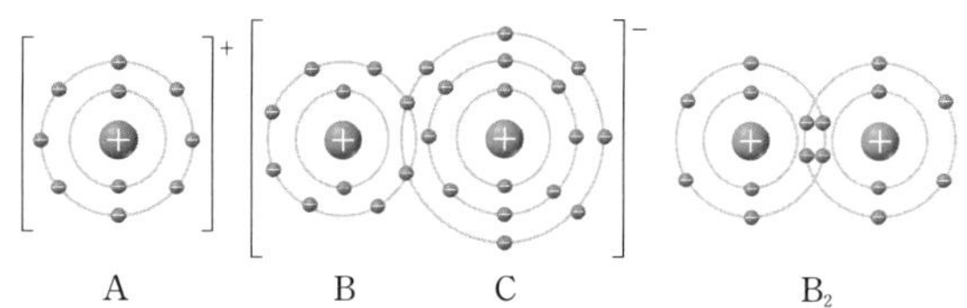

- B_2에서 B의 원자가 전자 수는 6이므로 B는 산소(O)이다.
- ABC에서 A는 전자 1개를 잃어 Ne의 전자 배치를 이루므로 나트륨(Na)이다.
- BC^-은 B와 C의 공유 결합에 전자 1개가 더해져서 만들어진 이온이며, 원자가 전자가 6개인 B가 전자쌍 1개를 공유하여 가장 바깥 전자 껍질에 전자 8개를 채우므로 B가 전자를 1개 얻은 것이다.
- C는 단일 결합을 형성하므로 원자가 전자가 7개이다. 따라서 C는 3주기 17족 원소인 염소(Cl)이다.

STEP 3 관련 개념 모으기

❶ 공유 결합 물질의 구성 원소는?

➡ 공유 결합 물질의 구성 원소는 비금속 원소이다. A~C 중 비금속 원소는 B와 C이므로 B와 C로 이루어진 화합물은 공유 결합 물질이다.

❷ 이온 결합 물질의 구성 원소는?

➡ 이온 결합 물질의 구성 원소는 금속 원소와 비금속 원소이다. A~C 중 금속 원소는 A이고, 비금속 원소는 B와 C이므로 A와 C로 이루어진 화합물과 A와 B로 이루어진 화합물은 이온 결합 물질이다.

ㄱ. A~C는 각각 Na, O, Cl이다. ABC에서 A와 B는 전자 배치가 Ne과 같고, C는 전자 배치가 Ar과 같으므로 구성 입자는 모두 옥텟 규칙을 만족한다.

ㄴ. (가)와 (나)는 이온 결합 물질이고, (다)는 공유 결합 물질이다. (가)를 구성하는 이온은 Na^+과 Cl^-이고, (나)를 구성하는 이온은 Na^+과 O^{2-}이므로 (가)의 화학식은 AC이고, (나)의 화학식은 A_2B이다. 따라서 $x=1$, $y=2$이므로 $y=2x$이다.

ㄷ. 액체 상태에서 전기 전도성이 있는 물질은 이온 결합 물질인 (가)와 (나)이다.

16 고난도 문제 해결 전략

STEP 1 출제 의도 파악하기

화합물의 구성 원자 수비와 결합의 종류를 이용하여 구성 원소를 파악한 후 화합물의 화학식을 구하는 문제이다.

STEP 2 자료 분석하기

화합물	화학식의 구성 원자 수비
(가)	A : B=1 : 1
(나)	A : C=x : y
(다)	B : C=2 : 1

(가)의 화학식은 AB이거나 A_2B_2이고, (다)의 화학식은 B_2C이다.

STEP 3 관련 개념 모으기

❶ **1족 원소에 해당하는 원소는 모두 금속 원소인가?**

➡ 1족 원소에는 수소(H), 리튬(Li), 나트륨(Na), 칼륨(K) 등이 있다. 이 중 H는 비금속 원소이고, 나머지 원소는 금속 원소이다.

❷ **수소(H)가 n개, 다른 원자가 1개 포함된 분자에서 공유 전자쌍 수는?**

➡ 수소(H)는 전자가 1개이므로 다른 원자와 공유 전자쌍을 1개 형성한다. 수소(H)가 n개 포함된 분자에서 공유 전자쌍 수는 n개이다.

ㄴ. (가)와 (나)는 이온 결합 물질이므로 공통으로 포함된 A는 금속 원소이고, B와 C는 비금속 원소이다. A와 B는 1족 원소이므로 B는 수소(H)이다. (다)에서 구성 원자 수비는 B : C =2 : 1이므로 (다)의 화학식은 B_2C이고 이에 해당하는 물질은 H_2O이거나 H_2S이다. (다)에서 공유 전자쌍 수는 2이다.

ㄷ. A는 1족 금속 원소이므로 Li이나 Na 중 하나이고, C는 O나 S 중 하나이므로 화합물 (나)를 구성하는 화학식의 구성 원자 수비는 $x : y=2 : 1$이다.

[오답 피하기] ㄱ. B(H)는 비금속 원소이다.

12 결합의 극성

136~137쪽

확인 문제

1 공유 전자쌍	**2** 감소	**3** 증가
4 양, 음	**5** ○	**6** 음

01 전기 음성도는 공유 결합을 형성한 각 원자가 공유 전자쌍을 끌어당기는 정도를 상대적인 값으로 나타낸 것이다.

02 같은 족에서 원자 번호가 커질수록 전자 껍질 수가 증가하여 원자 반지름이 커지므로 전기 음성도가 대체로 감소한다.

03 같은 주기에서 원자 번호가 커질수록 원자의 크기가 작아지고 유효 핵전하가 증가하므로 전기 음성도가 대체로 증가한다.

04 쌍극자 모멘트는 공유 결합의 극성 크기를 나타내는 척도로, 쌍극자 모멘트의 방향은 양전하에서 음전하를 향한다.

05 전기 음성도가 다른 원자 사이의 결합은 극성 공유 결합, 전기 음성도가 같은 원자 사이의 결합은 무극성 공유 결합이다.

06 극성 공유 결합에서 전기 음성도가 큰 원자는 부분적인 음전하를 띤다. 따라서 H보다 전기 음성도가 큰 Cl가 부분적인 음전하를 띤다.

개념을 다지는 기본 문제 138~139쪽

01 ③	**02** ④	**03** ㄷ	**04** ⑤	**05** ③	**06** ②	**07** ④
08 해설 참조	**09** ③	**10** ②				

01 ㄱ. 금속 원소인 Li, Na, Mg 등의 전기 음성도는 일반적으로 2.0보다 작지만 비금속 원소인 C, N, O 등의 전기 음성도는 일반적으로 2.0보다 크다. 따라서 전기 음성도는 비금속 원소가 금속 원소보다 크다.

ㄴ. 같은 주기에서 원자 번호가 커질수록 원자의 크기가 작고 유효 핵전하가 증가하므로 전기 음성도가 대체로 커진다.

[오답 피하기] ㄷ. 같은 족에서는 원자 번호가 커질수록 전자 껍질 수가 증가하여 원자핵과 전자 사이의 인력이 작아지므로 전기 음성도가 대체로 작아진다. 같은 족에서 유효 핵전하는 원자 번호가 커질수록 원자핵의 전하량이 커지므로 증가한다.

02 자료 분석 하기

전기 음성도의 주기성

원자	A	B	C
모형			
전기 음성도	x	y	z

- A~C는 원자가 전자 수가 각각 4, 6, 4이므로 각각 14족, 16족, 14족 원소이다.
- A~C는 전자 껍질 수가 각각 2, 2, 3이므로 각각 2주기, 2주기, 3주기 원소이다.
- A와 C의 전기 음성도 비교: 같은 족 원소일 때, 원자 번호가 커질수록 전기 음성도가 작아진다. ➡ $x>z$
- A와 B의 전기 음성도 비교: 같은 주기 원소일 때, 원자 번호가 커질수록 전기 음성도가 대체로 커진다. ➡ $y>x$

ㄱ. A와 C는 원자가 전자 수가 4이므로 14족 원소이다.

ㄷ. 전기 음성도는 B가 A보다 크므로 A와 B의 공유 결합에서 공유 전자쌍은 B 원자 쪽으로 치우친다.

[오답 피하기] ㄴ. 같은 족에서 원자 번호가 작을수록 전기 음성도가 대체로 크므로 전기 음성도는 A가 C보다 크다. 같은 주기에서 원자 번호가 클수록 전기 음성도는 대체로 크므로 전기 음성도는 B가 A보다 크다. 따라서 전기 음성도의 크기는 $y>x>z$이다.

03 ㄷ. 같은 원자 사이에서 이루어지는 공유 결합은 무극성 공유 결합이고, 다른 원자 사이에서 이루어지는 공유 결합은 극성 공유 결합이다. H_2O_2의 구조식은 H−O−O−H이다. H_2O_2의 공유 결합은 H와 O, O와 O 사이에서 이루어지므로 H_2O_2에는 극성 공유 결합과 무극성 공유 결합이 있다.

[오답 피하기] ㄱ. H_2O의 공유 결합은 H와 O 사이에서 이루어지므로 극성 공유 결합이다.

ㄴ. HCl의 공유 결합은 H와 Cl 사이에서 이루어지므로 극성 공유 결합이다.

ㄹ. HCN의 공유 결합은 H와 C, C와 N 사이에서 이루어지므로 극성 공유 결합이다.

ㅁ. CO_2의 공유 결합은 C와 O 사이에서 이루어지므로 극성 공유 결합이다.

04 ㄴ. 쌍극자 모멘트(μ)는 전하량(q)과 두 전하 사이의 거리(r)를 곱한 값($\mu=qr$)이므로 r이 클수록 쌍극자 모멘트가 커진다.
ㄷ. 전기 음성도 차가 클수록 부분 전하 q의 크기가 증가하고, q가 커질수록 쌍극자 모멘트의 크기가 증가하여 결합의 극성이 커진다.
[오답 피하기] ㄱ. 쌍극자 모멘트의 방향은 양전하에서 음전하로 향하므로 ㉠이다.

05 ㄱ. HF의 공유 결합은 다른 원자 사이의 공유 결합이므로 극성 공유 결합이다.
ㄷ. 전기 음성도는 F이 H보다 크므로 공유 전자쌍이 F 원자 쪽으로 치우친다. HF에서 F은 부분적인 음전하(δ^-)를, H는 부분적인 양전하(δ^+)를 띤다.
[오답 피하기] ㄴ. 공유 전자쌍은 전기 음성도가 큰 F 원자 쪽으로 치우친다.

06 ㄴ. BC_2에서 중심 원자 B는 부분적인 양전하를 띠고, C는 부분적인 음전하를 띠므로 B와 C의 결합은 극성 공유 결합이다.
[오답 피하기] ㄱ. AB_2에서 A와 B는 전기 음성도가 다른 원자 사이의 결합이므로 극성 공유 결합이다.
ㄷ. AB_2에서 B가 부분적인 음전하를 띠므로 전기 음성도는 A<B이다. 또 BC_2에서 C가 부분적인 음전하를 띠므로 전기 음성도는 B<C이다. 따라서 전기 음성도는 C가 A보다 크다.

07 ㄴ. A~C는 1, 2주기 원소이고, C는 전기 음성도가 4.0이므로 2주기 17족 원소인 플루오린이다. 따라서 원자 번호는 C가 가장 크다.
ㄷ. 전기 음성도 차가 클수록 부분 전하의 크기가 증가하여 쌍극자 모멘트가 크게 나타나고, 결합의 극성이 커진다. 구성 원자의 전기 음성도 차는 AB가 0.9이고, AC가 1.9이므로 결합의 극성은 분자 AC가 분자 AB보다 크다.
[오답 피하기] ㄱ. 전기 음성도는 B가 A보다 크므로 분자 AB에서 B는 부분적인 음전하를 띤다.

08 전기 음성도가 같은 두 원자의 결합은 무극성 공유 결합이고, 전기 음성도가 다른 두 원자의 결합은 극성 공유 결합이다. 전기 음성도 차가 클수록 부분 전하의 크기가 증가하여 결합의 극성이 커진다.
예시 답안 H_2O, F_2, 결합하는 두 원자의 전기 음성도 차가 클수록 결합의 극성이 크다.

채점 기준	배점(%)
결합의 극성이 가장 큰 것과 가장 작은 것을 순서대로 옳게 쓰고, 전기 음성도와 결합의 극성의 관계를 옳게 설명한 경우	100
결합의 극성이 가장 큰 것과 가장 작은 것만 순서대로 옳게 쓴 경우	50

09 ㄱ. A_2는 같은 원자 사이의 공유 결합이므로 무극성 공유 결합을 한다.
ㄴ. AB에서 A는 부분적인 음전하를 띠므로 전기 음성도는 A가 B보다 크다.
[오답 피하기] ㄷ. A_2는 무극성 공유 결합이므로 쌍극자 모멘트가 0이고, AB는 극성 공유 결합이므로 쌍극자 모멘트가 0보다 크다.

10 ㄷ. 일반적으로 전기 음성도 차는 이온 결합 물질의 구성 원소가 공유 결합 물질의 구성 원소보다 크다. XZ는 Z의 전기 음성도가 X의 전기 음성도보다 커서 전자가 Z 원자 쪽으로 치우친 공유 결합 물질, YZ는 Z의 전기 음성도가 Y의 전기 음성도보다 매우 커서 Y에서 Z로 전자가 완전히 이동한 이온 결합 물질이므로 전기 음성도 차는 YZ가 XZ보다 크다.
[오답 피하기] ㄱ. XZ는 공유 결합 물질이므로 X와 Z는 모두 비금속 원소이다.
ㄴ. 전기 음성도는 Z가 가장 크고, 전기 음성도 차는 YZ>XZ이므로 전기 음성도는 X가 Y보다 크다.

실력을 올리는 실전 문제

141~143쪽

01 ③	02 ④	03 ④	04 ②	05 ②
06 ⑤	07 ①	08 ③	09 ④	10 ④

1등급을 굳히는 고난도 문제

11 ⑤ 12 ③

01 플루오린(F)의 전기 음성도가 가장 크므로 D는 F이다. 같은 주기에서는 원자 번호가 클수록 전기 음성도가 대체로 커지므로 A~C는 각각 Na, Mg, S이다.
ㄷ. B(Mg)와 D(F)의 화합물은 이온 결합 물질이므로 액체 상태에서 전기 전도성이 있다.
[오답 피하기] ㄱ. 원자 번호는 C(S)가 D(F)보다 크다.
ㄴ. 원자가 이온으로 되면 A는 전하가 +1인 양이온, C는 전하가 −2인 음이온이므로 A(Na)와 C(S)로 이루어진 화합물의 화학식은 A_2C (Na_2S)이다.

개념 더하기

원소의 주기적 성질
주기율표에서 오른쪽 위로 갈수록 원소의 주기적 성질의 변화는 다음과 같다.
- 원자 반지름은 작아진다(18족 제외).
- 이온화 에너지는 대체로 커진다(단, 2족과 13족, 15족과 16족 예외).
- 전기 음성도는 대체로 커진다(18족 제외).

02 ㄱ. 같은 족에서 원자 번호가 클수록 전기 음성도가 대체로 작아지고, 같은 주기에서 원자 번호가 커질수록 전기 음성도가 대체로 커진다. 따라서 원자가 전자 수는 전기 음성도가 큰 A가 C보다 크다.
ㄷ. DA_4의 공유 결합은 다른 원자 사이에서 이루어지므로 극성 공유 결합이다.
[오답 피하기] ㄴ. 전기 음성도는 C가 B보다 크므로 B와 C의 공유 결합에서 B는 부분적인 양전하를 띤다.

03 ④ BC에서 C는 부분적인 음전하를 띠므로 전기 음성도는 C가 B보다 크다. AB에서 B가 부분적인 음전하를 띠므로 전기 음성도는 B>A이다. 따라서 전기 음성도의 크기는 C>B>A이므로 결합의 극성은 전기 음성도 차가 큰 A−C가 A−B보다 크다.

[오답 피하기] ① A_2 분자는 같은 원자 사이의 공유 결합으로 이루어지므로 무극성 공유 결합을 한다.

② AB 분자는 다른 원자 사이의 공유 결합으로 이루어지므로 극성 공유 결합을 포함한다.

③ 전기 음성도는 C>B>A 순이다.

⑤ 전기 음성도는 C>A이므로 AC에서 A는 부분적인 양전하를 띤다.

04 전기 음성도 차로 인해 한쪽 원자로 공유 전자쌍이 치우친 결합을 극성 공유 결합이라고 한다. 극성 공유 결합은 전기 음성도가 서로 다른 원자들이 전자쌍을 공유하여 형성된 것으로, 전기 음성도가 큰 원자가 부분적인 음전하(δ^-)를 띠고 전기 음성도가 작은 원자가 부분적인 양전하(δ^+)를 띤다.

② 학생 A가 활동 결과로 전기 음성도의 크기가 F>Cl>H라고 조사했고, HF, HCl, ClF에서 전기 음성도가 큰 원자에 δ^-, 작은 원자에 δ^+가 표시된 그림을 찾았으므로 학생 A는 극성 공유 결합에서 전기 음성도가 더 큰 원자가 부분적인 음전하(δ^-)를 띤다는 가설을 세우고 탐구 활동을 수행하였다.

[오답 피하기] ① ClF에서 크기가 더 작은 F이 부분적인 음전하를 띠므로 가설의 결론이 옳지 않다.

③ ClF에서 Cl는 부분적인 양전하를 띠므로 가설의 결론이 옳지 않다.

④ 원자 간 원자량 차이는 HCl>HF이지만 전기 음성도 차는 HCl<HF이므로 가설의 결론이 옳지 않다.

⑤ 활동에서 원자 간 전기 음성도 차이에 따른 부분적인 전하의 크기에 대한 결과가 없으므로 가설의 옳고 그름을 판단할 수 없다.

05 ㄴ. (나)(C_2)의 공유 결합은 무극성 공유 결합이고, (라)(AC)의 공유 결합은 극성 공유 결합이므로 쌍극자 모멘트는 (나)가 0이고, (라)가 0보다 크다.

[오답 피하기] ㄱ. (가), (다), (라)에는 극성 공유 결합이 있고, (나)에는 무극성 공유 결합이 있다.

ㄷ. (가)에서 부분적인 음전하를 띠는 원자는 B이므로 전기 음성도는 B가 A보다 크다. (다)에서 부분적인 음전하를 띠는 원자는 C이므로 전기 음성도는 C가 B보다 크다. 따라서 C의 전기 음성도가 A의 전기 음성도보다 크다.

06 ㄱ. 전기 음성도 차가 0인 분자는 무극성 공유 결합을 하는 이원자 분자이므로 쌍극자 모멘트가 0이다. 따라서 쌍극자 모멘트가 0인 분자는 (가)와 (나)이다.

ㄴ. A가 동일하게 포함된 분자인 (다)와 (라)에서 결합 길이는 (다)>(라)이므로 원자 반지름은 B가 C보다 크다.

ㄷ. A의 전기 음성도가 가장 작으므로 (다)에서 B의 전기 음성도는 (0.9+A의 전기 음성도), (라)에서 C의 전기 음성도는 (1.9+A의 전기 음성도)이다. 따라서 전기 음성도는 C가 B보다 크다.

07 다중 결합이 있는 분자는 O_2이고, 무극성 공유 결합이 있는 분자는 H_2, O_2이며, 쌍극자 모멘트가 0보다 큰 분자는 HF와 HCl이다. 따라서 분류 기준 (가)는 '다중 결합이 있는가?'이고, 분류 기준 (나)는 '무극성 공유 결합이 있는가?'이다.

08 자료 분석 하기

공유 결합과 이온 결합이 있는 화합물의 결합 모형

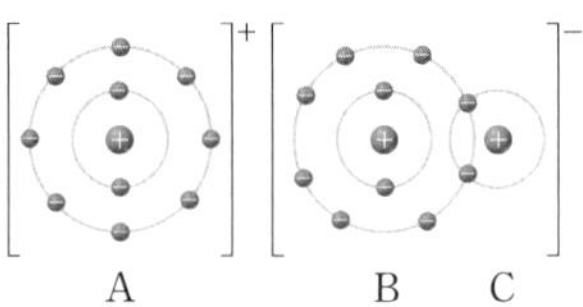

- ABC는 A^+과 BC^-의 이온 결합 물질이다.
- A^+은 전자 배치가 Ne과 같고 전하가 +1이므로 A 원자는 양성자 수가 11인 Na이다.
- BC^-은 B와 C의 공유 결합에 전자가 1개 더해져서 만들어지는 이온이다. C는 전자가 1개인 H이므로 전자가 1개 더해질 수 없고, B는 전자가 1개 더해져서 원자가 전자 수가 7이므로 원자가 전자 수가 6인 O이다. 따라서 BC^-은 OH^-이다.

ㄱ. (가)~(다)는 각각 Na_2O, O_2, H_2O이므로 공유 결합 물질은 (나)와 (다)이다.

ㄷ. (나)의 공유 결합은 무극성 공유 결합이므로 결합의 쌍극자 모멘트가 0이고, (다)의 공유 결합은 극성 공유 결합이므로 결합의 쌍극자 모멘트가 0보다 크다.

[오답 피하기] ㄴ. 구성 원소의 전기 음성도 차는 이온 결합을 하는 (가)가 극성 공유 결합을 하는 (다)보다 크다.

09 ㄱ. (가)와 (나)의 반응물은 A_2, B_2, C_2이다. A_2, B_2, C_2의 공유 결합은 같은 원자 사이에서 이루어지므로 무극성 공유 결합이다.

ㄷ. 전기 음성도 차이는 전기 음성도가 큰 값에서 전기 음성도가 작은 값을 뺀 값이다. A~C의 전기 음성도를 각각 a~c라고 하면 $x=b-a$, $y=b-c$이다. x는 y보다 크다고 하였으므로 a는 c보다 작다. 따라서 AC의 전기 음성도 차는 $c-a=x-y$이다.

[오답 피하기] ㄴ. AB와 BC에서 부분적인 음전하를 띠는 원자는 B이므로 A~C 중 전기 음성도가 가장 큰 원자는 B이다.

10 ㄴ. (가)는 부분 전하를 띠지 않으므로 무극성 공유 결합, (나)는 부분 전하를 띠므로 극성 공유 결합이다. (다)는 전자가 완전히 이동하여 생성된 양이온과 음이온 사이의 이온 결합이다. AC는 액체 상태에서 전기 전도성이 있으므로 이온 결합 물질이고, BC와 C_2는 액체 상태에서 전기 전도성이 없으므로 공유 결합 물질이다. 따라서 (가)~(다)에 해당하는 물질은 각각 C_2, BC, AC이다.

ㄷ. 구성 원소의 전기 음성도 차가 클수록 결합의 극성이 커지고, 구성 원소의 전기 음성도 차가 작을수록 결합의 극성이 작아진다.
[오답 피하기] ㄱ. 공유 결합 물질은 BC와 C_2이다.

11 고난도 문제 해결 전략

STEP 1 출제 의도 파악하기
화합물의 화학 결합의 종류로부터 A~C 중 금속 원소를 찾아낸 후, 화합물에서 구성 원소의 전기 음성도 차를 이용하여 A~C의 전기 음성도를 구하는 문제이다.

STEP 2 자료 분석하기

화합물	(가)	(나)	(다)
화학식	AB	BC	AC (금속 A, 비금속 C)
구성 원소의 전기 음성도 차	1.2	x	2.1
화학 결합의 종류	㉠	공유 결합	이온 결합

(나)의 화학 결합은 공유 결합이므로 B와 C는 비금속 원소이고, (다)의 화학 결합은 이온 결합이므로 A는 금속 원소이다.

STEP 3 관련 개념 모으기
❶ 금속 원소와 비금속 원소의 전기 음성도는?
➡ 전기 음성도는 주기율표에서 오른쪽 위로 갈수록 대체로 커지므로 전기 음성도는 비금속 원소가 금속 원소보다 크다.

❷ 구성 원소의 전기 음성도 차로부터 화학 결합을 알 수 있는가?
➡ 일반적으로 구성 원소의 전기 음성도 차가 약 1.7 이상이면 이온 결합이고 1.7 미만이면 공유 결합이지만, 항상 성립하는 것은 아니다. LiH, NaH과 같은 경우에는 각각 전기 음성도 차가 1.1, 1.2로 1.7보다 작지만 이온 결합 물질이다.

ㄱ. (나)는 공유 결합이고, (다)는 이온 결합이므로 A는 금속 원소이고, B와 C는 비금속 원소이다. (가)는 금속 원소인 A와 비금속 원소인 B로 이루어지므로 ㉠은 이온 결합이다.
ㄴ. A는 금속 원소이므로 전기 음성도가 가장 작다. A~C의 전기 음성도를 각각 a~c라고 하면 (가)에서 $b-a=1.2$, (다)에서 $c-a=2.1$이다. 구성 원소의 전기 음성도 차는 (다)가 (가)보다 크므로 전기 음성도는 C가 B보다 크다. (나)에서 구성 원소의 전기 음성도 차는 $c-b=2.1-1.2=0.9$이므로 $x=0.9$이다.
ㄷ. (다)에서 $c-x=2.1$, $x=0.9$이므로 $c=3.0$이다.

12 고난도 문제 해결 전략

STEP 1 출제 의도 파악하기
결합 길이와 부분 전하의 크기를 이용하여 쌍극자 모멘트를 비교하고, 전기 음성도 차를 이용하여 각 원소의 전기 음성도를 비교하는 문제이다.

STEP 2 자료 분석하기

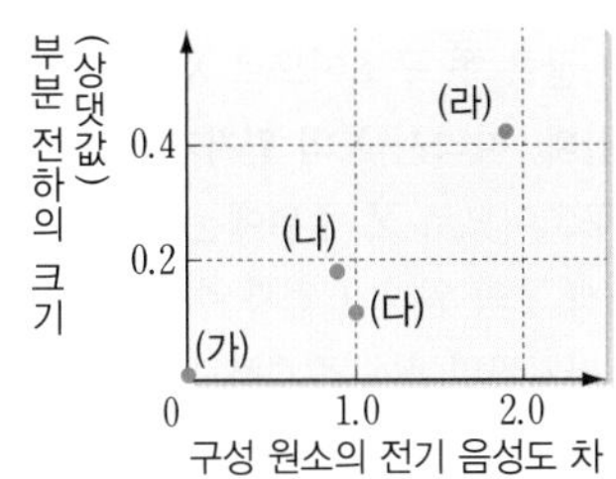

(가)는 부분 전하의 크기가 0이므로 무극성 공유 결합이고, 쌍극자 모멘트가 0이다. (나)~(라)는 부분 전하가 있으므로 극성 공유 결합이고 쌍극자 모멘트가 0보다 크다. (라)의 구성 원소의 전기 음성도 차가 가장 크므로 (라)의 구성 원소는 A~C 중 전기 음성도가 가장 큰 원소와 전기 음성도가 가장 작은 원소이다.

STEP 3 관련 개념 모으기
❶ 무극성 공유 결합이란?
➡ 같은 원자 사이의 공유 결합으로 구성 원소의 전기 음성도 차가 0이고, 쌍극자 모멘트가 0이다.

❷ 쌍극자 모멘트에 영향을 주는 것은?
➡ 쌍극자 모멘트는 부분 전하의 크기에 비례하고, 결합 길이에 비례한다.

ㄱ. (가)의 공유 결합은 무극성 공유 결합이고, (나)의 공유 결합은 극성 공유 결합이므로 결합의 극성은 (나)가 (가)보다 크다.
ㄴ. 쌍극자 모멘트는 부분 전하의 크기와 결합 길이에 비례한다. 부분 전하의 크기는 (라)가 (다)보다 크고, 결합 길이도 (라)가 (다)보다 크므로 쌍극자 모멘트는 (라)가 (다)보다 크다.
[오답 피하기] ㄷ. (라)에서 구성 원소의 전기 음성도 차가 가장 크므로 (라)의 구성 원소는 A~C 중 전기 음성도가 가장 큰 원소와 가장 작은 원소이다. 따라서 전기 음성도는 C>B>A이거나 A>B>C이다.

13 분자의 구조와 분자의 극성

144~147쪽

확인 문제

1 홀전자, 4	**2** 2, 4	**3** 크다
4 직선형	**5** 삼각뿔형	**6** >, >
7 0	**8** 극성 공유 결합, 무극성	**9** NH_3

02 O 원자는 원자가 전자 수가 6이므로 각 O 원자는 2개의 전자를 서로 공유하여 옥텟 규칙을 만족한다. O_2에서 공유 전자쌍 수는 2이고, 비공유 전자쌍 수는 4이다.

03 비공유 전자쌍은 공유 전자쌍보다 공간을 더 많이 차지하므로 반발력이 더 크다. 전자쌍 반발 이론에 의하면 비공유-비공유 전자쌍 사이의 반발력이 공유-공유 전자쌍 사이의 반발력보다 크다.

04 H_2, HF 등과 같이 2개의 원자가 결합한 이원자 분자는 분자 모양이 직선형이다.

06 분자가 가진 전자쌍의 수가 같을 때 비공유 전자쌍이 많을수록 결합각이 작아진다. CH_4의 분자 모양은 정사면체이고 결합각이 109.5°이다. NH_3의 분자 모양은 삼각뿔형이고 결합각은 107°이다. H_2O의 분자 모양은 굽은 형이며, 결합각은 104.5°이다.

08 CO_2의 공유 결합은 C 원자와 O 원자 사이에서 이루어지므로 극성 공유 결합이다. CO_2에서 결합 2개의 쌍극자 모멘트는 크기가 같지만 방향이 반대이므로 쌍극자 모멘트의 합이 0이 된다. 따라서 CO_2는 무극성 분자이다.

09 분자의 극성이 같은 물질들끼리 잘 섞이므로 극성인 H_2O에 잘 섞이는 분자는 극성 분자인 NH_3이다.

개념을 다지는 기본 문제

148~151 쪽

01 ⑤ 02 H:C⁝⁝N: 03 ① 04 ⑤ 05 ③ 06 해설 참조
07 ⑤ 08 ③ 09 ② 10 ① 11 해설 참조 12 ② 13 ⑤
14 ⑤ 15 ② 16 ③ 17 ① 18 ③ 19 ① 20 ①
21 해설 참조

01 ㄱ. A는 홀전자 수가 2이므로 A_2는 공유 전자쌍 수가 2이다. 따라서 A_2의 공유 결합은 2중 결합이다.
ㄴ. 루이스 전자점식에서 짝을 이루지 않은 전자를 홀전자라고 하며, 홀전자가 공유 결합에 참여하여 공유 전자쌍을 형성한다. 따라서 형성할 수 있는 전자쌍 수는 A는 2, B는 3, C는 1이다.
ㄷ. 루이스 전자점식에서 원소 기호 주위의 점은 원자가 전자를 의미한다. 원자가 전자 수는 A가 6, B가 5, C가 7이다.

02 자료 분석 하기

사이안화 수소(HCN)의 결합 모형

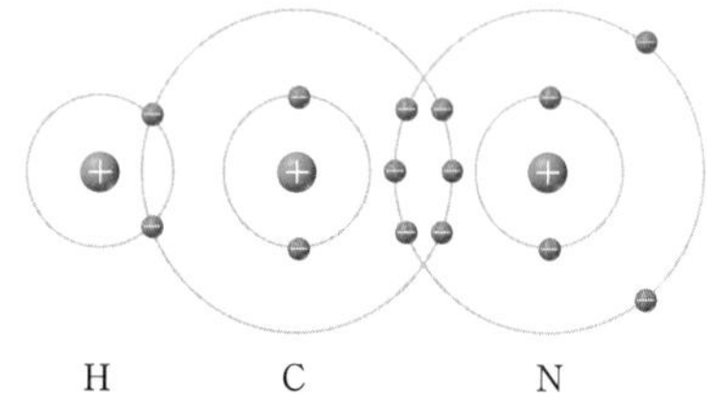

- H와 C 사이에 공유 전자쌍이 1개이므로 단일 결합이고, C와 N 사이에 공유 전자쌍이 3개이므로 3중 결합이다.
- N에 비공유 전자쌍이 1개이다.
- HCN에는 공유 전자쌍이 4개, 비공유 전자쌍이 1개 존재한다.

루이스 점자점식을 그릴 때 원자 주위에 원자가 전자를 점으로 표시한다. 공유 전자쌍은 두 원자 사이에 표시한다.

03 ㄱ. H와 C의 원자가 전자 수는 각각 1, 4이므로 CH_4의 루이스 전자점식은 옳게 그려져 있다.
[오답 피하기] ㄴ. N, F의 원자가 전자 수는 각각 5, 7이므로 NF_3의 루이스 전자점식은 N의 원자가 전자가 2개 부족하게 그려져 있다. NF_3에서 N에 비공유 전자쌍이 그려져야 옳은 루이스 전자점식이다.
ㄷ. O의 원자가 전자 수는 6이므로 O_2에서 O의 원자가 전자가 1개 더 많게 그려져 있다. O_2에서 2중 결합이 그려져야 옳은 루이스 전자점식이다.

04 ㄱ. (가)의 공유 전자쌍 수는 2, 비공유 전자쌍 수는 2이다.
ㄴ. (나)에서 B와 C 주위에 전자 수가 모두 8이므로 (나)의 구성 원자는 모두 옥텟 규칙을 만족한다.
ㄷ. CA_4는 공유 전자쌍 수가 4로 (나)와 공유 전자쌍 수가 같다.

05 ㄱ. (가)와 (나)는 양이온과 음이온이 결합한 이온 결합 물질이므로 액체 상태에서 전기 전도성이 있다.
ㄴ. X는 전자를 2개 잃어 양이온이 되므로 2족 원소이다. Y는 전자를 2개 얻어 음이온이 되므로 16족 원소이다. Z는 전자를 1개 얻어 음이온이 되므로 17족 원소이다.
[오답 피하기] ㄷ. Y는 16족 원소로 원자가 전자 수가 6이고, Z는 17족 원소이므로 원자가 전자 수가 7이다.

06 예시 답안 :Z:Y: / :Z: 공유 전자쌍 수: 2, 비공유 전자쌍 수: 8

채점 기준	배점(%)
루이스 전자점식을 옳게 그리고, 공유 전자쌍 수와 비공유 전자쌍 수를 모두 옳게 쓴 경우	100
루이스 전자점식만 옳게 그리거나, 공유 전자쌍 수와 비공유 전자쌍 수만 옳게 쓴 경우	50

07 ⑤ 메테인(CH_4)은 정사면체의 입체 구조를 가지며 반발력이 최소가 되는 꼭짓점에 전자쌍이 배열된다.
[오답 피하기] ①, ② 전자쌍은 음전하를 띠며, 전자쌍들은 서로 멀리 떨어져 반발력이 최소가 되는 방향으로 배치된다.
③ 중심 원자 주위의 전자쌍의 총수가 같더라도 비공유 전자쌍의 유무에 따라 분자의 모양이 달라진다.
④ 비공유 전자쌍은 중심 원자의 원자핵에 가까이 있고, 공유 전자쌍에 비해 넓은 공간을 차지하므로 비공유 전자쌍 사이의 반발력은 공유 전자쌍 사이의 반발력보다 크다.

08 ㄱ. 분자 모양은 (가) 직선형, (나) 평면 삼각형, (다) 정사면체이다.
ㄷ. 모든 전자쌍이 동일 평면에 위치하는 것은 직선형인 (가)와 평면 삼각형인 (나)이다.
[오답 피하기] ㄴ. (가)의 결합각은 180°, (나)의 결합각은 120°, (다)의 결합각은 109.5°이다.

09 ㄴ. 각 분자에서 C, N, O 주위에 전자가 8개이므로 3가지 분자의 중심 원자는 모두 옥텟 규칙을 만족한다.
[오답 피하기] ㄱ. CH_4은 분자 모양이 정사면체이다.
ㄷ. 정사면체 구조인 CH_4, 삼각뿔형 구조인 NH_3는 입체 구조이며, 굽은 형 구조인 H_2O은 평면 구조이다.

10 ㄱ. H_2X는 굽은 형 구조이므로 X 주위에는 비공유 전자쌍 2개가 존재한다. 따라서 X의 원자가 전자 수는 6이다. YH_3는 삼각뿔형 구조이므로 Y 주위에는 비공유 전자쌍 1개가 존재한다. 따라서 Y의 원자가 전자 수는 5이다. ZH_4에서 Z 주위에는 공유 전자쌍만 4개 존재하므로 Z의 원자가 전자 수는 4이다. 따라서 원자가 전자 수는 X(O)가 Y(N)보다 크다.

[오답 피하기] ㄴ. H_2X의 분자 모양은 굽은 형이므로 평면 구조이다. YH_3의 분자 모양은 삼각뿔형, ZH_4의 분자 모양은 정사면체이므로 입체 구조이다.
ㄷ. 결합각은 H_2X가 104.5°, YH_3가 107°, ZH_4가 109.5°이다.

11 예시 답안 $\beta > \alpha$, 반응이 일어나면 H_2O의 비공유 전자쌍이 공유 전자쌍으로 변하므로 전체 전자쌍 수는 H_2O과 H_3O^+이 같지만 비공유 전자쌍 수는 H_2O이 H_3O^+보다 크기 때문이다.

채점 기준	배점(%)
결합각을 옳게 비교하고, 그 까닭을 옳게 설명한 경우	100
결합각만 옳게 비교한 경우	50

12 Z는 3주기 원소이며 공유 전자쌍 1개를 형성하면 옥텟 규칙을 만족하므로 3주기 17족 원소인 Cl이다. 2주기 원소인 X, Y가 중심 원자인 분자 중 공유 전자쌍 수가 3인 분자는 BCl_3이거나 NCl_3이다. 결합각은 BCl_3는 120°이고, NCl_3는 109.5°보다 작다. 결합각은 $\beta > \alpha$이므로 (가)는 중심 원자에 비공유 전자쌍이 1개 있는 NCl_3이고, (나)는 중심 원자에 비공유 전자쌍이 없는 BCl_3이다. NCl_3는 삼각뿔형 구조이므로 입체 구조이다.
ㄴ. Z는 원자가 전자 수가 7인 Cl이고, X는 원자가 전자 수가 5인 N, Y는 원자가 전자 수가 3인 B이므로 원자가 전자 수는 Y가 가장 작다.
[오답 피하기] ㄱ. 중심 원자가 가진 비공유 전자쌍 수는 (가)는 1, (나)는 0이다.
ㄷ. (가)는 삼각뿔형, (나)는 평면 삼각형 구조이므로 평면 구조인 분자는 (나)이다.

13 ㄱ. BCl_3와 CH_4은 중심 원자인 B와 C에 비공유 전자쌍이 없다. NH_3는 중심 원자인 N에 비공유 전자쌍이 1개, H_2O은 중심 원자인 O에 비공유 전자쌍이 2개 있다. 따라서 (가)는 중심 원자가 가진 비공유 전자쌍 수이다.
ㄴ. NH_3의 분자 모양은 삼각뿔형이다.
ㄷ. CH_4의 결합각 x는 109.5°이고, H_2O의 결합각 y는 104.5°이다.

14 ⑤ CCl_4는 정사면체 구조로 분자 구조가 대칭이므로 무극성 분자이다.
[오답 피하기] ① NH_3은 극성 분자이다.
② H_2O은 극성 분자이면서 평면 구조이다.
③, ④ BCl_3, CO_2는 평면 구조이다.

15 ㄴ. N−H 결합에서 공유 전자쌍은 전기 음성도가 큰 질소 원자 쪽에 치우쳐 있으므로 전기 음성도가 작은 수소 원자는 부분적인 양전하를 띤다.
[오답 피하기] ㄱ. HF의 분자 구조는 직선형이고, H−F 결합은 극성 공유 결합이므로 F은 부분적인 음전하를, H는 부분적인 양전하를 띠게 되어 극성 분자이다.
ㄷ. CH_4에서 C−H는 극성 공유 결합이지만 분자 구조가 대칭인 정사면체 구조를 가지므로 무극성 분자이다.

16 ㄷ. 3가지 분자는 모두 서로 다른 원자 사이의 결합이므로 극성 공유 결합을 포함한다.
[오답 피하기] ㄱ. NH_3의 분자 모양은 삼각뿔형이고, H_2S의 분자 모양은 굽은 형이며, CS_2의 분자 모양은 직선형이다. 따라서 주어진 분자 중 H_2S와 CS_2만 평면 구조이다.
ㄴ. NH_3와 H_2S는 결합의 극성이 상쇄되지 않는 극성 분자이지만 직선형의 대칭 구조를 갖는 CS_2는 무극성 분자이다.

17 H_2는 같은 원자 사이의 결합이므로 무극성 공유 결합이다. 따라서 기준 (가)에는 '무극성 공유 결합이 있는가?'가 적당하다. HCl와 H_2O은 극성 분자이고, H_2와 CO_2는 무극성 분자이다. 따라서 기준 (나)로는 '극성 분자인가?'가 적당하다.

18 ㄱ. (가)의 공유 결합은 같은 원자 사이의 공유 결합이므로 무극성 공유 결합이다. (나)~(마)의 공유 결합은 다른 원자 사이의 공유 결합이므로 극성 공유 결합이다.
ㄴ. 무극성 분자는 (가), (다), (마)이고, 극성 분자는 (나), (라)이므로 기체 분자가 전기장 안에서 일정한 방향으로 배열하는 것은 (나), (라) 2가지이다.
[오답 피하기] ㄷ. 평면 구조인 것은 직선형 구조인 (가), (다)와 굽은 형 구조인 (나)이다. (라)는 삼각뿔형, (마)는 정사면체 구조로 입체 구조이다.

+ 개념 더하기

무극성, 극성 공유 결합과 무극성, 극성 분자

공유 결합	무극성	전기 음성도가 같은 원자 사이의 결합
	극성	전기 음성도가 다른 원자 사이의 결합
분자	무극성	분자 내 전하가 고르게 분포
	극성	분자 내 전하가 한쪽으로 치우쳐 분포

19 ㄱ. 대전체에 끌리지 않는 A는 무극성 물질이고, 대전체에 끌리는 B는 극성 물질이다. 무극성 물질은 분자의 쌍극자 모멘트가 0이다.
[오답 피하기] ㄴ. 극성 물질은 극성 물질과 잘 섞이지만, 무극성 물질과 잘 섞이지 않는다.
ㄷ. 액체 B 줄기에 대전체를 가까이 하면 대전체가 띠는 전하에 상관없이 액체 B가 대전체 쪽으로 휜다. (+)전하를 띤 대전체를 가까이 하면 극성 분자의 부분적인 음전하를 띠는 부분이 끌리고, (−)전하를 띤 대전체를 가까이 하면 부분적인 양전하를 띠는 부분이 끌린다.

20 NH_3와 HCl는 극성 분자이므로 물과 같은 극성 물질에 잘 녹는다. I_2과 CH_4은 무극성 분자이므로 사염화 탄소와 같은 무극성 물질에 잘 녹는다.

21 예시 답안 무극성 물질인 아이오딘이 녹은 액체 A, C는 무극성이고, 무극성인 액체 A, C와 섞이지 않고 층을 이루는 액체 B는 극성이다.

채점 기준	배점(%)
A~C를 극성과 무극성으로 분류하고, 그 까닭을 옳게 설명한 경우	100
A~C를 극성과 무극성으로만 옳게 분류한 경우	50

실력을 올리는 실전 문제

154~157쪽

01 ③	02 ④	03 ③	04 ③	05 ⑤
06 ③	07 ①	08 ④	09 ②	10 ③
11 ②	12 ②	13 ①		

1등급을 굳히는 고난도 문제

14 ③	15 ①

01 A~D의 수소 화합물은 각각 $AH_4(CH_4)$, $BH_3(NH_3)$, $H_2C(H_2O)$, HD(HF)이다.

③ HD는 서로 다른 원자가 결합한 이원자 분자이므로 극성 분자이다. 따라서 쌍극자 모멘트는 0보다 크다.

[오답 피하기] ① AH_4에서 원자 A와 H는 서로 다른 원자이므로 A-H의 결합은 극성 공유 결합이다.

② H_2C에서 C는 비공유 전자쌍 2개를 가지므로 굽은 형이다.

④ $AH_4(CH_4)$는 정사면체, $BH_3(NH_3)$는 삼각뿔형, $H_2C(H_2O)$는 굽은 형으로, 결합각은 비공유 전자쌍이 많을수록 작아지므로 $AH_4>BH_3>H_2C$ 순이다.

⑤ 물에 대한 용해도는 극성 물질인 BH_3가 무극성 물질인 AH_4보다 크다.

02 ㄴ. AC는 공유 전자쌍 수가 1이므로 A는 1족 원소이다. BC를 구성하는 양이온은 B^+이므로 B는 1족 원소이다.

ㄷ. AC는 공유 결합 물질이므로 A는 비금속 원소이다. 비금속 원소 중 1족 원소는 H이다. H는 전자 수가 1이고, AC의 전체 전자 수가 18이므로 C는 전자 수가 17인 Cl이다. BC의 전체 전자 수가 28이고, C의 전자 수가 17이므로 B의 전자 수는 11이다. 따라서 B는 Na이다. B와 C는 각각 Na, Cl이므로 모두 3주기 원소이다.

[오답 피하기] ㄱ. 결합하는 원소의 전기 음성도 차는 이온 결합을 형성하는 물질이 공유 결합을 형성하는 물질보다 크다. 따라서 C와 공유 결합을 형성하는 A의 전기 음성도가 이온 결합을 형성하는 B보다 크다.

03 ㄱ. 풍선을 전자쌍으로 가정하여 전자쌍 모형을 나타낸 것이므로 ㉠은 '가능한 한 서로 멀리 떨어져 있으려 한다.'가 적절하다.

ㄴ. BCl_3는 중심 원자인 B에 공유 전자쌍만 3개 존재하므로 평면 삼각형 분자 구조를 갖는다.

[오답 피하기] ㄷ. CH_4은 중심 원자인 C에 공유 전자쌍이 4개 존재하므로 매듭끼리 묶어야 하는 풍선은 4개이다.

04 ㄱ. (가)에서 X는 공유 전자쌍 수가 3이고 옥텟 규칙을 만족하므로 비공유 전자쌍 수가 1인 N이다. (나)에서 Y는 공유 전자쌍 수가 2이고 옥텟 규칙을 만족하므로 비공유 전자쌍 수가 2인 O이다. 따라서 (가)에서 비공유 전자쌍 수는 2이고, (나)에서 비공유 전자쌍 수는 4이다.

ㄴ. 다중 결합은 하나의 결합으로 여기고, 비공유 전자쌍 수는 Y가 X보다 크므로 결합각은 α가 β보다 크다.

[오답 피하기] ㄷ. $X_2H_4(N_2H_4)$에 있는 공유 결합은 모두 단일 결합이다.

05 ㄱ. 평면 구조인 분자는 HCN, BCl_3이고, 입체 구조인 분자는 CH_4, CH_2Cl_2이다. HCN에서 C와 N 사이에는 3중 결합이 있으며, BCl_3에는 단일 결합만 있다. 따라서 (가)에 '분자에 다중 결합이 있는가?'를 적용할 수 있다.

ㄴ. CH_4은 무극성 분자이고, CH_2Cl_2는 극성 분자이므로 (나)에 '무극성 분자인가?'를 적용할 수 있다.

ㄷ. ㉠은 BCl_3이므로 결합각이 120°이고, ㉡은 CH_4이므로 결합각이 109.5°이다.

06 C는 분자에서 공유 전자쌍 수가 4, 비공유 전자쌍 수가 0이다. O는 분자에서 공유 전자쌍 수가 2, 비공유 전자쌍 수가 2이다. F은 분자에서 공유 전자쌍 수가 1, 비공유 전자쌍 수가 3이다.

(가)에서 비공유 전자쌍 수가 4이므로 (가)에는 O가 2개 있다. C, O, F으로 이루어진 화합물에서 O가 2개인 것은 CO_2이다. (다)에서 비공유 전자쌍 수가 12이므로 (다)에는 F이 4개 있고, (다)는 CF_4이다. X는 C, Y는 O, Z는 F이므로 (나)는 OF_2이다.

ㄱ. 구성 원자 수는 (가)와 (나)가 3으로 같다.

ㄷ. 무극성 분자는 (가), (다)의 2가지이다.

[오답 피하기] ㄴ. 공유 전자쌍 수는 (가)와 (다)가 4로 같다.

07 ㄱ. OF_2는 중심 원자에 비공유 전자쌍이 있지만, HCN, CO_2, CF_4는 중심 원자에 비공유 전자쌍이 없다.

[오답 피하기] ㄴ. 분자의 쌍극자 모멘트가 0인 분자는 CO_2, CF_4이므로 ㉠에 해당하는 분자는 2가지이다.

ㄷ. 단일 결합으로만 이루어진 분자는 CF_4, OF_2이므로 ㉡과 ㉢에 공통으로 해당하는 분자는 OF_2이다. OF_2는 굽은 형 구조이므로 평면 구조이다.

분류 기준	예	아니요
중심 원자에 비공유 전자쌍이 있는가?	OF_2	HCN, CO_2, CF_4
분자의 쌍극자 모멘트가 0인가?	CO_2, CF_4	OF_2, HCN
단일 결합으로만 이루어졌는가?	OF_2, CF_4	HCN, CO_2

08 2주기 원소가 수소와 공유 결합을 형성하여 생성되는 화합물의 분자식과 공유 전자쌍, 비공유 전자쌍 수는 다음과 같다.

분자	BeH_2	BH_3	CH_4	NH_3	H_2O	HF
공유 전자쌍 수	2	B_2H_6 형태로 존재	4	3	2	1
비공유 전자쌍 수	0		0	1	2	3

따라서 (가)~(다)는 각각 NH_3, H_2O, HF이고, X~Z는 각각 N, O, F이다.

ㄴ. (다)는 분자 모양이 직선형이다.

ㄷ. 결합각은 (가)가 107°, (나)가 104.5°이므로 (가)가 (나)보다 크다.

[오답 피하기] ㄱ. 원자가 전자 수는 Z(F)가 X(N)보다 크다.

09 X와 Y가 옥텟 규칙을 만족하는 XH_3, $YOCl_2$ 분자는 각각 NH_3, $COCl_2$이다.

ㄷ. NH_3와 $COCl_2$는 모두 극성 분자이므로 전기장 안에서 부분적인 음전하를 띤 부분은 (+)극 쪽으로, 부분적인 양전하를 띤 부분은 (−)극 쪽으로 일정하게 배열한다.

[오답 피하기] ㄱ. NH_3는 공유 전자쌍이 3개이고, $COCl_2$는 공유 전자쌍이 4개이다.

ㄴ. NH_3의 분자 구조는 삼각뿔형으로 입체 구조이고, $COCl_2$의 분자 구조는 평면 삼각형이다.

10 (가)와 (나)의 루이스 구조식은 다음과 같다.

$$:\ddot{O}=\ddot{N}-\ddot{\underset{..}{F}}: \qquad \ddot{N}\equiv C-\ddot{\underset{..}{F}}:$$

(가) (나)

ㄷ. 공유 전자쌍 수는 (가)가 3, (나)가 4이다.

[오답 피하기] ㄱ. 일반적으로 중심 원자는 전자쌍을 많이 형성할 수 있거나 크기가 큰 원자이다. (가)의 중심 원자는 N이다.

ㄴ. (가)에는 2중 결합이 있고, (나)에는 3중 결합이 있다.

11 자료 분석 하기

분자의 구조

분자	(가)	(나)	(다)
분자식	XH_3	H_2Y_2	Z_2H_2
공유 전자쌍 수	3	3	5

• H는 전자가 1개이므로 단일 결합만 가능하다. 따라서 (나)에서 Y와 Y 사이는 단일 결합이고, (다)에서 Z와 Z 사이는 3중 결합이다.

• X~Z는 옥텟 규칙을 만족하므로 (가)의 X는 옥텟 규칙을 만족하면서 3개의 다른 원자와 단일 결합하는 N이다. (나)에서 Y는 옥텟 규칙을 만족하면서 2개의 다른 원자와 단일 결합하는 O이다. (다)에서 Z는 옥텟 규칙을 만족하면서 1개의 다른 원자와 단일 결합, 1개의 다른 원자와 3중 결합하는 C이다.

```
H−N−H        H−O−O−H        H−C≡C−H
  |
  H
 (가)           (나)            (다)
```

ㄴ. (가)는 극성 분자이고, (다)는 무극성 분자이므로 극성 분자인 물에 대한 용해성은 (가)가 (다)보다 크다.

[오답 피하기] ㄱ. 같은 주기에서 원자 번호가 클수록 전기 음성도가 크므로 전기 음성도는 Y(O)>X(N)>Z(C)이다.

ㄷ. (나)의 Y(O)에는 비공유 전자쌍이 2개이고, (다)의 Z(C)에는 비공유 전자쌍이 없으므로 결합각은 (다)가 (나)보다 크다.

12 ㄷ. 두 반응은 한쪽 분자나 이온이 일방적으로 전자를 제공하여 이루어지는 공유 결합(배위 결합)에 의해 형성된다.

[오답 피하기] ㄱ. NH_3가 NH_4^+으로 될 때는 분자 구조가 삼각뿔형에서 정사면체 구조로 되므로 결합각이 107°에서 109.5°로 증가한다. BF_3가 BF_4^-으로 될 때는 평면 삼각형 구조에서 정사면체 구조로 되므로 결합각이 120°에서 109.5°로 감소한다.

ㄴ. NH_3는 공유 전자쌍 3개와 비공유 전자쌍 1개를 가지며, NH_4^+은 공유 전자쌍 4개를 가지므로 전자쌍의 총수는 변하지 않고 공유 전자쌍의 수는 증가한다. BF_3는 공유 전자쌍 3개를 가지며, BF_4^-은 공유 전자쌍 4개를 가지므로 전자쌍의 수가 증가한다.

개념 더하기

배위 공유 결합(배위 결합)

• 일반적으로 공유 결합은 두 원자가 같은 수의 전자를 내놓아 전자쌍을 만들고, 이 전자쌍을 공유하면서 이루어지지만 BF_3와 NH_3의 반응에서와 같이 한 원자가 공유 전자쌍을 모두 제공하는 결합이 일어나기도 하는데, 이를 배위 공유 결합 또는 간단히 배위 결합이라고 한다.

• 배위 결합을 포함하는 물질: H_3O^+, NH_4^+

13 ㄱ. 물은 극성 분자, 사염화 탄소는 무극성 분자이므로 분자의 쌍극자 모멘트는 물이 0보다 크고, 사염화 탄소는 0이다.

[오답 피하기] ㄴ. 시험관 Ⅰ에서 물이 파란색으로 변하므로 A는 물에 잘 녹는 극성 분자이다. 시험관 Ⅳ에서 사염화 탄소가 보라색으로 변하므로 B는 사염화 탄소에 잘 녹는 무극성 분자이다. 극성 분자와 무극성 분자는 서로 잘 섞이지 않는다.

ㄷ. B는 무극성 분자이므로 액체 줄기에 대전체를 가까이 가져가도 액체 줄기가 휘지 않는다.

14 고난도 문제 해결 전략

STEP 1 출제 의도 파악하기

각 원자의 공유 전자쌍 수를 몇 가지 경우로 가정한 후 분자 구조를 예측하고, 예측한 분자에서 모든 원자가 옥텟 규칙을 만족하는지 확인하여 원자의 종류와 분자 구조를 파악하는 문제이다.

STEP 2 관련 개념 모으기

❶ 옥텟 규칙을 만족하는 중심 원자의 전자쌍 수는?

➡ 공유 전자쌍 수가 4, 또는 공유 전자쌍 수가 3이고 비공유 전자쌍 수가 1, 또는 공유 전자쌍 수가 2이고 비공유 전자쌍 수가 2이다.

❷ 평면 구조와 입체 구조인 분자의 분자 모양은?

➡ 평면 구조에 해당하는 분자의 분자 모양은 직선형, 굽은 형, 평면 삼각형이다. 입체 구조에 해당하는 분자의 분자 모양은 삼각뿔형, 정사면체, 사면체이다.

ㄱ. (나)에서 X의 공유 전자쌍 수는 3보다 커야 하고, (가)에서 X의 공유 전자쌍 수는 2 또는 4이므로 X의 공유 전자쌍 수는 4이다.

(가)에서 공유 전자쌍 수가 4이고 X와 결합하는 Y의 수는 2이므로 X와 Y 사이의 공유 결합은 2중 결합이다. (나)에서 X와 Y가 2중 결합을 하므로 (나)에는 2중 결합이 있다.

ㄷ. X는 공유 전자쌍 수가 4이므로 C이고, Y는 2중 결합을 하므로 O이다. (나)에서 X와 Y 사이에 2중 결합을 하므로 X와 Z 사이는 단일 결합이다. Z는 공유 전자쌍 수가 1이므로 F이다. 따라서 (가)~(다)는 각각 CO_2, COF_2, OF_2이고, 모두 평면 구조이다.

[오답 피하기] ㄴ. 공유 전자쌍 수는 (가)가 4, (나)가 4이다.

15 **고난도 문제 해결 전략**

STEP 1 출제 의도 파악하기

액체의 용해성을 이용하여 액체를 이루는 분자의 극성을 파악하고 액체의 용해성과 밀도의 크기로부터 액체 물질을 서로 혼합하였을 때의 결과를 추론하는 문제이다.

STEP 2 관련 개념 모으기

❶ 분자의 극성과 물질의 용해도의 관계는?

➡ 이온 결합 물질이나 극성 분자는 극성 용매에 잘 용해되고, 무극성 분자는 무극성 용매에 잘 용해된다.

❷ 서로 섞이지 않는 두 액체를 섞었을 때 액체의 위치는?

➡ 서로 섞이지 않는 두 액체를 혼합하면 서로 층을 이루며, 이때 밀도가 큰 물질이 아래층에 위치한다.

ㄱ. 물과 X는 서로 섞이지 않으며, 물은 극성 물질이므로 X는 무극성 물질이다. 크레파스로 색칠한 면이 무극성인 X쪽을 향하므로 크레파스는 무극성 물질이다.

[오답 피하기] ㄴ. 무극성 물질은 무극성 공유 결합을 포함하거나 극성 공유 결합을 포함하는 물질 중 분자 구조가 대칭인 물질이다. 따라서 X가 무극성 공유 결합을 포함하는지는 주어진 자료만으로 알 수 없다.

ㄷ. 사염화 탄소의 밀도가 물보다 크므로 사염화 탄소를 넣으면 아래로 가라앉아 액체 X와 섞이므로 2개의 층이 된다.

핵심 정리 Ⅲ 단원 마무리 158~159쪽

1 염소 2 2 : 1 3 전자 4 정전기적 5 비금속 6 낮은 7 없다 8 있다 9 클 10 짧을 11 비금속 12 분자 13 공유(원자) 14 자유 전자 15 공유 16 전기 음성도 17 감소 18 증가 19 무극성 20 극성 21 공유 22 비공유 23 반발력 24 평면 삼각형 25 정사면체 26 삼각뿔형 27 굽은 형 28 무극성 29 극성

실력 점검 Ⅲ 단원 평가 문제 160~163쪽

01 ④	02 ②	03 ④	04 ⑤	05 ③
06 ⑤	07 ①	08 ②	09 ①	10 ③
11 ③	12 ⑤	13 ②	14 ④	

1등급을 완성하는 서술형 문제

15 (1) 이온 결합 (2) 해설 참조 16 해설 참조 17 해설 참조

01 ㄴ. 순수한 물은 전류가 흐르지 않으므로 물을 전기 분해하기 위해서는 물에 전류가 흐르도록 황산 나트륨과 같은 전해질을 넣어야 한다. 전해질은 물에 녹아 이온을 생성한다.

ㄷ. 물을 전기 분해 하면 (+)극에서 물이 전자를 잃고 산소 기체가 발생하고, (−)극에서 물이 전자를 얻어 수소 기체가 발생한다. 따라서 물을 구성하는 산소와 수소의 결합에는 전자가 관여한다는 것을 알 수 있다.

[오답 피하기] ㄱ. 발생한 기체의 양은 A극에서가 B극에서 보다 많으므로 A극에서 발생한 기체는 수소 기체이고, B극에서 발생한 기체는 산소 기체이다. 물을 전기 분해 할 때 (−)극에서 수소 기체가 발생하므로 A극은 (−)극이다.

02 ㄷ. 비활성 기체의 전자 수는 헬륨(He)이 2, 네온(Ne)이 10, 아르곤(Ar)이 18이다. A 이온과 B 이온의 전자 배치는 비활성 기체와 같으므로 입자 수가 10인 ㉠은 전자이고, ㉡은 양성자이다. A 이온은 양성자수가 전자 수보다 2만큼 크므로 전하가 +2이고, B 이온은 전자 수가 양성자수보다 1만큼 크므로 전하가 −1이다. 따라서 A^{2+}과 B^-으로 이루어진 화합물의 화학식은 AB_2이다.

[오답 피하기] ㄱ. ㉠은 전자, ㉡은 양성자이다.

ㄴ. B 이온의 전하는 −1이다.

03 **자료 분석 하기**

이온 결합의 형성

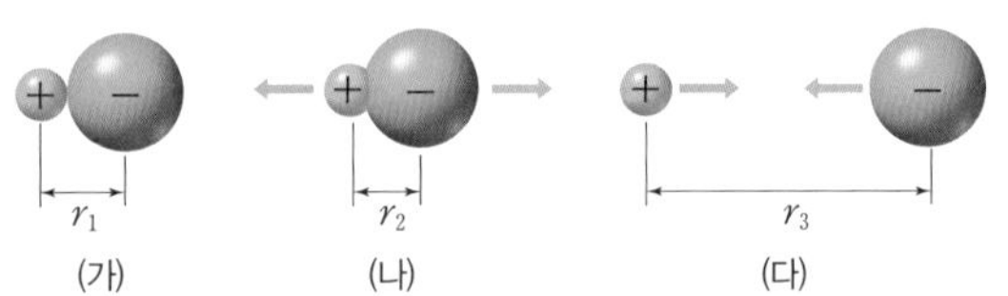

• (가)에서 인력과 반발력이 균형을 이루므로 이온 결합이 형성된다.
• (나)에는 반발력이 표시되어 있으므로 반발력이 인력보다 우세하게 작용한다.
• (다)에는 인력이 표시되어 있으므로 인력이 반발력보다 우세하게 작용한다.
• 이온 사이의 거리가 점점 가까워지면 이온 사이에 인력이 반발력보다 우세하게 작용하다가 인력과 반발력이 균형이 이루면서 이온 결합이 형성되고, 더 가까워지면 반발력이 인력보다 우세하게 작용한다.

ㄱ. (나)에서 이온 사이에 반발력이 작용하므로 (나)는 (가)보다 이온 사이의 거리가 가깝고, (다)에서 이온 사이에 인력이 우세하게 작용하므로 (다)는 (가)보다 이온 사이의 거리가 멀다. 따라서 $r_3>r_1>r_2$이다.

ㄷ. 이온 결합이 형성될 때 에너지가 가장 작아서 안정하다. (가)~(다) 중 에너지가 가장 작은 것은 이온 결합이 형성되는 (가)이다.

[오답 피하기] ㄴ. (나)는 반발력이 인력보다 우세하고, (다)는 인력이 반발력보다 우세하다.

04 ㄱ. 구리는 금속 결합 물질이므로 고체 상태에서 전기 전도성이 있다. 다이아몬드와 포도당은 공유 결합 물질이고, 염화 칼륨은 이온 결합 물질이므로 고체 상태에서 전기 전도성이 없다.

ㄴ. 다이아몬드, 포도당, 염화 칼륨 중 액체 상태에서 전기 전도성이 있는 물질은 염화 칼륨이다. 따라서 ㉠에 해당하는 물

질은 염화 칼륨이다. 염화 칼륨이 물에 녹으면 이온의 이동이 자유로워지므로 염화 칼륨 수용액은 전기 전도성이 있다.
ㄷ. ㉡에 해당하는 물질은 다이아몬드, 포도당의 2가지이다.

⊕ 개념 더하기

이온 결합 물질의 전기 전도성
- 고체 상태에서는 양이온과 음이온이 강하게 결합하고 있어 이온이 이동할 수 없으므로 전기 전도성이 없다.
- 액체 상태나 수용액에서는 이온의 이동이 자유로워져 각각의 이온이 반대 전하를 띤 전극으로 이동할 수 있으므로 전기 전도성이 있다.

05 ③ A는 금속 양이온, B는 자유 전자이다. 금속의 자유 전자는 빛을 흡수하여 반사하므로 금속은 광택을 나타낸다.
[오답 피하기] ① A는 금속 원자에서 자유 전자가 떨어져 나가 생성되는 금속 양이온이다.
② 금속 양이온인 A는 (+)전하를 띠고, 자유 전자인 B는 (−)전하를 띠므로 A와 B 사이에는 정전기적 인력이 작용한다.
④ 금속에 힘을 가해도 자유 전자인 B가 금속 양이온 사이를 이동하여 금속 결합을 유지시켜 주므로 쉽게 부서지지 않는다.
⑤ B는 (−)전하를 띠므로 금속에 전원 장치를 연결하면 (+)극 쪽으로 이동한다. 이때 금속 양이온인 A는 이동하지 않는다.

06 ㄱ. (가)는 공유 결정, (나)는 분자 결정으로 모두 공유 결합에 의해 형성된다.
ㄴ. (가)는 흑연, (나)는 이산화 탄소, (다)는 염화 나트륨이다. 고체 상태에서 전기 전도성이 있는 물질은 흑연 1가지이다.
ㄷ. 흑연인 (가)는 공유 결정이므로 녹는점은 이산화 탄소인 (나), 염화 나트륨인 (다)보다 높다.

07 ㄱ. • AC_2, AD_4, CD_2는 액체 상태에서 전기 전도성이 없으므로 A, C, D는 비금속 원소이고, B_2C는 액체 상태에서 전기 전도성이 있으므로 B는 금속 원소이다.
• 빗금친 부분에서 금속에 해당하는 3주기 1족 원소는 B이고, 이온 결합 물질에서 B 이온의 전하는 +1이다. 따라서 B_2C에서 C 이온의 전하는 −2이고, C는 16족 원소이다. C와 1 : 2의 개수비로 결합하는 D는 17족 원소이며, A는 14족 원소이다. 빗금친 부분에 원소를 배치하면 다음과 같다.

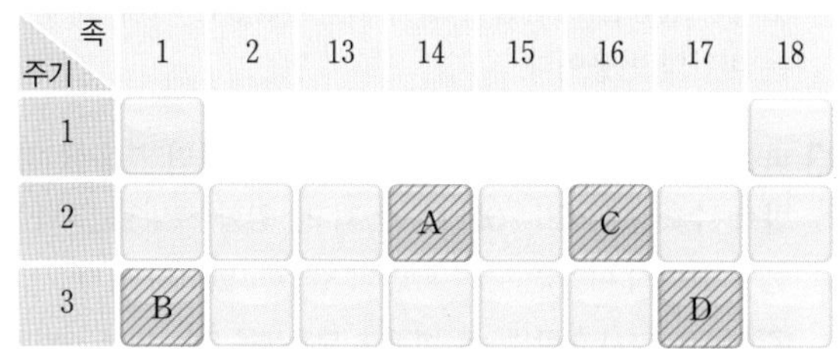

주기＼족	1	2	13	14	15	16	17	18
1								
2				A		C		
3	B						D	

[오답 피하기] ㄴ. D는 3주기 원소이고, C는 2주기 원소이다.
ㄷ. B와 D로 이루어진 화합물의 화학식은 BD이다.

08 Y_2에서 Y의 원자가 전자 수는 6이므로 Y의 전자 수는 8이다. X_2Y에서 Y 이온의 전자 수는 10이므로 Y 이온의 전하는 −2이고, $b=2$이다. X_2Y에서 X의 전하는 +1이므로 $a=1$이다. 따라서 X는 원자가 전자 수가 1이고, Y는 원자가 전자 수가 6이다.

09 (가)는 무극성 공유 결합이므로 같은 원자로 이루어진 분자가 해당하고, (나)는 극성 공유 결합이므로 전기 음성도가 다른 두 원자가 공유 결합을 하여 형성된 화합물에 해당한다. (다)는 금속 양이온과 비금속 음이온이 결합한 이온 결합을 나타낸 것이다. 따라서 (가)에 해당하는 물질은 N_2, H_2, O_2, I_2, Cl_2, Br_2, (나)에 해당하는 물질은 HCl, HBr, H_2O, CO, NH_3, (다)에 해당하는 물질은 NaF, KCl, NaBr이다.

10 ㄱ. (나)는 구성 원소의 전기 음성도 차가 0이므로 B_2이고, B의 전기 음성도는 2.1이다. (나)의 공유 결합은 같은 원자 사이의 공유 결합이므로 무극성 공유 결합이다.
ㄴ. (가), (다)는 각각 AB, BC 중 하나이다. 전기 음성도는 C가 A보다 크므로 1가지 원소의 전기 음성도가 큰 (다)가 BC이고, (가)가 AB이다. (가)에서 전기 음성도 차가 1.2이므로 A의 전기 음성도는 0.9이다. (다)에서 전기 음성도 차가 0.9이므로 C의 전기 음성도는 3.0이다. 따라서 $y-x=3.0-0.9=2.1$이다.
[오답 피하기] ㄷ. (나)에는 무극성 공유 결합이 있으므로 (나)의 쌍극자 모멘트는 0이고, (다)에는 극성 공유 결합이 있으므로 (다)의 쌍극자 모멘트는 0보다 크다.

11 ㄱ. (가)에서 중심 원자인 X는 옥텟 규칙을 만족하고, 비공유 전자쌍 수가 0이므로 X는 Y와 2중 결합을 한다. (나)에서 중심 원자인 Y는 옥텟 규칙을 만족하고, 비공유 전자쌍 수가 2이므로 Y와 Z는 단일 결합을 한다.

:Ÿ=X=Ÿ:　　　　:Z̤̈−Ÿ:
　　　　　　　　　　|
　　　　　　　　　:Z̤:

(가)는 분자 모양이 직선형이므로 결합각이 180°이고, (나)는 분자 모양이 굽은 형이므로 결합각이 180°보다 작다.
ㄷ. (가)와 (나)는 모두 평면 구조이다.
[오답 피하기] ㄴ. 공유 전자쌍 수는 (가)가 4, (나)가 2이다.

12 ㄴ. 비공유 전자쌍 사이의 반발력은 공유 전자쌍 사이의 반발력보다 크므로 결합각의 크기는 $\alpha>\beta>\gamma$이다.
ㄷ. 극성 분자는 극성 분자끼리 잘 용해되므로 (다)에 대한 용해도는 (나)가 (가)보다 크다.
[오답 피하기] ㄱ. A 주위의 공유 전자쌍 수는 4이므로 원자가 전자 수는 4, B 주위에는 공유 전자쌍 3개와 비공유 전자쌍 1개가 있으므로 원자가 전자 수는 5, C 주위에는 공유 전자쌍 2개와 비공유 전자쌍 2개가 있으므로 원자가 전자 수는 6이다.

13 ㄴ. (가)의 N에는 비공유 전자쌍이 1개 있고, (나)와 (다)의 S에는 비공유 전자쌍이 2개 있다. 따라서 비공유 전자쌍 수는 (가)가 1, (나)가 2, (다)가 4이다.
[오답 피하기] ㄱ. (나)의 중심 원자인 S에는 비공유 전자쌍이 2개 있으므로 분자 모양은 굽은 형이다. (다)의 중심 원자인 C에는 비공유 전자쌍이 없으므로 분자 모양은 직선형이다.

ㄷ. 결합각은 굽은 형 구조인 (나)가 삼각뿔형 구조인 (가)보다 작으며, 직선형 구조인 (다)는 180°이다. 따라서 결합각은 $\gamma > \alpha > \beta$이다.

14 자료 분석 하기

CH_4, CO_2, H_2O_2의 루이스 구조식

```
    H
    |
H—C—H     :Ö=C=Ö:     H—Ö—Ö—H
    |                    ··  ··
    H
```

- CH_4은 구성 원자 수비가 C : H=1 : 4이고, 공유 전자쌍 수가 4, 비공유 전자쌍 수가 0이므로 $\frac{\text{비공유 전자쌍 수}}{\text{공유 전자쌍 수}}=0$이다.
- CO_2는 구성 원자 수비가 C : O=1 : 2이고, 공유 전자쌍 수가 4, 비공유 전자쌍 수가 4이므로 $\frac{\text{비공유 전자쌍 수}}{\text{공유 전자쌍 수}}=1$이다.
- H_2O_2는 구성 원자 수비가 H : O=1 : 1이고, 공유 전자쌍 수가 3, 비공유 전자쌍 수가 4이므로 $\frac{\text{비공유 전자쌍 수}}{\text{공유 전자쌍 수}}=\frac{4}{3}$이다.

ㄴ. 공유 전자쌍 수는 (가)가 4, (나)가 4, (다)가 3이다.
ㄷ. (가)와 (나)는 무극성 분자이므로 분자의 쌍극자 모멘트가 0이고, (다)는 극성 분자이므로 분자의 쌍극자 모멘트가 0보다 크다.
[오답 피하기] ㄱ. (가) CH_4과 (나) CO_2의 모든 공유 결합은 다른 원자 사이의 공유 결합이므로 극성 공유 결합이다. (다)에는 같은 원자 사이의 공유 결합인 무극성 공유 결합이 있다.

15 (1) 액체 상태일 때 전기 전도성이 있으므로 이온 결합 물질이다.
(2) 예시 답안 이온 결합 물질은 고체 상태에서는 양이온과 음이온이 정전기적 인력에 의해 결합하고 있어 움직이지 못하므로 전류가 흐르지 않는다. 충분한 시간 동안 가열하여 이온 결합 물질이 용융되면 이온이 자유롭게 이동할 수 있으므로 전류가 흐른다.

채점 기준	배점(%)
전기 전도도가 증가하는 까닭을 이온의 이동과 관련하여 옳게 설명한 경우	100
액체 상태가 되었기 때문이라고만 설명한 경우	30

16 예시 답안 (1) $:\ddot{B}::A::\ddot{B}:$
(2) 이온 결합, C는 비금속 원소이고, D는 금속 원소이므로 이온 결합으로 화합물을 형성한다.

	채점 기준	배점(%)
(1)	루이스 전자점식을 옳게 그린 경우	100
(2)	화합물을 이루는 결합의 종류와 그 까닭을 옳게 설명한 경우	100
	화합물을 이루는 결합의 종류만 옳게 쓴 경우	50

17 예시 답안 NH_3의 비공유 전자쌍이 공유 전자쌍으로 바뀌므로 결합각 ∠HNH는 NH_4^+에서가 NH_3에서보다 크다.

채점 기준	배점(%)
공유 전자쌍 수가 증가하여 결합각이 감소하는 것을 옳게 설명한 경우	100
결합각이 감소한다고만 설명한 경우	30

Ⅳ 역동적인 화학 반응

14 동적 평형 상태

확인 문제 166~167쪽

1 오른 2 가역 3 비가역
4 = 5 × 6 ○

04 상평형에 도달했을 때 물의 증발 속도와 수증기의 응축 속도는 같다.

05 용해 평형에서 용질의 용해와 석출이 계속적으로 일어나고 있다.

06 가역 반응에서는 정반응과 역반응이 동시에 일어나므로 반응물과 생성물이 함께 존재한다.

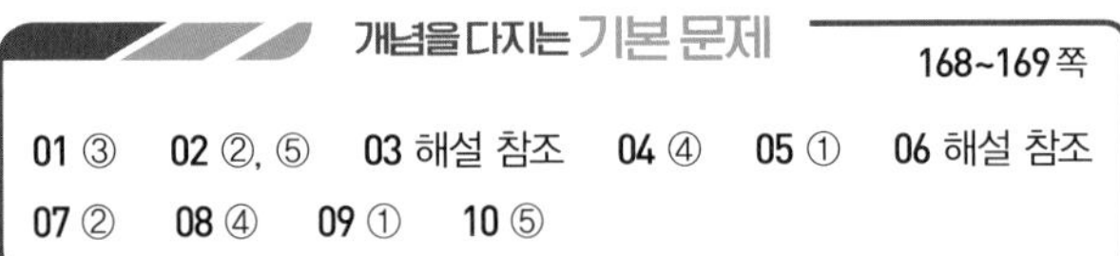

개념을 다지는 기본 문제 168~169쪽

01 ③ 02 ②, ⑤ 03 해설 참조 04 ④ 05 ① 06 해설 참조
07 ② 08 ④ 09 ① 10 ⑤

01 ㄱ. 충분한 시간이 지나면 정반응과 역반응이 같은 속도로 일어나는 동적 평형에 도달한다.
ㄷ. 가역 반응은 정반응뿐만 아니라 역반응도 일어날 수 있다.
[오답 피하기] ㄴ. 가역 반응은 충분한 시간이 지나면 반응이 멈춘 것처럼 보이지만 정반응과 역반응이 같은 속도로 일어나고 있다.

02 ② 탄산 칼슘이 이산화 탄소가 용해된 물과 반응하여 탄산수소 칼슘을 생성하는 반응은 가역적으로 일어나는 반응이다.
⑤ 흰색 $CuSO_4$ 결정이 물과 반응하여 파란색 $CuSO_4$ 오수화물을 생성하는 반응은 가역적으로 일어나는 반응이다.
[오답 피하기] ①, ③, ④ 메테인의 연소 반응과 염산과 수산화 나트륨 수용액의 중화 반응, 금속과 산이 반응하여 기체가 발생하는 반응은 정반응만 일어나고 역반응은 거의 일어나지 않는 비가역 반응이다.

03 파란색 염화 코발트($CoCl_2$)가 물과 결합하면 분홍색 염화 코발트 수화물($CoCl_2 \cdot 6H_2O$)이 되고, 염화 코발트 수화물에서 물이 떨어져 나가면 다시 파란색 염화 코발트가 된다.
예시 답안 다시 파란색으로 변한다. 분홍색을 띠는 염화 코발트 수화물의 생성 반응과 염화 코발트 수화물에서 물이 떨어져 나가는 반응이 가역 반응이기 때문이다.

채점 기준	배점(%)
염화 코발트 수화물의 생성 반응과 수화물에서 물이 떨어져 나가는 반응을 가역 반응으로 설명한 경우	100
색깔 변화만 설명한 경우	50

04 ④ 동적 평형은 정반응과 역반응이 같은 속도로 일어나 겉으로는 변화가 일어나지 않는 것처럼 보이는 상태이다.
[오답 피하기] ① 동적 평형에서는 겉으로는 반응이 멈춘 것처럼 보이지만 정반응과 역반응이 같은 속도로 일어나고 있다.
② 정반응이 일어나고 있으므로 반응 속도는 0이 아니다.
③ 정반응과 역반응이 모두 일어나므로 반응 용기에는 반응물과 생성물이 함께 존재한다.
⑤ 동적 평형에서 반응물과 생성물의 양은 반응 조건에 따라 달라진다.

05 ㄱ. 처음에 물이 증발하므로 물의 양이 줄어들지만 동적 평형에 도달하면 물의 양이 일정해진다. 따라서 동적 평형에서 $H_2O(l)$의 질량은 처음에 넣은 물의 질량인 100 g보다 작다.
[오답 피하기] ㄴ. 증발과 응축이 같은 속도로 일어나고 있는 동적 평형 상태이므로 물의 증발은 계속 일어난다.
ㄷ. 동적 평형에 도달한 후에는 물의 증발 속도와 수증기의 응축 속도가 같으므로 시간이 지나도 물의 양이나 수증기의 양은 일정하게 유지된다.

06 예시 답안 NH_3, H_2, N_2, 동적 평형에서는 정반응과 역반응이 모두 일어나므로 반응 용기 속에는 반응물과 생성물이 함께 존재한다.

채점 기준	배점(%)
기체의 화학식을 옳게 쓰고, 그 까닭을 옳게 설명한 경우	100
기체의 화학식만 옳게 쓴 경우	50

07 ㄴ. 일정한 온도에서 증발 속도는 일정하고 시간에 따라 응축 속도가 점점 빨라지므로 시간 순서대로 나열하면 (가) - (다) - (나) 순이다. (나)는 동적 평형에 도달한 상태이므로 용기 속 액체 상태의 물의 양은 (가) > (다) > (나)이다.
[오답 피하기] ㄱ. (가)~(다)에서 증발 속도는 같다.
ㄷ. (다)는 증발 속도가 응축 속도보다 빠르므로 동적 평형에 도달하지 않았다.

08 ㄴ. (나)는 메테인의 연소 반응이므로 비가역 반응이다.
ㄷ. (다)는 가역 반응이므로 동적 평형에 도달할 수 있다.
[오답 피하기] ㄱ. (가)는 산과 염기의 중화 반응으로 비가역 반응이다. 따라서 역반응이 일어나기 힘들고 정반응만 일어난다.

09 ㄱ. 용액 속에 녹아 있는 설탕의 양이 일정하게 유지되므로 설탕물의 농도는 일정하다.
[오답 피하기] ㄴ, ㄷ. 용해 평형에 도달한 상태이므로 설탕의 용해 속도와 석출 속도가 같으며, 같은 시간 동안 용해되는 입자 수와 석출되는 입자 수가 같다.

10 ㄱ. 반응물을 넣은 초기 상태에서는 정반응 속도가 역반응 속도보다 빠르다. 따라서 정반응 속도는 (가) > (나)이다.
ㄴ. 반응이 점차 진행되다가 평형에 도달하고 (다)는 동적 평형에 도달한 상태이므로 역반응 속도는 (다) > (나)이다.
ㄷ. (다)는 동적 평형에 도달한 상태이므로 정반응과 역반응이 같은 속도로 일어난다. 따라서 (다) 이후에는 반응물과 생성물의 농도가 각각 일정하게 유지된다.

개념 더하기

화학 평형 상태
- 가역 반응에서만 나타난다.
- 정반응과 역반응이 같은 속도로 일어난다.
- 반응물과 생성물이 모두 존재하며, 반응물과 생성물의 농도가 일정하게 유지된다.

실력을 올리는 실전 문제

171~173쪽

01 ④	02 ②	03 ③	04 ③	05 ④
06 ③	07 ①	08 ①	09 ⑤	

1등급을 굳히는 고난도 문제

10 ⑤	11 ⑤

01 학생 B: 가역 반응은 반응 조건에 따라 정반응과 역반응이 모두 일어날 수 있다.
학생 C: 가역 반응에서는 항상 정반응과 역반응이 동시에 진행되므로 반응물과 생성물이 함께 존재한다. 반응 조건이 일정하게 유지되면 정반응과 역반응이 일어나는 속도가 같아져서 반응물과 생성물의 농도가 변하지 않는 동적 평형 상태를 이루게 된다.
[오답 피하기] 학생 A: 가역 반응은 정반응뿐만 아니라 조건에 따라 역반응이 일어날 수 있는 반응이다.

02 ㄷ. 충분한 시간이 지나면 $I_2(s)$이 $I_2(g)$로 되는 정반응과 $I_2(g)$이 $I_2(s)$으로 되는 역반응이 같은 속도로 일어나는 동적 평형에 도달한다. 따라서 꼭지를 열고 충분한 시간이 지나면, 용기 (가)와 용기 (나)에 기체가 모두 퍼져 섞이면서 반응이 일어나므로 용기 (가)와 용기 (나)에는 $^{127}I_2(g)$, $^{127}I_2(s)$, $^{131}I_2(g)$, $^{131}I_2(s)$이 모두 존재한다.
[오답 피하기] ㄱ, ㄴ. $^{127}I_2(s)$과 $^{131}I_2(g)$은 용기 (가)와 용기 (나) 모두에 존재한다.

03 자료 분석 하기

상평형
액체의 증발 속도와 증기의 응축 속도가 같아서 겉으로는 변화가 일어나지 않고 서로 다른 상이 존재하는 상태이다.

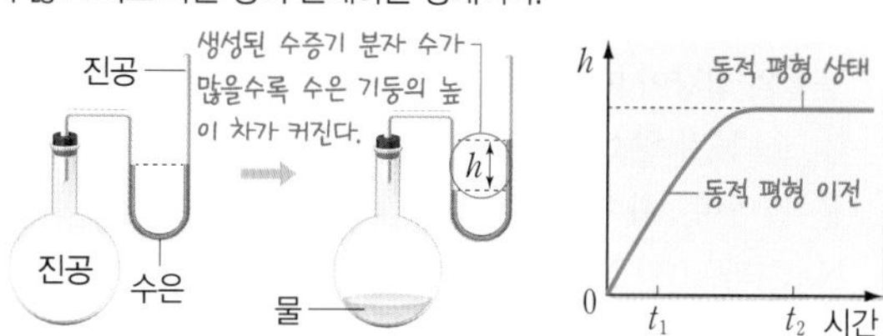

- 물이 증발하여 생긴 수증기가 수은을 밀어낸다. ➡ 수은 기둥의 높이 차(h)가 증가한다.
- 수은 기둥의 높이 차(h)가 일정하게 유지되는 것은 수증기 분자 수가 일정하기 때문이다. ➡ 동적 평형 상태
- t_1은 동적 평형에 도달하기 이전이고, t_2는 동적 평형 상태이다.

ㄱ. t_1은 동적 평형 이전으로, 증발 속도 > 응축 속도이다.

ㄴ. 일정한 온도에서 물의 증발 속도는 일정하다. t_2는 동적 평형 상태이므로 증발 속도와 응축 속도가 같다. 따라서 응축 속도는 t_2에서가 t_1에서보다 빠르다.

[오답 피하기] ㄷ. 동적 평형 상태인 t_2에서는 증발과 응축이 같은 속도로 일어나므로 증발하는 물 분자 수는 0이 아니다.

04 ㄱ. 일정한 온도에서 물의 증발 속도는 일정하고, 수증기의 응축 속도는 수증기의 분자 수에 비례한다. 따라서 증발 속도는 (가)~(다)에서 같고, 응축 속도는 (가) < (나) < (다)이므로 $H_2O(l)$의 양은 (가) > (나) > (다)이다.

ㄴ. 수증기의 응축 속도는 수증기의 분자 수가 많은 (다)에서가 (나)에서보다 빠르다.

[오답 피하기] ㄷ. (다)는 물의 증발 속도와 수증기의 응축 속도가 같으므로 동적 평형에 도달한 상태이다. 따라서 (다) 이후 용기 속 물의 양과 수증기의 양은 일정하게 유지된다.

05 ㄴ. 물 100 g에 염화 나트륨 40 g을 녹이면 모두 녹지 않고 가라앉은 상태에서 용해 평형에 도달하므로 염화 나트륨의 용해도(g/물 100 g)는 40보다 작다.

ㄷ. 용액 속에 녹아 있는 염화 나트륨의 양은 (나) > (가)이므로 용액의 몰 농도는 (나) > (가)이다.

[오답 피하기] ㄱ. (나)는 용해 평형에 도달한 상태이므로 용해 속도와 석출 속도가 같다.

06 용해 평형은 용질이 용해되는 속도와 석출되는 속도가 같아서 겉으로는 변화가 일어나지 않는 것처럼 보이는 상태이다.

③ 과정 (가)에서 용해 평형에 도달하여 겉으로는 아무런 변화가 일어나지 않는 것처럼 보이지만, 질량수가 37인 Cl가 포함된 염화 나트륨을 넣은 후, 용액에서 질량수가 37인 Cl^-이 검출된 것으로부터 용해와 석출이 계속 일어나고 있다는 것을 알 수 있다.

따라서 학생 A는 용해 평형 상태에서도 용해와 석출이 끊임없이 일어난다는 가설을 세웠을 것이다.

[오답 피하기] ① 용액 속에는 질량수가 23인 Na과 질량수가 37인 Cl가 결합하여 화학식량이 60인 NaCl이 존재하지만, 용해와 석출이 끊임없이 일어나는지를 알아보는 실험이므로 가설로 적절하지 않다.

② 용해 속도를 측정하려면 일정한 시간 동안 물에 용해되는 용질의 질량이 어떻게 변화했는지를 측정해야 한다.

④, ⑤ 동위 원소는 원자 번호는 같지만 중성자수가 다른 원소를 말하며, 화학적 성질은 같다. 따라서 화학식량이 58인 NaCl과 60인 NaCl의 화학적 성질은 같다.

07 상평형은 증발 속도와 응축 속도가 같아서 겉으로는 변화가 일어나지 않고 서로 다른 상이 공존하는 상태이다.

ㄱ. 액체 상태의 브로민과 기체 상태의 브로민이 상평형을 이루고 있으므로 과정 (가)의 용기 내부에는 액체 상태와 기체 상태의 브로민이 함께 존재한다. 따라서 ㉠은 기체이다.

[오답 피하기] ㄴ. 온도가 일정하므로 (가)와 (나)에서 $Br_2(l)$의 증발 속도는 같다.

ㄷ. 과정 (나)에서 Br_2이 2가지 상태로 존재하고, 충분한 시간이 지났으므로 상평형에 도달한 상태이다. 따라서 증발 속도와 응축 속도는 같다.

08 ㄴ. 반응 용기에 NO_2를 넣으면 처음에는 N_2O_4가 생성되는 정반응이 우세하게 일어난다. 시간이 흐르면서 정반응 속도는 점점 감소하고, 역반응 속도는 점점 증가하여 정반응 속도와 역반응 속도가 같아지는 시간 t에서 동적 평형에 도달한다.

[오답 피하기] ㄱ. 평형에 도달하면 정반응과 역반응이 같은 속도로 일어나며, 반응이 정지된 것이 아니다.

ㄷ. 평형 상태에서 정반응과 역반응이 같은 속도로 일어나므로 용기 속 NO_2와 N_2O_4의 농도는 일정하게 유지되지만 두 물질의 농도가 같은 것은 아니다.

개념 더하기

화학 평형 상태

가역 반응에서 온도나 압력 등의 조건이 일정하게 유지되면 정반응 속도와 역반응 속도가 같아져 겉보기에는 반응이 정지된 것처럼 보이고, 반응물과 생성물의 농도가 일정하게 유지되는 상태에 도달하는데 이를 화학 평형 상태라고 한다.

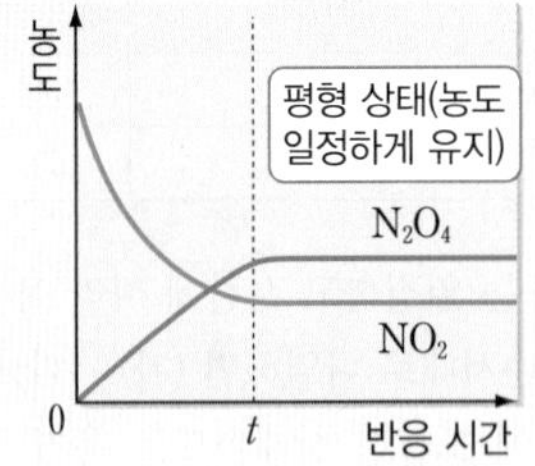

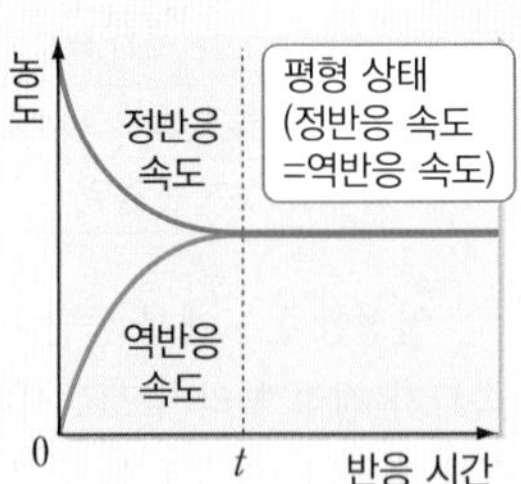

09 **자료 분석 하기**

동적 평형 상태

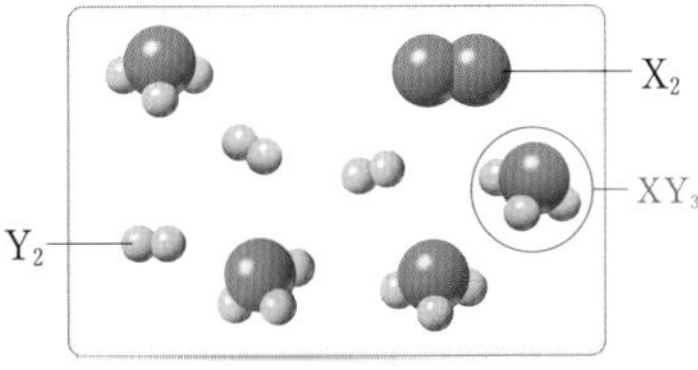

- 평형 상태에서 반응물과 생성물이 함께 존재하므로 가역 반응이다.
- 생성물의 화학식이 XY_3이므로 X_2와 Y_2는 1 : 3의 분자 수비로 반응한다.

반응물은 X_2와 Y_2이고 생성물은 XY_3이다. 반응 전후 원자의 종류와 수가 같도록 계수를 맞추고, 주어진 반응은 가역 반응이므로 양쪽 방향의 화살표($\rightleftharpoons$)로 반응물과 생성물을 연결한다. 따라서 용기 내부에서 일어나는 반응의 화학 반응식은 $X_2(g) + 3Y_2(g) \rightleftharpoons 2XY_3(g)$이다.

10 **고난도 문제 해결 전략**

STEP 1 출제 의도 파악하기

가역적으로 일어나는 화학 반응에서 동적 평형 상태의 특성을 이해하는지 평가하는 문제이다.

STEP 2 관련 개념 모으기

❶ 가역 반응이란?

➡ 반응 조건에 따라 정반응과 역반응이 모두 일어날 수 있는 반응이다.

❷ 동적 평형이란?

➡ 정반응과 역반응이 같은 속도로 일어나 겉으로 보기에 반응이 멈춘 것처럼 보이는 상태로 반응물과 생성물의 농도가 일정하게 유지된다.

ㄱ. (가)는 반응물만 들어 있는 상태에서 평형 Ⅰ에 도달하므로 정반응이 우세하게 일어나다가 평형에 도달한다. 정반응은 NO_2 분자 2개가 반응하여 N_2O_4 분자 1개를 생성하는 반응이므로 동적 평형에서 기체 분자 수는 반응 전보다 작다.

ㄴ. (나)는 생성물만 들어 있는 상태에서 평형 Ⅱ에 도달하므로 역반응이 우세하게 일어나다가 평형에 도달한다. 역반응은 N_2O_4 분자 1개가 반응하여 NO_2 분자 2개를 생성하는 반응이므로 동적 평형에서 기체 분자 수는 반응 전보다 많다.

ㄷ. 화학 반응식 $2NO_2(g) \rightleftharpoons N_2O_4(g)$에서 NO_2와 N_2O_4의 반응 몰비가 2 : 1이므로 NO_2 4몰로부터 시작하여 평형에 도달했을 때의 NO_2와 N_2O_4의 양은 N_2O_4 2몰로부터 시작하여 평형에 도달했을 때 NO_2와 N_2O_4의 양과 같다. 또 반응 용기의 부피가 같으므로 평형 Ⅰ에서의 NO_2와 N_2O_4의 농도는 평형 Ⅱ에서의 NO_2와 N_2O_4의 농도와 같다.

11 고난도 문제 해결 전략

STEP 1 출제 의도 파악하기

화학 평형의 성질과 화학 반응의 양적 관계를 통합적으로 적용할 수 있는지를 평가하는 문제이다.

STEP 2 관련 개념 모으기

❶ 화학 반응의 양적 관계란?

➡ 화학 반응식에서 각 물질의 계수비는 반응한 반응물과 생성된 생성물의 몰비와 같다.

❷ 화학 평형은?

➡ 정반응과 역반응이 같은 속도로 일어나 반응물과 생성물의 양이 일정하게 유지된다.

생성물의 양이 점점 증가하다가 일정하게 유지되는 것은 평형에 도달했기 때문이다. 반응 초기에 생성물인 Z의 양이 0이고 평형에서 Z의 양이 0.4몰이므로 평형에 도달할 때까지 생성된 Z의 양은 0.4몰이다. 화학 반응식의 계수비가 X : Y : Z =1 : 3 : 2이므로 반응 초기부터 평형에 도달할 때까지 반응한 X와 Y의 양은 각각 0.2몰, 0.6몰이다. 반응 전 X와 Y의 양이 각각 1몰이었으므로 평형에서 X의 양은 0.8몰이고, Y의 양은 0.4몰이다.

	$X(g)$ +	$3Y(g)$ $\rightleftharpoons$	$2Z(g)$
반응 전(M)	1.0	1.0	
반응(M)	−0.2	−0.6	+0.4
평형(M)	0.8	0.4	0.4

따라서 t에서 $\frac{[X]}{[Y]}=\frac{0.8}{0.4}=2$이다.

15 물의 자동 이온화와 pH

174~175쪽

확인 문제

1 물의 자동 이온화 **2** 물의 이온화 상수(K_w)

3 1.0×10^{-14} **4** pH **5** ○

6 × **7** 1

01 순수한 물에서 물 분자끼리 수소 이온을 주고받아 이온화하는 것을 물의 자동 이온화 반응이라고 한다.

02 물의 자동 이온화 반응이 동적 평형에 도달하면 H_3O^+의 양과 OH^-의 양이 일정하게 유지되므로 일정한 온도에서 이들의 몰 농도의 곱은 일정한 값을 갖는다. 이를 물의 이온화 상수(K_w)라고 한다.

03 K_w는 온도가 일정할 때 항상 같은 값을 나타내며, 25 ℃에서 1.0×10^{-14}이다.

04 수용액에 존재하는 $[H_3O^+]$가 매우 작으므로 실제로 다루기 불편하여 이 값의 역수의 상용로그 값을 pH로 나타내어 사용한다.

05 25 ℃에서 중성 용액의 $[H_3O^+]=1.0\times10^{-7}$ M이므로 pH는 7이다.

06 산성 용액에서 $[H_3O^+]>1.0\times10^{-7}$ M이고, 염기성 용액에서 $[H_3O^+]<1.0\times10^{-7}$ M이므로 pH는 산성 용액에서 7보다 작고, 염기성 용액에서 7보다 크다.

07 0.1 M $HCl(aq)$에서 $[H_3O^+]=0.1$ M이므로 pH는 1이다.

개념을 다지는 기본 문제

176~177쪽

01 ④ 02 해설 참조 03 ③ 04 ① 05 ③ 06 1.0×10^{-12} M 07 ⑤ 08 ⑤ 09 해설 참조 10 ② 11 ④

01 ④ 온도가 일정하면 K_w는 일정하므로 순수한 물뿐만 아니라 산성이나 염기성 수용액에서도 K_w는 일정하다.

[오답 피하기] ①, ② 물 분자들끼리 수소 이온(H^+)을 주고받는 이온화 현상을 물의 자동 이온화라고 한다. 따라서 순수한 물에는 H_3O^+과 OH^-이 존재한다.

③ 물의 자동 이온화 반응은 가역 반응이므로 정반응이 일어나는 속도와 역반응이 일어나는 속도가 같아지면서 동적 평형 상태를 이루게 된다. 동적 평형 상태가 되면 반응물과 생성물의 농도는 일정하므로 $[H_3O^+]$와 $[OH^-]$의 곱도 일정하다.

⑤ 동적 평형 상태에서 반응물과 생성물의 농도는 일정하게 유지되므로 순수한 물에서 H_2O, H_3O^+, OH^-의 농도는 일정하다.

02 예시 답안 $[H_3O^+]$와 $[OH^-]$는 항상 같다. 물이 자동 이온화할 때 H^+을 내놓은 물 분자는 OH^-이 되고, H^+을 받아들인 물 분자는 H_3O^+이 되기 때문에 순수한 물에서 $[H_3O^+]$와 $[OH^-]$는 항상 같다.

채점 기준	배점(%)
물의 자동 이온화 과정으로 $[H_3O^+]$와 $[OH^-]$를 옳게 비교하여 설명한 경우	100
$[H_3O^+]$와 $[OH^-]$가 같다고만 설명한 경우	50

03 ㄱ. 산성은 H_3O^+에 의해 나타나므로 산성도가 클수록 수용액 속 $[H_3O^+]$가 크고, pH는 작다.

ㄷ. $[H_3O^+]$가 클수록 수용액의 pH가 작다.

[오답 피하기] ㄴ. 25 ℃에서 수용액의 $pH+pOH=14$이고, $[H_3O^+][OH^-]=1.0\times10^{-14}$로 일정하다. 따라서 $[OH^-]$가 클수록 pOH가 작아지므로 pH는 크다.

04 ㄱ. (가)는 $[H_3O^+]>[OH^-]$이므로 산성 용액이다.

[오답 피하기] ㄴ. (나)는 $[H_3O^+]<[OH^-]$이므로 염기성 용액이다. 마그네슘과 반응하여 기체를 발생하는 것은 산성 용액이며, 염기성 용액은 마그네슘과 반응하지 않는다.

ㄷ. (다)는 $[H_3O^+]=[OH^-]$이므로 중성 용액이다. 따라서 BTB 용액은 초록색을 나타낸다. BTB 용액을 파란색으로 변화시키는 것은 염기성 용액이다.

05 ㄱ, ㄴ. 25 ℃에서 $[H_3O^+][OH^-]=1.0\times10^{-14}$이고, 염산이 완전히 이온화하므로, 0.01 M 염산에서 $[H_3O^+]=1.0\times10^{-2}$ M, $[OH^-]=1.0\times10^{-12}$ M이다. 따라서 $[H_3O^+]>[OH^-]$이므로 산성 용액이다.

[오답 피하기] ㄷ. $[H_3O^+]=1.0\times10^{-2}$ M이고, $[OH^-]=1.0\times10^{-12}$ M이므로 $[H_3O^+]$가 $[OH^-]$보다 10^{10}배 크다.

06 수산화 나트륨이 완전히 이온화한다고 하였으므로, 0.01 M NaOH 수용액에서 $[OH^-]=1.0\times10^{-2}$ M이다. 25 ℃에서 $[H_3O^+][OH^-]=1.0\times10^{-14}$이므로, $[H_3O^+]=1.0\times10^{-12}$ M이다.

07 ㄱ. 25 ℃에서 물의 이온화 상수인 $[H_3O^+][OH^-]$의 값은 $=1.0\times10^{-14}$이므로 $pH+pOH=14$이다. 따라서 pH가 작아지면 pOH가 커지고, pH가 커지면 pOH가 작아진다.

ㄴ. 중성 용액에서 pH=7, pOH=7로 같다.

ㄷ. pH 2인 수용액의 $[H_3O^+]=1.0\times10^{-2}$ M이고, pH 1인 수용액의 $[H_3O^+]=1.0\times10^{-1}$ M이므로 $[H_3O^+]$가 10배 증가하면 pH는 1만큼 감소한다.

08 ㄱ. (가)에는 수소 이온이 존재하므로 산성 용액이다. 따라서 pH는 7보다 작다.

ㄴ. (나)에는 수소 이온과 수산화 이온 모두 존재하지 않으므로 중성 용액이다. 따라서 $[OH^-]=1.0\times10^{-7}$ M이다.

ㄷ. (다)에는 수산화 이온이 존재하므로 염기성 수용액이다. 따라서 $[H_3O^+]<[OH^-]$이다.

09 예시 답안 (가)-(나)-(다), (가)에서 $[H_3O^+]=1.0\times10^{-3}$ M이므로 pH는 3이고, (다)에서 pOH가 5이므로 pH는 9이다. pH가 작을수록 산성이 강하므로 산성이 강한 순서는 (가)-(나)-(다)이다.

채점 기준	배점(%)
각 수용액의 pH를 구하고 산성도를 옳게 비교한 경우	100
산성도만 옳게 비교한 경우	50

10 ㄴ. (나)에서 $[OH^-]=1.0\times10^{-4}$ M이므로 $[H_3O^+]=1.0\times10^{-10}$ M이다. 따라서 $[OH^-]>[H_3O^+]$이다. 또 (다)에서 $[H_3O^+]=1.0\times10^{-8}$ M이므로 $[OH^-]=1.0\times10^{-6}$ M이다. 따라서 $[H_3O^+]<[OH^-]$이다. (나)와 (다)는 염기성 용액이므로 BTB 용액을 파란색으로 변화시킨다.

[오답 피하기] ㄱ. (나)에서 $[H_3O^+]=1.0\times10^{-10}$ M이므로 $[H_3O^+]$는 (가)가 (나)의 10^4배이다.

ㄷ. (가)에서 $[OH^-]=1.0\times10^{-8}$ M이고, (라)에서 $[OH^-]=1.0\times10^{-10}$ M이므로 $[OH^-]$는 (가)가 (라)의 100배이다.

11 ㄴ. 마그네슘과 반응하여 수소 기체를 발생하는 것은 산성 용액이다. $[H_3O^+]$가 1×10^{-7} M보다 큰 용액, 즉 pH가 7보다 작은 용액이 산성 용액이다. $[H_3O^+]=1.0\times10^{-5}$ M은 pH 5이므로 산성 용액이다.

ㄷ. $[OH^-]=1.0\times10^{-10}$ M인 수용액은 $[H_3O^+]=1.0\times10^{-4}$ M이므로 산성 용액이다.

[오답 피하기] ㄱ. pH가 9인 수용액은 염기성 용액이므로 마그네슘과 반응하지 않는다.

실력을 올리는 실전 문제 179~181쪽

01 ⑤ 02 ④ 03 ⑤ 04 ① 05 ③
06 ③ 07 ③ 08 ④ 09 ③ 10 ④

1등급을 굳히는 고난도 문제

11 ⑤ 12 ④

01 ㄱ. 물의 자동 이온화 반응은 정반응과 역반응이 모두 일어나므로 가역 반응이다.

ㄴ. 어느 한 물 분자가 H^+을 다른 물 분자에게 주고 OH^-이 되면 H^+을 받는 물 분자는 H_3O^+이 되므로 물속에 존재하는 H_3O^+의 수와 OH^-의 수는 같다.

ㄷ. 일정한 온도에서 물의 이온화 상수(K_w)는 항상 같은 값을 나타내므로 $[H_3O^+]$가 커지면 $[OH^-]$는 작아지고, $[H_3O^+]$가 작아지면 $[OH^-]$는 커진다. 즉, 반비례 관계이다.

02 ㄴ. 물의 이온화 상수는 물이 자동 이온화하여 동적 평형을 이루면 $[H_3O^+]$와 $[OH^-]$가 변하지 않고 일정하게 유지되어 $[H_3O^+]$와 $[OH^-]$의 곱이 일정한 값을 갖는 것을 말한다. 주

어진 표에 따르면 25 ℃에서 물의 이온화 상수는 1.0×10^{-14}이므로, $[H_3O^+][OH^-]=1.0\times10^{-14}$이다. 또한 순수한 물에서 $[H_3O^+]=[OH^-]$이므로 25 ℃에서 $[H_3O^+]=1.0\times10^{-7}$ M이고, $pH=-\log(1.0\times10^{-7})=7$이다.
ㄷ. 온도가 높을수록 물의 이온화 상수가 커지므로 물이 자동 이온화하여 생성된 H_3O^+과 OH^-의 양이 많다는 것을 알 수 있다. 따라서 온도가 높을수록 물은 이온화가 잘 된다.
[오답 피하기] ㄱ. 순수한 물이 자동 이온화하여 생성된 H_3O^+의 수와 OH^-의 수는 항상 같으므로 순수한 물의 액성은 항상 중성이다.

03 ㄱ. 25 ℃에서 물의 이온화 상수는 $[H_3O^+][OH^-]=1.0\times10^{-14}$이며, (나)에서 $[H_3O^+]=[OH^-]$이므로 $[H_3O^+]=1.0\times10^{-7}$ M이다. 따라서 $x=1.0\times10^{-7}$이다.
ㄴ. 물의 이온화 상수는 온도가 같으면 같다. 25 ℃에서 물의 이온화 상수는 1×10^{-14}이다.
ㄷ. (다)에서 $[H_3O^+]<[OH^-]$이므로 (다)는 염기성 용액이다. 따라서 BTB 용액을 떨어뜨리면 파란색을 띤다. (가)는 산성 용액이므로 노란색, (나)는 중성 용액이므로 초록색을 띤다.

04 ㄴ. 증류수에 염화 수소를 녹인 용액은 염산이다. 염산은 증류수보다 H_3O^+의 양이 많으므로 H_3O^+의 몰 농도는 증류수인 (가)보다 크다.
[오답 피하기] ㄱ. (나)는 산성 용액이므로 $[H_3O^+]$가 (가)보다 크다. $[H_3O^+]$가 커지면 pH는 작아진다.
ㄷ. 25 ℃에서 물의 이온화 상수는 항상 1.0×10^{-14}로 일정하므로 물의 이온화 상수는 (가)와 (나)에서 같다.

05 ㄱ. 두 수용액의 온도가 같으므로, $[H_3O^+]$와 $[OH^-]$의 곱은 일정한데, $[H_3O^+]$가 (가)<(나)이므로, $[OH^-]$는 (가)에서 더 크다.
ㄴ. 수용액 속 $[H_3O^+]$가 (가)<(나)이므로 pH는 (가)가 (나)보다 크다.
[오답 피하기] ㄷ. 두 수용액의 부피가 같고 수용액에 녹아 있는 산의 양(mol)이 같으므로 수용액의 몰 농도는 (가)=(나)이다.

06 ㄱ. 염산에 아연을 넣으면 다음과 같은 반응이 일어난다.

$$2HCl(aq) + Zn(s) \longrightarrow ZnCl_2(aq) + H_2(g)$$

반응이 진행되는 동안 용액 속 H^+의 양이 점차 감소하므로 수용액의 pH는 증가한다.
ㄴ. 25 ℃ 수용액에서 $[H^+]$와 $[OH^-]$의 곱은 일정하며 반응이 일어나는 동안 $[H^+]$가 감소하므로 $[OH^-]$는 증가한다.
[오답 피하기] ㄷ. Cl^-은 반응에 참여하지 않으므로 그 수는 일정하며, H^+ 2개가 H_2로 되어 빠져나갈 때 Zn^{2+} 1개가 용액 속으로 녹아 들어오므로 용액 속 전체 이온 수는 감소한다.

07 ㄱ. pH가 7보다 작은 물질은 산성이다. 따라서 산성을 나타내는 물질은 토마토와 우유 2가지이다.
ㄷ. 토마토의 pH가 4.0이므로 $[H_3O^+]=1.0\times10^{-4}$ M이다. 25 ℃ 수용액에서 $[H_3O^+]$와 $[OH^-]$의 곱은 1.0×10^{-14}이므로 토마토 속 $[OH^-]$는 1.0×10^{-10} M이다.
[오답 피하기] ㄴ. pH가 1만큼 작아지면 $[H_3O^+]$는 10배 커진다. 우유의 pH가 표백제의 pH보다 6만큼 작으므로 $[H_3O^+]$는 우유가 표백제의 10^6배이다.

08 ㄴ. (나)의 pH는 9로 pH가 7보다 크므로 염기성 용액이다.
ㄷ. (다)의 pH가 13이므로 $[H_3O^+]=1.0\times10^{-13}$ M이다. 25 ℃에서 $[H_3O^+][OH^-]=1.0\times10^{-14}$이므로 $[OH^-]=1.0\times10^{-1}$ M$=0.1$ M이다.
[오답 피하기] ㄱ. (가)의 pH가 2이므로 $[H_3O^+]=1.0\times10^{-2}$ M이다.

09 ㄱ. (가)의 pH가 3이므로 $[H_3O^+]=1.0\times10^{-3}$ M이고, (나)의 pH가 5이므로 $[H_3O^+]=1.0\times10^{-5}$ M이다. 따라서 $[H_3O^+]$는 (가)가 (나)의 100배이다.
ㄴ. (나)의 pH는 5이며 산성 용액이다. 따라서 용액 속 H_3O^+의 양은 OH^-의 양보다 크다.
[오답 피하기] ㄷ. (다)의 pH가 9이므로 $[H_3O^+]=1.0\times10^{-9}$ M이다. 25 ℃에서 $[H_3O^+][OH^-]=1.0\times10^{-14}$이므로 $[OH^-]=1.0\times10^{-5}$ M이다. 따라서 $\frac{[H_3O^+]}{[OH^-]}=\frac{1\times10^{-9}}{1\times10^{-5}}=10^{-4}$이므로 $\frac{1}{1000}$보다 작다.

10 BTB 용액은 산성에서 노란색, 중성에서 초록색, 염기성에서 파란색을 나타낸다. Mg과 반응하여 기체를 발생하는 것은 HCl이고, BTB 용액의 색을 파란색으로 변화시키는 것은 NaOH이다. 즉, (가)는 산성 물질인 HCl, (나)는 염기성 물질인 NaOH, (다)는 중성 물질인 NaCl이므로 수용액의 pH는 (나)>(다)>(가)이다.

11 **고난도 문제 해결 전략**

STEP 1 출제 의도 파악하기
산과 염기 수용액 속에 들어 있는 용질의 양(mol)과 몰 농도를 구하고, 그로부터 pH를 구할 수 있는지를 평가하는 문제이다.

STEP 2 관련 개념 모으기
❶ **용액의 몰 농도와 용액 속 용질의 양의 관계는?**
➡ 용액 속 용질의 양(mol)은 용액의 몰 농도(mol/L)와 부피(L)의 곱으로 구한다.

❷ **pH는?**
➡ 용액의 H_3O^+ 농도(몰 농도)의 역수의 상용로그 값이다.

(가)의 pH가 1이므로 수용액 속 $[H_3O^+]=0.1$ M이다. 용액 속 H_3O^+의 양(mol)은 용액의 몰 농도와 부피의 곱으로 구하므로 $0.1\ \text{mol/L}\times0.1\ \text{L}=0.01$ mol이다.
HCl는 완전히 이온화하므로 넣어 준 HCl의 양 x는 0.01이다.
(나)에서 용액 1 L에 NaOH 0.1 mol이 녹아 있으므로 수용액 속 $[OH^-]=0.1$ M이고, pOH=1이다. 25 ℃에서 pH+pOH=14이므로 (나)의 pH는 13이다. 따라서 $x=0.01$, $y=13$이므로 $\frac{y}{x}=\frac{13}{0.01}=1300$이다.

12 **고난도 문제 해결 전략**

(STEP 1) 출제 의도 파악하기

산과 염기 수용액의 몰 농도와 pH로부터 용액 속 H_3O^+과 OH^-의 양(mol)을 구할 수 있는지를 평가하는 문제이다.

(STEP 2) 관련 개념 모으기

❶ 용액의 몰 농도와 용액 속 용질의 양(mol)의 관계는?

➡ 용액 속 용질의 양(mol)은 용액의 몰 농도(mol/L)와 부피(L)의 곱으로 구한다.

❷ pH와 pOH의 관계는?

➡ 25 ℃에서 pH와 pOH의 합은 14로 일정하다.

(가)의 pH가 1이므로 pOH는 13이고, $[OH^-]=1.0\times10^{-13}$ M이다. 이때 용액의 부피가 0.1 L이므로 용액 속 OH^-의 양은 1.0×10^{-13} mol/L$\times$0.1 L$=1.0\times10^{-14}$ mol이다.
(나)에서 pH가 3이므로 $[H_3O^+]=1.0\times10^{-3}$ M이고, 용액의 부피가 0.2 L이므로 용액 속 H_3O^+의 양은 1.0×10^{-3} mol/L$\times$0.2 L$=2.0\times10^{-4}$ mol이다. 따라서 $\frac{\text{(나)에서 } H_3O^+\text{의 양(mol)}}{\text{(가)에서 } OH^-\text{의 양(mol)}}=\frac{2.0\times10^{-4}}{1.0\times10^{-14}}=2.0\times10^{10}$이다.

16 산 염기 반응

확인 문제 182~184쪽

1 수소 이온(H^+), 수산화 이온(OH^-)		**2** 내놓는, 받는
3 양쪽성	**4** ○	**5** 1 : 1
6 100	**7** 표준	**8** 중화 적정

02 다른 물질에게 H^+을 내놓는 물질은 브뢴스테드 · 로리 산이고, H^+을 받아들이는 물질은 브뢴스테드 · 로리 염기이다.

03 반응 조건에 따라 산으로도 작용하고 염기로도 작용할 수 있는 물질을 양쪽성 물질이라고 한다.

04 $HCl(aq)$의 H^+과 $NaOH(aq)$의 OH^-이 반응하여 $H_2O(l)$을 생성하고, Na^+과 Cl^-은 용액 속에 이온 상태로 존재하는 구경꾼 이온이다.

05 중화 반응에서 산의 H^+과 염기의 OH^-이 1 : 1의 몰비로 반응한다.

06 중화 반응의 양적 관계 $nMV=n'M'V'$에 대입한다.
1×0.1 mol/L$\times0.1$ L$=1\times0.1$ mol/L$\times x$, $x=0.1$ L

07 중화 적정 실험에서 농도를 정확히 알고 있는 용액을 표준 용액이라고 한다.

08 중화 반응에서 산의 H^+과 염기의 OH^-이 1 : 1의 몰비로 반응하는 성질을 이용하여 표준 용액으로 농도를 모르는 산 또는 염기의 농도를 알아내는 실험적 방법을 중화 적정이라고 한다.

개념을 다지는 기본 문제 185~188쪽

01 ① 02 ① 03 H_2O, HS^- 04 해설 참조 05 ③
06 $H^+(aq)+OH^-(aq) \longrightarrow H_2O(l)$ 07 ③ 08 ⑤ 09 ②
10 ⑤ 11 10 mL 12 ③ 13 ③ 14 0.4 g 15 ②
16 ⑤ 17 1 : 2 18 ⑤ 19 ③ 20 (가)-(마)-(나)-(라)-(다)
21 ⑤ 22 0.05 M

01 ㄱ. 아레니우스 산 염기 정의에 따르면 물에 녹아 H^+을 내놓는 물질이 산이다. HCl는 물에 녹아 H^+을 내놓으므로 아레니우스 산이다.
[오답 피하기] ㄴ. 아레니우스 산 염기 정의에 따르면 물에 녹아 OH^-을 내놓는 물질이 염기이다. CH_3OH은 $-OH$가 있지만 물에 녹아 이온화하지 않으므로 아레니우스 염기가 아니다.
ㄷ. 브뢴스테드 · 로리 산 염기는 물질의 상태에 관계없이 H^+의 이동으로 산과 염기를 정의하므로 수용액 상태뿐만 아니라 기체 상태에도 적용할 수 있다.

02 브뢴스테드 · 로리는 다른 물질에게 H^+을 내놓는 물질을 산, 다른 물질로부터 H^+을 받는 물질을 염기로 정의하였다.
(가) HCN는 H_2O에게 H^+을 내놓고 CN^-이 되므로 브뢴스테드 · 로리 산이다.
(나) HF는 $(CH_3)_3N$에게 H^+을 내놓고 F^-이 되므로 브뢴스테드 · 로리 산이다.
(다) H_2O은 NH_3에게 H^+을 내놓고 OH^-이 되므로 브뢴스테드 · 로리 산이다.

03 브뢴스테드 · 로리 산 염기에 따르면 H^+을 내놓는 물질은 산, 받는 물질은 염기이다. 따라서 산으로 작용한 물질은 (가)에서 H_2S, (나)에서 HS^-, (다)에서 H_2O이다. 염기로 작용한 물질은 (가), (나)에서 H_2O, (다)에서 HS^-이다. 따라서 양쪽성 물질로 작용한 물질은 H_2O, HS^-이다.

04 예시 답안 산: HCl, 염기: NH_3, 브뢴스테드 · 로리의 산 염기 정의에 따르면 다른 물질에 H^+을 내놓는 물질은 산, 다른 물질로부터 H^+을 받는 물질은 염기이므로 H^+을 내놓는 HCl은 산이고, H^+을 받는 NH_3는 염기이다.

채점 기준	배점(%)
산과 염기로 작용한 물질을 옳게 쓰고, 그 근거를 옳게 설명한 경우	100
산과 염기로 작용한 물질만 옳게 쓴 경우	50

05 ㄱ. 염산의 H^+과 수산화 나트륨의 OH^-이 1 : 1의 몰비로 반응하여 H_2O을 생성한다.

ㄴ. Na^+과 Cl^-은 반응 전후 그 상태와 수에 변화가 없으므로 반응에 참여하지 않는 구경꾼 이온이다.

[오답 피하기] ㄷ. 혼합 용액에는 Na^+과 Cl^-이 존재하므로 전기 전도성이 있다.

개념 더하기

중화 반응

$HA(aq) + BOH(aq) \longrightarrow H_2O(l) + BA(aq)$

- 반응에 참여한 이온: H^+, OH^-
- 알짜 이온 반응식: $H^+(aq) + OH^-(aq) \longrightarrow H_2O(l)$
- 구경꾼 이온: B^+, A^-

06 실제로 반응에 참여한 이온만으로 나타낸 화학 반응식을 알짜 이온 반응식이라고 한다. 반응 모형에서 염산의 H^+과 수산화 나트륨 수용액의 OH^-이 반응하여 H_2O을 생성하므로 알짜 이온 반응식은 $H^+(aq) + OH^-(aq) \longrightarrow H_2O(l)$이다.

07 **자료 분석 하기**

산과 염기의 구경꾼 이온

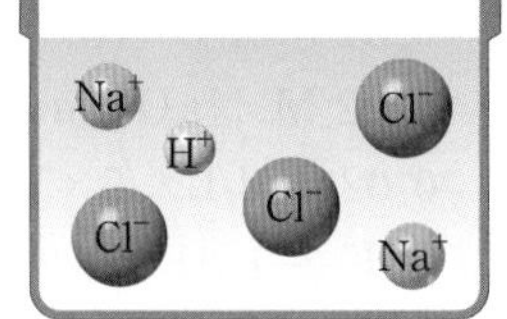

- 염산의 Cl^-은 구경꾼 이온으로 반응 전후 그 수가 같다. ➡ 반응 전 $HCl(aq)$ 15 mL에 들어 있는 H^+과 Cl^-의 수는 각각 3이다.
- 수산화 나트륨의 Na^+은 구경꾼 이온으로 반응 전후 그 수가 같다.
  ➡ 반응 전 NaOH 수용액 10 mL에 들어 있는 Na^+과 OH^-의 수는 2이다.
- 산의 H^+과 염기의 OH^-은 1 : 1의 개수비로 반응하여 H_2O을 생성한다. 따라서 생성된 H_2O 분자 수는 소량으로 넣은 용액 중의 구경꾼 이온의 수와 같다. ➡ 생성된 H_2O 분자 수는 2이다.

ㄱ. 혼합 용액에는 H^+이 존재하므로 산성 용액이다. 따라서 혼합 용액의 pH는 7보다 작다.

ㄴ. 중화 반응으로 생성된 물 분자 수는 소량으로 넣은 용액 중의 구경꾼 이온의 수와 같으므로 생성된 물 분자 수는 2이다.

[오답 피하기] ㄷ. 반응 전 $HCl(aq)$ 15 mL에 들어 있는 H^+과 Cl^-의 수가 각각 3이라고 할 때, NaOH 수용액 10 mL에 들어 있는 Na^+과 OH^-의 수는 각각 2이다. 이로부터 같은 부피에 들어 있는 용질의 수가 같으므로 두 수용액의 몰 농도는 서로 같다.

08 ㄱ. 위산이 과다 분비될 때 염기성 물질인 제산제를 복용하여 중화한다.

ㄴ. 산성 토양에 염기성 물질인 재를 뿌려 중화한다.

ㄷ. 생선 비린내를 유발하는 물질은 염기성 물질이므로 산성 물질인 레몬즙을 뿌려 중화한다.

09 ㄴ. 중화 반응에서는 산과 염기의 종류에 관계없이 알짜 이온 반응식이 같으므로 공통적으로 H_2O이 생성된다. 따라서 (가)와 (나)에서 공통으로 들어 있는 생성물 X는 H_2O이다.

[오답 피하기] ㄱ. (나)에서 $Ca(OH)_2$ 1개는 OH^-을 2개 내놓으므로 산의 H^+과 염기의 OH^-이 1 : 1의 몰비로 반응한다.

ㄷ. (가)의 Y와 (나)의 Z는 염이고, 염은 염기의 양이온과 산의 음이온이 결합하여 형성된다. 따라서 Y는 KCl이고, Z는 $CaCl_2$이므로 양이온과 음이온의 개수비는 다르다.

10 ㄱ. 혼합 용액 (다)에 H^+이 존재하지 않으므로 (나)에 들어 있는 음이온은 H^+과 중화 반응을 하는 OH^-이다.

ㄴ. Cl^-은 구경꾼 이온으로 반응 전후 그 수가 변하지 않으므로 (가)와 (다)에 들어 있는 Cl^-의 양(mol)은 같다. 이때 용액의 부피는 (다) > (가)이므로 Cl^-의 몰 농도는 (가) > (다)이다.

ㄷ. (가)와 (나)의 부피가 같고, 용액 속 이온 수가 같으므로 두 수용액의 몰 농도는 같다.

11 HCl 1몰은 H^+ 1몰을 내놓을 수 있고, NaOH 1몰은 OH^- 1몰을 내놓을 수 있으므로 모두 가수(n)는 1이다. 중화 반응 양적 관계 $nMV = n'M'V'$를 이용하여 NaOH 수용액의 부피를 구하면, $1 \times 0.1\ M \times 20\ mL = 1 \times 0.2\ M \times V'$, $V' = 10\ mL$이다.

12 BTB 용액은 산성에서 노란색, 중성에서 초록색, 염기성에서 파란색을 나타낸다.

ㄱ. 중화 반응이 일어날 때 수소 이온과 수산화 이온은 항상 1 : 1의 몰비로 반응하므로 중화점에서 수소 이온과 수산화 이온의 양(mol)은 항상 같다. BTB 용액의 색이 초록색을 띠는 (다)에서 혼합 용액이 완전히 중화되므로 x mol의 수산화 나트륨(NaOH)을 완전 중화시키는 데 필요한 HCl의 양은 $3a$ mol이다. 따라서 중화 반응으로 생성된 물의 양은 (가)에서 a mol이고, (나)에서 $2a$ mol이다.

ㄴ. (가)와 (나)는 중화 반응이 완결되기 전이고, 수산화 나트륨 수용액에 HCl을 넣은 것이므로 (가)와 (나)는 염기성 용액이다. 따라서 ㉠과 ㉡은 모두 '파란색'이다.

[오답 피하기] ㄷ. (라)에는 반응하지 않은 H^+이 남아 있으므로 산성 용액이고, BTB 용액은 산성에서 노란색을 나타내므로 ㉢은 노란색이다.

13 ㄱ. 0.1 M(mol/L) NaOH 수용액 15 mL에 들어 있는 OH^-의 양은 1.5×10^{-3} mol이고, 0.2 M(mol/L) $HCl(aq)$ 5 mL에 들어 있는 H^+의 양은 1.0×10^{-3} mol이다. H^+과 OH^-은 1 : 1의 몰비로 반응하므로 혼합 용액 (나)에는 OH^-이 5.0×10^{-4} mol 들어 있다. 따라서 (나)는 염기성 용액이다.

ㄴ. 반응 전 $HCl(aq)$에 들어 있는 Cl^-의 양이 NaOH 수용액에 들어 있는 Na^+의 양보다 작고, Cl^-과 Na^+은 구경꾼 이온으로 반응 후에도 그 수가 변하지 않으므로 (나)에서 $\frac{Cl^-\text{의 수}}{Na^+\text{의 수}} < 1$이다.

[오답 피하기] ㄷ. 0.2 M $HCl(aq)$ 5 mL에 들어 있는 H^+의 양은 1.0×10^{-3} mol이다. 혼합 용액 (나)에는 OH^-이 5.0×10^{-4} mol이 들어 있으므로 (나)에 0.2 M $HCl(aq)$ 5 mL를 더 넣으면 H^+ 5.0×10^{-4} mol이 OH^-과 반응하고 혼합 용액 속에는 H^+ 5.0×10^{-4} mol이 남으므로 산성 용액이 된다.

개념 더하기

용액 속 용질의 양(mol)

- 용액의 몰 농도(M)는 용액 1 L에 들어 있는 용질의 양(mol)을 의미한다.
- 용액의 몰 농도와 용액의 부피를 알면 용액 속 용질의 양(mol)을 구할 수 있다.
  ➡ 용질의 양(mol)=용액의 몰 농도(mol/L)×용액의 부피(L)

14 H_2SO_4 1몰은 H^+ 2몰을 내놓을 수 있으므로 0.5 M H_2SO_4 수용액 10 mL에 들어 있는 H^+의 양은 2×0.5 mol/L×0.01 L=0.01 mol이다. 따라서 0.5 M H_2SO_4 수용액 10 mL를 중화시키는 데 필요한 OH^-의 양(mol)도 0.01 mol이므로 필요한 NaOH의 질량은 0.01 mol×40 g/mol=0.4 g이다.

15 ㄷ. (나)와 (다)의 전체 이온 수는 같고 용액의 부피는 (나)<(다)이므로 단위 부피당 이온 수는 (나)>(다)이다.
[오답 피하기] ㄱ. (다)에서 혼합 용액이 완전히 중화되었으므로 0.1 M NaOH 수용액 20 mL를 완전히 중화시킬 때까지 넣어준 HCl(aq)의 부피가 20 mL이고, 중화 반응의 양적 관계는 다음과 같다.
$1\times0.1\times20=1\times x\times20$, $x=0.1$
따라서 HCl(aq)의 몰 농도는 0.1 M이다.
ㄴ. (라)는 혼합 용액이 완전히 중화된 이후의 지점이므로 혼합 용액 속에는 H^+과 반응할 OH^-이 존재하지 않는다. 따라서 중화 반응으로 생성된 물의 양은 (다)와 (라)에서 같다.

16 ⑤ OH^- 1개가 H^+과 반응하여 없어질 때 Cl^-이 1개 들어오므로 혼합 용액이 완전히 중화된 (다)까지 용액의 전체 이온 수는 일정하다. (다) 이후에는 이온 수가 증가한다.
[오답 피하기] ① Na^+은 구경꾼 이온이므로 그 수가 일정하다.
② OH^-은 H^+과 반응하여 점점 줄어들다가 혼합 용액이 완전히 중화된 이후에는 존재하지 않는다.
③ Cl^-은 구경꾼 이온이므로 넣는 대로 계속 증가한다.
④ H^+은 OH^-과 반응하므로 처음에는 존재하지 않다가 혼합 용액이 완전히 중화된 이후부터 증가한다.

17 (가)에 들어 있는 H^+의 양은 0.1 mol/L×0.1 L=0.01 mol이고, (나)에 들어 있는 H^+의 양은 2×0.2 mol/L×0.05 L=0.02 mol이다. 중화 반응이 일어날 때 산의 H^+과 염기의 OH^-은 1 : 1의 몰비로 반응한다. 따라서 농도가 같은 NaOH 수용액을 이용하여 중화시키는 경우 필요한 NaOH 수용액의 부피비는 (가) : (나)=1 : 2이다.

18 ㄱ. 몰 농도가 같은 HCl 수용액과 NaOH 수용액의 단위 부피에 들어 있는 H^+, OH^-의 양은 같으므로 HCl 수용액과 NaOH 수용액은 1 : 1의 부피비로 반응한다. (다)에서 HCl 수용액과 NaOH 수용액이 모두 반응하므로 혼합 용액에는 구경꾼 이온인 Na^+, Cl^-만 존재한다. (가), (나)에는 Na^+, Cl^-, OH^-이 존재하고, (라), (마)에는 Na^+, Cl^-, H^+이 존재한다.
ㄴ. (나)와 (라)에서는 HCl 수용액 15 mL와 NaOH 수용액 15 mL가 반응하므로 생성된 물 분자 수는 같다.
ㄷ. (가)에서는 NaOH 수용액 20 mL가 남고, (마)에서는 HCl 수용액 20 mL가 남으므로 두 수용액을 혼합한 용액은 중성을 나타내며, 혼합 용액의 pH는 7이다. 반응한 산과 염기의 부피, 남은 용액은 다음과 같다.

혼합 용액		(가)	(나)	(다)	(라)	(마)
HCl(aq)(mL)		10	15	20	25	30
NaOH(aq)(mL)		30	25	20	15	10
반응한 용액	HCl	10	15	20	15	10
	NaOH	10	15	20	15	10
남은 용액과 부피(mL)		NaOH, 20	NaOH, 10	−	HCl, 10	HCl, 20
혼합 용액의 액성		염기성		중성	산성	

19 ㄱ. 0.01 M HCl(aq)에 들어 있는 H^+의 몰 농도는 0.01 M이므로 이 수용액의 $pH=-\log[H^+]=-\log10^{-2}=2$이다.
ㄴ. 0.01 M HCl(aq) 10 mL에 들어 있는 H^+의 양은 0.01 mol/L×(10×10^{-3}) L=1.0×10^{-4} mol이다. 또 0.02 M NaOH(aq) 5 mL에 들어 있는 OH^-의 양은 0.02 mol/L×(5×10^{-3}) L=1.0×10^{-4} mol이다. H^+과 OH^-은 1 : 1의 몰비로 반응하므로 0.02 M NaOH(aq) 5 mL를 넣으면 완전히 중화된다.
[오답 피하기] ㄷ. 0.01 M $Ca(OH)_2$(aq) 10 mL가 내놓는 OH^-의 양은 2×0.01 mol/L×(10×10^{-3}) L=2×10^{-4} mol이므로 반응하지 않고 남는 OH^-에 의해 혼합 용액은 염기성 용액이 된다.

20 중화 적정으로 농도를 모르는 황산의 몰 농도를 구하는 실험의 순서
(가) 농도를 모르는 황산의 부피를 정확하게 측정하여 삼각 플라스크에 넣고 페놀프탈레인 지시약을 떨어뜨린다.
(마) 농도를 정확하게 알고 있는 염기 표준 용액인 0.1 M NaOH(aq)을 뷰렛에 넣은 후, 뷰렛의 꼭지를 열어 삼각 플라스크에 조금씩 떨어뜨려 넣는다.
(나) 용액 전체의 색깔이 변하면 뷰렛의 꼭지를 잠근다.
(라) 뷰렛의 눈금을 읽어 넣어 준 염기 표준 용액 NaOH(aq)의 부피를 계산한다.
(다) 중화 반응의 양적 관계($nMV=n'M'V'$)를 이용하여 황산의 몰 농도를 구한다.

21 용액의 부피를 정확히 측정하여 옮길 때 사용하는 실험 기구(㉠)는 피펫이다. 황산에 페놀프탈레인 용액을 떨어뜨린 다음 수산화 나트륨 수용액으로 적정하면 중화점을 지나는 순간 용액 전체가 붉은색(㉡)을 띤다.

22 H_2SO_4 1몰은 H^+ 2몰을 내놓을 수 있고, NaOH 1몰은 OH^- 1몰을 내놓을 수 있다. 중화 반응 양적 관계 $nMV=n'M'V'$를 이용하여 H_2SO_4(aq)의 몰 농도를 구하면, $2\times M\times0.01\text{ L}=1\times0.1\text{ M}\times0.01\text{ L}$, $M=0.05$ M이다.

실력을 올리는 실전 문제 192~195쪽

01 ②	02 ④	03 ①	04 ①	05 ⑤
06 ⑤	07 ②	08 ③	09 ③	10 ③
11 ④	12 ④			

1등급을 굳히는 고난도 문제

13 ④	14 ②	15 ⑤	16 ②

01 ㄴ. (나)에서 HCl는 H^+을 내놓으므로 브뢴스테드·로리 산으로 작용한다.

[오답 피하기] ㄱ. (가)에서 NH_3는 물로부터 H^+을 받으므로 브뢴스테드·로리 염기로 작용한다.

ㄷ. NH_3는 (가)와 (나)에서 모두 H^+을 받으므로 브뢴스테드·로리 염기로만 작용한다.

02 ㄴ. (나)에서 HF는 물에서 이온화하여 H^+을 내놓으므로 아레니우스 산이다.

ㄷ. (다)에서 OH^-은 H^+을 받아 H_2O이 되므로 브뢴스테드·로리 염기이다.

[오답 피하기] ㄱ. (가)에서 H_2O은 H^+을 CO_3^{2-}에 내놓고 OH^-이 되므로 브뢴스테드·로리 산이다.

03 아레니우스 염기는 물에 녹아 OH^-을 내놓는 물질이고, 브뢴스테드·로리 염기는 다른 물질로부터 수소 이온(H^+)을 받는 물질이다.

(가) 수산화 칼륨(KOH)이 물에 녹아 OH^-을 내놓으므로 KOH은 아레니우스 염기이다.

(나) 아세트산(CH_3COOH)을 물에 녹이면 CH_3COOH이 내놓은 H^+을 물(H_2O)이 받아 하이드로늄 이온(H_3O^+)을 생성하므로 H_2O은 브뢴스테드·로리 염기이다.

$$\underset{\text{산}}{CH_3COOH} + \underset{\text{염기}}{H_2O} \xrightarrow{} CH_3COO^- + H_3O^+ \quad (H^+: CH_3COOH \rightarrow H_2O)$$

(다) 암모니아(NH_3)와 염화 수소(HCl)를 반응시키면 HCl가 내놓은 H^+을 NH_3가 받아 암모늄 이온(NH_4^+)을 생성하므로 NH_3는 브뢴스테드·로리 염기이다.

$$\underset{\text{염기}}{NH_3} + \underset{\text{산}}{HCl} \longrightarrow NH_4^+ + Cl^- \quad (H^+: HCl \rightarrow NH_3)$$

04 ㄱ. (가)에 들어 있는 이온의 종류와 수로부터 HCl(aq)과 H_2SO_4(aq)의 2가지 산이 혼합되어 있는 것을 알 수 있다.

[오답 피하기] ㄴ. (가)의 H^+ 수와 (나)의 OH^- 수가 같으므로 (다)는 완전히 중화된 용액으로 중성이다. BTB 용액은 산성에서 노란색, 중성에서 초록색, 염기성에서 파란색을 나타낸다. 따라서 (다) 용액에 BTB 용액을 가하면 초록색을 나타낸다.

ㄷ. (다) 용액에는 Na^+과 Cl^-이 이온 상태로 녹아 있고, $BaSO_4$은 앙금으로 가라앉는다. 따라서 (다) 용액의 불꽃 반응색은 노란색이다.

05 ㄱ. 산과 염기의 중화 반응에서 알짜 이온 반응식은 $H^+ + OH^- \longrightarrow H_2O$이다.

ㄴ. 구경꾼 이온은 반응에 참여하지 않고, 반응 후에도 용액에 그대로 남아 있는 이온이다. A와 Cl^-의 수는 반응 전후 일정하므로 구경꾼 이온이다.

ㄷ. (가)는 H^+이 존재하므로 산성 용액, (나)는 OH^-이 존재하므로 염기성 용액, (다)는 H^+과 OH^-이 모두 존재하지 않으므로 중성 용액이다. pH가 7이면 중성, pH가 7보다 작으면 산성, pH가 7보다 크면 염기성이므로 용액의 pH는 (나) > (다) > (가)이다.

06 자료 분석 하기

중화 반응에서 이온 수 변화

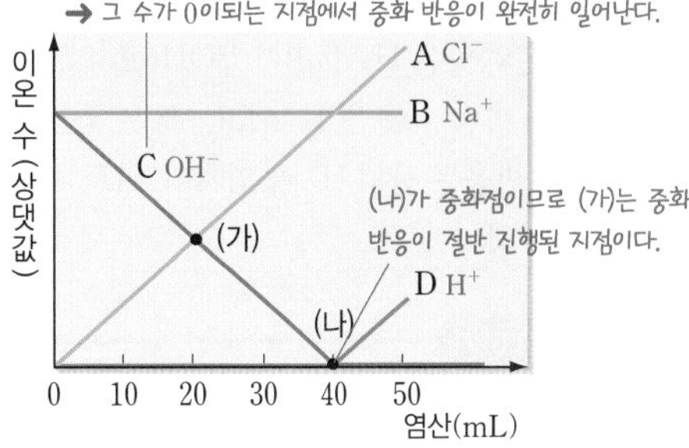

C의 수는 점차 감소하므로 반응에 참여하는 이온인 OH⁻이다.
➜ 그 수가 0이되는 지점에서 중화 반응이 완전히 일어난다.
이온 수(상댓값)
A Cl⁻
B Na⁺
C OH⁻
(가)
(나)가 중화점이므로 (가)는 중화 반응이 절반 진행된 지점이다.
D H⁺
(나)
0 10 20 30 40 50
염산(mL)

- A는 HCl(aq)을 넣는 대로 그 수가 증가하므로 Cl^-이다. B는 넣는 HCl(aq)의 부피에 관계없이 그 수가 일정하므로 Na^+이다.
- C는 OH^-으로 HCl(aq)을 넣으면 점점 감소하다가 중화 반응이 완전히 일어난 (나) 지점부터 존재하지 않는다.
- D는 H^+으로 중화 반응이 완전히 일어난 (나) 지점부터 혼합 용액 속에 존재한다.
- NaOH 수용액 80 mL와 HCl(aq) 40 mL가 반응하였을 때 중화 반응이 완전히 일어난다. ➡ 농도비=NaOH(aq) : HCl(aq)=1 : 2

ㄱ. A는 Cl^-, B는 Na^+으로 모두 구경꾼 이온이다.

ㄴ. Na^+의 수는 일정하고, Cl^-은 HCl(aq)을 넣는 만큼 증가한다. HCl(aq)의 부피는 (나)가 (가)의 2배이므로 $\frac{Cl^-\text{의 수}}{Na^+\text{의 수}}$는 (나)에서가 (가)에서의 2배이다.

ㄷ. (나)에서 중화 반응이 완전히 일어나므로 NaOH(aq) 80 mL에 들어 있는 OH^-의 수와 HCl(aq) 40 mL에 들어 있는 H^+의 수는 같다. 따라서 혼합 전 단위 부피당 전체 이온 수는 HCl(aq)이 NaOH(aq)의 2배이다.

07 ㄴ. Na^+은 구경꾼 이온이므로 그 수가 (가)~(라)에서 같다. 이때 용액의 부피는 (가)<(나)<(다)< (라)로 증가하므로 단위 부피당 Na^+의 수는 (나)가 (다)보다 크다.

[오답 피하기] ㄱ. $[OH^-]$가 클수록 pH가 점점 커진다. 혼합 용액 속 $[OH^-]$는 (가)가 (나)보다 크므로 혼합 용액의 pH는 (가)가 (나)보다 크다.

ㄷ. (다)에서 중화가 완전히 일어나므로 (라)에서는 중화 반응이 일어나지 않는다. 따라서 중화 반응으로 생성된 물의 양은 (다)와 (라)에서 같다.

08 자료 분석 하기

중화 반응 모형

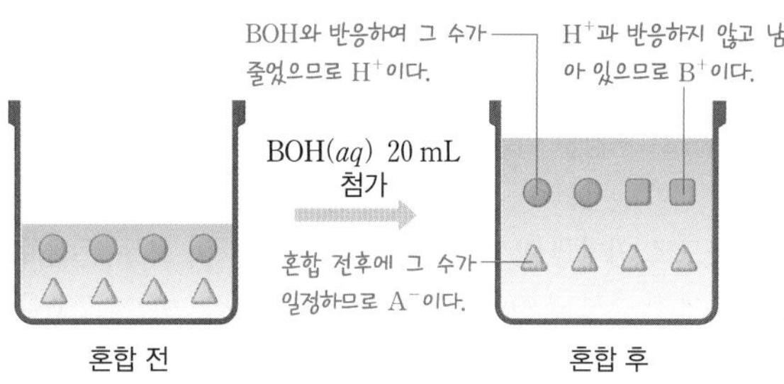
BOH와 반응하여 그 수가 줄었으므로 H⁺이다.
H⁺과 반응하지 않고 남아 있으므로 B⁺이다.
BOH(aq) 20 mL 첨가
혼합 전후에 그 수가 일정하므로 A⁻이다.
혼합 전
혼합 후

ㄱ. ●은 반응 후 그 수가 감소하므로 알짜 이온인 H^+이고, 혼합 후 혼합 용액에는 H^+이 존재하므로 혼합 용액은 산성이다.

ㄴ. HA(*aq*) 20 mL에 들어 있는 이온 수는 8, BOH(*aq*) 20 mL에 들어 있는 이온 수는 4이므로 혼합 전 단위 부피당 전체 이온의 양은 HA(*aq*)가 BOH(*aq*)의 2배이다.

[오답 피하기] ㄷ. ●은 H^+이고, ■은 염기의 구경꾼 이온이다. 중화 반응은 산의 H^+과 염기의 OH^-이 1 : 1의 개수비로 반응하는 것이다.

09 자료 분석 하기

용액의 액성과 이온 모형

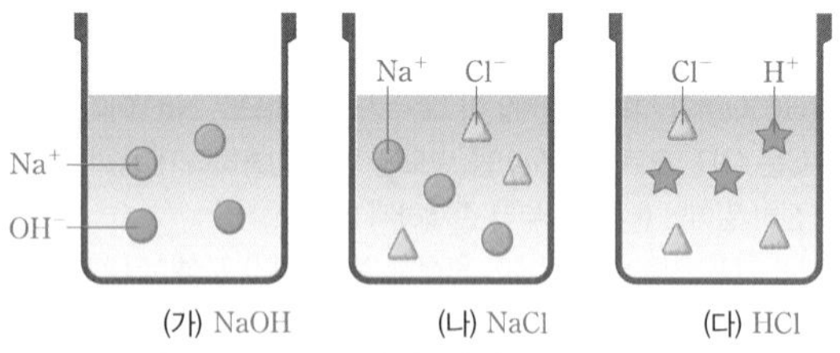
Na⁺
OH⁻
Na⁺ Cl⁻
Cl⁻ H⁺
(가) NaOH
(나) NaCl
(다) HCl

같은 수의 용질이 녹아 있는 (나)와 (다)는 NaCl과 HCl 중 하나이며, (가)는 NaOH 수용액이다. 이때 (가)와 (나)에서 공통으로 들어 있는 ●은 Na^+이고, ●은 OH^-이므로 (나)는 NaCl이다. 또 (나)에서 ▲은 Cl^-이고, (다)에서 ★은 H^+이다.

ㄱ. 염기성 용액인 (가)가 중성 용액인 (나)보다 pH가 크다.

ㄴ. ▲은 Cl^-이며, (가)와 (다)를 혼합하여도 반응에 참여하지 않으므로 그 수는 일정하다.

[오답 피하기] ㄷ. (나)는 중성 용액이므로 (나)와 (다)를 혼합하여도 반응이 일어나지 않으므로 이온 수가 변하지 않는다.

10 ㄱ. (가)는 산성 용액으로 H^+이 OH^-과 반응하여 없어진 만큼 Na^+이 증가하므로 전체 양이온 수는 혼합 전 H^+의 수와 같다. 따라서 (가)의 HCl(*aq*) 30 mL에 들어 있는 H^+의 수는 15 N이다. (나)에서 전체 양이온 수가 HCl(*aq*) 10 mL에 들어 있는 H^+의 수인 5 N보다 크므로 (나)는 염기성 용액이다.

ㄷ. (가)는 산성이고, (나)는 염기성이므로 생성된 물 분자의 양은 (가)에서는 반응한 OH^-의 양과 같고, (나)에서는 반응한 H^+의 양과 같다. (가)에서 반응한 OH^-의 수는 10 N이고, (나)에서 반응한 H^+의 수는 5 N이다. 따라서 생성된 물 분자의 양은 (가)에서가 (나)에서의 2배이다.

[오답 피하기] ㄴ. (나)는 염기성 용액이므로 NaOH(*aq*) 40 mL에 들어 있는 Na^+의 수(=OH^-의 수)는 20 N이다. HCl(*aq*) 40 mL에 들어 있는 H^+의 수(=Cl^-의 수)는 20 N이므로 단위 부피당 이온 수는 NaOH(*aq*)과 HCl(*aq*)이 같다.

⊕ 개념 더하기

중화 반응의 양적 관계

- 산성 혼합 용액에 들어 있는 양이온 수는 반응 전 산 수용액에 들어 있는 H^+의 수와 같다.
- 염기성 혼합 용액에 들어 있는 음이온 수는 반응 전 염기 수용액에 들어 있는 OH^-의 수와 같다.

11 (가)와 (다)를 비교할 때 그 수가 일정한 ■은 HA(*aq*)의 구경꾼 이온이므로 (나)에도 같은 수가 존재해야 한다. (가)에는 있고 (다)에는 없는 ●은 H^+이고, (가)에는 없고 (다)에는 있는 ★은 OH^-이다. 즉, BOH(*aq*) 20 mL를 넣었을 때 OH^-이 1개이므로 BOH(*aq*) 10 mL에 들어 있는 B^+과 OH^-은 각각 2개이다. 따라서 (나)에는 ■ 3개, ● 1개, ▲ 2개가 들어 있다.

12 넣어 준 0.1 M NaOH(*aq*)의 부피가 20 mL이므로 묽힌 수용액 속 아세트산의 몰 농도를 x M이라고 하면, $1\times x$ mol/L $\times 0.02$ L $=1\times 0.1$ mol/L $\times 0.02$ L, $x=0.1$이다. 식초를 $\frac{1}{10}$로 묽혔으므로 묽히기 전 아세트산의 몰 농도는 1.0 M이다. 식초의 부피가 10 mL이므로 식초 10 mL에 들어 있는 아세트산의 양은 1.0 mol/L $\times 0.01$ L $=1\times 10^{-2}$ mol이고, 아세트산의 질량은 1×10^{-2} mol $\times 60$ g/mol $=0.6$ g이다. 식초의 밀도가 1 g/mL이므로 식초 10 mL의 질량은 10 g이다. 따라서 식초 속 아세트산 함량(%)은 $\frac{0.6}{10}\times 100$ $=6$ %이다.

13 고난도 문제 해결 전략

STEP 1 출제 의도 파악하기

부피를 달리하여 혼합한 산과 염기 수용액의 반응에서 생성된 물 분자의 양으로부터 각 용액의 성질을 파악하는지를 평가하는 문제이다.

STEP 2 관련 개념 모으기

❶ 산과 염기의 양적 관계는?

➡ 산의 H^+과 염기의 OH^-은 1 : 1의 개수비로 반응하여 물을 생성한다.

❷ 생성된 물 분자 수와 용액의 액성은?

➡ 산성 용액에서 생성된 물 분자 수는 반응한 OH^-의 수와 같고, 염기성 용액에서 생성된 물 분자 수는 반응한 H^+의 수와 같다.

ㄴ. (가)와 (나)에서 NaOH(*aq*)의 부피가 같고, HCl(*aq*)의 부피는 (나)에서가 크므로 (가)에서 생성된 물 분자 수는 HCl(*aq*) 10 mL에 들어 있는 H^+의 수와 같다. 이로부터 HCl(*aq*) 10 mL에 들어 있는 H^+의 수는 2개이다. 또 (다)와 (라)에서 HCl(*aq*)의 부피는 같고, NaOH(*aq*)의 부피는 (라)에서가 더 크므로 (다)에서 생성된 물 분자 수는 NaOH(*aq*)

10 mL에 들어 있는 OH^-의 수와 같다. 이로부터 NaOH(aq) 10 mL에 들어 있는 OH^-의 수는 1개이다.

ㄷ. (가)에서 혼합 전 NaOH(aq) 50 mL에 들어 있는 OH^-의 수는 5개이고, HCl(aq) 10 mL에 들어 있는 H^+의 수는 2개이므로 (가)에는 OH^-이 3개 들어 있다. 또 (다)에서 혼합 전 NaOH(aq) 10 mL에 들어 있는 OH^-의 수는 1개이고, HCl(aq) 50 mL에 들어 있는 H^+의 수는 10개이므로 (다)에는 H^+이 9개 들어 있다. 따라서 (가)와 (다)를 혼합하면 추가로 물 분자가 3개 생성된다.

[오답 피하기] ㄱ. (나)에서 혼합 전 H^+의 개수는 6개, OH^-의 개수는 5개이므로 (나)는 산성 용액이다.

14 고난도 문제 해결 전략

STEP 1 출제 의도 파악하기

부피를 달리하여 혼합한 산과 염기 수용액의 반응에서 생성된 물 분자 수의 변화로부터 중화점을 찾고, 각 지점의 용액의 성질을 파악하는지를 평가하는 문제이다.

STEP 2 관련 개념 모으기

❶ 생성된 물 분자 수와 중화 반응의 양적 관계는?

➡ 부피를 달리하여 혼합한 용액에서 생성된 물 분자 수가 가장 많은 지점이 중화 반응이 완전히 일어난 지점이다.

ㄷ. 중화 반응이 완전히 일어난 지점에서 생성된 물 분자 수는 산 수용액 속 H^+ 수 및 염기 수용액 속 OH^- 수와 같다. 따라서 실험 Ⅰ에서 HA(aq) 20 mL에 들어 있는 H^+과 A^-의 수는 각각 4이고, BOH(aq) 40 mL에 들어 있는 B^+과 OH^-의 수는 각각 4이다.

실험 Ⅰ의 P에서 HA(aq) 30 mL에 들어 있는 H^+과 A^-의 수가 각각 6이며 BOH(aq) 30 mL에 들어 있는 B^+과 OH^-의 수는 각각 3이므로 P에서 $\frac{A^-\text{의 수}}{B^+\text{의 수}}=2$이다.

실험 Ⅱ에서 HA(aq) 40 mL에 들어 있는 H^+과 A^-의 수는 각각 3이고, BOH(aq) 20 mL에 들어 있는 B^+과 OH^-의 수는 각각 3이므로 Q에서 $\frac{A^-\text{의 수}}{B^+\text{의 수}}=1$이다.

[오답 피하기] ㄱ. 중화 반응이 완전히 일어난 지점은 생성된 물 분자 수가 가장 큰 지점이므로 실험 Ⅰ에서 HA(aq)과 BOH(aq)은 1 : 2의 부피비로 반응한다. 따라서 P에서는 반응하지 않은 HA(aq)가 있으므로 P점에서의 혼합 용액의 액성은 산성이다. 실험 Ⅱ에서는 생성된 물 분자 수가 가장 큰 Q에서 중화 반응이 완전히 일어나므로 Q점에서의 혼합 용액의 액성은 중성이다. 따라서 용액의 pH는 중성 용액인 Q가 산성 용액인 P보다 크다.

ㄴ. 실험 Ⅰ에서 HA(aq) 20 mL에 들어 있는 H^+과 A^-의 수가 각각 4이며, 실험 Ⅱ에서 HA(aq) 40 mL에 들어 있는 H^+과 A^-의 수가 각각 3이다. 따라서 같은 부피의 HA(aq)에 들어 있는 H^+의 수비는 실험 Ⅰ : 실험 Ⅱ=8 : 3이므로 실험 Ⅰ에서 사용한 HA(aq)의 몰 농도는 실험 Ⅱ에서 사용한 HA(aq)의 몰 농도의 2배보다 크다.

15 고난도 문제 해결 전략

STEP 1 출제 의도 파악하기

같은 부피의 염산에 수산화 나트륨 수용액의 부피를 달리하여 혼합한 용액에 존재하는 이온 모형을 파악하여 중화 반응의 양적 관계를 추론할 있는지를 평가하는 문제이다.

STEP 2 관련 개념 모으기

❶ 단위 부피당 이온 수와 전체 이온 수 관계는?

➡ 단위 부피에 전체 용액의 부피를 곱하면 용액에 들어 있는 전체 이온 수를 구할 수 있다.

❷ 중화 반응과 이온 수 변화는?

➡ 중화 반응에서 H^+과 OH^-의 수는 반응한 양만큼 감소하고, 구경꾼 이온은 혼합 전후에 그 수가 같다.

(가)와 (나)에 공통으로 들어 있는 ▲과 ■은 구경꾼 이온이고, $y>x$이므로 (가)에 비해 (나)에서 그 수가 큰 ■은 Na^+이고, ▲은 Cl^-이다. (가)와 (나)에서 HCl(aq)의 부피가 같으므로 구경꾼 이온인 Cl^-의 수는 (가)와 (나)에서 같다. 따라서 (나)의 전체 부피는 (가)의 전체 부피의 2배이다. 이때 단위 부피당 Na^+의 수는 (가)에서 1개, (나)에서 3개이므로 전체 부피에 들어 있는 Na^+의 수는 (나)가 (가)의 6배이다. 따라서 (가)와 (나)에서 사용한 NaOH(aq)의 부피는 (나)가 (가)의 6배이므로 $\frac{y}{x}$는 6이다.

⊕ 개념 더하기

x와 y의 부피와 전체 부피 구하기

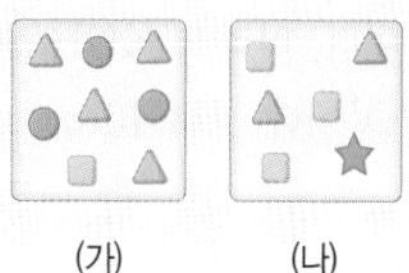

(나)의 부피는 (가)의 2배이고, $y=6x$이므로 $2(100+x)=100+y$에 $y=6x$를 대입하면 $x=25$, $y=150$이다. 따라서 HCl(aq) 100 mL에 들어 있는 H^+과 Cl^-의 수는 각각 4이고, NaOH(aq) 25 mL에 들어 있는 Na^+과 OH^-의 수는 각각 1이므로 (가)에서 용액 속에 들어 있는 이온은 H^+ 3, Cl^- 4, Na^+ 1이다. (나)에서 HCl(aq) 100 mL에 들어 있는 H^+과 Cl^-의 수는 각각 4이고, NaOH(aq) 150 mL에 들어 있는 Na^+과 OH^-의 수는 각각 6이므로 (나)에서 용액 속에 들어 있는 이온은 Cl^- 4, Na^+ 6, OH^- 2이다. 그런데 주어진 자료에서 단위 부피가 125 mL이므로 (나)에서 단위 부피당 혼합 용액 속에 들어 있는 이온은 Cl^- 2, Na^+ 3, OH^- 1이다.

16 고난도 문제 해결 전략

STEP 1 출제 의도 파악하기

단위 부피당 이온 수와 부피로부터 전체 이온 수와 전체 부피의 양을 파악할 수 있는지를 평가하는 문제이다.

STEP 2 관련 개념 모으기

❶ 단위 부피로부터 실제 이온 수는?

➡ 단위 부피당 이온 수×부피=실제 이온 수이다.

❷ 중화 반응의 양적 관계는?

➡ H^+과 OH^-은 1 : 1로 반응한다.

단위 부피당 이온 수×부피=실제 이온 수이고, $HCl(aq)$의 부피가 x mL이므로 $NaOH(aq)$의 부피에 따른 혼합 용액의 부피와 실제 X 이온 수는 다음과 같다.

NaOH(*aq*)의 부피(mL)	0	10	20
혼합 용액의 부피(mL)	x	$x+10$	$x+20$
실제 이온 수(상댓값)	$4x$	$2(x+10)$	$x+20$

X 이온이 Cl^-이라면, $NaOH(aq)$을 10 mL 넣었을 때와 20 mL 넣었을 때 혼합 용액에 존재하는 이온 수가 같아야 하므로 $2(x+10)=x+20$, $x+20=4x$이어야 한다. 그런데 이 식을 풀었을 때 x값이 같지 않으므로 X 이온은 Cl^-이 아니라 H^+임을 알 수 있다. $NaOH(aq)$을 10 mL씩 넣었으므로 10 mL를 넣었을 때와 추가로 10 mL를 더 넣었을 때 각각 반응한 H^+의 수는 같다. 따라서 $4x-2(x+10)=2(x+10)-(x+20)$, $x=20$이다.
즉, $HCl(aq)$ x mL에 들어 있는 H^+과 Cl^-의 수를 80 N이라고 하면, 과정 (다)는 과정 (나)의 최종 혼합 용액 15 mL에 $KOH(aq)$을 넣는 것이므로 $KOH(aq)$를 넣기 전 $KOH(aq)$ 0 mL에는 H^+ 15 N이 들어 있다.

KOH(*aq*)의 부피(mL)	0	5	10
혼합 용액의 부피(mL)	15	20	25
H^+ 수	15 N	20×0.5 N	25×0.2 N

$KOH(aq)$ 10 mL를 모두 넣을 때까지 H^+ 수가 10 N만큼 감소하므로 $KOH(aq)$ 10 mL에 들어 있는 K^+ 수는 10 N, OH^- 수는 10 N이다. 따라서 $KOH(aq)$ 30 mL에 들어 있는 K^+ 수는 30 N이다. $HCl(aq)$ x mL와 $KOH(aq)$ 30 mL를 혼합한 용액에서 $\frac{K^+ \text{ 수}}{Cl^- \text{ 수}}=\frac{30\ N}{80\ N}=\frac{3}{8}$이다.

17 산화 환원 반응

196~198쪽

확인 문제

1 산화, 환원 **2** 산화, 환원 **3** 동시
4 산화수 **5** × **6** 산화
7 산화제 **8** 0.5

05 수소는 비금속 원소 중 전기 음성도가 작으므로 비금속 원소와 결합한 화합물에서 H의 산화수는 +1이지만 전기 음성도가 더 작은 금속 원소와 결합한 화합물에서는 −1의 산화수를 가진다. 산소는 전기 음성도가 큰 원소로 대부분의 화합물에서는 −2의 산화수를 가지지만, 산소보다 전기 음성도가 큰 플루오린과 결합한 화합물이나 과산화물에서는 +2 또는 −1의 산화수를 가진다.

08 $Cu + 2Ag^+ \longrightarrow Cu^{2+} + 2Ag$에서 Cu와 Ag^+은 2 : 1의 몰비로 반응하므로 Ag^+ 1몰을 완전히 환원시키기 위해 필요한 Cu의 양은 0.5몰이다.

개념을 다지는 기본 문제 199~201쪽

01 (가) CO, (나) Fe_2O_3 02 ③ 03 ③ 04 ② 05 ⑤
06 ③ 07 +4 08 ① 09 ④ 10 ③ 11 ③ 12 ①
13 (가) HCl, (나) Fe 14 ③ 15 ④ 16 ② 17 a: 2, b: 5, c: 6, d: 8 18 해설 참조

01 CO는 산소를 얻어 CO_2로 산화되고, Fe_2O_3은 산소를 잃고 Fe로 환원된다.

02 ㄱ, ㄴ. 황산 구리(Ⅱ) 수용액에 아연(Zn)을 넣을 때 일어나는 반응의 알짜 이온 반응식은 $Cu^{2+} + Zn \longrightarrow Cu + Zn^{2+}$이다. 이 반응에서 Zn은 전자를 잃고 Zn^{2+}으로 산화되고, Cu^{2+}이 전자를 얻어 Cu로 환원된다.
[오답 피하기] ㄷ. 반응한 Cu^{2+}과 생성된 Zn^{2+}의 몰비가 1 : 1이므로 용액 속 전체 이온 수는 일정하다.

03 ㄱ. 반응 전후 원자의 종류와 수가 같도록 반응식의 계수를 맞추면 다음과 같다.

$$2HCl(aq) + Mg(s) \longrightarrow H_2(g) + MgCl_2(aq)$$

따라서 $\frac{a}{b+c}=1$이다.
ㄴ. Mg이 전자를 잃고 Mg^{2+}으로 산화되고, H^+이 전자를 얻어 H_2로 환원된다.
[오답 피하기] ㄷ. H^+ 2몰이 H_2 1몰을 생성할 때 이동한 전자의 양은 2몰이므로 H_2 1몰이 생성될 때 이동한 전자의 양은 2몰이다.

04 ㄴ. (나)에서 산화 구리(Ⅱ)는 산소를 잃고 구리로 환원된다.
[오답 피하기] ㄱ. (가)에서 내리식 성분인 $CaCO_3$과 신인 HCl의 반응은 성분 원소의 산화수가 변하지 않으므로 산화 환원 반응이 아니다.
ㄷ. (나)에서 탄소는 산화 구리(Ⅱ)에서 산소를 떼어 내므로 산화 구리(Ⅱ)를 환원시킨다.

05 ⑤ 산소는 전기 음성도가 커서 대부분의 화합물에서 (−)산화수를 가지지만 산소보다 전기 음성도가 큰 플루오린과 결합할 때는 (+)산화수를 갖는다.
[오답 피하기] ① 원자가 전자를 잃으면 산화수가 증가하고, 원자가 전자를 얻으면 산화수가 감소한다.
② 같은 원자라도 결합하는 원자의 전기 음성도에 따라 전자를 잃거나 얻을 수 있으므로 한 원자가 여러 가지 산화수를 가질 수 있다.

③ 원소 중 플루오린의 전기 음성도가 가장 크므로, 화합물에서 플루오린의 산화수는 항상 −1이다.

④ 원자 번호 20번 이하의 원자에서 원소의 최고 산화수는 원자가 전자 수를 넘지 못하므로 질소가 가질 수 있는 최대 산화수는 +5이다.

06 화합물에서 각 원자의 산화수의 합은 0이다. 1족 알칼리 금속의 산화수는 +1이고, 산소의 산화수는 −2이다.

(가) K의 산화수는 +1이고, O의 산화수는 −2이므로 N의 산화수를 x라고 하면 $+1+x+(-2)\times3=0$이므로 $x=+5$이다.

(나) Na의 산화수는 +1, O의 산화수는 −2이므로 Cr의 산화수를 y라고 하면 $(+1)\times2+y+(-2)\times4=0$이므로 $y=+6$이다.

(다) P의 산화수를 z라고 하면 $4z+(-2)\times10=0$에서 $z=+5$이다.

07 주어진 화합물을 구성하는 원소의 전기 음성도는 O>N>H이므로 각 화합물에서 O의 산화수는 −2, H의 산화수는 +1이다. N의 산화수는 NO에서 +2, N_2O에서 +1, N_2O_3에서 +3, N_2H_4에서 −2이다. 따라서 질소 원자의 산화수의 합은 $+2+(+1)+(+3)+(-2)=+4$이다.

08 ㄱ. (가)에서 Na의 산화수는 0에서 +1로 증가하므로 산화된다.

[오답 피하기] ㄴ. 반응 전후 원자의 종류와 개수가 같도록 계수를 맞추면 $2Al + 3Ag_2S \longrightarrow Al_2S_3 + 6Ag$이다. 따라서 $a+b+c=11$이다.

ㄷ. (나)에서 S의 산화수는 Ag_2S에서 $(+1)\times2+x=0$, $x=-2$이고, Al_2S_3에서 $(+3)\times2+3y=0$, $y=-2$이므로 산화수 변화가 없다.

09 ㄴ. F은 전기 음성도가 가장 큰 원소이므로 화합물에서 산화수는 항상 −1이다.

ㄷ. 전기 음성도는 F>O>Cl이므로 O의 산화수는 OF_2에서는 +2이고, OCl_2에서는 −2이므로 OF_2에서가 OCl_2에서보다 4만큼 크다.

[오답 피하기] ㄱ. Na은 금속 원소로 비금속 원소인 H, O보다 전기 음성도가 작다. 따라서 Na_2O과 NaH에서 Na의 산화수는 +1이다.

⊕ 개념 더하기

산화수 우선 순위

① 플루오린의 산화수는 항상 −1이다.
예 OF_2에서 F의 산화수는 −1, O의 산화수는 +2이다.

② 1, 2, 13족 금속 원소의 산화수는 항상 각각 +1, +2, +3이다.
예 LiH에서 Li의 산화수는 +1, H의 산화수는 −1이다.

③ 수소의 산화수는 +1이다.
예 H_2O_2에서 H의 산화수는 +1, O의 산화수는 −1이다.

④ 산소의 산화수는 −2이다.
예 SO_2에서 O의 산화수는 −2, S의 산화수는 +4이다.

10 ③ N의 산화수는 감소하므로 N_2는 환원된다.

[오답 피하기] ① N의 산화수는 N_2에서는 0, NH_3에서는 −3이므로 3 감소한다.

② H의 산화수는 H_2에서는 0, NH_3에서는 +1이므로 1 증가한다.

④ H_2는 자신이 산화되므로 환원제로 작용한다.

⑤ 홑원소 물질의 산화수는 0, 화합물에서 모든 원자의 산화수 합은 0이므로 반응 전후 원자의 산화수의 총합은 변하지 않는다.

11 ㄱ. 주어진 반응식을 완성하면 $2H_2O_2 \longrightarrow 2H_2O + O_2$이다. 즉, X_2에서 X의 산화수는 0이다.

ㄴ. O의 산화수는 과산화물인 H_2O_2에서 −1이고, H_2O에서는 −2이므로 O의 산화수는 H_2O_2에서가 H_2O에서보다 1만큼 크다.

[오답 피하기] ㄷ. 산화수 우선 순위에서 H의 산화수를 O의 산화수보다 먼저 정하므로 H의 산화수는 H_2O_2와 H_2O에서 +1로 같다.

12 화학 반응식에 각 원소의 산화수를 표시하면 다음과 같다.

$$\overset{-4+1}{\overline{CH_4}} + 2\overset{0}{\overline{O_2}} \longrightarrow \overset{+4-2}{\overline{CO_2}} + 2\overset{+1-2}{\overline{H_2O}}$$

ㄱ. 탄소의 산화수는 −4 → +4로 증가한다.

[오답 피하기] ㄴ. 수소의 산화수는 +1로 변하지 않고 산소의 산화수는 0 → −2로 감소한다.

ㄷ. 반응물과 생성물은 모두 중성의 화합물이므로 각 원소의 산화수의 합은 0으로 같다.

13 Fe은 Fe^{2+}으로 산화되면서 다른 물질을 환원시키는 환원제이다. 또 HCl은 H_2로 환원되면서 다른 물질을 산화시키는 산화제이다.

14 ③ Cl의 산화수는 HCl에서 −1이고, Cl_2에서 0이므로 산화수가 증가한다. 즉, 자신이 산화되면서 다른 물질을 환원시키는 환원제이다.

[오답 피하기] ① 반응 전후 원자의 종류와 수가 같아지도록 계수를 완성하면 a는 4, b는 1이다.

② Mn의 산화수는 MnO_2에서 +4이고, $MnCl_2$에서 +2이므로 2만큼 감소한다.

④ HCl, H_2O에서 H의 산화수는 모두 +1로 변하지 않는다.

⑤ Cl의 산화수는 생성물인 $MnCl_2$에서 −1, Cl_2에서 0으로 다르다.

15 ㄱ. (가)에서 S의 산화수는 +4 → +6으로 증가한다.

ㄷ. 산화되는 경향은 (가)에서 $SO_2(g)>Cl_2(g)$이고, (나)에서 $H_2S(g)>SO_2(g)$이다. 자신이 산화되려는 경향이 클수록 다른 물질을 환원시키는 능력이 크므로 다른 물질을 환원시키는 능력은 $H_2S(g)>SO_2(g)>Cl_2(g)$이다.

[오답 피하기] ㄴ. (나)의 $SO_2(g)$에서 S의 산화수는 +4 → 0으로 감소하므로 $SO_2(g)$은 자신은 환원되면서 다른 물질을 산화시키는 산화제로 작용한다.

16 자료 분석 하기

산화수 변화와 산화 환원 반응

(가) $2NO(g) + F_2(g) \longrightarrow 2NOF(g)$
(+2 −2 / 0 / +3 −2 −1; NO: 환원제, F_2: 산화제; 산화, 환원)

(나) $2NO(g) + 2H_2(g) \longrightarrow N_2(g) + 2H_2O(l)$
(+2 −2 / 0 / 0 / +1 −2; NO: 산화제, H_2: 환원제; 환원, 산화)

- (가)에서 N의 산화수가 1 증가하므로 NO는 산화된다. ➡ 환원제로 작용
- (가)에서 F의 산화수가 1 감소하므로 F_2은 환원된다. ➡ 산화제로 작용
- (나)에서 N의 산화수가 2 감소하므로 NO는 환원된다. ➡ 산화제로 작용
- (나)에서 H의 산화수가 1 증가하므로 H_2는 산화된다. ➡ 환원제로 작용
- NO는 반응에 따라 산화제로도, 환원제로도 작용할 수 있다.

ㄷ. (가)에서 NO는 산화되므로 F_2보다 환원되기 어렵다. (나)에서 NO는 환원되므로 H_2보다 환원되기 쉽다. 따라서 F_2은 H_2보다 환원되기 쉽다.
[오답 피하기] ㄱ. 전기 음성도는 F>O>N이므로 (가)에서 N의 산화수는 NO에서 +2이고, NOF에서 +3이다. 따라서 N의 산화수는 1 증가한다.
ㄴ. (나)에서 N의 산화수는 NO에서 +2이고, N_2에서 0이다. NO는 (가)에서는 산화수가 증가하여 산화되고, (나)에서는 산화수가 감소하여 환원된다.

17 MnO_4^-에서 Mn의 산화수는 +7, H_2S에서 S의 산화수는 −2, Mn^{2+}의 산화수는 +2, S의 산화수는 0이므로 Mn의 산화수는 5 감소하고, S의 산화수는 2 증가한다.

$$\underset{+7}{MnO_4^-} + H_2\underset{-2}{S} + H^+ \longrightarrow \underset{+2}{Mn^{2+}} + \underset{0}{S} + H_2O$$
(2 증가, 5 감소)

MnO_4^-과 Mn^{2+} 앞에 계수 2를 쓰고, H_2S와 S 앞에 계수 5를 쓴다.

$$\boxed{2}MnO_4^- + \boxed{5}H_2S + H^+ \longrightarrow \boxed{2}Mn^{2+} + \boxed{5}S + H_2O$$

반응물에서 산소의 수는 8이므로 H_2O 앞에 계수 8을 쓰고, H^+ 앞에 계수 6을 써서 반응식을 완성하면 다음과 같다.

$$2MnO_4^- + 5H_2S + 6H^+ \longrightarrow 2Mn^{2+} + 5S + 8H_2O$$

18 예시 답안 MnO_4^-은 자신이 환원되면서 H_2S를 산화시키는 산화제이고, H_2S는 자신이 산화되면서 MnO_4^-을 환원시키는 환원제이다. 완성된 산화 환원 반응식에서 MnO_4^-과 H_2S의 계수비는 2 : 5이므로 산화제인 MnO_4^- 1몰을 완전히 환원시키기 위해 필요한 환원제 H_2S의 양은 2.5몰이다.

채점 기준	배점(%)
산화제와 환원제를 찾아 산화제 1몰을 완전히 환원시키기 위해 필요한 환원제의 양을 옳게 구한 경우	100
산화제와 환원제는 옳게 골랐으나 환원제의 양을 구하지 못한 경우	40

실력을 올리는 실전 문제 204~207쪽

01 ③	02 ⑤	03 ③	04 ④	05 ③
06 ②	07 ②	08 ①	09 ④	10 ③
11 ①	12 ③			

1등급을 굳히는 고난도 문제

13 ④	14 ③	15 ③	16 ①

01 ㄱ. (가)에서 탄소는 산소를 얻어 산화되므로 환원제이다.
ㄴ. Cu의 산화수는 +2에서 0으로 2만큼 감소한다.
[오답 피하기] ㄷ. (가)에서 Cu^{2+} 1몰이 Cu 1몰로 될 때 이동한전자는 2몰이므로 Cu 0.1몰$(\frac{6.4\ g}{64\ g/mol})$이 생성될 때 이동한 전자는 0.2몰이다. (나)에서 생성된 물의 양은 0.2몰$(\frac{3.6\ g}{18\ g/mol})$이므로 생성된 구리의 양도 0.2몰이다. 따라서 이동한 전자의 양은 0.4몰이다.

02 산화제는 자신이 환원되면서 다른 물질을 산화시키는 물질이다. (가)에서 Cu^{2+}은 전자를 얻어 Cu로 환원된다. (나)에서 Fe_2O_3은 산소를 잃고 Fe로 환원된다. 또 (다)에서 O의 산화수는 O_2에서 0, $Fe(OH)_3$에서 −2로 감소하므로 O_2는 환원된다.

⊕ 개념 더하기

산화제와 환원제
- 산화제: 다른 물질을 산화시키는 물질로, 화학 반응에서 자신은 환원된다.
- 환원제: 다른 물질을 환원시키는 물질로, 화학 반응에서 자신은 산화된다.

03 ㄱ. Ag^+은 전자를 얻어 Ag으로 환원되므로 다른 물질을 산화시키는 산화제이다.
ㄷ. 반응에서 Ag^+ 2개가 반응하여 Fe^{2+} 1개를 생성하므로 반응이 일어날 때 수용액 속 이온 수가 감소한다. 따라서 수용액 속 이온 수는 반응 전이 반응 후보다 크다.
[오답 피하기] ㄴ. Fe 1개가 반응하여 Fe^{2+}으로 될 때 전자 2개를 잃는다. 따라서 Fe 1몰이 반응할 때 이동한 전자의 양은 2몰이다.

04 음이온은 반응하지 않으므로 $\frac{\text{양이온 수}}{\text{음이온 수}}$의 변화는 양이온 수 변화에 의한 것이다. 산화되는 물질이 잃은 전자 수와 환원되는 물질이 얻은 전자 수는 같으므로 수용액 속 양이온의 전하량의 총합은 같다. 반응 전 C^+의 수를 6이라고 하면 금속 A를 넣었을 때 (가)에서 반응이 완결되어 더 이상 이온 수 변화가 없고 양이온 수가 처음의 절반이므로 생성된 A 이온의 수는 3이다. 즉, C^+ 6개의 전하량의 총합과 A 이온 3개의 전하량의 총합이 같아야 하므로 A 이온은 A^{2+}이다. 따라서 A 이온의 산화수는 +2이다. C^+ 6개가 들어 있는 수용액에 금속 B를 넣어 반응이 완결되었을 때 산화수가 +2인 A 이온보다

양이온 수가 더 크게 감소하므로 B 이온의 전하는 A 이온보다 크다. 따라서 B 이온은 B^{3+}이므로 B 이온의 산화수는 $+3$이다. $\frac{\text{B 이온의 산화수}}{\text{A 이온의 산화수}}$는 $\frac{3}{2}$이다.

05 자료 분석 하기

금속 이온과 금속의 산화 환원 반응

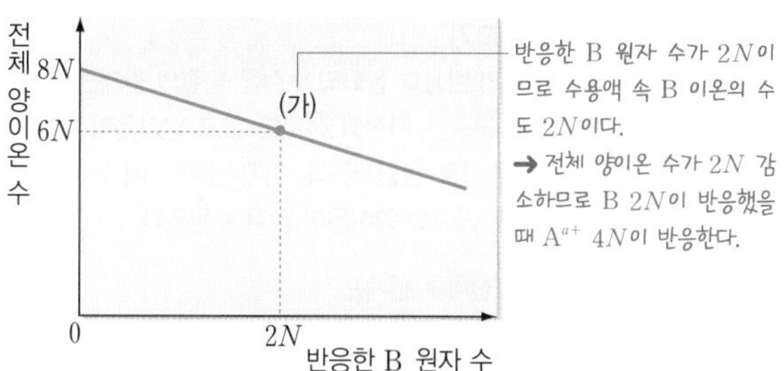

- A^{a+} $4N$개와 B 원자 $2N$개가 반응하여 B^{b+} $2N$개가 생성되므로 반응의 양적 관계는 $A^{a+} : B^{b+} = 2 : 1$이다.
- 양이온의 전하량의 총합이 같으므로 $a : b = 1 : 2$이다.

ㄱ. A^{a+}이 들어 있는 수용액에 금속 B를 넣었을 때 용액 속 양이온 수가 감소하므로 반응이 일어난다. 즉, B가 산화되면서 A^{a+}을 환원시키므로 B는 A보다 산화되기 쉽다.
ㄷ. (가)에서 전체 양이온 수가 $6N$이고, B^{b+}의 수가 $2N$이므로 A^{a+}의 수는 $4N$이다. 따라서 $\frac{A^{a+}\text{의 수}}{B^{b+}\text{의 수}} = 2$이다.
[오답 피하기] ㄴ. 반응한 A^{a+}과 생성된 B^{b+}이 2 : 1이므로 A^{a+}과 B^{b+}의 산화수비는 1 : 2이다. 따라서 $\frac{a}{b} < 1$이다.

06 각 물질에서 산화수를 계산하면 표와 같다.
(x: 양의 산화수, y: 음의 산화수)

화합물	HCl	N_2H_4	H_2SO_4	OF_2	Cr_2O_3
원자의 산화수	H: +1, Cl: −1	H: +1, N: −2	H: +1, S: +6, O: −2	O: +2, F: −1	Cr: +3, O: −2
X(x의 최댓값)	1	1	6	2	3
Y($\lvert y \rvert$의 최댓값)	1	2	2	1	2

따라서 Y > X인 것은 N_2H_4이다.

07 ㄷ. YH_3에서 Y는 옥텟 규칙을 만족하므로 질소이다. 따라서 전기 음성도는 Y < O이고, O의 산화수는 -2이므로 YO_2에서 Y의 산화수는 $+4$이다.
[오답 피하기] ㄱ. XH_4에서 X의 산화수가 -4이고, X는 옥텟 규칙을 만족하므로 2주기 14족 원소인 탄소(C)이다. 또 YH_3에서 2주기 비금속 원소인 Y는 수소보다 전기 음성도가 크므로 산화수 $a = -3$이고, Y는 F보다 전기 음성도가 작으므로 산화수 $b = +3$이다. 따라서 $b - a = 6$이다.
ㄴ. 전기 음성도는 F > X이므로 XF_4에서 X의 산화수는 $+4$이다.

08 자료 분석 하기

산화수 구하기

(가) H−X(−H)(−H)−H: H +1, X −4
(나) H−X(−H)=Ÿ: H +1, X 0, Y −2
(다) H−X(−H)(−H)−Ÿ−Z̈: H +1, X −2, Y −2, Z +1

- H의 산화수가 +1이므로 (가)에서 X의 산화수는 −4이다.
- (나)에서 전기 음성도가 X > Y이면 X의 산화수는 −4로 (가)와 같아지기 때문에 제시된 조건에 맞지 않는다. 따라서 전기 음성도는 X < Y이므로 Y의 산화수는 −2이고, X의 산화수는 0이다.
- (다)에서 Y의 산화수는 (나)에서와 같은 −2이므로 Z의 산화수는 +1, X의 산화수는 −2이다.

ㄱ. (나)에서 X는 H로부터 전자 2개를 얻고 Y에게 전자 2개를 잃으므로 X의 산화수는 0이다.
[오답 피하기] ㄴ. (다)에서 Y의 산화수는 -2이고 Z의 산화수는 $+1$이므로 전기 음성도는 Y가 Z보다 크다.
ㄷ. H_2Y_2에서 H의 산화수는 $+1$이므로 Y의 산화수는 -1이다.

09 ㄴ, ㄷ. H의 산화수는 $+1$, O의 산화수는 -2이므로 C의 산화수는 CH_3OH에서 -2이고, HCOOH에서 $+2$이다. 따라서 C의 산화수는 4 증가한다. CH_3OH은 산화되므로 다른 물질을 환원시키는 환원제이다.
[오답 피하기] ㄱ. O의 산화수는 O_2에서 0이고, 주어진 반응의 화합물에서 모두 -2이므로 O_2는 환원된다.

10 자료 분석 하기

산화수 변화와 산화 환원 반응

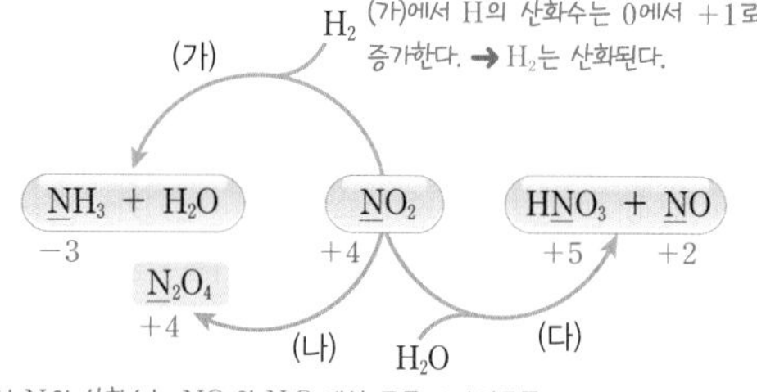

(나)에서 N의 산화수는 NO_2와 N_2O_4에서 모두 +4이므로 산화수 변화가 없다. ➔ 산화 환원 반응이 아니다.

ㄱ. (가)에서 H의 산화수는 0에서 $+1$로 증가하므로 H_2는 산화된다.
ㄷ. 구성 원자의 전기 음성도는 O > N > H이므로 N의 산화수는 NH_3에서 -3, NO_2와 N_2O_4에서 각각 $+4$, HNO_3에서 $+5$, NO에서 $+2$이다. 따라서 N의 산화수가 가장 작은 물질은 NH_3이다.
[오답 피하기] ㄴ. (나)에서 N의 산화수는 NO_2와 N_2O_4에서 모두 $+4$이고, O의 산화수는 모두 -2이다. 따라서 산화수가 변하는 원자가 없으므로 산화 환원 반응이 아니다.

11 ㄱ. S의 산화수는 SO_2에서 +4, H_2S에서 −2, SO_3에서 +6이고, 원소 상태에서 0이다.
(가)에서 SO_2의 S의 산화수는 +4에서 0으로 감소하므로 환원된다. 또 (나)에서 SO_2의 S의 산화수는 +4에서 +6으로 증가하므로 산화된다.
[오답 피하기] ㄴ. S의 산화수가 가장 큰 것은 SO_3에서 +6이고, 가장 작은 것은 H_2S에서 −2이므로 가장 큰 산화수(+6)와 가장 작은 산화수(−2)의 합은 4이다.
ㄷ. 다른 물질을 환원시키는 능력이 크다는 것은 자신이 산화되기 쉽다는 뜻이다. (가)에서 산화되는 물질은 H_2S이므로 산화되는 경향은 $H_2S > SO_2$이다. (나)에서 산화되는 물질은 SO_2이므로 산화되는 경향은 $SO_2 > O_2$이다. 따라서 다른 물질을 환원시키는 능력은 $H_2S > SO_2 > O_2$ 순이다.

12 ㄱ. 황(S)이 이산화 황(SO_2)으로 될 때의 화학 반응식은 $S + O_2 \longrightarrow SO_2$이다. 이때 S은 산화수가 0 → +4로 증가하므로 산화되고, O는 산화수가 0 → −2로 감소하므로 환원된다. 따라서 황(S)은 환원제이다.
ㄴ. 화합물에서 H의 산화수는 +1, O의 산화수는 −2이다. 따라서 ㉠에서 S의 산화수는 0, ㉡에서 S의 산화수는 +4, ㉢에서 S의 산화수는 +6, ㉣에서 S의 산화수는 +6이다.
[오답 피하기] ㄷ. 삼산화 황(SO_3)이 황산(H_2SO_4)으로 될 때의 화학 반응식은 $SO_3 + H_2O \longrightarrow H_2SO_4$이다. 이때 S, H, O의 산화수가 변하지 않으므로 산화되거나 환원되지 않는다.

13 **고난도 문제 해결 전략**

STEP 1 출제 의도 파악하기
산화수 변화를 이용하여 산화 환원 반응식을 완성할 수 있는지를 평가하는 문제이다.

STEP 2 관련 개념 모으기
❶ 산화수 변화와 산화 환원 반응식의 관계는?
➡ 산화 환원 반응은 항상 동시에 일어나므로 증가한 산화수와 감소한 산화수가 같다.

❷ 산화제와 환원제는?
➡ 자신이 환원되는 물질은 다른 물질을 산화시키는 산화제이고, 자신이 산화되는 물질은 다른 물질을 환원시키는 환원제이다.

ㄴ. Cl의 산화수는 HCl에서 −1이고, Cl_2에서 0으로 1 증가한다. 따라서 Cl_2는 자신이 산화되면서 다른 물질을 환원시키는 환원제이다.
ㄷ. 증가한 산화수와 감소한 산화수가 같도록 하고, 산화수 변화가 없는 원자들의 수가 같도록 계수를 맞추어 산화 환원 반응식을 완성하면 다음과 같다.

$$2KMnO_4(aq) + 16HCl(aq) \longrightarrow 2KCl(aq) + 2MnCl_2(aq) + 8H_2O(l) + 5Cl_2(g)$$

따라서 $\dfrac{a+c}{b} \times d = \dfrac{2+2}{16} \times 2 = \dfrac{1}{2}$이다.
[오답 피하기] ㄱ. 화합물에서 1족 금속 원소의 산화수는 +1이고, O의 산화수는 −2이므로 Mn의 산화수는 $KMnO_4$에서 +7이다. 또 $MnCl_2$에서 +2이므로 +7에서 +2로 5 감소한다.

14 **고난도 문제 해결 전략**

STEP 1 출제 의도 파악하기
금속과 금속 이온의 반응에서 금속의 이온 수 변화를 파악하여 금속의 반응성과 산화수를 비교할 수 있는지를 평가하는 문제이다.

STEP 2 관련 개념 모으기
❶ 금속과 금속 이온의 반응과 산화되기 쉬운 물질의 관계는?
➡ 산화되기 쉬운 금속은 자신이 전자를 잃고 양이온이 되면서 다른 금속 양이온을 금속으로 환원시킨다. 이때 용액 중에 녹아 있는 이온 중 산화되기 어려운 금속의 양이온이 먼저 환원된다.

❷ 금속 양이온 수와 산화수 관계는?
➡ 산화수가 작은 금속 양이온이 반응하여 산화수가 큰 금속 양이온이 생성되면 수용액 속 양이온 수는 감소한다.

ㄱ. 반응 전 금속 양이온의 전체 양이 6몰이고, 그 존재비가 $A^+ : B^{2+} = 1 : 2$이므로 수용액 속에 A^+은 2몰, B^{2+}은 4몰이 들어 있다. 여기에 금속 C를 넣을 때 용액에 들어 있는 금속 양이온의 종류가 3가지이므로 C는 2가지 금속 이온 중 하나의 일부와 반응한다. A는 B보다 산화되기 쉬우므로 C를 넣을 때 환원되기 쉬운 B^{2+} 4몰 중 일부와 반응하고 A^+은 반응하지 않으므로 A^+의 양은 반응 전과 같은 2몰이다.
ㄷ. C가 B^{2+}과 반응하여 C^+을 생성하므로 반응한 B^{2+}과 생성된 C^+의 몰비는 $B^{2+} : C^+ = 1 : 2$이다. x가 4일 때 용액 속 C^+의 양은 4몰이 되고, A^+의 양은 2몰이므로 ㉠은 C^+이고, B^{2+}은 2몰이다. 따라서 B^{2+} 4몰 중 2몰이 반응하고, C^+ 4몰이 생성된다.
[오답 피하기] ㄴ. ㉠이 B^{2+}이라고 가정하면 ㉠의 절반인 A^+의 양이 2몰이므로 B^{2+}가 4몰이 되어 B^{2+}은 반응하지 않은 것이 된다. 따라서 ㉠은 B^{2+}가 될 수 없다.

15 **고난도 문제 해결 전략**

STEP 1 출제 의도 파악하기
서로 다른 금속 이온의 수용액에 2가지 금속을 넣을 때 수용액 속 양이온 수 변화를 파악하여 금속의 반응성과 반응 진행 지점에서 양이온 수를 파악할 수 있는지를 평가하는 문제이다.

STEP 2 관련 개념 모으기
❶ 여러 가지 금속 이온이 녹아 있는 수용액에 금속을 넣을 때 반응 순서는?
➡ 수용액에 여러 가지 금속의 양이온이 녹아 있을 때 산화되기 쉬운 금속은 가장 환원시키기 쉬운 금속, 즉 반응성이 가장 작은 금속 양이온을 모두 환원시킨 다음, 다음으로 반응성이 작은 금속 양이온과 반응한다.

ㄱ. 금속 B를 넣을 때 양이온 수의 변화 그래프의 기울기가 2번 변하므로 B는 A^{a+}, C^{c+}과 모두 반응한다. 따라서 B는 산화되기 가장 쉽다.
• 수용액에 금속 A를 넣을 때, B가 가장 산화되기 쉬우므로 A는 B^{b+}을 환원시키지 못하고 C^{c+}과만 반응한다. 반응한 A 원자 수가 $1.5N$일 때 생성된 A^{a+}의 수가 $1.5N$이고 전체

양이온 수가 $1.5N$ 감소하였으므로 C^{c+} $3N$이 반응하였다. 따라서 용액 속에 존재하는 전체 양이온 수는 A^{a+} $4.5N$, B^{b+} $3N$이다. 반응한 C^{c+}과 생성된 A^{a+}의 개수비는 C^{c+} : A^{a+}=3 : 1.5=2 : 1이므로 산화수 비는 a : c=2 : 1이다. 따라서 $a=+2$, $c=+1$이다.

• 수용액에 금속 B를 넣을 때, 금속 B는 C^{c+}과 먼저 반응한다. 금속 B를 N 넣었을 때 전체 양이온 수가 $2N$ 감소하므로 P에 있는 양이온은 A^{a+} $3N$, B^{b+} $4N$이다. 즉, B의 이온 N이 수용액 속에 증가할 때 C^{c+} $3N$이 감소하므로 C^{c+} : B^{b+}=3 : 1이다. 즉, $b=+3$이다. 따라서 $\frac{b}{a}=1.5$이다.

ㄷ. Q에서 금속 A $1.5N$이 반응하므로 A^{a+}의 수는 $4.5N$, B^{b+}은 반응에 참여하지 않으므로 $3N$이다. P에서 A^{a+}은 반응에 참여하지 않으므로 $3N$, 금속 B가 N 반응하므로 B^{b+}은 $4N$이다. 따라서 $\frac{A^{a+}의\ 수}{B^{b+}의\ 수}$는 Q에서 $\frac{3}{2}$이고, P에서 $\frac{3}{4}$이므로 $\frac{A^{a+}의\ 수}{B^{b+}의\ 수}$는 Q가 P의 2배이다.

[오답 피하기] ㄴ. P에서 C^{+}은 모두 반응하여 이후부터 존재하지 않는다. P~R에서 금속 B와 A^{2+}이 반응하여 B는 전자를 잃고 B^{3+}으로 산화되고, A^{2+}은 전자를 얻어 A로 환원된다. 따라서 P~R에서 A^{2+}이 산화제로 작용한다.

16 고난도 문제 해결 전략

STEP 1 출제 의도 파악하기

산화제와 환원제의 반응 몰비가 제시된 그래프를 파악하여 산화제와 환원제의 양적 관계를 알아내어 산화 환원 반응식을 완성하고, 반응식을 해석할 수 있는지를 평가하는 문제이다.

STEP 2 관련 개념 모으기

❶ 산화수 변화와 산화 환원 반응 관계는?

➡ 산화수가 증가하는 원자를 포함한 물질은 자신이 산화되면서 다른 물질을 환원시키는 환원제이다. 마찬가지로 산화수가 감소하는 원자를 포함한 물질은 자신이 환원되면서 다른 물질을 산화시키는 산화제이다.

NO_3^-과 Cu^{2+}이 2 : 3의 몰비로 반응하므로 화학 반응식은 $3Cu + 2NO_3^- + cH^+ \longrightarrow 3Cu^{2+} + 2X + dH_2O$이다. 이때 질소 원자 수는 반응물에서 2이고, X는 질소 산화물이므로 화학식에 들어 있는 N의 수는 1이다. X의 화학식을 NO_x라고 하면 반응물의 산소 원자 수는 6이므로 생성물의 산소 원자 수는 $2x+d=6$, $c=2d$이다. 이때 d는 4 이하의 정수가 되어야 하므로 $x=1$, $c=8$, $d=4$이다.

따라서 완성된 화학 반응식은 다음과 같다.

$$3Cu + 2NO_3^- + 8H^+ \longrightarrow 3Cu^{2+} + 2NO + 4H_2O$$

ㄱ. X는 NO이고, NO에서 N의 산화수는 +2이다.

[오답 피하기] ㄴ. Cu는 전자를 잃고 Cu^{2+}으로 산화되므로 다른 물질을 환원시키는 환원제이다(Cu의 산화수는 0 → +2로 증가하여 산화되므로 환원제로 작용한다.).

ㄷ. 반응식의 계수 $a=3$, $d=4$이므로 $\frac{d}{a}=\frac{4}{3}$이다.

18 화학 반응과 열의 출입

확인 문제 208~210쪽

1 방출, 높 2 ○ 3 발열, 흡열
4 비열, 열용량 5 비열, 온도 6 ×

01 발열 반응에서는 열을 방출하므로 주위의 온도가 높아진다.

02 발열 반응은 반응물의 에너지 총량이 생성물의 에너지 총량보다 크므로 반응이 일어날 때 그 에너지 차이만큼의 열을 주위로 방출한다.

06 통열량계는 외부로 빠져나가는 열이 거의 없으므로 화학 반응에서 출입하는 열을 비교적 정확하게 측정할 수 있다.

개념을 다지는 기본 문제 211~213쪽

01 ④ 02 발열 반응: (가), (나), (라), 흡열 반응: (다) 03 ④
04 ③ 05 ③ 06 ⑤ 07 ① 08 ① 09 ③ 10 1040 J/g
11 해설 참조 12 ③ 13 ⑤ 14 ⑤

01 ㄴ. 흡열 반응이 일어날 때는 주위에서 열을 흡수하므로 주위의 온도가 낮아진다.

ㄷ. 연소 반응은 대표적인 발열 반응이다.

[오답 피하기] ㄱ. 화학 반응이 일어날 때는 반응물과 생성물이 가지는 에너지 차이만큼의 열을 방출하거나 흡수한다.

02 금속의 산화 반응, 산과 금속의 반응, 연소 반응은 발열 반응이고, 탄산수소 나트륨의 열분해 반응은 흡열 반응이다.

03 물이 증발할 때는 주위로부터 열을 흡수(㉠)하는 흡열(㉡) 반응이 일어나므로 주위의 온도가 낮아져 시원해진다.

04 ㄱ. 반응물의 에너지 합이 생성물의 에너지보다 크므로 그 차이만큼의 에너지를 주위로 방출하는 발열 반응이다.

ㄷ. 반응물인 탄소와 산소가 가진 에너지 합이 생성물인 이산화 탄소가 가진 에너지보다 크다.

[오답 피하기] ㄴ. 발열 반응이므로 반응이 일어날 때 주위의 온도가 높아진다.

05 반응물의 에너지 합이 생성물의 에너지 합보다 커서 그 차이만큼의 에너지를 주위로 방출하여 주위의 온도가 높아지는 반응은 발열 반응이다.

ㄱ, ㄴ. 메테인(CH_4)의 연소 반응과 산과 금속이 반응하여 기체를 발생하는 반응은 발열 반응이다.

[오답 피하기] ㄷ. 염화 암모늄(NH_4Cl)이 물에 용해되는 반응은 흡열 반응이다.

06 ㄱ, ㄷ. 삼각 플라스크 내부에서 반응이 일어나면서 나무판 위의 물이 얼었다. 따라서 삼각 플라스크 내부에서 일어나는 반응은 주위의 온도가 낮아지는 흡열 반응이다.

ㄴ. 물의 증발은 주위로부터 열을 흡수하는 흡열 반응이다. 삼각 플라스크 내부에서 일어나는 반응도 흡열 반응이므로 물의 증발과 열의 출입 방향이 같다.

07 ㄱ. (가)는 광합성이고, (나)는 탄산수소 나트륨의 열분해 반응이다. 두 반응 모두 흡열 반응이므로 반응이 일어날 때 열을 흡수한다.

[오답 피하기] ㄴ. 흡열 반응이므로 주위의 온도가 낮아진다.

ㄷ. 반응물이 생성물로 되는 과정에서 열을 흡수하므로 생성물의 에너지 합이 반응물의 에너지 합보다 크다.

08 ㄱ. 반응이 일어난 후 주위의 온도가 올라갔으므로 발열 반응이다.

[오답 피하기] ㄴ. 이 반응은 발열 반응이므로 냉각 팩에 이용할 수 없다. 냉각 팩에는 용해될 때 열을 흡수하여 주위의 온도를 낮추는 질산 암모늄의 용해 반응을 이용한다.

ㄷ. 발열 반응은 반응물의 에너지 합이 생성물의 에너지 합보다 크므로 그 차이만큼 열을 주위로 방출하여 주위의 온도가 높아진다.

09 ㄱ. 과자가 연소할 때 발생하는 열량은 플라스크 속 물이 모두 흡수하고, 물이 흡수한 열량=물의 비열×물의 질량×물의 온도 변화로 구한다. 실험 과정에서 물의 질량과 물의 온도 변화를 측정하였으므로 추가로 필요한 자료는 물의 비열이다.

ㄷ. 연소한 과자의 질량을 구하기 위해 연소 후 남은 과자의 질량을 측정한다. 연소 전 과자의 질량에서 연소 후 남은 과자의 질량을 뺀 값이 연소한 과자의 질량이고, 물이 흡수한 열량을 연소한 과자의 질량으로 나누어 과자 1 g이 연소할 때 발생하는 열량을 구한다.

[오답 피하기] ㄴ. 물의 밀도는 물의 부피값이 주어진 경우 필요하다.

10 X의 용해 과정에서 방출한 열은 용액이 모두 흡수하므로 '용액이 흡수한 열량=용액의 비열×용액의 질량×용액의 온도 변화'이다. X 4 g이 용해될 때 방출한 열량=4 J/(g·℃)×104 g×10 ℃=4160 J이다. 따라서 X 1 g이 용해될 때 방출하는 열량은 $\frac{4160\ \text{J}}{4\ \text{g}}$=1040 J/g이다.

11 예시 답안 40.8 kJ, NaOH 2 g이 용해될 때 발생한 열량은 용액이 흡수한 열량과 같다. 용액이 흡수한 열량=용액의 비열×용액의 질량×온도 변화=4 J/(g·℃)×102 g×5 ℃=2040 J이다. NaOH 2 g은 0.05몰이므로 1몰이 용해될 때 발생하는 열량은 $\frac{2040}{0.05}$ J=40800 J=40.8 kJ이다.

채점 기준	배점(%)
계산 과정과 열량을 모두 옳게 쓴 경우	100
계산 과정은 옳으나 열량이 잘못 계산된 경우	50

12 ㄱ. (가)는 간이 열량계로 뚜껑이 느슨하게 되어 있어 기체가 발생하는 반응에는 적합하지 않다. 중화 반응이나 용해 반응에서 출입하는 열량을 측정하기에 적합하다.

ㄴ. (나)는 통열량계로 단단한 강철로 되어 있어 생성물이 밖으로 빠져나가지 못한다. 따라서 연소 반응과 같이 많은 양의 기체가 발생하는 반응에서 방출하는 열량을 측정하기에 적합하다.

[오답 피하기] ㄷ. 간이 열량계(가)는 단열이 잘 되지 않아 통열량계(나)에 비해 열 손실이 많다. 따라서 정밀한 측정이 어렵다.

⊕ 개념 더하기

열량계

- 화학 반응에서 출입하는 열량을 측정하는 기구이다.
- 기구는 단열 용기, 온도계, 젓개로 구성된다.
- 간이 열량계는 간단하고 다루기 쉽지만 열 손실이 크다. 용해 반응, 중화 반응에서 출입하는 열량을 측정할 때 주로 사용한다.
- 통열량계는 단열이 잘 되어 열 손실이 거의 없으므로 주로 연소 반응의 열량 측정에 사용한다.

13 ㄱ. 질산 암모늄이 용해되었을 때 용액의 온도가 낮아지므로 질산 암모늄의 용해 과정은 열을 흡수하는 흡열 반응이다.

ㄴ. 질산 암모늄의 용해 과정에서 흡수한 열은 용액이 잃은 열량과 같다. '용액이 잃은 열량=용액의 비열×용액의 질량×용액의 온도 변화'이다. 용액이 잃은 열량=4 J/(g·℃)×100 g×8 ℃=3200 J이다. 이 열량은 질산 암모늄 10 g이 용해될 때 흡수한 열량이므로 1 g이 용해될 때 흡수한 열량은 320 J이다.

ㄷ. NH_4NO_3 1 g이 용해될 때 흡수하는 열량을 구하였으므로 1몰이 용해될 때 흡수하는 열량을 구하려면 1 g이 흡수한 열량에 몰 질량(g/mol)을 곱해야 한다. 따라서 NH_4NO_3의 화학식량을 알아야 한다.

14 ㄱ. 통열량계는 단단한 강철 용기로 되어 있어 연소 반응과 같이 많은 양의 기체가 발생하는 반응에서 출입하는 열량을 측정하는 데 사용할 수 있다.

ㄴ, ㄷ. 반응에서 발생한 열량은 물과 통열량계가 흡수한 열량의 총합과 같다. 따라서 통열량계를 이용하여 화학 반응에서 출입하는 열량을 구하려면 물이 흡수한 열량을 구하기 위해 물의 질량과 온도 변화를 측정하고 물의 비열을 조사해야 한다. 또 통열량계가 흡수한 열량은 통열량계의 열용량과 온도 변화의 곱이므로 통열량계의 열용량을 알아야 한다.

실력을 올리는 실전 문제 215~217쪽

01 ③	02 ②	03 ⑤	04 ①	05 ④
06 ⑤	07 ③	08 ③	09 ⑤	10 ④

1등급을 굳히는 고난도 문제

11 ④ 12 ②

01 ㄱ. (가)에서 반응물이 생성물보다 에너지가 크므로 반응이 일어날 때 에너지 차이만큼 주위로 열을 방출한다. 따라서 (가)는 발열 반응이다.
ㄴ. (나)에서 생성물이 반응물보다 에너지가 크므로 반응이 일어날 때 에너지 차이만큼 주위로부터 열을 흡수한다. 따라서 (나)는 흡열 반응이다.
[오답 피하기] ㄷ. (가)는 발열 반응이므로 반응이 일어날 때 주위의 온도가 높아지고, (나)는 흡열 반응이므로 반응이 일어날 때 주위의 온도가 낮아진다.

02 철의 산화 반응과 연료의 연소 반응은 열을 방출하는 발열 반응이고, 물의 증발은 물이 기화하는 과정에서 주위로부터 열을 흡수하는 흡열 반응이다. 따라서 흡열 반응인 것은 ㉢뿐이다.

03 ㄱ. 뷰테인의 연소 반응은 발열 반응이므로 열이 주위로 방출된다.
ㄴ, ㄷ. 얼음의 융해 과정은 흡열 반응으로 주위로부터 열을 흡수하므로 에너지는 생성물인 액체 상태의 물($H_2O(l)$)이 반응물인 고체 상태의 물($H_2O(s)$)보다 크다.

04 ㄱ. 반응 전후 원자의 종류와 수가 같도록 X에 적합한 화학식을 넣어 반응식을 완성하면 X는 CO_2이다.
[오답 피하기] ㄴ. $NaHCO_3$에서 각 원자의 산화수는 Na +1, H +1, C +4, O −2이다. 생성물에서도 각 원자의 산화수는 Na +1, H +1, C +4, O −2이므로 주어진 반응식에서 반응 전과 반응 후 산화수가 변하는 원자가 존재하지 않는다. 즉, 산화되거나 환원되는 물질이 없다.
ㄷ. 반응이 일어나는 동안 계속 열을 가해주므로 주어진 반응은 흡열 반응이다.

05 ㄴ. Fe_2O_3과 CO가 반응할 때 산소가 이동하므로 산화 환원 반응이다.
ㄷ. 흡열 반응이므로 생성물의 에너지 합이 반응물의 에너지 합보다 크다.
[오답 피하기] ㄱ. 철광석의 제련 과정은 용광로 속 매우 높은 온도에서 계속 열을 공급해야만 반응이 일어나므로 이 반응은 열을 흡수하는 흡열 반응이다.

06 ㄱ. (나)에서 NH_4NO_3이 녹으면서 차가워진 것으로 보아 주위로부터 열을 흡수한다.
ㄴ. 반응물이 주위로부터 열을 흡수하면서 생성물이 되므로 물질의 에너지는 생성물이 반응물보다 크다.
ㄷ. 흡열 반응으로 반응이 일어날 때 주위의 온도가 낮아지므로 이 반응을 냉각 팩에 이용할 수 있다.

07 A: 흑연이 다이아몬드로 변하는 반응은 흡열 반응이므로 이 과정에서 주위의 온도는 낮아진다.
B: 물질이 가진 에너지는 다이아몬드가 흑연보다 크므로 다이아몬드가 흑연으로 변하는 반응에서는 열을 방출한다.
[오답 피하기] C: 흑연이 다이아몬드로 변하는 반응이 흡열 반응이므로 에너지는 다이아몬드가 흑연보다 크다.

08 ㄱ. A(s)가 용해될 때 용액의 온도가 높아지므로 A(s)의 용해 반응은 발열 반응이고, B(s)가 용해될 때 용액의 온도가 낮아지므로 B(s)의 용해 반응은 흡열 반응이다.
ㄴ. 같은 질량의 용질이 용해될 때 용액의 온도 변화는 A(s)가 B(s)보다 크므로 1 g이 용해될 때 출입하는 열량은 A(s)가 B(s)보다 크다.
[오답 피하기] ㄷ. A의 용해 반응은 발열 반응이므로 냉각 장치가 아닌 발열 장치에 사용할 수 있다.

09 **자료 분석 하기**

물의 분해
- (가)는 빛에너지, (나)는 전기 에너지를 이용한 물의 분해 장치이다.
- (가)와 (나)에서 일어나는 반응에서 원자의 산화수 변화는 다음과 같다.

$$2H_2O \longrightarrow 2H_2 + O_2$$

환원: H +1 → 0
산화: O −2 → 0

ㄱ. (가)는 빛에너지, (나)는 전기 에너지를 이용하여 물을 분해하는 반응이다. 즉, 물을 분해할 때 빛 또는 전기 에너지가 필요하다. 따라서 두 반응은 모두 흡열 반응이다.
ㄴ. 구성 원자의 산화수가 변하므로 모두 산화 환원 반응이다.
ㄷ. 물이 분해되어 (가)와 (나)에서 산소와 수소가 생성된다.

10 ㄱ, ㄷ. 나프탈렌 2.0 g이 연소할 때 발생하는 열은 열량계 속 물과 열량계가 모두 흡수한다. 물이 흡수한 열량=물의 비열×물의 질량×물의 온도 변화로 구하며, 통이 흡수한 열량=통열량계의 열용량×온도 변화로 구한다. 이로부터 필요한 자료는 물의 비열과 통열량계의 열용량이다.
ㄹ. 1몰이 연소할 때 발생하는 열량을 구하려면 나프탈렌 2.0 g을 몰로 환산해야 하므로 나프탈렌의 분자량이 필요하다.
[오답 피하기] ㄴ. 나프탈렌 연소 반응에서 발생하는 열량을 구하는 과정에서 나프탈렌의 비열은 사용되지 않는다.

11 **고난도 문제 해결 전략**

STEP 1 출제 의도 파악하기
열량계를 이용하여 반응에서 출입하는 열량을 측정하는 원리를 이해하고 있는지 평가하는 문제이다.

STEP 2 관련 개념 모으기
❶ 화학 반응에서 출입하는 열의 측정 방법은?
➡ 열량계 속에서 반응시켰을 때 열량계와 열량계 속 물이 얻거나 잃은 열량을 측정한다.

❷ 열량을 구하기 위해 측정하거나 조사해야 하는 자료는?
➡ 물이 얻은 열량을 구하기 위해서는 물의 온도 변화와 물의 질량을 측정하고, 물의 비열을 조사한다. 또 열량계가 얻은 열량을 구하기 위해서는 열량계의 열용량을 조사하고, 온도 변화를 측정한다.

탄소 0.6 g이 완전 연소할 때 발생한 열량은 열량계가 흡수한 열량과 같다. 열량계가 흡수한 열량=열량계의 열용량×온도 변화=40 kJ/℃×0.5 ℃=20 kJ이다. 탄소 0.6 g은 0.05몰이므로 1몰이 완전 연소할 때 발생하는 열량은 400 kJ이다.

12 고난도 문제 해결 전략

STEP 1 출제 의도 파악하기

몇 가지 용질이 용해될 때 출입하는 열량으로부터 일정량의 용질이 용해될 때 온도 변화를 구할 수 있는지 평가하는 문제이다.

STEP 2 관련 개념 모으기

❶ 용질이 용해될 때 방출하는 열량의 측정 방법은?

➡ 물의 질량, 물의 온도 변화, 물의 비열을 곱하여 구한다.

ㄴ. $HCl(g)$와 $H_2SO_4(l)$을 각각 물에 녹여 0.1 M 용액을 만들 때 각 물질 0.1몰을 녹여 1 L를 만든다. 자료에서 각 물질 1몰이 용해될 때 방출되는 열량은 H_2SO_4이 HCl보다 크므로 각 물질 0.1몰이 용해될 때 방출되는 열량 또한 H_2SO_4이 HCl보다 크다.

[오답 피하기] ㄱ. g당 연소열은 $HCl(g)$ $\frac{75}{36.5}$, $NaOH(s)$ $\frac{45}{40}$, $H_2SO_4(l)$ $\frac{95}{98}$이므로 용액의 온도가 가장 높아지는 것은 $HCl(g)$이다.

ㄷ. 0.1 M $NaOH(aq)$ 1 L는 1000 mL이고, 수용액의 밀도가 1 g/mL이므로 질량은 1000 g이다. NaOH 0.1몰이 용해될 때 발생하는 열량은 4.5 kJ이고, 이 열을 모두 용액이 흡수하므로 4500 J=4 J/(g·℃)×1000 g×Δt이다. 따라서 Δt=1.125 ℃이다.

핵심 정리 Ⅳ 단원 마무리 218~219쪽

❶ 정반응 ❷ 역반응 ❸ 동적 평형 ❹ 물의 자동 이온화 ❺ 1.0×10^{-14} ❻ 산성 ❼ 중성 ❽ 염기성 ❾ < ❿ = ⓫ > ⓬ 수소 ⓭ 수산화 ⓮ 내놓는 ⓯ 받는 ⓰ 물 ⓱ $H^+(aq) + OH^-(aq) \longrightarrow H_2O(l)$ ⓲ 중화점 ⓳ 얻음. ⓴ 잃음. ㉑ 잃음. ㉒ 얻음. ㉓ 증가 ㉔ 감소 ㉕ 산화제 ㉖ 환원제 ㉗ 방출 ㉘ 흡수 ㉙ 높아짐. ㉚ 낮아짐.

실력 점검 Ⅳ 단원 평가 문제 220~223쪽

01 ②	02 ③	03 ③	04 ①	05 ①
06 ③	07 ②	08 ⑤	09 ⑤	10 ⑤
11 ④	12 ⑤	13 학생 C	14 ③	

1등급을 완성하는 서술형 문제

15 해설 참조 16 해설 참조 17 해설 참조

01 ㄷ. (다)의 반응에서 밀폐 용기에 $NO_2(g)$ 또는 $N_2O_4(g)$를 넣고 충분한 시간이 지나면 동적 평형에 도달하므로 용기 속에는 $NO_2(g)$와 $N_2O_4(g)$가 함께 존재한다.

[오답 피하기] ㄱ. (가)는 산과 금속이 반응하여 기체를 발생하는 반응으로 정반응만 일어나고 역반응은 거의 일어나지 않는 비가역 반응이다.

ㄴ. (나)는 산과 염기의 중화 반응으로 정반응만 일어나고 역반응은 거의 일어나지 않는 비가역 반응이므로 동적 평형에 도달하지 않는다.

02 ㄱ. 화학 반응식의 계수비로부터 반응하고 생성되는 물질의 양적 관계를 알 수 있다. 평형에 도달할 때까지 반응한 SO_3의 양(mol)을 $2x$라고 하면 생성된 SO_2과 O_2의 양은 각각 $2x$, x이므로 평형 상태에서 SO_3의 양(mol)은 $(1-2x)$이고, SO_2과 O_2의 양(mol)은 각각 $2x$, x이다.

	$2SO_3(g)$	$\rightleftharpoons$ $2SO_2(g)$	+ $O_2(g)$
반응 전(몰)	1		
반응(몰)	$-2x$	$+2x$	$+x$
평형(몰)	$1-2x$	$2x$	x

평형에서 용기 속 전체 기체의 양은 $(1+x)$ mol이 되므로 x=0.2이다. 평형에서 용기에 들어 있는 각 물질의 양은 SO_3이 0.6 mol, SO_2이 0.4 mol, O_2가 0.2 mol이고, 용기의 부피가 1 L이므로 SO_2의 몰 농도는 0.4 M이다.

ㄴ. 평형에서 SO_3이 0.6 mol이고, O_2가 0.2 mol이므로 $\frac{SO_3\text{의 양(mol)}}{O_2\text{의 양(mol)}}$=3이다.

[오답 피하기] ㄷ. 화학 평형에 도달한 시점부터 정반응 속도와 역반응 속도가 같으므로 반응물과 생성물의 몰 농도가 일정하게 유지된다. 따라서 $\frac{[SO_2]}{[SO_3]}$는 일정하다.

03 ㄱ. 순수한 물에서 물이 자동 이온화하여 생성된 H_3O^+과 OH^-의 양은 같고, 물의 이온화 상수 K_w는 물이 이온화하여 생성된 $[H_3O^+]$와 $[OH^-]$의 곱이다. 25 ℃에서 K_w가 1.0×10^{-14}이므로 $[H_3O^+]=1.0\times10^{-7}$ M이다. 따라서 pH는 7이다.

ㄷ. 60 ℃에서 물의 이온화 상수는 9.6×10^{-14}이므로 $[H_3O^+]=[OH^-]>1.0\times10^{-7}$ M이다.

[오답 피하기] ㄴ. 40 ℃일 때도 물이 자동 이온화하여 생성된 H_3O^+과 OH^-의 양은 같으므로 물은 중성이다.

04 ㄱ. (가)에서 $[H_3O^+]$=0.1 M이고, 25 ℃에서 $[H_3O^+][OH^-]=1.0\times10^{-14}$이므로 $[OH^-]=1.0\times10^{-13}$ M이다. 따라서 $\frac{[H_3O^+]}{[OH^-]}=\frac{1\times10^{-1}}{1\times10^{-13}}=1\times10^{12}$이다.

[오답 피하기] ㄴ. (나)에서 $[OH^-]$=0.1 M이고, 25 ℃에서 $[H_3O^+][OH^-]=1.0\times10^{-14}$이므로 $[H_3O^+]=1.0\times10^{-13}$ M이다. 따라서 pH는 13이다.

ㄷ. (가)의 pH는 1이고, (나)의 pH는 13이므로 pH는 (나)가 (가)보다 12만큼 크다.

05 ㄱ. (가)에서 H_2A는 H^+을 내놓으므로 브뢴스테드 · 로리 산으로 작용한다.

[오답 피하기] ㄴ. (나)에서 HA^-은 H^+을 내놓으므로 브뢴스테드 · 로리 산으로 작용한다.

ㄷ. H_2O은 (가)와 (나)에서 모두 H^+을 받으므로 브뢴스테드 · 로리 염기로 작용한다.

06 ㄱ. (나)에서 HCl는 H^+을 내놓으므로 아레니우스 산이다.

ㄴ. (다)에서 NH_3는 H^+을 받으므로 브뢴스테드 · 로리 염기로 작용한다.

[오답 피하기] ㄷ. (가)에서 H의 산화수는 0에서 +1로 1 증가하고, Cl의 산화수는 0에서 −1로 1 감소하므로 (가)는 물질을 구성하는 원자의 산화수가 변하는 산화 환원 반응이다. 반면 (나)와 (다)에서는 구성 원자의 산화수가 변하지 않으므로 산화 환원 반응이 아니다. (나)와 (다)는 산 염기 반응이다.

07 ㄴ. X는 중화 반응이 진행되는 동안 그 수가 일정하므로 HCl(aq)의 구경꾼 이온인 Cl^-이다. 또 Y는 넣어준 NaOH(aq)의 부피에 비례하여 그 수가 증가하므로 NaOH(aq)의 구경꾼 이온인 Na^+이다. X와 Y의 수가 같아지는 지점인 B가 중화점이고, A는 중화 반응이 절반 진행된 지점이므로 생성된 물 분자의 양은 B에서가 A에서의 2배이다.

[오답 피하기] ㄱ. Y의 수는 넣어 준 NaOH(aq)의 부피에 비례한다. 용액 속 Y 이온 수는 B에서가 A에서의 2배이지만 용액의 부피는 B에서가 A에서의 1.5배이므로 단위 부피당 Y의 수는 B에서가 A에서의 2배보다 작다.

ㄷ. 일정량의 HCl(aq)에 NaOH(aq)을 가하면 넣어 준 NaOH(aq)의 OH^-이 같은 수의 H^+과 반응하여 없어진 수만큼 Na^+이 들어오므로 중화점까지 용액 속 전체 이온 수는 반응 전 HCl(aq)에 들어 있는 이온 수와 같다. 즉, 전체 이온 수는 A와 B에서 같다. 그런데 용액의 부피는 B가 A보다 크므로 단위 부피당 전체 이온 수는 A에서가 B에서보다 크다.

08 자료 분석 하기

중화 반응에서 양이온 모형

HCl(aq) 10 mL 속 H^+의 수가 4이다.

B는 $Ca(OH)_2$이므로 ▲은 Ca^{2+}이고 B(aq) 5 mL에 들어 있는 Ca^{2+}의 수는 2, OH^-의 수는 4이다.

A(aq) B(aq) (가) (나)

A(aq) 5 mL를 넣을 때 H^+이 2개 감소하고, ■이 2개 증가하므로 ■은 전하가 +1인 양이온이다. ➡ A는 NaOH이다.

ㄱ. HCl(aq) 10 mL에 들어 있는 H^+의 수가 4이므로 Cl^-의 수는 4이다. (가)에는 H^+이 존재하므로 산성 용액이고, 산성 용액에 존재하는 음이온은 Cl^-이며, 이온 수는 4이다. 양이온 수 또한 4이므로 ■은 전하가 +1인 양이온이어야 한다. 따라서 A는 NaOH이다.

ㄴ. B는 $Ca(OH)_2$이고, 그 양이온인 ▲은 Ca^{2+}이다. B(aq) 5 mL에 들어 있는 Ca^{2+}의 수가 2이므로 OH^-의 수는 4이다. 따라서 (나)에 들어 있는 OH^-의 수는 2이므로 $\frac{OH^-\text{의 수}}{Na^+\text{의 수}}$는 1이다.

ㄷ. (나)에는 OH^-이 2개 들어 있고, HCl(aq) 10 mL에 들어 있는 H^+은 4개이므로 (나)에 HCl(aq) 5 mL를 넣어 주면 완전히 중화한다.

09 자료 분석 하기

중화 반응에서 입자 모형

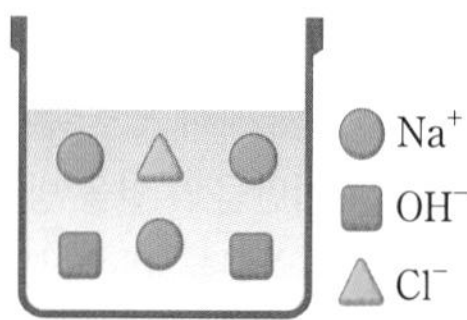

• Na^+과 Cl^-은 구경꾼 이온으로 반응 전후 그 수가 변하지 않는다.
➡ HCl(aq) 5 mL에 들어 있는 Cl^-의 수(=H^+의 수)는 1이고, NaOH(aq) 10 mL에 들어 있는 Na^+의 수(=OH^-의 수)는 3이다.

ㄱ. HCl(aq) 5 mL에 들어 있는 H^+의 수와 Cl^-의 수는 각각 1이고, NaOH(aq) 10 mL에 들어 있는 Na^+의 수와 OH^-의 수는 각각 3이므로 단위 부피에 들어 있는 양이온 수는 HCl(aq)이 2일 때 NaOH(aq)은 3이므로 NaOH(aq)이 HCl(aq)보다 크다.

ㄴ. 혼합 용액에는 OH^-이 들어 있으므로 혼합 용액은 염기성이다. 따라서 혼합 용액의 pH는 7보다 크다.

ㄷ. 혼합 용액을 완전 중화시키기 위해서는 H^+의 수가 2인 양만큼의 HCl(aq)이 필요하다. 즉, 혼합 용액을 완전 중화시키기 위해 필요한 HCl(aq)의 부피는 10 mL이다.

10 ㄱ. 통속에서 일어난 반응의 화학 반응식은 $2Mg + CO_2 \longrightarrow 2MgO + C$이다. Mg은 전자를 잃고 Mg^{2+}으로 산화된다.

ㄴ. CO_2는 산소를 잃고 C로 환원된다. 즉, 자신이 환원되면서 다른 물질을 산화시키는 산화제이다.

ㄷ. C의 산화수는 CO_2에서 +4이고, 원소 C에서 0이므로 C의 산화수는 감소한다.

11 ㄴ. (가)에서 H의 산화수는 0에서 +1로 1 증가한다. 즉, H_2는 자신이 산화되면서 다른 물질을 환원시키는 환원제이다.

ㄷ. (나)에서 Cu^{2+} 1몰이 Cu로 될 때 전자 2몰을 얻는다. 따라서 Cu 1몰이 생성될 때 이동한 전자의 양은 2몰이다.

[오답 피하기] ㄱ. (가)에서 N 원자의 산화수는 0에서 −3으로 3 감소한다.

12 ㄱ. MnO_4^-에서 O의 산화수는 −2이므로 Mn의 산화수는 +7이다. 또 이온의 산화수는 그 전하와 같으므로 Mn의 산화수는 Mn^{2+}에서 +2이다. 즉, Mn의 산화수는 +7에서 +2로 5 감소하므로 x=5이다.

ㄴ. (다)에서 산화수 변화가 없는 H와 O의 원자 수가 같도록 계수를 맞춘다. 반응물에 있는 산소 원자의 수가 4이므로 산소를 포함한 H_2O의 계수 f는 4이다. f가 4이므로 H 원자 수는 8로 반응물에서 H를 포함한 H^+의 계수 c는 8이다.

ㄷ. 산화 환원 반응식을 완성하면 다음과 같다.

$$5Co^{2+}(aq) + MnO_4^-(aq) + 8H^+(aq) \longrightarrow 5Co^{3+}(aq) + Mn^{2+}(aq) + 4H_2O(l)$$

Co^{2+}과 MnO_4^-의 반응 몰비가 5 : 1이므로 Co^{2+} 1몰을 완전히 산화시키기 위해 필요한 MnO_4^-의 양은 0.2몰이다.

13 C: 발열 반응이 일어날 때 주위로 열을 방출하므로 온도가 높아진다.

[오답 피하기] A: 화학 반응에서 반응물과 생성물의 에너지가 달라지고, 그 에너지 차이만큼의 열을 방출하거나 흡수한다.

B: 흡열 반응은 열을 흡수하는 반응이므로 생성물의 에너지 합이 반응물의 에너지 합보다 크다.

14 ㄱ. X가 용해될 때 용액의 온도가 낮아지므로 흡열 반응이다.

ㄴ. Y가 용해될 때 용액의 온도가 높아지므로 발열 반응이다. 따라서 용해 과정에서 열을 방출한다.

[오답 피하기] ㄷ. 1몰의 용질이 용해될 때 용액의 온도 변화는 Y가 용해될 때가 더 크므로 1몰이 용해될 때 출입하는 열량은 Y가 X보다 크다. 그러나 X와 Y의 화학식량을 모르므로 1 g이 용해될 때 출입하는 열량은 비교할 수 없다.

15 예시 답안 물의 증발과 응축이 동적 평형에 도달하여도 증발이나 응축이 멈춘 것이 아니라 같은 속도로 일어나고 있기 때문이다.

채점 기준	배점(%)
동적 평형으로 옳게 설명한 경우	100
증발과 응축이 계속 일어난다고만 쓴 경우	60

16 예시 답안 산이 내놓은 H^+의 양(mol)과 염기가 내놓은 OH^-의 양(mol)이 같아야 하므로 필요한 NaOH(aq)의 부피를 V라고 하면 $2\times0.2\times0.2+1\times0.3\times0.2=1\times0.4\times V$의 식이 성립한다. 이 식을 풀면 $V=0.35$이다. 즉, 0.4 M NaOH 수용액 350 mL가 필요하다.

채점 기준	배점(%)
풀이 과정과 답이 모두 옳은 경우	100
풀이 과정은 옳으나 답이 틀린 경우	60

17 예시 답안 에탄올이 연소할 때 방출하는 열량은 용기 속 물이 모두 흡수한다고 가정하므로 물이 흡수한 열량을 구하기 위해 물의 질량과 물의 연소 전 물의 온도를 측정한다. 또한 연소한 에탄올의 질량을 알아야 하므로 연소시키기 전 에탄올이 들어 있는 알코올램프의 질량을 측정한다. 일정 시간 연소시킨 다음 물의 최고 온도를 측정하고, 연소 후 알코올램프의 질량을 측정하여 연소한 에탄올의 질량을 구한다. 물의 비열을 조사한다.

채점 기준	배점(%)
필요한 자료를 모두 설명한 경우	100
필요한 자료 중 일부 누락된 경우	60

시험대비편

10분 TEST 문제

Ⅰ. 화학의 첫 걸음

01. 우리 생활 속의 화학 2쪽

01 ㉢ 02 ㉠ 03 ㉡ 04 ㉣ 05 암모니아 06 천연 07 합성 08 천연 09 합성 10 탄화수소 11 탄소 화합물 12 × 13 ○ 14 ○ 15 메 16 메 17 아 18 ㄷ 19 ㄱ, ㄹ

01~02 식량 문제를 해결하기 위해 화학 비료의 개발, 살충제, 제초제의 사용, 비닐의 사용 등의 방법으로 농업 생산량이 증가하였다. 아스피린과 페니실린의 합성은 질병으로 인한 인간의 고통을 덜어주는데 크게 기여하였다.

05 식물의 생장에는 질소가 꼭 필요하고, 하버는 질소와 수소를 반응시켜 암모니아를 대량으로 합성하는 공정을 개발하였다. 이 암모니아를 원료로 화학 비료를 대량으로 생산하게 되면서 농업 생산량이 증대되었다.

10~11 탄소가 기본이 되어 다른 원소들과 결합하여 이루어진 화합물을 탄소 화합물이라고 하고, 탄소 화합물 중 탄소와 수소로만 이루어진 물질을 탄화수소라고 한다. 가장 간단한 탄화수소는 탄소 원자 1개와 수소 원자 4개로 구성된 메테인(CH_4)이다.

12 C 원자는 원자가 전자가 4개이므로 최대 4개의 다른 원자(C, H, O, N 등)와 공유 결합을 할 수 있다.

18~19 메테인의 분자식은 CH_4, 에탄올의 분자식은 C_2H_5OH, 뷰테인의 분자식은 C_4H_{10}, 아세트산의 분자식은 CH_3COOH이다.

02. 몰과 화학식량 3쪽

01 ○ 02 ○ 03 × 04 원자량 05 화학식량 06 18 07 44 08 46 09 2몰 10 34 g 11 $6\times6.02\times10^{23}$ 12 ○ 13 × 14 ○ 15 2몰 16 5.6 L 17 $\frac{3}{4}\times6.02\times10^{23}$ 18 ㄷ, ㅁ, ㅂ 19 ㉠ 11.2, ㉡ 1.7, ㉢ 0.1, ㉣ 45

09 0 ℃, 1기압에서 기체 1몰의 부피는 22.4 L이므로 NH_3 기체 44.8 L의 양(mol)은 2몰이다.

10 NH_3 1몰의 질량은 (N의 원자량 14)+(H의 원자량 1)×3 =17이므로 NH_3 2몰의 질량은 34 g이다.

11 NH_3 1몰에 들어 있는 수소 원자는 3몰이므로 수소 원자 수는 $2\times3\times6.02\times10^{23}$이다.

13 메테인(CH_4)과 질소(N_2)의 분자량이 다르므로 1 g의 양이 달라 부피는 서로 다르다.

14 같은 질량에 들어 있는 분자의 양(mol)은 분자량에 반비례하므로 1 g에 들어 있는 분자 수는 분자량이 작은 질소(N_2) 기체가 산소(O_2) 기체보다 많다.

15 아세트산(CH_3COOH)의 분자량은 60이므로 아세트산 30 g은 0.5몰이고, 아세트산 1분자 속 H의 양(mol)은 4몰이므로 H의 양(mol)은 2몰이다.

16 산소(O_2) 8 g은 0.25몰이므로 부피는 0.25몰×22.4 L/몰 =5.6 L이다.

17 이산화 탄소(CO_2) 11 g은 0.25몰이고, CO_2 1분자에 들어 있는 원자 양(mol)은 3몰이므로 원자의 총수는 $\frac{3}{4}\times6.02\times10^{23}$이다.

18 기체의 양(mol)이 같으면 분자 수가 같고, 같은 온도와 압력에서 기체의 분자 수가 같으면 기체의 종류에 관계없이 부피가 같다. 또한 CO_2와 O_2는 분자당 산소 원자 수가 같으므로 산소 원자 수도 같다.

03. 화학 반응식과 양적 관계 4쪽

01 × 02 ○ 03 × 04 2, 1, 2 05 0.5몰 06 16 g 07 ㉠ $\frac{1}{2}$, ㉡ C 1몰의 질량(또는 화학식량) 08 $2X_2(g) + Y_2(g) \longrightarrow 2X_2Y(g)$ 09 2.4 L 10 3.6 g 11 ㉠ 1.5, ㉡ 1.0, ㉢ 3, ㉣ 11.2 12 A_2, 15 L

03 화학 반응식을 완성할 때 반응물과 생성물을 이루는 원자의 종류와 개수가 같아지도록 계수를 맞춘다.

05 화학 반응식의 계수비는 반응 몰비와 같으므로 메테인과 이산화 탄소의 반응 몰비는 1 : 1이다. 따라서 메테인 0.5몰(8 g)이 반응하면 이산화 탄소 0.5몰이 생성된다.

06 산소와 물의 반응 몰비는 1 : 1이므로 물 9 g(0.5몰)이 생성될 때 반응한 산소의 질량은 16 g(0.5몰)이다.

08 반응한 분자 수비는 $X_2 : Y_2 : X_2Y=4 : 2 : 4=2 : 1 : 2$이므로 화학 반응식의 계수비는 $X_2 : Y_2 : X_2Y=2 : 1 : 2$이다.

09 Na(s) 4.6 g은 0.2몰이고, Na(s)과 H_2의 반응 몰비는 2 : 1이므로 생성되는 H_2의 양은 0.1몰(=2.4 L)이다.

09 Na(s)과 H_2O의 반응 몰비는 1 : 1이므로 반응한 H_2O의 양은 0.2몰(=3.6 g)이다.

12 반응 부피비는 $A_2 : B_2 : AB_2=1 : 2 : 2$이므로 A_2 7.5 L와 B_2 15 L가 반응하여 AB_2 15 L가 생성되고, A_2 7.5 L가 남는다.

04. 몰 농도 5쪽

01 ○ 02 × 03 × 04 ○ 05 × 06 > 07 = 08 > 09 (다)-(가)-(나) 10 ㉠ 4, ㉡ 부피 플라스크 11 1.17 g 12 × 13 × 14 ○

02 퍼센트 농도가 같더라도 용질의 화학식량이 다르므로 입자 수는 다르다.

03 몰 농도는 용액 1 L 속에 들어 있는 용질의 양(mol)이다.

05 용액의 부피는 온도에 따라 달라지므로 온도가 변하면 몰 농도는 달라진다.

06 용질의 양=$\frac{\text{용질의 질량}}{\text{용질의 화학식량}}$이므로 용질의 화학식량이 작은 포도당이 더 크다.

08 용질의 양(mol)이 포도당>설탕이므로 몰 농도는 포도당 수용액>설탕 수용액이다.

09 (가) 12 % 포도당 수용액 100 g 속 포도당의 질량은 12 g이므로 $\frac{12\text{ g}}{180\text{ g/몰}}$≒0.07몰, (나) 0.1 M×0.5 L=0.05몰, (다) 0.05 M×2 L=0.1몰이다.

11 필요한 NaCl의 양(mol)은 0.2 M×0.1 L=0.02몰이므로 0.02몰×58.5 g/몰=1.17 g이다.

12 용질의 질량은 (가) 10 g, (나) 18 g이다.

13 퍼센트 농도는 (가) 10 %, (나) 18 %이다.

14 몰 농도는 (가) 약 1.7 M, (나) 1 M이다.

II. 원자의 세계

05. 원자의 구조 6쪽

01 ○ 02 × 03 ○ 04 ㉠ (+), ㉡ (+), ㉢ 원자핵 05 ㉠ 7, ㉡ 8, ㉢ 10 06 (가) 12, (나) 12, (다) 14, (라) 14 07 (나)와 (다) 08 (가) 12, 10, (나) 10, 10 09 ㉠ 1, ㉡ C, ㉢ D, ㉣ D

01 음극선이 지나가는 길에 장애물을 설치하였을 때 그림자가 생기는 것으로부터 음극선이 직진하는 성질이 있다는 것을 알 수 있다.

02 음극선이 지나가는 길에 전기장을 걸어 주었을 때, 음극선이 (+)극 쪽으로 휘어지는 것으로부터 음극선은 (−)전하를 띠고 있다는 것을 알 수 있다.

03 음극선이 지나가는 길에 바람개비를 놓아두었을 때 바람개비가 회전한 것으로부터 음극선이 질량을 가진 입자의 흐름이라는 것을 알 수 있다.

04 (+)전하를 띤 알파(α) 입자들을 얇은 금박에 충돌시킬 때 대부분의 α 입자들이 금속박을 그대로 통과하는 것으로부터 원자의 대부분은 빈 공간임을 알 수 있다. 또한, 극히 일부의 알파(α) 입자들의 진로가 크게 휘거나 튕겨 나오는 것으로부터 원자의 중심에는 (+)전하를 띤 질량이 매우 큰 원자핵이 존재한다는 것을 알 수 있다.

05 질량수는 양성자수+중성자수이다. 따라서 A의 양성자수는 15−8=7이다. 또, 원자 번호=양성자수=원자의 전자 수이며, B의 양성자수가 8이므로 원자 번호도 8이다. 원자 C의 양성자수는 11이고, 원자의 전자 수도 11이다. C^+은 원자 C보다 전자가 1개 더 적으므로 C^+의 전자 수는 10이다.

06 질량수는 양성자수+중성자수이므로 (가)의 중성자수는 23−11=12, (나)의 중성자수는 24−12=12, (다)의 중성자수는 26−12=14, (라)의 중성자수는 27−13=14이다.

07 동위 원소는 양성자수(원자 번호)는 같지만 중성자수가 달라 질량수가 다른 원소이다. (나)와 (다)의 양성자수는 12로 같고, 질량수가 (나)는 24, (다)는 26으로 다르므로 (나)와 (다)는 동위 원소이다.

08 원소 기호의 왼쪽 위의 수는 질량수이고, 왼쪽 아래의 수는 양성자수이다. (가)의 중성자수는 23−11=12이고, 양성자수가 11인데 +1의 양이온이므로 A^+의 전자 수는 10이다. (나)의 중성자수는 19−9=10이고, 양성자수가 9인데 −1의 음이온이므로 B^-의 전자 수는 10이다.

06. 현대 원자 모형 7쪽

01 ㉠ 선, ㉡ 보어, ㉢ 전자 껍질 02 ㉠ 바닥, ㉡ 흡수 03 ○
04 × 05 ○ 06 ○ 07 × 08 × 09 (가)<(나)
10 (가) 11 (가) 0, (나) 1 12 ○ 13 ○ 14 × 15 ×
16 $3s$, $3p$, $3d$

01 수소 방전관에서 방출되는 빛을 프리즘에 통과시키면 불연속적인 선 스펙트럼이 나타난다. 이는 수소를 방전시킬 때 발생하는 빛이 일부 파장의 빛만을 포함하고 있기 때문이다. 이 불연속적인 선 스펙트럼을 설명하기 위해 보어는 원자 모형을 제안하였다. 보어는 원자핵 주위의 전자는 특정한 에너지를 갖는 궤도를 따라 원운동을 하며 이 궤도를 전자 껍질이라고 한다.

04 s 오비탈은 모든 전자 껍질에 1개씩 존재하며, 주 양자수(n)에 따라 $1s$, $2s$, $3s$…로 나타낸다.

05 p 오비탈은 아령 모양으로, 원자핵으로부터의 거리와 방향에 따라 전자를 발견할 확률이 달라진다. p_x, p_y, p_z 오비탈에서는 각각 yz 평면, zx 평면, xy 평면과 대칭점(원자핵)에서 전자가 발견될 확률이 0이다.

06 주 양자수(n)는 오비탈의 에너지 준위를 결정하는 양자수이며, 주 양자수가 클수록 오비탈의 크기가 크고 에너지가 높아진다.

07 방위 양자수는 오비탈의 모양을 결정하는 양자수이며, 주 양자수가 n일 때 0부터 $n-1$까지 n개 존재한다.

08 자기 양자수는 오비탈의 공간적인 방향을 결정하는 양자수이며, 전자의 운동 방향에 따라 결정되는 양자수는 스핀 자기 양자수이다.

09 (가)는 $2s$ 오비탈이고, (나)는 $2p_x$ 오비탈이다. 다전자 원자에서 오비탈의 에너지 준위는 $2s$ 오비탈<$2p$ 오비탈이다.

10 s 오비탈은 공 모양으로 방향에 관계없이 원자핵으로부터 거리가 같으면 전자가 발견될 확률이 같다. p 오비탈은 아령 모양으로 원자핵으로부터의 거리와 방향에 따라 전자를 발견할 확률이 달라진다.

12 방위 양자수가 l일 때, 자기 양자수는 $-l \sim +l$까지의 정숫값으로 존재한다. (가)와 (나)는 s 오비탈이며, s 오비탈의 방위 양자수는 0이므로 자기 양자수도 0이다.

13 다전자 원자의 에너지 준위는 $1s<2s<2p<3s$ …이다. 따라서 (나) $2s$ 오비탈은 (가) $1s$ 오비탈보다 에너지 준위가 높다.

14 (나)는 $2s$ 오비탈로 $2p$ 오비탈보다 에너지가 낮고, (다)~(마)는 $2p$ 오비탈이며, 방향이 다를 뿐 에너지 준위는 모두 같다.

07. 전자 배치 규칙 8쪽

01 × 02 ○ 03 × 04 $1s^2\,2s^2\,2p^6$ 05 $1s^2\,2s^2\,2p^6$
06 $1s^2\,2s^2\,2p^6\,3s^2\,3p^6\,4s^1$ 07 ○ 08 × 09 ○ 10 들뜬
11 바닥 12 쌓음 원리, 파울리 배타 원리, 훈트 규칙 13 A: 4, C: 6 14 $1s^2\,2s^2\,2p^3$ 15 $1s^2\,2s^2\,2p^5$

01 다전자 원자의 경우 에너지 준위는 주 양자수뿐만 아니라 방위 양자수(l)에 따라서도 달라진다. 따라서 $4s$ 오비탈보다 $3d$ 오비탈의 에너지 준위가 더 높으므로 전자는 $4s$ 오비탈이 먼저 채워지고 $3d$ 오비탈이 채워진다.

02 파울리 배타 원리에 따르면 1개의 오비탈에 들어갈 수 있는 전자 수는 최대 2이며, 이때 두 전자의 스핀 방향은 반대여야 한다.

03 한 오비탈에 배치된 쌍을 이룬 전자들을 전자쌍이라고 하고, 오비탈에서 쌍을 이루지 않은 전자를 홀전자라고 한다. 훈트 규칙에 따르면 에너지 준위가 같은 오비탈에 전자가 배치될 때 홀전자 수가 클수록 안정한 전자 배치이다.

04 Mg의 양성자수는 12로 원자에는 12개의 전자가 존재하는데, 전자 2개를 잃고 Mg^{2+}이 된다. 따라서 $1s$ 오비탈에 전자 2개, $2s$ 오비탈에 전자 2개, $2p$ 오비탈에 전자 6개가 채워진다.

05 O의 양성자수는 8로 원자에는 8개의 전자가 존재하는데, 전자 2개를 얻어 O^{2-}이 된다. 따라서 $1s$ 오비탈에 전자 2개, $2s$ 오비탈에 전자 2개, $2p$ 오비탈에 전자 6개가 채워진다.

06 K의 양성자수는 19로 원자에는 19개의 전자가 존재한다. 따라서 $1s$ 오비탈에 전자 2개, $2s$ 오비탈에 전자 2개, $2p$ 오비탈에 전자 6개, $3s$ 오비탈에 전자 2개, $3p$ 오비탈에 전자 6개, $4s$ 오비탈에 전자 1개가 채워진다.

08 (나)는 한 오비탈에 배치된 전자 2개의 스핀 방향이 같게 배치되어 있으므로 파울리 배타 원리에 어긋난다.

09 (다)는 한 오비탈에 3개의 전자가 배치되어 있으므로, 한 오비탈에 최대 2개의 전자가 배치된다는 파울리 배타 원리에 어긋난다.

13 원자 A~D는 원자 번호가 연속적으로 증가하는 원소이며, 원자 번호 1~10 사이의 원소로 B의 홀전자 수가 3이므로 B는 N(질소)이다. 따라서 A는 탄소(C), B는 질소(N), C는 산소(O), D는 플루오린(F)이다. 탄소의 원자가 전자 수는 4이고, 산소의 원자가 전자 수는 6이다.

08. 주기율표 9쪽

01 ㉢ 02 ㉠ 03 ㉣ 04 ㉡ 05 ㉠ 주기율, ㉡ 원자가 전자, ㉢ 세로, ㉣ 주기율표 06 × 07 × 08 ○ 09 × 10 ○ 11 × 12 ㉠ 16, ㉡ 17, ㉢ 2 13 ㉠ 2, ㉡ 2, ㉢ 4 14 B 15 A

01 뉴랜즈의 옥타브설: 원소들을 원자량 순서로 배열했을 때 8번째마다 화학적 성질이 비슷한 원소가 나타난다.

02 되베라이너의 세 쌍 원소설: 화학적 성질이 비슷한 원소를 3개씩 묶어 세 쌍 원소로 분류하였다.

03 모즐리: 원소들을 원자 번호 순으로 배열하여 현대 주기율표의 틀을 만들었다.

04 멘델레예프: 원소들을 원자량 순으로 배열했을 때 성질이 비슷한 원소가 주기적으로 나타나는 것을 발견하고 최초의 주기율표를 작성하였다.

06 주기율표에서 세로줄을 족이라고 하며, 같은 족 원소들은 원자가 전자 수가 같다.

07 주기율표에서 가로줄을 주기라고 하며, 같은 주기의 원소들은 전자가 들어 있는 전자 껍질 수가 같다.

09 수소는 알칼리 금속이 아니다.

11 E와 F는 같은 3주기 원소로 전자가 들어 있는 전자 껍질 수가 같다. 화학적 성질이 비슷한 원소는 같은 족에 속하는 원소로 원자가 전자 수가 같은 원소이다.

15 바닥상태에서 홀전자 수는 A가 2, B가 1, C가 0이다.

09. 원소의 주기적 성질 10쪽

01 × 02 ○ 03 ○ 04 전자 껍질 수 05 감소 06 ㉠ 감소, ㉡ 증가 07 × 08 × 09 ○ 10 C 11 A 12 G 13 G 14 ○ 15 ○ 16 ×

01 다전자 원자에서는 다른 전자들이 원자핵의 (+)전하를 가리므로 원자가 전자가 느끼는 핵전하는 원자핵의 핵전하보다 작다.

04 전자 껍질 수가 많을수록 원자핵과 전자 사이의 거리가 멀어지므로 원자 반지름이 증가한다.

05 유효 핵전하가 클수록 원자핵과 전자 사이의 인력이 증가하기 때문에 원자 반지름이 감소한다.

06 같은 주기에서 원자 번호가 커질수록 원자 반지름은 감소하고, 같은 족에서 원자 번호가 커질수록 원자 반지름은 증가한다.

07 금속 원소가 안정한 양이온이 되면 전자 껍질 수가 감소하므로 이온 반지름이 원자 반지름보다 작다.

08 비금속 원소가 안정한 음이온이 되면 전자가 많아져 전자 사이의 반발력이 증가하고 유효 핵전하가 감소하므로 이온 반지름이 원자 반지름보다 크다.

10~13 같은 주기에서 이온화 에너지는 원자 번호가 커질수록 증가하고, 원자 반지름은 작아진다. 따라서 A는 F, B는 O, C는 N, D는 C, E는 B, F는 Be, G는 Li이다.

14 A는 F, B는 Ne, C는 Na, D는 Mg이다. A와 C의 안정한 이온의 전자 배치는 같으므로 등전자 이온이다. 등전자 이온은 원자 번호가 클수록 반지름이 작다.

15 C와 D는 각각 Na과 Mg으로 금속 원소이다.

16 비활성 기체인 B(Ne)는 안정하여 이온으로 되기 어렵다.

III. 화학 결합과 분자의 세계

10. 화학 결합의 전기적 성질과 이온 결합 11쪽

01 전기 분해　02 염　03 공　04 공　05 전자　06 옥텟 규칙
07 ㉠ 금속, ㉡ 비금속, ㉢ 인력, ㉣ 비활성 기체　08 B　09 A
10 (다)　11 Al_2O_3　12 ×　13 ○　14 ×　15 ㉠ 짧을, ㉡ 클

02 염화 나트륨 용융액을 전기 분해 하면 (−)극에서 금속 나트륨이, (+)극에서 염소 기체가 생성된다. 물을 전기 분해 하면 (−)극에서 수소 기체가, (+)극에서 산소 기체가 생성된다.

03 전기 에너지를 가하여 화합물을 분해할 때 (−)극에서는 전자를 얻는 반응이, (+)극에서는 전자를 잃는 반응이 일어난다.

04 • 염화 나트륨 용융액을 전기 분해 할 때 각 전극에서 일어나는 반응은 다음과 같다.
(−)극: $2Na^+(l) + 2e^- \longrightarrow 2Na(l)$
(+)극: $2Cl^-(l) \longrightarrow Cl_2(g) + 2e^-$
• 물을 전기 분해 할 때 각 전극에서 일어나는 반응은 다음과 같다.
(−)극: $4H_2O(l) + 4e^- \longrightarrow 2H_2(g) + 4OH^-(aq)$
(+)극: $2H_2O(l) \longrightarrow O_2(g) + 4H^+(aq) + 4e^-$
따라서 생성되는 물질의 양(mol)은 염화 나트륨 용융액과 물 모두 (−)극 : (+)극=2 : 1이다.

08 이온 결합은 인력과 반발력이 균형을 이루어 위치 에너지가 가장 낮은 거리에서 형성된다.

09 A는 반발력이 인력보다 우세하게 작용하며, C는 인력이 반발력보다 우세하게 작용한다.

11 이온 결합 물질은 전기적으로 중성이므로 양이온과 음이온은 양이온의 전체 전하량과 음이온의 전체 전하량이 같아지는 이온 수비로 결합한다.

12 이온 결합 물질은 고체 상태에서는 이온이 자유롭게 움직일 수 없으므로 전기 전도성이 없다.

14 이온 결합 물질은 양이온과 음이온이 강한 정전기적 인력으로 결합하여 생성되므로 상온에서 승화성이 없다. 상온에서 승화성이 있는 물질은 분자 결정이다.

11. 공유 결합과 금속 결합 12~13쪽

01 공유 결합　02 H: 헬륨(He), F: 네온(Ne)　03 2중 결합
04 3중 결합　05 단일 결합　06 단일 결합　07 2중 결합
08 B　09 A　10 r_2 pm　11 E_1 kJ/mol　12 분　13 원
14 공유(원자) 결정　15 ㉠ 자유 전자, ㉡ 인력　16 ㉠ +, ㉡ −, ㉢ 금속 양이온, ㉣ 자유 전자　17 자유 전자　18 뽑아낼 수 있는 성질(연성), 펼 수 있는 성질(전성)　19 ㉡　20 ㉣
21 ㉠　22 ㉢　23 ×　24 ×　25 ○　26 ○　27 ○
28 ×　29 ㉠ 원자, ㉡ 자유 전자, ㉢ 있음., ㉣ 있음., ㉤ 낮음.

03~07 두 원자 사이에 전자쌍 1개를 공유하는 결합은 단일 결합, 두 원자 사이에 전자쌍 2개를 공유하는 결합은 2중 결합, 두 원자 사이에 전자쌍 3개를 공유하는 결합은 3중 결합이다.

08 두 수소 원자 사이의 인력과 반발력이 균형을 이루어 에너지가 가장 낮은 지점에서 공유 결합이 형성된다.

11 수소 원자 2몰이 공유 결합을 하여 수소 분자 1몰을 형성할 때 E_1 만큼의 에너지를 방출하여 안정해지며, 반대로 1몰의 수소 분자에서 공유 결합을 끊으려면 E_1만큼의 에너지가 필요하다. 이처럼 기체 상태의 분자 1몰에서 공유 결합을 끊어 기체 상태의 원자를 만드는 데 필요한 에너지를 공유 결합 에너지라고 한다.

12 분자 결정은 물질을 구성하는 분자들이 분자 사이에 작용하는 약한 인력에 의해 결정을 이룬 것으로 녹는점과 끓는점이 낮고 부서지기 쉽다.

17 금속 결합 물질이 특유의 성질을 나타내는 것은 대부분 자유 전자 때문이다.

18 금속은 외부에서 힘이 가해져 변형이 일어나도 자유 전자가 금속 양이온 사이로 쉽게 이동하여 새로운 위치에서 금속 결합을 형성하므로 연성(뽑힘성)과 전성(펴짐성)이 매우 크다.

23 염화 나트륨은 고체 상태에서는 이온이 자유롭게 움직일 수 없으므로 전기 전도성이 없다.

24 설탕은 분자 결정이다.

28 이온 결정과 금속 결정은 모두 액체 상태에서 전기 전도성이 있으므로 액체 상태에서의 전기 전도성으로는 이온 결정과 금속 결정을 구별할 수 없다.

12. 결합의 극성 14쪽

01 전기 음성도　02 ○　03 ×　04 ○　05 ×　06 ×
07 ○　08 ○　09 ㉠ 무극성, ㉡ 전기 음성도, ㉢ 극성, ㉣ 음
10 수소(H) 원자　11 ○　12 ○　13 ○　14 ○　15 ×
16 ○　17 ㉠ 멀, ㉡ 클, ㉢ 양, ㉣ 음

03 전기 음성도는 공유 결합을 형성하고 있는 원자들이 공유 전자쌍을 끌어당기는 힘을 상대적으로 나타낸 것이므로 단위가 없다.

05 같은 족에서 원자 번호가 커질수록 전자 껍질 수가 많아져 원자핵과 전자 사이의 인력이 감소하므로 전기 음성도가 대체로 작아진다.

10 극성 공유 결합에서 공유 전자쌍은 전기 음성도가 큰 원자 쪽으로 치우치므로 전기 음성도가 작은 H 원자가 부분적인 양전하를 띤다.

12 전기 음성도 차가 크면 전자가 전기 음성도가 작은 원자에서 전기 음성도가 큰 원자로 이동하여 이온을 형성하여 이온 결합을 이룬다.

13 XZ의 결합은 전기 음성도가 다른 원자 사이의 결합으로 극성 공유 결합이다. 극성 공유 결합을 이룬 분자들은 결합의 쌍극자 모멘트를 가지므로 쌍극자 모멘트>0이다.

14 극성 공유 결합을 형성하는 X, Z는 비금속 원소이고, Z와 이온 결합을 형성하는 Y는 금속 원소이다.

15 금속 원소인 Y는 비금속 원소인 Z보다 전기 음성도가 작다.

13. 분자의 구조와 분자의 극성 15~16쪽

01 ㉠ 원자가 전자, ㉡ 다섯, ㉢ 홀전자 02 15족 03 ㉠ 2, ㉡ 4, ㉢ 2, ㉣ 2, ㉤ 4, ㉥ 2, ㉦ 4, ㉧ 4 04 Li^+: 헬륨(He), Cl^-: 아르곤(Ar) 05 루이스 구조식 06 ○ 07 ○ 08 × 09 ○ 10 ○ 11 × 12 ○ 13 ○ 14 × 15 ○ 16 ㉠ 평면 삼각형, ㉡ 정사면체, ㉢ 120°, ㉣ 109.5° 17 ㉠ 18 ㉣ 19 ㉡ 20 ㉢ 21 ○ 22 ○ 23 × 24 × 25 무 26 무 27 극 28 극 29 극 30 무 31 (가) 32 (가), (나), (마) 33 (가), (나), (다), (마) 34 (다), (라)

02 루이스 전자점식은 원자가 전자를 원소 기호 주위에 점으로 나타낸 것이므로 A의 원자가 전자 수는 점의 수와 같다.

03 결합에 참여한 두 원자가 서로 공유하는 전자쌍을 공유 전자쌍, 공유 결합에 참여하지 않아 한 원자에만 속해 있는 전자쌍을 비공유 전자쌍이라고 한다.

06 루이스 구조식에서 결합선의 수는 공유 전자쌍 수와 같다.

08 원자가 전자 수는 공유 전자쌍 수+비공유 전자쌍 수×2이므로 X, Y, Z의 원자가 전자 수는 각각 7, 4, 5이다.

10 분자의 모양을 결정할 때 다중 결합은 하나의 결합으로 취급하므로 Y 주위의 전자쌍 수는 2이다. 따라서 직선형 구조이다.

11 공유 결합으로 형성된 분자에서 중심 원자를 둘러싼 전자쌍들은 그들 사이의 반발력을 최소화하기 위해 가능한 한 멀리 떨어져 배치된다.

14 비공유 전자쌍은 주변의 전자쌍에 더 큰 반발력을 작용하므로 비공유 전자쌍 사이의 반발력은 공유 전자쌍 사이의 반발력보다 크다.

23 중심 원자 주위의 전자쌍의 총수가 같을 때 비공유 전자쌍 수가 많을수록 결합각이 작아진다. 따라서 결합각은 CH_4>NH_3>H_2O이다.

24 CH_4은 정사면체 구조, NH_3는 삼각뿔형 구조로 입체 구조이다. H_2O은 굽은 형 구조로 평면 구조이다.

25~27 분자 내 전하가 고르게 분포되어 부분적인 전하를 띠지 않는 분자는 무극성 분자, 분자 내 전하가 한쪽으로 치우쳐 부분적인 전하를 띠는 분자는 극성 분자이다. 무극성 분자는 결합의 쌍극자 모멘트 합이 0이고, 극성 분자는 결합의 쌍극자 모멘트 합이 0보다 크다.

28 극성 분자는 극성을 띠는 물에 잘 녹는다.

29~30 극성 분자는 전기적 성질을 띠므로 극성의 기체 분자는 전기장 내에서 일정한 방향으로 배열하고, 흘러내리는 액체 줄기에 대전체를 가까이 대면 대전체에 끌려 휘어진다. 그러나 무극성 분자는 전기적 성질을 띠지 않으므로 전기장 내에서 무질서하게 배열하고, 흘러내리는 액체 줄기에 대전체를 가까이 대어도 휘어지지 않고 곧게 흘러내린다.

31~34

구분	분자식	분자 모양	결합의 극성	분자의 극성
(가)	N_2	직선형	무극성	무극성
(나)	CO_2	직선형	극성	무극성
(다)	H_2O	굽은 형	극성	극성
(라)	NH_3	삼각뿔형	극성	극성
(마)	BCl_3	평면 삼각형	극성	무극성

IV. 역동적인 화학 반응

14. 동적 평형 상태 17쪽

01 가역 반응 02 동적 평형 03 비 04 가 05 비 06 가 07 (가)=(나)=(다) 08 (가)<(나)<(다) 09 (다) 10 × 11 × 12 ○ 13 ○ 14 $NH_3(g)$, $HCl(g)$, $NH_4Cl(s)$ 15 (다)

07 일정한 온도에서 물의 증발 속도는 일정하다.

08 수증기의 양이 많을수록 응축 속도가 빠르다.

09 물의 증발 속도와 수증기의 응축 속도가 같으면 겉보기에는 변화가 없는 것처럼 보이는 동적 평형에 도달한다.

10~11 용해 평형 상태에서 용질의 용해와 석출이 같은 속도로 끊임없이 일어나고 있다.

12~13 용해 평형 상태에서 용질의 용해 속도와 용질의 석출 속도가 같으므로 설탕물의 농도는 일정하게 유지된다.

14 동적 평형에서는 정반응과 역반응이 모두 일어나므로 용기 속에는 반응물과 생성물이 모두 존재한다.

15. 물의 자동 이온화와 pH (18쪽)

01 물의 자동 이온화 02 × 03 × 04 ○ 05 ㉠ 적은, ㉡ 일정 06 물의 이온화 상수(K_w), 1.0×10^{-14} 07 (가) 산성, (나) 염기성, (다) 중성 08 ㉠ 수소 이온 농도 지수, ㉡ pH 09 × 10 ○ 11 × 12 ○ 13 2 14 11

02 동적 평형에서 H_2O, H_3O^+, OH^-의 수는 일정하게 유지된다.

03 동적 평형에서 정반응과 역반응이 같은 속도로 일어나므로 H_3O^+의 농도는 일정하게 유지된다.

04 물의 자동 이온화 반응에서 물 분자가 H^+을 내놓고 OH^-이 1개 생성될 때 H^+을 받아 생성된 H_3O^+의 수도 1개이므로 H_3O^+과 OH^-의 몰 농도는 같다.

09 용액 속 H^+의 농도가 클수록 산성이 크고, H^+의 농도가 클수록 pH는 작다.

11 용액 속 H^+의 농도가 10배 증가하면 pH는 1 작아진다.

13 $pH=-\log[H^+]$에서 $pH=-\log(1.0\times10^{-2})=2$

14 $[OH^-]=1\times10^{-3}$ M이고 $[H^+][OH^-]=1\times10^{-14}$이므로 $[H^+]=1\times10^{-11}$ M이다. 따라서 $pH=-\log(1.0\times10^{-11})=11$이다.

16. 산 염기 반응 (19~20쪽)

01 ㉠ 내놓는, ㉡ 받는 02 ○ 03 ○ 04 ○ 05 $H^+(aq)+OH^-(aq)\longrightarrow H_2O(l)$ 06 ㉠ 2, ㉡ 1, ㉢ 0, ㉣ 0, ㉤ 1, ㉥ 2 07 Na^+, Cl^- 08 (가) 염기성, (나) 염기성, (다) 중성 09 ㉠ 물, ㉡ 염 10 ○ 11 ○ 12 × 13 20 mL 14 40 mL 15 0.002 M 16 산성 17 5×10^{-3} mol 18 50 mL 19 ㉠ 중화 적정, ㉡ 표준 용액 20 ㉢ 21 ㉠ 22 ㉡ 23 (나)-(마)-(라)-(다) 24 ㉠ 뷰렛, ㉡ 붉은색

02~03 (가)에서 HCl는 H^+을 내놓으므로 브뢴스테드 · 로리 산, H_2O은 H^+을 받으므로 브뢴스테드 · 로리 염기이다. (나)에서 H_2O은 H^+을 내놓으므로 브뢴스테드 · 로리 산, NH_3는 H^+을 받으므로 브뢴스테드 · 로리 염기이다.

04 (가)에서 H_2O은 브뢴스테드 · 로리 염기이고, (나)에서 H_2O은 H^+을 내놓으므로 브뢴스테드 · 로리 산으로 작용하므로 H_2O은 양쪽성 물질이다.

07 구경꾼 이온은 반응 전후 이온 수가 변하지 않는다.

11 중화 반응은 산의 H^+과 염기의 OH^-이 1 : 1의 몰비로 반응하여 물을 생성하는 반응이다.

12 반응하는 산과 염기의 종류와 농도, 부피에 따라 용액의 액성이 달라진다.

13 중화 적정식 $nMV=n'M'V'$식에 대입한다.
$1\times0.1\times0.04=1\times0.2\times x$, $x=0.02$(L)

14 $2\times0.1\times0.02=1\times0.1\times x$, $x=0.04$(L)

15 $1\times x\times0.01=1\times0.001\times0.02$, $x=0.002$(M)

16 0.1 M HCl(aq) 50 mL가 남으므로 혼합 용액의 액성은 산성이다.

17 생성된 물의 양은 반응한 H^+과 OH^-의 양과 같으므로 0.1 mol/L × 0.05 L = 0.005 mol이다.

18 0.1 M HCl(aq) 50 mL를 완전히 중화시키기 위해 필요한 0.1 M NaOH(aq)의 부피는 50 mL이다.

17. 산화 환원 반응 (21~22쪽)

01 ㉠ 얻음., ㉡ 잃음., ㉢ 잃음., ㉣ 얻음. 02 Mg 03 Cl_2 04 (가) 2몰, (나) 1몰 05 산화되는 물질: Fe, 환원되는 물질: HCl 06 산화되는 물질: Fe, 환원되는 물질: Cu^{2+} 07 ○ 08 ○ 09 × 10 × 11 ○ 12 ㉠ 산화수, ㉡ 이온, ㉢ 공유, ㉣ +, ㉤ − 13 (1) −1 (2) +1 (3) −1 (4) +5 (5) +4 (6) +7 14 ㉠ −3, ㉡ −2, ㉢ +2, ㉣ +1, ㉤ +4, ㉥ +3 15 ㉠ 환원제, ㉡ 산화제 16 (가) 산화제: SO_2, (나) 환원제: SO_2 17 $Cl_2>SO_2>H_2S$ 18 산화제: HCl, 환원제: Fe 19 ㉠ +7, ㉡ +3 20 ㉠ 1, ㉡ 5 21 ㉠ 5, ㉡ 1 22 ㉠ 8, ㉡ 4 23 $a=3$, $b=2$, $c=6$, $d=1$ 24 $a=1$, $b=2$, $c=1$, $d=2$

01 산소를 얻거나 전자를 잃으면 산화, 산소를 잃거나 전자를 얻으면 환원이다.

02 (가)에서 Mg은 산소를 얻어 MgO으로 산화되었다.

03 (나)에서 Na은 전자를 잃고 Na^+으로 산화되고, Cl_2는 전자를 얻어 Cl^-으로 환원되었다.

04 (가)에서 Mg에서 O로 전자 2몰이 이동하여 $Mg^{2+}O^{2-}$이 생성된다. (나)에서 Na에서 Cl로 전자 1몰이 이동하여 Na^+Cl^-이 생성된다.

05 Fe은 산화수가 0 → +2로 증가하므로 산화, HCl는 H의 산화수가 +1 → 0으로 감소하므로 환원된다.

산화: Fe → $FeCl_2$

$$Fe + 2HCl \longrightarrow FeCl_2 + H_2$$

0 / +1 −1 / +2 −1 / 0

환원: HCl → H_2

06 Fe은 전자를 잃고 Fe^{2+}으로 산화되고, Cu^{2+}은 전자를 얻어 Cu로 환원된다.

09 Zn^{2+} 1개가 생성될 때 Cu^{2+} 1개가 Cu로 석출되므로 용액 속 이온 수는 일정하다.

10 Zn이 Zn^{2+}으로 되어 용액 속으로 녹아 들어갈 때 아연 막대 표면에 Cu가 같은 개수로 석출되며, 원자량이 Zn>Cu이므로 아연 막대의 질량은 감소한다.

11 Cu^{2+}이 Cu로 되려면 전자 2개를 얻어야 하므로 Cu 1몰이 생성될 때 이동한 전자는 2몰이다.

13 (1) 금속 수소화물에서 수소의 산화수는 −1이다.
(2) 공유 결합 물질에서 수소의 산화수는 +1이다.
(3) 과산화물에서 산소의 산화수는 −1이다.
(4) 화합물을 구성하는 각 원자의 산화수의 합은 0이다.
$(+1)+x+(-2)\times3=0,\ x=+5$
(5) $(+1)\times2+x+(-2)\times3=0,\ x=+4$
(6) $(+1)+x+(-2)\times4=0,\ x=+7$

16 (가) SO_2은 산화수가 감소하여 환원되므로 산화제로 작용한다.

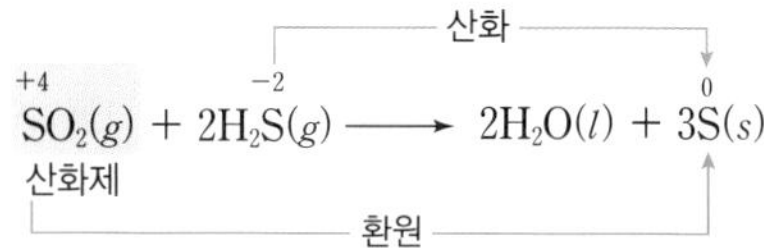

(나) SO_2은 산화수가 증가하여 산화되므로 환원제로 작용한다.

산화: SO_2 → H_2SO_4

$$SO_2(g) + 2H_2O(l) + Cl_2(g) \longrightarrow H_2SO_4(aq) + 2HCl(aq)$$

+4 / 0 / +6 / −1

환원제 (SO₂) / 환원: Cl_2 → HCl

17 (가)에서 환원되는 경향은 SO_2>H_2S이고, (나)에서 환원되는 경향은 Cl_2>SO_2이다. 따라서 SO_2, H_2S, Cl_2의 환원되는 경향은 Cl_2>SO_2>H_2S이다.

18 산화: Fe → $FeCl_2$

0 / +1 −1 / +2 −1 / 0

$$Fe + 2HCl \longrightarrow FeCl_2 + H_2$$

환원: HCl → H_2

23 산화 환원 반응에서 증가한 산화수와 감소한 산화수는 항상 같으므로 이를 이용하여 산화 환원 반응식을 완성한다.
$3Ag_2S + 2Al \longrightarrow 6Ag + Al_2S_3$

24 $Cu(s) + 2Ag^+(aq) \longrightarrow Cu^{2+}(aq) + 2Ag(s)$

18. 화학 반응과 열의 출입 23쪽

01 ㉠ 발열, ㉡ 흡열, ㉢ 높아, ㉣ 낮아　02 발　03 흡　04 흡
05 발　06 ○　07 ○　08 ×　09 ○　10 ㉠ 열량계, ㉡ 온도계　11 비열　12 ○　13 ○　14 ○　15 ×
16 2000 J

01 열을 방출하는 발열 반응이 일어나면 주위의 온도가 높아지고, 열을 흡수하는 흡열 반응이 일어나면 주위의 온도가 낮아진다.

02 금속과 산의 반응은 발열 반응이다.

03 질산 암모늄의 용해 반응은 흡열 반응이다.

04 광합성은 빛에너지를 필요로 하는 흡열 반응이다.

05 연소 반응은 발열 반응이다.

06~09 (가)는 반응물의 에너지가 생성물의 에너지보다 커서 그 차이만큼의 에너지를 주위로 방출하는 발열 반응으로 반응이 일어날 때 주위의 온도가 높아진다. (나)는 반응물의 에너지가 생성물의 에너지보다 작아 그 차이만큼의 에너지를 주위에서 흡수하는 흡열 반응으로 반응이 일어날 때 주위의 온도가 낮아진다.

12 $CaCl_2$이 용해되면 물의 온도가 높아지므로 $CaCl_2$의 용해 반응은 발열 반응이다.

14 방출한 열량=용액의 비열×용액의 질량×용액의 온도 변화로 구한다.

15 간이 열량계는 열 손실이 크므로 정확한 반응열을 측정할 때는 통열량계를 사용한다.

16 $Q=cm\Delta t$
$=4\ J/(g\cdot{}^\circ C)\times100\ g\times5\ {}^\circ C$
$=2000\ J$

50분 평가 문제

I. 화학의 첫걸음 24~27쪽

01 ①	02 ④	03 ①	04 (가) 메테인, (나) 프로페인, (다) 뷰테인
05 ⑤	06 ④	07 ⑤	08 ④
09 해설 참조	10 ③	11 ⑤	12 ④
13 ②	14 해설 참조	15 ③	16 ④
17 ②	18 ⑤	19 ④	20 ②

01 플라스틱의 합성은 우리 생활을 편리하게 만들었지만 일회용품의 사용으로 폐플라스틱의 처리 문제가 발생하였고 환경오염의 주된 원인이 되었다.

02 페니실린은 항생제로 우리 몸의 세균을 죽이는 데 이용한다. 페니실린의 발견으로 인류의 삶이 건강해졌다.

03 한 분자당 탄소 원자 수가 1인 탄화수소는 메테인(CH_4)으로 LNG의 주성분이다. 에탄올은 특유의 냄새가 나고, 색깔이 없으며 물에 잘 녹는다. 또한 살균 효과가 있어 소독용 알코올에 사용된다. 아세트산은 식초의 성분으로 물에 녹아 수소 이온을 내놓으므로 산성을 나타내며 신맛이 난다.

04 (가)는 CH_4인 메테인, (나)는 C_3H_8인 프로페인, (다)는 C_4H_{10}인 뷰테인이다.

05 ㄱ. (가)는 메테인으로 탄소 원자 1개와 수소 원자 4개로 구성되어 있으므로 분자식은 CH_4이다.

ㄴ. 1몰을 완전 연소시킬 때 분자당 수소 원자 수가 많은 탄화수소일수록 생성되는 물의 양이 많으며, H 원자 2몰당 H_2O 1몰이 생성되므로 (가)는 2몰, (나)는 4몰, (다)는 5몰의 물이 생성된다.

ㄷ. (나)는 프로페인, (다)는 뷰테인으로 액화 석유 가스의 주성분이다.

개념 더하기

탄화수소의 연소 생성물

- C와 H로 구성되어 있어 연소하면 CO_2와 H_2O이 생성된다.
- 생성된 CO_2, H_2O의 양은 C 원자와 H 원자 수에 비례한다.

  CO_2의 양(mol)=(탄화수소의 양(mol))×(1분자당 탄소 원자 수)

  H_2O의 양(mol)=(탄화수소의 양(mol))×$\frac{1}{2}$(1분자당 수소 원자 수)

06 ㄴ. 원자의 양(mol)은 (분자의 양(mol)×분자당 원자 수)이다. 따라서 H_2 한 분자에는 2개의 원자가 있으므로 H_2 0.5몰에는 1몰의 원자가 있다.

ㄹ. $NH_3(g)$ 5.6 L의 양(mol)=$\frac{5.6\ L}{22.4\ L/몰}$=0.25몰이다. NH_3 한 분자에는 4개의 원자가 있으므로 0.25몰의 NH_3에는 1몰의 원자가 있다.

[오답 피하기] ㄱ. 1몰에는 6.02×10^{23}개의 입자가 있으므로 O_2 3.01×10^{23}개는 0.5몰이다.

ㄷ. CH_4의 분자량은 16이므로 8 g의 양(mol)은 $\frac{8\ g}{16\ g/몰}$=0.5몰이다.

07 자료 분석 하기

원자의 질량과 원자량

원자	X	Y	Z
1개의 질량(g)	$\frac{1}{6}\times10^{-23}$	2×10^{-23}	$\frac{8}{3}\times10^{-23}$

- 원자 1개의 질량비는 원자량비와 같다.

  ➡ 원자 1개의 질량비=X : Y : Z=$\frac{1}{6}\times10^{-23}$: 2×10^{-23} : $\frac{8}{3}\times10^{-23}$=1 : 12 : 16
- 원자 1몰의 질량은 원자 1개의 질량과 아보가드로수의 곱과 같다.

  ➡ X 1몰의 질량=$\frac{1}{6}\times10^{-23}$ g×6×10^{23}=1 g

  ➡ Y 1몰의 질량=2×10^{-23} g×6×10^{23}=12 g

  ➡ Z 1몰의 질량=$\frac{8}{3}\times10^{-23}$ g×6×10^{23}=16 g
- 1몰의 질량은 원자량에 g을 붙인 양이므로 각 원자의 원자량은 X: 1, Y: 12, Z: 16이다.

ㄱ. Y 1몰에는 Y 6×10^{23}개가 있으므로 Y 1몰의 질량은 Y 1개의 질량×아보가드로수이다. 따라서 Y 1몰의 질량은 2×10^{-23} g×6×10^{23}=12 g이다.

ㄴ. 원자량비는 원자 1개의 질량비와 같다. 따라서 X : Z=$\frac{1}{6}\times10^{-23}$: $\frac{8}{3}\times10^{-23}$=1 : 16이므로, 원자량은 Z가 X의 16배이다.

ㄷ. Y와 Z의 원자량은 각각 12, 16이므로 YZ의 분자량은 12+16=28이다.

08 자료 분석 하기

기체의 부피와 양(mol) 관계

기체	분자식	분자량	질량(g)	양(mol)	부피(L)
(가)	N_2	28	5.6	$\frac{5.6}{28}$=0.2	6
(나)	CO_2	44	4.4	$\frac{4.4}{44}$=0.1	3
(다)	C_3H_8	44	4.4	0.1	3

- 아보가드로 법칙에 따라 기체의 온도와 압력이 같을 때, 기체의 부피는 기체의 양(mol)에 비례한다.
- (가)의 양(mol)이 0.2몰이고, (나)의 양(mol)이 0.1몰이므로 (가)의 부피는 (나)의 2배이다. 따라서 (가)의 부피가 6 L이므로 (나)의 부피는 3 L이다.
- (나)와 (다)의 부피가 3 L로 서로 같으므로 (다)의 양(mol)도 (나)와 같은 0.1몰이다. 따라서 (다)의 질량은 0.1몰×44 g/몰=4.4 g이다.

ㄴ. (가) 5.6 g은 0.2몰이고, 부피가 6 L이므로, (나) 4.4 g은 0.1몰이고 부피는 3 L이다.

ㄷ. 1 g 속에 들어 있는 원자의 총양(mol)은 ($\frac{1}{분자량}$×분자당 원자 수)와 같다. 따라서 1 g 속에 들어 있는 원자의 총양

(mol)은 (가)는 $\frac{1}{28} \times 2$몰이고, (나)는 $\frac{1}{44} \times 3$몰이므로 1 g 속에 들어 있는 원자의 총 몰비는 (가) : (나)$=\frac{1}{28} \times 2 : \frac{1}{44} \times 3 = 22 : 21$이다.

[오답 피하기] ㄱ. (나)와 (다)의 질량은 모두 4.4 g으로 서로 같다.

09 기체의 부피는 온도와 압력의 영향을 받으므로 온도와 압력에 따라 1몰의 부피가 다르다.

예시 답안 30 L, 기체 (가) 0.2몰의 부피가 6 L이므로 1몰의 부피는 30 L이다. 따라서 이 실험 조건에서 기체 1몰의 부피는 30 L이다.

채점 기준	배점(%)
기체 1몰의 부피를 구하고, 그 과정을 옳게 설명한 경우	100
기체 1몰의 부피만 옳게 구한 경우	30

10 자료 분석 하기

기체의 부피와 원자 수 관계

기체	(가)	(나)
분자식	AB_2	A_2B_4
부피(L)	3	2
총 원자 수(상댓값)	x 3	4
단위 부피당 질량(상댓값)	1	y 2

- 기체의 온도와 압력이 일정할 때 기체의 양(mol)(분자 수)은 기체의 부피에 비례한다.
  ➡ AB_2와 A_2B_4의 분자 수를 각각 $3n$, $2n$이라고 하면, 총 원자 수는 (기체 분자 수×한 분자 당 원자 수)와 같으므로 총 원자 수는 AB_2는 $3n \times 3 = 9n$, A_2B_4는 $2n \times 6 = 12n$이다.
  ➡ 총 원자 수비는 $AB_2 : A_2B_4 = x : 4 = 9n : 12n$이므로 $x=3$이다.
- 단위 부피당 질량 값은 기체의 밀도 값과 같고, 기체의 온도와 압력이 같을 때 기체의 밀도는 기체의 분자량에 비례한다.
  ➡ 분자량은 A_2B_4가 AB_2의 2배이므로 단위 부피당 질량도 A_2B_4가 AB_2의 2배이다. 따라서 $y=2$이다.

ㄱ. $x=3$, $y=2$이므로 $x+y=5$이다.
ㄷ. (가)는 분자식이 AB_2이고, (나)는 분자식이 A_2B_4이므로 분자량은 (나)가 (가)의 2배이다.

[오답 피하기] ㄴ. 일정한 온도와 압력에서 기체의 양(mol)은 기체의 부피에 비례하므로 기체의 부피가 큰 (가)가 (나)보다 기체의 양(mol)이 크다.

11 자료 분석 하기

화학 반응식과 양적 관계

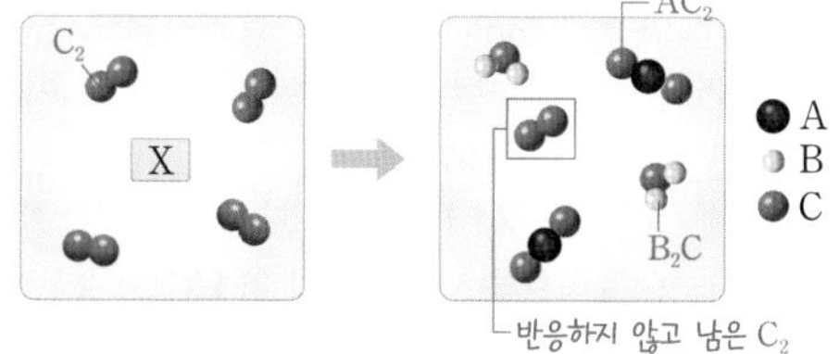

➔ X 1 몰과 C_2 3 몰이 반응하여 AC_2 2 몰과 B_2C 2 몰이 생성되었다.
$X(g) + 3C_2(g) \longrightarrow 2AC_2(g) + 2B_2C(g)$

ㄱ. 화학 반응식에서 반응 전후 원자의 종류와 개수는 같다. 생성물이 AC_2 2개와 B_2C 2개이므로 반응물에 C 원자 외에 A 원자 2개와 B 원자 4개가 있어야 한다. X의 분자식은 A_2B_4이며 X의 구성 원자 수비는 A : B$=1 : 2$이다.
ㄴ. 반응 몰비는 X : C_2 : AC_2 : $B_2C=1 : 3 : 2 : 2$이다. 따라서 $a=3$, $b=c=2$이므로 $a+1=b+c=4$이다.
ㄷ. 반응 후 C_2가 남았으므로 X를 더 넣으면 반응하여 AC_2와 B_2C가 생성된다.

12 ④ Na 23 g은 1몰이고, Na과 NaOH의 반응 몰비는 1 : 1이므로 NaOH 1몰이 생성된다.

[오답 피하기] ① 반응 전후 원자의 종류와 개수가 같아지도록 계수를 맞추면 $2Na(s) + 2H_2O(l) \longrightarrow 2NaOH(aq) + H_2(g)$이므로 X는 H_2이다.
② 화학 반응식에서 g는 기체, l은 액체, s는 고체, aq는 수용액을 나타낸다.
③ 반응 몰비는 화학 반응식의 계수비와 같다. 따라서 NaOH : X$=2 : 1$이다.
⑤ Na 46 g은 2몰이고, Na과 X의 반응 몰비는 2 : 1이므로 X 1 몰이 생성된다. 따라서 생성된 X의 부피는 25 L이다.

13 CaO 5.6 g은 0.1몰이고, CO_2 8.8 g은 0.2몰이므로 CaO과 CO_2를 반응시키면 $CaCO_3$ 0.1몰이 생성되고, CO_2 0.1몰이 남는다.
ㄴ. 생성된 $CaCO_3$이 0.1몰이므로 생성된 $CaCO_3$의 질량은 0.1몰×100 g/몰=10 g이다.

[오답 피하기] ㄱ. 반응 전 CO_2의 양(mol)은 0.2몰이므로 분자 수는 $0.2N_A$이다.
ㄷ. 반응 후 용기에 있는 물질은 생성된 $CaCO_3$ 0.1몰과 반응하지 않고 남은 CO_2 0.1몰이므로 물질의 양(mol)의 합은 0.2몰이다.

14 화학 반응식에서 계수비는 반응 몰비와 같고, 기체의 경우 부피비와도 같다.

예시 답안 3.75 L, NaN_3의 화학식량은 65이므로 6.5 g은 0.1몰이다. NaN_3 0.1몰이 분해될 때 N_2 0.15몰이 생성되므로 생성되는 N_2의 부피는 0.15몰×25 L/몰=3.75 L이다.

채점 기준	배점(%)
$N_2(g)$의 부피를 구하고, 그 과정을 옳게 설명한 경우	100
$N_2(g)$의 부피만 옳게 구한 경우	30

15 계수비는 반응 몰비와 같으므로 화학 반응식에서 양적 관계는 다음과 같다.

	$2CO(g)$	$+ O_2(g)$	$\longrightarrow 2CO_2(g)$
반응 전 양(mol)	1몰	1몰	0
반응 양(mol)	−1몰	$-\frac{1}{2}$몰	+1몰
반응 후 양(mol)	0	$\frac{1}{2}$몰	1몰

ㄱ. 반응 계수비는 반응 몰비이므로 CO와 O_2는 2 : 1로 반응

한다. 따라서 반응이 일어나면 O_2의 양(mol)은 1몰에서 $\frac{1}{2}$몰로 감소하므로 O_2의 양(mol)은 반응 전이 반응 후보다 크다.

ㄴ. 온도와 압력이 일정할 때 기체의 부피는 기체의 양(mol)에 비례한다. 반응 전의 기체의 양(mol)은 2몰이고, 반응 후의 기체의 양(mol)은 1.5몰이다. 따라서 반응이 일어나면 기체의 양(mol)이 감소하므로 부피는 반응 전이 반응 후보다 크다.

[오답 피하기] ㄷ. 반응이 일어나도 기체의 총 질량은 변하지 않는다.

16 계수비는 반응 몰비와 같으므로 A_2와 B_2의 반응 몰비는 1 : 3이다. 따라서 (가)에서 A_2는 $\frac{5}{3}$몰, B_2는 5몰이 반응하고, (나)에서 A_2는 1몰, B_2는 3몰이 반응한다.

(가)에서 화학 반응식의 양적 관계는 다음과 같다.

	$A_2(g)$ +	$3B_2(g)$ ⟶	$xX(g)$
반응 전 양(mol)	3	5	0
반응 양(mol)	$-\frac{5}{3}$	-5	$\frac{5}{3}x$
반응 후 양(mol)	$\frac{4}{3}$	0	$\frac{5}{3}x$

이때 부피비는 반응 전 : 반응 후 $=12:7=(3+5):(\frac{4}{3}+\frac{5}{3}x)$이므로 $x=2$이다.

(나)에서 화학 반응식의 양적 관계는 다음과 같다.

	$A_2(g)$ +	$3B_2(g)$ ⟶	$2X(g)$
반응 전 양(mol)	5	3	0
반응 양(mol)	-1	-3	$+2$
반응 후 양(mol)	4	0	2

따라서 부피비는 반응 전 : 반응 후 $=(5+3):(4+2)=8:6=4:3=a:b$이므로 $\frac{b}{a}=\frac{3}{4}$이다. $a=4$, $b=3$이다.

즉, $x=2$, $\frac{b}{a}=\frac{3}{4}$이므로 $\frac{b}{a}\times x=\frac{3}{4}\times 2=\frac{3}{2}$이다.

17 자료 분석 하기

용액의 몰 농도

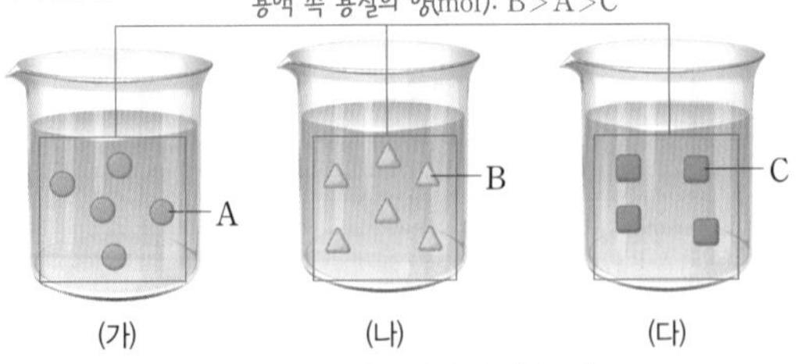

- 몰 농도: 용액 1 L 속에 들어 있는 용질의 양(mol)
  ➡ 용액의 부피가 같을 때 용질의 양(mol)이 많을수록 몰 농도가 크다.
  ➡ 몰 농도: B>A>C
- 같은 질량의 용질의 양(mol)은 화학식량이 클수록 작다.
  ➡ 용질의 화학식량: C>A>B

ㄴ. 용액의 질량은 100 g으로 같고, 용액의 밀도가 같으므로 밀도$=\frac{질량}{부피}$에 의해 용액의 부피도 같다. 용액의 몰 농도는 용질의 양(mol)이 클수록 크며, 용질의 양(mol)은 B>C이므로 용액의 몰 농도는 (나)가 (다)보다 크다.

[오답 피하기] ㄱ. 용질의 양(mol)은 $\frac{용질의\ 질량}{화학식량}$이다. A와 C의 질량은 같지만 용질의 양(mol)은 A가 C보다 크므로 화학식량은 C가 A보다 크다.

ㄷ. 퍼센트 농도(%)$=\frac{용질의\ 질량}{용액의\ 질량}\times 100$이다. 용액의 질량과 용질의 질량이 모두 같으므로 용액의 퍼센트 농도는 (가)~(다) 모두 같다.

18 ㄱ. 0.5 M $KHCO_3$ 100 mL에 들어 있는 $KHCO_3$의 양(mol)은 0.5 M×0.1 L=0.05몰이므로 질량은 0.05몰×100 g/몰=5 g이다. 따라서 $x=5$이다.

ㄴ. 정확한 몰 농도의 용액을 만들 때 사용하는 실험 기구는 부피 플라스크이다.

ㄷ. 용질의 질량은 5 g이고, 용액의 질량은 부피×밀도=100 mL×d g/mL=100d g이다. 따라서 퍼센트 농도(%)$=\frac{5}{100d}\times 100=\frac{5}{d}$ %이다.

19 ㄴ. (가) 수용액에 물을 넣었으므로 (가)와 (나)의 용질의 질량은 같고 용액의 질량은 (가)<(나)이므로 퍼센트 농도는 (가)가 (나)보다 크다.

ㄷ. (가)와 (나)의 부피를 각각 V_1, V_2라고 할 때 용질의 양(mol)이 같으므로 $0.1\times V_1=0.08\times V_2$이다. 따라서 $V_1 : V_2=4:5$이다.

[오답 피하기] ㄱ. (가) 수용액에 물을 넣어 묽혔으므로 용질의 양(mol)은 변하지 않는다.

20 자료 분석 하기

용액의 몰 농도

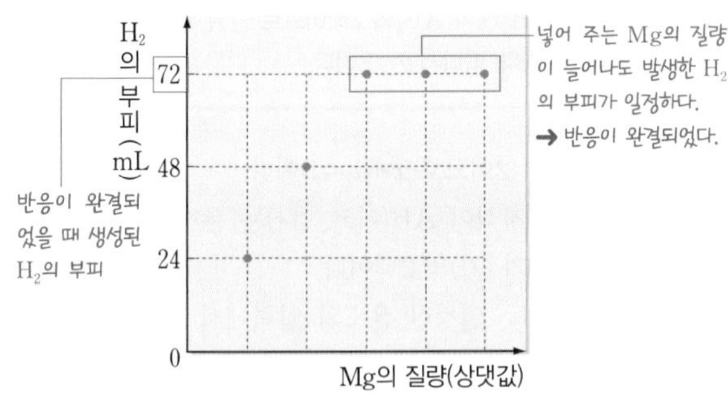

넣어 주는 Mg의 질량이 늘어나도 발생한 $H_2(g)$의 부피가 72 mL에서 일정하게 유지되므로 이때 염산 속에 들어 있는 수소 이온이 모두 반응하여 반응이 완결되었다. 따라서 반응이 완결되었을 때 생성된 H_2의 부피가 72 mL이므로 생성된 H_2의 양(mol)은 $\frac{0.072\ L}{24\ L/몰}=0.003$몰이다. 반응 몰비는 $HCl : H_2=2:1$이므로 Mg을 넣기 전 HCl 0.3 L의 양(mol)은 0.006몰이다. 따라서 $HCl(aq)$의 몰 농도는 $\frac{0.006몰}{0.3\ L}=$ 0.02 M이다.

Ⅱ. 원자의 세계 28~31쪽

01 ⑤	02 ④	03 10.8	04 (가) +2, (나) 3	
05 ③	06 ④	07 ②	08 ①	
09 해설 참조	10 ②	11 ④	12 ③	13 ④
14 ④	15 ①	16 ③	17 ③	18 ⑤

01 ⑤ 바람개비가 돌아가는 것은 음극선이 질량을 가진 입자의 흐름이라는 증거이다.

[오답 피하기] ① 직진하는 성질은 음극선관에 물체를 넣고 (+)극 쪽에 그림자가 생기는 것으로 확인한다.

② (−)전하를 띠는 것은 음극선관 중간에 전기장이나 자기장을 걸어 주어 음극선이 (+)극 쪽으로 휘는 것으로 확인한다.

③ (+)전하를 띠는 것은 양극선으로 양성자의 흐름이다.

④ 음극선은 전자의 흐름으로, 빛과 같은 전자기파의 성질을 가지고 있지만 이 실험으로는 알 수 없다.

02 원자에서 양성자수와 전자 수는 같으므로, 전자와 그 수가 같은 ●은 양성자이다.

ㄴ. (가)와 (나)는 양성자수가 같고 질량수가 다르므로 동위 원소이다.

ㄷ. 질량수는 양성자수+중성자수이므로 (가)의 질량수는 2, (나)의 질량수는 3, (다)의 질량수는 4이다.

[오답 피하기] ㄱ. ●는 중성자이다.

03 B의 평균 원자량$=^{10}$B의 원자량$\times ^{10}$B의 존재 비율$+^{11}$B의 원자량$\times ^{11}$B의 존재 비율$=10.0\times\frac{20}{100}+11.0\times\frac{80}{100}=10.8$

04 (가) 방위 양자수가 2인 전자가 가질 수 있는 자기 양자수는 −2, −1, 0, +1, +2이다.

(나) 방위 양자수가 2이므로 전자 X는 d 오비탈에 존재한다. 따라서 n은 3이상의 정수이다.

05 (가)와 (나)는 s 오비탈이고, (다)는 p 오비탈이다.

ㄱ. (가)와 (나)는 s 오비탈로서 방위 양자수는 0이다.

ㄴ. (다)의 방위 양자수는 1이며, 이때 자기 양자수는 −1, 0, +1이다.

[오답 피하기] ㄷ. 전자 발견 확률이 방향에 관계없이 원자핵으로부터의 거리에 따라서만 달라지는 오비탈은 s 오비탈이다.

06 ㄴ. 주 양자수가 n이면 전자 껍질에 존재하는 오비탈의 총수는 n^2이다.

ㄷ. (가)는 5이고, (나)는 8로 (가)와 (나)의 합은 13이다.

[오답 피하기] ㄱ. 주 양자수가 클수록 에너지 준위가 높으므로 오비탈의 에너지 준위는 $3p$ 오비탈$>2p$ 오비탈이다.

07 ㄴ. B의 홀전자 수는 2이다.

[오답 피하기] ㄱ. A는 $2p$ 오비탈에서 가능한 한 홀전자 수가 많도록 배치되어 훈트 규칙을 만족하지만, $2s$ 오비탈을 채우지 않고 $2p$ 오비탈에 전자가 배치되었으므로 들뜬상태 전자 배치이다.

ㄷ. C는 스핀 방향이 반대인 전자가 한 오비탈에 2개씩 채워졌으므로 파울리 배타 원리를 만족한다.

08 자료 분석 하기

바닥상태 원자의 전자 배치

• (가)~(다)의 전자 배치를 표시하면 다음과 같다.

원자	s 오비탈	p 오비탈	홀전자 수	전자 배치
(가)	$1s^2 2s^2$	$2p^5$	1	$1s^2 2s^2 2p^5$
(나)	$1s^2 2s^2$	$2p^3$	3	$1s^2 2s^2 2p^3$
(다)	$1s^2 2s^1$	$2p^0$	1	$1s^2 2s^1$

• a: 바닥상태 전자 배치라고 하였고, p 오비탈에 전자 5개가 채워져 있으므로 s 오비탈에 전자가 모두 채워져 있다.

• b: 훈트 규칙에 따라 p 오비탈에 전자가 1개씩 채워져 있으므로 홀전자는 3개이다.

• c: 바닥상태 전자 배치라고 하였고, s 오비탈에 3개의 전자가 채워져 있으므로 $1s$ 오비탈에 전자 2개, $2s$ 오비탈에 전자가 1개 채워져 있다. 즉, s 오비탈에 전자가 모두 채워지지 않았으므로 p 오비탈에는 채워진 전자는 없다.

09 예시 답안 바닥상태에서 s 오비탈에 있는 전자 수가 4이고, p 오비탈에 있는 전자 수가 3이다. 쌓음 원리에 따라 s 오비탈을 먼저 채우고 에너지 준위가 높은 p 오비탈에 전자를 채운다. 파울리 배타 원리에 따라 1개의 오비탈에는 최대 2개의 전자를 채운다. 훈트 규칙에 따라 가능한 한 홀전자 수가 많도록 배치한다. 따라서 $1s^2 2s^2 2p^3$의 전자 배치를 가진다.

채점 기준	배점(%)
3가지 전자 배치 원리를 모두 언급하여 옳게 설명한 경우	100
전자 배치만 옳게 쓴 경우	30

10 ㄷ. 바닥상태 원자 B의 전자 배치는 $1s^2 2s^2 2p^5$로 전자가 배치된 p 오비탈 수는 3이다.

[오답 피하기] ㄱ. A는 $2s$ 오비탈을 채우지 않고 $2p$ 오비탈에 전자가 배치되었으므로 쌓음 원리를 만족하지 못한다.

ㄴ. 바닥상태인 A의 전자 배치는 $1s^2 2s^2 2p^3$로 홀전자 수는 3이다.

11 ㄱ. X는 $_{11}$Na, Y는 $_{8}$O, Z는 $_{9}$F으로 원자 번호가 가장 큰 X의 핵전하량이 가장 크다.

ㄷ. 원자가 전자는 가장 바깥 전자 껍질에 있는 전자이므로, A는 1개, B는 6개, C는 7개이다.

전자 껍질		K	L		M		
오비탈 종류		s	s	p	s	p	d
전자 배치	X	$1s^2$	$2s^2$	$2p^6$	$3s^1$		
	Y	$1s^2$	$2s^2$	$2p^4$			
	Z	$1s^2$	$2s^2$	$2p^5$			

[오답 피하기] ㄴ. X는 3주기, Y는 2주기 원소이므로 전자가 들어 있는 전자 껍질 수는 X가 Y보다 크다.

12 전자 배치로 보아 A: H, B: Li, C: O, D: F, E: Na이다.
ㄱ. A, C, D는 비금속 원소, B, E는 금속 원소이다.
ㄴ. A는 1주기, B, C, D는 2주기, E는 3주기 원소이다.
[오답 피하기] ㄷ. A, B, E는 같은 족 원소이지만, A(H)는 비금속 원소, B(Li)와 E(Na)는 금속 원소로 화학적 성질이 다르다.

13 • (가): 상온에서 이원자 분자로 존재하는 것은 $A_2(H_2)$, $C_2(N_2)$, $E_2(Cl_2)$, $F_2(Br_2)$이다.
• (나): 고체 상태에서 전기 전도성이 있는 것은 금속인 B(Li), D(Na)이다.
• (다): 상온에서 기체 상태로 존재하는 것은 $A_2(H_2)$, $C_2(N_2)$, $E_2(Cl_2)$이다. B(Li), D(Na)는 상온에서 고체, $F_2(Br_2)$는 액체이다.

14 ㄴ. A의 원자가 전자 수가 7이면 17족 원소이므로 B는 비활성 기체인 18족 원소이고, C와 D는 3주기 1족, 2족 원소인 금속 원소이다.
ㄷ. 바닥상태에서 A의 홀전자 수가 3이면 15족 원소에 해당하므로 D는 비활성 기체가 된다.
[오답 피하기] ㄱ. B와 C가 금속 원소이면 3주기 1족, 2족 원소이므로 원자 번호가 연속인 D는 3주기 13족의 금속 원소이다.

15 자료 분석 하기

원자 반지름과 이온 반지름

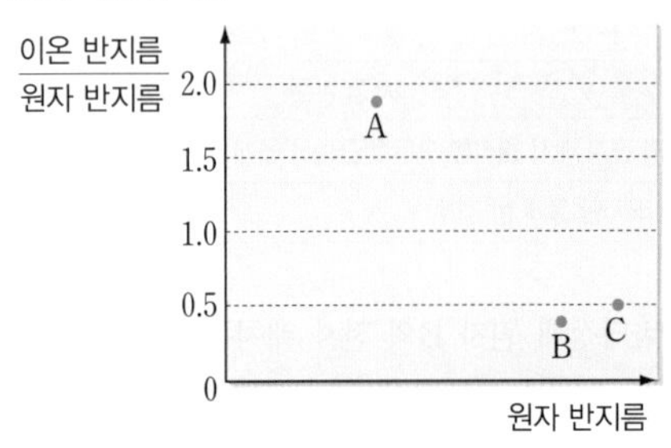

• A는 이온 반지름이 원자 반지름보다 크므로 비금속 원소이다.
• B와 C는 이온 반지름이 원자 반지름보다 작으므로 금속 원소이다.

ㄱ. A는 2주기 비금속 원소, B와 C는 3주기 금속 원소이다.
[오답 피하기] ㄴ. 같은 주기에서 원자 번호가 커질수록 유효 핵전하가 증가하여 원자 반지름이 감소하므로 B의 원자 번호가 C의 원자 번호보다 크다. 따라서 B의 원자가 전자 수가 C보다 크다.
ㄷ. A~C의 이온의 전자 배치가 Ne과 같다고 하였으므로 등전자 이온이다. 등전자 이온의 경우 원자 번호가 커질수록 유효 핵전하가 증가하므로 이온 반지름이 감소한다.

16 ③ Na이 Na^+으로 될 때 원자가 전자를 1개 잃으므로 전자 껍질 수가 1 줄어들어 반지름이 작아진다.

개념 더하기

원자 반지름과 이온 반지름의 주기성

[원자 반지름의 주기성]
• 같은 주기: 원자 번호가 커질수록 원자 반지름은 작아진다. ➡ 전자가 들어 있는 전자 껍질 수는 같지만 원자가 전자의 유효 핵전하가 증가하여 원자핵과 전자 사이의 인력이 증가하기 때문이다.
• 같은 족: 원자 번호가 커질수록 원자 반지름이 커진다. ➡ 전자가 들어 있는 전자 껍질 수가 커지는 효과가 원자가 전자의 유효 핵전하의 증가보다 크기 때문이다.

[이온 반지름의 주기성]
• 같은 주기: 양이온과 음이온의 반지름은 모두 원자 번호가 커질수록 감소한다. ➡ 유효 핵전하가 증가하기 때문이다.
• 같은 족: 양이온과 음이온의 반지름은 모두 원자 번호가 커질수록 증가한다. ➡ 전자가 들어 있는 전자 껍질 수가 증가하기 때문이다.

[등전자 이온의 반지름]
원자 번호가 클수록 반지름이 감소한다. ➡ 유효 핵전하가 증가하기 때문이다.

17 자료 분석 하기

바닥상태 원자의 전자 배치

원소	원자 반지름 (pm)	이온 반지름 (pm)	금속 또는 비금속	
A	160	66	금속	3주기 2족
B	64	x	비금속	2주기 17족
C	y	98	금속	3주기 1족
D	66	140	비금속	2주기 16족

• 금속 원소는 원자 반지름이 이온 반지름보다 크고, 비금속 원소는 원자 반지름이 이온 반지름보다 작다. 따라서 A는 금속, D는 비금속 원소이다.
• 같은 주기에서 원자 번호가 클수록 유효 핵전하가 커서 원자 반지름이나 이온 반지름이 감소하므로 A는 Mg, B는 F, C는 Na, D는 O이다.

ㄱ. x는 F의 이온 반지름이므로 등전자 이온인 C보다 원자 번호가 작아 98보다 크다.
ㄷ. 제1 이온화 에너지는 전자 껍질 수가 작을수록, 같은 주기에서 원자 번호가 클수록 커지므로 B가 가장 크다.
[오답 피하기] ㄴ. y는 Na의 원자 반지름이므로 같은 주기의 Mg의 원자 반지름인 160보다 크다.

18 ㄱ. 2, 3주기 원소에서 15, 16, 17족 원소일 때 같은 주기의 원소라면 15족의 이온화 에너지가 16족 원소보다 크고, 17족 원소의 이온화 에너지가 15, 16족 원소보다 커야 한다. 따라서 A와 B는 2주기 원소, C는 3주기 원소에 해당한다.
ㄴ. C는 3주기 원소에 해당하므로 전자가 들어 있는 전자 껍질 수는 3이다.
ㄷ. A와 B가 안정한 이온이 될 때 네온의 전자 배치를 이루고, A와 B의 이온은 등전자 이온이므로 원자 번호가 클수록 유효 핵전하가 커져 이온 반지름이 감소한다. 따라서 이온 반지름은 A가 B보다 크다.

Ⅲ. 화학 결합과 분자의 세계 32~35쪽

01 ③	02 ㄴ, ㄹ	03 ③	04 ①	05 ②
06 ②	07 ④	08 B_2, 3개	09 해설 참조	10 ①
11 ②	12 ⑤	13 ③	14 C>B>A	
15 해설 참조	16 ③	17 ①	18 ③	19 ②

01 ③ 염화 나트륨 용융액을 전기 분해 하면 (−)극에서 나트륨 금속이 생성되고, 물을 전기 분해 하면 (−)극에서 수소 기체가 생성된다.

[오답 피하기] ① 염화 나트륨 용융액에는 나트륨 이온(Na^+)과 염화 이온(Cl^-)이 있다.

② 순수한 물은 전기가 통하지 않으므로 전기 분해 하기 위해서는 황산 나트륨과 같은 전해질을 넣어야 한다.

④ 전기 분해를 하면 (−)극에서는 전자를 얻는 반응이 일어나고, (+)극에서는 전자를 잃는 반응이 일어난다.

⑤ 화합물을 전기 분해 할 때 성분 원소로 분해되므로 화학 결합에 전자가 관여함을 알 수 있다.

⊕ 개념 더하기

염화 나트륨 용융액과 물의 전기 분해

구분	염화 나트륨 용융액	물
(+)극	• 전자 잃음. • 염소 기체 발생	• 전자 잃음. • 산소 기체 발생
(−)극	• 전자 얻음. • 금속 나트륨 생성	• 전자 얻음. • 수소 기체 발생

02 액체 상태에서 전기 전도성이 있는 것은 이온 결합 물질로 금속 원소와 비금속 원소로 이루어진다. C는 금속 원소이고, A, B, D는 비금속 원소이다.

ㄴ. B는 비금속 원소이고 C는 금속 원소이므로 B와 C로 이루어진 화합물은 이온 결합 물질이다.

ㄹ. C는 금속 원소이고 D는 비금속 원소이므로 C와 D로 이루어진 화합물은 이온 결합 물질이다.

[오답 피하기] ㄱ. A와 B는 비금속 원소이므로 A와 B로 이루어진 화합물은 공유 결합 물질이다.

ㄷ. B와 D는 비금속 원소이므로 B와 D로 이루어진 화합물은 공유 결합 물질이다.

03 ③ X 이온의 전하가 +1이므로 X 이온은 양성자수가 전자 수보다 1만큼 크다. 따라서 (가)는 전자이고, (나)는 양성자이다. Y 이온은 전자 수가 양성자수보다 2만큼 크므로 전하가 −2이다. 따라서 ㉠은 −2이다.

[오답 피하기] ① (가)는 전자이다.

② X 원자는 양성자수가 11이므로 원자 번호는 11이다.

④ X는 3주기 1족 Na, Y는 3주기 16족 S이다.

⑤ X 이온의 전하는 +1, Y 이온의 전하는 −2이므로 X 이온과 Y 이온은 2 : 1의 이온 수비로 결합한다. 따라서 안정한 화합물의 화학식은 X_2Y이다.

04 ㄱ. A~C는 각각 O, Mg, S이다. A(O)와 C(S)는 모두 16족 원소이므로 같은 족 원소이다.

[오답 피하기] ㄴ. A(O)와 B(Mg)로 이루어진 화합물은 이온 결합 물질이므로 고체 상태에서 전기 전도성이 없다.

ㄷ. $CA_2(SO_2)$는 공유 결합 물질이므로 액체 상태에서 전기 전도성이 없다.

05 ㄷ. 이온 사이의 거리가 짧을수록 이온 결합의 세기가 강하다. 따라서 이온 사이의 거리 r이 짧을수록 이온 결합의 세기가 강하다.

[오답 피하기] ㄱ. (가)는 반발력에 의한 에너지 변화, (다)는 인력에 의한 에너지 변화, (나)는 전체 에너지 변화이다.

ㄴ. 이온 결합이 형성되는 지점은 (나)에서 에너지가 가장 낮은 지점이다.

06 자료 분석 하기

A~D의 전자 배치

• 전하가 +1이면 양성자수가 전자 수보다 1만큼 크고, +3이면 양성자수가 전자 수보다 3만큼 크다.

• 전하가 −2이면 전자 수가 양성자수보다 2만큼 크고, −1이면 전자 수가 양성자수보다 1만큼 크다.

• 원자 A~D의 전자 배치와 A~D에 해당하는 원소는 표와 같다.

원자	전자 배치	해당하는 원소
A	$1s^2 2s^1$	Li
B	$1s^2 2s^2 2p^6 3s^2 3p^1$	Al
C	$1s^2 2s^2 2p^4$	O
D	$1s^2 2s^2 2p^6 3s^2 3p^5$	Cl

② A와 B의 이온은 양이온이므로 금속 원소이고, C와 D의 이온은 음이온이므로 비금속 원소이다. A와 C로 이루어진 화합물은 이온 결합 물질이므로 수용액에서 전기 전도성이 있다.

[오답 피하기] ① B는 3주기 원소, C는 2주기 원소이다.

③ B와 C로 이루어진 화합물은 이온 결합 물질이므로 고체 상태에서 전기 전도성이 없고, 액체 상태에서 전기 전도성이 있다.

④ 비금속 원소인 C와 D로 이루어진 화합물은 공유 결합 물질이다.

⑤ 이온 결합 물질은 총전하량이 0이 되는 이온 수비로 결합하므로 B^{3+}과 D^-은 1 : 3의 이온 수비로 결합한다. 따라서 B와 D로 이루어진 안정한 화합물의 화학식은 BD_3이다.

07 자료 분석 하기

공유 전자쌍과 비공유 전자쌍

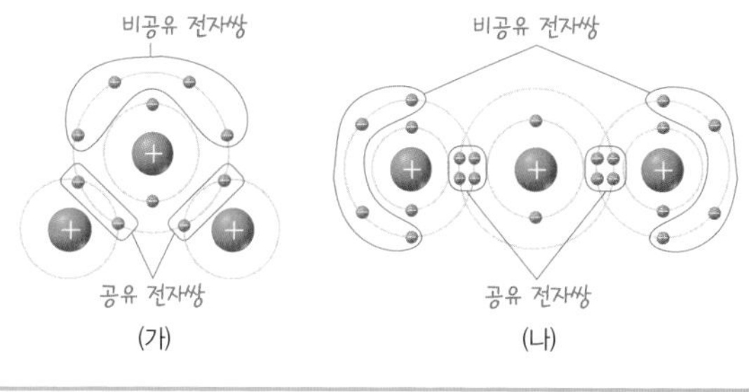

ㄴ. (가)는 비공유 전자쌍 수가 2, (나)는 비공유 전자쌍 수가 4이다.

ㄷ. (나)를 이루는 모든 원소는 전자 수가 10이므로 Ne의 전자 배치를 가진다.

[오답 피하기] ㄱ. 공유 전자쌍 수는 (가)가 2, (나)가 4이다.

08 A와 D는 다른 원자와 전자 1개를 공유하면 비활성 기체의 전자 배치를 가지므로 안정해진다. 따라서 이들 원자가 이원자 분자를 형성할 때는 각각 전자 1개씩을 내놓아 만든 전자쌍 1개를 공유하는 결합을 한다. 원자가 전자가 5개인 B는 다른 원자와 전자 3개를 공유하면 옥텟 규칙을 만족하여 안정해진다. 따라서 B 원자가 B_2를 형성할 때는 전자쌍 3개를 공유한다. 원자가 전자가 6개인 C는 다른 원자와 전자 2개를 공유하면 옥텟 규칙을 만족하여 안정해진다. 따라서 C 원자가 C_2를 형성할 때는 전자쌍 2개를 공유한다.

09 예시 답안 (가)는 금속 양이온의 위치가 변하더라도 자유 전자들이 이동하여 금속 양이온과 자유 전자 사이의 결합을 유지하므로 쉽게 부서지지 않는다. 그러나 (나)는 이온의 위치가 변화하여 같은 전하를 띠는 이온 사이에 반발력이 작용하기 때문에 쉽게 부서진다.

채점 기준	배점(%)
(가)에서 자유 전자를 이용하여 설명하고, (나)에서 같은 전하의 반발력을 이용하여 설명한 경우	100
(가)에서 자유 전자를 이용하여 설명하는 것만 옳거나, (나)에서 같은 전하의 반발력을 이용하여 설명하는 것만 옳은 경우	50

10 ㄱ. (가)는 공유 결정(원자 결정)이고, (나)는 분자 결정이다. 공유 결정과 분자 결정의 화학 결합은 모두 공유 결합이다.

[오답 피하기] ㄴ. 분자 결정인 이산화 탄소(CO_2), 아이오딘(I_2)은 승화성이 있지만, 공유 결정인 다이아몬드(C)는 승화성이 없다.

ㄷ. 녹는점은 공유 결정인 다이아몬드(C)가 분자 결정인 아이오딘(I_2)보다 높다.

11 구성 원소에 비금속 원소가 있는 물질은 Fe_2O_3, O_2, Na_2O, CO_2이다. 액체 상태에서 전기 전도성이 있는 물질은 금속 결합 물질인 Fe, 이온 결합 물질인 Fe_2O_3, Na_2O이다. 영역 Ⅰ에 속하는 물질은 공유 결합 물질인 O_2, CO_2이고, 영역 Ⅱ에 속하는 물질은 이온 결합 물질인 Fe_2O_3, Na_2O이며, 영역 Ⅲ에 속하는 물질은 금속 결합 물질인 Fe이다. 따라서 영역 Ⅰ~Ⅲ에 속하는 물질의 수는 각각 2, 2, 1이다.

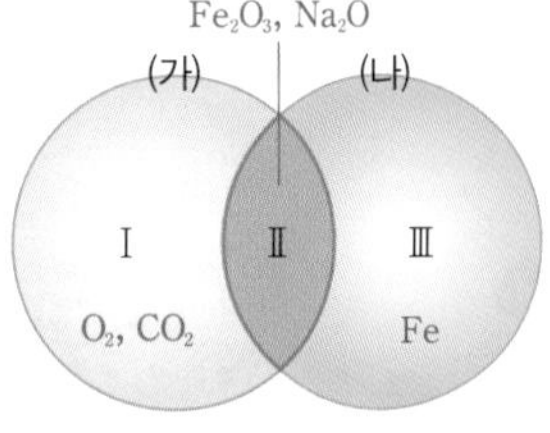

12 ㄴ. A는 전성이 있으므로 금속 결합 물질이다. 금속 결합 물질은 고체 상태와 액체 상태에서 전기 전도성이 있다.

ㄷ. 금속 결합 물질은 자유 전자가 열에너지를 잘 전달하므로 열전도성이 크다.

[오답 피하기] ㄱ. 금속 결합 물질을 구성하는 원소는 금속 원소이다.

13 ㄱ. B_2, BC는 공유 결합 물질, AB는 이온 결합 물질이다. 두 원소의 전기 음성도 차가 크면 이온 결합을 형성하고, 전기 음성도 차가 작으면 극성 공유 결합을 생성한다. 따라서 A와 B 원소의 전기 음성도 차가 B와 C 원소의 전기 음성도 차보다 크므로 C의 전기 음성도가 A보다 크다.

ㄴ. B_2는 같은 원자가 공유 결합한 분자이므로 무극성 공유 결합을 한다.

[오답 피하기] ㄷ. 액체 상태에서 전기 전도성이 있는 물질은 이온 결합 물질인 AB 1가지이다.

개념 더하기

전기 음성도 차에 따른 화학 결합의 구분

결합한 두 원자의 전기 음성도 차에 의해 결합의 이온성과 공유성이 결정된다.

- 전기 음성도 차가 없는 두 원자 사이의 결합은 무극성 공유 결합이다.
- 전기 음성도 차가 비교적 작으면 전자쌍이 한쪽으로 치우쳐 극성 공유 결합을 이룬다.
- 전기 음성도 차가 매우 크면 전자가 한쪽으로 이동하여 이온을 형성한 후 이온 결합을 이룬다.

14 전기 음성도는 공유 전자쌍을 끌어당기는 정도를 나타내므로 이원자 분자에서 전기 음성도가 큰 원자는 부분적인 음전하를 띤다. AB에서 부분적인 음전하를 띤 원자가 B이므로 전기 음성도는 B>A이다. BC에서 부분적인 음전하를 띤 원자가 C이므로 전기 음성도는 C>B이다. 따라서 전기 음성도는 C>B>A이다.

15 예시 답안 C와 O 사이의 결합의 쌍극자 모멘트는 방향이 반대이므로 쌍극자 모멘트의 합은 0이 된다. 따라서 CO_2는 무극성 분자이다.

채점 기준	배점(%)
결합의 쌍극자 모멘트의 합이 0이라고 설명한 경우	100
전하가 어느 한 쪽으로 치우치지 않는다고 설명한 경우	50

16 ㄱ. (가)는 중심 원자가 공유 전자쌍 3개를 가지므로 평면 삼각형 구조로 결합각은 120°이고, (나)는 중심 원자가 공유 전자쌍 3개와 비공유 전자쌍 1개를 가지므로 삼각뿔형 구조로 결합각은 109.5°보다 작다.

ㄴ. (가)는 극성 공유 결합을 하나 쌍극자 모멘트가 상쇄되어 결합의 쌍극자 모멘트의 합이 0이고, (나)는 3개의 Y–Cl 결합에 존재하는 쌍극자 모멘트가 한 방향으로 합해져서 결합의 쌍극자 모멘트의 합이 0이 아니므로 극성 분자이다.

[오답 피하기] ㄷ. (가)는 평면 삼각형 구조로 모든 원자가 같은 평면에 존재하나, (나)는 삼각뿔형 구조로 입체 구조이다.

17 ㄱ. $\alpha=109.5°$, $\beta=107°$, $\gamma=104.5°$이므로 결합각은 $\alpha>\beta>\gamma$이다.

[오답 피하기] ㄴ. (가)는 정사면체형, (나)는 삼각뿔형, (다)는 굽은 형이므로 입체 구조는 (가)와 (나)이다.

ㄷ. (가)는 무극성 분자, (나)는 극성 분자, (다)는 극성 분자이다. 따라서 (다)에는 (나)가 (가)보다 더 잘 녹는다.

18 **자료 분석 하기**

중심 원자가 2개 이상인 분자의 구조

```
     H   H   O
     |   |   ‖      γ
 H — N — C — C — O — H
         |
     α   H   β
```

- α: N 원자 주위의 4개의 전자쌍은 사면체 방향으로 배치되나, 비공유 전자쌍이 1개이므로 삼각뿔형을 이루어 결합각은 109.5°보다 작아진다.
- β: C 원자 주위의 3개의 전자쌍이 평면 삼각형 방향으로 배치되므로 결합각은 약 120°가 된다.
- γ: O 원자 주위의 4개의 전자쌍은 사면체 방향으로 배치되나, 비공유 전자쌍이 2개이므로 굽은 형으로 배열되어 결합각은 109.5°보다 작아진다.

ㄱ. N에 비공유 전자쌍이 1개, O에 비공유 전자쌍이 2개 있으므로 글라이신의 비공유 전자쌍 수는 5이다.

ㄴ. 글라이신은 극성 분자이므로 분자의 쌍극자 모멘트는 0보다 크다.

[오답 피하기] ㄷ. 전자쌍 반발 이론에 따르면 다중 결합은 하나의 결합으로 여기고, 비공유 전자쌍의 반발력이 공유 전자쌍보다 크다. 결합각은 β가 약 120°, α가 약 107°, γ가 약 104.5°이므로 $\beta > \alpha > \gamma$이다.

19 액체 A는 대전체 쪽으로 액체 줄기가 휘므로 극성 분자이고, 액체 B는 대전체 쪽으로 액체 줄기가 휘지 않으므로 무극성 분자이다. 분자 모양은 ㉠이 굽은 형, ㉡이 평면 삼각형, ㉢이 삼각뿔형, ㉣이 정사면체형이므로 극성 분자는 ㉠, ㉢이고, 무극성 분자는 ㉡, ㉣이다. 따라서 A에 해당하는 분자는 ㉠, ㉢이고, B에 해당하는 분자는 ㉡, ㉣이다.

Ⅳ. 역동적인 화학 반응 36~39쪽

01 ③	02 ⑤	03 1	04 ③	05 ③
06 $[H_3O^+]=1.0\times10^{-12}$ M, pOH=2			07 ②	08 ②
09 ④	10 ③	11 ③	12 ②	
13 해설 참조	14 ④	15 ③	16 해설 참조	
17 ③	18 ⑤	19 1000 kJ/mol		20 ④

01 ③ 동적 평형에서는 정반응과 역반응이 같은 속도로 일어나고, 반응물과 생성물의 양이 일정하게 유지된다.

[오답 피하기] ① 가역 반응은 반응 조건에 따라 정반응과 역반응이 모두 일어날 수 있는 반응이다.

② 메테인의 연소 반응은 역반응이 일어나지 않는 비가역 반응이다.

④ 가역 반응은 역반응도 일어날 수 있는 반응이므로 반응물만 넣어 주거나, 생성물만 넣어 주더라도 모두 동적 평형에 도달한다.

⑤ 가역 반응이 동적 평형에 도달하면 정반응의 속도와 역반응의 속도가 같아져 반응물과 생성물의 양이 일정하게 유지되는 것이지 같은 양으로 존재하는 것은 아니다.

02 ㄱ, ㄴ. 물의 양이 일정하게 유지되는 것은 물의 증발 속도와 수증기의 응축 속도가 같아져 동적 평형에 도달한 상태이기 때문이다. 따라서 용기 속 수증기 분자 수는 일정하다.

ㄷ. 동적 평형에서 증발 속도와 응축 속도가 같으므로 같은 시간 동안 증발하는 물 분자 수와 응축하는 수증기 분자 수가 같아 액체 상태의 물의 양과 수증기의 양이 일정하다.

03 **자료 분석 하기**

화학 평형과 물질의 양

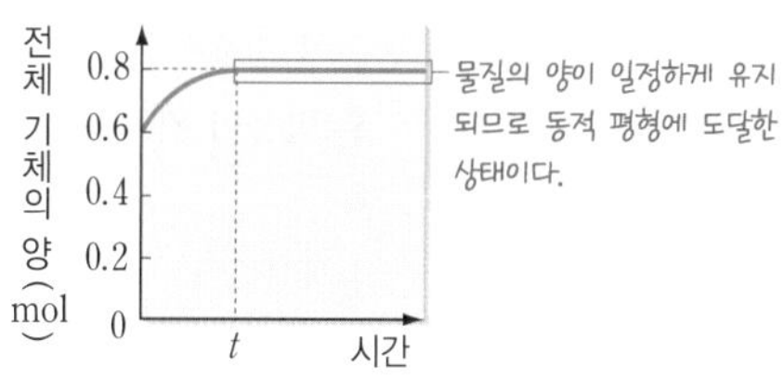

- 화학 반응식의 계수비는 반응하는 몰비와 같다.
- A와 B는 평형에 도달할 때까지 1 : 2의 몰비로 반응한다.

반응 전 A의 양이 0.6몰이고, 평형에 도달할 때까지 반응한 A의 양이 x몰이라고 하면, 생성된 B의 양은 $2x$몰이다.

	$A(g) \rightleftharpoons$	$2B(g)$
반응 전(몰)	0.6	0
반응(몰)	$-x$	$+2x$
평형(몰)	$(0.6-x)$	$2x$

평형에서 A의 양은 $(0.6-x)$몰이고, B의 양은 $2x$몰이므로 전체 기체의 양은 $(0.6-x)+2x=0.8$, $x=0.2$이므로 t에서 A의 양은 0.4몰, B의 양은 0.4몰이다. 따라서 평형에 도달한 t에서 $\frac{[A]}{[B]}=1$이다.

04 ㄱ. 25 ℃에서 $[H_3O^+][OH^-]=1.0\times10^{-14}$이고, $[H_3O^+]=[OH^-]$이므로 $[OH^-]=1.0\times10^{-7}$ M이다.

ㄴ. 물의 자동 이온화 반응이 동적 평형에 도달하면 H_3O^+의 몰 농도와 OH^-의 몰 농도는 일정한 값을 유지하므로 그 농도 곱은 일정한 값을 가진다.

[오답 피하기] ㄷ. 매우 적은 양의 물이 이온화하므로 물속에는 이온화하지 않은 H_2O의 양이 H_3O^+이나 OH^-의 양보다 매우 많다.

05 자료 분석 하기

금속과 산의 반응

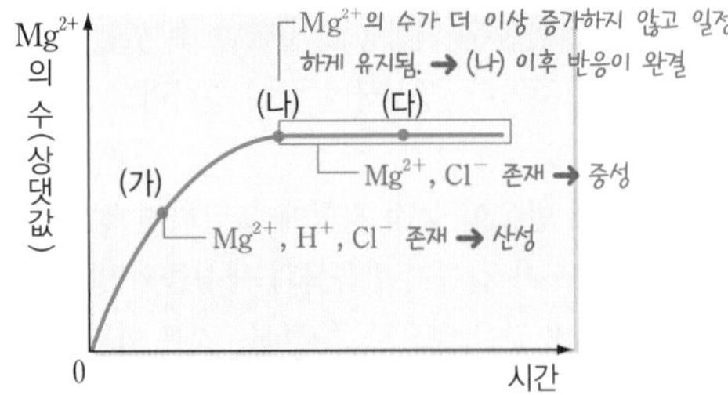

• 화학 반응식: $Mg(s) + 2HCl(aq) \longrightarrow MgCl_2(aq) + H_2(g)$
• Mg의 양이 충분하므로 반응이 완결된 후에는 $HCl(aq)$이 존재하지 않는다.

ㄱ. $HCl(aq)$에 Mg을 넣으면 Mg이 전자를 잃고 Mg^{2+}으로 산화되고, H^+은 전자를 얻어 H_2로 환원된다. 즉, 전자 이동이 일어나므로 이 반응은 산화 환원 반응이다.

ㄴ. 용액 속 H^+의 양은 (가)>(나)이므로 용액의 pH는 (가)<(나)이다.

[오답 피하기] ㄷ. Mg 1개가 반응하여 Mg^{2+} 1개를 생성할 때 H^+ 2개가 반응하므로 반응이 진행될수록 용액 속 이온 수는 감소한다. 그런데 (나) 이후 반응이 완결되므로 (나)와 (다)에서 전체 이온 수는 같다.

06 $[OH^-]$가 0.01 M이므로 pOH=2이다. 25 ℃에서 pH+pOH=14이고, pOH=2이므로 pH=12이다. 따라서 $[H_3O^+]=1.0\times10^{-12}$ M이다.

07 ㄷ. (다)에서 $[OH^-]=1.0\times10^{-3}$ M이므로 pOH는 3이다. pH+pOH=14이므로 pH는 11이다.

[오답 피하기] ㄱ. (가)의 $[H_3O^+]=1.0\times10^{-4}$ M이므로 pH는 4이다. 또 (나)의 $[H_3O^+]=1.0\times10^{-2}$ M이므로 pH는 2이다. 25 ℃에서 pH+pOH=14이므로 (가)의 pOH는 10이고, (나)의 pOH는 12이다. 따라서 pOH는 (나)가 (가)보다 2만큼 크다.

ㄴ. (다)에서 $[OH^-]=1.0\times10^{-3}$ M이고, $[H_3O^+][OH^-]=1.0\times10^{-14}$이므로 $[H_3O^+]=1.0\times10^{-11}$ M이다. 따라서 수용액 속 $[H_3O^+]$의 농도는 (나)가 (다)의 10^9배이다.

08 ㄷ. H_2O은 (나)에서는 H^+을 내놓으므로 브뢴스테드·로리 산으로 작용하고, (다)에서는 H^+을 받으므로 브뢴스테드·로리 염기로 작용한다. 따라서 H_2O은 양쪽성 물질이다.

[오답 피하기] ㄱ. (가)에서 CH_3NH_2은 H^+을 받으므로 브뢴스테드·로리 염기이다.

ㄴ. (다)에서 HNO_2은 H^+을 내놓으므로 브뢴스테드·로리 산이다.

개념 더하기

산과 염기의 정의

• 아레니우스 산: 물에 녹아 H^+을 내놓는 물질
• 아레니우스 염기: 물에 녹아 OH^-을 내놓는 물질
• 브뢴스테드·로리 산: 다른 물질에게 H^+을 내놓는 물질
• 브뢴스테드·로리 염기: 다른 물질에게 H^+을 받는 물질

09 ㄴ. 구경꾼 이온인 Na^+과 Cl^-만 존재하는 C에서 중화 반응이 완결되었으므로 B는 중화 반응이 절반 진행된 지점이다. 따라서 중화 반응에서 생성된 물의 양은 C에서가 B에서의 2배이다.

ㄷ. $NaOH(aq)$ 10 mL에 $HCl(aq)$ 20 mL를 넣어 주면 완전 중화되므로 $NaOH(aq)$ 10 mL에 들어 있는 Na^+의 수와 $HCl(aq)$ 20 mL에 들어 있는 Cl^-의 수는 같다. $NaOH(aq)$ 10 mL에 들어 있는 Na^+의 수를 N이라고 하면 $HCl(aq)$ 30 mL에 들어 있는 Cl^-의 수는 $1.5N$이므로 D에서 $\frac{Cl^-\text{의 수}}{Na^+\text{의 수}}=\frac{3}{2}$이다.

[오답 피하기] ㄱ. 중화 반응의 양적 관계는 $1\times0.1\times10=1\times x\times20$이다. 따라서 $x=0.05$(M)이다.

10 ㄱ. 넣어 준 $HCl(aq)$의 부피가 (나)에서가 (가)에서의 2배인데 생성된 물 분자 수는 (나)에서가 (가)에서의 2배보다 작은 것으로 보아 (가)에서 $HCl(aq)$이 모두 반응하였다. 이로부터 $HCl(aq)$ 10 mL에 들어 있는 H^+의 수는 $2N$이다. 또 (나)에서는 $NaOH(aq)$ 30 mL가 모두 반응하였으므로 $NaOH(aq)$ 30 mL에 들어 있는 OH^-의 수는 $3N$이다. 이로부터 같은 부피에 들어 있는 이온 수는 $HCl(aq)$이 $NaOH(aq)$의 2배이다.

ㄴ. (가)에서 $HCl(aq)$이 모두 반응하고 반응하지 않은 $NaOH(aq)$이 남아 있으므로 (가)의 액성은 염기성이다.

[오답 피하기] ㄷ. (나)와 (다)의 혼합 용액은 $HCl(aq)$ 50 mL와 $NaOH(aq)$ 50 mL를 혼합한 용액과 같다. 이때 같은 부피에 들어 있는 이온 수는 $HCl(aq)>NaOH(aq)$이므로 (나)와 (다)를 혼합한 용액은 산성이다.

11 ㄱ. P에서 중화 반응이 완결되므로 0.1 M $HCl(aq)$ 20 mL를 완전히 중화시키는 데 사용된 $NaOH(aq)$의 부피는 10 mL이다. 따라서 $1\times0.1\times20=1\times x\times10$, $x=0.2$이다.

ㄷ. Cl^-은 $HCl(aq)$의 구경꾼 이온이므로 P와 Q에서 그 수가 같다. 또 Na^+은 $NaOH(aq)$의 구경꾼 이온이므로 용액 속 Na^+의 수는 넣은 $NaOH(aq)$의 부피에 비례한다. 이로부터 Na^+의 수는 Q에서가 P에서의 2배이다. 따라서 $\frac{Cl^-\text{의 수}}{Na^+\text{의 수}}$는 P에서가 Q에서의 2배이다.

[오답 피하기] ㄴ. 0.1 M $HCl(aq)$ 20 mL에 들어 있는 H^+, Cl^-의 수를 각각 N이라 하면 0.2 M $NaOH(aq)$ 10 mL에 들어 있는 Na^+, OH^-의 수도 각각 N이므로 P에서 용액 속의 전체 이온 수는 $2N$이다. 0.2 M $NaOH(aq)$ 20 mL에 들어 있는 Na^+, OH^-의 수는 각각 $2N$이므로 Q에서 용액 속의 전체 이온 수는 $4N$이다.

12 ㄴ. (나)의 pH가 7이므로 중화 반응이 완결되었다. $HCl(aq)$의 몰 농도를 x M이라고 하고, $NaOH(aq)$의 몰 농도를 y M이라고 하면 중화 반응의 양적 관계는 다음과 같다.

$1 \times x \times 40 = 1 \times y \times 20$, $y = 2x$

따라서 몰 농도는 $NaOH(aq)$이 $HCl(aq)$의 2배이다.

[오답 피하기] ㄱ. $HCl(aq)$과 $NaOH(aq)$은 2 : 1의 부피비로 반응하므로 (가)에는 $HCl(aq)$ 30 mL가 반응하지 않고 남으며, (다)에는 $NaOH(aq)$ 15 mL가 반응하지 않고 남는다. 즉, (가)는 산성 용액이고, (다)는 염기성 용액이므로 pH는 ㉠이 ㉡보다 작다.

ㄷ. Na^+과 Cl^-은 구경꾼 이온이고, 몰 농도는 $NaOH(aq)$이 $HCl(aq)$의 2배이므로 같은 부피를 혼합한 (다)에서 $\frac{Cl^-}{Na^+} = \frac{1}{2}$이다.

13 예시 답안 0.8 M, 식초 속 아세트산의 몰 농도를 x M이라고 하면 다음과 같은 양적 관계가 성립한다.

$$1 \times 0.1 \times 0.04 = 1 \times x \times 0.005,\ x = 0.8\text{ M}$$

따라서 식초 속 아세트산의 몰 농도는 0.8 M이다.

채점 기준	배점(%)
양적 관계를 이용하여 몰 농도를 옳게 구한 경우	100
풀이 과정은 옳으나 답이 옳지 않은 경우	50

14 ㄴ. (나)의 pH가 13이므로 pOH=1, $[OH^-]=0.1$ M이다.

ㄷ. 0.01 M $HCl(aq)$ 100 mL를 완전 중화시키기 위해 필요한 0.1 M $NaOH(aq)$의 부피를 x mL라고 하면 다음과 같은 양적 관계가 성립한다.

$1 \times 0.01 \times 100 = 1 \times 0.1 \times x$, $x = 10$(mL)

[오답 피하기] ㄱ. (가)의 pH가 2이므로 $[H_3O^+] = 1.0 \times 10^{-2}$ M이다.

15 ㄱ. Cl의 산화수는 Cl_2에서 0이고 HCl에서 −1이다. 반응이 일어나는 동안 구성 원자의 산화수가 변하므로 산화 환원 반응이다.

ㄴ. 생성물 중에는 산성 물질인 HCl이 있으므로 염소를 물에 녹인 수용액은 산성 용액이다. 즉, 용액의 pH는 7보다 작다.

[오답 피하기] ㄷ. 전기 음성도는 O>Cl>H이므로 HClO에서 H의 산화수는 +1, O의 산화수는 −2이다. 따라서 Cl의 산화수는 +1이다.

16 예시 답안 A 이온: +1, B 이온: +2, 산화되는 금속이 잃은 전자 수(증가한 산화수)와 환원되는 금속 이온이 얻은 전자 수(감소한 산화수)는 같다. A 이온의 산화수를 $+a$, B 이온의 산화수를 $+b$라고 하면 $4 \times (+a) + (+b) = 3 \times (+2)$이다. 이 식을 만족하는 3 이하의 정수 a, b는 각각 1, 2이다. 따라서 A 이온의 산화수는 +1이고, B 이온의 산화수는 +2이다.

채점 기준	배점(%)
풀이 과정과 금속 이온 2가지의 산화수가 모두 옳은 경우	100
풀이 과정과 금속 이온 1가지의 산화수가 옳은 경우	70
산화수만 옳은 경우	50

17 ㄱ. $2H_2O_2 \longrightarrow 2H_2O + O_2$에서 O의 산화수는 −1에서 −2, 0으로 변하므로 산화 환원 반응이다.

ㄴ. $CH_4 + 2O_2 \longrightarrow CO_2 + 2H_2O$에서 물질 사이에 산소 원자가 이동하므로 산화 환원 반응이다.

[오답 피하기] ㄷ. $2LiOH + CO_2 \longrightarrow Li_2CO_3 + H_2O$에서 산화수가 변하는 원자가 없으므로 산화 환원 반응이 아니다. 이 반응은 산 염기 중화 반응이다.

18 ㄱ. (가)에서 C의 산화수는 0에서 +2로 증가한다.

ㄴ. CO는 자신이 CO_2로 산화되면서 Fe_2O_3을 Fe로 환원시키는 환원제이다.

산화 (C: +2 → +4), 환원 (Fe: +3 → 0)

$$\overset{+3}{Fe}_2O_3(s) + 3\overset{+2}{C}O(g) \longrightarrow 2\overset{0}{Fe}(s) + 3\overset{+4}{C}O_2(g)$$

ㄷ. 화학 반응식의 양쪽 원자의 종류와 수가 같도록 계수를 완성하면 $x=z=3$, $y=2$이다.

⊕ 개념 더하기

산화제와 환원제

- 산화제: 자신은 환원되고 다른 물질을 산화시키는 물질
- 환원제: 자신은 산화되고 다른 물질을 환원시키는 물질

19 나프탈렌 12.8 g이 완전 연소할 때 방출한 열은 열량계와 열량계 속 물이 흡수한 열량과 같다.

방출한 열량 $= 4\text{ J/(g}\cdot\text{°C)} \times 2000\text{ g} \times 10\text{ °C} + 2000\text{ J/°C} \times 10\text{ °C} = 100000\text{ J} = 100\text{ kJ}$, 나프탈렌 12.8 g은 0.1몰이므로 1몰이 완전 연소할 때 방출하는 열량은 1000 kJ/mol이다.

20 연소한 에탄올의 질량은 $(w_1 - w_2)$ g이고, 에탄올이 연소할 때 방출하는 열량은 물이 흡수한 열량과 같다.

물이 흡수한 열량=물의 질량×물의 비열×온도 변화= 200(g)×물의 비열(J/(g·°C))×$(t_2 - t_1)$(°C)

④ w_2가 실제보다 크게 측정되면 연소된 에탄올의 질량이 작아지므로 1 g이 연소할 때 방출하는 열량은 크게 나온다.

[오답 피하기] ①, ② 방출한 열의 일부가 공기를 가열하는 데 사용되거나 삼각 플라스크 등의 실험 기구를 가열하는 데 사용되면 t_2가 작게 측정되므로 실제값보다 작게 나온다.

③ t_1이 실제보다 높게 측정되면 온도 변화가 작아지므로 실제값보다 작게 나온다.

⑤ 산소 공급이 원활하지 않아 에탄올이 불완전 연소되면 t_2가 작게 측정되므로 실제값보다 작게 나온다.

⊕ 개념 더하기

에탄올이 연소할 때 방출하는 열량 계산

에탄올 1 g이 연소할 때 방출하는 열량은 다음과 같다.

$$\frac{200\text{ g} \times 4.2\text{ J/(g}\cdot\text{°C)} \times (t_2 - t_1)\text{°C}}{(w_1 - w_2)\text{ g}}$$

따라서 t_2가 작게 측정되거나 t_1이 크게 측정된 경우(분자값이 작아지는 경우) 또는 w_1이 크게 측정되거나 w_2가 작게 측정된 경우(분모값이 커지는 경우) 방출하는 열량이 작게 나온다.

Memo

Memo

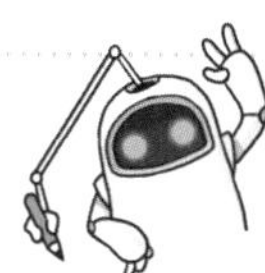

Memo

NEW
내신 잡는 필수 개념서
올리드
Allead

개념서

비주얼 개념서

룩 LOOK

이미지 연상으로 필수 개념을 쉽게 익히는 비주얼 개념서

국어 문학, 문법, 독서
영어 비교문법, 분석독해
수학 고등 수학(상), 고등 수학(하)
사회 통합사회, 한국사
과학 통합과학

내신 필수 개념서

개념 학습과 유형 학습으로 내신 잡는 필수 개념서

수학 고등 수학(상), 고등 수학(하), 수학 Ⅰ, 수학 Ⅱ, 확률과 통계, 미적분
사회 통합사회, 한국사, 한국지리, 사회·문화, 생활과 윤리, 윤리와 사상
과학 통합과학, 물리학 Ⅰ, 화학 Ⅰ, 생명과학 Ⅰ, 지구과학 Ⅰ

실전서

기출 분석 문제집

1등급 만들기

완벽한 기출 문제 분석으로 시험에 대비하는 1등급 문제집

국어 문학, 독서
수학 고등 수학(상), 고등 수학(하), 수학 Ⅰ, 수학 Ⅱ, 확률과 통계, 미적분, 기하
사회 통합사회, 한국사, 한국지리, 세계지리, 생활과 윤리, 윤리와 사상, 사회·문화 정치와 법, 경제, 세계사, 동아시아사
과학 통합과학, 물리학 Ⅰ, 화학 Ⅰ, 생명과학 Ⅰ, 지구과학 Ⅰ, 물리학 Ⅱ, 화학 Ⅱ, 생명과학 Ⅱ, 지구과학 Ⅱ

핵심 단기 특강서

고쟁

내신과 수능의 핵심을 빠르게 공략하는 특강서

국어 기본 완성, 문학, 현대 문학, 고전 문학, 언어와 매체, 화법과 작문
영어 어법편, 구문편, 1등급 유형편
수학 고등 수학(상), 고등 수학(하), 수학 Ⅰ, 수학 Ⅱ, 확률과 통계
사회 생활과 윤리, 한국지리, 사회·문화
과학 물리학 Ⅰ, 화학 Ⅰ, 생명과학 Ⅰ, 지구과학 Ⅰ

실력 상승 실전서

파사쥬

대표 유형과 실전 문제로 내신과 수능을 동시에 대비하는 실력 상승 실전서

국어 국어, 문학, 독서
영어 기본영어, 유형구문, 유형독해, 20회 듣기모의고사, 25회 듣기 기본 모의고사
수학 고등 수학(상), 고등 수학(하), 수학 Ⅰ, 수학 Ⅱ, 확률과 통계, 미적분

수능 기출 문제집

N기출

수능N 기출이 답이다!

수학영역 수학 Ⅰ+수학 Ⅱ 3점 집중, 수학 Ⅰ+수학 Ⅱ 4점 집중, 확률과 통계 3점/4점 집중, 미적분 3점/4점 집중, 기하 3점/4점 집중

N기출 모의고사

수능의 답을 찾는 우수 문항 기출 모의고사

수학영역 공통과목_수학 Ⅰ+수학 Ⅱ, 선택과목_확률과 통계, 선택과목_미적분

수능 완성 실전서

수능 주도권

핵심 전략으로 수능의 기선을 제압하는 수능 완성 실전서

국어영역 문학, 독서, 언어와 매체, 화법과 작문
영어영역 독해편, 듣기편
수학영역 수학 Ⅰ, 수학 Ⅱ, 확률과 통계, 미적분

평가 문제집

미래엔 교과서 평가 문제집

학교 시험에서 자신 있게 1등급의 문을 여는 실전 유형서

국어 고등 국어(상), 고등 국어(하), 문학, 독서, 언어와 매체
사회 통합사회, 한국사
과학 통합과학

내신 대비서

올리드 시험직보 문제집

학교 시험 1등급 완성을 위한 시험 직전에 보는 실전 문제집

국어 고등 국어(상), 고등 국어(하)